D. **Sandstein.** Die Berge, welche das Mauerwerk der Brücke tragen, bestehen ganz aus Sandstein. Um aber eine bessere und gleichförmigere Steinart zu erhalten, habe ich den nöthigen Sandstein, aus welchem zwei Drittheile des Mauerwerks gemacht worden sind, aus den, westlich von der Stadt, 300 Ruthen entfernten Brüchen genommen. Aus diesen Brüchen die Steine in beliebig grofsen Stücken zu erhalten, hatte weiter keine Schwierigkeiten als die des Transports und der Kosten. Der Stein, unmittelbar aus den Brüchen kommend, ist feucht und weich, und läfst sich leicht bearbeiten. Einige Monate an der Luft, nimmt er eine grau-bläuliche Farbe an, und wird recht fest und hart.

E. **Tuf.** Der zu dem Mauerwerke verbrauchte Tuf ist aus den Brüchen von Carpoteau, 1 Meile südwestlich von Freyburg, am Ufer der Sarine, genommen. Man findet ihn dort in grofser Auswahl, nach Gröfse der Stücken und Eigenschaft. Dieser wenig gleichförmige Tuf besteht aus sehr harten Stalactiten, deren Zwischenräume leer, oder mit einer im Bruche fast teigweichen Kalkmasse ausgefüllt sind, die aber an der Luft schnell erhärtet und in der Mauer, selbst unter der Erde, ungemein fest wird.

F. **Granit.** Man findet ihn im Lande, in mehr oder weniger grofsen Geschieben. Seine Beschaffenheit ist sehr verschieden.

6. Prüfung der Festigkeit der Steine. Es sind vor dem Anfange des Baues Steinproben dem Zerdrücken mit einer hydraulischen Presse ausgesetzt worden.

Der Jurakalk hielt, ohne alle Veränderung, 8600 Pfd. Druck auf den Quadratzoll aus. Der Cubikfufs dieses Kalks wiegt 198 Pfd.

Zehn verschiedene Sandsteinproben aus den Freyburger Brüchen, von verschiedener Art, in Würfeln von 23 bis 46 Linien lang, breit und hoch, haben, ehe sie zerdrückt wurden, im Durchschnitt 1433 Pfd. Druck ausgehalten. Der Cubik-Fufs dieses Gesteins wiegt, mittelmäfsig trocken, 145 Pfd.

Der Druck des Mauerwerks der Portiken beträgt, an der Stelle, wo er am gröfsten ist, nur 95 Pfd. auf den Quadratzoll.

Die Festigkeit des Tufs ist so verschieden, dafs sich schwer eine Mittelzahl angeben lassen würde. Inzwischen glaube ich, dafs sie ungefähr der des Sandsteins gleich ist. Der Cubikfufs Tuf wiegt im Durchschnitt 125 Pfd.

7. *Portiken.* Dieselben sind, nach Taf. XVII. Fig. 3., mit Pilastern verziert. Das Mauerwerk jedes Porticus ist 44 F. 7 Z. lang, 18 F. 8 Z. dick, und von der Grundlinie des Sockels bis zum Gipfel der Attiken 64 F. hoch. Der Durchgang quer durch den Porticus ist 18 F. 4 Z. breit und 41 F. 5 Z. vom Boden bis unter den Schlufsstein des Bogens hoch. Der Bogen ist ein Halbkreis. Die Fundamente (Fig. 4. und 6.) sind 16 F. unter dem Sockel tief. Sie stehen auf dem Felsen, und sind darin noch eingeschnitten.

Auf der Seite der Stadt hat man beim Aufgraben bis auf den Felsen, 11 F. tief, nur Kies, aufgeschüttete Erde und alte Fundamente gefunden. Der Felsen aber war weich und mürbe, und wurde also noch 5 F. tief ausgehölt. In dieser Tiefe war er hart und gleichförmig, und wurde dort, für das Fundament, genau horizontal geebnet.

Da ich auf dem rechten Ufer mit den Fundamenten 28½ bis 32 F. von dem Rande des Felsens zurückzubleiben wünschte, und Böschungen und ein Weg von 6½ F. um den Porticus bleiben mufsten: so war deshalb ein bedeutender Einschnitt in den Berg nöthig, nämlich von 64 F. lang, breit und hoch, also von nahe an 1800 Sch. R. Inhalt. Der Einschnitt gab lauter Kies, der, in einer hölzernen Rinne, in das Thal hinab und von da durch Schubkarren in die Sarine geschafft wurde.

Vom Felsen an bis über den Sockel ist das Mauerwerk der Portiken, 25½ F. hoch, mit behauenem Jurakalkstein bekleidet worden (Fig. 6. und 7.). Die Werkstücke sind im allgemeinen 2 F. 6½ Z. bis 3 F. 2. Z. lang und 1 F. 11 Z. hoch. Ein Stein enthält 19½ bis 26 Cub. F. Jeder Stein ist auf sein Bruchlager gelegt. Alle Steine in einer Schicht sind durch starke eiserne Klammern mit einander verbunden worden. Es sind auf diese Weise alle Schichten, ohne Ausnahme, verklammert worden.

Der Kern jeder Schicht ist mit ausgesuchten Sandsteinblöcken ausgemauert. Diese Blöcke haben die nämliche Dicke wie die Jurakalksteine und sind auf allen Seiten genau, nach vorherigem Maafse für jede Schicht, zugehauen, so dafs gar keine Lücken bleiben. Die Sandsteinblöcke haben im Durchschnitte 13 bis 16 Cubikfufs Inhalt.

Über dem Sockel besteht das Mauerwerk ganz aus Sandsteinquadern, von gleichem Maafse, ohne Füllmauerwerk. Die Quadern nach aufsen sind in jeder Schicht, gleich den Jurakalksteinen, mit einander durch eiserne Klammern verbunden.

Damit das Mauerwerk eines Porticus möglichst nur eine Masse bilde, hat aufserdem jede Schicht noch starke, horizontal liegende Anker von rundem, 1 Z. 11 L. im Durchmesser haltenden Eisen bekommen (Taf. XVII. Fig. 6. und 7. und Taf. XVIII. Fig. 13.). Diese Anker sind, ihrer Länge nach, aus zwei oder mehreren Stangen zusammengesetzt. Sie sind, ohne alles Schweifsen, vermittelst Verzahnungen verbunden, um welche starke Bänder gelegt sind, und der Länge nach durch Schlüssel oder Keile, zwischen die Verzahnungen zweier zusammenstofsenden Stangen getrieben, gestreckt. An jedem Ende haben die Anker einen starken Knopf, welcher sich hinter ein gufseisernes Kreuz stemmt, dessen Arme $11\frac{1}{2}$ Z. lang sind. Die Mitte des Kreuzes hat ein Loch zum Durchgange des Ankers. Das Kreuz ist, seiner ganzen Dicke nach, in die Mauerbekleidung eingelassen und scharf an die Steinbekleidung angezogen. So wie eine Schicht fertig war, hölte man in der Oberfläche derselben parallele Rinnen für die Anker, von hinreichender Tiefe, und in der Bekleidung eine Vertiefung von 4 Zoll für die Ankerkreuze aus. In diese Rinnen wurden die Anker gelegt, und angezogen. Auf die nächste Schicht wurde auf gleiche Weise eine Reihe Anker gelegt, aber rechtwinklig gegen die vorigen.

Die Verankerung wurde nach oben noch verstärkt, und die oberen Schichten haben bis 8 Anker erhalten. So sind zu den beiden Portiken an 485 Ctr. Eisen nöthig gewesen. [Wenn nur das Eisen in dem Mauerwerk auf die Dauer haltbar sein wird. D. H.]

Die oberste Schicht der Pfeiler, welche unmittelbar die Reibungsrollen für die Drahtseile zu tragen hat, besteht aus drei vollen Blöcken von Jurakalkstein, Taf. XVIII. Fig. 8., jeder 3 F. 10 Z breit, 2 F. $8\frac{1}{2}$ Z. hoch und 3 F. 10 Z. bis 6 F. 4 Z. lang.

Bis zum Boden sind die Bekleidungen des Mauerwerks rauh; aber die Stofs- und Lagerfugen sind mit dem Meifsel bearbeitet. Alle Steine sind auf eine Mörtelschicht gelegt, ohne Zwicken, und einer nach dem andern ist mit einem hölzernen Klotze fest gerammt. Nachdem eine Schicht gelegt war, gofs man in die dünnen Stofsfugen Kalkmilch, oder kurz zuvor bearbeiteten, flüssigen Mörtel. Hierauf richtete und wägte man genau die Oberfläche der Schicht ab, und nachdem die Klammern für die äufsere Bekleidung, und die Zuganker eingelegt waren, ging man zum Mauern der folgenden Schicht mit gleicher Sorgfalt über, und mit Beobachtung eines Verbandes von wenigstens $11\frac{1}{2}$ Z. über alle Fugen.

Die Bekleidung der Sockel mit Kalksteinen ist sauber gemeifselt worden. Es ist zu bedauern, dafs die Steine nicht, erst blofs aus dem Groben bearbeitet, nach Freyburg gekommen sind. Beim 6- oder 8maligen Umladen vom Bruche, wo man sie bearbeitet hatte, bis zum Vermauern, haben die Kanten und Flächen sehr gelitten, und es war kaum möglich, durch Nacharbeiten die Mängel wieder zu verbessern.

Die Sandsteinblöcke aus den Freyburger Brüchen sind auf der Baustelle selbst bearbeitet worden, und die, welche Ornamente geben sollten, erst vollends, nachdem sie vermauert waren.

Bei dem Mauern der Portiken hat man sich für jeden eines Krahnes bedient, der die in seinen Bereich gebrachten Steine erfafste und sie unmittelbar auf ihr durch die Mörtelschicht vorbereitetes Lager brachte. An den Stellen, mitten über den Schwiebbögen, liefs man eine Öffnung, um die Materialien hindurch zu schaffen. Die Materialien wurden ebenfalls durch den Krahn transportirt, mit Ausnahme jedoch der Kalksteinblöcke, welche die Reibungsrollen tragen, und welche der Krahn nicht würde zu heben vermocht haben. Diese Blöcke, etwa 116 Ctr. schwer, wurden, bei dem einen Porticus vermittelst drei Paar Kloben gehoben, die an starke, quer über drei Steinschichten auf die Mauerbekleidung gelegte fichtene Balken befestigt waren. Die Schichten lagen so hoch, dafs die Steinblöcke, nachdem man, in dem Augenblicke, wo sie auf ihre gröfsten Höhe angelangt waren, zwei andere starke fichtene Balken untergeschoben hatte, auf diesen nach ihrer Lagerstelle gerollt werden konnten. Bei dem andern Porticus sind die Steinblöcke vermittelst der nemlichen Winden hinaufgeschafft worden, welche zum Aufziehen der Drahtseile dienten.

8. Die Halbmond-Terrassen. Jede dieser, wie gesagt, zwischen den Portiken und dem Anfange der Brückenbahn befindlichen Terrassen ist mit einer etwa 16 F. hohen Mauer von Tufsteinen eingefafst, welche den senkrechten Felsen gegen die Verwitterung schützt. Der an dem Anfange der Brückenbahn anliegende, 28 F. 8 Z. lange Theil der Einfassungsmauer ist geradlinig. Die übrigen Flügelmauern bilden ein Kreisstück von 51 F. Halbmesser, und endigen sich, aufserhalb der Brücken-Zollhäuser, in der vorderen Flucht der Portikenmauern.

Diese, an der Brückenbahn mit 1 auf 10 geböschten und mit grofsen Tufblöcken bekleideten Futtermauern sind noch durch eiserne Anker mit der Bekleidung der Fundamente der Portiken verbunden.

9. *Schräge Gruben für die Drahtseile.* Taf. XVII. Fig. 1. und Taf. XVIII. Fig. 1. und 3. An der Stadtseite blieben kaum 80 F. Raum zwischen dem Brückenthor und der Strafse, welche, unter einem rechten Winkel, nach der Brücke führt. Man mufste also den Eingang in die Ankergruben für die Drahtseile entweder diesseit oder jenseit der Strafse legen. Im ersten Falle wäre man zwischen die Drahtseile gerathen, und hätte, um in die Strafse zu gelangen, bis über die Stelle hinaus, wo die Seile in den Boden dringen, wenden müssen. Im zweiten Falle mufsten die Seile über die Strafse hinweggehen: so hoch, dafs man unter ihnen hindurch fahren konnte.

Da die Erwerbung der Häuser am Zugange der Brücke zu schwierig war, so mufste ich das zweite Mittel wählen und den Eingang der Seile in den Boden 169 F. vom Brückenthor entfernen. Die Drahtseile sind zwar deshalb länger geworden; aber der Zug auf das Brückenthor ist auch vermindert worden, und das Thor hat nun weniger Masse nöthig gehabt.

Von dem Eintrittspuncte der Seile in den Boden bis auf den Felsen mufsten für die Seile Gänge, von 6 F. 4½ Z. breit und hoch, und an der Stadtseite 45 F., an dem andern Ufer doppelt so lang, gebaut werden. Diese Gänge sind mit Tuf überwölbt worden, und die Widerlagen sind sehr stark.

An der Stadt fand sich beim Aufgraben, dafs der Felsen 16 F. tief lag. Es kam darauf an, zwei Gänge, in der schrägen Richtung der Seile, unter die Fundamente der Häuser hindurch, die man weder abtragen noch beschädigen durfte, zu bauen. Man mufste also die Gruben, so wie man mit dem Ausgraben fortschritt, stützen: und das um so sorgfältiger, da die meisten, sehr alten Häuser fast gar kein Fundament hatten, sondern sich nur eines gegen das andere lehnten.

Aufserdem begegnet der rechtseitige Gang, sehr schräg, einem Ausflufs-Canale der Rinnen aus dem anliegenden Stadttheile. Und obgleich man nicht versäumte, den Ausgufs-Canal durch Röhren oder Rinnen von Bohlen zu verdoppeln, so war es doch nicht möglich, das Durchdringen des Wassers, welches in diesem Canale seit lange schon die Fundamente der angrenzenden Häuser unterspült hatte, ganz zu verhindern. Durch die blofs gestützten und oft mit Unreinigkeiten überschwemmten Gänge mufste man auch das Material, welches aus den Brunnen der Drahtseile kam, transportiren.

Auf dem andern Ufer wartete ich mit dem Aushölen der Gänge bis, der Anschlufs-Chaussée wegen, der gröfste Theil des Terrains zwischen dem Brückenthor und den Ankerstellen der Drahtseile weggeräumt war. Der linkseitige Gang, welcher wegen der Wendung der Strafse kürzer ist als der andere, liefs sich ohne viele Schwierigkeit, von innen nach aufsen hinaus, graben. Ich liefs den rechtseitigen Gang an beiden Enden zugleich anfangen, vermittelst eines Hülfsganges, von welchem bei den Ankerbrunnen die Rede sein wird. Aber, so wie man kaum 22 bis 25 F. von innen und 6 F. von aufsen vorgerückt war, stiefs man von beiden Seiten auf eine Lage Gerölles, welches so hart war, dafs 6 Arbeiter, obgleich, um Aufenthalt zu vermeiden, Morgens und Abends abgelöset, zuweilen kaum 6 Zoll tief in 24 Stunden eindringen konnten. Die Aushölung mufste fast ganz ausgehauen und mit Schiefspulver gesprengt werden. Das Pulver hatte in einem so engen Raume, und auf eine so poröse, obwohl ungemein harte Masse, nur geringe Wirkung. Diese Arbeit, welche ich in einer Woche zu vollenden gedachte, erforderte mehr als 3 Monate, und war noch kaum beendigt, als die Drahtseile gelegt werden sollten. Um dieses unvorhergesehenen Hindernisses wegen hätte die Eröffnung der Brücke beinahe auf das folgende Jahr hinaus verschoben werden müssen.

10. Ankerbrunnen in dem Felsen. Taf. XVIII. Fig. 1., 2. und 3. Die schrägen Gänge für die Drahtseile endigen an der oberen Öffnung dieser Brunnen, welche ganz in dem Felsen ausgehölt sind. Jeder Brunnen ist 3 F. 2 Z. lang, 9 F. 7. Z. breit und 51 F. tief.

In jedem Brunnen hölte man, unter einander, in dem Felsen noch drei Räume aus, welche bestimmt waren, Mauerwerk von Werkstücken, in der Form umgekehrter Gewölbe, oder Schwalbenschwänze, aufzunehmen. Diese drei Hölungen beginnen, die oberste 8,6 F., die zweite 19,8 F. und die dritte 32,8 F. unter dem oberen Theile der Brunnen. Jede Hölung ist, wo sie am weitesten, 9,6 F. breit. Die Höhe der Schwalbenschwänze beträgt für die beiden oberen Hölungen 4,4 F. und für die unteren 10,2 F. Man hat alle scharfen Winkel vermieden und die äufsere Linie der Hölungen mit Kreisbogen geschlossen. Unter jedem Schwalbenschwanze befindet sich ein prismatischer Ankerstein. Endlich ist unter dem Ankersteine des untersten Schwalbenschwanzes ein 5,7 F. tiefer Raum gelassen, um die Anker anzubringen.

Da die Brunnen nur 9,6 F. lang und 3,2 F. breit waren, so konnten darin nur zwei Arbeiter zugleich arbeiten. Der Felsen an der Stadtseite fand sich im allgemeinen sehr hart, ohne Spalten und Wasser-Seigerung. Zwei Steinhauer vermochten, mit guten Werkzeugen, und mit Hülfe zweier anderen Arbeiter, im Durchschnitt, in 10 Stunden täglicher Arbeit nur etwa 8 Cub.-F. Felsen herauszuschaffen. Die Leute konnten nur durch ungewöhnliche Bezahlung vermocht werden, in diesen Brunnen zu arbeiten. Denn die Luft war darin durch den beständig durchdringenden Schmutz aus den Cloaken sehr verderbt; und selbst mehreremale, als die zur Reinigung der Stadtstrafsen bestimmten Abzugscanäle ohne vorherige Anzeige geöffnet worden waren, haben die Arbeiter, um in den Brunnen nicht ersäuft zu werden, durch einen Hagel von Schutt und Schmutz hindurch, und mit Gefahr, erschlagen oder erstickt zu werden, auf Leitern sich retten müssen, welche zur Vorsicht an den Seiten der Brunnen angebracht waren. Sodann, endlich, mufsten die Brunnen gereinigt werden. Diese beschwerlichen Arbeiten haben zwei Sommer hindurch gewährt.

Man hölte erst die Brunnen selbst 51 F. tief aus; darauf wurden ferner die Hölungen seitwärts für das schwalbenschwanzförmige Mauerwerk ausgemeifselt, was bei Lampenschein geschehen mufste, und grofse Genauigkeit erforderte, damit die zu den Schwalbenschwänzen bestimmten Werksteine genau hineinpafsten.

11. *Offene Schächte.* Auf der Feldseite liefs ich, um bis auf den Felsen, nach dem Eingange des Brunnens zu gelangen, nach der Richtung der Brückenbahn, in dem Kiese eine offene Schicht von 4 F. 9 Z. breit und 6 F. 4 Z. hoch ausgraben. Glücklicherweise traf man, auf die 159 F. Länge vom Porticus bis zum Eingange des Brunnens, mit den offenen Schächten (Taf. XVII. und Taf. XVIII. Fig. 1. und 2.) auf kein Gerölle. Auf den gröfseren Theile der Länge des Schachts war der Kies fest genug, um sich selbst zu tragen. Es wurden indessen an den loseren Stellen, über die Eingänge der Brunnen, Stützen gesetzt; auf diese wurde eine Decke von starken Bohlen gelegt, um die Arbeiter gegen den Einbruch des Kieses zu schützen.

So 159 F. tief in den Berg gedrungen, fing man an, die Ankerbrunnen in dem Felsen auszuarbeiten. Aber auf 25 bis 29 F. tief wurden die Minirer durch Wasser gehindert, welches durch Spalten des Felsens eindrang, und welches bald so überhand nahm, dafs es unmöglich war, es auszuschöpfen. Man mufste die Arbeit unterbrechen, und den Brunnen, so weit er ausgehölt war, fast ganz mit Wasser sich füllen lassen.

12. Wasser-Abzugs-Stollen. Ich mufste also die Arbeiter abrufen und an jedem Ufer einen Stollen zum Abzuge des Quellwassers, seitwärts vom Boden der Brunnen nach dem Thale hin, machen lassen. Man sieht diese Abzugscanäle in Taf. XVII. Fig. 1. und Taf. XVIII. Fig. 1. und 2. Man arbeitete an denselben Tag und Nacht, ohne alle Unterbrechung. Es hatte darin nur ein einziger Arbeiter, der alle zwei Stunden abgelöset wurde, Raum. Die Canäle sind nur so grofs, dafs ein Mensch hindurch kommen kann. In 24 Stunden liefs sich kaum 19 Z. lang vordringen. Der Abzugs-Canal, ganz im Felsen ausgehölt, ist, nach der Richtung der Brückenbahn, an 319 F. lang. Bis zu den Brunnen gelangt, nimmt er im Grundrisse die Form eines T an, und geht so, rechts und links nach den Brunnen, wie man es Taf. XVIII. Fig. 2. sieht.

Als der Abzugs-Stollen fertig war, leitete man mittelst eines Bohrloches das Wasser aus dem Ankerbrunnen hinein, dessen Aushölung, wegen des Wasser, nicht weiter hatte fortgesetzt werden können. Das Bohren geschah durch allmälig auf einandergeschraubte, 6 F. 4 Z. lange Stangen. Die obere Stange hatte einen stählernen Kopf, der nach verschiedenen Seiten Einschnitte von 2 bis 2¼ Z. im Durchmesser hatte. In 6 Stunden bohrte man auf diese Weise, von unten nach oben, bis zu dem Boden des angefangenen Brunnens. Als das Bohrloch durchgedrungen war, stürzte sich plötzlich das Wasser mit solcher Heftigkeit hindurch, und die Luft wurde dadurch so zusammen geprefst, dafs wir einen Augenblick lang wie erstickt waren; und das in tiefer Finsternifs; denn alle Lampen waren erloschen. Da auch der Wasser-Abflufs noch durch Werkzeuge und einigen noch nicht weggeschafften Schutt unterbrochen war, so standen wir eine Zeit lang bis zum Knie im Wasser, und erst nach einigen Minuten war das Wasser abgeflossen und die Luft in dem Abzugscanale wieder frei und mit der äufseren Luft im Gleichgewichte. [Es war wahrscheinlich örtlicher Hindernisse wegen nicht möglich, statt von unten nach oben, von oben nach unten zu bohren. D. H.]

Da jetzt das Wasser durch die Abzugs-Canäle frei abfliefsen konnte, so fand sich kein Hindernifs weiter bei der Vollendung der Brunnen. Man machte eine Vertiefung für den Wasserflufs, damit er den Arbeitern nicht beschwerlich falle.

13. Anker-Mauerwerk von Werkstücken. Dasselbe ist aus dem besten Jurakalksteine gemacht worden. Unmittelbar unter jeden der untersten Schwalbenschwänze ist ein Werkstück von 7 F. lang, 4 F. 6 Z. breit und 2 F. 7 Z. hoch gelegt worden. Dieses Werkstück hat 4 Löcher, von $9\frac{1}{2}$ Z. lang und $5\frac{1}{2}$ Z. breit, welche senkrecht durch das gesammte Ankermauerwerk hindurch gehen und zur Aufnahme der Drahtseile dienen.

Auf den untersten Steinblock folgt der Grundstein des Schwalbenschwanzes. Dessen untere Seite ist eben und horizontal; die obere ist nach einem Kreisbogen, von 15 F. 8 Z. Halbmesser, ausgehölt, um das umgekehrte, 2 F. 3 Z. dicke Gewölbe aufzunehmen, dessen Gewölbsteine sich gegen den Felsen stemmen. Der Druck, welcher hieraus auf den Felsen entsteht, ist das Resultat des gesammten Zuges der Drahtseile.

Die oberen Seiten der Steine, welche die verschiedenen über einander gestellten umgekehrten Gewölbe bilden, sind mit den unteren Seiten der Steine, nemlich der Basis des Schwalbenschwanzes, concentrisch. Diese erste Reihe der Gewölbe füllt die untere Kammer der Brunnen, welche bis zu dem Halse der nächst oberen, mittleren Reihe reicht.

Diese mittlere Gewölbereihe, so wie auch die folgende, oberste, ist auf ähnliche Weise angeordnet wie die untere.

Die Ausführung dieses Ankermauerwerks war sehr schwierig. Die Steinblöcke wogen bis 136 Ctr. Sie wurden, nach der Mündung der Brunnen, auf ein Gerüst gebracht, und zwar, an der Stadtseite, durch die schrägen Schächte hindurch nach den Brunnen hin, auf der Feldseite durch den Abzugs-Stollen. Über die Mündung der Brunnen wurden starke fichtene Balken gelegt, theils auf die den Bruunen von drei Seiten umgebenden Mauern, theils auf andere Querbalken. Auf dieses Gerüst wurden zwei andere ähnliche Gerüste, 8 F. über der Brunnenmündung hoch, gesetzt. Jedes dieser beiden Gerüste trug 15 Z. hohe und nur 19 Z. frei liegende Balken, und diese trugen eine eiserne, $2\frac{1}{4}$ Z. dicke Stange, an welche zwei starke, mit Eisen beschlagene Kloben gehängt waren. Auf den Boden der schrägen Schächte waren zwei Winden gesetzt (Taf. XVIII. Fig. 3.), so weit von einander und von der Brunnenmündung entfernt, als zum Spiele der eisernen Hebel, durch welche sie bewegt wurden, nothwendig war. An diese Winden waren 12 Arbeiter angestellt, welche vermittelst starker, doppelt über die Rollen gehender Seile, die Steinblöcke in die Tiefe des Brunnens hinabliefsen.

Da die Steinblöcke fast eben so breit waren als der Brunnen, so war grofse Genauigkeit beim Herablassen der Steinblöcke nothwendig. Die Winde, obgleich stark, so doch nur aus dem Groben, für den bestimmten Zweck verfertigt, hatte eine starke Reibung, und dadurch konnte ihre Bewegung ermäfsigt werden. Ein auf dem Steinblocke selbst stehender Arbeiter half den Stein lenken. Unten angelangt, wurde der Stein gekantet und blofs durch 2 Arbeiter auf sein Lager gebracht. Die Arbeiter wurden dabei kräftig durch die Winden unterstützt, welche stets den Stein so lange hielten, bis er genau an seiner Stelle war. Es wurden nur sehr verständige Leute hierzu angestellt, und es wurde Jedem sein besonderes Geschäft angewiesen, welches er nicht vertauschen durfte. Dadurch vermied man allen Aufenthalt und Verwirrung, und dieser Vorsicht ist es, wenigstens grofsentheils, zuzuschreiben, dafs bei dieser schwierigen und selbst gefährlichen Arbeit gar kein Unfall vorkam.

Da der Brunnen, 9 F. 7 Z. in der Länge, im Felsen ausgehölt worden war, das Anker-Mauerwerk aber nur 6 F. 4. Z. davon füllen sollte, so blieb eine senkrechte Öffnung von 3 F. 3 Z. übrig, in welcher man sich bewegen konnte, und in welche man nun, auf die Höhe jeder Schicht, ein Gerüst legte. Auf diesem Gerüste brachte man immer den letzten Stein der Schichten des umgekehrten Gewölbes hinein. Der mittlere Stein, bei aufrechten Gewölben Schlufsstein genannt, wurde hier immer zuerst gesetzt. So wie eine Gewölbschicht vollständig war, legte man zwischen die äufsersten Gewölbsteine und den Felsen eiserne, fast genau passende Keile. Diese $4\frac{1}{2}$ Linien dicken Keile wurden zwischen zwei Tafeln geölter Leinwand eingetrieben, und zwar von beiden Seiten zugleich, und so lange, bis die Gewölbschicht in allen ihren Theilen gut schlofs. Die Maafse der letzten Gewölbsteine, die sich gegen den Felsen stemmen sollten, wurden zur Stelle und beim Setzen selbst genommen. Zwischen die Steine ist nur sehr wenig, ganz dünner Mörtel gebracht worden.

So also wurden die Brunnen, bis 6 F. 4 Z. hoch unter ihre Mündung, bis auf die vier Löcher von $9\frac{1}{2}$ Z. lang und $5\frac{1}{2}$ Z. breit zu den Drathseilen, und bis auf den 3 F. 2 Z. langen und breiten senkrechten Canal, durch welchen man bis zu dem Boden der Verankerung gelangt, ganz mit Werkstücken ausgefüllt. Diese Werkstücke machen unter sich und mit dem Felsen gleichsam nur eine Masse aus.

Der ganze Zug des Drahtseils stemmt sich zunächst gegen den untersten Ankerstein. Er prefst so die verschiedenen Schichten der umgekehrten Gewölbe gegen die in den Felsen gehauenen Seitenflächen, und wenn auch die Steine auf irgend eine Weise nachgäben, so würden sie doch durch die folgenden, oberen Gewölbe gestützt werden, die mit einander, vermittelst des Mauerwerks von einem Schwalbenschwanz zum andern, eine ununterbrochene Masse bilden.

Diese Anordnung des Haltpunctes der Drahtseile, durch Vervielfältigung der Stützpuncte, auf eine Tiefe von 44½ F. hinab, in einem festen und harten Felsen, wird gewifs schon jeder Nicht-Techniker, und um so mehr jeder Techniker als völlig befriedigend erkennen.

14. Reibungsrollen an den Brunnen-Mündungen. An der Mündung der Brunnen ist der Felsen schräg abgearbeitet, um Granitblöcken von 7 F. 5 Z. lang, 3 F. 2 Z. breit und 2 F. 6½ Z. hoch ein Auflager zu gewähren.

Die Seite dieser Blöcke nach dem Brunnen zu, Taf. XVIII. Fig. 2., 3., 4. und 5., trägt vier etwas gekrümmte gufseiserne Tafeln, auf welchen vier gufseiserne Cylinder oder Reibungsrollen, einer neben dem andern ruhen. Diese Cylinder haben 15¼ Z. im Durchmesser, sind 15¼ Z. lang, und 7¾ Z. von einander entfernt. Ihre Wände sind 1 Z. 2 L. dick, und werden innerhalb durch unten rechtwinklig gegen einanderstehende Scheidungen, die eine 9, die andere 18 Linien dick, unterstützt. Die stärkere dieser Wände liegt in der mitteln Richtung der auf den Unterstützungspunct wirkenden Züge. Diese Rollen geben der Beweglichkeit des Seilzuges nach, wenn das Seil sich verlängert, oder verkürzt. Sie vermindern also die Wirkung des Zuges der Seile auf die Stützpuncte, reguliren die Spannung, und tragen bei, dieselbe auf den untersten Punct der Ankerung hinzuleiten.

Die gufseisernen Tafeln sind in den Granit eingelassen, und ruhen auf bleiernen Tafeln. Die Neigung der Fläche des Granitblocks, welcher die Rollen trägt, ist auf die mittle Richtung der Zugkraft und des Widerstandes senkrecht. [Die Rollen scheinen blofs auf den gufseisernen Tafeln zu ruhen. Sollte es nicht möglich sein, dafs sie, wenn etwa einmal ein Drahtseil stark nachgiebt, hinunter rollen können? Die daraus erfolgende Bewegung der gesammten Masse könnte gefährlich werden. D. H.]

15. Reibungs-Rollen auf den Portiken. Taf. XVII. Fig. 6., 7. und 8. und Taf. XVIII. Fig. 8. Wir haben oben gesagt, dafs die obere Schicht jedes Porticus aus drei Blöcken von Jurakalkstein besteht. Auf diese Blöcke sind, senkrecht auf die Richtung der mittlen Kraft der Züge, gufseiserne, ein wenig gekrümmte Tafeln eingelassen, von $1\frac{1}{2}$ Z. dick, 15 Z. breit, und so lang, wie die Cylinder oder Reibungsrollen, welche sie tragen sollen.

Diese Rollen Taf. XVIII. Fig. 8. und 11., 12. an der Zahl auf jedem Porticus, sind von Gufseisen, 2 F. $6\frac{1}{2}$ Z. lang und 1 F. 11 Z. im Durchmesser. Sie sind hohl, und auf die Weise angeordnet, wie die Reibungsrollen an den Brunnen-Mündungen. Sie ruhen, wie diese, frei auf den gufseisernen Tafeln oder Unterlagen. Die mittlere, um $7\frac{2}{3}$ Z. höher als die beiden andern liegende Rollenreihe befindet sich 6 F. 8 Z. von der den Ankerbrunnen zugekehrten Seite des Porticus und 11 F. 2 Z. von der andern Seite desselben entfernt. Die beiden andern Rollenreihen sind, die eine 2 F. 3 Z. von der ersten und die andere 4 F. 5 Z. von der andern Seite entfernt.

16. Verschüttung der Wasserstollen, und späteres Mauerwerk in den schrägen Schächten. Seit einiger Zeit bemerkte man, dafs das Herabfallen der Erde in den schrägen, Schächten zunahm, so dafs man beständig aufräumen mufste, um einen Weg frei zu machen. Um dieses zu thun, und um innerhalb des schrägen, rechtseitigen Schachtes weiter mauern zu können, mufste täglich viel mit Pulver und Petarden gesprengt werden; was die Schächte noch mehr erschütterte. Reichliche, durch die Böschung der Chaussée geöffnete Quellen hatten ihre Richtung geändert, und drangen in die Kies-Masse, welche die Schächte bedeckte; was ebenfalls das Nachfallen der Erde beförderte. Man sahe endlich, dafs die Erdmasse zwischen den drei Schächten, den beiden schrägen und dem horizontalen, einzustürzen drohe, und dafs dann, weil eine 41 F. breite Lücke entstand, der schon erschütterte Kies sich nicht würde halten können, und also dann alle unter der Erde beinahe vollendeten Arbeiten verschütten würde. Wir eilten daher, den letzten Granitblock an seinen Ort zu bringen. Und da nun der horizontale Schacht nicht mehr nothwendig war, so gaben wir ihn auf, nachdem noch, dicht bei jedem Brunnen, eine starke Mauer aufgeführt worden war, welche den Brunnen von dem bedrohten Schacht absonderte. Kaum waren diese Mauern vollendet, so durchbrach auch der Kies die Decke des Schachtes, zerbrach alle Stützen in demselben und verschüttete ihn.

In den schrägen Schächten waren zwar die Seiten gesichert, da man, um die Winden zum Herablassen der Steine in den Brunnen zu setzen, auf 13 bis 16 F. lang Futtermauern gebauet hatte: aber die auf diesen Mauern liegende Decke konnte ihre Last nicht tragen, und bog sich, und brach hie und da.

In diesem Zustande mufste, in einer Tiefe von 159 F., auf die vorhandenen Seitenmauern ein Gewölbe gesetzt werden; und dies gelang auch, mit entschlossenen Arbeitern und einem geschickten Werkmeister, vollkommen. Kaum war aber dieser Theil des Gewölbes geschlossen, als auch die hölzernen Stützen brachen und die ganze Kiesmasse sich hinunter senkte. In den anderen schrägen Schächten, auf dem rechten Ufer, sind späterhin Futter-Mauern und Gewölbe, mitten unter Absteifungen und Nachfallen der Erde, gebaut worden. Diese Arbeiten erforderten, Tag und Nacht hindurch, eine Woche Zeit.

Das Mauerwerk in den Schächten ist aus Tufstein, Sandstein und gespaltenen Geschieben gebaut. Zu dem Mörtel ist Kalk des Landes genommen. Unter den Gewölben sind die Gerüste, fast so wie sie vollendet waren, weggenommen worden. Der Einsturz der Erde hat an verschiedenen Stellen des Berg-Abhanges Vertiefungen, in der Gestalt von Spitzbogen, hervorgebracht, deren Wände wahrscheinlich die Festigkeit des Gerölles annehmen werden.

Der Wasser-Abzugscanal ist jetzt ganz verschüttet, und es sind nur noch die beiden Schächte offen, in welchen man bis zu den Brunnen und zu den Drahtseilen gelangen und dieselben untersuchen kann.

Auf der Stadtseite hat man in den Felsen einen Wasser-Abzugscanal ausgehölt, dessen Eingang, etwa 10 F. von dem Ankerbrunnen entfernt, auf den Stadt-Wasser-Abzug zutrifft, und der nach dem Thale des Sarine-Flusses hin ausmündet.

Auf dieser Seite sind die Futtermauern und Gewölbe der schrägen Schächte auf verschiedene alte Fundamente gestellt und zwischen Absteifungen gemauert, die man allmälig und vorsichtig durch Tuf-Mauern ersetzte. Die Schächte zum Schutze der Drahtseile verlängern sich hier bis gegen die Aufsenseiten der Häuser, vor welchen sie 19 bis 22 F. über den Boden erhöht sind.

17. Brückenzoll- und Wachthäuser. Es blieben im Jahre 1835 noch vier kleine Pavillons, zur Erhebung des Brückenzolles und für die Wachtposten, zu erbauen übrig. Diese kleinen Gebäude werden, nur etwa 5 F. von den Portiken entfernt, aufgeführt, und nicht höher werden, als die Sockel der Portiken. An Umfang werden sie dem eines Porticus-Pfeilers gleich sein, das heifst 18 F. 8 Z. lang und 13 F. breit. Ihre Plinten, 15 Z. hoch, werden von Jura-Kalkstein, der Rest wird von gleichen Sandsteinen gebaut werden, wie sie zu den Portiken genommen sind. Das Dach wird mit 3 Z. dicken Tafeln von harten Steinen aus dem Berner Oberlande bedeckt werden. Diese kleinen Gebäude, mit Bogen, zwischen Pilastern und einer Krönung, werden von derselben architektonischen Ordnung sein, wie die Portiken.

III. Die Hängebrücke und ihre Bahn.

18. Geschmiedetes Eisen. Alles geschmiedete Eisen, welches einen bestimmten Widerstand zu leisten hat, ist aus den Schmieden des Herrn Finot, von Unterweiler im Canton Bern, genommen.

19. Gewalztes Eisen. Das Eisen zu den Ankern in den Mauern und zu den Bolzen in der Brückenbahn ist aus Walzwerken in England genommen. Ungeachtet des weiten Transports, über Meer und zu Lande, war der Preis dieses, an Güte dem gewalzten Eisen aus Frankreich wenigstens gleichen Eisens, noch um 20 Procent niedriger, als der des letztern, welches gleichwohl, in der Franche-Comté, nur etwa 16 Meilen von Freyburg entfernt, zu haben ist.

20. Eisendraht. Derselbe ist, von den verschiedenen gebrauchten Nummern, von den Herren Neuhaus und Panserot zu Bienne geliefert worden, deren Drahtzüge ihr Eisen von Unterweiler erhalten. Der laufende Fufs Draht No 18., welcher 1,41 Linien im Durchmesser hat, wiegt 1,22 Loth. Die Drahtstränge sind im Durchschnitt 446 bis 478 F. lang. Sehr zahlreiche, während der ganzen Zeit der Ablieferung wiederholte Versuche haben ergeben, dafs dieser Draht No. 18. einen Zug von 1302 Pfd. trägt, ehe er zerreifst. Da der Querschnitt des Drahtes von dem angegebenen

Durchmesser 1,566 Quadratlinien enthält, so trägt die Quadratlinie 829 Pfd. Die Drähte No. 14. und No. 4., zu den Bindungen, sind von der Fabrik ausgeglüht geliefert worden.

21. Holz. Das Holz zur Brückenbahn ist aus den im Canton Freyburg im Überflufs vorhandenen Fichtenwäldern genommen worden. Man hat die gesundesten und stärksten Hölzer ausgewählt. Alle Stämme sind vollkantig beschnitten worden, und viele derselben waren bis 64 F. lang. Das Beschneiden ist auf einer, durch eine benachbarte Wasserkraft in Bewegung gesetzten Schneidemühle geschehen.

22. Oel, Anstrich, Theer. Das Leinöl ist aus den Magazinen von Morat in Freyburg und aus den Fabriken in der Nähe von Bern gezogen worden.

Der Theer und der Zusatz zum Anstriche sind durch Baseler Kaufleute geliefert worden. Der Theer war aus Norwegen.

23. Schmieden. Zwei Schmieden und eine wohl montirte Werkstatt waren zu der Bearbeitung des zur Brücke bestimmten geschmiedeten Eisens eingerichtet. Es wurden darin auch alle Werkzeuge für die andern Werkstätten reparirt. Desgleichen wurden darin die Bolzen, Klammern und andere Eisenstücke für die Brückenbahn und die übrigen Theile des Werks geschmiedet und die Schrauben geschnitten.

24. Hänge- und Tragseile. Die vier Hängeseile, welche die Brückenbahn tragen, an jeder Seite zwei, bestehen jeder aus 1056 Dräthen; alle vier also zusammen aus 4224 Drähten. Der Durchmesser jedes Drahtes ist, wie oben bemerkt, 1,41 Linien. Die Seile sind fast cylindrisch, und haben 5 bis $5\frac{1}{3}$ Zoll im Durchmesser. Sie haben alle dieselbe Senkung und dieselbe Sehne. Die beiden Seile an der nemlichen Seite sind nur $1\frac{1}{2}$ Zoll von einander entfernt, nemlich um die Dicke der Sättel der senkrechten Hänge- oder Trage-Strähnen. Jedes Seil ist im Ganzen 1192 F. lang.

In allen Puncten, in welchen die Seile die senkrechten Hänge-Strähnen tragen, und je mitten zwischen zwei Hänge-Strähnen, sind die Hängeseile mit ausgeglühtem Draht No. 14., auf 6 Zoll lang, gebunden. Diese Bänder sind also nur 23 Zoll von einander entfernt. Sie halten das Geflecht der Hängeseile zusammen und in seiner cylindrischen Form. Auch da, wo die Brückenbahn zu Ende ist, und auf beiden Seiten der Portiken, sind die Hängeseile auf gleiche Weise gebunden.

Nach den Portiken hin lösen sich die Drahtseile allmälig auf, und verwandeln sich in platte Streifen von dünnen, parallelen Strähnen, welche sich dann auf die drei Reibungsrollen Taf. XVIII. Fig. 11. auflegen.

Nachdem sie sich über die drei beweglichen Rollen, welche sie ganz bedecken, hingebogen haben, vereinigen sich die Strähnen hinter dem Porticus wieder in zwei Seile, die beim Eintritte in die schrägen Schächte jedes in zwei Theile sich theilen. Jeder solcher Theil besteht aus 10 Strähnen.

Nahe am Boden verbinden sich die vier Zugseile mit den vier Ankerseilen, von welchen weiter unten die Rede sein wird. Die Verbindung mit den Ankerseilen geschieht, nach Taf. XVIII. Fig. 9. und 10., vermittelst drei Schlüssel von geschmiedetem Eisen, die zusammen eine Masse von $12\frac{1}{4}$ Z. hoch und 3 Z. $\frac{3}{4}$ L. dick bilden, und welche folglich $37\frac{1}{2}$ Quadratzoll Querdurchschnitt hat. Über die drei Schlüssel legt sich der obere Biegel der Ankerseile. Sie gehen außerdem mit jedem Ende durch die 5 Biegel der auf jedes Ankerseil treffenden 10 Strähnen der Hängeseile. Die Schlüssel lehnen sich noch gegen zwei gußeiserne Füllstücke, deren halbcylindrische Form genau in die Biegel an den Enden der Seile paßt. Diese gußeisernen Stücke haben an ihren Enden Knaggen, um das Abgleiten der Biegel zu verhindern.

Das Gewicht der gesammten Brückenbahn und alles Hängenden beträgt 5821 Ctr. Die größte über die Brücke fahrende Last beträgt 3104 Ctr., also 21 Pfd. auf den Quadrat-Fuß. Wenn nemlich zwei Reihen der schwersten, dort zu Lande vorkommenden Wagen über die Brücke fahren, und die Wagenreihe über die ganze Länge der Brücke sich erstreckt, so beträgt das Gewicht der 44 Wagen 2522 Ctr. Dazu 500 Personen, 582 Ctr. an Gewicht, thut 3104 Ctr. Rechnet man die über die Brücke sich bewegende Last von 3104 Ctr. zu dem Gewichte der Brücke selbst, von 5821 Ctr., so erhält man für die gesammte Last 8925 Ctr.

Bezeichnet man nun die Entfernung der Stützpuncte der Tragseile durch e;
die Tiefe des Herunterhängens derselben in der Mitte durch . . . k;
das Maximum der Belastung durch . . . . P;
die Spannung der Seile durch . . . . T:
so ist:

$$T = \frac{P}{4k} \sqrt{(\tfrac{1}{4} e^2 + 4k^2)}.$$

Setzt man für e, k und P ihre Werthe, nemlich

$$e = 870\,\text{F.}, \quad k = 61{,}43\,\text{F.} \quad \text{und} \quad P = 8925\,\text{Ctr.},$$

so findet man, für die gröfste Spannung der Seile:

$$T = 16415.$$

Die Seile sind aus 4224 Drähten No. 18. zusammengesetzt, deren jeder 1302 Pfd. zu tragen vermag. Jedes Seil [*chaque câble.* Es soll wohl heifsen: die 4 Seile zusammen. D. H.] vermag also 50007 Ctr. zu tragen; mithin dreimal so viel, als die obige gröfste Spannung von 16415 Ctr.

Der Durchmesser der Drähte No. 18., aus welchen die Seile zusammengesetzt sind, ist 1,41 L., ihr Querschnitt 1,566 Quadr.-L. Dieses macht für 4224 Drähte 6624 Quadr.-Lin. Querschnitt. Von der gröfsten Spannung kommt also nur 273 Pfd., und von der ruhenden Last nur 178 Pfd. auf die Quadratlinie; also im ersten Fall weniger als der dritte, und im zweiten etwas mehr als der fünfte Theil der Last von 829 Pfd., welche jede Quadratlinie Querschnitt der Seile zu tragen vermag.

[Wenn man annimmt, dafs die Last auf die Brückenbahn nach der Länge derselben gleichförmig vertheilt sei, und durch die Mitte des Bogens, welchen die Hängeseile bilden, also durch den niedrigsten Punct dieses Bogens, rechtwinklige Coordinaten x und y legt, den Anfangspunct derselben in den niedrigsten Punct selbst, und die x lothrecht, die y wagrecht: so kann der Theil der Belastung, der auf dem der Ordinate y correspondirenden Bogen ruht, weil die Last gleichförmig, das heifst im Verhältnifs der Länge der Brückenbahn vertheilt sein soll, durch my ausgedrückt werden, wo m die Zahl von Centnern ist, welche auf die Einheit der Länge der Brückenbahn kommt. Ferner ist der aus der Belastung entstehende wagerechte Zug nothwendig für jeden beliebigen Punct der Curve der nemliche, also eine Constante; denn wäre er es nicht, so könnte kein Gleichgewicht Statt finden und das Seil nicht in Ruhe bleiben. Der genannte wagerechte Zug kann also durch ma ausgedrückt werden, wo a eine unveränderliche, weiterhin zu bestimmende Gröfse bezeichnet. Die beiden, auf den, der Ordinate y und der Abcisse x entsprechenden Punct der Curve, in auf einander senkrechten Richtungen, nemlich die eine nach der lothrechten Richtung der x, die andere nach der wagerechten Richtung der y wirkenden Kräfte, sind also my und ma. Es müssen sich aber, nach statischen Gesetzen, wenn das Gleichgewicht Statt finden soll, die ersten Ableitungen (ersten Differentiale) dx und dy

von x und y, nach irgend einer beliebigen unabhängig veränderlichen Gröfse genommen, wie jene beiden Kräfte verhalten. Es mufs also

$$1. \quad \frac{dy}{dx} = \frac{ma}{my} = \frac{a}{y}$$

sein; welches die Grundgleichung für die Gestalt der Curve ist. Es folgt daraus $y\,dy = a\,dx$, und, die Stammgleichung genommen (integrirt), $y^2 = 2ax + \text{Const}$. Da $y = 0$ ist, für $y = 0$, nemlich im Anfangspuncte der Coordinaten: so ist Const $= 0$; also vollständig:

$$2. \quad y^2 = 2ax.$$

Dieses giebt die Gleichung der Curve, welche die Hängeseile bilden. Diese Curve ist also eine Parabel zweiter Ordnung (nicht etwa eine Kettenlinie). Für die Stützpuncte der Tragseile ist $x = k$ und $y = \frac{1}{2}e$, wenn man, näherungsweise, annimmt, dafs die Brückenbahn und die Belastung bis zu den Portiken reichen (was freilich nicht der Fall ist). Also giebt die Gleichung (2.) für die Stützpuncte der Curve $\frac{1}{4}e^2 = 2ak$, und daraus folgt:

$$3. \quad a = \frac{e^2}{8k}.$$

Dieses ist der nothwendige Werth von a, und man erhält, wenn man denselben in (2.) substituirt,

$$4. \quad y^2 = \frac{e^2 x}{4k};$$

welches die vollständig bestimmte Gleichung der Curve ist.

Die gesammte Belastung bezeichnet der Herr Verfasser durch P: also ist für $y = \frac{1}{2}e$, $\frac{1}{2}P = m.\frac{1}{2}e$, und daraus folgt:

$$5. \quad m = \frac{P}{e}.$$

Die Belastung my für die der Ordinate y entsprechende Länge der Brückenbahn ist also

$$6. \quad my = \frac{Py}{e}.$$

Nun ist die Spannung T des Seils für jeden beliebigen, z. B. für den der Ordinate y entsprechenden Punct der Curve, die mittlere oder diagonale oder resultirende Kraft der beiden Kräfte my und ma, und es mufs, nach statischen Gesetzen, wenn man die Länge des Bogens, vom Anfangspuncte der Coordinaten an, durch s bezeichnet,

$$7. \quad \frac{ds}{dx} = \frac{T}{my} = \frac{Te}{Py} \quad (6.)$$

sein. Es ist aber $ds = \sqrt{(dx^2 + dy^2)}$. Also giebt (7.)

$$\sqrt{\left(1 + \frac{dy^2}{dx^2}\right)} = \frac{Te}{Py},$$

und wenn man, aus (1. und 3.), $\frac{dy}{dx} = \frac{a}{y} = \frac{e^2}{8ky}$ substituirt,

$$\sqrt{\left(1 + \frac{e^4}{64k^2y^2}\right)} = \frac{Te}{Py}, \quad \text{oder} \quad \frac{\sqrt{(e^4 + 64k^2y^2)}}{8k} = \frac{Te}{P}.$$

Daraus folgt

$$8. \qquad T = \frac{P}{8ke}\sqrt{(e^4 + 64k^2y^2)}.$$

Dieses ist der Ausdruck der Spannung des Seils in einem beliebigen Puncte desselben. Für den Anfangspunct der Coordinaten, oder im tiefsten Puncte des Seils, für welchen $y = 0$ ist, ergiebt sich aus (8.) $T = \frac{P}{8ke}.e^2$ oder

$$9. \qquad T = \frac{Pe}{8k}.$$

Die Spannung ist in diesem Puncte, wie aus (8.) folgt, am kleinsten, und nimmt nach oben immerfort zu. An den Stützpuncten des Seils, oder für $y = \frac{1}{2}e$, ist sie am gröfsten, und dort ist, vermöge (8.):
$T = \frac{P}{8ke}\sqrt{(e^4 + 16k^2e^2)} = \frac{Pe}{8k}\sqrt{(e^2 + 16k^2)}$, oder

$$10. \qquad T = \frac{P}{4k}\sqrt{(\tfrac{1}{4}e + 4k^2)}.$$

Dieses ist genau der Ausdruck, welchen der Herr Verfasser für das Maximum der Spannung der Seile giebt. Es folgt also, dafs derselbe, eben so wie es hier geschehen ist, vorausgesetzt hat: die Belastung sei auf die Brückenbahn, ihrer Länge nach, gleichförmig vertheilt, und erstrecke sich zugleich so von einem Porticus bis zum andern; welches beides auch wohl füglich näherungsweise vorausgesetzt werden darf.

Aber sollte es doch nicht gewagt sein:

Erstlich, den Fall nicht zu berücksichtigen, wo die ganze, 784,6 F. lange und 20,58 F. zwischen den Geländern breite, also 16148 Quadratfufs Fläche enthaltende Brückenbahn ganz mit darüber sich hin bewegenden Menschen, wohl gar noch mit Wehr und Waffen belästet, bedeckt ist, deren dann wenigstens 4000, und im Gedränge auch wohl 5 bis 6000 darauf Raum finden würden, welches 3 bis 4000 Ctr. Gewicht mehr giebt, als oben für die Wagen und die 500 Menschen angeschlagen ist, also statt 8925 Ctr. eine Belastung von 12 bis 13000 Ctr., unter welcher dann die Seile schon etwa die Hälfte dessen zu tragen bekommen würden, was sie äufserstenfalls tragen können:

Zweitens, die Belastung blofs als ruhend zu betrachten (was sie nicht ist), während dieselbe Last, in Bewegung, weit stärker wirkt als wenn sie ruht:

Drittens, wenn auch wirklich nur die im Text angeschlagene Last in Rechnung käme, die Seile nicht mehr als nur etwa 3 mal so stark zu machen, als nöthig, da doch ihre Stärke, wenn auch nur einzelne Drähte nachgeben sollten, etwa durch Rosten in der Folgezeit, sogleich bedeutend abnimmt?

Da die Brücke bis jetzt standhaft gewesen ist, so widerlegt zwar die Erfahrung bis jetzt alle diese Bedenken. Aber es ist die Frage, ob sie doch nicht für die Folgezeit noch übrig bleiben möchten. D. H.]

25. Ankerseile. Die Ankerseile, 8 an der Zahl für jedes Ende der Brücke, nemlich 4 für jeden Ankerbrunnen (Taf. XVIII. Fig. 1. und 2.) sind jedes aus 528 Drähten zusammengesetzt, und bilden folglich, für jedes Ende der Brücke, wieder eine Masse von 4224 Drähten. Die Seile sind cylindrisch, haben 3 Zoll 9,8 Lin. im Durchmesser, und sind 80 Fufs lang. Alle in das Ankermauerwerk hinabgehenden Seile sind mit einer stetigen, scharf angezogenen Spirale von Draht No 14. umwunden. Aufserhalb des Mauerwerks sind sie nur, gleich den Hängeseilen, alle 23 Zoll gebunden.

Nachdem sich die Hängeseile auf die oben angezeigte Weise mit den Ankerseilen vereinigt haben (Taf. XVIII. Fig. 3.), gehen sie, ohne ihre Richtung zu ändern, in die schrägen Schächte hinab. An den Mündungen der Ankerbrunnen biegen sie sich, breiten sich auf den Frictionsrollen aus (Taf. XVIII. Fig. 1., 2., 3., 4., 5.), und steigen nun senkrecht in die Brunnen hinab, und zwar in den dazu in dem Mauerwerk frei gelassenen Röhren. Am Boden des Brunnens wird, vermittelst eines durch den Biegel gehenden Ankers, das ganze Hängesystem an den untern Block des Ankermauerwerks angehängt.

Diese untere Verankerung, mit ihrer Befestigung, zeigt Taf. XVIII. Fig. 2., 6. und 7. Sie besteht, erstlich, aus einem geschmiedeten Stück Eisen, von 6 Fufs $4\frac{1}{2}$ Zoll lang, 1 Zoll $6\frac{1}{2}$ Lin. dick und 3 Zoll breit, welches sich unmittelbar an die untere Fläche des Steinblocks anlegt, und zugleich die Abbröckelung der Ränder der in dem Steine befindlichen Löcher verhindert: zweitens aus einem geschmiedeten eisernen Splint, von 3 Zoll breit und 15 Zoll lang: drittens aus einem Anker von gegossenem Eisen, 3 Zoll dick und $7\frac{2}{3}$ Zoll hoch, unten halb-cylindrisch, um genau den Biegel unterhalb des Seils zu umfassen. Der Querschnitt dieses Ankers enthält 37,4 Quadratzoll.

26. Hinuntergehende Trageseile. Dieselben sind aus 30 Drähten No. 17. zusammengesetzt. Sie haben 11,4 Lin. im Durchmesser, und ihre Länge ist, nach ihren verschiedenen Stellen, verschieden. Die längsten sind 53 Fuſs lang, die kürzesten 7 Zoll, so daſs, senkrecht auf die letztern, die krummen Hängeseile beinahe die Haken der Biegel berühren, die die Balken der Brückenbahn tragen.

Die hinuntergehenden Tragseile sind 4 Fuſs $9\frac{1}{3}$ Zoll von einander entfernt, und ihre Zahl ist an jeder Seite der Brücke 163. Da die Stützpuncte der Hängeseile auf den Portiken [nach der Breite der Brücke gemessen] 31,2 Fuſs, und dagegen die Biegel, in welche die senkrechten Tragseile, an der Brückenbahn, eingreifen, [ebenfalls nach der Breite der Brücke gemessen] nur 22,9 Fuſs von einander entfernt sind, so folgt, daſs die Flächen, in welchen die hinuntergehenden Tragseile an den beiden Seiten der Brücke liegen, keine Ebenen und nicht vertical, sondern krumm sind, und überall ein wenig von dem Loth abweichen. Diese Anordnung, welche dem regelmäſsigen Aussehen des Hängewerks nicht schadet, verhindert die horizontalen Schwankungen der Brückenbahn nach der Seite, und strebt, den Zug an den Stützpuncten der Portiken auf die Brückenbahn zu übertragen; was den Stützpuncten zum Vortheil gereicht.

Jedes hinuntergehende Hängeseil (Taf. XIX. Fig. 4.) hat an beiden Enden ringförmige Biegel, die durch zwei guſseiserne Sättel gebildet sind, auf welche sich die Drähte legen, aus denen die Seile zusammengesetzt sind.

Der untere Biegel greift in einen Haken, und trägt vermittelst desselben den Biegel, welcher das Ende des darauf zutreffenden Querbalkens der Brückenbahn umfaſst. Der obere Biegel stützt sich auf die Mitte des Sattels von geschmiedetem Eisen, Fig. 4., dessen beide Schenkel, in der Gestalt von Halbmonden, die beiden Hängeseile an jeder Seite der Brücke zugleich umfassen.

27. Zubereitung des Drahtes. *A.* Heiſser Überzug. Die Drähte No. 18. und 17., in Massen von gleicher Länge, und 17 bis 19 Pfd. schwer, wurden bei ihrer Ankunft zuerst auf das sorgfältigste untersucht.

Nachdem sie in allen ihren Theilen fehlerfrei befunden worden, wurden sie, zu drei verschiedenen malen, und jedesmal zwei Stunden lang, in einen Kessel voll siedenden Leinöls gebracht, welchem man etwas weniges Bleiglätte (*litharge*) und Rufs zugesetzt hatte. Nach dem Herausnehmen aus dem Kessel wurden die Drahtringe jedesmal unter Schuppen ausgespannt und, bis sie vollkommen trocken waren, oft gewendet. Darauf wurden sie, bis zur ferneren Behandlung, in das Magazin gebracht. So wurden die Drähte, durch die Bedeckung mit drei Lagen Öl, der Oxydation völlig unzugänglich gemacht, in so fern sie nur gegen Reibung geschützt bleiben. [Aber der Überzug mit Öl dauert an der Luft nicht für immer. Vielleicht ginge es an, solche Hängeseile dadurch noch kräftiger gegen den Rost zu schützen, dafs man sie, nachdem sie aus geöltem Draht verfertigt sind, noch mit platten Drähten (von der Form der Uhrfedern, oder schmalen Sägeblätter) spiralförmig, scharf an einander, doppelt umspänne. D. H.]

B. Abwickelung und Vereinigung der Drähte. Die Drahtbündel wurden, nachdem sie auf die beschriebene Weise gefirnifst und wieder getrocknet waren, auf Trommeln von 15 Zoll im Durchmesser aufgewickelt. Zu dem Ende legte ein Arbeiter ein Drahtbündel auf eine Art von Haspel, der sich um eine senkrechte Rolle drehte, und nachdem er das eine Ende des Drahts an die Trommel befestigt hatte, spann er den Draht vermittelst einer Kurbel auf, die er mit der rechten Hand drehte, während er mit der linken den Draht lenkte. Während dieser Operation knüpfte er zugleich die Enden des Drahts zusammen, indem er sie auf 4 Zoll lang kreuzte, und sie, auf wenigstens 2 Zoll 8 Lin. lang, spiralförmig, mit ausgeglühtem Drahte No. 4. umwand.

Die Verbindung der Drähte war so fest und sicher, dafs jedesmal, wenn man einen so zusammengeknüpften Draht bis zum Zerreifsen anspannte, die Enden niemals über einander abglitten, sondern der Draht immer über oder unter dem Knoten zerrifs. Ein eingeübter Arbeiter vermochte täglich etwa 1280 Pfd., oder etwa 3 Spulen oder Trommeln voll Draht, zu haspeln und zu knüpfen.

Nachdem die Drähte so verarbeitet waren, schritt man zur Verfertigung der Drahtseile.

28. Verfertigung der Drahtseile. *A.* Hängeseile. Da die Bahn, auf welcher die Strähnen der Hängeseile gesponnen worden sind, für die 1192 Fuſs langen Seile in gerader Linie nicht lang genug war, so muſsten die Seile, nach Taf. XIX. Fig. 5., wiederkehrend gesponnen werden.

Jedes der vier Hängeseile besteht aus 20 Strähnen, und zwar aus 12 von 56 und aus 8 von 48 Drähten. Jede Strähne ist einzeln gemacht worden.

Ein Stück Eichen-Holz *b*, Taf. XIX. Fig. 5., von $11\frac{1}{2}$ Zoll im Gevierte, gestützt auf einen Bock, und gehalten durch eine dem Zuge entgegengesetzte starke Strebe wurde aufrecht, und 4 Fuſs 9 Zoll tief in den Boden gestellt und durch Mauerwerk befestigt. Auf den obern Kopf des Holzes, 3 Fuſs 2 Zoll hoch über dem Erdboden, wurde, an der hintern Seite, ein im Querschnitt halbkreisförmiges Stück von 15 Zoll im Durchmesser augefuttert, und dasselbe mit Blech bekleidet. Diesem Gerüst gegenüber, und 592 Fuſs davon entfernt, wurden zwei andere Pfähle *a* und *c*, 3 Fuſs 2 Zoll von einander abstehend, gesetzt. Die Köpfe derselben wurden hinter jedem mit einem Pflocke verstärkt, welcher 2 Zoll überragte und genau in den Biegel am Ende der Strähnen paſste.

Auf die Länge von 582 Fuſs waren, alle 32 Fuſs, genau horizontal, 3 Fuſs 2 Zoll lange Querstücke gesetzt, um die Strähnen zu tragen.

Nachdem so alles vorbereitet war, brachte man die auf die Pflöcke passenden Biegel, welche zu den Umdrehungen der Drähte bestimmt waren, an ihre Stelle. So war also das Ende des Drahts an dem einen der Pflöcke, z. B. an *a*, befestigt, und ging durch die Rinne der Biegel. Nun setzte man einen Wagen in Bewegung, der eine mit Draht bewickelte Spule oder Trommel trug. Am andern Ende der Bahn angelangt, bog man den so weit abgesponnenen Draht um den halbkreisförmigen Kopf des Pfahls *b*, und nachdem man dem Drahte, vermittelst einer, der von Herrn Vicat vorgeschlagenen ähnlichen Vorrichtung, eine Spannung von 213 Pfd. gegeben hatten, führte man den Wagen nach dem Puncte, von welchem er ausgegangen war, zurück. Dort wurde der Draht, auf gleiche Weise, durch die Rinne des andern Biegels gezogen, und nachdem man ihm eine der vorigen möglichst gleiche Spannung gegeben hatte, setzte man das Verfahren auf gleiche Weise weiter und für die ganze übrige Strähne fort. Zuletzt vereinigte man, am Ende der Strähne, das Ende des letzten Drahts mit dem ersten Anfange desselben, der einstweilen an den Pfahl *a* war befestigt worden. Um dem Drahte, ehe man ihn an den Pfahl *b*, oder um die Biegel legte, die beabsichtigte Spannung zu geben, brachte man die Zange, welche zum Anziehen des Drahts diente, an ein Seil, welches sich um einen beweglichen Cylinder legte, und ein an seinem Ende aufgehängtes Gewicht von 213 Pfd. trug. So bekamen die verschiedenen, die Strähnen bildenden Drähte, alle sehr nahe eine gleiche Spannung.

Man band darauf die Strähnen mit ausgeglühtem Draht No. 14. an beide Seiten des Biegels fest und umwand die beiden Strähnen, 15 Zoll lang, spiralförmig. Eben so machte man, etwa alle 3 Fuſs 2 Zoll, auf die ganze Länge der Strähne, vorläufige Bänder, die hernach beim Aufziehen des Seils wieder weggenommen wurden. Hierauf brachte man auf die so gebundenen Strähnen eine Lage des Leinöls, durch welches die Drähte schon dreimal heiſs gezogen worden waren, und legte nun die Strähnen auf die Werkstatt. Fünf Arbeiter, von denen einer die Anspannung der Drähte besorgte, konnten wöchentlich 5 Strähnen verfertigen.

B. Ankerseile. Ich lieſs, in einer bedeckten und geschützten Werkstatt, einen 3 Fuſs 2 Zoll tiefen und 1 Fuſs 7 Zoll breiten Graben ausheben. In diesen Graben wurde ein 80 F. langes und $26\frac{3}{4}$ Z. breites Gestell (Taf. XIX. Fig. 6., 7., 8.) gesetzt, nach dessen Länge horizontale Hölzer von $11\frac{1}{2}$ Zoll im Gevierte liefen, welche alle $9\frac{1}{2}$ Fuſs durch Querstücke, von gleich starken Hölzern, aus einander gehalten wurden, und auf dieselben durch eiserne Biegel stark befestigt waren. Die beiden Längstücke waren rechtwinklig gegen eichene Stiele von gleicher Stärke gestemmt. Diese beiden Stiele, im Mauerwerk befestigt, ragten $11\frac{1}{2}$ Zoll über die Längstücke hervor. Der Kopf jedes Stiels war mit einem Loch, von 2 Zoll $3\frac{1}{2}$ Lin. im Durchmesser, durchbohrt, welches dicht auf die Oberfläche der Längstücke hinstreifte. Dieses Loch war mit einer eisernen Platte, von 9 Lin. dick, 1 Fuſs 11 Zoll lang und $\frac{1}{2}$ Zoll breit bekleidet, durch welche eine eiserne Stange *a, a*, von 2 Zoll $3\frac{1}{2}$ Lin. dick und 2 Fuſs $6\frac{1}{2}$ Zoll lang, ging. Auf die halbe Länge der Stange war eine Schraubenspindel angeschnitten, und am andern Ende war ein viereckiger Kopf, um den Biegel des Seils zu fassen.

Vermittelst eines eisernen Schlüssels, mit 3 Fuſs 2 Zoll langem Hebel, für die 3 Zoll 10 Lin. dicke messingene Schraubenmutter, bewegte man die Schraubenspindeln, an welchen die Enden des Seils während der Verfertigung desselben befestigt waren, horizontal fort.

Ein kleiner Krahn *b* diente, das Gewicht herbeizuziehen, welches man jedem Faden bei seiner Biegung um den Biegel zu tragen geben wollte. Die verticale Spindel des Krahns drehte sich, um einen festen Stiel, in zwei Zapfen, und der horizontale Arm des Krahnes hatte an seinem Ende eine kleine Rolle.

Um ein Seil anzufangen, befestigte man gegen das Längstück das Ende des auf die Trommel aufgerollten eisernen Drahts, zog den Draht durch die Rinne des Biegels, führte es nach dem andern Ende der Werkstatt, legte es dort gegen die Rinne des andern Biegels, und faſste es, etwa 19 Zoll davon entfernt, vermittelst einer an ein Seil befestigten Zange. Dieses Seil wurde über die Rolle des horizontalen Krahn-Armes gelegt, und trug an seinem Ende ein 213 Pfd. schweres Gewicht, welches auf dem Erdboden lag. Hierauf wurde der auf die Richtung des Seils beinahe perpendiculair stehende Krahn-Arm auf seinem Zapfen gedreht, bis er sich gegen das Längstück anlegte. Durch die Drehung hob sich das Gewicht vermittelst des über die Rolle gehenden Seils, und der Draht bekam nunmehr das ganze Gewicht zu tragen. Auf gleiche Weise, und vermittelst einer ganz gleichen Vorrichtung, wurde am andern Ende der Seilbahn ein Gewicht gehoben. Merkzeichen von Draht, perpendiculair auf die Biegel, zeigten unveränderlich die den Seilen bestimmte Länge an, so wie bei jeder Wendung die geringste Veränderung, sowohl in der Länge, als in der Temperatur, und im etwaigem Zusammendrücken des Bodens oder der Hölzer im Gestell. Vermittelst der Stellschrauben wurde die richtige Länge des Seils und die Spannung seiner Fäden immer wieder hergestellt. Nachdem alle Drähte an ihrer Stelle waren, wurde das letzte Draht-Ende an das erste, anfänglich an den Gestellbalken befestigte Ende festgeknüpft.

In diesem Zustande wurde das Seil mit einer reichlichen Lage zubereiteten Öls überzogen, welches nun bis in die innersten Räume drang.

Hierauf wurde das Seil an den Enden der Biegel mit ausgeglühtem Draht No. 14. stark gebunden. Zu dem Ende hatten die Biegel Einschnitte oder Rinnen. Die Bindungen wurden bis auf 27 Zoll fortgesetzt, und endlich wurden die Drähte des Seils, auf die ganze Länge der Höhlung der Ankerbrunnen, mittelst einer spiralförmigen Umwickelung in ein Bündel vereinigt. Für den übrigen Theil des Seils begnügte man sich, alle 23 Zoll eine 7¼ Zoll lange Bindung zu machen. Um diese Bindungen schärfer anziehen zu können, und das Seil runder zu bekommen, setzte man, so wie die Bindungen gemacht werden sollten, eine hölzerne, kreisförmig ausgehölte Klemme an, deren beide Theile zusammengeschraubt werden konnten.

Als so das erste Ankerseil vollendet war, hatte es, auf der Werkstatt liegend, ein ganz gutes Aussehn, und ich glaubte, dafs die Draht-Umwickelung, welche es fast in seiner ganzen Länge umgab, es beinahe gerade erhalten würde. Aber ich wurde hierüber bald enttäuscht; denn so wie das Seil nur ein wenig losgespannt und seine Elasticität frei geworden war, sprang es alsbald aus seiner Lage, und bog sich in fortlaufende doppelte Krümmungen, von der Gestalt eines Pfropfenziehers. Es wäre unmöglich gewesen, es so in den Brunnen zu bringen. Mit Mühe brachten wir es, vermittelst kleiner eiserner Seile und Schrauben, auf sein Lager zurück, wo ihm, durch engeres Zusammenrücken der spiralförmigen Umwickelung, seine vorige Gestalt und Länge wiedergegeben wurde. Nachdem verschiedene Mittel, das ganz frei gelassene Seil gerade zu erhalten, um es so in den Brunnen schaffen zu können, vergebens versucht worden waren, blieb ich bei folgendem stehen; welches auch gelang. Ich liefs aus frischem fichtenen Holze, ohne Äste, Latten, von $\frac{3}{4}$ Zoll dick und 2 Zoll breit, sägen. Solcher Latten liefs ich vier an das Seil, seiner ganzen Länge nach, legen und sie, alle 8 bis 11 Zoll, stark mit ausgeglühtem Drahte daran festbinden. So eingezwängt, konnte das Seil sich selbst überlassen werden, und drehte sich nun nicht mehr in sich selbst. Die Einfassung mit Latten hatte noch den Nutzen, das Seil gegen das Abreiben bei dem Einbringen zu schützen.

Acht Seile von gleicher Länge, für das eine Ufer, wurden so nach einander verfertigt und eingeschnürt.

Ehe man etwas an der Werkstatt änderte, machte man noch ein kleines Seil, aus 20 Drähten, genau von derselben Länge wie die vorigen, und ebenfalls an den Enden in Biegel greifend. Dieses Seil hatte den Zweck die Länge der 8 andern Seile, für das gegenüberliegende Ufer, zu bestimmen.

C. Hinuntergehende Tragseile. Nachdem die verschiedene Länge dieser Seile berechnet und nach einem Maafsstabe von 1 auf 5 gezeichnet worden war, schritt man zur Verfertigung derselben, und zwar je zu vieren, welche immer, vermöge ihrer Lage an beiden Seiten und an beiden Enden der Brücke, gleich lang sein mufsten.

Man setzte zwei Pfähle recht fest in den Erdboden, gegen welche sich, mit ihren beiden Enden, eine horizontale, 54 Fuſs lange Schwelle stemmte, von mehreren Stielen getragen. Das längste Seil ist nemlich, wie oben bemerkt, 53 Fuſs lang. Ein eiserner Knaggen ragte über einen der Pfähle 2 Zoll hervor, und bildete den Haltpunct.

Ein Wagen trug hierauf einen beweglichen Haltpunct, und konnte nach Belieben, entweder längs der Schwelle, wie eine Coulisse, fortgeschoben, oder an dieselbe befestigt werden. Dieser Wagen, durch welchen von vorne nach hinten eine runde eiserne Stange ging, hatte vorn einen Knaggen, demjenigen auf dem festen Pfahle gleich, und hinten eine Schraubenspindel, mit Mutter. Dieser Wagen, mit dem beweglichen Haltpuncte, wurde nach und nach auf diejenige Entfernung von dem festen Haltpuncte festgestellt, welche der Länge der zu verfertigenden Seile gleich war. Man spann darauf, durch Abwickelung, 30 Drähte No. 17. über die Biegel an den Haltpuncten, sowohl den festen als den beweglichen. Die Spannung der Drähte wurde durch die Schraube regulirt. Man band darauf die beiden Enden der Biegel an das Seil, und vereinigte nun die 30 Drähte, das Seil abrundend, durch Fortsetzung der spiralförmigen Umwickelung auf die ganze Länge. Die Umwickelungen waren etwa $13\frac{3}{4}$ Linien von einander entfernt.

29. *Die Brückenbahn.* Mit Ausnahme der Kreuze in den Geländern, zu welchen eichen Holz genommen wurde, ist die Brückenbahn ganz von fichtenem Holze gemacht worden. Diese Holzart ist, wegen ihres geringen Gewichtes, insbesondere zu Brückenbahnen geeignet, die, wie Hängebrücken, ohne Gerüste aufgerichtet werden müssen. Auch liefern Fichten geradere, längere und leichter mit einander zu verbindende Baustücke.

Die Brückenbahn hat, quer über das Thal, eine der parabolischen Krümmung der Hängeseile entgegengesetzte Krümmung, nach oben, die sich, je nach dem Stande der Temperatur, 19 bis 38 Zoll über die gerade Horizontallinie erhebt.

Die Breite der Brückenbahn beträgt, im Lichten zwischen den Geländern, 20 Fuſs 7 Zoll, wovon 2 Fuſs $9\frac{1}{2}$ Zoll auf jeden Fuſspfad kommen, und also 15 Fuſs für die Fahrbahn bleiben, auf welcher nun zwei Wagen einander bequem ausweichen können.

Die Brückenbahn (Taf. XIX. Fig. 1., 2., 3.) ruht auf einer Reihe von Querbalken. Dieselben sind 9 Zoll 2 Linien breit, in der Mitte ihrer Länge 14 Zoll 2 Linien und an den Fuſspfaden 11 Zoll 10 Linien hoch. So bekommt also die Fahrbahn eine Wölbung von 2 Zoll 4 Linien in der Mitte, zum Abflusse des Wassers. Die Querbalken sind, von Mitte zu Mitte, 4 Fuſs 9 Zoll 4 Linien von einander entfernt, und es ruhen auf denselben 4 Reihen Längbalken, von einem Ende der Brücke bis zum andern, welche die Fuſspfade tragen.

Die innern Längbalken sind 10 Zoll 4 Linien hoch und 8 Zoll 5 Linien breit. Sie sind auf die Querbalken durch 9 Linien dicke Biegel von geschmiedetem Eisen befestigt. Diese Biegel umfassen die Querbalken, und sind an die Längbalken vermittelst zweier Arme, die durch die Längbalken gehende Bolzenstiele bilden, stark angeschraubt. Es sind auf diese Weise bloſs die Längbalken durchlocht, und die Querbalken werden mit Löchern verschont, welche sie schwächen und ihre Dauer vermindern würden.

Die äuſseren Längbalken sind 11 Zoll 6 Linien hoch und 9 Zoll 2 Linien breit. Die Fuſspfade haben also, nach der Mitte der Brückenbahn hin, einen Abhang von 1 Zoll 2 Linien, zum Abflusse des Wassers.

Auf die äuſsern Längbalken sind die Geländer befestigt. Sie bestehen aus einer Reihe von Kreuzen, aus 3 Zoll 5 Linien im Gevierte starkem eichenen Holze, und einem Holm, aus 6½ Zoll im Gevierte dicken Hölzern. Der Holm bestehet aus zwei Reihen über einander gelegter, wenigstens 64 Fuſs langer Hölzer, von gleicher Stärke. Die untere Reihe derselben hat die Zapfenlöcher, in welche die Kreuze des Geländers gesteckt sind. Von oben bis unten, und jedesmal durch einen der Querbalken, gehen, zwischen den Kreuzen, eiserne, 13¾ Linien dicke Bolzen.

Die Stöſse der Geländerholme, so wie die Längbalken, sind zusammengebolzt, und treffen an den beiden Seiten der Brücke nirgend einander gegenüber.

Die Fahrbahn bilden zunächst 3½ Zoll dicke Bohlen, welche nach der L ä n g e der Brückenbahn gelegt sind. Die Breite der Bohlen beträgt im Durchschnitt 5¾ Zoll, und ihre Länge 32 bis 64 Fuſs. Zwischen den Bohlen befinden sich Zwischenräume, oben 13¾, unten 23 Linien breit. Diese Anordnung hat den Zweck, das Werfen der Bohlen zu verhindern und den Abfluſs des Wassers zu befördern. Die Stöſse der Bohlen befinden sich jedesmal genau auf einem Querbalken. Sowohl an den Stöfsen, als auf die zwischenliegenden Querbalken, sind die Bohlen mit 6 Zoll langen und 5½ Linien dicken eisernen Pflöcken, an deren Spitzen Widerhaken gehauen sind, aufgenagelt.

Auf diesem Unterbelage liegt eine Sohle, aus 1 Zoll 11 Linien dicken Bohlen, welche, quer über die Bohlen des Unterbelags, auf dieselben festgenagelt sind. Diese Sohle, welche, wie gesagt, in der Mitte eine 2 Zoll 3½ Linien hohe Wölbung hat, läfst längs der ganzen Brückenbahn, an jeder Seite derselben, zwischen sich und dem innern Längbalken einen Zwischenraum von 1 Zoll 4 Linien breit, zum Abflusse des Wassers von der Bahn. [Den Belagsohlen durch Biegung eine Wölbung nach oben zu geben, ist in Deutschland auch auf gewöhnlichen Brücken hin und wieder versucht worden. Es wäre zu wünschen, dafs man es allgemeiner thäte. Die hölzernen Beläge würden ein gutes Theil länger vorhalten. Der Abhang einer Brücke der Länge nach ist, besonders wenn der Belag nicht mehr neu ist, eben so völlig unwirksam zur Beförderung des Wasser-Abflusses, als er häfslich und für die Passage unbequem ist. Meistens denkt man sich auch dabei, wenn man ihn macht, eigentlich wohl nichts. Zuweilen aber mag man auch meinen: nächstdem dafs so das Wasser abfliefsen werde, werde auch die Brücke besser tragen, wenn man ihrer Bahn die Form von zwei gegeneinander sich stemmenden Streben gebe. Aber diese Vorstellung ist eben so unrichtig und wunderlich, als wenn man z. B. ein Pflaster für ein Gewölbe hält. D. H.]

Die Fufspfade liegen 6 Zoll 10½ Linien höher als die anstofsende Fahrbahn. Sie sind mit 1 Zoll 11 Linien dicken Bohlen belegt, die an einander liegen, aber nicht an einander gezwängt sind. Diese Bohlen sind quer über die Längbalken aufgenagelt. Ihre äufsern Enden, welche in gerader Linie abgeschnitten sind, tragen eine gleich dicke Schwelle, welche die Längbalken vollends bedeckt, und in welche die Geländerkreuze gezapft sind.

Der vierte Theil der Querbalken tritt an jeder Seite der Brückenbahn um 4½ Fufs über. Auf diese übertretenden Enden der Querbalken sind eiserne, 13¾ Linien dicke Streben gesetzt und an die Querbalken, so wie an die Geländerholme angebolzt, theils um die Geländer zu halten, theils um die Festigkeit der Brückenbahn zu verstärken und die horizontalen Schwankungen derselben nach der Seite mehr zu hindern, indem dieselben nothwendig abnehmen müssen, so wie die **Breite** der Brücke, im Verhältnifs zu ihrer Länge, zunimmt. Auch dienen die Streben, auf die überragenden Querbalken, ein Gerüst zu befestigen, für Fälle, wo es nöthig ist, die Schrauben anzuziehen, oder einen Anstrich, oder die Betheerung zu wiederholen, oder den Belag zu repariren.

Die Brückenbahn wurde auf der Zulage ganz vorbereitet. Die verschiedenen Theile derselben wurden numerirt, gezeichnet, und darauf aus einander genommen und an einem bedeckten, sehr luftigen Ort aufgestapelt. So haben die Hölzer über ein Jahr gelegen. Sie waren dadurch für das Aufrichten um so trockener geworden. Kurz vor dem Aufstellen der Bahn hat man diejenigen Theile, die nach dem Aufstellen einander bedeckten, betheert. So wie man die Hölzer beim Aufrichten brauchte, wurden sie, auf der oben erwähnten Rampe, vermittelst eines Wagens herbeigefahren, den eine Winde vermittelst zweier Treträder zog, die durch Menschen in Bewegung gesetzt wurden. Alle Verbandstücke kamen also von dem rechtseitigen Ufer herbei.

Es ist mehr schädlich als nützlich, Hölzer, die nicht ganz trocken sind, zu betheeren. Es ist besser, das Betheeren der äufsern Fläche der Hölzer auszusetzen, bis das Holz seinen Saft ganz verloren hat.

IV. Aufstellung, Prüfung und Eröffnung der Brücke.

30. Aufbringen der Hängeseile. Nachdem alles Mauerwerk der Portiken und der Ankerbrunnen vollendet war, die schrägen Schächte geöffnet und die Reibungsrollen an ihre Stelle gebracht waren, schritt man zu der Aufstellung des Hängwerkes.

Auf jeden Porticus wurde, auf der Kammer über den Gewölben, (Taf. XIX. Fig. 9.) ein vorwärts und rückwärts um $6\frac{1}{2}$ Fufs übertretendes Gerüst gelegt. Auf dieses Gerüst wurden zwei Winden gesetzt, welche ich mit No. 1. und No. 2. bezeichnen will. Die Spindeln derselben waren $9\frac{1}{2}$ Fufs lang, $9\frac{1}{2}$ Zoll im Durchmesser, und die Winden wurden durch 6 eiserne, 4 Fufs 9 Zoll lange Hebel in Bewegung gesetzt. Eine dritte Winde, No. 3., von derselben Gröfse und Einrichtung, wurde, etwa 96 Fufs hinter dem Porticus, und in der Mittellinie der Brückenbahn, auf den Erdboden befestigt (Taf. XVII. Fig. 1.).

Auf die Winde No. 3. wickelte sich ein hanfenes, 733 Fuſs langes Seil, von 13¾ Linien im Durchmesser. Das freie Ende dieses Seils wurde auf den Porticus gebracht, zweimal um die Winden No. 1. und 2. (Taf. XIX. Fig. 9.) gewunden und darauf an das Ende eines dünnen Seils befestigt, dessen Ende die Winde No. 4. (Taf. XVII. Fig. 1. und Taf. XIX. Fig. 10. und 11.) ergriff, die unten im Thale stand: in der Mittellinie der Brückenbahn, und etwa auf die Mitte ihrer Länge. Das dünne Seil, so wie 160 Fuſs von dem dicken Seile, wurden auf die Winde No. 4. gewickelt.

Ganz gleiches geschah auf dem andern Ufer, und es trat für dieses die Winde No. 5. (Taf. XVII. Fig. 1.) an die Stelle der vorigen No. 4.

Nun brachte man zwischen die beiden, wie gesagt unten im Thal stehenden Winden No. 4. und 5. die ersten Strähnen der Hängeseile.

Zu dem Ende hatte man quer auf einen vierrädrigen Wagen (Taf. XIX. Fig. 10. und 11.) einen im Groben, aus Holz verfertigten Cylinder, oder eine Trommel, von 6 Fuſs 4 Zoll im Durchmesser und 4 Fuſs 9 Zoll lang, angebracht, welche Trommel sich frei um eine eiserne Achse drehte. Man führte diesen Wagen auf die Werkstatt, wo die Strähnen der Hängeseile, halb zusammengebogen, lagen. Eine auf diese Weise halb zusammengebogene Strähne wurde in der Mitte ihrer Länge gefaſst und so doppelt an die Trommel gehängt. Die Trommel wurde, während man den Wagen fortzog, umgedreht, und die Strähne wurde also dadurch doppelt, und ohne Reibung, auf die Trommel aufgerollt.

Hierauf fuhr man mit der Strähne nach dem Puncte, von welchem aus sie auf den Porticus gebracht werden sollte. Dort hemmte man die Räder des Wagens und setzte vor und hinter den Wagen zwei 19 Fuſs lange Hebel, die auf die Trommel wie Bremsen wirkten, um bei dem Aufziehen der Strähne die Reibung und die Umdrehungs-Geschwindigkeit der Spule zu mäſsigen.

Die beiden Biegel oder Enden der Strähne, jedes seinerseits, wurden hierauf durch starke Bindeseile an die hanfenen Seile befestigt, unfern von da, wo diese Seile auf die Winden No. 4. und 5. aufgerollt waren. Hierauf setzte man alle Winden auf beiden Ufern in Bewegung, und zog so von beiden Ufern die groſsen Taue an. Diese Taue führten nun die Enden der eisernen Strähne fort, und so wie die Strähne sich abwickelte, wurde sie mit dünnen Seilen an das hanfene Tau festgeknüpft, bis zum Ende desselben, also auf 159 Fuſs lang: so lang als es auf die Winden No. 4. und 5. aufgewickelt war. Die Strähne wurde hierauf sich selbst überlassen und folgte nun den Tauen, die sie mit sich fortzogen, eben wie die Seile, welche bestimmt waren, die Taue in ihre vorige Lage zurückzuführen, um eine neue Strähne aufzunehmen.

Nachdem auf diese Weise die von beiden Seiten gezogene Drahtsträhne ganz abgewickelt und so die Trommel frei geworden war, führte man den Wagen wieder nach der Werkstatt, um eine neue Strähne abzuholen. [Die Strähnen sind so lang als die über das Thal und von einem Ankerbrunnen bis zum andern ausgespannten Hängeseile. D. H.]

So wie die Enden der eisernen Strähnen auf den Portiken anlangten, hörte man auf dem einen Ufer auf, die Winden zu drehen, während die Bewegung derjenigen auf dem andern Ufer fortgesetzt wurde. Das hanfene Tau wurde nun von der eisernen Strähne, so wie es allmälig fortrückte, losgemacht. Die Strähne glitt über bewegliche hölzerne Rollen, welche auf dem Pfeiler angebracht waren, den es passiren sollte; nahe an ihrem Biegel wurde sie an ein anderes hanfenes Seil befestigt, und dieses Seil wurde durch eine auf den Boden des schrägen Schachtes gesetzte Winde No. 6. (Taf. XVII. Fig. 1. und Taf. XVIII. Fig. 3.) an- und bis zu seinem Vereinigungspuncte mit dem Ankerseile fortgezogen. Dort wurde die Strähne an das oben erwähnte provisorische Ankerseil befestigt, welches einstweilen die Stelle des bleibenden Seils zu vertreten hatte

Die einmal so befestigte Strähne wurde nun leicht auf die Rolle des Porticus gelagert.

Das gleiche Verfahren fand hierauf für den andern Porticus Statt, und das andere Ende der Strähne wurde vermittelst der Winde No. 7. in den schrägen Schacht des entgegengesetzten Ufers gebracht.

Zwei horizontale Visire *(règles)* bezeichneten die Senkung, welche die Hängeseile bekommen sollten. Sie waren, in einer und derselben Ebene, vor den Portiken aufgestellt. Man zog die Strähne vermittelst der Winde No. 7. so lange an, bis die Tangente an den untersten Punct des Bogens der Hängeseile den Visiren entsprach.

Hierauf stellte man die Winden fest und nahm mittelst eines eisernen Drahts, unter der durch den Dynamometer gemessenen Spannung, die genaue Länge der definitiven Ankerseile, welche statt der provisorischen am andern Ufer einzuziehen waren. Es ist schon oben bemerkt worden, dafs die vier letzten Ankerseile von der zur Stelle abgemessenen Länge verfertigt worden sind.

Jedes Ankerseil, auf die weiter oben beschriebene Weise eingepackt, wurde von 30 Arbeitern bis zur Mündung des Brunnens auf den Schultern herbei getragen und in dem schrägen Schachte auf bewegliche hölzerne Walzen, die dazu gelegt waren, auf den Boden ausgestreckt. Nunmehr wurde ein auf die Winde an der Brunnenmündung aufgewickeltes Seil, der Länge nach, in die frei gebliebene, 38 Zoll im Gevierte weite Röhre des Brunnens, bis auf den Boden derselben hinabgelassen. Dort wurde das Seil über eine Rolle gelegt und, in der $9\frac{1}{2}$ Zoll langen, $5\frac{3}{4}$ Zoll breiten Röhre des Brunnens, welche das Ankerseil selbst aufzunehmen bestimmt war, wieder heraufgezogen. Das heraufgekommene, freie Ende des hanfenen Seils wurde vermittelst eines ausgeglühten Drahtes an den Biegel des Ankerseils befestigt; die Winde wurde in Bewegung gesetzt, und es wurde, vermittelst des Gegenzugs des hanfenen Seils, das Ankerseil in den Brunnen hinabgezogen.

Man liefs das Ankerseil nur in so weit hinabgehen, als die Winde es zog, und hinderte so viel möglich die Krümmungen und Drehungen, zu welchen das Seil geneigt war, und welche zunahmen, so wie das Ankerseil tiefer hinabkam. Endlich schnitt man die Latten, mit welchen das Seil beschient war, in kurze Stücke; was nur sehr langsam vor sich gehen konnte.

Die Anker und übrigen Eisenstücke wurden hierauf an ihre Stelle gebracht und einstweilen, nebst den Biegeln der Ankerseile, auf Unterlagen gelegt.

In dem Innern der schrägen Schächte legte man zugleich, und so, dafs die Bewegung der Winden nicht gehemmt wurde, quer-über Hölzer, um einstweilen die schon gelegten ersten Strähnen des Hängeseils zu halten; was dann gestattete, das provisorische Ankerseil, welches diese Strähnen hielt, wegzunehmen, und wodurch die Winde No. 6. frei wurde.

Nachdem eine zweite Strähne durch dasselbe Verfahren an die Seite der ersten gebracht worden war, vereinigte man sie beide mit dem Ankerseile, indem man ihre Biegel an die §. 24. beschriebenen Schlüssel von geschmiedetem und gegossenem Eisen (Taf. XVIII. Fig. 9. und 10.) befestigte. So lange auf jeden Splint oder Schlüssel nur erst eine Strähne lag, hielt man das andere Ende des Schlüssels mit einem $6\frac{1}{2}$ Fufs langen Stück Seil fest, welches einen ähnlichen Biegel hatte, den man an die Strähne vermittelst einer Bindung von ausgeglühtem Drahte befestigte.

Die Strähne hatte auf diese Weise gleichsam zwei Arme von gleicher Länge, deren einer jedoch nur einstweilige Dienste that und hernach der zweiten Strähne seine Stelle einräumte.

Das Einbringen der ersten beiden Strähnen der Hängeseile und die Befestigung derselben an das Ankerseil auf dem andern Ufer hatten viele Schwierigkeiten. Einestheils mufste man die Strähnen anziehen, um die Senkung derselben über dem Thale zu vermindern: anderntheils war das andere Ende nicht blofs mit dem ersten Ankerseile schon verbunden, und konnte nicht nachgeben; desgleichen verkürzten sich die Ankerseile noch beträchtlich durch Drehungen, welchen sie so lange unterworfen blieben, als sie nicht alle zehn Strähnen eines Hängeseils zu tragen hatten. Diese Schwierigkeit nahm indessen bei dem Einbringen der vier andern Paare zu jedem Ankerseile gehöriger Strähnen ab.

Während des Aufbringens der 10 Strähnen jedes Ankerseils wurden die Reibungsrollen, sowohl auf den Portiken, als an den Brunnenmündungen, welche sich während des Aufbringens beständig bewegten, immer wieder in ihre gehörige Lage gebracht.

Man brachte zuerst die 40 Strähnen auf, aus welchen die beiden Hängeseile an der einen Seite der Brücke zusammengesetzt sind; dann auf dieselbe Weise die 40 Strähnen an der andern Seite der Brücke.

Es sind nirgends Keile zu Hülfe genommen worden: weder bei den Zusammenfügungen, noch bei den Schlüsseln oder Ankern. Gleichwohl ist die Senkung der Seile an der einen Seite der Brücke genau der an der andern gleich.

Ich bemerkte übrigens, wiewohl zu spät für die Abhülfe, zwei Übelstände, die das Aufrichten der Hängseile sehr erschwerten.

Erstlich nemlich war man, da die Reibungsrollen auf den Portiken nur $30\frac{1}{2}$ Zoll lang waren, genöthigt, die Strähnen in zwei Reihen *auf* einander zu legen, was der Vertheilung und dem Gleiten derselben sehr hinderlich war. Die Rollen hätten 46 Zoll lang sein sollen. Dann konnten die 40 Strähnen, jede von $13\frac{3}{4}$ Zoll im Durchmesser, frei, eine *neben* die andere gelegt werden, und es war viel leichter, ihre Spannung zu reguliren.

Zweitens. Da die Ankerseile 3 Zoll 10 Linien im Durchmesser hatten, und ungemein unbiegsam waren, so war es sehr schwer, sie über die Rollen an den Brunnen-Mündungen zu bringen. Man hätte diesen

Übelstand vermindern können, wenn man die Hängeseile länger und die Ankerseile dagegen um eben so viel kürzer gemacht hätte, nemlich so, dafs beide nicht über sondern unter der Stelle vereinigt wurden, wo sich die Richtung des Seils ändert. Die $15\frac{1}{4}$ Zoll langen Cylinder hatten Raum genug, um die 10 Strähnen der Hängeseile aufzunehmen, und man vermied alsdann die gröfste Schwierigkeit, welche bei der Aufstellung der Brücke vorkam.

Nachdem alle Strähnen der Hängeseile aufgezogen worden waren, machten sie zwei $30\frac{1}{2}$ Zoll lange Reihen Seile, $28\frac{3}{4}$ Fufs von einander entfernt, aus. Die horizontale Tangente an den untersten Punct der Curve lag nun 5 Fufs 5 Zoll hoch über der Grundfläche der Sockel.

31. Aufbringen der Sättel der hinuntergehenden Hängeseile und der Querbalken. Die einstweiligen Bindungen der 80 Strähnen der Hängeseile wurden nun, zunächst von den Ankerseilen an, bis dahin, wo die Sättel der hinuntergehenden Tragseile anfangen, und späterhin, so wie allmälig die hinuntergehenden Tragseile angebracht wurden, überall, auf die ganze Länge der Hängeseile weggenommen. Darauf wurden die sämmtlichen Drähte in zwei Theile getheilt, gleich den Ankerseilen in eine cylindrische Form vereinigt und vermittelst einer zusammenzuschraubenden Zwinge abgerundet. In dieser Gestalt wurden sie durch 6 Zoll lange Umwicklungen, aus ausgeglühtem Draht No. 14., erhalten. Der Durchmesser der runden Hängeseile betrug nun 5 bis $5\frac{1}{3}$ Zoll.

Jedes, zwischen zwei Hängeseilen hinabgehende und an einen auf die Hängeseile sich stützenden Sattel befestigte Tragseil bekam unten einen Biegel zu tragen, der das Ende eines Querbalkens fafste.

32. Aufstellung der Brückenbahn. Man legte zuerst den nächsten Querbalken am Ufer, und befestigte ihn in die beiden Biegel, welche an den Ringen an den Enden der beiden correspondirenden Tragseile hingen. Nachdem dieser Querbalken an seiner Stelle hing, schob man über denselben eine Reihe Bohlen zu einem Gerüst hinaus, vermittelst dessen man den zweiten Querbalken, 4 Fufs weiter hin, an die beiden folgenden Seile anhängen konnte. Das Gerüst wurde darauf über den zweiten Querbalken weiter vorgeschoben, um den dritten anhängen zu können; und so weiter, die ganze Brückenbahn entlang.

So wie man mit den Querbalken vorrückte, legte man über dieselben, nach der Länge der Brückenbahn, zwei Reihen Bohlen, und quer über dieselben, aus den zur Sohle des Brückenbelages bestimmten Bohlen, eine zusammenhängende Bahn. Auf diese höchst einfache Weise wurde innerhalb 60 Arbeitsstunden eine volle Bahn, von 15 Fuſs breit und 784 Fuſs lang, hergestellt. Eine Stunde, nachdem der letzte Querbalken gelegt war, hatten schon mehr als 300 Freyburger Einwohner und Fremde die Brücke passirt.

Die verschiedenen Theile der Brückenbahn sind in folgender Aufeinanderfolge aufgestellt worden. Zunächst die äuſsern Längbalken, auf welche das Geländer gesetzt und darauf festgebolzt wurde; hierauf die innern Längbalken, welche auf die Querbalken vermittelst der Biegel aufgeschraubt wurden; und dann die Fuſspfade.

Die Fuſspfade konnten nur auf die Längbalken festgenagelt werden und so lange zur Passage dienen, bis die beiden Beläge der Fahrbahn fertig waren. Um die Fahrbahn legen zu können, wurde ein Theil des oben gedachten vorläufigen Belages wieder aufgenommen. Die Bohlen des Unterbelags wurde auf die Querbalken festgenagelt, und dann auf diese Bohlen die Sohle.

So wie die verschiedenen Holzstücke gelegt wurden, bestrich man mit heiſsen Theer alle die Stellen derselben, welche nachher verdeckt blieben; auch legte man auf alle äuſsern Flächen der Quer- und Längbalken, so wie in alle Fugen, in siedenden Theer getauchte Pappe.

Eine Abwägung nach dem Legen der Brückenbahn ergab, daſs die Senkung der Hängeseile, die vorher 58 Fuſs $11\frac{1}{3}$ Zoll gewesen war, bis auf 61 Fuſs $5\frac{1}{3}$ Zoll, also durch die Last der Brückenbahn um 2 Fuſs 6 Zoll zugenommen hatte.

Der Abhang der Bahn, von ihrem Anfange bis zu ihrer Mitte, also auf 392 Fuſs lang, beträgt 2 Fuſs 4 Zoll, oder etwa 1 auf 170. Diese Abwägung ist bei einer Temperatur von 12 Grad Réaum. im Schatten gemacht worden.

Wenn das Holzwerk ganz trocken sein wird, etwa im nächsten Sommer, werde ich die übrige Fläche desselben betheeren und die Geländer mit Ölfarbe anstreichen lassen.

33. *Regulirung der hinuntergehenden Tragseile.* Nachdem die Querbalken gelegt waren, bemerkte man, dafs die Hängeseile-Paare an beiden Seiten nicht in ihrer ganzen Länge parallel waren. Das eine Seil war an dem einen Ende tiefer, an dem andern höher als das andere. Meines Erachtens rührte diese Abweichung vom Parallelismus von der Drehung der Fäden beim Verfertigen der Seile her, welche wegzuschaffen eine weit stärkere Kraft nöthig ist, als an den Hängseilen zieht. In der That, wenn man sich einen eisernen Draht vorstellt, der, in der Vereinigung der Drähte, eine ganze Drehung gemacht hat, und man zieht allmählig das Ende des Drahts an: so wird man finden, dafs der Draht, so lange er nicht wenigstens mehr als die Hälfte des Gewichts zu tragen hat, unter welchem er zerreist, noch nicht gerade ist, sondern noch einen Theil seiner Krümmung oder Drehung besitzt. Es sollen nun aber die Seile, selbst bei der Prüfung der Brücke, noch nicht den dritten Theil der Last zu tragen bekommen, unter welcher sie zerreifsen würden: um so mehr also ist die Last, welche sie gewöhnlich zu tragen haben, und welche noch nicht den vierten oder fünften Theil beträgt, weit entfernt, sie von aller Drehung zu befreien. Die starke Sonnenhitze begünstigt ebenfalls die Neigung der Seile, sich zu drehen.

Um indesen die Wirkung der Drehung zu vermindern und die Seile zum Parallelismus zu bringen, waren drei Arbeiter, jeder mit einem 9½ Fufs langen eisernen Hebel, hinreichend. Die Seile wurden darauf vermittelst einer einfachen Bindung mit zwei Drähten No. 18., welche, nach der Umwindung längs einem heruntergehenden Tragseile auslaufend, um beide Seile gingen und das höhere herunterzogen, im Parallelismus erhalten.

34. *Mittel zur Erhaltung des Eisens.* Nachdem die Brückenbahn aufgestellt war, war es noch leichter, die Seile mit einer letzten Lage präparirten Öls zu überziehen, welche in das Innere derselben dringen und alle Theile bedecken konnte. Man strich auch die Sättel, die Biegel, die Tragseile und Ankerseile durchweg von aufsen an.

Wenn alle Bindungen an ihrer Stelle sein werden, so werden die Hängeseile schliefslich noch mit Öl und Bleiweifs weifs angestrichen werden, welcher Anstrich dann vollends alle Zwischenräume füllen wird. Die weifse Farbe wird dienen, sowohl jede Spur von Oxydation, die sich etwa zeigen möchte, sogleich sichtbar zu machen, als auch die Wirkung der Sonnenstrahlen zu schwächen. Wie schon seit dem Aufrichten der Brücke geschehen, wird man fortfahren, auf diejenigen Theile der Seile, welche auf den Reibungsrollen auf den Portiken und an den Brunnen-Mündungen aufruhen, reichlich siedendes Oliven-Öl zu gieſsen.

Um die Ankerseile in den Brunnen gegen die Oxydation zu schützen, hat man die Röhren, in welchen sie sich befinden, ganz mit einem Teige von gelöschtem fetten Kalke gefüllt; von welchem also die Seile umgeben sind.

Um sich jedes Jahr von dem Zustande der Ankerseile überzeugen zu können, habe ich neben dieselben, in die Röhren, in welchen sie sich befinden, zwei eiserne Dröhte von 10 und mehre Fuſs lang gesteckt, und von jedem ein Stück zurückbehalten. Jedes Jahr kann man einen oder mehrere dieser Fäden herausziehen und sie mit dem Probe-Faden vergleichen.

Sobald ich beschlossen hatte, die Ankerseile von Eisendraht zu machen, habe ich, in ähnlicher Lage wie die der Ankerseile, Eisendrahtseile in einen Teig von gelöschtem fetten Kalke versenkt. Als ich dieselben nach zwei Jahren wieder herauszog, waren sie in so gutem Zustande, wie im Augenblick des Einlegens. Bei einer Prüfung ihrer Festigkeit war kein Unterschied zwischen ihnen und den zurückbehaltenen Probeseilen zu bemerken. Ich habe auch Stücke geschmiedeten Eisens, gefeilt und polirt, in reines, oder mit dem vierten Theile süſsen Wassers gemischtes Kalkwasser, ferner in Kalkmilch und in Kalkteige von verschiedener Consistenz gelegt, so wie in Pulver von gelöschtem Kalk. Alle diese Stücke waren, als man sie nach Ablauf von einem bis anderthalb Jahre herausnahm, in vollkommen gutem Zustande. [So lange der Kalk die Kohlensäure absorbirt, kann freilich das Eisen nicht rosten. Aber wenn er damit, nach längerer Zeit, gesättiget ist, hört die Wirksamkeit des Schutzmittels auf. D. H.]

35. Eröffnung der Brücke. Am 23. August (1835?) wurde die Passage über die Brücke für Fuſsgänger, und am 8ten October für die schwersten Fuhrwerke eröffnet.

36. Prüfung der Brücke durch bewegte Lasten. Am 15. October wurde die Brücke amtlich einer Prüfung durch bewegte Lasten unterworfen. Es passirten zu dem Ende 12 Geschützstücke, von grodem Caliber, mit 50 Pferden bespannt, nebst etwa 300 Menschen, die Brücke auf einmal. Man belud nach und nach alle Theile der Brückenbahn mit so viel Artillerie und Menschen, als darauf nur Raum fanden. Die Hin- und Herbewegung dauerte länger als eine Stunde. Nach dieser Prüfung, während welcher keine merkliche Schwankung sichtbar war, obgleich sich die Brückenbahn, an dem Puncte, wo sie gerade am stärksten beladen war, zuweilen über 3 Fuſs (1 Meter) tief senkte, untersuchte man aufmerksam alle verschiedenen Theile des Werks. Es fand sich, weder an dem Holzwerke, noch an dem Eisen und Mauerwerke die geringste Veränderung.

Am 19. October, bei Gelegenheit der Einweihung der Brücke durch die Landesbehörden, befanden sich etwa 2000 Menschen zugleich auf der Brücke, und marschirten, in Procession, mit militairischer Musik und Trommeln, Schritt haltend, zweimal hinüber. Hierbei schwankte die Brücke allmälig bis $15\frac{1}{4}$ Zoll von der Seite. [Aber es kann kommen, daſs 5 bis 6000 Menschen zugleich, im Gedränge, über die Brücke eilen. D. H.]

Es ist nicht wahrscheinlich, und selbst nicht möglich, daſs die Brücke, in ihrem gewöhnlichen Dienste, eine solche Probe auszuhalten haben werde.

Am andern Tage marschirten noch einmal 300 Mann, in Reihe und Glied, mit militairischer Musik, in Gegenwart eines französischen Ingenieurs, zweimal im Schritt über die Brücke. Die horizontale Schwankung war wieder fühlbar, wiewohl schwächer als den Tag zuvor.

Ich habe übrigens die Absicht, noch an jeder Seite der Brückenbahn, an mehrere Querbalken Seile befestigen zu lassen, welche horizontal nach den Ufern laufen und rechts und links von den Portiken, so weit als möglich von denselben, dort befestigt werden sollen.

Die Hängebrücke von Menai, welche die Insel Anglesea mit den Ufern von England verbindet, und welche, wenn ich nicht irre, 534 Fuſs Öffnung hat, überspannte bis jetzt den weitesten Raum, ohne Mittelpfeiler. Die Freiburger Brücke beweiset durch die That, daſs es möglich ist, weiter zu gehen; und wahrscheinlich ist auch die Spannung dieser Brücke noch nicht an der erreichbaren Grenze.

Es war einiger Muth nöthig, um, ohne vorgängiges Beispiel, ein Werk auf eigene Verantwortlichkeit zu unternehmen, dessen Erfolg von sehr verdienstvollen Leuten in Zweifel gezogen worden war.

Der Erbauer der Freyburger Brücke ist für seine Bemühungen durch die ehrendsten Bezeigungen von Interesse und Anerkennung belohnt worden. Er hat außerdem die Genugthuung gehabt, daß kein Menschenleben bei diesem Bau geopfert worden, und daß sogar nicht einmal ein Unfall von einiger Bedeutung dabei vorgekommen ist: ein in der Geschichte der Erbauung so wichtiger und gewagter Werke in der That seltener Umstand.

[Der Herr Verfasser sagt bescheidentlich, er meine, es habe einiger Muth dazu gehört, den Bau dieser Brücke, ohne vorgängiges Beispiel, auf eigene Verantwortlichkeit zu unternehmen. Es läßt sich aber wohl sagen, daß dazu in der That sehr großer Muth gehörte. Jedermann zollt dafür dem Herrn Erbauer gewiß die größte Bewundrung; auch wird ohne Zweifel jeder Techniker finden, daß die Mittel, welche der Herr Erbauer ins Werk gerichtet hat, in hohem Grade sinnreich waren, und daß Alles, im Ganzen, wie im Einzelnen, mit großer technischer Einsicht angeordnet und ausgeführt worden ist.

Ferner würde wahrscheinlich, und vielleicht gewiß, die große Mehrzahl der Architekten, hier in dem gegenwärtigen Falle, eine Hängebrücke ganz an ihrem Ort und die Gelegenheit erwünscht gefunden haben, ein kühnes und bewundernswürdiges Bauwerk aufzustellen. Nur die kleinere Zahl von Architekten würde diese letzte Meinung nicht getheilt haben. Der Herausgeber dieses Journals erlaubt sich, da es in technischen Dingen gestattet ist, frei seine Meinung zu sagen, zu äußern, daß er zu jener kleinern Zahl von Architekten gehört haben würde. Er würde, aus eigener Wahl, hier keine Hängebrücke gebaut haben. Denn die unausweichliche Nothwendigkeit, zu einer solchen Art von Brücken seine Zuflucht zu nehmen, auf die Weise, wie sie z. B. bei Menai, über den Meeresarm, Statt findet, scheint ihm hier nicht vorhanden zu sein, und nur die *ganz unausweichliche Nothwendigkeit* würde den Herausgeber jemals bewegen können, eine Hängebrücke zu bauen. Er würde, ganz einfach, etwa auf die Weise, wie es durch punctirte Linien in Taf. XVII. Fig. 1. und 2. angedeutet ist, quer durch das Thal einen Damm von Erde geschüttet und darauf eine von Geländern eingefaßte Chaussée, oder ein Pflaster gelegt haben. Falls der Sarine-Fluß das Thal nicht etwa über 30 Fuß hoch über den tiefsten Stand ausfüllt, würde wohl eine Brücke mit einem Bogen über den Fluſs hinlänglich gewesen sein. Sollte das Wasser höher, etwa 40, 50 bis 60 Fuſs hoch steigen, was wenig wahrscheinlich ist, so konnten 2, 3 oder 4 Bogen gemacht werden.

Da eine Angabe der dortigen Preise der Bau-Materialien und des Arbeitslohnes nicht vorliegt, so lassen sich die *Kosten*, welche der Damm, mit steinerner Brücke, erfordert haben würde, hier zwar nicht näher berechnen. Nimmt man aber *mittlere* Preise an, z. B. 15 Rthlr. für die Schachtruthe Mauerwerk von Bruchsteinen, 50 Rthlr. für die Schachtruthe Mauerwerk von Werkstücken, und 1 Rthlr. für die Schachtruthe Erde, welches letztere, wenn die Erde auf Schienen transportirt wird, gewiſs sehr reichlich ist, da die Erde von dem Berge auf dem rechten Ufer nahebei zu haben und nur *bergab* zu transportiren war: so würden die Kosten des Dammes, mit einer *einzelnen*, gewölbten Brücke, die wahrscheinlich hinreichend war, ungefähr folgende gewesen sein.

Für 480 Schachtruthen Mauerwerk von Werkstücken, zu den Gewölben der Brücke, zu 50 Rthlr., ...	24 000 Rthlr.
Für 5460 Schachtruthen Mauerwerk von Bruchsteinen, zu den Fundamenten, Widerlagen, Stirn- und Flügelmauern, und zu der Hintermauerung des Gewölbes, zu 15 Rthlr.,	81 900 -
Für 57240 Schachtruthen Erde zum Damm, zu 1 Rthlr.,	57 240 -
Für 100 Ruthen Chaussée oder Pflaster, mit Geländer, zu 36 Rthlr., ...	3 600 -
Für Gerüste zum Gewölbe und zum Erd-Transport . .	10 000 -
Zusammen	176 740 Rthlr.

Nach der Notiz in dem vorigen, 9. Bande dieses Journals S. 50 hat die *Hängebrücke* etwa 160 000 Rthlr. gekostet. Die Kosten des Dammes, mit der steinernen Brücke, würden also nur wenig, und vielleicht gar nicht höher gewesen sein, eigentlich aber, auf die Dauer gerechnet, entschieden sogar bedeutend *geringer*, da der Damm fast gar keine, die Hängebrücke dagegen, mit dem *hölzernen* Belage, beständig fortdaurende und gar nicht unbedeutende *Erhaltungskosten* erfordert. Vielleicht würde der Bau des Dammes etwas mehr *Zeit* erfordert haben: aber darauf konnte es nicht ankommen, da so viele Jahrhunderte lang *gar keine*, der neuen ähnliche Passage über das Thal vorhanden gewesen ist.

Der Herausgeber würde den Damm, mit der steinernen Brücke, auch selbst dann noch, wenn ja mehrere Brückenbogen, und also höhere Anlage-Kosten nöthig gewesen wären, deshalb gewählt haben, weil dieser Damm über alle Zweifel, und auf alle kommenden Zeiten hinaus, fest und sicher ist. Die Hängebrücke kann immer nur so lange mit Sicherheit halten, als das Eisen hält, oder, wenn man will, nur so lange, als bei der steten Erneuerung des Anstrichs nie das Geringste und nicht an der kleinsten Stelle der Tragseile versäumt wird: der Damm dagegen, mit der steinernen Brücke, einmal gehörig gemacht, würde beinahe so fest stehen, als die Erde selbst und ihre Felsen.

Berlin, im October 1836.]

14.

Practische Abhandlung über Dampfwagen auf Eisenbahnen.

(Vom Herrn Chev. *F. M. G. de Pambour.*)

(Fortsetzung von No. 2. Heft 1., No. 9. Heft 2. und No. 11. Heft 3. dieses Bandes.)

Fünftes Capitel.

Allgemeine Theorie der Bewegung der Dampfwagen.

Abschnitt I.

Von der Geschwindigkeit der Kolben.

§. 45.

Man pflegt beim Berechnen der Wirkung der Dampfmaschinen, das heifst der Bewegung der Kolben gegen einen bestimmten Widerstand, bei zwei Daten stehen zu bleiben: bei der Spannung des Dampfes im Kessel, und bei dem Widerstande der Ladung gegen den Kolben, die erste als die Kraft der Maschine, den anderen als die von ihr zu überwindende Last betrachtend.

Dieses Verfahren scheint zwar beim ersten Anblick richtig zu sein und alles Nöthige zu berücksichtigen; aber man wird einen Irrthum bemerken, sobald man die gefundenen Resultate auf Versuche anwendet und dann Abweichungen von der Wirklichkeit sieht.

Besonders wenn man die Resultate auf fortrückende Dampfmaschinen oder Dampfwagen anwendet, um die Ladung zu finden, die sie mit einer bestimmten Geschwindigkeit fortzuschaffen vermögen, wird sich zeigen, dafs sie etwas Widersprechendes geben.

Die Ursach davon liegt darin, dafs nicht die Spannung des Dampfes im Kessel allein die Kraft der Maschine bestimmt. Sie bestimmt solche

Kraft nur für diesen oder jenen Zeitmoment. Die Bestimmung ist richtig und ausreichend, wenn es, für den Fall des Gleichgewichts, auf die Vergleichung der Kraft mit der Last in diesem oder jenem Moment ankommt, aber nicht für die fortdauernde, veränderliche Bewegung, wie in anderen Fällen bei den Maschinen. Beim Gleichgewicht wird die Kraft durch die Masse bestimmt, auf welche sie wirkt; aber bei der Bewegung kommt es auch noch auf die der Masse beigebrachte Geschwindigkeit an. Mit andern Worten: die Kraft wird ausgedrückt durch ihre eigene Intensität und die Geschwindigkeit, mit welcher sie diese Intensität aufrecht zu erhalten vermag. So ist es auch hier. Die Dampfspannung im Kessel giebt die Ladung, welcher sie das Gleichgewicht hält: aber die Geschwindigkeit der Dampf-Erzeugung giebt die Bewegung, welche die Maschine der Masse der Ladung beizubringen vermag.

In der That ist es klar, dafs die Kraft der Maschine zugleich auf der gröfsern oder geringern Menge des erzeugten Dampfs und auf dessen Spannung beruht. Die Wirkung der Maschine hängt also einerseits von der Menge des Wassers ab, welches sie in einer bestimmten Zeit, z. B. in einer Minute, in Dampf zu verwandeln vermag, und welche Wassermenge die Dampf-Erzeugungskraft der Maschine bestimmt, und anderntheils von der Spannung des erzeugten Dampfes.

Die Spannung des Dampfes bestimmt also die Intensität der Kraft blofs in dem Augenblicke, wo sie gemessen wird, und folglich nur dann die Kraft selbst, wenn die Bewegung nicht fortdauert, und also ihre Gröfse nicht zu messen ist. Anders ist es bei der Fortdauer der Bewegung.

Wenn man Versuche mit einem Dampfwagen macht, wird es immer, so schwach auch die Dampf-Erzeugungskraft der Maschine sein mag, möglich sein, den Kessel, wenn man das Sicherheitsventil mit 50 Pfd. Druck auf den Quadratzoll belastet, mit Dampf zu füllen, der eben diese Spannung hat. Wenn man nun dem Dampfwagen 100 Tonnen Last zu ziehen giebt, und der Widerstand, der aus dieser Ladung auf den Quadratzoll des Kolbens entsteht, beträgt, mit Einschlufs des Drucks der Luft, 46 Pfd.: wird man deshalb sagen können, der Dampfwagen werde die Ladung nothwendig mit einer bestimmten Geschwindigkeit, die blofs von dem Verhältnisse der Dampfspannung zu dem Widerstande der Kolben abhänge, fortschaffen müssen? Gewifs nicht! Denn, gesetzt die Maschine vermöchte in jeder Minute einen Cubikfuſs Wasser in Dampf von der bestimmten Spannung zu verwandeln, und es sei diese Dampf-Erzeugung für die bestimmte Geschwindigkeit zureichend: so wird gleichwohl, wenn alles übrige das nemliche bleibt, und die Maschine erzeugt jetzt nur halb so viel Dampf, der Cylinder dann auch nur halb so oft mit Dampf gefüllt werden können; folglich wird, obgleich der Dampf im Kessel die nemliche Spannung hat, wie zuvor, die Geschwindigkeit der Fortbewegung, mit der nemlichen Ladung, doch nur noch halb so groſs sein, als vorhin. Es folgt also, daſs weder die Spannung des Dampfes im Kessel, noch das Beharren derselben während der Bewegung allein, zur Bestimmung der Kraft der Maschine hinreichen. Es kommt auch auf die Dampf-Erzeugungskraft an.

Erst wenn man, nach der Analogie mit andern versuchten Dampfkesseln, und durch Vergleichung der Heitzflächen, die Masse des Dampfes von bestimmter Spannung gefunden hat, welche die Maschine, z. B. in einer Minute, zu erzeugen vermag, ergiebt sich eine vollständige Schätzung der Kraft der Maschine, mit welcher sie zu wirken vermag. Erst nachdem man den Kessel der Maschine mit Wasser gefüllt, ein Feuer darunter angeschürt hat, so kräftig, wie es bei dem gewöhnlichen Gange der Maschine würde sein müssen, und dann die Dampf erzeugende Kraft der Maschine beobachtet worden ist, wird man ihre wirkende Kraft mit dem so erprobten Kessel finden. Die Spannung des Dampfes im Kessel für sich allein kann nur den einen Theil der Frage beantworten; nemlich den nach der gröſsten Ladung, welche man der Maschine zu ziehen geben darf. Diese Ladung wird dadurch bestimmt, daſs der Widerstand gegen den Kolben nicht gröſser sein darf, als die Spannung des Dampfes im Kessel, weil sonst gar keine Bewegung Statt finden würde. [Und zwar mit Rücksicht auf die Wirkung der Kurbel. D. H.] Sobald es aber auf die Geschwindigkeit der Bewegung ankommt, ist die Gröſse der Spannung allein nicht hinreichend, sondern es kommt auch auf die Gröſse der Dampf-Erzeugung an. Die gröſste Ladung wird durch die Spannung des Dampfes bestimmt: die gröſste Geschwindigkeit durch die Dampf erzeugende Kraft der Maschine. Nur beides zusammen vermag die Schätzung der Wirkung der Maschine zu geben.

Wir müssen also dreierlei untersuchen: erstlich den Widerstand einer gegebenen Ladung gegen den Kolben; zweitens die diesem Widerstande angemessene Spannung des Dampfes im Cylinder, und drittens die durch Versuche zu ermittelnde Dampf erzeugende Kraft der Maschine.

Nachdem dieses geschehen, wird sich die Wirkung eines Dampfwagens durch Vergleichung der für die gegebene Ladung erforderlichen Zugkraft, die die Spannung des Dampfes bestimmt, mit der Kraftmasse der Maschine, nemlich mit ihrer Dampf-Erzeugungskraft, berechnen lassen.

Abschnitt II.

Von dem Widerstande der Kolben im Verhältnisse zu einer bestimmten Zugkraft.

§. 46.

Wir haben bereits auseinandergesetzt, dafs, wenn ein Dampfwagen eine Last fortziehen soll, der gesammte Widerstand gegen die Bewegung aus folgenden Theilen besteht:

Erstlich aus dem Widerstande der Last [nemlich der Reibung der Wagenräder auf den Schienen und der Achsen in den Zapfenlagern etc. D. H.];

Zweitens aus dem Widerstande [der Reibung] des Dampfwagens selbst;

Drittens aus dem Druck der Luft [auf die Kolben].

Eben so ist die Wirkung des Dampfes nicht seine wirksame sondern seine gesammte Spannung.

Bei den bisherigen Berechnungen hatten wir blofs die Kraft mit dem Widerstande für den Fall des Gleichgewichts zu vergleichen; aufser Verbindung mit den übrigen Umständen. Wir konnten also auf beiden Seiten gleiche Gröfsen weglassen; das heifst, es war nur nöthig, den wirklichen Druck gegen den wirklichen Widerstand zu halten. Jetzt dagegen, wo wir den Dampf mit Rücksicht auf seine Ausdehnung in Betracht ziehen sollen, welche Ausdehnung durch seine gesammte Kraft bestimmt wird, mufs der Ausdruck dieser elastischen Kraft eben sowohl, als alles was sich auf die widerstehende Kraft bezieht, in Rechnung gebracht werden.

Von den drei Widerständen gegen die Kolben: dem der Ladung, dem des Dampfwagens selbst, und dem des Drucks der Luft, wirkt der letzte unmittelbar und direct auf die Kolben. Er mufs daher auch mit der Geschwindigkeit des Kolbens selbst überwunden werden. Anders dagegen ist es mit den beiden andern Widerständen. Wir sahen schon, dafs der Druck bei Maschinen auf verschiedene Puncte sich umgekehrt verhält wie die Geschwindigkeit dieser Puncte [nemlich der statische Widerstand, oder der Widerstand im Beharrungsstande. Dieser verhält sich umgekehrt wie die Hebelsarme, und folglich wie die Geschwindigkeit. D. H.] Hier soll sich die Ladung mit einer gröfsern Geschwindigkeit bewegen als der Kolben, und zwar in dem Verhältnisse des Umfangs der Wagentriebräder zu der doppelten Länge des Kolbenlaufs. Der Druck auf den Kolben, welcher von dem Widerstande der Ladung und des Dampfwagens selbst herrührt, verhält sich also zu dem Widerstande selbst, wie die Geschwindigkeit des Rad-Umfanges zu der Geschwindigkeit des Kolbens.

[Hier möchte Einiges zu bemerken sein. Zuerst nemlich hat die Geschwindigkeit des Kolbens zu der Geschwindigkeit des Rad-Umfanges durchaus kein constantes Verhältnifs. Die letzte ist gleichförmig, oder doch fast gleichförmig; die erste bei weitem nicht: sie ist Null, wenn die Kurbel in der Richtung der Bläuelstange liegt, wächst von da, bis dahin wo die Kurbel mit der Bläuelstange einen rechten Winkel macht, nimmt darauf wieder bis Null ab u. s. w. Man kann blofs sagen, der Druck auf den Kolben verhalte sich, gleichsam im Durchschnitt, zu dem Widerstande am Umfange des Rades, wie dieser Rad-Umfang zum doppelten Kolbenlaufe. Aber auch das ist nur dann der Fall, wenn der Druck auf den mit veränderlicher Geschwindigkeit sich bewegenden Kolben wirklich constant ist, und wenn vorausgesetzt wird, dafs sich die Bewegung der Kurbel im Beharrungsstande befinde, nemlich, dafs die Kurbel, in jeder bestimmten Lage gegen die Bläuelstange, bei jedem neuen Umlaufe immer wieder die nemliche Geschwindigkeit habe, oder, was dasselbe ist, dafs die Geschwindigkeit der Last entweder ganz constant, oder doch, auf ähnliche Weise, im Beharrungsstande sei.

Sodann scheint zwar unmittelbar zu folgen, dafs sich ein constanter Druck auf den Kolben zu dem Widerstande am Umfange des Rades wie dieser Umfang zu dem doppelten Kolbenhube verhalte, weil die Ladung, und folglich jeder Punct des Rad-Umfanges um diesen Umfang fortrückt, während der Kolben zweimal seine Bahn durchläuft, und im allgemeinen die Last zur Kraft sich umgekehrt verhält, wie die durchlaufenen Wege. Da aber hier veränderliche Geschwindigkeiten vorkommen, jedenfalls bei der Kurbel, so kommt auch der dynamische

Widerstand oder die Kraft in Betracht, welche nöthig ist, die Trägheit der Masse zu überwinden, und es muſs untersucht werden, welchen Einfluſs dieselbe auf das Resultat hat. Diese Untersuchung ergiebt nun allerdings, daſs die Kraft, welche nöthig ist, die träge Masse in Bewegung zu setzen, wiederum durch das Beharren derselben in der Bewegung gewonnen wird, und daſs es sich mit dem Resultate wirklich so verhält, als wären alle Geschwindigkeiten gleichförmig, daſs also der gleichförmige Druck auf den Kolben zu dem gleichförmigen Widerstande der Ladung wirklich so sich verhät, wie der Rad-Umfang zu dem doppelten Kolbenlaufe; allein der Beweis ist jedenfalls nöthig, und sein Ergebniſs wird hier bloſs vorausgesetzt.

Die Voraussetzung im Text ist völlig richtig, in so fern der Druck des Dampfes auf den Kolben constant angenommen wird. Mit diesem letzten Umstande möchte es sich nun freilich streng genommen anders verhalten, weil, wenn auch die Heitzung constant angenommen wird, die Spannung des Dampfes von seinem wegen des Fortrückens des Kolbens veränderlichen Volumen und von der Dampf-Erzeugung abhängt, und mithin der Druck auf den Kolben nicht constant sein kann. Indessen würde sich die Veränderlichkeit des Drucks auf den Kolben schon ohne Hypothesen nicht in Rechnung bringen lassen. Man würde zwar interessante analytische Rechnungen erhalten, aber doch nichts Zuverlässiges; daher der Herr Verfasser denn auch wohl am besten that, bei der einfachsten Hypothese, der Unveränderlichkeit des Drucks auf den Kolben, stehen zu bleiben. D. H.]

Es sei nun M das Gewicht der Lastwagen und des Munitionswagens, und nM der Widerstand dieses Gewichts. Ferner sei F die Reibung des Dampfwagen selbst, und δM die mit der Ladung im Verhältniſs stehende Vermehrung dieser Reibung, so ist der gesammte Widerstand

$$1. \quad F + \delta M + nM.$$

Dieser Widerstand setzt sich der Maschine längs den Schienen entgegen.

Der daraus entstehende Widerstand verhält sich zu jenem, wie der Umfang des Wagentriebrades zu der doppelten Länge des Kolbenlaufs. Wenn also D den Durchmesser des Rades, l den Kolbenhub und π das Verhältniſs des Umfanges eines Kreises zu seinem Durchmesser bezeichnet, so ist der von der Reibung der Ladung und des Dampfwagens herrührende Widerstand gegen den Kolben

$$2. \quad \frac{\pi D}{2l}(F + \delta M + nM).$$

Ist ferner d der Durchmesser des Dampfcylinders, so ist $\frac{1}{2}\pi d^2$ die Fläche der beiden Kolben. Also ist $\frac{\pi D}{2l} \cdot \frac{(F + \delta M + nM)}{\frac{1}{2}\pi d^2}$ oder

$$3. \quad \frac{D}{d^2 l} F + \delta M + nM)$$

der Druck auf die Einheit der Fläche des Kolbens.

Rechnet man hiezu noch den Druck ϱ der Atmosphäre auf die Einheit der Fläche, so ergiebt sich

$$4. \quad \frac{D}{d^2 l}(F + \delta M + nM) + \varrho = R$$

für den gesammten Widerstand gegen die Einheit der Kolbenfläche.

Man kann hier F, M und ϱ in Pfunden und D, d, l in Zollen ausdrücken. Die Coefficienten n und δ sind $\frac{1}{280}$ und $\frac{1}{2240}$. Alsdann ergiebt sich R in Pfunden. [Der Herr Verfasser nimmt M in Tonnen an, und setzt dann $n = 8$ Pfd. und $\delta = 1$ Pfd. Auch bemerkt er, daſs man D, l und d in Fuſsen ausdrücken könne. Das Resultat ist offenbar das nemliche. D. H.]

Es sei z. B. die Ladung $M = 224000$ Pfd. Engl. (100 Tonnen), der Durchmesser der Dampfcylinder $d = 11$ Zoll, der Kolbenhub $l = 16$ Zoll, der Durchmesser des Wagentriebrades $D = 60$ Zoll, die Reibung des Dampfwagens $F = 110$ Pfd., der Druck der Luft auf 1 Quadratzoll 14,7 Pfd. [alles Englisches Maaſs und Gewicht]: alsdann giebt die Formel (4.) [die Berechnung des Originals abgekürzt]:

$$R = \frac{60}{11^2 . 16}\left(110 + \frac{224000}{2240} + \frac{224000}{280}\right) + 14{,}7 = 46 \text{ Pfd. Engl. oder}$$

47,21 Pfd. Preuſs. auf den Preuſs. Quadratzoll.

Abschnitt III.

Von der Spannung des Dampfes in den Cylindern.

§. 47.

Nachdem der Widerstand des Kolbens gefunden ist, läſst sich daraus der Druck des Dampfes in dem Augenblick seiner Wirkung, als bewegende Kraft in den Cylindern, ableiten. Wir müssen zu dem Ende betrachten, was während der Bewegung geschieht.

Der Dampf, anfänglich in dem Kessel eingeschlossen und bis zu einem gewissen Grade gespannt, begiebt sich in die Dampfröhren und aus diesen in die Cylinder. So wie er in den Cylindern angelangt ist, die etwa 10 mal so viel Raum enthalten als die Dampfröhren, mufs er sich nothwendig ausdehnen, und verliert also verhältnifsmäfsig an Spannung. Während dessen ist der Kolben noch unbeweglich. Nun aber strömt der Dampf schnell zu, und bald ist das Gleichgewicht im Kessel und in dem Cylinder hergestellt. [Der Dampf verliert wegen des um den Raum des Cylinders und der Röhre vergröfserten Volumens so lange an Spannung, bis die Spannung durch die fortdauernde Dampf-Erzeugung hergestellt ist. D. H.] Die Spannung ist alsdann in den beiden Räumen gleich stark, und der Kolben, vom Dampf getrieben, fängt an, allmälig in Bewegung zu kommen. Die Bewegung theilt sich der Maschine und dem ganzen Wagenzuge mit, und die gesammte Masse nimmt eine gewisse Geschwindigkeit an. Die erlangte Geschwindigkeit dauert ein wenig länger fort, als die wirkende Kraft, welche sie hervorgebracht hat, und die Folge davon ist, dafs der Dampf den Kolben bei seinem nächsten Laufe schon in einiger rückgängigen Bewegung antrifft, wenn er auf denselben zu wirken anfängt; welche neue Wirkung dann der gesammten Masse wieder einen neuen Trieb giebt und denselben also vergröfsert. So wird die Bewegung der Kolben durch den immer erneuten Trieb, der erfolgt, während der vorhergehende noch wirksam ist, allmälig beschleunigt, und dies so lange, bis die gesammte Masse die volle Geschwindigkeit erlangt hat, welche die Maschine ihr mitzutheilen im Stande ist.

Wir sagten, dafs beim Anfange der Bewegung das Gleichgewicht der Spannung zwischen dem Kessel und den Cylindern hergestellt werde. Aber, so wie die Geschwindigkeit des Kolbens zunimmt, weicht derselbe auch wohl schneller aus, als der Dampf, das Gleichgewicht herstellend, nachfolgen kann, so dafs der Druck auf den Kolben nothwendig abnehmen mufs.

Gleichwohl haben die Zunahme und die Abnahme des Drucks ihre Grenzen. Man findet bei der Beobachtung, dafs die anfänglich geringe Geschwindigkeit jeder Maschine immer nur bis auf eine gewisse Grenze zunimmt, welche sie nie überschreitet, weil die bewegende Kraft der zu bewegenden Masse keine gröfsere Geschwindigkeit zu geben vermag. Wenn die Maschine gehörig eingerichtet ist, und ein Schwungrad hat, so bleibt dann die einmal erlangte Geschwindigkeit unverändert, die Wirkung der bewegenden Kraft mag constant sein, oder zwischen gröfseren Grenzen schwanken; und die Bewegung wird vollkommen gleichförmig. [Nemlich periodisch gleichförmig. D. H.]

Bei dem Dampffuhrwerke vertritt die grofse, in Bewegung gesetzte Masse die Stelle des Schwungrades. Die Masse empfängt und spart gleichsam die Geschwindigkeit auf, welche die bewegende Kraft in dem Moment ihrer stärksten Wirkung hervorbrachte, und hilft damit wieder aus, so wie die Wirkung der Kraft abnimmt. Da aber die Geschwindigkeit der grofsen Masse nicht so schnell ab- und zunehmen kann, wie es mit der Wirkung der Kraft geschieht, so wird die Bewegung gleichförmig. [In diesem Sinne freilich nur beinahe. D. H.]

Diejenigen Theile der Maschine, welche, wie z. B. die Kolben, nothwendig nur veränderliche, ab- und zunehmende Geschwindigkeiten haben können, gelangen zu der Regelmäfsigkeit der Bewegung dadurch, dafs die Bewegung periodisch wird, und dafs in jedem Momente der Oscillationen die Geschwindigkeit während des einen Laufs gerade so grofs ist, als während des andern. So ist denn hier die Bewegung, wenn man die Dauer einer Oscillation zur Zeit-Einheit annimmt, gleichförmig.

Sobald die Bewegung auf solche Weise zur Gleichförmigkeit gelangt ist, was immer in kurzer Zeit geschieht, befindet sich die Maschine in ihrem normalen Zustande der Bewegung. Nachdem sie im Anfange der Bewegung eine Kraft hat anwenden müssen, welche gröfser ist, als der Widerstand: so ist jetzt gerade nur so viel Kraft-Äufserung nöthig, als die Erhaltung des Gleichgewichts erfordert. Denn würde mehr oder weniger Kraft angewendet, so würde die Bewegung, statt gleichförmig zu sein, beschleunigt oder verzögert werden.

Von diesem Augenblick an mufs also nun die Dampfspannung in den Cylindern, welche die bewegende Kraft ist, nothwendig der Gegenwirkung des Widerstandes auf die Kolben gleich sein. Dieser Satz ist bereits an einem andern Orte, obwohl weniger ausführlich, bewiesen worden. [Der Widerstand gegen die Kolben kann zwar nicht in jedem Momente der Dampfspannung gleich sein; denn er ist sehr veränderlich, und in dem Momente, wo der Kurbelarm in der Richtung der Bläuelstange liegt, sogar unendlich grofs, während die Wirkung der Dampfspannung auf die Kolben ungefähr dieselbe bleibt: aber, vermöge des Beharrungsvermögens der in Bewegung gesetzten Masse, ist auch die Gleichheit in jedem Momente nicht nöthig, sondern jenes Beharrungsvermögen wirkt als Kraft mit, und ersetzt die Wirkung derselben, wenn sie schwächer ist, als der Widerstand. Durch jenes Beharrungsvermögen geschieht es, daſs im Ganzen zur Erhaltung der periodisch gleichförmigen Bewegung eine Kraft in der Richtung der Achse der Cylinder nothwendig ist, die sich zu derjenigen, welche nach den Tangenten des von der Kurbel durchlaufenen Kreises nöthig sein würde, wie der halbe Umkreis zum Durchmesser verhält. Von dieser Kraft kann man dann auch sagen, daſs durch sie die Bewegung gleichförmig erhalten werde und daſs eine stärkere oder schwächere Kraft die Bewegung beschleunigen oder verzögern würde. D. H.]

Wir kennen also nun die Spannung des Dampfes im Cylinder und das Volumen desselben, und vermögen folglich den Aufwand an Kraft bei jedem Kolbenhube zu schätzen. Dieser Kraft-Aufwand, mit der Masse des Dampfes verglichen, welche die Maschine zu erzeugen vermag, wird ohne Schwierigkeit die Geschwindigkeit geben, welche von der Maschine hervorgebracht werden kann.

Abschnitt IV.

Von der Dampf-Erzeugungskraft der Maschine.

§. 48.

Versuche darüber.

Wir haben nun noch erst ein Haupt-Element der Aufgabe zu untersuchen, nemlich die Verdampfungskraft der Maschine, oder die Wassermasse, welche sie in gegebener Zeit in Dampf von bestimmter Spannung zu verwandeln vermag.

Zu diesem Zwecke haben wir mit den Maschinen auf der Eisenbahn zwischen Liverpool und Manchester, während der Bewegung derselben von einem dieser Orte nach dem andern, eine Reihe von Versuchen angestellt.

Da alle Munitionswagen auf der Eisenbahn genau dieselbe Form und Gröſse haben, so wurde einer derselben erst leer, dann voll, gewogen; auch fand man, daſs jeder Zoll Engl. Wasserhöhe in den Behältern 206½ Pfd. Engl. Wasser enthält. Hierauf verfuhren wir auf folgende Weise.

Zuerst maſsen wir vermittelst der Glasröhre die Wasserhöhe im Kessel beim Anfange der Bewegung, so wie die Höhe des Wassers in dem Behälter des Munitionswagens. Am Ende der Reise, oder auf der Station, wo man frisches Wasser einnahm, füllten wir erst den Kessel so hoch wie bei der Abfahrt an, und maſsen dann das übrig gebliebene Wasser im Behälter. Der Unterschied der Höhen im letzten gab den Verbrauch, welcher Statt gefunden hatte.

Bei der Beschreibung der Versuche werden wir, damit der Leser alles, worauf es ankommt, vor Augen haben möge, die Ladung; die Zeitdauer der Fahrt, aus welcher und der Länge des zurückgelegten Weges von 12605 Ruthen die Geschwindigkeit folgt; den Stand der Federwage, der die Spannung giebt; und die Temperatur des Wassers im Behälter des Munitionswagens bei der Abfahrt angeben. Wir werden darauf die Zeile erklären, welche den Ventilhub angiebt, bei welchem aller im Kessel erzeugte Dampf zu entweichen vermochte.

Versuche über die Verdampfungskraft der Dampfwagen.

…ner der Ver-…ie.	1.	2.	3.	4.	5.	6.	7.	8.	9.	10.	11.	
…n im Jahre 1834 … des Dampf-…gens. . . .	22. Juli. *Vulcan.*	23. Juli. *Atlas.*	4. August. *Atlas.*	31. Juli. *Atlas.*	24. Juli. *Fury.*	24. Juli. *Fury.*	26. Juli. *Firefly.*	26. Juli. *Firefly.*	1. August. *Vesta.*	15. Aug. *Leeds.*	15. Aug. *Leeds.*	
…icht der Ladung … Einschluſs des …nitionswagens.	770	3853	2516	791	1107	962	816	816	653	1741	739	Ctr.
…ampftes Wasser. {	44,97	7995,02	5746,55	5346,80	4721,51	5271,30	5945,93	5846,24	3997,51	5796,87	5146,44	Pfunde
	68,09	121,05	87,00	80,95	71,49	79,71	90,02	88,51	60,52	87,46	77,92	oder Cubikfuſs.
…r der Fahrt.	1 St. 17 M.	3 St. 17 M.	1 St. 58 M.	1 St. 54 M.	1 St. 30 M.	1 St. 35 M.	1 St. 40 M.	1 St. 23 M.	1 St. 5 M.	1 St. 35 M.	1 St. 20½ M.	
…nthalt auf der …hrt, unter der …igen Dauer mit-…griffen. . . .	3 M.	15 M.	0	0	0	0	5 M.	5 M.	0	0	3 M.	
…hschnittlicher …nd der Feder-…ge.	31 bis 32,5	50 bis 50,7	50 bis 50,1	24 bis 24,3	31,1 bis 32,6	31,2 bis 32,7	14,5 14,5	16,6 bis 17,3	20 bis 21,3	31 bis 32,2	26,5 bis 28,5	
…ung des Ventils, …lche hinreichte, …en erzeugten …mpf ausströmen lassen. . .	5	4	4	4	5	5	3	3	3½	5	5	
…hschnittliche …annung d. Dam-…es während des …rsuches, in Pfun-…n, auf den Qua-…tzoll. . . .	55,93	55,11	54,39	30,79	58,50	58,50	45,16	50,29	52,34	55,42	50,29	
…peratur d. Was-…s im Behälter …s Munitionswa-…ns bei der Ab-…rt.	lauwarm	kalt	kalt	kalt	kalt	kalt	fast kalt	lau	sehr heiſs	lau	sehr heiſs	
…hwindigkeit der …schine in Ru-…n auf d. Stunde.	9824	3841	6409	6636	6405	7961	7563	9114	11535	7961	9396	Durchschnitt. 8067
…lampfung in der …nde bei jedem …rsuch, in Cubik-…ſsen.	53,05	[36,87	44,24]	42,61	47,65	50,40	54,01	63,99	55,87	55,43	58,07	51,13
…zfläche für die …*ahlende* Wär-…, in Quadrat-…ſsen. . . .	32,49	53,81	—	—	31,00	—	41,41	—	43,38	32,60	—	40,67
…zfläche für *mit-theilte* Wärme, Quadratfuſsen.	289,90	205,49	—	—	289,90	—	341,98	—	241,52	289,90	—	271,06

Wir haben bei den Versuchen die Temperatur des Wassers im Munitionswagen deshalb angemerkt, weil warmes Wasser leichter zum Kochen gebracht wird, als kaltes. Da indessen diese Temperatur nur während eines kleinen Theils der an 1 bis $1\frac{1}{2}$ Stunden dauernden Fahrt die nemliche bleiben kann, so hat sie nur einen unbedeutenden Einfluſs auf das Resultat; wie es auch die Versuche zeigen.

Wir haben ferner den Druck angemerkt, unter welchem der Dampf bei den Versuchen erzeugt wurde. Da Wasser unter einem höhern Drucke nur durch stärkere Hitze verdampft, so wird die Maschine unter einem höhern Drucke weniger Wasser in Dampf zu verwandeln vermögen. Da wir indessen weiter unten aus einer Tafel des Volumens und der Temperatur des Dampfes sehen werden, daſs für den Unterschied der gewöhnlichen Grade der Spannung in den Maschinen, nemlich von 50 bis 60 Pfd. auf den Quadratzoll, der Unterschied der Temperatur nur 9 und folglich für die mittlere Temperatur nur etwa $4\frac{1}{2}$ Thermometergrade beträgt, so ist der Einfluſs der Spannung auf die Dampf-Erzeugung nur fast unmerklich. Übrigens nimmt der unter niedrigem Druck erzeugte Dampf mehr Raum ein; der Kessel vermag also weniger, ihn zu fassen, und das Ventil ist mehr geneigt, zu blasen. Daraus folgt, daſs der Führer der Maschine, welcher gewohnt ist, sich nach dem Ventile zu richten, wenn er das Ventil blasen sieht, das Feuer weniger anschüren wird, als wenn es für eine stärkere Spannung gestellt ist. Dieser Umstand hebt den vorigen auf, und vermindert ihn häufig noch obendrein.

Es folgt also überhaupt aus den Versuchen, daſs die Geschwindigkeit der Bewegung allein einen fortdauernden und merkbaren Einfluſs auf die Dampf-Erzeugung hat.

Dieser Einfluſs der Geschwindigkeit besteht aber darin, daſs der aus den Cylindern ausströmende Dampf in den Schornstein tritt, dort einen continuirlichen Luftstrom hervorbringt und so auf das Feuer ganz wie ein Blasebalg wirkt. Jede Dampf-Ausströmung wirkt wie der Stoſs eines Balges; und um so mehr Cylinder voll Dämpfe in den Schornstein ausgestoſsen werden, oder je rascher die Bewegung ist, also je mehr die Geschwindigkeit zunimmt: um so stärker wird das Feuer angefacht. Aus den Resultaten der obigen Versuche sieht man in der That, daſs, je schneller die Fahrt war, um so stärker war die Dampf-Erzeugung. Aus diesem Grunde mufs man, um die Verdampfungskraft der Maschine zu finden, von einer mittleren Geschwindigkeit ausgehen.

Die Geschwindigkeit von 7713 Ruthen in der Stunde, welche die mittlere Geschwindigkeit bei den Versuchen ist, entspricht bei den Liverpooler Maschinen so ziemlich jener Bedingung. Wir müssen daher die dieser Geschwindigkeit entsprechende Verdampfungskraft nehmen, welche dann $51\frac{1}{8}$ Cubikfufs in der Stunde ist. Dieses wäre also die mittlere Verdampfungskraft der Liverpooler Wagen. Inzwischen haben einige dieser Maschinen 55 bis 57 Cubikfufs Wasser in der Stunde, also etwa 1 Cubikfufs in der Minute oder etwa 1 Pfd. Wasser in der Secunde verdampft.

§. 49.

Von der Verdampfungskraft auf die Einheit der Fläche.

Da die Maschinen, mit welchen die Versuche angestellt wurden, verschiedene Heitzflächen hatten, so läfst sich ihre Verdampfungskraft nur durch Vergleichung der Wirkung der Verdampfung mit der Heitzfläche finden, welche die Verdampfung hervorbrachte.

Dieses geschieht in den beiden letzten Spalten der obigen Tafel, welche die in dem 1sten Cap. Art. II. §. 3. näher beschriebenen Heitzflächen angeben.

So findet sich, dafs die durchschnittliche Verdampfung von $51\frac{1}{8}$ Cubikfufs Wasser durch eine Fläche von $40\frac{2}{3}$ Quadratfufs hervorgebracht wurde, welche der strahlenden Wärme ausgesetzt war, und durch 272 Quadratfufs Fläche für mitgetheilte Wärme.

Nehmen wir nun, in Folge des im 1sten Cap. Art. II. §. 3. beschriebenen Versuches, an, dafs die Wirkung der strahlenden Wärme auf eine und dieselbe Fläche 3 mal so stark als die der mittheilenden Wärme ist, so betragen die beiden obigen Flächen zusammen so viel als $40\frac{2}{3} + \frac{272}{3} = 131\frac{1}{3}$ Quadratfufs der strahlenden Wärme ausgesetzte Fläche; und da nun $51\frac{1}{8}$ Cubikfufs Wasser verdampft wurden, so kommt $\frac{51,125}{131,3} = 0,389$ Cubikfufs Wasser auf den Quadratfufs.

Bei einer Geschwindigkeit von 7713 Ruthen in der Stunde, welches, wie oben bemerkt, ungefähr die mittlere Geschwindigkeit der der Maschinen war, verdampft also jeder der strahlenden Hitze ausgesetzte Quadratfufs Fläche 0,389 oder etwa $\frac{2}{5}$ Cubikfufs Wasser in der Stunde. Multiplicirt man diese verdampfte Wassermasse mit der Heitzfläche einer Maschine, so findet man ihr Dampferzeugungs-Vermögen.

§. 50.

Von der wirksamen Verdampfungskraft der Maschinen.

Es ist indessen zu erinnern, dafs, obwohl die ganze vorhin gefundene Menge Wasser verdampft wird, dennoch nur ein Theil davon wirksam ist. Um sich davon zu überzeugen, darf man nur die Ventile während der Wirkung der Maschinen beobachten. Sie lassen beständig eine nicht unbeträchtliche Menge Dampf, statt in die Cylinder, in die Luft ausströmen. Dieses ist noch ein Mangel der Maschinen, welchem abzuhelfen vielleicht nicht schwer wäre, und dessen Abhülfe dann noch einen bedeutenden Theil des Brennstoffes ersparen würde.

Der Ersatz der Cylinder der Liverpooler Maschinen durch gröfsere, welche man beabsichtigt, wird wenigstens den Erfolg haben, dafs bei starken Ladungen, mehr, aller im Kessel erzeugte Dampf benutzbar wird.

Der gegenwärtige Verlust an Dampf war bei den Versuchen sehr merklich. Er läfst sich mit einer gewissen Annäherung schätzen.

Unter der Überschrift „Durchschnittlicher Stand der Federwage" haben wir nemlich in der Tafel den beobachteten Ausgangspunct der Federwage, und den Grad, bei welchem das Ventil zu blasen anfing, angegeben. Der Unterschied der beiden Grade giebt die Hebung des Ventils während des Versuchs, von welcher dann der Verlust an Dampf abhängt. So hob sich das bei dem ersten Versuche auf 31 beim Abgange gestellte Ventil des *Vulcan* bei $32\frac{1}{2}$ Grad; also war die Hebung $1\frac{1}{2}$ Grad; und so bei den andern.

In der darauf folgenden Spalte haben wir die Hebung angegeben, welche hinreichte, um allen Dampf, den die Maschine zu erzeugen vermochte, entweichen zu lassen. Diese Hebung war schon bei unseren Versuchen über die Spannung des Dampfes gefunden. Wir haben gesehen, dafs, wie stark auch das Feuer angefacht werden mag, das Ventil doch niemals über einen gewissen Grad hinaus steigen kann, ohne dafs aller erzeugte Dampf entweicht. Eine vollständige Ermittellung dieses Punctes war durch die Erwägung der zahlreichen, über die Geschwindigkeit der Maschine mitgetheilten Versuche zu erlangen.

Wir fanden z. B., dafs der *Atlas*, in seinem schnellsten Lauf, also in dem Momente, wo die Dampf-Erzeugung am stärksten war, plötzlich gehemmt, sein Ventil von 50 bis auf 54 Grad hob, und daſs die daraus entstehende Ausgangs-Öffnung allen Dampf entweichen zu lassen vermochte. Eben so hoben sich die Ventile des *Leeds,* des *Vulcan* und der *Fury* unter diesen Umständen von 31 auf 36, der *Vesta* von 20 auf 23½, der *Firefly* von 17 auf 20, während die zweiten Ventile dieser Maschinen auf dem bei den Versuchen über die Spannung angegebenen Puncte standen. Diese Hebungsgrade hingen natürlich erstlich von der Menge des erzeugten Dampfes und von dem Durchmesser des Ventils, und zweitens von dem Maaſse der Hebelsarme und der Eintheilung der Wage ab, vermöge welcher ein Grad an der Wage einer gröſsern oder kleinern Hebung entspricht. Auſserdem auch von dem zweiten Ventile, welches dem Dampfe mehr oder weniger Ausgang verstattete.

Alle diese Umstände erklären die scheinbaren Unterschiede bei den verschiedenen Maschinen. Am *Atlas* lieſs das zweite Ventil gar keinen Dampf entweichen, und das erste hatte nur 2½ Zoll Engl. im Durchmesser. Aber die Theile an der Wagescale waren im Verhältnisse zum Hebelsarm sehr groſs. Vier Theile gaben schon hinreichende Öffnung zur Entlassung alles Dampfes. Bei dem *Leeds,* dem *Vulcan* und der *Fury* hob sich das zweite Ventil unter der vorhandenen Spannung nicht, und das erste hatte 3 Zoll Engl. im Durchmesser. Bei der *Vesta* lieſs das zweite Ventil, eben wie das erste, Dampf ausströmen. Deshalb waren schon 3½ Grade an der Wage zur Ausleerung des Kessels an Dampf hinreichend. Endlich blies bei der *Firefly* nur eines der beiden Ventile; aber die Maschine befand sich zur Zeit der Versuche in einem schlechten Zustande. Der Kessel war leck, das Wasser rann in das Feuer, wo es verdampft wurde, und nur ein kleiner Theil von dem Dampfe wurde im Kessel gesammelt.

Nachdem nun auf diese Weise die Data zur Ermittelung des Verlustes von Dampf während der obigen Versuche durch wiederholte Proben gefunden worden sind, vermögen wir diesen Verlust zu schätzen. Man darf zu dem Ende nur die beiden erwähnten Spalten der Tafel vergleichen, deren eine die wirklich erfolgte Hebung des Ventils angiebt, die andere diejenige, welche geeignet ist, allen Dampf entströmen zu lassen. Hierdurch ergiebt sich, daſs die mittlere Hebung des Ventils zur gesammten sich wie 12 zu 46½ verhält. Der vierte Theil des Dampfes ging also durch das Ventil verloren, vielleicht sogar noch etwas mehr; wegen der *Firefly*, die durch die Lecke ihres Kessels noch besondere Verluste hatte.

Dieser Verlust an Dampf ist übrigens nicht zufällig, sondern jenen Maschinen wesentlich eigen. Unter allen Versuchen rücksichtlich der Geschwindigkeit, über welche wir weiter oben berichtet haben, wird kaum einer sein, wo der Verlust nicht Statt gefunden hätte; und fand derselbe wirklich nicht Statt, so geschah es, weil das Feuer nicht vollständig angefacht worden war.

Man mufs also die wirksame Dampf-Erzeugungskraft einer Maschine von ihrer Dampf-Erzeugungskraft überhaupt unterscheiden, damit nur der nutzbare Theil dieser Kraft in Rechnung gebracht werde.

Die obigen Versuche ergeben, dafs nur drei Viertheile des erzeugten Dampfes in die Cylinder gelangen. Da nun, wie oben gefunden, 1 Quadratfufs der strahlenden Wärme ausgesetzte Fläche 0,389 Cubikfufs Wasser in Dampf verwandelt, so beträgt der nutzbare Theil der Dampf-Erzeugungsfähigkeit eines Dampfwagens nur 0,292 oder etwa $\frac{3}{10}$ Cubikfufs Wasser auf den Quadratfufs der strahlenden Hitze ausgesetzte Fläche.

Endlich betrug, dem Obigen zufolge, die Dampf-Erzeugung $51\frac{1}{5}$ Cubikfufs in der Stunde. Also beträgt der nutzbare Theil davon etwa $38\frac{1}{3}$ Cubikfufs in der Stunde, durchschnittlich für die verschiedenen Maschinen.

Abschnitt V.

Von den Verhältnissen der Maschinen-Theile und den correspondirenden Wirkungen derselben.

§. 51.

Formel für die Geschwindigkeit einer Maschine, die eine bestimmte Last zieht.

Nach diesen Ausmittelungen ist es nun leicht, die Geschwindigkeit zu finden, mit welcher ein Dampfwagen eine bestimmte Last fortzuziehen vermögen wird.

Wir wollen z. B. annehmen, es sei eine Ladung von 1971 Ctr. (100 Tonnen Engl.) von einem Dampfwagen fortzuziehen, dessen Cylinder 10,82 Zoll (11 Zoll Engl.) Durchmesser haben. Der Kolbenlauf sei 15,65 Zoll (16 Zoll Engl.) lang, der Durchmesser der Räder 4 F. 10,27 Z.

(5 Fuſs Engl.), die wirksame Spannung des Dampfes 51,3 Pfd. auf den Quadratzoll (50 Pfd. Engl. auf den Quadratzoll Engl.), und endlich betrage die Dampf-Erzeugungskraft der Maschine, wie im Durchschnitte bei den Liverpooler Maschinen, 38⅓ Cubikfuſs in der Stunde.

Im 2ten Abschnitte dieses Capitels sahen wir [aus dem am Ende des Abschnittes gegebenen Beispiele,] daſs der gesammte Widerstand, welchen hier die Ladung dem Kolben entgegensetzt, 47,21 Pfd. auf den Quadratzoll beträgt. Eben so stark also muſs die Spannung des Dampfes sein, der in die Cylinder gelangt.

Die Masse des verdampften Wassers beträgt 38⅓ Cubikfuſs in der Stunde oder 0,638 Cubikfuſs in der Minute. Dieses Wasser wird unmittelbar im Kessel in Dampf entwickelt, von 51,3 Pfd. wirksamer oder 66,7 Pfd. gesammter Spannung auf den Quadratzoll.

Man kennt nun auch das Volumen des unter einem bestimmten Druck erzeugbaren Dampfes. Es sind darüber nach Versuchen Tafeln berechnet worden. Man wird eine solche Tafel weiter unten §. 61. finden. Nach dieser Tafel nimmt Dampf, welcher unter 66,7 Pfd. Druck auf den Quadratzoll erzeugt wird, 435 mal so viel Raum ein als das Wasser, aus welchem er entstand. Es werden also hier $0,638 . 435 = 278$ Cubikfuſs Dampf erzeugt.

Dieser Dampf, in den Cylinder gelangend, soll 47,21 Pfd. Druck auf den Quadratzoll des Kolbens ausüben [§. 46.]. Seine Temperatur ist die nemliche, wie die des Dampfes im Kessel, weil die Dampfröhren, nach den Cylindern hin, und die Cylinder selbst, im Kessel stehen und von dem Feuer der Esse umspielt werden. Der Raum, welchen überhaupt Dampf einnimmt, wächst aber bei gleichbleibender Temperatur im umgekehrten Verhältnisse seiner Spannung. Es dehnt sich also hier der in die Cylinder gelangende Dampf in dem Verhältnisse von 47,21 zu 66,7 aus, und folglich ist das Volumen des Dampfes jetzt $278 . \frac{66,7}{47,21} = 394$ Cubikfuſs.

Nun haben die beiden Kolben 179,2 Quadratzoll oder 1,245 Quadratfuſs Fläche. Durch diesen Querschnitt der Cylinder strömen in der Minute die 394 Cubikfuſs Dampf: also muſs der Kolben nothwendig die Geschwindigkeit von $\frac{394}{1,245} = 316,6$ F. in der Minute haben, und folglich mit dieser Geschwindigkeit die Ladung fortschaffen.

Um daraus weiter die Geschwindigkeit der Bewegung des Wagenzuges in Ruthen auf die Stunde zu finden, mufs man, weil der Umfang des Rades 5,887 mal dem doppelten Kolbenlaufe gleich ist, die 316,6 F. Geschwindigkeit des Kolbens in der Minute mit 5,887 und mit 60 (Minuten in der Stunde) multipliciren, und mit 12 (Fufs auf die Ruthe) dividiren. Dieses giebt:

$$\frac{316{,}6 \cdot 5{,}887 \cdot 60}{12} = 9319 \text{ Ruthen Geschwindigkeit auf die Stunde.}$$

Wir sehen also, dafs die oben angenommene Dampf-Erzeugungskraft der Maschine eine Geschwindigkeit von 9319 Ruthen in der Stunde hervorzubringen vermag; das heifst: dafs die Maschine, von den angegebenen Abmessungen, wenn sie im guten Stande und das Feuer gehörig angeschürt ist, 1971 Ctr. Ladung in der Stunde 9319 Ruthen weit fortziehen wird.

Auf diese Weise wollen wir nun allgemein den Ausdruck der Geschwindigkeit einer Maschine suchen.

Es sei, wie weiter oben:

Die Ladung . . . . $= M$ Pfunde;
Der Widerstand der Ladung . . . . $= nM$ Pfunde;
Die Reibung des Dampfwagens selbst, ohne Ladung, . $= F$ Pfunde;
Die mit der Ladung im Verhältnifs stehende Reibung im Dampfwagen . . . . $= \delta M$ Pfunde;
Der Durchmesser der Triebräder . . . . $= D$ Zolle;
Der Kolbenhub . . . . $= l$ Zolle;
Der Durchmesser des Kolbens oder der Cylinder . . $= d$ Zolle;
Der Druck der Atmosphäre auf 1 Quadratzoll . . . $= \varrho$ Pfunde;
Der Widerstand auf 1 Quadratzoll der Kolbenfläche . $= R$ Pfunde.

Alsdann ist gemäfs §. 46.

$$1. \quad R = \frac{D}{d^2 l}(F + \delta M + nM) + \varrho.$$

Ferner sei

Die gesammte Spannung des Dampfes im Kessel auf 1 Quadratzoll . . . . $= P$ Pfunde;
An Wasser werde in Dampf von dieser Spannung durch die Maschine in 1 Stunde entwickelt . . . . . $= S$ Cubikzoll;
Aus 1 Cubikzoll Wasser entstehe an Dampf von der Spannung P . . . . $= m$ Cubikzoll.

Alsdann ist das Volumen Dampf, welches die Maschine in 1 Stunde entwickelt,

$$2. \qquad = mS \text{ Cubikzoll.}$$

Dieser Dampf geht, wenn er in den Cylinder gelangt, von der Spannung P in die Spannung R über. Also, da das Volumen, welches Dampf einnimmt, umgekehrt wie die Spannung sich verhält, so ist der Raum, welchen der in 1 Stunde entwickelte Dampf in den Cylindern einnimmt:

$$3. \qquad = mS.\frac{P}{R} \text{ Cubikzoll.}$$

Dieses Volumen Dampf strömt in 1 Stunde durch die Cylinder. Dividirt man also dasselbe durch die Oberfläche der beiden Kolben [welche zugleich der Querschnitt der Cylinder ist], so findet man die Geschwindigkeit der Kolben auf die Stunde. Die Oberfläche der beiden Kolben ist $\frac{1}{2}\pi d^2$: also ist die Geschwindigkeit auf 1 Stunde

$$4. \qquad = \frac{mSP}{\frac{1}{2}\pi d^2 R} \text{ Zoll} = \frac{mSP}{144.\frac{1}{2}\pi d^2 R} \text{ Ruthen.}$$

Die Geschwindigkeit der Maschine auf die Stunde sei $= V$ Ruthen. Dieselbe verhält sich zur Geschwindigkeit der Kolben wie der Umfang des Triebrades zum doppelten Kolbenlaufe, oder wie πD zu $2l$. Also ist die Geschwindigkeit der Maschine auf die Stunde, oder der Raum, welchen dieselbe in der Stunde zurücklegt,

$$5. \qquad V = \frac{mSp}{144.\frac{1}{2}\pi d^2 R}.\frac{\pi D}{2l} = \frac{mSPD}{144 d^2 l R}.$$

Setzt man hierin den Werth von R (1.), so findet sich:

$$V = \frac{mSPD}{144 d^2 l.\left[\frac{D}{d^2 l}(F + \delta M + nM) + \varrho\right]} \text{ oder}$$

$$6. \qquad V = \frac{mSPD}{144[(F + (\delta + n)M)D + d^2 l\varrho]}$$

Dieser Ausdruck giebt also die Zahl der Ruthen, welche der Dampfwagen mit seiner Ladung in einer Stunde zurücklegt, aus dem Maafse der Maschinentheile und der Verdampfungskraft der Esse, welche ihrerseits von der Heitzfläche abhängt. Für das Verhältnifs m des Volumens des Dampfes von der Spannung P zum Volumen des Wassers, aus welchem er erzeugt worden ist, findet sich §. 61. eine Tabelle.

Man kann also nun nach der obigen Formel unmittelbar die von einer Maschine zu erwartende Wirkung schätzen.

Wir werden weiter unten sehen, dafs das Product mP beinahe constant ist. Es folgt also aus der Formel, dafs die Geschwindigkeit einer Maschine, wenn ihre Ladung M dieselbe bleibt, mit der Heitzfläche zunimmt [weil mit derselben S wächst], desgleichen mit dem Durchmesser D des Triebrades. Dagegen nimmt sie ab, wenn der Durchmesser der Cylinder d und der Kolbenhub l zunehmen.

§. 52.

Formel für die Last, welche eine Maschine mit gegebener Geschwindigkeit fortziehen kann.

Um die Ladung M zu finden, darf man nur in der obigen Formel V als gegeben betrachten und daraus M entwickeln. Dieses giebt:

$$7. \quad M = \frac{mSPD - 144\, d^2 l \varrho V}{144(\delta + n) VD} - \frac{F}{\delta + n};$$

und dieser Ausdruck giebt die Zahl M der Pfunde, welche die Maschine V Ruthen weit in der Stunde fortzieht.

§. 53.

Von der Fläche, die erhitzt werden mufs, damit eine Maschine eine bestimmte Last mit einer bestimmten Geschwindigkeit fortschaffe.

So wie vorhin M, kann man aus der Formel (6.) auch jede andere darin vorkommende Zahl nehmen. So z. B. darf man, wenn man die Heitzfläche für eine gegebene Geschwindigkeit und Ladung verlangt, nur S daraus entwickeln. Dieses giebt:

$$8. \quad S = \frac{144 V[(F + (\delta + n) M) D + d^2 l \varrho]}{mPD},$$

nemlich die Zahl der Cubikzolle, und

$$9. \quad \frac{S}{1728} = \frac{V[(F + (\delta + n) M) D + d^2 l \varrho]}{12 mPD}$$

für die Zahl der Cubikfufse Wasser, welche in 1 Stunde verdampft werden müssen. Dieselbe, gemäfs §. 50., mit $\frac{10}{3}$ multiplicirt, giebt die Heitzfläche in Quadratfufsen, die also, wenn sie durch H bezeichnet wird,

$$10. \quad H = \frac{5V[(F + (\delta + n) M) D + d^2 l \varrho]}{18 mPD} \text{ Quadratfufs ist.}$$

§. 54.

Von dem Maximo der Ladung einer Maschine für eine bestimmte Dampfspannung.

Der obige Ausdruck (7.) der Ladung, welche ein Dampfwagen mit vorgeschriebener Geschwindigkeit fortzuziehen vermag, und welcher zeigt, daſs die Ladung um so gröſser sein darf, je langsamer sich der Zug fortbewegt, ist der Bedingung unterworfen, daſs der Widerstand R gegen den Kolben nicht gröſser sei als die Spannung P des Dampfes im Kessel. Hieraus folgt eine Grenze für die Ladung, oder das Maximum derselben für eine bestimmte Spannung des Dampfes. Die Formel (7.) giebt zwar auch für gröſsere R Werthe von M, aber sie entsprechen nicht mehr der Wirklichkeit. Für das Maximum der Ladung ergiebt sich aus der Gleichung $R=P$. Aus dieser Gleichung folgt vermöge des Ausdrucks (1.)

$$11. \qquad P=\frac{D}{d^2 l}(F+(\delta+n)M)+\varrho.$$

Hieraus ergiebt sich $(P-\varrho)\,d^2 l = D[F+(\delta+n)M]$, und folglich

$$12. \qquad M=\frac{(P-\varrho)\,d^2 l}{(\delta+n)D}-\frac{F}{\delta+n}.$$

Dieses ist, einschlieſslich des Gewichts des Munitionswagens, das Maximum der Ladung, jedoch noch unter einem Vorbehalte, nemlich rücksichtlich des Widerstandes, welchen die Räder des Dampfwagens auf den Schienen finden und welcher im 8ten Capitel näher wird abgehandelt werden.

§. 55.

Von der diesem Maximo entsprechenden Geschwindigkeit.

Setzt man den Ausdruck von M (12.) in die Gleichung (6.), welche allgemein die Geschwindigkeit der Fahrt ausdrückt, so findet sich [weil zufolge (11.), woraus (12.) genommen wurde, $D(F+(\delta+n)M)+d^2 l\varrho = Pd^2 l$ ist, wenn man diesen Ausdruck in den Nenner von (6.) setzt, $V=\frac{mSPD}{144Pd^2l}$, oder]

$$13. \qquad V=\frac{mSD}{144\,d^2 l}.$$

Schreibt man diesen Ausdruck in der Form

$$14. \qquad 144\,V=\frac{mS}{\frac{1}{4}\pi d^2}\cdot\frac{\pi D}{2l},$$

[welches dann die Geschwindigkeit statt in Ruthen in Zollen giebt] so zeigt sich, daſs jetzt die Geschwindigkeit der Fahrt gerade diejenige ist, welche unmittelbar der Dampf beim Durchströmen durch die Cylinder haben würde. In der That drückt $\frac{MS}{\frac{1}{2}\pi d^2}$ die Masse des im Kessel in 1 Stunde hervorgebrachten Dampfes, dividirt durch den Querschnitt der beiden Cylinder in Zollen, aus, also die Länge des Weges, welchen der durch die Cylinder strömende Dampf in 1 Stunde zurücklegt; folglich die Geschwindigkeit des durch die Cylinder mit der Spannung im Kessel ausströmenden Dampfes. Dagegen ist $\frac{\pi D}{2l}$ das Verhältnifs der Geschwindigkeit der Fahrt zur Geschwindigkeit der Kolben. Also giebt $\frac{mS}{\frac{1}{2}\pi d^2}\cdot\frac{\pi D}{2l}$ die Geschwindigkeit der Fahrt.

Es zeigt sich also, dafs in dem Falle des Maximums der Ladung, während die Spannung des Dampfes in den Cylindern der im Kessel gleich ist, die Geschwindigkeit der Kolben [oder der Ausströmung des Dampfes] die nemliche ist, mit welcher der Dampf dem Kessel durch die Verdampfung des Wassers **zuströmt**; wie es auch nach der Natur der Sache sein mufs.

Was die Grenze für die Geschwindigkeit bei **kleineren** Ladungen betrifft, so dürfen die Wagenführer sie nicht bis zu einer solchen Höhe anwachsen lassen, dafs sie den Kolben und anderen Maschinentheilen Gefahr bringen könnte. Bei den Versuchen, die weiter unten werden beschrieben werden, betrug die Geschwindigkeit der Fahrt nur einmal, auf eine kurze Weile, $7\frac{1}{2}$ Meile auf die Stunde. Diese Geschwindigkeit ist die gröfste, welche wir bis jetzt, einzelne Augenblicke ausgenommen, beobachteten. Wenn die Ladung zu leicht ist, so mäfsigt sie der Maschinenführer durch den Regulator, und schürt das Feuer weniger stark als möglich an; wie es weiter unten näher beschrieben werden wird.

§. 56.

Welchen Durchmesser die Cylinder haben müssen, wenn die Maschine ein bestimmtes Maximum der Ladung ziehen soll.

Derselbe folgt, eben wie in §. 54. das Maximum der Ladung selbst, aus der Gleichung (11.), und es ergiebt sich aus derselben für den Durchmesser der Cylinder in Zollen:

$$15. \quad d = r\left(\frac{D(F+(\delta+n)M)}{(P-\varrho)l}\right).$$

§. 57.

Kolbenhub in so bestimmten Cylindern.

Ist aus irgend einem Grunde der Durchmesser der Cylinder schon bestimmt worden, so kann man, innerhalb gewisser Grenzen, den vorgeschriebenen Effect, nemlich das Maximum der Ladung zu ziehen, auch durch den Kolbenhub erreichen. Die Gleichung (11.) giebt für denselben, in Zollen:

$$16. \qquad l = \frac{D(F + (\delta + n) M)}{(P - \varrho) d^2}.$$

§. 58.

Durchmesser der Räder für den nemlichen Fall.

Eben so durch den Durchmesser der Räder, mit dessen Zunahme die Geschwindigkeit der Fahrt ab- und die Zugkraft zunimmt. Die Gleichung (11.) giebt denselben in Zollen:

$$17. \qquad D = \frac{(P - \varrho) d^2 l}{(\delta + n) M + F}.$$

Dieser Rad-Durchmesser kann indessen natürlich über eine gewisse Grenze hinaus nicht vergröſsert werden.

§. 59.

Desgleichen die wirksame Dampfspannung im Kessel für diesen Fall.

Wenn nemlich der Kolbenhub und die Durchmesser der Cylinder und Räder im Voraus bestimmt sind, kann man die wirksame Spannung des Dampfes im Kessel berechnen, die nöthig ist, um das Maximum der Ladung fortzuschaffen. Die Gleichung (11.) giebt für dieselbe, in Pfunden auf den Quadratzoll:

$$18. \qquad P - \varrho = \frac{D}{d^2 l}(F + (\delta + n) M).$$

So könnte man auch die übrigen Gröſsen aus der Gleichung (11.) entwickeln; womit wir uns aber nicht aufhalten wollen. Auch wird es kaum nöthig sein, zu erinnern, daſs die Werthe der einzelnen Gröſsen, welche man aus der Gleichung nimmt, nur in so fern Statt finden, als ihnen nicht practische Regeln und Erfordernisse widersprechen. So z. B. darf die Spannung, welche die Gleichung (18.) giebt, nicht stärker sein, als das Metall des Kessels sie aushält. Eben so muſs der Durchmesser der Räder hinreichend groſs sein, damit der Dampfwagen nicht aus den

Schienen springen könne, und nicht so klein, dafs die Geschwindigkeit der Fahrt leide u. s. w.

§. 60.

Uebersicht der Formeln dieses Capitels.

Wir wiederholen zunächst die Bedeutung der Buchstaben in den obigen Ausdrücken, und dann, in einer Zusammenstellung, die Ausdrücke selbst.

M bezeichnet die Zahl der Pfunde, welche sämmtliche von dem Dampfwagen fortgezogene Fuhrwerke, den Munitionswagen eingeschlossen, wiegen.

nM ist die Zahl der Pfunde, mit welchen die gesammte Ladung widersteht. In der Regel ist $n = \frac{1}{280}$.

F ist die Zahl der Pfunde, mit welchen der Dampfwagen selbst seinem Zuge widersteht. Sie kann nach den obigen Versuchen durchschnittlich angeschlagen werden, in so fern der Wagen noch nicht vorhanden ist. Sie wird in der Regel gefunden, wenn man das Gewicht des Dampfwagens durch $149\frac{2}{3}$ dividirt. Ist der Dampfwagen schon vorhanden, und man will F sehr genau wissen, so mufs man es durch Versuche mit dem Wagen selbst suchen.

dM ist in Pfunden der aus der zusätzlichen Reibung der Theile des Dampfwagens entstehende und mit der Ladung im Verhältnifs stehende Widerstand. Wie oben gefunden, ist in der Regel $\delta = \frac{1}{2240}$, und also $\delta + n = \frac{9}{2240}$.

D ist der Durchmesser der Triebräder des Dampfwagens in Zollen.

d ist der Durchmeser der Cylinder in Zollen.

l ist die Länge des Kolbenlaufs in Zollen.

P ist die Zahl der Pfunde, mit welchen der Dampf im Kessel auf 1 Quadratzoll drückt, und zwar mit Einschlufs des Drucks der Atmosphäre.

ϱ ist die Zahl der Pfunde, mit welchen die Luft auf 1 Quadratzoll drückt, also $\varrho = 15{,}086$. $P - \varrho$ ist daher die wirksame Spannung des Dampfes im Kessel auf 1 Quadratzoll in Pfunden.

S ist die Zahl der Cubikzolle Wasser, welche durch die Maschine in 1 Stunde in Dampf von der Spannung P aufgelöset werden. Man findet S, wenn man die Zahl der Quadratzolle, welche die reducirte Heitzfläche mifst, mit $\frac{1}{5}\frac{s}{5}$ multiplicirt. Die reducirte Heitzfläche ist die Summe der der strahlenden Wärme ausgesetzten Wasserfläche in der Esse und eines Drittheils der Oberfläche der Feuerröhren.

H ist die Zahl der Quadratfufse der reducirten Heitzfläche.

m ist die Zahl der Cubikzolle Dampf, welcher, von der Spannung *P*, aus 1 Cubikzoll Wasser entwickelt wird. Man findet den Werth von *m* in der Tafel §. 61.

V endlich ist die Zahl der Ruthen Weges, welche der Dampfwagen, mit den von ihm fortgezogenen Fuhrwerken, in 1 Stunde durchläuft.

Mit dieser Bedeutung der Buchstaben hat man nun folgende Ausdrücke:

$$1.\quad V = \frac{mSPD}{144[(F+(\delta+n)M)D+d^2l\varrho]} \quad (6.\ §.\ 51.)$$

für die Zahl der Ruthen Weges, welche ein Dampfwagen, von bestimmten Maafsen seiner Theile, unter einer bestimmten Spannung, in 1 Stunde zurücklegt.

$$2.\quad M = \frac{mSPD - 144d^2l\varrho V}{144(\delta+n)VD} - \frac{F}{\delta+n} \quad (7.\ §.\ 52.)$$

für die Zahl der Pfunde, welche der Dampfwagen, mit der bestimmten Geschwindigkeit, unter der gegebenen Dampfspannung, fortzuziehen vermag.

$$3.\quad S = \frac{144V[(F+(\delta+n)M)D+d^2l\varrho]}{mPD} \quad (8.\ §.\ 53.)$$

für die Zahl der Cubikzolle Wasser, welche von der Maschine in 1 Stunde in Dampf von der Spannung *P* verwandelt werden.

$$4.\quad H = \frac{sV[(F+(\delta+n)M)D+d^2l\varrho]}{18mPD} \quad (10.\ §.\ 53.)$$

für die Zahl der Quadratfufse, welche die reducirte Heitzfläche der Maschine für eine bestimmte Ladung und Geschwindigkeit messen mufs.

$$5.\quad M_1 = \frac{(P-\varrho)d^2l}{(\delta+n)D} - \frac{F}{\delta+n} \quad (12.\ §.\ 54.)$$

für die Zahl der Pfunde Gewicht des Wagenzuges, den Munitionswagen einschliefslich, welche im Maximo der Dampfwagen fortzuziehen vermag.

$$6.\quad V = \frac{mSD}{144d^2l} \quad (13.\ §.\ 55.)$$

für die Ruthen Weges, welche der Dampfwagen das Maximum der Ladung in 1 Stunde fortzuschaffen vermag.

$$7.\quad d = r\left(\frac{D(F+(\delta+n)M)}{(P-\varrho)l}\right) \quad (15.\ §.\ 56.)$$

für die Zahl der Zolle, welche der Durchmesser der Cylinder halten mufs, wenn der Dampfwagen das Maximum der Ladung soll ziehen können.

$$8. \quad l = \frac{D(F+(\delta+n)M)}{(P-\varrho)d^2} \quad (16. \text{ §. } 57.)$$

für die Zahl der Zolle der Länge des Kolbenlaufs in diesem Falle.

$$9. \quad D = \frac{(P-\varrho)d^2 l}{(\delta+n)M+F} \quad (17. \text{ §. } 58.)$$

für den Durchmesser der Triebräder des Dampfwagens in Zollen, im gleichen Falle.

$$10. \quad P-\varrho = \frac{D}{d^2 l}(F+(\delta+n)M) \quad (18. \text{ §. } 59.)$$

für die Zahl der Pfunde, mit welchen der Dampf auf den Quadratzoll im gleichen Falle wirksam drücken mufs.

Es ist zu bemerken, dafs diese Formeln keinesweges etwa blofs empirisch sind, oder auf willkührlichen, mehr oder weniger mit der Erfahrung übereinstimmenden Voraussetzungen beruhen. Sie sind im Gegentheile auf strengen Gesetzen der Mechanik gegründet; die Elemente derselben sind vermittelst directer Versuche gefunden und die Resultate sind auf gleiche Weise bestätigt worden.

Bei allen Ausdrücken wird vorausgesetzt, dafs der Dampfwagen die Ladung auf horizontaler Bahn fortziehe. Ist die Bahn abhängig, so mufs man für M nicht die nominelle, sondern die wirkliche Ladung setzen, das heifst: nicht mehr den Widerstand der Fuhrwerke auf den Schienen allein, sondern den Widerstand auf der abhängigen Bahn; wie sich solches weiter im 7ten Capitel Abschnitt 2. ergeben wird.

[Wenn man die obige Theorie des Herrn Verfassers nicht etwa genauer erwöge und seine Demonstration nur im Ganzen überblickte, so könnten sich einige Schwierigkeiten erheben, die aber in der That nur aus dem Ausdruck entstehen. Dergleichen könnten nemlich insbesondere daraus entstehen, dafs im Texte von einem constanten Widerstande der Kolben gegen den Druck des Dampfes, und weiterhin von einer constanten Ausströmungs-Geschwindigkeit des Dampfes gesprochen zu werden scheint, welche beide durchaus, und bei weitem nicht Statt finden, indem vielmehr der Widerstand der Kolben gegen den Druck des Dampfes, in dem Falle, wenn die Kurbel in der Richtung der Cylinder-Achse liegt, sogar unendlich grofs, und in dem Falle, wenn sie auf der Cylinder-Achse senkrecht steht, so klein als möglich, folglich von einer endlichen Gröfse bis ins Unendlich-Grofse verschieden ist, die Geschwindigkeit der Ausströmung des Dampfes dagegen, welche diejenige der Kolben ist, von Null an, was sie dann ist, wenn die Kurbel in der Richtung der Cylinder-Achse sich befindet, bis zu ihrem Maximo, welches Statt findet, wenn die Kurbel mit der Cylinder-Achse einen rechten Winkel macht, abwechselt, so dafs also beide, der Widerstand der Kolben und die Ausströmungs-Geschwindigkeit des Dampfes, bei weitem nicht constant sind. Indessen findet von dieser Seite her wirklich keine Schwierigkeit Statt. Um dieses näher bemerklich zu machen, möchten vielleicht folgende Bemerkungen dienlich sein.

Weder der Widerstand der Reibung und der zu bewegenden Masse gegen den Kolben, noch die Ausströmungs-Geschwindigkeit des Dampfes sind dasjenige, was constant ist. Aber der Druck des Dampfes auf die Kolben und das Volumen des überhaupt in einer bestimmten Zeit ausströmenden Dampfes sind, im Beharrungsstande der Bewegung, constant, oder werden wenigstens, was allenfalls auch geschehen darf, als constant betrachtet. Der Widerstand der Kolben gegen den Druck des Dampfes und die Ausströmungs-Geschwindigkeit wechseln dagegen, selbst im Beharrungsstande der Bewegung, fortwährend, und sind, auf die oben bemerkte Weise, von Moment zu Moment ungemein verschieden. Nur der Widerstand gegen die Kurbel, in der Richtung des Umkreises, welchen die Warze derselben beschreibt, ist constant, nicht aber, und bei weitem nicht diejenige in der Richtung der Cylinder-Achse, und folglich auch nicht der Widerstand der Kolben.

Nun ist es aber aus der Theorie der Kurbel bekannt, dafs eine, stets mit sich selbst, hier stets mit der Richtung der Cylinder-Achse parallel wirkende, constante Kraft, wenn sie zu dem constanten Widerstande der Kurbelwarze in der Richtung des Umkreises, den diese beschreibt, wie der halbe Umfang eines Kreises zu seinem Durchmesser sich verhält, die Wirkung hat, dafs sie eine periodisch-gleichförmige Umdrehung der Kurbel hervorbringt, das heifst, eine Umdrehung, deren Geschwindigkeit, in dem Umkreise, den die Warze beschreibt, zwar nicht unveränderlich die nemliche bleibt, jedoch bei jeder Umdrehung der Kurbel immer genau wieder dieselbe ist, so wie die Kurbel wieder in die gleiche Lage kommt. Jene constante Kraft ist gröfser als der Widerstand der Kurbel in senkrechter Lage auf die parallele Richtung der Kraft, und kleiner als besagter Widerstand, dann, wenn die

Kurbel in der Richtung der Kraft selbst liegt; in welchem letzten Fall der Widerstand selbst unendlich groſs ist. Sie ist gleichsam ein Mittel zwischen den verschiedenen Widerständen der Kurbel nach der Richtung der parallel wirkenden Kraft; und auf diese Weise kann sie einen Beharrungsstand der Bewegung hervorbringen.

Da also auf solche Weise eine constante, in der Richtung der Cylinder-Achse auf die Kurbel wirkende Kraft eine periodisch-gleichförmige Bewegung hervorzubringen vermag, und hier die bewegende Kraft, nemlich der Druck des Dampfes auf die Kolben eine constante, in besagter Richtung wirkende Kraft ist, wenigstens als solche betrachtet wird: so ist es auf diese Weise statthaft, die Wirkung des Drucks des Dampfes mit jenem Widerstande zu vergleichen, und man ist berechtigt, vorauszusetzen, daſs der Druck des Dampfes eine periodisch-gleichförmige Bewegung erzeugen werde.

Nun richtet sich ferner die Erzeugung der Dämpfe durchaus nicht nach dem Widerstande, den die Kolben ihrer Wirkung entgegensetzen, und also auch nicht nach der constanten Kraft, die diese Widerstände im Falle des Beharrungstandes der Bewegung repräsentirt. Wenn das Feuer einmal angeschürt ist, so wird so viel Dampf erzeugt, oder vielmehr so viel Wasser in einer bestimmten Zeit verdampft, als der Heitzfläche im Kessel gemäſs ist; und wenn die Kolben gar nicht wichen, so würde bei der fortwährenden Entwickelung von Dampf, entweder das Sicherheitsventil sich öffnen und den Dampf entweichen lassen müssen, oder der Kessel würde zerspringen. Ersteres wird, wenn die Kolben nicht weichen, geschehen, und daher giebt es auch für die Spannung der Dämpfe ein Maximum, welches durch das Sicherheitsventil bestimmt wird, und es folgt sogleich, daſs die Kolben nicht stärker widerstehen dürfen: wenigstens daſs jene, die Stelle der verschiedenen Widerstände der Kolben vertretende Kraft in der Richtung der Cylinder-Achse auf die Einheit der Fläche nicht stärker wirken darf, als die Kraft, mit welcher das Sicherheitsventil den Dämpfen sich widersetzt, weil sonst die Dämpfe nicht durch die Cylinder sondern durch das Sicherheitsventil ausströmen würden.

Angenommen nun zunächst, jene mittlere Kraft des Kolbenwiderstandes sei dem Drucke des Sicherheitsventils auf die Einheit der Fläche gleich, und man gestattete dem Sicherheitsventile dann nicht, sich zu heben: so folgt, daſs nun alle Dämpfe, die erzeugt werden, mit dem vom

Sicherheitsventile für den Kessel bestimmten Maximo der Spannung, durch die Cylinder entweichen und folglich die Kolben vor sich her treiben werden, mit einer constanten Kraft, die dem Maximo der Spannung der Dämpfe, multiplicirt mit der Fläche der Kolben, gleich ist. Und da nun diese constante Kraft nach der Voraussetzung jener mittleren Kraft der Widerstände der Kurbel gleich sein soll, so ergiebt sich die Geschwindigkeit, mit welcher die Kolben, und durch sie die Kurbel und der Wagenzug fortgetrieben werden, daraus, daſs gerade so viele Cylinder voll Dampf, mit dem Maximo der Spannung, in einer bestimmten Zeit ausströmen müssen, als in der nemlichen Zeit erzeugt werden. Die Geschwindigkeit der Ausströmung der Dämpfe, welche diejenige der Kolben selbst ist, ist zwar dabei durchaus nicht constant: aber sie ist im Ganzen gleichförmig, und ihr Mittel muſs von der Art sein, daſs alle Dämpfe, welche erzeugt werden, ohne ihre Spannung, und folglich ihr Volumen zu verändern, entweichen können. Da in dem jetzt angenommenen Falle die Kolben im Durchschnitt eben so stark widerstehen sollen, wie das Sicherheitsventil, und es auch nicht möglich ist, daſs sie stärker widerstehen, so nennt der Herr Verfasser mit Recht diejenige Ladung, welche jenem mittleren Widerstande der Kolben entspricht, das Maximum der Ladung, und es ist nicht möglich, daſs die Maschine, mit ihrer durch das Sicherheitsventil normirten Spannung der Dämpfe, eine stärkere Ladung fortschaffe. Die Geschwindigkeit, mit welcher das Maximum der Ladung bewegt wird, richtet sich danach, daſs in einer bestimmten Zeit eben so viele Cylinder voll Dämpfe entweichen, als erzeugt werden.

Aber die Ladung kann geringer sein. Und da nun die Dampf-Erzeugung, nemlich die Erzeugung eines bestimmten Volumens Dampf, mit dem durch das Sicherheitsventil normirten Maximo der Spannung, sich nicht ändert, so frägt sich, was in diesem zweiten Falle geschehen werde. Es ist in demselben eine geringere constante Kraft in der Richtung der Cylinder-Achsen zur Fortbewegung der Ladung nöthig, als vorhin: also kann nichts anderes geschehen, als daſs die constante bewegende Kraft, nemlich die Spannung der Dämpfe, ebenfalls abnimmt. Dieses aber kann nicht anders geschehen, als daſs der erzeugte Dampf in ein gröſseres Volumen sich ausdehnt, was nach der Hypothese im umgekehrten Verhältniſs der Spannung geschieht. Dieses gröſsere Volumen muſs jetzt ausströmen; und das wiederum kann nicht anders geschehn, als dafs die Ausströmung mit gröfserer Geschwindigkeit erfolgt; denn es müssen jetzt in der gleichen Zeit mehr Cylinder voll Dampf (von geringerer Spannung) entströmen, als vorhin. Also besteht der Erfolg darin, dafs die geringere Ladung mit gröfserer Geschwindigkeit fortbewegt wird, als die gröfsere.

Auf diesen Ansichten beruht die Theorie des Herrn Verfassers, und sie ist also, wenn man die beiden Voraussetzungen zugiebt: dafs der Druck der Dämpfe auf die Kolbenfläche constant sei, und dafs das Volumen einer bestimmten Dampfmasse sich umgekehrt wie die Spannung verhalte, vollkommen schlufsgerecht.

Beide Voraussetzungen können nun zwar angefochten werden. Denn die zweite, dafs das Volumen einer bestimmten Dampfmasse sich umgekehrt wie ihre Spannung verhalte, worüber allein nur die Erfahrung Auskunft geben kann, ist, eben der Erfahrung nach, nur näherungsweise richtig; die erste Voraussetzung, dafs der Druck der Dämpfe auf die Kolben constant sei, ist, gerade von der zweiten ausgehend, auch theoretisch nicht genau; denn da der Raum, welchen der Dampf ausfüllt, stets durch die Hin- und Herbewegung der Kolben sich verändert, folglich sein Volumen, und mithin auch die Spannung nicht constant sein kann, so kann auch der Druck auf die Kolben nicht constant sein.

Indessen kommen beide Voraussetzungen der Wahrheit nahe, und der Herr Verfasser that in dieser Rücksicht gewifs besser, sie zu gestatten, als auf künstliche Rechnungen sich einzulassen; dies nicht blofs deshalb, um die Theorie zu vereinfachen, und weil das Resultat wahrscheinlicherweise doch schon der Wahrheit nahe kommt, sondern noch mehr deshalb, weil an die Stelle der beiden Hypothesen doch wieder andere würden gesetzt werden müssen, die nicht sicherer sind als die ersten, und daher durch die künstlichen Rechnungen kaum einmal etwas gewonnen werden würde, wenigstens an der Sicherheit nicht, was gerade die Hauptsache ist. Das ist es eben, warum man, nach der Meinung des Herausgebers dieses Journals, in technischen Dingen, und überhaupt in complicirten Fällen der Wirklichkeit, so viel wie möglich künstliche Rechnungen zu vermeiden, und, so lange es nur irgend noch geht, bei dem Möglichst-Einfachen stehen bleiben sollte. Durch die Künstlichkeit gewinnt man selten etwas an der Sicherheit; im Gegentheil aber: wer auf die schweren Rechnungen zu viel vertraut, geräth in die Gefahr grofser Fehler, die in der Ausübung oft schon sehr wesentlichen Schaden angerichtet haben. D. H.]

§. 61.

Tafel des unter verschiedenen Graden der Spannung erzeugten Dampfvolumens, nothwendig für die Anwendung der Formeln.

Da es für die Anwendung der obigen Formeln nothwendig ist, das Volumen zu kennen, welches der Dampf unter verschiedenen Graden des Drucks einnimmt, so fügen wir hier eine, von 5 zu 5 Pfd. (Engl.) Druck auf den Quadratzoll (Engl.) berechnete Tafel bei. [Sie ist hier auf Preufsische Pfunde und Quadratzolle reducirt. D. H.] Die zwischen-liegenden Grade hätten leicht ausgefüllt werden können; aber es wäre unnütz gewesen, da, wie wir sehen werden, die Spannung im Kessel nur einen so geringen Einflufs auf die Geschwindigkeit hat, dafs man ohne Nachtheil nur die nächste Spannung nehmen darf, welche die Tafel angiebt; nebst dem derselben correspondirenden Volumen.

Die Ursache, weshalb der Einflufs der Spannung auf die Geschwindigkeit so gering ist, liegt darin, dafs, fast ganz in dem Verhältnisse, wie die Spannung wächst, das Volumen des Dampfes gegenseits abnimmt, so dafs das in den Gleichungen vorkommende Product mP sehr nahe stets denselben Werth behält. Wir werden diesen Umstand bei der Berechnung der Geschwindigkeit für verschiedene Spannungen alsbald bestätigt finden.

Tafel des Volumens des unter verschiedenen Spannungen erzeugten Wasserdampfes.

Spannung des Dampfes.		Correspondirende Fahrenheitsche Thermometer-grade.	Das Volumen des Dampfes enthält das Volumen des Wassers, aus welchem er erzeugt wurde
Auf den Quadratzoll. Pfunde.	In Atmosphären.		
15,39	1,021	212,6	1670 mal.
20,53	1,361	227,9	1282 -
25,66	1,701	240,3	1044 -
30,79	2,041	250,8	883 -
35,92	2,381	260,0	767 -
41,05	2,721	268,1	678 -
46,18	3,061	275,4	609 -
51,31	3,401	282,0	553 -
56,45	3,742	288,1	506 -
61,58	4,082	293,8	468 -
66,71	4,422	299,1	435 -
71,84	4,762	304,0	407 -
76,97	5,102	308,7	382 -
82,10	5,422	313,1	360 -
87,23	5,782	317,3	341 -
92,37	6,122	321,3	324 -
97,50	6,463	325,1	308 -
102,63	6,803	328,8	294 -

§. 62.

Von den Verhältnissen, welche die Theile der Maschinen haben müssen, wenn dieselben mehrere Bedingungen zugleich erfüllen sollen.

Wir haben oben die verschiedenen auf die Bewegung sich beziehenden Formeln einzeln gegeben. Sie lassen sich aber auch leicht mit einander verbinden. Um ein Beispiel davon, und zugleich eine practische Anwendung der bis jetzt gefundenen Resultate zu geben, wollen wir annehmen, man verlange einen Dampfwagen, der, während er ein gewisses Maximum der Ladung zieht, zugleich eine andere gegebene Ladung mit einer gewissen bestimmten Geschwindigkeit fortzuziehen vermöge.

In diesem Falle werden wir den Durchmesser der Cylinder der ersten und die Heitzfläche im Kessel der zweiten Bedingung gemäfs bestimmen können. Es bezeichne also M_1 das gegebene Maximum der Ladung, M_2 aber die andere bestimmte Ladung, und V_2 die Geschwindigkeit für die zweite Ladung: so ist zufolge der Formeln (7.) und (3.) (§. 60.)

$$d = \sqrt{\left(\frac{D(F+(\delta+n)M_1)}{(P-\varrho)l}\right)} \text{ und}$$

$$S = \frac{144V^2[(F+(\delta+n)M_2)D+\varrho d^2 l]}{mPD}.$$

Die erste dieser Gleichungen giebt den Durchmesser der Cylinder und, diesen in die zweite gesetzt, findet man S.

Die Aufgabe kommt in dem Falle bei Eisenbahnen vor, wenn man verlangt, dafs der Dampfwagen eine bestimmte Ladung auf den horizontalen Stellen mit einer gewissen regelmäfsigen Geschwindigkeit fortzuziehen, zugleich aber nicht horizontale Stellen, von bestimmtem Abhange, mit der bestimmten Ladung ohne Hülfe zu ersteigen im Stande sein soll.

Wir wollen also z. B. annehmen, es solle ein Dampfwagen gebaut werden, welcher, das eigene Gewicht zu 236½ Ctr. angeschlagen, im Stande sei, 1971 Ctr. (100 Tonnen Engl.) auf horizontaler Bahn 8546 Ruthen (20 Engl. M.) weit in der Stunde fortzuziehen, zugleich aber mit mit der nemlichen Ladung, obwohl mit verminderter Geschwindigkeit, Abhänge von 1 auf 200 zu ersteigen.

Auf horizontaler Bahn hat der Dampfwagen nur den Widerstand der Ladung, der aus der Reibung entsteht zu überwinden: bergan dagegen mufs er auch noch das Bestreben der Ladung, zurück, bergab zu rollen, aufheben. Dieses Bestreben hängt von dem Gewichte der Ladung und von dem Abhange ab; es ist die Wirkung der Schwere auf der schiefen Ebene und gleich dem Gewichte, dividirt durch die Zahl, welche ausdrückt, wie viel mal die Höhe des Abhanges in seiner Länge enthalten ist.

Auf dem angenommenen Abhange von 1 auf 200 beträgt also dieses Bestreben hier $\frac{1971+236\frac{1}{2}}{200} = \frac{2207\frac{1}{2}}{200}$ Ctr. Nun ist, wie in §. 60. bei δM bemerkt, $\delta + n = \frac{9}{2240}$. Also beträgt der Widerstand von $\frac{2207\frac{1}{2}}{200}$ Ctr. auf dem Abhange so viel, als wenn er auf horizontaler Bahn von einer Ladung von $\frac{2207\frac{1}{2}}{200} \cdot \frac{2240}{9} = 2740$ Ctr. herrührte. Es ist also auf dem Abhange so viel, als ob $1971 + 2740 = 4711$ Ctr. auf horizontaler Bahn fortzuziehen wären. Wir haben daher

$$M_1 = 4711 \text{ Ctr.} \quad \text{und} \quad M_2 = 1971 \text{ Ctr.}$$

Da das Gewicht des Dampfwagens an sich $236\frac{1}{2}$ Ctr. gesetzt worden ist, so wird er, wenn die Räder gekuppelt werden, eine Reibung F von etwa 174 Pfd. haben. Setzen wir nun den Durchmesser D der Räder 58,27 Zoll (5 F. Engl.), die Länge des Kolbenlaufes $l = 15{,}54$ Zoll (16 Zoll Engl.), und dafs die Spannung des Dampfes im Kessel $P - \varrho$ nicht über 61,57 Pfd. auf den Quadratzoll betragen soll (60 Pfd. Engl. auf den Engl. Quadratzoll), so findet sich

$$d = \sqrt{\left[\frac{58{,}27\,(174 + \frac{9}{2240} \cdot 4711 \cdot 110)}{61{,}57 \cdot 15{,}54}\right]} = 11{,}65 \text{ Zoll.}$$

Diesen Durchmesser also müssen die Cylinder haben.

Es mufs nun der gefundene Werth von d in die obige zweite Gleichung gesetzt werden, nebst den übrigen Daten der Aufgabe. Erwägt man hierbei, dafs während der Fahrt des Wagens die wirksame Spannung im Kessel $P - \varrho$ von den obigen 61,57 auf 51,3 Pfd. (50 Pfd. Engl. auf den Engl. Quadratzoll) herabsinken möchte, welches für P 66,71 Pfd. giebt, für welches P nach der Tabelle im vorigen Abschnitte $m = 435$ ist: so giebt die zweite obige Gleichung

$$S = \frac{144 \cdot 8546\,[(174 + \frac{9}{2240} \cdot 1971 \cdot 110)\,58{,}27 + 14{,}41 \cdot 11{,}65 \cdot 11{,}65 \cdot 15{,}54]}{435 \cdot 66{,}71 \cdot 58{,}27}$$
$$= 67502 \text{ Cubikzoll.}$$

Es müssen also von der Maschine etwa 39 Cubikfuſs Wasser in der Stunde verdampft werden, was nach den obigen Regeln 135 Quadratfuſs reducirte Heitzfläche erfordert, also etwa 47 Quadratfuſs Fläche der Esse und 264 Quadratfuſs Röhrenfläche.

Dieses Beispiel wird hinreichen, um zu sehen, wie die Rechnungen zu machen sind. Andere Combinationen der Formeln geschehen auf ähnliche Weise, und es ist nichts weiter nöthig, als die Formeln so zu verbinden, daſs daraus die gesuchten Gröſsen hervorgehen.

Abschnitt VI.

Practische Tafeln der Verhältnisse und Wirkungen der Maschinen.

§. 63.

Tafel der Durchmesser der Cylinder und der Spannung der Dämpfe für ein gegebenes Maximum der Ladung.

Wir haben vorhin für einen einzelnen bestimmten Fall den Durchmesser berechnet, welchen die Cylinder eines Dampfwagens haben müssen, der unter einer bestimmten Dampfspannung ein bestimmtes Maximum der Ladung fortschaffen soll. Durch gleiche Rechnungen haben wir die folgende Tafel aufgestellt, welche den Durchmesser der Cylinder zeigt, wenn die Spannung des Dampfes im Kessel bestimmt ist, und umgekehrt, oder auch das Maximum der Ladung für einen bestimmten Cylinder-Durchmesser und eine bestimmte Dampfspannung.

Es ist hierbei zu erinnern, daſs die nach der Tafel eingerichteten Maschinen nur dann die bestimmte Ladung zu ziehen vermögen werden, wenn die Schienen in einem Zustande sich befinden, daſs die Räder darauf hinreichend eingreifen können. Auſserdem würde, wie sich weiter im 8ten Capitel zeigen wird, die erwartete Wirkung nicht erfolgen.

Tafel der Durchmesser der Cylinder und der Spannung der Dämpfe, welche mit einem gegebenen Maximo der Ladung correspondiren.

Beschreibung des Dampfwagens.	Maximum des Gewichts des Wagenzuges, einschliefslich des Munitionswagens.	Durchmesser der Cylinder in Zollen, für eine Spannung der Dämpfe im Kessel, die auf den Quadratzoll beträgt:				
		51,3 Pfd.	56,4 Pfd.	61,6 Pfd.	67,7 Pfd.	71,8 Pfd.
	Ctr.	Zoll.	Zoll.	Zoll.	Zoll.	Zoll.
	1971	8,55	8,16	7,77	7,48	7,19
Durchmesser der Räder . . . 58,27 Zoll.	2465	9,42	8,93	8,55	8,25	7,96
Länge des Kolbenlaufes . . . 15,54 Zoll.	2957	10,20	9,71	9,32	8,93	8,64
Gewicht des Dampfwagens . . 157,7 Ctr.	3449	10,97	10,49	10,00	9,61	9,23
Vermuthliche Reibung in demselben . . . . 116 Pfd.	3942	11,65	11,17	10,68	10,20	9,91
	4435	12,33	11,75	11,27	10,78	10,39
	4928	13,01	12,33	11,85	11,36	10,97
	3942	11,85	11,27	10,78	10,39	10,00
Durchmesser der Räder . . . 58,27 Zoll.	4435	12,53	11,95	11,46	10,97	10,59
Länge des Kolbenlaufes . . . 15,54 Zoll.	4928	13,11	12,53	11,95	11,56	11,07
Gewicht des Dampfwagens . . 236,5 Ctr.	5420	13,69	13,11	12,53	12,04	11,56
Vermuthliche Reibung in demselben . . . . 174 Pfd.	5913	14,28	13,60	13,01	12,53	12,04
	6406	14,86	14,18	13,60	13,01	12,53
	6899	15,34	14,66	13,98	13,50	13,01
	3942	11,17	10,59	10,20	9,71	9,42
Durchmesser der Räder . . . 58,27 Zoll.	4435	11,75	11,17	10,68	10,29	9,91
Länge des Kolbenlaufes . . . 17,48 Zoll.	4928	12,33	11,75	11,27	10,78	10,39
Gewicht des Dampfwagens . . 216,8 Ctr.	5420	12,92	12,33	11,75	11,27	10,88
Vermuthliche Reibung in demselben . . . . 160 Pfd.	5913	13,40	12,82	12,24	11,75	11,36
	6406	13,98	13,30	12,72	12,24	11,75
	6899	14,47	13,79	13,21	12,62	12,24

§. 64.

Tafel der Länge des Kolbenlaufes und des Räder-Durchmessers für den gleichen Fall und für eine gegebene Spannung der Dämpfe.

Die folgende Tafel ist aus der Formel für l No. 8. §. 60. berechnet, und zwar für die am gewöhnlichsten vorkommenden Maschinen. Sie giebt die Länge des Kolbenlaufes und den Durchmesser der Räder für eine bestimmte Dampfspannung und für ein bestimmtes Maximum der Ladung, und umgekehrt.

Tafel der Länge des Kolbenlaufes und des Durchmessers der Räder, die mit einem gegebenen Maximo der Ladung correspondiren.

Beschreibung des Dampfwagens.	Maximum des Gewichts des Wagenzuges, den Munitionswagen einschliefslich.	Länge des Kolbenlaufes in Zollen, für einen Durchmesser der Triebräder von			
		35 Zoll.	46,6 Zoll.	58,27 Zoll.	70 Zoll.
	Ctr.	Zoll.	Zoll.	Zoll.	Zoll.
Durchmesser der Cylinder . . . . . . 10,68 Zoll.	2957	8,45	11,36	14,18	17,00
Gewicht des Dampfwagens . . . . . . 157,7 Ctr.	3449	9,81	13,01	16,32	19,62
Vermuthliche Reibung in demselben . . 116 Pfd.	3942	11,07	14,76	18,45	22,14
Wirksame Spannung des Dampfes im	4435	12,43	16,51	20,60	24,76
Kessel auf den Quadratzoll . . . . 51,3 Pfd.	4928	12,69	18,26	22,82	27,39
Durchmesser der Cylinder . . . . . . 11,65 Zoll.	3942	9,52	12,62	15,83	18,94
Gewicht des Dampfwagens . . . . . . 197 Ctr.	4435	10,59	14,08	17,58	21,17
Vermuthliche Reibung in demselben . . 145 Pfd.	4928	11,65	15,54	19,42	23,27
Wirksame Spannung des Dampfes im	5420	12,72	17,00	21,27	25,54
Kessel auf den Quadratzoll . . . . 51,3 Pfd.	5913	13,89	18,45	23,11	27,68
	3942	8,17	10,88	13,60	16,32
Durchmesser der Cylinder . . . . . . 12,62 Zoll.	4439	9,03	12,14	15,15	18,16
Gewicht des Dampfwagens . . . . . . 216,8 Ctr.	4928	10,00	13,30	16,70	20,01
Vermuthliche Reibung in demselben . . 160 Pfd.	5420	10,97	14,57	18,26	21,85
Wirksame Spannung des Dampfes im	5913	11,85	15,83	19,81	23,70
Kessel auf den Quadratzoll . . . . 51,3 Pfd.	6406	12,82	17,09	21,37	25,64
	6899	13,69	18,26	22,92	27,48
	4928	8,64	11,56	14,47	17,38
Durchmesser der Cylinder . . . . . . 13,6 Zoll.	5420	9,52	12,62	15,83	18,94
Gewicht des Dampfwagens . . . . . . 236,5 Ctr.	5913	10,29	13,69	17,19	20,59
Vermuthliche Reibung in demselben . . 174 Pfd.	6406	11,07	14,76	18,45	22,14
Wirksame Spannung des Dampfes im	6899	11,95	15,83	19,81	23,79
Kessel auf den Quadratzoll . . . . 51,3 Pfd.	7391	12,72	16,90	21,17	25,44
	7884	13,50	17,97	22,53	27,00

§. 65.

Tafel der Heitzflächen für gegebene Geschwindigkeiten und Ladungen.

Um die Praxis zu erleichtern, wollen wir auch, für die am meisten vorkommenden Fälle, die Heitzfläche für verlangte Wirkungen der Maschinen berechnen.

Die folgende nach der Formel No. 3. §. 60. berechnete Tafel giebt nicht allein die für vorausbestimmte Wirkungen nothwendige Heitzfläche, sondern auch die Geschwindigkeit einer bestimmten Ladung für eine gegebene Heitzfläche.

Die Tafel setzt durchweg 51,3 Pfd. auf den Quadratzoll wirksame Dampfspannung im Kessel voraus. Da aber die Dampfspannung, wie sich weiter unten zeigen wird, auf die Geschwindigkeit nur wenig Einfluſs hat, so läſst sich, wenn die Maschine unter einem höheren Drucke wirkt, das Maximum der Ladung verstärken. Inzwischen ist für die in der Tafel angenommenen Ladungen, wenn die bestimmte Geschwindigkeit hervorgebracht werden soll, die angegebene Heitzfläche nothwendig. Auf solche Weise paſst die Tafel auch für eine gröſsere oder geringere Dampfspannung als 51,3 Pfd. auf den Quadratzoll. Der Unterschied erstreckt sich nur auf das Maximum der Ladung, welche mit der Dampfspannung ab- und zunimmt.

Die Heitzfläche selbst wird, wie in §. 60. beschrieben, gemessen.

Tafel der Heitzfläche für eine bestimmte Geschwindigkeit und Ladung.

Beschreibung des Dampfwagens.	Gewicht des Wagenzuges, einschlieſslich des Munitionswagens. Ctr.	Heitzfläche des Kessels in Quadratfuſsen, für eine Geschwindigkeit, die auf die Stunde beträgt: 4273 Ruth. Quadr.-F.	6409 Ruth. Quadr.-F.	8546 Ruth. Quadr.-F.	10687 Ruth. Quadr.-F.	12819 Ruth. Quadr.-F.
Durchmesser der Räder . . . 58,27 Zoll.	493	33,95	50,93	66,96	83,94	100,91
Länge des Kolbenlaufes . . . 15,52 Zoll.	986	43,38	64,13	85,82	106,57	128,26
Durchmesser der Cylinder . . 10,68 Zoll.	1478	51,87	78,28	103,74	130,15	155,61
Gewicht des Dampfwagens . . 157,7 Ctr.	1971	61,30	91,48	122,61	152,79	182,97
Vermuthliche Reibung in demselben . . . . 116 Pfd.	2465	70,73	105,63	140,52	175,42	210,32
Wirksame Dampfspannung auf den Quadratzoll . . . . . 51,3 Pfd.	2957	79,22	118,83	158,44	198,06	237,67
	3252	84,88	127,32	169,76	212,20	—
Durchmesser der Räder . . . 58,27 Zoll.	986	48,10	71,68	95,26	118,83	142,41
Länge des Kolbenlaufes . . . 15,52 Zoll.	1478	56,59	84,88	113,17	141,47	169,76
Durchmesser der Cylinder . . 11,65 Zoll.	1971	66,02	99,03	132,04	165,05	198,06
Gewicht des Dampfwagens . . 197 Ctr.	2465	75,45	113,17	149,96	187,68	225,41
Vermuthliche Reibung in demselben . . . . 146 Pfd.	2957	84,88	126,38	168,82	210,32	252,76
Wirksame Dampfspannung auf den Quadratzoll . . . . . . 51,3 Pfd.	3449	93,37	140,52	186,74	233,89	280,11
	3863	100,91	151,84	202,77	252,76	—
	986	52,81	78,28	104,69	130,15	156,58
Durchmesser der Räder . . 58,27 Zoll.	1478	61,30	92,43	122,61	153,73	183,91
Länge des Kolbenlaufes . . . 15,52 Zoll.	1971	70,73	105,63	141,47	176,36	211,26
Durchmesser der Cylinder . . 12,62 Zoll.	2465	80,17	119,78	159,39	199,00	238,61
Gewicht des Dampfwagens . . 216,8 Ctr.	2957	88,65	132,98	177,31	221,63	265,96
Vermuthliche Reibung in demselben . . . . 160 Pfd.	3449	98,08	147,13	196,17	245,21	—
Wirksame Dampfspannung auf den Quadratzoll . . . . . 51,3 Pfd.	3942	107,52	161,27	214,09	267,85	—
	4435	116,95	174,48	232,95	—	—
	4553	118,83	178,25	236,72	—	—

Beschreibung des Dampfwagens.	Gewicht des Wagenzuges, einschliefslich des Munitions-wagens. Ctr.	Heitzfläche des Kessels in Quadratfufsen für eine Geschwindigkeit, die auf die Stunde beträgt: 4273 Ruth. Quadr.-F.	6409 Ruth. Quadr.-F.	8546 Ruth. Quadr.-F.	10687 Ruth. Quadr.-F.	12819 Ruth. Quadr.-F.
	986	57,53	85,82	114,12	142,41	170,70
Durchmesser der Räder . . . 58,27 Zoll.	1478	66,02	99,97	132,98	165,99	199,00
Länge des Kolbenlaufes . . . 15,52 Zoll.	1971	75,45	113,17	150,90	188,62	226,35
Durchmesser der Cylinder . . 13,6 Zoll.	2465	84,88	127,32	169,76	211,26	253,70
Gewicht des Dampfwagens . . 236,5 Ctr.	2957	94,31	140,52	187,68	234,84	281,05
Vermuthliche Reibung in dem-	3449	102,80	154,67	205,60	257,47	—
selben . . . . 174 Pfd.	3942	112,23	167,88	224,46	280,11	—
Wirksame Dampfspannung auf	4435	121,66	182,02	242,38	—	—
den Quadratzoll . . . . . 51,3 Pfd.	4928	131,09	196,17	261,24	—	—
	5302	137,70	206,54	274,45	—	—
Durchmesser der Räder . . . 58,27 Zoll.	986	58,47	86,77	116,00	144,30	173,53
Länge des Kolbenlaufes . . . 17,48 Zoll.	1478	66,96	100,91	133,92	167,88	200,88
Durchmesser der Cylinder . . 11,65 Zoll.	1971	76,39	114,12	152,79	190,51	228,24
Gewicht des Dampfwagens . . 216,8 Ctr.	2465	85,82	128,26	170,70	213,15	255,59
Vermuthliche Reibung in dem-	2957	94,31	142,41	189,57	236,72	283,88
selben . . . . 160 Pfd.	3449	103,74	155,61	207,49	259,36	—
Wirksame Dampfspannung auf	3942	113,17	169,76	225,41	281,99	—
den Quadratzoll . . . . . . 51,3 Pfd.	4356	120,72	181,08	241,44	—	—

§. 66.

Tafel der Geschwindigkeit für gegebene Ladungen, und umgekehrt.

Wir haben Tafeln für Fälle gegeben, wo ein Dampfwagen für eine bestimmte Wirkung gebaut werden soll. Das Umgekehrte kann ebenfalls vorkommen, nemlich, dafs die Frage ist, welche Wirkung eine schon vorhandene Maschine haben werde, deren Theile man schon sämmtlich messen kann.

Um hier eine vollständige und practische Anwendung von den obigen Formeln zu machen, wollen wir nach Formel 1. §. 60. berechnen, mit welcher Geschwindigkeit Dampfwagen, wie die Liverpooler, mit Cylindern von 10,68 und 11,65 Zoll im Durchmesser, eine bestimmte Ladung fortziehen werden. Auf diesem Wege werden wir dann durch Versuche mit den Liverpooler Wagen, welche weiterhin beschrieben werden sollen, zugleich die Richtigkeit der a priori gefundenen Formeln an der Erfahrung prüfen können.

Da die folgende Tafel auch sonst in der Ausübung von Nutzen sein kann, indem sie ohne weitere Rechnung die Resultate angiebt, so wer-

den wir die Tafel auch auf andere, gewöhnlich noch auf Eisenbahnen vorkommende Fälle ausdehnen.

Die Tafel giebt die einer bestimmten Ladung entsprechende Geschwindigkeit an, und man kann also daraus umgekehrt auch die Ladung entnehmen, wenn die Geschwindigkeit gegeben ist. Eben so giebt die Tafel, da wir uns in den Columnen derselben auf die Ladungen haben beschränken müssen, welche die Maschine unter einer bestimmten Dampfspannung nach Formel 5. §. 60. zu ziehen vermag, auch das **Maximum** der Ladung für eine bestimmte Dampfspannung, so wie die correspondirende Geschwindigkeit an.

In der letzten Columne ist der Stand des Regulators angegeben. Wenn derselbe ganz offen ist, so steht 1, wenn er nur halb offen ist, $\frac{1}{2}$.

Dieses gilt, wie für die gegenwärtige, auch für die folgenden Tafeln.

Tafel der Geschwindigkeit einer Maschine für eine gegebene Ladung, und umgekehrt.

Beschreibung der Maschinen.	Gewicht des Wagenzuges, einschliefslich des Munitions-wagens.	Geschwindigkeit auf horizontaler Bahn in Ruthen, auf die Stunde, wenn die Spannung des Dampfes im Kessel auf den Quadratzoll beträgt:			Stand des Regulators.
	Ctr.	51,3 Pfd. Ruthen.	56,4 Pfd. Ruthen.	61,6 Pfd. Ruthen.	
	493	17122	17254	17348	1
	986	13392	13494	13571	1
Durchmesser der Cylinder . . . 10,68 Zoll.	1478	10999	11080	11135	1
Länge des Kolbenlaufes . . . . 15,52 Zoll.	1971	9328	9401	9452	1
Durchmesser der Räder . . . . 58,27 Zoll.	2465	8102	8161	8208	1
Reibung im Dampfwagen . . . 106,5 Pfd.	2957	7157	7213	7251	1
Heitzfläche . . . . 132 Quadr.-F.	3272	6662	6713	6751	1
Verdampfung in 1 Stunde . . . 38,5 Cub.-F.	3449	—	6461	6499	1
	3627	—	6230	6264	1
	3982	—	—	5841	1
	493	14720	14832	14917	1
	986	11879	11969	12033	1
	1478	9952	10029	10084	1
Durchmesser der Cylinder . . . 11,65 Zoll.	1971	8567	8636	8683	1
Länge des Kolbenlaufes . . . . 15,52 Zoll.	2465	7520	7576	7619	1
Durchmesser der Räder . . . . 58,27 Zoll.	2957	6700	6751	6780	1
Reibung im Dampfwagen . . . 147 Pfd.	3449	6042	6089	6123	1
Heitzfläche . . . . 132 Quadr.-F.	3844	5602	5645	5645	1
Verdampfung in 1 Stunde . . . 38,5 Cub.-F.	3942	—	5546	5576	1
	4277	—	5226	5256	1
	5026	—	—	4662	1

Beschreibung der Maschinen.	Gewicht des Wagenzuges, einschliefslich des Munitions-wagens. Ctr.	Geschwindigkeit auf horizontaler Bahn in Ruthen, auf die Stunde, wenn die Spannung des Dampfes im Kessel auf den Quadratzoll beträgt: 51,3 Pfd. Ruthen.	56,4 Pfd. Ruthen.	61,6 Pfd. Ruthen.	Stand des Regulators.
	986	12405	12499	12571	1
	1478	10546	10623	10682	1
	1971	9170	9238	9289	1
Durchmesser der Cylinder . . . 12,62 Zoll.	2465	8110	8174	8217	1
Länge des Kolbenlaufes . . . . 15,52 Zoll.	2957	7273	7328	7367	1
Reibung im Dampfwagen . . . 160 Pfd.	3449	6589	6640	6679	1
Heitzfläche . . . . 151 Quadr.-F.	3942	6025	6072	6106	1
Verdampfung in 1 Stunde . . . 44 Cubikfufs.	4435	5551	5593	5623	1
	4553	5448	5487	5521	1
	5046	—	5093	5123	1
	5539	—	—	4777	1
	986	12746	12845	12913	1
	1478	10977	11059	11123	1
	1971	9640	9713	9768	1
Durchmesser der Cylinder . . . 13,60 Zoll.	2465	8593	8657	8704	1
Länge des Kolbenlaufes . . . . 15,52 Zoll.	2957	7751	7811	7854	1
Reibung im Dampfwagen . . . 174 Pfd.	3449	7059	7110	7153	1
Heitzfläche . . . . 170 Quadr.-F.	3942	6482	6529	6568	1
Verdampfung in 1 Stunde . . . 49,5 Cubikfufs.	4435	5991	6033	6068	1
	4928	5568	5610	5640	1
	5302	5286	5324	5354	1
	5874	—	4944	4969	1
	6445	—	—	4636	1
	986	11178	13264	11328	1
	1478	9644	9717	9772	1
	1971	8482	8546	8593	1
Durchmesser der Cylinder . . . 11,65 Zoll.	2465	7567	7627	7670	1
Länge des Kolbenlaufes . . . . 17,48 Zoll.	2957	6833	6884	6922	1
Reibung im Dampfwagen . . . 160 Pfd.	3449	6226	6273	6311	1
Heitzfläche . . . . 151 Quadr.-F.	3942	5722	5764	5794	1
Verdampfung in 1 Stunde . . . 44 Cubikfufs.	4356	5354	5397	5427	1
	4849	—	5012	5042	1
	5322	—	—	4722	1

Wir erinnern hier, dafs, wie schon oben bemerkt, die Spannung der Dämpfe blofs auf die Gröfse der Ladung Einflufs hat, und fast gar keinen Einflufs auf die Geschwindigkeit. Dieses Resultat ist den Principien ganz gemäfs. Denn es betrage z. B. die zur Fortbewegung der Ladung nothwendige Spannung der Dämpfe gegen den Kolben 46 Pfd. auf den Quadratzoll, so hat es offenbar, wenn der Dampf sonst nur von dieser Spannung durch die Heitzfläche in hinreichender Menge erzeugt wird, auf die Bewegung nur wenig Einfluſs, ob der Dampf im Kessel zuerst mit 75, oder mit 65 Pfd. Spannung, oder wie stark sonst, aufgesammelt gewesen sein mag. Sobald er zu wirken anfängt, muſs er auf irgend eine Weise auf die Spannung von 46 Pfd. auf den Quadratzoll zurückkommen, und die Geschwindigkeit hängt nur bloſs von der Masse Dampf von 46 Pfd. Spannung ab, die der Kessel liefert. Ein geringer Vortheil einer stärkeren Spannung liegt darin, daſs weniger Feuerung nöthig ist; wobei aber nicht etwa mehr Wasser, sondern nur das nemliche Wasser in Dampf von stärkerer Spannung verwandelt wird.

Die obigen Tafeln zeigen die von einer Maschine von gegebenen Abmessungen zu erwartende Wirkung an, sowohl was die Geschwindigkeit als was die Ladung betrifft. Nur kann die Wirkung nur dann erlangt werden, wenn die Maschine alle ihre Kraft zu entwickeln vermag. Wenn dagegen z. B. das Feuer nicht kräftig genug ist, so wird nicht Wasser genug verdampft werden, und die Wirkung der Maschine wird abnehmen. Ist die Maschine nicht in gutem Stande, und verliert etwa durch Lecken im Kessel, oder an den Kolben oder Ventilen, oder sonst wo Dampf, so wird offenbar ihre Wirkung ebenfalls geschwächt werden.

Läſst man durch Verkleinerung der Öffnung des Regulators bloſs einen Theil der Dämpfe in die Cylinder gelangen, so wird, weil der Kessel fortfährt, die nemliche Menge Dampf zu liefern, mehr Dampf durch die Ventile, ohne Wirkung auf die Kolben, verloren gehen. Wenn alsdann das Feuer abnimmt, weil weniger Dampf durch den Schornstein ausströmt, so wird weniger Dampf erzeugt werden, welches dann wieder Einfluſs auf die Geschwindigkeit hat. Dieser Fall kommt bei kleineren Ladungen vor. Man darf die Geschwindigkeit nicht ohne Gefahr verhältniſsmäſsig zu sehr zunehmen lassen. Sobald der Führer des Wagens bemerkt, daſs die Fahrt gar zu schnell geht, verschlieſst er mehr den Regulator, und mäſsigt das Feuer, um die Geschwindigkeit zu mäſsigen. Bei allen hier unten folgenden Versuchen werden wir sehen, daſs nur einmal die Geschwindigkeit auf $7\frac{1}{2}$ Meilen in der Stunde stieg; welches die gröſste Geschwindigkeit ist, die man bis jetzt die Dampfwagen hat erreichen lassen, einzelne kurze Zeiträume ausgenommen.

In den obigen Tafeln ist das Maximum der Ladung, unter gegebener Dampfspannung, der Bedingung gemäſs bestimmt worden, daſs der

Widerstand der Kolben nicht gröfser sei als die bewegende Kraft; wie schon bemerkt. Wir sehen nun, dafs Cylinder von 10,68 Zoll Durchmesser, unter 61,6 Pfd. wirksamen Druck auf den Quadratzoll, eine Geschwindigkeit von 5769 Ruthen, und Cylinder von 11,65 Zoll Durchmesser, unter 56,4 Pfd. Spannung, eine Geschwindigkeit von 5128 Ruthen in der Stunde aufrecht zu erhalten vermögen. Diese Geschwindigkeiten sind die, wenn die Maschine in ihrem richtigen Stande wirkt, nemlich wenn das Ventil auf 61,6 oder 56,4 Pfd. Spannung gestellt ist. Sollte es dagegen geschehen, dafs, während das Ventil blofs auf 51,3 Pfd. Spannung gestellt ist, eine Spannung von 61,6 oder 56,4 Pfd. durch eine aufserordentliche Hebung des Ventils oder einen Stofs ausströmenden Dampfes hervorgebracht würde, nemlich in dem Falle, wenn der über 51,3 Pfd. Druck hinaus entwickelte Dampf nicht so schnell entweichen kann, als er erzeugt wird: so ist klar, dafs dann, obgleich die Dampf-Erzeugungskraft des Kessels die nemliche bleibt, der wirksame Theil dieser Kraft, und folglich auch die Geschwindigkeit, beträchtlich vermindert werden wird. Dieser Umstand ist die Ursache, dafs zuweilen bei den Versuchen die Geschwindigkeiten um $\frac{1}{2}$ bis $\frac{3}{4}$ Meilen in der Stunde abnahmen. Alsdann mufs der Stand des Ventils beobachtet werden. Man wird daraus finden, dafs die Erhöhung der Spannung blofs aus einem ungeheuren Verlust an Dampf entstand, und es wird leicht sein, durch Heben des Ventils die Ursache der Veränderung der Geschwindigkeit zu entdecken.

Für den Fall des Maximums der Ladung mufs der Dampf offenbar mit der nemlichen Spannung dem Cylinder entströmen, mit welcher er im Kessel erzeugt wird, und die Geschwindigkeit des Kolbens mufs derjenigen gleich sein, mit welcher der Dampf entsteht. Dieser Umstand ist in §. 55. allgemein gezeigt worden. Man kann noch eine Probe davon erhalten, wenn man die Geschwindigkeit berechnet, mit welcher der in einer Minute erzeugte Dampf den Cylinder durchströmen mufs, ohne Veränderung oder Verminderung seiner Spannung. Diese Geschwindigkeit, wird man finden, stimmt mit derjenigen, welche die Tafel angiebt. Dieses giebt also den Beweis, dafs die Spannung im Cylinder, wenn die Maschine mit jener Geschwindigkeit sich fortbewegt, der im Kessel gleich sein mufs.

Diese Fälle des Maximums der Ladung sind diejenigen, welche wir benutzt haben, um die Reibung der beladenen Maschinen zu finden, und wir sahen dabei den Beweis des Satzes, welchen wir zum Grunde gelegt haben, nemlich, daſs, wenn die Geschwindigkeit weniger als 5128 Ruthen in der Stunde beträgt, die Spannung im Cylinder der im Kessel gleich ist.

Noch ist zu bemerken, daſs bei den Maschinen immer noch ein kleiner Verlust Statt findet, der nicht in Rechnung gebracht worden ist, nemlich der Verlust desjenigen Dampfes, der bei jedem Kolbenlaufe die Canäle von dem Schiebeventile nach den Cylindern hin füllt. Es würde leicht sein, diesen Verlust in Rechnung zu bringen; man dürfte nur den Durchmesser und die Länge der Canäle ausmessen. Aber der Verlust ist zu unbedeutend, und die Rechnung würde nur ohne verhältniſsmäſsigen Nutzen erschwert und verwickelter gemacht werden.

Abschnitt VII.

Bestätigung der Formeln durch Versuche.

§. 67.

Versuche über die Geschwindigkeiten und die Ladung der Maschinen.

Zur Bestätigung der obigen Formeln, und um den Leser in den Stand zu setzen, seine Berechnungen auf Thatsachen zu gründen, theilen wir hier die Resultate einer Reihe von Versuchen mit, welche wir angestellt haben, um durch Erfahrung die Geschwindigkeit zu finden, mit welcher die Dampfwagen, in ihrem täglichen und regelmäſsigen Dienste, bestimmte Ladungen, unter bestimmter Spannung der Dämpfe, fortziehen.

Diese Versuche wurden auf der Eisenbahn zwischen Liverpool und Manchester angestellt. Die Gefälle der Bahn sind durch den Ingenieur Herrn *Dixon* im August 1833 nivellirt worden. Wir geben sie, so weit die Bahn von den Dampfwagen befahren wird. Dieselbe hat noch auſserdem, unter der Stadt Liverpool, drei Tunnels, in welchen aber die Ladungen von feststehenden Dampfmaschinen fortgezogen werden.

Die Abhänge sind, von Liverpool aus nach Manchester zu, folgende:

226,5	Ruthen lang	horizontal,
2234,8	- - -	1 auf 1094 fallend,
628,1	- - -	1 auf 96 steigend,
799,0	- - -	horizontal,
594,0	- - -	1 auf 89 fallend,
1029,8	- - -	1 auf 2762 fallend,
2820,2	- - -	1 auf 849 fallend,
2401,4	- - -	1 auf 1300 steigend,
1863,0	- - -	1 auf 4257 steigend,
12596,8	Ruthen zusammen.	

Die Ladungen setzen also der Zugkraft, der Abhänge wegen, einen verschiedenen Widerstand entgegen. Durch das Gewicht der in Bewegung gesetzten Masse wird der Zug beim Fallen der Bahn erleichtert, beim Steigen erschwert.

Wenn z. B. eine Ladung von 2000 Ctr. fortgezogen wird, so sind dazu auf horizontaler Bahn, außer der Reibung im Dampfwagen, $\frac{8}{2240}.2000 = 7{,}14$ Ctr. Zugkraft nöthig. Gelangt nun der Wagenzug an eine Steigung von 1 auf 96, so kommen zu dieser Zugkraft $\frac{2000}{96} = 20{,}71$ Ctr. hinzu, und wenn der Dampfwagen selbst 200 Ctr. wiegt, noch $\frac{200}{96} = 2{,}07$ Ctr. Im Ganzen also sind, den Abhang hinauf, $7{,}14 + 20{,}71 + 2{,}07 = 29{,}92$ Ctr. Zugkraft, ohne die Reibung in dem Dampfwagen nöthig, und es ist so viel, als wenn der Dampfwagen auf horizontaler Bahn $\frac{2240}{8}.29{,}92 =$ 8377 Ctr. fortzuziehen hätte.

Auf diese Weise ist die Ladung berechnet worden, welche die Maschinen auf den verschiedenen Abhängen fortzuschaffen hatten.

In der zweiten Spalte der Tafeln ist die Spannung im Kessel angegeben; zuerst nach dem Stande der Federwage, und dann nach der Quecksilberwage. Also: z. B., wenn die Wage auf 57 gestellt war, und bis zum Blasen auf 58 stieg, ist 57 — 58 geschrieben worden. Und da bei dem *Atlas* z. B. der Stand der Federwage einem wirksamen Drucke von 61 Pfd. Engl. an der Mercurial-Wage entspricht, so haben wir 57 — 58 = 62,6 Pfd. (61 Pfd. Engl. auf den Engl. Quadratzoll) geschrieben.

Wir haben ferner den Stand des Regulators angezeigt. Doch ist hierbei zu bemerken, daſs wir, da der Griff des Regulators bei den Maschinen nicht auf einem graduirten Kreise sich bewegt, wie es sein sollte, den Grad der Öffnung des Regulators bloſs nach der Ansicht, näherungsweise haben schätzen können.

Die Geschwindigkeiten sind sehr genau beobachtet worden, indem man die Minuten und Viertelminuten anmerkte, wo der Dampfwagen die Viertelmeilensteine der Straſse passirte. Diese Viertelmeilensteine sind, längs der Straſse, numerirt. Zugleich notirte man immer die Dampfspannung im Kessel, nach der Wage am Ventil.

Das Gewicht der Wagen wurde genau, bis auf Pfunde, gewogen. Die Munitionswagen wurden nicht gewogen; aber ihr Gewicht ist im Durchschnitt zu 108,4 Ctr. angesetzt, wenn sie am Wege Wasser eingenommen hatten; sonst zu 98,5 Ctr.

Wir haben auch die Witterung angemerkt, weil bekanntlich mehr Zugkraft nöthig ist, wenn der Wind der Fahrt entgegen bläset, oder gar von der Seite, so dafs er die Radspurkränze gegen die Schienen drückt.

Endlich haben wir die Temperatur des Wassers im Munitionswagen angemerkt, damit man über den Einflufs derselben urtheilen könne. Auch ist das Datum der Versuche angezeigt worden.

Versuche über die Geschwindigkeit und die Ladung der Dampfwagen.

Anmerk. L. M. bedeutet, von Liverpool nach Manchester.
M. L. - - von Manchester nach Liverpool.
St. - - Steigen.
F. - - Fallen.

Datum des Versuches.	Dauer der Fahrt. Der Fahrt selbst. Min.	Des Aufenthalts. Min.	Zusammen. Min.	Zahl der beladenen Wagen.	Zahl der leeren Wagen.	Munitionswagen.	Gewicht. Ctr.	Richtung der Fahrt.	Gefälle der Strafse. 1 auf	Reducirte Ladung. Ctr.	Geschwindigkeit auf 1 Stunde. Ruthen.	Stand der Wage.	Wirksamer Druck auf den Quadratzoll. Pfd.	Stand des Regulators.
	Versuche mit dem Atlas. In dieser Maschine ist der Durchmesser der Cylinder 11,65 Zoll, die Länge des Kolbenlaufes 15,54 Zoll, der Durchmesser der Räder 4 Fufs 10,27 Zoll; von den 6 Rädern des Wagens sind 4 gekuppelt. Der Wagen wiegt 224,7 Ctr. Die Reibung in demselben beträgt 147 Pfd. Die Heitzfläche beträgt in der Esse 53,8 und in den Röhren 199,6 Quadratfufs.													
1834. 14. Juli.	91	19	110	25	—	—	2345,5	L. M.	hor.	2444	7324	57—58	62,60	¾
						1	108,4		F. 1094	1774	9039	57	61,58	¾
							2453,9		F. 849	1577	10136	57—60	64,66	¾
									St. 1300	3035	8012	57—59,5	64,14	¾
									St. 4257	2621	7644	57—58	62,60	¾
	Anmerkung. Die Maschine wurde an der Rampe von 1 auf 96 durch 3 andere Dampfwagen mit 10,68zölligen Cylindern unterstützt. Das Wetter war heiter und ruhig, das Wasser im Munitionswagen kalt.													
16. Juli.	85	5	90	20	—	—	1956,3	L. M.	hor.	2070	6410	50—51	55,42	¾
						1	108,4		F. 1094	1478	9157	50—51	55,42	¾
							2064,7		F. 849	1321	10712	50—52	56,45	¾
									St. 1300	2543	9674	50—51,25	55,68	1
									St. 4257	2208	8388	50	54,39	¾
17. Juli.	87	3	90	15	—	—	1289,1	L. M.	hor.	1399	8546	50	54,39	½
						1	108,4		F. 1094	986	10486	50—51	55,42	½
							1397,5		F. 849	867	11165	50	54,39	½
									St. 1300	1754	9191	50—52	56,45	½
									St. 4257	1498	8892	50	54,39	½

Datum des Versuches.	Dauer der Fahrt. Der Fahrt selbst. Min.	Des Aufenthalts. Min.	Zusammen. Min.	Zahl der beladenen Wagen.	Zahl der leeren Wagen.	Munitionswagen.	Gewicht. Ctr.	Richtung der Fahrt.	Gefälle der Strafse. 1 auf	Reducirte Ladung. Ctr.	Geschwindigkeit auf 1 Stunde. Ruthen.	Stand der Wage.	Wirksamer Druck auf den Quadratzoll. Pfd.	Stand des Regulators.
1834.														
17. Juli.	86	3	89	3	8	—	442,5	M. L.	F. 4257	512	11311	50—51	55,42	½
						1	98,6		F. 1300	434	13430	50—50,5	54,91	½
							541,1		St. 849	710	11934	50—52	56,45	¼
									St. 89	2247	6410	50—53	57,47	1
23. Juli.	182	15	197	40	—	—	3745,0	L. M.	hor.	3863	3944	50—50,5	54,91	1
						1	108,4		F. 1094	2799	6033	50	54,39	1
							3853,4		F. 849	2503	6927	50	54,39	1
									St. 1300	4730	3418	50—51,75	56,45	1
									St. 4257	4119	2508	50—51,5	55,93	1
23. Juli.	—	—	—	8	—	—	668,2	M. L.	St. 89	3922	2564	50—52	56,45	1
						1	108,4							
							776,6							
31. Juli.	104	52	156	14	—	—	1202,3	L. M.	hor.	1321	8546	30	34,38	1
						1	98,6		F. 1094	1163	9324	30	34,38	1
							1300,9		F. 849	1045	9939	30—30,33	34,89	1
									St. 1300	1892	8439	25—27,75	31,81	1
									St. 4257	1656	6051	20—21,5	26,17	1
31. Juli.	114	—	114	8	4	—	692,8	M. L.	hor.	788	6999	20—23	27,97	1
						1	98,6		F. 4257	729	8345	20—20,5	25,66	1
							791,4		F. 1300	572	9828	20—20,75	25,91	1
									St. 849	1123	6871	20—20,75	25,91	1
									St. 89	3981	3205	45—47,5	52,34	1
									St. 1094	1045	6744	20—20,25	25,40	1
4. August.	118	—	118	25	—	—	2417,3	L. M.	hor.	2524	6410	50	54,39	1
						1	98,6		F. 1094	1813	7324	50	54,39	1
							2515,9		F. 849	1616	8768	50	54,39	1
									St. 1300	3114	6572	50—50,5	54,91	1
									St. 4257	2700	6512	50	54,39	1
4. August.	—	—	—	9	7	—	764,0	M. L.	St. 89	4317	1602	57—58,75	63,37	1
						1	108,4							
							872,4							

Versuche mit der Fury. In dieser Maschine ist der Durchmesser der Cylinder 10,68 Zoll, die Länge des Kolbenlaufs 15,54 Zoll, der Durchmesser der Räder 4 Fuſs 10,27 Zoll. Der Wagen wiegt 161,63 Centner. Die Reibung in demselben beträgt 105,50 Pfd. Die Heitzfläche beträgt in der Esse 31,00 und in den Röhren 289,90 Quadratfuſs.

24. Juli.	90	—	90	10	—	—	1008,4	L. M.	hor.	1104	7324	31—32	56,45	¾
						1	98,6		F. 1094	788	7691	31—32	56,45	1
							1107,0		St. 96	4809	2696	32—35	67,22	¾
									F. 849	690	9998	31—32	56,45	¾
									St. 1300	1380	9324	31—32,5	56,96	¾
									St. 4257	1183	9089	31—32	56,45	¾

Datum des Versuches.	Dauer der Fahrt. Der Fahrt selbst. Min.	Des Aufenthalts. Min.	Zusammen. Min.	Zahl der beladenen Wagen.	Zahl der leeren Wagen.	Munitionswagen.	Gewicht. Ctr.	Richtung der Fahrt.	Gefälle der Strafse. 1 auf	Reducirte Ladung. Ctr.	Geschwindigkeit auf 1 Stunde. Ruthen.	Stand der Wage.	Wirksamer Druck auf den Quadratzoll. Pfd.	Stand des Regulators.
1834. 24. Juli.	95	—	95	10	—	—	863,3	M. L.	hor.	966	7478	31—32	56,45	¾
						1	98,6		F. 4257	887	9157	31—32	56,45	¾
							961,9		F. 1300	710	9401	31—32	56,45	¾
									St. 849	1340	7956	31—32	56,45	¾
									St. 89	4494	6410	32—36	68,76	1
									St. 1094	1242	7888	31—32	56,45	¾
4. August.	75	9	84	8	—	—	649,9	M. L.	hor.	749	10683	28—30	53,88	1
						1	98,6		F. 4257	690	10986	28—31	55,42	1
							748,5		F. 1300	552	11511	28—30,25	54,39	1
									St. 849	1045	10516	28—30	53,88	1
									St. 89	3607	5696	28—33	56,45	1
									St. 1094	986	10606	28—30	53,88	1
15. Aug.	—	—	—	28	—	—	2616,2	M. L.	hor.	2720	4662	31—32,5	56,96	1
						1	108,4		St. 1094	3469	5696	31—32,5	56,96	1
							2724,6							

Versuche mit der Firefly. In dieser Maschine ist der Durchmesser der Cylinder 10,68 Zoll, die Länge des Kolbenlaufs 17,48 Zoll, der Durchmesser der Räder 4 Fufs 10,27 Zoll. Der Wagen wiegt 172,27 Ctr. Die Reibung in demselben beträgt 115,18 Pfd. Die Heitzfläche beträgt in der Esse 41,41 und in den Röhren 341,98 Quadratfufs.

26. Juli.	95	5	100	8	—	—	717,5	L. M.	hor.	808	10255	17	51,31	1
						1	98,6		F. 849	493	10875	15	46,18	1
							816,1		St. 1300	1025	9097	15	46,18	1
									St. 4257	887	9114	11	35,92	1
26. Juli.	78	5	83	8	—	—	717,5	M. L.	hor.	808	10986	17—18	51,65	½
						1	98,6		F. 4257	749	10118	15	46,18	½
							816,1		F. 1300	611	10443	17—18	51,65	½
									St. 849	1143	10016	17—18,5	51,82	½
									St. 1094	1064	10606	17	51,31	½

Versuche mit der Vesta. In dieser Maschine ist der Durchmesser der Cylinder 10,80 Zoll, die Länge des Kolbenlaufs 15,54 Zoll, der Durchmesser der Räder 4 Fufs 10,27 Zoll. Der Wagen wiegt 171,68 Centner. Die Reibung in demselben beträgt 181,00 Pfd. Die Heitzfläche beträgt in der Esse 43,38 und in den Röhren 341,98 Quadratfufs.

1. August.	82	30	112	10	—	—	861,7	L. M.	hor.	966	10255	20—21,5	53,37	1
						1	98,6		F. 1094	670	12430	20—21	51,31	1
							960,3		F. 849	591	11537	20—21	51,31	1
									St. 1300	1202	10067	20—21,5	53,37	1
									St. 4257	1025	10986	20—21	51,31	1
1. August.	65½	—	65½	5	5	—	554,8	M. L.	hor.	650	12392	20—21	51,31	1
						1	98,6		F. 4257	591	12819	20—21	51,31	1
							653,4		F. 1300	473	14844	20—21	51,31	1
									St. 849	926	12362	20—21	51,31	1
									St. 89	3252	6029	20—22,5	56,45	1
									St. 1094	867	12306	20—21	51,31	1

Datum des Versuches.	Dauer der Fahrt. Der Fahrt selbst. Min.	Des Aufenthalts. Min.	Zusammen. Min.	Zahl der beladenen Wagen.	Zahl der leeren Wagen.	Munitionswagen.	Gewicht. Ctr.	Richtung der Fahrt.	Gefälle der Straße. 1 auf	Reducirte Ladung. Ctr.	Geschwindigkeit auf 1 Stunde. Ruthen.	Stand der Wage.	Wirksamer Druck auf den Quadratzoll. Pfd.	Stand des Regulators.
1834.														
16. Aug.	102	70	172	20	—	—	1741,4	M. L.	hor.	1853	6410	20—21,5	53,37	1
						1	108,4		F. 4257	1715	7888	20—22	54,65	1
							1849,8		F. 1300	1399	10255	20—22	54,65	1
									St. 849	2543	5170	20—22,5	56,45	1
									St. 1094	2385	8012	20—21,5	53,37	1
16. Aug.	—	—	—	8	—	—	629,7	M. L.	St. 89	3607	1389	20—23,5	59,53	1
						1	108,4							
							738,1							
16. Aug.	—	—	—	8	4	—	671,1	M. L.	St. 89	3725	1282	20—23	57,99	1
						1	98,6							
							769,7							

Versuche mit dem Leeds. In dieser Maschine ist der Durchmesser der Cylinder 10,68 Zoll, die Länge des Kolbenlaufs 15,54 Zoll, der Durchmesser der Räder 4 Fuſs 10,27 Zoll. Der Wagen wiegt 139,35 Centner. Die Reibung in demselben beträgt 104,53 Pfd. Die Heitzfläche beträgt in der Esse 32,60 und in den Röhren 289,90 Quadratfuſs.

15. Aug.	95	—	95	20	—	—	1642,7	L. M.	hor.	1735	7803	31—32,75	56,29	¾
						1	98,6		F. 1094	1261	8854	31—32	55,42	¾
							1741,3		F. 849	1123	10255	31—32	5542,	¾
									St. 1300	2148	8691	31—32	55,42	¾
									St. 4257	1872	8042	31—32	55,42	¾
15. Aug.	77½	3	80^{1}	8	—	—	677,6	M. L.	F. 4257	729	10486	28—30	52,85	¾
						1	108,4		F. 1300	591	12819	25—27	47,72	¾
	Erste Hälfte des Weges						786,0		F. 849	1084	10815	25—27	47,72	¾
				7	—	—	584,4		hor.	690	9614	25—27	47,72	¾
						1	108,4		St. 89	3311	4273	28—29	49,78	1
	Zweite Hälfte des Weges						692,8		St. 1094	907	10986	28—32	55,42	¾
15. Aug.	89	36	125	7	—	—	660,7	L. M.	hor.	749	9319	25—28	48,75	2/4
						1	98,6		F. 1094	532	12430	31—32	55,42	¾
							759,3		F. 849	453	12375	25—28	48,75	2/4
									St. 1300	946	9157	15—16	29,76	¾
									St. 4257	808	8012	25—27	47,72	2/4

Versuche mit dem Vulcan. In dieser Maschine ist der Durchmesser der Cylinder 10,68 Zoll, die Länge des Kolbenlaufs 15,54 Zoll, der Durchmesser der Räder 4 Fuſs 10,27 Zoll. Der Wagen wiegt 164,38 Centner. Die Reibung in demselben beträgt 131,64 Pfd. Die Heitzfläche beträgt in der Esse 32,49 und in den Röhren 289,90 Quadratfuſs.

22. Juli.	—	—	—	9	—	—	671,5	M. L.	St. 89	3706	4894	31—36	59,01	1
						1	98,6							
							770,1							
22. Juli.	—	—	—	9	—	—	715,9	L. M.	St. 96	3666	8012	31—36	59,01	1
						1	98,6							
							814,5							

Diese Versuche werden nun besser als alles Raisonnement zeigen, was man von Dampfwagen in ihrem gewöhnlichen täglichen Dienst erwarten darf. Deshalb haben wir die obige Zusammenstellung derselben mitgetheilt.

Man wird eine Übereinstimmung der berechneten Geschwindigkeiten mit den beobachteten bemerken.

§. 68.

Geschwindigkeit für den gröfsten Nutz-Effect.

Wir haben oben §. 60. (2.) gesehen, dafs die Ladung, welche eine Maschine mit einer bestimmten Geschwindigkeit V fortzuziehen vermag, durch

$$M = \frac{mSPD - 144 d^2 l V}{144(\delta + n) V D} - \frac{F}{\delta + n}$$

ausgedrückt wird. Wenn man diesen Ausdruck mit V multiplicirt, so ergiebt sich

$$MV = \frac{mSPD - 144 d^2 l \varrho V}{144(\delta + n) D} - \frac{FV}{\delta + n}.$$

Das Product MV, nemlich die Ladung multiplicirt mit der Geschwindigkeit, mit welcher sie fortgezogen wird, drückt den Nutz-Effect der Maschine für die Zeit-Einheit aus. Wir sehen aus der Formel, dafs dieser Nutz-Effect um so gröfser ist, je langsamer sich die Ladung bewegt; denn die Geschwindigkeit V kommt blofs in den negativen Gliedern vor. Da nun aber andererseits die Maschine ohne bedeutenden Verlust nicht langsamer fahren darf, als mit derjenigen Geschwindigkeit, welche der Erzeugung des Dampfes im Kessel entspricht, so folgt, dafs der gröfste Nutz-Effect bei eben dieser Geschwindigkeit erreicht wird.

Sehen wir in der obigen Tafel nach, so finden wir durch die Erfahrung bestätigt, was die Rechnung giebt, nemlich dafs der gröfste Nutz-Effect der kleinsten Geschwindigkeit entspricht.

Man nehme z. B. einen Dampfwagen mit 10,68zölligen Cylindern, der 10 Stunden täglich im Dienste sein soll. Mit seiner gröfsten Geschwindigkeit, von 12819 Ruthen auf die Stunde, und einer wirksamen Dampfspannung im Kessel von 51,3 Pfd. auf den Quadratzoll, wird dieser Wagen im Stande sein, 985 Ctr. fortzuziehen: mit der geringsten Geschwindigkeit dagegen, unter gleicher Dampfspannung im Kessel, 3154 Ctr.

Im ersten Fall also wird der Wagen 985 Ctr. in 10 Stunden 128190 Ruthen weit oder $\frac{985.128190}{2000} = 63134$ Ctr. 1 Meile weit, im andern Falle, mit 6623 Ruthen Geschwindigkeit auf die Stunde, 3154 Ctr., also in 10 Stunden $\frac{3154.66230}{2000} = 104445$ Ctr. 1 Meile weit, also nahe an die Hälfte mehr fortzuschaffen im Stande sein.

Es ist daher wesentlich vortheilhaft, die Dampfwagen so einzurichten, daſs sie die möglich-gröſsten Ladungen mit der kleinsten Geschwindigkeit fortschaffen. Der obige Unterschied der beiden Wirkungen würde noch etwas gröſser ausfallen, wenn man von der Ladung das Gewicht des Munitionswagens abzöge, welches, rücksichtlich des Nutz-Effects, zu dem Dampfwagen, nicht zu der Ladung gehört.

Es versteht sich übrigens, daſs, wenn eine möglichst groſse Geschwindigkeit zur Bedingung gemacht wird, wie z. B. da, wo es insbesondere auf die Fortschaffung von Personen ankommt: daſs dann die Regel nicht weiter berücksichtigt werden kann. Wir sprechen hier bloſs theoretisch.

Der Unterschied, welchen wir in den beiden obigen Fällen beim Nutz-Effecte fanden, rührt daher, daſs der der Maschine entsprechende Widerstand fast der nemliche bleibt, sie mag sich 128190 oder 66230 Ruthen weit fortbewegen. Eben so verhält es sich mit dem Gegendrucke der Luft auf die Kolben, welcher einen Theil des Widerstandes ausmacht. Wenn die Maschine z. B. in dem einen Falle doppelt so weit sich fortbewegt als in dem andern, so müssen natürlich die Kolben im ersten Falle doppelt so oft hin und her sich bewegen als in dem andern; und da nun bei jedem Kolbenlaufe der Gegendruck der Luft auf die Kolben überwunden werden muſs, so verhält sich der zur Überwindung dieses Drucks nöthige Kraft-Aufwand in den beiden Fällen wie 128190 zu 66230, das heiſst, er steht, eben wie die zur Bewegung der Maschine nöthige Kraft, in dem Verhältnisse der Geschwindigkeit der Bewegung. Dieses ist ein neuer Beweis, daſs man bei der Berechnung der Wirkung der Maschinen nicht, wie es gewöhnlich geschieht, in allen Fällen den Druck der Luft auſser Acht lassen darf. Solches darf bloſs dann ohne Irrthum geschehen, wenn es nicht auf die Geschwindigkeit der Bewegung ankommt.

Wenn man hie und da auf Berechnungen der Kraft von Dampfwagen oder anderen Dampfmaschinen stöſst, welche von verlorner Kraft sprechen, und wo es dann scheint, daſs diese Maschinen in der Wirklichkeit nur ein Drittheil oder Viertheil Desjenigen leisten, was man theoretische Kraft nennt, welche Meinung jetzt schon so allgemein geworden ist, dafs man zu sagen pflegt, die practische Pferdekraft sei nur der dritte Theil der theoretischen: so kommt dieses blofs daher, dafs die theoretische Kraft falsch berechnet wurde. Es sind dann nicht alle oben erwähnten Umstände gehörig in Betracht gezogen worden. Man hat dann den Gegendruck der Luft auf die Kolben aufser Acht gelassen; ferner den Widerstand der Maschine selbst, und dessen zu der Ladung im Verhältnifse stehende Zunahme; vorzüglich aber hat man den Druck auf die Kolben der Spannung des Dampfes im Kessel gleich gesetzt, was, wie wir gesehen haben, bei weitem anders sein kann. So, bei so vielen Ursachen von Fehlern, ist es dann nicht zu verwundern, dafs man auf Resultate kam, welchen die Erfahrung widersprach, und dafs nicht auch Jemand gute Maschinen sollte haben bauen können, der ihre Wirkungen nicht genau zu berechnen verstand. Bringt man dagegen, wie gehörig, alle Widerstände in Rechnung, so wie die Geschwindigkeit der Puncte, auf welche sie wirken; setzt man den Druck im Cylinder so grofs wie er wirklich ist, anstatt an seine Stelle eine andere Kraft: so wird man finden, dafs auch bei den Dampfmaschinen alle Kraft ihre Wirkung leistet und dafs nicht das geringste davon verloren geht.

(Die Fortsetzung folgt im nächsten Bande.)

15.
Inhalts-Verzeichnifs I.
der ersten zehn Bände des Journals für die Baukunst, herausgegeben zu Berlin in den Jahren 1829 bis 1836 von A. L. Crelle.

Nach den Gegenständen geordnet.

Übersicht der Gegenstände.

Anmerk. Wenn eine Abhandlung in mehrere dieser Rubriken zugleich einschlägt, so findet man ihre Ueberschrift in jeder solchen Rubrik, unter der nemlichen Zahl.

Diejenigen Abhandlungen bei deren Zahl kein Sternchen (*) steht, sind Original-Aufsätze. Die bei welchen ein Sternchen (*) steht, sind meistens aus französischen und englischen Aufsätzen, entweder im Auszuge, oder wörtlich, ins Deutsche übertragen, und so, mit oder ohne Anmerkungen und Zusätzen, dem Journale überliefert worden.

I. Land-Bau.

A. *Entwurf und Anordnung von Gebäuden.*

B. *Bau-Materialien.*

C. *Construction.*

a. *Fundamente und Wände.*

b. *Feuerungen.*

e. *Gebälke und Dächer.*

f. *Verschiedenes.*

D. *Verschiedenes und Allgemeines.*

II. Wasser-Bau.

A. *Strom-Bau.*

B. *Canal- und Schleusen-Bau.*

C. *Hafen- und Meerufer-Bau.*

D. *Brunnen und Wasserleitungen.*

E. *Schiffbau.*

F. *Verschiedenes und Allgemeines.*

III. Brücken- und Strafsen-Bau.

A. *Brücken.*

B. *Chausséen und Landwege.*

C. *Eisenbahnen.*

IV. Maschinen-Bau.

A. *Einzelne Machinen.*

B. *Maschinen im Allgemeinen und Verschiedenes.*

V. Aesthetisches.

VI.

Der Original-Abhandlungen sind an der Zahl . . . 137.
Der übertragenen Abhandlungen . . . . 38.

16.

Inhalts-Verzeichnifs II.

der ersten zehn Bände des Journals für die Baukunst, herausgegeben zu Berlin in den Jahren 1829 bis 1836 von A. L. Crelle.

Nach alphabetischer Ordnung der Namen der Verfasser.

Anmerkungen. Wenn man die Zahlen dieses Verzeichnisses II. in dem Verzeichnifs I. aufsucht, so findet man den Titel der Abhandlungen, und die Anzeige, wo in den zehn Bänden des Journals sie stehen.

Bei denjenigen Abhandlungen, welche meistens aus dem Französischen und Englischen übertragen, und so dem Journale, mit oder ohne Anmerkungen und Zusätze, überliefert worden sind, steht wieder ein Sternchen (*). Bei dem Namen Derer, welche auf solche Weise die mit (*) bezeichneten Abhandlungen geliefert haben, findet sich die Zahl der Abhandlung, mit zwei Sternchen (**) bezeichnet, angegeben.

Vor die Namen derjenigen Verfasser, von welchen dem Herausgeber bekannt ist, dafs sie sich jetzt nicht mehr am Leben befinden, ist ein † gesetzt.

Inhaltsverzeichniſs des vierten Hefts zehnten Bandes.

Berlin, gedruckt bei G. Reimer.

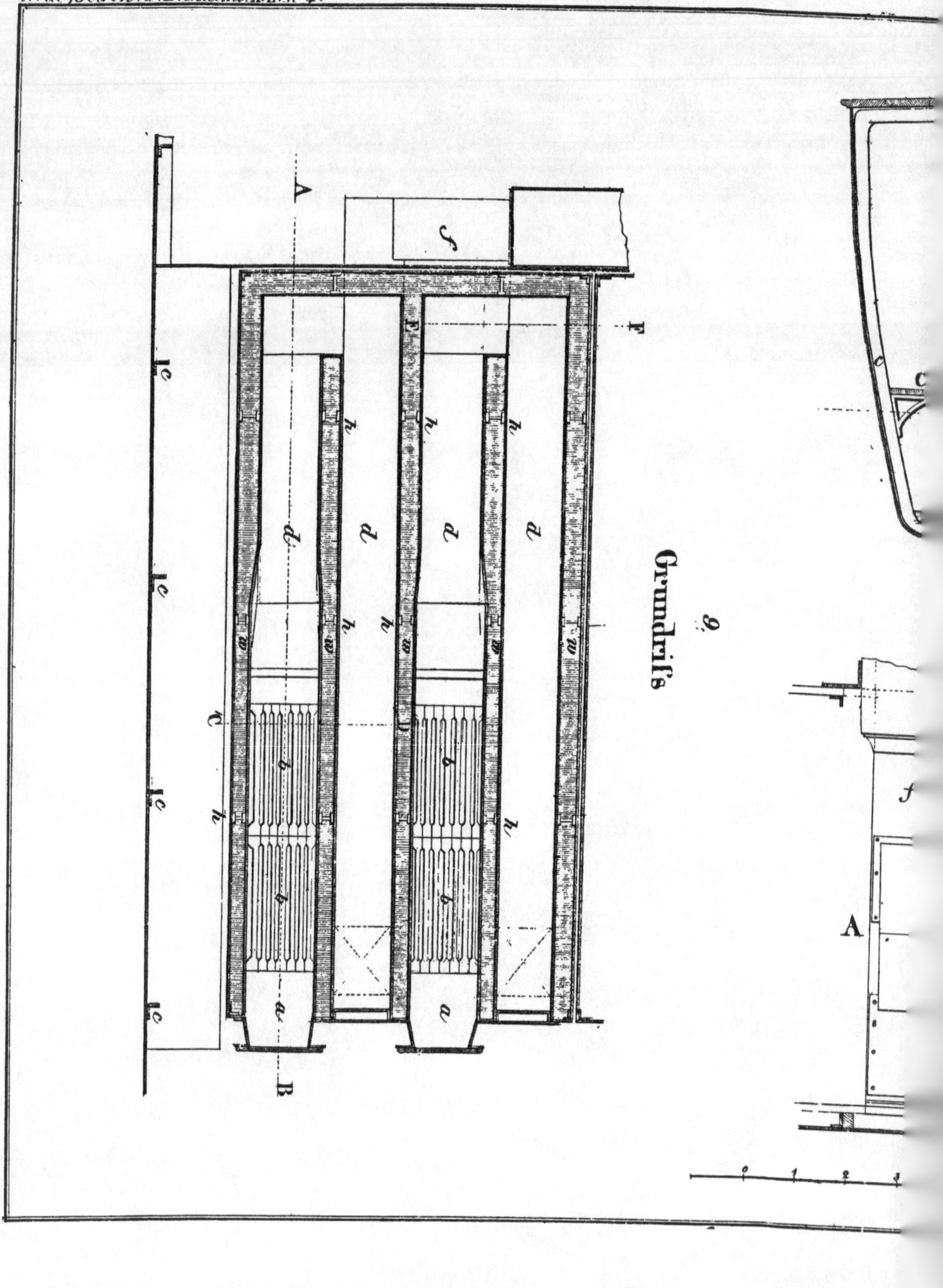
9.
Grundrifs
A
B
E
F
a
b
c
d
f
h
w

DAMPF-KESSEL

und Profil nach der Richtung CDEF des Grundrisses

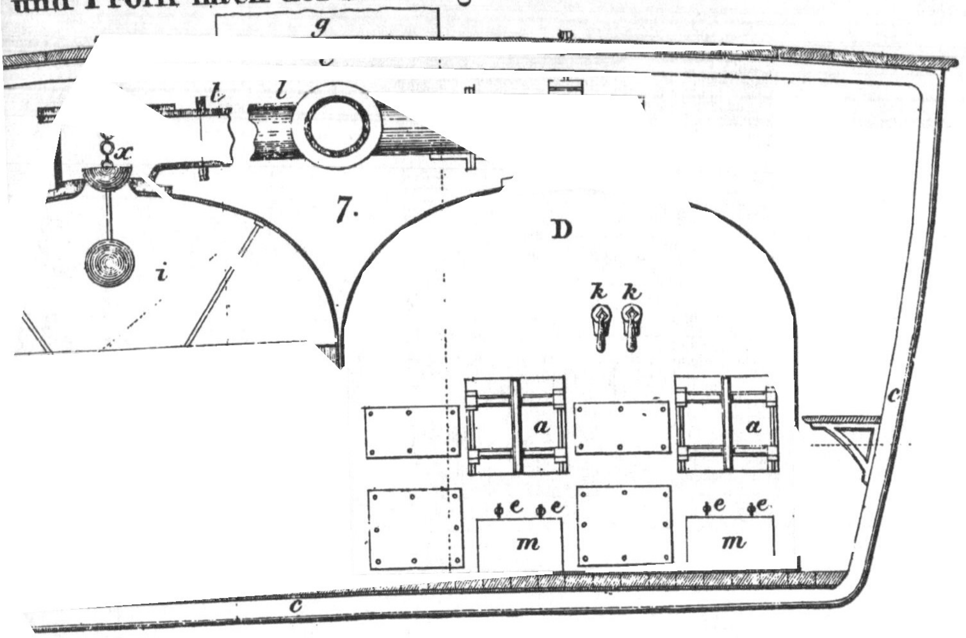

8.

Profil nach der Richtung AB.

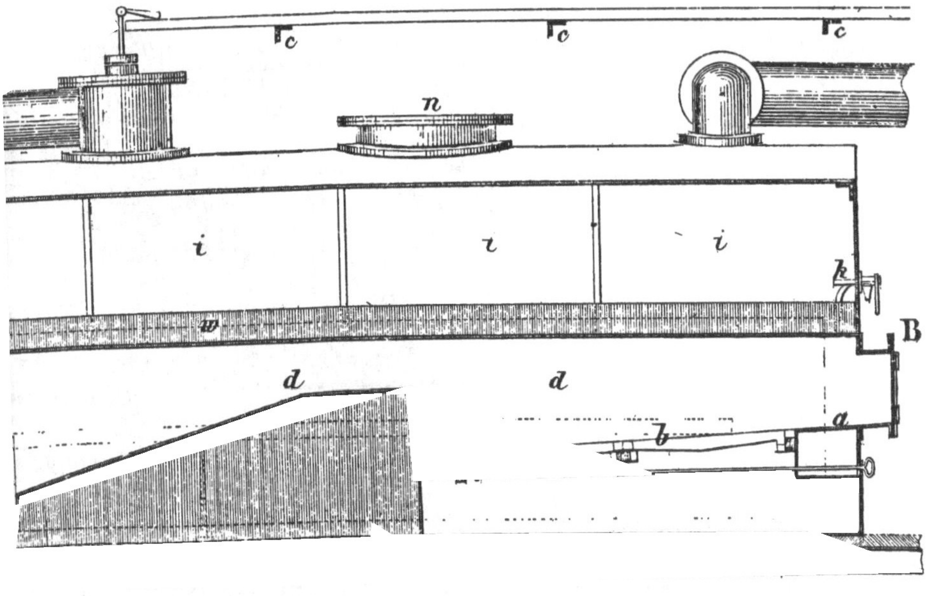

10 Fuſs engl:

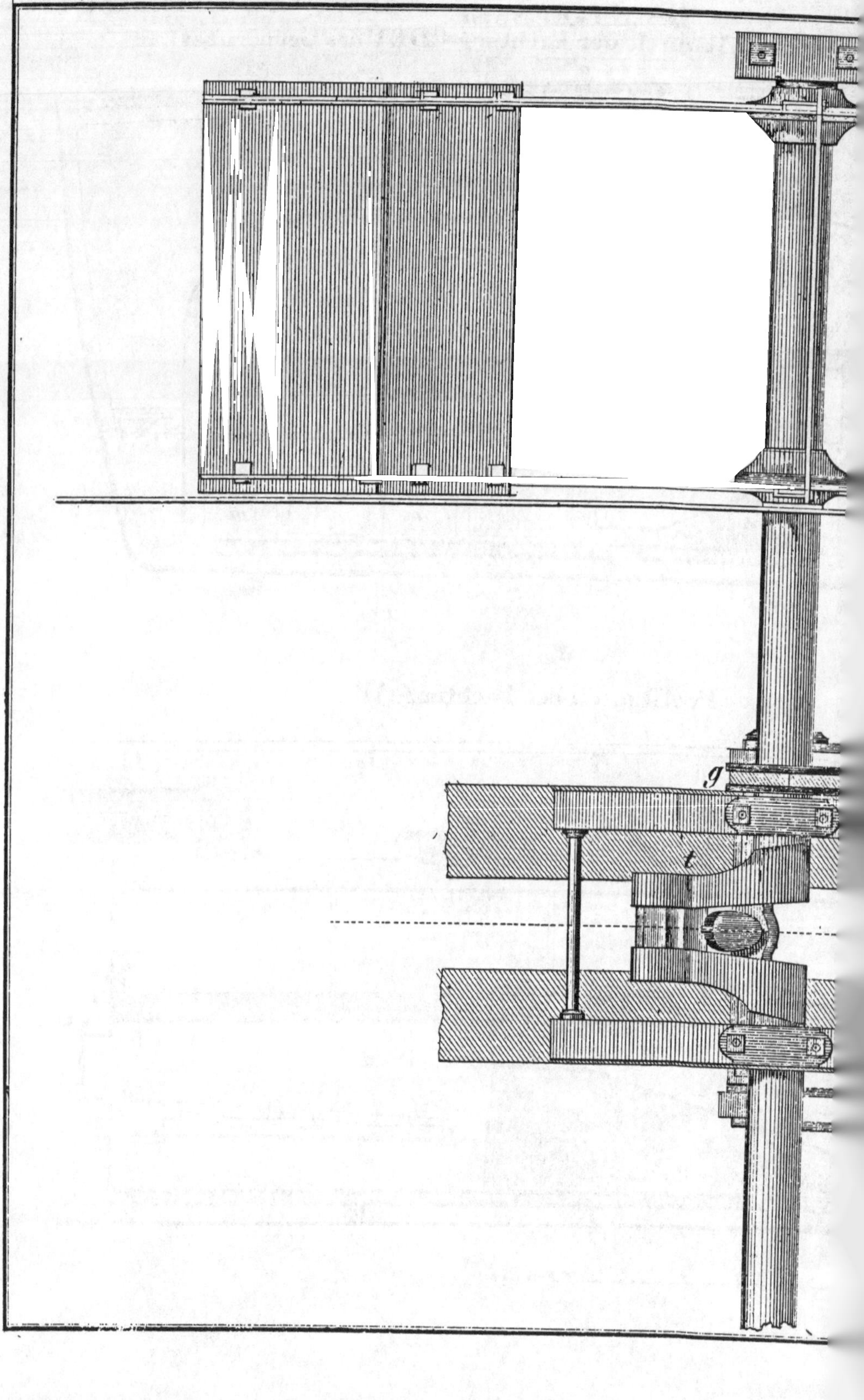
g
t

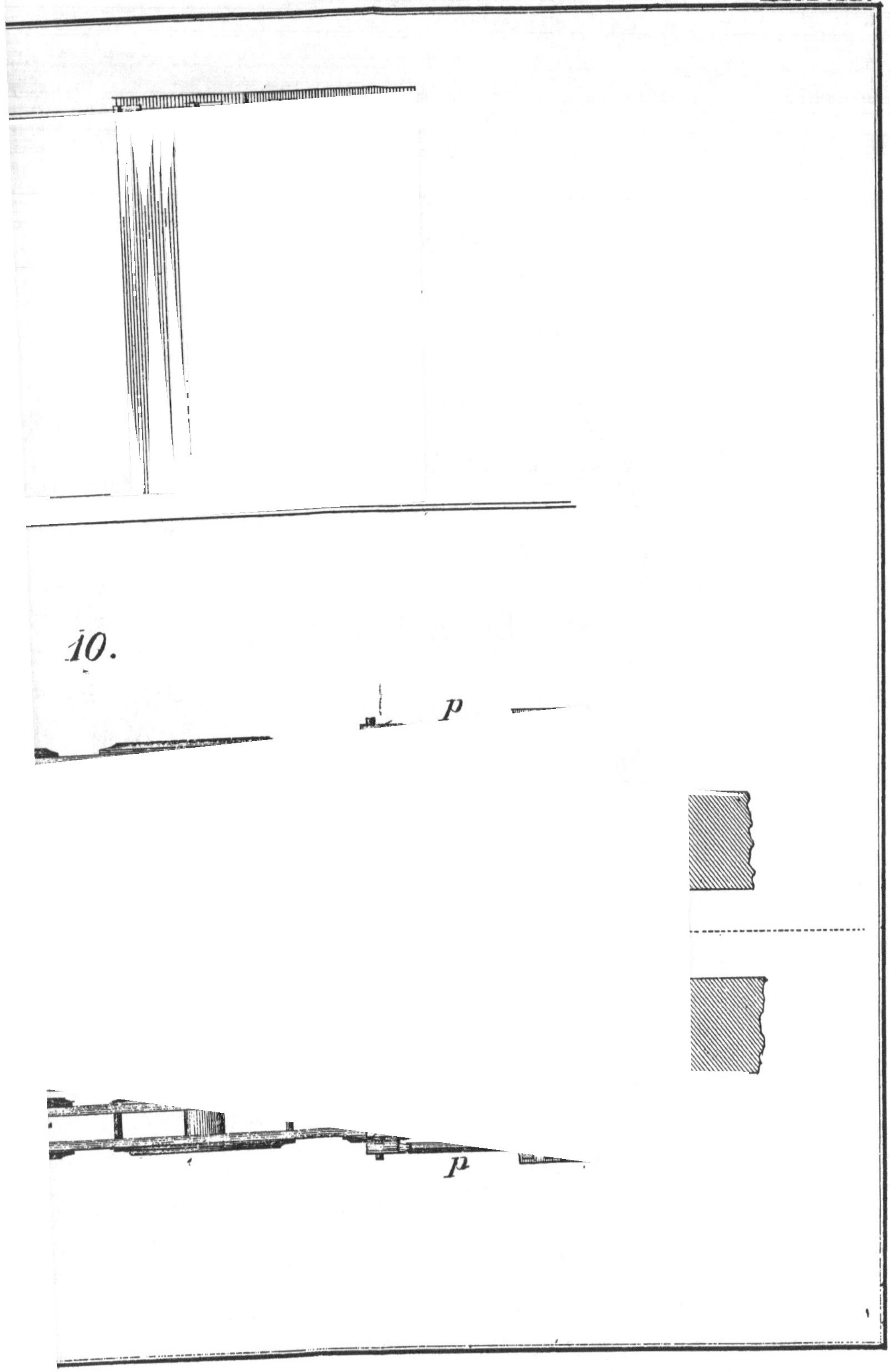
10.
p
p

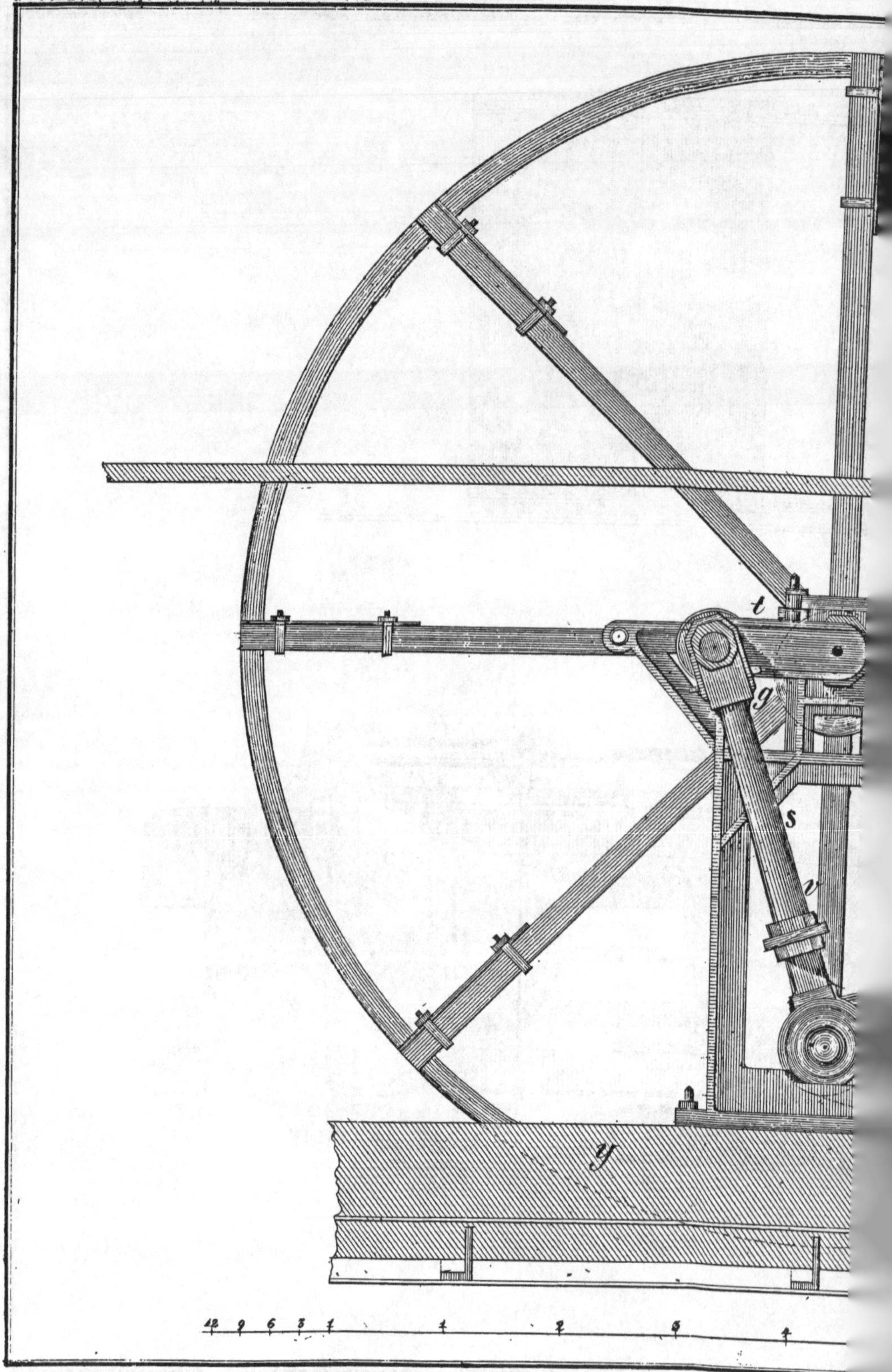
t
g
s
v
y
12 9 6 3 1 1 2 3 4

m
r
q
e
f
l
d
p
o
x
i
b
a
z
c
x
6
7
8
9
10 Fuss Engl.

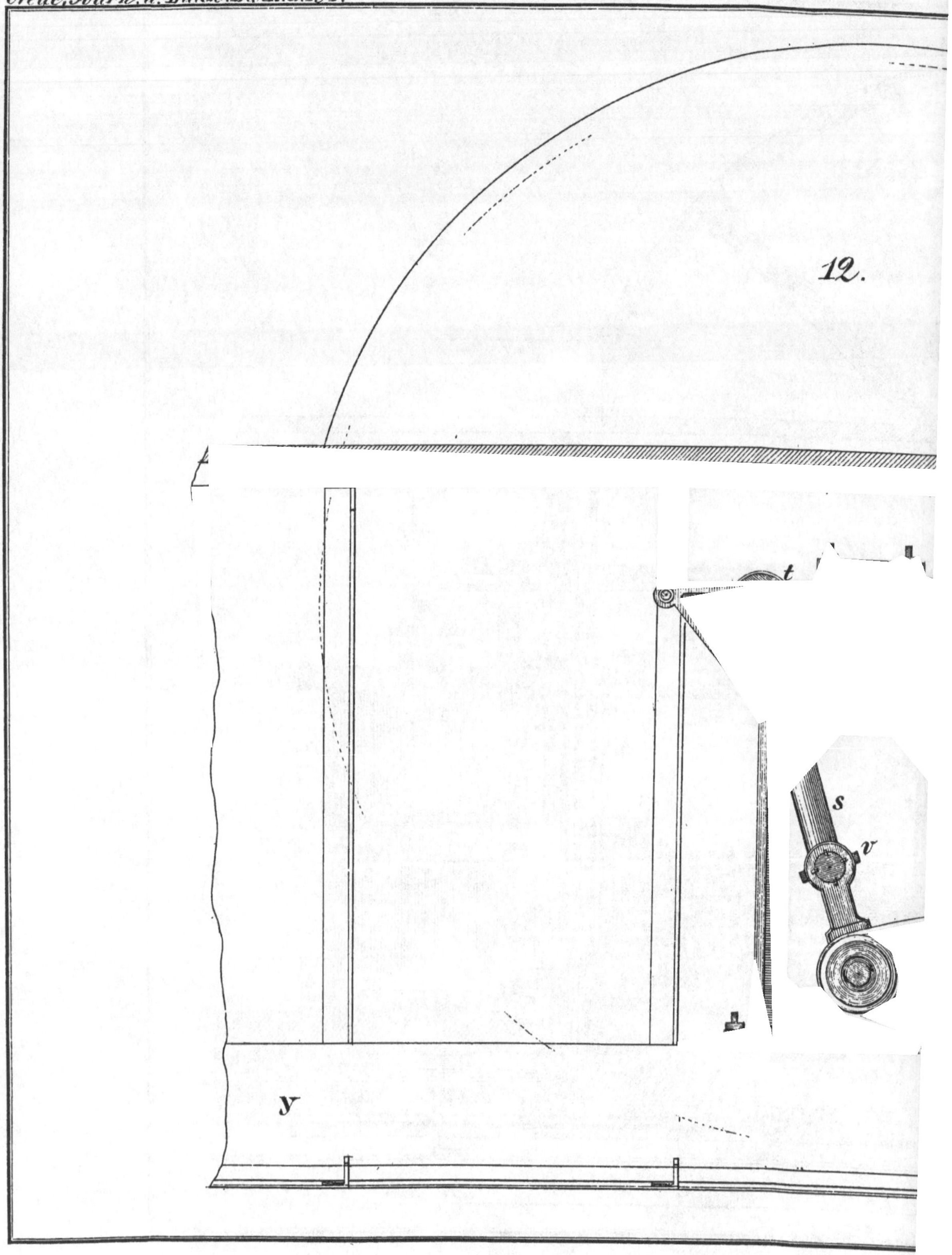
12.
t
s
v
y

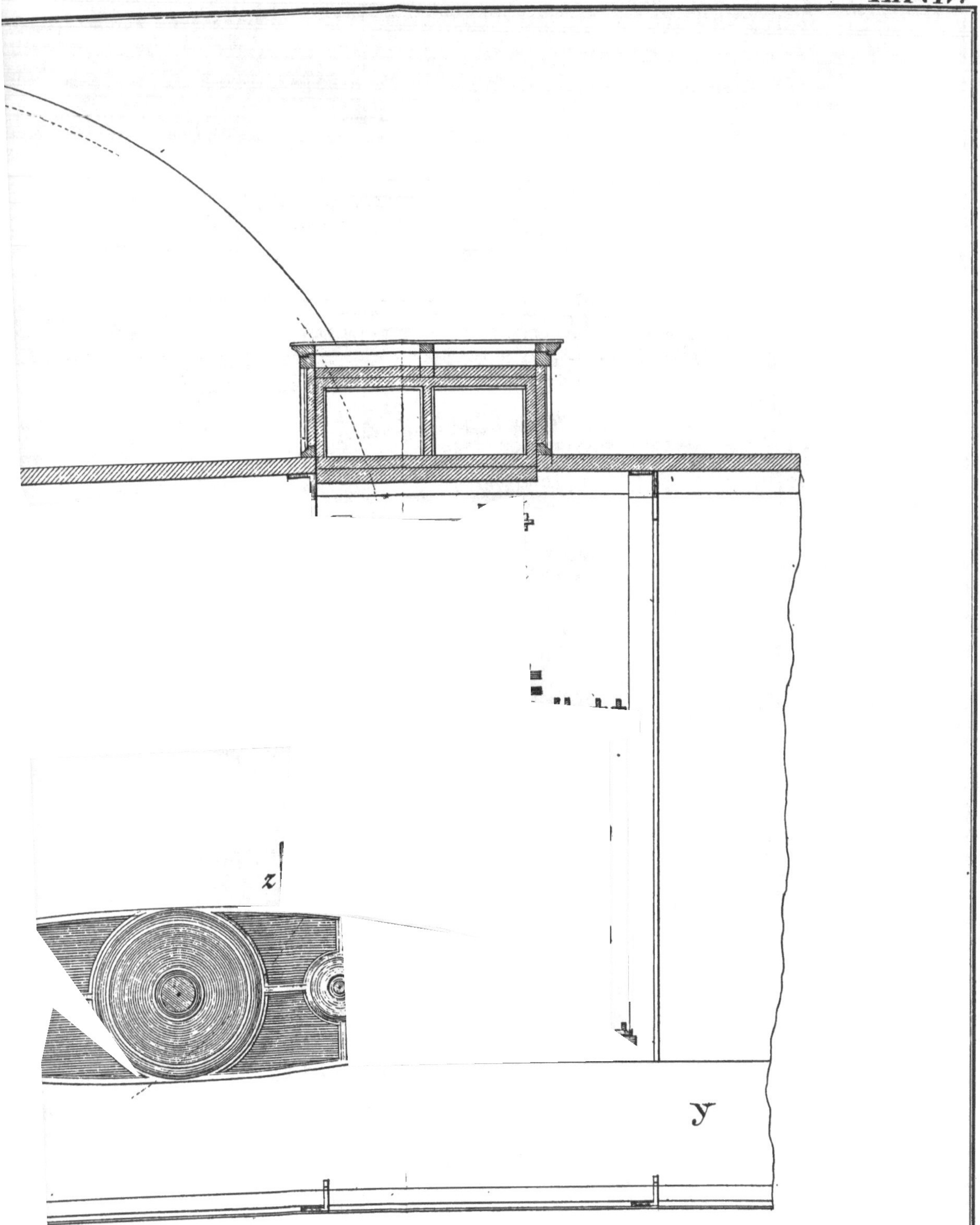
z
y

14.

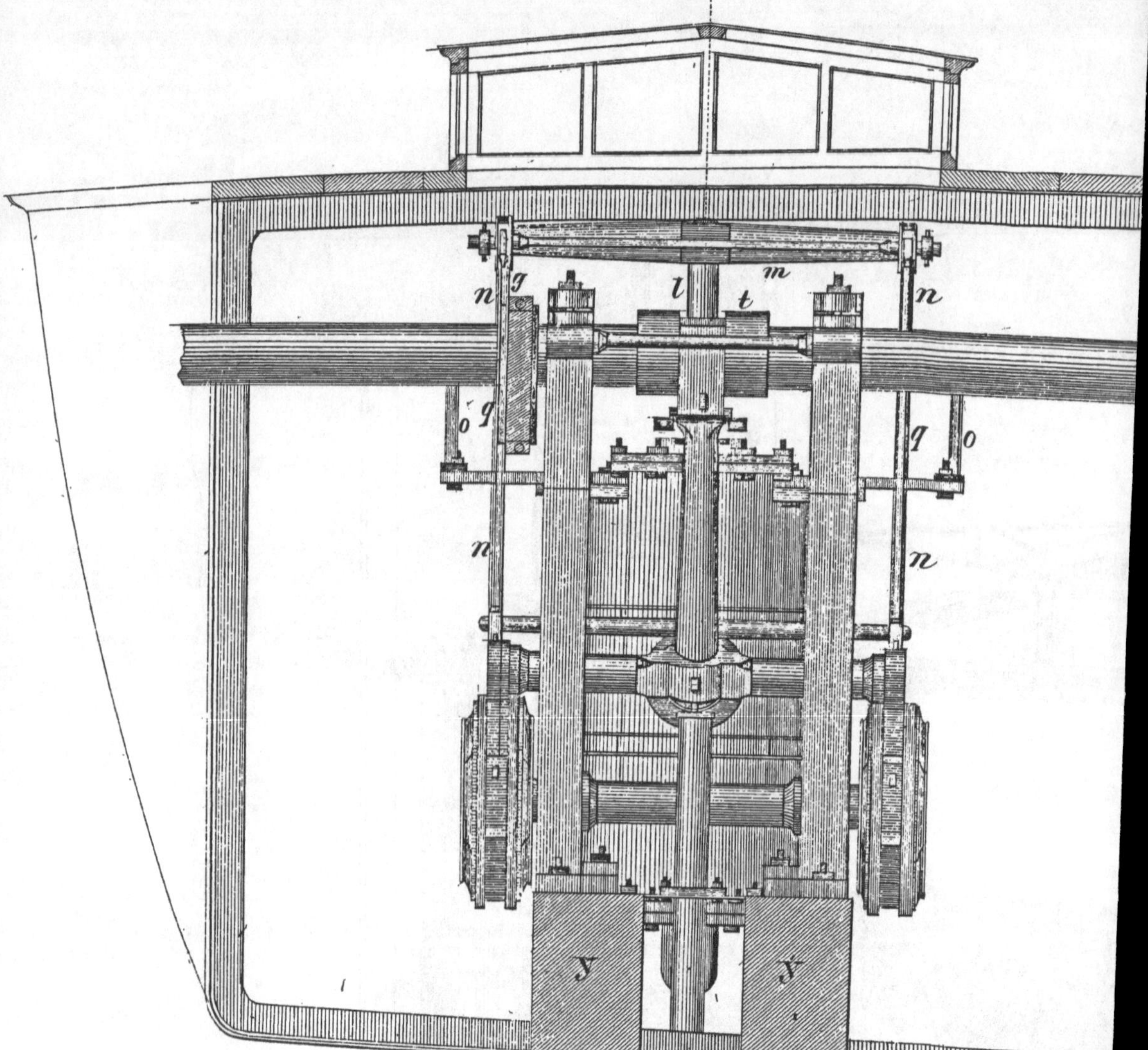

13.

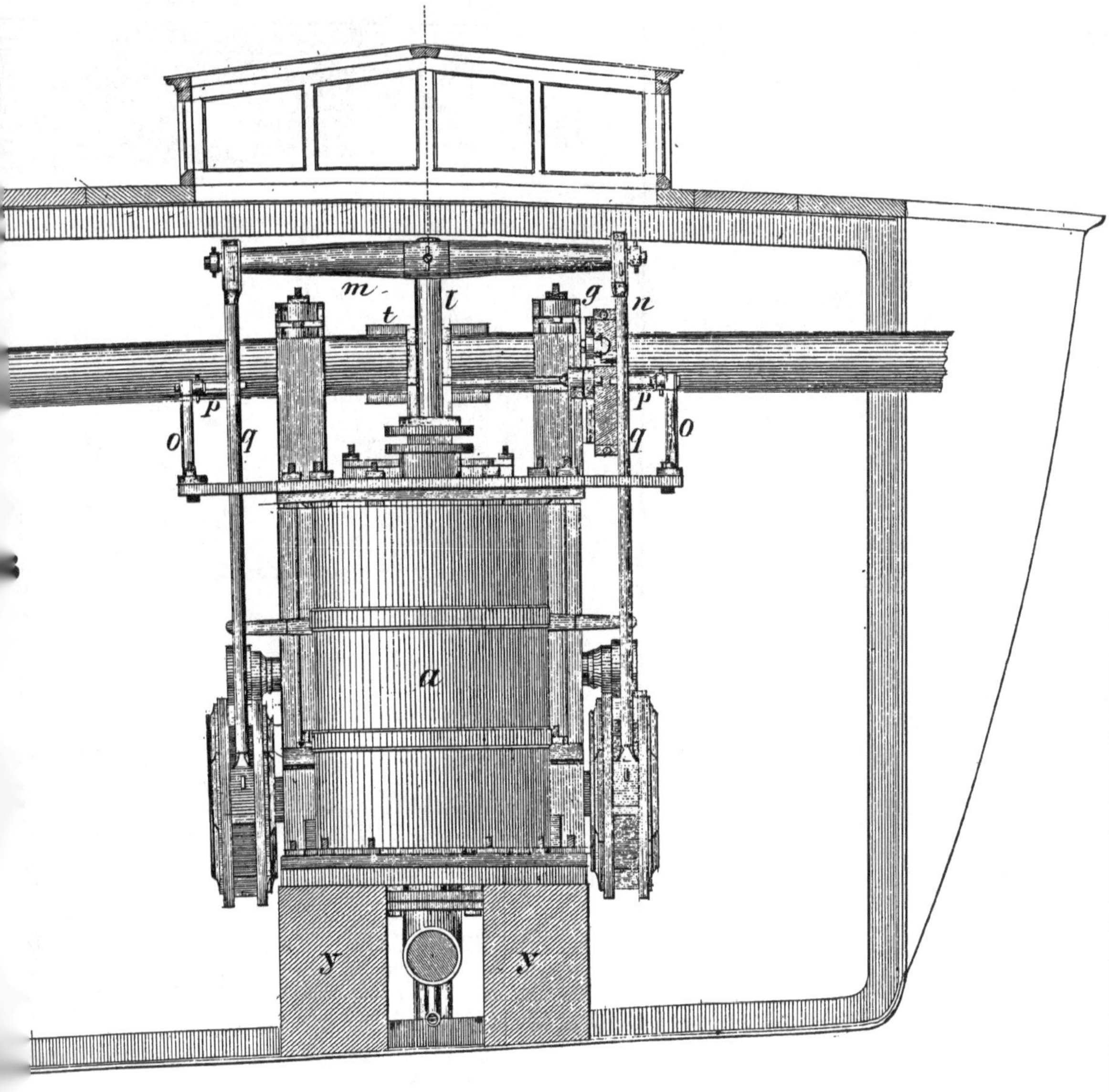

q
n
b
k
d
e
b

2.

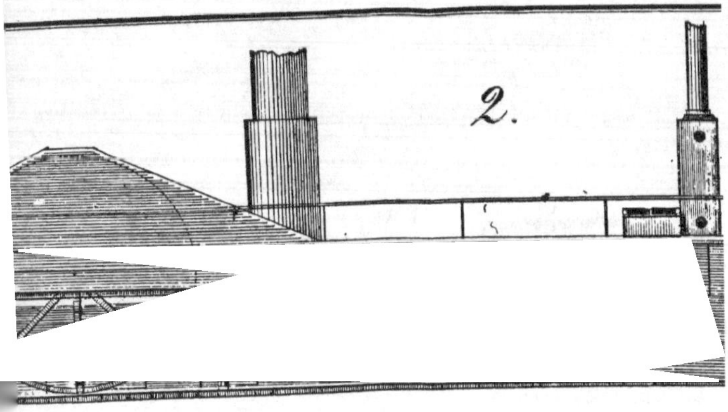

3.

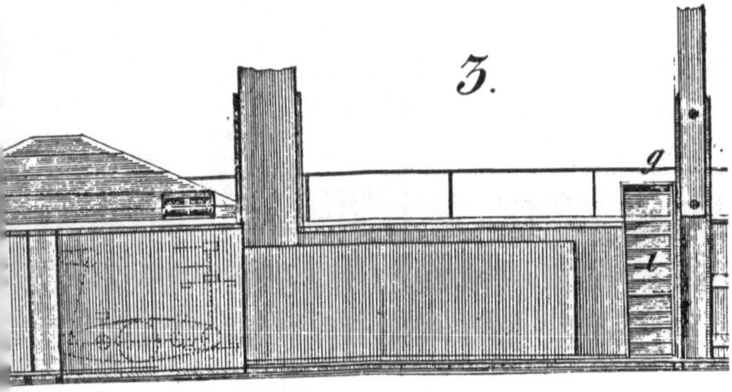

1 1

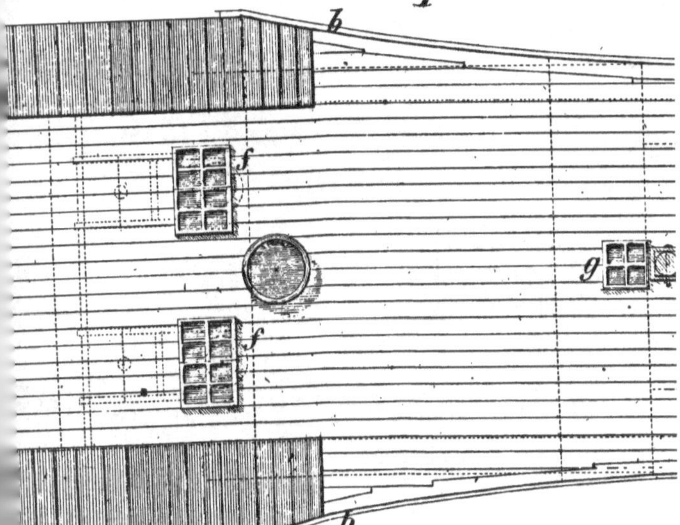

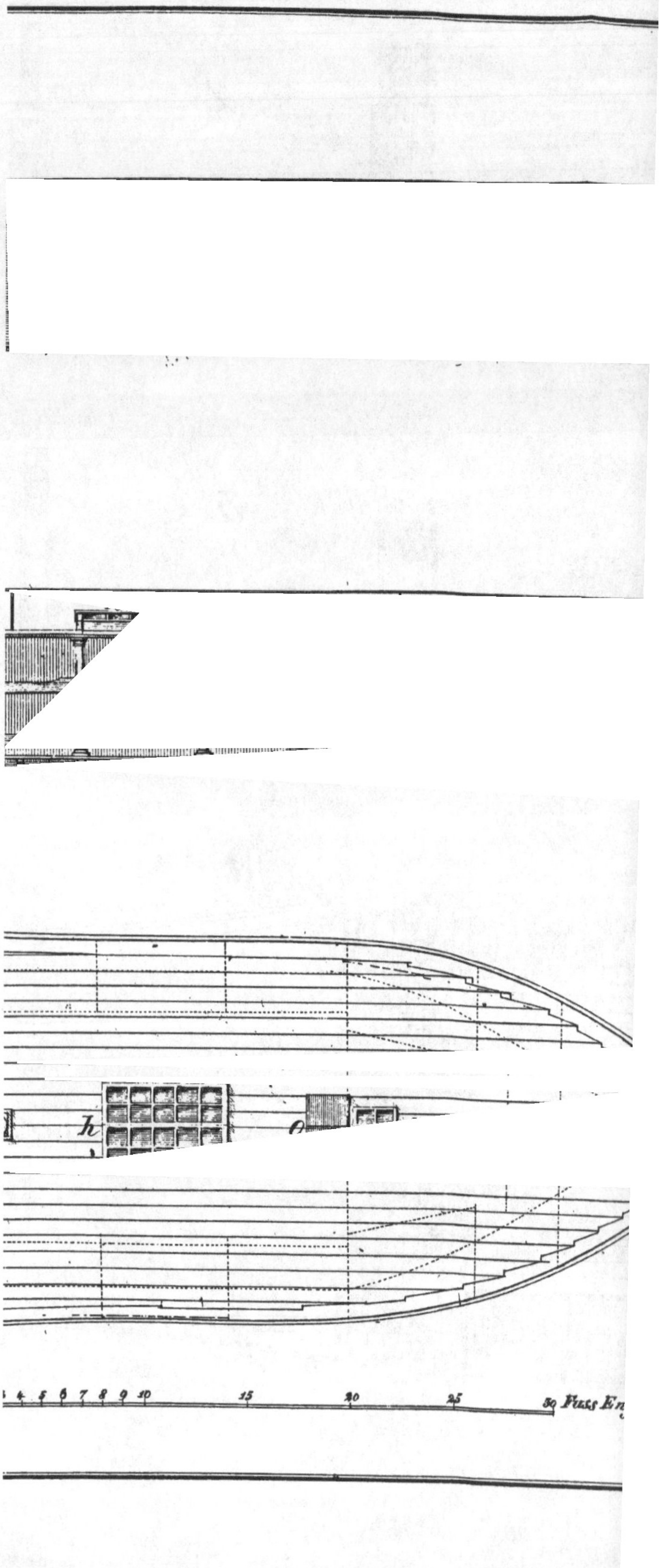
h
4 5 6 7 8 9 10 15 20 25 30 Fuss En

4.

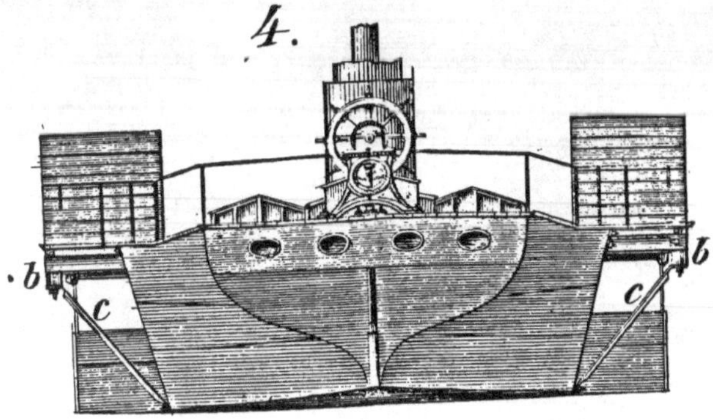

6.

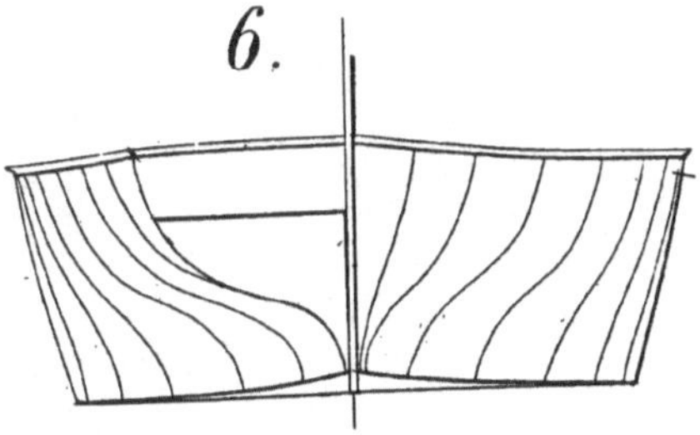

5.

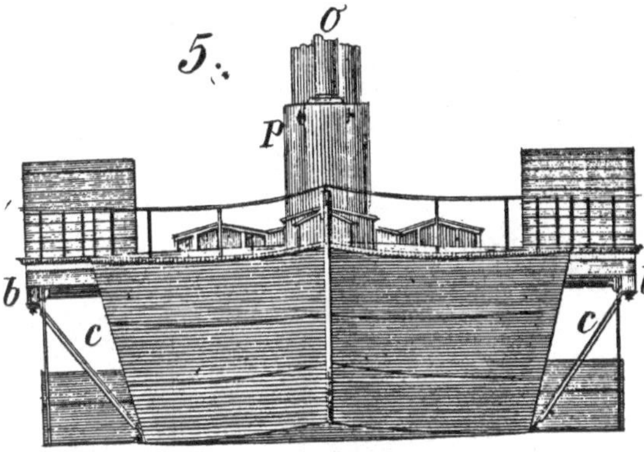

Herwig litho:

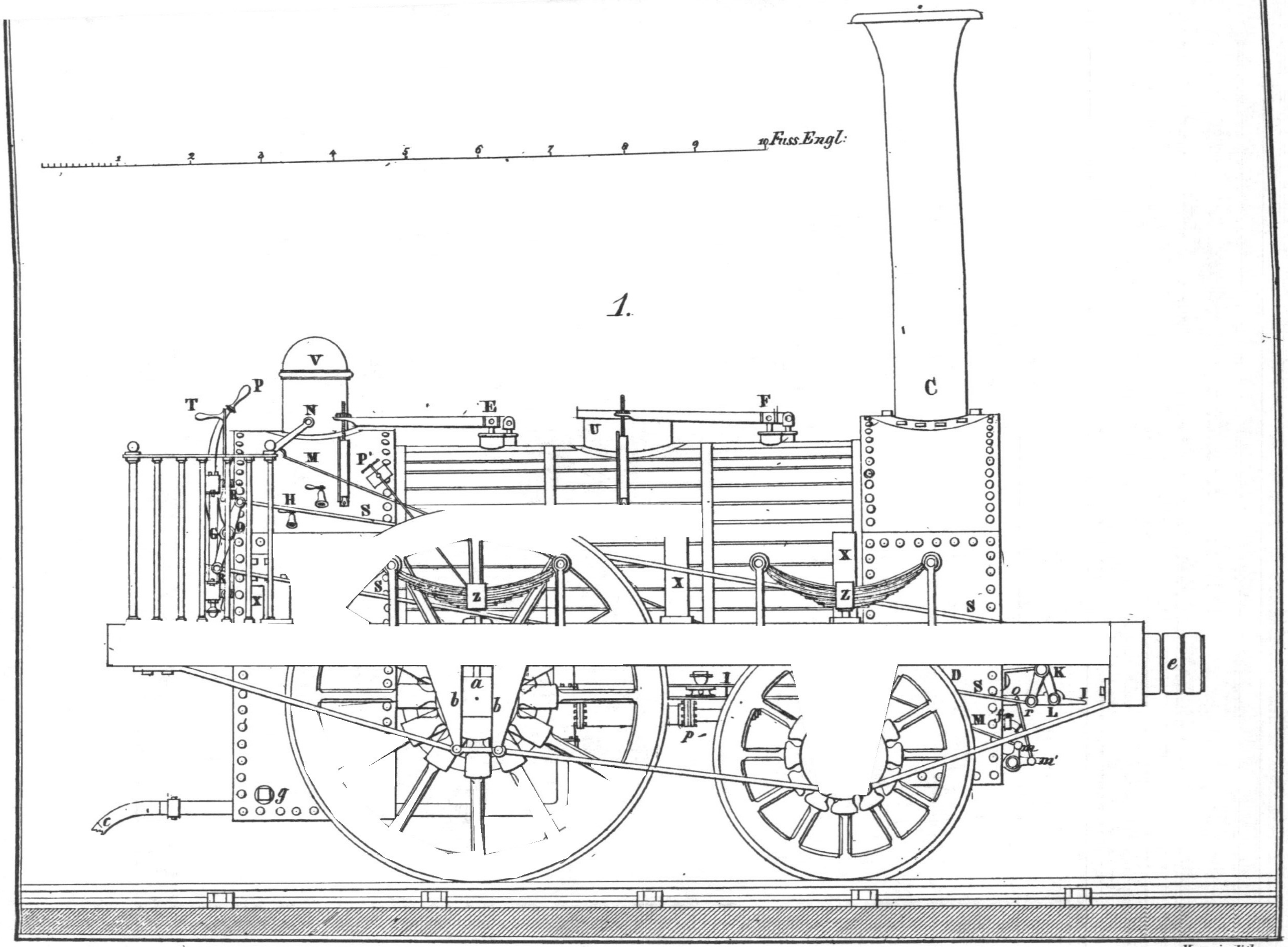

Herwig, litho:

Crelle, Journ. d. Bauk. Bd. X. Heft 1.

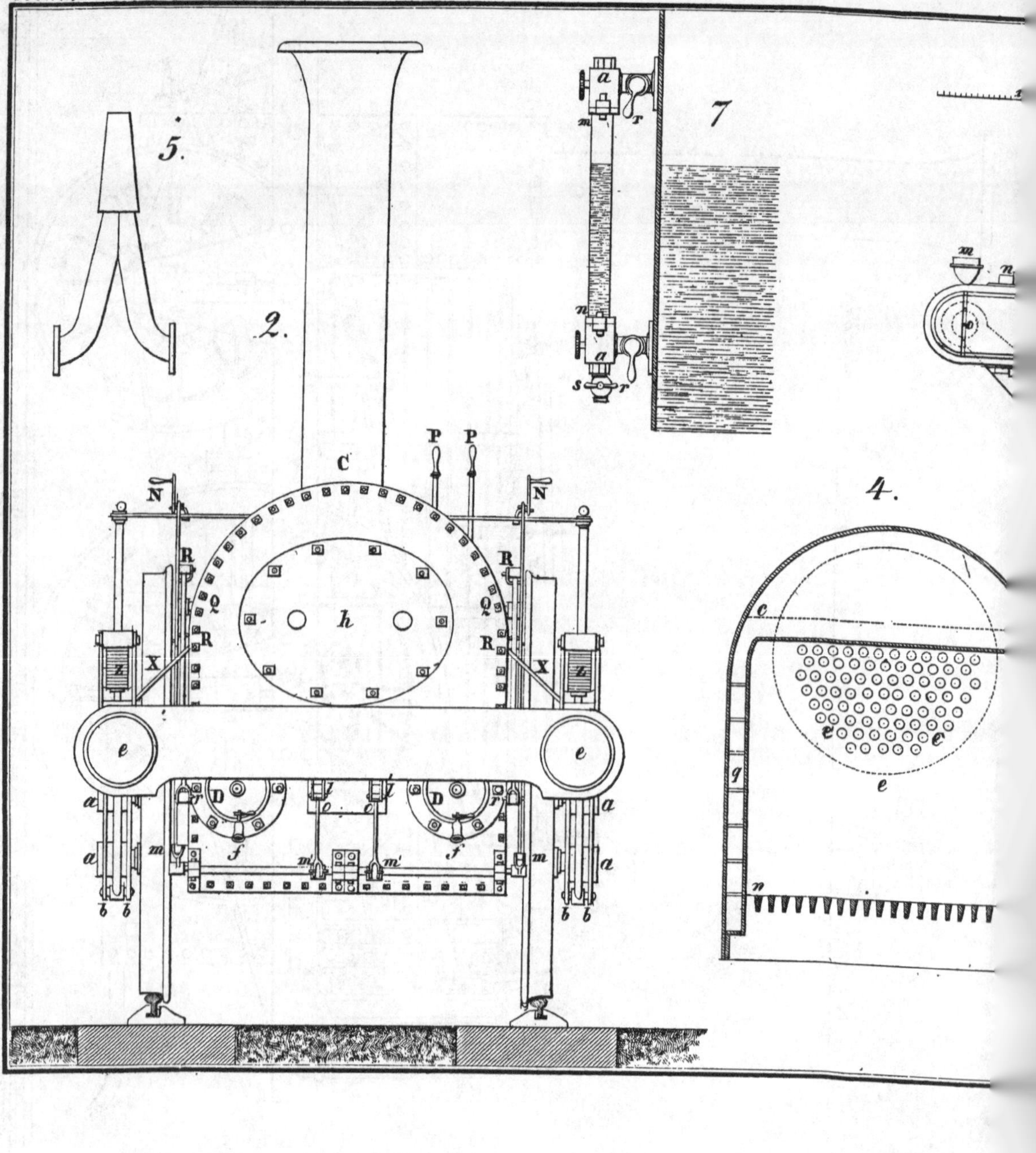

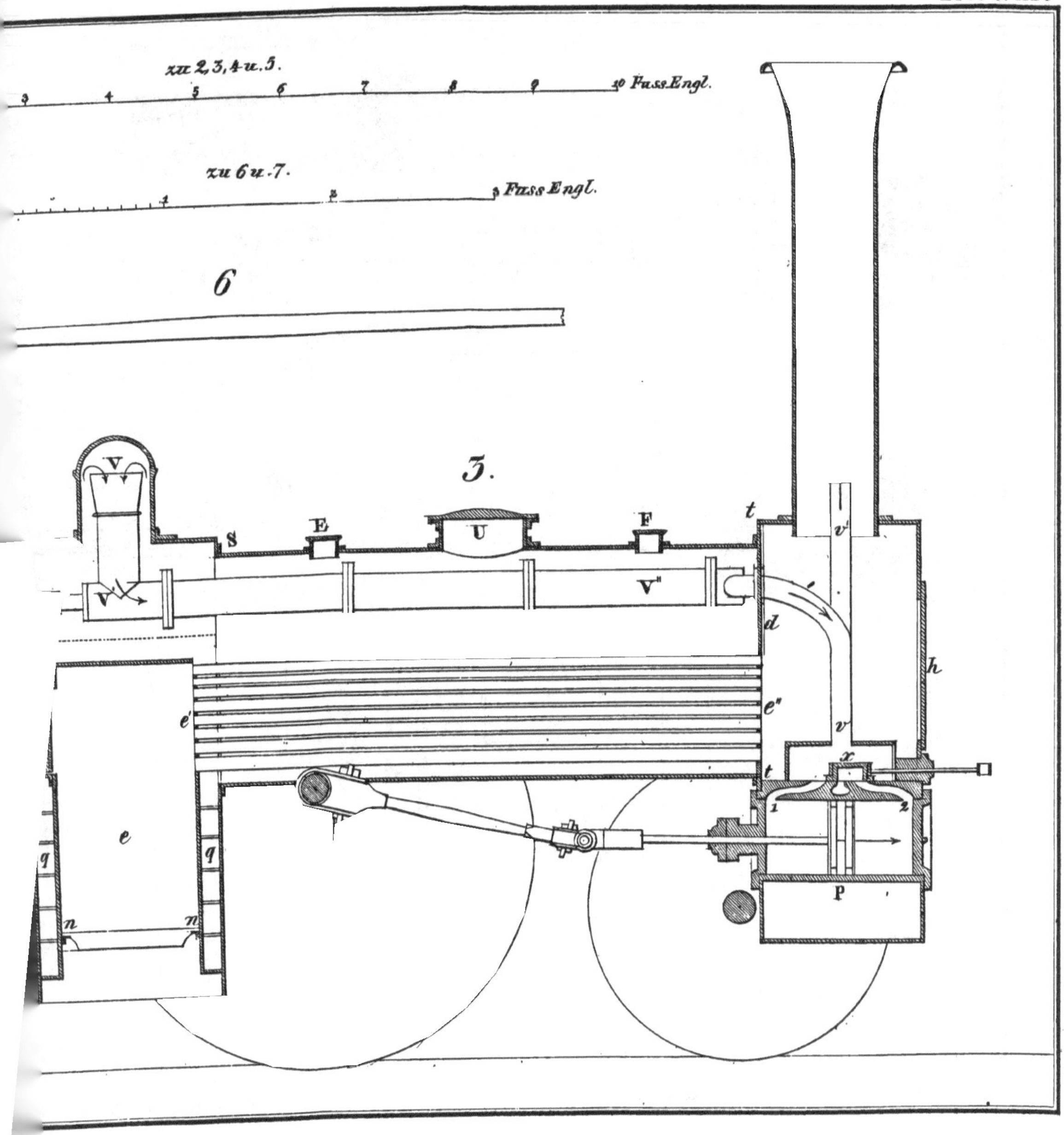

zu 2, 3, 4 u. 5.
3 4 5 6 7 8 9 10 Fuss Engl.
zu 6 u. 7.
1 2 3 Fuss Engl.
6
3.
V
V'
V''
S
E
U
F
t
v'
d
h
e'
e''
v
x
t
1
2
e
q
q
n
n
P

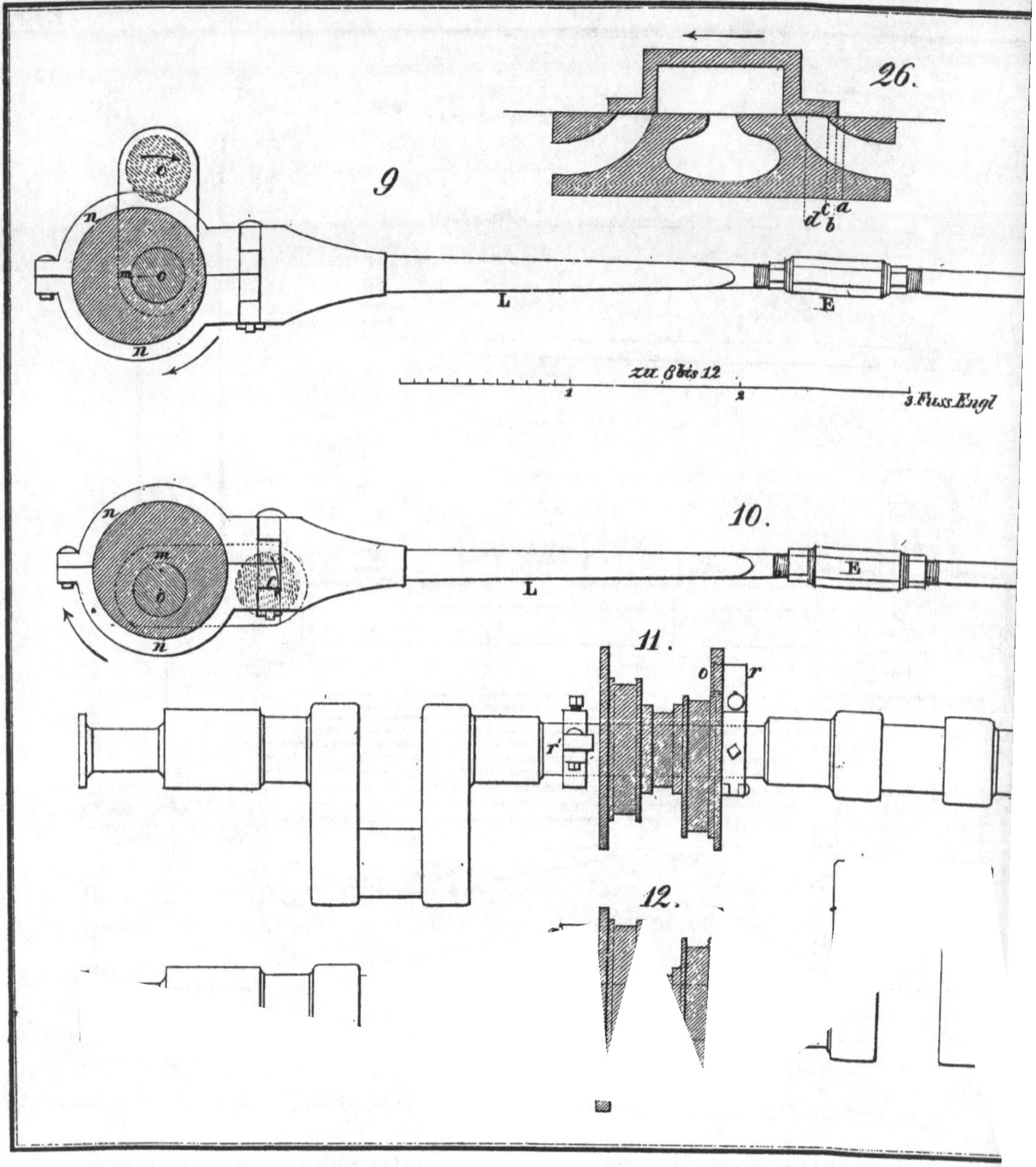
26.
a
c
d
b
9.
n
c
m
o
n
L
E
zu 8 bis 12
1
2
3 Fuss Engl
10.
n
m
o
c
n
L
E
11.
o
r
r'
12.

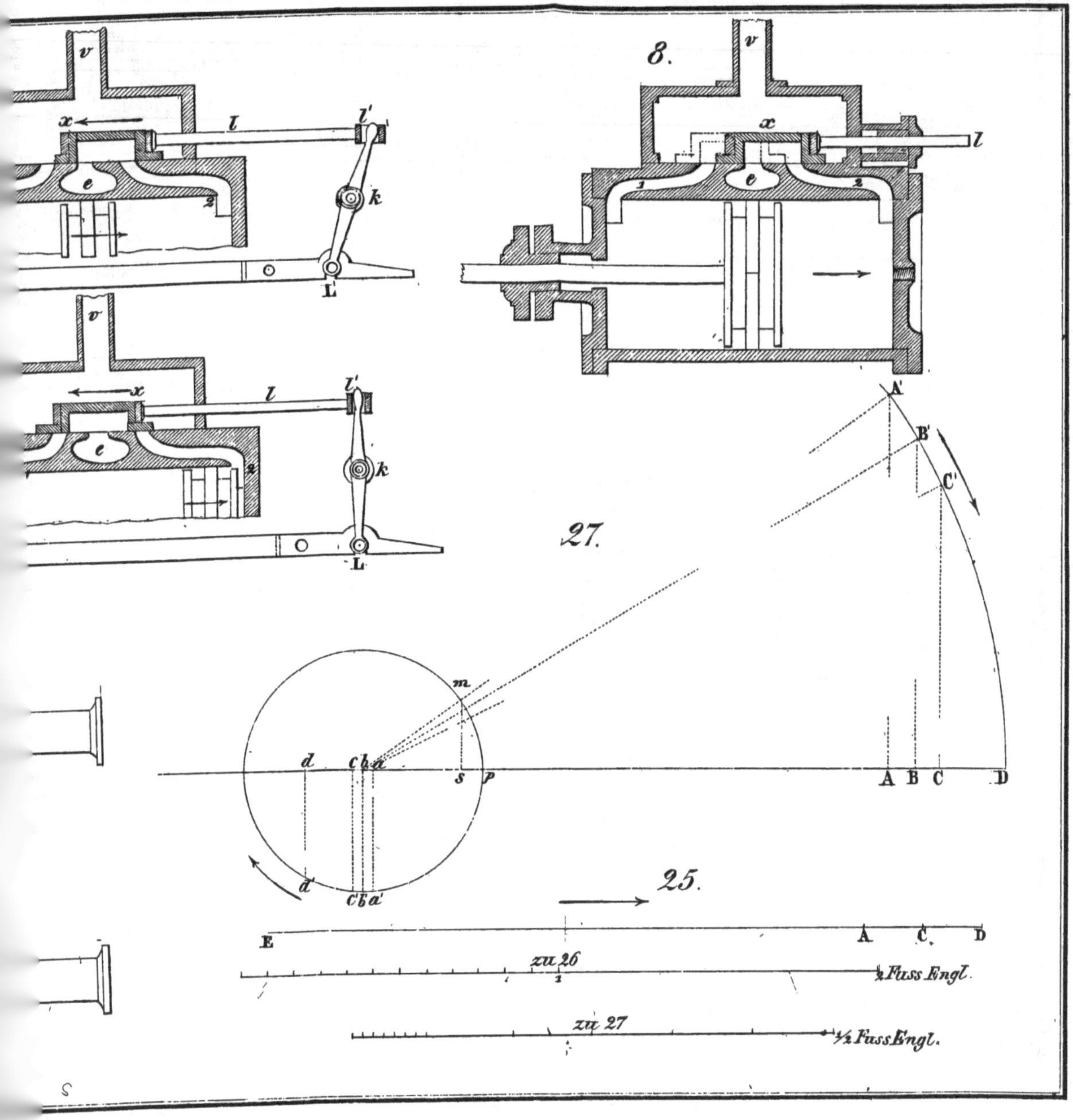
8.
27.
25.
v
x
l
l'
e
k
L
m
d
C b a
s
p
A B C D
A' B' C'
E
zu 26
½ Fuss Engl.
zu 27
½ Fuss Engl.

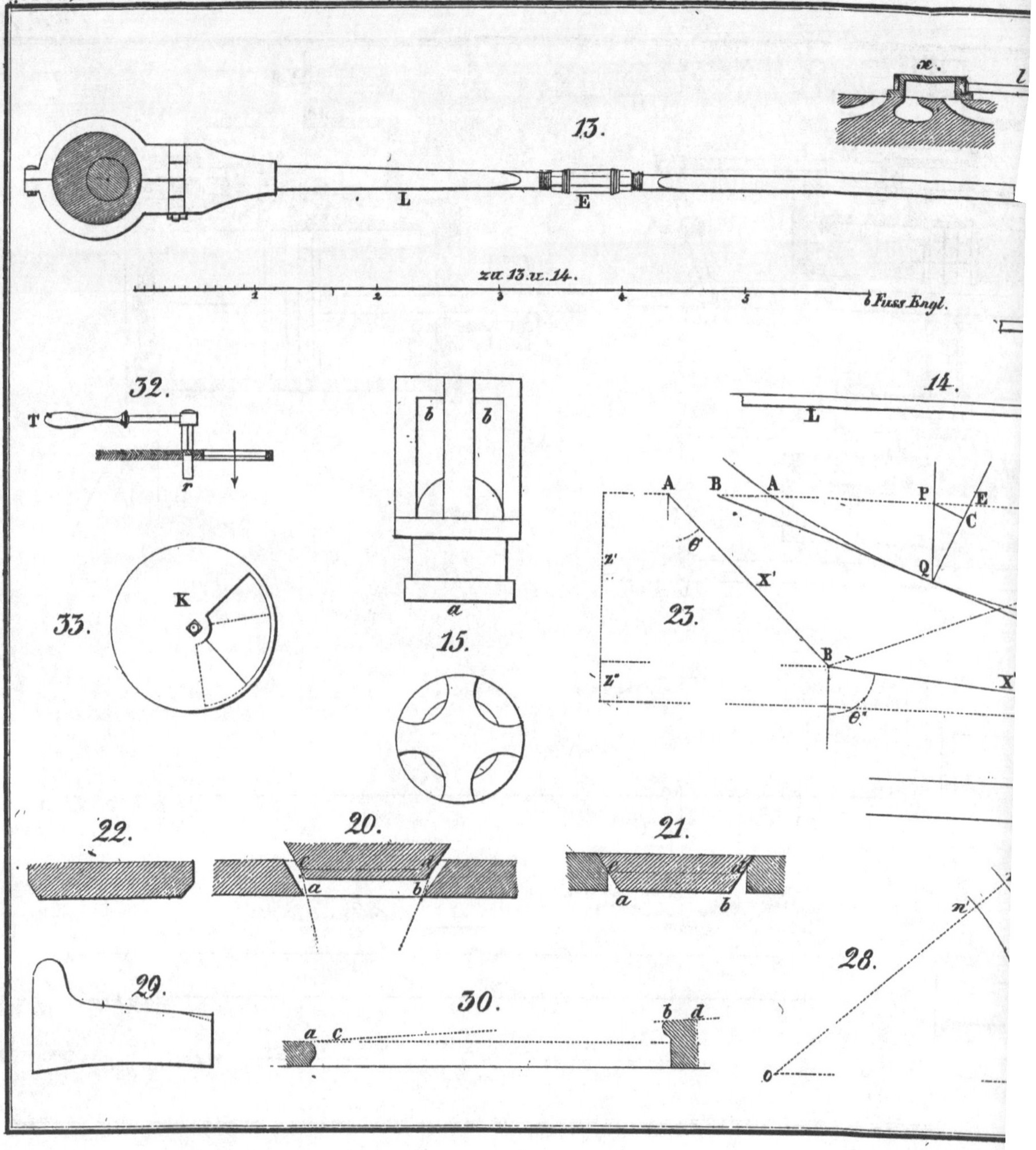
13.
L
E
x.
l
zu 13. u. 14.
1
2
3
4
5
6 Fuss Engl.
14.
L
32.
T
r
b
b
a
15.
33.
K
23.
A
B
A
P
E
C
Q
θ'
z'
X'
B
z"
X'
θ"
22.
20.
c
d
a
b
21.
c
d
a
b
28.
n'
o
29.
30.
a
c
b
d

TAF. X.

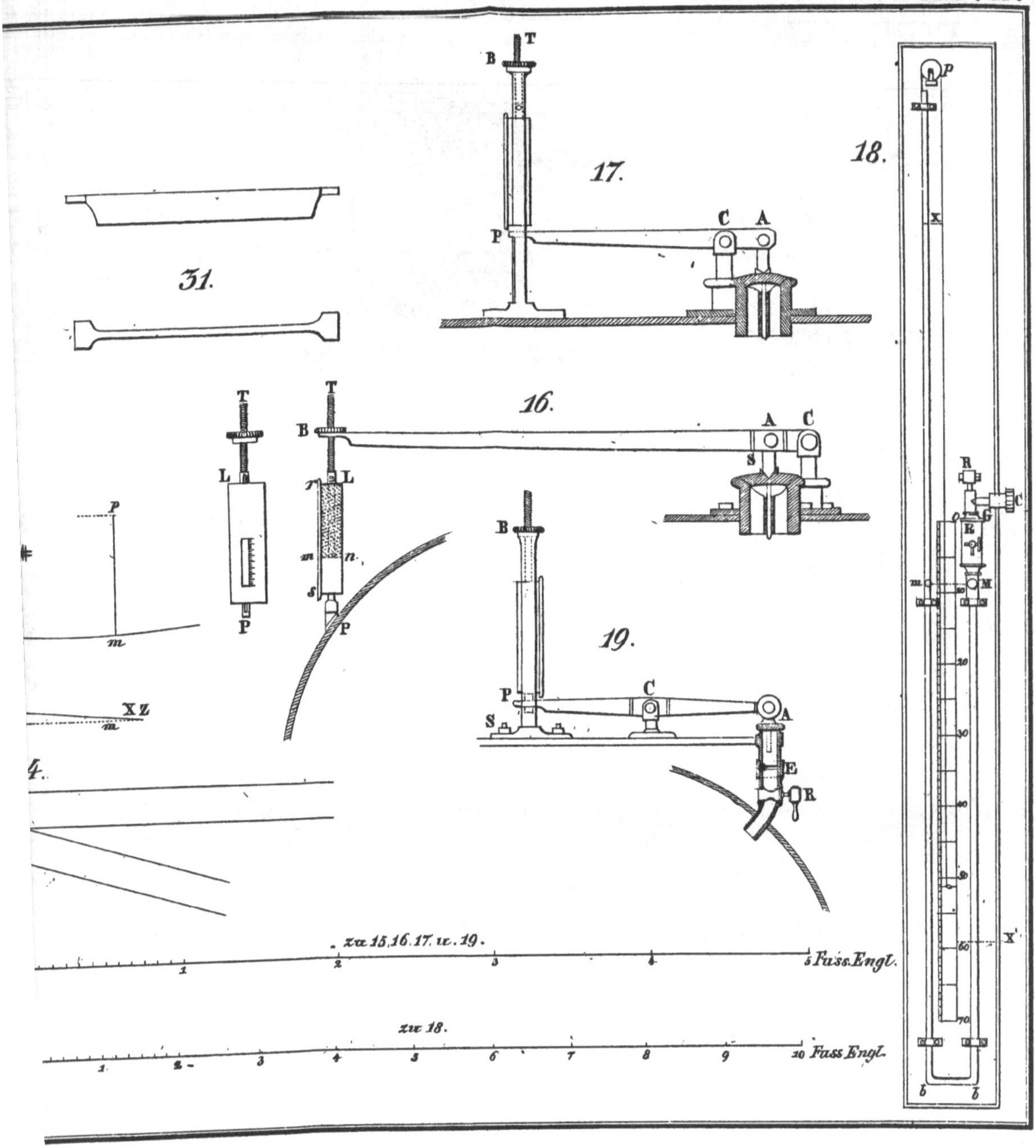
17.
18.
31.
16.
19.
4.
T
B
P
C
A
S
L
r
m
n
s
p
X Z
E
R
G
M
O
x
X'
b
20
30
40
50
60
70
zu 15, 16, 17, u. 19.
1
2
3
4
5 Fuss Engl.
zu 18.
1
2
3
4
5
6
7
8
9
10 Fuss Engl.

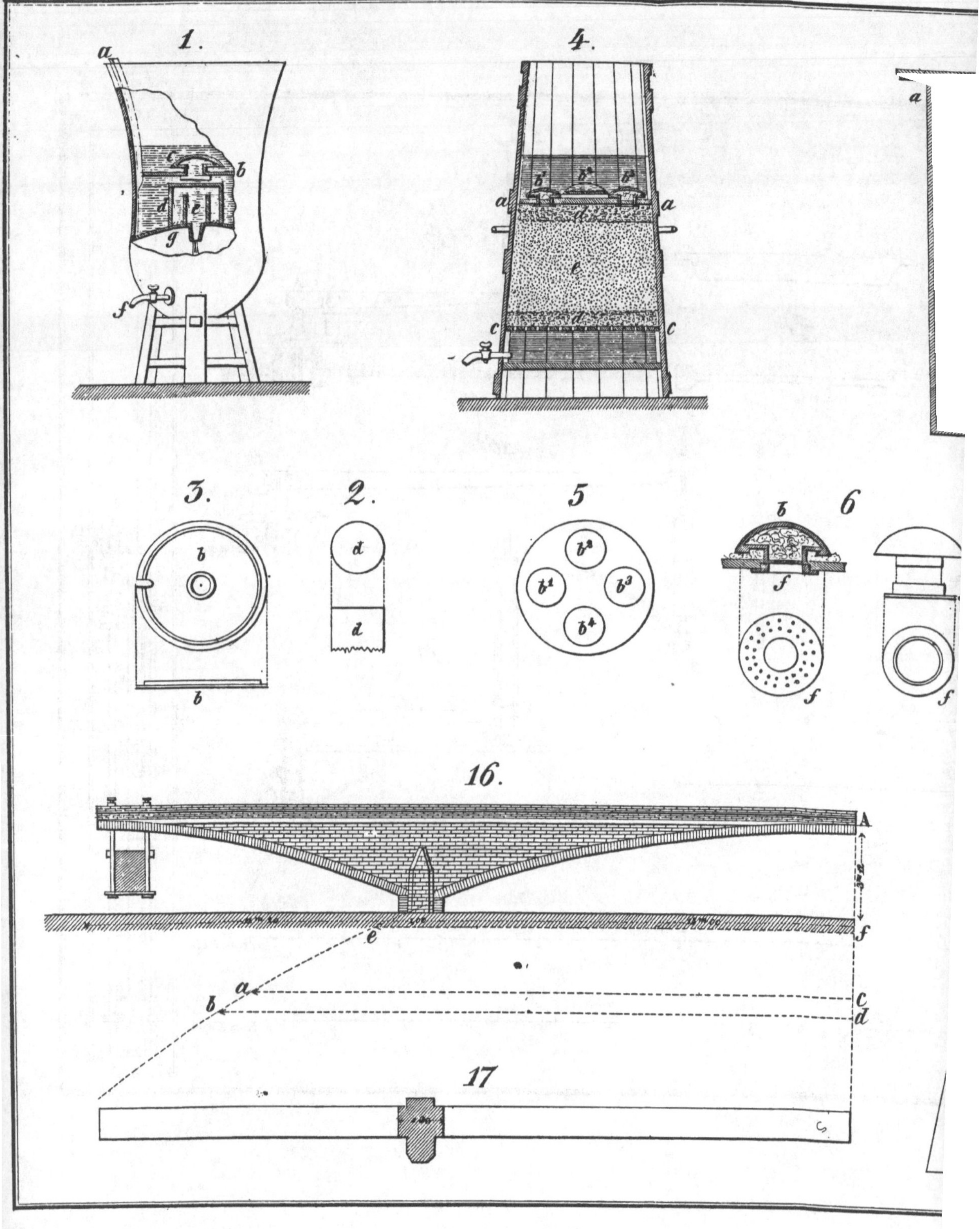
1.
4.
3.
2.
5
6
16.
17
A
f
a
b
c
d
e

7.

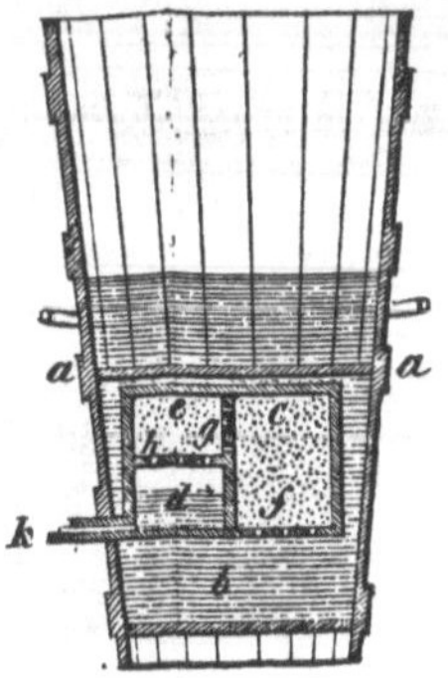

11.

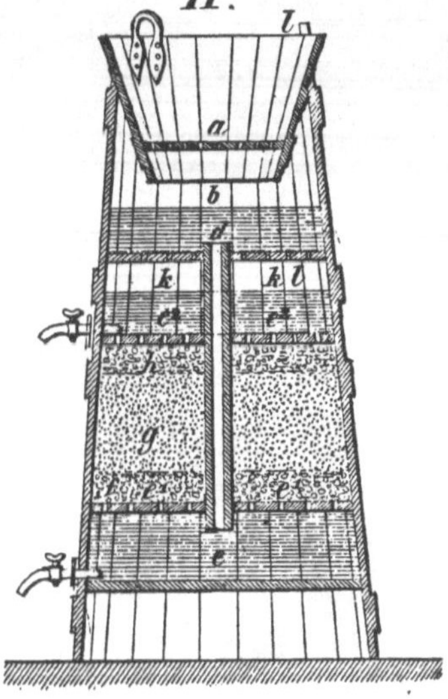

10.

9.

8.

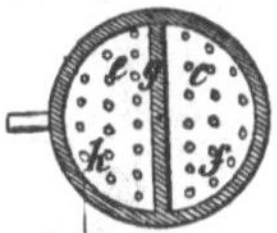

12.

13.

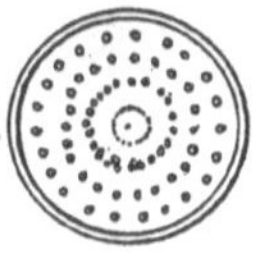

14.

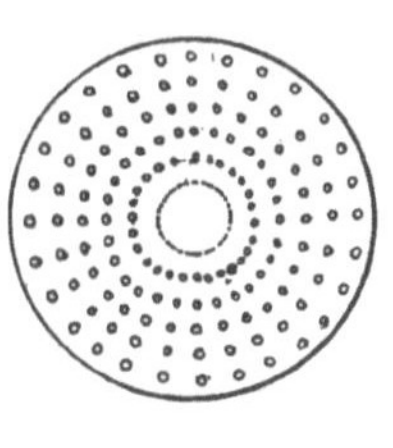

18.

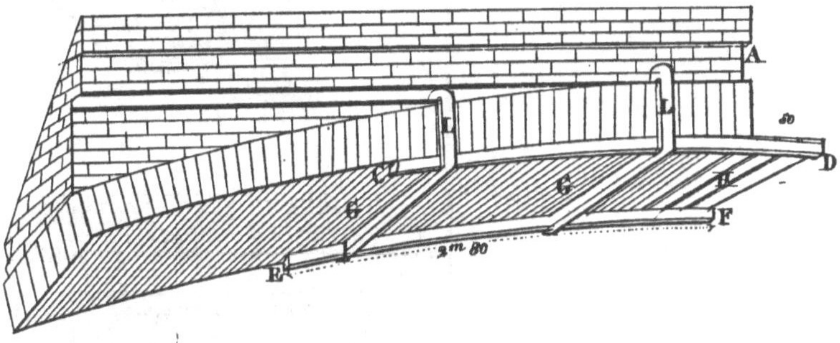

1 2 3 4 5 6 7 8 9 10 mètres. zu 16. u. 17.

1 2 3 4 mètres. zu 18 u. 19.

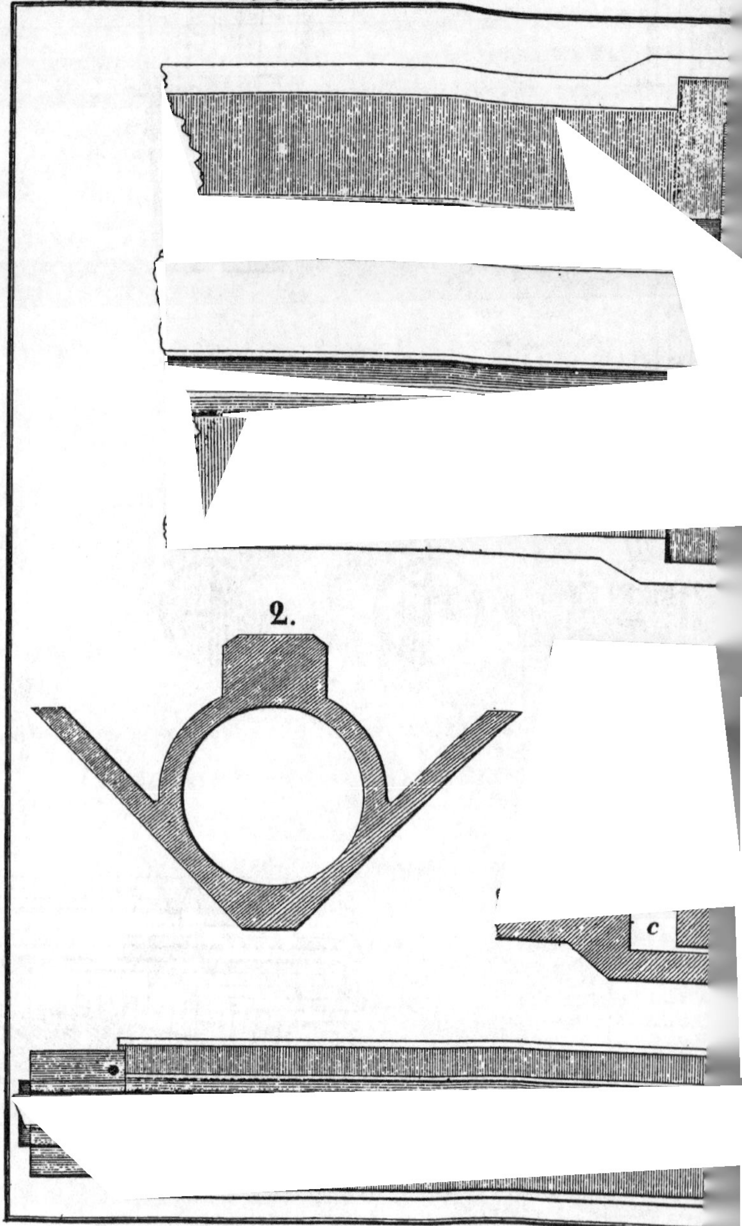
2.
c

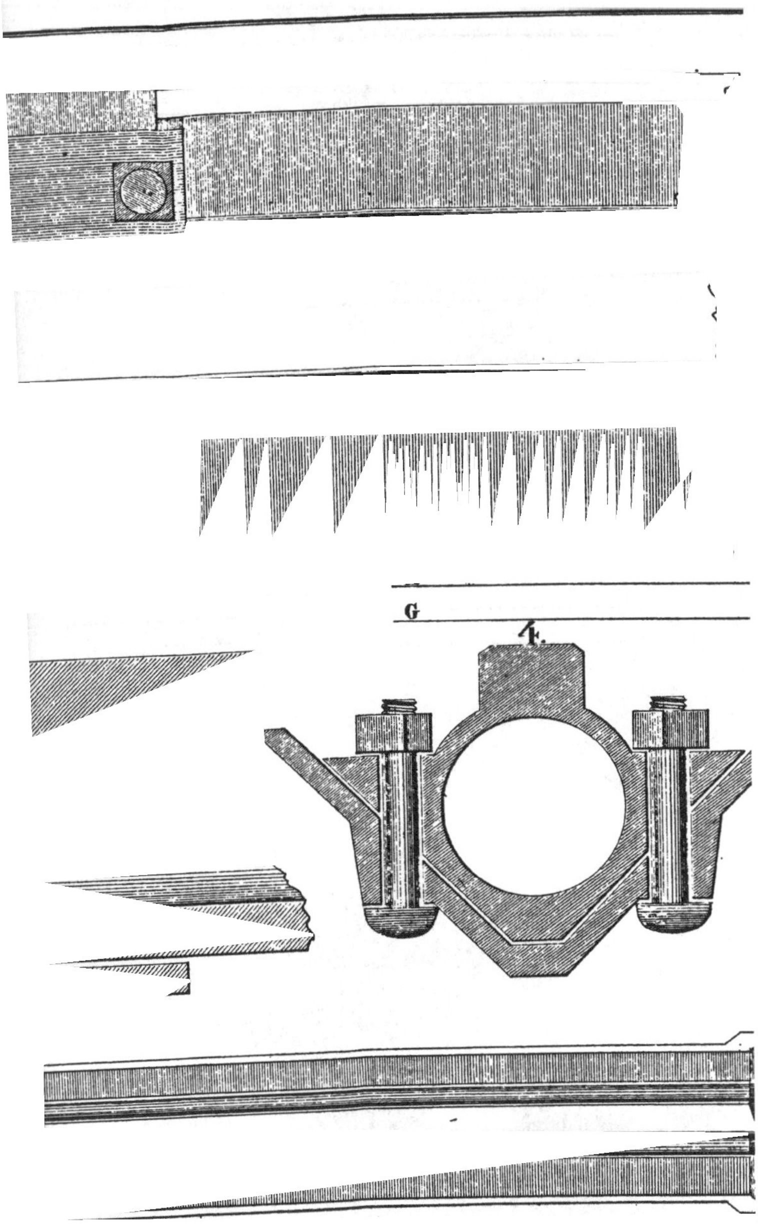
G
4.

6.

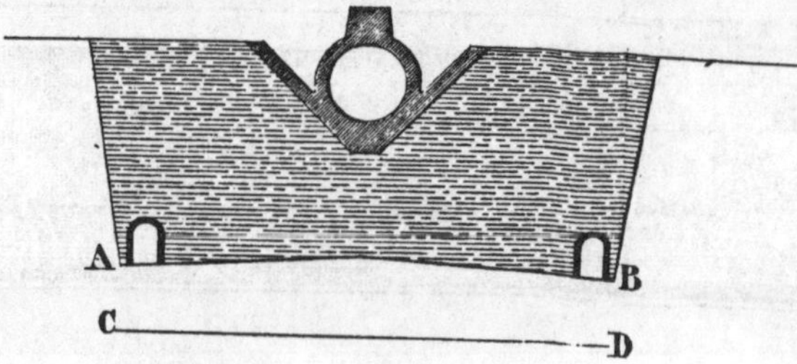

7.

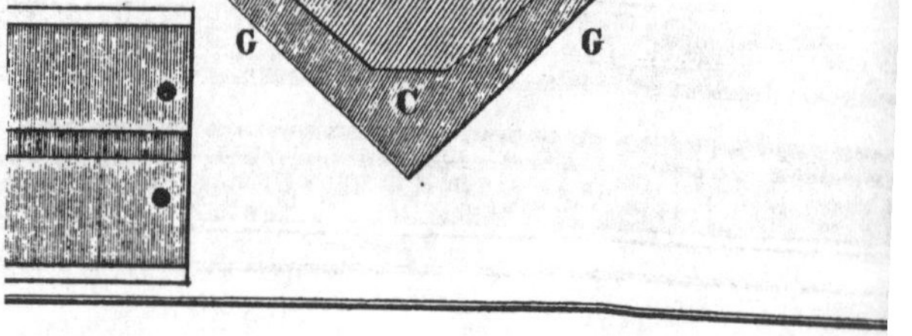

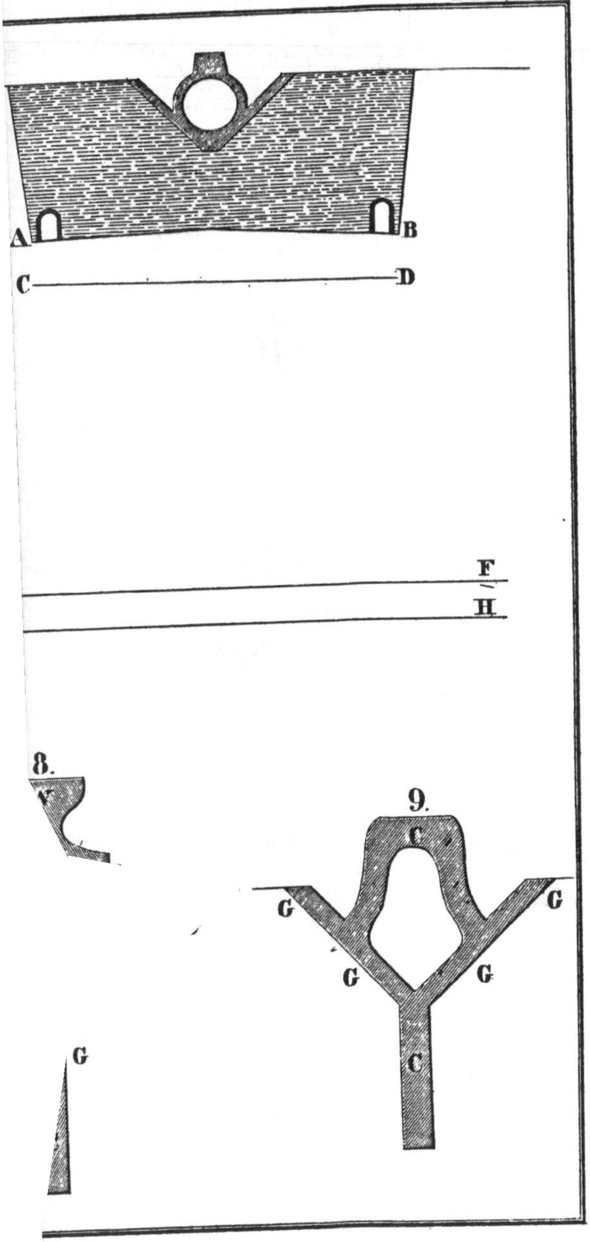
A
B
C
D
F
H
8.
G
9.
C
G
G
G
G
C

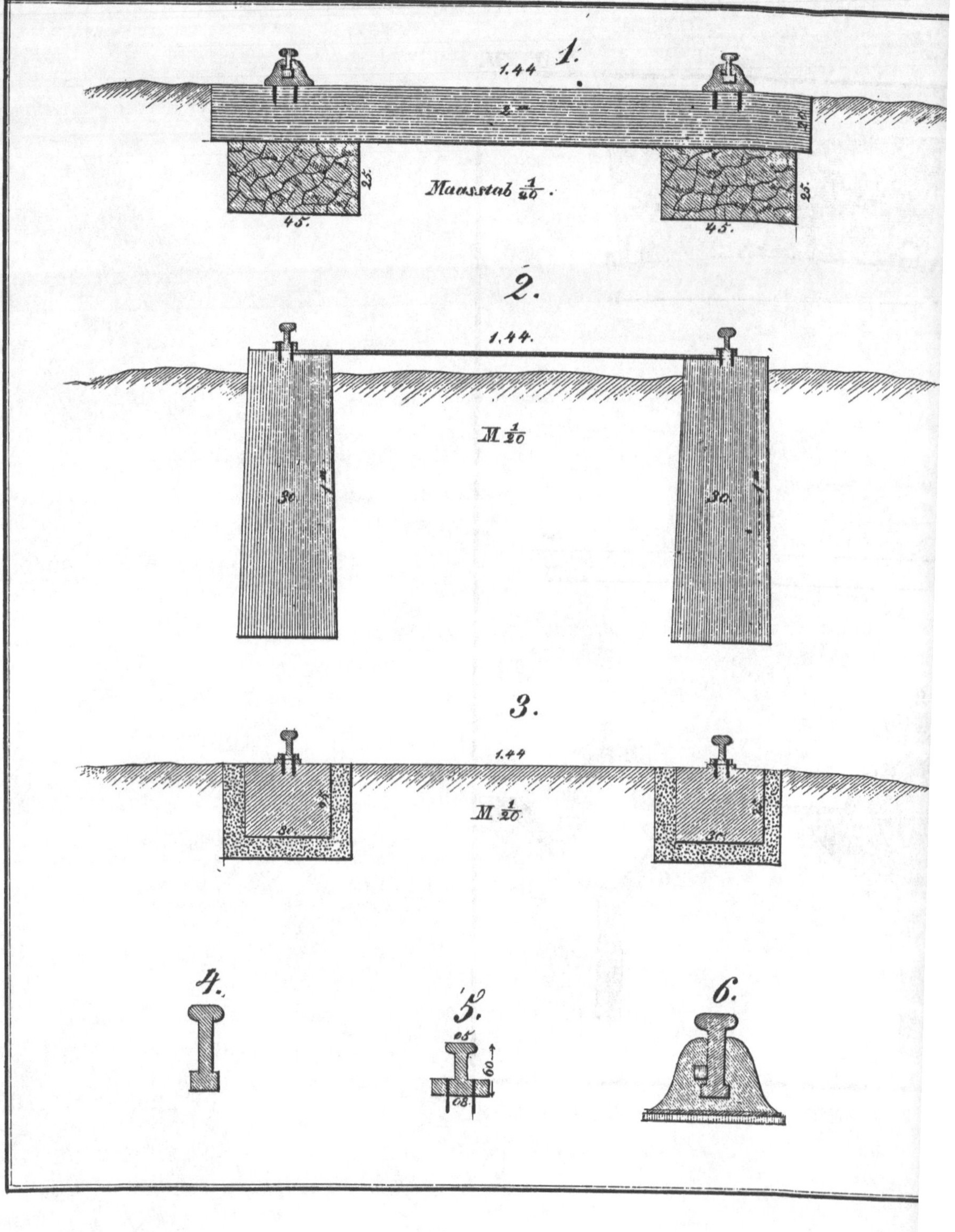
1.
1.44
2 m
20
25.
45.
Maasstab 1/40.
2.
1.44.
M 1/20
30.
1 m
3.
1.44
M 1/20
30.
4.
5.
05
60
08
6.

TAF. XIII.

7.

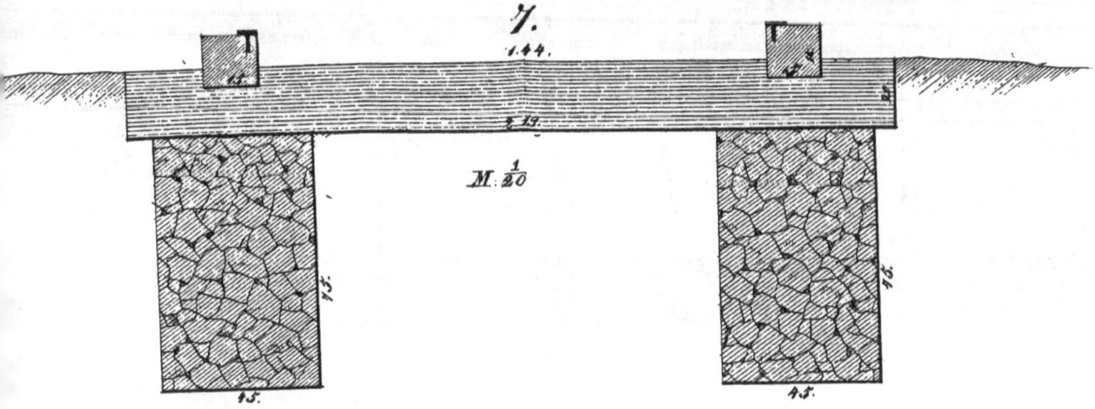

8.

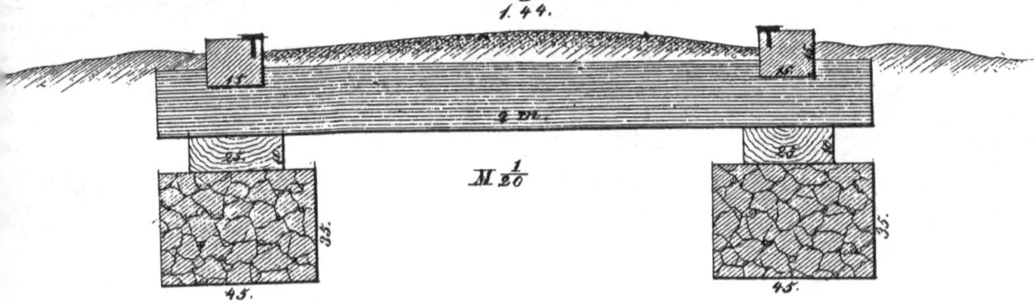

9.

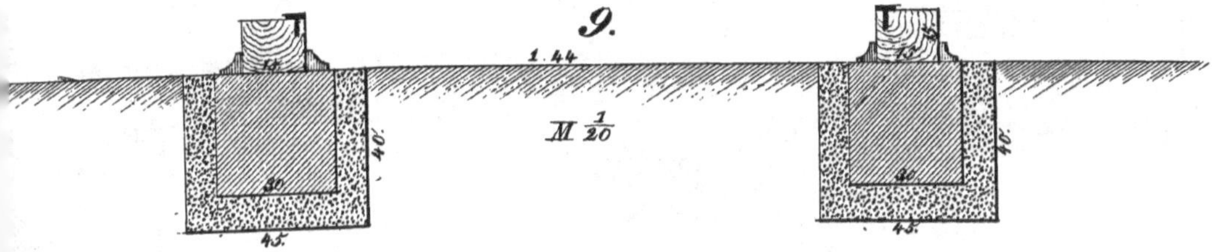

10.

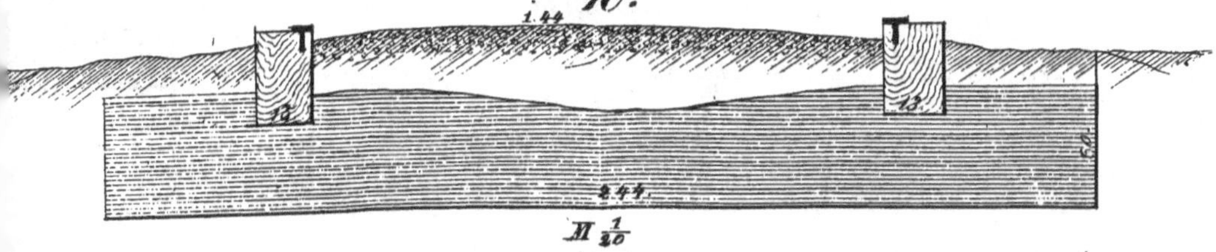

11.

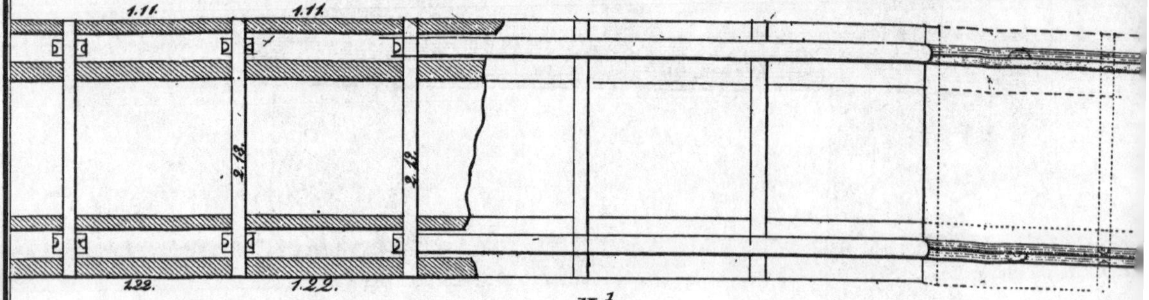

M 1/50

13.

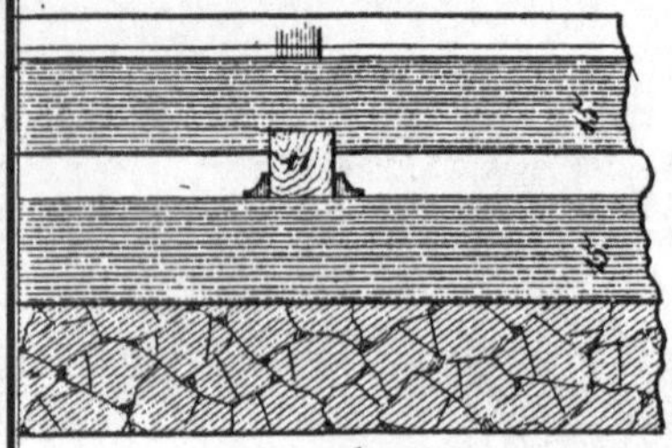

M 1/20

12.

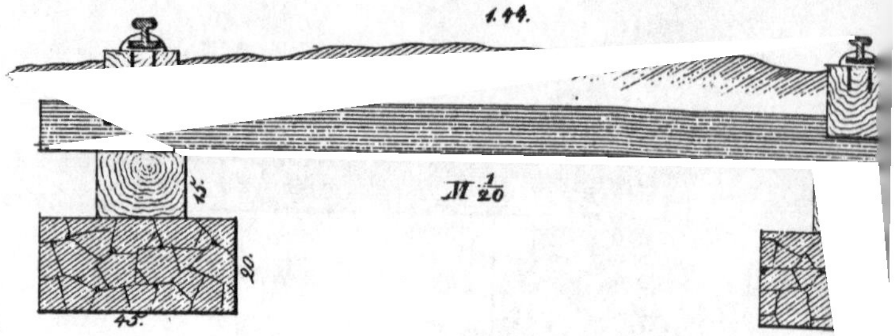

15.

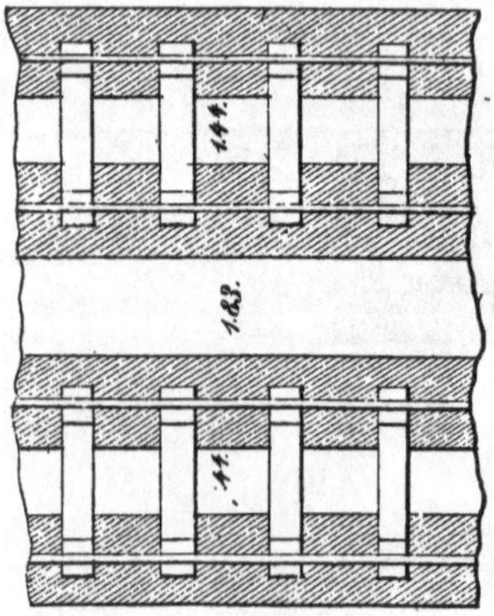

M 1/100

14.

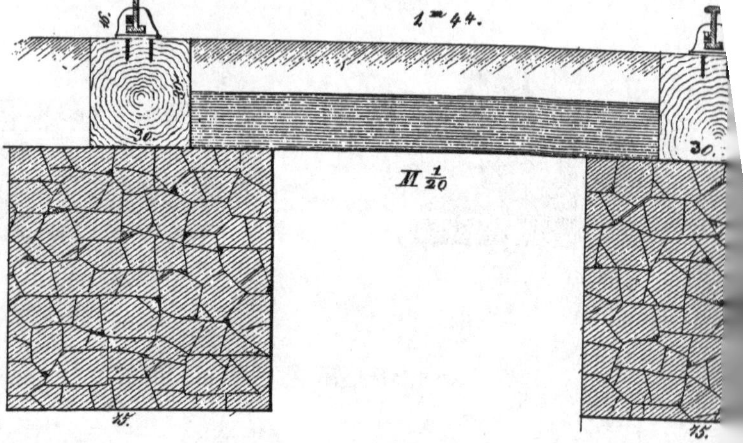

16.

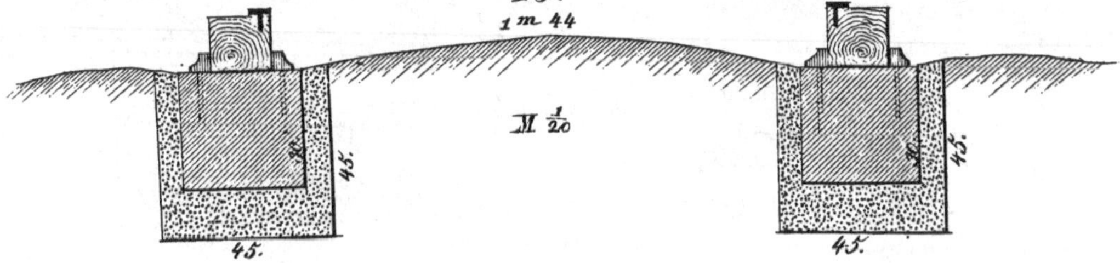
1 m 44
M 1/20
45.
45.
45.
45.

17.

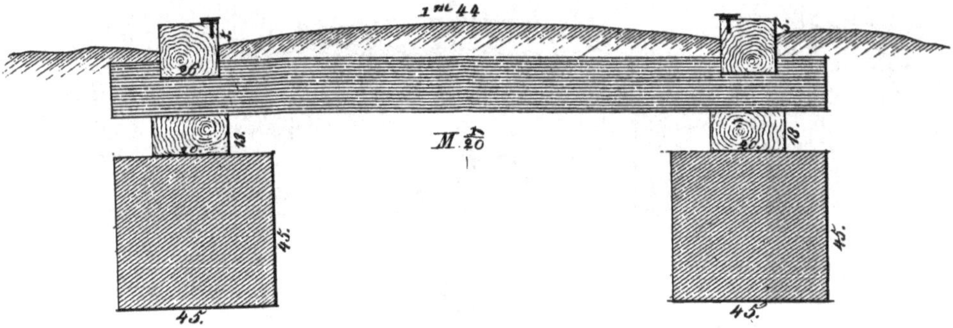
1 m 44
M 1/20
45.
45.
45.
45.

18.

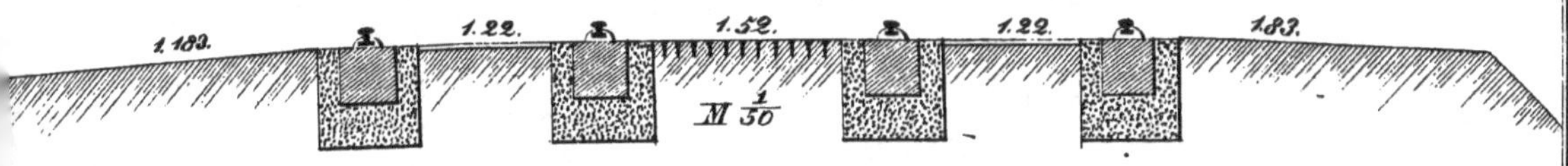
1.183.
1.22.
1.52.
1.22.
1.83.
M 1/30

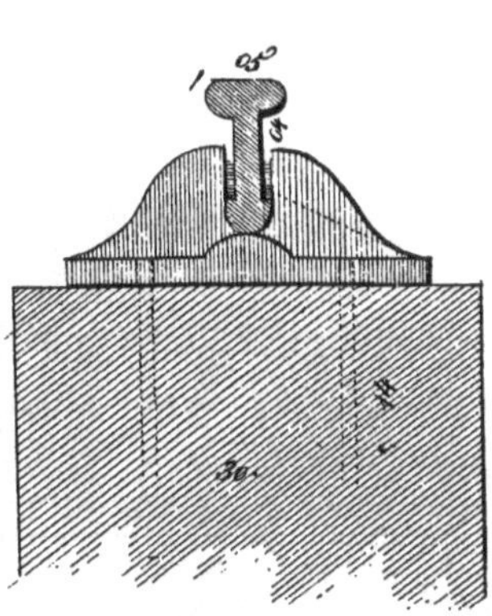

19.

20.

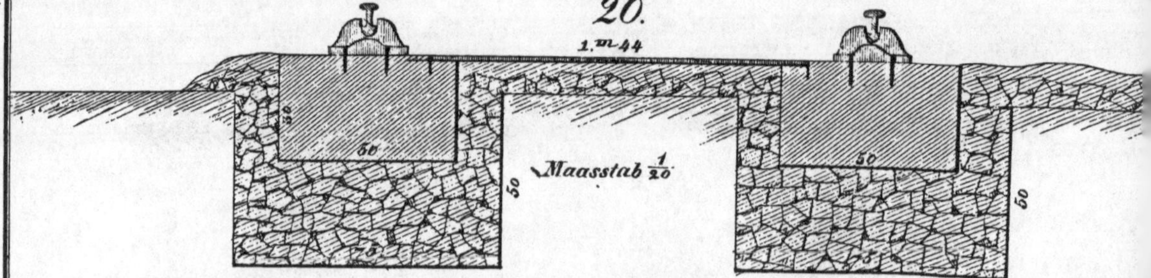
1.m44
Maasstab $\frac{1}{20}$
50
50
50
50

21.

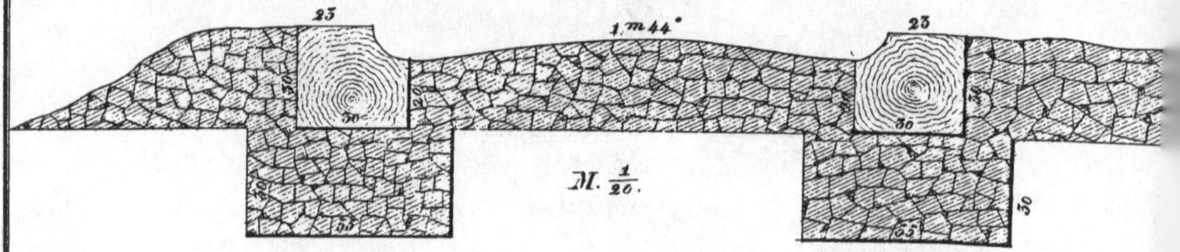
23
1.m44
23
30
30
M. $\frac{1}{20}$
30

22.

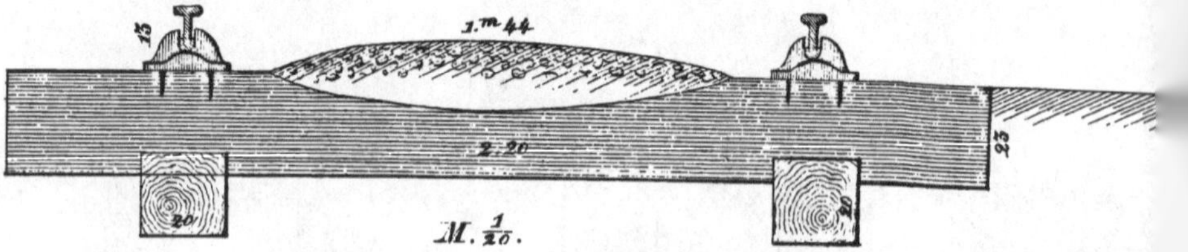
13
1.m44
2.20
23
20
20
M. $\frac{1}{20}$

24.

06
13

23.

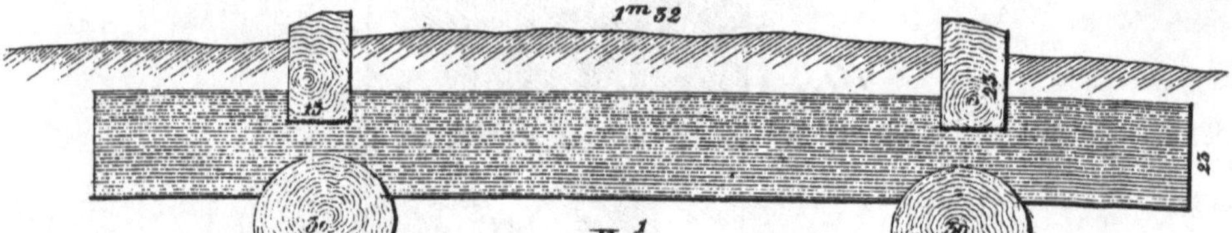
1m32
13
23
23
30
30
M. $\frac{1}{20}$
23
23

25.

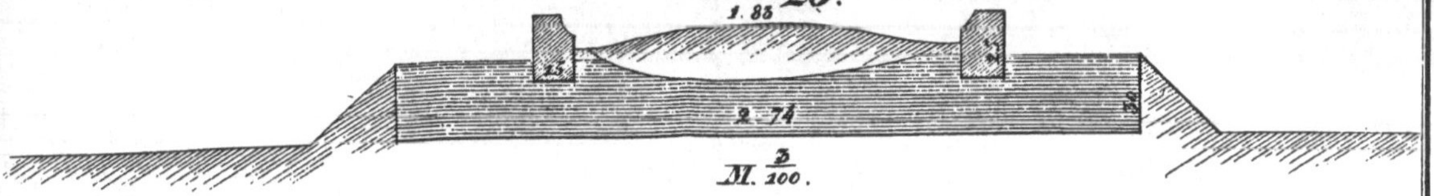
1. 83
15
25
2. 74
30
M. 3/100.

26.

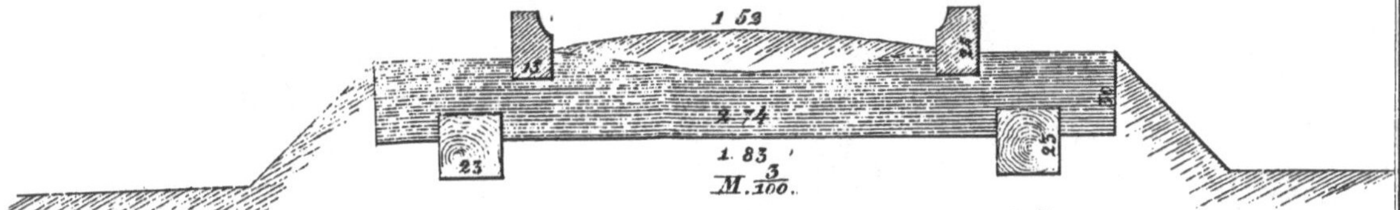
1. 52
13
24
2. 74
30
23
25
1. 83
M. 3/100.

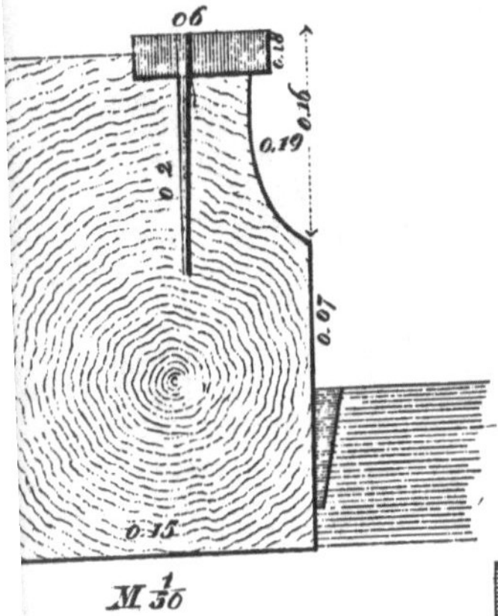
06
0.10
0.16
0.19
0.2
0.07
0.15
M. 1/30

29.

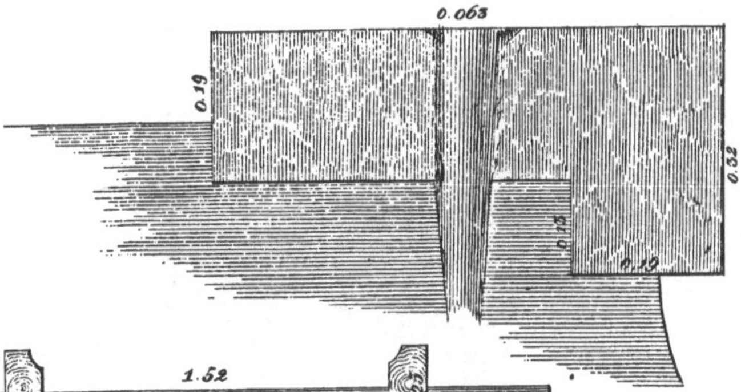
0.063
0.19
0.32
0.13
0.19

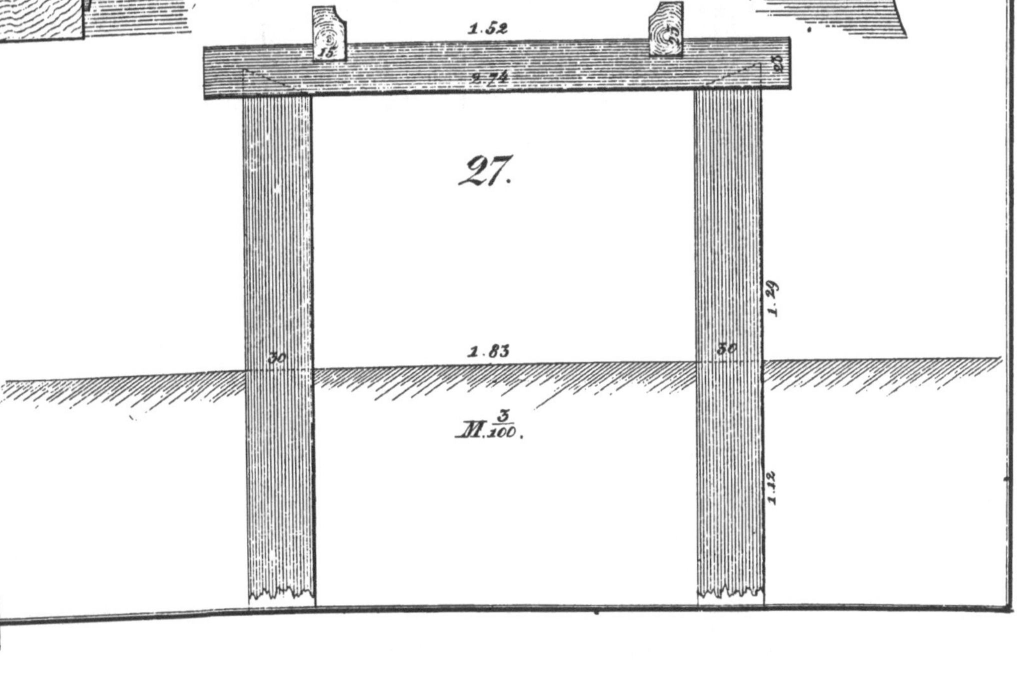
1.52
15
25
2.74
28
30
1.83
30
1.29
1.12
M. 3/100.

27.

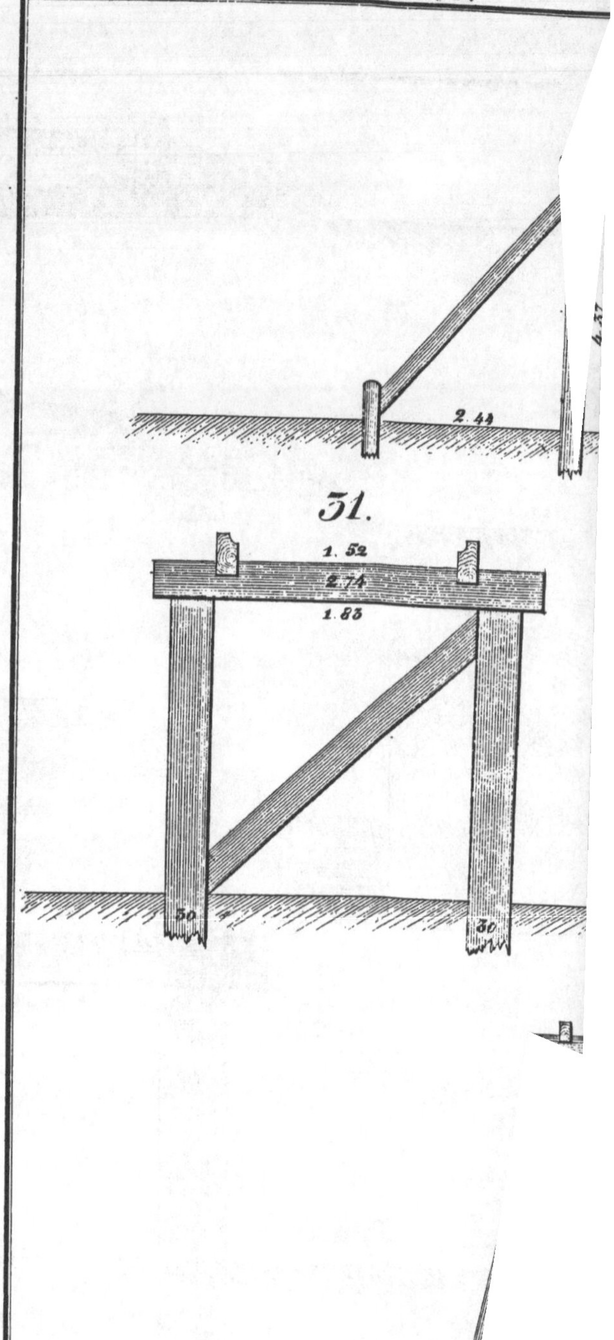
2. 44
4. 57
31.
1. 52
2. 74
1. 83
30
30
M. 1/100.

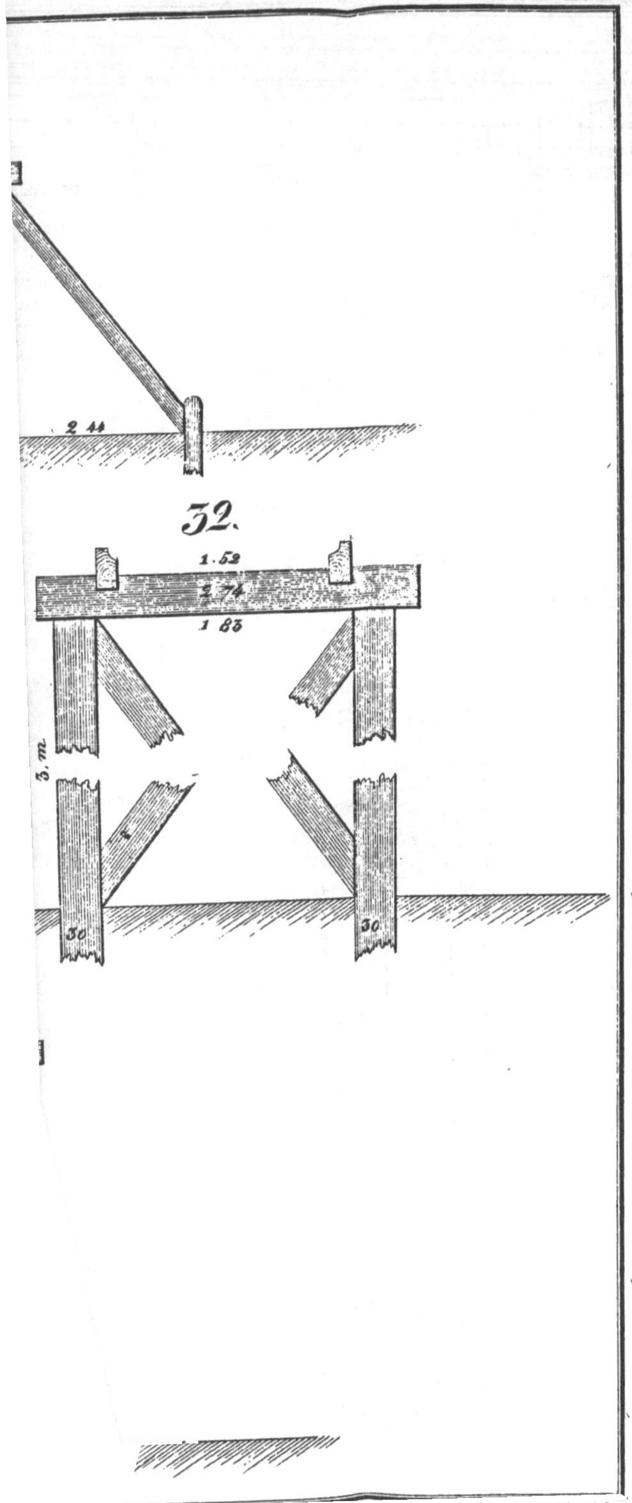

Herwig, lith.

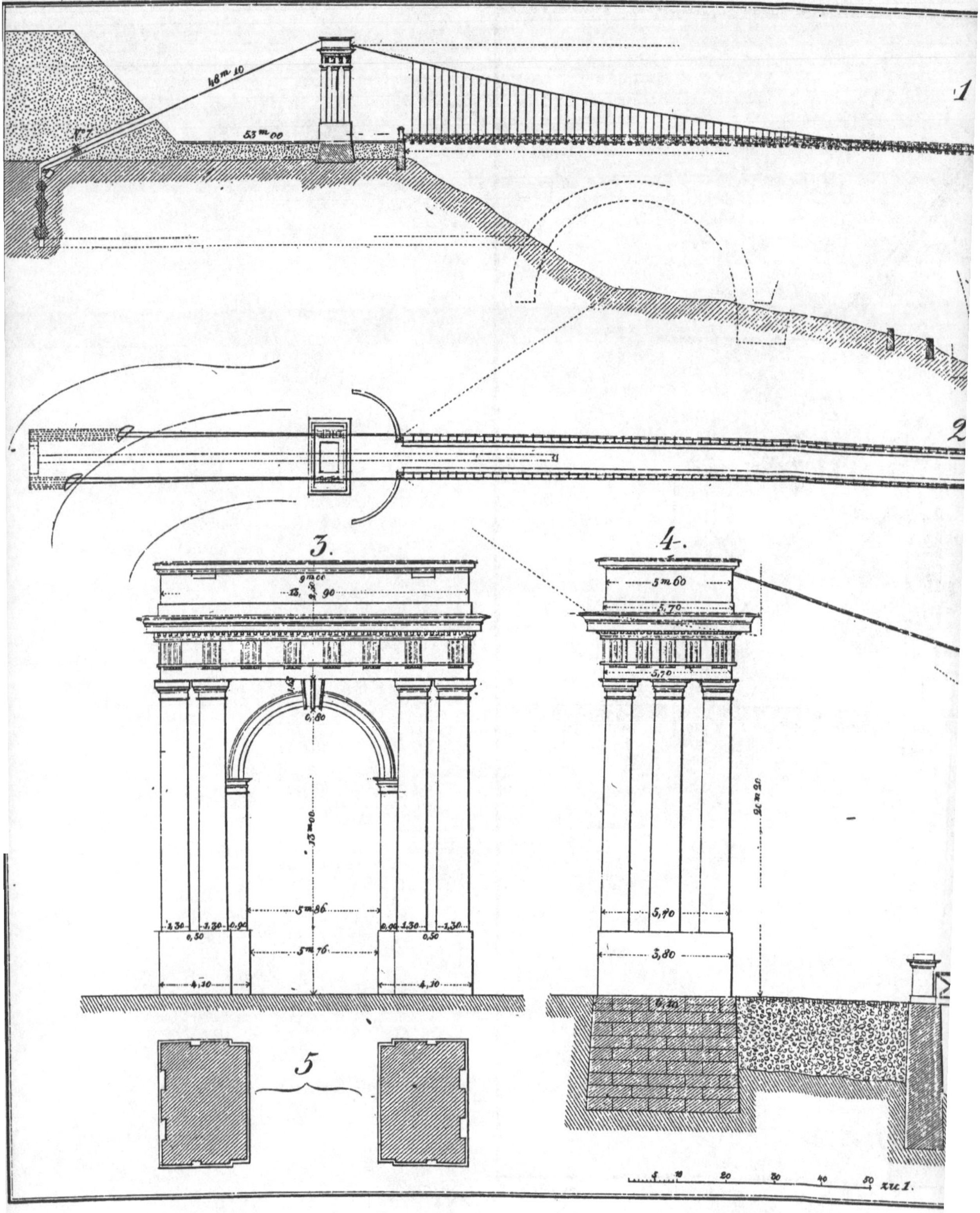
1
48 m 10
53 m 00
2
3.
4.
9 m 00
13, 90
5 m 60
5,70
5,70
0,80
13 m 00
5 m 86
5 m 76
1,30
0,50
0,90
4,10
5,40
3,80
21 m 20
5
5
10
20
30
40
50
zu 1.

TAF.XVII

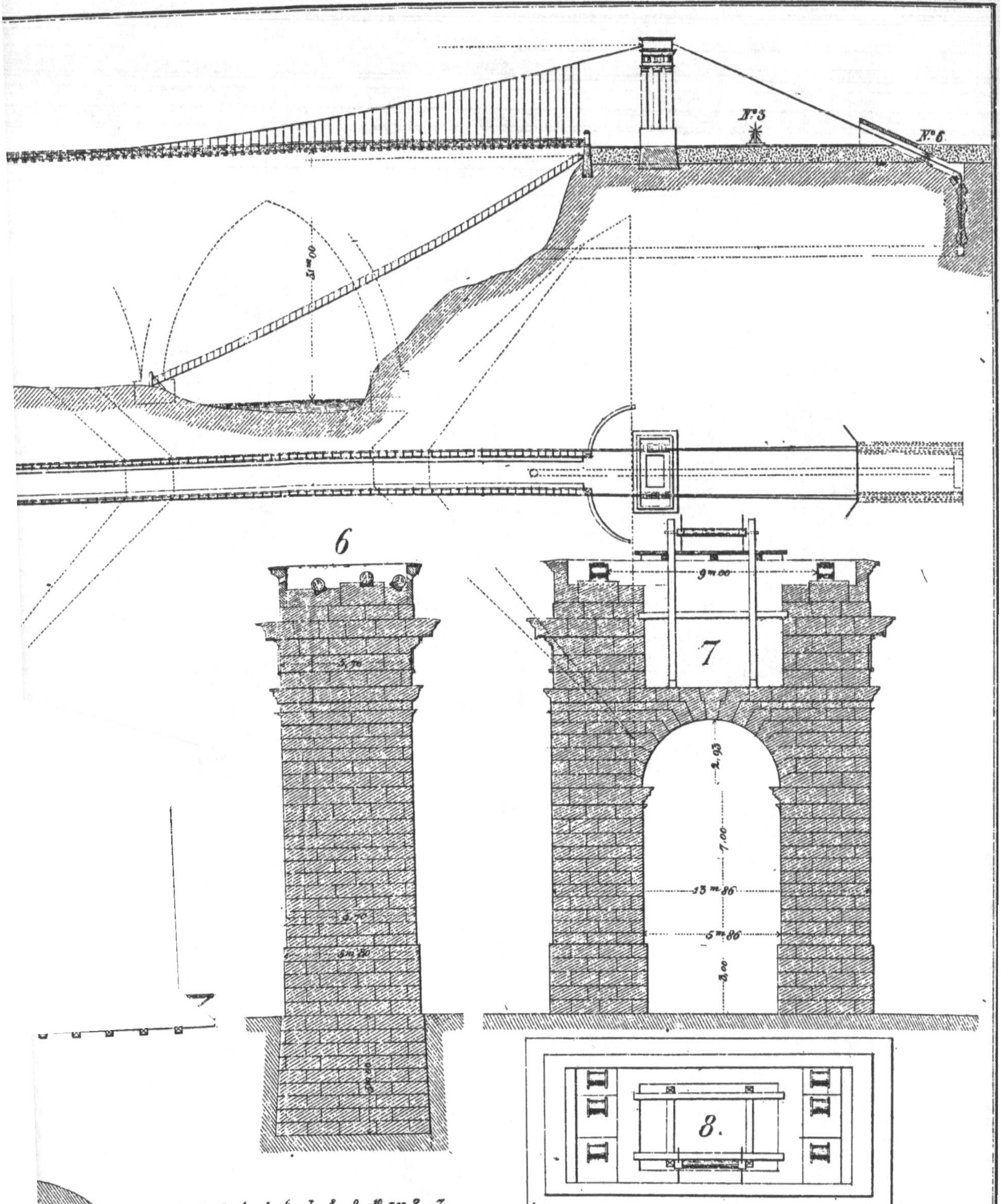

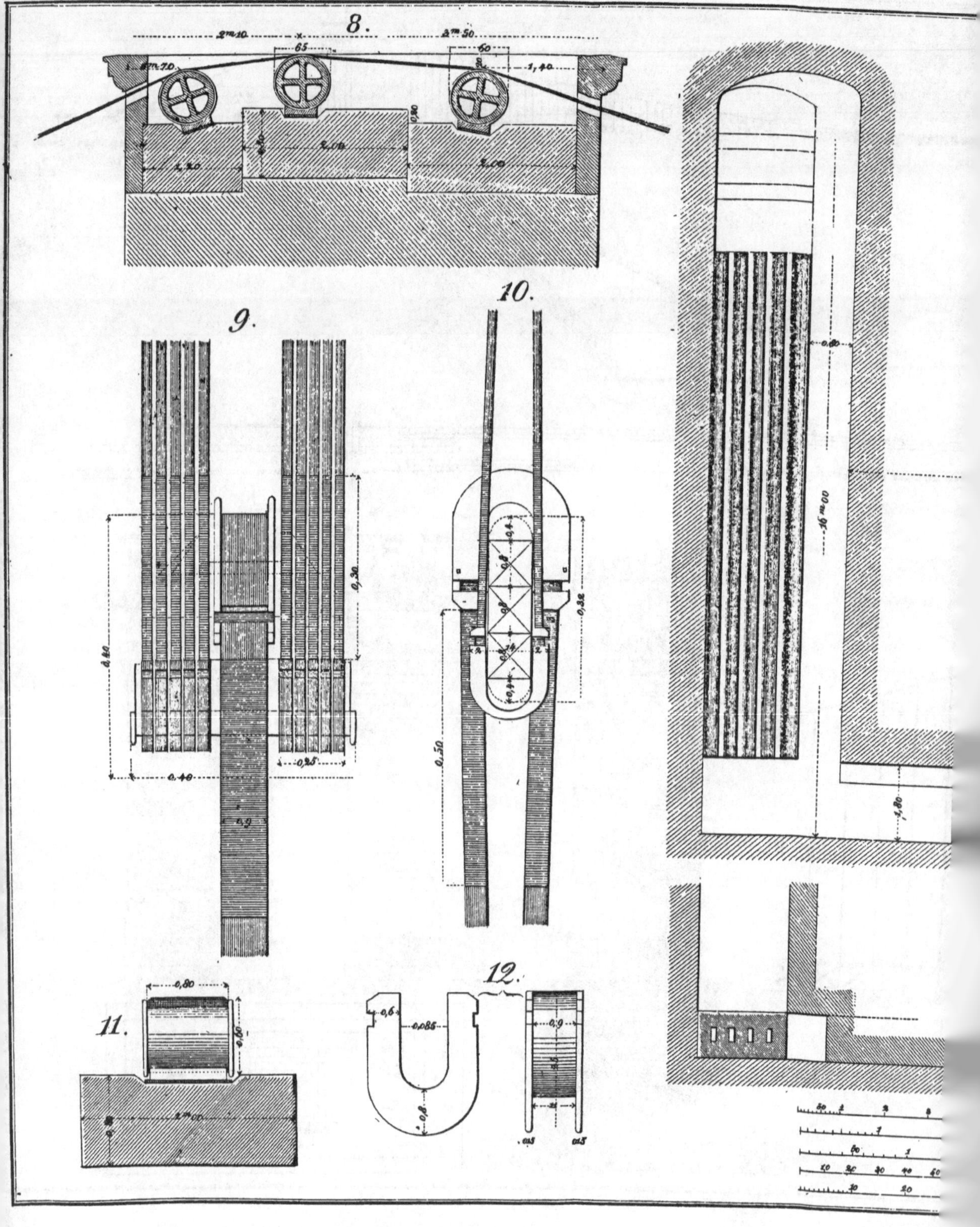
8.
2m 10
2m 50
65
60
1m 70
1,40
0,90
2,00
1,20
2,00
9.
0,30
0,40
0,40
0,25
0,9
10.
0,32
0,50
11.
0,80
0,50
2m 00
12.
0,6
0,085
0,8
0,9

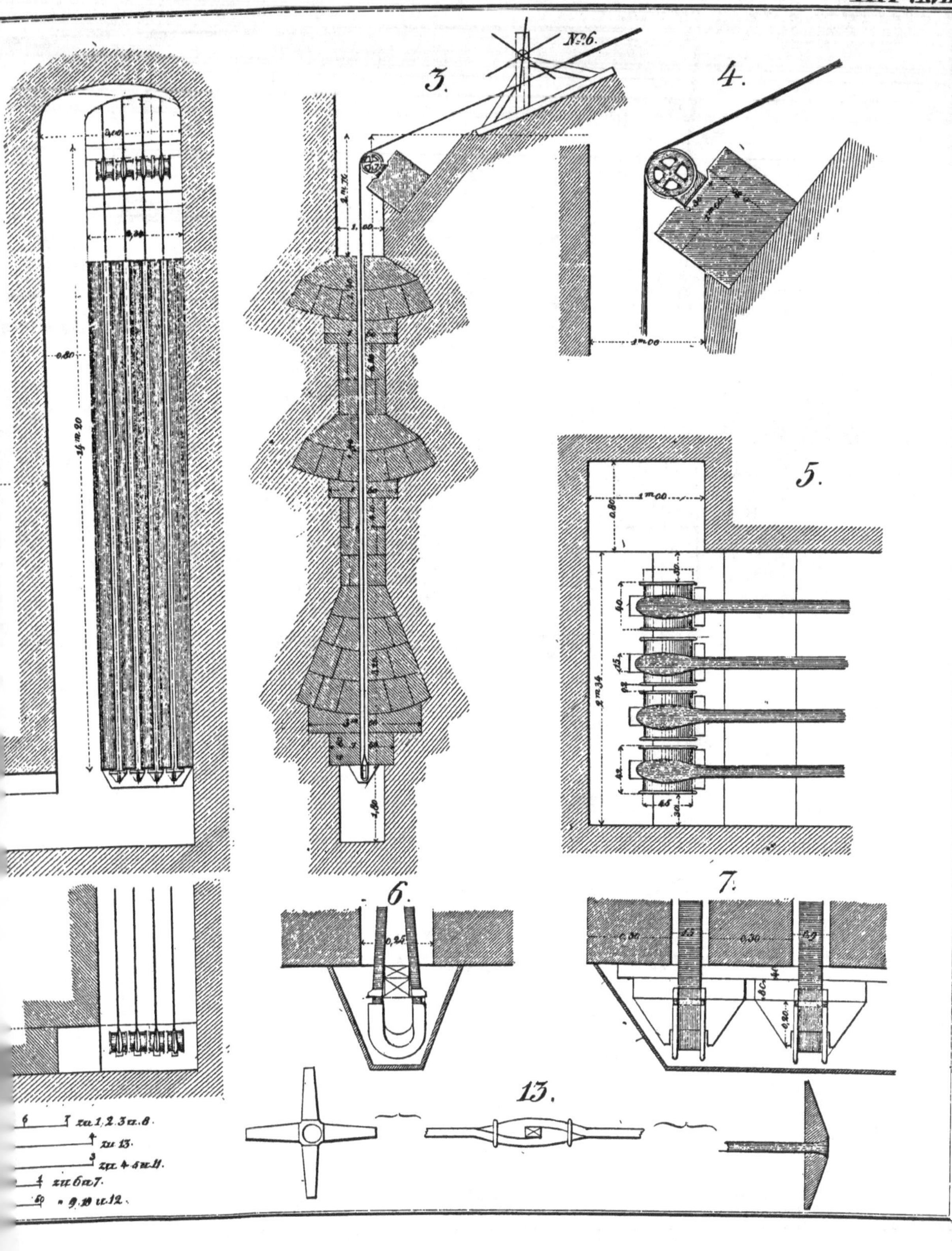
3.
No. 6.
4.
5.
6.
7.
13.
zu 1. 2. 3 u. 8.
zu 13.
zu 4. 5 u. 11.
zu 6 u. 7.
„ 9. 10 u. 12.

3.

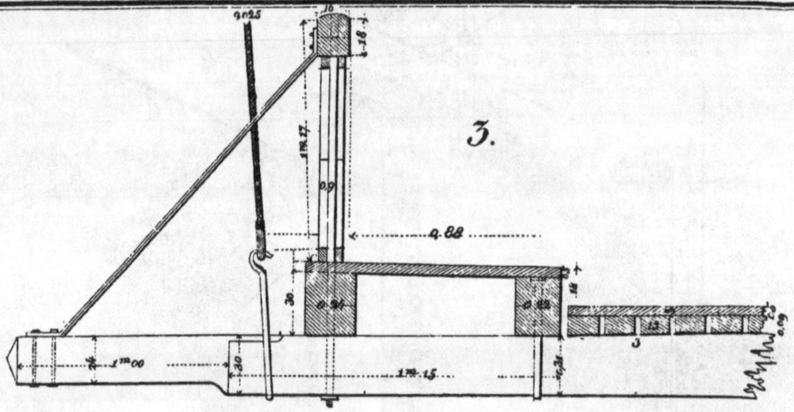
0.88
1m00
1m.15

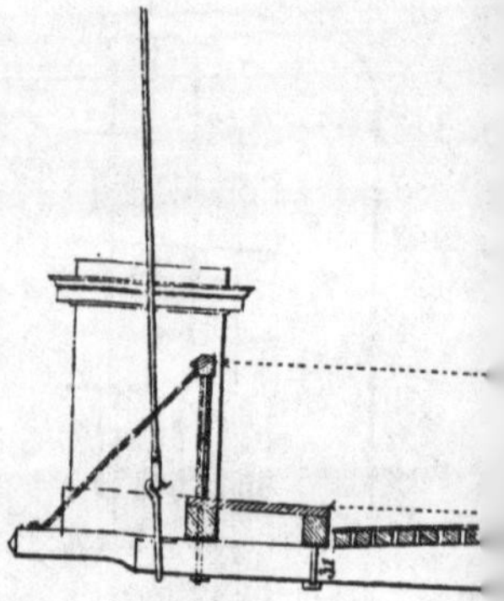

4.

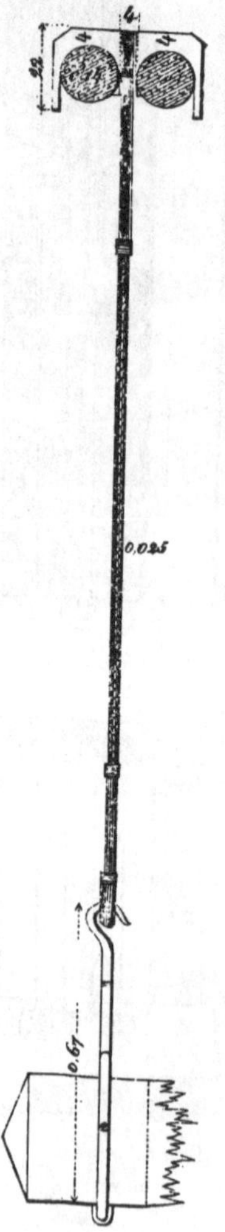
0.025
0.67

6.

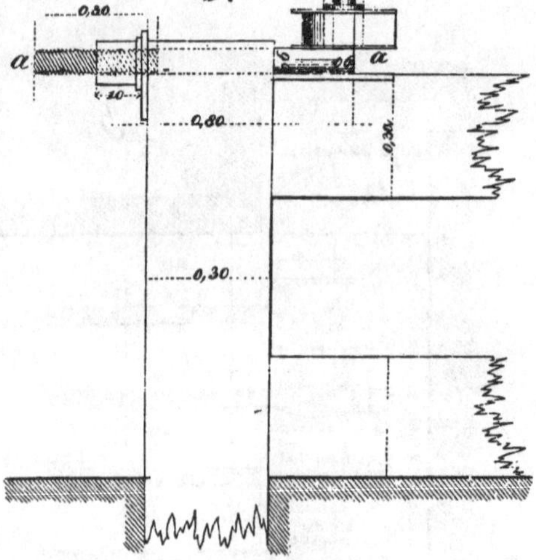
a
0,30
0,80
0,30

9.

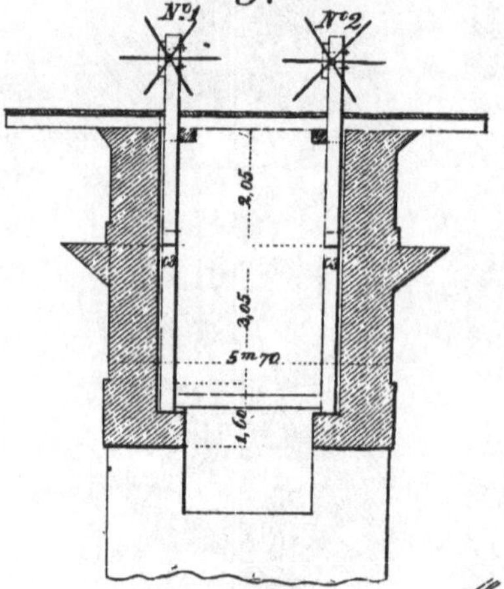
Nº1
Nº2
2,05
3,05
5m70
1,60

10.

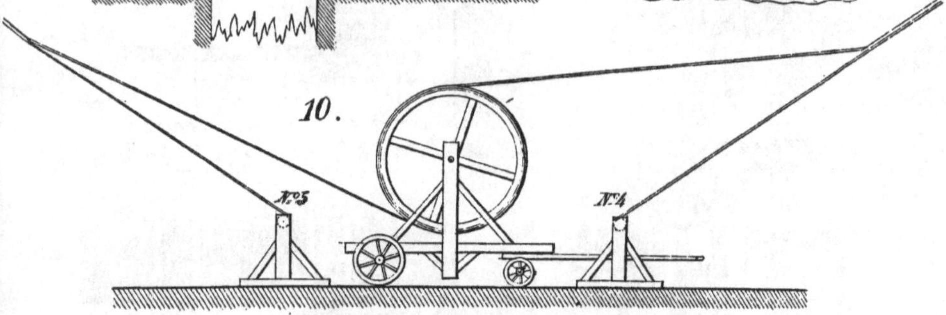
Nº5
Nº4

11.

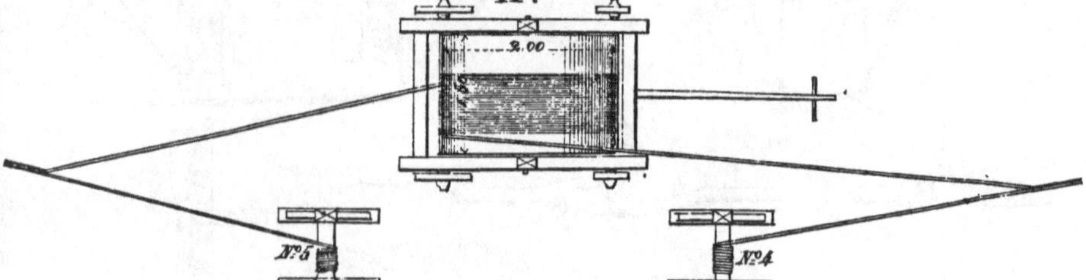
2.00
Nº5
Nº4

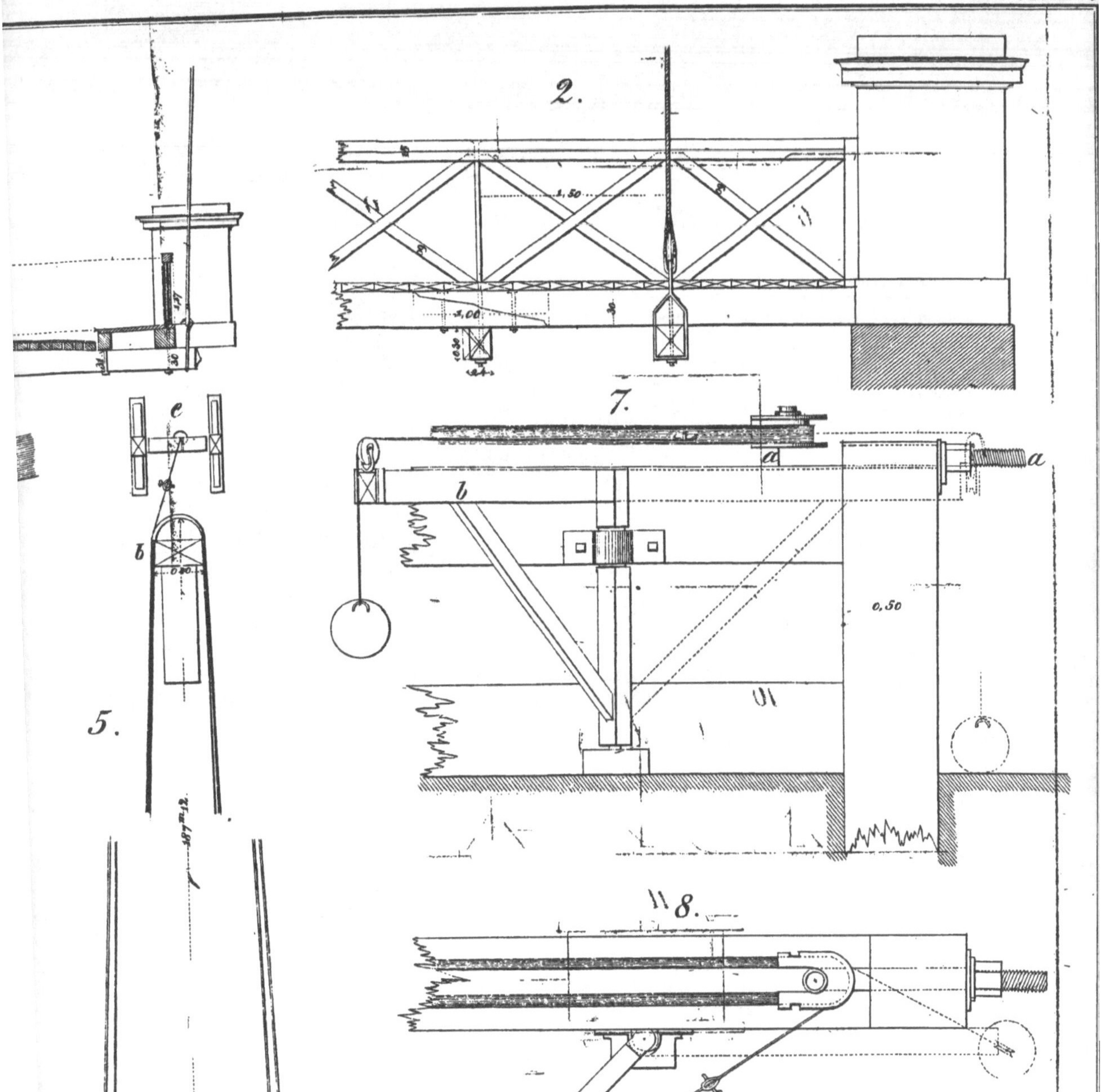

Herwig, litho.

FSC
www.fsc.org
MIX
Papier | Fördert gute Waldnutzung
FSC® C083411

Kolibri 360 GmbH
Ferdinand-Jühlke-Straße 7
99095 Erfurt, Deutschland
produktsicherheit@kolibri360.de

Das

Deutsche Wechselrecht

historisch und dogmatisch

dargestellt

von

W. Hartmann,
Königlichem Preuß. Kreisgerichts Direktor.

Berlin,
Verlag von J. Guttentag.
1869.

Vorrede.

Handel und Industrie sind die wichtigsten Faktoren des National-Reichthumes; der National-Reichthum aber ist die Grundlage für das geistige und materielle Wohl eines Volkes.

Die Interessen des Handels und des Verkehrs werden gewahrt, gesichert und befestigt durch das Handelsrecht; das Wechselrecht ist aber nur ein Theil und zwar der wichtigste Theil des Handelsrechts. Ohne den Wechsel sind Handel und Verkehr, in ihrer modernen Richtung, nicht denkbar.

Schifffahrt und Geld bezeichnen die großen merkantilen Kulturstufen der Völker; der Wechsel aber ist der Ersatz und Vertreter des Geldes; ja er steht über dem Gelde; denn er ist der abstrakte Repräsentant des Kredits.

Es mögen die Materien des Privatrechts, — die Rechtsbeziehungen zu Personen und Sachen, — beeinflußt werden von dem Bedürfnisse, den Sitten und der Lebensweise eines jeden Volkes, in seiner Abgeschlossenheit von anderen Völkern, und unter dem Einflusse dieser nationalen Eigenthümlichkeit auch ihren rechtlichen Ausdruck erhalten; denn das Recht ist das Karakterbild eines Volkes. Allein das Handelsrecht, und daher auch das Wechselrecht, gehört nicht einer bestimmten Nation, nicht einem bestimmten Lande an, sondern ruht in seinen großen Schriftzügen auf der breiten Grundlage völkerrechtlicher Konstitution. Wie der Handel, das friedliche Bindemittel der Nationen, der Welt angehört und unter gewissen Formen keine territoriale Grenze und Absperrung kennt, so umfaßt auch das Handels- und Wechselrecht in seinen Grundprincipien das ganze unermeßliche Gebiet des merkantilen Weltverkehrs.

Diesen universellen, kosmopolitischen Standpunkt nimmt, in ihrer Grundanschauung, auch die Allgemeine Deutsche Wechselordnung ein. Dieselbe hat nicht, in nationaler Sonderstellung, ein System konstruirt, welches dem Rechtsbedürfnisse nur eines Volkes entspricht, die Interessen nur eines Landes schützt, sondern sie hat Fundamentalsätze aufgestellt, wie sie im Wechselrechte aller civilisirten Handelsvölker gelten und in Uebung sind. Dieser Universal-Karakter, diese

Rechtsübereinstimmung mit den Wechselgesetzen und Gewohnheiten anderer Völker, hat der Allgemeinen Deutschen Wechselordnung hohe Anerkennung und wohl verdientes Lob verschafft.

Die Literatur der Allgemeinen Deutschen Wechselordnung ist reichhaltiger, als die jeder anderen Rechtsdisciplin. Mit besonderer Vorliebe hat sich die Wissenschaft ihr zugewendet. Allein unter den zahlreichen, zum Theil vortrefflichen Werken befinden sich doch nur wenige, welche systematisch geordnet sind, und noch wenigere, welche das Wechselrecht in seiner historischen Entwickelung darstellen, die Gegenwart mit der Vergangenheit verbinden und die Erscheinungen des Wechsels an der Hand der Geschichte erklären und erläutern. Die Rechtsgeschichte aber ist für die Erkenntniß und das Verständniß des Rechts der sicherste Führer.

Das hiermit der Oeffentlichkeit übergebene Werk soll diese Lücke in der Literatur durch eine historisch-dogmatische Darstellung des Allgemeinen Deutschen Wechselrechts ausfüllen. Die Quellen des älteren und neueren Wechselrechts, die werthvollen Materialien und Vorarbeiten der Allgemeinen Deutschen Wechselordnung, die wissenschaftlichen Erforschungen auf dem Gebiete der Wechseldoktrin, die Resultate der Rechtsprechung, — alle diese Hülfsmittel der Wissenschaft sind eingehend benutzt und einer freien Kritik unterworfen worden.

Möge dem Werke eine freundliche Aufnahme und eine nachsichtige Beurtheilung zu Theil werden *)!

*) Die in dem Werke niedergelegten Gedanken über die Nothwendigkeit eines Centralgerichtshofes für Wechselsachen; über die Einführung gleichmäßiger Stempelabgaben; über die Herstellung einer vollständigen Rechtseinheit durch Beseitigung der partikularen Einführungsgesetze; über die Entbehrlichkeit der Personalhaft — sind, für das Gebiet des Norddeutschen Bundes, im Laufe des verzögerten Druckes zum Theil verwirklicht, zum Theil der Verwirklichung näher gerückt worden.

Stargard in Pommern, am 7. Mai 1869.

Der Verfasser.

Inhaltsverzeichniß.

Allgemeiner Theil.

Einleitung.

Besonderer Theil.

Erstes Kapitel.

Allgemeine Wechsellehren.

Zweites Kapitel.

Die Wechselfähigkeit.

Drittes Kapitel.

Die Tratte.

Viertes Kapitel.

Die Mängel des Wechsels.

Fünftes Kapitel.

Die Vervielfältigung des Wechsels.

Sechstes Kapitel.

Besondere Arten von Wechseln.

Siebentes Kapitel.

Das Indossament.

Achtes Kapitel.

Die Acceptation des Wechsels.

Neuntes Kapitel.

Die Wechselbürgschaft.

Zehntes Kapitel.

Die Wechselzahlung.

Eilftes Kapitel.

Der Regreß Mangels Zahlung.

Zwölftes Kapitel.

Die Intervention.

Dreizehntes Kapitel.

Die Verjährung des Wechsels.

Vierzehntes Kapitel.

Die Konfusion.

Funfzehntes Kapitel.

Verlust des Wechsels.

Sechszehntes Kapitel.

Der eigene, trockene Wechsel.

Siebzehntes Kapitel.

Das Klagerecht.

Allgemeiner Theil.

Einleitung.

§. 1.

Verschiedene Bedeutung des Wortes „Wechsel".

Der Begriff des Eigenthumes ist so alt, wie das gesellige Zusammenleben der Menschen in den ersten und rohen Anfängen der bürgerlichen Gesellschaft, und so alt, wie das Eigenthum, ist der Handel in den Formen des Tausches. Die Bedürfnisse des täglichen Lebens wurden befriedigt durch das gegenseitige Austauschen der rohen Erzeugnisse, an denen der Eine Ueberfluß, der Andere Mangel hatte. Schifffahrt und Geld, diese großen Hebel für die Culturgeschichte der Völker, haben den Tauschhandel verdrängt und dem Verkehre neue Bahnen eröffnet. Das Geld, jenes allgemeine Werthzeichen für jedes Vermögensobject, war aber, bei der Verschiedenheit der Werthsbemessung, im Mittelalter mehr als jetzt, an die Grenzen eines oft beschränkten Geltungsbezirkes geknüpft und daher selbst ein Gegenstand des Tausches. Dieser Tausch, dieses Umwechseln der Münzstücke gegen einander, nannte man vorzugsweise cambium, Wechsel. Anfänglich, bei der geringen Ausdehnung des Handelsverkehrs und bei Zahlungen unter Anwesenden, wurde dieser Wechsel aus Hand in Hand, an dem Tische des Wechslers, campsor, bancherius, vorgenommen (cambium manuale, numerare de manu in manum). Später, nachdem durch die Erweiterung des geographischen Gesichtskreises und durch die Anknüpfung von Handelsverbindungen mit fremden Ländern der Völkerverkehr größere Ausdehnung angenommen hatte, kamen, mehr und in größerem Umfange, als früher, Geldzahlungen nach Auswärts vor. Die großen Bankhäuser des Mittelalters bewirkten diese Zahlungen nach Auswärts zumeist durch Anweisungen auf befreundete Handlungshäuser. Diese Anweisungen nach Auswärts nannte man, gleichsam im Anschluß und in der Erinnerung an den Handwechsel, an den Umtausch von Münzsorten, — Wechsel, Wechselbriefe, cambia per literas [1]).

1) Cambium generice sumptum est permutatio, vel quaelibet commutatio, etiam speciei ad genus, at permutatio est proprie speciei ad speciem. Cambium comprehendit triplicem permutationem . Tertia et ultima est pecuniae cum pecunia et ista proprie dicitur cambium Cambium quod fit de pecunia praesenti cum pecunia absenti Sigism. Scacciae, Juriscons. Rom, Tract. de commerciis et cambio (Col. 1620) §. 1 qu. 4. n. 1, §. 1 qu. 5 n. 3. Raphael de Turri, Tract. de camb. (Jen. 1641) disp. I qu 3. n. 2. Bode, Dissert. de cambiis (Marburg 1646) thes. I. lit. a. Vogt, Tract. analytic de cambiis (Giess. 1658) thes. I.

Unter Wechsel versteht man aber nicht allein die Urkunde, welche in wechselmäßiger Form ausgestellt ist, den Wechselbrief, das Wechselpapier, sondern auch das in dem Wechsel enthaltene rechtliche Element, die durch den Wechsel dargestellte spezifische Wechselobligation, das Wechselversprechen[2]).

§. 2.

Der Zweck und die Wichtigkeit des Wechsels.

Der Wechsel, in seiner Entstehung und in seinen ersten Anfängen so klein und unscheinbar, daß sein Ursprung historisch kaum nachgewiesen werden kann, ist im Laufe der Zeit eine der wichtigsten und großartigsten Erfindungen im Bereiche des Handels und des Verkehrs geworden. Keine Erfindung des menschlichen Geistes hat mächtiger auf die Entwickelung des Völkerverkehrs und des Handels eingewirkt, keine mehr zur Hebung und Befestigung der Handelsinteressen beigetragen, als die Erfindung des Wechsels. Die Schifffahrt hat den geographischen Gesichtskreis der Völker erweitert und dem Völkerverkehre neue Bahnen eröffnet; das Geld hat die engen Sphären des Tauschhandels durchbrochen und dem Welthandel Leichtigkeit und Beweglichkeit verliehen, — aber der Wechsel, jenes unscheinbare Stück Papier, nicht getragen von der Macht und dem Reichthume einer Nation, sondern mit dem Stempel der Treue und des Glaubens des Privatmannes ausgefertigt, hat den Kredit, die größte Macht des Handels und die Grundlage des modernen Verkehrs, geschaffen und dem Handel und der Industrie unermeßliche Quellen eröffnet. Zu allen Zeiten ist die hohe Wichtigkeit des Wechselinstitutes anerkannt und gerühmt worden; denn schon Stryk[1]) vergleicht die Nützlichkeit des Wechsels für Handelsgeschäfte mit der Nützlichkeit und Nothwendigkeit des Kompasses für die Schifffahrt, und Hedler[2]), Leyser[3]), Dedekind[4]) mit der des Blutes für den menschlichen Körper.

Der Werth des Geldes, selbst des Metallgeldes, ist an gewisse geographische Grenzen gebunden. Darüber hinaus ist derselbe oft vermindert und oft selbst aufgehoben. Der Wechsel aber ist das kaufmännische Zahlungsmittel der ganzen civilisirten Welt; überall gekannt, überall geachtet und überall gesucht. Der

---

lit b. Franck, Inst. jur camb (Hal. 1721) lib. I. sect 1. tit. 2. §. 3 Heydiger, Kurze Anl. zum gründlichen Verstand des Wechselrechts. (Coln 1717) Cap. I. Siegel, Einl. zum Wechselrecht. (Leipzig 1743) §. 1. „Ein wirklicher Wechselbrief ist, wenn man in der That an einem Orte Geld giebt, damit es an einem andern Orte nach Inhalt des Wechsellaufs bezahlt werde." Wechselordn. von Bologna v. 1509 § 1. „Der Wechsel ist ein Handel oder eine Verkehrung des Geldes oder Geldwerthes, um dasselbe in gewisser Zeit an einem andern Orte in gedungenem Werthe wieder zu empfangen" Oesterr. W.-O. v. 1763 Art. 1.

2) Renaud, Lehrbuch des gem. deutschen Wechselrechts. (Gießen 1857) §. 1.

1) Dissertat de camb liter. acceptatione bei Besecke, thes jur. camb. p. 340. Proinde quanta utilitas atque necessitas est pyxidis nauticae in navigationibus· tanta etiam est cambii in negotiationibus; quin neutiquam aberrare videbimur, si dicamus, cambium esse quasi quintum elementum, sine quo mundus vix ac ne vix subsistere queat. (praefamen).

2) Positiones de origine cambiorum bei Besecke, thes jur camb. p 62. Sunt fere in commerciis cambia illud, quod circulatio sanguinis in corpore humano. Sicuti corpus per circulationem sustinetur, et ea interrupta languet et corrumpitur, ita nec commercia, si circulationem cambiorum demas, florere potuerunt. § 10.

3) Meditat. ad Pand Vol. VII. edit. sec (Lips. 1737) spec. 531. med. 2 p 969

4) Vergangenheit und Gegenwart des Deutschen Wechselrechts 2c. (Braunschweig 1844.) S. 190.

Wechsel gehört, wie der Handel, der Welt an; er ist ein geborener Wanderer, wie Einert [5]) sagt, ein Kosmopolit, der, einmal seinen Verkehrslauf angetreten, durch keine Grenzmarke, durch kein Münzgesetz und Ausfuhrverbot aufgehalten wird, sondern, getragen von der öffentlichen Meinung der kaufmännischen Ehre und des Kredits, in die fernsten Gegenden dringt, überall Aufnahme findet, den verschiedenartigsten Verkehrszwecken dient und, nachdem er so seinen Lauf vollendet, in die Hand des Ausstellers zurückkehrt. Wenn der Wechsel schon in der frühesten Zeit seiner Entstehung von dem Handelsstande als ein wichtiger und einflußreicher Faktor des Verkehrs, als der Träger des Kredits [6]) anerkannt worden, so ist heut' zu Tage Jedermann von der Ueberzeugung durchdrungen, daß Handel, Verkehr und Industrie ohne Hülfe des Wechselinstitutes kaum zu existiren im Stande sind.

Der Wechsel ist die beweglichste und fügsamste Geschäftsform; jeder Art von Geschäften ist er dienstbar. Er ist nicht allein dazu bestimmt, selbst an die entferntesten Orte mit Leichtigkeit, ohne Gefahr und Verlust, Zahlungen zu bewirken und von dort Gelder einzuziehn; er ist auch das bequemste und in der Regel billigste kaufmännische Mittel, zum Betriebe großer merkantiler und industrieller Unternehmungen die erforderlichen Fonds herbeizuschaffen, Geldkrisen glücklich zu überstehen und auf die Operationen des Geldmarktes wohlthätig einzuwirken [7]). Der Wechsel ist ein universelles Zahlungsmittel, die Münze der Handelswelt.

In der Hand des Bankiers ist der Wechsel aber auch ein Handelsartikel, der, gleich jeder anderen Waare, seinen bestimmten Werth und, gleich anderen Handelspapieren, seinen bestimmten Kurs hat.

Wie aber auch das heilsamste Arzneimittel, mit Unverstand angewendet, für den menschlichen Körper nachtheilig und schädlich wirkt, so kann auch das Wechselinstitut, mit Leichtsinn und Untreue gehandhabt, Nachtheil und Verlust für den Handelsstand und den Ruin des Einzelnen herbeiführen. (Wechselreiterei).

§. 3.

Der Ursprung des Wechsels. Verschiedene Meinungen über die Entstehung.

Ueber den Ursprung und die Entstehung des Wechsels haben sich verschiedene Meinungen gebildet, die in Ansehung der Zeit und des Ortes, wohin sie die Erfindung des Wechsels verlegen, wesentlich von einander abweichen. Schon diese große Verschiedenheit der Ansichten über den örtlichen und zeitlichen Ursprung des Wechsels läßt die Richtigkeit der verschiedenen Meinungen als sehr zweifelhaft, die

---

5) Entwurf einer Wechselordnung für das Königreich Sachsen. (Dresden und Leipzig in der Arnoldschen Buchhandlung 1841). S. 1.

6) Runde, deutsches Privatrecht. (Göttingen 1795) §. 224. Mittermaier, Grundsätze des gemeinen deutschen Privatrechts. (Regensburg 1843) §§. 319. 324. Kuntze, deutsches Wechselrecht. (Leipzig 1862). S. 67.

7) Bender, Grundsätze des deutschen Wechselrechts. (Darmstadt 1828.) Bd. 1. §. 227. Biener, Wechselrechtliche Abhandlungen. Leipzig 1859. S. 414. Kuntze a. a. O. S. 20. Einert, im Archiv für Deutsches Wechselrecht, B. 1. S. 1.

Beantwortung der Frage über die Entstehung des Wechsels aber als sehr schwierig erscheinen [1]).

Nach der Ansicht der Einen hat der Wechsel bei allen Handel treibenden Völkern, dem Wesen nach, immer existirt und ist daher älter, als sein Name [2]); nach der Ansicht Anderer ist der Wechsel schon zu den Zeiten Alexanders des Großen bekannt und auch von den Römern und Griechen schon sehr frühzeitig zur Uebersendung von Geldern nach entlegenen Orten benutzt worden. Einige meinen, daß die Juden den Wechsel erfunden und dazu benutzt haben, um nach ihrer Vertreibung aus Frankreich ihr Vermögen aus dem Lande zu ziehen, und wieder Andere behaupten, daß die aus Italien vertriebenen Gibellinen und Guelphen den Wechsel erfunden und zu gleichem Zwecke benutzt haben. Auch ist die Ansicht aufgestellt und vertheidigt worden, daß unsere Vorfahren den Wechsel erfunden, weil bei ihnen von frühester Zeit bei Erfüllung übernommener Verbindlichkeiten eine große Strenge üblich gewesen sei, welche sich in der Verpflichtung zur persönlichen Haft, Uebergabe „zu Hand und Halfter", geäußert habe [3]).

§. 4.

Widerlegung der vorstehenden Ansichten über die Entstehung des Wechsels.

Alle diese Ansichten (§. 3) über den Ursprung des Wechsels sind jedoch Hypothesen und bei Anwendung einer strengen historischen Kritik ohne wissenschaftlichen Werth [1]). Eigenthum und Handel haben ihre thatsächliche und rechtliche Anerkennung erhalten durch die Vereinigung der Menschen zu einem gemeinschaftlichen Zusammenleben, durch die Bildung der bürgerlichen Gesellschaft. In der ersten Zeit dieses Kulturzustandes und viele Jahrhunderte hindurch bestand der Handel in dem Austauschen derjenigen rohen Erzeugnisse, welche dem Bedürfnisse und dem Geschmacke einer, auf niedriger Stufe der Bildung stehenden Bevölkerung am meisten entsprachen. Durch die Ausbreitung und Kräftigung der bürgerlichen Gesellschaft, durch die Berührung der verschiedenen Volksstämme mit einander und durch das dem Menschen inwohnende Verlangen nach Behaglichkeit,

---

1) Martens, Versuch einer historischen Entwickelung des wahren Ursprungs des Wechselrechts. (Göttingen 1797). Vorerinnerung.

2) Scaccia l c § 1 qu 6. n 1. Quo jure fuerit introductum cambium pecuniae cum pecunia, non vidi apud eos, qui de cambiis scripserunt, examinatum: vero fuisse introductum de jure gentium, pluribus suaderi potest rationibus Heydiger a. a. O. cap. 4

3) Carpzov, Dissert. de camb. (Lips 1677), in Besecke, thes p. 108. § 22. Jacques Savary, Le parfait négociant (1615) I. 3 cap. 3 D Raumburger, Just. selecta gent. Europ. in cambiis, (Francof. 1723). c II § 2. Montesquieu, L'esprit des lois p 7. c 20. sagt: Die Juden erfanden die Wechselbriefe und durch dieses Mittel konnte der Handel der Gewalt ausweichen und sich überall behaupten, indem jetzt der reichste Kaufmann nur unsichtbare Güter besaß, die überall hingeschafft werden konnten und nirgends eine Spur zurückließen. Leisewitz, Abhandlung über den Ursprung des Wechselrechts in v. Selchow, Juristische Bibliothek, Thl. V S. 730. Ayrer, Diatribe de camb. instit. vestig. apud Romanos §. 6 (in Besecke, thes p. 56) Fischer, Geschichte des deutschen Handels. Bd. I. S. 458. Riccius, Exercit. jur. camb (1782) exerc. I §. 3 sq. Püttmann, Grundsätze des Wechselrechts (Leipzig 1805) §. 2. Nouguier, De lettres de change (Paris 1839) c. 2. Bender a. a. O. §. 219. Biener a. a. O. S. 2. Wächter, Wechsellehre. (Stuttgart 1861) §. 19. Hoffmann, Ausführliche Erläuterung der Allgem. D. WO. (Gießen). Zweite Ausgabe. §. 5.

1) Einert im Archiv für deutsch. Wechselr. B. 1. S. 1 ff.

Wohlbefinden und Veredelung sind die Bedürfnisse der Menschen bald vermehrt worden, und der Drang nach Befriedigung dieser Bedürfnisse, die Noth, hat die körperlichen und geistigen Kräfte jedes Einzelnen und ganzer Nationen gekräftigt und vervollkommnet. Auf diesem Wege der Sorge, der Arbeit und der Mühe ist das Menschengeschlecht veredelt, verfeinert und seiner höhern Bestimmung immer näher zugeführt worden.

Alle Kräfte der Natur hat der Mensch sich unterthan gemacht; der erste Versuch der Schifffahrt hat die Welt erobert. Die Schifffahrt, klein und dürftig in ihrem ersten Anfange, kaum geeignet, um in schwankendem Nachen ein nachbarliches Ufer zu erreichen, hat den Keim gelegt für die geistige und materielle Entwickelung des Menschengeschlechts, für die Civilisation der Welt. Dem, in die engen Grenzen des täglichen Bedürfnisses eingeschränkten, Tauschhandel eröffneten sich neue Bahnen, dem kühnen Seefahrer neuer Reiz, neuer Gewinn. — Aber erst durch die Erfindung des Geldes, jenes allgemeinen Werthrepräsentanten für alle und jede Waare, wurde dem Handel die Welt erschlossen.

Wenn man nun bei jenem Tauschhandel in dem gegenseitigen Auswechseln von Erzeugnissen, und bei dem Geldhandel in dem Geben von Waaren und dem Empfangen von Geld, oder in dem Umtausch von Geldsorten gegeneinander einen Wechsel, cambium, im Sinne des Wechselrechts, finden könnte, dann wäre allerdings die Ansicht derjenigen historisch wohl begründet, die da behaupten: der Wechsel sei so alt, als der Handel selbst [2]). Allein jener Sachen- und Geldtausch und der moderne Wechsel sind doch ganz verschiedene Begriffe.

Ebenso unhaltbar und historisch nicht zu begründen ist die Ansicht derjenigen, welche den Wechsel für eine Erfindung der vertriebenen Juden ausgeben. Denn abgesehen davon, daß die Juden zu allen Zeiten und in allen Ländern bedrückt worden sind, also Auswanderungen Einzelner und in Masse verschiedentlich, namentlich auch in Frankreich, stattgefunden haben, so erscheint auch der Wechsel für den Verbannten ein wenig geeignetes Mittel, seine Habe aus dem Lande, welches ihn und sein Vermögen verfolgt, herauszuziehen [3]).

Auch die Ansicht derjenigen findet keinen Beifall, welche behaupten, daß der Wechsel schon den Römern und Griechen und schon zu Zeiten Alexanders des Großen bekannt gewesen sei [4]). Rom, dem Ruhme der Waffen mehr, als der Beschäftigung des Friedens huldigend, trieb trotz seiner günstigen Lage nur wenig Handel. Rom war aber eine verkehrsreiche, mit Schätzen überladene Stadt,

---

2) Kuntze a. a. O. S. 127.

3) Büsch, Von dem wahren Grunde des Wechselrechts, sammt einem Beitrage zur Geschichte desselben. 1784. In Büsch, sämmtl. Schriften Bd. VI Martens, Ursprung rc. S. 4. Daniels, Grundsätze des Wechselrechts. (Cöln 1827). S. 16. Arenz, Abhandlung über Ursprung und Entwickelung des Wechsels, S. 7. (Eine Einladungsschrift rc. 1855.) Einert findet die Konjectur, daß der Wechsel von einer Nation oder Volksklasse erfunden worden, die in den Wirren des Mittelalters der Verbannung unterlagen und den Wechsel zur Rettung ihres Vermögens benutzt haben, sehr wahrscheinlich. Arch. f. D. WR. Bd. 6. S. 122. Kheil, Wechselrecht des Oesterreichischen Kaiserstaates. Zweite Auflage. (Prag 1859) S. 1 ff.

4) Raphael de Turri l. c Disp. I. qu 4 n. 19 sq. Franck, Instit. jur camb. Prolegom tit. II. § 3. (Hal. 1721). Becker, Dissert. de lit. camb. §. 1. (Besecke Bd. I. p. 582). Leyser, Meditat. etc. spec l. XXXIII. med. 1.

und die politische Verbindung derselben mit weitentlegenen Ländern und eroberten Provinzen veranlaßte Geldsendungen zu mancherlei öffentlichen und Privatzwecken. Die Beschwerlichkeit und die Gefahr des Geldtransportes, sowie die große Verschiedenheit der Münzen mögen daher auch wohl in Rom Veranlassung gegeben haben, bei den Bankiers nicht allein Münzen gegen ein Aufgeld, welches man collybus nannte, umzusetzen, (commutatio pecuniae praesentis pro praesenti, numerare de manu in manum), sondern auch Geldzahlungen vermittelst Anweisungen durch die Geldwechsler, welche argentarii, mensuarii, collybistae hießen und zu Zeiten ein proprium corpus atque collegium [5]) bildeten, zu bewirken. Zur Legitimation für den Empfang solcher angewiesenen Gelder wurden bestimmte Marken, Billets, certas tesseras, ausgefertigt und eingehändigt. Mehrere Stellen in Cicero's [6]) Schriften bestätigen, daß solche Geldoperationen in Rom nicht ungewöhnlich waren, und auch in Griechenland mögen sie sich nach einer Mittheilung von Isokrates (c. 330 v. Chr. G.) in einer Rede, welche *Τραπεζιτικός* genannt wird, frühzeitig in Uebung befunden haben.

Unter der Herrschaft Alexanders des Großen nahmen Handel und Verkehr durch Gründung der hafenreichen Stadt Alexandrien und durch Eröffnung neuer Verkehrsbahnen in dem mächtigen Macedonischen Reiche einen blühenden, den Verfall des Reiches weit überlebenden, Aufschwung, und es ist daher auch wohl nicht zu bezweifeln, daß auch dort Geldoperationen, wie in Rom und Griechenland, bekannt und im Gebrauche gewesen sind. Allein schon Heineccius [7]) sagt: „Sed cave has tesseras cum literis nostris cambialibus confundas.“ Ein Wechselgeschäft in der erwähnten Art mag gewiß allen, dem Verkehre nicht ganz entfremdeten Völkern bekannt gewesen sein; allein dasselbe ist nicht unser heutiger Wechsel. Dieser ist den Alten unbekannt und bei ihnen nicht im Gebrauche gewesen [8]).

§. 5.

Der wahre Ursprung des Wechsels. Städtewesen. Messen.

Der Wechsel ist nicht die Erfindung eines speculativen Geschäftsmannes, nicht als ein fertiges Werk aus der Hand eines weisen Gesetzgebers hervorgegangen, sondern, durch das Bedürfniß des Handels entstanden, sind Jahrhunderte noth-

5) Siber, Dissert I. de argentariis. (Lips 1737) et Dissert II (Lips. 1739) in Besecke p. 1. Hubert, Disp. de argentariis Veterum. Disp. I Daniels a. a. O. S. 4. Kuntze a. a. O. S. 127.

6) Epistola ad Atticum lib. XII. ep. 5. 24, lib XV ep. 15; Epist. ad diversos lib. II. ep. 17; lib III ep. 5; in Verrem, lib. III. c. 78

7) Elementa jur. camb. (Francof 1748.) cap I § 6 sq.

8) Nicolai de Passeribus, Tract. de scriptura privata. Edit. VII (Frf. et Lips. 1586) lib III qu 42. n. 4 sq Scaccia l. c qu 6. n. 3. 6. 7. Raphael de Turri l. c disp. I. qu. 4 n. 19 sq L'Estocq, Erläuterungen des allgem. &c. Wechselrechts (Leipzig u. Königsberg.) cap I. §. 7. Franck l. c. lib. I. sect. I tit II. §. 3. Riccius l. c. sect I. §. 1 Runde, Grundsätze des Deutschen Privatrechts. (Gottingen 1795) §. 225. Glück, Ausführliche Erläuterungen der Pandecten &c. (Erlangen 1816) Th. 18. Abth. 1. S. 130. v. Savigny, Obligationenrecht Bd. 2. S. 123. 124. Daniels a. a. O. S. 10. Story, Englisches und Nordamerikanisches Wechselrecht. Deutsch bearb. v. G. C. Treitschke (Leipzig 1845) §. 5. Biener a. a. O. S. 130. Einert im Arch. f. D. WR. Bd. I. S. 1 ff.

wendig gewesen, um ihn auszubilden und zu seiner gegenwärtigen Vollkommenheit zu bringen. Allmählig und langsam, in Verbindung mit der Entwickelung und dem Gange des Handels, an der Hand der kaufmännischen Erfahrung, hat sich der Wechsel entwickelt und die Gesetzgebung sich seiner erst angenommen, nachdem er bereits Jahrhunderte im Gebrauche des Handels sich befunden hatte und als die Grundlage des merkantilen Verkehrs allgemein anerkannt worden war. Selbst die Zeit und der Ort des Ursprunges sind nicht bestimmt; die historischen Studien darüber verlieren sich in dem Dunkel des Sagenkreises [1]).

Der Wechsel ist aus dem kaufmännischen Bedürfnisse des Mittelalters hervorgegangen, durch viele glückliche Umstände in seiner Bildung und Ausbreitung gefördert, aber auch durch Widerwärtigkeiten und Anfeindungen mancherlei Art darin aufgehalten und gehemmt worden. Am frühesten und am schönsten, begünstigt durch Lage, Freiheit und die Erinnerung an frühere Größe und Macht, ist im Mittelalter das Städtewesen in Italien erblüht. Da glänzten durch Reichthum, Macht und Bildung schon frühzeitig Genua, Mailand, Venedig, Pisa und andere wichtige Städte in Ober- und Unter-Italien. Dieser Glanz und Reichthum der italienischen Städte waren die Früchte des weitausgedehnten Handels, welchen Italien schon im 8. Jahrhundert zu Wasser und zu Lande nach allen Theilen der bekannten Erde entweder selbst trieb oder durch Zwischenhändler vermittelte. Der Weldhandel ruhte im Mittelalter zumeist in der Hand der italienischen Städte.

Durch die Kreuzzüge wurden dem Völkerverkehre neue Bahnen und neue Quellen des Reichthumes erschlossen. Im Binnenlande Europa's, auch in überseeischen Ländern, namentlich unter der Frankenherrschaft im Morgenlande [2]), errichteten die Italiener Handelsniederlassungen, Comtoirs, Commanditen und beherrschten durch ihren Reichthum, durch ihre Geschicklichkeit und durch die ihnen ertheilten Handelsprivilegien viele Jahrhunderte hindurch den Markt der Welt [3]). Im eigenen Lande bildeten die italienischen Kaufleute besondere Innungen, die schon frühzeitig zu großem politischen Ansehn [4]) gelangten, und an deren Spitze

1) Scaccia l. c. § 1 qu. 6 n 1 sq. Cambium pecuniae cum pecunia introductum est a jure gentium. Cambium fuit inventum ex necessitate, quoniam numismata sunt inter se diversa. Raphael de Turri l. c. disp. I. qu. 4. n. 29. Marquard, Tract. politico-juridicus de jure mercatorum et commerciorum (Francof. 1662) lib. II. cap. 12 No. 9. Introduxerunt jus gentium et necessitas cambia Franck l. c. Prolegom tit. II. §. 2. Auctorem vero aetatemque inventionis (cambii) nemo ad liquidum deduxerit, sed omnia fallacibus conjecturis nituntur. Hedler, Positiones de orig camb. 1734 bei Besecke, thes. p. 62 Cambia definire quo tempore primum esse coeperint et quis eorum fuerit auctor constituere, negotium est difficile ac perarduum, imo impossibile. Cambia introduxisse dicitur jus gentium. Introduxit cambia necessitas, cum enim numismata essent varia §. 1. 6 sq — Siegel, Einleitung zum Wechselrecht. §. VII. Weißegger von Weißeneck, Theorie eines Allgem. Wechselrechts (Freiburg 1818) §. 6. Liebe, Entwurf einer Wechselordnung (Braunschweig 1843) S. 30. (Liebe), Wechselordnung (Leipzig 1848) Einleit. S. XVIII. Biener a. a. O. S. 1. 354. 427. Kuntze a. a. O. S. 128. 143. Einert, im Archiv für deutsches Wechselrecht. Bd. I. S. 3. Kheil a. a. O. S. 8 ff.

2) So erhielten die Genueser durch Traktate mit Boemund (1098) für Antiochien und mit Balduin für Jerusalem Handelsprivilegien und Jurisdiction. Biener a. a. O. S. 16.

3) Martens a. a. O. S. 12. 52. Biener a. a. O. S. 15. 16.

4) Schon im 12. Jahrhundert hatten die Consules mercatorum in Bologna Antheil am Stadtregiment und werden in manchen Staatsverträgen als Vertreter der Staatsgewalt aufgeführt. Biener a. a. O. S. 6. 12. 47. Pardessus, Collection des lois maritimes antérieures (Paris 1828.) Introduction.

Vorsteher, Consules mercatorum, ausgerüstet mit hohem Einflusse und eigener Jurisdiktion in allen Handelsangelegenheiten der Mitglieder, standen [5]).

Eine andere, nicht minder wichtige und angesehene Korporation, societas artium, war in Italien die Innung der Kampsoren, campsores, hervorgerufen durch die Verhältnisse der Zeit und des Handels. Die Messen [6]), — in ihren ersten Anfängen zum Theil unbedeutende Jahrmärkte, aber im Laufe der Zeit durch verkehrsfreundliche Privilegien beschützt und gehoben, — bildeten im Mittelalter den Centralpunkt des Handels und des Geldverkehrs; dorthin wurden, — mit jetzt kaum denkbarem Aufwande an Kosten, Kräften und Zeit, gegen die Unbilden einer rohen Zeit kümmerlich geschützt durch das landesherrliche Geleit [7]), — die Erzeugnisse aller Länder zu bestimmten Zeiten gebracht und zum Verkauf ausgestellt; dort fanden sich von allen Nationen Käufer und Händler ein. Auch in vielfach anderer Beziehung waren jene großen Vereinigungspunkte des Handels die Stätten, von denen, durch die Berührung der Nationen aller Zonen, Bildung und Civilisation verbreitet wurden. Ausgezeichnet und berühmt als solche Centralpunkte des Völkerverkehrs waren schon frühzeitig die Messen in Frankreich: die foire de St. Denis, welche durch ein Privilegium Dagobert's c. 630 und die foire de St. Laurent, welche im 8. Jahrhundert gegründet wurde; später im 12. Jahrhundert die Champagner Messen, foires de Champagne, zu Troyer, Provins, Laigny, Bar, und, nach deren Erlöschen im 14. Jahrhundert, die Messen zu Lyon und im 16. Jahrhundert, ausschließlich für den Wechselverkehr, die Genuesermessen zu Besançon, später zu Piacenza und Novi [8]). Auch Venedig, Genua, Florenz, Pisa und Amalfi in Italien; Nürnberg, Augsburg, Ulm, Frankfurt am Main und Cöln in Deutschland waren reich durch Handel und blühten als große und wichtige Handelsplätze des Weltverkehrs. Die französischen Messen, ganz besonders die foires de Champagne, hatten durch königliche Ordonnanzen wichtige Privilegien erhalten: die maîtres de foires, custodes nundinarum Campaniae, übten die Jurisdiktion für alle Meßgeschäfte [9]); die Meßschulden waren privilegirt durch Schleunigkeit des Prozeßverfahrens und der Exekution (mandements de foire) [10]), durch ihr Vorrecht vor anderen Schulden [11]) und durch ihre Exemtion von den päpstlichen Zinsenverboten [12]). Erst der nordische Handelsbund, die ruhm- und thatenreiche Hansa (1241), verließ das Handelssystem

5) Martens a. a. O. S. 12. 52. Biener a. a. O. S. 13. 273. Kuntze a. a. O. S. 30. 150.

6) Cum nnndinae in certo aliquo festo, ubi maximus populi concursus fieri solet, haberentur, in eoque Missae sacrificia celebrarentur, factum est, ut ipsae nundinae non minus a feria missae dicerentur. Marquard l. c Lib II. cap. VI. No 63. Scaccia l. c § 1 qu. 1 n. 10. § 2. gl. 4 Gotz a. a. O. S. 10.

7) Eichhorn, Deutsche Staats- und Rechtsgeschichte Bd. 2. §. 312. Anmerk. c.

8) Anderson, Histor. und chronolog. Geschichte des Handels. (Riga 1774.) Fischer, Geschichte des deutschen Handels. (Hannover 1785.) Hüllmann, das Städtewesen des Mittelalters. (Bonn 1826.) Martens a. a. O. S. 36. Biener a. a. O. S. 36. 47. Kuntze a. a. O. S. 130. 148.

9) Scaccia l c. § 2 gl. 4. n. 8 sq Constat hic magistratus ex Consule et ex duobus consiliaribus Jurisdictio hujus magistratus durat tempore nundinarum Martens a. a. O. S. 14. 19. 51. Biener a. a. O. S. 41. Kuntze a. a. O. S. 150.

10) Martens a. a. O. S. 19.

11) Martens a. a. O. S. 19. Bender a. a. O. §. 222. Biener a. a. O. S. 39. Wächter a. a. O. S. 15. Kuntze a. a. O. S. 31.

12) Martens a. a. O. S. 27. 41.

der Messen[13]), errichtete große Stapelplätze, — London, Brügge, Antwerpen, — und beherrschte von dort den Handel Europa's mehrere Jahrhunderte hindurch.

§. 6.

Fortsetzung. Münzwesen. Kampsoren.

Der Handelsverkehr im Mittelalter hatte mit mancherlei Schwierigkeit zu kämpfen. Als Haupthindernisse stellten sich einer raschen Entwickelung entgegen: die schlechte und unsichere Kommunikation, — beschwerliche, gefahrvolle Landwege, Unvollkommenheit der Schifffahrt, — die schlechte Beschaffenheit des Geldes[1]) und der Druck der päpstlichen Wuchergesetze[2]). Eine verbesserte und gesicherte Kommunikation zu Lande und zu Wasser verdankt der Verkehr erst den Fortschritten der neueren Zeit; den Reichthum an Edelmetall den großen Länderentdeckungen in der alten und neuen Welt; die Aufklärung über die zinsbare Nutzung der Gelder aber der Einführung des Römischen Rechts. Viele Jahrhunderte ist der Handel beschädigt und belästigt worden durch die mangelhafte Einrichtung des Münzwesens. Jeder Staat und in diesen, — auf Grund verliehener Privilegien, — viele einzelne Städte prägten ihre eigenen Münzen. Der Mangel an Edelmetall, der Eigennutz der Fürsten und die Gewinnsucht der Münzmeister waren vielfach Veranlassung, daß schlechte und undauerhafte Münzen geprägt, daß die Münzen oft widerrufen und durch andere, oft noch schlechtere, ersetzt wurden[3]). Es gehörten daher besondere Kenntniß und Erfahrung dazu, den Werth der vielen verschiedenen Münzen zu erkennen und gegen einander zu bestimmen, und diese Kenntniß und Erfahrung vereinigten in sich die italienischen Kampsoren, Wechsler, Bankiers[4]) im Mittelalter. Auch sie bildeten besondere Innungen, an deren Spitze, gleich wie bei den Innungen der mercanti, mit besondern Privilegien und mit Jurisdiktion ausgestattet, die consules der cambiatori standen. Um Mitglied dieser hochwichtigen Innung zu werden, bedurfte es besonderer Eigenschaften, der Stellung von Kaution und einer förmlichen Aufnahme[5]). Auch hatten die Handelsbücher der Kampsoren, nach den Statuten einzelner italienischen Innungen, die Eigenschaft der instrumenta publica und ließen eine prompte Exekution zu[6]).

Die Kampsoren folgten in ihren Geschäften den Bahnen, welche der Handel

13) Sartorius, Gesch. des Hanseat. Bundes. (Gottingen 1802.) Pardessus l. c. Martens a. a. O. S. 47. Dedekind, Geschichte der Quellen des Wechselrechts. (Braunschweig 1843.) S. 90.

1) Biener a. a. O. S. 68.

2) Dr Endemann, die Bedeutung der Wucherlehre. (Berlin 1866.)

3) Eichhorn, Deutsche Staats- und Rechtsgeschichte (Gottingen 1821) Thl. II 296.

4) Scaccia gebraucht oft die Bezeichnung „bancherius" §. 1. qu. 5. n 24. p. 115, §. 1 qu. 7 p. 160. Campsores vocantur ii, qui paratas habebant pecunias ad permutandum, minores pro majoribus, et vice versa, majores pro minoribus, servata permutationis aequalitate. l c §. 1. qu. 3. p. 5. Dicuntur campsores a verbo antiquo, campso, camsus, quod hodie dicimus cambio vel permutato l. c. n. 6. Dicuntur bancherii a Banco, quod Italis idem est quod Tavola s. tabula, mensa, super quibus pecuniae mumerantur. Marquard l. c. Lib. II. cap. 12 No. 12. Bender a. a. O. §. 223. Renaud a. a. O. §. 2.

5) Marquard l. c. Lib. III. cap VI. Martens a. a. O. S. 22. Anh. S. 112. Biener a. a. O. S. 12.

6) Martens a. a. O. Anh. S. 18, 56. Biener a. a. O. S. 27. Kuntze a. a. O. S. 30. 150.

eingeschlagen hatte; besuchten Meßplätze; gründeten dort und an anderen bedeutenden Handelsplätzen Niederlassungen [7]) und vermittelten durch ihre weitverzweigten Verbindungen und durch ihren Geldreichthum den Verkehr und die Geschäfte des Handels. Das Band der nationalen und genossenschaftlichen Zusammengehörigkeit, welches die Mitglieder der beiden wichtigen Innungen der mercatori und cambiatori in ihrer Heimath umschlang, vereinigte dieselben auch in der Fremde an den Orten ihrer Niederlassungen. Sie bildeten dort Landsmannschaft, nationes, verpflanzten Gewohnheit und Gesetz [8]), consuetudo mercantiae, aus ihrer Heimath in die Fremde und übten durch ihre Vorsteher, unter dem Schutze ertheilter Privilegien [9]), in den Handelsstreitigkeiten der Mitglieder und auch Fremder die Konsular-Jurisdiktion [10]).

Die Hauptgeschäfte der Kampsoren bestanden nicht allein in dem, mit hohem Aufgelde vorgenommenen Wechseln des Geldes, d. h. dem Umtausche der Münzsorten gegen einander, cambium minutum, manuale, cambium sine literis [11]), sondern auch darin, daß bei ihnen Geld eingezahlt wurde mit dem Auftrage, den Werth desselben an einem anderen Orte wieder auszuzahlen. Bei der Unsicherheit der Geldtransporte und bei den Weiterungen, die aus Zahlungen in fremden, vielleicht nicht beliebten Münzen entstanden, nahmen Reisende, insbesondere Kaufleute, welche zur Messe reisten, ihre Zahlmittel in der Regel nicht baar mit sich, sondern sie zahlten in ihrer Heimath an ein Bankierhaus Gelder und ließen sich auf ein Haus an dem Bestimmungsorte oder Meßplatze Anweisungen ertheilen, und aus gleichem Grunde zahlten die Meßbesucher die eingenommenen Gelder an dem Meßplatze an einen Kampsor, um auf Anweisungen entweder in ihrer Heimath oder an einem dritten Orte den Werth der Einzahlungen zu empfangen [12]). Durch solche Zahlungen wurden auch von den Kaufleuten auf fremde Plätze Zahlungen geleistet und Forderungen von dort eingezogen. Eine gleiche Verwendung der Kampsoren mag stattgefunden haben zu vielfach anderen Zwecken, zur Uebersendung von Geldern (Wechseln) an Studenten [13]), an den

---

7) Das Florentinische Haus Jacopo und Caroccio hatte im Jahre 1348 seine Comtoirs in Avignon, Brügge, Brüssel, Paris, Siena, Perugia, Rom, Neapel, Barletta und Venedig. Martens a. a. O. S. 25.

8) Biener a. a. O S. 43.

9) Martens a. a. O. S. 53 ff. 62. Biener a. a. O. S. 16. 42.

10) Vielleicht der Ursprung der gegenwärtigen Konsuln in fremden Ländern. Martens, Grundriß des Handelsrechts §. 35. Kuntze a. a O. S. 30. 150. Biener a. a. O. S. 75.

11) Primum genus cambii est de pecunia praesenti cum pecunia praesenti, quod ideo solet fieri in uno eodunque loco et regulariter fit pro non magna summa, et ideo vocant cambium minutum, seu manuale. Scaccia l. c §. 1. qu. 5 n 2 29.

12) Cum enim commerciorum, bellorum ac peregrinationum frequentia saepius exigeret, ut quis necessario egeret pecunia in loco dissito ab illo, ubi eam habebat, cujus transportatio vel propter inimicorum latronumve intercedentium rapicitatem erat suspecta vel propter maris inconstantiam infida vel per legem vetita, hinc ad bonum praedictae transportationis consequendum adinventa est commutatio pecuniae absentis cum praesenti. Raphael de Turri l. c. disp. I. qu. 3. n 2. Martens a. a. O. S. 21. Scherer, Handbuch des Wechselrechts (Frankf. a. Main 1800) Einl. S. VIII. Daniels a. a. O. §. 5. Weißegger v. Weißeneck a. a. O. §. 10. Bender a. a. O. §. 219. Mittermaier a. a. O. §. 319. Biener a. a. O. S. 18. Wachter a. a. O. S. 14. Kuntze a. a O. S. 129. 132. Hoffmann im Archiv f. D. WR. Bd. 5. S. 272.

13) Unter den ältesten Wechseln befinden sich Studentenwechsel.

Pabst, welcher vielfach Gelder aus den Ländern der Christenheit [14]) bezog, und in großem Maßstabe für die unermeßlichen Bedürfnisse des christlichen Heeres im Morgenlande. Auch waren die Kampsoren die Darleiher der Regierungen, wozu sie theilweise nur dadurch in den Stand gesetzt wurden, daß man ihnen Gelder gegen Verzinsung oder gegen Theilnahme an den Vortheilen des Geschäfts anvertraute, accommenda [15]), (daher wohl die sociétés en commandite), auch deposita [16]) genannt. Anfänglich mögen, wie das in der Natur des Geldverkehrs liegt, solche Anweisungen nur auf Kommanditen oder befreundete Wechselhäuser gezogen worden sein, von denen man eine pünktliche Realisirung hoffen durfte, bis endlich der erweiterte Verkehr und die dadurch vermehrte Handelsbekanntschaft gut accredirten Häusern es gestatteten, auch auf fremde Häuser ihre Anweisungen zu stellen [17]).

Der Geldverkehr lag fast ausschließlich in den Händen der Kampsoren, welche oft zu gegründeten Klagen über Bedrückung, hohe Zinsen und Wucher Veranlassung gaben, so daß man sie cani Lombardi [18]) nannte und der Magistrat zu Florenz im Jahre 1420 befahl, daß sie nicht mehr als 25 Prozent nehmen sollten [19]). Es mögen daher auch die Wechsel vielfach dazu benuzt worden sein, um die canonischen Wuchergesetze, Zinsenverbote, zu umgehen, wie ja der eigene Wechsel und die sogenannten cambia con la ricorsa meist nur Erfindung der Kampsoren zur Verdeckung zinstragender Darlehne waren [20]).

§. 7.

Fortsetzung. Der Ursprung des Wechsels.

In der ersten Zeit der Entwickelung dieses Verkehrs mit Anweisungen machte sich noch immer der Gedanke geltend, daß die Anweisung aus dem Handwechsel hervorgegangen, eine Nachbildung des letzteren sei, und daß die schriftliche An-

14) Es existirt eine Quittung des Papstes Gregor's IX. v. Jahre 1235 über den Empfang von Geldern durch einen Kampsor aus den verschiedenen christlichen Ländern, und König Eduard I. von England befahl im Jahre 1307, die dem Papste schuldigen Gelder nicht baar, sondern per viam cambii zu übersenden. Büsch, Ursprung des Wechselrechts, Handelsbibliothek Bd. I. S. 414. Martens a. a. O. S. 24. Biener a. a. O. S. 30. Die Päpste hatten mitunter ihre eigenen Kampsoren, campsores nostri, nostrae camerae mercatores Martens, Grundriß des Handelsrechts §. 35. Biener a. a. O. S. 67.

15) Martens a. a. O. S. 27, Anh. S. 18. Biener a. a. O. S. 21.

16) Wahrscheinlich von dem röm. depositum irregulare so benannt. Martens, Grundriß des Handelsrechts §. 17. Glück, Erläut. der Pand. B. XV. S. 154. Mittermaier a. a. O. §. 562. Bender a. a. O. §. 383. Anmerk. h.

17) Biener a. a. O. S. 386.

18) Unter Lombarden verstand man auch die Florentiner, auch italienische Kaufleute überhaupt.

19) Martens a. a. O. S. 27. S. 40. A.

20) Dr. Endemann a. a. O. S. 28 sagt richtig: „So wuchs namentlich auch der Wechsel empor, in dessen Geschichte das Eine in der Regel übersehen wird, wie viel zu seiner Ausbreitung und juristischen Konstruktion die Wucherlehre beigetragen hat. Aber so viel leuchtet wohl einem Jeden ein, daß, wenn es möglich wurde, den Diskontogewinn des Wechselverkehrs zu rechtfertigen, dem Gelde hier ein Anreiz gegeben war, der ihm sonst fehlte. Kein Wunder, daß sich das Kapital, dem der ordentliche Zins verwehrt wurde, in breiten Strömen in das Wechselgeschaft ergoß und dort zur Vergeltung des ihm angethanen Zwanges ein Institut groß zog, welches nicht nur mit am meisten dazu beigetragen hat, den canonischen Glauben von dem Wesen des Geldes zu erschüttern, sondern auch dem scheinbar integrirendsten Vorrecht der höchsten Gewalt, dem Münzrecht, als Privatgeld heut zu Tage die wirksamste Konkurrenz macht."

weisung den Tausch der am dritten Orte zahlbaren Summe, pecuniae absentis, ebenso vermittele, wie der Handwechsel den Tausch gegenwärtiger Münzen bezwecke. Wie daher bei dem Handwechsel zwei, bezüglich der Münzsorten verschiedene Summen, die gegebene und die eingewechselte, konkurrirten und aus Hand in Hand gingen (numerare de manu in manum), so sah man auch die von den Kampsoren ertheilte Anweisung als eine Art Tausch an, und erachtete es als ein nothwendiges Erforderniß, daß zwei Geldbeträge, die gezahlte und die angewiesene, sich gegenüber standen, und daß bezüglich dieser Summe eine Verschiedenheit der Münzsorten, diversitas pecuniae, obwaltete. Man nannte daher eine solche Anweisung im Gegensatze zu dem Geldtausche, dem cambium manuale und cambium sine literis[1]), und doch auch wieder, um ihre Verwandtschaft mit dem Geldtausche anzudeuten, cambium per literas[2]), cambium reale[3]), bei welchem Geld eingezahlt wurde, dessen Werth an einem anderen Orte, in der Regel in anderer Münzsorte, wieder empfangen wurde, und sah das durch die Anweisung realisirte Geschäft, seinem Grunde nach, als einen Tausch von Münzen an (commutatio pecuniae absentis pro praesenti). Aus dieser Auffassung folgte von selbst, daß der an den Aussteller der Anweisung gezahlte Werth Geld sein mußte und nicht in Waaren[4]) bestehen oder kreditirt werden durfte und ebenso, daß die Anweisung das Bekenntniß, jenen Werthbetrag (valuta) erhalten zu haben, enthalten mußte. Denn diese Zahlung der Valuta war die Erfüllung des fingirten Tausches von Seiten des Nehmers der Anweisung, während der Aussteller die Gegenleistung in einer bestimmten Münzsorte an einem dritten Orte versprach. Das Valuta-Bekenntniß in dieser Anweisung ist daher das karakteristische Kennzeichen des durch die Anweisung vermittelten Tausches, sowie der rechtliche Grund zur Garantieleistung Seitens des Ausstellers der Anweisung[5]). Die älteren Wechsel, welche uns überliefert sind, geben die Summe und die Münzsorte, worin die Valuta entrichtet ist, genau an, zuweilen selbst den Kurs, zu welchem die empfangene und auszuzahlende Summe berechnet worden ist. Auch hielt man sich so streng an den ursprünglichen Zweck der Anweisungen, welcher darauf gerichtet war, zwischen entfernten Orten, de loco in locum, einen Geld-

---

1) Scaccia l. c §. 1. qu 5. n. 2. 3; §. 6. n. 1. Quo nummi in continenti apud mensam permutantur. Heineccius l. c. c. I. § 4.

2) Secundum genus est cambium, quod fit de pecunia praesenti cum pecunia absenti, ideoque cum fiat de loco ad locum, fit per literas, et hinc vocatur cambium per literas. Scaccia l c §. 1. qu 5 n 3. Raphael de Turri l c disp I. qu. 3. n. 2 Cambium locale, mercantile vel trajectitium, quod pluribus locis per tesseras collybisticas vel literas cambiales solet explicari per personas, vel publica vel privata auctoritate negotiantes Heineccius l. c. §. 5. Biener a. a. O. S. 71, 85. Kuntze a. a. O. S. 130.

3) Ueber die verschiedene Bedeutung von „cambium reale" Nicolai de Passeribus l. c. lib. 3 qu. 40 n. 19 sqq. In cambiis realibus fit permutatio monetarum diversorum generum, et in diversis semper locis Marquard l. c. lib. II. cap 12. No. 41

4) Cambium datis mercibus pro pecunia non est licitum Scaccia l. c. §. 1 qu. 7. pars 3. limitat. 19 und § 2. gl. 8 n. 19. Erst im 17. Jahrhundert, nachdem die Wechselgeschäfte nicht mehr ein Monopol der Kampsoren waren, sondern auch von den Waarenhändlern, Kaufleuten, betrieben wurden, entstand der Gebrauch, die Valuta als „in Waaren bezahlt", „Werth in Waaren empfangen", zu bezeichnen. Martens, Ursprung S. 62. Biener a. a. O. 179. 223. Derselbe im Arch. f. D. WR. Bd. 5. S. 241.

5) Biener a. a. O. S. 68. 72. 106. 223. Derselbe im Arch. f. D. W.R. Bd. 5. S. 241. Kuntze a. a. O. S. 34. 159. 176.

tausch vorzunehmen, daß die Verschiedenheit des Ortes der Ausstellung und der Zahlung (distantia loci) lange Zeit als ein nothwendiges Requisit der Anweisung angesehen wurde [6]). Diese schriftliche Anweisung auf Zahlung einer bestimmten Summe an einem dritten Orte, in anderer Münzsorte, mit dem Bekenntnisse der erhaltenen Valuta, mit anderen Worten: die Anweisung nach Auswärts mit Umtausch der Valuta und dem Valutenbekenntnisse ist der Wechsel des Mittelalters, der eigentliche Urwechsel, der im Laufe der Zeit, nach dem Bedürfnisse des Handelsstandes, in formeller und materieller Beziehung, seine Ausbildung erhalten hat. Daher nannte man das Geschäft oder auch die Urkunde, welche den Distanztausch der Summen vermittelte, cambium, Wechsel. Es war aus einem Lokalakte, dem Handwechsel, ein Distanzakt [7]), die auf einen anderen Ort gezogene Anweisung entstanden. Auch Kuntze [8]) verkennt nicht die Aehnlichkeit der von den Kampsoren ausgestellten Anweisungen nach Auswärts mit den Wechselbriefen, giebt vielmehr zu, daß die ersteren, in Form und Inhalt, den letzteren ganz nahe kommen, und daß der Wechsel eine vom Wechsler auf Grund empfangener Valuta ausgestellte Anweisung auf Zahlung einer entsprechenden Summe Geldes sei; allein er meint, daß sich der Wechsel doch wesentlich von der Anweisung durch die Garantiepflicht des Ausstellers unterscheide. Kuntze sucht daher den geschichtlichen Uebergang von dem Handwechsel zu dem Wechselbriefe und das karakteristische Element des Wechsels nicht in der Form der Anweisung, sondern in der historischen Thatsache, daß die Wechsler an den entfernten Handelsplätzen ihre Kommanditen hatten und durch diese, gleichsam in Vertretung ihrer eigenen Persönlichkeit, den durch Empfang der Valuta eingeleiteten Geldtausch mit dem in der Regel persönlich zureisenden Wechselnehmer realisiren ließen. Wie bei dem Handwechsel der Kampsor mit der einen Hand die Valuta erhalte und deren Werth mit der anderen Hand auf den Tisch zahle, so sei die Tratte ein Distanz-Geldtausch, nemlich Empfang der Valuta von Seiten des Wechslers und Erstattung am dritten Orte durch dessen alter ego, dessen Kompagnon oder Geschäftsfreund. Der Wechsel sei daher in seiner rechtlichen Auffassung keine Anweisung; derselbe finde vielmehr seine rechtliche und historische Begründung und Deutung ausschließlich in dem fingirten Tausche durch Vermittelung des Kommanditenwechsels. Nur das Kommanditenverhältniß, die Personen-Einheit des Ausstellers und des Bezogenen, nicht die rechtliche Eigenschaft der Anweisungsform gewähre einen festen Boden und klare Gesichtspunkte für die weitere Entwickelung des Wechselinstitutes und erkläre die wesentlichsten Erscheinungen im Wechselrechte, als: a) die späte Ausbildung des Accepts, — denn bei der Anweisung an eine, in Personeneinheit stehende Kommandite habe es einer besonderen Acceptation nicht so nothwendig bedurft [9]); b) die das Fundament des Wechselverkehrs bil-

6) Gezogene Wechsel auf denselben Ort, Platzwechsel, waren, als den kirchlichen Zinsverboten zuwider, verboten und nur gestattet, bei einer Ortsverschiedenheit ein Agio, einen Wechselgewinn zu nehmen. Scaccia l. c. §. 1. qu. 7 pars III. limit. XI seq.

7) Kuntze a. a. O. S. 130.

8) a. a. O. S. 131. 134. Derselbe im Arch. f. D. W.R. Bd. 11. S. 129.

9) Kuntze a. a. O. S. 135.

dende Garantiepflicht des Ausstellers, — denn bei dem Kommanditenwechsel sei der Aussteller durch die erhaltene Valuta ebenso verhaftet für die Zahlung am dritten Orte, wie bei dem Handwechsel der Empfänger der Tauschsumme zur Gegenleistung —; c) die Unstatthaftigkeit der Kontreordre, denn die Auszahlung am dritten Orte sei durch den Valutenempfang eine unzweifelhafte Pflicht geworden; d) die strenge Verhaftung des Acceptanten, denn der Acceptant werde als Vertreter des Ausstellers und mit letzterem als identifizirt gedacht.

Nach Kuntze unterscheidet sich die historische Ausbildung des Wechsels nach drei Perioden. Die älteste Gestalt des Wechselbriefes, der Kommanditenwechsel, umfaßt die Zeit von 1250—1450; in der Periode von 1450—1650 ist überwiegend der Meßwechsel, und in der Periode von 1650—1805 bildet sich der Ordrewechsel aus. Es kann nun allerdings die historische Thatsache nicht geleugnet werden, daß die Tratte ursprünglich als ein Tausch von Geld um Geld nach Auswärts angesehen worden ist, und ebenso wenig kann die Wichtigkeit der Kommanditen für die Erfindung und die Ausbildung des Wechsels in Abrede gestellt werden; allein dem Institute der Kommanditen die rechtliche und merkantile Entwickelung des Wechsels ausschließlich zuzuschreiben, dagegen spricht schon der Umstand, daß der Wechsel allmählig und sehr langsam sich ausgebildet hat, daß er ein Erzeugniß des Bedürfnisses, der Erfahrung und der Autonomie des Handelsstandes ist und daher nicht angenommen werden kann, daß dem Wechsel bei der Entstehung und dem ersten Gebrauche sofort eine bestimmte Rechtstheorie, am allerwenigsten die in ihrer Durchführung sehr künstliche Idee des Kommanditverhältnisses und der dadurch begründeten Person-Identität des Ausstellers und Bezogenen zum Grunde gelegen hat. Denn wie wichtig auch das historische Studium [10]) für das Verständniß der Wechsellehre ist, so scheint es doch eine, — zwar anerkennenswerthe, — aber vergebliche Mühe zu sein, den historischen und rechtlichen Gesichtspunkt aufzusuchen und festzustellen, von welchem aus alle Eigenthümlichkeiten und Erscheinungen des Wechsels erklärt und hergeleitet werden könnten. Der Wechsel, auf der Sitte, der Uebung und der Autonomie des italienischen Handelsstandes ruhend, ist lange Zeit im Gebrauche gewesen, bevor man der rechtlichen Stellung der, bei dem Geschäfte konkurrirenden Personen und der Natur des Wechselbriefes überhaupt sich bewußt gewesen ist. Es liegt in der Eigenthümlichkeit dieser Rechtsquelle, daß das objektive Recht, die äußere Erscheinung der gleichmäßigen Rechtsbefolgung, älter ist, als die Theorie des Rechts in ihrer wissenschaftlichen und abstrakten Begründung. Und so ist man auch sicher erst nach langer Uebung, allmählig, angeregt durch einzelne Streitfälle, auf das Wesen und die rechtliche Natur des Wechsels hingeführt, — ja man hat, weil im Interesse des Verkehrs liegend, Eigenschaften mit dem Wechsel verbunden, die, wenn auch seinem Wesen nicht widersprechend, demselben doch von vorn herein fremd gewesen sind. Und wenn nun ein, in dogmatischen und historischen Dingen nicht sehr bewanderter Geschäftsmann, vielleicht durch einen besonderen Streitfall darauf hingewiesen, über die Natur des Wechsels und seine Rechtsfol-

10) Einert im Arch. f. D. W.R. Bd. 1. S. 3.

gen nachgedacht hat, so wird er dieselben nach der Idee der Anweisung, welcher, nach Kuntze's[11]) eigenen Worten, die Tratte in Inhalt und Form ganz nahe kommt, und die, ihrem rechtlichen Wesen und praktischen Folgen nach, auch dem Laien nicht unverständlich ist, — sicher eher, als aus dem rechtlichen Verhältnisse der Kommanditen, aus der Personen-Einheit des Ausstellers und des Bezogenen, beurtheilt und bemessen haben.

Sonach scheint der Ansicht Biener's, welcher den Wechsel, in Form und rechtlicher Eigenthümlichkeit, aus den Anweisungen der italienischen Kampsoren herleitet, die Geschichte und die Natürlichkeit der Entstehungsweise zur Seite zu stehen.

§. 8.

Fortsetzung. Meßwechsel.

Daß der Ursprung des Wechsels in Italien zu suchen ist, darin stimmen die meisten und die bewährtesten Schriftsteller[1]) überein. Die ältesten, uns bekannten Wechsel sind in Italien gefunden; die ersten Schriftsteller über Wechselrecht: Rolandinus[2]), Baldus[3]), Thomas de Vio[4]), Fabianus de Genua[5]), Scaccia[6]) und Raphael de Turri[7]) sind Italiener; die meisten Kunstausdrücke, z. B. Tratte, Rimesse, Giro, Scontro u. s. w., sind der italienischen Sprache entlehnt, und in Italien ist der Wechselverkehr am frühesten verbreitet gewesen[8]).

Martens[9]) verlegt den Ursprung der Wechsel auf die Messen. Nach ihm sind die Meßwechsel die ältesten Wechsel gewesen und die Außer-Meßwechsel, wenn gleich in nicht viel späterer Zeit, jenen erst nachgebildet worden. Der alte Genuesische Wechselschriftsteller Raphael de Turri[10]) lehrt dagegen, daß der Meßwechsel erst später, als der gewöhnliche Wechsel, entstanden sei, indem Baldus in seinen Konsilien, aus der Mitte des 14. Jahrhunderts, und selbst spätere Schriftsteller, wie Laurentinus Rodulfinus (1404), Ambrosius de Vignate (1460), Hieronymus de Luca (1517), noch nicht von Meßwechseln handelten, obgleich die Messen, namentlich in Frankreich, damals schon in großer Blüthe

11) a. a. O. S. 131.

1) Martens a. a. O. S. 36. 45. v. Weißeneck a. a. O. §. 15. Biener a. a. O. S. 68. Dedekind, Vergangenheit 2c. S. 1. Kuntze a. a. O. S. 29. 128.

2) Summa artis notariae. † 1300.

3) † 1400 und war advocatus artis mercatorum in Perugia. Er hat zwei Konsilien über den Wechsel geschrieben.

4) Er schrieb de cambiis 1499, abgedruckt im Tract. tractatuum universi juris. Venet. 1581 Tom VI. p. 407.

5) Tract. de cambiis 1540.

6) De commerciis et cambio. Colon. 1619.

7) Tractatus de cambiis. Gen. 1641.

8) Die von Pegolotti, Faktor der bedeutenden florentinischen Handlungsgesellschaft der Bardi, und Uzzano mitgetheilten Notizen ergeben, daß schon in der ersten Hälfte des 14. Jahrhunderts die italienischen Wechselverbindungen über ganz Europa sich ausdehnten und daß zwischen Florenz, Genua, Neapel, Brügge ein fester Wechselusо galt. Martens a. a. O. S. 48. Anh. S. 2 ff. Biener a. a. O. S. 74. Kuntze a. a. O. S. 31. 145.

9) a. a. O. S. 28 ff. 36. 45 ff. Martens, Grundriß des Handelsrechts §. 54. 56. Ihm schließt sich Bender a. a. O. §. 223 an. Biener a. a. O. S. 9 ff. und Kuntze a. a. O. S. 167 und Arch. f. D. W.R. Bd. 11. S. 128 sind entgegengesetzter Ansicht.

10) l. c. disp. I. qu. 4. n. 19 seq.

standen[11]). Wenn man nun auch dem Zeugnisse Raphael de Turri's nicht unbedingten Glauben beimessen mag, so ist doch soviel gewiß, daß der Meßwechsel erst in einer viel späteren Zeit zur Herrschaft gelangt ist. Das Alter des Wechsels überhaupt, und des Meßwechsels insbesondere, ist bei der Mangelhaftigkeit der Quellen, welche das Mittelalter uns überliefert hat, zwar schwer zu bestimmen; allein der Handel, durch welchen der Wechsel hervorgerufen worden ist, war in Italien schon im 8. Jahrhundert sehr bedeutend und andere Länder weit überflügelnd[12]). Einzelne Städte Italiens, durch Fleiß, Freiheit und Reichthum zu Glanz und Ruhm gelangt, standen mit allen Handelsregionen der Welt schon frühzeitig in einem lebhaften, durch die Kreuzzüge noch erhöhten, Verkehre. Die Messen dagegen haben erst in späterer Zeit, im 12. Jahrhundert, überwiegenden merkantilischen Einfluß erlangt und standen im 16. Jahrhundert für den Wechselverkehr in Lyon und Besançon in ihrer höchsten Blüthe[13]). Dagegen ist der Gebrauch des Wechsels in Italien sicher ein älterer, und man hat Grund, anzunehmen, daß schon vor den Messen der Wechsel von den Kampsoren zur Vermittelung von Geldsendungen nach Auswärts benutzt wurde. Florenz[14]) hatte bereits 1339 ein sehr ausgedehntes Wechselgeschäft, indem es nach Rhodus, Cypern, Konstantinopel, Tunis wechselte. Auch Genua stand in Lebhaftigkeit des Wechselverkehres nicht zurück, und es ist daher wohl die Annahme gerechtfertigt, daß der Wechsel Jahrhunderte habe im Gebrauche sein müssen, bevor er der Gegenstand eines so ausgebreiteten und befestigten Verkehres habe werden können. Auch ergeben die Mittheilungen von Pegolotti (1339) und Uzzano (1442) nicht, daß der, ganz Europa umfassende Wechselverkehr der Italiener in ausschließlicher Verbindung mit den Meßplätzen gestanden hat, und außerdem sind die ältesten Wechselbeispiele, welche auf uns gekommen, keine Meßwechsel, sondern Wechsel ohne Bezug auf Messen[15]). Dagegen war der Meßwechsel, cambium ad nundinas et pro feriis, im Mittelalter lange Zeit hindurch, und namentlich während der Blüthe der Messen im 16. Jahrhundert, die wichtigste Wechselform[16]) und wurde erst von den Nicht-Meßwechseln verdrängt, nachdem der Wechselverkehr

11) Kuntze a. a. O. S. 162. 167.

12) Kortüm, die Entstehungs-Geschichte der freistädtischen Bünde im Mittelalter rc. Zürich 1827.

13) Martens a. a. O. S. 36 ff. 51. Lyon und Besançon waren ausschließlich Wechselmessen; Waarenverkehr fand auf ihnen fast gar nicht statt. Kuntze a. a. O. S. 149. Biener a. a. O. S. 47.

14) Martens a. a. O. S. 48 ff. In Florenz war schon 1259 die Kunst des Geldwechselns, ars cambii, in unum integrum corpus gebracht worden, und schon in den Statutis von 1299 befinden sich Verordnungen, welche beweisen, daß das Wechselwesen regelmaßig geführt worden ist. Martens a. a. O. S. 55 und Anhang 81.

15) Scaccia, welcher insbesondere das Genuesische Wechselrecht nach dem Statut von 1589 behandelt, sagt: de consuetudine generali cambia habent executionem paratam, maxime cambia nundinaria. Tract. de commerc. §. 7 gloss. 5 n. 4. p. 462, woraus zu entnehmen, daß die Außer-Meßwechsel schon frühzeitig den Meßwechseln gleich standen, letztere daher keine bevorzugte Stelle einnahmen, was wohl der Fall gewesen sein würde, wenn der Meßwechsel die ältere und bevorzugte Wechselform gewesen wäre.

16) Wie bedeutend der Wechselverkehr auf den Genueser Messen, deren vier jährlich in Piacenza abgehalten wurden, war, geht aus einer statistischen Nachricht Raphael de Turri's, disp. II. qu. 18 n. 25. p. 194, hervor, wonach in den Jahren vor 1624 auf einer einzelnen Messe bis zu 16 Millionen Dukaten bloß durch Wechsel umgesetzt wurden.

nicht mehr ein Monopol der italienischen Kampsoren, sondern durch die erleichterte Form des Indossaments im 17. Jahrhundert, außerhalb der Messen, allen Kaufleuten zugänglich gemacht worden war.

Wenn hiernach nun zwar nicht nachgewiesen werden kann, daß das Wechselinstitut seinen Ursprung ausschließlich auf den Messen gefunden habe, so ist doch soviel außer Zweifel, daß die Messen wesentlich zur Ausbildung und Verbreitung des Wechsels beigetragen haben. Auf den Messen konzentrirten sich Jahrhunderte hindurch Handel und Geldverkehr aller Nationen, und dadurch sind die Messen allerdings die Schule der Erfahrung für den Handelsstand auch in Beziehung auf den Verkehr mit Wechseln geworden.

§. 9.

Der Ursprung des eigenen Wechsels.

Während der Aussteller einer Tratte die Zahlung der Wechselsumme durch einen Dritten verspricht, übernimmt der Aussteller eines eigenen Wechsels die Verpflichtung selbst, die Wechselsumme zu zahlen. Der eigene Wechsel ist, wie die Tratte, aus dem Bedürfnisse des Geldverkehres im Mittelalter hervorgegangen, hat in Italien seinen Ursprung gefunden und ist jeden Falls nicht früher, vielleicht aber gleichzeitig mit der Tratte, entstanden [1]). Meßschulden waren frühzeitig durch die privilèges des foires bevorzugt; ein abgekürztes Proceßverfahren bei den Meß- und Handelsgerichten und eine strenge Exekution durch mandements de foire standen ihnen zur Seite. Es war daher, um den Geschäften der Kaufleute und Kampsoren diese Vortheile zu sichern, üblich, die Verträge vor den Meßbehörden, sous scel de foire, abzuschließen, oder die Erfüllung derselben auf die Messen zu verlegen. Selbst in Wirklichkeit nicht auf den Messen geschlossene Verträge wurden zum Schein daher oft, als auf den Messen geschlossen, bezeichnet. Auch frühzeitig schon hatten die Bücher der Kampsoren öffentlichen Glauben, fides publica, und derselbe wurde auch den, von denselben ausgestellten Scheinen über Darlehne und Deposita beigelegt, so daß aus denselben ein schleuniges Prozeßverfahren vor den Meß- und Handelsgerichten stattfand. Aber die Kampsoren borgten nicht allein Geld und nahmen fremde Gelder, gegen Gewährung bestimmter Vortheile, in Verwahrung, accommenda, deposita, sondern sie suchten auch ihre bedeutenden Fonds durch Darlehne an Regierungen und Privatpersonen zu nutzen und rentabel zu machen. Das canonische Recht [2]) verbot jedoch jedes direkte Zinsversprechen, und wurden daher in Deutschland die Darlehne in der Form von Renten- und Gültenkäufen eingekleidet, — verschleierte Darlehne, — bis durch die Einführung des Römischen Rechts im 16. Jahrhundert und durch die im Handelsverkehre gebildete allgemeine Gewohnheit das Zinsennehmen für erlaubt erklärt wurde [3]). In Italien suchten die geschäfts- und verkehrskundigen

1) Martens, Ursprung §. 13. Derselbe, Grundriß des Handelsrechts §. 58. Bender a. a. O. §§. 226. 382. Püttmann a. a. O. §. 3. Mittermaier a. a. O. Bd. 2. §. 257 halten die eigenen Wechsel für jünger.

2) C. 1. C. 19. qu. 3. cap. 1 4. 6. 8. 10. X de usuris. Böhmer, jus eccles. lib. V. tit. 19.

3) Runde a. a. O. §. 202 ff. Eichhorn, Deutsche Staats- und Rechts-Geschichte Bd. 2.

Kampsoren die kirchlichen Zinsenverbote zu umgehen, indem sie die Schuldscheine über Darlehne, als über Meßschulden, ausstellen ließen, in welchem Falle es nach den päbstlichen Gesetzen und den Meßordnungen erlaubt war, von dem Schuldner ein gewisses Aufgeld, gain de foire, zu erheben, oder indem sie die Rückzahlung der dargeliehenen Summe in einer anderen Münzsorte versprechen ließen, in welchem Falle, wie bei Wechseln, noch außerdem eine Provision erhoben werden konnte. Ein solcher Schuldschein enthielt einen fingirten Geldtausch und wurde als über ein „cambium" lautend bezeichnet [4]). Die Kirche erklärte diese fingirten Wechselgeschäfte aber für unerlaubt; sie wurden von den Päbsten Pius IV. (1560) und Pius V. (1570) verboten und noch von dem Pabste Benedict XIV. in seinem Werke de synodo dioeces. (1747) gemißbilligt. Diese Wechsel, ursprünglich zur Verdeckung von Darlehnen benutzt, später aber auch zu vielfach anderen Verkehrszwecken verwendet, waren zwar im Gebrauche, aber der kirchlichen Ungunst wegen wenig beliebt und hießen zum Unterschiede von den wahren Wechseln, den cambia realia, die de loco in locum gezogen wurden, cambia sicca, mortua, obliqua, und, weil sie nicht zum Versenden bestimmt waren, sondern bei dem Gläubiger liegen blieben, cambia sine literis, eigene, trockene, uneigentliche, Sola-Wechsel [5]). Der Erfindungsgeist der Lombarden suchte die Verbote der Kirche zu umgehen, indem er die, im Verkehre wenig beliebten eigenen Wechsel in die Form des de loco in locum gezogenen Wechsels einkleidete und die sog. cambia con la ricorsa in den Verkehr brachte, in welchen der Darlehnsempfänger auf seinen Gläubiger trassirte und ihn anwies, an einem dritten Orte an sich selbst zu zahlen, dieser der Anweisung scheinbar nachkam und über die Wechselsumme und Provision einen Rückwechsel auf seinen Schuldner zog [6]). Später hat der eigene Wechsel durch die Macht der kaufmännischen Gewohnheit gesetzliche Anerkennung gefunden, und schon die Frankfurter Wechselord. v. 1675 handelt von Wechseln, die einer auf sich selbst zieht, die „zu eigenen Lasten" lauten. Auch in Frankreich ist der eigene Wechsel in der Ordonnance pour le comm. v. 1673 als eine besondere Wechselart anerkannt, während der Code de comm. denselben nur als billet à ordre gelten läßt. Die Allgem. Deutsche Wech-

§. 361 ff. 377. Bd. 3. §. 450. Bd. 4. §. 473. Derselbe, Einleitung in das Deutsche Privatrecht §. 107 ff. Mittermaier a. a. O. Bd. 2. §. 275. 283. 562. Arndts a. a. O. §. 210. Dr Endemann, Bedeutung der Wucherlehre. Berlin 1866.

4) Martens, Ursprung §. 13. Derselbe, Grundriß des Handelsrechts §. 58. Bender a. a. O. §. 226. Biener a. a. O. §. 97. 207. Derselbe im Arch. f. D. W.R. Bd. 6. S. 5 ff. Endemann a. a. O. S. 28.

5) Scaccia l c. qu. 7. n. 19. Raphael de Turri l. c. disp. 1. qu 5. 29, disp. 2. qu. 24. Schon Baldus, Cons II. 436 (Ausg. 1491) sagt: cambia sicca non sunt cambium, sed mutuum usuratum. Nic. de Passeribus in tract. de scrip. priv. Lib. III. qu XL. n. 6. 7. Dicitur siccum, quia debitae justitiae speciem non habet, sed fingitur, cum si mere mutuum sub usura factum. Ludovici l. c. cap. IV. § 91. Franck l. c lib. II sect. 1. tit. 8. §. 1 seq. Heineccius l. c. cap. II. § 20 seq. Riccius l c. exerc IV. §. 104. Siegel, Einleitung rc. §. XI Püttmann a. a. O. §. 3. Bender a. a. O. §. 226. 393. Treitschke, Encyclopädie der Wechselrechte. Leipzig 1831. Bd. 1. S. 368. Einert, Wechselr. S. 23. 465 f. Biener a. a. O. S. 94. 105. Kuntze a. a. O. S. 53. 157.

6) Scaccia l. c. §. 1. qu. 5. n. 83 seq Martens, Ursprung S. 43. Daniels a. a. O. S. 116. Bender a. a. O. §. 393. Mittermaier a. a. O. Bd. 2. §. 357. Biener a. a. O. S. 97. Wächter a. a. O. §. 216. Kuntze a. a. O. S. 157.

selordnung[7]) hat den eigenen Wechsel anerkannt und ihn in rechtlicher Beziehung im Ganzen der Tratte gleich gestellt, obgleich er in dem großen Verkehre wenig beliebt und zum Wandern auch heute nicht geeignet ist.

§. 10.

Die Verbreitung des Wechsels.

Der Verkehr der italienischen Kaufleute und Wechsler auf den französischen Messen war ein sehr lebhafter. Die Champagner Messen im 12. Jahrhundert und, nach ihrem Verfalle, die Messen zu Lyon im 14. Jahrhundert und zu Besançon im 16. Jahrhundert wurden von ihm beherrscht. Die Kampsoren gründeten an den Meßplätzen Niederlassungen und waren schon im Jahre 1278 auf den Champagner Messen mit besonderen Meßprivilegien versehen. Durch diesen lebhaften Verkehr der Italiener, — Genueser, Florentiner und Venetianer —, auf den großen Handelsplätzen Frankreichs wurde das italienische Wechselinstitut frühzeitig nach Frankreich verpflanzt, und Pegolotti bezeugt, daß bereits im Jahre 1339 die Florentiner alle ihre Wechsel auf Frankreich, Flandern und England über die Champagnermessen gehen ließen[1]).

Die durch Niederlassungen befestigten Handelsverbindungen der Italiener mit den Küstenländern des mittelländischen Meeres brachten die Kenntniß des Wechselinstitutes auch nach Afrika, Asien und Spanien. Florenz, einer der bedeutendsten Wechselplätze und ein Mittelpunkt des Wechselverkehrs, hatte schon 1339 einen lebhaften Wechselverkehr mit Rhodus, Cypern, Konstantinopel und Tunis. Der Magistrat zu Barcelona erließ schon im Jahre 1394 eine Verordnung über die Form des Accepts[2]), woraus zu entnehmen ist, daß das Wechselinstitut schon viel früher in dem Küstenlande Catalonien bekannt gewesen ist. Auch die durch bürgerliche Freiheit zu Glück und Reichthum herrlich erblühten Provinzen der Niederlande lernten durch die Verbindung mit Frankreich und durch den Handelsverkehr mit Italien frühzeitig den Wechsel kennen. Brügge, Gent, Brabant, Flandern, Antwerpen waren reich durch Handel und Gewerbfleiß und der Mittelpunkt des italienischen Handelsverkehrs im Mittelalter. Auch die Hanseaten besuchten die Märkte Brabant's, Burgund's und wurden glückliche Nebenbuhler der Lombarden[3]). Auch in Deutschland erblühte im Mittelalter, trotz mancherlei Unbilde, das Städtewesen und mit ihm die Liebe für Kunst, Handel und Gewerbe. Es glänzten Cöln am Rhein, — ein Hauptort des Hanseatischen Bundes, — und Frankfurt am Main, Augsburg, Ulm und Nürnberg, als wichtige Plätze für den nord- und südeuropäischen Handelsverkehr. Und dennoch hat Deutschland, wel-

---

7) Art. 96.

1) Martens a. a. O. S. 37, Anh. S. 2. Biener a. a. O. S. 47. Kuntze a. a. O. S. 148.

2) Martens a. a. O., Anh. S. 106. Biener a. a. O. S. 274.

3) Herzog Johann von Brabant gewährt den Hanseaten durch eine Urkunde von 1315 für Antwerpen das Recht: „quod possint cambire et cambia facere cum quibuscunque et solutiones facere et recipere unus cum alio, cum literis et sine literis, prout sibi visum fuerit expedire. Joh. Marquard l. c Anh. p. 289 ff. Dedekind, Geschichte der Quellen S. 90. Kuntze a. a. O. S. 144. Martens a. a. O. S. 63.

ches seit Karl dem Großen (800) bis zum 14. Jahrhundert, und noch später unter Karl V. (1525), durch die zum Theil unglücklichen Römerzüge und auch sonst in enger kirchlicher und politischer Beziehung zu Italien stand, wenn auch sicher Kenntniß von dem, in Italien schon seit dem 12. Jahrhundert im Gebrauche befindlichen Wechselinstitute gehabt, — doch vor dem 16. Jahrhundert keinen selbstständigen Gebrauch davon gemacht. Auch der nordische deutsche Handelsbund, die Hansa, hat ungeachtet seiner Privilegien im Auslande, nur einen beschränkten und mittelbaren Wechselverkehr getrieben [4]).

Der Grund dieser Erscheinung ist in der Eigenthümlichkeit des deutschen Handelsbetriebes, der zumeist Zug um Zug stattfand, in dem Mangel eines Institutes, das, wie die Innung der italienischen Kampsoren, den Wechselverkehr vermittelte [5]), und in dem Umstande zu suchen, daß die italienischen Wechsler nicht in das Innere Deutschlands vorgedrungen sind. In Deutschland lag der Geldhandel zumeist in den Händen der Münzbürger, d. h. der mit dem Schlagen der Münzen privilegirten Bürger. Zuweilen kommt derselbe als selbstständiges Gewerbe vor, das jedoch, ohne genossenschaftlichen Zusammenhang, für den weitverzweigten Verkehr mit Wechseln wenig geeignet war [6]). Es mußten daher in Deutschland die Kaufleute den Verkehr mit Wechseln selbst übernehmen, und daß dieses vor dem 16. Jahrhundert geschehen, läßt sich historisch nicht nachweisen [7]). Der Verkehr der Hanseaten auf den Messen Burgund's und die Verbindung, in welcher der deutsche Handel mit der, von den Italienern beherrschten Messe zu Botzen, einer Grenzstadt in Süd-Tyrol, stand, mögen die Kenntniß des Wechsels allmählich auch in Deutschland verbreitet haben.

Das in Deutschland recipirte Wechselrecht ist das italienische [8]), das jedoch, beim Mangel von Innungsgerichten, von den deutschen, in den Grundsätzen des Römischen Rechts erzogenen, Juristen lange Zeit hindurch seinem Wesen nach nicht erfaßt, vielfach falsch beurtheilt und in seiner Entwickelung aufgehalten worden ist. Die Ausbildung des Wechselrechts gebührt auch in Deutschland, wie überall, dem Handelsstande.

---

4) Martens a. a. O. S. 61. Eichhorn, deutsche Staats- u. Rechtsgeschichte. B. 3. §. 433. Biener a. a. O. §. 279. 292. Kuntze S. 160.

5) Das Gilde- und Innungswesen in Deutschland hat sich erst Ausgangs des 12. oder Anfangs des 13. Jahrhunderts ausgebildet. Eichhorn, Deutsche Staats- und Rechtsgeschichte, Thl. 2. §. 312.

6) Eichhorn, Deutsche Staats- und Rechtsgeschichte Thl. 2. §. 296. Dedekind, Geschichte der Quellen rc. S. 88. Derselbe, Vergangenheit rc. §. 2.

7) Lorenz Meder, Handelsbuch (Nürnberg 1558) bekundet, daß man in Nürnberg schon mit Wechseln bekannt war, und die Wechselordnung für Besançon und Piacenza aus der 2. Hälfte des 16. Jahrhunderts (Siegel, corpus juris) bezeichnet in Artikel 2. als Plätze, wohin von der Messe ab gewechselt wurde, unter andern Coln, Frankfurt. Biener a. a. O. S. 295. Kuntze a. a. O. S. 160. Man hat versucht, schon früher in Deutschland die Existenz des Wechsels nachzuweisen; allein das ist nicht gelungen. Dedekind, Geschichte der Quellen S. 89. 90.

8) Wenn sich auch der überwiegende Einfluß der Italiener auf den Wechselverkehr in Europa mit der verminderten Wichtigkeit der Messen verlor, so äußerte sich derselbe doch in Deutschland noch bis tief in das 18. Jahrhundert. Der Leipziger Courszettel von 1742 ist noch in italienischer Sprache abgefaßt. Siegel, corp. jur. camb. I. S. 52.

§. 11.

Aeltere Wechselbeispiele.

Es sind auf uns aus der ersten Zeit der Entstehung des Wechsels einige Wechselbeispiele gediehen, welche in vielfacher Beziehung von Interesse sind. Biener[1]) und Kuntze[2]) theilen folgende Wechsel mit:

a. vom Jahre 1207[3]) (in deutscher Uebersetzung):

Simon Rossi bancherius (Wechsler) bekennt Lire 34 genuesisch und 32 Denare erhalten zu haben, für welche dessen Bruder Wilhelmus in Palermo dem, welcher gegenwärtigen Schein vorzeigt, 8 Mark guten Silbers auszuzahlen hat.

b. vom Jahre 1270[4]):

Noveritis, me recepisse a tali dante, nomine A. scholaris Bononiae residentis C. libr. Turon., quas promisi per me et meos socios reddere Bononiae praefato scolari, vel tot libras Bononienses, quae tantum valent, habita cambii ratione.

c. vom Jahre 1381[5]):

Im Namen Gottes, Amen. Am 1. Februar 1381 zahlen Sie für diesen Prima-Brief nach Gebrauch (a uso) an Euch selbst 43 Pfund Groschen nemlich als Wechsel für 440 Dukaten, welche ich von Sejus und Comp. erhalten habe. Zahlet sie zur rechten Zeit.

An

Titius. Sempronius.

d. aus dem Jahre 1384:

An den Herrn Antonius Laurentii in Genua für 576 Florin und 21 Genueser Sous. Im Namen Gottes.

Seta am 7. September 1384.

Herr, gegen diesen Prima-Wechsel zahlet 30 Tage nach Sicht an Antonio Grillo 576 Flor. und 21 Genueser Sous; sie sind als Wechsel gegen 303 Lire, 15 und 6 (?) Barcellonen, welche ich empfangen habe Jac. de Barzi, den Florin zu 14 Sous gerechnet; darum ersuche ich Euch, daß Ihr es gut und rechtzeitig thut.

Euer Raimondo Salvador.

---

1) a. a. O. S. 52.

2) a. a. O. S. 137.

3) Mitgetheilt von M. G. Canale, Storia civile commerciale e letteraria dei Genovesi. Vol. III. (Genova, 1845) p. 206, aus dem Genuesischen fogliazzo de' notai, d. d 6. April 1207.

4) Mitgetheilt von Durantis im Speculum judiciale (1272) Lib. IV. P III. Rubr. de obligat. et solut. §. Praenotandum No. 8. Der Wechsel ist von einem Kaufmann auf der Messe zu Montpellier ausgestellt.

5) Von Baldus in seinen Konsilien mitgetheilt. Nach Biener ist der Wechsel dahin zu verstehen: Sejus als Valutageber und Remittent versendet den Wechsel an Titius, mit welchem er in Kontokorrentverhältnisse steht, damit Titius ihm, dem Sejus, den Betrag in seinem Konto gutschreibe. Sejus vereinigt in sich die Rollen des Bezogenen und des Präsentanten: er als Bezogener sollte an sich als Präsentanten zahlen; als Zahlender würde er das Konto des Sempronius belasten und als Zahlungsempfänger die Summe dem Sejus gutschreiben. Der Zahlungsakt wäre nur ein ideeller durch Buchung. Biener a. a. O. S. 34. 58. Kuntze a. a. O. S. 138.

e. aus dem Jahre 1395:

Zahlet für diesen Prima-Brief am 9. October an Luca de Goro 45 Pfund, sie sind für den Werth, den ich von Mario Rena erhalten habe. Zahlet zur rechten Zeit und stellt es auf meine Rechnung. Daß Euch Gott behüte.

Boromeo de Boromei entbietet Euch Gruß aus Mailand am 9. Mai 1395.

Rückseite des Briefes.

An

Alexandro di Boromei und Dominico di Andrea (in Venedig) Prima-(Wechsel) von 45 Pfund.

Wenn wir die mitgetheilten Wechselbeispiele näher betrachten, so finden wir in ihnen diejenigen Eigenschaften, wodurch sich in der ersten Entwickelungsperiode der Wechselbrief von anderen Urkunden, insbesondere von der einfachen Anweisung, unterschied. Alle Schriftstücke enthalten: einen Umtausch von Münzsorten (commutatio pecuniae absentis pro praesenti); eine Verschiedenheit des Zieh- und Zahlortes (distantia loci); das Bekenntniß der erhaltenen Valuta, — und sind daher wirkliche Wechsel. Bei dem Wechselbriefe vom Jahre 1207 fällt auf, daß derselbe auf den, qui ei dabit hanc cartam, d. i. auf den Inhaber gestellt, und bei dem Wechsel vom Jahre 1381, daß derselbe schon als Prima bezeichnet ist.

Der Wechsel ist in der ersten Zeit seines Gebrauches in Form eines Briefes an den Bezogenen ausgefertigt, und der Name des letzteren, nicht wie gegenwärtig üblich, am Fuße des Wechsels, sondern, in Form einer Addresse, auf die Rückseite des Wechsels gesetzt worden. Die Bezeichnung des Briefes als Wechsel (cambium) [6]) ist zwar gewöhnlich, aber zum Begriffe des Wechsels, wie noch heute in Frankreich und England, nicht nothwendig.

§. 12.

Quellen des Wechselrechts.

a Das Gewohnheitsrecht.

In Italien, wo der Wechsel seinen Ursprung erhalten, galt im Mittelalter das Römische Recht als gemeines Recht, und in dem letzteren mögen für einzelne Momente des Wechselrechts Analogien aufzufinden sein; allein eine Anerkennung und Begründung desselben liegt außerhalb der Justinianischen Rechtsinstitutionen [1]).

Die legislatorische Thätigkeit im Mittelalter war gering: der Mangel an Bildung; die fortdauernden Kriege und Fehden; die alle geistigen und materiellen

---

6) Das Wort „cambium“, i. e. Tausch, leiten Manche von dem Worte cambire, cambiare, soviel als permutare, tauschen, Andere von dem alten deutschen Worte „cham, cam“, „Hand“ her. Von dem Worte cambium sind gebildet das italienische und spanische cambio, das französische change, das englische exchange. Scaccia l. c §. 1. qu 3 n. 1. 2. du Frèsne, Glossarium verb camb. Ludovici, Einleitung zum Wechselprozeß. (Halle, 1713) §. 1. Siegel, Einleitung zum Wechselrecht, §. 1. Stryk, Diss. de camb. litt. accept. §. 2. Riccius l. c. sect. II §. 1 sq. Ayrer l. c. §. 1. Bender a. a. O. §. 213. Daniels a. a. O. §. 1. Kuntze a. a. O. S. 127.

1) Bender a. a. O. §. 256. Mittermaier a. a. O. §§. 25. 33. Biener a. a. O. S. 417. Anwendung des Römischen Rechts auf Handelsrecht: Thol, Handelsrecht (Gottingen 1862) Bd. 1. §. 3.

Kräfte der Völker verzehrenden Kreuzzüge; die mangelhafte Entwickelung des staatlichen und wirthschaftlichen Lebens; — alle diese Umstände waren dem Werke der Gesetzgebung nicht günstig. Nur in den Städten Italiens, welche unter dem Schutze schwer erkaufter Freiheit zu Macht, Reichthum und Bildung erblühten, wurde, zumeist jedoch in partikularistischem Interesse, die autonomische Gewalt für das statutare Privatrecht, jedoch immerhin nur schwach, geübt. Die ergiebigste Quelle des Privatrechts im Mittelalter war daher die Gewohnheit, das Herkommen. Und so verdankt auch das Wechselrecht, d. i. der Inbegriff derjenigen gesetzlichen Vorschriften, nach welchen Wechselgeschäfte betrieben und rechtlich beurtheilt werden, — seinen Ursprung und seine erste Entwickelung nicht der Thätigkeit der gesetzgebenden Gewalt eines Staates, sondern der Uebung, der Gewohnheit, der Autonomie [2]) des italienischen Handelsstandes im Mittelalter.

Die Kaufleute und Wechsler der reichen Städte Italiens, Venedig, Florenz, Genua, Pisa, Amalfi, Novi, in deren Händen der Verkehr und Handel der Welt lag, bildeten schon frühzeitig mächtige, festgeschlossene, durch Privilegien an den Handels- und Meßplätzen des In- und Auslandes ansäßig gemachte Innungen, deren Vorsteher die Konsular-Jurisdiktion in Handelsstreitigkeiten nicht nur der Mitglieder, sondern oft auch Fremder, welche mit Innungsmitgliedern in Geschäfte sich eingelassen hatten, ausübten.

Die Wechsler, cambiatori, waren die Mittelspersonen, durch welche die italienischen mercatori, in und außer den Messen, ihre Zahlungen nach Auswärts bewirkten und ihre Forderungen von entfernten Schuldnern einzogen. Zur Vermittelung dieser Geldzahlungen nach Auswärts benutzten die Kampsoren schriftliche Anweisungen, auf Grund deren der Werth der, an sie eingezahlten Summen am dritten Orte an eine bestimmte Person wieder ausgezahlt wurde. Anfangs mögen diese Anweisungen nur auf befreundete Wechselhäuser oder eigene Komtoirs am Zahlorte, von welchen eine Realisirung der Anweisung mit Sicherheit zu erwarten war, ausgestellt sein; im Laufe der Zeit, bei fortschreitender Verkehrserweiterung und vermehrter Geschäftsverbindung, mögen reiche und wohl accreditirte Wechselhäuser auch fremden Wechslern solche Anweisungsrealisationen übertragen haben. Die Wichtigkeit und Wohlthätigkeit dieser erleichterten Geldoperation waren, zumal in einer Zeit, in welcher wegen Unsicherheit des Transportes und Verschiedenheit der Münzen, Geldzahlungen nach Auswärts mit großer Beschwerlichkeit und Gefahr verknüpft waren, — so einleuchtend, daß sie bald in Italien allgemein wurde und auch im Handelsstande anderer Länder sich leicht Eingang verschaffte. Es knüpften sich an die von den Kampsoren ertheilten Anweisungen, um sie zu leicht realisirbaren Handelspapieren zu machen und ihre Annehmbarkeit im Handelsstande zu befördern, bald bevorzugte Rechte und strenge, leicht erzwingbare Pflichten, und diese praktische und rechtliche Auffassung, anfäng-

---

2) Martens, Grundriß des Handelsrechts. §§. 55. 59. Bender a. a. O. §. 222, 228 ff. Mittermaier a. a. O. §. 14. 27. Goldschmidt, Handbuch des Handelsrechts (Erlangen 1864) Bd. 1. §. 5. 35. Einert im Archiv für deutsches Wechselrecht B. I. S. 1. ff. Thöl a. a. O. §. 7. Biener a. a. O. S. 273. Kuntze a. a. O. S. 142. 159. Renaud a. a. O. §. 3. Arnold, Kultur und Rechtsleben (Berlin 1865) S. 345.

lich auf kleine Kreise beschränkt, theilte sich im Laufe der Zeit dem gesammten Handelsstande mit.

Diese Sitte der Kampsoren und die mit dieser Sitte verknüpften Rechtsgrundsätze haben sich anfänglich durch mündliche Tradition von Geschlecht zu Geschlecht vererbt; eine jede Generation hat an der Ausbildung und Verbreitung des Institutes gearbeitet, und so ist durch die von dem gesammten Handelsstande mit Rechtsbewußtsein und in der Ueberzeugung der Nothwendigkeit, opinio necessitatis, nach gleichen Grundsätzen fortdauernd geübte Sitte, longa, diuturna consuetudo, ein Gewohnheitsrecht [3]) entstanden, welches in seinen Hauptmomenten abgeschlossen und fast fertig war, bevor die Wissenschaft und die gesetzgebende Gewalt sich seiner annahmen.

Dieses, durch Gewohnheit und Uebung des Handelsstandes zur rechtlichen Existenz gebrachte ungeschriebene Recht fand Schutz und Anerkennung bei den Handelsgerichten, durch welche Italien [4]) sich schon frühzeitig vor anderen Staaten auszeichnete. Diese Handelsgerichte, aus kaufmännischen Mitgliedern bestehend, waren als Volksgerichte und Träger des Volksrechtes recht eigentlich berufen, aus dem Leben und aus der Ueberzeugung des Kaufmannsstandes das Recht zu schöpfen und somit dem Gewohnheitsrechte durch ihre Entscheidungen rechtlichen Ausdruck und Anerkennung zu verschaffen. Die Entscheidungen der italienischen Handelsgerichte sind daher, als lebendiges Zeugniß für die Existenz eines usuellen Rechtssatzes, für die Bildung und Feststellung des gewohnheitlichen Kaufmannsrechts [5]) von großer rechtlichen und historischen Bedeutung geworden. Die Erkenntnisse sowohl der Konsulargerichte der Innungen der mercatori und cambiatori, als der obersten Gerichtshöfe zu Genua und Rom ergeben, daß der stylus, consuetudo, mos mercatorum, als wirkliche Rechtsquelle, als bestehendes Handelsrecht anerkannt wurde. Mercatorum observantia, consuetudo, jus facit [6]).

Das solchergestalt durch Gewohnheit und Uebung zur rechtlichen Anerkennung gebrachte Wechselrecht theilte sich bald durch die ausgedehnten Verkehrsverbindungen der Italiener anderen Ländern mit und gelangte auch nach Deutschland. Das Wechselrecht ist daher, seinem Ursprunge und seiner Entwickelung nach, in Deutschland zwar ein fremdes, recipirtes Recht, allein dasselbe hat in

---

3) Puchta, Pandekten (Leipzig 1844) §. 11 ff. Goldschmidt a. a. O. §. 35. A. 7. Eichhorn, Einleitung in das deutsche Privatrecht, §§. 15. 26. Mittermaier a. a. O. Bd. I. §. 39. Arnold, Kultur und Rechtsleben S. 345.

4) Die Italiener hatten schon frühzeitig auf den Handels- und Meßplätzen nicht nur ihre kaufmännischen Konsulargerichte, conservatores, custodes, magistri nundinarum, maîtres de foires, sondern in ihrer Heimath schon seit dem 12. Jahrhundert besondere, aus kaufmännischen Mitgliedern bestehende, Handelsgerichte. Martens a. a. O. S. 14. 51. Bender a. a. O. §. 222. 225. Biener a. a. O. S. 38. 75. 427.

5) Quapropter Cousules, cum consuetudinum suarum, propterea quod negociationibus simul incumbant, sint peritissimi, satius esse, suam et ipso judicio acquiescere, quam aliorum sententiae stare, existimavit. Scaccia l. c. §. 1. qu. 2. n 20. Marquard l c. lib. III. cap VI. n. 51, auch lib III cap. 2. n. 2 sq.

6) Marquard l. c. lib. III cap. II. n. 2. 6. Bender a. a. O. §. 225. Biener a. a. O. S. 75. 83. 273.

Deutschland, wenn auch keine einheitliche [7]), doch bald durch Gewohnheit, Wissenschaft und Gesetz seine selbstständige Ausbildung erfahren, so daß es als ein einheimisches Recht gelten kann [8]). Das gewohnheitliche deutsche Wechselrecht wird, seinem Geltungsbezirke nach, in partikulares und gemeines Gewohnheitsrecht eingetheilt.

Die Zeit, in welcher das Wechselrecht in Deutschland Eingang und Verbreitung fand, war für dasselbe nicht sehr günstig; denn um dieselbe Zeit herum wurde durch allgemeine Gewohnheit auch das Römische Recht als gemeines Recht in Deutschland recipirt, und das letztere war dem Gewohnheitsrechte überhaupt, und daher auch dem auf Gewohnheit ruhenden Wechselrechte, nicht zugethan. Handelsgerichte, welche die Bedürfnisse und die Rechtsgewohnheiten des Handelsstandes gekannt und zur Geltung gebracht hätten, waren in Deutschland unbekannt, und die Schöffengerichte [9]), die gleich den Handelsgerichten aus der Volksüberzeugung und dem Bedürfnisse das Recht schöpften und daher die Repräsentanten der Gewohnheitsrechte [10]) waren, hatten mit Einführung des Römischen Rechts ihr Ansehn verloren [11]). An die Stelle dieser volksthümlichen Schöffengerichte traten, nach Einführung des Römischen Rechts, Gerichte, deren Mitglieder weniger mit dem einheimischen nicht geschriebenen, wenn gleich theilweise gesammelten Rechte, als mit dem recipirten fremden Rechte vertraut waren. Die Existenz der Handels- und Wechselüsancen, welche auch die deutsche Reichsgesetzgebung [12]) als die bevorzugte Rechtsquelle anerkannte, mußte daher, da sie in der Regel den gelehrten, dem Volksleben fern stehenden Richtern nicht bekannt war, von der Partei, die sich darauf bezog, bewiesen werden, und dadurch wurde die Berufung auf das nicht geschriebene Recht, das früher in der Kenntniß der Schöffen ruhte, vor Gericht erschwert [13]) und dem Handelsstande, dem es auf eine einfache und rasche Rechtspflege ankommt, mancherlei Nachtheil zugefügt. — Durch diese

---

7) Die politische Zerrissenheit Deutschlands, die partikularistische Autononie der vielen kleinen Territorialgewalten, die Theilnahmlosigkeit der Reichsgesetze für das Privatrecht tragen daran die Schuld. Biener a. a. O. S. 355.

8) Das Handels- und Wechselrecht wird von den älteren deutschen Schriftstellern als dem jus gentium angehörig, d. i. als ein auf gemeinschaftlicher Völkersitte beruhendes Recht dargestellt, das bei allen Völkern eingeführt sei und auf gewissen gemeinsamen Rechtsprincipien beruhe. Cambium introductum est de jure gentium. Scaccia l. c. §. 1. qu. 6 n. 1 seq. Quamvis vero tot gentium civitatumque leges cambiales non per omnia conveniant, sunt tamen quaedam omnibus communia, quae ea recte pro principio juris cambialis proprio ac veluti domestico habentur. Heineccius l. c. I §. 13. Hedler a. a. O. §. 6. Mittermaier a. a. O. §. 1. Anmerk. 1. Thöl, Handelsrecht B. 1. §. 7. Goldschmidt a. a. O. §§. 13. 33.

9) Mittermaier a. a. O. Bd. 1. §§. 7. 11. 14. 39.

10) Eichhorn, deutsche Staats- und Rechtsgeschichte (Göttingen 1822) Thl. II. §. 258. Thl. III. §. 440. Goldschmidt a. a. O. §. 35.

11) Runde a. a. O. §. 24. Mittermaier a. a. O. §. 16.

12) J. R. A. von 1654 §. 107. „Auch bei den Handelsstädten, in Wechselsachen, zu Meßzeiten und sonsten Casus vorfallen, da nicht allein nach Kaufmannsgebrauch, sondern nach aller Gelehrten Meinung die parata executio stracks Platz haben soll." Marquard l. c. lib. I. c. 18. n. 26, lib. II. c. 12. n. 77.

13) Eichhorn, Einleitung in das deutsche Privatrecht §. 14. Marquard l. c. lib. III. cap II. n. 7.

Belästigung wurde das wissenschaftliche Recht durch Sammlung der gewohnheitsrechtlichen Wechselgrundsätze vorbereitet und angeregt.

§. 13.

b. Das wissenschaftliche Wechselrecht.

Die Wissenschaft ist zwar nicht in dem Sinne eine Quelle des Rechts, daß sie, wie die Gewohnheit und der Wille des Gesetzgebers, neues Recht schafft und Gesetze, welche beobachtet werden müssen, vorschreibt; allein sie ist doch für die richtige Erkenntniß des Rechts und für die Fortbildung desselben ein sehr wichtiger Faktor und in dieser Auffassung selbst eine Quelle des Rechts [1]). Aufgabe der Wissenschaft ist es, auf dem Wege der Doktrin und der Praxis, das gesetzliche, d. i. das auf dem Willen der gesetzgebenden Gewalt ruhende Recht, sowie das Gewohnheitsrecht, d. i. das aus der Volksüberzeugung fließende Recht, seinem Sinne und seiner wahren Bedeutung nach auszulegen; Bedenken, die sich bei Anwendung des Rechts auf gegebene Fälle geltend machen, aufzuklären und so eine richtige Anwendung des Rechts herbeizuführen. Diese Thätigkeit des Richters heißt Interpretation, Hermeneutik, Auslegung des Gesetzes und ist an gewisse, vom Gesetzgeber und von der Wissenschaft aufgestellte Regeln gebunden [2]). Die Wissenschaft beschränkt sich aber nicht auf die Auslegung des bestehenden Rechts, sondern sie tritt auch mit schöpferischer Kraft auf, indem sie neue Rechtssätze konstruirt, welche durch die Autorität ihrer Gründe eine übereinstimmende Befolgung und dadurch ein gewohnheitliches Recht begründen. (Communis opinio doctorum, Gerichtsgebrauch, Präjudizien.)

Einflußreicher und mächtiger ist der Einfluß der Wissenschaft auf das Recht, welches sich auf Gewohnheit gründet, als auf das geschriebene Recht, jus scriptum, da das letztere, — durch die urkundliche Niederlegung in seinem Wortlaute fixirt und durch die Motive des Gesetzgebers verdeutlicht, — gegen Mißdeutungen mehr gesichert ist, als das ungeschriebene, in der Ueberzeugung und in dem Gedächtnisse des Volks wurzelnde gewohnheitliche Recht. Und so ist auch die Wissenschaft für die Erkenntniß und für die Ausbildung des auf Gewohnheit und Gebrauch ruhenden Wechselrechts von hohem Einflusse gewesen und als eine wirkliche Rechtsquelle anzusehen.

Mehrere Jahrhunderte hindurch ist der Wechsel im Handelsstande gebraucht worden, bevor man sich seiner rechtlichen Natur bewußt geworden ist. Erst die Wissenschaft war berufen, dieses wichtige gewohnheitsrechtliche Institut vom rechtlichen Standpunkte aus zu beleuchten, nach seinen verschiedenen praktischen Beziehungen rechtlich zu zerlegen, den inneren rechtlichen Grund der äußeren thatsächlichen Erscheinungen festzustellen und dadurch dem Institute geistiges Leben und die Möglichkeit zur Fortbildung zu geben. Die Wissenschaft hat sich zwar für das

1) Puchta, Vorlesungen ꝛc. Thl. I. §. 16. v. Savigny, System B. 1. S. 89. Arnold a. a. O. S. 372.

2) Mühlenbruch, Lehrbuch des Pandektenrechts (Halle 1837) §§. 58 ff. Puchta, Pandekten (Leipzig 1844) §. 15. Arndts, Lehrbuch der Pandekten. (München 1859). §§. 6 ff. Allgem. Preuß. Landr. Einl. §. 6. 46. Thöl a. a. O. B. 2. S. 8.

Wechselinstitut nicht produktiv erwiesen, denn zu keinem das Wechselgeschäft bildenden Momente, — Ausstellung, Accept, Indossament, Intervention, u. s. w. — hat sie die erste Anregung gegeben, sondern das ganze Institut ist allmählich, an der Hand der kaufmännischen Erfahrung, gleichsam aus sich und durch sich selbst entstanden; allein der Wissenschaft gebührt doch das hohe Verdienst, daß sie die gewohnheitsrechtlichen Sätze gesammelt [3]), den Gerichten und dem Handelsstande zugänglicher gemacht und in rationeller Weise, durch Abstraktion aus Thatsachen und Rechtssätzen, die allgemeinen Principien des Wechselrechts festgestellt und dadurch für das großartige Gebäude des Wechselinstitutes ein sicheres, zum Weiterbau geeignetes Fundament gelegt hat [4]). Die Wissenschaft hat Gewohnheit und Gesetz in die richtigen Bahnen gelenkt, und die Rechtsprechung, ein wichtiger Faktor der Wissenschaft, hat den von der Wissenschaft aufgestellten Principien des Rechts Kraft und Geltung verschafft und sonach Volksrecht und Juristenrecht zu einem Ganzen verschmolzen.

§. 14.

c. Das gesetzliche Wechselrecht.

Alle wichtigen Rechtsinstitutionen des Mittelalters wurzeln in dem Gewohnheitsrechte, und so verdanken auch das Wechselinstitut und das Wechselrecht dem Gebrauche und der Uebung des italienischen Handelsstandes ihre Existenz. Viele Jahrhunderte hindurch sind Wechselverkehr und Wechselrecht durch die Usançen der italienischen mercatores und cambiatores geregelt worden, und die Decisiones rotae Genuae, sowie die Schriftsteller des 16. Jahrhunderts und die Deutschen Reichsgesetze bezeugen, daß die Handelsgewohnheit anfänglich die einzige, zu allen Zeiten aber die wichtigste Rechtsquelle in Wechselsachen gewesen ist. Es galt der Rechtssatz: stylus mercatorum jus facit inter mercatores. Auf den Messen, — und bis in das 17. Jahrhundert concentrirte sich der Verkehr mit Wechseln hauptsächlich auf den Messen, — wurde der Wechselverkehr durch die Gewohnheit der am Wechselplatze befindlichen Landsmannschaften der Kampsoren, und durch die, für den Meßplatz erlassenen Meßordnungen [1]) geregelt, so daß an Meßplätzen für geschriebene Wechselgesetze kein großes Bedürfniß gefühlt wurde [2]). Die Wechselvorschriften in den Meßordnungen beschränkten sich jedoch zumeist nur auf die Bestimmung der Acceptations- und Zahlungszeit und des Protestationsmodus, auf die Kursregulirung und auf die Anordnung einer strengen Exekution in allen Wechselsachen, rigor cambialis. Eingehendere Bestimmungen über das Wechselinstitut enthalten die Meßordnungen nicht, da im Uebrigen die consuetudo mercantiae der italienischen Kampsoren galt. Ein größeres Bedürfniß für Erlaß von

3) So z. B. hat Phoonsen den Amsterdamer Wechselgebrauch „Wissel — Styl tot Amsterdam“ vom Jahre 1601 ab in sehr umständlicher und genauer Weise zusammengestellt. Siegel, corp jur. camb Thl. II S. 228.

4) Thöl, Handelsrecht §. 8. Goldschmidt a. a. O. Bd. 1. §. 34.

1) Solche Meßordnungen wurden namentlich von den französischen Königen zum Schutze der foires de Champagne, die von den italienischen Kaufleuten beherrscht wurden, im 13. und 14. Jahrhundert erlassen. Martens a. a. O. S. 16. Biener a. a. O. S. 5. 36. 45. 51.

2) Martens a. a. O. S. 73.

Wechselgesetzen machte sich geltend in Ansehung der Wechsel außerhalb der Messen, für die s. g. Irregulärwechsel, und es sind darüber auch in den Statuten einzelner italienischen Städte Wechselvorschriften, allerdings nur fragmentarisch, enthalten[3]). Später, nachdem das Wechselinstitut auch außerhalb der Messen größere Ausdehnung erlangt hatte, wurden die Wechselgewohnheiten in Form von Gesetzen gesammelt, und es entstehen auf diese Weise, jedoch erst im 16. Jahrhundert, vollständige und zusammenhängende Wechselordnungen, von denen die älteste die im Jahre 1569 vom Pabste bestätigte Wechselordnung von Bologna ist[4]). Eine, den Wechselgesetzen Genua's nachgebildete Wechselordnung besaß Besançon in Burgund, einst eine deutsche freie Reichsstadt und durch den Frieden von Nimwegen an Frankreich abgetreten, aus dem Jahre 1597 (Statuta et ordines feriarum Bezenzonensium)[5]).

Die Lombarden brachten das Wechselinstitut nach den Niederlanden, wo Brügge, Antwerpen als verkehrs- und handelsreiche Plätze blühten. Nachdem in Wechselsachen lange Zeit die Usançen jener italienischen Wechsler befolgt waren, wurden dieselben 1578 gesammelt und bilden in den „Rechten en Costumen van Antwerpen" den 55. Titel „van Wisseln"[6]). Auch in Amsterdam wurden die Wechselusançen gesammelt, „Costumen en Keuren" von 1601 ab, wodurch sie die Form von Gesetzen erhielten[7]).

Seit dem 17. Jahrhundert regt sich auch in Deutschland[8]), woselbst der Wechsel seit etwa einem Jahrhundert im Gebrauche war, unter dem Einflusse der, durch Alba's blutiges Schwert vertriebenen, von Hamburg mit offenen Armen aufgenommenen reichen und gewerbthätigen Kaufleuten Antwerpens, das Bestreben, das Wechselrecht zu sammeln und gesetzlich festzustellen. Es entstehen daher Wechselordnungen in Hamburg 1603[9]), Nürnberg 1621, in Botzen 1635[10]). Alle diese Wechselordnungen sind kurz, bestehen aus wenigen Artikeln und sind nur auf kaufmännische Wechsel gerichtet.

Dem Beispiele Hamburgs folgten bald andere Territorialgewalten des zersplitterten Deutschlands, so daß bis zum Jahre 1840, in welchem die jüngste partikulare Wechselordnung, die für das Königreich Sachsen, erschien, in Deutsch-

---

3) Hauptstätten des Handels und Wechselverkehrs in Italien waren Florenz, Siena, Pisa, Livorno. Florenz erhielt schon 1292 Statuten, welche späterhin oft revidirt worden sind. Die erneuerten und 1619 revidirten Statuten der Stadt Siena enthalten in der „Distinzione seconda Cap XCII" die Wechselgesetze, und es ist anzunehmen, daß schon die älteren Statuten von 1292 Einiges über den Wechsel enthalten haben. v. Martens a. a. O. Anh. S. 10. Die Statuten der Stadt Bergamo von 1457, die unter Karl V. gesammelten und 1541 bestätigten Statuten von Mailand, „Constitutiones dominii Mediolanensis", die Statuten von Bologna, „Statuta civilia Bononiae", von 1454 enthalten einzelne Bestimmungen über Wechsel. Martens a. a. O. Anh. S. 16. 27. 56.

4) v. Martens a. a. O. S. 76, Anh. S. 55. Siegel, corp. jur camb I. p. 499. Biener a. a. O. S. 276. Kuntze a. a. O. S. 159. Dedekind, Quellen, S. 27.

5) Siegel, corp. jur. camb. pag 509. Biener a. a. O. S. 49. Dedekind, Quellen &c. S. 12.

6) Siegel l c. p. 409. Dedekind, Quellen S. 21.

7) Siegel l. c. p. 481. Dedekind, Quellen S. 21.

8) Martens a. a. O. S. 76.

9) Siegel l. c. p. 415. v. Martens a. a. O. S. 64. Dedekind, Quellen S. 93.

10) Siegel l. c. p. 207.

land eine große Menge einzelner Wechselordnungen galt [11]). Die wichtigste, vollständigste und am meisten verbreitete unter ihnen war die Leipziger Wechselordnung von 1682 [12]). Die Deutsche Reichsgewalt, welche doch berufen gewesen wäre, in Deutschland eine mögliche Einheit in der Gesetzgebung herbeizuführen, hat sich um das Privatrecht wenig gekümmert und daher auch der Wechselgesetzgebung nur geringe Aufmerksamkeit geschenkt. Die Gesetze des Deutschen Reiches [13]), welche sich auf das Wechselinstitut beziehen, sind:

1. der Reichsabschied von 1654. §. 107,
2. das Kaiserliche Kommissionsdekret vom 10. Oktober 1668,
3. das Kaiserliche Kommissionsdekret vom 15. Juli 1669,
4. der Reichsschluß vom 17. Februar 1671.

In Preußen ist ein gemeinsames Wechselrecht emanirt und der Partikularismus beschränkt durch das Allgemeine Landrecht [14]). Jedoch erst der neuesten Zeit, und vorzugsweise den Bestrebungen des, in allem Guten und Nützlichen voranschreitenden Königreichs Preußen verdanken wir es, daß die Wünsche des Handelsstandes nach Einheit in der Handels- und Wechselgesetzgebung erfüllt worden sind durch die Emanation der für ganz Deutschland in Gültigkeit getretenen Allgem. Deutschen Wechselordnung und des Allgem. Deutschen Handelsgesetzbuches.

Während bis zum 16. Jahrhundert die Italiener den Wechselverkehr beherrschten und für die Ausbildung des Wechselrechts am meisten thätig waren, trat, nachdem der Wechsel durch Erfindung und Ausbildung des Indossaments dem Kaufmannsstande als ein allgemeines Zahlungsmittel zugänglich gemacht worden war, im 17. Jahrhundert Frankreich an die Spitze des Verkehrs mit Wechseln. Demselben gebührt daher auch auf dem Felde der Gesetzgebung der Ruhm, daß es unter dem vortrefflichen Minister Colbert und unter Mitwirkung des ausgezeichneten Sachkundigen Jacques Savary im Jahre 1673 ein allgemeines Handels- und Wechselgesetz unter dem (abgekürzten) Titel: Ordonnance pour le commerce [15]) verfaßt hat, welches vielen Wechselgesetzen zum Vorbilde, und dem, von allen Gesetzbüchern am weitesten verbreiteten Code de commerce, welcher am 20. September 1807 publicirt und mit dem 1. Januar 1808 in Gesetzeskraft getreten ist, zur Grundlage gedient hat.

England, in welchem der Wechsel erst spät Eingang gefunden und in seiner Ausbildung große Schwierigkeit erfahren hat [16]), überflügelt alle anderen Nationen durch Großartigkeit des Handels und des industriellen Verkehrs und besitzt noch heute kein einheitliches, geschriebenes Wechselrecht. Es gilt dort in Handels- und

---

11) Dedekind, Vergangenheit 2c. S. 166. Derselbe, Quellen 2c. S. 169.

12) Dedekind, Vergangenheit 2c. S. 92. 189.

13) Die Reichsgesetze finden sich abgedruckt: Gerstlacher, Handbuch der Deutschen Reichsgesetze (Stuttgart 1786—1794) Thl. X. S. 2149. Siegel, corp. jur. camb. Thl. I p. 148. Uhl a. a. O. I. Fortsetzung S. 1. Meißner, Codex der Europäischen Wechselrechte (Nürnberg 1837) Bd. I. S. 1. Dedekind, Vergangenheit S. 131. Derselbe, Quellen S. 138.

14) Th. II. Tit. 8.

15) Dedekind, Quellen S. 12. Einert, Entwurf (Leipzig 1841) Vorbericht.

16) v. Martens, Ursprung 2c. S. 234. Story a. a. O. Vorrede. Daniels a. a. O. S. 22. Dedekind, Quellen S. 52. Biener a. a. O. S. 279. 283. 285. Kuntze a. a O. S. 255. Goldschmidt a. a. O. Bd. 1. S. 77.

Wechselsachen das Gewohnheitsrecht der Handelswelt neben dem gemeinen einheimischen Gewohnheitsrechte (common law), und nur einzelne Punkte des Wechselrechts sind durch einige Parlamentsakte geregelt, Acts of parliament, statutes, statute law. Die Kenntniß dieses gewohnheitlichen Rechts ruht in dem Gedächtnisse des Volkes, und durch die Entscheidungen der Jury von Handelsleuten erhält es Leben und schöpferische Kraft.

In den vereinigten Staaten Amerika's kommt in Wechselsachen das Statutar- oder geschriebene Recht der einzelnen Staaten und subsidiarisch das gemeine Englische Recht (common law) zur Anwendung.

§. 15.

Die Lage der Wechselgesetzgebung in Deutschland vor Emanation der Allgem. Deutschen Wechselordnung.

So lange das Wechselrecht in Deutschland nicht auf dem geschriebenen Rechte, sondern auf der Praxis des Handelsstandes ruhte, also ein eigentliches kaufmännisches Gewohnheitsrecht war, hatte dasselbe einen universellen Karakter; denn die Wechselusançen, von den gemeinsamen Interessen des Handelsstandes getragen, zeigen in allen Ländern eine große Uebereinstimmung. Dieses universelle gewohnheitliche Wechselrecht wurde aber durch die Emanation der vielen deutschen Wechselordnungen in Partikularrecht verwandelt. Die politische Zerrissenheit Deutschlands und die Theilnahmlosigkeit der Reichsgewalt an der Gesetzgebung für das Privatrecht [1]) waren einem gemeinsamen und einheitlichen Rechte nicht günstig; es machte vielmehr jeder der vielen Staaten, in welche das große und mächtige Deutsche Reich zerfiel, einen selbstständigen, oft nicht glücklichen, dem Sonderinteresse zugewendeten Gebrauch von seiner gesetzgebenden Gewalt. Diese partikularistischen Bestrebungen auf dem Gebiete der Gesetzgebung äußerten ihren nachtheiligen Einfluß auch namentlich auf das Handels- und Wechselrecht; denn es galten in Deutschland, außer der Deutschen Reichsgesetzgebung über Wechsel, 91 verschiedene selbstständige Wechselordnungen [2]). Und dabei gab es noch eine ganze Reihe von Staatsgebieten [3]), in welchen gar kein geschriebenes Wechselgesetz Geltung hatte und die Wechsel entweder nach den Regeln von gewöhnlichen Schuldverschreibungen, oder nach den Bestimmungen des s. g. allgemeinen, — nach Begriff und Existenz sehr bestrittenen, — Deutschen Wechselrechts beurtheilt wurden. Ein geschriebenes Wechselrecht, gültig für ganz Deutschland, existirte nicht; denn die Reichsgewalt, das gesetzgebende Organ für den Gesammtumfang des Deutschen Reichs, hat für dieses Geltungsgebiet ein Wechselgesetz nicht erlassen, sondern nur über einige, minder wichtige Punkte [4]), z. B. über die Haftung

1) Mittermaier a. a. O. Bd. 1. §§. 13. 17.

2) Dedekind, Vergangenheit rc. S. 166. Derselbe, Quellen rc. S. 169. (Liebe) Wechselordnung (Leipzig 1848) Einl. S. XVI.

3) z. B. Großherzogthum Mecklenburg-Schwerin, Fürstenthum Hohenzollern-Hechingen und Sigmaringen u. s. w. Dedekind, Vergangenheit rc. S. 92. 189. Derselbe, Quellen rc. S. 161.

4) Der Reichsabschied vom Jahre 1654 §. 107; das kaiserliche Kommissionsdekret vom 15. Juli 1669; der Reichsabschied vom 17. Februar 1671. Vergl. §. 14.

des Acceptanten und Ausstellers, über die Zulassung der executio parata gegen den Wechselschuldner u. s. w., Bestimmung getroffen, im Uebrigen aber dem Handelsgebrauche und der Partikulargesetzgebung den freiesten Spielraum gelassen. Ein allgemeines Deutsches Wechselrecht, ein Reichs-Wechselrecht, giebt es daher nicht. Dagegen giebt es allgemeine, aus der Natur des Wechselinstitutes hergeleitete, durch die Gewohnheit des Handelsstandes sanktionirte Dogmen, die bei allen, im Wechselverkehre stehenden Völkern als Rechtsnormen gleichmäßige Geltung haben, und diese, auf deutschem Rechtsboden zu einheitlicher Geltung erwachsenen, wenngleich verschiedenen Rechtsquellen entsprungenen Grundsätze können allerdings in demselben Sinne als ein gemeines Deutsches, ja völkerrechtliches Wechselrecht angesehen werden, in welchem man von einem gemeinen Deutschen Privatrechte, von einem gemeinen Kirchenrechte u. s. w. spricht. In jedem anderen Sinne ist die Bezeichnung unrichtig [5]).

Wenn nun auch die Hauptprincipien sowohl des geschriebenen, als des usuellen Wechselrechts bei allen Völkern eine gewisse Gleichförmigkeit und Uebereinstimmung bekunden, — denn die Bedürfnisse des Handels und des Verkehrs beruhen bei allen Nationen auf denselben Voraussetzungen und Bedingungen, — so enthielten die vielen, in Deutschland geltenden, zum Theil auf partikularistische Interessen gerichteten Wechselordnungen doch auch in wesentlichen Punkten Verschiedenheiten, und diese Verschiedenheit des Rechts verursachte in dem Verkehre Verwirrung und Rechtsunsicherheit, da dem Handelsstande nicht eine Kenntniß der geschriebenen und usuellen Gesetze aller Länder, durch welche ein Wechsel seinen Lauf nimmt, zugetraut werden kann. Es ereignete sich daher nicht selten, daß dieselbe Urkunde in dem Gebiete des einen deutschen Staates als Wechsel rechtliche Geltung und Anerkennung fand, während ihr in dem Nachbargebiete diese Eigenschaft abgesprochen wurde.

Dieser Wechselrechtszustand in Deutschland war für die gesammte Handelswelt ein wahrer Nothstand, so daß sich der Leipziger Handelsstand schon im 17. Jahrhundert veranlaßt sah, die Chursächsische Regierung zu bitten: bei dem Reichstage auf eine mögliche Gleichförmigkeit in dem deutschen Wechselrechte hinzuwirken. Dieser Nothstand wurde zwar in Etwas gemildert und den partikularistischen Bestrebungen Einhalt gethan durch die Wechselrechts-Gesetzgebung Preußens [6]), welche alle speziellen Wechselordnungen aufhob und für die Königlich

---

5) Heineccius sagt l. c. cap. 1. §. 12: Quamvis vero tot gentium civitatumque leges cambiales non per omnia conveniant, conveniunt tamen in plerisque, et maxime in essentialibus: unde recte pro principio domestico et proprio juris cambialis habentur. Ex quo fluit: mores et praecepta cambialia omnibus gentibus emporiisque communia pro fundamento juris cambialis habenda sunt, adeoque et omnia pro veritatibus habenda, quae inde ratiocinatione eliciuntur. Runde a. a. O. §. 226. Püttmann a. a. O. §. 6. Eichhorn, Einleitung in das deutsche Privatr. §. 127. Mittermaier a. a. O. Bd. 1. §. 37, Bd. 2. §. 320. Bender a. a. O. §. 320. v. Weißeneck a. a. O. §. 1 fl. Daniels a. a. O. §. 10. Dedekind, Vergangenheit zc. S. 134. Derselbe, Quellen zc. S. 138. Renaud a. a. O. §. 4. Kuntze a. a. O. S. 224 fl. Thol a. a. O. Bd. 2. S. 3. v. Gerber, Deut. Privatrecht, (Jena 1867.) §. 5 fl.

6) Die erneuerte Wechselordnung vom 30. Januar 1751, wonach im Königreiche Preußen und den Churmarken, und in allen übrigen, im Reiche belegenen Landen verfahren werden sollte, hob alle, bis dahin in Gültigkeit gewesenen Wechselordnungen auf. An die Stelle derselben trat später das A. L.R. für die Preußischen Staaten vom 5. Februar 1794. Als statutarisches Recht

Preußischen Lande ein gemeinsames Wechselrecht konstituirte. Allein durch dieses vereinzelte Vorgehen einiger Länder wurde die Gefahr nicht ganz abgewendet. Der Handelsstand und gewichtige Stimmen der Wissenschaft, — Thibaut[7]), Mittermaier[8]), Dedekind[9]), — erhoben sich und verlangten laut nach Einheit des Rechts, insbesondere des Handels- und Wechselrechts für Deutschland. Was aber die Churfürstl. Sächsische Regierung nicht für ausführbar hielt, indem sie auf den erwähnten Antrag des Leipziger Handelsstandes durch den Decisivbefehl[10]) vom 4. September 1669 absolvirte: „daß die von der Kaufmannschaft abgegebene Specialität sich bei allen Handelsstädten im Heil. Römischen Reiche schwerlich dürfte practiciren, noch als eine Generalregul in den Reichsschluß bringen lasse", und was Bender[11]) noch im Jahre 1828 „unter den bestehenden politischen Verhältnissen" für unerreichbar erachtete, — ist, zum Glücke des Handelsstandes, durch das patriotische Zusammenwirken der deutschen Regierungen, — allerdings auf Drängen des Volkes und der Wissenschaft, — im Jahre 1847 erreicht worden.

§. 16.

Die Allgemeine Deutsche Wechselordnung. Entstehungsgeschichte.

Es ist eine erfreuliche, hoffnungsreiche geschichtliche Thatsache, daß eine von der Volksüberzeugung getragene, — daher heilvolle und vernünftige, — Idee sich durchkämpft gegen alle Widerwärtigkeiten der Zeit, und siegreich überwältigt alle Hindernisse, welche Eigennutz und Unverstand ihr in den Weg legen. Und so ist auch die zunächst von dem Handelsstande angeregte, von seinen Wünschen getragene und von der Wissenschaft gepflegte Idee: für das schöne und mächtige, politisch zerrissene Deutschland wenigstens auf dem Gebiete der Gesetzgebung eine mögliche Einheit herbeizuführen, — nach vielem vergeblichen Mühen und Hoffen, — endlich doch wenigstens für die Wechsel- und Handelsgesetzgebung zur Wirklichkeit geworden[1]).

Wiederholte Anträge auf Herstellung einer Gleichförmigkeit in der Deutschen Handelsgesetzgebung, welche in den Kammern der süddeutschen Staaten (1822. 1825. 1831. 1840. 1843. 1846.) gestellt wurden, waren zwar geeignet, die öffentliche Aufmerksamkeit auf jene wichtige Tagesfrage zu lenken; allein sie verhallten vor allen partikularistischen Bestrebungen und fanden auch bei der Deutschen Bundesversammlung, welche doch für Deutschland das gesetzliche Organ[2]) zur

---

hatte nur noch die Wechselordnung für Danzig vom 8. März 1701 Gültigkeit. Was in Preußen durch die aufgeführten Gesetze gethan, geschah in Frankreich durch die Ordonnance pour le commerce vom Jahre 1673 und durch den Code de commerce vom Jahre 1807.

7) Nothwendigkeit eines allgemeinen bürgerlichen Rechts für Deutschland. (Heidelberg 1814.)

8) Im Archiv für civilistische Praxis. Bd. 25. S. 114. 284.

9) Vergangenheit rc. S. 204.

10) Püttmann, Wechselordnung, Einleit. S. 72. Dedekind, Vergangenheit rc. S. 204.

11) a. a. O. §. 130.

1) Nachdem diese Worte geschrieben, ist unter dem Vormarsch des Preußischen Volkes durch welthistorische Ereignisse die Idee der Deutschen Einheit, wenn auch nicht zur vollen Befriedigung der Patrioten, so doch in erfreulichem Umfange politisch verwirklicht worden.

2) In der Deutschen Bundesakte vom 8. Juni 1815, Artikel 19, behalten sich die Bundes-

Ergreifung der Initiative auf dem Gebiete der internationalen Gesetzgebung gewesen wäre, kein Gehör. Jene Vertretung Deutschlands zog es vor, sich, — in wenig volksfreundlichem Sinne, mit Fragen des öffentlichen Rechts und des Strafrechts zu befassen.

Die deutsche Einheits-Idee, wenigstens auf dem Gebiete des internationalen Wechselrechts, fand jedoch eine Stütze in dem von Preußen durch den Vertrag vom 22. März 1834 in's Leben gerufenen Deutschen Zollverein, d. i. einer Vereinigung der deutschen Staaten [3]) zur Bildung eines einzigen Grenzgebietes mit gemeinsamer Erhebung und Repartition der Grenzzölle nach Verhältniß der Bevölkerungszahl und zur Wahrung und Förderung der gegenseitigen gewerblichen Verkehrsverhältnisse. In der Konferenz des Vereins (1836) wurde die Nothwendigkeit eines gemeinsamen Handels- und Wechselrechts für die Zollvereinsstaaten von dem Würtembergischen Abgeordneten zwar als ein Wunsch ausgesprochen [4]), allein, bei aller Anerkennung des Bedürfnisses, kam man in dieser und in späterer Konferenz (1838), in welcher Anträge speziell in Beziehung auf das Wechselrecht wiederholt wurden [5]), doch zu keinem anderen Resultate, als daß man über Einführung des prompten Accepts und Abschaffung der Respekttage in Berathung zu treten beschloß. Die Versammlung sprach „allseitig" die Ueberzeugung aus, „daß zur Vereinbarung über eine das gesammte Handels- und Wechselrecht umfassende gemeinschaftliche Gesetzgebung kaum zu gelangen sein werde." So gering waren die Hoffnungen der Repräsentanten der, zur gewerblichen Hebung Deutschlands zusammengetretenen Regierungen, so wenig erfolgreich die Wirksamkeit eines Staatenvereins, welcher unter den, mit schwachem historischen Kitt zusammenhängenden, einzelnen deutschen Staaten auf dem Gebiete des Handels den Partikularismus zu verdrängen und Freiheit des Verkehrs, unter nationaler Centralisation, einzuführen sich vorgesetzt hatte.

Das Bedürfniß nach Einheit der Handels- und Wechselgesetzgebung in Deutschland wurde aber unter dem Drucke des Partikularismus so allgemein gefühlt und anerkannt, daß alle Bestrebungen auf die Erreichung jenes Zieles mit

---

glieder vor, bei der ersten Zusammenkunft der Bundesversammlung in Frankfurt wegen des Handels und Verkehrs zwischen den verschiedenen Bundesstaaten in Berathung zu treten und nach dem Publikat.-Patent vom 24. Juni 1820 über die am 15. Mai 1820 vollzogene Wiener Schlußakte Art. 74 soll die Bundesversammlung über Vorschläge zu gemeinnützigen Anordnungen, deren Zweck nur durch die zusammenwirkende Theilnahme aller Bundesstaaten vollständig erreicht werden kann, in Berathung treten und eine Vereinbarung herbeiführen. Allein bis zur Reactivirung des Bundestages im Jahre 1850 hat sich die Bundesversammlung den Fragen des internationalen Privatrechts gegenüber passiv verhalten und denselben erst später einige Thätigkeit zugewendet. Der Initiative der Bundesversammlung verdanken wir die Novelle zur Allg. Deutschen Wechselordnung und das Deutsche Handelsgesetzbuch, indem dieselbe zur Ausarbeitung und Berathung der betreffenden Entwürfe die Einberufung von Kommissionen veranlaßte. Der gleichfalls von der Bundesversammlung gefaßte Beschluß vom 6. Februar 1862, zur Ausarbeitung einer allgem. Deutschen Civilprozeßordnung eine Kommission zusammenzuberufen, hat bis jetzt kein erwünschtes Resultat gehabt, so sehr das Bedürfniß einer allgemeinen Regelung des Prozeßganges, namentlich für Handels- und Merkantilsachen, auch anerkannt wird.

3) Beigetreten waren nicht: die Deutsch-Oesterreichischen Bundesstaaten, die drei Hansestädte, Mecklenburg-Schwerin und Strelitz, Holstein und Lauenburg, Limburg und Lichtenstein.

4) Verhandlungen der ersten Generalkonferenz in Zollvereinsangelegenheiten. München 1836. S. 95. Beil. XI.

5) Verhandlungen der zweiten Generalkonferenz rc. S. 51.

Ernst und Ausdauer gerichtet waren. Den Stimmen der Wissenschaft [6]) gaben die Anträge der Handelskammern von Elberfeld und Barmen [7]), sowie des Handelsstandes zu Leipzig [8]), — letzterer in der Erinnerung an einen gleichen, schon im Jahre 1669 gestellten Antrag, — Nachdruck, so daß man wohl hoffen durfte, daß der mit so vielen Kräften und mit so großem Eifer unterstützte nationale Wunsch endlich werde erfüllt werden.

Auch die einzelnen deutschen Regierungen hatten den Nachtheil erkannt, welcher für den Handelsstand durch die Verschiedenheit der Handelsgesetzgebung entstand, und viele derselben waren bemüht, durch Revision der eigenen Gesetzgebung, zum Theil im Anschluß an die allgemeinen, in Deutschland geltenden Wechselprinzipien, eine möglichste Uebereinstimmung herbeizuführen und den Nothstand zu mildern, da man ein nationales Zusammenwirken der deutschen Regierungen, bei der damaligen politischen Auffassung in Deutschland, noch nicht für ausführbar hielt. In diesem Sinne wurden Entwürfe [9]) zu Wechselgesetzen vorbereitet in Frankfurt a./Main 1827, Oesterreich 1829, Hamburg 1834, Würtemberg 1839. 1840, Königreich Sachsen 1841, Bremen 1843, Braunschweig 1843, Nassau und Mecklenburg 1847. — Preußen, der größte deutsche Staat und durch Gemeinsinn und nationale Hingebung zu allen Zeiten voranleuchtend, hatte zur Revision seiner Wechselgesetzgebung, die, den Geist Friedrich's des Großen athmend, zu den vorzüglichsten Gesetzen ihrer Zeit gehörte und zuerst die legislative Centralisation der Handelsgesetzgebung in Preußen herbeiführte, eine besondere Kommission [10]) aus Rechts- und Sachverständigen niedergesetzt. Der im

---

6) Christ, Ueber deutsche Nationalgesetzgebung (1842). S. 110. Mittermaier, im Archiv für civilistische Praxis Bd. 25 (1842) S. 137 ff. 141. 284. Dedekind, Vergangenheit und Gegenwart des deutschen Wechselrechts (1844) S. 204.

7) Dedekind, Vergangenheit rc. S. 139.

8) Kuntze a. a. O. S. 219.

9) Brauer a. a. O. S. 4. Kuntze a. a. O. S. 214.

10) Die Revision des Wechselrechts hat in Preußen eine geraume Zeit in Anspruch genommen und die Vorarbeiten ergeben, mit welcher großen Sorgfalt und mit welchem unermüdlichen Fleiße man dabei zu Werke gegangen ist. Bei Einleitung der Revision wurde das Wechselrecht mit dem Handelsrechte verbunden und der achten Deputation der Gesetz-Revisions-Kommission übertragen. Diese legte im Jahre 1836 den

Entwurf: Allgemeines Landrecht Th. II Tit. 8. Abschn. 8. Von Wechseln und Abschn. 9. Von Handelsbillets und Assignationen rc. Berlin 1836.

vor. Bei der vorläufigen Berathung im Gesetz-Revisions-Ministerium wurde jedoch, da das Wechselrecht sich nicht bloß auf Handelsverhaltnisse beziehe und die Verbindung desselben mit dem Handelsrechte den Gebrauch des Wechselrechts erschwere, beschlossen, das Wechselrecht von dem Handelsgesetzbuche zu trennen, als ein für sich bestehendes Wechselrecht abzufassen und, mit vorzüglicher Rücksicht auf die neueren Wechselgesetze anderer Staaten, zu bearbeiten. Der Entwurf wurde daher nochmals in einer engeren Ministerial-Kommission berathen, welche aus dem Geh. Ober-Tribunalsrathe Scheffer, Geh. Ober-Revisionsrathe Esser, dem Verfasser des Entwurfes der Deputation, Geh. Justizrathe Krausnig, einigen Deputirten des Handels-Ministeriums, dem Stadtjustizrathe Grein, als Referenten in derselben und im Gesetz-Revisions-Ministerium und den Mitgliedern der kaufmannischen Korporation zu Berlin: Benecke von Groditzberg und Joseph Mendelsohn, — bestand. Nachdem über den von der Kommission abgefaßten Entwurf des Wechselrechts das Gutachten der Ober-Landes- und Handelsgerichte erstattet war, wurde derselbe in dem Gesetz-Revisions-Ministerium mit Zuziehung der Kommission ausführlich berathen. Nach den Resultaten dieser Berathungen, sowohl über das Wechselrecht, als über den Wechselprozeß, wurden

Das revidirte Wechselrecht mit dem Wechselprozeß. Berlin 1838. Motive zu dem revidirten Wechselrecht. Berlin 1838. Materielle Abweichungen des revidirten Entwurfs des Wechsel-

Jahre 1836 vorgelegte Entwurf genügte jedoch nicht, weil derselbe nur das Wechselrecht in den altländischen Provinzen zum Gegenstande hatte, und es wurde daher ein zweiter Entwurf, in Veranlassung der für die Gemeinsamkeit des deutschen Wechselrechts erhobenen Stimmen, von einem allgemeinen, möglichst für ganz Deutschland bemessenen Gesichtspunkte ausgearbeitet und einer gemischten Kommission aus Rechts- und Sachverständigen zur Prüfung vorgelegt. Die Tüchtigkeit und der Fleiß der Redaktoren; die Sorgfalt, mit welcher die Fortschritte der Wissenschaft berücksichtigt wurden; die geistvollen Arbeiten von Einert und Liebe, welche neues Licht über das Wechselrecht verbreitet hatten; die Theilnahme erprobter praktischer Kenner des Wechselrechts aus den verschiedenen Theilen Deutschlands, — alle diese Umstände gaben Hoffnung auf die Erfüllung der Wünsche des Handelsstandes für eine gemeinsame zeitgemäße Wechselgesetzgebung.

Der in verschiedenen Stadien wiederholt berathene Entwurf der Gesetz-Revisions-Kommission wurde endlich im Jahre 1847 unter dem Titel „Entwurf einer Wechselordnung für die preußischen Staaten nach den Beschlüssen der Kommission des Königlichen Staatsraths“ mit Motiven veröffentlicht. Gemäß dem, auf der Generalkonferenz der Zollvereinsstaaten (1846) gefaßten Beschlusse[11]) theilte die Königlich Preußische Regierung den Entwurf nicht allein den Regierungen der zum Zollverein gehörigen, sondern sämmtlichen Deutschen Bundesstaaten mit,

---

rechts und des Wechselprozesses von dem Allgem. Landrechte und der Allgem. Prozeßordnung. Berlin 1838. Zusammenstellung der von den rheinischen Handelsgerichten und Handelskammern gegen den von der Kommission vorgelegten Entwurf des Wechselrechts aufgestellten Monita 2c. Berlin 1838.

von dem Stadtjustizrathe Grein ausgearbeitet und mit den durch spätere Bemerkungen veranlaßten

Abänderungen einiger Bestimmungen des revidirten Entwurfs des Wechselrechts, welche in der zu Folge aufgestellter Erinnerungen am 26. November 1838 stattgefundenen Gesetz-Revisions-Konferenz für nöthig erachtet worden sind. Berlin 1838.

abgedruckt und in die weiteren Stadien befördert. Das Staats-Ministerium berieth den ministeriellen Entwurf, welcher, nachdem die Beschlüsse des Staats-Ministeriums darin aufgenommen worden, unter dem Titel:

Entwurf des Wechselrechts nach den Berathungen des Staats-Ministeriums. Berlin 1840.

von Neuem abgefaßt und des Königs Majestät mittelst Berichts vom 30. Mai 1840 mit dem Antrage, denselben an den Staatsrath gelangen zu lassen, überreicht wurde. In Gemäßheit der Königlichen Kabinets-Ordre vom 2. Juli 1840 wurde der Entwurf im Staatsrathe von einer aus neun Mitgliedern bestehenden Kommission berathen, und ein neuer

Entwurf einer Wechselordnung nach den Berathungen der Kommission des Königlichen Staatsraths. Berlin 1845. Erläuterungen dazu. Berlin 1845.

von dem Referenten, Geh. Postrathe und Kammergerichtsrathe Grein und dem Geh. Ober-Justizrathe Eichhorn ausgearbeitet. Dieser Entwurf wurde einer Kommission von kaufmännischen Sachverständigen vorgelegt und das Resultat dieser Berathung in dem

Kommissionsberichte betr. die Vernehmung der Sachverständigen über den Entwurf einer Wechsel-Ordnung. Berlin 1846; Entwurf einer Wechsel-Ordnung nach den Ergebnissen der Berathung von den einberufenen kaufmännischen Sachverständigen. Berlin 1846.

niedergelegt. Dieser Entwurf wurde wiederum einer Kommission des Staatsrathes zur Berathung vorgelegt, und der aus dieser Berathung hervorgegangene und nochmals revidirte Entwurf im Jahre 1847 unter dem Titel:

Entwurf einer Wechselordnung für die Preuß. Staaten nach den Beschlüssen der Kommission des Staatsraths

mit den Motiven veröffentlicht. Vergl. Aktenmäßige Darstellung der Preuß. Gesetz-Revision vom Staatsminister von Kamptz. Berlin 1842. S. 121. Dieser Entwurf von 1847 hat den Berathungen der Leipziger Konferenz zum Grunde gelegen und im Ganzen nur wenige Abänderungen erfahren.

11) Verhandlungen der achten Generalkonferenz. (Berlin 1846.) S. 63.

lud die letzteren zur Theilnahme an der Berathung über ein gemeinsames Wechselrecht zu einer, am 20. Oktober 1847 in Leipzig zusammentretenden Konferenz ein und legte in der, die Einladung begleitenden „Denkschrift, die Berathungen über ein Allgemeines Deutsches Wechselrecht betreffend" vom 31. August 1847 [12]) den Standpunkt dar, welcher bei den Berathungen, zur Erreichung des gemeinsamen Zieles, inne zu halten wünschenswerth sei.

In der anberaumten Konferenz waren von fast sämmtlichen deutschen Regierungen [13]) Deputirte erschienen; unvertreten blieben: Mecklenburg-Strelitz, die Anhaltischen und Lippeschen Fürstenthümer, Schwarzburg-Sondershausen, Waldeck, Hessen-Homburg, Luxemburg und Limburg. Den Vorsitz [14]) führte der Königlich Sächsische Staatsminister v. Könneritz und als zweiter Präsident der Königlich Preußische Wirkl. Geh. Legationsrath, spätere Finanz-Minister v. Patow. Als Referent fungirte der verdienstvolle Königlich Preußische Geh. Justizrath Bischoff. Zur Grundlage für die Berathung diente, nach einstimmigem Beschlusse [15]), der von Preußen vorgelegte Entwurf.

Die patriotische Hingebung, mit welcher alle Abgeordnete sich dem gemeinsamen Gesetzgebungswerke widmeten, machte es möglich, daß die eingehenden Berathungen in 35 Sitzungen am 9. Dezember 1847 beendet wurden.

§. 17.

Die Publikation der Allgemeinen Deutschen Wechselordnung. Geltungsgebiet.

Nach der, in der ersten Sitzung der Leipziger Konferenz [1]) zum Beschluß erhobenen Bestimmung der Preußischen Denkschrift (Punkt 7) sollte für keine Regierung aus der Theilnahme an der Berathung eine Verpflichtung zur Publikation des vereinbarten Entwurfes folgen, es jeder Regierung vielmehr überlassen bleiben, den Entwurf anzunehmen, abzulehnen, oder in veränderter Gestalt zum Gesetze zu erheben. Der, unter Theilnahme fast aller deutschen Regierungen berathene Entwurf war daher noch kein für Deutschland geltendes gemeinsames Recht, sondern von jeder einzelnen Regierung hing es ab, den Entwurf auf dem verfassungsmäßigen Wege zum Gesetze zu erheben, abzuändern, oder zurückzu-

12) Abgedruckt in „Protokolle der zur Berathung einer Allgemeinen Deutschen Wechselordnung in Leipzig abgehaltenen Konferenz (Leipzig, C. L. Hirschfeld, 1848)." S. 1.

13) Für Oesterreich und Liechtenstein: Hofrath Dr Heisler; für Preußen: Geh. Legationsrath v. Patow, Geh. Justizrath Bischoff, Bankier Magnus, Handelskammer-Präsident Camphausen; für Bayern: O.A.G.Rath Dr Kleinschrod, Banquier Assessor Schmid; für Königreich Sachsen: Vicepräsident Dr Einert, Kramermeister Poppe, Kaufmann Georgi; für Hannover: Schatzrath Lehzen, Bankier Hostmann; für Würtemberg und die Hohenzollernschen Fürstenthümer: Obertribunals-Rath Dr. v. Hofacker; für Baden: Ministerialrath Brauer, Bankier Hohenemser; für Großherz. Hessen: Ministerialrath Dr. Breidenbach; für Kurfürstenthum Hessen: Obergerichts-Rath Fuchs; für Holstein und Lauenburg: Etatsrath Behr; für die meisten Thüringischen Staaten: Geh. Regierungs-Rath Thon; für Braunschweig: Hofrath Liebe, Kaufmann Haase; für Nassau: Geh. Rath Vollprecht; für Mecklenburg-Schwerin: Professor Thol; für Oldenburg: Senator Dr Albers aus Bremen; für Lübeck: Syndikus Dr. Edler; für Frankfurt: Syndikus Dr. Harnier; für Bremen: Senator Dr. Albers, Aeltermann Lürmann; für Hamburg: Senator Lutteroth-Legat, Handelsgerichtspräses Dr Halle. Leipz. Prot. S. 1.

14) Leipz. Prot. S. 3.

15) Leipz. Prot. S. 4.

1) Leipz. Prot. S. 4.

weisen; denn die zur Ausarbeitung der Wechselgesetzgebung von Preußen eingeladene Konferenz war keine gesetzgebende Versammlung, sondern eine durch die Instruktion ihrer Regierung gebundene Vereinigung berathender Mitglieder. Es blieb, da in Deutschland ein gemeinsam bindendes Organ für die Privatrechts-Gesetzgebung auch in der Bundesversammlung nicht existirte, durch letztere daher auch nicht einmal die Publikation des Entwurfes mit gemeinsamer Gesetzeskraft für ganz Deutschland bewirkt werden konnte, freilich kein anderer Weg übrig, als das Schicksal des, mit so großer Hingebung berathenen Entwurfes in die Hand einer jeden einzelnen Regierung mit dem Vertrauen zu legen, daß sie den Entwurf in unveränderter Form annehmen und publiciren werde [2]). Und dieses Vertrauen ist nicht getäuscht worden.

Die politischen Wogen des Jahres 1848 waren dem friedlichen Werke der Gesetzgebung für Privatrecht nicht günstig; die Berathung des Entwurfes der Wechselordnung auf dem verfassungsmäßigen Wege und die Publikation desselben, womit einzelne Regierungen in patriotischem, bald erkaltetem Eifer vorangegangen waren [3]), erlitten daher im Ganzen eine beklagenswerthe Unterbrechung. — Vielleicht aber hat auch der, durch die Märzunruhen kundgegebene Drang nach politischer Einheit Deutschlands dies gemeinsame Gesetzgebungswerk in den einzelnen Staaten gefördert, da in ruhigeren Zeiten möglicher Weise ungünstige, dem Partikularismus huldigende, politische Strömungen nachtheilig eingewirkt haben würden.

Die Bundesversammlung hatte am 7. April 1848 die Einberufung einer Deutschen National-Versammlung beschlossen und am 18. Mai wurden die Sitzungen des Deutschen Parlaments in der Paulskirche zu Frankfurt am Main eröffnet. Diese konstituirende Versammlung ergriff gern die Gelegenheit, einen Akt der gesetzgebenden Gewalt für Gesammt-Deutschland vorzunehmen und überwies daher die Prüfung des Entwurfes der Allgem. Deutschen Wechselordnung dem Ausschusse [4]) für Gesetzgebung. Mit übereilter Schnelle und ohne ruhige Prüfung der Rechtsbefugniß [5]) wurde in der Sitzung vom 25. November 1848 auf

2) Punkt 7 der Preußischen Denkschrift.

3) Der Leipziger Entwurf ist unverändert publizirt worden in: Anhalt-Dessau-Köthen durch Patent v. 14. Februar 1848, in Sachsen-Meiningen durch Gesetz v. 22. April 1848, in Nassau durch Ges. vom 25. Oktober 1848.

4) Derselbe bestand aus: Geh.-Rathe Mittermaier aus Heidelberg; Professor Michelsen aus Jena; Landgerichts-Rath Bloemer aus Aachen; Dr. Bocler aus Schwerin; Staatsprokurator v. Breunig aus Aachen; Geh. Justizrath Grävell aus Frankfurt a. d. O.; Kammergerichts-Assessor Jordan aus Gollnow, O.A.G. Rath Kierulf aus Rostock, O.L.G. Rath Langerfeld aus Wolffenbüttel, AG. Rath Leue aus Coln, Adolf Paur aus Augsburg, Advokat Wesendonck aus Düsseldorf, Advokat Wiedemann von dort, Rathsprotokollist v. Würth aus Wien und Advokat Zitz aus Mainz. Von den Mitgliedern des volkswirthschaftlichen Ausschusses waren zugegen: Kaufmann Dröge aus Bremen, Kaufmann Merk aus Hamburg, Kaufmann Eisenstuck aus Chemnitz, Bankier Breusing aus Osnabrück, Hofrath Schauß aus München, und aus dem Frankfurter Handelsstande de Bary und Pfeffel.

5) In der Sitzung der Deutschen Nationalversammlung vom 24. November 1848 wurde von dem Abgeordneten, Geh. Justizrathe Graevell gegen die Befugniß der konstituirenden Versammlung zur Berathung und Sanktionirung des Entwurfes Bedenken erhoben und bemerkt, daß weder die deutschen Regierungen, noch die Gerichte die Gesetzeskraft der A. D. W.O. ohne Partikular-Publikation anerkennen würden. Arch. f. D. W.R. Bd. 1. S. 116.

den Antrag des Berichterstatters v. Breunig der Entwurf, unter Widerspruch von nur 22 Stimmen, unverändert angenommen und von dem Reichsverweser in dem Reichsgesetzblatte vom 26. November 1848 als Gesetz [6]) verkündet.

Es war für das gemeinsame Gesetzgebungswerk zu bedauern, daß diesem Publikationsakte die gesetzliche Kraft nicht zur Seite stand und daß sich daher, obgleich das Nassauische Publikationsgesetz vom 25. Oktober 1848 die definitive Gültigkeit der Wechselordnung ausdrücklich von der zu erwartenden Deutschen Reichsgesetzgebung abhängig gemacht hatte, in den einzelnen Staaten der Zweifel erhob, ob denn der Publikation durch den Reichsverweser eine Gesetzeskraft in der Art beizulegen, daß die Wechselordnung als ein in ganz Deutschland geltendes Gesetz anzusehen sei [7])? Mit dem Verschwinden der ephemeren Erscheinung der Reichsgewalt hatte die, durch das Reichsblatt verkündete Allgem. Deutsche Wechselordnung vollends den Rechtsboden verloren, und es gingen daher die Einzelstaaten, mehrere sehr langsam und bedächtig, mit der Publikation des Entwurfes selbstständig vor. Und so ist denn endlich, am spätesten im Kurfürstenthum Hessen (November 1859) [8]), der Leipziger Entwurf in Deutschland, in einigen Ländern mit zum Theil nicht wesentlichen Abänderungen [9]), als Gesetz eingeführt und hat nur im Großherzogthum Luxemburg, wo das Französische Wechselrecht, und im Herzogthum Limburg, wo das Holländische Wechselrecht gilt, keine Gültigkeit erlangt [10]).

In mehreren kleineren deutschen Einzelgebieten ist die Wechselordnung zwar als Reichsgesetz, nicht aber durch besondere Publikationsgesetze verkündet worden, wie in Sachsen-Altenburg, Anhalt-Bernburg [11]), Anhalt-Köthen, Anhalt-Dessau, Reuß-Greiz, Schwarzburg-Rudolstadt und Schwarzburg-Sondershausen; allein die Gesetzeskraft der Wechselordnung beruht in diesen Landestheilen, woselbst sie seit ihrer Verkündung durch das Reichsblatt in anerkannter praktischer Geltung bestanden hat, auf einer unumstößlichen, der Partikular-Publikation an Rechtswirkung gleichstehenden Gewohnheit, so daß gegen ihre gesetzliche Gültigkeit nicht der geringste Zweifel erhoben werden kann [12]).

---

6) Das Publikationspatent lautet: Art. 1. Die nachstehende A. D. W.O. tritt mit dem 1. Mai 1849 im Deutschen Reiche in Gesetzeskraft. Art. 2. Die zur Ausführung dieser Wechselordnung in den Einzelstaaten etwa erforderlichen, von diesen zu erlassenden Bestimmungen dürfen keine Abänderungen derselben enthalten. Thol a. a. O. Bd. 2. S. 47.

7) Auch das Ober-Tribunal zu Berlin hat in dem Erkenntniß v. 4. März 1858 angenommen, daß die Wechselordnung nicht als ein allgemeines deutsches Reichsgesetz angesehen werden kann. (Entsch. Bd. 38. S. 249.) Brauer im Arch. f. D. W.R. Bd. 7. S. 1. Kuntze a. a. O. S. 222.

8) Nach der Preußischen Occupation ist die A. D. W.O. mit neuen Einführungsbestimmungen publicirt: a in den Herzogthümern Holstein und Schleswig durch die Verordn. v. 13. Mai 1867 (Ges.-Samml. S. 669); b. in dem ehemaligen Kurfürstenthume Hessen durch die Verordn. v. 13. Mai 1867 (Ges.-Samml. S. 737); c. in dem ehemaligen Herzogthume Nassau durch die Verordn. v. 5. Juli 1867 (Ges.-Samml. S. 1108).

9) In Oesterreich, Holstein, Lauenburg, Kur.-Hessen.

10) Arch. f. D. W.R. Bd. I. S. 68. Goldschmidt a. a. O. §. 16. Kuntze a. a. O. S. 224. Borchardt, Allg. Deutsche Wechselordnung (Berlin 1864) S. 2. Die Publikationsgesetze vergl. bei Brauer a. a. O. im Anhange.

11) In Anhalt-Bernburg ist durch Gesetz v. 27. Mai 1862 die Nürnberger Novelle publicirt und dadurch die Gültigkeit der A. D. W.O gesetzlich anerkannt.

12) Goldschmidt a. a. O. S. 107. Anderer Ansicht: Renaud a. a O. S. 11. 15, der ein für die Gemeinsamkeit des Rechts nicht günstiges Geltungssystem aufstellt. Kuntze a. a. O. S. 224.

Die Allgem. Deutsche Wechselordnung war durch das Kaiserlich-Oesterreichische Patent vom 25. Jänner 1850 für den ganzen Umfang des Oesterreichischen Kaiserreiches in Wirksamkeit gesetzt [13]), allein durch Landtagsbeschluß vom 22. Juni und 1. Juli 1861 ist in Ungarn die ältere ungarische Wechselordnung vom Jahre 1840 wieder eingeführt [14]).

§. 18.

Die Novelle zur Allgemeinen Deutschen Wechselordnung.

In der vorletzten Sitzung [1]) der Leipziger Konferenz stellte der Abgeordnete für Würtemberg, das von Anfang an einen hervorragenden Antheil an dem gemeinsamen Gesetzgebungswerke für Deutschland genommen hat, den Antrag, daß nach einigen Jahren die Abgeordneten der verschiedenen Deutschen Staaten zu einer Revision der Wechselordnung zusammentreten möchten, um die in der Praxis wahrgenommenen Lücken auszufüllen und eine Gleichförmigkeit in der Anwendung des Gesetzes herbeizuführen. Diesem Antrage schlossen sich Abgeordnete anderer Regierungen an, und sehr bald stellte sich die Zweckmäßigkeit dieses Antrages heraus [2]).

Die richtige Auffassung, Auslegung und Anwendung der Allgem. Deutschen Wechselordnung ist oft mit besonderer Schwierigkeit verbunden. In ihrer Kürze stellt sie fast nur abstrakte Rechtssätze auf, deren Anwendung auf gegebene Fälle nicht allein eine genaue Kenntniß der allgemeinen Theorie des Wechselrechts und der Technik des Wechsels, sondern auch eine Darlegung des, in den Materialien oft nicht precise ausgedrückten theoretischen Standpunktes voraussetzt, von welchem die Leipziger Konferenz einzelne Fragen des Wechselrechts aufgefaßt hat. Dieses tiefe Verständniß des Wechselrechts in seiner rechtlichen und praktischen Bedeutung war nun freilich in dem ausgedehnten Geltungsgebiete der Allgemeinen Deutschen W.Ordnung überall in gleichem Maße um so weniger vorauszusetzen, als früher, bei der Eingeschränktheit der Wechselfähigkeit und der Eigenthümlichkeit der Gerichtsorganisation in vielen deutschen Staaten, sich der Verkehr mit Wechseln meistens auf die bedeutendern Städte beschränkte, ein großer Theil der Richter daher wenig äußere Gelegenheit und Veranlassung fand, sich durch Studium und Rechtsübung mit dem Geiste und dem Wesen des Wechselrechts eingehend bekannt zu machen. Es konnte daher nicht fehlen, daß sich in den verschiedenen Geltungsgebieten der Allgemeinen Deutschen Wechselordnung über wichtige Fragen des Wechselrechts bald verschiedene Ansichten und Kontroversen bildeten, welche, beim Mangel der Centralisation der Rechtsprechung in einem obersten gemeinschaftlichen Gerichtshofe, auch nicht auf dem Wege der Rechtsprechung durch Projudize, oder auf dem Wege der Uebung durch Bildung eines Gewohnheitsrechts, eine für ganz Deutschland entgültige Erledigung und Entscheidung finden konnten. Eine Re-

13) Joh. Geyer, das Nöthigste aus dem Gebiete der Wechselkunde. (Wien 1858.) S. 245. Blaschke, Oesterreichisches Wechselrecht. (Wien 1867.) S. 17.

14) Goldschmidt a. a. O. S. 109. Borchardt a. a. O. S. 2. Arch. f. D. W.R. Bd. 11. S. 224. Blaschke a. a. O. S. 38.

1) Leipz. Prot. S. 245.

2) Brauer, im Arch. f. D. W.R. Bd. 3. S. 160.

vision der Allgem. Deutschen Wechselordnung erschien daher ein nothwendiges Mittel zur Erhaltung und Beförderung der angebahnten Rechts-Einheit in Wechselsachen. — Die deutsche Bundesversammlung war es dieses Mal, die sich der Interessen des deutschen Handelsstandes annahm. Dieselbe hatte auf Anregung und Beschluß der Mitglieder der Bundesregierungen schon die Berathung eines Allgem. Deutschen Handelsgesetzbuches in die Hand genommen und zu diesem Zwecke durch den Beschluß vom 18. December 1856 [3]) eine Kommission berufen, welche am 15. Januar 1857 in Nürnberg zusammengetreten war. Durch den Beschluß vom 19. Febr. 1857 [4]) wurde jene Kommission auch beauftragt:

a. „zu erörtern, in welcher Weise die, in den einzelnen Deutschen Bundesstaaten zur Ausführung des Artikels 2. der Allgem. Deutschen Wechselordnung getroffenen gesetzlichen Bestimmungen wegen Beschränkung der Wechselhaft, unter strenger Festhaltung des in dem Artikel 2. ausgesprochenen Princips der Rücksichtnahme auf Gründe des öffentlichen Rechts, sowie unter gleichzeitiger Berücksichtigung des Interesse des Verkehrs, in Uebereinstimmung zu bringen seien, als auch

b. in Berathung zu ziehen, wie die Lösung der bezüglich der Wechselordnung entstandenen Kontroversen:

   aa. über die Berechnung der Frist zur Erhebung des Protestes Mangels Zahlung,

   bb. über die Wirkung der die Acceptabilität der Wechsel beschränkenden Klauseln,

   cc. über die Wirkung eines Zinsversprechens in Wechseln, besonders in eigenen, sowie

   dd. anderer Kontroversen, deren Beseitigung die Konferenz im Interesse des Verkehrs noch für wünschenswerth erachten sollte, herbeizuführen sein dürfte, und

c. das Ergebniß ihrer diesfallsigen Verhandlungen der Bundesversammlung zu weiterer Verhandlung vorzulegen."

Die von der Handelsgesetzgebungs-Kommission ernannte Subkommission legte ihren Entwurf zu einer Novelle der Allgemeinen Deutschen Wechselordnung im März 1858 vor; aber die Annahme stieß bei mehreren Regierungen auf Schwierigkeiten. Nachdem die letzteren durch nochmalige Zurückweisung an die Kommission beseitigt worden, beschloß die Bundesversammlung unterm 13. April 1861, das Ergebniß der Vorberathungen zur Kenntniß der Bundesregierungen zu bringen und dieselben zu ersuchen, über die Annahme resp. Durchführung der Kommissionsvorschläge sich zu erklären. Auch gegen die Annahme dieser modifizirten Kommissionsanträge wurden von Seiten verschiedener Regierungen Bedenken erhoben, und, nachdem endlich auch diese Differenzen beseitigt worden, wurde der Entwurf von der Bundesversammlung den Bundesregierungen mitgetheilt:

---

3) Goldschmidt a. a. O. S. 126. Kuntze a. a. O. S. 226.

4) Goldschmidt a. a. O. S. 111. 112. Ueber die Verhandlungen der Nürnberger Konferenz vergl. Arch. f. D. W.R. B. 9. S. 217. B. 10. S 368. Thöl a. a. O. B. 2. S. 56.

1. mit dem Ersuchen: die Vorschläge baldmöglichst zur gesetzlichen Einführung zu bringen,
2. mit dem Wunsche: die Regierungen möchten ihre Bereitwilligkeit erklären, allenfallsige, künftig als wünschenswerth erscheinende Abänderungen der Allgemeinen Deutschen Wechselordnung nicht einseitig, sondern auf demselben Wege, wie die vorliegenden Ergänzungen zu Stande gekommen seien, hervorrufen zu wollen [5]).

Der eingeschlagene Weg der Gesetzgebung, durch Vermittelung der Bundesversammlung, hat nun zwar zum Ziele geführt; allein, um bei Vorlage eines vortrefflichen Materials wenige Ergänzungsbestimmungen zur Allgemeinen Deutschen Wechselordnung zu Wege zu bringen, ist der Zeitraum v. 19. Februar 1857 bis 23. Januar 1862 erforderlich gewesen. Das spricht nicht für den legislativen Beruf der [6]) Bundesversammlung.

Die Nürnberger Novelle ist demnächst von den einzelnen Bundesstaaten als Gesetz publicirt worden [7]).

§. 19.

Die Geltung der Allgemeinen Deutschen Wechselordnung.

Die Allgemeine Deutsche Wechselordnung gilt in Deutschland nicht auf Grund eines gemeinschaftlichen Publikationsaktes, sondern sie hat in den einzelnen Staaten Deutschlands Gesetzeskraft entweder auf Grund besonderer Publikation, oder, ohne die letztere, Kraft usuellen Gebrauches erhalten. Dieselbe kann daher zwar in Betracht des Umfanges ihres gegenwärtigen Geltungsbezirkes, welches ganz Deutschland umfaßt, nicht aber in Ansehung der Rechtsquelle, aus welcher ihre Gültigkeit in den deutschen Einzelstaaten geflossen ist, als ein allgemeines deutsches Wechselgesetz angesehen und betrachtet werden. Die Allgemeine Deutsche Wechselordnung hat daher, ungeachtet ihrer gemeinsamen Berathung und Annahme Seitens der deutschen Staaten, dennoch nur den Karakter eines partikularen Gesetzes [1]). Diese Eigenschaft ist dadurch anerkannt, daß die Leipziger Konferenz [2]) zu den Art. 84 u. 85 die Bestimmung des Begriffes „Inland und Ausland" den Regierungen der einzelnen Staaten bei Verkündigung der Wechselordnung überlassen hat, und daß in den Publikationspatenten [3]) einzelner Staaten das internationale Verhältniß der Wechselordnung zu anderen Staaten dahin näher bestimmt ist, daß unter der Benennung „Ausland" alle jene Länder zu verstehen

---

5) Goldschmidt a. a. O. S. 118.

6) jetzt glücklich beseitigten

7) In Preußen durch das Gesetz v. 27. Mai 1863. (Ges.-Sam. S. 357.)

1) Thöl a. a. O. B. 1. §. 4 ff. Goldschmidt a. a. O. §. 33. 34. Biener a. a. O. S. 459. Renaud a. a. O. §. 5. Erk. des Ober-Trib. in Berlin v. 4. März 1858. (Entsch. Bd. 38. S. 247. Arch. f. D. W.R. Bd. 9. S. 90.) Kuntze a. a. O. S. 225. vindizirt für die Deutsche Wechselordnung den Karakter „eines allgemeinen Deutschen Wechselrechts", weil dieselbe das in Deutschland geltende allgemeine Gewohnheitsrecht formulire und der fortdauernden Geltung dieses allgemeinen Gewohnheitsrechts dadurch kein Eintrag geschehe, daß es zugleich durch die Organe der Partikulargesetzgebung anerkannt worden sei.

2) Leipziger Protokolle. S. 242.

3) Großherzoglich. Badensches Einf.-Ges. v. 19. Febr. 1849. §. 56. Königl. Sächsisches Einf.-

sind, in welchen die allgemeine Wechselordnung nicht als Gesetz eingeführt ist, unter „Inland" dagegen das ganze Gebiet, in welchem die Wechselordnung als Gesetz Geltung hat. In dem Preußischen Einführungspatente vom 15. Februar 1850 findet sich eine gleiche Bestimmung zwar nicht, allein derselbe Grundsatz muß auch in Preußen Rechtens sein, da die Wechselordnung berufen ist, ein gemeinsames Geltungsgebiet für das Wechselrecht zu begründen, und sich mit diesem Prinzip der Rechtsgemeinschaft nicht eine partikularistische Auffassung über die Staatsangehörigkeit innerhalb der Grenzen Deutschlands vereinigen läßt[4]). Hätte die Deutsche Wechselordnung den Karakter eines gemeinen, für ganz Deutschland gültigen, einer gemeinsamen Rechtsquelle entsprungenen Gesetzes, dann wäre eine Festsetzung ihres rechtlichen Verhältnisses zu anderen deutschen Staaten nicht erforderlich gewesen. Auch ist die Wechselordnung nicht in allen deutschen Staaten als „allgemeine Wechselordnung", sondern z. B. in Oesterreich in partikularistischer Bezeichnung als „allgemeine Wechselordnung für das Kaiserthum Oesterreich"[5]) publicirt worden.

Wenn man hiernach nicht daran zweifeln kann, daß die deutsche Wechselordnung in den deutschen Einzelstaaten nicht als gemeines, sondern als partikulares Recht gilt, so kann es auch nicht dem geringsten Bedenken unterliegen, daß ein jeder einzelne deutsche Staat[6]) befugt ist, an der, durch die Leipziger Konferenz berathenen und durch besondere Publikation zum Gesetz erhobenen Allgemeinen Deutschen Wechselordnung im Umfange seines Gebietes einseitig Abän-

---

Ges. v. 25. April 1849. §. 2. Sachsen-Weimar-Eisenachsches Einf.-Ges. v. 13. Juli 1849. §. 1. Königl. Bayerisches Einf.-Ges. v. 25. Juli 1850 Artikel 7.

4) Erk. des Ober-Trib. in Berlin v. 4. März 1858. (Entsch. Bd. 38. S. 247. Arch. f. D. W.R. Bd. 9. S. 90.) Erk. der österr. obersten Gerichtsh. v. 17. Novbr. 1858. (Arch. a. a. O. Bd. 10. S. 286.) Borchardt a. a. O S. 334. Brauer a. a. O. S. 142. Anderer Ansicht: Bluntschli a. a. O. S. 128. N. 3. Renaud a. a. O. S. 19. Kuntze a. a O. S. 116. Thöl a. a. O. Bd. 2. S. 67. Goldschmidt a. a. O. S. 271. N. 3. In Ansehung der Einwohner der zum Norddeutschen Bunde gehörigen Staaten ist die Eigenschaft als „Inländer" durch die Verfassung des Norddeutschen Bundes v. 26. Juli 1867 anerkannt, welche im Art. 3. bestimmt: „Für den ganzen Umfang des Bundesgebietes besteht ein gemeinsames Indigenat mit der Wirkung, daß der Angehörige eines jeden Bundesstaates in jedem anderen Bundesstaate als Inländer zu behandeln ist." Bundesgesetzblatt S. 3. Die Verschiedenheit der Civilgesetzgebung in dem Bundesgebiete wirkt freilich immer noch nachtheilig auf das materielle Wechselrecht. Eine Rechtsgemeinschaft, insbesondere auf dem Gebiete des Prozeßrechts, ist jedoch angebahnt. Art. 4. der alleg. Verf.

5) Blaschke a. a. O. S. 17. 49. vertheidigt diesen partikularistischen Standpunkt, während Kitka in seinen Erläuterungen über die österreichische (Deutsche) Wechselord. S. 42. unter „Inlande" alle die einzelnen deutschen Staaten versteht, in welchen die Deutsche Wechselordnung gilt.

6) Für das Gebiet des Norddeutschen Bundes ist die Partikulargesetzgebung durch den Art. 4. der Verf. v. 26. Juli 1867 durch die Bestimmung eingeschränkt, wonach dem Norddeutschen Bunde die gemeinsame Gesetzgebung über das Obligationenrecht, Strafrecht, Handels- u. Wechselrecht und das gerichtliche Verfahren vorbehalten ist. Es ist daher zu erwarten, daß die im Wechselrechte durch die verschiedenen Einführungsgesetze veranlaßte, wenn auch nicht erhebliche, Rechtsverschiedenheit durch einen Gesetzesakt Seitens des Norddeutschen Bundes beseitigt und daß der, von dem Bundesrathe auf Antrag des Reichsrathes am 29. Juni 1868 gefaßte Beschluß bald realisirt werden wird, welcher dahin geht: „den Bundeskanzler zu ersuchen, den Entwurf eines Bundesgesetzes, durch welches das Allgemeine Deutsche Handelsgesetzbuch und die Allgemeine Deutsche Wechselordnung nebst der sog. Nürnberger Wechselnovelle, soweit nicht eine Aenderung des gemeinsamen Deutschen Wechselrechts durch das Bundesgesetz über die Aufhebung der Schuldhaft vom 29. Mai 1868 eingetreten ist, zu Bundesgesetzen erklärt und als solche in das gesammte Bundesgebiet eingeführt werden, ausarbeiten zu lassen und dem Bundesrathe zur weiteren Beschlußfassung vorzulegen."

derungen vorzunehmen, ja dieselbe selbst aufzuheben. Dieses Recht folgt aus der Souveränetät und der staatsrechtlichen Stellung der einzelnen Staaten Deutschlands und ist anerkannt in der Preußischen Denkschrift v. 31. August 1847, sowie in dem Beschlusse der Bundesversammlung v. 23. Januar 1862. Nur eine moralische Pflicht und die eigene Staatsklugheit legen die Verbindlichkeit auf, an dem gemeinsamen Gesetzgebungswerke festzuhalten, und die im Interesse des Handelsverkehrs etwa nöthig erscheinenden Abänderungen nur unter Mitwirkung aller deutschen Staaten vorzunehmen [7]).

§. 20.

Das Verhältniß der Allgemeinen Deutschen Wechselordnung zu früheren Gesetzen und zum Civilrechte. Interpretation.

Vor Einführung der Allgemeinen Deutschen Wechselordnung galten in Deutschland viele, zum Theil sehr verschiedene Wechselgesetze. Diese große Verschiedenheit des Rechts erzeugte für den Handel und Verkehr Unsicherheit, Störung und mancherlei Verluste. Zweck der Allgemeinen Deutschen Wechselordnung war es daher, diesem Zustande Abhülfe zu verschaffen und durch Aufstellung eines gemeinsamen Wechselrechts die Rechtssicherheit im Handel und im Geldverkehre herzustellen und zu befestigen. Mit Einführung der Allgemeinen Deutschen Wechselordnung haben daher, was die Einführungsgesetze der einzelnen Staaten ausdrücklich anordnen, und sich auch ohne diese ausdrückliche Anordnung von selbst verstanden haben würde, alle bis dahin geltende gesetzliche oder gewohnheitliche Wechselrechte ihre Kraft verloren, so daß gegenwärtig die Allgemeine Deutsche Wechselordnung in Deutschland als ausschließliche Grundlage des geschriebenen Rechts für Wechselgeschäfte gilt, und überhaupt als das einzige Gesetz anzusehen ist, welches in Wechselsachen, sei es auf Grund verfassungsmäßiger Publikation als gesetzliches, oder auf Grund usueller Anwendung als Gewohnheitsrecht Geltung hat. Aus dieser Eigenschaft der Allgemeinen Deutschen Wechselordnung als ausschließlicher Rechtsquelle für Wechselsachen in Deutschland ergeben sich nachstehende Rechtssätze: 1. Die älteren geschriebenen und gewohnheitlichen Wechselgesetze in den deutschen Staaten, in welchen die Allgemeine Deutsche Wechselordnung Gültigkeit erlangt hat, sind völlig außer Anwendung gesetzt und erleiden neben der Wechselordnung keine Anwendung [1]); 2. das Wechselrecht ist ein souveränes Recht in Wechselsachen, welches, — in sich abgeschlossen, — kein anderes Recht neben sich duldet, und in keinem anderen Rechtssysteme seinen Stützpunkt findet.

7) Die Modifikationen, mit welchen die Allgemeine Deutsche Wechselordnung in den einzelnen Staaten eingeführt worden ist, sind an sich nicht erheblich und nicht geeignet, die Rechtsgemeinschaft auf dem Gebiete des Wechselrechts aufzuheben. Am meisten ist dieselbe gestört worden durch die Aufhebung des Personalarrestes, welche durch das Gesetz v. 29. Mai 1858 (Bundesgesetzbl. S. 237) für das Gebiet des Norddeutschen Bundes auch für Wechselsachen ausgesprochen ist. Es steht jedoch zu erwarten und es sind in dieser Beziehung schon entgegenkommende Erklärungen abgegeben worden, daß auch in den übrigen, nicht zum Norddeutschen Bunde gehörenden Staaten durch Aufhebung des Wechselarrestes die gestörte Rechtsgemeinschaft wieder hergestellt wird.

1) Borchardt im Arch. f. D. W.R. Bd. 2. S. 92.

Das Wechselrecht kann daher auch aus dem gemeinen Civilrechte nicht erklärt und durch Rechtssätze aus dem letzteren nicht begründet werden. Den Wechselgeschäften liegen zwar in der Regel bestimmte Obligationsfälle zum Grunde, welche in das Gebiet des Civilrechts fallen und unter gewisser Voraussetzung von Einfluß sind auf die wechselrechtlichen Folgen, (Valuten-, Deckungsgeschäft, Bereicherungsklage), und ebenso lassen sich in anderer Weise civilrechtliche Ansprüche in Verbindung setzen mit dem Wechsel (Entschädigungs-, Vindicationsansprüche) [2]); allein diese Rechtsbeziehungen betreffen keine streng wechselrechtlichen Verhältnisse und liegen daher außerhalb dem Gebiete des Wechselrechts. Die aus dem Wechsel entspringenden und durch den Wechsel begründeten spezifisch wechselmäßigen Ansprüche und Beziehungen finden in den Vorschriften des gemeinen Civilrechts keinen Anhalt. Es mag der Wissenschaft erlaubt sein, zur Begründung wechselrechtlicher Wahrheiten Stützpunkte in der Lehre des Civilrechts aufzusuchen und Analogien aus dem letzteren zu benutzen; allein ein weiter gehendes Bestreben führt nicht zu wahrer Erkenntniß des Wechselrechts [3]). Für die durch wechselmäßige Formalakte begründete Verpflichtung des Ausstellers, des Indossanten und des Acceptanten kann möglicher Weise in gewissen civilrechtlichen Verpflichtungsgründen, — dem Mandat, der Anweisung, der Stipulation, dem pactum nudum, — eine Rechtsähnlichkeit gefunden werden; allein eine Rechtsquelle ist für die Wechselverpflichtung in diesen civilrechtlichen Geschäftsformen nicht zu finden.
3. Die Interpretation muß, nach den Regeln der Wissenschaft und des Gesetzes, nach dem Wortlaute [4]) der recipirten Wechselordnung und nach dem Sinne erfolgen, welchen die Motive und die Vorarbeiten [5]) den gesetzlichen Bestimmungen beigelegt haben. Die Kritik muß bei der Benutzung dieser Vorarbeiten jedoch mit besonderer Vorsicht verfahren, weil die Leipziger Konferenzprotokolle in vielen

---

2) Art. 45. 58. 65. 74. 82. 83. A. D. W.O.

3) Runde a. a. O. §. 225. Eichhorn, Einleit. in das deutsche Privatrecht. §. 132. Bender a. a. O. §. 256. Mittermaier a. a. O. Bd. 1. §. 25. Bd. 2. §. 325. Biener a. a. O. S. 417 ff. Schon Franck und Heineccius traten dem Bestreben, die Grundsätze des Wechselrechts aus dem Römischen Rechte herzuleiten, entgegen, und Vangerow sagt in s. Werke: Ergänzungen und Anmerkungen über den Entwurf des Wechselrechts nach den Grundsätzen der Preuß. Staaten sehr richtig: „Man gehe zu weit, wenn man aus dem Römischen Rechte Beurtheilungsgründe des Wechselrechts unmittelbar entlehne, das, strenge beurtheilt, nicht einmal als Hülfsmittel zu gebrauchen sei. Es gäbe Fälle, welche aus der Analogie des Römischen Rechts entschieden würden, und der Richter über Wechselgeschäfte müsse daher auch jenes Recht kennen, nicht aber als Hülfswissenschaft, sondern als Wissenschaft, die zur Kenntniß eines jeden Rechtsgelehrten eigenthümlich schon gehöre. Das Römische Recht verhalte sich in diesem Falle gegen das Recht der Wechsel als ein jeder anderer Theil der Rechtsgelehrsamkeit zu den anderen."

4) Ueber den Sprachgebrauch der Allgem. Deutschen Wechselordnung vergleiche Thöl a. a. O. B. 2. S. 41.

5) Arch. f. D. W.R. B. 4. S. 107. Zur Kritik und Interpretation für die Wechselordnung dienen vorzugsweise: a. die von den Einzelstaaten vorgelegten Entwürfe, insbesondere der der Berathung zum Grunde gelegte Preußische Entwurf vom Jahr 1847 nebst den beigefügten Motiven; b. die Leipziger und Nürnberger Konferenzprotokolle. In einem Erkenntnisse des Kammergerichts zu Berlin wird es zwar für mißlich erklärt, später erscheinende Gesetze aus den früher berathenen Motiven zu erklären; allein dieser Ansicht wird man sich schwerlich anschließen. Die Motive des Gesetzgebers bilden die beste und sicherste Interpretationsquelle. Das gilt aber ganz besonders von den Vorarbeiten der Allgem. Deutschen Wechselordnung, von denen zumal die Leipziger Konferenzprotokolle mit vorzüglicher Sorgfalt und Sachkenntniß redigirt worden sind. Arch. f. D. W.R. B. 1. S. 407. Bd. 2. S. 96. Brauer im Arch. a. a. O. Bd. 3. S. 168. Gelpke, Zeitschr. H. 1. S. 141. Thöl a. a. O. Bd. 2. S. 40. Blaschke a. a. O. S. 47.

Fällen die, oft doktrinären Erörterungen und Ansichten einzelner Mitglieder aufgenommen haben, ohne daß ersichtlich ist, ob und wie weit sich die Konferenz jenen Ansichten angeschlossen hat, und welchen Einfluß dieselben auf die Redaktion des Entwurfes gehabt haben. Es gilt in dieser Beziehung die Regel, daß bei erfolgter Abstimmung die Ansicht der Majorität maßgebend ist, während in den Fällen, in welchen ohne Abstimmung die wechselrechtliche Ansicht eines Konferenzmitgliedes in den Protokollen niedergelegt worden ist, geprüft werden muß, zu welchem Zwecke und in welchem Sinne die Anführung geschehen ist, ob sie den Beifall der Versammlung erhalten hat und mit dem Geiste der Wechselordnung überhaupt zu vereinigen ist[6]). Doktrinäre Anschauungen und Erörterungen einzelner Mitglieder sind bei vielen Punkten vorgekommen, z. B. über die Theorie des Wechselrechts, über die Natur des Indossaments, über die Pflicht zur Notifikation, über die Intervention, und dennoch ist es schwer, zu bestimmen, welcher wechselrechtlichen Theorie sich die Allgem. Wechselordnung angeschlossen hat[7]). Lücken, welche in der Allgemeinen Deutschen Wechselordnung wahrgenommen werden, müssen nach den allgemeinen Regeln der Interpretationskunst[8]), nach dem Wortsinne, im Geiste der Wechselordnung, ausgefüllt werden, und es kann dabei auf älteres Recht nur insofern zurückgegangen werden, als dieses dem Geiste der Wechselordnung nicht widerspricht[9]). Eine gesetzliche Basis und eine sichere Interpretationsquelle bildet es nicht. Beim Mangel einer gesetzlichen Bestimmung muß, wie in jeder anderen Rechtsmaterie, so auch im Wechselrechte, der Entscheidungsgrund aus der Natur und dem Wesen des Wechsels, naturalis ratio, hergeleitet und ein wissenschaftliches Recht konstruirt werden[10]). Während die Geschäfte, welche unter das Handelsrecht fallen, nach gewissem billigen Ermessen des Richters, nach einer aequitas judicis[11]), in Form und Inhalt, beurtheilt, und als negotia bonae fidei im kaufmännischen und im Rechtsleben angesehen werden, stellen sich die, auf dem Wechselrechte ruhenden Geschäfte als streng formale Rechtsakte, als negotia stricti juris, dar, die im Verkehrsleben und bei der richterlichen Beurtheilung eine strenge formalistische Behandlung erfordern. Nicht der Wille, die

6) Goldschmidt a. a. O. §. 34. 39. Thöl a. a. O. Bd. 1. S. 68.

7) Es ist ein Vorzug der Allgem. Deutschen Wechselordnung, daß sie abstrakte Rechtssätze aufgestellt und sich äußerlich keiner bestimmten Wechseltheorie angeschlossen hat. Sache der Doktrin ist es, das leitende Princip der einzelnen Rechtssätze zu erforschen und die Theorie des Wechselrechts zu konstruiren. Die Anhänger der verschiedenen Wechseltheorien haben daher auch nachzuweisen sich bemüht, daß gerade ihre Theorie der Allgemeinen Deutschen Wechselordnung zum Grunde liege. Ladenberg im Arch. f. D.W.R. Bd. 1. S. 32. Biener a. a. O. S. 463. Kuntze a. a. O. S. 233. 302., und Archiv a. a. O. Bd. 11. S. 142.

8) Mühlenbruch a. a. O. Thl. I. §. 54 ff. Bornemann, System des Preuß. Civilrechts. Berlin 1845. Theil I. §. 6. Allgemeines Preuß. Landrecht. Einleitung §. 46 ff.

9) Si de interpretatione legis quaeratur, imprimis inspiciendum est, quo jure civitas retro in ejusmodi casibus usa fuisset, optima enim est legum interpres consuetudo. L 37. D. de legibus (I. 3). Diese Regel des Römischen Rechts ist für die Interpretation der Wechselordnung mit Vorsicht anzuwenden, da bei der Vielheit der früheren deutschen Wechselgesetze die letzteren keinen Uebergang zur Allgem. Deutsch. Wechselordnung gebildet haben. Biener a. a. O. S. 456.

10) Mittermaier a. a. O. Bd. 1. §. 40. Goldschmidt a. a. O. Bd. 1. S. 218.

11) Ad consulem itaque horum officium spectat: Primo in causis mercatorum aequitatem semper et praecipue ante oculos ponere, et ex bono et aequo litis dirigere. Valde enim inconveniens esset, in curia mercatorum de apicibus disputare. Marquard l. c. lib. III. cap VI. p. 48. Goldschmidt a. a. O. Bd. 1. §. 34.

Absicht der Wechsel-Interessenten, sondern die abstrakte Form ist die Quelle des Rechts. Dieses, in der Allgemeinen Deutschen Wechselordnung zum Ausdruck gekommene Princip muß bei Auslegung wechselrechtlicher Vorschriften als oberster Grundsatz angesehen werden [12]).

§. 21.

Das Verhältniß der Allg. Deutsch. W.Ord. zur Autonomie. Wechselklausel.

Die Privat-Autonomie ist für alle obligatorische Rechtsverhältnisse die ergiebigste Rechtsquelle, und für die rechtliche Entscheidung von Privatstreitigkeiten die bevorzugte Erkenntnißquelle. „Willkühr bricht Stadtrecht.“ Das Privatrecht legt auch den Parteien bei Abschließung von Rechtsgeschäften im Ganzen nur geringe Beschränkungen auf, läßt vielmehr ihrer freien Entschließung den weitesten Spielraum. Es ist daher im Allgemeinen den Parteien gestattet, die Vertragsverhältnisse ganz nach ihrer Willkühr zu verabreden und denselben Klauseln, Bedingungen und Nebenbestimmungen beizufügen, durch welche die gegenseitigen Rechtsbeziehungen, nach Zweck und Umfang, näher bestimmt, eingeschränkt und erweitert werden. Die Statthaftigkeit und die Rechtswirkung dieser Nebenbestimmungen sind abhängig von der Natur des Rechtsgeschäftes, dem sie beigefügt sind, und von dem Zwecke, welcher durch sie erreicht werden soll. Es ziehen daher unter Umständen die Klauseln und Nebenbestimmungen die Ungültigkeit des Geschäfts, dem sie einverleibt sind, nach sich, während sie bei anderen Rechtsgeschäften für nicht geschrieben und für nicht beigefügt angesehen werden [1]). Andere Grundsätze gelten im Wechselrechte. Nach der Ansicht vieler älterer Schriftsteller bestand der Unterschied zwischen der wechselmäßigen und civilrechtlichen Verpflichtung lediglich darin, daß mit der wechselmäßigen Haftbarkeit eine strengere Rechtshülfe, entweder gegen die Person, oder in das Vermögen des Schuldners (rigor cambialis) verknüpft war; für ein selbstständiges, auf eigenem Rechtsboden erwachsenes Institut wurde der Wechsel nicht erachtet. Man meinte daher, daß jedes, auch ein zweiseitiges Geschäft durch Beifügung der Wechselklausel (clausula cambialis) die Natur eines Wechselbriefes annehme, und sah den Wechsel für nichts anderes, als für ein accessorisches Verstärkungs- und Sicherungsmittel jeder Art von Verträgen an. Allein diese Ansicht ist schon längst als dem wahren Wesen des Wechsels, des Trägers einer abstrakten Obligation, widersprechend anerkannt. Schon das Allgemeine Landrecht für die Preußischen Staaten [2]) bestimmt: ein Instrument wird bloß dadurch, daß davon die Zahlung nach Wechselrecht versprochen worden, kein gültiger Wechsel. Noch strengere Grundsätze

12) Goldschmidt a. a. O. Bd. 1. S. 221. Erk. des Ober-Trib. in Berlin v. 5. Juli 1851. Striethorst, Arch. Bd. 2. S. 222. auch Bd. 12. S. 320. Bd. 17. S. 48. Bd. 32. S. 344. Erk. v. 15. Jan. 1867. (Entsch. Bd. 56. S. 397.)

1) Mühlenbruch, Lehrbuch des Pandektenrechts. Thl. 1. §. 104 ff. Thl. 3. §. 649 ff. Puchta a. a. O. §§. 61 u. 475. Arndts a. a. O. §§. 68. 495. Eichhorn, Einl. in das Deutsch. Privatrecht. §§. 25. 37. Allgem. Preuß. Landr. §§. 99 ff. Tit. 4; §§. 227 ff. Tit. 5; §§. 63 ff Tit 12 Thl. I.

2) Thl. II. Tit. 8. §. 1182.

stellt die Allgemeine Deutsche Wechselordnung auf. Dieselbe hat die Selbstständigkeit des Wechsels und dessen Unabhängigkeit von dem, dem Wechselzuge unterliegenden Rechtsgeschäfte als oberstes Princip anerkannt und daher aus der Sphäre des Wechselrechts alle Beziehungen entfernt, in welchen der Wechselbrief sonst zu dem obligatorischen Grunde, der causa praecedens, steht. Der Wechselbrief ist die verkörperte Wechselforderung, der Träger eines abstrakten Rechts, und in seiner Rechtsfolge gebunden an eine bestimmte, im Gesetze vorgeschriebene Form. Mit diesem strengen, von jedem vertragsmäßigen Elemente losgelösten Formalismus ist aber auch eine Beschränkung der Parteien bezüglich des materiellen Inhaltes des Wechsels in der Art verbunden, daß dem Wechsel nicht alle beliebige Modalitäten, sondern nur die im Gesetze gestatteten Klauseln beigefügt werden können [3]). In dieser Beziehung ist es nach der Allgemeinen Deutschen Wechselordnung erlaubt:

1. dem Wechsel die Eigenschaft eines Rectapapiers zu geben, durch Beifügung der Worte: „nicht an Ordre" (Art. 9. A. D. W.O.);
2. die Garantiepflicht des Indossanten einzuschränken durch die Bemerkung „ohne Gewährleistung" (Art. 14. A. D. W.O.);
3. die Weiterbegebung des Wechsels in dem Indossamente durch die Worte: „nicht an Ordre" einzuschränken (Art. 15. A. D. W.O.);
4. dem Indossamente die Wirkung der Eigenthumsübertragung durch die Klausel „zur Einkassirung", „in Prokura" zu nehmen (Art. 17. A. D. W.O.);
5. in Zeitsicht- und Domizilwechseln die Präsentationspflicht und Präsentationszeit vorzuschreiben (Art. 19. 24. 31. A. D. W.O.);
6. ein beschränktes Accept zu leisten (Art. 22. A. D. W.O.);
7. einen Domiziliaten für den Wechsel zu bestimmen (Art. 24. A. D. W.O.);
8. die Pflicht zur Protesterhebung zu erlassen (Art 42. A. D. W.O.);
9. dem Wechsel Nothadressen beizufügen (Art. 56. 61. A. D. W.O.).

Untersagt ist in der Novelle zur Allgemeinen Deutschen Wechselordnung ausdrücklich:

a. für die Wechselsumme verschiedene Zahlungszeiten festzusetzen, also der Ratenwechsel [4]) (Art. 4. Nr. 4. A. D. W.O.);
b. das Zinsversprechen, das nicht für geschrieben gilt (Art. 7. A. D. W.O.);

---

3) Entgegengesetzte, auf die Verschiedenheit der Wechseltheorie gestützte Ansicht bei: Martens, Grundriß §. 62. v. Weißeneck a. a. O. §. 288. Bender a. a. O. Abth. 2. §. 44 a. Es kommen in dem Wechsel häufig Angaben vor, welche nicht zu den wesentlichen Bestandtheilen des Wechsels gehören und daher nicht auf dem Gesetze, sondern auf kaufmännischem Gebrauche beruhen. Diese Angaben beziehen sich meistens auf die Valuten- und Deckungsverhaltnisse, gehören dem Civilrechte an und stehen daher außer dem Wechselrechte. Dahin gehoren: die Angaben des Ausstellers und Indossanten über die Bezahlung der Valuta z. B. „Werth baar empfangen", „den Werth in Waaren empfangen", „Werth in Rechnung", so wie die Bestimmung, wie der Trassat die Wechselsumme verrechnen soll, z. B. bei Wechseln für eigene Rechnung „und bringen den Werth auf Rechnung"; bei Wechseln für Rechnung eines Dritten: „und stellen den Werth auf Rechnung von N.N." (Anfangsbuchstaben des Namens desjenigen, für dessen Rechnung trassirt ist). Alle diese Angaben haben nur einen technischen, nicht rechtlichen Sinn; in Beziehung auf letzteren müssen sie erst klar gelegt werden.

4) In England und Schottland sind Notenwechsel, bills payable by installments, erlaubt. Biener a. a. O. S. 188.

c. die Uebereinkunft, wodurch bei gewöhnlichen Wechseln das Recht zur Präsentation aufgehoben, beschränkt oder durch Bestimmung einer Präsentationsfrist modifizirt wird (Art. 18. A. D. W.O.).

Es hatte sich in der Praxis das Bedenken [5]) erhoben, ob diese Nebenbestimmungen zu a bis c dem Wechsel mit rechtlicher Wirkung beigefügt werden könnten; die Novelle hat diese Kontroverse aber verneinend entschieden [6]). In gleicher Weise ist es in den Motiven zur Allgemeinen Deutschen Wechselordnung [7]) für unstatthaft erklärt, die in dem Wechsel versprochene Zahlung von einer Kündigung abhängig zu machen, weil dadurch ein Moment des Wechsels außerhalb der Schriftlichkeit verlegt werde, solches aber gegen das Wesen des Wechsels sei. Ein auf Kündigung gestellter Wechsel hat daher, ebenso wie ein Ratenwechsel, keine Gültigkeit, weil er dem Art. 4. der Allgem. Deutschen Wechselordnung nicht entspricht. Es gilt die Regel: nur die in der Wechselordnung ausdrücklich gestatteten Klauseln können einem Wechsel mit rechtlicher Wirkung beigefügt werden; andere Klauseln werden, insofern sie die Wechselerklärung nicht aufheben, wie z. B., wenn dem Wechsel verschiedene Zahlungstermine beigefügt sind (Ratenwechsel), oder derselbe auf Kündigung gestellt ist, — für nicht geschrieben geachtet. Diese Regel folgt aus der streng formalen Natur des Wechsels und findet ihre Bestätigung in den Motiven zur Allgemeinen Deutschen Wechselordnung. Es handelte sich nämlich in der Konferenz um die Beantwortung der Frage:

ob es gesetzlich bestimmt werden solle, daß es dem Aussteller eines Domizilwechsels erlaubt sei, eine Präsentationsfrist und Präsentationspflicht in dem Wechsel zu bestimmen?

Der Oesterreichische und Badensche Abgeordnete hielten eine Festsetzung darüber gar nicht für nöthig, indem die Parteien überhaupt berechtigt seien, bei Ausstellung des Wechsels besondere, die allgemeinen Bestimmungen des Gesetzes abändernde Klauseln zu verabreden und dem Wechsel einzuverleiben. Dagegen wurde von der Versammlung, beinahe einstimmig, das Princip aufgestellt, daß Klauseln dieser Art als nicht geschrieben betrachtet werden müßten, überhaupt nur die ausdrücklich erlaubten Klauseln statthaft seien, indem den Vorschriften der Wechselordnung durch Privatwillkühr nicht derogirt werde. Hiernach ist die Privat-Autonomie für das Wechselrecht eine sehr eingeschränkte Rechtsquelle [8]).

---

5) Arch. f. D. W.R. Bd. 3. S. 58. 240. 338. Bd. 6. S. 22. Bd. 10. S. 405.

6) Arch. f. D. W.R. Bd. 9. S. 217 ff. Bd. 10 S. 368.

7) Leipz. Prot. S. 160. Arch. f. D. W.R. Bd. 6. S. 18. Borchardt a. a. O. S. 50. Zus. 102.

8) Leipz. Prot. S. 57. 229. Brauer a. a. O. S. 22. Derselbe im Arch. f. D. W.R. Bd. 3. S. 171. 313. 316. Thöl a. a. O. Bd. 2. §. 150. 164. 181. 328. Liebe, A. D. W.O. S. 62. 211. Koch, Erläuterungen zum A. Pr. L.R. Th. 2. Tit. 8. zum Artikel 4. der A. D. W.O. Renaud a. a. O. S. 88. Hoffmann a. a. O. S. 196. 197. Biener im Arch. f. D. W.R. Bd. 6. S. 1 f. Kuntze a. a. O. S. 114. Volkmar u. Loewy a. a. O. S. 23. 41. Goldschmidt a. a. O. Bd. 1. S. 216. Unzulässigkeit des Augsburger Accepts: Leipz. Prot. S. 34. 39. 41. Arch. f. D. W.R. Bd. 1. S. 400. Bd. 3. S. 172. 316. Bd. 6. S. 18. Bluntschli a. a. O. S. 53. Hoffmann a. a. O. S. 277. Erk. d. O.Tr. in Stuttg. v. 7. April 1858. (Arch. f. D. W.R. Bd. 7. S. 114.)

§. 22.

Das Verhältniß der Allgemeinen Deutschen Wechselordnung zu dem Gewohnheitsrechte. Usançe.

Die Gewohnheit, der Kaufmannsgebrauch, ist die Quelle und, viele Jahrhunderte hindurch, der ausschließliche Entwickelungsweg des Wechselrechts gewesen. Die ersten gesetzlichen und wissenschaftlichen Arbeiten auf dem Gebiete des Wechselrechts waren nichts Anderes, als Sammlungen der bestehenden Wechselgewohnheiten, und selbst die Allgemeine Deutsche Wechselordnung formulirt nicht neues Wechselrecht, sondern enthält nur Bestimmungen und Rechtssätze, welche in Deutschland als gesetzliches oder gewohnheitliches Recht bereits Anerkennung und Geltung gehabt haben. Die Rotae Genuae de mercatura etc. decisiones und die alten italienischen Handels- und Wechselrechtslehrer, wie Stracha und Scaccia, stellen als obersten Grundsatz auf: consuetudo mercatorum jus facit, und erklären die einzelnen rechtlichen Erscheinungen des Wechsels aus der consuetudo notaria in curiis mercatorum. Auch die deutsche Reichsgesetzgebung [1]) über das Wechselrecht läßt dem Kaufmannsgebrauche den freiesten Spielraum und ebenso verweisen andere Wechselordnungen, z. B. die Brandenburgische vom Jahre 1739 (Cap. 2. §. 1.) zunächst auf das allgemeine Wechselrecht und die Gewohnheit [2]). In England, dem größten modernen Handelsstaate, und in den Vereinigten Staaten von Amerika, giebt es heute noch kein vollständiges geschriebenes Wechselrecht, sondern, abgesehen von einzelnen Acts of parliament, beruht das gemeine einheimische englische Wechselrecht, — Common law, — auf Wechselusançen (Usages, Customs) und auf dem Gerichtsgebrauche (Decisions, Reports, Precedens) [3]). Die deutschen Partikulargewalten haben den Geist der Handelsrechts-Gesetzgebung nicht richtig erkannt, die lebendige, sich verjüngende und den Bedürfnissen der Zeit sich anschmiegende Kraft des kaufmännischen Gewohnheitsrechts nicht erfaßt und gemeint, daß durch eine möglichst spezielle Gesetzesnormirung die Interessen des Handels am besten gesichert seien. — Diesen einseitigen Weg verfolgt auch zum Theil das Allgemeine Landrecht für die Preußischen Staaten [4]), das Oesterreichische Gesetzbuch und viele andere partikulare Gesetzgebungen Deutschlands. Von dem Gewohnheitsrechte, als einer frisch sprudelnden Quelle des Rechts, war das jus scriptum kein Freund; nicht auf dem Rechtsbewußtsein des Volkes, auf dem Willen des Gesetzgebers sollte das Recht

1) J. R. A. v. 1654 §. 107. „Auch bei den Handelsstädten, in Wechselsachen, zu Meßzeiten und sonsten Casus vorfallen, da nicht allein nach Kaufmannsgebrauch, sondern nach aller Rechtsgelehrten Meinung die parata executio stracks Platz haben soll.“ Marquard l. c. lib I. c. 18 n. 26. lib. II c. 12. n 77.

2) Siegel, corp jur. (Fortsetz.) p. 31. Observabunt (consules) mores et consuetudines mercatorum approbatas, in quas jurare tenentur Judex enim consuetudinem et statuta judicare debet Marquard l. c. lib III. cap. 2. n. 25. cap 6. n 51.

3) Bender a. a. O. §. 253. Dedekind, Quellen ꝛc. S. 53. Kuntze a. a. O. S. 255. Goldschmidt a. a. O. Bd. 1. §. 13.

4) §§. 3 ff. 60. Einl., Art. VII Publik. Pat. Das Oesterr. allgem. bürgerl. Gesetzbuch §. 10. Fischer, Oesterr. Hand.-Recht §. 5. Bornemann, Systematische Darstell. des Preuß. Landrechts (Berlin 1842) Bd. 1. S. 28.

ruhen. Dieser Weg der Gesetzgebung mochte, ohne völlige Aufopferung der Interessen des Handels, inne gehalten werden, so lange der Verkehr die gewohnten, durch Gesetz vorgesehenen einfachen Bahnen verfolgte; allein er erwies sich als verfehlt, nachdem der Verkehr in den verschiedensten, fortwährend sich verändernden Formen seine moderne Gestalt und eine nie geahnte Ausdehnung angenommen hat. Die neuere französische Gesetzgebung ging mit gutem Beispiele voran; sie verließ den Weg der beengenden Kasuistik, versuchte durch Aufstellung abstrakter Rechtssätze die Rechtsanwendung zu generalisiren und schloß das Gewohnheitsrecht, als Quelle des Rechts, nicht aus [5]). Diesem Vorzuge verdankt der Code de commerce seine Verbreitung und den bedeutenden Einfluß, welchen er auf fremde Gesetzgebung, bis in die neueste Zeit, geübt hat.

Auch das Allgemeine Deutsche Handelsgesetzbuch sieht die Gewohnheit für eine wichtige Rechtsquelle an und bestimmt im Art. 1. — „In Handelssachen kommen, insoweit dieses Gesetzbuch keine Bestimmungen enthält, die Handelsgebräuche, in deren Ermangelung das allgemeine bürgerliche Recht in Anwendung.“ Die deutsche Wechselordnung befaßt sich nur mit Aufstellung spezifisch wechselrechtlicher Vorschriften und enthält keine allgemeine Bestimmung über den Einfluß anderer Rechtsquellen, daher auch nicht über ihr Verhältniß zu dem Gewohnheitsrechte. Daß aber die Gewohnheit für den Wechselverkehr als Rechtsquelle nicht ausgeschlossen ist, folgt theils aus der unumstößlichen historischen Thatsache, daß das Wechselrecht seinen Ursprung und seine Ausbildung der Uebung und der Gewohnheit des Handelsstandes verdankt, und daß das geschriebene Recht ohne die belebende Einwirkung des gewohnheitlichen Rechts eine leicht versiegbare Quelle gewesen sein würde, theils aus der angeführten Bestimmung des Allgemeinen Deutschen Handelsgesetzbuches und aus dem Umstande, daß das Wechselrecht nur einen Theil des Handelsrechts bildet, die für das letztere anerkannte Rechtsquelle daher auch für das Wechselrecht nicht verschlossen ist. Es kann somit keinem gegründeten Bedenken unterliegen, daß die Usançe [6]), die kaufmännische oder Handelsgewohnheit, der Handelsgebrauch (usus, consuetudo, stylus mercatorum, usage, coutume commerciale, custom, usage of merchants,) neben der Allgemeinen Deutschen Wechselordnung [7]) eine wichtige Rechtsquelle ist, und ihre Wir-

---

5) Der Code de comm. wird bald über Verdienst gelobt, bald über Maßen getadelt; allein er hat doch das unleugbare Verdienst, daß er in kurzer und klarer Sprache ein Handelsrecht aufgestellt hat, das jeden partikularistischen Standpunkt vermieden, durch Aufstellung allgemeiner Rechtssätze und durch zeitgemäße Würdigung der Usançen den Interessen des Handelsstandes in gleichem Maße entsprochen und den eigentlichen Grund zu einem internationalen, kosmopolitischen Handelsrechte, — wenn auch nur im Sinne des Gewohnheitsrechts, — gelegt hat. Der Code de comm. hat in Ländergebieten mit c. 70 Millionen Einwohnern Geltung gehabt, ein Umstand, der für seine Vortrefflichkeit genügend Zeugniß ablegt. Bender a. a. O. §. 249. Mittermaier a. a. O. Bd. 1. S. 98. Dedekind, Quellen S. 16. Einert, Entwurf ꝛc. 1841. (Vorbericht.) Biener a. a. O. S. 488. Kuntze a. a. O. S. 251. Goldschmidt a. a. O. Bd. 1. S. 42.

6) Von dem mittelalterlichen Worte: usancia oder usanzia. Gewohnheit. Goldschmidt a. a. O. Bd. 1. S. 224.

7) Einert in seinem ersten Entwurfe einer Wechselordnung für das Königreich Sachsen (Leipzig 1841) will nach Publikation der Wechselordnung „die Bildung neuer Usançen nicht zulassen, um die Unterthanen vor den Nachtheilen des jus incertum zu sichern; der Richter soll vielmehr, beim Mangel gesetzlicher Vorschriften, nach der Analogie der im Gesetze enthaltenen

kung äußert nicht allein bei der Interpretation zweifelhafter Gesetzesbestimmungen, sondern auch bei der Bildung neuer Rechtssätze. Die kaufmännische Usançe begreift in ihrer allgemeinen Bedeutung nicht allein gewohnheitliche Rechtsgrundsätze, sondern auch thatsächliche Geschäftsgebräuche, welche sich im Handelsverkehre zur Normirung einer bestimmten Geschäftsweise gebildet und den Karakter eines usuellen Verfahrens angenommen haben [8]).

Ueber die Bildung, den Beweis und die rechtliche Wirkung der Usançe gelten dieselben gesetzlichen und wissenschaftlichen Regeln, welche bezüglich des Gewohnheitsrechts überhaupt befolgt werden. Zum Entstehen und zur Bildung [9]) einer Usançe ist daher erforderlich: 1) es muß die Uebung eines bestimmten Rechtssatzes oder eines bestimmten Geschäftsgebrauches in Wechselsachen stattgefunden haben, und die Handelnden müssen die Uebungsfälle in der Ueberzeugung einer dazu verpflichtenden rechtlichen Nothwendigkeit (opinio necessitatis) vorgenommen haben. Handlungen der geschäftlichen Artigkeit, Gefälligkeit und Courtoisie, oder aus Gründen der Zweckmäßigkeit oder Angemessenheit vorgenommen, selbst in gleichmäßiger und wiederholter Befolgung, begründen daher an sich keine Usançe, weil sie nicht vorgenommen worden sind in der Meinung des rechtlichen Zwanges, nicht in der Ueberzeugung der rechtlichen Geltung der vorgenommenen Handlung als eines Gewohnheitssatzes [10]). 2) Die Ueberzeugung der Rechtsnothwendigkeit muß dargethan und befestigt werden durch eine Reihe gleichmäßiger Uebungen desselben Rechtssatzes oder Gebrauches; denn ein vereinzelt nachgewiesener, oder durch entgegengesetztes Verfahren abgeschwächter Uebungsfall begründet keine Gewohnheit. Dagegen ist zum Entstehen einer Usançe ebenso wenig, wie zur Bildung einer Rechtsgewohnheit nothwendig, daß eine bestimmte Anzahl von Uebungsfällen oder die Befolgung während einer bestimmten Zeit nachgewiesen wird, da die Gewohnheit als Rechtsquelle nicht nach den Regeln der Verjährung, als eines privatrechtlichen Erwerbs- und Veränderungsgrundes von Rechten, beurtheilt werden kann [11]). Sache des Richters ist es daher, in jedem einzelnen Falle zu prüfen, ob die Zahl der ihm vorgeführten

---

Rechtsgrundsätze entscheiden." Diese Entscheidungsquelle wird jedoch durch Usançen ohnehin nicht alterirt; die letzteren sollen eben das jus incertum ergänzen und fixiren.

8) Z. B. ob Geldsendungen frankirt oder unfrankirt gemacht werden, ob Werthpapiere deklarirt oder undeklarirt zur Post gegeben werden, die Art des Buch- und Rechnungsführens, die Art der Versendung und Verpackung u. s. w. Das A. D. H.B. enthält im Art. 1. den Ausdruck „Handelsgebrauche", und die Materialien ergeben, daß diese Bezeichnung statt des in Vorschlag gebrachten Ausdruckes: „Handelsgewohnheitsrecht" gewahlt worden ist, um obige weitergehende Bedeutung in den Begriff aufzunehmen. Prot. S. 11. Goldschmidt a. a. O. Bd. 1. S. 233. 252. Thöl a. a. O. Bd. 1. §. 7. v. Kraewel, Das Allg. Deut. Handelsgesetzbuch. (Halle 1862.) S. 22. Arch. f. Theorie u. Praxis des Allg. D. Handelsrechts (Leipzig 1862) Bd. I S. 15 u. 16.

9) Vergl. Martens, Grundriß des Handelsrechts §. 6 Runde a. a. O. §. 40. 56 ff. Püttmann a. a. O. §. 5. Eichhorn, Einleitung in das Deut. Privatrecht §. 26. Bender a. a. O. §. 253. Puchta, das Gewohnheitsrecht (Erlangen 1828, 1857). Puchta, Vorlesungen über das heutige röm. Civilrecht (Leipzig 1847) §. 11 f. Mittermaier a a. O. Bd. 1. §§. 25. 39. Thöl a. a. O. Bd. 1. §. 7. Goldschmidt a. a. O. Bd. 1. §. 35. Arnold, Cultur u. Rechtsleben S. 345.

10) Treitschke a. a. O. Bd. 2. S. 516 ff. Goldschmidt a. a. O. Bd. 1. S. 234. Thöl a. a. O. Bd. 1. S. 37. Kuntze im Arch. f. D. W.R. Bd. 12. S. 8.

11) Unterholzner, die Lehre von der Verjährung (Breslau 1815.) §. 32. 50 ff. Puchta a. a. O. §. 156. Bornemann a. a. O. Bd. 1. S. 33. Bd. 2. S. 50.

Uebungsfälle zur Begründung einer Rechtsüberzeugung genügen. In vielen Fällen ist es mit Schwierigkeit verbunden, den gewohnheitlichen Karakter einer Handlung zu erkennen, zumal selten eine Gewohnheit so konstant ist, daß nicht auch zuwiderlaufende Handlungen[12]) vorkämen; allein in solchen Zweifelsfällen muß den Richter die in Handelssachen geltende Billigkeit, allenfalls nach Anhörung von Geschäftskundigen, in liberaler Weise, leiten[13]). 3) Die einzelnen Uebungsfälle brauchen nicht unter denselben Personen vorgekommen zu sein. 4) Der zur Rechtsgewohnheit zu erhebende Satz darf der Sittlichkeit, einem Verbotsgesetze, nicht widersprechen und Treue und Glauben des Handelsstandes nicht verletzen[14]).

Nach dem Umfange des Geltungsbezirkes werden die Usançen, wie das Gewohnheitsrecht selbst, eingetheilt in allgemeine[15]), welche in einem Staate oder in einem noch größeren Gebiete, wie z. B. das Englische und Amerikanische Wech-

---

12) Schon Marquard sagt l c Lib. III. cap. 2. n. 8: Stylo mercatorum non semper credendum, cum mox albus sit, mox niger.

13) Ex aequo et bono in causis mercatorum procedendum, rejectis juris apicibus. Marquard l. c. lib III. c 7. n. 4, auch c 6 n 48. Lib I. c. 6 n 30. Biener a. a. O. S. 79. Diese billige und freie Würdigung der Sachlage geht am besten von Handelsgerichten, d. h. von besonderen, für Handelssachen bestimmten, ganz oder theilweise mit Kaufleuten besetzten Gerichten aus. In ihnen ruht die schöpferische Kraft des Handelsrechts und die Garantie des Handelsstandes für eine richtige Würdigung der Handels- und Verkehrsinteressen. Daher „ohne Handelsgerichte kein Handelsrecht". Gans, Beiträge zur Revision Preuß. Gesetzgebung S. 37. Nur bei Handelsgerichten ist eine genaue Kenntniß und eine eingehende Würdigung der Gewohnheit und Gebräuche des Handelsstandes vorauszusetzen, während bei den gewöhnlichen bürgerlichen Gerichten das kaufmännische Gewohnheitsrecht erst, in oft weitläufiger Weise, ermittelt werden muß. Mit dieser Procedur und dem in Civilprozeßsachen vorgeschriebenen strengen Formalismus läßt sich ein schnelles, auf freier richterlicher Würdigung beruhendes, der Eigenthümlichkeit des Rechtsfalles sich einschmiegendes Prozeßverfahren, wie es für Handelssachen gefordert wird, nicht vereinigen. Obgleich das A. D. H.G. in ganz Deutschland eingeführt ist, so läßt doch die Einführung von Handelsgerichten noch immer auf sich warten. Nur in einzelnen Staaten sind selbstständige Handelsgerichte, in verschiedenartiger Zusammensetzung, errichtet. Wenn auch Mittermaier's Vorwurf in seinem Aufsatze: Ueber den Zustand der Gesetzgebung in Beziehung auf Wechselrecht 2c. (Arch. f. civilistische Praxis. Heidelberg 1842. Bd. XXV. S. 114. 284): — „Unsere Juristen, die häufig in der Einseitigkeit, mit der auf unseren Universitäten nur Römisches Recht betrieben wird, von dem Handelsrechte, wie überhaupt von dem deutschen Rechte, nicht viel wissen, können über den traurigen Zustand der Handelsgesetzgebung gar nicht urtheilen. Frage man die Kaufleute, und man wird bald bemerken, in welchem geringen Ansehen die Urtheile der Juristen bei ihnen stehen, und wie laut ihre Klagen über den Zustand der Handelsgesetzgebung sind," — nach dem Erscheinen eines A. D. H.G. und bei dem lebhaften Interesse der juristischen Welt gerade für die Materie des Handels- und Wechselrechts heute hart und wenig zutreffend erscheint, so thut es doch Noth und erscheint als ein dringendes Bedürfniß der Zeit, daß die Handelsstreitigkeiten durch Handelsgerichte entschieden werden und daß auch bei den Entscheidungen in der Appellations-Instanz auf eine geeignete Mitwirkung des technischen Elements, welche sich in Hamburg, Bremen und Bayern bewährt hat, Bedacht genommen werde. Handelsgerichte, ohne juristische Vertretung, entbehren der wissenschaftlichen Qualifikation und stehen nicht auf der Höhe der Rechtswissenschaft. Die Vereinigung technischer Mitglieder, unter einem rechtsgelehrten Vorstande, bietet für die Handhabung des Rechts hinreichende Garantie. Handelsgerichte bestehen in Frankreich, Spanien, Portugal, Belgien, Rußland, in mehreren deutschen Staaten, wie in Oesterreich, Bayern, in den Rheinlanden, Braunschweig, Hamburg, Bremen und Leipzig. In England bestehen zwar keine Handelsgerichte, allein es werden in den geeigneten Fällen bei Handelsstreitigkeiten kaufmännische Geschworene zugezogen. Goldschmidt a. a. O. Bd. 1. S. 77. Kompe, Kritik des Preuß. Gesetzentwurfes über die Handelsgerichte. Zeitschr. für das gesammte Handelsrecht Bd. 9 H. 1. Auch Separatabdruck (Erlangen 1865). Lohr in dem Central-Organe Bd. 2. N. F. S. 497.

14) Savigny, System Bd. 8. S. 269. 275 ff. Ob aber partikulare Zinsverbote dem internationalen Wechselrechte gegenüber von zwingender Natur sind, erscheint zweifelhaft. v. Gerber, Deut. Privatr. S. 75. Erk. des Kr.-Gerichts zu Stargard v. 9. Okt. 1866. Löhr, Central-Organ. N. F. Bd. 4. S. 582.

15) Runde a. a. O. §. 58. Mittermaier a. a. O. Bd. 1. §. 39. Eichhorn a. a. O. §. 26. Goldschmidt a. a. O. Bd. 1. S. 230.

selrecht, und in partikuläre und lokale, welche in einem beschränkteren Umfange Gesetzeskraft haben. (Orts-, Platz- oder Börsenusançen; Orts-, Platz-, Börsengebrauch.) Ist dem Richter die Usançe, auf welche eine Partei ihr Recht stützt, bekannt, so ist er verpflichtet, von Amtswegen darauf Rücksicht zu nehmen [16]). Die Kenntniß des Richters von der anzuwendenden Usançe muß jedoch eine überzeugende sein und kann entweder gestützt werden auf Notorietät, auf Gerichtsgebrauch, (Präjudize), oder auf die Ermittelungen des wissenschaftlichen Rechts, durch Berufung auf die Schriften anerkannter Rechtslehrer [17]). In allen Fällen aber ist der Richter verpflichtet, die Quelle, aus welcher er das Recht hergeleitet hat, in dem Erkenntnisse anzugeben und zu begründen. Die eigene Kenntniß der Handelsusançen ist ein Vorzug der mit kaufmännischen Mitgliedern besetzten Handelsgerichte. Ist dem Richter die Existenz der in Bezug genommenen Usançe nicht bekannt, so ist es Sache der Partei, welche ihr Recht darauf stützt, den Beweis derselben zu führen [18]). Ob der Richter von Amtswegen zur Ermittelung einer streitigen Usançe verpflichtet ist, hängt von der Prozeßgesetzgebung eines jeden einzelnen Staates ab [19]). Im Allgemeinen kann ihm in dieser Beziehung keine andere Pflicht und keine andere Thätigkeit auferlegt werden, als welche ihm das Gesetz bei der Ermittelung der Wahrheit in Civilstreitigkeiten überhaupt vorschreibt. Auch die Art der Beweisführung regelt sich im Allgemeinen nach diesen Vorschriften. Der Richter kann daher 1. die von der Partei zur Begründung der behaupteten Usançe angeführten Uebungsfälle durch Beweisaufnahme in's Licht setzen und nach dem Resultate dieser Beweisaufnahme prüfen, ob der behauptete Satz die Natur einer Rechtsgewohnheit, und in welchem Umfange, angenommen habe, oder 2. den Beweis, ohne Ermittelung der einzelnen Uebungsfälle, sofort auf die rechtliche Existenz der bestrittenen Usançe [20]) selbst richten. Im ersten Falle ist der Richter bemüht, Thatsachen zu ermitteln, aus denen er über die rechtliche Existenz und Wirksamkeit der Usançe Folgerungen zieht, und diese Thätigkeit fällt ganz unter die allgemeinen Regeln der gerichtlichen Beweisaufnahme. Die letztere kann bestehen in der Vernehmung von Zeu-

16) Secundum statuta et consuetudinem mercatorum praecise judicandum. Marquard l. c. Lib. III. c. 2. n. 2 Consules tenentur observare consuetudines mercatorum receptas. l. c. Lib III c. 6. n. 51. Mittermaier a. a. O. I. §. 25. Thöl a. a. O. Bd. 1. S. 38. Goldschmidt a. a. O. Bd. 1. S. 241. Erk. des O.L.G. zu Lübeck vom 31. Mai 1858. (Arch. f. D. W.R. Bd. 7. S. 376.) Borchardt a. a. O. S. 339.

17) Puchta, Vorlesungen §. 12. Martin, Lehrbuch des deutschen gem. bürgerl. Prozesses (Göttingen 1812.) §. 176. Bayer, Vorträge über den gem. ordentlichen Civilprozeß (München 1842.) S. 418. Goldschmidt a. a. O. Bd. 1. S. 245. Erk. d. O.Tr. in Berlin v. 11. Mai 1857. (Entsch. Bd. 36. S. 299.)

18) Stylus mercatorum potest allegari ad decisionem causarum. Stylus mercatorum est probandus. Marquard l. c. Lib. III. cap. 2. n 6 7. Runde a. a. O. §. 56. Mühlenbruch a. a. O. Th. 1. §. 39. A. Pr. G.O. §§. 55. 56. Th. 1. Tit. 10. Um den Beweis der Usançen zu erleichtern, ist vielseitig der Wunsch nach Kodifikation der Platzusançen ausgesprochen worden; allein die Erfüllung dieses Wunsches ist auf mancherlei Hindernisse gestoßen. Kompe in der Zeitschrift für das gesammte Handelsrecht. Bd. 8. S. 344.

19) Nach Preußischem Rechte müssen Gewohnheiten und Observanzen, wie jede andere bestrittene Thatsache, bewiesen werden, insofern sie dem Richter nicht notorisch sind. A. Pr. G.O. §. 55 ff. Th. 1. Tit. 10. Instruktion vom 7. April 1839 Nr. 12. (Gesetz-Samml. S. 133.) Erk. d. O.Tr. in Berlin v. 22. April 1838. (Entsch. Bd. 38. S. 352.)

20) Puchta, Vorlesungen §. 12.

gen, welche über die Uebungsfälle Kenntniß haben sollen, oder in der Vorlegung von Urkunden, aus welchen sich die Befolgung des usuellen Satzes ergeben soll[21]. Im zweiten Falle enthält die Beweisaufnahme ein gemischtes Verfahren, welches zum Theil nach den Vorschriften über die Vernehmung von Zeugen, zum Theil nach den Vorschriften über die Vernehmung von Sachverständigen zu beurtheilen ist. Es gelten darüber folgende Grundsätze: 1. Es müssen sach- und geschäftskundige Männer, Kaufleute, Mäkler, Advokaten, Richter, welche bezüglich ihrer Glaubwürdigkeit die Qualifikation der Zeugen besitzen[22], über die Existenz der Usançe vernommen, oder es muß von rechtskundigen, kaufmännischen oder gewerblichen Korporationen (Kollegien), deren Geschäftskreis von der behaupteten Usançe berührt wird, Auskunft[23] erfordert werden. Es bedarf in diesem Falle nicht nothwendig einer Specialisirung der Uebungsfälle, sondern es kann die Ermittelung auf die Motivirung der Thatsache beschränkt werden: ob und in welchem Umfange die behauptete Usançe existirt. Die Wahl der Gutachter hängt von der Entschließung der Partei ab, welche den Beweis der Usançe führen will, und ist dieselbe auch nicht streng an die in den Schriftstücken genannten Personen gebunden, sie kann vielmehr Gutachten auch anderer geeigneter Personen beibringen, oder letztere als Gutachter nennen[24]. 2. Wenn einzelne Personen über das Bestehen einer Usançe Auskunft ertheilen, so muß die Vereidigung derselben und zwar als Zeugen[25] erfolgen, weil sie nur Thatsachen, entweder die Uebungsfälle, oder das faktische Bestehen der Usançe, bekunden, während eine Vereidigung nicht erforderlich erscheint, wenn die Auskunft von angesehenen Rechtsverständigen, oder von dem Vorstande einer

---

21) Martin a. a. O. §. 176 ff. Bayer a. a. O. S. 452. A. Pr. G.O. Th. 1. Tit. 10. §. 169 ff. Runde a. a. O. §. 56.

22) Bayer a. a. O. S. 479.

23) Die Ermittelung des Gewohnheitsrechts erfolgte in frühester Zeit, in welcher die Gewohnheit fast noch die ausschließliche Quelle des Rechts war, durch Befragung der mit dem Rechte Vertrauten, der Aeltesten eines Bezirkes, der Schöffen der Oberhöfe. Später, nach Einführung des Römischen Rechts, war zu dieser Rechtserkundigung noch mehr Veranlassung, da die Richter mit dem fremden, und auch mit dem einheimischen nicht geschriebenen, Rechte weniger, als die Schöffen, bekannt waren. Man wandte sich später jedoch mehr an die Juristenfakultäten, als an die Oberhöfe. Weisthümer. Responsa prudentum. Im Anschluß an diese Sitte war es sowohl in Deutschland, als in anderen Ländern frühzeitig üblich, in Handels- und Wechselangelegenheiten streitige Usançen und Handelsgebräuche, die als Entscheidungsgrund angerufen wurden, und deren Existenz dem Richter nicht selbst bekannt war, durch Gutachten sachkundiger Männer aus dem Handelsstande ermitteln und feststellen zu lassen. So lange die Handelsstreitigkeiten in Italien durch Handelsgerichte und in Deutschland durch Schöffengerichte entschieden wurden, beschränkte sich die Rechtserkundigung auf Usançen entfernter Plätze, da einheimische den Mitgliedern der Gerichte selbst bekannt waren. So theilen die Rotae Genuae Decisiones aus dem 16. Jahrh. einen Rechtsfall mit, in welchem über das Recht, welches sich auf das Acceptiren sopra protesto bezog, Kaufleute in Flandern, Spanien, Rom und Genua vernommen wurden. Biener a. a. O. S. 428. Anm. 22. Diese Gutachten, welche Kaufleute auf Befragen des Richters oder der Partei in Handels- und Wechselsachen über die Existenz eines Gewohnheitssatzes ertheilten, und die ganz besondere Wichtigkeit und Autorität genießen, wenn sie von den Kaufmanns- oder Börsenvorständen (chambre de commerce) herrühren, auf welche die Reichsgesetze und viele Partikulargesetze verweisen, heißen Pareres, von dem italienischen Worte parere = meinen, gutdünken. Solche Parere's sind gesammelt von: Savary, Marperger, Siegel. Vergl Marquard l. c. Lib III cap 11 n 52. Ludovici l. c. cap. 12 4. Mittermaier a. a. O. Bd. 1. §. 25. Goldschmidt a. a. O. Bd. 1. S. 249.

24) Erk. d. O.Tr. in Berlin v. 11. Mai 1857. (Entsch. Bd. 36. S. 289.)

25) Goldschmidt a. a. O. Bd. 1. S. 245.

Korporation, z. B. der Kaufmannschaft, einer Innung, einer Handelskammer [26]), ertheilt ist. 3. Zur Feststellung einer Usançe ist nicht nöthig, daß dieselbe von mehreren Personen bekundet wird, es kann unter Umständen, die in der Zuverlässigkeit, dem öffentlichen Karakter und der Sachkenntniß des Gutachters zu finden, die Aussage auch nur eines Kundigen für ausreichend erachtet werden. Der Richter wird eine solche Auskunft jedoch mit großer Vorsicht prüfen müssen [27]). 4. Der zugeschobene und nothwendige Eid ist kein genügendes Beweismittel, wenn es sich um die Feststellung der Usançe im Allgemeinen, wohl aber, wenn es sich um die Ermittelung einzelner Uebungsfälle handelt, weil es sich im ersten Falle nicht um eine reine Thatsache, sondern auch um ein Urtheil, eine Abstraktion aus Thatsachen, handelt [28]). 5. Die Würdigung des Beweises über eine Usançe hängt nicht von dem formellen Rechte des Zeugenbeweises ab, sondern von der freien Würdigung und dem freien Ermessen des Richters, das in Handelssachen überhaupt maßgebend ist. Der Richter wird prüfen müssen, ob die Personen, welche über die Usançen vernommen worden sind, nach ihrem Berufe und ihrer Beschäftigung Gelegenheit gehabt haben, die bestimmte Uebung des Handelsstandes kennen zu lernen, und ob sie, ihrer Bildung und dem Umfange ihres Geschäftes nach, im Stande sind, zu beurtheilen, daß das in Uebung befindliche Verfahren die Natur einer Gewohnheit, die Eigenschaft eines auf der Ueberzeugung des Handelsstandes ruhenden gewohnheitlichen Rechtssatzes erlangt habe [29]). Ist dem Richter die Eigenschaft der Gutachter nicht bekannt, so muß solche bezüglich der fremdländischen auf gesandtschaftlichem Wege, in der vorgeschriebenen Legalisationsweise, überzeugend festgestellt werden.

Die Wirkung der Usançe ist die des Gewohnheitsrechts; die Usançe ist neben dem jus scriptum eine wichtige Rechtsquelle in Handelssachen. Sie dient nicht allein dazu, das bestehende Recht richtig auszulegen [30]), und ist daher nicht allein ein wichtiges Mittel für die Interpretation, sondern sie ist auch geeignet, Lücken des geschriebenen Rechts durch Aufstellung neuer Rechtssätze auszufüllen und zu ergänzen [31]). Die schöpferische Kraft der Gewohnheit ist, insbesondere in Handels- und Wechselsachen, von jeher so groß und so einflußreich gewesen, daß selbst die Macht des geschriebenen Rechts vor ihr zurückgetreten ist, und daß durch dieselbe in vielen Fällen Rechtsinstitute und Rechtsansichten zur Geltung und Anerkennung gebracht worden sind, gegen welche die Staatsgewalt oft vergebens mit kräftigen Verbotsgesetzen vorgegangen ist [32]).

---

26) Preuß. Verordn. über die Errichtung von Handelskammern vom 11. Febr. 1848. §. 4. (Gesetz-Samml. S. 63.) Erk. d. O.Tr. in Berlin vom 11. Mai 1857. (Entsch. Bd. 36. S. 289.)

27) Bayer a. a. O. S. 479. A. Pr. G.O. Th. 1. Tit. 9. §. 38. Tit. 30. §§. 3 ff.

28) Bayer a. a. O. S. 515. A. Pr. G.O. Th. 1. Tit. 10. §. 252. Goldschmidt a. a. O. Bd. 1. S. 250. 277.

29) Einige interessante Parare's über Amerikanisches Wechselrecht befinden sich in dem Justiz-Ministerialblatt für die Preuß. Gesetzgebung. 1859. S. 198. und 1860. S. 403. Auch in Löhr, Central-Organ N. F. Bd. 4. S. 582.

30) L. 37. D. de legibus. (1 3.)

31) Diuturna consuetudo pro jure et lege in his, quae non ex scripto descendunt, observari solet. L. 33. D. de legibus. S. g. consuetudines praeter legem

32) Z. B. der eigene Wechsel, der Wechsel an eigene Order, das Indossament.

Wenn nun auch die Gewohnheit, die kaufmännische Usançe, nicht vermögend ist, die Bestimmungen der Allgemeinen Deutschen Wechselordnung aufzuheben, daher dem absoluten Rechte gegenüber keine derogatorische Kraft hat, so ist sie doch eine wichtige Quelle des Rechts, wenn es sich darum handelt, zweifelhafte und dunkele Gesetzesbestimmungen auszulegen und für nicht vorgesehene Fälle neue Normen aufzustellen und das geschriebene Recht zu ergänzen. Es kann sich daher der Allgemeinen Deutschen Wechselordnung gegenüber zwar keine observantia contra legem, wohl aber eine observantia praeter legem bilden [33]).

§. 23.

Die örtliche Geltung, Kollision der Wechselgesetze.

Die gesetzgebende Gewalt eines Staates ist nicht berufen, für das Ausland bindende Vorschriften zu erlassen, sondern sie hat zunächst die Aufgabe, Rechtsregeln für die eigenen Angehörigen aufzustellen. Die geographischen Grenzen des Staates bilden daher auch die natürliche Grenze für die Wirksamkeit der gesetzgebenden Gewalt und für die Anwendbarkeit des einheimischen Rechts. Die richterliche Gewalt eines Staates, begrenzt durch das Geltungsgebiet des einheimischen Rechts, ist daher zunächst auch nur berufen, das einheimische Recht zur Geltung zu bringen. Diese nationale Abschließung und Isolirung auf dem Gebiete des Privatrechts würde aber mit dem höheren staatlichen Zwecke nicht zu vereinigen sein. Handel und Verkehr bringen die Völker vielmehr mit einander in geschäftliche und rechtliche Beziehung, und das Interesse dieses Völkerverkehrs macht gesetzliche Bestimmungen nothwendig zum Schutze der Ausländer, welche im Inlande Geschäfte treiben, und zur Aufrechthaltung der Rechtsgeschäfte, welche im Auslande, unter der Herrschaft eines von den einheimischen Gesetzen abweichenden Rechts geschlossen sind, aber im Inlande rechtliche Wirkung äußern. Das internationale Privatrecht stellt daher auch als Grundsatz auf, 1) daß Ausländer vor einheimischen Gerichten gleiches Gehör und gleichen Schutz, wie die Staatsangehörigen selbst, finden, und 2) daß einheimische Gerichte in gewissen Fällen fremdländisches Recht als Entscheidungsquelle zur Anwendung bringen müssen [1]). Diese Pflicht tritt ein:

1) wenn es sich um eine, unter fremder Gesetzesherrschaft belegene unbewegliche Sache handelt, in welchem Falle die Gesetze des Orts gelten, wo die Sache gelegen ist, statuta fori rei sitae [2]), da eine unbewegliche Sache, vermöge ihrer

---

33) v. Kraewel, Handelsgesetzbuch. S. 21. Goldschmidt a. a. O Bd. 1. S. 258.

1) v. Savigny, System Bd. 8. S. 29 ff. Bornemann, System xc. Th. I §. 35. Derselbe, Erörterungen im Gebiete des Preuß. Rechts (Berlin 1855) S. 68 ff. Bender a. a. O. Bd. 2. §. 448 b. Mittermaier a. a. O. Bd. 1. §. 30. Puchta, Vorlesungen Bd. 1. §. 113. Goldschmidt a. a. O. Bd. 1. S. 272. A. Pr. L.R. Einl. §§. 34 ff. Th. II Tit. 8. §§. 931 ff. Loewenberg, Beiträge zur Kenntniß der Motive der Preuß. Gesetzgebung Bd. 1. S. 1 ff. Heffter, Das Europäische Völkerrecht. (Berlin 1867.) S. 66.

2) Mühlenbruch a. a. O. Th. I. §. 73. Eichhorn, Einl. in d. Deutsche Privatrecht §§. 34. 36. Mittermaier a. a. O. Bd. 1. §. 32. A. Pr. L.R. Einl. §. 32. Th. I. Tit. 5. §. 115. Bornemann a. a. O. Bd. 1. S. 53. 63. Derselbe, Erörterungen xc. S. 82. v. Savigny, System Bd. 8. S. 169.

natürlichen Beschaffenheit, von ihrem Orte nicht entfernt, und daher auch der Herrschaft des Gesetzes dieses Ortes nicht entzogen werden kann;

2) wenn sich die Kontrahenten, in den Grenzen erlaubter Privatautonomie, ausdrücklich oder stillschweigend dem fremden Rechte unterworfen haben. Eine solche stillschweigende Unterwerfung unter fremdes Recht deutet die gemeinrechtliche Regel an: locus regit actum, d. h., ein Geschäft unterliegt in Form und rechtlicher Wirkung dem territorialen Rechte, unter dessen Herrschaft dasselbe, nach dem Willen der Kontrahenten oder nach der Natur der Sache, gestellt worden ist. Dagegen werden die Rechte der Persönlichkeit, die Rechts- und Handlungsfähigkeit eines Menschen, jura status, nach den Gesetzen des Wohnorts auch bezüglich des im Auslande vorgenommenen Geschäfts beurtheilt [3]). Diese Grundsätze des internationalen bürgerlichen Rechts haben auch im Allgemeinen Gültigkeit für das Wechselrecht, in welchem häufiger, als in jeder anderen Rechtsmaterie, Kollisionen der einheimischen Gesetze mit fremdem Rechte eintreten, da der Wechsel in seinem Laufe oft viele Rechtsgebiete durchwandert und unter dem Einflusse fremder Gesetze zu mancherlei Operationen verwendet wird. Die Prüfung, ob einheimische oder fremde Gesetze, und welche von diesen Gesetzen auf die einzelnen Wechselakte und Wechselsolennitäten anzuwenden sind, ist daher oft mit besonderer Schwierigkeit verbunden und wohl geeignet, dem Wechselinstitute sowohl in der praktischen Uebung, als in der Rechtsprechung eine gewisse Unsicherheit zu geben [4]). Die Allgemeine Deutsche Wechselordnung hat in den Artikeln 84 bis 86 Bestimmungen über die örtlichen Grenzen der Herrschaft verschiedener, einander widerstreitender Wechselgesetze gegeben und folgende Grundsätze aufgestellt:

I. Die persönliche Fähigkeit des Ausländers, Wechselverpflichtungen zu übernehmen, wird nach den Gesetzen des Vaterlandes beurtheilt, welchem derselbe angehört, und insbesondere nach den Gesetzen des Ortes, an welchem er seinen Wohnsitz hat [5]). Der Wohnsitz ist das Band, welches die Person mit einem bestimmten Rechtsgebiete verbindet, der Ort, an welchem sich eine Person ihres Amtes, ihres Gewerbes oder ihrer Beschäftigung wegen bleibend, freiwillig und regelmäßig aufhält, und wo daher der Mittelpunkt für ihre Berufs- und Lebensthätigkeit ist [6]). Die rechtliche Begründung des Wohnsitzes in einem fremden Lande ist unabhängig von dem fortdauernden Unterthanenverhältnisse zu einem anderen Staate, da die politische Beziehung eines Unterthanen zu einem bestimmten Staate, — das Rechtsverhältniß des Indigenats, das Staatsbürgerrecht, —

3) Eichhorn a. a. O. §. 35. Mühlenbruch a. a. O. Bd. 1. §. 72. Bornemann, Erörterungen ꝛc. S. 72. Mittermaier a. a. O. Bd. 1. §. 30. v. Savigny a. a. O. Bd. 8. S. 130 ff. 348 ff. A. Pr. L.R. Einl. §. 23. Erk. d. O.Tr. in Berlin vom 17. Jan. 1860 (Entsch. Bd. 34. S. 239). Erk. v. 7. Juni 1864 (Entsch. Bd. 52. S. 120).

4) Quodsi jura diversorum temporum vel locorum pugnantia circa unum eundemque casum collidantur, illud praeferendum puto, quod tempore et loco negotii gesti, quoad merita causa invenit. Franck l. c. Lib. I. sect. 1. tit. 1. § 13. Ibid. Mantissa de conflictu jur camb divis. tit 1 seq p 355 v. Savigny, System Bd. 8. S. 149. 258. 263. 355.

5) Art. 84. der A. D. W.O. Erk. d. O.Tr. in Berlin v. 7. Juni 1864 (Entsch. Bd. 52. S. 228). Erk vom 12. Nov 1867. (Lohr, Central-Organ. N. F. Bd. 4. S. 582.)

6) A. Pr. G.O. Th. I. Tit. 2. §§. 9 ff. Bayer a. a. O. S. 118. v. Savigny, System Bd. 8. S. 58. Bornemann, Erörterungen S. 70. 72 ff. Renaud a. a. O. §. 7. Arndts a. a. O. §. 40.

dem öffentlichen Rechte, die rechtlichen Folgen, welche aus der Gründung eines Wohnsitzes entspringen, aber zunächst dem Privatrechte angehören. Es kann also Jemand dem Preußischen Staatsbürgerrechte unterworfen sein und dennoch in einem fremden Staate rechtlich einen Wohnsitz, selbst unter Erhaltung seines früheren Wohnsitzes in Preußen, also einen doppelten Wohnsitz, begründen, nach dessen Gesetzen seine Rechts- und Handlungsfähigkeit, vielleicht verschieden von den Preußischen Gesetzen, beurtheilt wird [7]). Von dem Rechtssatze, daß die Wechselfähigkeit eines Menschen nach den Gesetzen seines Wohnortes beurtheilt wird, stellt die Allgemeine Deutsche Wechselordnung jedoch die sehr wichtige und für den Verkehr sehr einflußreiche Ausnahme auf, daß ein nach den Gesetzen seines Vaterlandes nicht wechselfähiger Ausländer durch Uebernahme von Wechselverbindlichkeiten im Inlande verpflichtet wird, insofern er nach den Gesetzen des Inlandes die zur Uebernahme von Wechselverpflichtungen erforderlichen Eigenschaften besitzt [8]). Unter dieser Voraussetzung wird ein Ausländer bezüglich seiner Wechselfähigkeit den Gesetzen seines Vaterlandes entzogen und zu Gunsten deutscher Verkehrsinteressen als Inländer nach den Bestimmungen der Allgemeinen Deutschen Wechselordnung beurtheilt. Wenn also z. B. ein zwei und zwanzig jähriger Schweizer, der nach den Gesetzen seiner Heimath erst mit dem 24sten Lebensjahre majorenn wird, in Baden eine Wechselverpflichtung übernimmt, so wird er daraus verhaftet, weil nach Badenschem Rechte die Volljährigkeit schon mit dem 21sten Jahre eintritt. Es frägt sich aber: wer im Sinne der Allgemeinen Deutschen Wechselordnung als Ausländer anzusehen ist, namentlich: ob die Einwohner der verschiedenen Staaten, in welchen die Allgemeine Deutsche Wechselordnung als Gesetz gilt, zu einander in dem Verhältnisse als Ausländer gedacht werden? Die Verhandlungen der Leipziger Konferenz, in welcher der Art. 84. entstanden ist, geben darüber zwar keinen sicheren Anhalt, indem den einzelnen Regierungen vielmehr überlassen wurde, bei Verkundigung der Wechselordnung die Ausdrücke „Inland" und „Ausland" näher zu bestimmen [9]); allein die Verhand-

7) A. Pr. L.R. Einl §. 23 ff. A. Pr. G.O. Th. I. Tit. 2. §§ 8 ff. Gesetz v. 31. Decbr. 1842 über die Erwerbung und den Verlust der Eigenschaft als Preuß. Unterthan rc. (Ges.-Samml. für 1843 S. 15). Erk. d. O.Tr. in Berlin v. 17. Decbr. 1861 (Entsch Bd. 47. S. 395). Erk. v. 12. Nov. 1867. (Lohr, Central-Organ. N. F. Bd. 4. S. 582.) Koch, Allg. Pr. L.R. zum §. 23. Einl. Anm. 31. Goldschmidt a. a. O. Bd. 1. S. 274. Der bei dem Namen des Bezogenen angegebene Ort gilt für den Wechsel als Zahlungsort und zugleich als Wohnort des Bezogenen (§. 4. N. 4. A. D. W.O.) Bei eigenen Wechseln gilt der Ort der Ausstellung als Zahlungsort und gleichzeitig als Wohnort des Ausstellers (Art. 97). Das Gesetz stellt dadurch nur eine Fiktion für den Ort der Erfüllung der Wechselverbindlichkeit auf, die jedoch für den Ort, nach welchem die Wechselfähigkeit zu beurtheilen, nicht maßgebend ist. Die letztere regelt sich nach dem wirklichen Wohnsitze in civilrechtlicher Auffassung. Erk. d. O.Tr. in Berlin v. 7. Juni 1864. (Entsch. Bd. 52. S. 228.)

8) Die vorstehende Bestimmung des Art. 84 ist erst in der Leipziger Konferenz von einem Sächsischen Abgeordneten in Vorschlag gebracht und, als das internationale Recht verletzend, nicht ohne erheblichen Widerspruch zum Beschluß erhoben. Die Bestimmung ist durch den jetzigen Stand der Verkehrsverhaltnisse, insbesondere auf den Meßplatzen, wo sich der civilrechtliche Grundsatz: quisque debet gnarus esse conditionis ejus, cum quo contraxit, nicht anwenden lasse, der Ausländer, welcher im Inlande Geschafte mache, sich vielmehr als subditus temporarius den Gesetzen des Inlandes unterwerfe, derselbe Grundsatz auch in Frankreich, England und Amerika befolgt werde, gerechtfertigt worden. Leipz. Prot. S. 144. Es versteht sich von selbst, daß der Grundsatz nur praktische Bedeutung hat, wenn die Person des Schuldners oder Vermögen desselben im Inlande betroffen wird.

9) Leipz. Prot. S. 242.

lungen machen doch entschieden den Eindruck, als ob bei der Berathung der Gesetzesbestimmung nicht an die Einwohner der verschiedenen deutschen Staaten, sondern an die Einwohner anderer Länder, „an die Einkäufer aus dem fernen Auslande, welche die Messen Deutschlands besuchen," gedacht worden ist[10]). Für diese Annahme spricht der Umstand, daß man die Länder, für welche die Allgemeine Deutsche Wechselordnung bestimmt war, als ein gemeinsames Rechtsgebiet angesehen hat; mit dieser universalen Auffassung aber die partikularistische Unterscheidung zwischen „Inländer" und „Ausländer" nicht vereinbar war, und als auch mehrere Staaten bei der Publikation der Allgemeinen Deutschen Wechselordnung dieser Auslegung durch die gesetzliche Einführungsbestimmung Ausdruck gegeben haben: daß unter „Ausland" nur diejenigen Staaten zu verstehen, in welchen die Allgemeine Deutsche Wechselordnung nicht als Gesetz eingeführt sei[11]). Es kommt daher darauf an, ob diese Auffassung eine Berechtigung hat für alle Staaten, in welchen die Allgemeine Deutsche Wechselordnung als Gesetz gilt, oder ob sie nur für diejenigen Staaten maßgebend ist, in welchen der Begriff von „Ausland", und „Inland" gesetzlich festgestellt worden ist. Bei dem Bestreben der Leipziger Konferenz, den partikulären Karakter der deutschen Wechselgesetze zu beseitigen und ein allgemeines Wechselgesetz für ganz Deutschland zu Stande zu bringen, hat man um so mehr Veranlassung, jener universalen Legalinterpretation sich anzuschließen, als die meisten deutschen Staaten es nicht einmal für nöthig erachtet haben, durch eine Bestimmung in den Einführungsgesetzen den Begriff von „Inland" und „Ausland" zu fixiren und den deutschen Staaten gegenüber die örtlichen Grenzen der Herrschaft der deutschen Wechselordnung näher zu bestimmen. Wenn aber die Angehörigen der Staaten, in welchen die Allgemeine Deutsche Wechselordnung gilt, in wechselrechtlicher Beziehung als Inländer angesehen werden, so muß diese Indigenats-Eigenschaft auch von Einfluß sein für die Wechselfähigkeit in der Art, daß die Fähigkeit der Deutschen, Wechselverpflichtungen zu übernehmen, nicht, wie bei den Ausländern, im Kollisionsfalle nach den Gesetzen des deutschen Landesgebietes, wo die Verpflichtung eingegangen ist, sondern, der allgemeinen internationalen Regel gemäß, nach den Gesetzen des speciellen Heimathsortes beurtheilt wird. Es liegt darin auch kein Widerspruch, da das Geltungsgebiet der Allgemeinen Deutschen Wechselordnung ein gemeinsames, ganz Deutschland umfassendes ist, und die Bewohner dieser verschiedenen Territorialgebiete in wechselrechtlicher Beziehung als Inländer angesehen werden. Wie in einem deutschen Staate, bei verschiedener Statutargesetzgebung über den Volljährigkeitstermin, die Wechselfähigkeit der Angehörigen nach den Statutargesetzen des Wohnorts ermessen wird, und die Ausländer-Qualität im eigenen Lande ausgeschlossen ist, so wohnt auch den Angehörigen des gemeinsamen Geltungsgebietes der Deutschen Wechselordnung, in Ansehung aller dazu gehörigen Staaten, in wechselrechtlicher Beziehung das Indigenat bei, so daß ihre Wechselfähigkeit nach

---

10) Leipz. Prot. S. 144.
11) Vergl. §. 19.

den Gesetzen ihres Wohnortes, nicht nach dem Fremdengesetze, nach dem Gesetze des fori contractus beurtheilt wird. Es würde daher ein 22jähriger Preuße, welcher in Baden eine Wechselverbindlichkeit übernommen hat, sich mit Erfolg darauf berufen können, daß er in seiner Heimath, weil noch nicht 24 Jahre alt, nicht wechselfähig sei. Für das Gebiet des Norddeutschen Bundes ist das Indigenat durch Gesetz anerkannt [12]).

II. Die Form der Wechselhandlung richtet sich nach der allgemeinen Rechtsregel: locus regit actum, denn die Allgemeine Deutsche Wechselordnung bestimmt: „die wesentlichen Erfordernisse eines, im Auslande ausgestellten Wechsels, sowie jeder anderen, im Auslande ausgestellten Wechselerklärung werden nach den Gesetzen des Ortes beurtheilt, an welchem die Erklärung erfolgt ist", und der Art. 86 fügt hinzu: „über die Form der mit einem Wechsel an einem ausländischen Platze zur Ausübung oder Erhaltung des Wechselrechts vorzunehmenden Handlung entscheidet das dort geltende Recht". Von diesen Regeln macht die Allgemeine Deutsche Wechselordnung zwei Ausnahmen, und zwar: 1), wenn die im Auslande geschehene Wechselerklärung den Anforderungen des inländischen Gesetzes entspricht, so kann daraus, daß sie nach ausländischen Gesetzen mangelhaft ist, kein Einwand gegen die Rechtsverbindlichkeit der später im Inlande auf den Wechsel gesetzten Erklärung entnommen werden [13]). 2) Wechselerklärungen, wodurch sich Inländer im Auslande gegen einander verpflichten, sind gültig, wenn sie auch nur dem inländischen Gesetze entsprechen. Der letztere Grundsatz ist nicht neu; er gilt z. B. nach Preußischem Rechte [14]), sowie nach §. 9. der Dänischen Wechselordnung, und beruht auf der Annahme, daß Landsleute auch in der Fremde zunächst ihr vaterländisches Recht vor Augen haben, und daß daher nur ihre Absicht ausgeführt werde, wenn ihre im Auslande vorgenommenen Rechtshandlungen nach den Gesetzen ihrer Heimath beurtheilt werden. Die erstere Ausnahme beruht dagegen, außer auf der Selbstständigkeit der einzelnen wechselmäßigen Verpflichtungsakte, auf dem auch im Preußischen Civilrechte, wenigstens dem Prinzipe nach, anerkannten Rechtssatze, daß bei vorhandener Kollision der Gesetze ein Rechtsgeschäft nach denjenigen Bestimmungen zu beurtheilen ist, nach welchen es am besten bestehen kann [15]), und bezweckt, den inländischen Wechselerklärungen eine gewisse rechtliche Selbstständigkeit zu geben, dadurch aber die Gefahr und Unsicherheit zu

---

12) Vergl. §. 19.

13) z. B. Nach Code de commerce Art. 110 gehört zur Gültigkeit eines Wechsels das Bekenntniß der Valuta. Ein ohne dieses Erforderniß in Paris ausgestellter Wechsel würde auch in dem Geltungsgebiete der Allg. Deutsch. W.O. nicht als gültig angesehen werden. Wenn jedoch einem solchen Papier unter der Herrschaft der Allg. D. W.O. Indossamente oder Avale hinzutreten, so sind diese gültig, wenn der Grundwechsel nach diesseitigem Wechselrechte, welches das Valuta-Bekenntniß nicht verlangt, im Uebrigen gültig ist, also unter anderem das Wort Wechsel enthält. Nach gleichem Grundsatze ist der Fall zu beurtheilen, wenn unter der Herrschaft des Code de commerce ein Blanco-Indossament, welches nach Art. 138 keine Uebertragung bewirkt, sondern nur als Vollmacht gilt, auf einen Wechsel gesetzt ist, und dieser Wechsel unter der Herrschaft der Allg. D. W.O. weiter indossirt wird.

14) Bornemann, System Bd. 1. S. 65. A. Pr. L.R. Th. I Tit. 5. §. 113. Th. II Tit. 8. §. 938. Erk. des Ober-Trib. zu Berlin v. 17. Juli 1858. (Arch. f. D. W.R. Bd. 7. S. 408.)

15) Allg. Pr. L.R. Einl. §§. 27. 30. 34. Th. I. Tit. 5. §§. 113 ff.

beseitigen, welche durch die Anwendung fremder, oft unbekannter Gesetze für den Wechselverkehr entstehen. Es entscheidet daher für die äußere Form der Wechselerklärungen und Wechselsolennitäten, also über die Form des Wechsels, des Indossaments, des Accepts, des Avals, über die Art, Zeit und Ort der Präsentation, über die Zeit, Form und Art der Protestaufnahme, ausschließlich das Recht des Ortes, an welchem diese Wechselakte und Wechselhandlungen vorgenommen, d. h., wo die Wechselerklärungen, die wechselmäßigen Scripturakte ausgestellt, oder die auf Ausübung oder Erhaltung des Wechselrechts gerichteten Handlungen (Wechselsolennitäten) erfolgt sind [16]). Der Wechsel und jeder accessorische Wechselakt hat in Beziehung auf die formellen Eigenschaften seinen Sitz und seinen Gerichtsstand am Orte der Ausstellung. Ist das örtliche Recht verletzt, so hat der Wechsel auch in dem Auslande [17]) keine Gültigkeit [18]), im Geltungsgebiete der Allgemeinen Deutschen Wechselordnung jedoch mit der Einschränkung, daß die formale Mangelhaftigkeit der im Auslande geschehenen Wechselerklärungen, wenn sie nur den inländischen Gesetzen entsprechen, keinen Einfluß auf die Rechtsverbindlichkeit der später im Inlande auf den Wechsel gesetzten Erklärungen übt.

III. Auch die materiellen Eigenschaften [19]), die Rechtsfolgen eines Wechsels und jedes einzelnen Wechselaktes, unterliegen nach dem Rechtssatze: locus regit actum dem örtlichen Rechte, unter dessen Herrschaft sie vorgenommen sind. Die

---

16) Art. 85. 86. A. D. W.O. Der Rechtssatz über die Anwendung des örtlichen Rechts auf die Form ist von den ältesten Rechtslehrern anerkannt und in seiner Allgemeinheit fast niemals bestritten worden. Scaccia l. c. l. 7. p 3. qu. 3. §. 1. 12. 9. Amsterdamer Willkühr v. 1660. §. 7. Franck l. c. Mantissa tit. 1. § 3. (p. 355.) tit. 3 §. 1. 2. (p. 364). Siegel, Einl. ꝛc. Th. 2. c. 3. §. 16. Bender a. a. O. Bd. 2. §. 448b. Daniels a. a. O. § 71. Story a. a. O. §. 129. 278. 334. Brauer a. a. O. S. 143. Renaud a. a. O. §. 7. Thöl a. a. O. Bd. 2. §. 156. Erk. des Ober-Trib. in Berlin v. 23. Oktb. 1855. (Arch. f. D. W.R. Bd. 5. S. 411.) Erk. v. 10. April 1848. (Entsch. Bd. 17. S. 329.) Erk. v. 17. Aug. 1849. (Entsch. Bd. 19. S. 273.) Erk. v. 9. Mai 1857. (Arch. a. a. O. Bd. 7. S. 181.) Erk. v. 11. Mai 1857. (Entsch. Bd. 36. S. 289.) Erk. v. 21. Febr. 1860. (Arch. a. a. O. B. 11. S. 312.) Erk. des österr. oberst. Gerichtsh. v. 9. Juni 1858. (Arch. a. a. O. Bd. 8. S. 205.) Borchardt a. a. O. S. 368.

17) Unter Ausland versteht man in dieser Beziehung nicht gerade ein anderes Staatsgebiet, als in welchem der Wechsel ausgestellt ist, sondern jedes Territorium, in welchem ein von den Gesetzen des Ausstellungsortes verschiedenes Wechselrecht gilt. Es kann daher in verschiedenen Territorien einer und derselben Staatsgewalt der Fall der Gesetzes-Kollision eintreten. Z. B. früher in Preußen zwischen den altländischen Provinzen und den Rheinlanden, in Nordamerika zwischen den einzelnen Vereinsstaaten; früher in Dänemark in Beziehung auf Schleswig-Holstein. In England in Beziehung auf Irland und Schottland. Die neue Gesetzgebung Englands sucht die Gesetzesverschiedenheit zu beseitigen. Von dieser Auffassung hängt auch der Begriff von „inländischen" und „ausländischen" Wechseln ab. Story a. a. O. §. 22. 464 f.

18) Ein Accept durch bloße Notirung des Namens auf der Vorderseite des Wechsels genügt nicht an Orten, wo nicht der Art. 21. A. D. W.O. gilt, also z. B. nicht im Geltungsgebiete des Code de Commerce (Art. 122), oder der ungarischen Wechselordnung v. 1840. (§. 70). Erk. der Gerichte zu Frankfurt a. M. v. 31. Mai 1858. (Arch. f. D. W.R. Bd. 7. S. 374.) Borchardt a. a. O. S. 338.

19) Im Geltungsgebiete der Allg. D. W.O. können Uso-Wechsel gültig nicht ausgestellt werden, weil die Zahlungszeit nach Uso im Art. 4. N. 4. nicht bestimmt ist. Die von Auswärts auf Deutschland gezogenen Uso-Wechsel sind aber in Ansehung der Zahlungszeit (des Uso) nach den Gesetzen des Ausstellungsortes zu beurtheilen. Art. 85. A. D. W. O. Leipz. Protok. S. 146. Bluntschli a. a. O. S. 29. Brauer a. a. O. S. 37. Kitka a. a. O. S. 33. Anderer Ansicht: Blaschke a. a. O. §. 19, welcher die früher in Oesterreich geltenden Wechselgesetze zur Anwendung bringt. In mehreren Einführungsgesetzen zur A. D. W.O. ist der Uso für die die von Auswärts eingehenden Wechsel bestimmt, z. B. in Bayern, Sachsen.

Ausstellung des Wechsels, alle Bewegungen desselben, werden, in wechselrechtlicher Auffassung, vermittelt nicht durch obligatorische Handlungen, nicht durch Vertragsoperationen, sondern durch einseitige Formalakte des Erklärenden. Der thatsächliche Rechtsgrund ruht für die Wechselobligation nicht in dem vertragsmäßigen Willen der Kontrahenten, sondern, nach der Strenge des Wechselrechts, in der abstrakten Form. Es können daher die, für civilrechtliche Obligationen maßgebenden, aus dem ausdrücklichen oder stillschweigenden Willen der Kontrahenten entnommenen Momente nicht Anwendung finden auf die rechtlichen Folgen der Wechselobligation und auf das örtliche Recht, nach welchem die letztere zu beurtheilen. Es kann daher auch im Wechselrechte nicht, wie bei der civilrechtlichen Obligation, gesehen werden auf den von den Kontrahenten beabsichtigten Erfüllungsort, da der Wechsel, in seiner Eigenschaft als ein abstraktes Werthpapier, an gar keinen bestimmten Erfüllungsort gewiesen ist, vielmehr nach der Ausstellung unter dem Einflusse der verschiedenartigsten Gesetze zu selbstständigen Operationen verwendet wird und höchstens nur für die Einlösung durch den Acceptanten an einen bestimmten Ort gebunden ist. Bei der rechtlichen Selbstständigkeit der Begebungsoperationen muß daher ein jeder einzelne Wechselakt nicht allein eine unabhängige Wechselobligation, sondern für jede selbstständige Wechselobligation auch einen besonderen Gerichtsstand begründen. Dieser Gerichtsstand ist nach der für die Form des Wechsels entscheidenden Regel „locus regit actum“ an dem Orte vorhanden, an welchem der verpflichtende Formalakt vorgenommen worden ist[20]).

Diesem örtlichen Rechte des Ausstellungsortes ist daher für die materiellen Folgen unterworfen: 1) das Accept. Der Wechsel hat sein bestimmtes Domizil und dieses fällt, wenn nicht ein besonderer Zahlungsort bestimmt ist, mit dem Wohnorte des Bezogenen zusammen. In der Regel wird daher auch die Präsentation zur Annahme und die Annahme selbst an dem Wohnorte des Bezogenen erfolgen, der zugleich den Zahlungsort bildet, so daß die durch die Acceptation begründete Wechselobligation dem örtlichen Rechte des Wohnortes des Bezogenen resp. des Zahlungsortes folgt. Geschieht die Acceptation aber nicht an dem bestimmten Wohn- und Zahlungsorte, dem eigentlichen Domizile des Wechsels, sondern, bei zufälliger Anwesenheit oder bei Verlegung des Wohnortes des Bezogenen, an einem dritten Orte, unter der Herrschaft eines vom Zahlungsorte verschiedenen Rechts, so muß angenommen werden, daß sich der Acceptant, inso-

20) Riccius l. c. exerc II. §. 304. Franck l. c. Mantissa tit. 3. §. 7. Samml. merkwürdiger Rechtsfälle beim Reichskammergericht. Th. I. S. 338. Story a. a. O. §. 131. 140. 158. 164. 165. Bender a. a. O. Bd. 2. S. 331. Mittermaier a. a. O. Bd. 2. S. 136. v. Savigny, System. Bd. 8. S. 258. Hoffmann a. a. O. S. 601 f. Renaud a. a. O. S. 20. Thöl a. a. O. §. 156. Erk. d. Ob. Trib. in Berlin vom 21. Febr. 1860. (Arch. f. D. W.R. Bd. 11. S. 312.) Daß die Verjährung — ein Institut des materiellen Rechts, nicht des Prozeßrechts, — dem Gerichtsstande der Obligation folgt, darüber ist die neuere Doktrin einig. Eichhorn, Einl. rc. §. 36. N. n. v. Savigny, System. Bd. 8. S. 372. Koch, Erläuterung, des Allg. Preuß. Landr. zum Art. 85. der Allg. D. W.O. N. 31[a]. Renaud a. a. O. S. 21. Borchardt a. a. O. S. 233. Zus. 443. Erk. der Juristen-Fakultät in Jena v. 1855. (Arch. a. a. O. Bd. 6. S. 271.) Erk. des österr. obersten Gerichtshofes v. 9. Juni 1858. (Arch. a. a. O. Bd. 8. S. 205.) Anderer Ansicht: Blaschke a. a. O. S. 52.

fern er nicht einen ausdrücklichen Vorbehalt gemacht hat, dennoch dem örtlichen Rechte des Zahlungsortes, als des eigentlichen Wechseldomizils, unterworfen hat, da in dem Accepte die Erklärung liegt, in dem, im Wechsel bestimmten Zahlungorte die Wechselerfüllung zu leisten. Es muß das Accept daher, als am Zahlungsorte gegeben, angesehen und auch für diesen Fall die Accept-Obligation nach jenem Rechte beurtheilt werden [21]). Gleiche Grundsätze gelten von der Acceptation im Wege der Intervention. 2) Der Regreß. Die Ausstellung und Begebung des Wechsels begründet eventuelle, auf der Garantieleistung ruhende Wechselobligationen für den Fall, daß der Wechsel nicht acceptirt oder nicht bezahlt wird. Der materielle Inhalt dieser Obligation, also Umfang und Bedingung der Regreßpflicht, sowohl Mangels Annahme, als Mangels Zahlung [22]), unterliegen den Gesetzen des Ortes, an welchem die Wechselpflicht entstanden ist, leges loci contractus, also die Regreßpflicht des Trassanten den Gesetzen des Ortes der Ausstellung; die Haftpflicht des Indossanten den Gesetzen des Ortes, an welchem das Indossament gegeben ist; die Verpflichtung des Bürgen den Gesetzen des Ortes, an welchem das Aval ertheilt ist [23]). Die Regreßobligation in ihrer rechtlichen Totalität folgt dem örtlichen Rechte der Ausstellung des Wechselaktes, in welchem sie ihre thatsächliche Begründung findet. Nach diesem Gerichtsstande regeln sich auch, als dem materiellen Rechte der Obligationen angehörig, die Höhe und der Umfang der Regreßpflicht, auch des Rückwechsels [24]), die Nothwendigkeit der Aufnahme eines Protestes [25]), die Nothwendigkeit der Notification, sowie die Zeit, die Art und der Ort ihrer Ertheilung [26]), die Verjährung [27])

3) Die Zahlung, als Erfüllung des Wechselsversprechens gedacht, folgt im Allgemeinen dem örtlichen Rechte, nach welchem die Rechtsfolgen der Wechselobligationen überhaupt beurtheilt werden. Für die Zahlung besteht daher nicht ein besonderer Gerichtsstand, getrennt von dem der Obligation. Die Zahlungsbedingungen und Modalitaten, Geldsorte, Zinsen, Zahlungszeit, Zahlungsweise, regeln sich daher nach den Gesetzen des Ortes, an welchem die Obligation,

---

21) Renaud a. a. O. S. 21.

22) Art. 25 ff. 41. Allg. D. W.O.

23) Campsor seu trassans etiam tenetur cambialiter in loco, ubi trassa sit facta. Riccius l. c. X. 1. §. 16 Si quis locum ubi contraxerit cambium ac ubi jus cambiale viget, eludendi personalis arresti causa deseruit, ac in locum, ubi jus cambiale non obtinet, vel minus introductum est, secessit, nihilominus tamen ex cambio ibidem valide convenitur. Contractus enim secundum leges loci, ubi initus est, judicari debet ac exequi. l. c. II. §. 104. Bender a. a. O. S. 322. Mittermaier a. a. O. Bd. 2. §. 321. Renaud a. a. O. S. 20.

24) Art. 50. 51. 52. Allg. D. W.O. Story a. a. O. §. 321. 399. Brackenhöft im Arch. f. D. W.R. Bd. 2. S. 131. 283. Erk. d. obersten österr. Gerichtshofes vom 9. Juni 1858. (Arch. a. a. O. Bd. 8. S. 205.) Borchardt a. a. O. S. 22.

25) Story a. a. O. §. 137. 159. 176. 347. Thöl a. a. O. Bd. 2. S. 71. Blaschke a. a. O. S. 52. Erk. des Ob. Tr. in Berlin vom 9. Mai 1857. (Entsch. Bd. 36. S. 289. Strieth. Arch. Bd. 24. S. 288.) Anderer Ansicht: Renaud a. a. O. S. 22.

26) Story a. a. O. §. 391. Thöl a. a. O. Bd. 2. S. 71. Blaschke a. a. O. S. 52. Erk. des Ob. Tr. in Berlin v. 11. Mai 1857. (Entsch. Bd. 36. S. 289. Arch. f. D. W.R. Bd. 7. S. 181.) Anderer Ansicht: Arch. a. a. O. Bd. 8. S. 337, wonach das Recht am Wohnorte des Notificanden entscheiden soll. Renaud a. a. O. S. 22. läßt das Recht am Zahlungsorte eintreten.

27) Vergl. Anmerk. unter 20.

aus der die Zahlung geleistet wird, ihren Gerichtsstand hat, für den Acceptanten also nach den Gesetzen des Ortes, an welchem das Accept ertheilt ist, für die Regreßpflichtigen nach den Gesetzen des Ortes, an welchem die Garantiepflicht entstanden ist. Eine Modifikation tritt aber ein, wenn in dem Wechsel ein, von dem Wohnorte des Acceptanten verschiedener Zahlungsort genannt ist, beim domizilirten Wechsel. In diesem Falle erfolgt die Präsentation zur Annahme an dem Wohnorte des Bezogenen. Nach den Gesetzen dieses Ortes richtet sich daher die Form des Accepts. Dagegen erfolgt die Präsentation zur Zahlung an dem, von dem Wohnorte des Acceptanten verschiedenen, im Wechsel benannten Zahlungsorte. Der Gerichtsstand für die Zahlung wird daher von dem Orte der Acceptation getrennt und an einen anderen Ort verlegt. Die Modalitäten der Zahlung und die Wechselsolennitäten, welche zur Erhaltung des Wechselrechts für den Fall der Unsicherheit des Acceptanten[28]) und Nichtzahlung am Verfalltage[29]) erforderlich sind, stehen daher unter der Herrschaft der Gesetze am Domizilorte[30]).

Das Prozeßrecht, als ein Theil des öffentlichen Rechts, richtet sich nach den Gesetzen des Klageorts und ist unabhängig von dem Rechte, nach welchem die Obligation, aus der das Klagerecht hergeleitet, beurtheilt wird. Auch die Exekution, als Verwirklichung des Rechtspruches, fällt, als dem Prozeßrecht angehörig, unter das Prozeßgesetz des Klageortes. Nach dem letzteren, und nicht nach dem Gerichtsstande der Obligation, ist auch die Erzwingung durch Personalhaft, die Zulässigkeit und die Art der Vollstreckung des Personalarrestes zu beurtheilen[31]). Was den Beweis des fremden Rechts vor Gericht anbetrifft, so liegt derselbe, insofern dem Richter das fremde Recht nicht ohnehin bekannt ist, der Partei ob, die sich darauf beruft. Die Erkenntnißquellen sind die für die wechselrechtlichen Usançen angegebenen[32]). Die Anwendung des fremden Rechts ist ausgeschlossen, wenn es in Widerspruch tritt mit inländischen, den Richter zwingenden absoluten Rechtssätzen[33]).

---

28) Art. 29. Allg. D. W.O.

29) Art. 41. Allg. D. W.O.

30). Jura loci attendenda sunt in iis, quae ad solutionem pertinent, in computatione usus, diebus arbitrariis, in protestatione et cambii remissione Franck l. c p. 366 Story a. a. O. S. 137. 147. 155. 177. 332. 334. Bender a. a. O. Bd. 2. S. 331. In Hamburg und Altona werden z. B. die meisten Wechsel durch Vermittelung der Hamburger Girobank realisirt. Leipz. Prot. S. 74.

31) Riccius l c exerc. II §. 105. Eichhorn, Einl. in das Deutsche Privatrecht §. 36. Bornemann a. a. O. Bd 1. S. 66. Derselbe, Erörterungen. S. 72. Mittermaier a. a. O. S. 138. Kuntze a. a. O. §. 51. Erk. des Appellationsgerichts zu Cöln v. 4. April 1860. (Rhein. Arch. Bd. 55. S. 206.) Erk. des O.A.G. zu Dresden vom 8. Februar 1859. (Arch. f. D. W.R. Bd. 9. S. 100.) Anderer Ansicht: Erk. des Ob.-Tr. in Berlin v. 10. Juli 1860. (Justizministerialblatt für Preußische Gesetzgebung 1860. S. 400. Entsch. B. 43. S. 274.) Erk. des oberst. österr. Gerichtshofes vom 22. Januar 1861. (Arch. f. D. W.R. Bd. 11. S. 205.)

32) Vergl. §. 20. Goldschmidt a. a. O. Bd. 1. S. 275. Borchardt a. a. O. S. 338. 339. 342.

33) v. Savigny, System. Bd. 8. S. 248. 269. 276. v. Gerber a. a. O. S. 77.

§. 24.

Zeitliche Geltung der Allgemeinen Deutschen Wechselordnung.

Die Frage: welchen rechtlichen Einfluß die Allgemeine Deutsche Wechselordnung auf Wechselbriefe übt, die vor deren Gesetzeskraft ausgestellt worden sind? wird gegenwärtig wohl nur sehr selten zur Erörterung kommen, da es aus der Zeit vor der Emanation der Allgemeinen Deutschen Wechselordnung wohl kaum noch unrealisirte Wechsel giebt, welche rechtliche Gültigkeit hätten. Allein die Möglichkeit ist durch Ausdehnung des Verfalltages doch nicht ausgeschlossen, und deßhalb jene Frage über die zeitlichen Grenzen der Herrschaft der Allgemeinen Deutsch. W.Ord. auch gegenwärtig nicht ohne praktisches Interesse.

Die Gesetzeskraft der Allgemeinen Deutschen Wechselordnung in den einzelnen Staaten beruht auf ihrer verfassungsmäßigen Publikation, und in den betreffenden Einführungsgesetzen ist der Zeitpunkt, mit welchem jene Gesetzeskraft eingetreten ist, näher bestimmt worden. Das rechtliche Verhältniß der Allgemeinen Deutschen Wechselordnung zu den, vor ihrer Gesetzeskraft, ausgestellten Wechseln muß zunächst nach den in den Einführungsgesetzen gegebenen Uebergangsbestimmungen, und, soweit solche fehlen, nach den allgemeinen civilrechtlichen Vorschriften über die Rück-Anwendung neuer Gesetze beurtheilt werden. Einige Einführungsgesetze enthalten gar keine transitorischen Bestimmungen [1]); andere sprechen dagegen den Grundsatz aus: daß alle vor der Gesetzeskraft der Allgemeinen Deutschen Wechselordnung ausgestellten Wechsel nach den früheren Gesetzen zu beurtheilen sind [2]), und wieder andere fügen diesem Grundsatze die Modifikation hinzu, daß die früher ausgestellten Wechsel, in Form und rechtlicher Wirkung, nach demjenigen Gesetze zu beurtheilen sind, nach welchem sie am besten bestehen können, also nach der Allgemeinen Deutschen Wechselordnung, wenn sie nach dieser gültig, nach dem älteren Rechte aber ungültig sind [3]). Einige Einführungsgesetze [4]) erkennen zwar den obigen Grundsatz über die Nichtanwendbarkeit des neueren Rechts auf ältere Wechsel gleichfalls an, legen aber der Allgemeinen Deutschen Wechselordnung einen größeren Einfluß durch die Bestimmung bei, daß die dem Inhaber obliegenden Verpflichtungen und die von demselben zur Wahrung seiner Rechte vorzunehmenden Handlungen, sowie die aus der Nichtacceptation oder Nichtzahlung folgenden Rechte, die Form, und die Rechtsfolgen der dem Wechselbriefe hinzutretenden Wechselerklärungen nach den Vorschriften der Allgemeinen Deutschen Wechselordnung zu beurtheilen seien.

Soweit die Einführungsgesetze über die Anwendung der Allgemeinen Deutschen

1) Z. B. das Königl. Preuß. Einf.-Gesetz v. 6. Januar 1849 und v. 15. Februar 1850; das Kaiserl. Königl. Oesterreichische Einf.-Gesetz vom 25. Januar 1850; das Königl. Bayerische Einf.-Gesetz vom 25. Juli 1850; Gelpke im Arch. f. D. W.R. Bd. 1. S. 446.

2) Z. B. Herzogl. Sachsen-Meiningen'sches Einf.-Gesetz vom 22. April 1848. §. 4. Herzogl. Braunschweigisches Ges. v. 11. Jan. 1849. §. 6. Herzogl. Oldenburgisches Einf.-Gesetz v. 31. März 1849. §. 2. Königl. Hannoversches Einf.-Ges. v. 7. April 1849. §. 6.

3) Königl. Sächsisches Einf.-Ges. v. 25. April 1849. §. 11 und 12. Herzogl. Sachsen-Weimar-Eisenachsches Einf.-Gesetz v. 13. Juli 1849. §. 7.

4) Herzogl. Braunschweigisches Einf.-Gesetz v. 11. Januar 1849. §. 6. Frankfurter Einf.-Gesetz v. 10. März 1849. §. 13. Königl. Würtembergisches Einf.-Ges. v. 6. Mai 1849. §. 4.

Wechselordnung keine näheren Uebergangsbestimmungen enthalten, gilt als gemeinrechtliche [5]) Regel:

1. daß jede Wechselerklärung, wie der Territorialgesetzgebung, so auch der Gesetzgebung der Zeit, in welcher sie entstanden, nach Form und rechtlicher Wirkung, überhaupt in ihrer rechtlichen Totalität, angehört, tempus regit actum;

2. daß der Wechsel den Gesetzen zur Zeit seiner Ausstellung auch nicht durch Veränderung der Gesetzgebung entzogen wird, da derselbe, wenn gleich die Ausstellung und die Realisirung zeitlich auseinander liegende Thatsachen sind, in Beziehung auf beide Momente ein rechtliches Ganze bildet;

3. daß die dem früher ausgestellten Wechsel, unter der Herrschaft des neuen Gesetzes, hinzutretenden Wechselerklärungen, als selbstständige Akte, nach Form und Rechtswirkung, nach dem neuen Gesetze zu beurtheilen sind;

4. daß die unter der Herrschaft des neuen Gesetzes im Wechsellaufe vorzunehmenden Wechselhandlungen, Wechselsolennitäten z. B. Präsentation, Protest u. s. w., in formeller Beziehung, dem neuen Gesetze unterworfen sind.

Die Rückanwendung der Allgemeinen Deutschen Wechselordnung auf ältere Wechsel ist bezüglich der Verjährung in den verschiedenen Einführungs-Gesetzen nach verschiedenen Grundsätzen normirt. Nach einigen Einführungs-Gesetzen wird die Verjährung nach dem Rechte zur Zeit der Ausstellung des Wechsels bestimmt [6]); nach anderen Einführungs-Gesetzen regelt sich der Lauf der Verjährung aller Wechselklagen nach der Vorschrift der Allgemeinen Deutschen Wechselordnung, mit der Maßgabe, daß die Verjährung der Regreßklagen erst vom Tage der Gesetzeskraft an berechnet wird [7]), und nach dem Einführungs-Gesetze für das Großherzogthum Hessen vom 4. Juni 1849 nach den alten oder nach den kürzeren neuen, von der Gesetzeskraft an zu berechnenden Fristen. Mehrere Einführungs-Gesetze, und auch das Preußische, enthalten bezüglich der Verjährung gar keine transitorische Bestimmung, und man muß daher für diese Fälle annehmen, daß die früheren Gesetze maßgebend sind [8]).

§. 25.

Die Wechseltheorien.

Die Dogmatik des Wechsels ist mehr, als die eines jeden anderen Rechtsinstitutes, von hohem Interesse und anregend für jeden, der sich mit dem Wechselrechte praktisch oder theoretisch beschäftigt. Die verschiedenartigsten Ansichten und Ideen sind über die rechtliche Natur des Wechsels aufgestellt worden, und,

5) Franck l. c lib. I. sect. I. tit. I. § 13. Puchta a. a. O. §. 113. v. Savigny, System, B. 8. S. 368. A. Pr. L.R. Einleit. §. 14 ff. Publikationspat. v. 5. Febr. 1794. §. VIII ff.

6) Großherzoglich Oldenburgisches Einf.-Ges. v. 31. März 1849. §. 2. Frankfurter Einf.-Ges. v. 10. März 1849. §. 9.

7) Herzoglich Braunschweigisches Einf.-Gesetz v. 11. Januar 1849. §. 6. Königl. Würtembergisches Einf.-Gesetz v. 6. Mai 1849. §. 7.

8) Leges et constitutiones futuris certum est dare formam negotiis, non ad facta praeterita revocari, nisi nominatim et de praeterito tempore et adhuc pendentibus negotiis cautum sit L. 7 C. de legibus (1. 14.) v. Savigny, System. Bd. 8. S. 392. Erk. des Ober.-Trib. in Berlin v. 15. Februar 1850. (Entsch. Bd. 19. S. 260.) Zum Theil andere Rechtsanwendung: vergl. Arch. f. D. W.R. B. 3. S. 330. 333. 341. Bd. 5. S. 432. 446.

obgleich dem Kaufmanne, bei dem täglichen Verkehre mit Wechseln, über die praktischen Beziehungen und Folgen des Wechselgeschäftes keinerlei Zweifel und Bedenken aufstoßen, sind die Gelehrten noch heute nicht einig: welche rechtliche Natur dem Wechsel beiwohnt; ob er auf ein Vertragsverhältniß sich gründet, und welcher Art von Verträgen er beizuzählen; oder ob er durch einseitige Kreation des Ausstellers entsteht und die Natur des Papiergeldes hat. Und bei all' diesem doktrinären Streite ist über die rechtlichen Grundwahrheiten des Wechsels wiederum kein Zweifel. Dieselben haben sich mehr durch die Macht der kaufmännischen Gewohnheit, consuetudo mercantiae, als durch den Einfluß der Wissenschaft, communis opinio doctorum, ausgebildet und werden durch jenen dogmatischen Streit im Ganzen wenig berührt. Der letztere bezweckt und hat die wichtige Aufgabe, den wissenschaftlichen Standpunkt zu ermitteln und festzustellen, von welchem aus jene Grundwahrheiten des Wechsels am leichtesten, am sichersten und am natürlichsten erklärt werden können. Der Streit hat daher für die Wissenschaft und Praxis eine gleich hohe Wichtigkeit, da erst durch Ermittelung der wahren Natur des Wechsels eine gesicherte Basis für den Gebrauch und die Fortbildung des Institutes gewährt wird.

Der Wechsel ist eine Erfindung des italienischen Handelsstandes. Derselbe ist hervorgerufen durch das Bedürfniß des Verkehrs; gepflegt von den Kaufleuten und in Schutz genommen von den Konsulargerichten der italienischen mercatores und cambiatores. Viele Jahrhunderte ist der Wechsel von dem Handelsstande benutzt worden, ehe man sich um seine rechtliche Natur gekümmert hat; die einfachen Verkehrsverhältnisse der Kommanditen; das Fernhalten der Wissenschaft von dem Gebiete des Handelsrechts; der Einfluß der kaufmännischen Gewohnheit; das Rechtsprechen durch Handelsgerichte, — alle diese Umstände waren der Ausbildung der praktischen Seite des Wechsels günstig und ließen doktrinäre Erforschungen über das rechtliche Wesen des Wechsels fast als unnöthig und überflüssig erscheinen. Der Wechsel genügte seiner Bestimmung als Träger einer Geldobligation, als kaufmännisches Zahlungsmittel und war, in den ersten Jahrhunderten, überhaupt so einfach in seiner praktischen Anwendung und rechtlichen Auffassung, daß er zu Bedenken und Zweifeln im Ganzen wohl wenig Veranlassung gegeben haben mag. Der Lauf des Wechsels war kurz und beschränkt durch den Zieh- und Zahlort, und die Verwickelungen, welche aus dem Accepte und dem Indossamente entstanden, kannte man noch nicht. Die Tratte war ihrem Ursprunge nach eine Nachbildung des Handelswechsels; wie bei dem letzteren der Campsor am Wechseltische verschiedene Geldsummen wechselte, cambium manuale, so wechselte er durch die schriftliche Anweisung, gegen Empfang der Valuta, eine an einem dritten Orte befindliche, dort zahlbare Summe, cambium de loco in locum per literas. Bedingung dieses Urwechsels war: Verschiedenheit des Zieh- und Zahlortes und Verschiedenheit der Münzsorten, distantia loci et diversitas pecuniae. Durch die Anweisung nach Auswärts entstand für den Inhaber ein Forderungsrecht an den Aussteller, darauf gerichtet, daß dieser an dem entfernten Platze den Werth der gezahlten Valuta entweder selbst oder durch seinen Compagnon zahlte. Um dieser Obligation einen civilrechtlichen Grund zu geben, waren die alten Theoretiker bemüht, den Wechsel einer gangbaren Vertragsformel des Römischen Rechts unterzuordnen, und bezeichneten ihn daher als Tausch oder Kauf des gegenwärtigen Geldes gegen künftiges, auswärtiges Geld, permutatio, emtio venditio pecuniae absentis pro praesenti. Die gezahlte Valuta war der Kaufpreis; die Wechselsumme am dritten Orte das gekaufte Objekt. Die schriftliche Form erachtete man für das Wesen des Wechsels nicht erforderlich; er wurde auch ohne Schrift, sine literis, in rechtlicher Existenz gedacht, wenn man gleichwohl unter dem cambium sine literis mehr den Wechselschluß, den Vertrag über Ausstellung des Wechselbriefes verstand. Andere brachten den Wechsel, da sie die Form eines bestimmten, benannten Kontrakts nicht für anwendbar fanden, unter die für diesen Fall, nach unrichtiger Auffassung, geschaffene Formel der unbenannten Realverträge: do ut des, do ut facias, und wieder Andere erkannten zwar die Elemente des Kaufes im Wechsel an, erachteten denselben jedoch für einen besonderen Vertrag, pactum, dessen Erfüllung im Geben und Nehmen des Wechselbriefes bestehe [1]). Die Decisiones rotae Genuae, eine Sammlung richterlicher Entscheidungen aus dem 16. Jahrhundert, die, als von einem Handelsgerichte ausgehend, weniger einen theoretischen, als praktischen Standpunkt einnehmen, daher auch die Auffassung des Handelsstandes, stylus, consuetudo mercatorum, wiedergeben, bezeichnen den Wechsel als Anweisung [2]).

Im Laufe der Zeit waren mit dem Wechsel wichtige Veränderungen vorgegangen; derselbe hatte sich in der Form vervollkommnet; durch Ausbildung des Accepts und durch Anwendung des Indossaments Befestigung und größere Beweglichkeit erhalten, und war so zu allen Verkehrszwecken des gesammten Handelsstandes geschickt gemacht worden. Der Wechsel hatte aufgehört ein Monopol der italienischen Campsoren zu sein, und war ein allgemeines kaufmännisches Zahlungsmittel, auch außerhalb der Messen, geworden. Der Kaufmann, welcher Waaren gekauft hatte, zog zur Bezahlung derselben Wechsel, oder ließ von dem Verkäufer auf sich ziehen, und die solchergestalt ausgestellten Wechsel wurden vor Verfall weiter begeben, discontirt. Mit dieser Erweiterung des Wechselverkehrs war die ursprüngliche Auffassung, daß die Valuta nur in Gelde bestehen könne, nicht mehr zu vereinigen. Während noch Scaccia eine Wechselvaluta in Waaren für unstatthaft hielt, „cambium datis mercibus pro pecunia non est

---

1) **Scaccia** l. c. §. 1. qu 4. n. 18 21. 22 qu 5. n. 10 §. 6. gl. n 76. Quarta opinio est, quod cambium fit contractus emtionis et venditionis. Comprobatur haec opinio, quia pecunia potest emi. Licet cambium regulariter fiat per literas, potest fieri etiam sine literis, quando fides haberetur mercatori. Scriptura non est de essentia cambii, sed requiritur solum ad probationem et celerem executionem **Raphael de Turri** disp I. qu. 3 n. 2. qu. 11. n 14 Cambium est contractus consensualis dandi et reddendi tantumdem pecuniam in diversis locis. **Bode** l. c. thes. I Ad cambii explementum requiritur, ut tractans remittenti tradat literas cambii. L c thes. VI. . . . Est enim contractus consensualis, non scripturarius. **Heydiger** a. a. O. S. 6. **Biener** a. a. O. S. 84 ff. 376. **Kuntze** a. a. O. S. 29. 146. und Arch. f. D. W.R. Bd. 8. S. 351.

2) Ex litera cambii oritur duplex mandatum, alterum erga personam, quae debet solvere, alterum erga eum, qui debet pecuniam recipere. Decis XCIII n. 9.

licitum", bildete sich durch den Gebrauch des Handelsstandes der Grundsatz aus, daß die Valuta auch in Waaren bestehen könne, und in der Weiterentwickelung des Wechsels, daß die Valutaklausel für den Wechsel selbst ohne Einfluß sei. Mit dieser Auffassung des Handelsstandes über die nur formelle Bedeutung der Valutaklausel, und mit dem Dogma über die Unabhängigkeit des Wechsels von dem Valutaverhältnisse überhaupt, war die in Italien aufgestellte und auch in Frankreich adoptirte Theorie vom Tausche oder Kaufe einer gegenwärtigen Geldsumme gegen eine auswärtige, emtio venditio pecuniae absentis pro praesenti, vente d'argent [3]), nicht mehr zu vereinigen. Durch die Anwendung der, aus dem Gebrauche der Inhaberpapiere entlehnten Ordreklausel, d. i. der in dem Wechsel ertheilten Ermächtigung zur Uebertragung: „an N. N. oder dessen Ordre, Kommiß", war dem Wechsel Negociabilität und Transportfähigkeit zu Theil geworden [4]), und dem Papiere, welches früher nur zwischen dem Zieh- und Zahlorte, als Träger des Geldanspruches eines bestimmten Gläubigers, lief, für seinen Lauf die Welt eröffnet worden. Aus dem Rectapapiere war ein negociables Handelspapier entstanden. Der Wechsel, welcher ursprünglich nur dazu diente, eine am Ausstellungsorte entrichtete Geldsumme an einem anderen Orte wieder zu empfangen, und der nur zwei Personen, den Aussteller und Remittenten, in Rechtsbeziehung brachte, repräsentirte jetzt eine ganze Kette von Rechtsgeschäften der verschiedensten Art mit vielen Wechselverbundenen. Da reichte die Theorie einer bestimmten Obligation, des Tausches oder des Kaufes, nicht mehr aus, und die Wechselrechtslehrer stellten daher ein neues Dogma über die Natur des Wechsels, die Theorie über die Mehrheit der Geschäfte auf, indem sie behaupteten, daß der Wechsel aus verschiedenen Rechtsgeschäften zusammengesetzt sei, d. h. daß neben dem Hauptgeschäfte, der Ausstellung des Wechsels, noch andere Wechselerscheinungen, das Giro, Accept, Aval, als accessorische Kontrakte, in Betracht zu ziehen seien [5]). Franck lehrt, daß der Wechsel ein Konsensualvertrag, und daß die Valutaklausel sowohl im Wechselbriefe, als im Indossamente, entbehrlich sei, und bezeichnet das Verhältniß zwischen dem Geber und dem Nehmer, je nach Beschaffenheit des Valutageschäftes, als Schenkung, Kauf, Hingabe an Zahlung statt, donatio, emtio nominis, datio in solutum; zwischen dem Remittenten und dem Präsentanten als constitutum oder delegatio, und zwischen dem Trassanten und dem Trassaten als Mandat.

Die Auffassung des Handelsstandes von der Einflußlosigkeit der Valutaklausel auf den Wechsel nöthigte die Wissenschaft, eine andere Theorie zu konstruiren, als welche bisher zur Erklärung der rechtlichen Natur des Wechsels genügt hatte.

---

3) Biener a. a. O. S. 79 ff. 156 ff. Kuntze a. a. O. S. 193.

4) Biener a. a. O. S. 131. 138. Kuntze a. a. O. S. 180 ff.

5) Stypmann, Tract. de jure marit. etc Greifswalde 1652 Schilter, Prax. Jur. Rom. exerc. 33 §. 10. Carpzov, Tract de cambiis. Lips. 1677 bei Besecke l. c, p 108 Non improbabilis plane est Stypmanni doctrina, in cambio non unum contractum celebrari, sed plures concurrere scribit Franck l. c lib I. sect I. tit 4. §. 1. Saepe plures una conventiones in cambio concurrunt. Heineccius l. c. c I. §. 9 Cambium est negotium e variis contractibus conflatum. — c. III. § 6 seq Biener a. a. O. S. 169. Kuntze a. a. O. S. 206.

Der thatsächliche Verpflichtungsgrund, die causa obligationis, für den Wechsel war nicht mehr der fingirte Tausch oder der Kauf der Schuldsumme an verschiedenen Orten, sondern die causa debendi konnte durch die verschiedenartigsten Obligationsfälle, deren Zahl so mannigfaltig ist, wie die Bedürfnisse und Gestaltungen des Verkehrs, gebildet werden. Auch fand sich in dem Wechsel kein Ausdruck und keine Andeutung für einen konkreten Obligationsfall, welcher den Grund zur Ausstellung und Weiterbegebung gegeben hatte, so daß jeder Maßstab für die rechtliche Prüfung und Beurtheilung, und jeder Einfluß des Ausstellungsgrundes auf das Rechtsverhältniß der Begebungs-Interessenten fehlte. Die Theoretiker, mit dem Wesen des Wechsels, der noch immer in seiner Ausbildung begriffen war, nicht genügend bekannt, suchten in dem Systeme des Römischen Rechts nach einer anderen, der zeitigen Auffassung des Handelstandes über den Wechsel mehr entsprechenden Kontraktsform, und da verfielen sie auf den Literalvertrag, welcher selbst in dem Justinianischen Rechte [6]) eine Antiquität war. Der Wechsel wurde für einen Literalkontrakt ausgegeben, d. h. für einen Vertrag zwischen den Trassanten und Remittenten, welcher durch die Schrift seine Existenz und seine rechtliche Bedeutung erhalte [7]). Dieses Dogma der Skripturobligation galt jedoch wiederum nur für den Grundwechsel, denn nach der Auffassung der Theoretiker bestand das Wechselgeschäft aus mehreren Verträgen: der erste, Hauptvertrag, wurde zwischen dem Trassanten und Remittenten, die anderen beiden Verträge, accessorischer Natur, zwischen dem Trassanten und Bezogenen, und zwischen dem Remittenten und Präsentanten abgeschlossen. Nur der Hauptvertrag galt aber als Literalkontrakt; die accessorischen Akte wurden als Konsensualkontrakte aufgefaßt [8]). Auch das Indossament, schon damals eine sehr wichtige, wenngleich praktisch und theoretisch noch wenig ausgebildete, wechselmäßige Uebertragungsform wurde nicht als Literalvertrag [9]) angesehen, sondern als Nebengeschäft des Wechsels, im Sinne eines Konsensualvertrages, nach der Form des unterliegenden Valutageschäftes, als Kauf, Schenkung, Mandat u. s. w. beurtheilt. In gleicher rechtlichen Weise wurde auch das Accept aufgefaßt, zumal dasselbe mündlich, selbst stillschweigend, z. B. wenn der Trassat den Wechsel eine Zeit lang bei sich behalten hatte, ohne sich über die Annahme zu erklären, — er-

6) Mühlenbruch a. a. O. Th. II. §. 343. Puchta a. a. O. S. 250. Derselbe, Vorlesungen rc. Bd. 2. S. 64. Arndts a. a. O. §. 232.

7) Hunc vero contractum proxime accedere ad naturam contractus literalis post alios observavit J. H. Böhmer, de act sect. II cap. 9. § 16 Schilter in prax. jur. Rom. exerc. XXXII §. 10. Heineccius l. c. cap III. §. 6 seq. Contractus cambialis dici potest, quatenus literis perficitur atque ex literis demum validam obligationem ad cambialiter exequendum producit Neque sub hoc literali contractu intelligimus illum Romanum, quem Justinianeo jure debemus, sed singularem, quem moribus gentium praeter jus Romanum hic inde progrediente tempore iuvaluit Riccius l c. exerc X sect. I. §. 47 exerc. §. 19. Leyser, Meditat. sp 133 m. ad 2.

8) Tres conventiones in cambio concurrunt, quarum prima est principalis, duae vero postremae accessoriae, quia prima conventio ad cambii perfectionem, reliquae ad consummationem ejusdem et executionem pertineant. Heineccius l c. c. III. §. 6 seq. 18. Franck l. c §. 21 L'Estocq a. a. O. c. III. 1 ff.

9) Saepe cambium indossatur vel alteri ceditur et tunc emtio venditio, mandatum, in solutum datio, donatio vel alius qualiscunque contractus initus esse potest. Heineccius l. c. §. 19. c. 4. §. 28.

folgen konnte. Die Acceptation wurde dem Trassanten gegenüber als Vollmachtsauftrag, mandatum, negotiorum gestio, dem Präsentanten gegenüber als eine Zahlungszusage aus einem Vertrage bezeichnet, durch welchen der Bezogene Selbstschuldner des Präsentanten wurde[10]).

Mit Franck und Heineccius begann eine neue Epoche für die Theorie des Wechselrechts, indem sie, bei aller Verschiedenheit der Qualifikation der Wechselobligation, — Konsensual- und Literalvertrag, — die Valutaklausel auf das wechselrechtliche Verhältniß für einflußlos erklärten, den Schwerpunkt des Wechsels in die Skriptur verlegten und dadurch die heute als erstes Wechseldogma feststehende Abstraktion des Wechsels von dem unterliegenden Obligationsfalle anbahnten. Beide Systeme fanden ihre Anhänger und Vertheidiger, in hervorragender Weise aber die Literaltheorie. Ihr schlossen sich unter vielen Anderen an: v. Selchow, Musäus, Riccius, v. Martens, Runde. Andere, wie Siegel, Eichhorn, Weißegger v. Weißeneck, folgten der Theorie des Konsensualkontrakts und zählten den Wechsel den unbenannten Verträgen bei. Mittermaier[11]) und Bender[12]) erachteten alle über die Natur des Wechsels aufgestellte Theorien für unrichtig; verwarfen auch das von Heineccius begründete Dogma des Literalkontrakts und lehren, daß der Wechsel eine eigenthümliche, aus dem germanischen Verkehre hervorgegangene, durch die Schrift bedingte Art des Vertrages sei, durch welche der Aussteller jedem legitimirten Inhaber des Wechsels gegenüber als sich unmittelbar verpflichtend erscheine.

Andere Theoretiker dagegen sprechen dem Wechsel die rechtliche Selbstständigkeit ab, legen ihm nur eine konfirmatorische Kraft bei, und bezeichnen ihn als eine, jedem Vertrage zur Sicherheit und Bestärkung beifügbare Eigenthümlichkeit, adjectitia qualitas[13]). Nach dieser Auffassung kann durch Beifügung der Wechselklausel, clausula cambialis, einem jeden, auf eine Geldleistung lautenden Vertrage, auch dem zweiseitigen, die Wechseleigenschaft beigelegt werden mit der Wirkung, daß sich der Vertragsverpflichtete der Wechselstrenge, rigor cambialis, obligatio ad carcerem, unterwirft für den Fall, daß er mit der Erfüllung der übernommenen Verbindlichkeit säumig ist[14]). Diese, in Deutschland lange Zeit hin-

---

10) Aliqui acceptationem pro parte contractus cambialis praecedentis habent, ceteri pro nova conventione pugnant. Inter eos alii pactum, alii constitutum, alii contractum innominatum, alii stipulationem, alii fidejussionem, alii delegationem, alii novationem subesse contendunt. Franck l c. lib. I. sect. 3. tit 3. § 3—4. Inter praesentantem et acceptantem nullus Romanorum contractus initus videtur, sed nuda conventio Germanorum, quae praesentatione literarum cambialium earumque acceptatione oritur, Riccius l. c. sect 1 §. 19. exerct X. 5. 3 §. 3. 4. Heineccius l. c. c. 3. §. 6 seq 19 seq. c. 4. §, 28. Stryk, Dissert. de camb. liter. accept. (bei Besecke p. 340.) c. 2. §. 3 seq. c. 3. §. 20 seq. c. 4. §. 6. A. Pr. L.R. §. 993. Th. II. Tit. 8.

11) a. a. O. Bd. 2. §. 325.

12) a. a. O. Bd. 1. §. 298.

13) Rivinus, Diss. de clausula camb. (bei Besecke p. 275) Contractus cambialis non est proprium contractuum genus. quod per se subsistit, sed qualitas, quae cuilibet credito accedere potest. v. Selchow a. a. O. §. 27. Püttmann a. a. O. §. 10. 59. Runde a. a. O. §. 224. Weißeneck a. a. O. §. 40.

14) Biener a. a. O. S. 301.

durch allgemein verbreitet gewesene Ansicht ist jedoch von anderer Seite, als dem Wesen des Wechsels widersprechend, gemißbilligt worden [15]).

Hiernach wurde der Wechsel bis in die neueste Zeit, in der Wissenschaft, wie in der Gesetzgebung, als ein Vertrag aufgefaßt und nur darüber gestritten [16]): welcher Art von Verträgen der Wechsel beizuzählen, und ob er ein selbstständiger, ein Hauptvertrag, oder ein accessorischer, d. h. ein Vertrag sei, der einem anderen Vertrage nur zur größeren Sicherheit und Bestärkung beigefügt werde. Auch darüber war man nicht einig, — und ist es bis heute nicht, —: wann der Wechselvertrag, oder das von den Interessenten beabsichtigte Wechselgeschäft für geschlossen angesehen, perfekt werde.

Eine neuere Theorie [17]) unterschied zwischen dem Wechsel, als Träger der Wechselobligation, und zwischen dem Vertrage, welcher dem Wechsel selbst vorausgegangen ist und in welchem der Aussteller und der Remittent sich über den Inhalt und die Art des auszustellenden Wechsels einigen, pactum de cambiando, Wechselberedung. Der eigentliche Wechselvertrag, pactum cambii, d. h. das wechselrechtliche Vertragsverhältniß, durch welches der Aussteller dritten Personen verpflichtet wird, entsteht und wird begründet erst durch die wirkliche Aushändigung, durch die Begebung, — Geben und Nehmen, — der Wechselurkunde. Das pactum de cambiando, die vertragsmäßige Abrede über die Ausstellung eines bestimmten Wechsels, ging daher dem wirklichen Wechselgeschäfte, dem pactum cambii, voraus, bereitete das letztere vor und stand zu dem Wechsel in gleicher Beziehung, wie das pactum de mutuo dando zum Darlehnsvertrage (mutuum). Die Ausstellung und Aushändigung des Wechsels wurde als die Erfüllung des Wechselvorvertrages gedacht. Gleiche dogmatische Grundsätze, wie über den Wechsel, wurden auch über das Accept, das Indossament und die Wechselbürgschaft (Aval) aufgestellt [18]).

Auch in Frankreich haben die Theoretiker den Wechsel auf ein Vertragsverhältniß zurückgeführt und denselben als den Kauf einer Geldsumme, vente d'argent, rechtlich dargestellt. Diese dogmatische Auffassung findet in dem französischen positiven Wechselrechte insofern eine gewisse Begründung, als sowohl in der Ordonnance sur le commerce von 1673, als in dem der letzteren nachgebildeten Code de commerce von 1803 dem Valutengeschäfte, dem dem Wechselzuge un-

---

15) Ludovici, Einleitung zum Wechselprozeß. Cap. II. §. 2. A. Pr. L.R. §. 1182. Th. II Tit. 8.

16) Das A. Pr. L.R. bezeichnet den Wechsel als eine in bestimmter gesetzlicher Form abgefaßte Verschreibung, wodurch Jemand sich verpflichtet, eine Summe Geldes, bei Vermeidung des persönlichen Arrestes, zu bezahlen. §. 713. Th. II. Tit. 8. Die Materialien zu einem Wechselrecht für Hamburg, von der Hamburgischen Commerz-Deputation 1792 veröffentlicht, deren Mitglieder Busch und Sieveking waren, bezeichnen den Wechsel als Verschreibung oder Anweisung über eine Geldschuld (§. 1), und bestimmen in §. 12: der Wechselkontrakt ist geschlossen, sobald die Parteien über alle Bedingungen des Kontrakts einig sind.

17) Martens, Grundriß rc. §§. 75. 76. Eichhorn, Einleit. in das Deut. Privatrecht §§. 129 ff. Bender a. a. O. §§. 293 ff. Mittermaier a. a. O. §§. 326 ff. Story a. a. O. §. 4. Treitschke a. a. O. Th. I S. 152. Biener a. a. O. S. 367 ff. Ladenburg im Arch. f. D. W.R. Bd. 1. S. 33. A. Pr. L.R. §. 949. 996.

18) Franck l. c. lib. I sect. 2. cap. 5. §. 26 Heineccius l. c. c. 6. §. 7. Bender a. a. O. §. 302 ff. Kuntze im Arch. f. D. W.R. Bd. 8. S. 366.

terliegenden thatsächlichen Obligationsgrunde, ein wesentlicher Einfluß auf den Wechsel und dessen rechtliche Folgen eingeräumt worden ist[19]).

§. 26.

Die Wechseltheorien. Fortsetzung.

So verschieden und weit auseinander gehend waren die Ansichten über die rechtliche Natur des Wechsels. Seit dem 14. Jahrhundert haben theologische und juristische Schriftsteller sich bemüht, das Wesen des Wechsels zu ergründen und eine Theorie des Wechselrechts aufzustellen; und doch ist dieses Problem noch heute nicht gelöst, obgleich die Forschungen auf keinem Gebiete des Rechts mit so großem Eifer, mit so anhaltender Ausdauer und von so ausgezeichneten Kräften angestellt worden sind, als gerade auf dem Gebiete des internationalen Wechselrechts. Diese Forschungen erhielten in Deutschland neue Anregung durch den Wunsch und das Bedürfniß nach einem gemeinsamen Wechselrechte. Männer, von echter Liebe für das gemeinsame deutsche Vaterland erfüllt, wie Thibaut, Mittermaier, Dedekind, gaben diesem Verlangen, diesem Nothstande des Verkehrs durch öffentliche Besprechung Ausdruck. Angeregt durch diese nationale Bestrebung auf dem Gebiete des Rechts traten, obgleich mit geringer Hoffnung und Erwartung erfüllt, Rechtgelehrte auf, welche in Schriften und in Gesetzes-Entwürfen die Einheit auf dem Gebiete des Wechselrechts anbahnten. Es entstand unter hervorragenden Geistern ein Kampf der Ansichten über die Theorie des Wechsels, in dessen vorderster Reihe der geniale Karl Einert[1]) stand, der in seinem Werke: „das Wechselrecht nach dem Bedürfnisse des Wechselgeschäfts im neunzehnten Jahrhundert (Leipzig 1839)" das Dogma aufstellte: „der Wechsel ist das Papiergeld der Kaufleute". Die Idee war nicht neu, und schon früher hatte die flüchtig hingeworfene Analogie des Wechsels[2]) mit dem Gelde die Aufmerksamkeit der Wechselkundigen auf sich gezogen. Einert machte zuerst, und bereits im Jahre

---

19) Pothier, Traité du contrat de change. Paris 1763. La lettre de change appartient à l'execution du contrat de change; elle est le moyen, par le quel le contrat s'exécute; elle se suppose et l'etablit, mais elle n'est pas le contrat même n. 3. Persil, de la lettre de change etc. Paris 1837. La lettre de change n'est que l'execution d'un contrat primitif, dont elle suppose nécessairement l'existence: ce contrat est le contrat de change, qu'il ne faut pas confondre avec son instrument. Code de comm. Art. 110 115 sq. 137 Einert, Wechselrecht S. 91. 106. 118. Ladenburg, Arch. f. D. W.R. Bd. 3. S. 114. Liebe, Allg. D. W.O. Einl. S. XVIII 94. Biener a. a. O. §. 15. 16.

1) Vicepräsident des Königlichen Ober-Appellationsgerichts zu Dresden; gestorben am 25ten Februar 1855.

2) Raphael de Turri l. c. disp II. cap 18. n. 14. Nego in ulla monetaria officina purius metallum liquari, quam sit illud metallum, quo utuntur banckerii, in hujusmodi cusione sunt obligationes Auch Büsch in seiner „theoretisch praktischen Darstellung der Handlung" sagt: „daß sich die Handlung der Wechselbriefe, als eines Papiergeldes, bediene," — und in den Vorarbeiten zu dem Code de commerce wird der Wechsel als eine „monnaie de credit", „une espece de monnaie" bezeichnet. Schmalz in seinem Werke: „Kleine Schriften über Recht und Staat." (Halle 1805.) Th. I S. 183 nennt den Wechsel, dessen sich der Handelsstand bedient, „den papiernen Repräsentanten des klingenden Geldes", und Treitschke in seinem Handbuche des Wechselrechts (Leipzig 1824) §. 83 „ein wahres in der handelnden Welt umlaufendes Papiergeld". Dedekind, Vergangenheit rc. S. 147. Biener a. a. O. S. 304 ff. Kuntze im Arch. f. D. W.R. Bd. 8. S. 366.

1824[3]), den Versuch, auf dieser Idee eine neue Theorie des Wechselrechts zu begründen. Allein erst in seinem späteren, Epoche machenden Werke hat er jenen Gedanken in kritischer Weise konsequent durchgeführt, dadurch eine neue, weit verbreitete Schule des Wechselrechts geschaffen und in seinen Entwürfen einer Wechselordnung vom Jahre 1841 und 1842 die Anwendung der aufgestellten Papiergeldtheorie auf die Gesetzgebung praktisch dargestellt. Die Theorie Einert's[4]) geht von folgender Grundidee aus: „Der Wechselverkehr werde zwar in der Form von Verträgen vollzogen und vermittelt, allein das vertragsmäßige Element trete bei der rechtlichen und praktischen Bedeutung des Wechsels völlig zurück und in den Hintergrund. Die Ausstellung des Wechsels stelle sich als eine völlig einseitige Handlung ohne ein derselben gegenüberstehendes Individuum dar. Die Zusage der Einlösung und der Garantieleistung geschehe dem Publikum und der Wechsel sei daher vermöge seiner Eigenschaft, das klingende Geld in Papier zu repäsentiren, ein auf dem Kredite von Privaten beruhendes, unter ihrer Garantie umlaufendes Papiergeld. Das folge aus dem Gebrauche, den man von ihm bei dem Waarenhandel mache, aus dem, was die Interessenten beabsichtigten, wenn sie im Waarenhandel mit Wechseln verkehrten. Der Wechsel sei zwar eine Urkunde, allein diese Eigenschaft nur das Mittel zur Herstellung seiner Befähigung, als Papiergeld zu dienen; das Instrument sei Träger des Versprechens, und das aus dem Versprechen hervorgehende Recht als ein dingliches, dem Papiere inwohnendes zu achten. Das Wechselgeschäft sei nicht ein Vertrag, es beruhe nicht auf Abkommen mit Individuen, sondern auf der Zusage gegen das Publikum, es bestehe sofort mit dem ganzen Publikum[5])."

Einert hat somit den Wechsel von jeder civilrechtlichen Beziehung befreit; jeden Zusammenhang desselben mit dem Obligationenrechte gelöst; mit der Theorie des Wechselkontrakts völlig gebrochen und den Wechsel, seinem ökonomischen und merkantilen Zwecke nach, als das Papiergeld der Kaufleute dargestellt. Der Aussteller ist der Hauptschuldner; Acceptant und Indossant treten seiner Verbindlichkeit nur als Bürgen bei.

Liebe[6]) legt der Einert'schen Wechseltheorie nur einen negativen Werth bei, „indem sie zwar mancherlei Irrthümer beseitige und zur wahren Erkenntniß des Wechsels den Weg anbahne; allein eine wirkliche Entwickelung des Begriffes des Wechsels nicht enthalte. Einert habe nur in einer nicht neuen, aber glücklich durchgeführten Analogie die Funktion des Wechsels richtig aufgefaßt und dargelegt, das Wesen des Wechsels sei dadurch aber nicht erkannt und nicht erklärt. Der Cirkulation des Papiergeldes lägen zwar bestimmte Rechtsgeschäfte, causae, zum Grunde, allein die Besitzer der einzelnen Geldstücke ständen in keinem, durch

3) Progr medit ad jus cambiale III. de indole contractus, quo cambia trassata nituntur (Lips. 1824).

4) Der Theorie Einert's haben sich im Allgemeinen angeschlossen: Brauer, Koch, Brackenhöft, Kheil, Blaschke.

5) Einert, Wechselrecht S. 24. 51. 82. 88 ff. 103. 106. 200.

6) Entwurf einer Wechselordnung für das Herzogthum Braunschweig. (Braunschweig 1843.) S. 29 ff. A. D. W.O. Einleit. S. XXIII. XXXIX S. 1 ff. 217 ff.

die Hingabe begründeten, obligatorischen Verhältnisse; das weggegebene Geld betrachte ein Jeder als verschwunden, ohne weitere Rechtsfolge für Vor- und Nachbesitzer. Der Verkehr mit Wechseln werde zwar auch, wie die Cirkulation des Geldes, durch Rechtsgeschäfte bewirkt; allein der Wechsel erzeuge auch noch das eigenthümliche wechselrechtliche Verhältniß, welches Aussteller, Indossanten und Inhaber verbinde, und zwischen ihnen ganz besondere Rechtsfolgen begründe. Der Wechsel sei zwar, gleich dem Papiergelde, eine Sache, ein Vermögensstück; allein das Principale in demselben sei ein Forderungsrecht, welches sich nach spezifisch wechselrechtlichen Regeln über mehrere Theilnehmer verzweige. Der Wechsel enthalte daher ein dem Gebiete des Obligationenrechts angehöriges Recht. Die Ausgebung und die weitere Begebung eines Wechsels sei an sich nichts, als die Uebertragung eines, freilich eigenthümlich bestimmten Vermögensrechtes auf den Wechselnehmer, und alle möglichen, zu Vermögensübertragungen überhaupt geeigneten, in einem — donare, solvere, credere — bestehenden Rechtsgeschäfte könnten der Wechselbegebung zum Grunde liegen. Diese materiellen Rechtsverhältnisse, welche die Ausgabe des Wechsels veranlaßten, seien jedoch auf das rechtliche Verhältniß, in welchem die Wechsel-Interessenten zu einander ständen, ohne Einfluß. Wie bei den römischen Formalgeschäften, z. B. bei der Mancipation und Stipulation, die Rechtsfolge an eine bestimmte, gerade in der äußeren Form karakterisirte Handlung geknüpft sei, ohne daß auf den Willen der Parteien Gewicht gelegt werde, der sich vielmehr nur als Motiv zur Vornahme des Formgeschäftes darstelle, so knüpften sich auch bei dem Wechsel die Rechtsfolgen lediglich an die Form, ganz unabhängig von dem sonst etwa manifestirten Willen der Partei, ganz unabhängig von dem, dem Wechselzuge unterliegenden materiellen Rechtsgeschäfte."

Liebe bezeichnet hiernach den Wechsel als einen Formalakt, durch welchen ein negociables Nomen geschaffen wird; er erkennt das obligatorische Element im Wechsel an und gründet auf die Macht der äußern Form das Dogma über die Unabhängigkeit des Wechsels von dem materiellen Rechtsverhältnisse, der causa debendi praecedens.

Thöl[7]) hebt, mehr als Liebe, das civilistische Element im Wechsel hervor und betont die Vertragsmäßigkeit des Begebungsaktes. Er stellt seine Theorie dahin auf: „der Ausstellung eines Wechsels gehe regelmäßig ein Vertrag voraus, welcher den Wechsel vorbereite und in welchem der Inhalt desselben verabredet werde, pactum de cambiando, Wechselschluß, Wechselvorvertrag. Der eigentliche Wechselvertrag, deren es vier gebe, 1. der Wechselvertrag des Trassanten, 2. des Indossanten, 3. des Acceptanten, 4. des Ausstellers eines eigenen Wechsels, werde in formloser Weise durch das Geben und Nehmen des Wechselbriefes geschlossen. Das Geben und Nehmen sei daher nicht die Erfüllung des vorausgegangenen Vertrages, wie Biener[8]) annimmt, sondern es liege darin, — der

7) Handelsrecht 2. Bd. §§. 191 ff. 228 ff. Der Vertragstheorie haben sich angeschlossen: Ladenburg, Arch. f. D. W.R. Bd. 1. S. 32. Bd. 9. S. 340. Bd. 11. S. 391. Bd. 16. S. 1, Bluntschli, v. Gerber, Renaud, Hoffmann.

8) a. a. O. S. 372.

Wille der Parteien vorausgesetzt, der jedoch vermuthet werde, — der Abschluß des Wechselvertrages selbst. Das Wechselversprechen beruhe auf einem in bestimmter Form ausgestellten Wechsel und einem Wechselvertrage. Das Wechselversprechen, für welches der Wechselbrief als Mittel diene, sei nicht ein Schuldversprechen, sondern ein Summenversprechen, d. h. das Versprechen einer Summe ohne causa debendi und unabhängig von jedem unterliegenden Rechtsgrunde. Während das Versprechen einer Summe Geldes ohne Angabe des verpflichtenden Geschäfts sonst keine Rechtsgültigkeit habe, sei dasselbe, auf einen Wechsel gegeben, gültig und erzeuge eine Wechselverpflichtung. So gehe das Versprechen des Ausstellers und des Acceptanten auf Zahlung einer Summe, ohne die Angabe einer causa debendi und ohne Gegenversprechen, da dem Wechselgeber die Person des Nehmers gleichgültig und oft unbekannt sei. Der Wechselvertrag, möge er in der Begebung oder Acceptation bestehen, sei ein der römischen promissio und stipulatio [9]) verwandter Formvertrag, indem der Wille des Erklärenden in einer Schrift, und zwar in einem Wechsel, durch Geben und Nehmen des Wechsels erklärt sein müsse, und die Gültigkeit, Klagbarkeit und Wirksamkeit des Wechselvertrages durch den Wechsel, unabhängig von der causa obligationis, bedingt seien."

Nach Bluntschli [10]) ist der Wechsel, d. i. die Wechselurkunde, nicht ein Beweismittel über eine Wechselschuld, — sondern der Rechtsgrund derselben. Der Wechselkontrakt ist ein eigenthümlicher Formalkontrakt; das Wesen liegt in der schriftlichen Wechselform, wie bei der römischen Stipulation in der Form der Frage und Antwort. Die Wechselobligation ist eine moderne Form der obligatio ex stipulatu. Das Wechselversprechen beruht nicht auf einem einseitigen Versprechen in die Luft, sondern auf einem sichtbaren Kontrakte zwischen zwei Personen, woraus die Wechselobligation entsteht. Die Existenz der letzteren setzt, — einige auf dem Wesen des Wechsels beruhende Modifikationen abgerechnet, — mit Nothwendigkeit voraus:

1. eine Wechselschrift in bestimmter Form,
2. eine schriftliche Erklärung auf oder zu dieser Wechselschrift von Seiten des Wechselschuldners,
3. das Geben und Nehmen des Wechsels, indem die Wechselforderung auf dem Besitze des Papieres ruht.

Renaud [11]) erkennt in dem Wechsel einen Vertrag, contractus cambii, dessen Gegenstand ein Geldzahlungsversprechen bildet, und dessen Form das Erforderniß einer materiellen causa debendi ersetzt.

Kuntze [12]), welcher der Theorie Einert's am nächsten steht, hat die Kreationstheorie aufgestellt und geht davon aus, „daß, wie im Römischen Rechte der

9) Thöl a. a. O. §§. 198. 231.
10) a. a. O. S. 3 ff.
11) a. a. O. S. 26 ff.
12) a. a. O. S. 47. 50. 293. Derselbe im Arch. f. D. W.R. Bd. 8. S. 345. Bd. 11. S. 128. 141. Seiner Theorie schließen sich im Wesentlichen an: Siebenhaar, Prüfung der Wechseltheorien im Arch. f. D. W.R. Bd. 16. S. 113. Blaschke a. a. O. S. 40.

Dualismus des stricti juris und des juris gentium die Form der Rechtsgeschäfte in eigenthümlicher Art modificire, auch in dem modernen Deutschen Rechte ein solcher Dualismus obwalte, indem in dem gemeinen bürgerlichen Privatrechte das Princip paritätischer Aktualität der Parteien stattfinde, während in dem mehr auf germanischer Unterlage ruhenden Handelsrechte der Stellung des Disponenten ein so entschiedenes Uebergewicht zu Theil geworden sei, daß damit das Gebiet des Vertrages, d. h. des zweiseitigen Rechtsgeschäfts, gerade zu verlassen und der Begriff des einseitigen Rechtsgeschäfts, wie es von den Römern fast ausschließlich für die negotia mortis causa (ultima voluntas) anerkannt worden, an die Stelle gesetzt erscheine. Nach diesem (germanisch-handelsrechtlichen) Organisationstypus gelte nur der Disponent (Schuldner) als eigentlicher Schöpfer, als Urheber des beabsichtigten Rechtsverhältnisses, und seine Disposition sei allein maßgebend, während die dazu erforderliche Erwerbshandlung des anderen Interessenten nur accessorische, secundäre, etwa dem Akte eines Erbschaftsantritts analoge Bedeutung habe. So sei auch der Wechsel, die wichtigste Erscheinung im Handelsrechte, nur eine Schöpfung des Ausstellers ohne jede Kooperation Seitens eines Dritten. Der Akt der Ausstellung, durch welche der Wechsel geschaffen werde, sei eine solenne Willenserklärung dessen, welcher zuerst die Garantie der, im Papier ausgedrückten Summe übernehme, und bestehe in der Aussertigung und Unterzeichnung des Wechselbriefes. Der Nehmer des Wechsels habe an der Solennität der Ausstellung keinen Theil, der Wechsel gehe vielmehr lediglich aus der Hand des ersten Wechselschuldners hervor, er allein ertheile ihm seine Rechtsqualitäten, woran kein Anderer dann etwas ändern könne. Durch die Aussertigung des Wechselbriefes sei Alles geschehen, was auf Seiten des Ausstellers zur Begründung der Wechselverbindlichkeit erforderlich sei; der Wechselbrief repräsentire von dieser Zeit ein reelles Werthstück und bleibe die Basis aller darauf bezüglichen Wechselakte. Der Aussteller erscheine mithin, so lange er den Wechsel in seiner Hand habe, gleichsam als ein eigner Gläubiger."

Kuntze[13]) stellt daher als Hauptdogmen des Wechsels auf:

1. der Wechsel enthalte eine abstrakte Obligation,
2. der Wechsel sei eine Skripturobligation,
3. die wechselmäßigen Begründungsakte, principalen und accessorischen, seien einseitige Rechtsgeschäfte, Kreationen,
4. die Cirkulation des Wechsels bewirke regelmäßig novationsartige Fortpflanzung, und
5. solidarische Verzweigung des wechselmäßigen Nomen.

Noch andere Wechseltheorien sind aufgestellt worden, die sich jedoch mehr oder weniger den vorstehend bezeichneten Haupttheorien anschließen. Biener[14]), ein Gegner des Formalismus im Wechselrechte, sieht in dem Vertrage über die Ausstellung einer Tratte einen Kauf; in der Begebung des Wechsels die Erfüllung des Kaufes; erkennt aber an, daß das Geschäft über die Ausstellung

---

13) a. a. O. S. 276.
14) a. a. O. S. 376 ff.

eines Wechsels so viele Eigenthümlichkeiten habe, daß der Begriff vom Kauf nur die Grundidee darstelle, und der Wechsel nur eine besondere Unterart des Kaufes sei.

Volkmar und Loewy[15]), die Vertheidiger der Personifikationstheorie, stellen über die Theorie des Wechsels die Grundsätze auf: „Der Wechsel ist Gläubiger. Der Aussteller ist der erste Inhaber. Er schafft vermöge seines Willens ein Nomen. Dieses Nomen ist an das Papier in der Art geknüpft, daß der Wechsel Träger eines subjektiv-dinglichen Rechts, eines aktiven Realrechts wird. Der Aussteller macht sich somit zum Schuldner seines Papieres."

§. 27.

Prüfung der Wechseltheorien.

Man kennt den Wechsel nach seiner ökonomischen Bedeutung und nach seiner merkantilen Bestimmung; man weiß, zu welchen Zwecken er verwendet wird und welcher Funktion er dient; man ist auch einig über die wechselrechtlichen Grundwahrheiten, über die Fundamentalsätze des Wechselrechts; allein von welchem rechtswissenschaftlichen Standpunkte aus die letzteren aufzufassen und zu erklären sind, darüber ist man heute, bei aller Aufklärung in der Wechselrechtswissenschaft, doch immer noch im Streit. Die Decisiones rotae Genuae und viele spätere Schriftsteller über Wechselrecht erklärten die rechtlichen Erscheinungen des Wechsels nicht dem inneren Grunde nach, auf dem Wege theoretischer Betrachtung, sondern gaben dieselben, als aus dem Gewohnheitsrechte fließend, für consuetudines notoriae in curiis mercatorum aus und gingen daher auf die rechtliche Natur des Wechsels selbst nicht näher ein. Auch Biener[1]) sucht den Ursprung für die Fundamentalsätze des Wechselrechts auf historischem Wege in den Satzungen des Gewohnheitsrechts.

Einert's Theorie, so groß ihr Verdienst und ihr Einfluß auch gewesen, indem sie für die theoretische Behandlung des Wechselrechts neue Anregung gegeben und dem Dogma der abstrakten Obligation eine sichere Basis verliehen, hat doch weder in der Wissenschaft, noch bei dem Handelsstande im Ganzen großen Anklang gefunden[2]). Die Bezeichnung des Wechsels als kaufmännisches Papiergeld mag eine, aus dem merkantilen Zwecke des Wechsels entlehnte, geistreiche rhetorische Figur, eine gut erdachte Analogie sein; allein das Wesen und die rechtliche Natur des Wechsels ist dadurch nicht erklärt und nicht erschöpft. Der Wechsel ist kein Geld[3]). Denn das Geld[4]), und zwar zunächst das Metallgeld, giebt in sich und durch seinen realen Inhalt einen wenigstens annähernden Werthsersatz, gilt daher als Werthsrepräsentant und als universeller Werthsmesser für jede Sache und

---

15) Wechselrecht (Berlin 1862) Einleit. I ff. Dieselben in Goldschmidt, Zeitschr. Bd. 2. S. 552. Loewy im Arch. f. D. W.R. Bd. 11. S. 391.

1) a. a. O. S. 360.

2) Wächter a. a. O. §. 19.

3) v. Savigny, Obligationenrecht Bd. 2. S. 104.

4) Murhard, Theorie des Geldes u. der Münze 1817. S. 73. v. Savigny, Obligationenrecht Bd. 1. S. 405. Endemann, Das deutsche Handelsrecht. Heidelberg 1868. §. 79. G. Hartmann, Ueber den rechtlichen Begriff des Geldes. Braunschweig 1868. §. 3.

ist zum Umsatz und Austausch der Waaren unmittelbar bestimmt. Das Papiergeld, dessen Werth in dem Kredite des ausfertigenden Staates beruht, ist nur ein Ersatz, ein Vertreter des ruhenden Metallgeldes und steht, vermöge gesetzlicher Anordnung, dem Metallgelde, jedoch nur so lange gleich, als die Kreditverhältnisse des Staates für die Einlösung des Papiergeldes Garantie gewähren. Schwindet diese Aussicht, so wird auch das Papiergeld, des ihm beigelegten Zwangskurses ungeachtet, beschwerliche Abnehmer finden und daher in seinem Werthe sinken. Wie mit dem Gelde, so wird nun zwar im Handelsverkehre auch mit Wechseln Zahlung geleistet, die durch Wechsel gedeckte Forderung in den Handelsbüchern, nach dem Gebrauche der kaufmännischen Buchführung, auch saldirt; allein alles das geschieht nur in der Voraussetzung, daß der Wechsel gut ist, und in der Erwartung, daß derselbe zur bestimmten Zeit eingelöst wird. Eine reale Tilgung der Forderung, wie durch Zahlung von Geld, wird nicht durch die Ausstellung und Hingabe, sondern erst durch die Einlösung des Wechsels, d. h. durch die Umwechselung in Geld durch den Acceptanten, bewirkt. Ein Wechsel kann zwar auch vor dem Verfalle durch Diskontiren zu Gelde gemacht werden, und diese Valuten-Bewegung ist sogar der merkantile Zweck des Wechsels; allein durch die Cirkulation des Wechsels entstehen wechselmäßige Garantie-Obligationen, indem die Geber durch Ausstellung und Begebung in die Regreßpflicht eintreten und im Nothfalle des Wechsels zur Wiedereinlösung verpflichtet sind, so daß sie das durch den Verkauf gelöste Geld mit Nachtheil wieder herausgeben müssen. Solche obligatorische Vertretungspflichten entstehen nicht durch die Cirkulation des Geldes in der langen und unnachweisbaren Reihe der Zahler und Empfänger der einzelnen Geldstücke. Die letzteren gehen aus Hand in Hand; mit der Weggabe ist die Spur des früheren Besitzers verschwunden und kaum noch festzustellen [5]). Gleiche Grundsätze gelten im Allgemeinen auch von den vom Staate, oder, mit dessen Genehmigung, von einem Dritten ausgegebenen, auf jeden Inhaber lautenden Schuldurkunden, — Pfandbriefe — Staatsschuldscheine, Staatsobligationen, lettres au porteur. — Dieselben stellen nicht, wie das Papiergeld, unmittelbar Geld dar und dienen daher nicht unmittelbar als Werthausgleichungsmittel, sind auch keinem Zwangskurse unterworfen, sondern müssen, zum Zwecke von Zahlungen, nach den Schwankungen der Börsenpreise, zuvörderst in Geld umgesetzt werden. Die lettres au porteur, Papiere auf den Inhaber, sind nicht urkundliche Beweismittel über ein bestimmtes, auf Geldzahlung gerichtetes obligatorisches Rechtsgeschäft, sondern, gleich den Wechselbriefen, Urkunden über ein Summenversprechen, über eine abstrakte Obligation, welche aber, — zum Unterschiede von Wechseln, — zwischen dem Geber und Nehmer aus der Uebertragung kein, auf die Realisation des Papieres gerichtetes obligatorisches Rechtsverhältniß zurücklassen. Die merkantilen Bewegungen der Inhaberpapiere und das Verhält-

---

5) Der seltene Fall, in welchem Geld vindizirt werden kann, bildet eine Ausnahme und schwächt die Regel nicht ab. v. Savigny, Obligationenrecht Bd. 2. S. 138. Puchta, Vorlesungen §. 169. Goldschmidt in d. Zeitschr. f. gesamm. Handelsrecht Bd. 8. S. 139. Thöl a. a. O. Thl. 1. §. 55. A. Pr. L.R. Thl. I. Tit. 15. §. 45 ff. A. D. H.G. §. 306 ff.

niß des früheren Besitzers zum gegenwärtigen Inhaber bestimmen sich vielmehr nach den allgemeinen Grundsätzen des Sachenrechts [6]).

Nach dieser rechtlichen und merkantilen Auffassung sind Wechsel kein Geld, und auch der Handelsstand sieht sie nicht als Geld, sondern als bevorzugte Anweisungen zur Erhebung von Geldsummen an. Die Eigenschaft als „Geld" hätte der Wechsel auch erst durch Anwendung des Indossaments erhalten können, denn zuvor begründete derselbe nur ein, durch die rechtlichen Beziehungen zwischen Aussteller und Nehmer begrenztes Forderungsrecht. Erst das Indossament hat ihm Unabhängigkeit von dem Begebungsgeschäfte und dadurch Beweglichkeit und Geldähnlichkeit verliehen. Und doch war der Wechsel viele Jahrhunderte vor Anwendung des Indossaments im Gebrauche und diente denselben Zwecken, wie heut' zu Tage.

Wenn nun der Wechsel nicht ein auf der Autonomie des Handelsstandes ruhendes Geldzeichen, Münzstück, ist, worauf ihn Einert, unter Aufgabe des bisherigen historischen und dogmatischen Standpunktes, zurückzuführen bemüht ist, so wird die rechtliche Natur desselben wohl in dem Obligationenrechte zu suchen sein, an welches auch Liebe und Thöl ihre Theorie angeknüpft haben. Nach Liebe ist der Wechsel ein einseitiger Formalakt, durch welchen ein cirkulationsfähiges Nomen geschaffen wird und bei welchem die Rechtsfolge, abgesehen von jedem anderen Willen der Parteien, an den Gebrauch einer bestimmten äußeren Form gebunden ist. Liebe [7]) sagt wörtlich: „Wenn man nämlich den Wechsel nach der Einert'schen Ansicht als Papiergeld, nach Ansicht des Braunschweigischen (Liebe) Entwurfes als Formalakt, oder nach der Ansicht des Meklenburgischen (Thöl) Entwurfes als ein Summenversprechen auffaßt, so mag man sich zwar über das mehr oder minder vollständige Zutreffen dieser Auffassungsweisen streiten, soviel ist indeß gewiß, daß damit das eigentlich Karakteristische des Formalgeschäfts, welches wir in der völligen Unabhängigkeit desselben von materiellen Rechtsverhältnissen zu finden haben, festgestellt ist."

Brauer [8]) hat, um eine Annährung unter den drei Haupttheorien herbeizuführen, und um, so zu sagen, den Stein des Anstoßes aus dem Wege zu räumen, den Begriff des Papiergeldes in sehr genereller Weise dahin angegeben:

> „Papiergeld ist ein schriftlich gegebenes abstraktes Summenversprechen, welches durch die gesicherte, keinen Weiterungen und Einreden unterworfene Einlösbarkeit geeignet ist, als Zahlungsmittel, statt des baaren Geldes, zu dienen."

Wenn sich auch gegen diese Begriffsbestimmung einiges Bedenken erheben läßt, indem man unter Papiergeld zunächst die unter der Garantie des Staates, nach

---

6) Das unterliegende Uebertragungsgeschäft kann freilich in mancherlei Hinsicht Rechte und Pflichten konstituiren, z. B. wegen Nichtgewahrung der Gegenleistung, wegen unrichtiger, doloser Kursangabe u. s. w.; allein diese Fälle sind von der Betrachtung ebenso ausgeschlossen, als der Fall, in welchem ein aufgerufenes und verfallenes Staatspapier Gegenstand lästiger Uebertragung gewesen ist. Vergl. Eichhorn, Einleit. in das deutsche Privatrecht §. 171. Mittermaier a. a. O. §. 273 ff. erachtet die Papiere au porteur für wahre Schuldverschreibungen und insofern als Beweismittel, und auch v. Savigny, Obligationenrecht, Bd. 2. S. 117 erkennt darin wahre Schuldscheine über Gelddarlehen, von gewohnlichen Schuldscheinen durch die Form und Stellung auf den Inhaber unterschieden. Vergl. Kuntze, Inhaberpapiere S. 478. v. Gerber a. a. O. S. 411. G. Hartmann a. a. O. S. 57 ff.

7) Wechselordnung Einleit. S. XXIX.

8) Arch. f. D. W.R. B. 3. S. 302.

einem bestimmten Münzfuße, ausgegebenen, mit Zwangskurse versehenen und dem Metallgelde gleich gestellten Papiergeldzeichen, (Papiermünze, Idealmünze,) versteht, während Staatspapiere (Pfandbriefe, Rentenbriefe, Staatsobligationen, Bankobligationen), vom Staate ausgegebene Urkunden au porteur über Summenversprechen (abstrakte Obligationen), Formalakte mit der Einlösungsklausel (Kündigung, Verloosung, Rückzahlung in einem bestimmten Termine) darstellen [9]), die nicht die Stelle des baaren Geldes vertreten, sondern zum Zwecke der Zahlung, nach dem schwankenden Börsenkurse, umgewechselt, oder, — nach der Einigung der Interessenten, — an Zahlungsstatt gegeben werden müssen, — so hat durch jene Begriffsbestimmung die Papiergeldtheorie doch ihre schroffe Trennung und Unterscheidung von der Liebe'- und Thöl'schen Wechseltheorie aufgegeben. Alle die Theorien stimmen daher darin überein: 1. der Wechsel ist ein einseitiger Formalakt, 2. derselbe enthält ein Summenversprechen, d. i. ein von der unterliegenden causa losgelöstes, unabhängiges, abstraktes Geldversprechen. Es kommt daher darauf an, zu bestimmen, was ein Formalakt ist? Erst das moderne [10]) Recht hat den Begriff von „Formalakt" aufgestellt und damit die Auffassung verbunden: daß das in eine bestimmte Form gekleidete, einseitige, nicht vertragsmäßige Geschäft lediglich durch diese Form, unabhängig von dem sonstigen Willen der Handelnden, seine rechtliche Existenz und Bedeutung erhalte; daß der verpflichtende Rechtsgrund nicht durch die unterliegende obligatorische Handlung, sondern lediglich und ausschließlich durch die Form gebildet werde, und daß jener thatsächliche Obligationsfall nur als Motiv zur Vornahme, nicht aber als Theil oder Inhalt des Formalaktes rechtlich in Betracht komme. Die Formalurkunde sei der Träger des obligatorischen Rechts, gleichsam die verkörperte Obligation, die im Verkehre und bei der Cirkulation als Sache, nicht als Beweismittel über ein, zwei bestimmte Personen in Rechtsbeziehung setzendes materielles Rechtsgeschäft ihre Wirkung äußere. Im Römischen Rechte war das wichtigste Formalgeschäft die Stipulation. Sie entsprang aus dem strictum jus, wurde in eine bestimmte mündliche Frage und entsprechende Antwort eingekleidet und erzeugte eine einseitige, von dem unterliegenden Geschäfte befreite Vertrags-Obligation [11]), d. h. es wurde zwischen einem bestimmten Gläubiger und einem be-

9) v. Savigny, Obligationenrecht. Bd. 2. S. 88. 99. 130. setzt das Wesen der Papiere auf den Inhaber darin, daß das Recht des Gläubigers gebunden sei nicht, wie bei anderen Obligationen, an eine bestimmte Person, sondern an eine allgemeine Eigenschaft, die gleich Anfangs in ganz verschiedenen Personen sich finden kann, an ein gewisses Verhältniß irgend einer Person zu dem Papier. Verkorperung der Obligation. v. Gerber, Deutsches Privatrecht. §. 161. sieht bei Papieren an den Inhaber die Schrift als den alleinigen Träger des verpflichtenden Willens an; die Gläubigerschaft ist mit dem Innehaben des Papieres verknüpft. Die Schuldurkunde ist der verkörperte Wille. Hoffmann im Arch. f. D. W.R. Bd. 5. S. 257 bezeichnet das Papier an den Inhaber als ein durch sich selbst bestehendes und von seinen materiellen Unterlagen losgelöstes, an das Papier gebundenes und durch dasselbe beurkundetes Geldversprechen, und stellt dasselbe, seiner rechtlichen Geltung nach, unter den Formalkontrakt. Alle stimmen daher darin überein, daß die dem Inhaberpapiere zum Grunde liegende Obligation nicht mit einem bestimmten Gläubiger geschlossen wird. Jolly im Arch. a. a. O. Bd. 4. S. 385. Kuntze, Inhaberpapiere. G. Hartmann, rechtlicher Begriff des Geldes.

10) Dem Romischen Rechte sind Wechsel und Papiere auf den Inhaber unbekannt gewesen. v. Savigny, Obligationenrecht. Bd. 2. S. 123. 124.

11) Arndts a. a. O. §. 232. Puchta a. a. O. §. 250. Derselbe, Vorlesungen. §. 250.

stimmten Schuldner ein Verpflichtungsverhältniß gebildet in der Art, daß nur der Erstere etwas zu fordern, der Letztere dieses zu leisten hatte. Liebe[12]) knüpft seine Theorie von dem Formalakte an die Lehre von der Römischen Stipulation an und bemerkt zur Widerlegung der Einert'schen Papiergeldtheorie, daß der Wechsel ein dem Gebiete des Obligationenrechtes angehöriges Recht erzeuge. Kuntze[13]) erklärt diese theoretische Auffassung für einen Fortschritt und findet den Vorzug der Liebe'schen Theorie gerade in der Anerkennung des obligatorischen Karakters im Wechsel, wodurch „die uncivilistischen Sätze Einert's in civilistische Dogmen umgesetzt worden seien."

Wenn nun aber der Wechsel, seiner rechtlichen Natur nach, dem Obligationenrechte angehört und Rechtsähnlichkeit mit der Stipulation des Römischen Rechts hat, — in welcher Rechtsauffassung die meisten Rechtslehrer übereinstimmen, — so ist doch in dem Wechsel, wenigstens in seiner Zurückführung auf die Entstehungsweise, ein vertragsmäßiges Element insofern zu erkennen, als zu der Thatsache der Skriptur, um derselben rechtliche Bedeutung zu verschaffen, noch eine gewisse Kooperation desjenigen hinzutreten muß, zu dessen Gunsten der sonst einseitige Ausstellungsakt gereichen soll, so daß der Formalakt in seiner Rechtsbeziehung zu dem Berechtigten die Eigenschaft eines Formalkontraktes annimmt[14]). Das System des Privatrechts weist mehrere Rechtsgeschäfte nach, deren thatsächliche Existenz, — bei aller rechtlichen Verschiedenheit vom Wechsel, — zwar ausschließlich auf der Einseitigkeit des Willens der Erklärenden ruht, deren rechtliche Wirksamkeit aber von einer, dem Willen des Erklärenden entsprechenden Handlung des Dritten abhängt, z. B. die Bürgschaft, Vollmacht, Cession. Die Cession ist ein einseitiger Rechtsakt, durch welchen Jemand ein ihm zustehendes Recht auf einen Dritten überträgt. Die über die Rechtsabtretung angefertigte Skriptur enthält den beurkundeten Willen, und soweit Alles, was von Seiten des Cedenten zur Ausführung der Cession erforderlich ist. So lange aber dieser Wille durch ausdrücklichen Beitritt, oder durch Uebergabe und Annahme der Cessionsurkunde nicht in Rechtsbeziehung zu der Person des Cessionars gesetzt worden ist, hat der Cessionsakt, als solcher, und abgesehen von der unterliegenden causa, keine rechtliche Bedeutung und keinen obligatorischen Effekt. Und so muß man annehmen, daß die in Form eines Wechsels ausgefertigte Skriptur, wenn gleich äußerlich ein Wechselbrief, doch in ihrer rechtlichen Entstehungsweise, abgesehen von einzelnen spezifisch wechselmäßigen Rechtserscheinungen, so lange keine rechtliche Wirksamkeit und Bedeutung hat, als sie nicht von der Person des Ausstellers getrennt und mit dessen Willen in den Besitz desjenigen gelangt ist, zu dessen Gunsten sie lautet. Der im Nachlasse des Ausstellers vorgefundene Wechsel an eigene Ordre, welcher nicht etwa durch das Accept des Bezogenen die Qualifikation einer wechselrechtlichen Obligation angenommen hat, ist zwar, der Form nach, eine Wechselurkunde, aber er hat keine rechtliche Beziehung zur Außenwelt erhalten und

12) Wechselordnung Einleitung. S. XXI.

13) a. a. O. S. 268.

14) Dieser Formalkontraktstheorie schließen sich im Ganzen an: v. Savigny, Obligationenrecht. Bd. 2. S. 247, Liebe, Thol, Mittermaier, Bluntschli, Renaud, Hoffmann, Biener, Ladenburg, Unger, v. Gerber, Jolly.

gilt daher für ein wirkungloses Skriptum. Es muß daher zu der Ausstellung des Wechsels noch ein Moment hinzutreten, durch welches der Formalakt rechtliche Existenz und Wirksamkeit nach Außen hin erhält, und dieses Moment besteht, da eine schriftliche Beitrittserklärung nach der Form und rechtlichen Natur des Wechsels ausgeschlossen ist, in dem Geben des Wechsels an einen berechtigten Dritten. Liebe[15]) sagt: „Wie bei der Stipulation der klagbare Anspruch durch den Gebrauch der Vertragsformel, ohne Rücksicht auf den Konsens der Kontrahenten, begründet wird, so entsteht aus dem Vorhandensein des Wechsels schlechthin eine bestimmte Folge, ohne daß man für deren Begründung noch etwas Weiteres, etwa den Konsens der Parteien, einen auf Geldaustausch gerichteten Innominatkontrakt u. s. w. als den eigentlichen Grund dieser Folge aufzusuchen, und damit auf eine höchst unpassende Weise den Wechsel als ein Beweismittel, oder ein Zeichen, oder Ausführungsmittel für dieses Weitere zu betrachten hätte." Allein diese theoretische Auffassung ist entlehnt aus der Selbstständigkeit und rechtlichen Unabhängigkeit des Wechsels von der causa praecedens, in seiner merkantilen und ökonomischen Bedeutung, und giebt keinen Aufschluß über die Thätigkeit, durch welche der Wechsel seine rechtliche Existenz erlangt. Wie die Römische Stipulation, so ist der Wechsel ein durch die Form und in der Form bestehender Rechtsakt und leidet keine Einwendung und Ergänzung aus dem thatsächlichen Obligationsgrunde, welcher zu der Begebung Veranlassung gegeben hat. Auf welche Weise das Wechselgeschäft aber perfekt wird und zur rechtlichen Existenz kommt, darüber hat sich Liebe, dem es überhaupt nicht darauf ankam, seine Theorie in allen Konsequenzen darzustellen, sondern der, bei Gelegenheit seines Entwurfes zu einer Allgemeinen Wechselordnung, nur die Unhaltbarkeit der Einert'schen Theorie nachweisen wollte, nicht näher ausgesprochen. —

Darüber ist kein Streit, daß eine in wechselmäßiger Fassung ausgestellte Skriptur, der Form nach, schon in der Hand des Ausstellers ein Wechselbrief ist; denn zur substantiellen Perfektion gehört eben nichts, als die Form. Auch darüber ist kein Streit, daß der Aussteller aus seiner Wechselunterschrift einem jeden wechselmäßig legitimirten dritten Inhaber, den Fall des dolus oder der mala fides bei der Erwerbung ausgeschlossen, verhaftet ist, wenn der Wechsel auch ohne sein Zuthun, durch Zufall oder sonst, in Cirkulation kommt[16]). Das sind Rechtswahrheiten, welche, zur Sicherheit des Wechselverkehrs durch kaufmännische Gewohnheit befolgt, in der rechtlichen Natur der Wechselobligation begründet sind, die nicht an einer bestimmten Person, sondern mit dinglicher Qualifikation an dem Wechselpapiere haftet, und die bezüglich der Verpflichtung des Ausstellers eben dahin geht, nicht einer individuellen Person, z. B. dem Remittenten, sondern einem jeden getreuen Inhaber des Papieres prompte Zahlung zu leisten. Allein auf diese rechtliche Erscheinung kann nicht der Satz gegründet werden: daß der Wechsel schon in der Hand des Ausstellers seine rechtliche Wirkung und Existenz erhalte, mit anderen Worten: ein Nomen, einen Vermögenswerth bilde[17]). Jedenfalls ist der Wechsel in der Hand des Ausstellers vor der Acceptation und Be-

15) Entwurf. S. 40.
16) Art. 12. 36. 74. 75. 76. 81. 82. A. D. W.O.
17) Volckmar und Loewy a. a. O. Einl. S. X.

gebung ein sehr werthloses Vermögensstück, ohne praktische Bedeutung, und ohne rechtliche Folge. Liebe scheint jene Auffassung auch nicht getheilt zu haben, vielmehr der Ansicht gewesen zu sein, daß die Rechtsfolge des Wechselgeschäftes davon abhange, daß der Wechsel, — als Regel gedacht, — mit dem Willen des Ausstellers dem berechtigten Dritten eingehändigt werde, denn er sagt[18]: „die Ausgebung einer Tratte bewirkt nicht die Entstehung eines einfachen, sondern eines ganz eigenthümlich modificirten nomen" und: „die Ausgebung eines Wechsels ist an sich nichts als die Uebertragung eines, freilich eigenthümlich bestimmten Vermögensrechts auf den Wechselnehmer und von diesem weiter." Hiernach knüpft Liebe die Rechtsfolge des Wechsels nicht an die Thatsache der Ausstellung, wie Kuntze sagt, an die Kreation, sondern an die Ausgebung desselben, mit andern Worten, er verlangt noch ein Moment, welches der Ausstellung hinzutreten muß, um ein wechselrechtliches Verhältniß zu begründen, dem Wechsel rechtliche Wirksamkeit beizulegen[19]. Kuntze[20]) sagt: „der Akt, durch welchen ein Wechsel geschaffen wird, heißt Ausstellung. Die Solennität des Aktes besteht in der Ausfertigung und Unterzeichnung des Wechselbriefes. Mit der Ausfertigung (Niederschrift, Abfassung, Konception) des Wechselbriefes ist alles geschehen, was auf Seiten des Ausstellers zur Begründung der Wechselverbindlichkeit erforderlich ist; der Wechselbrief repräsentirt von diesem Augenblicke an ein individuelles Kreditverhältniß, ein reelles Werthstück. Der Aussteller erscheint mithin, so lange er den Wechsel in seiner Hand hat, gleichsam als sein eigener Gläubiger. Damit nun aber dieses (präparatorische) Kreditverhältniß zu einem eigentlichen Schuldverhältnisse werde, ist erforderlich, daß der Wechselbrief in die Hand einer extranea persona, d. h. eines Anderen, welcher als Wechselgläubiger dem Aussteller gegenübertritt, gelange: erst durch Nehmung Seiten des Remittenten wird daher die Obligation aus dem koncipirten Wechsel geboren. Zwischen der Ausstellung und Nehmung ist der Wechsel nur ein unfertiger, werdender Wechsel, ein cambium imperfectum et cessans." Wenn der Wechsel, wie die Personifikationstheorie[21]) annimmt, schon in der Hand des Ausstellers ein Nomen, und das Geben und Nehmen des Wechsels zur Perfektion der Wechselverbindlichkeit nicht erforderlich wäre, so hätte die Unterscheidung Kuntze's zwischen cambium imperfectum und cambium perfectum, je nachdem sich der Wechsel noch in der Hand des Ausstellers befindet, oder an eine persona extranea gelangt ist, — keine Bedeutung. Dogmatische Sätze wie: „der Wechsel ist der eigentliche Gläubiger, der Inhaber nur Repräsentant des Wechsels;" „der Aussteller macht sich zum Schuldner des Papiers[22]);" „der Wechsel ist eine verkörperte Obligation[23])," „der verkörperter Wille des Schuldners[24]);" „der Wechsel ist ein beseelter Körper[25])," sind zum Theil geistreiche und in mancher Hinsicht auch rechtlich zutref-

18) Entwurf. S. 42.
19) Ladenburg im Arch. f. D. W.R. Bd. 9. S. 342. Bd. 11. S. 402. Bd. 12. S. 225 ff.
20) S. 50. 293 ff.
21) Volckmar und Loewy a. a. O. Einleitung S. X.
22) Volckmar und Loewy a. a. O. Einleitung S. X ff.
23) v. Savigny, Obligationenrecht Theil 2. S. 99.
24) v. Gerber a. a. O. §. 161.
25) Schmidt, Wechselr. S. 15 ff.

fende figürliche Bezeichnungen; allein eine erschöpfende, die rechtliche Natur des Wechsels darstellende theoretische Bedeutung ist ihnen nicht beizulegen [26]). Es ist durch jene Sätze daher auch die Frage nicht beantwortet: wodurch ein Wechselgeschäft Perfektion erlange? Man braucht nicht ein Anhänger von Ladenburg zu sein, welcher in dem eigenen Wechsel das Versprechen einer Geldzahlung, in dem gezogenen Wechsel ein mandatum aliena gratia erblickt, und den Wechsel als die Beurkundung des eingegangenen Vertrages und der daraus fließenden Rechte und Verbindlichkeiten darstellt [27]); auch braucht man nicht Thöl [28]) beizustimmen, welcher in dem Geben und Nehmen des Wechsels den eigentlichen Wechselkontrakt findet und daher annimmt, daß der Verkehr mit Wechseln durch Verträge vermittelt werde, und daß der Geber durch ebenso viele, der Zeit nach auseinanderliegende Begebungsverträge sich verpflichte, als Nehmer des Wechsels existirten, und gleiche Grundsätze auf die Acceptationsverträge anwendet; — um die Ansicht für unhaltbar zu erklären, „daß es zur Perfektion der Wechselobligation eines Gebens und Nehmens des Wechsels nicht bedürfe, daß der Wechsel vielmehr schon in der Hand des Ausstellers ein Vermögensstück bilde."

Die Veranlassung zur Ausstellung eines Wechsels ist so mannigfaltig, als der Obligationsgrund für civilrechtliche Geschäfte überhaupt; der Verkehr mit Wechseln wird vermittelt durch Geschäfte der verschiedensten Art. In der Regel liegt der Ausstellung eines Wechsels ein bestimmtes Rechtsgeschäft zum Grunde, durch welches zwei bestimmte Personen in Rechtsbeziehung gesetzt werden. Es lassen sich aber auch Fälle denken, in welchen das Begebungsgeschäft in gar keine bestimmte juristische Form gebracht wird, z. B. bei Wechseln an eigene Ordre, bei fingirten Wechseln. Wechsel in dieser rechtlichen und merkantilen Auffassung sind bewegliche, körperliche Sachen, ihrem Inhalte nach Urkunden, und können, wie andere bewegliche Sachen, nach den Regeln des Sachenrechts, Gegenstand der verschiedenartigsten Obligationsfälle sein. Sie können verschenkt, verkauft, vererbt werden. In den allermeisten Fällen des merkantilen Verkehrs stehen die Ausstellungs-Interessenten aber in einem bestimmten obligatorischen Rechtsverhältnisse, und in Beziehung auf letzteres, in konfirmatorischem oder novationsmäßigem Sinne, erfolgt die Ausstellung des Wechsels. Nach Zweck und Absicht des Wechsels richtet sich der materielle Inhalt desselben. Die Ausstellung des Wechsels setzt daher in der Regel ein Abkommen voraus, durch welches die Interessenten, mit Rücksicht auf die causa obligationis praecedens, den Inhalt und die Modalitäten des Wechsels bestimmen. Dieses Abkommen, Wechselvorvertrag, pactum de cambiando, steht an der Schwelle des Wechselrechts; auf Grund desselben wird der Wechsel von dem Aussteller ausgefertigt. Diese Thätigkeit des Ausstellers ist allerdings, und darüber waltet kein Zweifel ob, eine einseitige, d. h. eine Mitwirkung des Dritten, zu dessen Gunsten die Ausstellung erfolgt, ist, nach Form und Inhalt des Wechsels, ausgeschlossen. Man kann diese mechanische Operation daher allerdings insofern eine Kreation nennen, als

26) Thöl a. a. O. Bd. 2. §. 231.

27) Arch. f. D. W.R. Bd. 1. S. 32. Bd. 3. S. 113. Bd. 11. S. 391. Bd. 12. S. 225. 272. Ladenburg, die Anweisung und der gezogene Wechsel. (Manheim 1856.) S. 84.

28) a. a. O. §. 261.

dieselbe ausschließlich von dem Willen und der Thätigkeit des Ausstellers abhängt. Denn wenn das pactum de cambiando auch civilrechtliche Ansprüche gewährt, so können diese doch schließlich, gegen den Willen des Versprechenden, nicht auf Ausstellung eines Wechsels in der verabredeten Art, sondern nur auf Gewährung des Interesse gerichtet werden, weil es kein gesetzliches Zwangsmittel giebt, die eigenhändige, zum Wesen des Wechsels erforderliche Unterschrift, mit Aussicht auf Realisation des Wechsels durch den Bezogenen, zu erzwingen. Durch jene Kreation ist aber eben nur ein scriptum in Wechselform, ohne realen und rechtlichen Werth, geschaffen, und zur Erzeugung wechselrechtlicher Folgen ist daher ein Moment nothwendig, durch welches der Wechsel von der Person des Ausstellers, und zwar mit dessen Willen, getrennt und auf einen Dritten, in geeigneter Form, übertragen wird. Dieses, zur Perfektion der Wechselobligation erforderliche Moment ist aber keine, von der Person des Ausstellers allein ausgehende, einseitige Handlung, dasselbe setzt vielmehr eine geistige und körperliche Kooperation Seitens eines Dritten voraus, d. h. den Willen und die Möglichkeit der faktischen Disposition über das Wechselpapier. Diese Kooperation bei Schaffung des Wechsels geschieht durch das Geben und Nehmen des Wechsels, wodurch ein wechselrechtliches Verhältniß zunächst zwischen dem Aussteller und Remittenten erzeugt und die, in ihren Rechtsfolgen durch das Princip der Solidarität und der Abstraktion ausgezeichnete, wechselmäßige Skripturobligation begründet wird. Vor dieser Operation des Gebens und Nehmens ist der, von dem Aussteller einseitig gefertigte Wechselbrief ohne rechtliche Existenz und nur ein vorbereitender Akt für das Wechselgeschäft, der zu jeder Zeit, ohne jeden Rechtswiderspruch eines Dritten, von dem Kreator wieder vernichtet werden kann. Man kann dieser Operation des Gebens und Nehmens des Wechsels den rechtlichen Karakter nicht durch den Einwand entziehen, daß die Uebergabe eine Thatsache und daher nicht geeignet sei, dem Wechsel selbst ein vertragsmäßiges Element zu gewähren; denn die Thatsache des Gebens und Nehmens der Wechselurkunde steht in innigem und untrennbarem Zusammenhange mit dem Inhalte des Wechsels und der Absicht des Ausstellers desselben. Durch die Uebergabe des Wechsels an den, durch den Inhalt der Urkunde legitimirten Dritten bekennen Geber und Nehmer, mit unzweifelhafter Gewißheit, sich zu dem Inhalte des Wechsels und unterwerfen sich durch Uebereinstimmung des, zum Bewußtsein gekommenen und äußerlich kundgegebenen Willens den von ihnen beabsichtigten wechselrechtlichen Folgen. Durch diesen Vorgang der Uebergabe nimmt der vom Aussteller einseitig geschaffene Skripturakt einen vertragsmäßigen Karakter an. An die mechanische Anfertigung und die faktische Existenz der Wechselurkunde allein knüpfen sich daher ebensowenig rechtliche Folgen, als an die einseitige Ausstellung jedes anderen einseitigen Rechtsaktes unter Lebenden, z. B. an die Ausstellung einer Bürgschafts- oder Cessionsurkunde, so lange nicht noch eine zur Begründung von Rechtsbeziehungen geeignete Kooperation eines Dritten hinzutritt. Der Wechsel, in gesetzlicher Form ausgestellt, erfüllt zwar seinen merkantilen Zweck, selbst wenn er ohne den Willen des Ausstellers in Cirkulation gesetzt ist; allein diese singuläre, dem Wechselrechte eigenthümliche, durch kaufmännische Gewohnheit in das Leben gerufene und durch das Gesetz sanktionirte Rechtsfolge ist nicht geeignet, dem Wechsel, in seiner theoretischen Auffassung, das obligatorische Element zu nehmen und ihm die Eigenschaft des Papiergeldes zu verleihen. Dem letzteren ist der Wechsel in fast allen Punkten unähnlich; die einzige Aehnlichkeit zwischen beiden besteht darin, daß sie beide als Zahlmittel, jedoch mit ganz verschiedenen rechtlichen Folgen, benutzt werden. Der Wechsel ruft durch den Verkehr und durch seinen Lauf strenge Rechtsverhältnisse unter den Vor- und Nachmännern hervor, — und darin besteht gerade seine merkantile Kraft und sein finanzieller Werth, — während das Geld durch die Ausgabe für den früheren Besitzer seine faktische und rechtliche Existenz verloren hat. Gegen die Vertragstheorie wird zwar noch eingewendet, daß, wenn der Wechsel Vertragsverhältnisse begründe, demselben auch, ganz nach Belieben der Parteien, alle möglichen Klauseln und Nebenabreden einverleibt werden könnten, welche das Gesetz nicht gerade verbiete; allein diesem Einwande ist zu entgegnen, daß der Wechsel seine rechtliche Existenz herleitet aus einer bestimmten, im Gesetze vorgeschriebenen Form, daß diese Form abstrahirt von jedem, der Wechselbegebung unterliegenden Rechtsgeschäfte, und daß der Wille der Wechsel-Interessenten sich konzentrirt in der abstrakten, auf Zahlung einer bestimmten Geldsumme gerichteten formalen Wechselobligation, daß sich hiermit aber eine unbeschränkte Autonomie der Wechselkontrahenten nicht vereinigen läßt.

Hiernach sind über die Theorie des Wechsels folgende Rechtssätze anzuerkennen:

1. Der Wechselbegebung liegen, wie den Geldoperationen, z. B. den Zahlungen, die mannigfachsten Obligationsfälle, causae debendi, zum Grunde; Valuta-, Begebungsgeschäft;
2. die Obligationsfälle, welche zur Eingehung von Wechselgeschäften Veranlassung geben, stehen außer dem Kreise der Wechselfolgen und üben auf die letzteren keinen rechtlichen Einfluß;
3. der Ausstellung des Wechsels geht in der Regel ein Vorvertrag zwischen dem Geber und Nehmer voraus, in welchem die Modalitäten und der Inhalt des Wechsels näher bestimmt werden, pactum de cambiando. Dieser Vertrag, Wechselschluß, unterliegt jedoch keiner wechselrechtlichen Beurtheilung, bereitet den Wechsel vielmehr erst vor, und wird beeinflußt durch das Valutengeschäft;
4. die Wechselobligation selbst wird begründet durch eine, in bestimmter gesetzlicher Form ausgestellte Wechselurkunde und durch die Uebergabe dieser Wechselurkunde an den legitimirten Dritten.

Wenn man nun dieses, durch einseitige Ausstellung und durch Uebergabe des Wechsels an den Nehmer entstehende Rechtsverhältniß, welches ein Geldversprechen enthält und eine Obligation begründet, juristisch bezeichnen will, so scheint allerdings kein rechtliches Verhältniß mehr Aehnlichkeit darzubieten, als das Vertragsverhältniß, d. i. diejenige Rechtsstellung, welche auf gegenseitiger Uebereinkunft der Parteien beruht [29]). Und diese Auffassung scheint auch der Allgemeinen Deutschen Wechselordnung zum Grunde zu liegen. Verfolgt man die Redaktionsarbeiten, welche dem Preußischen Entwurfe vom Jahre 1847 vorausgegangen sind, so gewinnt man die Ueberzeugung, daß erst die Schriften von Einert und

29) Bedenken dagegen: Blaschke a. a. O. S. 45.

Liebe Veranlassung gegeben haben, der Theorie des Wechsels eine eingehendere Beachtung zuzuwenden. Die Motive zu dem Entwurfe vom Jahre 1838 [30]) sprechen zwar den Gedanken aus, daß „durch Ausstellung eines gezogenen Wechsels der Aussteller ein Papier schaffe, welches die Natur des Geldes an sich trage und in dem Verkehre zwischen den Personen, welchen es übereignet werde, in der That als Geld diene;" allein eine theoretische Begründung dieses Dogma's findet sich in den Motiven nicht. Dagegen wird in dem Kommissionsberichte vom Jahre 1846 [31]) der Theorie von Einert und Liebe Erwähnung gethan und bemerkt, daß der Entwurf im Ganzen auf des letzteren Theorie, welche für die richtigere gehalten werde, beruhe. In den Motiven zu dem Preußischen Entwurfe vom Jahre 1847, welcher den Berathungen der Leipziger Konferenz, auf einstimmigen Beschluß der Mitglieder, zur Grundlage gedient und auf die Allgemeine Deutsche Wechselordnung einen überwiegenden Einfluß geübt hat, ist sowohl den Entwürfen anderer Regierungen, als den wissenschaftlichen Arbeiten von Einert und Liebe die sorgfältigste Aufmerksamkeit geschenkt worden, und es ist kein Grund zu der Annahme, daß bei diesem letzten Entwurfe der theoretische Standpunkt aufgegeben worden sei, welchen der Entwurf vom Jahre 1846 ausdrücklich eingenommen hat. In den Motiven des Entwurfes v. 1847 heißt es wörtlich: „In Uebereinstimmung mit der Ansicht, welche schon dem allgemeinen Landrechte zum Grunde liegt, und wohl heut' zu Tage nicht mehr der Rechtfertigung bedarf, sind der Wechsel selbst und die darauf bezüglichen wechselmäßigen Erklärungen, nämlich das Indossament, Accept und Aval, aufgefaßt als einseitige Formalakte, welche, von Wechselfähigen in vorgeschriebener Form dargestellt, ohne Rücksicht auf Zweck und Veranlassung, zur Bezahlung der Wechselsumme verpflichten, unbeschadet der persönlichen Beziehungen, der etwaigen Einreden und Gegenansprüche, welche aus dem der Ausstellung der Erklärung zum Grunde liegenden Rechtsverhältnisse zwischen den einzelnen Betheiligten hervorgehen können [32])." Ferner: „Der Trassant, welcher sich durch Ausstellung und Aushändigung des Wechsels dem Remittenten verpflichtet hat, zur bestimmten Zeit und am bestimmten Orte nach Wechselrecht Zahlung zu leisten, kann sich dieser Verbindlichkeit durch die bloße Berufung auf die aus dem vorhergegangenen civilrechtlichen Geschäfte originirende angebliche Forderung nicht entziehen [33])." Durch diese wechselrechtliche Auffassung hat sich der Entwurf vom Jahre 1847 der Liebe'schen Formaltheorie angeschlossen, und durch Aufstellung des Rechtssatzes, daß zur Perfektion des Wechselgeschäftes die Uebergabe des Wechselbriefes nothwendig sei, das vertragsmäßige Element im Wechsel anerkannt.

In den Leipziger Konferenzverhandlungen, welche im Ganzen mehr einen praktischen, als theoretischen und doktrinären Karakter tragen, ist die Theorie des Wechselrechts wenig und nur durch gelegentliche kurze Aeußerungen einzelner Mitglieder berührt worden. So z. B. wurde von dem Handelspräsidenten Camphausen die Beibehaltung des Valuta-Bekenntnisses befürwortet; allein dem An-

30) S. 34. 63.
31) S. 10. 11.
32) Mot. z. Pr. Entw. v. 1847. S. XXIII. XXXV.
33) a. a. O. S. XXXV.

trage stellte sich die entschiedene Ansicht der Versammlung entgegen, weil der Wechsel ein formelles, von der causa debendi losgelöstes Rechtsgeschäft sei [34]). Der Antrag auf Zulassung des Wechsels au porteur wurde von dem Referenten wegen Mangels eines Bedürfnisses, und von anderer Seite aus dem Grunde abgelehnt, „weil Wechsel dieser Art als eine Art Kassenscheine, Banknoten, mit einem Worte als eine Art von Papiergeld anzusehen sein würden, dessen Kreirung die Regierung einzelner Staaten den Privaten schwerlich gestatten würde [35]).“ Bei Berathung des §. 24 des Entwurfes über das limitirte Accept wurden von dem Referenten die Bestimmungen des Holstein-Lauenburgischen Entwurfes, — nach welchen jeder, von dem Bezogenen ohne Einwilligung des Inhabers und ohne vorgängige Protesterhebung, auf den Wechsel geschriebenen Erklärung die Wirkung einer unbedingten Annahme beigelegt wird, — als der Natur des Wechsels, als eines strengen Formalaktes, entsprechend anerkannt und bezüglich der Perfektion der Annahme die von keiner Seite widersprochene Ansicht ausgesprochen: „Aendere der Bezogene, noch ehe er den Wechsel zurückgegeben habe, also während der ihm von dem Inhaber gegebenen Deliberationsfrist, seinen Entschluß und füge er einem bereits geschriebenen Accepte, aus welcher Veranlassung dies immerhin geschehen möge, abändernde oder einschränkende Zusätze bei, so könne darin, vom rechtlichen Standpunkte aus betrachtet, nicht einmal etwas Unbefugtes gefunden werden [36]).“ Der Zeitpunkt für jene Befugniß zur Modifikation des Accepts kann nur die Zurückgabe des Wechsels an den Präsentanten sein, und was hier in Ansehung der Perfektion des Accepts angeführt ist, muß auch maßgebend sein für die Perfektion des Wechsels selbst. Bei Gelegenheit der Berathung über die Notifikation äußerte der Handelspräsident Camphausen [37]): „Der Wechsel halte die Mitte zwischen dem Schuldbekenntnisse und dem Gelde. Er sei nicht ein Schuldbekenntniß über empfangenes Geld oder empfangene Waare. Der Wechsel stehe dem Gelde nicht gleich, weil der Indossant nur verspreche, eine Geldsumme auszahlen zu lassen.“ Eine Bestimmung über die Vindikation des Wechsels wurde für nöthig gehalten, „weil sich die Ansicht immer mehr Bahn breche, der Wechsel sei eine Art von Papiergeld und nicht bloß Beweismittel [38]).“

Diese Vorgänge ergeben zwar, daß die Auffassung über die rechtliche Natur des Wechsels in der Leipziger Konferenz keine übereinstimmende, auch wohl in mancher Beziehung keine streng wissenschaftliche gewesen ist, allein sie gewähren doch die feste Ueberzeugung, daß die Konferenz den Wechsel nicht als Papiergeld angesehen hat. Man hat vielmehr gegründete Veranlassung, anzunehmen, daß die Leipziger Wechselkonferenz der Liebe'schen Theorie über den Formalakt resp. Formalvertrag gefolgt ist, und diese Annahme wird unterstützt durch den von Liebe in seinen Erläuterungen zur Allgemeinen Deutschen Wechselordnung aufgestellten Rechtssatz: daß andere schriftliche Versprechen, — im Gegensatz zur Acceptation, — selbst Wechsel, noch nicht durch das bloße Schreiben bindend werden,

34) Leipz. Prot. S. 11. 156.
35) Leipz. Prot. S. 11.
36) Leipz. Prot. S. 49.
37) Leipz. Prot. S. 97.
38) Leipz. Prot. S. 142.

sondern nur dadurch, daß der Versprechende seine Schrift dem Anderen ausliefert[39]). Auch die Judikatur hat sich fast in überwiegender Uebereinstimmung der Formalkontraktstheorie angeschlossen. Insbesondere hat sich das Ober-Tribunal in Berlin, nach anfänglichem Schwanken und Analogisiren aus dem Civilrechte, mit Entschiedenheit der Formaltheorie angeschlossen und den Wechsel für einen Literalkontrakt erklärt, dessen rechtlicher Karakter, durch den sichtbaren Inhalt des Wechselbriefes begrenzt und dargestellt, in der Form bestehe und dessen Perfektion nicht in der Anfertigung der Wechselurkunde, sondern in dem Geben und Nehmen derselben beruhe[40]).

§. 28.

Die Literatur des Wechselrechts. Behandlungsmethode.

Kaum einer anderen Rechtsmaterie hat sich die Wissenschaft mit lebhafterem Interesse und mit größerer Vorliebe zugewendet, als dem Wechselrechte. Die Literatur über Wechselrecht ist daher sehr reichhaltig. Wir verweisen in dieser Beziehung auf die sehr vollständige Zusammenstellung bei Mittermaier[1]), Dedekind[2]), Kuntze[3]), Thöl[4]), und geben hier nur einen kurzen Ueberblick über das große Gebiet der literarischen Thätigkeit für das Wechselrecht und über den Lauf, welchen dieselbe genommen hat.

Italien, die Wiege des Wechsels, weist auch die ersten wissenschaftlichen Bearbeitungen des Wechselrechts auf. Früher, als die Juristen, haben sich theologische Schriftsteller[5]), wie Laurentinus Rodulfinus (1404), Ambrosius de Vignate (1460), Fabianus de Genua (1540), Boninsignus de Siena (1600) mit dem Wechselrechte befaßt, weil die Kirche aus religiösen (canonische Zinsverbote) und politischen (eigene Benutzung des Wechsels) Rücksichten an dem Wechselinstitute ein doppeltes Interesse nahm. Sigismund Scaccia und Rafael de Turri, Schriftsteller aus der ersten Hälfte des 17. Jahrhunderts, geben ein genaues Verzeichniß derjenigen, welche vor ihnen das Wechselrecht bearbeitet haben. Bemerkenswerth sind in dieser Beziehung: Rolandinus (1300), Durantis (1296), Calderinus (1339), Baldus (1400), Thomas de Vio (1499), Hieronymus de Luca (1584).

Wichtiger, weniger für die Theorie, als für die praktische Anwendung des Wechselrechts, sind die Decisiones Rotae Genuae[6]), Entscheidungen des Gerichtshofes zu Genua, und die Decisiones Rotae Romanae[7]), (Entscheidungen des

39) Liebe, Wechselord. S. 96.

40) Entsch. des Ober-Trib. in Berlin Bd. 13. S. 75. Bd. 14. S. 142. 458. Bd. 16. S. 259. Bd. 24. S. 260 ff. 277. Bd. 26. S. 394. Bd. 28. S. 199. Bd. 29. S. 192. Bd. 35. S. 17. Bd. 39. S. 221. 238. Bd. 41. S. 294. Bd. 46. S. 253. Arch. f. D. W.R. Bd. 4. S. 323. Bd. 5. S. 222. Bd. 12. S. 415. Lohr, Centralorgan. Bd. 2. S. 88.

1) Deutsches Privatr. Bd. 2. S. 130.

2) Geschichte der Quellen und der Bearbeitung des Wechselrechts, (Braunschweig 1843).

3) Deutsches Wechselrecht. S. 21.

4) Handelsrecht, Bd. 2, Wechselrecht. (Göttingen 1865.) S. 1863.

5) Biener, Wechselrechtliche Abhandlungen. (Leipzig 1859.) S. 84.

6) Rotae Genuae de mercatura ex rebus ad eam pertinentibus decisiones ed. Bellonius, Venet. 1552. Dieselben sind später vielfach abgedruckt worden. Biener a. a. O. S. 82. Kuntze a. a. O. S. 161. Dedekind, Geschichte der Quellen rc. S. 29.

7) Decisiones Sacrae Rotae Romanae Die Urtheile dieses höchsten Gerichtshofes der päbstlichen Curie sind auch bei Raphael de Turri. Francof. 1645. S. 341. abgedruckt.

Gerichtshofes zu Rom, aus dem 16. Jahrhundert und wahrscheinlich von einzelnen Beisitzern der Rota gesammelt und später herausgegeben. Die Decisiones Rotae Romanae sind von geringerer Bedeutung, als die Genuesischen Entscheidungen, weil sie vorzugsweise nur den, von der Kirche verfolgten trockenen Wechsel (cambium siccum) betreffen. Von den späteren italienischen Schriftstellern sind Epoche machend und noch heute für die Geschichte des Wechselrechts von großer Bedeutung: Sigismund Scaccia, welcher in seinem Tractatus de commerciis et cambio (Rom 1618) und Raphael de Turri, welcher in seinem Tractatus de cambiis (Genua 1641) in gründlicher und ausführlicher Weise den damaligen Stand des — vorzugsweise Genuesischen — Wechselrechtes behandelt.

Die Schriften von Scaccia und Raphael de Turri gaben auch in anderen Ländern, und insbesondere in Deutschland, wo sich bisher wenig Interesse für das Wechselrecht gezeigt hatte, die erste Anregung zu einer wissenschaftlichen Thätigkeit auf dem Gebiete dieser Rechtsmaterie. Unter den besten Namen verdienen da genannt zu werden: Bode, Dissertatio de cambiis (Marburg. 1646); Vogt, Tractatus analyticus de cambiis (Giss. 1658); Joh. Christ. Franck[8]), Inst. jur. camb. (Hal. 1721); Siegel[9]), vorsichtiger Wechselgläubiger (Leipzig 1726) und Einleitung zum Wechselrecht (Leipzig 1743); Hedler, Positiones de origine cambiorum (Viteb. 1734); Heineccius[10]), Elementa juris camb. (Amsterd. 1742); Selchow, Grundsätze des Wechselrechts (Göttingen 1758); Leisewitz, Abhandlung über den Ursprung des Wechsels, 1782 (in v. Selchow's juristischer Bibliothek von neuen juristischen Büchern und Abhandl. Th. V. S. 750); Püttmann, Grundsätze des Wechselrechts (Leipzig 1784); Büsch[11]), von dem wahren Grunde des Wechselrechts sammt einer Geschichte des Wechselrechts (1784); v. Martens[12]), Versuch einer historischen Entwickelung des wahren Ursprungs des Wechselrechts (Göttingen 1797); v. Martens[13]), Grundrisse des Handels-, Wechsel- und Seerechts (Göttingen 1797); Daniels, Grundsätze des Wechselrechts (Köln 1827); Bender Grundsätze des deutschen Wechselrechts (Darmstadt 1828); Einert, das Wechselrecht nach dem Bedürfniß des Wechselgeschäfts im 19. Jahrhundert (Leipzig 1839); Dedekind, Abriß einer Geschichte der Quellen des Wechselrechts und deseiner Bearbeitung in sämmtlichen Staaten Europa's (Braunschweig 1843); Dedekind, Vergangenheit und Gegenwart des deutschen Wechselrechts (Braunschweig 1844); Friedr. Noback, über Wechsel und Wechselrecht (Berlin 1845);

8) Franck, früher Kaufmann, vereinigt in sich vortreffliche praktische und theoretische Kenntnisse des Wechselrechts und gehört zu den bedeutendsten deutschen Wechselrechtslehrern.

9) Ist ein werthvolles, in verständlicher Darstellungsweise geschriebenes Werk.

10) Das Werk ist durch seine klare, kurze und pracise Darstellung ausgezeichnet und in viele Sprachen, in die deutsche von Müller (Halle 1781), übersetzt. Ein Kommentar dazu ist von L'Estocq (Leipzig und Königsberg 1762) geschrieben.

11) Abgedruckt in Büsch und Ebelin, Handlungsbibliothek Bd. I. und in Büsch, Sämmtl. Schriften. Bd. VI.

12) Das Werk bildet noch heute für das historische Studium des Wechselrechts die beste Grundlage und enthält in seinem Anhange eine werthvolle Sammlung alter Wechselvorschriften.

13) Das Werk giebt, in kurzer und übersichtlicher Darstellung, eine vortreffliche Bearbeitung des Wechselrechts, und ist es zu bedauern, daß von einem so tüchtigen Historiker und Dogmatiker das Wechselrecht nicht ausführlicher bearbeitet worden ist, wozu die Vorrede zur zweiten Ausgabe (1805) Hoffnung gab.

Friedr. Aug. Biener, Wechselrechtliche Abhandlungen (Leipzig 1859); (Liebe), die Allgem. Deutsche Wechselordnung zc. (Leipzig 1848); Koch, das Wechselrecht nach den Grundsätzen der Allgem. Deutsch. Wechselordnung (Breslau 1850); Brauer, die Allgem. Deutsche Wechselordnung zc. (Erlangen 1851); Bluntschli, Allgem. Deutsche Wechselordnung zc. (Erlangen 1852); Renaud, Lehrbuch des gemeinen Deutschen, sowie des in der Allgem. Deutschen Wechselordnung enthaltenen Wechselrechts (Gießen 1858); Hoffmann, Ausführliche Erläuterung der Allgem. Deutschen Wechselordnung (Gießen 1859); O. Wächter, Wechsellehre nach den deutschen und ausländischen Gesetzen zc. (Stuttgart 1861); Kuntze, Deutsches Wechselrecht (Leipzig 1862); Volckmar und Loewy, die Deutsche Wechselordnung (Berlin 1862); Borchardt, die Allgem. Deutsche Wechselordnung (Berlin 1864); Thöl, Handelsrecht. Zweiter Band, enth. das Wechselrecht (Göttingen 1865); Blaschke, das Oesterreichische Wechselrecht (Wien 1867).

Außerdem findet sich das Wechselrecht abgehandelt in den Lehrbüchern des deutschen Privatrechts von Runde, Mittermaier, Eichhorn, Maurenbrecher, Walter, v. Gerber, Beseler, und eine große Anzahl, zum Theil nicht sehr werthvoller, Dissertationen und Abhandlungen über Wechselrecht ist abgedruckt in Riccius, Exercitationes jur. camb. (Goettingen 1782) und Besecke, Thesaurus jur. camb. (Berol. 1783).

Für Französisches Wechselrecht sind nennenswerth die Werke von: Jacques Savary, Le parfait négociant, ou instruction générale pour ce, qui regarde le commerce. 2. tom. ed. I Genev. 1675; Dupuis de la Serra, L'art des lettres de change etc. (Paris 1693); R. J. Pothier, Traité du contrat de change (Paris 1763); Pardessus, Cours de droit commercial (Paris 1814); Fremery, Etudes de droit commercial (Paris 1833); Persil, de la lettre de change (Paris 1839); Nouguier, Des lettres de change et des effets de commerce (Paris 1839).

Schriftsteller für Englisches Wechselrecht sind: Chitty, of practical treatise on bills of exchange (London 1722); Edv. Will. Manning, The law of bills of exchange, promissory — notes etc. (London 1817); Bayley, Summary of the law of bills of exchange etc. 4. Auflage 1817; Jacobsen, Umriß des Englischen Wechselrechts zc. (Altona 1821). Fast nur eine Uebersetzung des Ed. Will. Manning.

Für Nordamerikanisches Wechselrecht: Bayley wie vorstehend; Story, Englisches und Nordamerikanisches Wechselrecht. Deutsch bearbeitet von Treitschke (Leipzig 1845).

Als Sammlungen älterer und neuerer Wechselordnungen sind aufzuführen: Siegel, Corp. jur. camb. (Leipzig 1744), fortgesetzt von Uhl (Leipzig 1757 und später); v. Zimmerl, Vollständige Sammlung der Wechselgesetze aller Länder und Handelsplätze in Europa (Wien 1809. 1813. Nachtrag Wien 1829); Meißner, Codex der Europäischen Wechselrechte und der Wechselgesetze (Nürnberg 1837).

Präjudizien und Erkenntnisse der Gerichtshöfe, sowie werthvolle Abhandlungen über Wechselrecht sind mitgetheilt in: Seuffert, Archiv für Entscheidungen; Entscheidungen des Ober-Tribunals zu Berlin; Striethorst, Archiv für Rechtsfälle (des Ober-Tribunals zu Berlin); Siebenhaar, Archiv für Deutsches Wechselrecht (Leipzig); Goldschmidt, Zeitschrift für das gesammte Handelsrecht; Löhr, Central-Organ für das Deutsche Handels- und Wechselrecht.

Was den Bildungsgang anbetrifft, welchen die Literatur über Wechselrecht genommen hat, so ist derselbe kein von dem allgemeinen Bildungsgange des wissenschaftlichen Rechts abweichender. Die ersten wissenschaftlichen Versuche beschränken sich auf die Aufzeichnung und Sammlung des wechselmäßigen Gewohnheitsrechts. Erst allmählig und nach und nach wird der Stoff in wissenschaftlichem Geiste erfaßt und bearbeitet. Die meisten älteren Rechtslehrer suchen die Erscheinungen des praktischen Wechselrechts auf die Grundsätze des Römischen Rechts zurückzuführen, welches zwar, in vorsichtiger Anwendung, Analogien gestattet, aber für die Erklärung und die Anwendung des Wechselrechts keine entscheidende Rechtsquellen bildet. Erst Franck und Heineccius, mit welchen für das Wechselrecht eine neue Epoche beginnt, treten den Bestrebungen, das Wechselrecht vom Standpunkte des Römischen Rechts zu erklären, entgegen. Mit ihnen verbreitet sich in Deutschland über die Lehre des Wechselrechts, welche von den Romanisten verdunkelt und verzerrt worden war, ein neues Licht der Erkenntniß, nachdem Siegel[14]) durch seine reiche Sammlung von Wechselgesetzen und Wechselordnungen dem auf dem Gebiete des Wechselrechts rege gewordenen wissenschaftlichen Eifer neue Nahrung und neuen Stoff, und v. Martens[15]) durch seine historischen Studien über den Ursprung und die Entwickelung des Wechsels Anregung zu neuen Forschungen gegeben hatten. Dieser Anregung zu historischen Studien ist in vortrefflicher Weise Biener[16]) gefolgt. Derselbe hat sich in wesentlicher Beziehung auf seinen Vorarbeiter v. Martens gestützt und, bei einer streng historischen Richtung, nicht selten gegen die moderne Auffassung des Wechsels gefehlt.

Wie der Wechsel überhaupt das Werk des Kaufmannsstandes war, so haben auch Kaufleute auf dem Gebiete der Wechselrechtswissenschaft Vortreffliches geleistet und in mancher Beziehung über das wahre Wesen und den innern Grund des Wechsels ein tieferes Verständniß an den Tag gelegt, als die Juristen ihrer Zeit selbst. Dahin sind zu zählen: Jacques Savary[17]), Kaufmann, Verfasser mehrerer Werke über Wechselrecht und einer der hervorragendsten Mitarbeiter an der Ordonnance pour le commerce v. 1673, welche die Grundlage des späteren Code de commerce bildet; Phoonsen[18]), Buchhalter in einem Amsterdamer Handlungshause, Verfasser des werthvollen Amsterdamer Wechselstyls; Büsch, Mathematiker und Lehrer an der Handelsschule zu Hamburg † 1800; Sieveking, Kaufmann und Präses der Hamburgischen Kommerz-Deputation; Kheil, Kauf-

---

14) Corpus juris cambialis (Leipzig 1742). Fortgesetzt von Joh. Ludw. Uhl (Leipzig 1758. 1764. 1771. 1786).

15) Versuch einer historischen Entwickelung des wahren Ursprungs des Wechselrechts. (Gottingen 1797.)

16) Biener, historische Erörterungen über den Ursprung des Wechsels 1846 (in seinen Abhandlungen aus dem Gebiete der Rechtsgeschichte, 1. Heft. Nr. 2. S. 61—159) und Wechselrechtliche Abhandlungen.

17) Le parfait négociant etc. (Génêve 1675); Parères etc. (Paris 1679).

18) Wissel-Styl tot Amsterdam (Rotterdam 1677).

und Handelsmann zu Prag. Büsch und Sieveking haben bei Emanation des Preußischen Allgemeinen Landrechts an der Redaktion des Wechselrechts durch Betheiligung an den Konkurrenzschriften einen hervorragenden Antheil genommen. Büsch[19]), der Lehrer von v. Martens, hat mit sicherem praktischen Blicke das Wesen, den Zweck und den Grund des Wechsels erkannt und in seinen Werken, welche noch heute Bedeutung haben, dargelegt.

Allein die älteren wissenschaftlichen Arbeiten auf dem Gebiete des Wechselrechts bilden nur einzelne Steine in dem großen und mächtigen Bau, welchen erst die neuere Zeit seiner Vollendung durch Emanation der Allgemeinen Deutschen Wechselordnung zugeführt hat. Die meisten Werke über Wechsel und Wechselrecht, welche wir aus der Zeit bis zum Anfange des 19. Jahrhunderts besitzen, beschäftigen sich mehr mit der äußeren Erscheinung und den Erfahrungssätzen des Wechsels, der Empirie des Wechselrechts, als mit dem inneren Grunde, der Theorie des Wechselrechts. In den meisten Werken wird zwar über die Fragen gehandelt: was der Wechsel sei, wie der Wechselvertrag begründet werde und welche Natur der letztere habe, ob er Tausch, Kauf, Cession, Mandat oder Anweisung sei, ob er ein selbstständiges oder accessorisches Rechtsverhältniß begründe, ob die Wechselstrenge, oder die Eigenthümlichkeit der Wechselbeziehungen das karakteristische Kennzeichen des Wechsels sei; allein tiefer eingehende Studien über die wahre Natur des Wechsels enthalten die Werke nur wenig. Auch das sich als Theorie eines allgemeinen Wechselrechts ankündigende Werk von Weißegger v. Weißeneck geht über jene Grenze der Behandlung nicht hinaus.

Eine neue Epoche für die theoretische Bearbeitung des Wechselrechts beginnt mit dem genialen Karl Einert[20]), welcher sich lossagt von dem bisherigen dogmatischen und historischen Standpunkte und den Wechsel in allen seinen Konsequenzen für das Papiergeld der Kaufleute erklärt; mit Liebe[21]) und Thöl[22]), welche den Wechsel, als dem Gebiete des Obligationenrechts angehörig, als ein Objekt der obligatorischen Rechtsbeziehung, jedoch in seiner Abstraktion von der letzteren, auffassen, und mit Kuntze[23]), welcher den Wechsel und jede accessorische Wechselerklärung als das Produkt eines einseitigen Kreationsaktes darstellt.

---

19) In seinem Werke „Von dem wahren Grunde des Wechselrechts, sammt einem Beitrage zur Geschichte desselben." (Hamburg 1770.)

20) Einert, Progr medit ad Jus camb III de indole contractus, quo cambia trassata nituntur (Lips 1824); Einert, das Wechselrecht nach dem Bedürfniß des Wechselgeschäfts im 19. Jahrhundert (Leipzig 1839); Einert, Entwurf einer Wechselordnung für das Königreich Sachsen (Dresden und Leipzig 1841). Ein zweiter Entwurf vom Jahre 1842 ist dem Königl. Sächsischen Landtage zur Berathung vorgelegt worden.

21) Liebe, Entwurf einer Wechselordnung für das Herzogthum Braunschweig (Braunschweig 1843); (Liebe), die A. D. W.O. mit Einleitung und Erlauterungen (Leipzig 1848).

22) Thol, Handelsrecht. Zweiter Band. Das Wechselrecht. Zweite Auflage. (Gottingen 1865).

23) Kuntze, Deutsches Wechselrecht ꝛc. als Grundlage der A. D. W.O. ꝛc. (Leipzig 1862). Derselbe im Arch. f. D. W.R. Bd. 11. S. 128.

Besonderer Theil.

Erstes Kapitel.

Allgemeine Wechsellehren.

§. 29.

Allgemeiner Begriff und Hauptarten des Wechsels.

Der Begriff des Wechsels ist, je nach dem Standpunkte der Wechseltheorie, sehr verschieden bestimmt worden. Sehr lange, und fast bis in die neueste Zeit, wurde der Wechsel als das Produkt obligatorischer Rechtsbeziehungen gedacht, und ihm nur eine accessorische, die Sicherheit der Hauptobligation erhöhende Eigenschaft, adjectitia qualitas, beigelegt [1]).

Die Allgemeine Deutsche Wechselordnung hat den Wechsel nur in seiner äußeren Erscheinung als Kreditpapier aufgefaßt und aus dieser merkantilen Bestimmung Rechtssätze hergeleitet, durch welche die Bewegungen des Wechsels geregelt und die rechtlichen Folgen dieser Cirkulation bestimmt werden. Dieselbe hat daher, wie der Code de commerce, den Begriff des Wechsels rechtlich nicht definirt [2]), sondern es der Doktrin überlassen, aus den gegebenen Rechtsregeln die rechtliche Natur des Wechsels zu bestimmen und den Begriff des Wechsels festzustellen. Nach der gegenwärtigen Rechtsauffassung stellt sich der Wechsel dar als eine, in gesetzmäßiger Scripturform abgefaßte Urkunde, in welcher der Aussteller zu einer bestimmten Zeit und an einem gegebenen Orte die Zahlung einer bestimmten Geldsumme entweder selbst oder durch einen Dritten zu zahlen verspricht, und die ausschließlich durch ihre äußere Form, unabhängig von dem thatsächlichen Begebungsgrunde, gewisse, in materieller und formeller Beziehung bevorzugte Rechtsfolgen für jeden wechselmäßig legitimirten Inhaber begründet. (Wechselobligation.)

Hauptarten des Wechsels sind: 1. der gezogene Wechsel, die Tratte, in welchem der Aussteller einem Dritten, dem Bezogenen, die Wechselzahlung aufträgt; 2. der eigene, trockene Wechsel, in welchem der Aussteller die Wechselzahlung selbst verspricht. Alle übrigen Wechselformen sind nur Nüancirungen, welche der Hauptwechsel, vermöge seiner großen Geschmeidigkeit und Fügsamkeit für alle Formen des Geldverkehrs, angenommen hat.

1) Vergl. Allgem. Theil §§. 25. 26.

2) Einert erachtete die Definition des eigenen Wechsels in dem Gesetze für nöthig; allein die Leipziger Konferenz hielt Begriffsbestimmungen in einem Gesetze für bedenklich. Leipz. Prot. S. 156.

§. 30.

Der Wechselschluß. Pactum de cambiando.

Der Ausstellung eines Wechsels, — einem Wechsel von der Hand, — geht in der Regel ein Abkommen zwischen dem Aussteller und Nehmer voraus, durch welches die Modalitäten des Wechsels, — Wechselsumme, Valuta, Ort der Zahlung, Gattung des Wechsels, Domizilort, Kurs, Provision, — näher bestimmt werden. Diese Vertragseinigung heißt: Wechselschluß, Wechselberedung, Wechselvorvertrag, pactum de cambiando [1]). Ueber die Person des Bezogenen wird in der Regel nichts verabredet, die Bestimmung derselben vielmehr dem Aussteller überlassen, da der Nehmer die Güte des Wechsels nicht nach der Person des Bezogenen, die ihm meist nicht einmal bekannt ist, sondern nach der Solidität des Ausstellers beurtheilt. Ein gleiches Abkommen findet in der Regel auch statt, wenn es sich um die Weiterbegebung eines bereits gemachten Papieres handelt, indem es bei dem Indossament z. B. darauf ankommt, ob dasselbe ausgefüllt oder in blanco, mit oder ohne Gewährleistung, ertheilt, ob dasselbe „nicht an Ordre" gestellt, oder mit einer Nothadresse versehen werden soll [2]). Alle diese Bedingungen, wichtig für den Nehmer des Wechsels, bedürfen vor der Begebung einer Einigung mit dem Geber. Auch der Acceptation des Wechsels kann zwischen dem Präsentanten und dem Bezogenen oder Nothadressaten ein Wechselschluß vorausgehen, in welchem die Bedingungen der Acceptation besprochen und festgesetzt werden [3]), pactum de acceptando.

Der Wechselschluß ist entweder ein selbstständiger Vertrag, oder er steht in Verbindung mit bestimmten, zwischen dem Geber und Nehmer schon bestehenden rechtlichen Beziehungen. (Begebungs-, Valuta-Geschäft, causa debendi praecedens.) In dieser Beziehung kann der Wechsel für die verschiedenartigsten Rechtsgeschäfte mit der Wirkung einer privativen oder kumulativen Novation zur Tilgung, Veränderung oder Versicherung der Hauptforderung benutzt werden. Der Wechselschluß erfolgt von den Interessenten entweder unmittelbar in Person, de buono a buono [4]), oder durch einen Mäkler. Häufig erfolgt die Ausstellung des Wechsels selbst ohne vorgängige Einigung mit einer bestimmten Person, z. B. wenn der Bankier zur Benutzung günstiger Kursverhältnisse nach einem bestimmten Platze, zur Abgabe für den Fall des Begehrs, Wechsel ausstellt und vielleicht, zur Erhöhung der Annehmbarkeit, vor der Begebung acceptirt, in seinem Portefeuille aufbewahrt. Auch fällt der Wechselschluß mit der Begebung zusammen, wenn

---

1) Martens, Grundriß rc. §. 75. hat zuerst die Lehre vom pact. de camb aufgestellt. Eichhorn, Deutsches Privatrecht §. 130. Mittermaier a. a. O. §. 326. Treitschke a. a. O. Bd. 1. S. 157. Daniels a. a. O. S. 52. 152. Renaud a. a. O. §. 13. Biener a. a. O. S. 367 ff. Wachter a. a. O. §. 23. Thol a. a. O. Bd. 2. §. 188.

2) Art. 12. 14. 15. 56 ff. A. D. W.O.

3) Art. 22 A. D. W.O.

4) Art. 11 der Chur-Pfälzischen Wechsel-Ordnung von 1726. (Siegel, corp. jur. camb. p. 131.) Riccius, exercit I. §. 52. exercit. II. §. 25. Martens, Grundriß rc. §. 75. Daniels a. a. O. S. 52. 152.

Jemand seinem Geschäftsfreunde in laufender Rechnung eine Rimesse macht und der letztere den Wechsel empfängt.

Durch den Wechselschluß, dessen Gültigkeit und Rechtsfolge nicht in das Gebiet des Wechselrechts fallen, sondern nach den Vorschriften des Civilrechts beurtheilt werden [5]), übernimmt der Geber die Verpflichtung zur Lieferung des Wechsels (Indossaments, Accepts), der Nehmer zur Zahlung der Valuta, Alles in der verabredeten Art. Ist auf ein gemachtes Papier gehandelt, so kann nicht ein Wechsel von der Hand gegeben werden, da ersteres wegen der auf dem Papiere befindlichen Wechselunterschriften größere Garantie darbietet [6]). Das Recht, Duplikate zu verlangen, folgt dagegen aus dem Gesetze ohne vorgängige Abrede [7]). Was die Frage anbetrifft, welcher von den Kontrahenten zuerst erfüllen müsse, so enthielten die älteren Wechselordnungen [8]) darüber verschiedene Bestimmungen. Das Richtige ist, daß, wenn nichts anderes verabredet ist, Zug um Zug erfüllt, d. h. der Wechsel übergeben und die Valuta gezahlt werden muß [9]).

Für den Fall der Vorauserfüllung von einer Seite der Kontrahenten ist es üblich, daß derjenige, welcher erst später erfüllen soll, dem Mitkontrahenten über die versprochene Leistung einen Schein, Interimsschein, ausstellt, z. B. wenn der Wechselnehmer die Valuta nicht sofort zahlt, um erst Gewißheit zu erlangen, ob der Wechsel in Ordnung gehe und von dem Bezogenen acceptirt werde. Ist dieser Interimsschein über die rückständige Valuta in Wechselform ausgestellt, so heißt er Interimswechsel und hat wechselrechtliche Wirkung [10]).

Die Allgemeine Deutsche Wechselordnung hat die Wechselberedung in ihrem Systeme nicht erwähnt, weil sie grundsätzlich nur solche Bestimmungen aufgenommen hat, welche dem eigentlichen Wechselrechte selbst angehören und daher alle, das Civilrecht betreffende Beziehungen des Wechsels, z. B. die Valuta- und Deckungsverhältnisse, unberücksichtigt gelassen hat [11]). Biener [12]) tadelt diese

---

5) Das dem Wechselzuge unterliegende Rechtsgeschäft kann wegen Nichtbeobachtung der civilrechtlichen Form nicht angefochten und aufgerufen werden, dasselbe wird vielmehr in Ansehung der Form durch den Wechsel gedeckt und zur rechtlichen Geltung gebracht. Erk. d. O.Tr. in Berlin v. 29. Juni 1858. (Entsch. Bd. 39. S. 238.)

6) Püttmann a. a. O. §. 86. Daniels a. a. O. S. 195. Wächter a. a. O. §. 23. Thöl a. a. O. Bd. 2. §. 188.

7) Art. 66 der A. D. W.O.

8) Oesterreichische W.O. §. 40. Churpfälz. W.O. Art. 33. Kopenhagener W.O. §. 24. A. Pr. L.R. Thl. II Tit. 8. §§. 956 ff.

9) Treitschke a. a. O. Bd. 1. S. 192. Daniels a. a. O. S. 178.

10) Nach manchen alten Wechselordnungen war der Remittent oder Jondossatar verpflichtet, einen Interimswechsel auszustellen, wenn er die Valuta nicht sofort zahlte. Riccius l. c. exerc X. sect. I. §§. 44. 54. Heineccius l. c cap. II §. 19, cap IV. § 23 Treitschke a. a. O. Bd. 1. S. 509. Thöl a. a. O. Bd. 2. §. 190. Kuntze a. a. O. S. 52. Biener a. a. O. S. 374. Das A. Pr. L.R. läßt bei verzögerter Erfüllung den Exekutivprozeß zu. Thl. II. Tit. 8. §§. 956 ff. Gegenwärtig gehören die Verabredungen über Ausstellung von Wechseln wohl in der Regel zu den absoluten oder relativen Handelsgeschäften, deren Gültigkeit durch die schriftliche Form oder andere Formlichkeiten nicht bedingt ist. Art. 271 ff. 277. A. D. H.G. Wenn der Wechsel nicht geliefert wird, kann auf Erfüllung geklagt werden. Die Ausstellung eines Wechsels ist zwar durch Zwangsmaßregeln — Geldstrafen, Haft, — zu versuchen, aber nicht zu erzwingen und wird sich daher der Anspruch schließlich auf Schadensersatz reduziren. Art. 355 ff. a. a. O. §§. 48 ff. Thl. I. Tit. 24. A. Pr. G.O. §§. 8. 9. Verordnung v. 3. März 1834 (Ges.-Sammlung S. 31).

11) Mot. z. Pr. Entw. v. 1847. S. XXIII.

12) a. a. O. S. 387. 482 ff.

Richtung; allein mit Unrecht. Denn jene Bestimmungen gehören nicht in ein Wechselgesetz, und der von der Allgemeinen Deutschen Wechselordnung eingeschlagene Weg hat, bei der großen Verschiedenheit der Civilgesetzgebungen in den einzelnen deutschen Staaten, die Einigung über das gemeinsame deutsche Gesetzgebungswerk wesentlich erleichtert und befördert [13]). Dagegen sind in den Einführungsgesetzen einzelner Staaten Bestimmungen über den Wechselschluß gegeben [14]).

Es lassen sich aber auch Fälle denken, in welchen bei der Ausstellung eines Wechsels ein besonderer Vorvertrag ganz ausgeschlossen ist, z. B. bei Wechseln an eigene Ordre, bei fingirten Wechseln, bei der Wechselreiterei.

§. 31.

Der Wechselvertrag. Geben und Nehmen des Wechsels. Perfektion.

Nachdem die Kontrahenten sich über die Modalitäten, den Inhalt des Wechsels, geeinigt haben, Wechselschluß, Wechselvorvertrag, pactum de cambiando [1]), wird in Gemäßheit dieser Einigung von dem Aussteller der Wechsel ausgefertigt. Diese Ausfertigung der Wechselurkunde, nach der im Gesetze vorgeschriebenen Form, ist ein einseitiger Akt des Ausstellers, bei welchem die Mitthätigkeit des anderen Kontrahenten, des Remittenten, Nehmers, ausgeschlossen ist. Die von dem einseitigen Willen und der alleinigen Thätigkeit des Ausstellers abhängende Wechselurkunde ist in den Händen des Urhebers ein werthloses Skriptum, das, wie von ihm geschaffen, so auch von ihm, ohne Rechtswiderspruch eines Dritten, wieder vernichtet werden kann. Es ist also noch ein Moment erforderlich, um diesem einseitigen Akte der Ausfertigung rechtliche Wirkung für Dritte zu verleihen, und dieses Moment besteht darin, daß die den Verpflichtungswillen des Ausstellers tragende Urkunde in rechtliche Beziehung zu demjenigen gesetzt wird, zu dessen Gunsten sie nach ihrem Inhalte gereichen soll. Diese Rechtsbeziehung setzt aber, neben dem Willen des Ausstellers, auch von Seiten dieses Dritten eine gewisse, der Absicht des Ausstellers entsprechende Kooperation voraus, eine Thätigkeit, welche dem Willen Ausdruck giebt, die Rechte, die aus dem Inhalte der Wechselurkunde entspringen, zu erwerben und auszuüben. Dieser, dem Inhalte der Wechselurkunde entsprechende Wille desjenigen, zu dessen Gunsten sie ausgestellt ist, wird nun zwar nicht durch Beitritt zu der Urkunde in Schriftform erklärt, denn der Wechsel ist, als einseitiger Akt, formell der Ausfluß nur Eines Willens; allein der Erwerbswille wird von jenem Dritten durch die Annahme der Wechselurkunde, in unzweifelhaft erkennbarer Weise, ausgesprochen. Wenn daher ein

---

13) (Liebe) Wechselordnung, Einl. S. XXXIV. v. Gerber, Deutsches Privatrecht §. 208. Kheil, Wechselrecht (2. Aufl.) S. 49. 324. Hoffmann, Ausführliche Erläuterung der A. D. W.O. S. 21. 85. Kuntze a. a. O. S. 237. Wenn einige nicht streng dem Wechselrechte angehörige und daher nicht mit der Wechselklage verfolgbare Rechtsverhältnisse in die Wechselordnung dennoch aufgenommen worden sind, Art. 45. 58. 65. 74. 83, so wird dadurch das von der letzteren verfolgte Prinzip nicht alterirt.

14) Hamburgisches Einführ.-Ges. v. 21. Februar 1849. §. 11. Bremisches Einführ.-Ges. v. 25. April 1849. §. 1. Lübeckisches Einführ.-Ges. v. 28. April 1849. §. 11.

1) Vergl. §. 30.

Vertrag die Einigung des Willens mehrerer Personen in Beziehung auf die Konstituirung von Rechtsverhältnissen ist, so enthält auch die Begründung von Wechselrechten durch Begebung des Wechsels eine Uebereinstimmung des Willens von Seiten des Ausstellers und des Nehmers, manifestirt durch die urkundliche Ausfertigung und durch das Geben und Nehmen des Wechsels. Diese juristische Analyse des Wechselbegungsgeschäfts läßt daher in der Ausstellung des Wechsels und in der Uebergabe desselben an den, nach Inhalt des Wechsels, berechtigten Dritten ein Vertragsverhältniß unter den Wechsel-Interessenten erkennen. Die Perfektion des Wechselgeschäfts setzt hiernach das Geben und Nehmen der formrichtigen Wechselurkunde voraus. Ohne Uebergabe kann, als wechselmäßige Regel gedacht, von einem Wechsel mit rechtlicher Folge keine Rede sein [2]). Für den durch die Wechselurkunde legitimirten Inhaber spricht jedoch, zum Schutze der wechselrechtlichen Interessen, die Vermuthung, nicht allein, daß die Uebergabe des Wechsels an ihn erfolgt ist, sondern auch, daß ein Berechtigter den Wechsel auf ihn übertragen, und daß er bei der Annahme der Urkunde sich in gutem Glauben befunden hat.

Was von der Ausstellung des Wechsels, d. i. von der Konstituirung der Rechtsverhältnisse zwischen dem Aussteller und dem Remittenten gilt, das ist auch Regel für die ferneren Begebungen des Wechsels zwischen den Indossanten und Indossataren, da jede einzelne Begebung ein für sich bestehender Wechselvertrag, ein Wechsel ist. Der Indossant, welcher das von ihm ausgestellte Indossament vernichtet, ausstreicht, überhaupt den Wechselvertrag nicht erfüllt, kann dem anderen Kontrahenten aus civilrechtlichem Gesichtspunkte unter Umständen verantwortlich werden; allein selbstständige Wechselrechte werden für den letzteren erst erworben durch die Ausantwortung des Wechsels mit dem Indossamente [3]).

Nach gleichen Grundsätzen wird auch die Acceptation beurtheilt. Auch sie bildet, bei formgerechtem Grundwechsel, einen selbstständigen, von anderen Wechselerklärungen unabhängigen Wechselvertrag. Die rechtliche Wirksamkeit des Accepts tritt aber, wie bei dem Wechsel, nicht schon mit dem thatsächlichen Skripturakte, sondern erst mit der Uebergabe desselben an den Präsentanten ein. Vorher kann das Accept von dem Bezogenen modificirt, geändert und durchstrichen werden, ohne daß dem Präsentanten ein Widerspruchsrecht zusteht.

§. 32.

Blanko-Unterschriften, Blanko-Signaturen.

Die zeitliche Ordnung, in welcher ein Wechsel ausgestellt wird, mit anderen Worten die Zeitfolge, in welcher einem Wechsel die einzelnen Momente und Bestandtheile beigefügt werden müssen, ist im Gesetze nicht bestimmt; die Wechselordnung knüpft die rechtlichen Folgen an die Formrichtigkeit eines existenten Wechsels, ohne Rücksicht auf die Zeitfolge der Ausfüllung. In der Regel wird der Aus-

2) Vergl. §. 27.
3) Jolly im Arch. f. D. W.R. Bd. 5. S. 55. Thöl a. a. O. Bd. 2. §. 252.

steller den Wechsel schreiben und mit seiner Unterschrift versehen, und denselben so in formgerechter Fassung dem Remittenten einhändigen. Allein es kann ein Wechsel auch durch Blanko-Unterschrift verschiedener Wechselverbundener seine Entstehung finden. Die Blanko-Zeichnungen, Signatures en blanc, sind durch das Bedürfniß des Handelsstandes nach leicht cirkulationsfähigen, der Belästigung einer schriftlichen Uebertragung und Legitimationsführung nicht unterworfenen Kreditpapieren entstanden und haben in Frankreich, wo frühzeitig die lettres au porteur üblich waren, in schädlicher Uebertreibung, auf die billets Anwendung gefunden. Die Blanko-Zeichnung bestand darin, daß in dem Billet der Name des Gläubigers, zur beliebigen Ausfüllung Seitens des zeitigen Inhabers, nicht angegeben, dafür vielmehr ein leerer Raum gelassen wurde, oder daß der im Billet genannte Gläubiger auf den Rücken desselben seine Unterschrift setzte, damit der spätere Inhaber darüber die Quittung schreibe, bis dahin aber das Billet in blanco cirkulire [1]).

Auch in dem modernen Wechselverkehre haben die Blanko-Signaturen jene historische Bedeutung beibehalten. Es kann daher ein Wechselvertrag (Accept, Indossament,) auch durch Aushändigung einer Blanko-Unterschrift zum Zweck der Ertheilung eines Wechsels geschlossen werden. So kann z. B. ein Wechsel entstehen, indem der Aussteller seine Unterschrift in blanco ertheilt und das Blanket dem Nehmer zur Ausfüllung, nach Abrede oder nach freier Disposition, einhändigt [2]). Die Initiative bei Ausstellung eines Wechsels braucht aber auch nicht gerade von dem Aussteller, sie kann auch von einem Anderen in der Weise ausgehen, daß er seine Unterschrift in der Eigenschaft als Acceptant in blanco ertheilt und seine Blanko-Unterschrift dem Aussteller, ja wenn auf dem Blanket die Unterschrift des Ausstellers sich schon befindet, dem urkundlich, oder beim Blanko-Indossament, dem durch den Besitz des Wechsels legitimirten Inhaber übergiebt, und dem Nehmer die Ausfüllung überläßt. In der Aushändigung einer Blanko-Unterschrift liegt der Auftrag und die Legitimation zur Ausfüllung oder Ergänzung des Blankets, der Vorberedung oder der ertheilten Disposition gemäß, indem in diesem geschäftlichen Vorgange alle rechtlichen Momente enthalten sind, welche eine Uebereinstimmung des Willens und daher einen Vertragsschluß begründen. Der Blanko-Unterzeichner muß den Inhalt der über die Unterschrift gesetzten Wechselerklärung gegen sich gelten lassen und kann dem Wechselnehmer, oder dem dritten Inhaber nicht den Einwand entgegensetzen, daß er die Erklärung über seine Unterschrift nicht selbst geschrieben habe [3]). Denn der Schwerpunkt der wechselmä-

---

1) Biener a. a. O. S. 126. 139. 225.

2) Auch der Erbe des Nehmers ist zur Ausfüllung berechtigt., Erk. d. O.Tr. in Berlin v. 27. September 1864 (Entsch. Bd. 52. S. 235), Erk. v. 13. Juli 1867 (Entsch. Bd. 58. S. 331); nicht aber der Testamentsexekutor, Erk. v. 27. Juni 1857 (Arch. f. D. W.R. Bd. 7. S. 193), Borchardt a. a. O. S. 270. Zus. g., und der Konkursverwalter, Erk. v. 31. März 1857 (Entsch. Bd. 35. S. 445).

3) Der §. 95 des Preuß. Entwurfes von 1847 spricht den Grundsatz aus, daß ein Verklagter, gegen welchen die Richtigkeit seiner Unterschrift feststehe, in dem Wechselprozesse nicht mit dem Einwande gehort werde, daß die über der Unterschrift befindliche Erklarung ohne seine Genehmigung geschrieben worden sei, und dieser Grundsatz ist von der Leipziger Konferenz (Prot. S. 169) angenommen worden. Die bestehenden Vorschriften der Preuß. Gesetzgebung §§. 782 ff. 818.

ßigen Verhaftung ruht auf der Namensunterschrift des Verpflichteten, nicht darauf, wer den Kontext der Wechselerklärung geschrieben hat, und der Diffessionseid erstreckt sich nicht auf den Inhalt des Wechsels, sondern auf die Namensunterschrift, welche der Wechsel, d. i. die einzelne Wechselerklärung, trägt. Es wird rechtlich vermuthet, daß die über den Namen gesetzte Erklärung dem Willen desjenigen entspricht, welcher seine Namensunterschrift gegeben hat, und es ist daher der Einwand, daß die Erklärung ohne Genehmigung des Ausstellers, oder gegen die getroffene Vereinbarung getroffen worden sei, selbst dem ersten Nehmer gegenüber nur unter gewisser Voraussetzung in der Form der exceptio doli zulässig. Dem dritten Inhaber gegenüber können, bei Beurtheilung des Wechselrechts, nicht diejenigen thatsächlichen Verhältnisse in Betracht kommen, unter welchen die Ausstellung oder Ergänzung eines Wechsels erfolgt sind; für ihn ist, abgesehen von dem Falle des eigenen Betruges oder der Fälschung, der Wechsel in dem urkundlichen Inhalte, zur Zeit der Erwerbung und Geltendmachung, die Quelle und der Träger des wechselmäßigen Rechts gegen alle solidarisch verhaftete Wechselverpflichtete. Es kann dem Inhaber daher auch nicht der Einwand entgegengesetzt werden, daß zur Zeit der Unterschrifts-Ertheilung noch ein wesentlicher Bestandtheil des Wechsels gefehlt habe, der Wechsel in seinem Inhalte unvollständig gewesen sei. Während die Gültigkeit des Wechselbriefes davon abhängt, daß er zur Zeit der Geltendmachung mit den gesetzlichen Erfordernissen versehen ist, auf die Zeit der Ausfüllung und Hinzufügung der einzelnen substantiellen Bestandtheile dagegen nichts ankommt, hat das Indossament in blanco auch ohne Ausfüllung wechselmäßigen Transporteffekt[4]). Auch die bloße Unterschrift des Bezo-

Thl. II Tit. 8. A. Pr. L.R., §. 25. Tit. 27, §. 136. Tit. 10. Thl. I. A. Pr. G.O., sind als richtig anerkannt. Die Bestimmung des §. 95 des Preuß. Entwurfes ist ausdrücklich aufgenommen in die Einf.-Gesetze für Hannover vom 7. April 1843 §. 2. No. 4 und von Lübeck vom 28. April 1849 §. 10. No. 3. Das Oesterreichische Justizministerium hat in der Verfügung vom 6. Oktober 1853 (Arch. f. D. W.R. Bd. 4. S. 113, Blaschke a. a. O. S. 82) eine Deklaration dahin gegeben: „Die Einwendung, daß zur Zeit, wo die Acceptation oder eine andere verbindliche Erklärung, Indossament, Aval, auf den Wechsel gesetzt wurde, die Unterschrift des Ausstellers oder eins der übrigen in Art. 4 aufgezählten wesentlichen Erfordernisse eines Wechsels noch gemangelt habe und erst später ausgefüllt worden sei, findet gegen einen dritten redlichen Inhaber des Wechsels in keinem Falle, gegen diejenigen aber, welche an der nachträglichen Ausfüllung selbst Theil genommen haben, nur dann statt, wenn erwiesen wird, daß mit der noch unausgefüllten Urkunde durch eine unbefugte oder der getroffenen Verordnung zuwider laufende Ausfüllung ein rechtswidriger Gebrauch gemacht worden ist.“ Die Nürnberger Kommission ist dieser Ansicht beigetreten, da der Art. 7 nicht darauf hindeute, daß die Zeitfolge geprüft werden solle, in welcher die einzelnen Requisite des Wechsels entstanden seien, sondern nur von den Requisiten zur Zeit der Vorlegung spreche. (Arch. a. a. O. Bd. 9. S. 250.) Erk. d. O.Tr. in Berlin vom . . . . (Arch. a. a. O. Bd. 2. S. 328. 330). Erk. d. Kammer-Gerichts in Berlin vom 18. Februar 1854 (Arch. a. a. O. Bd. 4. S. 185). Erk. österreichischer Gerichtshöfe (Arch. a. a. O. Bd. 4. S. 90. 99). Erk. d. O.Tr. in Berlin vom 7. September 1854 (Arch. a. a. O. Bd. 5. S. 326). Erk. d. Kammer-Gerichts in Berlin vom . . . . (Arch. a. a. O. Bd. 6. S. 312). Erk. d. O.Tr. in Berlin vom 19. Februar 1856 (Arch. a. a. O. Bd. 6. S. 220). Erk. v. 27. Juni 1857 (Arch. a. a. O. Bd. 7. S. 193). Erk. v. 5. Juli 1860 (Arch. a. a. O. Bd. 10. S. 262). Erk. v. 27. Sept. 1864 (Entsch. Bd. 52. S. 235). Erk. des obersten Gerichtshofes in Wien vom 13. November 1861 (Arch. a. a. O. Bd. 12. S. 200). Borchardt a. a. O. S. 181. Zus. 342. S. 265. Zus. 326 c. auch Zus. 483. Derselbe im Arch. a. a. O. Bd. 1. S. 201. Bd. 3. S. 383. Die Ansicht, daß das Accept wirkungslos sei, wenn es vor der Unterschrift des Ausstellers auf den Wechsel gebracht worden, ist vereinzelt ausgeführt in dem Erk. eines österreichischen Obergerichts vom 23. Dezember 1851 (Arch. a. a. O. Bd. 2. S. 417).

4) Art. 4. 7. A. D. W.O.

genen auf der Vorderseite des Wechsels, ohne weiteren Zusatz über die Annahme, ist eine Blanko-Signatur und steht einer unbeschränkten Annahme gleich [5]). Beide accessorische Wechselakte finden in der Form des Wechsels, dem sie sich substantiell anlehnen, ihren rechtlichen Halt.

§. 33.

Die Stellvertretung bei dem Wechselvertrage.

Das neuere Römische Recht, dem in der Lehre vom Vollmachtsvertrage das Allgemeine Preußische Landrecht gefolgt ist, stellt das Princip der unbeschränkten Zulassung der freien Stellvertretung auf. Obligatorische Verhältnisse können, wie in eigener Person, so auch durch Repräsentanten begründet und aufgelöst werden. Rechtssubjekt für die in den Grenzen des Auftrages geschlossenen Vertragsgeschäfte ist nicht der Bevollmächtigte, sondern der Machtgeber, als der eigentliche Kontrahent, als Herr des Geschäfts [1]). Gleiche Rechtsgrundsätze gelten auch für das Wechselrecht, soweit nicht die formale Natur des Wechsels und die Rücksicht auf die Sicherung des Verkehrs ein Bedürfniß zur Modifikation gegeben haben. Schon die älteren Wechselgesetze lassen eine Repräsentation auch bei dem Abschlusse von Wechselgeschäften mit der Wirkung zu, daß die auf Grund und innerhalb der Grenzen des Auftrages gebildete Obligation dem Machtgeber erworben wird, wogegen der angebliche Bevollmächtigte, falsus procurator, selbst als Wechselkontrahent im Wechselnexus steht, insofern von dem angeblichen Principale nicht eine nachträgliche Genehmigung erfolgt [2]).

Auch die Allgemeine Deutsche Wechselordnung hat diese Grundsätze, wenn auch nicht ausdrücklich ausgesprochen, so doch ihrem Wesen nach anerkannt. Nach Art. 2. No. 2 findet aus Wechselerklärungen, welche für Korporationen oder in Angelegenheiten handlungsunfähiger Personen ausgestellt sind, gegen deren Vertreter oder Vormünder kein Personalarrest statt, und nach Art. 95. haftet derjenige, welcher eine Wechselerklärung als Bevollmächtigter eines Anderen unterzeichnet, ohne Vollmacht zu haben, sowie Vormünder und andere Vertreter, welche, mit Ueberschreitung ihrer Befugnisse, Wechselerklärungen ausstellen, persönlich in gleicher Weise, wie der angebliche Machtgeber gehaftet haben würde, wenn von demselben Vollmacht ertheilt worden wäre. Auch das Allgemeine Deutsche Handelsgesetzbuch, welches jünger als die Allgemeine Deutsche Wechselordnung ist, legt dem Prokuristen die Befugniß zum Eingehen von Wechselverbindlichkeiten bei, spricht dieselbe dagegen dem Handlungsbevollmächtigten, dem Korrespondenzrhe-

---

5) Art. 22. A. D. W.O.

1) Arndts a. a. O. §§. 76. 77. 246. 248. Puchta a. a. O. §§. 275. 279. A. Pr. L.R. Thl. I. Tit. 13. §§. 85. 153. Thol a. a. O. Bd. 1. §. 24.

2) Franck l. c. lib. I. sect 2 tit. 2. §. 6 lib. II. sect. 1 tit 1. §. 1. Riccius l. c. exerc. II. §§. 60 sq. Püttmann a. a. O. §. 108. Story a. a. O. §§. 76 ff. Leipz. W.O. von 1682. §§. 8. 23. Augsburg. W.O. v. 1778. Kap. 3. §. 12: „Wenn ein Gewalthaber acceptirt, so setzt er per procura N. N und schreibet seinen eigenen Namen darunter.“ Jeversche W.O. v. 1725. §. 13: „widrigenfalls der Bevollmächtigte für seine Person in nexu bleibt.“ A. Pr. L.R. Thl. II. Tit. 8. §§. 777 ff.

der und dem Schiffer, wenn die Vollmacht nicht ausdrücklich darauf gerichtet ist, ab, und schreibt die Prokurazeichnung dahin vor, daß der Prokurist der Firma, also dem Namen des eigentlichen Subjekts des Rechtsgeschäftes, einen die Prokura andeutenden Zusatz und seinen Namen beifügt. Diese Ordnungsvorschrift wird auch bei Wechselgeschäften von anderen Vertretern und Bevollmächtigten befolgt, z. B. p. p. Löwy (Principal) N. Joseph (Prokurist) [3]. Auch enthält das Allgemeine Deutsche Handelsgesetzbuch Bestimmungen über die Vermittelung von Wechselgeschäften durch Handelsmäkler, Sensale [4], und durch Kommissionäre [5].

Ein Mandatsverhältniß kann in verschiedener Form Ausdruck erhalten. Der Bevollmächtigte kann zeichnen: a) mit eigenem Namen mit Prokura-Vermerk; b) mit eigenem Namen ohne Prokura-Vermerk; c) mit eigenem Namen des Machtgebers. Die Rechtsgültigkeit und die Wirkung des Vollmachtsauftrages in Wechselangelegenheiten werden nach den bürgerlichen Gesetzen beurtheilt. In Handelsgeschäften genügt ein mündlicher Auftrag [6]. Die Vollmacht dient zur Repräsentation des Machtgebers bei dem Abschlusse des Rechtsgeschäfts, zur Legitimation des Vertreters zur Vornahme des letzteren. Der Bevollmächtigte ist daher verpflichtet, und der Mitkontrahent kann es fordern, daß die Vollmacht, vor Abschluß des Geschäfts, zur Einsicht vorgelegt werde. Ist auf Grund einer Vollmacht im Namen eines Anderen kontrahirt, so wird die Obligation dem Principale, als dem durch den Bevollmächtigten repräsentirten Kontrahenten, erworben, und der von dem Berechtigten in Anspruch genommene Bevollmächtigte kann sich durch Darlegung des Vollmachtsauftrages von dem Anspruche befreien [7]. Die formelle Natur des Wechsels bringt es aber mit sich, daß in dem Wechsel selbst die Eigenschaft des Erklärenden als Bevollmächtigten einer bestimmten Person durch die Prokuranotiz angegeben werde, und daß eine in dem Wechsel nicht zum Ausdruck gekommene Stellvertretung für das Recht aus dem Wechsel ohne Einfluß und Bedeutung ist [8]. Die Klage aus einem mit Prokuranotiz gezeichneten Wech-

---

3) Art. 41. 44. 47. 460. 498. A. D. H.G. v. Wächter a. a. O. §. 113.

4) Art. 67. A. D. H.G. Der Mäkler ist wirklicher Bevollmächtigter.

5) Art. 373. A. D. H.G. Der Kommissionär steht zu dem Kommissionsgeschäfte als Kontrahent, als Herr des Geschäfts; zum Kommittenten als Bevollmächtigter. Art. 360. 361. a. a. O.

6) Die Motive des Preuß. Entw. v. 1847. S. LXXVI zum §. 85 (jetzt Art. 94) lauten: „Ebenso sind keine Vorschriften über Unterzeichnung durch Bevollmächtigte, Disponenten ꝛc. (A. L.R. §§ 777. 779 ff.) erforderlich. Wer durch seine Unterschrift einen Anderen verpflichten konne und wie er zu diesem Ende zeichnen müsse, darüber entscheiden die allgemeinen Grundsätze des Civilrechts, insbesondere des Handelsrechts.“ Zum §. 86 des Entw. (jetzt Art. 95) kam es in der Leipz. Konferenz zur Frage: „ob dadurch das Verhältniß des Mandatars zum Mandanten, sowie das Verhältniß des letzteren zum Wechsel berührt würde?“ Die Versammlung war indeß einverstanden, daß hier nur eine Vorschrift für den Fall gegeben werden solle, wenn etwa die Befugniß des Mandatars, die Wechselverbindlichkeit für den Mandanten einzugehen, geleugnet und in Zweifel gezogen werde, und der §. 86 nur die Verfügung enthalte, daß in diesem Falle der Mandatar dem Wechselgläubiger so lange hafte, bis er nachgewiesen, daß er durch seine Vollmacht zur Eingehung der Wechselverbindlichkeit für seinen Auftraggeber befugt gewesen sei. Leipz. Prot. S. 154.

7) Thol a. a. O. Bd. 1. S. 151 ff.

8) Art. 95. A. D. W.O. Renaud a. a. O. §. 12. Art. 271. 317. A. D. H.G. Ein mündlicher oder stillschweigender Auftrag zur Unterschrift reicht nicht aus. Erk. d. O.Tr. in Berlin v. 13. Okt. 1859. (Arch. f. D. W.R. Bd. 10. S. 207.) Nach Preußischem Rechte ist zu Geschaften, welche schriftlich abgeschlossen werden müssen, die eigene Unterschrift der Erklärenden erforderlich. A. Pr. L.R. Thl. I. Tit. 5. §§. 116. 117. Wenn ein Vertrag, der schriftlich abge-

sel geht gegen den Principal, als den dominus des Geschäfts, und zur Begründung derselben gehört der Nachweis der Bevollmächtigung des Unterzeichners.

Hat Jemand, obgleich bevollmächtigt, ohne Prokuravermerk, in seinem eigenen Namen, kontrahirt und den Wechsel mit seinem eigenen Namen gezeichnet, so ist er der eigentliche Kontrahent, der alleinige Wechselverpflichtete, und nicht befugt, die in Wirklichkeit vielleicht geschehene Bevollmächtigung dem Inhaber entgegenzusetzen und denselben an den Principal zu verweisen, insofern dem Inhaber bei dem Erwerbe des Wechsels dieser Umstand nicht bekannt gewesen ist. Beim Mangel einer Vollmacht ist der angebliche Principal nicht in den Wechselnexus eingetreten, und es kann gegen ihn daher auch aus dem Wechsel kein Anspruch hergeleitet werden. Dieselbe rechtliche Folge tritt auch ein, wenn der mit Prokuranotiz Zeichnende in der That keine oder keine auf den Umfang der Verpflichtung lautende Vollmacht hat, falsus procurator. Ein solcher Wechselaussteller haftet dem Inhaber in gleicher Weise, wie der angebliche Principal gehaftet haben würde, wenn die Vollmacht ertheilt worden wäre, also der Bevollmächtigte eines Wechselfähigen mit seinem Vermögen und seiner Person; der Vertreter eines der Personalhaft nicht unterworfenen Principals nur mit seinem Vermögen [9]). In der Wissenschaft ist es zweifelhaft, und es wird darüber gestritten, ob ein solcher falsus procurator ex contractu (aus dem Wechsel) für die Erfüllung, oder ex delicto, ex dolo, für das Interesse verhaftet ist, mit anderen Worten, ob derjenige, welcher im Namen und im ausgesprochenen Auftrage eines Dritten, jedoch in Wirklichkeit ohne Vollmacht, oder in Ueberschreitung der Vollmacht, kontrahirt hat, als Mitkontrahent angesehen wird, also aus dem Wechsel haftet, oder ob der vertragsmäßige Anspruch nur gegen die Person des angeblichen Principals erworben wird und der falsus procurator für den Erfolg ex delicto verantwortlich ist. Die Worte des Art. 95, wonach der angebliche Bevollmächtigte persönlich in gleicher Weise haftet, wie der angebliche Mandant gehaftet haben würde, wenn die Vollmacht ertheilt gewesen wäre, sowie die Materialien [10]) sprechen dafür,

---

schlossen werden muß, von einem Dritten mit der Namensunterschrift des einen oder anderen Theiles versehen worden ist, so bedarf es zur vertragsmäßigen Verpflichtung des angeblichen Machtgebers einer schriftlichen Vollmacht. A. Pr. L.R. Thl. I. Tit. 13. §. 8. Erk. d. O.Tr. in Berlin. (Entsch. Bd. 12. S. 477. Bd. 29. S. 293.) Erk. v. 13. Jan. 1857. (Arch. f. D. W.R. Bd. 7. S. 188.) Eine mündliche Vollmacht wird für ausreichend erklärt: Erk. d. O.Tr. in Stuttgart v. 30. Juni 1858. (Arch. a. a. O. Bd. 7. S. 338.) Erk. d. obersten Gerichtsh. in Wien v. 14. April 1857. (Arch. a. a. O. Bd. 10. S. 298.) Erk. v. 10. Novbr. 1858. (Arch. a. a. O. Bd. 10. S. 50.) Erk. v. 3. Juli 1861. (Arch. a. a. O. Bd. 10. S. 214.) Eine nachträgliche Genehmigung des von der Hand eines Dritten vollzogenen Accepts ersetzt die eigenhändige Unterschrift. Erk. d. obersten Gerichtsh. in Wien vom 21. Jan. 1858. (Arch. a. a. O. Bd. 8. S. 193.)

9) Art. 2. Nr. 2. A. D. W.O.

10) Der Wille des Wechselkontrahenten ist zwar zunächst auf eine Verpflichtung des Principals gerichtet, allein das Gesetz spricht, zur Sicherung des Wechselverkehrs, auch die persönliche Verhaftung des angeblichen Bevollmächtigten aus. Daß der Kläger in der Klage gegen den Principal die Existenz der Vollmacht zu erweisen hat, folgt aus den prozessualischen Grundsätzen über die Beweisführung; daß aber, bei Verfolgung des wechselmäßigen Anspruchs gegen den angeblichen Bevollmächtigten, diesem der Beweis über die Existenz der Vollmacht obliegt, folgt aus seiner, durch den Prokuravermerk übernommenen Verpflichtung, sich zur Vornahme des Wechselakts, Namens des Dritten, zu legitimiren. Solches ist auch in den Materialien (Leipz. Prot. S. 154. 169) dadurch anerkannt, daß der Grundsatz aufgestellt worden: „der angebliche Bevollmächtigte hafte so lange, bis er auf eine im Wechselprozesse zulässige Weise

daß der angebliche Bevollmächtigte für die Erfüllung aus dem Wechsel und zwar auf Grund seiner wechselmäßigen Unterschrift, und nicht ex dolo für Schadloshaltung wegen nicht geleisteter Zahlung durch den angeblichen Principal, verhaftet ist. Diese Substituirung des Bevollmächtigten für die Erfüllung der Wechselobligation bezweckt die Sicherung des Wechselverkehrs, für welchen die Prüfung einer Vollmacht, auf Grund deren eine frühere Wechselerklärung erfolgt ist, in einem späteren Stadium der Cirkulation unmöglich ist. Der angebliche Bevollmächtigte ist durch die Unterschrift selbst in den Wechselnexus eingetreten, so daß also z. B. die Verjährung gegen ihn aus seinem eigenen, nicht aus der Rechtssphäre des angeblichen Machtgebers rechtlich zu beurtheilen ist[11]). Die Realisation eines mit Prokuranotiz versehenen Wechsels richtet sich entweder gegen den angeblichen Machtgeber, oder sofort gegen den Bevollmächtigten. Im ersten Falle muß der Kläger den Beweis führen, daß der Verklagte dem Aussteller der verpflichtenden Wechselerklärung Vollmacht ertheilt hat, und dadurch Wechselkontrahent geworden ist. Er kann auch den angeblichen Bevollmächtigten zu diesem Prozesse beiladen lassen, um dadurch den Vortheil der Klageanstellung auch gegen ihn zu erwerben[12]). Im letzteren Falle ist es Sache des angeblichen Bevollmächtigten, seine persönliche Verhaftung aus dem Wechsel durch Produktion oder Beweis der Vollmacht von sich abzulehnen, und Aufgabe des Klägers, die Nichtexistenz der Vollmacht nachzuweisen[13]).

§. 34.

Die Wechsel-Obligation. Im Allgemeinen.

Wenn auch der Wechsel im Laufe der Zeit in der Form vereinfacht und namentlich durch Anwendung des Indossaments zum Gebrauche für alle Verkehrszwecke geschickter und beweglicher gemacht worden ist, so ist doch der merkantile Gebrauch des Wechsels derselbe geblieben und besteht, wie früher, auch heute

---

das Mandat erweise." Bluntschli a. a. O. S. 136. Brauer a. a. O. S. 149. Erk. des obersten Gerichtshofes zu Wien vom 9. Dezember 1858 (Arch. f. D. W.R. Bd. 10. S. 66). Anderer Ansicht ist Thöl a. a. O. Bd. 1. S. 156. Für einen Anspruch ex dolo wird das Klagerecht gegen den falsus procurator dargestellt, und daher dem Kläger die Beweislast auferlegt in dem Erk. der O.A.G. zu Dresden vom 16. Mai 1861 (Arch. a. a. O. Bd. 10. S. 402) und von Koch, Erl. zum A. Pr. L.R. zum Art. 95 der A. D. W.O. Hat sich Jemand nicht als Bevollmächtigter in der Unterschrift genannt, sondern eine auf eine Firma, Gesellschaft xc. lautende Wechselerklärung unterschrieben, so hängt die eigene persönliche Verhaftung des Zeichners, also auch die Eigenschaft als Bevollmächtigter, von dem durch ihn zu erweisenden Verhältnisse zu der Firma, Gesellschaft ab. Der Fall unterliegt daher nicht dem Art. 95. Erk. des obersten Gerichtshofes in Wien vom 9. Dezember 1858. (Arch. a. a. O. Bd. 10. S. 66.) Bluntschli a. a. O. S. 136.

11) Erk. d. O.Tr. in Berlin v. 21. Sept. 1858 (Entsch. Bd. 39. S. 358. Arch. f. D. W.R. Bd. 7. S. 424).

12) A. Pr. G.O. Thl. I Tit. 17. §§. 2 ff. Art. 80. A. D. W.O.

13) Zu §. 95 des Preuß. Entw. wurde in der Leipziger Konferenz der Fall erwähnt, daß ein Dritter für den (angeblichen) Verpflichteten unterschrieben habe und letzterer zwar die Unterschrift des Dritten anerkenne, dagegen den Auftrag in Abrede stelle. Auch hier wurde entgegnet, daß der §. 95 diesen Fall nicht im Auge habe, der übrigens sich dahin erledige, daß der Dritte selbst hafte, so lange er nicht auf eine im Wechselprozesse zulässige Weise das Mandat erweise. Leipz. Prot. S. 169.

noch darin: dem Verkehre ein zuverlässiges, mit geringen Kosten herzustellendes, zu allen Geschäftsoperationen, bei welchen es auf Geldzahlung ankommt, verwendbares Kreditpapier zu verschaffen. In dieser Auffassung hat der Wechselbrief allerdings eine nahe liegende Aehnlichkeit mit dem Gelde, namentlich mit dem Papiergelde. Der Kaufmann zahlt, — wenn man sich allgemein, ohne nähere Berücksichtigung des durch Hingabe des Wechsels entstehenden Rechtsverhältnisses ausdrücken will, — mit dem Wechsel, wie mit baarem Gelde, und so wandert der Wechselbrief auf der Oberfläche des Verkehrs als Zahlungsmittel, den verschiedenartigsten Geschäftsoperationen dienend, aus Hand in Hand; gleich dem Gelde wechselt er in leichter Cirkulation seinen Herrn, und läßt äußerlich nicht erkennen, für welche Verkehrszwecke er ausgestellt und gegeben ist. Die äußere Form deckt den juristischen Kern, welcher in dem Wechselpapier enthalten ist, und die Thatsache der Unterschrift, oft für sich allein, bildet den Rechtsgrund für die wechselmäßige Verhaftung, insofern nicht ein entgegengesetzter Wille urkundlich gemacht, und dadurch die Wirkung der Unterschrift aufgehoben ist[1]). Der Wechsel hat daher zunächst einen merkantil-ökonomischen Karakter. Er ersetzt das Geld, ja er ist für die Kaufmannswelt oft besser als Geld, denn er ist eine Schöpfung des Kredits, und der Kredit ist der Grundpfeiler des modernen Verkehrs. Während das Papiergeld eines Landes selten über die Grenzen des letzteren hinaus Geltung hat oder gesucht wird, ist der Wechsel der Träger jedweder Landesmünze, überall gesucht und nirgends zurückgewiesen.

Neben diesem publicistischen Karakter enthält der Wechsel aber auch ein specifisch civilrechtliches Element, wodurch er, als dem Gebiete des Obligationenrechts angehörig, Rechtsbeziehungen unter allen denjenigen hervorruft, durch deren Hand er seinen Verkehrslauf, nach urkundlichem Vermerke auf dem Papier, genommen hat. Und gerade dieser civilistische Karakter ist es, welcher für den Wechselverkehr mancherlei praktische und theoretische Schwierigkeiten und Verwickelungen hervorruft.

Will man den Begriff des Wechsels nach seiner äußeren merkantilen, publicistischen Erscheinung bestimmen, so stellt sich der Wechsel als ein auf Privatautonomie ruhendes, durch den Kredit der Wechselverbundenen getragenes, auf eine bestimmte Geldsumme lautendes, in bestimmter Form ausgestelltes, und das baare Geld vertretendes Handelspapier dar. Der Schuldner stellt zum Zwecke der Zahlung einen Wechsel aus (Aussteller, Trassant); übersendet denselben, mit ausdrücklicher oder vorausgesetzter Genehmigung, an seinen Gläubiger (Nehmer, Remittenten), und weist darin den letzteren an, die Geldsumme bei einem Dritten (Bezogenen, Trassaten) zu erheben. Der Gläubiger empfängt die Wechselsumme von dem Bezogenen entweder selbst, oder er begiebt den Wechsel durch Indossament weiter, und erhält auf diese Weise von seinem Schuldner, dem Aussteller, Zahlung. In der Erwartung, daß das solchergestalt eingeleitete Wechselgeschäft in Ordnung gehe, sieht sich der Gläubiger durch den Empfang des Wechsels als befriedigt an, saldirt auch, nach den Regeln der kaufmännischen Buchführung,

1) Mot. z. Pr. Entw. v. 1847. S. LXXIV. Arch. f. D. W.R. Bd. 4. S. 457.

das Guthaben und notirt das Wechselgeschäft in der Wechselkladde. Wäre damit jede rechtliche Beziehung zwischen dem Nehmer und Geber des Wechsels gelöst, ginge der Wechsel in der Hand des letzten Inhabers, ohne Zurücklassung einer Rechtsverbindlichkeit, unter, oder hätte der Wechsel einen, gegen Jedermann realisirbaren Werth, dann würde die Geldqualität des Wechsels allerdings eine wesentliche Unterstützung erhalten. Allein die Hoffnung der Wechsel-Interessenten auf Realisirung scheitert häufig an der Richtigkeit der realen Verhältnisse; der Wechsel wird von der Einlösungskasse des Bezogenen nicht honorirt und nimmt, wie er nach der Ausstellung vorwärts gelaufen ist, nach der Protestirung seinen Lauf rückwärts, bis er wieder in der Einlösungskasse des Ausstellers, des Kreators des nicht eingelösten Werthpapieres, angelangt ist. Durch diese fortdauernden rechtlichen Wechselbeziehungen entstehen, als karakteristische Unterscheidung des Wechsels vom Gelde, das durch die Weggabe verloren und auch in seiner Individualität nicht wieder aufzufinden ist, Obligationen unter den Begebungs-Interessenten.

§. 35.

Der Entstehungsgrund und die Eigenthümlichkeit der Wechsel-Obligation.

Durch die Ausstellung und Cirkulation des Wechsels entstehen Wechselobligationen, die sich, nach Inhalt und Rechtsfolge, von den civilrechtlichen Obligationsverhältnissen unterscheiden und ihre rechtliche Wirkung insbesondere nach zwei Seiten hin äußern. Die Wechsel-Obligation, welche nicht, wie die civilrechtliche Obligation, durch die Natur des materiellen Entstehungsgrundes qualificirt wird, sondern die, losgelöst von dem unterliegenden Rechtsgeschäfte, lediglich durch die Form zur rechtlichen Existenz gelangt, läßt sich, dem Grunde und der Wirkung nach, auf eine zweifache Gestalt zurückführen. Die Wechsel-Obligation begründet entweder ein direktes, unmittelbares, oder ein indirektes, sekundäres Recht. Die Qualifikation dieses Rechts hängt ab von der Stellung des Verpflichteten zum Wechsel und gründet sich I. auf die Garantieleistung. Durch die Ausstellung und Begebung eines gezogenen Wechsels entsteht zunächst ein obligatorisches Verhältniß zwischen den beiden ersten Wechsel-Interessenten, dem Geber und dem Nehmer des Wechsels. Der erstere verspricht durch den Wechsel, nicht nach dem Wortlaute, sondern nach wechselrechtlicher Gewohnheit [1]) und Vorschrift [2]), dafür Sorge zu tragen, daß von der, in dem Wechsel benannten Person, zu einer bestimmten Zeit, eine bestimmte Geldsumme an den Nehmer oder an den künftigen, durch den Besitz des Wechsels legitimirten Inhaber gezahlt werde. Der Geber übernimmt durch dieses Wechselversprechen eine doppelte Garantie, 1) daß der Wechsel auf gehörige Präsentation acceptirt [3]) und 2) zur Verfallzeit pünktlich gezahlt werde [4]). Wenn der erste Nehmer, Remittent, den Wechsel durch Indossa-

1) Scribens se obligat ad restituendam pecuniam casu, quo illae literae non acceptarentur, vel acceptae non complerentur. Talis conditio tacite inest contractui cambii. Rotae Genuae Decis IV. n. 7. 8.

2) Art. 8. A. D. W.O. Thöl a. a. O. Bd. 2. §. 194.

3) Art. 8. 25. A. D. W.O.

4) Art. 8. 41. A. D. W.O.

ment weiter begiebt, ohne die Gewährleistungspflicht einzuschränken [5]), so haftet er dem Nehmer, Indossatar, in demselben Umfange, in welchem der Aussteller ihm verhaftet ist; er gilt dem Indossatar gegenüber als Aussteller eines neuen Wechsels. Mit derselben Rechtswirkung erfolgt der weitere Transport des Wechsels, so daß mit jedem neuen Indossament ein neuer Garantieverpflichteter in den Wechselnexus eintritt und so die Sicherheit des Wechsels erhöht. Auf Grund und im Umfange des Wechsels, d. h. des durch die Wechselurkunde repräsentirten abstrakten Forderungsrechtes, treten daher zu der ursprünglichen Wechsel-Obligation durch die weitere Begebung neue Obligationen hinzu, die zwar in formeller Abhängigkeit von dem Grundwechsel stehen [6]), aber in materieller Beziehung von einander unabhängig sind und daher eine selbstständige rechtliche Existenz haben [7]). Durch das Band der Solidarität [8]), welches alle diese selbstständigen, aber in dem Inhalte des Grundwechsels ihre rechtliche Vereinigung findenden Obligationen umschlingt, gewinnt der Wechsel seine Kraft und seinen Werth als Zahlungsmittel für alle Verkehrsformen.

Der Inhaber des Wechsels ist durch den Besitz des letzteren legitimirt und berechtigt, von dem Bezogenen, welchem die Zahlung aufgetragen worden ist, noch vor dem Verfalle die Acceptation [9]) und, beim Verfalle des Wechsels, die Zahlung [10]) zu verlangen. Wird die Annahme versagt [11]), so hat der Inhaber das Recht, von dem Aussteller und den Indossanten Sicherheitsstellung zu fordern, (Sicherheitsregreß). Wird aber die Zahlung des Wechsels von dem Bezogenen abgelehnt, so löst sich der Wechsel in der Hand des Inhabers unter der Voraussetzung, daß er seine wechselmäßige Diligenz beobachtet hat, in eine Entschädigungsforderung an die Vormänner auf, welche in der Erstattung der Wechselsumme nebst Zinsen und Kosten besteht [12]), (Zahlungsregreß). Der Wechsel, welcher nach der Ausstellung vorwärts gelaufen ist, nimmt daher nach der Protestirung durch die Reihe der Indossanten seinen Lauf rückwärts, bis er in die Einlösungskasse des Ausstellers, des letzten in der Reihe der Rembourspflichtigen, zurückgekehrt ist. Die zur Garantieleistung verhafteten Wechselverbundenen sind daher nur sekundär verpflichtet und stehen in der zweiten Linie der Wechselhaft [13]), d. h. ihre Zahlungspflicht tritt erst ein, wenn der Wechsel durch die Nicht-Acceptation oder Nicht-Zahlung Seitens des Bezogenen in Noth gerathen, und die wechselmäßige Diligenz durch rechtzeitige Präsentation und Protestation beobachtet worden ist. Gleiche Rechte, wie dem Inhaber, stehen dem Ehrenzahler gegen den Honoraten, dessen Vormänner und den Acceptanten zu [14]).

---

5) Art. 14. A. D. W.O.
6) Art. 7. A. D. W.O.
7) Art. 3. 75. 76. A. D. W.O.
8) Art. 49. 81. A. D. W.O.
9) Art. 18. A. D. W.O.
10) Art. 30. 41. A. D. W.O.
11) Art. 25. A. D. W.O.
12) Art. 41. 50. A. D. W.O.
13) Biener a. a. O. S. 319.
14) Art. 63 ff. A. D. W.O.

Die wechselmäßige Obligation wird ferner begründet II. durch die Acceptation. Der Bezogene ist derjenige, welcher, nach Inhalt des Wechsels, Zahlung leisten soll, und dem, nicht nach dem Wortlaute des Wechsels, aber auf Grund des Gesetzes, der Wechsel zur Annahme vorgelegt werden kann[16]).

Die Acceptation, welche von dem Willen des Bezogenen abhängt, ist, wie die Ausstellung des Wechsels und das Indossament, ein einseitiger, eine abstrakte Obligation begründender Formalakt, durch welchen der Bezogene in den Wechselnexus eintritt und Principalschuldner des Inhabers des Wechsels wird, so daß also der letztere entweder seinen weiteren Regreß bis zum Aussteller verfolgen, oder den Acceptanten, als Hauptschuldner, in Anspruch nehmen kann. Selbst der Aussteller, welcher Inhaber des Wechsels geworden ist, kann dieses Wechselrecht gegen den Acceptanten ausüben.

In gleichem rechtlichen Verhältnisse, wie der Acceptant, steht der Nothaddressat, welcher acceptirt hat[17]). Die Wechselbürgschaft kann sich als accessorischer Rechtsakt einer jeden Wechselobligation anschließen und daher sowohl eine principale, als sekundäre Wechselschuld begründen.

Die Wechselobligation, sowohl die direkte, als sekundäre, unterscheidet sich von der civilrechtlichen Obligation nicht allein durch Form und Inhalt, sondern auch in Ansehung der rechtlichen Natur und Wirkung durch das Princip der Abstraktion, der Solidarität und der Wechselstrenge.

§. 36.

Die Abstraktion der Wechsel-Obligation.

Die civilrechtlichen Obligationen finden ihren rechtlichen und thatsächlichen Umfang, ihre Existenz in Interpretation und Rechtsfolge, durch das materielle, von den Parteien gewollte und in dem Vertrags-Inhalte niedergelegte Rechtsgeschäft, causa obligationis. Die Obligation ist daher nur die juristische Form für den vertragsmäßigen Willen der Kontrahenten. Der Gegenstand der Obligation, d. h. die aus der Obligation entspringenden Rechtsbeziehungen stehen in unmittelbarer und untrennbarer Verbindung mit der Person der Kontrahenten und begründen daher nur einen persönlichen, in seiner Uebertragung Recht und Einrede fortpflanzenden Anspruch. Eine solche, an der Person des Kontrahenten haftende, durch den Wortlaut des Vertrages versinnlichte, den Deutungen der juristischen Hermeneutik und den Einwendungen der Parteien ausgesetzte, daher nach Umfang, rechtlicher Existenz und Folge zweifelhafte und unbestimmte Obligation war wenig geeignet, als ein realer Vermögenswerth in den Verkehr einzutreten und als ein negociabeles Papier Cirkulation zu erhalten. Da hierauf aber der Zweck

16) Art. 18. A. D. W.O. Thöl a. a. O. Bd. 2. §. 230. „Das Accept wird vom Trassanten nicht versprochen. Der Regreß wegen Nicht-Acceptation ist nicht Inhalt eines Wechselversprechens, also nicht Inhalt des Begebungsvertrages. Es ist nur Folge des Wechselversprechens für den Fall der Nichtzahlung und beruht auf dem Verdacht, daß dieses Wechselversprechen werde erfüllt werden müssen."

17) Art. 56 ff. A. D. W.O.

des Wechsels vorzugsweise gerichtet war, so mußte die durch die Begebung des Wechsels entstandene Obligation mobilisirt, d. h. frei gemacht werden von allen Schwerfälligkeiten, mit welchen die Cirkulation civilrechtlicher Obligationen behaftet ist, mit anderen Worten, der Wechsel mußte als ein objektiver Vermögenswerth rechtlich dargestellt werden. Das konnte aber nur dadurch geschehen, daß die Wechsel-Obligationen von jedem, außer dem Wechsel-Inhalte liegenden Willen der Parteien losgelöst, und ihre rechtliche Existenz und Bedeutung ausschließlich in die Form des Wechsels verlegt wurden [1]).

Durch diese Abstraktion ist der Wechsel frei gemacht von den rechtlichen und faktischen Beziehungen zu den Geschäften, welche zu seiner Ausstellung Veranlassung gegeben haben und aus welchen möglicher Weise Einwendungen und Gegenforderungen, zur Abschwächung des Papiers, hätten hergeleitet werden können. Der Wechselbrief wird daher nicht als eine Beurkundung des unterliegenden Geschäfts, nicht als eine Form für den dem Wechselzuge zum Grunde liegenden Obligationsfall, nicht als ein Beweismittel für die causa praecedens obligationis aufgefaßt, sondern er enthält ein, von dem materiellen Begebungsgrunde losgelöstes, abstraktes, ausschließlich durch die Form getragenes, den, aus den persönlichen Beziehungen der Kontrahenten entlehnten Einreden nur in beschränkter Weise [2]) unterworfenes einseitiges Geldversprechen. Die Wechsel-Obligation, gerichtet auf Zahlung einer bestimmten Geldsumme ohne Angabe des Verpflichtungsgrundes, findet ihre rechtliche Existenz in der Skriptur, in der Form des Wechselbriefes. Der letztere ist der Träger des abstrakten Forderungsrechts, das nur in dem Wechsel und durch denselben ausgeübt und zur Geltung gebracht werden kann. Und diese abstrakte Natur ist nicht allein dem Grundwechsel, welcher das einseitige Versprechen des Ausstellers, beurkundet, sondern auch den accessorischen Wechselerklärungen, dem Accept, dem Indossament und Aval, eigen. Auch sie enthalten einseitige, formale Geldversprechen und begründen, die Formrichtigkeit des Grundwechsels vorausgesetzt, selbstständige [3]), von den übrigen Wechselerklärungen materiell unabhängige, abstrakte Wechsel-Obligationen. Der Mecklenburgische Entwurf drückt diesen Gedanken im §. 1 durch die Worte aus: Der Wechsel ist entweder eine Tratte, oder ein Accept, oder ein Indossament, oder ein eigener Wechsel.

§. 37.

Die Solidarität der Wechselobligation.

Vor der Anwendung des Indossaments bewegte sich der Wechsel als eine, an die Person der ursprünglichen Kontrahenten gebundene, nur in der schwerfälligen Form der Cession übertragbare Obligation. Der Wechsel war ein Rekta-

1) Einert a. a. O. S. 81 ff. Liebe, Entwurf S. 39 ff. Derselbe, A. D. W.O. Einl. S. XXIII ff. 216. Brauer a. a. O. S. 20. 138. Derselbe im Arch. f. D. W.R. Bd. 3. S. 297. Biener a. a. O. S. 343 ff. Thol a. a. O. Bd. 2. §§. 196. 322.

2) Art. 82. A. D. W.O.

3) Art. 3. 75. 76. 80. A. D. W.O.

papier. In seinen Bewegungen in enge Grenzen eingeschlossen, lief er, in vorgeschriebener Tour, vom Ausstellungsorte nach dem Zahlungsplatze. Der kurze Lauf des Wechsels, die Einfachheit des Verkehrs, die Solidität der Kampsoren, in deren Händen der Wechselverkehr in frühester Zeit ausschließlich lag, gaben dem Wechsel genügende Sicherheit und Garantie der Einlösung. Die Wechselgeschäfte wickelten sich daher, bei dieser einfachen Gestaltung des Verkehrs, zumeist auf den berühmten Wechselmessen, glatt und ohne Schwierigkeit durch Zahlung und Skontration ab. Das Indossament gab dem Wechselverkehre eine ganz andere Richtung und kommerzielle Bedeutung. Es waren jetzt nicht mehr die berühmten Häuser der italienischen mercatores und cambiatores, welche den Verkehr mit Wechseln beherrschten, auch der unscheinbare, unbekannte Waarenhändler stellte in seinem Geschäfte Wechsel aus. Wechsel dieser Gattung waren aber dazu bestimmt, auch vor dem Verfalle durch die Cirkulation, Begebung, die Baluten flüssig zu machen. Für diese Eigenschaft des Wechsels, als eines allgemeinen negociablen Kreditpapieres, war aber eine Verstärkung der Sicherheit der, durch den Wechsel getragenen Obligation nothwendig. Die Verhaftung des Ausstellers allein genügte nicht, es mußte für die Bewegungen des Wechsels eine erhöhte Garantie gewährt werden. Die Erhöhung der Sicherheit konnte, nach der Natur des Wechsels, nicht außerhalb dem Papiere erfolgen, sondern sie mußte in den Wechsel selbst verlegt werden.

Obligationen bringen in der Regel nur zwei Personen in Rechtsbeziehung. Es können aber auch, nach Auffassung des Römischen Rechts, bei einer und derselben Obligation mehrere Personen als Gläubiger und mehrere Personen als Schuldner betheiligt sein, so daß jede einzelne Person der Gläubiger den Gegenstand der Obligation für sich ganz zu fordern berechtigt, und jede einzelne Person der Schuldner den Gegenstand der Obligation ganz zu leisten verpflichtet ist, mit der Rechtswirkung, daß die Obligation für Alle erfüllt ist, sobald auch nur einer der Verpflichteten, correi debendi, den Gegenstand der Obligation geleistet, oder einer der Berechtigten, correi credendi, die Leistung erhalten hat. Eine solche Rechtsverbindung stellt zwar eine Mehrheit der Rechtssubjekte, aber nur eine Einheit der Obligation dar, und wird Korreal-Obligation genannt. Von derselben verschieden ist die s. g. Solidar-Obligation. Bei letzterer ist zwar auch eine Mehrheit von Personen zu einem und demselben Gegenstande berechtigt oder verpflichtet, und durch einmalige Leistung wird eine Tilgung bezüglich Aller bewirkt; allein die Gemeinsamkeit der Berechtigung und Verpflichtung wird durch verschiedene selbstständige, von einander unabhängige Obligationsfälle, z. B. durch die Theilnahme Mehrerer an Delikten, durch die Konkurrenz mehrerer Bevollmächtigten bei demselben Geschäfte, durch das Verhältniß mehrerer Vormünder, begründet [1]). Das Princip der Gesammtverpflichtung aller bei einem Geschäfte konkurrirenden Personen, welches dem Berechtigten die Möglichkeit gewährt, densel-

1) Mittermaier a. a. O. Bd. 2. §§. 490 ff. Puchta a. a. O. §§. 233 ff. Derselbe, Vorlesungen §. 233. v. Savigny, Obligationenrecht Bd. 1. S. 136 ff. 198 ff. 218. Arndts a. a. O. §§. 213 ff.

ben Rechtsanspruch gegen mehrere Verpflichtete, nach eigener Wahl, vereinzelt oder gemeinschaftlich, zu verfolgen, ist schon frühzeitig auf die Geschäfte des kaufmännischen Verkehrs angewendet worden, und die mittelalterlichen Schriftsteller über Handelsrecht, z. B. Stracha, Marquard, sowie die Decisiones Rotae Genuae bezeichnen dasselbe als durch allgemeines Gewohnheitsrecht anerkannt, als consuetudo notoria in curiis mercatorum [2]). Schon früher war in der Wechselordnung von Bologna von 1569 die Korrealverpflichtung der Wechselverbundenen ausgesprochen [3]), und die Neapolitanische Pragmatika vom 8. Nov. 1607, welche das älteste sichere Zeugniß über das Wechselgiro giebt, stellte im §. 14 den Grundsatz auf, daß der Indossant für die Wechsel-Obligation in Haftung bleibe [4]). Auch spätere Gesetze, die Braunschweigische W.O. von 1686. Art. 26, die Nürnbergische W.O. von 1722. Kap. 5. §. 4. bestimmen, „daß sowohl der Geber des Wechselbriefes, als der, welcher den Wechsel acceptirt, ingleichen alle Giranten dem Inhaber zugleich und jeder insonderheit, bis der Wechselbrief völlig bezahlt, vor Debitores gehalten sein [5]).“ Das handelsrechtliche Solidaritätsprincip hat auch in dem Allgemeinen Deutschen Handelsgesetzbuche [6]), gegen manche abweichende deutsche Partikularbestimmung, Anerkennung gefunden. Und so gilt auch in dem Wechselrechte [7]) der unanfechtbare, von allen Theorien gleichmäßig anerkannte Grundsatz: Alle aus der Wechselurkunde ersichtliche Wechselverpflichtete haften dem Inhaber des Wechsels für die Erfüllung der Wechsel-Obligation solidarisch, d. h. für die Zahlung der Wechselsumme nebst Zinsen und Kosten gemeinschaftlich, d. i. sammt und sonders, Einer für Alle und Alle für Einen. Diese Gesammtverpflichtung ist aber nicht eine korreale, sondern eine solidare [8]), denn die Verhaftung eines jeden der Wechselverpflichteten wird zwar zurückgeführt auf die eine, durch den Grundwechsel getragene Wechsel-Obligation, so daß der Gegenstand aller accessorischen Obligationen ein und derselbe ist; allein die Wechselverpflichtung des Einzelnen wird durch selbstständige, von den übrigen Rechtsbeziehungen der Wechselverbundenen unabhängige Obligationsfälle begründet. Es giebt hiernach bei einem Wechsel so viele einzelne Obligationen, als thatsächliche Verpflichtungsgründe, d. i. Skripturakte vorhanden sind. Ein jeder einzelne, urkundlich gemachte Cirkulationsfall bildet den Entstehungsgrund für eine neue Wechsel-Obligation und vermehrt die Personen der Haftverpflichteten, dadurch aber die Garantie des Wechsels. Diese wechselrechtliche Solidarität ist jedoch in

---

2) Rot. Gen. Dec. 46. n. 4. 5

3) Martens, Ursprung ꝛc. Anh. S. 55. Biener a. a. O. S. 351. Püttmann a. a. O. §. 42.

4) Martens a. a. O. Anh. S. 77. Götz a. a. O. S. 21.

5) Götz a. a. O. S. 131.

6) Art. 280.

7) Art. 49. 81. A. D. W.O. Der Code de commerce bestimmt Art. 140: Tous ceux qui ont signé, accepté ou endossé une lettre de change, sont tenus à la garantie solidaire envers le porteur.

8) Liebe bezeichnet das Verhältniß der Wechselverbundenen als Korrealität, W.O. S. 91 ff. 158. 163. 213, und Andere stimmen ihm bei. Borchardt a. a. O. S. 259. Als Solidarität fassen es auf: Bluntschli a. a. O. S. 93. 124. Kuntze a. a. O. S. 317 ff. Erk. d. O.Tr. in Berlin v. 5. Juli 1862. (Entsch. Bd. 48. S. 248. Arch. f. D. W.R. Bd. 13. S. 177.)

wesentlichen Punkten verschieden von dem civilrechtlichen Gesammtschuldverhältnisse, denn:

1) das Wechselrecht kennt nur eine passive Solidarität, eine Gesammtverpflichtung der Wechselverbundenen, während das aktive Wechselrecht dem Inhaber für seine Person, oder in Gemeinschaft mit anderen Personen nach den Regeln des Miteigenthums, z. B. den Erben zusteht;

2) während die civile Solidar-Obligation für alle Gesammtschuldner getilgt und aufgehoben wird, sobald einer derselben Erfüllung und Zahlung geleistet hat [9]), tritt für die Wechsel-Obligation eine Erfüllung nur für den Fall ein, daß der Acceptant als Hauptschuldner, oder der Aussteller des Wechsels als letzter in der Reihe der Garantieverpflichteten in wechselmäßiger Form Zahlung geleistet hat. Die Bezahlung des Wechsels durch einen Indossanten im Wege des Regreßanspruches ist nur eine Einlösung des Wechsels, durch welche der Wechselanspruch, in seinem ganzen Umfange, auf den einlösenden Garanten zur weiteren Regreßnahme gegen seinen Vormann übergeht [10]).

Der Rechtsgrund für das Solidaritätsverhältniß liegt nicht in dem Inhalte des Wechsels, gründet sich nicht auf eine Willenserklärung der Wechselverpflichteten, sondern auf die Natur des Wechsels, auf Gewohnheit und Gesetz. Der Wechsel sucht seine Einlösung zunächst bei dem Bezogenen. Letzterer ist von dem Aussteller als der Zahlende bezeichnet. Der Remittent hat diese Adresse angenommen. Der Aussteller garantirt die Einlösung [11]) des Wechsels für den Fall, daß die Zahlung durch den Bezogenen nicht erfolgen sollte, und zwar, beim Ordrewechsel, nicht einer bestimmten Person, also zunächst nicht bloß dem Remittenten, sondern jedem durch den Besitz des Wechsels legitimirten Berechtigten. Wird der Wechsel von dem Remittenten weiter begeben, so übernimmt dieser, in gleicher Weise, wie der Trassant, die Garantiepflicht, so daß jedes uneingeschränkte [12]) neue Giro auch eine neue Garantie für den Wechsel bildet. Wie der Aussteller eines Ordrewechsels nicht einer bestimmten Person, sondern dem jedesmaligen Inhaber die Einlösung des Wechsels verspricht, so versprechen auch der Indossant, der Acceptant, der Avalist dem getreuen und rechtmäßigen Inhaber des Wechsels unmittelbar; aus eigenem, selbstständigem Verpflichtungsakte die Zahlung, so daß sich das Wechselversprechen, wie in Ansehung der causa obligationis, so auch in Ansehung der Person des Berechtigten als ein abstraktes Rechtsgeschäft darstellt. Der Erwerber eines Wechsels durch Giro, der Indossatar, ist nicht ein bloßer Repräsentant der Rechte seines Auctors, des Indossanten, er übt die Wechselrechte aus nicht auf Grund der Rechtsbefugniß seines Vormannes, sondern er ist durch den wechselmäßigen Erwerb des Papieres der unumschränkte Herr aller derjenigen Rechte, deren Träger der Wechselbrief ist [13]).

---

9) Arndts a. a. O. §. 213. A. Pr. L.R. Thl. I. Tit. 5. §§. 435 ff.
10) (Liebe) W.O. S. 162.
11) Thöl a. a. O. Bd. 2. §§. 257 ff.
12) Art. 14. A. D. W.O.
13) Liebe, W.O. S. 68. Hoffmann im Arch. f. D. W.R. Bd. 5. S. 282. Thöl a. a. O. Bd. 2. §. 252. Erk. des O.Tr. in Berlin v. 15. April 1851. (Arch. a. a. O. Bd. 4. S. 323.)

Und in gleicher Weise, mit gleicher Rechtswirkung, pflanzen sich die Wechselrechte mit dem Besitze des Papieres durch die Cirkulation des Wechsels in der Reihe der Inhaber fort. Das Princip der Solidarität begründet daher ein selbstständiges, unabhängiges, in seiner Uebertragung die Einreden aus früheren Rechtsakten nicht fortpflanzendes Wechselrecht des Inhabers gegen den Aussteller, den Acceptanten und die Indossanten, überhaupt gegen jeden, welcher in rechtsverbindender Form den Wechsel oder eine Wechselerklärung mit unterzeichnet hat, selbst wenn er sich dabei nur als Bürge, als Avalist benannt hat. Die Funktion und rechtliche Stellung eines jeden Wechsel-Interessenten wird bestimmt und ermessen nach dem Inhalte und der rechtlichen Natur des Wechselaktes, dem die Unterschrift beigefügt ist. Ein bestimmter Platz auf dem Wechselpapiere ist den einzelnen Wechselerklärungen und Unterschriften nicht angewiesen, es kann daher z. B. das Accept und das Indossament auf der Vorder- oder Rückseite des Wechsels seinen Platz finden. Nur die Blanko-Signaturen sind an eine bestimmte Stelle gewiesen. Um daher aus einer, auf dem Wechsel befindlichen Unterschrift eine bestimmte wechselmäßige Funktion und Solidarhaft herzuleiten, muß dieselbe, insofern sie nicht durch den Platz, welchen sie auf dem Wechsel einnimmt, schon nach dem Gesetze eine rechtliche Bedeutung erhält, in räumlicher Beziehung zu einer bestimmten Wechselerklärung stehen, die Unterschrift muß eine bestimmte Wechselerklärung decken und den Inhalt der letzteren als den verpflichtenden Willen des Unterschreibenden darstellen. Dieses ist der Fall, wenn die Unterschrift sich unter einer Wechselerklärung befindet, gleichgültig, ob sie in der Mitte, oder mehr rechts oder links unter der Erklärung steht[14]).

Eine Wechselunterschrift an irgend einer beliebigen Stelle des Wechsels, isolirt und ohne räumliche Beziehung auf eine bestimmte Skriptur, hat keine rechtliche Folge für den Träger des Namens und ist nicht geeignet, eine rechtliche Verbindung herzustellen zwischen dem Wechsel und der Unterschrift, oder vielmehr zwischen der Skriptur und dem Willen des Unterschreibenden.

Durch die Solidarität der Wechselverpflichtungen finden ihre rechtliche Begründung: a) der springende Regreß, regressus per saltum (Variationsrecht)[15]), b) die limitirende Wirkung der Unterbrechung der Verjährung[16]), c) die Einschränkung der Einreden[17]), d) die Kumulation der Klagen gegen die Gesammtschuldner[18]), e) die Verhaftung aller Wechselverbundenen für die Wechselrespekt. Regreßsumme, also auch des Acceptanten bezüglich der Regreßkosten, der Zinsen und der Protestkosten, insofern zur Protesterhebung gesetzliche Veranlassung vorhanden war[19]).

---

14) Erk. d. O.Tr. in Berlin vom 20. Sept. 1855, 26. Sept. 1857 und 10. Novbr. 1857, (Entsch. Bd. 37. S. 291. Strieth., Arch. Bd. 28. S. 1. Arch. f. D. W.R. Bd. 5. S. 457. Bd. 7. S. 325. 387.) Erk. vom 16. Sept. 1858. (Arch. a. a. O. Bd. 8. S. 229.) Erk. v. 16. Dezbr. 1862. (Arch. a. a. O. Bd. 13. S. 183.)

15) Art. 49. 81. A. D. W.O.

16) Art. 80. A. D. W.O.

17) Art. 82. A. D. W.O.

18) §. 6. Preuß. Einf.-Ges. vom 15. Februar 1850.

19) Art. 23. 81. A. D. W.O.

§. 38.

Die Wechselstrenge.

Die Wechselstrenge, rigor cambialis, obligatio ad carcerem, bestand früher vorzugsweise in dem abgekürzten Prozeßverfahren, in welchem Wechselstreitigkeiten erledigt wurden, und in der strengen Exekution, welche in das Vermögen und gegen die Person des säumigen Wechselschuldners stattfand. Nach der größeren oder geringeren Strenge dieses Verfahrens, insbesondere je nachdem die Exekution sofort gegen die Person, oder zuvörderst in das Vermögen des Schuldners statthaft war, theilte man das Wechselrecht selbst in ein strenges und ein gemildertes Wechselrecht ein [1]) (rigor cambialis severior, rigor cambialis mitior). Der historische Ursprung der Wechselstrenge steht in enger Verbindung mit der Ausbildung des Wechsels selbst und beruht, wie das Wechselinstitut, nicht auf dem geschriebenen Rechte, sondern auf der Gewohnheit des Handelsstandes. Für den letzteren ist zu allen Zeiten eine gewissenhafte, pünktliche Erfüllung der übernommenen Verpflichtungen, Akkuratesse und Zuverlässigkeit in dem Verkehre ein nothwendiges Bedürfniß gewesen, denn auf „Treue und Glauben" des Handelsstandes ruht der Kredit [2]). Es galt schon nach den Decisiones Rotae Genuae der Gewohnheitssatz: nudum pactum inter mercatores vim stipulationis obtinet. Wenn das Wechselinstitut den Messen auch vielleicht nicht seine Entstehung verdankt, so hat dasselbe in dem Verkehre auf den Messen doch jedenfalls seine wesentliche Ausbildung erhalten, und mit Recht nimmt man daher an, daß auch die Wechselstrenge hauptsächlich auf den Messen sich entwickelt hat. Die kurze Anwesenheit der zureisenden Kaufleute, die zeitliche Eintheilung der Messe für die Erledigung der Zahlungen [3]), das merkantilische Bedürfniß für die Innehaltung der auf die Messe gestellten Verpflichtungen, — alle diese Umstände machen es erklärlich, daß die Meßschulden schon in frühester Zeit durch beschleunigtes Prozeßverfahren und durch strenge Exekution, par mandement de foire, gegen den Schuldner bevorzugt waren [4]).

Für die Meßstreitigkeiten unter den Handelsleuten bestanden auf Grund von Privilegien und Meßordnungen besondere Meßgerichte, conservatores, custodes, magistri nundinarum, maîtres de foires, conservateurs de foires, welche — im Interesse des Verkehrs, und weil der säumige Meßschuldner als fugae suspectus angesehen wurde, die Meßobligationen auch in der Regel unter Brief und Siegel der Meßbehörden (sous scel de foire) ausgefertigt wurden, daher gleich den Handelsbüchern der Kampsoren öffentlichen Glauben hatten [5]), der Wechsel

---

1) Püttmann a. a. O. §. 58. v. Weißeneck a. a. O. §§. 26 ff. Daniels a. a. O. S. 18. Biener a. a. O. §§. 222 ff. Kuntze a. a. O. S. 135. Renaud a. a. O. S. 16. 19.

2) Büsch, Darstellung der Handlung Bd. 1. S. 608 f. §. 6. Runde a. a. O. §. 230. Thöl a. a. O. Bd. 1. §. 8. Goldschmidt, Handelsrecht Bd. 1. §. 34.

3) Martens, Ursprung S. 16 ff. Bender a. a. O. §§. 222 ff. Biener a. a. O. S. 46. Kuntze a. a. O. S. 152.

4) Martens a. a. O. S. 14. 19.

5) Martens a. a. O. S. 19. 23. Kuntze a. a. O. S. 148. Bender a. a. O. §§. 222. 223. 224. 225.

aber durch das Valutenbekenntniß die Gegenverpflichtung klar und offen darlegte[6]), — in beschleunigtem Prozeßverfahren, mit strenger Exekution, Recht sprachen. Diese Strenge des Prozeßverfahrens, welche Anfangs vorzugsweise nur den Handelsstreitigkeiten auf den Messen, auf Grund von Privilegien und Gewohnheit, zu Theil wurde, dehnte sich bald auf alle Handels- und Wechselstreitigkeiten, auch außerhalb der Messen, aus, zumal die mercatori und cambiatori in Italien an den Meß- und Handelsplätzen ihre ständigen, mit Jurisdiktion versehenen consules hatten, welche die Handelsstreitigkeiten der Innungsmitglieder, und auch Fremder, gleich den conservatores nundinarum, in beschleunigtem Prozeßverfahren entschieden und, wenn auch nicht durch, — ihnen nicht zuständige, — Exekution, so doch durch Ausschließung der Mitglieder aus der Innung und durch andere Mittel einen Zwang auf den Schuldner übten[7]).

Mit der Verbreitung des Wechsels in Deutschland fand die, mit letzterem verknüpfte Strenge um so leichter Eingang, als bei den Deutschen von Alters her Treue und Glauben in der Erfüllung von Verbindlichkeiten heilig gehalten und gegen den Schuldner mit Strenge, insbesondere gegen den Kaufmann mit gefänglicher Haft, verfahren wurde[8]). Man sah in dieser Strenge gegen den Wechselschuldner sogar lange Zeit hindurch, bis in das achtzehnte Jahrhundert, das karakteristische Wesen des Wechsels und meinte, daß die Eigenschaft des Wechsels einem jeden beliebigen Geschäfte dadurch beigelegt werden könne, daß sich der Aussteller dem rigor cambialis unterwerfe. Heute dagegen sucht man die karakteristische Eigenthümlichkeit des Wechsels weniger in den prozessualischen Formen, in welchen Rechte aus demselben zur Geltung und Erfüllung gebracht werden, — denn in vielen Staaten, wie in Frankreich, England, Nordamerika, sind die Prozeßformen für Wechselsachen von anderen Rechtsstreitigkeiten im Ganzen wenig verschieden, — als in der rechtlichen Natur der Wechselobligation, in den materiellen Rechtsfolgen, welche durch den Wechsel für die Wechsel-Interessenten begründet werden. Da aber, wenigstens in Deutschland, und nach Bestimmung der Allgemeinen Deutschen Wechselordnung, die Wechselstrenge vorzugsweise mit in der Verpflichtung zur Wechselhaft, obligatio ad carcerem, besteht, so theilt man gegenwärtig die Wechselstrenge mit Recht in die materielle und formelle ein, und rechnet zu der ersteren die Eigenthümlichkeit der aus der Wechselobligation entstehenden materiellen Rechte und Pflichten, — die Abstraktion von dem unterliegenden Rechtsgeschäfte und die Solidarität der Wechselverpflichteten, — zu der letzteren die Besonderheiten in der prozessualischen Behandlung und Hülfsvollstreckung in Wechselsachen, — Mündlichkeit des Verfahrens,, strenge Rechtsnachtheile, Eingeschränktheit der Einreden, kurze Berufungsfristen, rasche Exekution in das Vermögen und

---

6) Martens a. a. O. S. 30 ff. Derselbe, Grundriß des Handelsrechts §. 57.

7) Biener a. a. O. S. 78. Scaccia l. c. §. 7. gl. 5. n. 4. p 462. De consuetudine generali cambia habent executionem paratam, maxime cambia nundinaria.

8) Tacitus, De mor. Germ. c. 24. Landfrieden von 1398. §. 6. Pottgiesser, De obstagio c. III. §. 12 Eichhorn, Deutsche Staats- und Rechtsgeschichte §. 377. Literae cambii habent executionem paratam, vim sententiae et rei judicatae. Marquard l. c. lib. II. cap. 12. n. 60. 61.

gegen die Person[9]) des Schuldners. — Der Wechselschuldner haftet für die Erfüllung der übernommenen Wechselverbindlichkeit mit seiner Person und seinem Vermögen, und dem Wechselgläubiger ist gestattet, neben der Exekution gegen die Person seines Schuldners, gleichzeitig die Exekution in dessen Vermögen nachzusuchen[10]). Während daher bei der gewöhnlichen Exekution die Personalhaft ein sekundärer Exekutionsmodus ist für den Fall, daß die Exekution in das Vermögen fruchtlos ausgefallen ist, stellt sich dieselbe bei der Wechselstrenge als ein kumulatives Exekutionsmittel dar, so daß also der Gläubiger gegen den Wechselschuldner beide Exekutionsgrade gleichzeitig, oder, nach seiner Wahl, das eine oder das andere in Anwendung bringen kann. Ist für eine Wechselschuld eine konventionelle Hypothek bestellt, so ist die Exekution gegen die Person und in das Vermögen des Schuldners nur gegen Herausgabe des löschungsfähig quittirten Hypotheken-Instruments zulässig[11]). Einzelne Personen sind theils aus inneren Gründen, theils aus Gründen des öffentlichen Wohles von der Personalhaft in Wechselsachen befreit, so daß gegen sie nur die Exekution in das Vermögen oder die Personalhaft nur nach fruchtlos vollstreckter Exekution in das Vermögen zulässig ist.

§. 39.

Der Widerruf. Kontremandiren.

Rechtsgeschäfte, zu deren Entstehung die Uebereinstimmung des Willens mehrerer Personen erforderlich ist, und aus welchen unter den betheiligten Personen gegenseitige Rechte und Verbindlichkeiten entstehen, können im Allgemeinen durch einseitigen Rücktritt und Widerruf nicht aufgehoben werden; die Aufhebung erfordert, wie die Schließung, eine Uebereinstimmung des Willens beider Kontrahenten. Contrarius consensus, mutuus dissensus[1]). Eine Ausnahme von dieser Regel bilden diejenigen Verträge, welche die Repräsentation eines Rechtssubjekts zum Gegenstande haben und daher eine Identität der Personen begründen. Dahin gehören die Vollmachtsaufträge. Die Vollmacht, und daher

9) Durch das Gesetz vom 29. Mai 1868 (Bundes-Gesetzbl. S. 237) ist für das Gebiet des Norddeutschen Bundes der Personalarrest als Exekutionsmittel insoweit nicht mehr statthaft, als dadurch die Zahlung einer Geldsumme oder die Leistung einer Quantität vertretbarer Sachen oder Werthpapiere erzwungen werden soll. §. 1. Dagegen ist der Personalarrest gestattet, um die Einleitung oder Fortsetzung des Prozeßverfahrens, oder die gefährdete Exekution in das Vermögen des Schuldners zu sichern. (Sicherungsarrest.) §. 2. Dadurch ist in dem Gebiete des Norddeutschen Bundes der Personalarrest als Exekutionsmittel in Wechselsachen aufgehoben. Auch bei der Regreßnahme auf Sicherstellung wegen nicht erhaltener Annahme, oder wegen Unsicherheit des Acceptanten (Art. 25 ff. A. D. W.O.) ist der Personalarrest als Exekutionsmittel ausgeschlossen und überhaupt nur im Wege des Arrestverfahrens in dem Falle zulässig, wenn der Schuldner begründete Veranlassung zu der Besorgniß giebt, daß er seine Freiheit zur Vereitelung der Exekution mißbrauchen werde. Verhandl. des Norddeutschen Reichstages. 14. Sitzung am 28. Mai 1868. Es müssen daher, selbst wenn rücksichtlich der Zahlung res judicata vorliegt, zur Begründung des Sicherheitsarrestes die Requisite des Arrestes, nach Vorschrift des Arrestprozesses, nachgewiesen und es muß darüber, wie im gewöhnlichen Arrestverfahren, erkannt werden. A. Pr. G.O. Thl. I. Tit. 22.

10) Art. 2. A. D. W.O.

11) Anh. zur A. Pr. G.O. §. 188. A. Pr. L.R. Thl. I Tit. 20. §. 46. Borchardt a. a. O. S. 20. Zus. 26.

1) Puchta a. a. O. §. 298. Arndts a. a. O. §. 267. A. Pr. L.R. Thl. I. Tit. 5. §§. 385 ff.

auch die mit letzterer in Rechtsgleichheit stehende Assignation, kann bis zur erfolgten Erfüllung von dem Machtgeber und Assignanten rechtsgültig durch Widerruf aufgehoben werden[2]). In unrichtiger Erkenntniß der wahren Natur des Wechsels enthielten die älteren Wechselordnungen Bestimmungen über den Widerruf, das Kontremandiren der Wechselzahlung, und Wissenschaft und Gesetzgebung stellten den Rechtssatz auf, daß Wechsel widerrufen werden können, so lange res integra, d. h. die Acceptation noch nicht erfolgt ist[3]). Nach einigen Wechselordnungen konnten Wechsel selbst nach der Acceptation von dem Trassanten kontremandirt werden, wenn sich der Wechsel noch in erster Hand befand, und der Remittent die Valuta nicht gezahlt hat[4]).

Die ganze Lehre von dem Widerrufe ist für das Wechselrecht ohne besondere Wichtigkeit und liegt außerhalb der Grenzen desselben[5]). Der Wechsel erhält seine rechtliche Bedeutung durch die Form, und seine Perfektion durch die Uebergabe. So lange sich der Wechsel ohne Hinzutritt eines Accepts in der Hand des Ausstellers befindet, ist das Wechselgeschäft ohne rechtliche Existenz; der Wechsel ist nicht in Rechtsbeziehung zu einem Dritten getreten, und daher ein Papier ohne realen Werth. Erst durch die Trennung des Wechselbriefes von der Person des Ausstellers, durch den Akt des Gebens und Nehmens, nimmt der Wechsel seinen rechtlichen Karakter als Träger einer, in der Form bestehenden Obligation an. Diese Obligation ist durch den Akt der Begebung auf die Garantieleistung, d. i. darauf gerichtet, daß der Geber dafür Sorge trage und dafür einstehe, daß der Bezogene den Wechsel acceptiren und zahlen werde. Der Wechsel ist daher schon in der Hand des ersten Nehmers ein Werthpapier, an dessen Besitz gewisse, durch die Form getragene Rechte geknüpft sind. Für die Geltendmachung dieser Rechte ist der Inhaber des Wechsels nicht ein Repräsentant des Willens des Ausstellers, nicht ein Bevollmächtigter, welcher für den Machtgeber und in dessen Namen die Acceptation und Zahlung verlangt, sondern der Herr des Wechsels, der aus eigenem, selbstständigem, von der Person des Ausstellers unabhängigem Rechte die Wechsel-Obligation entweder weiter überträgt, oder selbst geltend macht. Es kann daher von einem Widerrufe Seitens des Ausstellers, von einer einseitigen Aufhebung der Regreß-Obligation dem Inhaber des Wechsels gegenüber nicht die Rede sein. Der Aussteller übernimmt durch die Wechselbegebung die Pflicht, für die Einlösung des Wechsels durch den Bezogenen Sorge zu tragen, und das geschieht durch die Regulierung des Deckungsgeschäftes. Wie der Aussteller nun aber durch Verabsäumung jener Pflicht die Nicht-Acceptation und Nicht-Zahlung des Wechsels herbeiführen kann, so ist er auch berechtigt, dem Bezogenen die

2) Puchta a. a. O. §§. 325. 326. Arndts a. a. O. §§. 294. 295. A. Pr. L.R. Thl. I. Tit. 13. §§. 159 f., Tit. 16. §. 275.

3) Franck l c. lib. II. sect 4. tit. 1 §. 1 seq. Heineccius l. c. cap III. §. 24. Treitschke a. a. O. Bd. 1. S. 392.

4) Wiener Wechselordnung von 1717. Art. 9. (Siegel, corp jur. camb. p. 154.) Rhein-Pfälz. Wechselordnung von 1726. Art. 17. (Siegel l. c p. 396.) Scherer a. a. O. Bd. 1. S. 487.

5) Scaccia l c. § 2. gl. 5. n. 447. Poenitentia locum non habet in literis cambii, altero ex contrahentibus invito. Liebe, Wechsel-Ordn. S. 65. Thol a. a. O. Bd. 2. §. 325. v. Wächter a. a. O. §. 123.

Realisirung des Wechsels durch Kontreordre ausdrücklich zu untersagen. Der Inhaber hat in beider Beziehung gegen den Aussteller kein Zwangsrecht; sein Anspruch aus der Nichterfüllung des Wechselversprechens löst sich vielmehr in einen Regreßanspruch auf. Der Bezogene ist zwar nur ein Zahlungsbeauftragter des Ausstellers, allein wie für diesen durch die Begebung, so entsteht für ihn durch die Acceptation eine selbstständige, gleichfalls durch die Form getragene Wechsel-Obligation. Acceptirt daher der Bezogene, der Kontreordre zuwider, den Wechsel, so kann der Widerruf von Einfluß sein auf das civilrechtliche Verhältniß zum Aussteller, auf die Deckung, zu welcher der letztere, vermöge des Zahlungauftrages, verpflichtet ist, allein der Acceptant kann aus dem Widerrufe keinen Einwand gegen die eigene Zahlungspflicht herleiten, denn er haftet aus seinem Accepte vermöge selbständigen Wechselversprechens als Hauptschuldner. Wie daher der Widerruf des Ausstellers das, von dem freien Willen des Bezogenen abhängende Accept an sich nicht verhindert, so kann die Kontreordre auch ein ertheiltes Accept oder eine geleistete Wechselzahlung nicht aufheben und nicht ungültig machen. — Was von dem Widerrufe des Ausstellers dem Inhaber gegenüber gilt, ist auch maßgebend für die Kontreordre des Indossanten, der dem Indossatar gegenüber die Stellung des Ausstellers einnimmt. Von einem Widerrufe des Indossanten, dem Trassaten gegenüber, kann dagegen schon aus dem Grunde nicht die Rede sein, weil der Trassat den Zahlungsauftrag nur von dem Aussteller erhalten hat, daher auch nur der Aussteller, nicht der Indossant, welcher die Wechselzahlung nur garantirt, für die Realisirung des Wechsels Sorge tragen und durch Regulirung des Deckungsverhältnisses für den Wechsel Aufwendung machen muß. Liegt der Wechselbegebung ein Mandatsverhältniß zum Grunde, ist der Inhaber des Wechsels der Bevollmächtigte, der Inkasso-Mandatar des Gebers, so ist der Geber Herr des Wechsels und, wie derselbe befugt ist, den Wechsel jederzeit von dem Inhaber zurückzufordern, so kann derselbe auch den Wechselauftrag widerrufen, dem Bezogenen die Zahlung an den Bevollmächtigten untersagen. Der in dieser Form erfolgte Widerruf ist auch geeignet, für den Wechselschuldner einen Einwand gegen den Inhaber zu begründen. Die Einrede ist gegen die Rechtsbefugniß des Inhabers gerichtet, und qualificirt sich als exceptio doli.

§. 40.

Die civilrechtlichen Unterlagen des Wechsels.

In der Urkunde über eine civilrechtliche Obligation, z. B. über den Kauf, die Schenkung u. s. w., ist der thatsächliche Rechtsgrund, welchem die Obligation ihre Entstehung verdankt, die causa obligationis, selbst niedergelegt, und von der rechtlichen Natur dieses thatsächlichen Entstehungsgrundes hängt die rechtliche Qualifikation der Obligation ab. Die Obligation ist nur die juristische Form für den Willen der Kontrahenten, und dieser Wille bestimmt den Umfang und die Grenzen des obligatorischen Rechts. Der Wechsel dagegen ist ein Formalakt, dessen thatsächlicher Entstehungsgrund nicht in einer bestimmten obligatorischen Handlung, sondern ausschließlich in der Beobachtung einer bestimmten Form besteht. An die Form des Wechsels, nicht an den Willen der Kontrahenten, sind die wechselrechtlichen Folgen geknüpft. Wie aber die Bewegungen des Geldes, jenes allgemeinen Werthmessers für Sachen jeder Art, durch Rechtsgeschäfte veranlaßt werden, so liegen auch der Entstehung und der Cirkulation des Wechsels bestimmte civilrechtliche Geschäfte zum Grunde, causa obligationis praecedens. So mannigfach die Formen des Verkehrs und die rechtlichen Ursachen für die Bewegungen des Geldes sind, so verschieden können auch die Geschäfte sein, welche der Ausstellung und der Cirkulation von Wechseln zum Grunde liegen. Es lassen sich zwar Fälle denken, in welchen der Ausstellung eines Wechsels kein bestimmter, rechtlich erkennbarer Geschäftsgrund vorausgegangen ist [1]), z. B. bei der Wechselreiterei, dem fingirten Wechsel, dem Konto-Korrent, oder wenn ein Bankier, zur Benuzung günstiger Kursverhältnisse, auf einen bestimmten Platz an eigene Ordre zieht, die Wechsel, zur Erhöhung der Annehmbarkeit, auch acceptiren läßt, und diese fertigen Wechsel für die Nachfrage auf Lager hält. Solchen Wechseln mag ein ausdrückliches oder stillschweigendes Abkommen zwischen dem Aussteller und dem Bezogenen zum Grunde liegen, mit anderen Worten, es mag ein Deckungsverhältniß vorhanden sein, allein ein bestimmt formulirtes Rechtsgeschäft ist der Ausstellung nicht vorausgegangen. Die Wechsel sind auf dem Lager des Bankier Waare, mit der, wie mit jeder anderen Waare, auch wie mit dem Gelde, gehandelt und Geschäfte gemacht werden können. Aber in den allermeisten Fällen geht der Ausstellung eines Wechsels ein bestimmt formulirtes Rechtsgeschäft zwischen dem Geber und dem Nehmer voraus. Z. B. ein Schuldner trassirt für seinen Gläubiger auf einen Geschäftsfreund, zum Zweck der Befriedigung, — Zahlung; — oder der Schuldner trassirt zur Sicherung seines Gläubigers, — Bürgschaft — — Depositowechsel; — oder der Aussteller trassirt, um dem Nehmer durch den Bezogenen oder auf dem Wege des Diskontirens Geld zu leihen, — Darlehn. Der Wechsel ist eine so geschmeidige Verkehrsform, so fügsam für den konkreten Obligationsfall, daß Geschäfte der verschiedensten rechtlichen Natur, deren Zweck auf Geldzahlnng gerichtet ist, darin eingekleidet und der Ausstellung untergelegt werden können. Der civilrechtliche Entstehungsgrund des Wechsels bildet das sogenannte Valuta- oder Begebungsgeschäft, durch welches das, zwischen den unmittelbaren Wechselkontrahenten stattfindende, Leistung und Gegenleistung präzisirende Rechtsverhältniß näher formulirt wird. Die Initiative bei Eingehung eines Wechselgeschäfts kann auch in einen anderen Akt, als in die Begebung zwischen dem Trassanten und Remittenten, verlegt werden. Es können die ersten Wechselkontrahenten der Acceptant und Aussteller sein, z. B. wenn der Gläubiger an eigene Ordre auf seinen Schuldner trassirt und dieser acceptirt, oder wenn der Schuldner seinem Gläubiger sein Accept, d. i. seine Unterschrift in blanco giebt, in welchen Fällen das Deckungsgeschäft gleichsam mit dem Valutengeschäfte verschmilzt.

---

1) Kuntze a. a. O. S. 73.

Was von der Ausstellung des Wechsels gilt, ist auch maßgebend für die einzelnen Begebungen des Wechsels in der Form des Indossaments. Die Cirkulation des Wechsels wird durch civilrechtliche Geschäfte der verschiedensten Art bewirkt.

Für das wechselmäßige Element, für die wechselmäßigen Folgen sind jedoch jene, der Ausstellung und der Cirkulation des Wechsels zum Grunde liegenden thatsächlichen Obligationsgründe im Ganzen ohne Einfluß; sie sind das Motiv, nicht der Rechtsgrund für die Vornahme des Wechselakts und geben nur unter den unmittelbaren Begebungsinteressenten dem wechselmäßigen Rechte in gewisser Beziehung eine civilistische Färbung [2]).

Es fragt sich, und es wird darüber gestritten: in welchem rechtlichen Verhältnisse das, dem Wechsel zum Grunde liegende materielle Geschäft zu dem Wechsel selbst steht, ob beide koordinirt neben einander bestehen, oder ob die dem Wechsel unterliegende civilrechtliche Obligation durch die Ausstellung der Wechsel aufgehoben, zerstört, getilgt wird. Nach der älteren Wechseltheorie, nach welcher der Wechsel nur eine accessorische Kraft hatte und, wie der Pfandvertrag, die Bürgschrift, nur zur Sicherheit der Hauptverbindlichkeit diente, beantwortet sich die Frage von selbst. Aber auch nach der modernen Rechtsauffassung über die Natur des Wechsels muß die erstere Alternative bejaht und daher behauptet werden, daß die dem Wechsel zum Grunde liegende civilrechtliche Obligation durch Ausstellung des Wechsels an sich, ohne Hinzutritt eines anderen Momentes, nicht aufgehoben wird. Wäre der Wechsel Geld, hätte derselbe in sich selbst einen realen oder einen Münzwerth, so würde man mit dem Wechsel Zahlung leisten, wie mit dem Gelde, und die Thatsache der Hingabe würde die, auf eine Geldzahlung gerichtete Obligation tilgen [3]). Der Wechsel ist aber kein Geld, sondern der Träger einer, von dem unterliegenden Rechtsgrunde losgelöste specifische Wechsel-Obligation. In der Bildung einer Obligation, selbst wenn sie in gewisser rechtlichen oder thatsächlichen Beziehung zu einer schon vorhandenen Obligation steht, kann aber an sich nicht die Erfüllung der älteren Obligation durch Zahlung gefunden werden; es kommt vielmehr auf den Willen und die Absicht an, welche die Kontrahenten mit der neuen Obligation verbinden. Es giebt außer der thatsächlichen Erfüllung, bei Geldobligationen außer der wirklichen Zahlung, — numeratio, — noch andere Mittel, eine Obligation aufzuheben, z. B. die Hingabe an Zahlungsstatt, datio in solutum, die Konstituirung einer neuen Obligation an Stelle einer älteren, novatio, und es fragt sich, ob diese Rechtsfiguren für die Tilgung der causa praecedens bei Wechseln geeignet sind? Der Wechsel in seiner äußeren Erscheinung ist allerdings eine körperliche Sache, speciell eine Schrifturkunde, und diese Sachen-Eigenschaft steht der Möglichkeit für die Benutzung des Wechsels zur Hingabe an Zahlungsstatt, namentlich unter dem Schutze eines Blanko-Giros, an sich nicht entgegen.

---

2) Art. 82 A. D. W.O. Erk. des O.Trib. in Berlin vom 17. Juli 1858 (Entsch. B. 39. S. 221). Erk. des österr. obersten Gerichtsh. vom 6. December 1859 (Archiv f. D. W.R. B. 10 S. 297).

3) Endemann, (Deut. Handelsr. Heidelberg 1868) §. 78.

Dagegen muß, damit dieser Zweck erreicht werde, der Wille der Vertrags-Interessenten auf diese Tilgungsweise gerichtet sein, die Wechsel-Interessenten müssen die Tilgung der älteren Obligation durch Hingabe der Wechselurkunde in vorgeschriebener Form zur Bedingung des Geschäftes machen. Ist dieses der Fall, so wird durch die Hingabe des Wechsels, im Umfange der datio in solutum, die ältere Obligation für aufgehoben erachtet werden müssen [4]). Die Novation ist die Tilgung einer Obligation durch Errichtung einer neuen Obligation, welche an die Stelle der ersteren tritt. Es muß also den Kontrahenten die Absicht beiwohnen, eine solche Umwandelung der Obligation vorzunehmen, und diese Absicht, animus novandi, muß in der vorgeschriebenen Form erklärt werden [5]). Unter dieser Voraussetzung kann es keinem Bedenken unterliegen, daß auch durch Ausstellung eines Wechsels, durch Begründung einer Wechselobligation, die dem Wechselzuge unterliegende civilrechtliche Obligation getilgt werden kann.

Liegt der Fall einer vertragsmäßigen Aufhebung der causa praecedens durch den Wechsel nicht vor, ist der Wille der Wechselkontrahenten nicht auf die Aufhebung der causa praecedens gerichtet, so kann in der Konstituirung der Wechsel-Obligation an sich nicht eine Tilgung des unterliegenden Obligationsfalles durch Novation gefunden werden, und der Umstand, daß der Nehmer den Wechsel weiter begeben, also die Valuta dafür in irgend einer Weise erhalten hat, ist, wegen des möglichen Regreßanspruches, so lange auf die causa praecedens ohne Einfluß, als der Wechsel nicht in geordnetem Laufe durch den Bezogenen realisirt worden ist. Auch die Saldirung des, aus der causa praecedens entspringenden Guthabens in den Handlungsbüchern ist, als rein technische Geschäftsprozedur, für die Rechtsexistenz der früheren Obligationen eine einflußlose Handlung. Beide, der Wechsel und die causa praecedens, bestehen, als specifisch verschiedene Rechtsgeschäfte, kumulativ neben einander [6]). Die Wechsel-Obligation hat, wenn man

4) Puchta a. a. O. §. 240. Arndts a. a. O. §. 222. A. Pr. L.R. Thl. I. Tit. 16. §§. 235 f. Ladenburg im Arch. f. D. W.R. Bd 5. S. 127. Koch, W.R. S. 332.

6) Puchta a. a. O. §. 291. Arndts a. a. O. §. 268. A. Pr. L.R. Thl. I. Tit. 16. §. 454 f.

6) Artt. 82. 83. A. D. W.O. Erk. des O Trib. in Berlin v. 29. Juni 1854, Erk. v 3. April 1856, 7. Oktober 1856, 7. Jan. 1857, 29. Juni 1858, 3. Jan. 1860, 30. April 1861, 11. Februar 1862. (Entsch Bd. 28. S. 199, Bd. 32. S. 421. Arch. f. D. W.R. Bd. 6. S. 197. Strieth., Arch. Bd. 13. S. 237. Bd. 23. S. 203. Bd. 36. S. 163. Bd. 41. S. 214. Bd. 44. S. 202. Entsch. Bd. 36. S. 238. Arch. v. Seuffert Bd. 11. S. 417. Arch. f. D. W.R. Bd. 11. S. 308. Borchardt a. a. O. S. 297. Zus. 506.) Ob die Ertheilung einer Quittung über die Schuld aus der causa praecedens eine Tilgung in sich schließt, kann zweifelhaft sein. Arch. f. D. W.R. Bd. 3. S. 197. 199. Erk. des AGerichts zu Leipzig, Arch. a. a. O. Bd. 4. S. 357. Arch. a. a. O. Bd. 1. S. 165. Thol a. a. O. Bd. 2. §. 323. Löhr, Centr.-Org. Bd. 4. N.F. S. 278. Eine Novation mit privativer Wirkung nehmen dagegen an: Treitschke a. a. O. Bd. 1. S. 153. Die Deputation im Königreich Sachsen zur Berathung des Einert'schen Entwurfes in den Jahren 1845 ff. Arch. f. D. W.R. Bd. 4. S. 135. Gelpke, Beitrage Heft 1. S. 21. Hoffmann, Arch. f. prakt. Rechtsw. Bd. 1. S. 44. Ladenburg, Arch. f. D. W.R. Bd. 5. S. 122. Malß, Samml. von Gutachten der Frankfurter Handelskammer. Frankfurt 1845. Wolffson, Neues Arch. von Voigt, Bd. 1. S. 287. Erk. des österr. oberst. Gerichtsh. v. 24. April 1861. Arch. f. D. W.R. Bd. 11. S. 209. Günther, Arch. a. a. O. Bd. 4. S. 129 nimmt, je nach Unterschied der Wechselform und Begebung, bald Kompensation, Novation, accessorische Verstärkung an. Hassenpflug, Einfluß des Wechsels auf unterliegende Obligationsverhaltnisse Kassel 1858. nimmt keine wahre Novation an. Loewy, in Gruchot, Beiträgen 6. Jahrgang S. 173 beurtheilt das Rechtsverhaltniß nach den Vorschriften der datio in solutum, Arch. a. a. O. Bd. 11. S. 330.

die Zeitfolge der Konstituirung und den Einfluß des Wechsels auf die ältere Obligation von civilistischem Standpunkte aus beurtheilt, daher allerdings einen accessorischen und konfirmatorischen Karakter vermöge der Befestigung, welche sie der causa praecedens gewährt, theils durch die erhöhte Sicherheit, theils durch Heilung und Beseitigung von Mängeln, welche der unterliegenden Obligation nach civilrechtlicher Auffassung etwa ankleben [7]). Wenn aber der unterliegende Rechtsgrund durch den Wechsel unberührt bleibt, so hat der Wechselinhaber, d. h. nicht ein jeder spätere Inhaber, sondern der unmittelbare Berechtigte aus dem unterliegenden Rechtsgeschäfte, als gleichzeitiger Inhaber des Wechsels, eine doppelte Klage, actio duplex, einmal aus der causa praecedens, und dann aus dem Wechsel selbst. Die Klage aus dem unterliegenden Geschäfte ist jedoch durch die Ausstellung des Wechsels in mannigfacher Beziehung beeinflußt. Der Berechtigte kann nicht gleichzeitig aus beiden Rechtsverhältnissen klagen; er ist vielmehr in Ansehung des Anspruches aus der causa praecedens zunächst auf den Erfüllungsweg gewiesen, welcher durch den Wechsel vorgezeichnet ist. Der Klage aus dem Hauptgeschäfte würde der Einwand aus der Wechsel-Ausstellung mit Recht entgegengesetzt werden können. Wenn das Recht aus dem Wechsel durch Verjährung oder Präjudiz erloschen ist, so kann auf das unterliegende Geschäft nur aus dem Rechtsgrunde der Bereicherung zurückgegangen werden [8]).

§. 41.

Die Valuta.

Die Lehre von der Wechsel-Valuta und Valuta-Klausel hängt mit der Dogmatik des Wechsels zusammen. So lange man, — wie in Frankreich noch heute, — mit dem Wechsel die Idee eines Tausches oder Kaufes einer abwesenden und gegenwärtigen Geldsumme, permutatio, emtio-venditio pecuniae absentis pro praesenti, vente d'argent, remissio de loco in locum, remise de place en place, verband, war die Valuta-Klausel das karakteristische Merkmal für den Wechsel [1]).

Die Valuta, die Gegenleistung, konnte bei einem Geldtausche nur in Geld bestehen. Nachdem der Wechsel aber durch die Ausbreitung des Verkehrs und durch die Anwendung des Indossaments ein Gemeingut des gesammten Handelsstandes geworden war, jeder Kaufmann, ohne Vermittelung des Kampsor, selbst Wechsel zog und empfing, wurde der Wechsel von den Fesseln einer beengenden Dogmatik befreit, der rechtliche und merkantile Schwerpunkt in die Form verlegt und der Valuta-Klausel nur eine technische Bedeutung zugeschrieben. Diesen

---

Vergl. auch Biener a. a. O. S. 330. 426. Renaud a. a. O. S. 230. Kuntze a. a. O. S. 73.

7) Erk. des Ob.-Tr. in Berlin v. 29. Juni 1858 (Entsch. Bd. 39. S. 238).

8) Art. 83. A. D. W.O.

1) Martens, Ursprung S. 68. Biener a. a. O. S. 179. 223. Derselbe, im Arch. f. D. W.O. Bd. 5. S. 241. Kuntze a. a. O. S. 159. 176. Code de comm. Art. 110. 117. Liebe, W.O. S. 50

dogmatischen Standpunkt nimmt auch die Allgemeine Deutsche Wechselordnung ein.

Der Ausstellung eines Wechsels, sowie jedem ferneren Transportakte desselben, liegt in der Regel ein bestimmtes Rechtsgeschäft zum Grunde, und dieses Rechtsgeschäft, die causa praecedens des Wechsels, kann nach der Mannigfaltigkeit der Verkehrsformen verschieden sein. Fertige, gemachte Wechsel können, wie jedes schätzbare Vermögensobjekt, unter dem Schutze des Blanko-Indossaments, selbst durch die einfache Uebergabe, Gegenstand aller Rechtsgeschäfte sein, bei denen es sich um die Uebertragung eines Vermögenswerthes handelt; sie können verkauft, verschenkt, vererbt werden. In der Hand des Bankiers sind die Wechsel, unter Berücksichtigung der Kursverhältnisse für die Bestimmung des Werthes, Gegenstand des Handels, eine Waare. Die Valuta, d. i. die Gegenleistung für den ausgestellten oder girirten Wechsel, wird dargestellt durch das Geschäft, welches die Ausstellung oder den Transport des Wechsels veranlaßt hat, und so verschieden, wie dieser unterliegende Obligationsgrund sich gestaltet, kann auch die für den Wechsel gegebene oder versprochene Gegenleistung sein. Der rückwirkende Einfluß der Wechselbegebung auf den, dem Wechsel zum Grunde liegenden Obligationsfall, auf das Valutengeschäft, kann nach Absicht und Zweck der unmittelbaren Wechselkontrahenten ein verschiedener sein. Er kann zur Befestigung, zur Sicherung der causa praecedens dienen und accessorischer und kumulativer Natur sein, oder die Aufhebung, Tilgung derselben bezwecken und daher die Wirkung einer privativen Novation haben.

Der thatsächliche Begebungsgrund kann in wechselrechtlicher Beziehung nur Einfluß üben und rechtliche Wirkung haben für die unmittelbaren Begebungs-Interessenten selbst, und auch für diese nur unter der Voraussetzung, daß das, aus dem Wechsel hergeleitete Recht in Widerspruch tritt zu dem Begebungsgeschäfte, d. i. zu demjenigen Geschäfte, zu welchem der Wechsel von den unmittelbaren Kontrahenten in rechtliche und faktische Beziehung gesetzt worden ist. Der Einwand der nicht gezahlten Valuta, exceptio non numeratae pecuniae, hat daher nach der modernen wechselrechtlichen Auffassung nur Sinn und Bedeutung in seiner Beziehung zu dem Valutengeschäfte unter den unmittelbaren Kontrahenten, als exceptio doli gedacht [2]). Für den Verkehr, für den dritten Erwerber des Wechsels ist das, den früheren Wechselbegebungen unterliegende Rechtsgeschäft ein einflußloser Geschäftsvorgang, res inter alios acta, der, im Wechsel nicht erkennbar, auch keinen Einfluß übt auf die Rechte aus dem Wechsel als Träger einer formalen, abstrakten Geldobligation.

§. 42.

Die Deckung.

Wie die Valuta eine Gegenleistung des Wechselnehmers an den Wechselgeber ist, so stellt sich die Deckung als eine Gegenleistung dar, welche der Trassant,

2) Art. 82 A. D. W.O.

oder derjenige, für dessen Rechnung gezogen worden ist, dem Acceptgeber oder dem Bezogenen, welcher gezahlt hat, giebt. Der Bezogene ist nach dem äußeren Inhalte des Wechsels ein Zahlungsbeauftragter, er soll nach Anweisung des Trassanten an den Inhaber des Wechsels eine Geldzahlung leisten. In dieser Eigenschaft steht er außer dem Wechselverbande. Der Bezogene kann sich aber vor dem Verfalle durch einen selbstständigen Wechselakt, durch die Acceptation, zur Zahlung verpflichten und alsdann tritt derselbe als Prinzipalverhafteter, mit wechselmäßiger Pflicht, in die Wechselobligation ein. Wäre der Acceptant, welcher die Wechselzahlung geleistet hat, dem Inhalte des Wechsels gemäß als ein bloßer Bevollmächtigter des Trassanten anzusehen, so würde seine Rechtsbefugniß aus der Erfüllung des Wechselauftrages nach den civilrechtlichen Vorschriften der actio mandati contraria zu bestimmen sein. Und so hat man früher das Deckungsverhältniß auch rechtlich aufgefaßt [1]).

Allein nach der Theorie der Allgemeinen Deutschen Wechselordnung über das Accept hat diese Auffassung keine Berechtigung. Der Bezogene hat, dem Inhaber gegenüber, keine rechtliche Verpflichtung zur Acceptation oder Zahlung. Lehnt er den hierauf gerichteten Auftrag ab, so kann er sich möglicher Weise dem Auftragsgeber regreßpflichtig machen, insofern demselben ein Zwangsrecht zur Seite stand. Acceptirt aber der Bezogene, so stellt er durch sein Accept ebensogut einen Wechsel aus, als der Trassant durch die Begebung, und der Unterschied zwischen beiden besteht nur darin, daß 1. der Acceptant die Zahlung selbst verspricht, also gleichsam einen Eigenwechsel ausstellt, während der Trassant einen Dritten mit der Zahlung beauftragt und 2. daß der Trassant die Gegenleistung für den Wechsel in der Valuta durch den Nehmer, der Acceptant die Valuta in der Form der Deckung von dem Machtgeber, dem Trassanten, beansprucht. Valuta und Deckung sind daher rechtsähnliche Begriffe; beide finden ihren Stützpunkt nicht im Wechselrechte, sondern im Civilrechte; beide repräsentiren eine Gegenleistung und zwar die Valuta für das Geben des Wechsels oder des Indossaments, die Deckung für das Geben des Accepts. Der erste Wechselbegebungsvertrag kann aber auch zwischen dem Acceptanten und dem Aussteller geschlossen werden, z. B. wenn ein Gläubiger an eigene Ordre auf seinen Schuldner trassirt, und es läuft dann das Valuta- und Deckungsgeschäft in einander und wird formell erst durch das Indossament wieder getrennt.

Wie die Valuta, so kann auch die Deckung ihren Grund haben in den verschiedenartigsten Rechtsverhältnissen, die zwischen dem Trassanten und Trassaten entweder vorher schon bestanden, oder durch die Erfüllung des Wechselauftrages erst veranlaßt werden. Der Bezogene kann wegen der Zahlung, die er leisten soll, durch Baarfonds, die er vom Trassanten bereits in Händen hat, oder durch eine Schuld, mit welcher er demselben verhaftet ist, oder durch Waaren, die er für Rechnung des Trassanten hinter sich hat, gedeckt sein. — Mandiren auf Baar-

1) Rotae Gen. Dec n. 30 Treitschke a. a. O. B. 1. S. 219, B. 2. S. 472. 473. Eichhorn, Einl. 2c. §. 144. Daniels a. a. O. S. 162. Thöl a. a. O. B. 2 S. 208. Mecklenb. Entw. §. 83. Erk. des Ob.-Tr. in Berlin vom 21. Mai 1846 (Entsch. Bd. 13 S. 75).

fonds, Mandiren auf Schuld, gedecktes Accept, — oder der Bezogene kann acceptiren und zahlen ohne Deckung, auf Kredit, aus Gefälligkeit[2]), alles dieses entweder nach vorgängiger Einigung mit dem Trassanten, oder ohne eine solche, lediglich auf Grund des, im Wechsel liegenden Auftrages in der Hoffnung, daß der Trassant, oder der Dritte, für dessen Rechnung trassirt worden ist, Deckung, d. h. Ersatz für die Wechselzahlung nebst Zinsen, Kosten und Provision leisten werde. Da die Deckungspflicht und die Deckungsart nicht aus dem Wechsel hervorgehen, sondern in anderen Rechtsverhältnissen ihren Grund haben, auch aus dem Accepte nicht, wie im Französischen Rechte[3]), eine Vermuthung für die Deckung entsteht, so muß derjenige, welcher Rechte aus dem Deckungsgeschäfte entweder im Wege der Klage oder der Einrede herleitet, die thatsächlichen Momente, durch welche die Deckungsobligation begründet wird, darlegen und erweisen. Klagt also der Aussteller aus dem Accepte[4]), so muß von dem Acceptanten, gleichwie von dem Aussteller die exceptio non numeratae pecuniae erwiesen werden muß, der Einwand der fehlenden Deckung aus dem obwaltenden Deckungsverhältnisse in der Form der exceptio doli begründet und dargethan werden[5]).

Wenn der Bezogene den Wechsel, acceptirt oder unacceptirt, bezahlt hat, und selbstständig im Civilprozesse gegen den Trassanten auf Deckung klagt, so liegt ihm gleichfalls die Pflicht ob, das Verhältniß anzugeben und darzuthun, welches ihn zur Zahlung veranlaßt hat, um dadurch sein Recht gegen den Aussteller auf Vergütigung zu begründen[6]).

Liegt kein spezielles Deckungsgeschäft vor, so wird sich das Rechtsverhältniß, auf welches der Bezogene sein Deckungsrecht gründet, unter die Formel des Mandats, negotiorum gestio, versio in rem, bringen lassen.

Das Recht, Deckung zu fordern, wird um so mehr schon durch die Acceptation bebründet, als der Acceptant zur Sicherstellung verpflichtet ist[7]). Dem Bezogenen steht in Ansehung des Rechts auf Deckung der Domiziliat gleich, welcher die Deckung von dem Domizilianten, dem Auftragsgeber, fordert[8]). Das Deckungsgeschäft wird realisirt und die gegebene Deckung Eigenthum des Bezogenen durch den Akt der Wechselzahlung. Die letztere ist die Voraussetzung und Bedingung, von welcher der Uebergang der Deckungsvaluta in das Eigenthum des Bezogenen, von selbst und ohne Hinzutritt eines neuen Moments, abhängt[9]).

---

2) Erk. des Ob.=Tr. in Berlin v. 11. Jan. 1866 (Arch. f. D. W.R. Bd. 17. S. 184).
3) Code de comm Artt. 117. 170.
4) Art. 23. A. D. W.O.
5) Erk. des Ob.=Tr. in Berlin v. 15. Juli 1851 (Strieth. Arch. Bd. 2. S. 275). Erk. des österr. obersten Gerichtsh. v. 23. März 1859. (Arch. f. D. W.R. Bd. 10. S. 54.) Hoffmann im Arch. a. a. O. Bd. 10. S. 152. Liebe, W.O. S. 109.
6) Erk. des Ob.=Tr. in Berlin v. 2. Juni 1853 (Entsch. Bd. 25. S. 438. Bd. 26. S. 70. Arch. f. D. W.R. Bd. 4. S. 197). Haimerl, Anl. rc. S. 113. Erk. des A.G. zu Cöln v. 12. Okt. 1867. (Löhr, Centr.=Org. N.F. Bd. 4 S. 303.) Anderer Ansicht: Mot. zum Preuß. Entw. v. 1847. S. 51. Erk. des OAGerichts zu Darmstadt v. 18. Aug. 1858. (Goldschmidt, Zeitschr. rc. Bd. 2. S. 166.) Hoffmann in Arch. a. a. O. Bd. 10. S. 156. Thöl a. a. O. Bd. 2. S. 223.
7) Art. 29. A. D. W.O. Borchardt a. a. O. S. 115. Art. 160.
8) Erk. des OAGerichts zu München v. 23. Okt. 1858. (Arch. f. D. W.R. Bd. 10. S. 416.)
9) Leyser, Medit. ad Pand. sp. 185 med. 6. Treitschke a. a. O. Bd. 1. S. 223.

Daß der Inhaber eines nicht bezahlten Wechsels ein Recht auf die, in den Händen des Bezogenen resp. Acceptanten befindliche Deckung nicht schon aus dem Fundamente der Bereicherung, sondern nur im Wege des Arrestes oder der Uebereignung gegen den Trassanten, geltend machen kann, ist nach allgemeinen Rechtsgrundsätzen unbedenklich[10]).

Das Deckungsverhältniß geht in der Regel aus dem Avis hervor.

§. 43.
Der Avis.

Der Trassant hat als letzter Garant des Wechsels ein Hauptinteresse dabei, daß der an den Bezogenen gerichtete Zahlungsauftrag erfüllt werde und daß der Wechsel selbst in Ordnung gehe. Die Vorsicht und der gewöhnliche Geschäftsverkehr bringen es daher mit sich, daß der Trassant den Bezogenen zeitig von dem Inhalte des Wechsels und von der Art und Weise, wie die Deckung erfolgen soll, Nachricht giebt. Diese Benachrichtigung heißt Avis, Avisbrief, Bericht, Spaccio, Spacchium, epistola advisoria. Der Avis ist ein geschäftliches Mittel, die Acceptation und Bezahlung des Wechsels durch den Bezogenen vorzubereiten und zu sichern, indem der letztere dadurch von der Richtigkeit des ihm präsentirten Wechsels überzeugt und in den Stand gesetzt wird, die erforderlichen Zahlungsmittel für den Verfalltag in Bereitschaft zu halten. Daß diese Benachrichtigung ergangen, wird theils zur größeren Zuversicht des Nehmers, theils als ein Erinnerungszeichen für den, mit vielen Wechseln angegangenen Bezogenen in dem Wechselbriefe durch die Vermerkung „laut Bericht" bezeichnet. Besonders wichtig ist diese Benachrichtigung für den Inhalt des Deckungsgeschäfts in dem Falle, wenn für fremde Rechnung gezogen ist, und daher der Bezogene wegen der Deckung sich nicht an den Trassanten, sondern an einen Dritten halten soll. Die älteren Wechselordnungen enthalten zum Theile sehr ausführliche Vorschriften über den Avis, über die Pflicht zu avisiren und über die Wirkung des nicht geschehenen Avis, namentlich in Beziehung auf die Acceptation. Gegenwärtig ist darüber kein Streit, daß die Lehre vom Avis ohne wechselrechtliche Bedeutung ist, und daß sie, als zur Technik des Handels gehörig, ihren Platz nicht in dem Wechselgesetze, sondern in der Wechsellehre oder Wechselkunde findet[1]).

---

10) Cropp in Heise ꝛc. Abhandl. Bd. 2. S. 344. Wächter in Arch. f. D. W.R. Bd. 5. S. 166. Fick im Arch. a. a. O. Bd. 7. S. 142. A. 13. Contra Ladenburg im Arch. a. a. O. Bd. 4. S. 250. Bd. 9. S. 6.

1) Franck l c lib I sect 2. tit. 7 de epistolis avisoriis. Riccius l. c. exerc. IX. § 12. 13 Die Leipziger W.O. v. 1682 §. 72. sieht den Avis als Grundlage der Acceptation an, so daß Niemand vor Eingang desselben zu acceptiren oder zu zahlen schuldig ist. Siegel, corp jur. camb. pag. 44. Allg. Preuß. L.R. Thl. II. Tit. 8. §§. 953 ff. Siegel, Einl. ꝛc. Kap. 3. §. 6 ff. Bender a. a. O. Bd. 1. S. 326. 347. Daniels a. a. O. 208.

§. 44.

Wechselplatz. Börse. Mäkler. Kurs. Diskonto. Provision.

Wie sich im Mittelalter der große merkantile Wechselverkehr auf den Messen, insbesondere auf den Wechselmessen concentrirte, so vereinigt sich derselbe gegenwärtig insbesondere in einzelnen bedeutenden Städten, von welchen sich die Adern des Verkehrs über die ganze civilisirte Welt ausbreiten. Diese Städte nennt man Wechselplätze. Nicht jeder Wechselplatz unterhält jedoch nach allen Orten hin ein direktes Wechselgeschäft, sondern viele Orte vermitteln ihre Wechselgeschäfte über andere Plätze, und so werden z. B. zu Frankfurt a. M. keine Wechsel auf Petersburg und an der Börse zu Petersburg keine Wechsel auf Berlin und Frankfurt a. M. verhandelt. Der große Weltverkehr mit Wechseln wird, wie in dem Mittelalter von den italienischen Verbindungen der cambiatori, gegenwärtig meist durch die Bankiers [1]) vermittelt. Der Ort, an welchem sich die Bankiers an den Wechselplätzen zur Abwickelung der Geldgeschäfte und zum Tausch und Verkauf von Wechseln, zu regelmäßigen Stunden des Tages, vereinigen, heißt die Börse [2]).

Zur Unterstützung und Vermittelung des Börsen- und Wechselverkehrs dienen die Mäkler, Sensalen [3]). Den letzteren liegt auch die Pflicht ob, an jedem Börsentage die Kurszettel [4]), d. i. amtliche Nachweise aufzustellen, zu welchen Preisen die Werthpapiere und die Wechsel auf die verschiedenen Plätze hin zu einer gegebenen Zeit verhandelt worden sind.

Während das Geld [5]), Metallgeld und Papiergeld, in dem Staate, in welchem es ausgegeben wird, einen festen, bestimmten, durch den Willen des Münzherrn (Gesetz) geregelten Werth (Nennwerth, Zwangskurs) hat, haben Werthpapiere (abstrakte Geldforderungen, Papiere au porteur), und Wechsel, neben ihrem nominellen Werthe, einen Kurs oder Verkehrswerth, für welchen dieselben an einem Platze auf einen anderen Platz gekauft werden. Wechselkurs [6]). Auf diesen beweglichen Tageswerth influiren, in gleichmäßiger Weise, verschiedene Verhältnisse, unter deren Einflusse zum Theil der Geldmarkt überhaupt steht und zwar:

1) die Verschiedenheit der Währung nach dem Nennwerthe und Metall- (inneren) Werthe am Ausstellungs- und Zahlorte. Durch arithmetische Vergleichung

1) Schon Scaccia gebraucht für „campsor" die Bezeichnung „bancherius". §. 1. qu. 5. n 48 Biener a. a. O. S. 19. Dicuntur bancherii a Banco, quod Italis idem est quod Tavola s tabula, mensa, supra quibus pecuniae numerantur Marquard l. c. lib. II c. 12. n. 12. Kuntze a. a. O. S. 128.

2) Auch auf den alten italienischen Messen hatten die campsores bestimmte öffentliche Versammlungs- und Vereinigungsplätze, auf welchen die Geldgeschäfte und Scontrationen abgemacht wurden. In Paris war durch die Ordonnanz von 1304 bestimmt, daß Wechselgeschäfte nur auf einer bestimmten Brücke (pont au change) betrieben werden durften.

3) Art. 66. des A. D. H.G.

4) Die Sitte, Kurszettel aufzustellen, ist sehr alt. Auf den italienischen Wechselmessen wurde, bei dem Beginne der Messe, von den Vorstehern derselben, unter Zuziehung geachteter Kaufleute, der Kurs nach allen Plätzen hin offiziell bestimmt. Scaccia l. c. § 1. qu 1. n. 53. Biener a. a. O. S. 50. 116 f. Kuntze a. a. O. S. 153.

5) v. Savigny, Obligationenrecht Bd. 1. S. 403 f.

6) Treitschke a. a. O. Bd. 1. S. 307. Siebenhaar, im Arch. f. D. W.R. Bd. 1. S. 182. v. Savigny, Obligationenrecht Bd. 1. S. 432.

dieser Werthe wird das Münzpari, d. i. das Verhältniß ermittelt, in welchem die Werthe zweier Münzen zu einander stehen. Nach dem Münzpari wird auch das Wechselpari bestimmt. Z. B. will man das Pari zwischen Berlin und Frankfurt a. M. suchen, so will man wissen, in welchem Verhältnisse der Gulden süddeutscher Währung zum preußischen Thalerfuße steht, und da ergiebt sich das Münz- und Wechselpari 30 Thlr. = 52½ Fl. oder 60 Thlr. = 105 Fl. Ueber Pari steht ein Wechsel auf Berlin in Frankfurt a. M., wenn man mehr als 105 Fl., unter Pari, wenn man weniger als 105 Fl. zu zahlen hat [7]);

2) die größere und geringere Nachfrage nach Wechseln auf einen bestimmten Platz. Diese hängt von dem Verhältnisse der Einfuhr und Ausfuhr ab. Sind mehr Zahlungen auf einen fremden Platz zu leisten, als dort zu fordern ist, übersteigt die Ausfuhr die Einfuhr, so werden Wechsel auf den fremden Platz gesucht und sie steigen in ihrem Werthe durch die Größe des Verlangens. Durch die letzten amerikanischen Kriege und durch die verminderte Ausfuhr von Baumwolle aus Amerika hatten sich in Deutschland die Zahlungen nach Amerika vermindert; Wechsel auf amerikanische Plätze waren nicht gesucht und daher in ihrem Kurse gefallen. Dagegen hatte Amerika wegen der erhöhten Einfuhr an Kriegsmaterial, nach Deutschland große Zahlungen zu leisten; die Wechsel auf Deutschland waren in Amerika gesucht und stiegen daher in ihrem Kurse;

3) der Zinsenabzug, welchen der Nehmer und spätere Erwerber eines Wechsels für die Zwischenzeit von der Zahlung der Valuta bis zum Verfalltage des Wechsels macht. Der erste Nehmer eines Wechsels hat die Zahlung der Wechselsumme erst nach einer bestimmten Zeit, am Verfalltage, zu erwarten, während der Geber des Wechsels die Valuta bei Aushändigung des Wechsels empfängt. Der Geber kann daher die Valuta für die ganze Zeit des Wechsellaufes benutzen, während der Wechselnehmer diese Benutzung entbehrt. Zur Ausgleichung dieses Geldinteresse macht der erste Nehmer, sowie jeder nachfolgende Erwerber des Wechsels, von der Valuta, welche er zahlt, einen Abzug für die Zeit, welche der Wechsel noch zu laufen hat und diesen Abzug nennt man Diskonto, interusurium, Vergütung für eine Vorauszahlung. Die Höhe des Diskonto's richtet sich nicht nach dem gesetzlichen Zinsfuße, sondern sie hängt ab von dem Stande und den Bewegungen des großen Geldmarktes. Der Diskonto ist hoch, wenn auf dem Geldmarkte das baare Geld fehlt, niedrig, wenn Ueberfluß daran ist. Er wird durch die öffentlichen Geldinstitute, die Bank, die Börse, regulirt. Der Diskonto wird daher, nicht wie die Zinsen bei Darlehnen, erst zur Verfallzeit berechnet und bezahlt, sondern gleich von der Valuta, welche für den Wechsel entrichtet wird, abgezogen. Der Nehmer zahlt daher z. B. für einen Wechsel über 100 Thlr, welcher ein Jahr zu laufen hat, nicht 100 Thlr. an Valuta, sondern, wenn der Diskonto 5 Prozent beträgt, nur 95 Thlr. Nach kaufmännischem Gebrauche wird beim Diskontoabzuge das Jahr zu 360 Tagen und der Monat zu 30 Tagen gerechnet [8]). Ei-

7) Vergl. über Wechselreduktion, Kursvergleichung und Wechsel-Pari-Berechnungen Schmidt a. a. O. S. 187. 222. Wächter a. a. O. S. 215. Siebenhaar im Arch. f. D. W.R. Bd. 1. S. 184.

8) Büsch, Darstellung des Handels Bd. 1. S. 36 f., Bd. 2. S. 146 f. Treitschke

nen Wechsel mit dem Zinsabzuge verhandeln, heißt diskontiren; der Wechselnehmer: Diskontist; der Wechselgeber: Diskontgeber. Wenn das Diskontiren lediglich zum Zwecke der Kapitalsanlegung geschieht, so ist dasselbe ein Gewerbe der Kapitalisten und Diskontokassen.

Der Bankier berechnet für die Besorgung von Wechselgeschäften auch noch Spesen, zu welchen als usançemäßig gezählt werden: Provision, Courtage; als zufällige: Porto, Stempel rc. Die Provision ist eine kaufmännische Vergütigung für die, für einen Dritten aufgewendete Mühewaltung, insbesondere für die, für einen Dritten geleistete oder übernommene Zahlung [9]). Im Wechselrechte haften, nach dem Prinzipe der Solidarität, alle Wechselverpflichtete, also der Aussteller, die Indossanten, der Acceptant, der Avalist, für die Erfüllung des Wechselversprechens gemeinschaftlich, und dem Wechselinhaber steht die Wahl zu, ob er die Wechselklage gegen alle Verpflichtete, oder nur gegen Einige oder Einen derselben anstellen will. Die Verpflichtung dieser Personen erstreckt sich auf Alles, was der Wechselinhaber wegen Nichterfüllung der Wechselverbindlichkeit zu fordern hat [10]). Der Acceptant ist daher auch für die Regreßsumme, wie sie sich nach Art. 50. 51 A. D. W.O. darstellt, verhaftet. Dagegen kann der Inhaber, welcher zur Regreßnahme berechtigt ist, aber seinen Anspruch gegen den Acceptanten verfolgt, diesem nicht eine eigene Provision in Rechnung stellen. Die Allgemeine Deutsche Wechselordnung gestattet eine Provision nur bei dem Regresse und bei der, dem Regresse verwandten Intervention, wenn die Ehrenzahlung geleistet ist, oder wenn der Ehrenacceptant nicht zur Ehrenzahlung kommt [11]), also nur in solchen Fällen, wo eine Mühewaltung für den Regreß durch Verschaffung der Wechselsumme am Zahlorte im Wege des Kredits, oder einer Rücktratte stattgefunden hat, oder eine Zahlung für einen Anderen geleistet ist. Verfolgt dagegen der Inhaber eines protestirten Wechsels, mag er der Präsentant oder ein remboursirender Vormann sein, den wechselmäßigen Anspruch nicht im Regresse gegen eine Vormann, sondern mit der direkten Wechselklage gegen den Acceptanten, so verzichtet er vorläufig auf den Regreß, wendet für den letzteren keine Mühe und keine Mittel auf und kann daher dem Acceptanten zwar eine bereits gezahlte, nicht aber eine besondere Provision in Rechnung stellen. Der Inhaber kann daher von dem Acceptanten nur die Provision fordern, welche er entweder bei Einlösung des Wechsels an seinen Nachmann bezahlt, oder welche er gegen seinen Vormann bereits eingeklagt, aber nicht erhalten hat. Der Trassant, von welchem, als letztem Garanten, der Wechsel eingelöst worden ist, hat die Wechselzahlung zwar für den Acceptanten, als Hauptwechselverpflichteten, geleistet, aber seine Klage entspringt nicht aus dem Regresse, sondern aus dem Accepte und gewährt keinen selbstständigen Anspruch auf Provision. Auch dem Aussteller eines Wechsels an eigene Ordre,

a. a. O. Bd. 1. S. 337. Wächter a. a. O. §. 78. Ueber Diskontoberechnungen vergl. Schmidt a. a. O. S. 189. Siebenhaar im Arch. f. D. W.R. Bd. 1. S. 186.

9) Treitschke a. a. O. Bd. 2. S. 298. Schmidt a. a. O. S. 270. Wächter a. a. O. S. 220. 550. Brauer a. a. O. S 137. Bluntschli a. a. O. S. 94. Thol a. a. O. Bd. 2. S. 257. A. D. H.G. Art. 290. 370. 371.

10) Art. 49. 81. A. D. W.O. Leipz. Prot. S. 93.

11) Art. 50, 51. 63, 65. A. D. W.O.

welcher unmittelbar gegen den Acceptanten klagt, steht gegen den letzteren ein Anspruch auf Provision nicht zu, weil sich die Klage gleichfalls nicht als Regreßklage karakterisirt [12]).

Zweites Kapitel.

Die Wechselfähigkeit.

§. 45.

Die Wechselfähigkeit. Allgemeiner Begriff.

Die Wechselfähigkeit ist entweder eine aktive, oder passive. Die aktive Wechselfähigkeit besteht in der subjektiven Fähigkeit, Rechte aus Wechselgeschäften zu erwerben. Diese Fähigkeit fällt mit der allgemeinen Rechtsfähigkeit des Menschen zusammen, so daß also Rechte aus Wechseln ein Jeder erwerben kann, der nach den Vorschriften des Civilrechts Rechte aus Willenserklärungen, aus Verträgen zu erwerben im Stande ist [1]).

Die passive Wechselfähigkeit ist die Fähigkeit, wechselmäßige Verpflichtungen rechtsgültig zu übernehmen. Diese Fähigkeit mag anfänglich nur den Mitgliedern der privilegirten Innungen der mercatores und cambiatores beigewohnt haben, weil durch sie der Wechselverkehr in Italien lange Zeit hindurch ausschließlich vermittelt wurde; allein schon die älteren Wechselschriftsteller bezeugen, daß die Wechselfähigkeit an die Bedingungen der allgemeinen Vertragsfähigkeit geknüpft war. Nur in Ansehung der Geistlichen und Frauen wurden Einschränkungen gemacht [2]).

Dagegen hat die deutsche Partikulargesetzgebung die Wechselfähigkeit in vielfacher Beziehung eingeschränkt. Man erachtete das Wechselinstitut wegen der damit verbundenen Wechselstrenge, welche zumeist in einer persönlichen Haft, obligatio ad carcerem, rigor cambialis, bestand, für gefährlich und machte dasselbe nur gewissen Klassen von Staatsbürgern zugänglich. In den meisten deutschen Partikulargesetzen wurde die unbedingte passive Wechselfähigkeit für ein Privilegium des Handelsstandes angesehen [3]) und auch das Allgemeine Landrecht für die preußi-

---

12) Erk. des A.G. zu Leipzig (Arch. f. D. W.R. Bd. 1. S. 56). Erk. des Ob.-Tr. in Berlin (Arch. a. a. O. Bd. 4. S. 448). Nürnberger Kommission (Arch. a. a. O. Bd. 9. S. 246). Zum Theil anderer Ansicht: Ob.-Tr. in Stuttgart (Arch. a. a. O. Bd. 9. S. 213. 214). Borchardt a. a. O. S. 192. Zus. 367. Die Klausel „ohne Kosten" alterirt die Provisionsforderung nicht. Borchardt a. a. O. S. 175. Zus. 331.

1) Puchta a. a. O. §. 50. 117. Arndts a. a. O. §. 28. 59 ff. 230. A. Pr. L.R. Thl. I. Tit. 4. §§. 20 ff., Tit. 5. §§. 9 ff. Bender a. a. O. Bd. 1. S. 243. Struben, rechtl. Bedenken Bd. 3. Bed. III Stoly a. a. O. S. 127 ff. Renaud a. a. O. §. 22. Volckmar u. Loewy a. a. O. S. 10. Bluntschli a. a. O. S. 11. Thöl a. a. O. Bd. 2. §. 162. A. D. W.O. Art. 18. 36.

2) Scaccia l. c. § 1. qu 7. n. 3. 17. 23. p. 305 307. Franck l. c. Pariter jure cambiali obligatur, quisque se alias valide obstringere potest, sive mercaturam exerceat, sive non lib I sect. 1. tit 8. § 4. Heydiger a. a. O. C. 5. Mittermaier a. a. O. §. 334.

3) Siegel, Einl. rc. Cap. 2. §. 160. Püttmann a. a. O. §. 28 f. Bender a. a. O. Bd. 1. §. 306 f. Thol a. a. O. Bd. 2. §. 162.

schen Staaten [4]) geht von diesem Grundsatze aus. Der Code de commerce stellt dagegen das Princip der unbedingten Wechselfähigkeit auf und enthält nur besondere Bestimmungen über die Frauen und Minderjährigen [5]). Auch das Englische und Nordamerikanische Recht erkennt das Princip der absoluten Wechselfähigkeit an [6]).

Nachdem man in dem Wechselinstitute ein allgemeines Mittel zur Förderung des Kredits erkannt, sich auch davon überzeugt hatte, daß die persönliche Verpflichtung zur Haft nicht eine nothwendige Bedingung des Wechsels war, schlossen sich auch spätere Wechselgesetze, z. B. die Ungarische Wechselordnung vom Jahre 1840, jenem Grundsatze der unbedingten Wechselfähigkeit an. Auch der Preußische Entwurf von 1847 enthält im §. 1. die Bestimmung: „Wechselfähig sind alle Personen, welche sich durch Darlehnsverträge gültig verpflichten können", und rechtfertigt diese Bestimmung in den Motiven [7]) durch die Erwägung, „daß die Erweiterung der Wechselfähigkeit ein Bedürfniß des Verkehrs sei und daß, da sich die Wechselstrenge und namentlich die Wechselhaft bei allen Wechseln als ein wünschenswerthes Compelle darstelle, es sich nur rechtfertigen lasse, in Ansehung derjenigen Personen, für welche die Personalhaft unzweckmäßig erscheine, mit Ausschließung der letzteren nur die wechselmäßige Haftung mit dem Vermögen auszusprechen." In der Leipziger Konferenz machte jedoch der Referent selbst darauf aufmerksam, daß es nicht rathsam sei, die Fähigkeit, sich nach Wechselrecht zu verbinden, von der Fähigkeit, Darlehnsverträge einzugehen, abhängig zu machen, weil die Fähigkeit für Darlehnsgeschäfte in den einzelnen deutschen Civilgesetzen oft in eigenthümlicher Weise beschränkt sei [8]).

Die Konferenz beschloß demgemäß, statt der Fähigkeit zu Darlehnsverträgen, die allgemeine Vertragsfähigkeit als Bedingung der Wechselfähigkeit, sowohl bezüglich der gezogenen als der eigenen Wechsel, aufzustellen [9]). Es bestimmt daher Art. 1 der Allgemeinen Deutschen Wechselordnung: „Wechselfähig ist Jeder, welcher sich durch Verträge verpflichten kann." Dadurch ist von selbst anerkannt, in der Leipziger Konferenz [10]) aber noch besonders ausgesprochen worden, daß auch Frauen und Militärpersonen von der Wechselfähigkeit nicht ausgeschlossen sind. „Was die Minderjährigen anbelangt" — heißt es in den Leipziger Protokollen [11]) — „so bedarf es keiner Erwähnung, daß in Ansehung ihrer, wie der übrigen bevormundeten Personen, nur die Frage entstehen kann, in wiefern durch die von ihren Vertretern ausgestellten Wechsel eine wechselmäßige Verpflichtung herbeigeführt werden soll." Die Versammlung war der Ansicht, daß die Minderjährigen in der Wechselordnung nicht auszuschließen seien, und es den Vormundschaftsord-

4) Th. II. Tit. 8. §. 715.

5) Art. 113 ff.

6) Schulin a. a. O. S. 284. Story a. a. O. §§. 72 ff. Blaschke a. a. O. §. 43.

7) S. 24.

8) Z. B. in Preußen in Ansehung der Militärpersonen und der bei den Königlichen Schauspielen angestellten Personen, — Bestimmungen, die aus einer jetzt nicht mehr passenden Rechtsauffassung entsprungen. A. Pr. L.R. Thl. I Tit. 11. §§. 670 ff.

9) Leipz. Prot. S. 6.

10) Leipz. Prot. S. 7.

11) S. 7.

nungen der einzelnen Staaten überlassen werden müsse, zu bestimmen, in welchem Umfange die Vormünder zur Ausstellung von Wechseln Namens der von ihnen vertretenen Personen befugt seien. Auch die Wechselfähigkeit der moralischen und juristischen Personen wurde als unzweifelhaft erachtet, daher statt des in dem Preußischen Entwurfe §. 1 enthaltenen Ausdruckes „Personen" die in dem Art. 1 gegebene allgemeinere Bezeichnung gewählt [12]).

Hiernach fällt der Begriff der Wechselfähigkeit mit der allgemeinen Vertragsfähigkeit zusammen, so daß ein Jeder passiv wechselfähig ist, welcher über sein Vermögen frei verfügen und im Allgemeinen durch Verträge sich verpflichten kann, ohne Rücksicht darauf, ob er zur Abschließung aller Verträge gleichmäßig befähigt, oder bezüglich der Vornahme gewisser Rechtshandlungen überhaupt oder durch Anwendung bestimmter Solennitäten beschränkt ist [13]). Für das Vorhandensein der allgemeinen Verpflichtungsfähigkeit, also auch für die Wechselfähigkeit, spricht keine Vermuthung, sondern sie muß im Bestreitungsfalle bewiesen werden. Diese Beweislast liegt dem Kläger ob, da die Fähigkeit des Verklagten, Wechselverpflichtungen rechtsgültig zu übernehmen, zur materiellen Begründung des Wechselanspruches gehört und diese Begründung dem Kläger zur Feststellung der Passiv-Legitimation, nach allgemeinen prozeßrechtlichen Grundsätzen, zur Last fällt [14]). Behauptet also der in Anspruch genommene Verklagte, daß er zur Zeit der eingegangenen Wechselverpflichtung minderjährig gewesen, oder daß er noch unter väterlicher Gewalt gestanden, so ist es Sache des Klägers, den Beweis über die Wechselfähigkeit zur Zeit der Ausstellung der Wechselerklärung zu führen. Wenn dagegen ein Wechselverklagter, welcher nach Alter und äußeren persönlichen Verhältnissen wechselfähig ist, behauptet, daß er in Folge verlängerter, gehörig bekannt gemachter Vormundschaft wechselunfähig sei, so stellt sich diese Behauptung als eine selbstständige Thatsache, nicht als eine Negation der Wechselfähigkeit dar, und muß von dem Verklagten erwiesen werden [15]). Die Wechselfähigkeit regelt sich nach den Gesetzen des Wohnortes des Erklärenden zur Zeit der Ausstellung [16]).

§. 46.

Eingeschränkte Wechselfähigkeit. Frauen. Haussöhne.

Ein jeder, welcher durch Verträge Verpflichtungen rechtlich zu übernehmen im Stande ist, kann auch als Aussteller, Indossant, Acceptant, Avalist, überhaupt in jeder wechselmäßig zulässigen Form, Wechselverbindlichkeiten eingehen. Die Abhängigkeit aber, in welcher gewisse, in rechtlicher Beziehung sonst selbstständige Personen in Ansehung ihrer Person und ihres Vermögens zu dem Willen Dritter

12) Art. 2. Nr. 2. A. D. W.O. Leipz. Prot. S. 8.

13) Brauer a. a. O. S. 25. Renaud a. a. O. S. 64. A. 3. Thöl a. a. O. Bd. 2. S. 163. Nr. 3.

14) Bayer a. a. O. S. 429. A. Pr. G.O. Thl. I. Tit. 13. §. 28. Borchardt a. a. O. S. 5. Zus. 6. Volckmar u. Loewy a. a. O. S. 13. Arch. f. D. W.R. Bd. 1. S. 324. Die Beweislast legen dem Verklagten auf: Erk. des O.A.G. in Dresden v. 24. Juli 1852. (Arch. a. a. O. Bd. 3. S. 106.) Puigold im Arch. a. a. O. Bd. 7. S. 17.

15) Erk. des O.Tr. in Berlin v. 13. Sept. 1860. (Strieth. Arch. Bd. 39. S. 46.) A. Pr. L.R. Th. II Tit. 18. §. 698.

16) Art. 84. A. D. W.O.

stehen, ist jedoch geeignet, die Handlungs- und Rechtsfähigkeit zu vermindern und daher auch ihre Vertrags- und Wechselfähigkeit einzuschränken. Es lassen sich in dieser Beziehung folgende Fälle unterscheiden:

1) Das Geschlecht, dem der Mensch angehört, ist im Ganzen einflußlos auf dessen Rechtsfähigkeit [1]). Frauen, — ohne Unterschied, ob verheirathet oder unverheirathet [2]), — welche die Majorennität erreicht haben und ihr Vermögen selbstständig zu verwalten berechtigt sind, daher nicht mehr unter väterlicher Gewalt oder unter dem Einflusse einer Geschlechtskuratel stehen, können daher rechtsgültig Wechselverpflichtungen übernehmen [3]).

2) Verheirathete majorenne Frauen sind rechts- und geschäftsfähig. Dem Ehemanne stehen aber bestimmte Rechte [4]) auf die Person und das Vermögen der Frau zu, und durch diese Rechte wird die Vertragsfähigkeit und daher auch die Wechselfähigkeit der Frau in gewisser Beziehung eingeschränkt. In Ansehung des durch Vertrag vorbehaltenen Vermögens ist die Ehefrau in der Verwaltung, in dem Nießbrauche und in der Disposition selbstständig und von den Rechten des Ehemanns unabhängig, so daß sie in Ansehung dieses Vermögens auch selbstständig Wechselverpflichtungen zu übernehmen berechtigt ist [5]).

In Betreff des eingebrachten Vermögens steht dagegen dem Ehemanne der Nießbrauch und die Verwaltung zu, und Rechtshandlungen der Ehefrau in Beziehung auf dieses Vermögen sind ohne Einwilligung des Mannes ungültig [6]). Diese Einwilligung zu der Wechselerklärung der Frau muß schriftlich auf der Wechselurkunde selbst erfolgen, da die zur Gültigkeit des Wechsels gehörigen Mo-

1) A. Pr. L.R. Thl. I. Tit. 1. §. 24.

2) Leipz. Prot. S. 9.

3) A. Pr. L.R. Thl. II. Tit. 2. §. 228. Thöl a. a. O. Bd. 2. §. 163. Renaud a. a. O. S. 64. A. 4.

4) Arndts a. a. O. §. 393. Puchta a. a. O. S. 411. Mittermaier a. a. O. S. 382 ff. A. Pr. L.R. Thl. II Tit. 1. §. 169. 205. 318 ff.

5) A. Pr. L.R. Thl. II Tit. 1. §. 221 ff. A. Pr. G.O. Thl. I. Tit. 1. §§. 16 ff. Plenar-Beschl. des O.Tr. in Berlin v. 21. Febr. 1853. (Entsch. Bd. 24. S. 260. Arch. f. D. W.R. Bd. 3. S. 428. Just.M.Bl. 1853. S. 145.) Erk. v. 4. Dezember 1866. (Entsch. Bd. 57. S. 339.)

6) A. Pr. L.R. Thl. II. Tit. 1. §§. 231 ff. 320 ff. Plenar-Beschl. des O.Tr. in Berlin v. 21. Febr. 1853. (Entsch. Bd. 24. S. 260. Arch. f. D. W.R. Bd. 3. S. 428. Just.M.Bl. 1853. S. 145.) Erk. v. 6. Okt. 1853. (Arch. a. a. O. Bd. 4. S. 192.) Borchardt a. a. O. S. 11. Zus. 18 ff. Renaud a. a. O. S. 63. A. 4. Hat ein Ehemann an die Ordre seiner Ehefrau gezogen, so ist anzunehmen, daß die Ehefrau zur Weiterbegebung des ehemännlichen Konsenses nicht bedarf. Erk. des O.A.G. in Dresden v. 22. Juni 1859. (Arch. f. D. W.R. Bd. 9. S. 100.) Erk. des O.Tr. in Berlin v. 7. Febr. 1860. (Arch. a. a. O. Bd. 12. S. 310.) Die zur Uebernahme einer Wechselverpflichtung seitens einer Ehefrau erforderliche Einwilligung des Ehemannes ist als vorhanden anzunehmen, wenn der Ehemann den Wechsel selbst auf seine Ehefrau gezogen und dem Accepte derselben seine Namensunterschrift beigefügt hat. Erk. des O.Tr. in Berlin v. 11. Juli 1863. (Strieth. Arch. Bd. 49. S. 330. Arch. f. D. W.R. Bd. 13. S. 186.) In dem Erkenntnisse desselben Gerichtshofes v. 13. Decbr. 1853 (Arch. a. a. O. Bd. 4. S. 192.) ist angenommen, daß ein von beiden Eheleuten in der Mehrzahl mit „wir" ausgestellter, zuerst mit der Unterschrift der Ehefrau und hinter derselben mit der des Ehemannes versehener trockener Wechsel hinsichtlich der Ehefrau keine rechtliche Gültigkeit habe, weil in diesem unterschriftlichen Vorgange nicht die Genehmigung des Ehemannes zu finden sei. Thöl a. a. O. Bd. 2. §. 163. Nr. 3. tritt dieser Ansicht bei. Bei richtiger Würdigung des durch den Inhalt des Wechsels beurkundeten Willens beider Eheleute kommt man jedoch zu der entgegengesetzten Auffassung. Die der Wechselunterschrift einer Ehefrau noch mit den Worten „im ehelichen Beistande" hinzugefügte Namensunterschrift des Ehemannes begründet die ehemännliche Genehmigung, nicht die eigene Wechselverbindlichkeit des Ehemannes. Erk. des O.Tr. in Berlin v. 3. April 1860.

mente, — und der ehemännliche Konsens ist zur Ergänzung der Wechselfähigkeit der Ehefrau nothwendig, — nicht außerhalb der Wechselurkunde verlegt werden können [7]).

In der Gütergemeinschaft gebührt dem Ehemanne die Verwaltung und der Nießbrauch des gemeinschaftlichen Vermögens. Die Ehefrau kann daher ohne Genehmigung des Ehemannes weder ihre Person, noch das gütergemeinschaftliche Vermögen durch Wechselerklärungen verpflichten [8]). Die Wechselerklärungen des Ehemannes verpflichten die Person des letzteren und das gütergemeinschaftliche Vermögen, nicht aber die Person der Ehefrau, welche den Wechsel in verbindlicher Weise nicht mit unterschrieben hat. Voreheliche Wechselschulden des einen Ehegatten belasten das gütergemeinschaftliche Vermögen, verpflichten aber nicht die Person des anderen Ehegatten, von welchem der Skripturakt nicht ausgegangen ist und für welchen durch den, vor der Ehe ausgestellten Wechsel kein verpflichtendes Stellvertretungsverhältniß begründet worden ist. Es findet daher gegen den anderen Ehegatten weder der Wechselprozeß, noch der wechselmäßige Personalarrest statt [9]). Eine Ehefrau, welche mit Genehmigung ihres Ehemannes zur Zeit der Wechselausstellung, — gleichgültig, ob auch noch zur Zeit der prozeßrechtlichen Geltendmachung, — gewerbsmäßig Handelsgeschäfte betreibt, daher nicht bloß Geschäfts-Gehülfin ihres Mannes ist, kann sich auch ohne specielle Genehmigung ihres Ehemannes durch Wechselgeschäfte verpflichten [10]).

3) Haussöhne, filiifamilias, stehen auch nach erlangter Volljährigkeit unter väterlicher Gewalt, so lange letztere nicht in gesetzlicher Weise aufgehoben ist. Die nach dem älteren römischen Rechte ihnen beiwohnende aktive Rechtsfähigkeit, — denn bezüglich der passiven Rechtsfähigkeit [11]) standen sie dem paterfamilias von jeher gleich, — hat im Laufe der Zeit, insbesondere durch Konstituirung des eigenen Vermögens der Kinder (peculia), einer milderen Auffassung weichen müssen. Die Haussöhne können danach eigenes Vermögen erwerben, in Ansehung dessen sie die rechtliche Selbstständigkeit eines paterfamilias genießen, (peculium castrense, quasi castrense; peculium adventitium irregulare) [12]).

(Arch. a. a. O. Bd. 10. S. 215.) Erk. v. 3. April 1863. (Entsch. Bd. 50. S. 248.) Thöl a. a. O. Bd. 2. §. 163. Nr. 3.

7) Erk. des O.Tr. in Berlin v. 6. Okt. 1853. (Arch. f. D. W.R. Bd. 4. S. 192.) Borchardt a. a. O. S. 12. Zus. 20. Renaud a. a. O. S. 64. A. 4. Anderer Ansicht: Volckmar und Löwy a. a. O. S. 16. Die Bezugnahme auf Art. 317. A. D. H.G. rechtfertigt diese Ansicht nicht, da der Wechsel, im Gegensatz zum Handelsrecht, nach der strengen äußeren Form beurtheilt wird.

8) A. Pr. L.R. Thl. II. Tit. 1. §. 389.

9) A. Pr. L.R. Thl. II. Tit. 1. §. 391. Erk. des O.Tr. in Berlin v. 6. Decbr. 1856. (Entsch. Bd. 34. S. 193. Arch. f. D. W.R. Bd. 6. S. 279.)

10) Art. 6. A. D. H.G., Art. 2. A. D. W.O. Bluntschli a. a. O. S. 17. Arch. f. D. W.R. Bd. 6. S. 318. Entsch. des O.Tr. in Berlin Bd. 38. S. 254. Auch durch allgemeine Ermächtigung seitens des Ehemannes. Erk. des O.Tr. in Berlin v. 16. Okt. 1866. (Entsch. Bd. 57. S. 336.)

11) Filius-familias ex omnibus causis tanquam pater-familias obligatur, et ob id agi cum eo tanquam patre-familias potest. L. 39. D (44 7). v. Savigny, System Bd. 2. S. 54. 96. Puchta a. a. O. §. 118. Erk. des Königl. Sächs. Gerichtsh. (Arch. f. D. W.R. Bd. 3. S. 95.) Auch Arch. a. a. O. Bd. 10. S. 419. Borchardt a. a. O. S. 4. Zus. 5. Thöl a. a. O. Bd. 2. §. 263. A. 14.

12) v. Savigny, System Bd. 2. S. 50. 51. 57. Puchta a. a. O. §. 433. Arndts a. a. O. §. 429. A. Pr. L.R. Thl. II. Tit. 2. §§. 147 ff. Borchardt a. a. O. S. 4. Zus. 5.

Dieser Anschauung ist auch im Allgemeinen das Preußische Recht gefolgt. Wie die Ehefrau in Ansehung ihres vertragsmäßig vorbehaltenen Vermögens dem mundium des Mannes nicht unterworfen ist, ebenso stehen Haussöhne, nach erreichter Volljährigkeit, in Ansehung ihres freien Vermögens nicht in väterlicher Gewalt und sind daher vertrags- und wechselfähig[13]).

Dagegen gebührt dem Vater die Verwaltung und der Nießbrauch an dem nicht freien Vermögen der Haussöhne, peculium adventitium regulare, profectitium. Die Vertragsfähigkeit und Wechselfähigkeit der Söhne in Ansehung dieses Vermögens ist daher, auch nach erreichter Volljährigkeit, von der väterlichen Genehmigung, gleich wie bei dem Dotalvermögen die Rechtsbeständigkeit der Verpflichtungserklärung der Ehefrau von dem Konsense des Ehemannes, abhängig[14]).

Was die Haustöchter anbelangt, so stehen sie im Römischen Rechte den Haussöhnen gleich[15]). Auch das Preußische Recht geht von diesem Grundsatze aus. Die Tochter tritt jedoch durch ihre Verheirathung aus der Gewalt des Vaters heraus, und dem letzteren gebühren bis zur erlangten Volljährigkeit der Tochter die Rechte eines Vormundes[16]).

Die Aufhebung der väterlichen Gewalt wird durch Partikulargesetzgebung geregelt[17]).

4) Korporationen, juristische Personen, d. h. die vom Staate als Rechtssubjekte anerkannten Gemeinschaften, sind vertrags- und wechselfähig und werden aus den in statutenmäßiger Weise ausgestellten Wechselerklärungen wechselmäßig verpflichtet und dem Wechselprozesse unterworfen. Daß eine Personalhaft gegen die Gesellschaften als solche, sowie gegen die Vertreter derselben nicht ausführbar und statthaft ist, folgt aus dem obwaltenden Vertretungsverhältnisse. Bei Kommanditgesellschaften verpflichten sich die persönlich haftenden Gesellschafter[18]).

---

13) A. Pr. L.R. Thl. II Tit. 1. §. 158 ff. Arch. f. D. W.R. Bd. 6. S. 317. Die Spezialbestimmung §. 166. Thl. II. Tit. 2. hat, bei dem allgemeinen Karakter des Art. 1. der A. D. W.O., auf Wechselgeschäfte der Haussöhne, welche freies Vermögen besitzen, keine Anwendung. Borchardt a. a. O. S. 4. Zus. 5.

14) A. Pr. L.R. Thl. II. Tit. 2. §. 168. Arch. f. D. W.R. Bd. 1. S. 324. Diese Einwilligung kann aber auch durch konkludente Handlungen ertheilt werden. Z. B. wenn ein Vater auf seine großjährige, unter väterlicher Gewalt stehende Tochter einen Wechsel zieht, so liegt darin die Genehmigung zur Acceptation. Borchardt a. a. O. S. 6. Zus. 7. Anders gestaltet sich die Sache, wenn das Kind, auf welches der Vater zieht, minderjährig ist, wegen der, möglicher Weise, stattfindenden Kollision. Erk. des O.Tr. in Berlin v. 28. Febr. 1861. (Strieth. Arch. Bd. 40. S. 328. Arch. f. D. W.R. Bd. 10. S. 199.) Erk. v. 10. Febr. 1852. (Entsch. Bd. 22. S. 401.)

15) v. Savigny, System Bd. 5. S. 103.

16) A. Pr. L.R. Thl. II. Tit. 2. §. 228 ff.

17) A. Pr. L.R. Thl. II. Tit. 2. §. 210 ff. Ob mit dem öffentlichen Amte eine Besoldung verbunden ist, ist einflußlos. Unbesoldete großjährige Assessoren stehen nicht unter väterlicher Gewalt. Erk. des O.Tr. in Berlin v. 24./29. Oktober 1861. (Entsch. Bd. 46. S. 243.) Ein Offizier im aktiven Dienste tritt, auch nach erreichter Volljährigkeit, aus der väterlichen Gewalt erst mit der Erlangung eines Postens (Charge und Gehalt eines Hauptmanns oder Rittmeisters), in welchem er der väterlichen Hülfe zu seinem Unterhalte nicht mehr bedarf. Anh. z. A. Pr. L.R. §. 90.

18) Arndts a. a. O. §. 41 f. Puchta a. a. O. §. 25 f. A. Pr. L.R. Thl. II. Tit. 6. §. 26. A. D. H.G. Art. 150 f. 207 f. A. D. W.O. Art. 2. Nr. 2. Leipz. Prot. S. 8. Bluntschli a. a. O. S. 17. Renaud a. a. O. S 64. Derselbe, das Recht der Aktiengesellschaften (Leipzig 1863.) S. 159. Arch. f. D. W.R. Bd. 10. S. 201.

5) Blinde sind vertrags- und auch wechselfähig. Die partikularischen Beschränkungen in Ansehung der Form ihrer Verträge üben auf die Gültigkeit ihrer Wechselerklärung keinen Einfluß und begründen keine Einrede gegen die Wechselverpflichtung[19]).

6) Taubstumme, welche sich im Besitze ihrer Geisteskräfte befinden und nicht unter Vormundschaft stehen, sind fähig, Verträge zu schließen und selbst letztwillige Dispositionen zu errichten. Sie sind daher auch wechselfähig. Die für die schriftlichen Verträge taubstummer Personen vorgeschriebene Form ist nicht anwendbar auf Wechsel; wenigstens ist die letztere nicht die Bedingung für die Gültigkeit der Wechsel[20]).

7) Schreibensunkundige oder am Schreiben verhinderte Personen sind vertrags- und wechselfähig. Die Gültigkeit der von ihnen zu errichtenden schriftlichen Verträge ist jedoch nach Preußischem Rechte an die gerichtliche und notarielle Form geknüpft[21]). Der Begriff und das rechtliche Element des Wechsels beruht in der Eigenthümlichkeit der Unterschrift, und der Preußische Entwurf von 1847 erklärte daher Wechsel, welche statt des Namens nur mit Kreuzen oder anderen Zeichen vollzogen worden, selbst wenn sie gerichtlich oder notariell ausgestellt, für ungültig. Die Allgemeine Deutsche Wechselordnung läßt dergleichen Wechsel aber nur mit Rücksicht darauf zu, daß sie oft, namentlich von Auswanderern, vorkommen, verlangt aber, daß die Handzeichen gerichtlich oder notariell beglaubigt sind[22]).

Da der von dem Wechselverpflichteten unterschriebene oder mit Kreuzen versehene Wechsel der gleichsam personifizirte Träger der Wechsel-Obligation ist, die Erklärung über Anerkennung des Wechsels sich daher auch gerade nur an jene bestimmte Wechselurkunde knüpft, so folgt daraus als rechtliche Nothwendigkeit, daß eine vom Gerichte oder vom Notar bewirkte Ausfertigung die Stelle des Original-Wechsels nicht vertreten kann[23]).

Die auf dem Wechselbriefe befindliche, mit dem Dienstsiegel des Notars versehene notarielle Beglaubigung der Handzeichen des Wechselverpflichteten ist nach Preußischem Rechte genügend[24]).

8) Gemeinschuldner, während des Laufes des Konkurses, sind wechselfähig, da durch die Konkurseröffnung nicht die Vertragsfähigkeit des Kridars aufgehoben wird. Die Person des Gemeinschuldners und das nicht zum Konkurse gehörende Vermögen wird verhaftet[25]).

---

19) Volckmar u. Loewy a. a. O. S. 12. Contra: Thöl a. a. O. Bd. 2. §. 163. Nr. 7. Erk. des O.Tr. in Berlin v. 4. Juli 1861. (Entsch. Bd. 46. S. 253.) Borchardt a. a. O. S. 7. Zus. 11.

20) Volckmar u. Loewy a. a. O. S. 12. Contra: Erk. des O.Tr. in Berlin v. 13. März 1656. (Arch. f. D. W.R. Bd. 6. S. 98.) Erk. v. 4. Juli 1861. (Entsch. Bd. 46. S. 253.) Thöl a. a. O. Bd. 2. §. 163.

21) A. Pr. L.R. Thl. I. Tit. 5. §. 172. Anh. zur A. Pr. G.O. §. 68. 72.

22) Art. 94. A. D. W.O. Leipz. Prot. S. 153. Arch. f. D. W.R. Bd. 4. S. 95. Borchardt a. a. O. S. 371. Zus. 592.

23) Erk. des O.Tr. in Berlin v. 21. Febr. 1857. (Entsch. Bd. 35. S. 132. Arch. f. D. W.R. Bd. 7. S. 109.) Erk. v. 22. März 1859. (Strieth. Arch. Bd. 32. S. 343.)

24) Erk. des O.Tr. in Berlin v. 14. März 1865. (Entsch. Bd. 54. S. 250.) Arch. v. 2. November 1858. (Entsch. Bd. 39. S. 248. Arch. f. D. W.R. Bd. 9. S. 197.)

25) Pr. Konk.-Ordn. v. 8. Mai 1855. Erk. des O.Tr. in Berlin v. 20. Okt. 1859.

§. 47.

Die Wechselunfähigkeit.

Unfähig, Wechselverbindlichkeiten einzugehen, ist ein Jeder, der sich durch Verträge nicht rechtsgültig verpflichten kann. Die Gründe der Wechselunfähigkeit sind daher in denselben Umständen zu suchen, durch welche die allgemeine Vertrags- und Handlungsfähigkeit aufgehoben wird.

Dahin sind zu zählen:

1) die Vernunftlosigkeit. Rasende, Wahnsinnige und Blödsinnige sind willensunfähig und den Kindern gleichgestellt, sie können selbstständig Rechtsgeschäfte nicht vornehmen [1]). Taubstumme, welche wegen mangelhafter Geistesbildung unter Vormundschaft gestellt worden, sind verpflichtungsunfähig [2]). Diejenigen, welche durch Trunk oder heftige Leidenschaften in einen Zustand versetzt worden, in welchem sie ihrer Vernunft nicht mächtig sind, werden den Wahnsinnigen gleich geachtet; jedoch wird nicht vermuthet, daß Trunkenheit oder Leidenschaft bis zu einem solchen Grade gestiegen sind [3]). Gleiche Grundsätze gelten in Ansehung des Zwanges, der physischen und moralischen Ueberwältigung des Willens [4]).

2) Minderjährigkeit. Minderjährige können durch Verträge keine Verbindlichkeiten übernehmen und werden in ihren Rechtsangelegenheiten durch ihren natürlichen oder gesetzlichen Vertreter (Vater, Vormund) repräsentirt. Dieselben können selbstständig daher auch keine Wechselverpflichtungen eingehen [5]). Die Volljährigkeitserklärung, oder die Entlassung aus der väterlichen Gewalt hat mit der wirklich erreichten Volljährigkeit, welche in den einzelnen deutschen Ländern nach verschiedenen Altersstufen [6]) eintritt, gleiche Wirkung [7]).

Verschwender [8]) stehen in der Fähigkeit, Verträge zu schließen, den Unmündigen gleich, können daher auch keine Wechselverpflichtungen übernehmen. Die Wechselerklärungen, durch welche die genannten Personen in Ansehung ihres Vermögens und ihrer Person verpflichtet werden sollen, müssen daher von ihren

(Strieth. Arch. Bd. 34. S. 328.) Borchardt a. a. O. S. 8. Zus. 14. Entsch. des Württ. O.Tr. (Würt. A. Bd. 7. S. 246. Schletter Bd. 11. S. 31.)

1) v. Savigny, System. Bd. 2. §§. 60 ff., Bd. 3. §§. 106 ff. Arndts a. a. O. §. 59. A. Pr. L.R. Thl. I Tit. 1. §§. 27. 29. Tit. 4. §§. 23. 25. Tit. 6. §. 41. Tit. 12. §§. 20. 21. Borchardt a. a. O. S. 7. Zus. 10. Ueber den Beweis der Handlungsfähigkeit Arch. f. D. W.R. Bd. 11. S. 287. Die Einrede, daß der später unter cura gestellte Wechselschuldner bereits zur Zeit der betreffenden Wechselzeichnung dispositionsunfähig gewesen sei, kann im Wechselprozesse nicht durch nachtragliche gutachtliche Zeugnisse von Aerzten in Liquiditat gesetzt werden. Erk. des O.A.G. in Dresden in dessen Annalen Bd. 7. S. 169. Schletter a. a. O. Bd. 11. S. 33.

2) A. Pr. L.R. Thl. II Tit. 18. §§. 15 ff. A. Pr. G.O. Thl. I. Tit. 1. §. 3, Thl. II. Tit. 3. §. 7.

3) A. Pr. L.R. Thl. I. Tit. 4. §§. 28 ff.

4) A. Pr. L.R. Thl. I. Tit. 4. §§. 31 ff. v. Savigny, System Bd. 3. §. 114.

5) Arndts a. a. O. §. 59. A. Pr. L.R. Thl. I. Tit. 4. §§. 20 ff., Tit. 5. §§. 10 ff. Erk. des O.Tr. in Berlin v. 17. Jan. 1860. (Entsch. Bd. 43. S. 239.)

6) In den Preußischen Provinzen, in welchen das Allgemeine Landrecht (§. 26. Thl. I. Tit. 1.) gilt, ist der terminus majorennitatis das 24., in der Preuß. Rheinprovinz, in welcher das französische Recht gilt, das 21. Lebensjahr. Borchardt a. a. O. S. 2. A. 4.

7) A. Pr. L.R. Thl. II Tit. 18. §. 724, Tit. 2. §§. 214 ff.

8) A. Pr. L.R. Thl. I. Tit. 5. §§. 14 ff. A. Pr. G.O. Thl. I. Tit. 38. §. 22.

9) Leipz. Prot. S. 8. Brauer a. a. O. S. 26. Bluntschli a. a. O. S. 16.

Vertretern, und zwar auf der Wechselurkunde selbst, genehmigt werden. In wiefern dazu die Genehmigung des vormundschaftlichen Gerichts erforderlich ist, bestimmt sich nach den betreffenden Vormundschafts-Ordnungen [9]).

§. 48.

Die Wirkung der Wechselunfähigkeit.

Die allgemeine Verpflichtungsfähigkeit der Kontrahenten ist ein nothwendiges Erforderniß für die Gültigkeit der Verträge und daher auch die Bedingung für die Rechtsbeständigkeit übernommener Rechtsverbindlichkeiten. Wer sich durch Verträge im Allgemeinen nicht zum Schuldner machen kann, dem geht auch die Fähigkeit ab, Wechselverpflichtungen einzugehen. Wechselerklärungen vertrags- und handlungsunfähiger Personen haben für letztere daher keine rechtliche Wirkung, sie sind ungültig und erhalten auch durch die später eingetretene persönliche Wechselfähigkeit der Erklärenden keinen Rechtsbestand [1]).

Erst durch die in wechselmäßiger Form erfolgte Genehmigung Seitens des natürlichen oder gesetzlichen Vertreters des Unfähigen erlangt die Wechselerklärung des letzteren rechtliche Wirkung. In wiefern der Wechselunfähige aus dem, dem Wechsel zum Grunde liegenden materiellen Geschäfte, oder aus der Bereicherung verhaftet ist, und in wiefern der Wechselunfähige, welcher einen Dritten zur Abschließung eines Wechselgeschäfts durch Betrug verleitet hat, zur Schadloshaltung verpflichtet ist, das bestimmt sich nach den Grundsätzen des Civilrechts. Die Wechselunfähigkeit eines Wechselverpflichteten übt keinen Einfluß auf die Verbindlichkeit der übrigen Wechselverpflichteten, da die einzelnen Wechselakte, die Formrichtigkeit des Grundwechsels vorausgesetzt, formell und materiell von einander unabhängig sind [2]). Nur der Wechsel des Unfähigen ist ungültig.

§. 49.

Die Befreiung vom Wechselarreste [1]).

Einzelne Personen, welche an sich wechselfähig sind, werden theils aus eigener Rechtsstellung, theils aus Gründen des öffentlichen Rechts nicht von der ganzen Wechselstrenge betroffen, indem die Vollstreckung des Wechselarrestes gegen sie ausgeschlossen ist [2]). In dieser Beziehung sind privilegirt und vom Wechselarreste befreit:

1) die Erben eines Wechselschuldners [3]);

1) A. Pr. L.R. Thl. I. Tit. 5. §§. 11 ff. 37. Leipz. Prot. S. 10. Thöl a. a. O. Bd. 2. §. 164. Kuntze a. a. O. S. 77.

2) Art. 3. A. D. W.O.

1) Durch das Gesetz v. 29. Mai 1868 (Bundes-Gesetzbl. S. 237) ist in dem Gebiete des Norddeutschen Bundes die Schuldhaft und daher auch der Personalarrest in Wechselsachen aufgehoben. Allgem. Verf. v. 29. Mai 1868. (Preuß. Just.-Min.-Bl. S. 173.)

2) Art. 2. A. D. W.O.

3) Der Rechtssatz war nach den früheren Wechselgesetzen und in der Wissenschaft bestritten und beruht auf dem Gedanken, daß die Verpflichtung zur Personalhaft, obligatio ad carcerem, eine an die Person des Schuldners geknüpfte, durch die Thatsache der Wechselausstellung bedingte und daher auf die Erben nicht übergehende Rechtsfolge sei. Mot. z. Pr. Entw. v. 1847. S. 28.

2) Korporationen und andere juristische Personen und deren Vertreter, sowie die Vertreter solcher Personen, welche zur eigenen Vermögensverwaltung unfähig sind. Die Vertreter solcher Korporationen, Gesellschaften und Personen wollen durch Ausstellung von Wechselerklärungen Namens der Vertretenen weder ihre Person, noch ihr Vermögen verpflichten, und es rechtfertigt sich daher, daß der Personalarrest gegen sie ausgeschlossen ist. Daß aber die vertretenen Personen selbst von letzterem befreit sind, entspricht der Natur der obwaltenden Rechtsverhältnisse [4]);

3) Frauen [5]), wenn sie nicht Handel oder ein anderes Gewerbe treiben [6]).

Nach der Nürnberger Novelle ist es den einzelnen Landesgesetzen vorbehalten, die Vollstreckung des Wechselarrestes noch auszuschließen:

1) gegen die Mitglieder der Ständeversammlungen während der Dauer der letzteren;
2) gegen Offiziere und Soldaten, Auditeure und Militärärzte, so lange sie sich im aktiven Dienste befinden;
3) gegen Civil-Staatsdiener im Dienste;
4) gegen ordinirte Geistliche;
5) gegen die Schiffer, die Schiffsmannschaft, sowie alle übrigen auf dem Schiffe angestellten Personen, wenn das Schiff zum Abgehen fertig (segelfertig) ist;
6) wenn über das Vermögen des Schuldners der Konkurs eröffnet, oder der Schuldner zur Güterabtretung zugelassen worden ist, wegen der früher entstandenen Forderungen;

Franck l c. lib II. sect. 3. tit. 6. §§ 3 seq., sect. 7. tit. 21. §§. 5 seq. Arch. f. D. W.R. Bd. 4. S. 80.

4) Mot. z. Pr. Entw. v. 1847 S. 29. Blaschke im Arch. f. D. W.R. Bd. 4. S. 80. Wenn ein Wechselschuldner, bevor er unter Kuratel gestellt worden, Wechsel ausgestellt hat, so soll dem Kurator die Zahlung mit der Auflage aufgegeben werden, daß im Unterlassungsfalle der Kurande in Wechselhaft genommen werde. Erk. des A.G. in Freising vom 16. Febr. 1862. (Borchardt a. a. O. S. 22. Zus. 31.) Nach Preuß. Rechte dürfte die Vermittelung des vormundschaftlichen Gerichts angerufen werden müssen. A. Pr. L.R. Thl. II Tit. 18. §. 522.

5) Unter Frauen sind Personen weiblichen Geschlechts überhaupt zu verstehen. Leipz. Prot. S. 9.

6) Frauen, welche zur Zeit der Ausstellung der Wechselerklärung Handel oder Gewerbe treiben, sind mit ihrer Person verhaftet, wenn sie später auch den Handel oder das Gewerbe aufgeben. Die Verhältnisse zur Zeit der Eingehung der Wechselverbindlichkeit sind maßgebend. Leipz. Prot. S. 233. Brauer a. a. O. S. 30. Bluntschli a. a. O. S. 22. Anderer Ansicht: Liebe, Wechselordn. S. 40. Kuntze a. a. O. S. 77. Anders verhält es sich mit denjenigen Personen, welche aus Gründen des Staatsinteresses von dem Personalarreste befreit sind. Bei ihnen kommt es nicht auf den Zeitpunkt der Ausstellung, sondern auf die dienstliche Eigenschaft zur Zeit der Exekutionsvollstreckung an. Brauer a. a. O. S. 30. Bluntschli a. a. O. S. 22. Nach der Ansicht des Ober-Tribunals in Berlin ist aus einem, im Wechselprozesse ergangenen Erkenntnisse der Personalarrest gegen eine Nicht-Kaufmannsfrau auch, nach fruchtlos vollstreckter Exekution in das Vermögen, unzulässig, weil sonst dem Wechselprozesse ein gewöhnliches Verfahren substituirt werde, welches nicht geschwebt habe, und der Verklagten ein größeres Feld der Vertheidigung gestattet haben würde. Erk. v. 11. November 1852. (Entsch. Bd. 24. S. 162. Arch. f. D. W.R. Bd. 3. S. 348.) In den Motiven zu dem Preuß. Entw. v. 1847. S. XXVIII ist die entgegengesetzte Ansicht ausgesprochen und dieselbe verdient den Vorzug. Die Eigenthümlichkeit der formellen Wechselstrenge besteht nicht ausschließlich in dem Personalarreste, sondern in der principalen Verhaftung der Person des Schuldners und in der gleichzeitigen Angriffsbefugniß des Gläubigers gegen das Vermögen und die Person des Schuldners. Der gewöhnliche Schuldarrest steht dagegen in zweiter Linie und tritt erst ein, wenn die Mobiliar-Exekution fruchtlos gewesen ist. Diesem Grade der Exekutionsvollstreckung muß sich auch die Nicht-Kaufmannsfrau da unterwerfen, wo der Personalarrest als Exekutionsmittel noch zulässig ist. Die Form des Wechselprozesses, in welcher die Verurtheilung erfolgt ist, erscheint gleichgültig.

7) wenn der Schuldarrest wenigstens ein Jahr hindurch vollstreckt worden ist, wegen der früheren Forderungen desjenigen Gläubigers, welcher den Arrest beantragt hat, sofern derselbe nicht nachweist, daß dem Schuldner Befriedigungsmittel zu Gebote stehen.

Drittes Kapitel.

Die Tratte.

§. 50.

Die historische Entwickelung und der Begriff der Tratte.

Die gangbarste, gebräuchlichste und zu allen Zeiten wichtigste Wechselform ist die Tratte, der gezogene Wechsel. Cambium trassatum, italienisch lettera di cambio, englisch bill of exchange, holländisch Wisselbrief, dänisch Vexel, spanisch letra di cambio. Der Ursprung der Tratte ist in den Anweisungen der italienischen Kampsoren zu suchen. Der Zweck derselben war darauf gerichtet: ohne Gefahr des Verlustes Geldsummen an entfernte Orte zur Auszahlung zu bringen, oder von dort einzuziehen. In der ersten Zeit des Gebrauches sah man die Tratte als einen Tausch von Geldsummen zwischen zwei Orten an, commutatio pecuniae absentis pro praesenti, und verband damit die Fiktion, daß, wie bei dem Handwechsel, cambium manuale, der Wechsler die Geldsummen gegen einander umwechselte, bei dem trassirten Wechsel, cambium mercantile, reale, der Kampsor, gegen Empfang der Valuta, den Werth derselben in einer anderen Münzsorte an einem dritten Orte wieder zahlte. Im Laufe der Zeit, insbesondere nachdem die Tratte durch Anwendung des Accepts und Indossaments Befestigung und Beweglichkeit erhalten hatte, wurde diese, im Römischen Rechte fußende Theorie aufgegeben. Man nahm zur rechtlichen Beurtheilung des Wechsels eine freiere Stellung ein und entfernte aus demselben alle Bestandtheile (Valutaklausel, Verschiedenheit des Zieh- und Zahlortes, distantia loci, remise de place en place), durch welche der Wechsel in Beziehung gesetzt wurde zu einer civilrechtlichen Obligation, und die Beweglichkeit desselben gestört werden konnte.

Die Allgemeine Deutsche Wechselordnung hat die Transportfähigkeit der Tratte durch Vereinfachung der Formen noch mehr erhöht und die Eigenschaft derselben, als eines negociablen Handelspapieres, dadurch befestigt, daß sie

1) das Valuta-Bekenntniß im Wechsel nicht für erforderlich erachtet, wodurch schon von selbst die Abstraktion von dem unterliegenden Ausstellungsgeschäfte gegeben ist;
2) die Cirkulationsfähigkeit nicht an die Ordreklausel knüpft, so daß die Begebbarkeit des Wechsels eine gesetzliche Eigenschaft ist;
3) für die Tratte nicht die Verschiedenheit des Zieh- und Zahlortes als Erfor-

derniß aufstellt, wodurch die Zulässigkeit der für größere Städte im Gebrauche befindlichen Platztratte ausgesprochen worden ist [1]).

Die Tratte stellt sich, ihrem Wortlaute und ihrer äußeren Form nach, als ein Auftrag dar; der Aussteller, Trassant, ersucht oder beauftragt darin einen Dritten, den Bezogenen, Trassaten, an die in dem Wechsel bezeichnete Person, Remittenten, oder an denjenigen, auf welchen der Wechsel übergegangen ist, zu einer bestimmten Zeit eine bestimmte Geldsumme zu zahlen. Die Tratte lautet: „Gegen diesen Wechsel zahlen Sie." Der Trassant will daher nicht selbst Zahlung leisten, sondern ein Dritter, am Zahlungsorte, soll für ihn und unter seiner Garantie zahlen. Dem Remittenten gegenüber stellt sich die Tratte, und zwar auch nicht dem Wortlaute nach, sondern durch die Thatsache des Besitzes, als eine Anweisung dar, d. h. als eine Urkunde, auf Grund deren der Inhaber ermächtigt und legitimirt erscheint, von dem Bezogenen für Rechnung des Trassanten eine bestimmte Geldsumme zu erheben [2]). Diese Rechtsähnlichkeit ist jedoch nur eine, zum Theil in der äußeren Fassung des Wechsels beruhende; ihrem rechtlichen Wesen nach ist die Tratte kein Auftrag, keine Anweisung, sondern sie begründet einen selbstständigen, in der Form bestehenden und durch dieselbe bedingten, unabhängigen, nicht aus der Person des Ausstellers hergeleiteten, daher dem Widerrufe desselben nicht unterworfenen Anspruch des Inhabers auf Geltendmachung und Uebertragung derjenigen Rechte, deren Träger die Wechselurkunde in ihrem äußeren sichtbaren Inhalte ist.

§. 51.

Die Form der Tratte. Aelteres Recht.

Die ältere Rechtsauffassnng, nach welcher die Tratte ein Tausch von Geldsummen an verschiedenen Orten war, commutatio pecuniae absentis pro praesenti, brachte es mit sich, daß als nothwendiges Requisit, ja als ein karakteristisches Merkmal des gezogenen Wechsels die Verschiedenheit des Ausstellungs- und Zahlungsortes, distantia loci, und die Verschiedenheit der Münzsorten, diversitas pecuniae, angesehen wurde. Die älteren Wechselbeispiele geben daher die Münzsorte und selbst die Kurse beider Geldsummen genau an. Bei dieser Auffassung der Tratte, als eines Geldtausches, war die Angabe der Valuta, d. i. des Werthes, welchen der Nehmer an den Kampsor gezahlt hatte, ein nothwendiges Erforderniß des Wechsels und der Grund zur Haftbarkeit des Ausstellers. Ebenso

1) Motive z. Pr. Entw. S. 30. Leipz. Prot. S. 12. Brauer a. a. O. S. 38. Biener im Arch. f. D. W.R. Bd. 5. S. 241.

2) Schon die Decisiones rotae Genuae fassen den Wechsel als ein mandatum auf, decis XCIII. No. 9: Ex litera cambii oritur duplex mandatum, alterum erga personam, quae debet solvere, alterum erga illum, qui debet pecuniam recipere. A. Pr. L.R. Thl. II Tit. 8. §§. 713. 714. Blakstone: Der Wechsel ist ein offenes Ersuchsschreiben einer Person an eine andere, enthaltend das Verlangen, eine darin benannte Summe für des Schreibers Rechnung an eine dritte zu bezahlen. Thl. II. S. 466. Story a. a. O. S. 1. Thöl a. a. O. Bd. 1. §. 127. Bd. 2. §§. 159. 171. Die Allgemeine Deutsche Wechselordnung hat, wie der Code de commerce, den Begriff des Wechsels nicht definirt, sondern nur die Erfordernisse des Wechsels angegeben.

verstand es sich von selbst, daß der Gegenwerth, die Valuta, nur in Gelde bestehen konnte. Die älteren Rechtslehrer [1]) bestätigen ausdrücklich, daß die Valutazahlung in Waaren unerlaubt und unzulässig sei. Im Laufe der Zeit hat sich diese beschränkte, mit den kirchlichen Zinsverboten in Verbindung stehende, von den geschäftskundigen Kampsoren gewiß oft umgangene Auffassung geändert, und die Rotae Genuae Decisiones ergeben schon die kaufmännische Sitte, als Valutaformel zu gebrauchen: „pro valuta habita“, „gegen geleistete Zahlung“, „pro totidem cambiatis“, „die Valuta in Rechnung gestellt“, „kreditirt“ oder „sonst ausgeglichen“. Nachdem der Wechsel, insbesondere durch die Anwendung des Indossaments, ein Gemeingut der gesammten Handelswelt geworden war, und der Kaufmann in seinem Geschäftsverkehre nicht durch Vermittelung der Kampsoren, sondern unmittelbar selbst Wechsel auf seinen Schuldner zog und von demselben empfing, erachtete man es für zulässig, daß die Valuta auch in Waaren, ja in dem Gegenstande jeder beliebigen Obligation, bestehen konnte [2]). Die Angabe der Valuta in dem Wechsel war daher in der That eine reine Form und hatte um so weniger materielle Bedeutung, als die Einrede der nicht erhaltenen Valuta, exceptio non numeratae pecuniae, dem dritten Inhaber des Wechsels nicht entgegengesetzt werden konnte [3]). Es machte sich daher die Ansicht geltend, daß die Angabe des Bekenntnisses der Valuta im Wechsel ganz unterbleiben könne [4]), ohne daß dadurch die Gültigkeit des Wechsels irgendwie beeinträchtigt werde. Das Allgemeine Preußische Landrecht [5]) schreibt das Valutenbekenntniß zwar vor, läßt aber den Einwand der nicht erhaltenen Valuta bei der Regreßnahme nicht zu.

Die Ordonnance pour le commerce von 1673 erforderte die Angabe der Valuta, und worin sie bestanden, und auch der Code de commerce [6]) folgt diesem Dogma, indem er bestimmt: la valeur fournie en espèces, en marchandises, en compte, ou de toute autre manière, wogegen das Englische und Nordamerikanische Wechselrecht vermuthet, daß dem Wechsel, ohne besondere Angabe, ein Entgelt, consideration, zum Grunde liegt [7]). Auch die Verschiedenheit des Zieh- und Zahlortes wurde, als der merkantilen und ökonomischen Bestimmung des Wechsels zuwider, ausgeschieden, und dadurch der Gebrauch der Platztratte anerkannt. Nur der Code de commerce [8]) und die demselben nachgebildeten Wechselgesetze haben für die Tratte die remise de place en place beibehalten.

Die Form und der Inhalt der Wechsel sind aus dem Bedürfnisse des Verkehrs hervorgegangen und haben sich im Handelsgebrauche selbst ausgebildet.

---

1) Scaccia l. c. § 1. qu. 7. p. 3. limit. 19 und §. 2. gl. 8. n. 19. Biener a. a. O. S. 71. 106. 223. Derselbe im Arch. f. D. W.R. Bd. 5. S. 241.

2) Franck l. c. lib. I sect. 1. tit. 8. §. 11. Heydiger a. a. O. S. 63 f. Siegel, Einleitung S. 55 ff.

3) Franck l. c lib. II. sect. 4. tit. 6. §. 5. Siegel, Einl. S. 26.

4) Leipziger Wechselordn. v. 1682. §. 3. Franck l. c. lib. I. sect. 1. tit. 8. §. 12. Biener a. a. O. S. 179. 223. Derselbe im Arch. f. D. W.R. Bd. 5. S. 241. Kuntze a. a. O. S. 33. 159. 176.

5) Thl. II. Tit. 8. §§. 765 f. 1078.

6) Art. 110.

7) Story a. a. O. §. 16.

8) La lettre de change est tirée d'un lieu sur un autre. Art. 110.

Die älteren Wechselordnungen [9]) enthalten darüber keine näheren Bestimmungen und geben auch über die Erfordernisse eines Wechsels keine Vorschriften. Dagegen bildete sich der allgemeine Wechselgebrauch aus, daß die Urkunde, aus welcher wechselrechtliche Verpflichtungen entstehen sollten, in ihrem Inhalte selbst als „Wechsel" [10]), gleichsam als ein äußeres Erkennungs- und Warnungszeichen, benannt werde. Diese Bestimmung ist auch in die deutschen Wechselordnungen übergegangen [11]). In England, Nordamerika und Frankreich ist diese Bezeichnung zum Begriffe des Wechsels nicht erforderlich, sondern jede „an Ordre" gestellte Zahlungs-Anweisung hat die Eigenschaft eines Wechsels [12]). Die äußere Form des Wechsels stellte sich schon in frühester Zeit als ein Zahlungs-Auftrag dar, welcher von dem Aussteller, in kurz gefaßter Briefform, an den Bezogenen ertheilt wurde [13]), und der die Adresse nicht, wie gegenwärtig, am Fuße der Vorderseite, sondern auf der Rückseite enthielt.

§. 52.

Die Wechselpersonen bei der Tratte. Im Allgemeinen.

Lange Zeit hindurch wurde der Wechselverkehr vermittelt durch die hochwichtige Innung der Kampsoren. Die Tratte bewegte sich zwischen den großen Handels- und Meßplätzen, an welchen die Kampsoren entweder eigene Niederlassungen etablirt, oder doch befreundete Wechselhäuser hatten. Der Wechsel war, vor Anwendung des Accepts und Indossaments, ein allein von dem Kredite des Ausstellers getragenes Rektapapier zwischen dem Zieh- und Zahlorte, und die Abweichungen von dieser Tour, welche heute fast die Regel bilden, lagen außer der merkantilen Bestimmung des Wechsels. Ein Wechsler in Florenz trassirte auf seine Kommandite in Paris, Neapel, Brügge, und der Nehmer beabsichtigte, den Wechsel dort entweder selbst, oder durch einen Stellvertreter zu realisiren. Der Wechsel wurde daher entweder allein an den Nehmer zahlbar gestellt, oder es wurde neben dem Namen des Nehmers der Name des Gläubigers, für welchen der Wechsel bestimmt war, oder der Name des Bevollmächtigten, der für den Nehmer am Zahlorte die Wechselsumme erheben solte, in dem Wechsel vermerkt. Der Wechsel in seiner ursprünglichen Form enthielt daher das Mo-

---

9) Sciendum est, quod scriptura cambii non habet certam praescriptam formam, adeoque potest diversis modis concipi. Scaccia l c §. 1. qu 5. n. 10 „Was die Form oder Art der Wechselbriefe betrifft, derweil dieselbe unter den Handelsleuten genugsam bekannt sind, hat es damit auch fernerhin sein Bewenden." Leipziger W.O. v. 1682 §. 3. Siegel, corp. jur camb T I p. 3.

10) Die Leipziger W.O. v. 1682 enthält darüber keine Bestimmung und dennoch sagt das Leipziger Handelsgericht in dem Parere v. 24. Jan. 1710, „das auf eine Assignation gesetzte Wort „Sola" mache selbige zu keinem Wechselbriefe", Siegel, corp. jur. camb. II p 83. und in dem Parere v. 16. Decbr. 1718, „daß kein Wechsel vorhanden sei, wo das Wort „Wechsel" fehle." Siegel l. c. p. 125. Franck l. c. lib. I. sect. 1. tit. 6 § 7.

11) Liebe, Entw. S. 59.

12) Story a. a. O. §. 12. 17. 32. Code de commerce Art. 110. Erk. d. O.Tr. in Berlin v. 10. Juli 1860. (Entsch. Bd. 43. S. 274.) Borchardt a. a. O. S. 34. Zus. 50.

13) Heydiger a. a. O. S. 59. Martens, Ursprung S. 65. Bender a. a. O. Bd. 1. S. 292.

ment, welches gegenwärtig durch das Indossament des Nehmers erreicht wird, sofort in dem Kontexte selbst, da eine Uebertragung in Form einer Cession, wenn auch erlaubt, doch von jeher beim Handelsstande wenig beliebt war. Die beschränkte Transportfähigkeit des Wechsels, vor Anwendung des Indossaments, brachte es daher mit sich, daß, namentlich in Meßwechseln, vier Personen vorkamen [1]), nemlich: der Trassant, der Remittent, der Präsentant und der Bezogene. Es kamen aber frühzeitig auch schon Wechsel vor, in welchen ein und dieselbe Wechselperson mehrere Wechselfunktionen in sich vereinigte, so daß dadurch die Zahl der Wechselpersonen vermindert wurde, z. B. Wechsel an eigene Ordre, trassirt-eigene Wechsel [2]).

Die technische Bezeichnung der, bei einem Wechselgeschäfte vorkommenden Personen, nach ihren verschiedenen Funktionen, war anfänglich keine genau bestimmte. Oft wurde die Funktion umschrieben [3]); der Nehmer des Wechsels aber auch als remittens, stipulator; der Aussteller als scribens, trahens, dator literarum, debitor cambii, qui scripsit literas, bezeichnet [4]). Den Grund zu einer festen, auch gegenwärtig noch befolgten Terminologie hat erst Bode [5]) gelegt.

Die Allgemeine Deutsche Wechselordnung hat diese, im Handelsverkehre üblichen Bezeichnungen der Wechselpersonen als Trassant, Remittent, Bezogener, oder Trassat, sanktionirt [6]); während das Allgemeine Preußische Landrecht und der Code de commerce eine bestimmte Terminologie nicht aufstellen.

Außer den, für den Grundwechsel erforderlichen Personen können durch

---

1) Cambium minutum (quod fit de pecunia praesenti cum pecunia praesenti) fit interventu duarum personarum; hoc vero cambium (per literas) expleri solet interventu trium et quandoque quatuor personarum. Scaccia l. c. §. 1 qu. 5. n. 35. 40 seq. 75. Heydiger a. a. O. S. 9. Ludovici a. a. O. S. 57. Püttmann a. a. O. §. 66. Franck l. c. lib. I. sect. 1 tit 10 §. 4. Biener a. a. O. S. 86. 174. Kuntze a. a. O. S. 32. 154. 165. 182 ff. Ein solcher Wechsel lautet bei Ludovici a. a. O. Kap. IV. §. 5:

Nürnberg den 10. Jan. 1700.

In nächster Ostermesse geliebe der Herr vor diesen meinen Sola-Wechsel an Herrn Mevium oder Ordre Thaler 100 Kour. zu bezahlen. Werth von Herrn Titio und stellt's à conto laut aviso; adio.

Herrn Paulo zu Leipzig. Sejus.

Bei diesem Wechsel ist: Sejus Trassant; Paulus Trassat; Mevius Präsentant; Titius Remittent.

2) In hac literarum formula, quam posui hic supra, illae quatuor personae apparent realiter et distinctae; nunc pono formulam, in qua tres tantum personae apparent realiter et distinctae, sed virtualiter sunt etiam quatuor, nempe, quando una eademque persona gerit negotium remittentis et trahentis, solvendo sibi ipsi Scaccia l. c. §. 1. qu. 5. n. 44. Püttmann a. a. O. §. 66 ff.

3) .... tunc interveniunt tres personae, unus enim est is, qui dat pecunias (Remittent), alter est, qui accipit (Trassant), et tertius est ille, qui de mandato ejus, qui accepit, solvit eidem, qui dat (Bezogener). Si vero solutio sit facienda alteri, quam ei, qui dedit, tunc interveniunt quatuor personae, quia quartus est ille, cui solutio fieri debet de mandato ejus, qui pecunias dedit. Scaccia l. c. §. 1 qu. 5 §. 35 Raphael de Turri disp 1. qu. 2. n. 10. qu. 11. n. 6. Rot Gen. dec I. n. 27 Biener a. a. O. S. 221.

4) Scaccia l. c §. 1 qu. 5 §. 44, §. 2. gl. 5. n. 323. Raphael de Turri l. c disp. 2. qu 2. n. 1.

5) Dissertatio de camb. Marburg 1646. thes. 4 Qui dat (valutam) ad cambium, remittere et remittens, qui vero cambium accipit, trahere et trahens seu tractans dicitur; ille, cui dirigitur remissa, praesentans seu praesentator; cui fit tracta, acceptans seu acceptator commode appellari potest.

6) Art. 4. A. D. W.O.

wechselmäßige Nebenerklärungen, (Indossament, Acceptation, Aval,) und durch die besondere Eigenthümlichkeit der Wechselart (Domizil, Nothaddresse) auch noch andere Personen bei einem Wechselgeschäfte vorkommen und in die Wechselverbindlichkeit eintreten.

§. 53.

Der Trassant und dessen Stellung zum Wechsel.

Derjenige, welcher eine Tratte, einen gezogenen Wechsel, ausstellt, heißt Trassant, von trahere, ziehen; Wechselzieher, englisch drawer. Der Aussteller hat die Verpflichtung, den Wechsel der Abrede, dem Wechselschlusse, gemäß auszustellen und dem Nehmer in richtiger Form, zur rechten Zeit, gegen Erfüllung der versprochenen Gegenleistung (Valuta, Zug um Zug), mit den verlangten Duplikaten [1]) zu überliefern. Diese Verpflichtung regelt sich nach den Bestimmungen des Civilrechts, und die wechselmäßige Haftbarkeit tritt erst ein nach Ausantwortung des Wechsels an den Nehmer. Erst durch den Akt der Uebergabe wird das Wechselgeschäft perfekt. Die Tratte enthält nicht die Verpflichtung des Ausstellers, selbst eine Zahlung zu leisten, sondern nur das Ersuchen, den Auftrag an den Bezogenen, für Rechnung des Ausstellers, zu einer bestimmten Zeit, eine bestimmte Summe an den Inhaber des Wechsels zu zahlen. Der Trassant steht daher dem Nehmer, überhaupt dem Inhaber des Wechsels, nicht als Hauptschuldner gegenüber, sondern er übernimmt durch Aushändigung des formgerechten Wechsels nur die Garantie für die Erfüllung des Wechselversprechens. Das letztere ist, nach dem Inhalte des Wechsels, zwar nur auf die Zahlung der Wechselsumme gerichtet; allein das Gesetz [2]) verbindet damit auch die Haftbarkeit für die Acceptation und berechtigt den Wechselinhaber, von dem Bezogenen die Annahme [3]) des Wechsels zu verlangen. Die Garantiepflicht des Trassanten ist daher eine doppelte: 1) daß der Wechsel von dem Bezogenen auf Verlangen acceptirt und 2) trassirtermaßen bezahlt werde.

Der Inbegriff der Rechte des Wechselinhabers aus der Nichterfüllung des Wechselversprechens wegen Nicht-Acceptation oder Nicht-Zahlung bildet den wechselmäßigen Regreß [4]). Der Träger dieser Regreßrechte ist der Wechsel und der Protest, und der Trassant, als Urheber des Wechsels, das letzte Glied in der Girokette.

§. 54.

Der Remittent und dessen Stellung zum Wechsel.

Derjenige, an welchen, oder an dessen Ordre, eine Tratte gestellt ist, also der erste Nehmer derselben, der Gläubiger im Verbande der Wechselobligation,

1) Art. 66. A. D. W.O.
2) Art. 8. A. D. W.O.
3) Art. 18. A. D. W.O.
4) Art. 25. 29. 41. A. D. W.O.

heißt Remittent, remittens von remittere, übersenden, übermachen, englisch payee; an den Inhaber: or bearer, holder. Die Bezeichnung der Wechselperson, welche den Wechsel nimmt und die Valuta dafür bezahlt, als Remittent, ist aus dem Umstande entlehnt, daß der erste Nehmer, in der Regel, die Wechselsumme von dem Bezogenen an dem dritten Zahlorte nicht selbst erhob, sondern den Wechsel einem befreundeten Handelshause, oder einem Bevollmächtigten am Zahlungsorte, oder auch einem Gläubiger zur Präsentation (Präsentant), zur Einziehung der Wechselsumme übersandte, remittirte. Daher heißt ein zu diesem Zwecke übersandter Wechsel Rimesse [1]). Die Allgemeine Deutsche Wechselordnung hat die im Wechselverkehre eingebürgerte Bezeichnung „Remittent" beibehalten, obgleich die historische, in der Versendung des Wechselbriefes zu suchende Veranlassung zu jener Bezeichnung heut' zu Tage überhaupt, und bei Wechseln an eigene Ordre insbesondere nicht mehr zutrifft [2]). Der Remittent ist der erste Inhaber, der erste Gläubiger aus einer Tratte. Bei Wechseln an eigene Ordre [3]) sind die Funktionen des Remittenten und Ausstellers, also des ersten Gläubigers und des letzten Regreßpflichtigen, in einer Person vereinigt. Der Remittent ist verpflichtet, den, dem Wechselschlusse gemäß, ausgestellten, formgerechten Wechsel zu empfangen und die Valuta dafür, — Zug um Zug, — zu zahlen. Der Anspruch auf Erfüllung des Wechselschlusses, d. i. der Abrede über Ausstellung des Wechsels, ist nach civilrechtlichen Grundsätzen zu beurtheilen; Wechselrechte werden erst begründet durch die Uebergabeder Wechselurkunde.

Der Remittent kann von dem Wechsel einen doppelten Gebrauch machen, entweder er erhebt am Verfalltage bei dem Bezogenen selbst die Wechselsumme und nimmt im Nichtzahlungsfalle den Regreß gegen den Aussteller, — oder er erhebt den Werth des Wechsels schon vor dem Verfalle, indem er den Wechsel weiter begiebt, diskontirt, d. i. gegen einen Zinsenabzug für die Zeit bis zum Verfalle verkauft. Der Begebung des Wechsels Seitens des Remittenten geht, wie der Ausstellung, in der Regel ein Vorvertrag voraus, durch welchen, oft unter Einfluß des unterliegenden Rechtsgrundes (Begebungsgeschäft), die Modalitäten der Begebung näher bestimmt werden. Die Perfektion der Begebung liegt in der Uebergabe der Wechselurkunde. Die wechselmäßige Uebertragungsweise ist das Indossament [4]). Durch dasselbe übernimmt der Remittent, gleich dem Trassanten, die Garantiepflicht für die Acceptation und Bezahlung des Wechsels mit solidarer Haft, insofern diese Garantie in wechselmäßiger Form nicht ausgeschlossen ist [5]). Durch das Indossament wird bei Wechseln an eigene Ordre die Identität der Person des Ausstellers und des Remittenten gelöst und dem Wechsel, insofern er nicht schon vorher mit dem Accepte versehen war, rechtliche Existenz verschafft.

Die Thätigkeit der Vorzeigung des Wechsels zur Annahme oder zur Zahlung

1) Bodel c. thes. 4. Heydiger a. a. O. S. 13. Siegel, Einleit. S. 66. Bender a. a. O. Bd. 1. S. 240. Kheil a. a. O. §. 29.
2) Biener a. a. O. S. 222.
3) Art. 6. A. D. W.O.
4) Art. 9. A. D. W.O.
5) Art. 10. 14. A. D. W.O.

bei dem Bezogenen heißt Präsentation und der Vorzeiger Präsentant. Die Legitimation des Präsentanten zum Zwecke der Annahme des Wechsels ruht in dem faktischen[6]), zum Zwecke der Zahlung in dem urkundlichen[7]) Besitze des Wechsels.

§. 55.

Der Bezogene und dessen Stellung zum Wechsel.

Der Bezogene ist derjenige, welcher, nach dem Willen und nach der Absicht des Ausstellers, die Wechselzahlung leisten soll. Derselbe stellt sich, dem Inhalte des Wechsels nach, äußerlich als ein Bevollmächtigter des Ausstellers dar, denn es ergeht an ihn in dem Wechsel das Ersuchen oder der Auftrag, für den Aussteller an den Inhaber eine bestimmte Zahlung zu leisten. Wie aber die Veranlassung zur Ausstellung und Begebung eines Wechsels durch die verschiedenartigsten civilrechtlichen Geschäftsgründe gegeben werden kann, und auf die rechtliche Qualifikation des Wechsels ohne Einfluß ist, so kann auch die thatsächliche und rechtliche Veranlassung des Wechselzuges auf den Bezogenen eine sehr verschiedene sein. Der Bezogene kann der Schuldner des Trassanten sein, und der letztere daher durch das Trassiren seine Forderung von demselben einziehen wollen; der Bezogene kann aber auch außer jedem Schuldnexus stehen und sich aus irgend einem anderen Rechtsgrunde dem Trassanten, — gegen Vergütigung oder ohne Entgelt, — zur Einlösung des Wechsels verpflichtet haben, oder der Aussteller kann, ohne vorgängige Abrede, auf gut Glück, auf den Bezogenen trassiren. Das rechtliche Verhältniß zwischen dem Trassanten und dem Trassaten in Ansehung des Wechselzuges umfaßt das Deckungsgeschäft, denn die Deckung ist die Gegenleistung für die Einlösung des Wechsels, wie die Valuta die Gegenleistung für das Geben des Wechsels darstellt.

Der Bezogene steht zu dem Wechsel an sich in keinem Verpflichtungsverhältnisse; erst durch die von seinem Willen abhängende Acceptation tritt derselbe in die Wechselobligation ein. Durch das Accept verpflichtet sich der Bezogene wechselmäßig, an den legitimirten Inhaber des Wechsels die acceptirte Summe zur Verfallzeit zu zahlen[1]). Ein Wechselrecht gegen den Aussteller steht dem Bezogenen, welcher den Wechsel eingelöst hat, nur im Falle einer Ehrenzahlung zu[2]), sonst kann er nur seine Rechte aus der Deckung im gewöhnlichen Prozesse geltend machen.

§. 56.

Die Rechtsbeziehungen der Wechselpersonen.

Durch die Ausstellung, Acceptation und Begebung des Wechsels entstehen Wechselobligationen. Diese haben, nach Veranlassung und Gegenstand, entwe-

6) Art. 18. A. D. W.O.
7) Art. 36. A. D. W.O.
1) Art. 23. A. D. W.O.
2) Art. 63. A. D. W.O.

der einen principalen oder sekundären Karakter. Der Trassant schafft durch die Ausstellung des Wechsels ein Kreditpapier, für dessen Realisirung durch den Bezogenen, — Acceptation und Zahlung, — er die Garantie übernimmt. Durch die Begebung Seitens des Remittenten tritt dieser, in solidarer und selbstständiger Verhaftung, der Garantie bei, und jeder fernere Begebungsakt begründet eine gleiche, rechtlich qualificirte Vertretungspflicht. Es bestehen daher so viele selbstständige Regreß-Obligationen, als der Wechsel vertretungspflichtige Transportakte trägt [1]). Die rechtliche Wirksamkeit der Vertretungspflicht hängt jedoch davon ab, daß der Wechsel bei dem Bezogenen ordnungsmäßig und rechtzeitig zur Annahme oder zur Zahlung präsentirt, und daß die Nichterlangung der Acceptation oder Zahlung durch einen zeit- und formgerechten Protest urkundlich gemacht wird [2]). Der Inhaber ist den Regreßverbundenen gegenüber zur wechselmäßigen Diligenz verpflichtet. Der Zahlungsbeauftragte ist der Bezogene; durch ihn soll der Wechsel am Verfalltage, nach dem Willen der Wechselinteressenten, gezahlt werden. Der Inhaber verpflichtet sich durch die Annahme des Wechsels, die Realisirung desselben bei dem Bezogenen zu suchen. Der letztere ist, wenn auch möglicherweise dem Aussteller wegen Nicht-Acceptation oder Nicht-Zahlung civilrechtlich verantwortlich, dem Inhaber gegenüber zur Annahme und Zahlung nicht verpflichtet; er steht außerhalb des Wechselnexus. Erst durch die Acceptation des Wechsels entsteht zwischen dem Bezogenen und dem Inhaber eine selbstständige, unabhängige Wechsel-Obligation, welche sich der sekundären, eventuellen Regreß-Obligation gegenüber als eine principale, direkte Wechsel-Obligation darstellt. Das Rechtsverhältniß des Bezogenen zum Trassanten regelt sich, nach der Natur des obwaltenden Deckungsgeschäftes, nach den Vorschriften des Civilrechts. Ein Wechselrecht gegen den Aussteller steht dem Bezogenen, welcher acceptirt oder gezahlt hat, nicht zu [3]). Nur die Intervention verschafft dem Bezogenen einen wechselmäßigen Anspruch [4]).

§. 57.

Die Form der Tratte nach neuerem Rechte. Im Allgemeinen. Stoff und Materie.

Bei jedem anderen, der schriftlichen Form unterworfenen Rechtsgeschäfte, durch welches gegenseitige Rechte und Pflichten entstehen, erhält der Vertragswille der Parteien durch die Schrift selbst seinen Ausdruck und seine nähere Präcision, so daß Rechtsgrund, Zweck und Absicht der Kontrahenten, sowie die einzelnen Modalitäten der Leistung, nach jenem urkundlich niedergelegten Willen der Parteien ermessen, erklärt und näher bestimmt werden. Anders bei dem Wechsel.

---

1) Art. 8. 10. 14. A. D. W.O.
2) Art. 25 ff. 41. 87. A. D. W.O.
3) Art. 23. A. D. W.O.
4) Art. 63. A. D. W.O.

Der Inhalt einer Tratte [1]) giebt zwar in seinem Wortlaute darüber Auskunft, daß der Aussteller den Bezogenen beauftragt oder ersucht hat, an den Inhaber, zu einer bestimmten Zeit, eine bestimmte Geldsumme zu zahlen; allein über das Rechtsverhältniß, welches diesem Auftrage zu Grunde liegt, — das Deckungsverhältniß, — und über das Rechtsgeschäft, aus welchem die Zahlung an den Dritten erfolgen soll, — Valutaverhältniß, — giebt der Wechsel in seinem Inhalte ebenso wenig Auskunft, als über die rechtliche Beziehung, in welcher der Inhaber zu dem Bezogenen und zum Aussteller steht. Die kurz gefaßte, das unterliegende materielle Rechtsgeschäft nicht berührende, auch das Rechtsverhältniß der Interessenten nicht näher bestimmende, abstrakte Form des Wechsels ist aber gerade geeignet, für den Verkehr ein cirkulationsfähiges, allen Geschäftsformen sich anschmiegendes, den materiellen Einreden aus der causa praecedens nicht unterliegendes Papier zu schaffen, welches nach seiner merkantilen Bestimmung als Zahlungsmittel dient und das baare Geld zu ersetzen bestimmt ist. Diese Bestimmung giebt schon von selbst an die Hand, daß die Schrift, welche den Inhalt des Wechsels bildet, auf einen leicht versendbaren, aber doch dauerhaften Stoff gesetzt werden muß, wozu das Papier allerdings am geeignetsten erscheint. An sich würde es aber für die Gültigkeit des Wechsels ohne Einfluß sein, wenn der Wechselinhalt auch auf einen anderen Stoff, z. B. Leinewand, Pergament, gesetzt wäre. Die Allgemeine Deutsche Wechselordnung enthält darüber keine Vorschriften, nur bezeichnet sie die Alonge [2]) als „ein mit dem Wechsel verbundenes Blatt". Aus der Eigenschaft des Wechsels, als eines in der Skriptur bestehenden Rechtsaktes, folgt ferner, daß auch die Schrift durch eine Materie hergestellt werden muß, welche geeignet ist, der Schrift Dauerhaftigkeit und Gewißheit zu geben, und daß kein Material dazu geschickt ist, welches sich im Laufe der Zeit bis zur Unlesbarkeit verwischt oder verändert. Ob dieser Zweck aber durch Tinte, Farbe, oder durch irgend einen anderen chemischen Stoff erreicht wird, das ist wiederum für die Rechtsgültigkeit des Wechsels ohne Einfluß [3]). Der Inhalt des Wechsels kann daher auch durch Druck hergestellt werden. Nur die Unterschriften, — die Grundlage für die wechselmäßige Verpflichtung, — müssen durch die Handschrift bewirkt werden.

---

1) Formular: Berlin den 1. Januar 1868

Für 100 Thlr. Pr. K.

Am 19. März d. J. zahlen Sie gegen diesen Prima=Wechsel an die Ordre des Herrn N. die Summe von 100 Thlr. Pr. K. Werth in Rechnung und stellen ihn auf Rechnung laut Bericht.

L T.

An
Herrn A. B in Leipzig.

2) Art. 11. A. D. W.O.

3) Die Frage: auf welchem Stoff und mit welcher Materie ein Wechsel zu schreiben sei, wurde schon in den Motiven zu dem Preuß. Entw. vom J. 1836 §. 29 angeregt; allein, als nicht in ein Wechselgesetz gehörig, nicht näher beantwortet und durch die Bemerkung abgeschnitten: „welche Tinte man wohl vorschreiben solle, um Gewißheit darüber zu erlangen, daß sie unauslöschlich und keinen Veränderungen unterworfen sei?" Einert in seinem Entwurfe vom J. 1841 stellt im Tit. 2. §. 4 den Rechtssatz auf: „Wechsel mit Bleistift oder anderen leicht verlöschbaren Materien geschrieben, oder solche, die auf anderen Stoffen, als Papier oder Pergament, ausgefertigt sind, gelten nicht als solche." Brauer im Arch. f. D. W.R. Bd. 5. S. 366. Thöl a. a. O. Bd. 2. S. 118.

§. 58.

Die Erfordernisse der Tratte.

1. Die Bezeichnung als „Wechsel".

Die Allgemeine Deutsche Wechselordnung hat im Art. 4. die wesentlichen Erfordernisse eines gezogenen Wechsels aufgeführt, und schon die Fassung des Artikels ergiebt, daß der Mangel eines jener Erfordernisse die Tratte ungültig macht. Der Artikel 7. hat diese Wirkung [1]) noch besonders ausgesprochen, und wenn es dort heißt: „Aus einer Schrift, welcher eines der wesentlichsten Erfordernisse eines Wechsels (Art. 4) fehlt, entsteht keine wechselmäßige Verbindlichkeit", so sind mit dem Ausdrucke „wesentlichsten" eben alle substantielle Bestandtheile des Wechsels gemeint, welche der Art. 4. speciell aufgeführt hat. Die Zeitfolge, in welcher eine Tratte entstanden ist, die Reihenfolge, in welcher die einzelnen Bestandtheile dem Papiere beigefügt worden sind, ist für die Gültigkeit des Wechsels an sich gleichgültig, wenn derselbe nur zur Zeit der Geltendmachung, in seiner äußern Erscheinung, den Bestimmungen des Gesetzes entspricht. Die nachträgliche Ergänzung eines unvollständigen Wechsels, z. B. durch Beifügung des fehlenden Namens des Bezogenen, des fehlenden Zahlungstages u. s. w. macht daher den Wechsel an sich nicht ungültig; die Wirkung einer solchen Ergänzung hängt vielmehr von den Umständen ab, unter welchen und von wem sie vorgenommen worden ist. Insbesondere hat eine solche Ergänzung, wenn sie nicht die Gültigkeit des Grundwechsels überhaupt aufhebt, im Allgemeinen keinen Einfluß auf die dem Wechsel hinzugetretenen accessorischen Skripturakte. Es ist auch unzweifelhaft und folgt aus der Natur des Wechsels, als eines in sich abgeschlossenen, ein unzertrennliches Ganze bildenden Formalaktes, mit Nothwendigkeit von selbst, daß alle Erfordernisse eines Wechselbriefes durch eine und dieselbe Urkunde nachgewiesen werden müssen, und daß es nicht statthaft ist, einen dazu gehörigen Bestandtheil außerhalb derselben auf andere Weise, wenn auch durch die Schrift, darzuthun [2]). Eine Anwendung dieses Rechtssatzes ist die Bestimmung im Art. 11. der Allgemeinen Deutschen Wechselordnung, wonach die Allonge mit dem Wechsel zu einem Ganzen verbunden werden muß. Die wesentlichsten [3]), zur Gültigkeit eines gezogenen Wechsels gehörigen Erfordernisse sind:

1) Die in dem Wechsel selbst aufzunehmende Bezeichnung als „Wechsel", oder, wenn der Wechsel in einer fremden Sprache ausgestellt ist, ein jener Bezeichnung entsprechender Ausdruck in der fremden Sprache. In England, Nordamerika [4]), Frankreich [5]) und nach den Wechselgesetzen vieler anderer Staaten ist

---

1) Es wurde die Streichung des Art. 7 beantragt, weil sich die Bestimmung nach Art. 4 von selbst verstehe. Dieselbe wurde aber abgelehnt. Leipz. Prot. S. 230.

2) Erk. d. O.Tr. in Berlin. (Entsch. Bd. 10. S. 208.) Andere Ansicht nach Englischem und Nordamerikanischem Rechte. Story a. a. O. §. 34.

3) In der Leipziger Konferenz wurde der vereinzelte und mit wenig Beifall aufgenommene Antrag gestellt: zur Unterscheidung vom eigenen Wechsel unter die Erfordernisse der Tratte noch „das Dasein eines Zahlungsauftrages" aufzunehmen. Das würde aber auf eine Definition des gezogenen Wechsels hinauslaufen, welche der Doktrin anheim fällt. Leipz. Prot. S. 14.

4) Story a. a. O. §. 33.

5) Code de comm. 110.

der Karakter des Wechselbriefes nicht an die Bezeichnung als „Wechsel" geknüpft, sondern jede „an Ordre" gestellte Anweisung hat die Eigenschaft eines Wechsels. Für diese Auffassung machte sich auch in der Leipziger Konferenz eine Stimme geltend; allein die dem deutschen Wechselrechte entsprechende Bezeichnung ist gleichsam als ein Warnungszeichen für unerfahrene Personen [6]) beibehalten worden. Der Preußische Entwurf enthielt in §. 4. No. 1. als gleichberechtigte Ausdrücke noch die Bezeichnung „Wechselbrief" oder „Tratte"; allein das Wort „Tratte" ist als ein fremdländischer, vielleicht auch nicht Jedermann verständlicher Ausdruck nicht beibehalten [7]), das Wort „Wechselbrief" aber gestrichen, weil es lediglich darauf ankomme, daß die Urkunde „Wechsel" genannt werde, und die Urkunde nicht darum, weil der Aussteller dieselbe „Wechselverschreibung" genannt habe, nichtig werden solle [8]). Die Ausdrücke: „Wechselbrief", „Wechselverschreibung", „Primawechsel", sind daher für die Wechseleigenschaft ausreichend, nicht aber der Ausdruck „nach Wechselrecht" [9]). Die Bezeichnung „Wechsel" muß in dem Kontexte der Wechselurkunde, d. h. in dem die eigentliche Verpflichtungserklärung des Ausstellers enthaltenden Theile des Wechsels selbst, stehen; die Bezeichnung in der Ueberschrift reicht nicht aus. Das folgt aus den Worten des Gesetzes „in dem Wechsel selbst"; aus der Vorschrift des Art. 66. der Allgemeinen Deutschen Wechselordnung, wonach die Duplikate in dem „Kontexte" als „Prima", „Sekunda" u. s. w. bezeichnet werden müssen, und war in dem Allgemeinen Preußischen Landrechte und in dem Preußischen Entwurfe ausdrücklich vorgeschrieben. Die Konferenzverhandlungen geben zu einer entgegenstehenden Annahme keine Veranlassung [10]).

In der Leipziger Konferenz wurde auch noch ein, von mehreren Seiten unterstützter Antrag dahin gehend gestellt: „neben dem eigentlichen Wechsel in der Wechselordnung noch als ein wechselähnliches, nicht acceptabeles Kreditpapier, namentlich zum Gebrauche für den kleineren Geschäftsverkehr, die kaufmännische Anweisung aufzunehmen"; allein diesem Antrage wurde, nach gepflogener eingehender Diskussion, nicht stattgegeben, weil man von der Ansicht ausging, daß die kaufmännische Anweisung, als lediglich dem Gebiete des Civilrechts angehörend, ihren Platz nicht in einer für Gesammt-Deutschland berechneten Wechselordnung finden könne [11]).

---

6) Leipz. Prot. S. 16.

7) Brauer a. a. O. S. 33. Arch. f. D. W.R. Bd. 5. S. 363. Liebe, W.O. S. 45. Bluntschli a. a. O. S. 24. Kheil a. a. O. S. 93.

8) Leipz. Prot. S. 233. Erk. d. O.Tr. in Berlin vom 6. März 1856. (Entsch. Bd. 32. S. 449.)

9) Brauer im Arch. f. D. W.R. Bd. 5. S. 366. Erk. d. O.Tr. in Berlin v. 6. März 1856. (Arch. a. a. O. Bd. 6. S. 199.) Erk. v. 17. Juli 1858. (Entsch. Bd. 39. S. 221.)

10) Brauer im Arch. f. D. W.R. Bd. 5. S. 362. Derselbe, Wechselordn. S. 33. Bluntschli a. a. O. S. 24. Erk. d. O.Tr. in Berlin v. 6. März 1856. (Entsch. Bd. 32. S. 449.) Erk. des obersten österr. Gerichtshofs. (Arch. a. a. O. Bd. 5. S. 434.) Anderer Ansicht: Jolly im Arch. a. a. O. Bd. 3. S. 15. In dem Erk. des obersten österr. Gerichtsh. v. 11. Decbr. 1857 ist gesagt: Die Bezeichnung „Prima-Wechsel" und zwar zwischen der Angabe des Ortes und des Datums der Ausstelluug und dem weiteren Inhalte der Urkunde, mithin im Wechsel, genügt. Arch. a. a. O. Bd. 10. S. 383.

11) Leipz. Prot. S. 12 ff. 220 ff. Gesetze über kaufmännische Anweisungen sind unter Anderem ergangen: im Königreich Sachsen unter dem 7. Juni 1849 (Brauer a. a. O. S. 187)

§. 59.

2. Die Wechselsumme.

Die Angabe der zu zahlenden Wechselsumme ist ein nothwendiges Erforderniß der Tratte [1]). Die Wechselsumme kann in Ziffern, oder mit Buchstaben, oder in beiden zugleich ausgedrückt werden. In der Regel wird dieselbe in dem Wechsel einmal in der Ueberschrift, nach der rechten Seite hin, in Ziffern, und in dem Konterxte mit Buchstaben, zuweilen aber auch hier noch einmal in Ziffern, angegeben. Nach kaufmännischer Usançe kommt die Wechselsumme zuweilen, und namentlich wenn der Aussteller den Wechsel nicht selbst geschrieben hat, noch einmal unter der Urkunde mit den Worten vor: „Gut für .... Thlr." [2]). Ist die Wechselsumme in Buchstaben und in Ziffern ausgedrückt, so gilt bei Aweichungen die in Buchstaben angegebene Summe, und wenn die Summe mehrmals mit Buchstaben, oder mehrmals in Ziffern geschrieben ist, bei Abweichungen die geringere Summe. Ist die Wechselsumme mehrmals in Zahlen, und nur einmal in Buchstaben ausgedrückt, so wird die in Buchstaben angegebene Summe den Vorzug haben müssen [3]).

Der Wechsel ist, seinem merkantilen Zwecke nach, auf Geldzahlung gerichtet und in dieser Eigenschaft auch von der Allgemeinen Deutschen Wechselordnung anerkannt. Derselbe kann daher nicht auf Waaren, auch nicht auf Staatspapiere, Banknoten, oder sonstige lettres au porteur [4]) gerichtet werden, weil alle diese Wertheffekten kein Geld, sondern, wie der Wechsel selbst, Schuldurkunden über abstrakte Obligationen sind. Auch ist es unzulässig und die Wechseleigenschaft entkräftend, wenn die Wechselzahlung von einer Gegenleistung des Gläubigers, oder sonst von Bedingungen abhängig gemacht wird, da das Wechselversprechen ein unbedingtes, von dem unterliegenden materiellen Rechtsgrunde losgelöstes und daher auch nicht von einer Gegenleistung abhängiges Geldversprechen ist [5]). Die sogenannten Werthwechsel, welche neben der Wechselsumme den Zusatz: „oder Werth" enthalten, lassen das Objekt der Zahlung und die Zuständigkeit des Wahlrechts ungewiß und sind daher nicht gültig [6]). Dagegen ist es gleichgültig, ob

und in Baiern unter dem 29. Juni 1851 (Bluntschli a. a. O. S. 145), in welchen die kaufmännischen Anweisungen, welche den Erfordernissen des Art. 4. Nr. 2—8 der A. D. W.O. entsprechen, im Allgemeinen den gezogenen Wechseln, in Baiern mit der Maßgabe, daß daraus kein Wechselarrest stattfindet, gleichgestellt worden sind. Nach dem Frankfurt a. M. Einführungs-Gesetze vom 10. März 1849. §. 12 findet aus acceptirten Anweisungen und solchen, die „an Ordre" gestellt sind, die Wechselklage statt.

1) Art. 4. Nr. 2. A. D. W.O.

2) v. Wächter a. a. O. S. 123.

3) Preuß. Mot. S. XXI. Leipz. Prot. S. 13. Art. 4. Nr. 2. 5. A. D. W.O. Brauer a. a. O. S. 39. Liebe, Wechselordn. S. 56. Kuntze a. a. O. S. 79. Thöl a. a. O. Bd. 2. §. 185. v. Wächter a. a. O. S. 123. Anderer Ansicht: Bluntschli a. a. O. S. 32, welcher in dem letzten Falle die niedrigere Summe gelten läßt.

4) Arch. f. D. W.R. Bd. 3. S. 208. Erk. d. O.Tr. in Berlin vom 4. September 1860 und 7. März 1861. (Arch. a. a. O. Bd. 11. S. 82.)

5) Borchardt a. a. O. S. 37. Zus. 65. Erk. d. O.Tr. in Berlin vom 4. September 1860 und 7. März 1861. (Arch. f. D. W.R. Bd. 11. S. 82, Bd. 10. S. 95. 405.)

6) Erk. d. O.Tr. in Berlin vom 4. September 1860 und 7. März 1861. (Arch. f. D. W.R. Bd. 11. S. 82.) Erk. vom 19. Juli 1866. (Strieth. Arch. Bd. 63. S. 321.) Erk. vom 24. Okt. 1867. (Entsch. Bd. 59. S. 297.)

das Geld, dessen Zahlung Gegenstand des Wechselbriefes ist, inländische oder ausländische, Real- oder Idealmünze ist, da die Ausgleichung bei der Zahlung durch den Kurs bestimmt wird. Die Streitfrage, welchen Einfluß ein Zinsversprechen auf die Rechtsbeständigkeit des Wechsels hat, ist durch die Novelle zur Allgemeinen Deutschen Wechselordnung dahin entschieden, daß ein in dem Wechsel enthaltenes Zinsversprechen als nicht geschrieben gilt.

§. 60.

3. Der Name des Remittenten.

Die Tratte muß ferner enthalten den Namen der Person oder der Firma, an welche oder an deren Ordre gezahlt werden soll, (Remittent) [1]). Die Allgemeine Deutsche Wechselordnung schließt daher die Wechsel au porteur [2]) aus, deren Ausstellung das Allgemeine Preußische Landrecht [3]) den Kaufleuten gestattete. Obgleich durch die Zulassung von Wechseln au porteur für den Verkehr keine Gefahr zu befürchten wäre, zumal die Allgemeine Deutsche Wechselordnung das Blanko-Indossament gestattet hat, wodurch der Wechsel einem Papiere au porteur [4]) in der Cirkulation fast gleichgestellt wird, so hat sich in der Leipziger Konferenz doch keine Stimme für die Stellung des Wechsels an den Inhaber erhoben, „weil kein Bedürfniß dazu vorliege, der Wechsel auch dadurch die Natur eines Papiergeldes annehme, dessen Kreirung die Regierungen einzelner Staaten den Privaten schwerlich gestatten würden".

Remittent kann ein jeder sein, der Vertragsrechte zu erwerben fähig ist, daher die aktive Wechselfähigkeit besitzt. Der Aussteller kann sich selbst als Remittent bezeichnen [5]), (Wechsel an eigene Ordre), ohne daß es, wie man bei der früheren wechselrechtlichen Auffassung annahm, zur Begründung der Wechseleigenschaft nothwendig ist, daß die Identität des Ausstellers und des Remittenten durch erfolgtes Indossament gelöst und in der Person des Indossatars die getrennte Persönlichkeit des Remittenten hergestellt werde. Der Wechsel an eigene Ordre ist vielmehr schon in der Hand des Ausstellers und Remittenten eine vollständige Wechselurkunde und Träger einer wirksamen Wechsel-Obligation, sobald

---

1) Art. 4. No. 3. A. D. W.O. Die Worte: „an die Ordre selbst" sind zur Bezeichnung des Remittenten nicht genügend. Erk. d. O.Tr. in Berlin vom 19. April 1866. (Arch. f. D. W.R. Bd. 16. S. 227).

2) Preuß. Mot. S. XXXI. Leipz. Prot. S. 11. Nach Englischem und Nordamerikanischem Rechte sind Wechsel an den Inhaber (bills or notes payable to bearer) sehr gebräuchlich. Story a. a. O. §§. 12. 55 f. 193. Auch nach Deutschem Wechselrechte konnten Wechsel an den Inhaber nicht ausgestellt werden. Heineccius l. c. c. 4. §. 11 Quod adeo verum est, ut ne sufficiat quidem sola literarum possessio, etiam si inserta sit clausula: an den getreuen Briefsinhaber.

3) Thl. II. Tit. 8. §. 762.

4) Der Einert'sche Entwurf v. 1841 Tit. 8. §. 3. enthält die Bestimmung: „das Indossament in blanco verwandelt einen an Ordre gestellten Wechsel in einen Brief au porteur; ein vollständiges (ausgefülltes) Indossament einen Brief au porteur in einen an Ordre zahlbaren." Der Entwurf ließ, in Konsequenz der Einert'schen Papiergeld-Theorie, Wechsel an den Inhaber zu. Tit. 2. §. 45.

5) Art. 6. A. D. W.O.

demselben durch das Accept des Bezogenen ein Verpflichteter gegeben ist. Die Beifügung des Vornamens oder Karakters des Remittenten ist nicht erforderlich [6]), dagegen ist die Beifügung eines unrichtigen Vornamens ein, auch durch den Beweis der Identität nicht zu beseitigender Mangel der Wechselurkunde in Ansehung des klagenden Remittenten [7]). Zur Bezeichnung des Remittenten ist die Angabe des Namens einer Person oder einer Firma erforderlich, und es ist z. B. nicht ausreichend, wenn ein Wechsel nur „an Ordre von ..... selbst" oder „an Ordre", oder „an die Erben und Wittwe des R." gestellt wird [8]). Die Ordre-Qualität wohnt dem Wechsel nach der Allgemeinen Deutschen Wechselordnung als eine gesetzliche Eigenschaft bei, so daß es der Klausel „oder an Ordre" in dem Wechsel nicht bedarf. Es ist dem Aussteller aber gestattet, dem Wechsel diese Eigenschaft durch den Beisatz „nicht an Ordre" zu nehmen und den Wechsel dadurch zu einem Rektapapiere zu machen [9]).

§. 61.

4. Die Zahlungszeit.

Die Tratte muß die Angabe der Zeit, zu welcher gezahlt werden soll, enthalten [1]). Diese Zeit kann festgesetzt werden: a) auf einen bestimmten Tag (Tagwechsel, Präcisewechsel); b) auf Sicht (Vorzeigung, a vista etc.), oder eine bestimmte Zeit nach Sicht (Sichtwechsel, Zeit-Sichtwechsel); c) auf eine bestimmte Zeit nach dem Tage der Ausstellung (nach dato, Datowechsel); d) auf eine Messe oder einen Markt (Meß- oder Marktwechsel). Was die Zahlungszeit im Allgemeinen anbelangt, so kann diese, was durch das Wort „nur" im Art. 4. No. 4. überzeugend angedeutet worden ist, in anderer Weise, als vorstehend angegeben, in einem Wechsel nicht festgesetzt werden, insbesondere ist es unstatthaft und die Wechseleigenschaft zerstörend, wenn die Wechselzahlung von einer vorgängigen Kündigung [2]) abhängig gemacht ist, oder für dieselbe nach Raten [3]) verschiedene Termine festgesetzt sind. Usowechsel, d. h. solche Wechsel, deren Verfallzeit nach der Usançe oder den Gesetzen des Zahlungsortes bestimmt wird, z. B. „8 Tage

---

6) Leipz. Prot. S. 154.

7) Art. 3. 75. A. D. W.O. Borchardt a. a. O. S. 40. Zus. 75. Erk. d. O.Tr. in Berlin vom 6. Juli 1858. (Arch. f. D. W.R. Bd. 7. S. 403.) Volckmar u. Loewy a. a. O. S. 30.

8) Borchardt a. a. O. S. 39. Zus. 72. 73. Arch. f. D. W.R. Bd. 4. S. 185. Erk. d. O.Tr. in Berlin (Arch. a. a. O. S. 160).

9) Art. 9. A. D. W.O.

1) Art. 4. No. 4. A. D. W.O. Nach der längeren oder kürzeren Zeit, welche Wechsel zu laufen haben, theilt man dieselben, nach der Geschäftssprache, ein in langsichtige und kurzsichtige. Unter den letzteren versteht man diejenigen Wechsel, deren Zahlungszeit bis auf 14 Tage, unter den ersteren diejenigen Wechsel, deren Zahlungszeit auf länger bestimmt ist.

2) Lübeckisches Einführungs-Gesetz v. 28. April 1849. Blaschke a. a. O. S. 74. Erk. d. O.Tr. in Berlin v. 5. Juli 1851. (Entsch. Bd. 20. S. 540.)

3) Die Novelle zur A. D. W.O. bestimmt: „die Zahlungszeit kann für die gesammte Zahlungszeit nur eine und dieselbe sein." Dadurch sind die sogenannten Ratenwechsel ungültig. Blaschke a. a. O. S. 64.

nach Uso", sind in der Allgemeinen Deutschen Wechselordnung nicht anerkannt und können daher in dem Geltungsgebiete derselben, mit rechtlichem Erfolge, nicht ausgestellt werden. Da dergleichen Wechsel aber vielfach aus anderen Ländern, z. B. aus Spanien und Frankreich, nach Deutschland kommen, so haben einige Einführungsgesetze zur Allgemeinen Deutschen Wechselordnung, z. B. Königreich Sachsen, Sachsen-Weimar, Baiern, den Uso für auswärtige Wechsel bestimmt [4]). Wo das nicht geschehen ist, wie z. B. in Preußen, regelt sich die Gültigkeit und die Zahlungszeit nach den Vorschriften über die örtliche Geltung der Gesetze und zwar nach den Gesetzen des Ausstellungsortes.

1. Bei dem Tagwechsel, bei welchem die Zahlungszeit nicht von der Vorzeigung, oder vom Tage der Ausstellung, oder von der Lage einer Messe oder eines Marktes abhängig ist, sondern auf einen bestimmten Tag lautet, muß der Zahlungstag in sich fest, klar und unwandelbar, bestimmt, jour fixe et determiné (Art. 129. Code de commerce) sein, z. B. am 24. August 1868; Anfangs Januar, primo Januar, d. i. der erste Januar; Mitte Januar, medio Januar, d. i. der 15. Januar; Ende Januar, ultimo Januar, d. i. 31. Januar, Anfangs künftigen Jahres, d. i. der erste Januar k. J.; Ende dieses Jahres, d. i. der 31. December d. J. [5]). Der Wechsel ist gültig, wenn auch der Verfalltag mit dem Ausstellungstag zusammenfällt [6]). Dagegen kann der Zahlungstag nicht alternativ, z. B. „am 1. oder 3. Juli 1866", oder relativ durch Bezugnahme auf äußere Ereignisse, Begebenheiten [7]), oder in einer nach civilrechtlichen Grundsätzen zu berechnenden Weise [8]) festgesetzt werden. Es ist daher auch der Zahlungstag nicht genügend bestimmt und der Wechsel hinfällig, wenn der Zahlungstag z. B. dahin festgesetzt ist: „bis zum 1. August d. J." [9]), weil nicht ersichtlich, an welchem Tage in diesem Zeitraume gezahlt werden soll; „nach einem Monat", „nach einer Woche", weil nicht deutlich erkennbar, von welchem Tage ab gerechnet werden soll [10]); „zu Ostern", „zu Pfingsten", „zu Weihnachten", weil diese Feste aus mehreren Tagen

---

4) Mot. z. Pr. Entw. S. XXXII. Leipz. Prot. S. 12. 146. Brauer a. a. O. S. 36. Bluntschli a. a. O. S. 29. Kheil a. a. O. S. 98. Thol a. a. O. Bd. 2. §. 179. Blaschke a. a. O. S. 34. 74. meint, daß der Uso nicht nach den Gesetzen des Ausstellungsortes, sondern nach den früher in Oesterreich geltenden Wechselgesetzen zu bestimmen sei.

5) Art. 30. A. D. W.O. Die Zeitbestimmung: „Anfangs", „Ende", war bestritten, ist aber durch die Novelle zur A. D. W.O. für statthaft erklart und darunter der erste oder der letzte Tag des beigefügten Monats zu verstehen. Auch die Bezeichnung „Anfangs", „Ende" unter Hinzufügung eines Jahres ist zulässig. Der Wechsel verfällt dann am 1. Januar oder 31. December des betreffenden Jahres. Erk. d. O.Tr. vom 29. Januar und vom 27. Marz 1858. (Entsch. Bd. 38. S. 280. Arch. f. D. W.R. Bd. 7. S. 328. 396.)

6) Erk. d. O.Tr. in Berlin vom 9. Marz 1852. (Entsch. Bd. 22. S. 404.) v. Wächter a. a. O. S. 135.

7) z. B. „Acht Tage nach meiner Rückkehr aus dem Bade".

8) z. B. „Vom August d. J. in sechs Monaten zahlen Sie". (Arch. f. D. W.R. Bd. 3. S. 332.)

9) Erk. d. O.Tr. in Berlin vom 30. Oktober 1855. (Entsch. Bd. 32. S. 455. Arch. f. D. W.R. Bd. 5. S. 429.) Blaschke a. a. O. S. 70. A. 8. Anderer Ansicht: Erk. d. O.Tr. in Stuttgart (Schletter a. a. O. Bd. 11. S. 31.) Brauer im Arch. a. a. O. Bd. 6. S. 225.

10) Erk. d. O.Tr. in Berlin vom 22. December 1857. (Arch. f. D. W.R. Bd. 7. S. 342.) Erk. vom 19. März 1859. (Entsch. Bd. 41. S. 283.) Anderer Ansicht: Brauer im Arch. a. a. O. Bd. 10. S. 2.

bestehen [11]); auf einen nicht existirenden Tag, z. B. am 30. Februar [12]). Dagegen ist es zulässig, den Wechsel auf einen bestimmten Festtag zu stellen; z. B. auf Aschermittwoch, auf Ostersonntag, auf Sylvester, auf Martini, auf Marien [13]). Die Beifügung einer Jahreszahl zu dem Zahlungstage ist nicht unbedingt erforderlich, insofern nur aus dem Wechsel zu entnehmen, welches Jahr gemeint ist. Man wird, wenn dem Datum das Jahr nicht beigefügt worden ist, die nächste, dem Datum entsprechende Zeitfolge, als die im Wechsel gemeinte annehmen müssen, ohne Rücksicht, ob dazwischen ein Jahreswechsel liegt oder nicht; z. B. wenn es in einem am 3. Oktober 1866. ausgestellten Wechsel heißt: „Zahlen Sie am 3. December", so ist der 3. December 1866, oder „zahlen Sie am 10. Februar", so ist der 10. Februar 1867. gemeint [14]). Jede andere Auslegung verstößt gegen die Auffassung und die Ausdrucksweise des gewöhnlichen Lebens und ist auch im Wechselrechte zu mißbilligen. Sind die Parteien über die Existenz der Jahreszahl einig, so kann sie der Richter, wenn er die Zahl auch nicht für unzweifelhaft erkennbar hält, nicht bemängeln [15]).

2. Sichtwechsel, — Wechsel auf Sicht, — deren Verfallzeit durch die Präsentation bestimmt wird, und welche a) entweder sofort bei der Vorzeigung oder b) eine im Wechsel näher bestimmte Zeit nach der Vorzeigung, — nach Tagen, Wochen, Monaten, Jahren, — (Zeit-Sichtwechsel, befristete Sichtwechsel) fällig sind [16]). Ob diese Eigenschaft durch den im Art. 4. No. 4. enthaltenen Ausdruck: auf Sicht (Vorzeigung, à vista etc.) bezeichnet ist, oder ob dafür andere gleichbedeutende Ausdrücke gewählt worden sind, ist für die Gültigkeit des Wechsels, wie in den Materialien [17]) ausdrücklich anerkannt worden ist, ohne Einfluß. Als gleichbedeutende Ausdrücke sind im Gebrauche: „nach Sicht" [18]), „gegen Sicht" [19]),

---

11) Leipz. Prot. S. 14. Borchardt a. a. O. S. 44. Zus. 87.

12) Borchardt a. a. O. S. 40. Zus. 76.

13) Brauer a. a. O. S. 35. Bluntschli a. a. O. S. 27. Liebe, Wechselord. S. 49. Kheil a. a. O. §. 92. Blaschke a. a. O. S. 70.

14) Erk. des obersten Gerichtshofes zu Wien. (Arch. f. D. W.R. Bd. 3. S. 331.) Erk. vom 16. Februar 1854 (Arch. a. a. O. Bd. 4. S. 191.) Erk. des O.A.G. zu Celle vom .... (Arch. a. a. O. Bd. 6. S. 203. 206.) Erk. d. O.Tr. in Berlin vom 20. März 1855. (Arch. a. a. O. Bd. 5. S. 351.) Erk. vom 24. Oktober 1856. (Arch. a. a. O. Bd. 6. S. 428.) Erk. vom 21. Februar 1865. (Entsch. Bd. 54. S. 201.) Hoffmann a. a. O. S. 192. Anderer Ansicht: v. Sternenfels im Arch. a. a. O. Bd. 10. S. 166. Thöl a. a. O. Bd. 2. S. 140. Blaschke a. a. O. S. 70. Das Erk. des O.L.G. zu Brünn vom 11. Januar 1860 (Arch. a. a. O. Bd. 10. S. 289) erachtet es für zulässig, das fehlende Jahr durch Beweis festzusetzen. Die Bezeichnung: „3. Decbr. prox" ist nicht genügend, weil nicht erkennbar, ob damit das nächste Jahr oder der nächste Decbr. gemeint ist. Erk. d. O.A.G. zu Dresden (Schletter a. a. O. Bd. 11. S. 31). Nach der allgemein üblichen Geschäftssprache ist wohl „anni" zu ergänzen, was um so unzweifelhafter, wenn der Wechsel mit dem Zahlungstage „3. Decbr. prox." erst nach diesem Monatstage ausgestellt ist.

15) Erk. d. O.Tr. in Berlin vom 26. Oktober 1850. (Strieth. Arch. Bd. 30. S. 342.) (Arch. f. D. W.R. Bd. 9. S. 74.)

16) Art. 4. No. 4. 19. 31. 32. A. D. W.O.

17) Leipz. Prot. S. 13. 14.

18) Nach anfänglich entgegengesetzter Annahme des O.Tr. in Berlin in dem Erk. vom 20. Decbr 1851 (Entsch. Bd. 21. S. 418) angenommen in dem Plenar-Erk. vom 5. November 1855. (Entsch. Bd. 31. S. 210. Preuß. Just.-Min.-Bl. 1855. S. 406.) Borchardt a. a. O. S. 45. Zus. 88. Nürnberger Kommission Arch. f. D. W.R. Bd. 9. S. 232. Stern im Arch. a. a. O. Bd. 3. S. 328.

19) Borchardt a. a. O. S. 46. Zus. 90.

„nach Vorzeigung", „auf Wiedersicht"[20]), „zu jeder Zeit"[21]), „auf jeweiliges Verlangen", „à piacere", d. i. „nach Belieben", „auf Verlangen"[22]).

3. Dato-Wechsel, d. s. solche Wechsel, bei welchen die Verfallzeit auf eine bestimmte Zeit nach dem Tage der Ausstellung (nach dato) festgesetzt ist, z. B. „acht Tage nach dato". Gleichbedeutende Ausdrücke sind: „à dato", „nach dato", „von dato", „dato", „de dato", „nach heute", „von heute"[23]).

4. Meß- oder Marktwechsel, d. s. solche Wechsel, deren Verfallzeit im Allgemeinen auf die Zeit einer Messe oder eines Marktes, ohne nähere Bezeichnung eines bestimmten Tages, fällt und daher nicht aus dem Wechsel selbst hervorgeht, sondern nach den Gesetzen des betreffenden Meß- oder Marktortes bestimmt wird, z. B. „auf der Leipziger Michaelis-Messe". Der Fälligkeits- und Zahlungstag ist daher kein urkundlicher, sondern ein gesetzlicher. In Ermangelung einer örtlichen Bestimmung ist ein Meß- oder Marktwechsel fällig am Tage vor dem gesetzlichen Schlusse der Messe oder des Marktes und, wenn sie nur einen Tag dauern, an diesem Tage[24]). Wechsel, welche auf einen bestimmten Tag während der Messe oder des Marktes lauten, sind keine Meß- oder Marktwechsel.

§. 62.

5. Die Unterschrift des Trassanten.

Die Unterschrift des Ausstellers (Trassanten) mit seinem Namen oder seiner Firma[1]) ist ein nothwendiger substantieller Bestandtheil der Tratte. Das verpflichtende Moment für die Wechselobligation liegt in der Unterschrift des Ausstellers, welcher durch die Vollziehung der, in Wechselform gefaßten Skriptur die Garantie für den geschaffenen Vermögenswerth übernimmt. Der Umstand, daß eine Unterschrift für den Richter nicht leserlich ist, giebt keinen Grund, die Ungültigkeit des Wechsels von Amtswegen zu rügen. Die meisten Unterschriften bieten für den Dritten Schwierigkeiten dar. Wenn der Wechsel nach der äußern Erscheinung eine Unterschrift trägt, so genügt dies für die Annahme der formalen Gültigkeit. Das Uebrige kann der Richter dem Prozeßverfahren und der Rekognition

---

20) Braunschweigischer Entw. §. 19. Erk. d. O.Tr. in Berlin vom $\frac{22.\ \text{Sept}}{20.\ \text{Decbr.}}$ 1855 und 19. Juli 1859. (Arch. f. D. W.R. Bd. 5. S. 460. Entsch. Bd. 41. S. 286.)

21) Erk. des obersten Gerichtshofes in Wien v. 13. März 1862. (Arch. f. D. W.R. Bd. 12. S. 401.) Borchardt a. a. O. S. 46. Zus. 91.

22) In der Leipziger Konferenz ging eine Ansicht dahin, den Ausdruck „à piacere" auszuschließen. Allein derselbe ist in dem Verkehre gebrauchlich und in die Oesterreichische Wechselordnung ausdrücklich aufgenommen. Arch. f. D. W.R. Bd. 6. S. 424. Bd. 8. S. 182. Kheil a. a. O. §. 74. Geyer a. a. O. S. 26. 263. Blaschke a. a. O. S. 71. Thol a. a. O. Bd. 2. S. 144.

23) Borchardt a. a. O. S. 46 ff. Thol a. a. O. Bd. 2. S. 141. Blaschke a. a. O. S. 72. „Dato nach Sicht" ist ein Widerspruch und keine richtige Bezeichnung. Borchardt a. a. O. S. 47. Zus. 96.

24) Art. 4. No. 4. 36. A. D. W.O.

1) Art. 4. No. 5. A. D. W.O. Die Firma ist der Name, unter welchem ein Kaufmann im Handel seine Geschäfte treibt und die Unterschrift abgiebt. Art. 15. A. D. H.G. Zur Gültigkeit der Firmen-Unterschrift ist nicht gerade die Anmeldung bei dem Handelsgerichte nothwendig. Der Uebernehmer einer Firma haftet für die Wechselverbindlichkeit des früheren Firmen-Inhabers. Erk. d. O.Tr. in Berlin vom 1. November 1866. (Entsch. Bd. 57. S. 349.)

oder Diffession überlassen [2]). In welchen Lettern oder in welcher Sprache die Unterschrift geleistet ist, hat auf die Gültigkeit des Wechsels keinen Einfluß. Erforderlichen Falls muß eine Uebersetzung [3]) der in fremder (z. B. hebräischer) Sprache geleisteten Unterschrift erfolgen. Aus der Etymologie des Wortes „Unterschrift" folgt von selbst, daß der Name des Ausstellers zu dem Kontexte des Wechsels sich räumlich als Unterschrift darstellen muß, und daß es daher nicht genügt, wenn der Name mit in den Kontext selbst aufgenommen worden ist; z. B. „Ich N. N. beauftrage Sie an Herrn zu zahlen", oder wenn der Name z. B. über oder neben dem Kontexte, oder durch den Kontext hindurch, oder auf der Rückseite des Wechsels eine Stellung einnimmt, in welcher er sich nicht als „Unterschrift", sondern „Neben-", „Ueber-" oder „Rückschrift" darstellt. Der Name des Trassanten muß als Unterschrift an derjenigen Stelle des Wechsels sich befinden, welche geeignet ist, die Erklärung des Ausstellers zu decken, das verpflichtende Band zwischen Kontext und Namen äußerlich herzustellen und beide als ein urkundliches Ganze darzustellen. Ob der Name mehr rechts oder links unter dem Wechsel, ob derselbe mehr unter oder seitwärts der Addresse und dem Domizilvermerke steht: alles das ist für den rechtlichen und merkantilen Werth des Papiers an sich gleichgültig; es genügt, wenn sich der Name, in seiner örtlichen Stellung zu dem Kontexte des Wechsels, als unter dem letzteren stehend, äußerlich darstellt und dadurch eine rechtliche Verbindung zwischen der Erklärung und dem Träger des Namens herstellt [4]). Mit welchem Material die Unterschrift hergestellt, ob mit Tinte, Bleistift, oder Farbe; wer den Kontext des Wechsels geschrieben, ob der Aussteller, oder ein Dritter; und in welcher Ordnung der fertige Wechsel in seinen einzelnen Theilen entstanden ist, ob die Unterschrift in blanco ertheilt und der Kontext nachträglich darüber geschrieben ist, das sind für die Rechtsgültigkeit des Wechsels einflußlose Momente. Wichtig und eine wesentliche Bedingung der Haftbarkeit ist aber die Eigenhändigkeit der Unterschrift, d. i. die eigene Schreibensthätigkeit des Ausstellers bei Herstellung des Namens. Durch die Eigenhändigkeit der Unterschrift drückt der Aussteller dem Wechsel gleichsam den Stempel der eigenen Mitverhaftung auf; er personificirt sich mit dem Wechsel und macht denselben zum Träger eines selbstständigen, unabhängigen Rechts. Die Herstellung des Namenszuges vermittelst eines Stempels ist daher keine wechsel-

2) Borchardt a. a. O. S. 52. Zus. 110. 111. Arch. f. D. W.R. Bd. 4. S. 448.

3) Für Preußen sind maßgebend: Art. 4. 12. Verf.-Urk. vom 31. Januar 1850. §. 67. Anh. zur A. G.O. §. 6. Gesetz vom 23. Juli 1847. (Ges.-Samml. S. 263.) Borchardt a. a. O. S. 372. Zus. 593. Arch. f. D. W.R. Bd. 7. S. 403. Renaud a. a. O. S. 40. Note 7. In Oesterreich wird eine in hebräischer Sprache geleistete Unterschrift für nicht gültig erachtet. Blaschke a. a. O. S. 76 und im Arch. f. D. W.R. Bd. 4. S. 154.

4) A. Pr. G.O. Thl. II. Tit. 2. §. 45. A. Pr. L.R. Thl. I Tit. 5. §§. 116 ff. Treitschke a. a. O. Bd. 2. S. 510. Erk. des A.G. zu Aschaffenburg vom 1. Juli 1852. (Borchardt a. a. O. S. 50. Zus. 103.) Erk. d. O.Tr. in Berlin vom 20. September 1855. (Arch. f. D. W.R. Bd. 5. S. 457.) Erk. des O.A.G. zu Dresden vom 22. Januar 1863. (Arch. f. D. W.R. Bd. 12. S. 381.) Erk. des obersten österr. Gerichtsh. vom 30. Oktober 1863. (Arch. a. a. O. Bd. 15. S. 68.) Renaud a. a. O. S. 39. A. 5. Kuntze a. a. O. S. 78. Blaschke a. a. O. S. 75. Anderer Ansicht: Brauer im Arch. f. D. W.R. Bd. 10. S. 3; auch das Englische und Nordamerikanische Recht. Story a. a. O. S. 53.

mäßige Unterschrift [5]), wogegen aber das Führen oder Unterstützen der Hand oder der Feder bei dem Unterzeichnen des Namens an sich noch nicht den Begriff der Eigenhändigkeit der Unterschrift aufhebt [6]). Das verpflichtende Moment liegt in der, dem freien Willen entsprungenen Thätigkeit des Unterschreibenden, und die durch diese Thatsache entstehende formelle Rechtsfolge kann auch nicht durch den Umstand beseitigt werden, daß der Unterschreibende in civilrechtlichem Sinne Schreibens und Lesens unkundig und daher zur Errichtung schriftlicher Verträge unfähig ist. Die bloße einfache Thatsache der Namensunterschrift begründet wechselrechtliche Folgen [7]). Ist der Aussteller an sich oder zeitig außer Stande, seinen Namen zu schreiben, so müssen die von demselben beigefügten Kreuze oder Vollziehungszeichen gerichtlich oder notariell beglaubigt werden [8]). Rührt der Name unter dem Wechsel nicht von der als Aussteller bezeichneten Person, sondern von einem Dritten, ohne schriftlichen Auftrag des angeblichen Ausstellers, her, so kann daraus der angebliche Aussteller, dessen Name gemißbraucht worden ist, wechselmäßig nicht verpflichtet sein, denn er hat sich eben dem Wechsel nicht verschrieben. Aber auch der, welcher den fremden Name gemißbraucht hat, haftet nicht wechselmäßig, denn sein Name befindet sich nicht auf dem Wechsel. Es kann die Passiv-Legitimation nicht in wechselmäßiger Form hergestellt werden [9]). Dagegen ist der eine Unterschrift tragende Wechsel, gleichgültig, ob die Unterschrift echt ist oder nicht, formell geeignet, als Träger selbstständiger Wechselrechte in Cirkulation zu treten [10]). Das rechtliche Verhältniß zum angeblichen Aussteller ist einflußlos auf die selbstständigen accessorischen Wechselobligationen. Der Vorname des Ausstellers braucht der Unterschrift nicht beigefügt zu werden, dagegen ist es zweckmäßig, wenn solches geschieht. Eine unrichtige Angabe oder Versetzung der Vornamen bewirkt an sich keine Ungültigkeit der Unterschrift, wenn nur der Unterschriebene den Hauptnamen trägt und Umstände angegeben werden, durch welche die Passiv-Legitimation dargethan wird [11]). Das einfachste Mittel zur Feststellung der Thatsache der Unterschrift ist der Diffessionseid, welcher dahin lautet: „daß der Verklagte die Namensunterschrift unter dem Wechsel nicht selbst

---

5) A. Pr. L.R. Thl. II Tit. 8. §. 781. Art. 94. A. D. W.O. Bender a. a. O. §. 283. Nach Englischem und Nordamerikanischem Rechte genügt es, wenn der Aussteller einen solchen Stempel zu gebrauchen pflegte. Story a. a. O. S. 53.

6) Erk. d. O.Tr. in Berlin vom 13. Oktober 1859. (Arch. f. D. W.R. Bd. 10. S. 207.)

7) Art. 12. 21. A. D. W.O. Erk. d. O.Tr. in Berlin vom 6. Februar 1851. (Entsch. Bd. 20. S. 355.)

8) Der Preuß. Entw. von 1847. § 85. knüpfte die Wechselfähigkeit an die Schreibensfähigkeit. Die A. D. W.O. läßt eine gerichtliche oder notarielle Beglaubigung der Handzeichen zu. Leipz. Prot. S. 153. Art. 94. Die Beglaubigung erfolgt auf dem Wechsel selbst. Pr. Notariats-Ordn. vom 11. Juli 1844. (Ges.-Samml. S. 487. §§. 13 f. 21 f.) Erk. d. O.Tr vom 21. Februar 1857. (Entsch. Bd. 35. S 132. Arch. f. D. W.R. Bd. 7. S. 109.) Erk. vom 22. März 1859. (Strieth. Arch. Bd. 32. S. 343.) Praj. vom 4. März 1865. (Entsch. Bd. 52. S. 419.) Erk. des niederösterr. O.L.G. vom 17. März 1853. (Arch. a. a. O. Bd. 4. S. 95.) Borchardt a. a. O. S. 371. Zus. 591. 592. Derselbe im Arch. a. a. O. Bd. 1. S. 202.

9) Wolff im Arch. f. D. W.R. Bd. 15. S. 132. Anderer Ansicht: Erk. des österr. obersten Gerichtshofes vom 20. Okt. 1858. (Arch. a. a. O. Bd. 12. S. 396.)

10) Art. 4. No. 5. Art. 3. 7. 75. 76. A. D. W.O.

11) Erk. d. O.Tr. in Berlin vom 16. Decbr. 1854. (Arch. f. D. W.R. Bd. 5. S. 219.) Erk. d. O.A.G. in Dresden vom 9. Novbr. 1866. (Arch. a. a. O. B. 17. S. 96.) Borchardt a. a. O. S. 40. Zus. 75. S. 53. Zus. 112. S. 56. Zus. 119.

geschrieben habe" [12]). Wer einen Wechsel als Vertreter eines Anderen (Vormund, Bevollmächtigter) unterschreibt, ohne als Vertreter legitimirt zu sein, und ohne daher den angeblichen Machtgeber zu verpflichten, haftet in gleicher Weise, wie der angebliche Machtgeber gehaftet haben würde, wenn die Vollmacht ertheilt worden wäre [13]).

§. 63.

6. Das Datum der Tratte.

Die Tratte muß ferner enthalten die Angabe des Ortes, Monatstages und Jahres der Ausstellung [1]). Die Beifügung des Ortes, an welchem der Wechsel ausgefüllt worden ist, kann von Wichtigkeit sein bei Anwendung der Territorialgesetze, unter deren Herrschaft der Wechsel ausgestellt ist. Die Angabe des Datums der Ausstellung ist dagegen streng genommen nur nothwendig bei solchen Wechseln, deren Zahlungszeit relativ, in Beziehung auf den Tag der Ausstellung, bestimmt ist, (Dato-Wechseln), zweckmäßig aber, um für die etwa in Frage kommende Wechselfähigkeit des Ausstellers einen Anhalt zu gewinnen. Es wurde daher in der Leipziger Konferenz die Frage aufgeworfen: ob es der Angabe des Datums für den Wechsel überall bedürfe? Man ließ es aber bei der Bestimmung des Preußischen Entwurfes, welcher die Angabe des Datums unter die wesentlichen Erfordernisse des Wechsels aufgenommen hatte [2]). Der Mangel der Angabe des Ortes oder des Datums der Ausstellung zieht daher die Ungültigkeit eines Wechsels nach sich. Dagegen ist es für die Rechtsbeständigkeit eines Wechsels nicht erforderlich, daß in dem Wechsel auch gerade derjenige Ort angegeben wird, an welchem in Wirklichkeit die Ausstellung erfolgt ist, es muß vielmehr angenommen werden, daß der Geber und Nehmer sich über den im Wechsel angegebenen Ausstellungsort geeinigt haben, und daß daher auch für sie, und mehr noch für den dritten Inhaber, der in dem Wechsel bezeichnete Ort der richtige Ausstellungsort ist. Sollte in einem speziellen Falle das Datum eines Wechsels von einem bestimmten Orte, um den Wechsel unter die Territorialgesetze des letzteren zu stellen, eine Bedingung des Wechselschlusses sein, so ist der Nehmer berechtigt, die Annahme eines, dieser Abrede zuwider ausgestellten Wechsels abzulehnen. Hat er den Wechsel aber angenommen, so muß er auch den im Wechsel angegebenen Ausstellungsort gegen sich gelten lassen, da das Wechselgeschäft nicht durch das Moment der thatsächlichen Ausstellung, sondern durch das Geben und Nehmen des Wechsels perfect wird. Ein Recht oder einen Einwand aus der angeblich nicht richtigen Angabe des Ausstellungsortes herzuleiten, und durch Irrthum, Schreibfehler oder sonst zu begründen, steht daher nicht einmal den unmittelbaren Wechselkontrahen-

12) Erk. d. O.Tr. in Berlin vom 13. Juni 1857. (Strieth. Arch. Bd. 25. S. 170.) §. 134. Thl. I. Tit. 10. A. Pr. G.O. Erk. vom 4. April 1865. (Arch. f. D. W.R. Bd. 17. S. 164.)

13) Art. 95. A. D. W.O. Erk. des O.A.G. zu Dresden vom 16. Januar 1861. (Arch. f. D. W.R. Bd. 10. S. 402.)

1) Art. 4. Nr. 6. A. D. W.O.

2) Leipz. Prot. S. 14.

ten, noch weniger aber Dritten zu, da die Wechselurkunde zur Sicherheit des Verkehrs in ihrem sichtbaren Inhalte der Träger der Obligation ist, und für die rechtliche Wirksamkeit des Wechsels das Geschriebene, nicht das etwa sonst Gewollte maßgebend ist[3]).

Für die in dem Wechsel angegebene Ausstellungszeit gelten im Allgemeinen gleiche Grundsätze, wie in Ansehung des Ausstellungsortes. Ob die angegebene Ausstellungszeit die richtige ist, ist auf die Gültigkeit des Wechsels ohne Einfluß, und daher den Worten der Leipziger Konferenz[4]): „man hielt es nicht für erforderlich, anzudeuten, daß das Datum das wirkliche Datum der Ausstellung sein müsse," keine Bedeutung beizulegen. Der Einwand, daß die Angabe der Zahlungszeit auf einem Irrthume oder einem Schreibfehler beruhe, verdient keine Berücksichtigung und giebt keine Veranlassung zu der Ermittelung der angeblich richtigen Zahlungszeit. Hiernach ist auch der Fall zu beurtheilen, wenn ein Wechsel in Ansehung der Zahlungszeit an einer Unmöglichkeit der Realisation leidet, z. B. wenn ein Wechsel am 3. Oktober 1866. ausgestellt, die Zahlungszeit aber auf den 24. August 1866. festgestellt ist. Die Zahlung des Wechsels ist in der urkundlich festgesetzten Zeit unmöglich und der Wechsel daher ungültig[5]).

Das Datum muß in der Angabe des Monats-Datums bestehen. Es kann statt dessen nicht von einem Feste, einer Messe oder einem Markte datirt werden[6]). Das Ante- und Postdatiren, d. h. einer Wechselerklärung ein früheres resp. späteres Datum beifügen, wovon die alten Wechselordnungen so viel erzählen, fällt entweder in das Gebiet des Vorvertrages, oder der Fälschung. Im ersteren Falle hat die Datirung in anderer Weise, als verabredet worden war, was z. B. bei Blanko-Signaturen leicht vorkommen kann, allenfalls nur Einfluß auf das Verhältniß der unmittelbaren Kontrahenten. Man muß aber annehmen, daß der Nehmer den in dem Wechsel angegebenen Ausstellungstag genehmigt hat. Die nachträgliche Aenderung des Datums, zum Nachtheile eines Wechselverpflichteten, giebt dem Letzteren ein Recht zur Einrede[7]).

Ob das Datum der Ausstellung sofort bei der Ausstellung, oder erst später beigefügt worden, ist für die Rechtsgültigkeit des Wechsels ohne Einfluß, da es nur darauf ankommt, daß der Wechsel zur Zeit der Geltendmachung formrichtig ist. Auf die Zeitfolge der Entstehung und Ergänzung der Wechselurkunde kommt nichts an.

---

3) Erk. des O.Tr. in Berlin vom 8. April 1837. (Entsch. Bd. 2. S. 137.) Anderer Ansicht: Arch. f. D. W.R. Bd. 2. S. 435. Borchardt a. a. O. S. 56. A. 80. Arch. a. a. O. Bd. 3. S. 390.

4) Leipz. Prot. S. 14. Liebe, W.O. S. 50. 202. hält einen Wechsel mit unrichtigem Datum für ungültig.

5) Erk. des O.Tr. in Berlin vom 12. Juni 1858. (Entsch. Bd. 39. S. 227.) Anderer Ansicht ein Erkenntniß des O.L.G. zu Wien vom 1. Juli 1850. (Arch. f. D. W.R. Bd. 10. S. 290.)

6) z. B. „Botzenau, St. Bartolomai-Markt 1853", „Neujahrsmesse 1862". Arch. f. D. W.R. Bd. 5. S. 435.

7) Die Dänische Wechselordnung vom 31. März 1688, die Amsterdamer Wechselgebräuche, die Ordonnance sur le comm. verbieten das Vordatiren. Das Vordatiren ist nach einigen Verordnungen erlaubt, wenn der Bezogene nach anfänglicher Weigerung den Wechsel später annimmt, oder die Acceptation wegen eingetretener Sonn- und Feiertage, oder aus anderen Ursachen verzögert wird. Wächter a. a. O. S. 144.

§. 64.

7. Die Benennung des Bezogenen.

Der Name der Person oder der Firma, welche die Zahlung leisten soll [1]), ist ein nothwendiges Erforderniß der Tratte, deren Zweck gerade auf die Zahlung durch einen Dritten gerichtet ist. Dieser Dritte, dem die Zahlung von dem Aussteller aufgetragen wird, heißt der Bezogene, Trassat, und sein Name muß, wie jedes wesentliche Erforderniß des Wechsels, aus der Urkunde selbst ersichtlich sein. Bezogener kann ein jeder sein, der sich nach den Grundsätzen des Civilrechts durch Verträge selbstständig verpflichten kann. Es können daher auch Korporationen oder andere juristische Personen durch ihre statutenmäßigen Vertreter, Handelsgesellschaften und kaufmännische Etablissements unter ihrer Firma, als Bezogene im Wechsel benannt werden. Insofern die Zahlung an einem anderen Orte, als dem der Ausstellung, geschehen soll, kann sich der Aussteller selbst als Bezogener bezeichnen, trassirt-eigener Wechsel [2]). Ist neben dem Namen des Bezogenen ein Dritter genannt worden, welcher an einem anderen Orte, als dem Wohnorte des Bezogenen, die Zahlung leisten soll, Domiziliat, so tritt dieser Dritte nicht in den Wechselverband, sondern wird nur als Stellvertreter des Bezogenen angesehen [3]). Es können auch in dem Wechsel, und zwar nicht in der Form einer Nothaddresse [4]), sondern in selbstständiger prinzipaler Weise, mehrere Personen als Bezogene, welche an demselben Orte wohnen [5]), benannt werden, mit der Wirkung, daß der Inhaber sich an jeden Einzelnen wegen Acceptation und Zahlung wenden kann, und, bevor er seinen Regreß auf Sicherstellung oder Zahlung nimmt, wenden muß. Die Angabe mehrerer Bezogenen, welche an verschiedenen Orten wohnen, macht dagegen den Wechsel ungültig, weil dadurch der Zahlungsort, der immer nur ein und derselbe sein kann, ein verschiedener und unbestimmter wird [6]). Die Beifügung des Vornamens des Bezogenen ist nicht vorgeschrieben und nicht erforderlich; die Angabe eines unrichtigen Vornamens ist aber geeignet die Identität des Bezogenen aufzuheben. Eine bestimmte Stelle auf dem Wechsel ist für die Angabe des Bezogenen nicht vorgeschrieben; in der Regel wird aber die Addresse auf die Vorderseite des Wechsels unten links gesetzt [7]).

§. 65.

8. Der Zahlungsort.

Die Angabe des Ortes, wo die Zahlung geschehen soll [1]), ist ein nothwendiges Erforderniß der Tratte. In dieser Beziehung sind zu unterscheiden: a. der

1) Art. 4. Nr. 7. A. D. W.O.
2) A. 6. A. D. W.O.
3) Art. 4. Nr. 8. 24. 43. A. D. W.O.
4) Art. 56 fg. A. D. W.O.
5) Verschiedene Zahlungsorte konnen für den Wechsel nicht angegeben werden.
6) Art. 4. Nr. 8. A. D. W.O. Hoffmann im Arch. f. D. W.R. Bd. 12. S. 348.
7) Blaschke a. a. O. S. 78.
1) Art. 4. Nr. 8. A. D. W.O.

gewöhnliche gezogene Wechsel, b. der domizilirte gezogene Wechsel. In Ansehung des ersteren gilt der bei dem Namen des Bezogenen angegebene Wohnort zugleich, als Zahlungsort für den Wechsel; in Ansehung des letzteren ist der, von dem Wohnorte des Bezogenen verschiedene, im Wechsel angegebene dritte Ort der Zahlungsort. Während die älteren Wechselordnungen, und noch gegenwärtig der Code de commerce, annehmen, daß die Bestimmung des gezogenen Wechsels, der Tratte, in der Bewirkung der Zahlung nach auswärts bestehe, und daher nur ein Wechselziehen von einem Orte auf den anderen, de loco in locum, remise de place en place, gestatten, macht die Allgemeine Deutsche Wechselordnung, mit Ausnahme des trassirt-eigenen Wechsels [2]), das Wesen der Tratte von dieser Auffassung, welche in Deutschland überhaupt keinen Eingang gefunden hat, nicht abhängig, so daß in dem Geltungsgebiete der Allgemeinen Deutschen Wechselordnung auch Platzwechsel, d. s. gezogene Wechsel, welche an dem Orte der Ausstellung selbst zahlbar gestellt sind, Geltung haben [3]). In der Regel wird der Zahlungsort für die gewöhnliche Tratte dadurch bestimmt, daß bei der Addresse des Wechsels der Ort angegeben wird, wo der Bezogene anzutreffen ist und Zahlung zu leisten hat, z. B. an Herrn W. L. zu Leipzig. Es macht aber den Wechsel nicht ungültig, wenn die Ortsbezeichnung bei der Addresse fehlt, der Zahlungsort aber aus dem Kontexte hervorgeht, z. B. „Gegen diesen Wechsel zahlen Sie in Leipzig“ u. s. w. Dann muß angenommen werden, daß Herr W. L. in Leipzig wohnt und also dort auch zahlen soll [4]). Auch die Addresse mit der näheren Bezeichnung, wo und durch wen die Zahlung an dem Wohnorte des Bezogenen erfolgen soll, z. B. Herrn L. W. zahlbar in Frankfurt bei M. R., ist eine richtige Addresse für die gewöhnliche Tratte. Denn ein Domizilwechsel liegt nicht vor, weil die Verschiedenheit des Wohn- und Zahlortes fehlt, und die Angabe eines besonderen Wohnortes für den Bezogenen ist nicht erforderlich, weil der im Wechsel angegebene Zahlungsort gleichzeitig für den Wechsel als Wohnort des Bezogenen angesehen wird. Die Bezeichnung einer besonderen Zahlstelle am Wohnorte des Bezogenen ist zulässig und hat die Wirkung, daß bei letzterer der Wechsel präsentirt und protestirt werden muß, da sich dieser Zahlungsmodalität der Bezogene durch die Acceptation, der Inhaber durch die Annahme des Wechsels unterworfen hat [5]). Die Bezeichnung zahlbar „aller Orten“, oder zahlbar „überall, wo zu treffen“, enthält nicht die Angabe eines Zahlungsortes, und hat, wenn ein bestimmter Zahlungsort beigefügt ist, z. B. „zahlbar in Berlin und aller Orten“, nur eine prozessualische Bedeutung bezüglich des Gerichtsstandes. Ohne Angabe eines bestimmten Zahlungsdomizils ist der Wechsel ungültig [6]). Fehlt der Zahlungsort, oder mit anderen Worten, ist in der Tratte nicht der Wohnort des Bezogenen angege-

2) Art. 6. A. D. W.O.

3) Leipz. Prot. S. 12. Bluntschli a. a. O. S. 20.

4) Mot. zur Pr. Entw. S. 33. Brauer a. a. O. S 37.

5) Erk. des O.Tr. in Berlin v. 27. März 1858. (Entsch. Bd. 38. S. 242.)

6) Leipz. Prot. S. 167. Erk. des O.Tr. in Stuttgart vom 6. Februar 1852. (Arch. f. D. W.R. Bd. 3. S. 225.) Hauff im Arch. a. a. O. Bd. 6. S. 379. Thol a. a. O. Bd. 2. §. 186. Blaschke a. a. O. S. 80. Borchardt a. a. O. S. 383. Zus. 612. Platner im Arch. a. a. O. Bd. 16. S. 311.

ben, so ist nicht ersichtlich, durch wen, und wo die Wechselzahlung erfolgen soll. Der Wechsel hat daher keine rechtliche Gültigkeit, wenn gleich ermittelt werden kann oder bekannt ist, wer der Bezogene ist und wo derselbe wohnt[7]). Denn bei der Bestimmung der Allgemeinen Deutschen Wechselordnung, daß die Wechselzahlung an dem Wohnorte des Bezogenen erfolgt, kommt nur der im Wechsel als Wohnort angegebene Ort in Betracht, nicht derjenige Ort, an welchem der Bezogene sonst nach civilrechtlichen Grundsätzen seinen Wohnsitz in Wirklichkeit hat. Für den bestimmten Wechsel hat der Bezogene an dem, im Wechsel bezeichneten Orte seinen Wohnsitz, oder eigentlich der Wechsel hat an dem letzteren sein Domizil, so daß alle auf die Realisation des Wechsels Bezug habenden Wechselhandlungen, Präsentation, Protestaufnahme, mit wechselrechtlicher Wirkung nur an jenem Domizile des Wechsels vorgenommen werden können. Für alle rechtlichen Beziehungen aus dem Wechsel ist der, in dem letzteren angegebene Wohnort des Bezogenen das domicile élu, der vertragsmäßige Wohnort des Bezogenen, der für den letzteren, sowie für alle Wechselverpflichtete gleichzeitig auch das Prozeßforum bildet. Der Inhaber ist daher nicht verpflichtet, den Bezogenen wo anders, als an dem, im Wechsel bezeichneten Zahlungsorte, aufzusuchen, und nur der an letzterem Orte erhobene Protest sichert den Regreß[8]). Für dieses Domizil des Wechsels am Wohnorte des Bezogenen ist es daher auch ohne Einfluß, wenn der Bezogene den im Wechsel angegebenen Wohnort verläßt und seinen Wohnort anders wohin verlegt hat[9]). Der Zahlungsort muß so genau[10]) bezeichnet sein, daß er von anderen gleichnamigen Orten unterschieden werden kann, ohne daß jedoch die Gültigkeit des Wechsels davon abhängig ist. Es ist vielmehr Sache des Inhabers, nach den obwaltenden Umständen, oder nach vorgängiger Erkundigung bei dem Aussteller, den Zahlungsort zu wählen, ohne daß ihn der Vorwurf eines Versäumnisses trifft, wenn er nicht das wirklich beabsichtigte Domizil des Wechsels angegangen hat. Dagegen kann für den Wechsel nur ein Zahlungsort bestimmt werden, und es verträgt sich mit der Sicherheit des Wechselverkehrs nicht, daß mehrere Zahlorte alternativ angegeben werden[11]).

---

7) Franck l. c lib. I. sect I tit. 8 § 24, quo omisso (loco solutionis) cambium proprium eo loco, quo scriptum est, trassatum vero, ubi trassatus habitat, solvi debet. Einert brachte eine gleiche Bestimmung in Vorschlag, aber die Konferenz trat dem letzteren nicht bei. Leipz. Prot. S. 18.

8) Die Vorladung des Bezogenen zum Wechselprozeßverfahren muß dagegen an denjenigen Ort dirigirt werden, wo derselbe seinen Wohnsitz im rechtlichen Sinne hat. Mot. zum Pr. Entw. S. XXXIII. Art. 6. Pr. Einf.-Ges. v. 15. Febr. 1850. Brauer a. a. O. S. 38. Erk. des O.Tr. in Berlin vom 3. Febr. 1852. (Entsch. Bd. 22. S. 405.) Erk. vom 7. Juni 1864. (Entsch. Bd. 52. S. 228.) Bluntschli a. a. O. S. 30. Borchardt a. a. O. S. 335. A. 418. S. 383. Zus. 612 f.

9) Erk. des O.A.G. zu Dresden vom 22. Decbr. 1865. (Arch. f. D. W.R. Bd. 16. S. 73.)

10) Die Bezeichnung des Bezogenen „Darmstadter Bank“: statt der „Bank zu Darmstadt“ ist für genügend erklärt. Arch. f. D. W.R. Bd. 12. S. 345. Die Angabe „in der Leopoldstadt Nr. . . . . an der Donau“ d. i. eine Vorstadt von Wien, wurde von dem österreichischen Oberlandsgerichte als eine ungenügende Bezeichnung des Zahlungsortes erachtet. Arch. a. a. O. Bd. 3. S. 335. Thol a. a. O. Bd. 2. §. 186.

11) Wie angenommen ist: im Erk. des O.L.G. zu Brünn vom 16. Februar 1859. (Arch. f. D. W.R Bd. 10. S. 290.) Erk. des obersten Gerichtsh. zu Wien v. 8. Juli 1862. (Arch. a. a. O. Bd. 12. S. 407.) Thöl a. a. O. Bd. 2. §. 186. Volckmar u. Loewy a. a. O. S. 40. Praj. des Kammergerichts zu Berlin vom 14. März 1855. (Borchardt a. a. O.

§. 66.

Die Modifikation der Tratte.

Die streng formale und abstrakte Natur des Wechsels bringt es mit sich, daß die autonomische Gewalt der Wechselkontrahenten in gewisser Beziehung beschränkt, und es daher nicht, wie bei der Konstituirung civilrechtlicher Verhältnisse, gestattet ist, den Inhalt der Wechselobligation nach Belieben und freiem Ermessen zu bestimmen. Der Wechsel und die darin enthaltenen Obligationen sind auf Zahlung einer bestimmten Geldsumme gerichtet, und der verpflichtende Rechtsgrund zur Zahlung liegt nicht in der rechtlichen Natur des Geschäfts, welches die Begebung des Wechsels veranlaßt hat, nicht in der causa praecedens des Wechselbriefes, sondern in der Form des Wechsels in seiner Abstraktion von dem unterliegenden Geschäfte. Der Wechselbrief in seinem äußerlich erkennbaren Inhalte, in seiner von dem sonstigen Willen des Ausstellers oder der Wechselkontrahenten losgelösten urkundlichen Darstellung, ist der Träger des, auf eine abstrakte Geldzahlung gerichteten Willens, und aus dieser, dem Wesen des Wechsels, als eines negociabeln Kreditpapiers, entsprechenden merkantilen und ökonomischen Eigenthümlichkeit folgt von selbst, daß der Inhalt des Wechsels nicht durch Zusätze beschwert werden kann, welche in dem unterliegenden, und das persönliche Verhältniß der Parteien berührenden und fortpflanzenden Obligationsfalle ihre rechtliche und thatsächliche Begründung finden. Da der Wechsel aber die Bestimmung in sich trägt, für die verschiedenartigsten Verkehrsverhältnisse als Zahl- und Ausgleichungsmittel zu dienen, daher die Eigenschaft besitzen muß, sich den konkreten Rechtsverhältnissen, bald zur Tilgung, bald zur Verstärkung und Sicherung bestehender Verpflichtungen, anzuschließen, so war es ein merkantiles Bedürfniß, der Autonomie der Begebungs-Interessenten, zur Modifikation der Wechselobligation, in gewisser Beziehung einen Einfluß auf den Inhalt des Wechsels einzuräumen. Die Allgemeine Deutsche Wechselordnung hat daher auch bestimmte Modalitäten, Klauseln und Neben-Bestimmungen gestattet, durch deren Beifügung das wechselrechtliche Verhältniß näher bestimmt und der rechtliche Karakter des Wechsels, den Absichten und Intentionen der Interessenten gemäß, modificirt wird [1]). Solche für den Grundwechsel durch das Gesetz gestattete Nebenbestimmungen [2]) sind außer der, mit der Vervielfältigung des Wechsels in Verbindung stehenden Bezeichnung als Prima, Secunda, Tertia u. s. w. folgende:

S. 59 Zus. 128. Platner im Arch. a. a. O. Bd. 16. S. 311.) Nach Englischem und Nordamerikanischem Rechte, welches weniger dem Formalismus huldigt, ist es erlaubt, mehrere Zahlorte alternativ anzugeben; es kann sogar jeder Wechsel auf einen Mann, der sich auf Reisen befindet, ohne Angabe eines bestimmten Zahlortes, da zahlbar gestellt werden, wo der Wechsel acceptirt wird, oder überall, wo der Schuldner zur Verfallzeit angetroffen wird. Story a. a. O. §. 48.

1) Vergl. §. 21.

2) Die von dem Aussteller dem Wechsel beigefügte Klausel „ohne Obligo" hat keine wechselrechtliche Bedeutung, da der Zweck und das Wesen des Wechsels es nothwendig mit sich bringen, daß der Wechsel unter dem Obligo des Ausstellers, des Kreators und letzten Garanten, läuft. Die Klausel „ohne Obligo" von dem Aussteller beigefügt muß daher, als der Natur des Wechsels widerstreitend, für nicht beigefügt erachtet werden.

1) Die Klausel „nicht an Ordre“ [3]). Die Negociabilität, die Begebbarkeit und Transportfähigkeit gehören so sehr zum rechtlichen und merkantilen Wesen des Wechsels, daß nach älterem [4]), und theilweise auch noch nach neuerem [5]), Rechte die Stellung „an Ordre“ die nothwendige Bedingung für die Rechtsbeständigkeit des Wechsels ist, und daß die Allgemeine Deutsche Wechselordnung [6]) die Indossabilität des Wechsels für eine sich von selbst verstehende, legale Eigenschaft anerkannt hat. Die dem Wechsel beigefügte Klausel „nicht an Ordre“ (Rektaklausel) schließt, nach dem für den Lauf des Wechsels maßgebenden Willen des Ausstellers, die Girirbarkeit mit der Wirkung aus, daß das, dem Verbote zuwider, bewirkte Indossament nicht allein dem verbietenden Aussteller, sondern auch dem Indossanten und dem Acceptanten gegenüber rechtsunwirksam ist. Durch die Bezeichnung „nicht an Ordre“, oder durch einen dem Kontexte des Wechsels beigefügten gleichlautenden Ausdruck [7]), z. B. „nicht an Verfügung“, wird der Wechsel außer wechselmäßigen Verkehr gesetzt, ein Rektapapier, ein gebundener Wechsel, der eine, an die Person der ursprünglichen Kontrahenten geknüpfte, unübertragbare Wechselobligation begründet [8]).

Der Vermerk „Depot-Wechsel“ auf dem Wechsel deutet möglicher Weise die accessorische Natur des Begebungsgeschäftes an, allein auf die wechselmäßige Transportfähigkeit des Papiers ist er ohne Einfluß [9]). Dagegen kann die Uebertragung eines solchen Rektapapieres mit civilrechtlicher Wirkung, d. h. mit Sicherung der, aus dem unterliegenden Geschäfte entspringenden Einreden, in Form einer Cession erfolgen, denn die Cessibilität ist eine natürliche Eigenschaft aller nicht an die Person des Inhabers gebundenen Rechte, und die Klausel „nicht an Ordre“ schließt nur die Uebertragung in der strengen wechselrechtlichen Form des Indossaments aus. Für die civilrechtliche Veräußerung der Wechselforderung hat die Klausel „nicht an Ordre“ keine Bedeutung. Diese Annahme wird unterstützt durch die Motive zu dem Preußischen Entwurfe und die Verhandlungen der Leipziger Konferenz. Denn wenngleich für die Ungültigkeit des verbotswidrigen Indossaments als Grund angegeben wurde, „daß dem Aussteller oft viel daran liegen

---

3) Art. 9. A. D. W.O.

4) Franck l c. lib I. sect 2. tit. 5. §. 8. Bender a. a. O. Bd. 1. S. 183. Biener a. a. O. S. 139. 180. Arch. f. D. W.R. Bd. 5. S. 241. Thöl a. a. O. Bd. 2. S. 428.

5) Code de comm art. 110. 137. Story a. a. O. §. 17. 56. 195 ff.

6) Art. 9. Leipz. Prot. S. 22. 23. Brauer a. a. O. S. 45. Blaschke a. a. O. S. 38.

7) Arch. f. D. W.R. Bd. 1. S. 224. Ein Durchstreichen der in dem Kontexte des Wechsels befindlichen Worte „an Ordre“ und das Hinzufügen des Wortes „selbst“ hinter dem Namen des Remittenten begründet kein Verbot des Indossaments. Erk. des O.Tr. in Berlin vom 31. Mai 1850. (Arch. a. a. O. Bd. 1. S. 204.)

8) Bei Bestimmung der rechtlichen Folgen des verbotswidrigen Indossaments gingen die Ansichten in der Leipziger Konferenz auseinander; nach der einen sollte das Verbot nur die Unstatthaftigkeit des Regresses gegen den Aussteller zur Folge haben, das Verhältniß unter denen, auf welche der Wechsel übergegangen, aber nicht geändert werden, vielmehr zwischen ihnen wechselmäßiger Regreß stattfinden; nach der anderen sollte die gegen ein ausgesprochenes Verbot unternommene Begebung unwirksam, namentlich nicht geeignet sein, wechselmäßige Wirkung hervorzurufen. Durch eine Majorität von 16 gegen 2 Stimmen wurde aber konkludirt, daß die einem Verbote zuwider vorgenommene Indossirung ungültig sei. Leipz. Prot. S. 23. Jolly im Arch. f. D. W.R. Bd. 4. S. 396. Bluntschli a. a. O. S. 38. Renaud a. a. O. S. 48. 123. Thol a. a. O. Bd. 2. §. 259.

9) Erk. des O.Tr. in Berlin vom 17. Juli 1858. (Entsch. Bd. 39. S. 221. Arch. f. D. W.R. Bd. 7. S. 332.)

könne, daß das von ihm gemachte Geldgeschäft ein Geheimniß bleibe, und daß dies Interesse nicht besser gewahrt werde, als dadurch, daß jede dem Verbote zuwiderlaufende Handlung erfolglos sei", dieses Motiv aber auch in gleicher Stärke gegen die Zulassung der Cession spricht, so muß man doch erwägen, daß die Leipziger Konferenz nur ein Mandat zur Berathung einer für Deutschland geeigneten Wechselordnung hatte, und daß sie geflissentlich jede Bestimmung vermieden hat, durch welche das Civilrecht berührt werden könnte. Bei diesem in vielen Fällen geäußerten und auch befolgten Prinzipe hat man Grund zu der Annahme, daß die Leipziger Konferenz auch in diesem Falle jenes Prinzip um so weniger aufgegeben hat, als die Ordreklausel ein rein wechselrechtlicher Begriff ist, welcher mit der civilrechtlichen Uebertragung in der Form der Cession, wenn auch nach Zweck einige Aehnlichkeit, doch nach rechtlicher Bedeutung keine Gemeinsamkeit hat. Durch Abstimmung ist auch nur der Rechtssatz aufgestellt und zum Gesetz erhoben worden: „daß die einem Verbote zuwider vorgenommene Indossirung ungültig sei", und die Materialien fügen bekräftigend hinzu: „demgemäß kann ein Wechsel, in welchem der Aussteller die Begebung ausdrücklich untersagt hat, durch Indossament, also mit wechselrechtlicher Wirkung, überhaupt nicht übertragen werden." Nur an die wechselrechtliche Uebertragungsweise, nicht an die civilrechtliche Cession hat man daher bei obigem Verbote gedacht, was noch dadurch bestätigt wird, daß man in der Leipziger Konferenz „darüber einig war, daß die Frage: ob eine solche vom Aussteller verbotene Uebertragung eines Wechsels unter Umständen und nach Maßgabe der gebrauchten Form als Cession gültig sein könne, nach dem Civilrechte eines jeden Staates zu beurtheilen sei" [10]). Wäre die Konferenz der Ansicht gewesen, daß durch das Verbot des Indossaments auch die Unzulässigkeit der Cession ausgesprochen sein sollte, so hätte sie bei vorstehender Erwägung Veranlassung gefunden und sicher auch genommen, sich darüber auszusprechen. Das ist aber nicht geschehen, und es sprechen daher die rechtliche Natur der Ordreklausel und die Entstehungsgeschichte des Art. 9. der Allgemeinen Deutschen Wechselordnung mit Evidenz für die Annahme, daß die Rektaklausel die Cessibilität der Wechselforderung nicht ausschließt. Das dem Verbote zuwider ertheilte Indossament ist aber nicht ohne weiteres als Prokura-Indossament oder als Cession zu beurtheilen, die Erfordernisse der letzteren regeln sich vielmehr nach dem Civilrechte [11]). Dagegen wird man, als die Eigenthumsverhältnisse nicht alterirend, das Prokura-Indossament zulassen [12]).

2) Der Aussteller kann bei Wechseln, welche auf Sicht gestellt sind, eine bestimmte Frist für die Präsentation zur Zahlung, und bei Wechseln, welche auf eine bestimmte Zeit nach Sicht lauten — (Zeit-Sichtwechsel), — eine Frist zur Präsentation zur Annahme mit der Wirkung vorschreiben, daß, wenn der Wechsel nicht

10) Mot. zum Pr. Entw. vom Jahre 1847. S. XXXV. Leipz. Prot. S. 23.

11) Brauer a. a. O. S. 45. Jolly im Arch. f. D. W.R. Bd. 4. S. 397. Geyert in Gruchot, Beiträgen 2c. 2. Jahrg. S. 416. Renaud a. a. O. S. 123. Volckmar und Loewy a. a O. S. 65. 68. Thol a. a. O. Bd. 2. S. 443. Dem Indossamente legen die Wirkung der Cession bei: Koch, W.R. S. 136. Hoffmann a. a. O. S. 232. Blaschke a. a. O. S. 137. Als Prokura-Indossament sieht das Indossament an: Kuntze a. a. O. S. 83. Auch die civilrechtliche Cession hält nicht für zulässig: Blaschke a. a. O. S. 39.

12) Anderer Ansicht: Volckmar u. Loewy a. a. O. S. 79.

innerhalb dieser Frist zur Zahlung resp. Annahme präsentirt wird, der Regreß für den Wechsel, d. h. in Ansehung aller Wechselverbundenen, verloren geht, während die von einem Indossanten beigefügte Präsentationsklausel nur Wirkung für diesen Indossanten, nicht für dessen Vor- oder Nachmänner hat [13]). Die Frist, welche für jene Wechselhandlungen festgesetzt wird, hängt von dem Ermessen des Ausstellers ab, ist an keine bestimmte Zeit geknüpft und bezweckt, den nur relativ durch die Vorzeigung bestimmten Fälligkeitstermin zu fixiren.

3) Der Aussteller kann für den Wechsel ein besonderes Domizil d. h. einen vom Wohnorte des Bezogenen verschiedenen Zahlungsort, und auch die Person, bei welcher an letzterem die Zahlung erfolgen soll, bestimmen; für den Domizilwechsel auch die Präsentation zur Annahme vorschreiben [14]).

4) Durch die Klausel „ohne Protest", „ohne Kosten" oder durch einen gleichbedeutenden Ausdruck kann der Aussteller auf den Protest mit der Wirkung verzichten, daß es, ihm gegenüber, zur Regreßnahme eines Protestes nicht bedarf. Die Stelle, wo die Klausel auf dem Wechsel steht, ist gleichgültig [15]). Ein Erlaß der Pflicht zur rechtzeitigen Präsentation ist in der Klausel nicht enthalten [16]).

§. 67.

Unwesentliche Bestandtheile der Tratte.

Die Allgemeine Deutsche Wechselordnung hat, in richtiger Auffassung des legislatorischen Berufes, nur diejenigen Erfordernisse und Bestandtheile der Tratte aufgeführt, welche zur rechtlichen Existenz derselben nothwendig sind, und den Wechselkontrahenten für die rechtliche Nüancirung der Wechselobligation nur einen engbegrenzten autonomischen Spielraum gestattet [1]). Außer diesem eigentlichen wechselmäßigen Inhalte kommen in den meisten Wechseln aber auch Momente vor, welche nicht durch das Gesetz, sondern durch Usançe eingeführt sind und keine wechselmäßige, sondern eine rein technische Bedeutung haben, s. g. kaufmännische Bestandtheile. So wird

1) der Eigenwechsel meist als „Sola-Wechsel" bezeichnet, obgleich eine Vervielfältigung der Exemplare auf Eigenwechsel nicht anwendbar ist, und ebenso wird

2) im Wechsel in der Regel die Ordreklausel aufgenommen, obgleich die Ordrequalität eine legale Eigenschaft des Wechsels ist. Diese Momente beruhen auf kaufmännischer Gewohnheit, ohne daß sich damit in rechtlicher, merkantiler oder technischer Beziehung ein bestimmter Sinn verbindet. Der Kaufmannsstand behält diese nach der Allgemeinen Deutschen Wechselordnung bedeutungslosen Bestandtheile bei, weil dieselben eben hergebracht sind, und weil sie vielleicht für Länder, in welchen sie Bedeutung haben, dem Wechsel geneigtere Aufnahme verschaffen.

3) Die Valutaklausel hat, bei der Abstraktion der Wechsel-Obligation von dem unterliegenden Geschäftsgrunde, keine wechselmäßige Bedeutung. Sie wurzelt in

13) Art. 19. 31. A. D. W.O.
14) Art. 4. u. 8. 24. 43. A. D. W.O.
15) Borchardt a. a. O. S. 173. Zus. 326.
16) Art. 42. A. D. W.O.
1) Vergl. §. 66.

der causa praecedens und ist gleichsam eine Quittung über die, nach der Natur des jedesmaligen Begebungsgeschäfts, gewährte Gegenleistung. In dieser Beziehung kommen die Vermerke [2]) vor: „Valuta empfangen", wenn die Valuta baar oder durch Gegenleistung gegeben ist; „Valuta (Werth) in Rechnung", wenn die Bezahlung der Valuta durch Abrechnung, entweder in der Art erfolgt, daß der Werth des Wechsels vorläufig kreditirt wird, oder so, daß der Geber des Wechsels Schuldner des Nehmers war, und den Werth des Wechsels von seiner Schuld abrechnet; „Werth in Wechseln", „Werth in Waaren", wenn die Valuta in Gegenständen dieser Art bezahlt ist; „Werth verstanden", wenn über die Zahlung der Valuta eine besondere Einigung stattgefunden hat, nach welcher die Valuta, z. B. erst nach erfolgter Acceptation, bezahlt werden soll; „Valuta in mir selbst", wenn der Aussteller den Wechsel an seine eigene Ordre gezogen hat und daher die Valuta erst bei Gelegenheit des Indossaments gezahlt wird. Bis dahin besteht, bei erfolgter Acceptation, das Wechselverhältniß nur zwischen dem Aussteller resp. Remittenten und zwischen dem Acceptanten, und die Valuta fällt in den meisten Fällen mit der Deckung zusammen. Ein solcher Wechsel hat die Wirkung eines eigenen Wechsels des Acceptanten, und die Valuta für den Wechsel wird in den meisten Fällen durch das Schuld- und Verpflichtungsverhältniß gebildet, in welchem der Acceptant zu dem Aussteller und Remittenten steht.

4) Die Bemerkung „und stellen den Werth auf Rechnung" hat Bezug auf das Verhältniß, in welchem der Bezogene zu dem Aussteller wegen der Deckung steht und deutet an, daß die Handlungsbücher nach dem obwaltenden Deckungsverhältnisse in Kredit und Debet berichtigt werden sollen. Der Wechsel kann auch anordnen, daß der Bezogene die Deckung nicht bei dem Aussteller, sondern bei einem Dritten suchen soll, durch die Worte „und stellen ihn (nämlich den Wechsel oder Werth) auf Rechnung von N. N. (nämlich des Dritten, für dessen Rechnung trassirt worden ist)". Wechsel mit dieser Deckungsklausel nennt man Kommissionstratten, Wechsel für fremde Rechnung. Eine Kommissions- oder Bevollmächtigungsverhältniß kann beim Wechselziehen in verschiedener Weise in Betracht kommen. Hat Jemand den Auftrag, für einen Dritten einen Wechsel ausstellen zu lassen, so kann der Bevollmächtigte, um nicht del credere zu stehen, den Dritten sofort als Remittenten benennen lassen. Er kann den Wechsel aber auch an seine eigene Ordre stellen lassen und denselben demnächst durch Indossament und zwar, wenn er nicht del credere stehen will, ohne Gewährleistung auf den Dritten übertragen. Es kann Jemand aber auch selbst als Aussteller erscheinen und den Bezogenen verpflichten, die Deckung nicht ihm, sondern einem Dritten in Rechnung zu stellen. Das sind Wechsel auf fremde Rechnung, Kommissionstratten [3]). Die Veranlassung zu dieser Modifikation kann in verschiedenen Verhältnissen ihren Grund haben: z. B. der Aussteller genießt keinen Kredit, und die unter seiner Garantie ausgestellten Wechsel stoßen bei der Annahme seitens des Bezogenen auf Schwierigkeiten. Der Aussteller sucht daher bei einem besser akkreditirten

---

2) Wächter a. a. O. §. 24. 67. Erläuterungen zum Preuß. Entw. v. 1845. S. 13.
3) Wächter a. a. O. §. 70.

Hause Kredit für den Wechsel und erhält solchen in der Weise, daß jenes Handlungshaus dem Bezogenen für die Deckung steht. Oder der Aussteller zieht wegen schlechter Kursverhältnisse nicht unmittelbar auf den Schuldner B., sondern, um einen bessern Kurs zu benutzen, auf einen anderen Wechselplatz auf C., und läßt den Wechsel durch seinen Schuldner B. decken, indem er den Wechsel für dessen Rechnung zieht. Derselbe Zweck kann auch, wenn die Kursverhältnisse der Art sind, dadurch erreicht werden, daß der Aussteller den C. auf B. trassiren läßt und die Deckung des B. selbst übernimmt. Diese eigenthümliche Weise des Deckungsverhältnisses, welches durch eine Korrespondenz zwischen den Betheiligten vorbereitet wird, ist in dem Wechsel dadurch angezeigt, daß der Aussteller den Namen desjenigen, welcher die Zahlung leisten soll, in der Regel dem Anfangsbuchstaben nach, in dem Wechsel vermerkt [4]). Auf das wechselrechtliche Verhältniß der Wechselpersonen hat jene Modifikation keinen Einfluß, und die einzige Wirkung liegt in der Verpflichtung des Acceptanten, die Deckung nicht bei dem Aussteller, sondern bei dem Dritten, für dessen Rechnung gezogen worden ist, zu suchen.

5) Die Notiz „laut Bericht" bezieht sich auf den Avisbrief, den der Trassant Vorsichtshalber, nach erfolgter Ausstellung des Wechsels, an den Bezogenen absendet, und in welchem er dem Letzteren von der Ausstellung und dem Inhalte des Wechsels, sowie von der Art und Weise der Deckungsleistung Kenntniß giebt. Oft enthält der Wechsel die Bemerkung „ohne Bericht" und „laut oder ohne Bericht", in welchem Falle also der Bezogene vor der Zahlung den Avis nicht abzuwarten braucht.

§. 68.

Die Stempelung des Wechsels.

Der Wechsel unterliegt, wie in allen Ländern, so auch in Preußen einer Stempelabgabe, die sich nach der Höhe des Wechselbetrages (Wechselsumme) richtet. Die Stempelpflicht kann erfüllt und die Stempelsteuer erlegt werden:

1) durch Benutzung von Stempelpapier zu dem Wechsel selbst, Schreiben des Wechsels auf Stempelbogen [1]);

---

4) Formular:

Berlin den 3. Okt. 1860.
100 Thlr. Pr. Crt.

Drei Monate a dato zahlen Sie gegen diesen Wechsel an die Ordre der Herren N. N. die Summe von 100 Thlr. und stellen den Betrag auf Rechnung des Herrn L. in M. laut Bericht.

W. L.

An
Herrn L. L. zu Magdeburg.

Das Trassiren auf fremde Rechnung ist eine alte Sitte und mag vor dem Indossament häufig vorgekommen sein. Götz, das Giro a. a. O. S. 28. Die älteren Wechselordnungen enthalten über den Wechsel für fremde Rechnung zum Theil eingehende Bestimmungen. Wiener W.O. v. 1714. Art. 2. (Siegel l. c p. 151.) Auch dem A. Pr. Landrechte sind sie nicht unbekannt. §. 961. Th. II. Tit. 8. Der Code de commerce bestimmt im Art. 111. Lettre de change peut-être tirée par ordre et pour le compte d'un tiers. Art. 115. Die A. D. Wechselordnung hat die Kommissionswechsel mit Recht übergangen, weil sie zwar ein civilrechtliches, aber kein wechselrechtliches Verhältniß begründen. Sache der Wissenschaft ist es, ihre Eigenthümlichkeit theoretisch festzustellen. Leipz. Prot. S. 17. Treitschke a. a. O. Bd. 1. S. 218. 411. 480. 506. Liebe, Entw. S. 68. Liebe, W.O. S. 54. Kheil a. a. O. §. 39 fg. v. Wächter a. a. O. §. 70. Kuntze a. a. O. S. 71. Thol a. a. O. Bd. 2. §. 209.

1) Stempelgesetz für Preußen v. 7. März 1822. (Ges.-Samml. S. 57.) §. 12.

2) durch Stempelung der Wechselurkunde durch die geordneten Steuerbehörden. Kaufleute können auch Wechselformulare in blanco stempeln lassen [2]);
3) durch Benutzung (Aufkleben) von Stempelmarken. Bei inländischen Wechseln muß diese Verwendung durch die Steuerbehörden oder den Stempelvertheiler erfolgen, während sie bei ausländischen Wechseln, welche dem Preußischen Stempel unterliegen, durch den Inhaber selbst geschehen muß [3]).

Die Stempelpflichtigkeit des Wechsels wird bedingt durch die äußere Form, nicht durch die materielle Gültigkeit des Wechsels. Das Stempelgesetz hat den Wechsel als versteuerbares Objekt in seiner abstrakten Rechtsqualität gedacht [4]).

Die Vorschriften über die Kollision der Gesetze und über die Anwendung des territorialen Rechts (locus regit actum) müssen, wie in Ansehung der Form eines Rechtsgeschäfts, auch im Allgemeinen für die Pflicht zur Entrichtung der Stempelsteuer maßgebend sein. Das Preußische Stempelgesetz zieht daher Wechsel, welche im Auslande ausgestellt und dort zahlbar sind, auch für ihre Cirkulation unter der Herrschaft Preußischer Gesetze nicht zur Steuer, läßt sie vielmehr als fremde Werthobjekte stempelfrei kursiren [5]). Im Uebrigen unterscheidet dasselbe zwischen inländischen und ausländischen Wechseln, und versteht unter Ausland [6]) ein jedes Land außer Preußen, und unter ausländischen Wechseln alle Wechsel, welche im Auslande ausgestellt, aber in Preußen zahlbar sind; unter inländischen Wechseln dagegen diejenigen Wechsel, welche in Preußen ausgestellt und zahlbar sind, bei welchen also Ausstellungs- und Zahlungsort in Preußen liegen.

Inländische Wechsel, — gleichgültig ob gezogene oder trockene [7]), — müssen gleich nach der Ausstellung gestempelt werden [8]). Die Pflicht zur Entrichtung der Stempelsteuer wird daher, — nach den Worten des Gesetzes, — nicht von der rechtlichen Perfektion der Wechselobligation, welche ein Geben und Nehmen des Wechsels, Acceptes oder Indossaments voraussetzt, sondern von der formalen, substantiellen Existenz, der Kreation des Wechsels abhängig gemacht. Man kann nun zwar die einzelnen Positionen eines Stempelgesetzes nicht mit dem Maßstabe einer bestimmten Rechtstheorie messen und für dieselben auch im Allgemeinen nicht die Grundsätze einer doktrinären Interpretation in Anwendung bringen; allein in einen gewissen theoretischen Zusammenhang mit dem besteuerten Geschäfte müssen die absoluten Besteuerungssätze doch gebracht werden. Und da fragt es sich denn, was das Gesetz verlangt, wenn es die Stempelung „gleich nach der Ausstellung"

---

2) Stempelgesetz a. a. O. §. 20. Schmidt, Kommentar dazu. (Berlin 1855.) S. 108. A. 71.

3) Ges. v. 2. Sept. 1862. (Ges.-Samml. S. 295.) Reskr. des Finanzministers v. 30. Sept. 1862. (Just.M.Bl. S. 294.) und v. 14. Febr. 1865. (Just.M.Bl. S. 47.)

4) L. Hartmann, Strafgesetze. (Berlin 1864.) S. 107. N. 44.

5) Stempelges. a. a. O. §. 20. Allerh. Kab.-Ord. v. 8. Jan. 1830. (Ges.-Samml. S. 9.)

6) Ohne Rücksicht auf das durch den Norddeutschen Bund begründete völkerrechtliche Verhältniß des Indigenats. Verf. des Norddeut. Bundes v. 26. Juli 1867. (Bundesgesetzbl. S. 1.) §. 3. Es ist zu erwarten und ein merkantiles Bedürfniß, daß im Geltungsgebiete der A. D. Wechselordn., wenigstens aber im Norddeutschen Bundesgebiete, gleiche Stempelabgaben erhoben werden und daß ein in einem Einzelstaate gestempelter Wechsel im ganzen Geltungsgebiete als gestempelt und daher als stempelfrei gilt.

7) Ges. v. 26. Mai 1852. (Ges.-Samml. S. 299.)

8) Stempelges. a. a. O. §. 20.

vorschreibt. Nicht acceptirte Wechsel an eigne Ordre und gewöhnliche Wechsel vor der Uebergabe an den Remittenten, die sich in dem Schreibtische oder in dem Nachlasse des Ausstellers befinden, sind nach Form und Substanz, auch Wechsel; allein sie haben keine Rechtsbedeutung und sind für die Außenwelt in keine Rechtsbeziehung getreten. Solche Schriftstücke sind Wechselversuche und ebensowenig stempelpflichtig, als Kontraktsformulare, die Jemand zur Uebung oder zu einem sonstigen Zwecke entworfen hat und aufbewahrt. Wenn sich daher auch die Worte des Gesetzes: „und ehe ein Geschäft mit dem Wechsel gemacht oder Zahlung darauf geleistet wird," nur auf ausländische Wechsel beziehen möchten [9]), zu welcher Annahme die Fassung des Gesetzes keine Veranlassung giebt [10]), so muß die Verpflichtung des Ausstellers zur Stempelung „gleich nach der Ausstellung" doch eine durch die Rechtsnatur des Wechsels gegebene Beschränkung dahin erleiden: daß ein inländischer Wechsel gestempelt werden muß, bevor der Aussteller denselben in Verkehr bringt, bevor er ihn zum Zwecke der Begebung oder Acceptation aus der Hand giebt, und daß er für die Stempelsteuer verantwortlich ist, wenn ein von ihm ausgestellter, d. i. substantiell gefertigter, Wechsel ungestempelt in Cirkulation kommt.

Ausländische Wechsel müssen „gleich nach dem Eingange in Preußen, und ehe ein Geschäft damit gemacht, oder Zahlung darauf geleistet wird", gestempelt werden. „Jeder inländische Inhaber eines noch nicht gestempelten Wechsels ist verpflichtet, denselben sofort zur Stempelung vorzulegen [11])."

Der Stempelsatz beträgt in Preußen bei trockenen und gezogenen Wechseln, welche über einen Betrag von 50 Thlr. bis 400 Thlr. einschließlich lauten, fünf Silbergroschen und steigt mit jeden 400 Thlrn. um fünf Silbergroschen, so daß also 400 Thlr. — 800 Thlr. einschließlich zehn Silbergroschen, 800 — 1200 Thlr. funfzehn Silbergroschen steuern [12]).

Die unterlassene Stempelung schadet zwar nicht der Gültigkeit des Wechsels, zieht aber eine Stempelstrafe nach sich, welche für gezogene und trockene [13]) Wechsel den 25fachen Betrag desjenigen ausmacht, was dadurch den Staatseinkünften entzogen ist. „Die Strafe ist besonders und ganz zu entrichten von einem jeden Inländer, der als Aussteller, Präsentant, Acceptant, Indossant oder Girant an dem Umlaufe des gedachten Papieres Antheil genommen hat, wie auch von ausländischen Mäklern, welche solche Papiere erweislich gehandelt haben. Außerdem ist der Betrag des Stempels selbst von dem Inhaber, mit Vorbehalt des Regresses an seine Vormänner, einzuziehen [14])." Der Begriff der Betheiligung am Umlaufe ist Gegenstand der thatsächlichen Feststellung. Der Umlauf, die Cirkulation des Wechsels, wird zunächst begründet durch Skripturakte, Indossament,

---

9) Schmidt a. a. O. S. 106. A. 3.
10) L. Hartmann a. a. O. 108. N. 49.
11) Stempelges. a. a. O. §. 20.
12) Stempelges. a. a. O. Tarif „Wechsel". Allerh. Kab.-Ord. v. 3. Jan. 1830. Ges. v 26. Mai 1852. Ueber den Stempelsatz für Wechsel in anderen Ländern vergl. Borchardt a. a. O. S. 67. Zusammenstellung der Wechseltarife in einer Extrabeilage zu Nr. 8. der Berliner Börsen-Zeitung für 1867. Für Oesterreich: Blaschke a. a. O. S. 86.
13) L. Hartmann a. a. O. S. 107. N. 46.
14) Stempelges. a. a. O. §. 26.

Accept. Jeder Skripturakt bewirkt ein Wechselversprechen. Die Betheiligung an dem Umlaufe des Wechsels ist daher zunächst in Beziehung zu setzen zu den einzelnen Skripturakten, welche der Wechsel trägt, dann aber auch zu der Thätigkeit bei der Realisirung des Wechselversprechens; Präsentation zum Zweck der Annahme oder Zahlung bei gezogenen Wechseln. Die Thatsache des Besitzes für sich allein, und selbst in Verbindung mit dem Umstande der Klageanstellung, begründet keine strafbare Betheiligung an dem Umlaufe eines ungestempelten Wechsels. Der Produzent, und also auch der Kläger aus einem ungestempelten Wechsel, ist nur zur Nachbringung des Stempels, vorbehaltlich seines Regresses an den eigentlichen Kontravenienten, verpflichtet [15]). Die Giros eines gestempelten Wechsels und die Prolongation eines Wechsels überhaupt sind stempelfrei [16]). Wechselproteste, ohne Unterschied, von wem sie aufgenommen werden, erfordern einen Stempel von 15 Sgr. [17]). In demselben muß, bei Strafe, vermerkt werden, mit welchem Stempelbetrage der protestirte Wechsel gestempelt oder, daß er mit einem inländischen Stempel gar nicht versehen ist [18]).

Viertes Kapitel.

Die Mängel des Wechsels.

§. 69.

Die Formlosigkeit des Wechsels und Wirkung derselben.

Bedingung der Rechtsgültigkeit des Wechsels ist die Beobachtung der im Gesetze vorgeschriebenen Form. Die in der Allgemeinen Deutschen Wechselordnung aufgeführten Bestandtheile sind zum rechtlichen Begriffe des Wechsels so absolut nothwendig, daß die Autonomie der Parteien [1]) und die richterliche Interpretation [2]) in sehr enge Grenzen eingeschlossen sind. Die Wechselurkunde ist, in Ansehung ihrer rechtlichen Existenz und Bedeutung, nach ihrem schriftwörtlichen Inhalte, nicht nach der sonst etwa obwaltenden Absicht der Kontrahenten zu prüfen und auszulegen. Das Recht, dessen Träger die Wechselurkunde ist, wird begründet durch die Form; eine Verletzung der Form zieht die Ungültigkeit des Wechsels nach sich. Ein formunrechter Wechsel ist eben kein Wechsel, denn der Wechsel ist die Skriptur in der streng gesetzlichen, absoluten Form. Dagegen ist es für den Wechsellauf und für die, durch die Cirkulation entstehenden Wechselrechte gleichgültig, ob der Grundwechsel, oder einzelne accessorische Wechselakte auch materiell zu Recht beständig sind, da der Wechsel als ein abstrakter Formal-

---

15) Stempelges. a. a. O. §. 22. Erk. des O.Tr. in Berlin vom 27. Juli 1862. (Just.M.Bl. 1862. S. 250.)

16) Schmidt a. a. O. S. 300. 301.

17) Schmidt a. a. O. S. 259. 288.

18) Allerh. Kab.-Ord. v. 3. Jan. 1830.

1) Vergl. §. 20. 21. 66.

2) Vergl. §. 21. Erk. des O.Tr. in Berlin v. 5. Juli 1851. (Strieth. Arch. Bd. 2. S. 222.)

akt zur Prüfung materieller Rechtsverhältnisse weder Gelegenheit, noch rechtliche Verpflichtung gibt [3]). Die Ergänzung eines, in mangelhafter Form ausgestellten Wechsels, oder einer Wechselerklärung überhaupt, kann durch Hinzufügung des fehlenden Erfordernisses im Allgemeinen nur von demjenigen in rechtsgültiger Weise erfolgen, von welchem der Wechsel oder die Erklärung ausgestellt ist. Es kann daher der in dem Wechsel etwa fehlende Zahlungstag oder Zahlungsort nicht von dem Bezogenen bei der Acceptation, z. B. in der Art: angenommen und zahlbar am . . . . oder: angenommen und zahlbar zu . . . . [4]), hinzugefügt werden. Wird aber ein Wechsel oder sonst eine Wechselerklärung in unvollständiger Form, z. B. mit Offenlassung des Zahlungstages, ausgestellt, unterschrieben und übergeben, so ist die Ausfüllung und Vervollständigung eines solchen Wechsels durch einen Dritten nach den Grundsätzen einer in blanco gegebenen Wechselunterschrift zu beurtheilen.

Ist ein Wechsel in seinen wesentlichen Bestandtheilen so unleserlich dargestellt, daß der Inhalt auf sinnliche Weise nicht ermittelt werden kann, so ist dadurch der schrifturkundliche Begriff des Wechsels selbst zerstört. Die größere oder geringere Schwierigkeit in der Entzifferung des Inhaltes hängt allerdings von den konkreten Verhältnissen eines jeden einzelnen Falles ab, und namentlich kann an die, mit der Persönlichkeit des Schreibers sich identificirende Unterschrift nicht der Maßstab der Leserlichkeit für Jedermann gelegt werden. Die meisten Unterschriften sind für Dritte schwer leserlich. Der Richter hat von Amtswegen keine Pflicht, die Unterschrift, welche der Wechsel trägt, zu entziffern. Er kann dem Verklagten die Rekognition oder Diffession überlassen. Ist der sonst vielleicht leserlich und deutlich gewesene Inhalt eines Wechselbriefes in einem seiner wesentlichen Bestandtheile durch mechanische Einwirkung, (Rasur, Durchstreichung, Abänderung) unleserlich und undeutlich gemacht worden, so fehlt einer solchen Urkunde die vorgeschriebene Form und diejenige Sicherheit und Gewißheit, welche ein cirkulationsfähiges Wechselpapier, dessen Inhalt für Jedermann gleich erkennbar sein soll, erfordert. Ein solcher mangelhafter Wechsel hat daher, da der formale Karakter eines Wechsels eine Feststellung des Inhaltes durch Beweisaufnahme ausschließt, keine wechselmäßige Wirkung.

§. 70.

Die Mängel des Wechselinhaltes, Korrekturen, Abänderungen.

Der Inhalt eines Wechsels muß in seiner äußeren sinnlichen Darstellung klar, bestimmt und unzweifelhaft sein. Der Sinn und die Bedeutung des durch die Schrift versinnlichten Willens darf nicht erst auf dem Wege der juristischen Interpretation oder einer außerhalb dem Wechsel liegenden Ermittelung gefunden werden. Wie daher Widersprüche und Ungenauigkeiten in dem urkundlichen In-

3) Art. 3. 36. 75. 76. A. D. W.O. Leipz. Prot. S. 18. Renaud a. a. O. §. 16.

4) In der Leipz. Konferenz S. 18. wurde der Antrag gemacht, dem Bezogenen und dem Indossanten die Befugniß zur Ergänzung eines mangelhaften Wechsels in gewisser Beziehung vorzubehalten; allein der Antrag fand keinen Beifall, weil aus dem Vorschlage sich auch würde rechtfertigen lassen, daß der Bezogene die fehlende Unterschrift des Ausstellers ergänzen könne. Leipz. Prot. S. 230. Brauer a. a. O. S. 43.

halte des Wechsels als innere Gründe der Ungültigkeit sich darstellen, so sind Aenderungen, Einschaltungen, Durchstreichungen, Rasuren äußere Gründe der Ungültigkeit. Es kommt auch nicht auf die Veranlassung zu diesen Veränderungen und darauf an, ob sie durch Zufall, Absicht, Irrthum, Betrug (dolus) entstanden sind. Eine in dem wesentlichen Inhalte eines Wechsels vorgenommene Rasur rc. läßt Zweifel gegen die Originalität aufkommen und macht den Wechsel in seiner Totalität ungültig. Das ist auch der Fall, wenn ein Wechsel zerrissen und wieder zusammengeklebt ist, da dieser Umstand den Zweifel rege macht, ob ein Berechtigter den Wechsel kassirt, und ein Unberechtigter ihn wieder zusammengefügt hat.

Was den Wechsel selbst in der Form zerstört, ist auch geeignet, eine accessorische Wechselerklärung, (Accept, Indossament, Aval) in ihrer wechselmäßigen Wirkung aufzuheben. Ein Accept daher, welches durchstrichen ist, hat, ohne Rücksicht auf die Veranlassung des Durchstreichens, ebensowenig eine wechselrechtliche, durch die Form getragene Existenz, als der Wechsel, dessen Unterschrift zerstört ist [1]).

1) Schon im gewöhnlichen Geschäftsleben ist das Aus- und Durchstreichen ein Mittel, Geschriebenes zu vernichten und auszulöschen, für nicht geschrieben zu erklären. Ein durch die Schrift fixirter Gedanke wird in seiner sinnlichen Darstellung durch das Ausstreichen der Schrift aufgehoben, als nicht bestehend dargestellt. Die rechtliche Existenz von Vertragsverhältnissen wird zwar durch die Zerstörung der darüber ausgefertigten Urkunden an sich nicht aufgehoben, da die Möglichkeit gegeben ist, den materiellen Inhalt in rechtsverbindender Weise durch Beweis wiederherzustellen, §. 170 ff. Thl. I. Tit. 5. A. Pr. L.R. §§. 120 ff. Thl. I Tit. 10. A. Pr. G.O; allein unter Umständen wird der Kassation und daher auch dem Ausstreichen der Vertragsurkunde doch ein die Obligation aufhebender Einfluß beigelegt. §. 385 ff. Thl. I Tit. 5. A. Pr. L.R. Für die gerichtliche Aufnahme von Willenserklärungen wird dem Richter auch die Pflicht auferlegt, jede Dunkelheit und Zweideutigkeit in dem Ausdrucke, und namentlich in dem Protokolle Rasuren, Korrekturen und Abkürzungen zu vermeiden, §. 43 ff. Thl. II. Tit. 2. A. Pr. G.O. §. 155. Thl. I. Tit. 12. A. Pr. L.R. Und weil durch derartige Mängel die Beweiskraft einer Urkunde geschwächt wird, ist aus einer Urkunde, in welcher sich Korrekturen oder Durchstreichungen wesentlicher Stellen vorfinden, der Exekutivprozeß unzulässig. v. Bayer a. a. O. §. 43.

In dem kaufmännischen Geschäftsleben wird das Ausstreichen in vielfacher Weise als Zeichen der geschehenen Aufhebung eines in der Schrift zum Ausdrucke gekommenen Rechtsgeschäftes erachtet. So streicht der Acceptant und Domiciliat, nach geschehener Zahlung, das Accept, der im Voraus quittirende Präsentant bei nicht erfolgter Wechselzahlung seine Quittung und der Depositar des Acceptexemplars, nach geschehener Ausantwortung desselben, den Versendungsvermerk aus, mit der Wirkung, daß die ausgestrichenen Worte ihre wechselrechtliche Bedeutung verlieren. Auch die Allgemeine Deutsche Wechselordnung läßt das Ausstreichen des Indossaments in diesem Sinne zu, indem sie im Art. 36 bestimmt, daß ausgestrichene Indossamente bei der Prüfung der Legitimation als nicht geschrieben angesehen werden, und im Art. 55. dem Indossatar, welcher einen seiner Nachmänner befriedigt hat, gestattet, sein eigenes und seiner Nachmänner Indossamente auszustreichen, jedenfalls zu dem Zwecke und mit der Wirkung, damit der einlösende Indossant von dem Regresse befreit werde. Das Bremische Einführungsgesetz vom 25. April 1850 giebt die Wirkung ausdrücklich dahin an: „Die Ausstreichung aller späteren Indossamente überhebt den Wechselinhaber der Nothwendigkeit des Beweises der erfolgten Wiedereinlösung des Wechsels.“ Die Allgemeine Deutsche Wechselordnung legt daher dem Ausstreichen der Indossamente eine zerstörende, die wechselmäßige Kraft aufhebende Wirkung bei. Der Art. 21. der A. D. W.O. stellt zwar den Rechtssatz auf: daß die einmal erfolgte Annahme nicht wieder zurückgenommen werden kann, allein diese Bestimmung schließt die mechanische Zerstörung des Accepts durch Ausstreichen oder Abreißen des Acceptationsvermerkes nicht aus. Ein Accept verliert durch Ausstreichen seine wechselmäßige Form und dadurch nothwendig seine wechselrechtliche Bedeutung. (Aliquando in ipsa scriptura committitur falsum: quod ex sola diversitate atramenti non praesumitur, facileque latet in cambio raso vel inducto Franck l. c lib. II sect. 6 tit 4. § 7 Pr. Entw. v. 1836. §. 150 ff., Motive dazu S. 202. Entw v. 1838. §. 164 ff., Motive dazu S. 52. Entw. v. 1845. §. 245 ff. 252 ff., Motive dazu S. 53 ff. Entw. v. 1846, Kommissionsbericht dazu S. 113. Leipz. Prot. S. 6970. Wächter im Arch. f. D. W.R. Bd. 6 S. 41, Bd. 8. S. 121. Thol a. a. O. Bd. 2. §§. 173. 319. Erk. des O.Tr in Berlin vom 20. Februar 1855 und 14. Juni 1856. (Arch. a. a. O. Bd. 5. S. 90, Bd. 6. S. 329.) Erk. des O.A.G. zu Dresden v. 1860. (Arch. a. a. O. Bd. 10. S. 308.) Da-

Dagegen wird die Gültigkeit des Grundwechsels nicht zerstört durch die Formwidrigkeit eines accessorischen Wechselaktes oder durch das Ausstreichen von Momenten, welche nicht zu den wesentlichen Erfordernissen eines Wechsels gehören. Ein Ausstreichen des Valutabekenntnisses, der Angabe über die Stellung „auf Rechnung", „auf Bericht", des Domicilvermerkes, der Nothaddresse, des Accepts, des Indossaments, Avals 2c. ist ohne Einfluß und zerstört zwar das durch den Vermerk begründete Rechtsverhältniß, nicht aber die Gültigkeit des Grundwechsels.

Ein formwidriger Grundwechsel ist nicht geeignet, Träger einer accessorischen Wechselerklärung zu sein[2]), denn das Accept, Indossament u. s. w. stehen, bei aller materiellen Selbstständigkeit, in formeller Abhängigkeit von dem Grundwechsel und setzen einen in der Form richtigen Wechsel voraus. Der einem formunrichtigen Wechsel beigefügte accessorische Wechselakt ist daher ungültig und begründet keine wechselmäßigen Rechte.

Leidet ein Wechsel an einem wesentlichen Mangel, fehlt z. B. die Unterschrift, der Zahlungstag, die Wechselsumme, oder ist ein wesentlicher Bestandtheil durchstrichen, so ist der Richter verpflichtet, diesen Mangel von Amtswegen zu berücksichtigen und nicht erst den Einwand des Verklagten abzuwarten, da auf Grund einer Urkunde, welche kein Wechsel ist, kein wechselmäßiges Prozeßverfahren eingeleitet werden kann[3]).

§. 71.

Falsche und verfälschte Wechsel. Einfluß der Falschheit auf die Wechselobligation.

Die älteren wechselrechtlichen Systeme[1]) enthalten zum Theil sehr eingehende Bestimmungen über die Verfälschung von Wechseln, und dieser Methode ist auch das Allgemeine Preußische Landrecht[2]) gefolgt. Die in dem letzteren enthaltenen Vorschriften bezwecken neben dem Schutze des Betrogenen auch die strafrechtliche Feststellung des Betruges und die Ermittelung der Person des Betrügers. Der Code de commerce hat der Rechtsmaterie über die Fälschung der Wechsel dagegen gar keine Erwähnung gethan. Die neueren Preußischen Entwürfe haben die Lehre über falsche Wechsel in Verbindung gesetzt mit der Materie über Korrekturen und sichtbare Veränderungen, und die Ungültigkeit der Wechselbeurkundungen, an

gegen lassen den Beweis über die nicht in der Absicht der Liberation geschehene Zerstörung (Zerreißen, Ausstreichen) auch im Wechselprozesse zu die Erk. des O.Tr. in Berlin vom 4. Mai 1861 und 10. März 1864. (Arch. a. a. O. Bd. 12. S. 170 und Bd. 14. S. 191.) Auch Arch. a. a. O. S. 229. Ueber das Ausstreichen des Accepts vergl. §. 112.

2) Art. 7. A. D. W.O.

3) Thol a. a. O. Bd. 2. §. 172. Erk. d. O.Tr. in Berlin v. 22. März 1859. (Strieth. Arch. Bd. 32 S. 343.) Borchardt a. a. O. S. 264. Zus. 481. Erk. des O.Tr. in Berlin v. 26. Okt. 1858. (Arch. a. a. O. Bd. 9. S. 74.) Erk. v. 24. Okt. 1867. (Entsch. Bd. 59. S. 297.) Kitka, im Arch. a. a. O. Bd. 4. S. 127 ad 14. Erk. des obersten Gerichtshofes in Wien von .... (Archiv a. a. O. Bd. 5. S. 434.) Anderer Ansicht: Erk. d. obersten Gerichtshofes in Wien v. 22. Oktbr. 1852. (Arch. a. a. O. Bd. 3. S. 344.)

1) Franck l. c lib II exerc 6. tit 4. §§. 1 sq. Janus Bondt, spec. inaug. de periculo damni ex falso lit. camb. etc Lugd. Batav. 1788. F. A. van Hall (Amsterd 1828.) Bender a. a. O. Bd. 2. S. 218. Hoffmann, Ueber Wechselfälschung im Arch. f. D. W.R. Bd. 6. S. 236.

2) Thl. II. Tit. 8. §§. 1137.

welchen solche Korrekturen ꝛc. sichtbar sind, ausgesprochen, theils weil den Veränderungen in der Regel Verfälschungen zu Grunde liegen, theils weil eine derartige Bestimmung das Publikum zur Aufmerksamkeit und zur Zurückweisung von Wechselbriefen, in welchen verdächtige Veränderungen erkennbar seien, veranlasse [3]).

Erst der unter Zuziehung von Sachverständigen berathene Entwurf vom Jahre 1846 [4]) hat jene Verbindung aufgehoben, die Lehre von den Rasuren ꝛc. ganz aus dem Systeme des Wechselrechts entfernt und über die Fälschung von Wechseln bestimmte Fundamentalsätze aufgestellt, welche denn auch zum Theil in den letzten Preußischen Entwurf vom Jahre 1847 [5]) und in die Allgemeine Deutsche Wechselordnung [6]) übergegangen sind. Die letztere hat in der Lehre von falschen Wechseln nur die Fälschung oder Verfälschung der Unterschrift des Ausstellers des Wechsels speciell hervorgehoben; die Fälschung oder Verfälschung der Unterschrift eines accessorischen Wechselaktes, z. B. des Accepts, des Indossaments, des Avals, aber ebensowenig, als die Fälschung oder Verfälschung des Inhaltes einer Wechselerklärung besonders erwähnt. Allein was von der Fälschung der Unterschrift des Ausstellers eines Wechsels gilt, ist auch Rechtens für die Fälschung oder Verfälschung eines accessorischen Wechselaktes. Denn vom wechselrechtlichen Standpunkte aus bildet jede Wechselerklärung, also nicht allein der Grundwechsel, sondern auch das Accept, das Indossament u. s. w. eine selbstständige, unabhängige wechselmäßige Verpflichtungsform, einen Wechsel. Der Schwerpunkt der wechselmäßigen Verpflichtung, der wechselmäßige Obligationsgrund, liegt in der Eigenhändigkeit der Unterschrift; die mechanische Darstellung des Inhaltes einer Wechselerklärung ist dagegen von untergeordneter Bedeutung. Daher ist auch die Fälschung oder Verfälschung der Unterschrift gerade im Wechselrechte von ganz besonderer Wichtigkeit. Die rechtliche Wirkung der Fälschung oder Verfälschung der Unterschrift eines Wechsels oder eines accessorischen Wechselaktes hat die Allgemeine Deutsche Wechselordnung jedoch nur in negativer Weise und nach einer Seite hin bestimmt, nämlich in Beziehung auf diejenigen, durch denselben Papierkörper getragenen Wechselakte, die echt und richtig sind, bei denen eine Fälschung oder Verfälschung nicht vorgekommen ist. Dieselbe hat den wechselrechtlichen Grundsatz aufgestellt: daß die echten und richtigen Wechselerklärungen durch die Fälschung anderer Wechselakte nicht in Mitleidenschaft gezogen werden sollen. Das ist die reine wechselrechtliche Seite in der Lehre von der Wechselfälschung, und der aufgestellte Rechtssatz findet seine Begründung in der selbstständigen und abstrakten Natur jeder einzelnen Wechselerklärung. Die rechtliche Wirkung der Fälschung in Bezug auf die, von der letzteren betroffenen Wechselakte und die daraus unmittelbar interessirenden Personen, fällt nicht unter das Wechselrecht, sondern unter die Bestimmungen des Civilrechts [7]).

---

3) Preuß. Entw. v. 1836. §§. 150 ff., Motive, S. 202. Entw. v. 1838. §§. 164 ff., Motive, S. 52: Entw. v. 1845. §§. 245 ff., 252 ff., Motive, S. 53 ff.

4) Kommissionsbericht dazu S. 113.

5) §§. 71. 72.

6) Art. 75, 76; über die Entstehungsgeschichte vergl. Goldschmidt in der Zeitschr. für das ges. Handelsr. Bd. 8. S. 320. Arch. f. D. W.R. Bd. 6. S. 247.

7) Mot. zum Preuß. Entw. S. LXXI. Leipz. Prot. S. 141. Brauer a. a. O. S. 132.

Die Unterschrift eines Wechsels und daher der Wechsel selbst ist falsch, wenn die Namenszeichnung von einer anderen, als der benannten Person herrührt; verfälscht, wenn die richtige Unterschrift, z. B. durch einen unrichtigen Zusatz „und Kompagnon", „und Söhne", in einen falschen Namen verwandelt ist [8]). Daß wechselmäßig nur Derjenige verhaftet ist, welcher den Willen gehabt hat, in eine Wechselobligation einzutreten, und diesen Willen durch seine in wechselmäßiger Form ertheilte Unterschrift äußerlich erkennbar gemacht hat, das folgt aus allgemeinen Rechtsgrundsätzen, welche auch für das obligatorische Wechselrecht maßgebend sind. Es kann daher aus einem Wechselakte als Trassant, Acceptant, Indossant derjenige keine Verpflichtung überkommen, der jenen Willen nicht gehabt, und der als äußeres Zeichen dieses Willens seine Namensunterschrift für eine Wechselerklärung nicht gegeben hat [9]). Ein in Ansehung der Unterschrift falscher oder verfälschter Wechsel, und ein in Ansehung der Unterschrift falscher oder verfälschter accessorischer Wechselakt, Accept, Indossament, Aval, haben daher keine wechselmäßige Wirkung in Ansehung derjenigen, deren Name gemißbraucht worden ist. Der Nicht-Unterschreibende hat nicht den Willen gehabt, eine Wechselobligation einzugehen und keine Handlung vorgenommen, durch welche eine Wechselobligation rechtliche Existenz erlangt; das ohne seinen Willen und ohne seine eigene Unterschriftsertheilung, durch fremde Thätigkeit, betrüglicher Weise, entstandene Schriftstück in Wechselform ist zwar in seiner äußeren Erscheinung möglicher Weise ein Wechsel, allein das rechtliche Band zwischen diesem Papierkörper und dem Träger des gemißbrauchten Namens fehlt bei dem Mangel des Verpflichtungswillens und der Eigenhändigkeit der Unterschrift. Der Mangel der Eigenhändigkeit, dieses nothwendigen Erfordernisses jeder wechselmäßigen Verhaftung, gewährt rechtlichen Schutz gegen jeden Inhaber des Wechsels, ohne Rücksicht auf die Gutgläubigkeit zur Zeit des Erwerbes. Für den Nicht-Unterschreibenden, für denjenigen also, dessen Name gefälscht worden, existirt in rechtlichem Sinne kein Wechsel. Aber auch für denjenigen, welcher den fremden Namen zu einem Wechsel benutzt hat, für den Fälscher, existirt keine Wechselverbindlichkeit, denn der Wechsel trägt nicht den Namen des Schreibers der Unterschrift. Es fehlt daher die wechselmäßige Passivlegitimation [10]).

Es kann aber auch die richtige Unterschrift eines Wechsels gefälscht sein. Das kann geschehen durch Zusätze (unrichtige Vornamen, falsche Bezeichnung), durch Versetzung oder Aenderung der Buchstaben. Die Person, deren Name durch solche Verfälschung hervorgebracht worden, haftet aus dem Wechsel nicht, denn es fehlt die Eigenhändigkeit, der verpflichtende Obligationswille; dagegen haftet aber der ursprünglich Unterschreibende, insofern der Wechsel nicht durch sichtbare Rasuren, vollständige Vernichtung der eigentlichen Unterschrift u. s. w.

Erk. d. O.Tr. in Berlin v. 3. Juni 1858. (Arch. f. D. W.R. Bd. 9. S. 195. Entsch. Bd. 39. S. 244.) Arch. f. D. W.R. Bd. 3. S. 406.

8) Mot. z. Pr. Entw. v. 1838. S. 53. Bender a. a. O. Bd. 2. S. 220. Treitschke a. a. O. Bd. 1. S. 411. Bluntschli a. a. O. S. 119. Kuntze a. a. O. S. 111.

9) Erk. d. O.Tr. in Berlin v. 16. Septbr. 1854. (Entsch. Bd. 29. S. 182.)

10) Renaud a. a. O. S. 47.

ungültig gemacht worden ist, insoweit, als die Echtheit seiner Unterschrift aus dem Wechsel selbst überzeugend hergestellt werden kann[11]. Die Thatsache der Eigenhändigkeit der Unterschrift kann durch Zeugen, testes videntes, recognitio per testes, durch Vergleichung der Unterschrift, comparatio literarum, und am einfachsten durch Rekognition oder eidliche Diffession festgestellt werden[12].

Es kann zwar die Unterschrift echt, aber der Inhalt des Wechsels, z. B. die Wechselsumme, die Verfallzeit, der Domizilvermerk, falsch oder gefälscht sein[13]. Diese Falschheit kann ihren Grund haben darin, daß der richtige Skriptur-Inhalt nach der Fertigung des Wechsels, ohne Genehmigung des Ausstellers, also rechtswidrig, geändert, daher verfälscht ist. Der Verpflichtungswille des Ausstellers wird begrenzt durch den ursprünglichen Inhalt des Wechsels. Weiter, als der Inhalt der Wechselerklärung geht, hat er sich nicht verpflichten wollen, der Nehmer daher auch kein Recht erwerben können. Für den Umfang der Verpflichtung des Ausstellers ist daher in allen Stadien des Wechsellaufes und jedem Inhaber gegenüber, ohne Rücksicht auf die bona fides, der Inhalt des Wechsels maßgebend zur Zeit der Perfektion des Wechsels. Eine spätere betrügliche Veränderung des ursprünglichen Inhaltes kann die Verpflichtung des Ausstellers nicht erhöhen. Die rechtliche Vermuthung spricht aber, bei Anerkennung der Unterschrift, für die Richtigkeit des Wechselinhaltes, und Sache des Ausstellers ist es daher, den Beweis der Fälschung zu führen, und durch diesen Beweis dem Inhaber die Möglichkeit zu geben, den ursprünglichen Umfang der Wechselpflicht festzustellen[14]. Andere Grundsätze gelten, wenn der Aussteller seine Unterschrift in blanco ertheilt, und der Nehmer oder ein Dritter den Wechsel, dem Vertragsschlusse zuwider, ausgefüllt hat. Die Gefahr der Fälschung eines ausgefüllten Wechsels ist im Ganzen gering, da die Fälschung bei einiger Aufmerksamkeit doch möglicherweise entdeckt werden kann; größer ist die Gefahr des Mißbrauches einer Blanko-Unterschrift. Wer daher seine Unterschrift in blanco giebt, muß dem Publikum gegenüber auch die Gefahr der Ausfüllung übernehmen und kann den Einwand des vertragswidrigen Inhaltes nicht dem gutgläubigen Dritten, sondern nur dem unredlichen Kontrahenten entgegensetzen. Die Einrede gegen den Letzteren karakterisirt sich daher weniger als eine exceptio falsi, wie als eine exceptio doli, indem sie auf die Thatsache eines Vertragsbruches gegründet ist. Dieselbe Rechtsauffassung findet Anwendung, wenn die Blanko-Unterschrift nicht für die Ausfüllung eines Wechsels, sondern zu einem anderen Zwecke, oder gar nicht gegeben, sondern heimlich, betrüglich erlangt, und zu einem Wechsel verwendet wor-

---

11) Bender a. a. O. Bd. 2. S. 229. Bluntschli a. a. O. S. 119. 120. Liebe, W.O. S. 201. Renaud a. a. O. S. 47. No. 3. Kuntze a. a. O. S. 12.

12) A. Pr. G.O. Thl. I. Tit. 27. §. 20. Tit. 10. §. 120. Hoffmann im Arch. f. D. W.R. Bd. 6. S. 263.

13) Arch. f. D. W.R. Bd. 6. S. 101 ff. 220 ff. 312. Bd. 10. S. 212 ff Bd. 12. S. 200 ff. Borchardt a. a. O. S. 180. Zus. 340. S. 181. Zus. 342.

14) Bender a. a. O. Bd. 2. S. 236. Liebe, W.O. S. 205. Hoffmann im Arch. f. D. W.R. Bd. 6. S. 261. 263. Renaud a. a. O. S. 47. Thol a. a. O. Bd. 2. §. 309. I. Blaschke a. a. O. S. 268. Arch. f. D. W.R. Bd. 3. S. 406. Erk. d. O.Tr. in Berlin v. 3. Juni 1858. (Arch. a. a. O. Bd. 9. S. 195 u. Entsch. Bd. 39. S. 244.) Erk. v. 15. Novbr. 1859. (Arch. a. a. O. Bd. 11. S. 320.) Goldschmidt, Zeitschr. Bd. 1. S. 601.

den ist. Dem Wechselverkehre würde die größte Gefahr drohen, sollten bei echter Unterschrift Einreden gegen die Echtheit des Inhaltes zugelassen werden. Der verpflichtende Akt liegt in der Unterschrift; die Echtheit der letzteren deckt, dem redlichen Inhaber gegenüber, den unechten Inhalt[15]). Die exceptio falsi, mit Ausnahme des Falles, daß der urkundliche Inhalt einer Wechselerklärung gefälscht worden ist, geht in personam, d. i. gegen den Fälscher, nicht gegen den gutgläubigen Inhaber des Wechsels.

Gleiche Grundsätze über die Fälschung oder Verfälschung finden auch auf die wechselmäßigen Nebenerklärungen, auf die accessorischen Wechselakte, das Accept, das Indossament, den Aval, Anwendung. Wie der Grundwechsel in Ansehung der Unterschrift und des Inhaltes falsch oder verfälscht sein kann, so kann auch ein accessorischer Wechselakt in Ansehung der Unterschrift und des Inhaltes falsch oder verfälscht sein. Der Einfluß der Falschheit für den accessorischen Wechselakt ist derselbe, wie für den Grundwechsel; die falsche Unterschrift als Acceptant, Indossant, Avalist verpflichtet denjenigen nicht, dessen Unterschrift gemißbraucht worden ist. Auch für die accessorischen Wechselakte ist die Eigenhändigkeit der Unterschrift Bedingung der Rechtsgültigkeit. Wie der Aussteller nach dem urkundlichen Inhalte des Wechsels sich verpflichtet, so haften der Acceptant, Indossant und Avalist nach dem Umfange der Wechselverpflichtung zur Zeit des Eintrittes in die Obligation. Eine später vorgenommene Fälschung des Grundwechsels oder eines accessorischen Akts kann ihre Wechselpflicht nicht erhöhen und nicht erschweren. Die materielle Selbstständigkeit und Unabhängigkeit der accessorischen Wechselakte von dem Grundwechsel und von anderen Wechselerklärungen, welche dasselbe Papier trägt, haben jedoch die Wirkung, daß die accessorischen Wechselakte nicht beeinflußt werden durch die materiellen Mängel, welche dem Grundwechsel oder anderen wechselmäßigen Nebenerklärungen ankleben. Der Transport des Wechsels erfolgt ausschließlich unter dem Schutze der Form. Die Erwerber und selbst der erste Nehmer[16]), wenn er den Wechsel, wie häufig der Fall ist, durch Korrespondenz oder aus der Hand eines Mäklers empfängt, sind meistens außer Stande, in Ansehung früherer Wechselakte die materielle Gültigkeit, selbst die Eigenhändigkeit der Unterschrift zu prüfen. Ihre Aufmerksamkeit richtet sich daher nur auf die Prüfung der äußeren Form. Schon diese Verhältnisse des merkantilen Verkehrs führen auf die Bestimmung hin, welche das Wechselrecht des Inhabers unabhängig macht von den Eventualitäten, die außer dem Bereiche der Prüfung liegen, nämlich von der materiellen Gültigkeit und Echtheit der ein=

---

15) Borchardt im Arch. f. D. W.R. Bd. 3. S. 383. Erk. d. O.Tr. in Berlin. (Arch. a. a. O. Bd. 2. S. 328.) Erk. d. O.A.G. zu Dresden v. 26. Juni u. 22. Novbr. 1862. (Arch. a. a. O. B. 12. S. 372.) Borchardt a. a. O. S. 267 ff. Koch a. a. O. S. 95. 167 ff. 315. Renaud a. a. O. §. 16. A. 3. Gelpke, Zeitschr. Heft 2. S. 173. Zum Theil anderer Ansicht: Hoffmann im Arch. a. a. O. Bd. 6. S. 236 ff. Thol a. a. O. Bd. 2. S. 704. Wolff im Arch. a. a. O. Bd. 15. S. 152.

16) In der Leipziger Konferenz wurde von Thöl die Ansicht ausgesprochen, daß der Acceptant eines falschen oder verfälschten Wechsels dem ersten Nehmer nicht verhaftet sei, weil derselbe im Stande sei, sich über den Geber zu vergewissern; allein die Ansicht erhielt in dem Gesetze keinen Ausdruck. Leipz. Prot. S. 142. Bluntschli a. a. O. S. 121. Jolly im Arch. f. D. W.R. Bd. 2. S. 179. Renaud a. a. O. S. 47. N. 7. Kuntze a. a. O. S. 112.

zelnen Wechselakte. Es gilt daher der wechselrechtliche Grundsatz [17]), daß bei der Formrichtigkeit des Grundwechsels die Unechtheit und Falschheit des Wechsels und einzelner Wechselakte ohne Einfluß sind auf die Rechtsgültigkeit der einzelnen Wechselerklärungen. Es kann daher der Grundwechsel falsch, unecht und für den Aussteller wirkungslos sein, und das Accept und die dem Wechsel hinzutretenden Indossamente sind gültig. Und ebenso kann der Grundwechsel echt und richtig sein, und die Transportakte, sowie das Accept sind falsch oder verfälscht, ohne daß durch die Falschheit des einen Wechselaktes die echten Wechselerklärungen beeinträchtigt werden. Es kann daher ein falscher Wechsel der Träger echter und falscher accessorischer Wechselakte sein. Jeder in den Wechselverband eintretende Verpflichtete geht, in formalem Anschlusse an den Grundwechsel, eine selbstständige Wechselobligation ein und er kann sich nicht auf die Unechtheit der Wechselakte seiner Vormänner berufen, um seine eigene Wechselpflicht abzuwenden oder zu modifiziren. Der Indossant, der Acceptant und Avalist versprechen gleich den Trassanten die Wechselsumme an den rechtmäßigen Inhaber des Wechsels zu zahlen auf Grund selbstständiger, von der Wechselerklärung des Ausstellers und der übrigen Wechselverbundenen unabhängiger, wechselmäßiger Formalakte, und es kann daher die von jedem Einzelnen eingegangene Wechselobligation durch die Verfälschung anderer Wechselerklärungen nicht alterirt werden [18]). Es haften daher der Geber eines echten Accepts, der Geber eines echten Wechsels und die Geber echter Indossamente jedem Inhaber wechselmäßig, wenn auch andere vorstehende Giri unecht oder verfälscht sind.

Aus der rechtlichen und substantiellen Selbstständigkeit der einzelnen Wechselakte folgt aber auch ferner der Rechtssatz: daß jeder accessorische Wechselakt auf der Basis des Wechsels erfolgt, wie er zur Zeit der Wechselerklärung sich darstellt, selbst wenn jene Basis durch Fälschung herbeigeführt sein sollte. Der erste Nehmer ist daher nach dem Inhalte des Wechsels zur Zeit des ersten Indossaments, jeder nachfolgende Indossant nach dem Inhalte zur Zeit der Begebung, und der Acceptant nach dem Inhalte zur Zeit des ertheilten Accepts, nicht mehr und nicht geringer, verhaftet; denn ein jeder Wechselverbundene hat sein Wechselversprechen nach dem urkundlichen Inhalte des Wechsels zur Zeit seiner Wechselerklärung einzulösen [19]). Die Ansicht [20]), daß derjenige Indossant, welcher zuerst die Tratte mit der größeren Summe begeben hat, zur Deckung verpflichtet sei, entspringt aus der Theorie des Indossaments als einer neuen Tratte und findet in dem Gesetze und in der Wissenschaft keine Bestätigung.

Eine eigene Art fremder Wechsel sind die sog. Kellerwechsel [21]), fingirte,

---

17) Art. 75. 76. A. D. W.O.

18) Bender a. a. O. Bd. 2. S. 222 ff. Liebe a. a. O. S. 200 ff.

19) Bender a. a. O. Bd. 2. S. 231. 232. 236. 239. Liebe, W.O. S. 205. Jolly im Arch. f. D. W.R. Bd. 6. S. 227. Hoffmann im Arch. a. a. O. Bd. 6. S. 251. 255. 262. Kuntze a. a. O. S. 112. Thol a. a. O. Bd. 2. §. 309. Arch. a. a. O. Bd. 3. S. 406.

20) Thöl a. a. O. Bd. 2. S. 664.

21) Büsch, Darst. der Handlung Bd. 2. S. 145. Bender a. a. O. Bd 2. S. 60. Kheil a. a. O. §. 365 und im Arch. f. D. W.R. Bd. 10. S. 185. Schmidt, Wechselkunde S. 14. Wächter a. a. O. §. 73.

Ideal- oder Proformawechsel, d. ſ. Wechſel, die gleichſam in dunklen Lokalen, in den Kellern, angefertigt werden, — eine Falſchmünzerei, auf Wechſel angewendet. In Wechſeln der genannten Art kommen oft ganz oder zum Theil fingirte Perſonen vor; die Namen des Traſſanten, Traſſaten und Remittenten ſind erdichtete Namen. Kellerwechſel werden oft nicht zum Zwecke des Betruges, ſondern in augenblicklicher Geldnoth zum Diskontiren und in der Abſicht angefertigt und ausgegeben, ſie vor Verfall wieder einzulöſen. Sehr häufig führen ſie zur Wechſelreiterei [22]), d. i. zum Ziehen von neuen Wechſeln zur Deckung alter Wechſel ohne genügende Deckungsmittel. In der Leipziger Konferenz [23]) wurde darauf angetragen, die Beſtimmungen über falſche Wechſel auch auf die ſogenannten Kellerwechſel auszudehnen, allein der Antrag wurde abgelehnt, theils weil die Anwendung der Vorſchriften über falſche Wechſel auf Kellerwechſel nicht unbedenklich, theils weil eine beſondere Vorſchrift in dieſer Beziehung unnöthig ſei. Es kann aber nicht dem geringſten Zweifel unterliegen, die ſog. Kellerwechſel als falſche Wechſel anzuſehen und ſie unter die Vorſchriften der Art. 75. und 76. der Allgemeinen Deutſchen Wechſelordnung zu ſtellen [24]).

Derjenige, welcher die Fälſchung vorgenommen hat, alſo der Fälſcher, kann aus der Fälſchung oder Verfälſchung eines Wechſelaktes kein Recht herleiten. Aber auch die mala fides, d. i. die Wiſſenſchaft des Inhabers von der Falſchheit oder Verfälſchung des Wechſels, zerſtört das Recht des Inhabers im Umfange des dolus und berechtigt den in Anſpruch genommenen Wechſelverbundenen zur exceptio falsi oder doli. Der auf geſetzliche Anerkennung des Rechtsſatzes: „daß der Inhaber eines falſchen Wechſels nur dann geſchützt werden ſolle, wenn er ſich, was allerdings zu vermuthen ſei, in bona fide befinde“, in der Leipziger Konferenz [25]) gerichtete Antrag iſt zwar zurückgewieſen worden, nicht aber weil man ihn für unzutreffend erachtete, ſondern weil man ihn in ſeiner prozeßrechtlichen Bedeutung dahin auffaßte: ob der Beweis der mala fides im Wechſelprozeſſe zugelaſſen werden ſolle? In dieſer Beziehung wurde anerkannt, daß „kein Richter den Verklagten verurtheilen werde, wenn die mala fides ſofort klar gemacht werden könne, und daß daher die Entſcheidung jener Frage ſchon der §. 93. des Preußiſchen Entwurfes (jetzt Art. 82. der A. D. W.O.) enthalte, außerdem aber die bona fides ein ſchwankender Begriff ſei, der, wenn eine Vorſchrift darüber getroffen werden ſolle, nothwendig näher beſtimmt werden müſſe, was zu einer bedenklichen Definition führe.“ Der dolus und die culpa lata finden auch in dem Wechſelrechte keinen Schutz. Wie der Art. 74. der Allgemeinen Deutſchen Wechſelordnung auf dieſe Mängel die Befugniß der Vindikation gründet, ſo müſſen dieſe Mängel auch eine Einrede gegen denjenigen begründen, der aus einem falſchen Wechſel Rechte verfolgt und entweder ein Theilnehmer an der Fälſchung, ein par-

22) Büſch a. a. O. B. 1. S. 83. Bd. 2. S. 155. Kheil a. a. O. §. 44. 45. 65. Thöl a. a. O. Bd. 2. §. 210.

23) Leipz. Prot. S. 141.

24) Treitſchke a. a. O. Bd. 2. S. 416. Biener a. a. O. S. 185. Brauer a. a. O. S. 132. Bluntſchli a. a. O. S. 120. Liebe a. a. O. S. 201. Kheil a. a. O. §. 365 und im Arch. f. D. W.R. Bd. 10. S. 185. Kuntze a. a. O. S. 112.

25) Leipz. Prot. S. 142.

ticeps falsi, ist, oder zur Zeit des Erwerbes in dolo oder in mala fide war, d. i. Kenntniß von der Fälschung hatte. (Eine später eingetretene Wissenschaft begründet jedoch keinen Mangel des Erwerbes[26]). Der Liebe'sche[27]) und der Preußische Entwurf vom Jahre 1845[28]) enthalten bei falschen Wechseln eine ausdrückliche Vorschrift über die Zulässigkeit der exceptio falsi oder doli, und die Gründe, aus welchen ein Antrag auf Erlaß einer gleichen Bestimmung von der Leipziger Konferenz zurückgewiesen wurde, begründen die Ueberzeugung, daß man die exceptio falsi und exceptio doli auch im Wechselprozesse rechtlich für zulässig erachtet hat. —

Fünftes Kapitel.

Die Vervielfältigung des Wechsels.

§. 72.

Die Vervielfältigung des Wechsels. Historischer Ursprung und Zweck.

Die Vervielfältigung des Wechsels, d. i. die Ertheilung mehrerer Wechselurkunden über eine und dieselbe Wechselobligation, ist eine schon von Baldus in seinen Konsilien bezeugte alt kaufmännische Sitte, consuetudo mercantiae. Die Unregelmäßigkeit und Unsicherheit der Verkehrsverbindungen im Mittelalter, insbesondere die mit Seetransporten verknüpfte Gefahr der Verzögerung und des Verlustes, gaben zu der Vorsicht Veranlassung, einen Wechsel in mehreren Exemplaren auszufertigen und die letzteren verschiedenen, nach dem Bestimmungsorte des Wechsels führenden Transportgelegenheiten, z. B. verschiedenen Schiffen, verschiedenen Posten, anzuvertrauen, um bei dem Verluste oder der Verspätung des einen Exemplars möglicher Weise die rechtzeitige Ankunft des anderen Exemplars in Aussicht zu stellen. Schon die alten, uns überlieferten Wechselbeispiele aus dem vierzehnten Jahrhundert enthalten den Duplirungsvermerk „per questa prima lettera“, „per questa seconda lettera“[1]), und der Genuesische Wechselrechtslehrer Scaccia[2]) bezeichnet die Vervielfältigung der Wechsel als eine allgemeine kaufmännische Sitte zur Sicherung des Wechsellaufes. Die Cirkulation der Wechsel war zu der Zeit, in welcher Scaccia sein vortreffliches Werk „de commerciis et cambiis“ schrieb, vorzugsweise auf den Messen koncentrirt. Der Wechselverkehr befand sich in den Händen der Kampsoren und war noch nicht ein

26) Bender a. a. O. Bd. 2. S. 222. Brauer a. a. O. S. 133. Hoffmann im Arch. f. D. W.R. Bd. 6. S. 253. Erk. d. O.Tr. in Berlin v. 16. Septbr. 1859. (Entsch. Bd. 29. S. 182.)

27) §. 83.

28) §. 75.

1) Scaccia l c §. 1. qu. 5. n. 44. 73. Biener a. a. O. S. 59. 60. 107. Kuntze a. a. O. S. 138.

2) § 2. gl. 6. n. 2 Quaero. quot creditori, cui solutio facienda erit, dari debeant literae cambii? . . Usus invaluit, ut soleant fieri tres literae § 2. gl 6. n. 3 Quaero. . ad quid fiant tot literae cambii de eodem contractu cambii? Respondeo fieri principaliter, ne fides cambii contracti pereat, et secundario, ne creditor, amissis seu interceptis primis vel secundis literis, cogatur redire ad debitorem, qui alios faciat.

Gemeingut des Handelsstandes geworden. Der Inhaber eines Wechsels kassirte denselben auf den Messen entweder selbst oder durch einen Bevollmächtigten ein. Eine Begebung des Wechsels vor Verfall, eine Cirkulation der Wechselvaluten, war noch nicht üblich. Es dienten daher die ausgefertigten Exemplare ausschließlich zur Sicherheit.

Durch die Anwendung des Indossaments wurde der Wechsel mobilisirt und schon vor Verfall realisirbar. Die Benutzung der Wechselvaluten durch die Cirkulation des Wechsels aus Hand in Hand bis zu dem Tage seines Verfalles war ein Bedürfniß des Handelsstandes. Diese leichte und freie Bewegung des Wechsels wurde aber gestört und beeinträchtigt durch die in vielen Wechselordnungen zum Gesetze erhobene Sitte, den Wechsel sofort nach der Ausstellung zur Acceptation zu versenden, wodurch er nicht allein der Gefahr des Verlustes ausgesetzt, sondern, bei der Langwierigkeit der Reisen, auch auf lange Zeit, oft gänzlich, dem Verkehr entzogen wurde. Die Wechselvaluta ruhte und der Wechsel vertheuerte; während der Handelsstand in dem Wechsel gerade ein Mittel zur Vermehrung des Baarfonds, zum Ersatze des Geldes suchte. Zur Abwendung dieser Störungen in der Benutzung der Valuten wurde die Duplirung des Wechsels benutzt, indem man über dieselbe Wechselverbindlichkeit zwei Exemplare, Prima, Secunda, ausfertigte, und das eine derselben zum Accepte versandte, während das andere zur Begebung, zur Indossirung und daher zur Flüssigmachung der Wechselvaluta vor Verfall, zum Diskontiren benutzt wurde. Je nach dem Zwecke der Vervielfältigung nannte man die einzelnen Exemplare — Duplikate zur Sicherheit oder zur Bequemlichkeit [3]). Beide Zwecke, der Zweck der Sicherheit und der der Bequemlichkeit, können bei der Duplirung aber auch gleichzeitig verfolgt und daher neben dem Duplikate zum Accepte noch ein drittes, viertes u. s. w. Exemplar angefertigt und als Sicherheitsexemplare benutzt werden. Z. B. aus St. Francisco in Nordamerika wird ein Wechsel auf Petersburg gezogen und die Prima zum Accepte an ein Handelshaus in Petersburg versendet, die Sekunda aber an ein Haus in Peking indossirt. Für den möglichen Fall des Verlustes der Sekunda auf der Reise nach Peking, schickt der Indossant der Sekunda eine Tertia nach, damit diese für den Fall des Verlustes oder der Verspätung an die Stelle der Sekunda trete.

Die Operation der Wechselduplirung ist für den Wechselverkehr von großer Wichtigkeit. Dieselbe giebt dem Wechsellaufe erhöhte Sicherheit, indem sie die Gefahr des Verlustes vermindert und die Cirkulation während der Uebersendung des Exemplars zum Accepte ermöglicht. Auf der anderen Seite ist der Gebrauch der Duplikate aber auch geeignet, Verwirrungen und Gefahren für den Wechselverkehr hervorzurufen, indem er nicht allein Einfluß übt auf das Rechtsverhältniß

3) Franck l. c. lib. I. sect. 1. tit. 7. §. 10, Siegel, Einl. z. Wechselr. Kap. III. §. 2. Cleynmann, Ueber Wechselduplikate ꝛc. (Frankf. 1867). Tschinsky, Dissertatio de cambiis multiplicatis. (Lips 1828). Heise u. Cropp, Jur. Abhandl. Bd. 1. S. 545. Bender a. a. O. Bd. 1. S. 10. 153. Einert, Wechselrecht S. 398. 400. Borchardt, Die Wechselduplikate und Kopien. Berlin 1847. Jolly, Ueber Wechselduplikate und Kopien im Arch. f. D. W.R. Bd. 3. S. 1. 241. Kuntze a. a. O. S. 62.

unter den Wechselinteressenten und zu Dritten, sondern auch bei Nachlässigkeit und Betrug die Möglichkeit gewährt, durch Indossirung und Acceptirung mehrerer Exemplare Nachtheile und Verluste herbeizuführen.

§. 73.

Die Wechselduplikate. Allgemeiner Begriff. Recht auf Duplikate.

Wechselduplikate sind nicht Abschriften, sondern Original-Ausfertigungen eines und desselben Wechsels, von denen eine jede den Wechsel ganz repräsentirt. Einige Wechselrechtslehrer [1]) haben die Duplirung zum Zwecke der Sicherheit und zur Bequemlichkeit als verschiedene rechtliche Operationen, als verschiedene Geschäfte mit verschiedenen rechtlichen Folgen dogmatisch dargestellt, während andere [2]) in beiden Duplirungsformen zwar eine Verschiedenheit nach Zweck, äußerem Verlaufe und Folgen anerkennen, aber einen Gattungsunterschied, eine Verschiedenheit in der rechtlichen Qualifikation bestreiten. Dieser letzteren Auffassung hat sich auch der Preußische Entwurf vom Jahre 1847, welcher dem Systeme der Allgemeinen Deutschen Wechselordnung in der Lehre über Wechselduplikate ausschließlich zu Grunde liegt, angeschlossen [3]). Die Operation bei Anfertigung der Duplikate, die äußere Form der Vervielfältigung in beiden Duplirungsfällen ist ein und dieselbe; die Absicht der Wechselinteressenten läßt sich in den meisten Fällen bei der Ausstellung, dem Geben und Nehmen der Duplikate, nicht erkennen, sondern es hängt von dem Willen des Wechselinhabers ab, ob und zu welcher Funktion er die einzelnen Wechselexemplare benutzen will. Diese Freiheit und Ungebundenheit des Gebrauches liegt im Interesse des Handelsverkehrs. Wenn daher auch in der merkantilen Funktion und in der Benutzungsart der Duplikate ein äußerer Unterschied erkennbar ist, indem die Sicherheitsduplikate, wenn auch zu verschiedenen Zeiten und mit verschiedenen Transportgelegenheiten, dem Nehmer sämmtlich zugesendet werden, während die Duplikate zur Bequemlichkeit getrennt und theils dem Nehmer, theils einem Dritten zur Bewirkung der Acceptation und demnächstiger Aushändigung an den legitimirten Inhaber des Wechsels, mitgetheilt werden, so ist doch der wechselrechtliche Karakter beider Duplikatsformen kein verschiedener. Der Gebrauch der Bequemlichkeitsexemplare erfordert zwar, außer den Wechselinteressenten selbst, noch die Thätigkeit einer dritten Person,

---

1) Tschinsky a. a. O. nennt die Duplirung zur Bequemlichkeit ein, von der Duplirung zur Sicherheit „plane diversum negotium“. Auch Einert a. a. O. S. 404. erkennt die dogmatische Verschiedenheit beider Duplirungsformen an und bauet darauf die Bestimmungen seines Entwurfes v. 1841. Tit. 10. und Tit. 11. Auch Jolly im Arch. f. D. W.R. Bd. 3. S. 1 ff. 268 ff. legt jener theoretischen Theilung ein großeres Gewicht, als ihr wechselrechtlich gebührt, bei.

2) Liebe, Entwurf. S. 75. 80. 81.

3) Preuß. Mot. S. LXVIII „Es wäre moglich, den Duplikaten eine verschiedene rechtliche Bedeutung beizulegen, je nachdem sie zu dem einen oder anderen Zwecke angefertigt werden. Das hat jedoch nicht angemessen erschienen. Denn eines Theils ist aus den Duplikaten nicht zu ersehen, zu welchem Zwecke sie ertheilt werden, sofern man nicht etwa zur Bezeichnung dieses Zweckes besondere Formlichkeiten vorschreiben will, andern Theils setzt man der weiteren Ausbildung des Handelsgebrauches ohne Noth Schranken, wenn man nur zu bestimmten, im Gesetze angegebenen Zwecken die Vervielfältigung des Wechsels zulaßt. Der Entwurf behandelt daher die Duplikate, ohne Rücksicht auf ihren Zweck, im Allgemeinen nach denselben Grundsätzen.

welche dazu bestimmt ist, das eine Exemplar zum Accept zu befördern und demnächst dem legitimirten Wechselinhaber zu behändigen, allein diese dritte Person, Depositar, Korrespondent, steht dem Wechselverhältnisse fremd und zu dem Deponenten und Wechselinhaber nur in einem civilrechtlichen Verhältnisse[4]).

Der Vorbehalt, ob der Wechsel in mehreren und in wie vielen Exemplaren ausgefertigt werden soll, ist, seiner rechtlichen Natur nach, zunächst Gegenstand des Wechselschlusses, berührt nur das rechtliche Verhältniß zwischen Geber und Nehmer des Wechsels, und eine Bestimmung darüber gehört daher, als unter das Civilrecht fallend, streng genommen nicht in ein System des Wechselrechts. Einert[5]) macht daher auch die Pflicht zur Duplirung von der Uebereinkunft der Wechselinteressenten abhängig; allein die Allgemeine Deutsche Wechselordnung hat dem Bedürfnisse des Handelsstandes durch den Rechtssatz Ausdruck gegeben: „daß der Aussteller eines gezogenen Wechsels verpflichtet ist, dem Nehmer auf Verlangen mehrere gleichlautende Exemplare des Wechsels zu geben"[6]). Nicht von einer vertragsmäßigen Uebereinkunft bei der Wechselausstellung hängt daher das Geben von Duplikaten ab, sondern von dem einseitigen Verlangen des Remittenten. Ist derjenige, welcher wegen Ausstellung eines Wechsels angegangen wird, nicht geneigt, Duplikate zu geben, so wird sich schon das pactum de cambiando zerschlagen, es daher zur Ausstellung eines Wechsels überhaupt nicht kommen. Die Bestimmung der Allgemeinen Deutschen Wechselordnung hat daher nur den Sinn: daß, wenn ein Wechsel ausgestellt ist, der Wechselvertrag daher durch Geben und Nehmen Perfektion erlangt hat, der Aussteller, auf Verlangen des Remittenten, Duplikate ertheilen muß, selbst wenn in der Vorberedung das Geben von Duplikaten nicht vorbedungen worden ist. Das Geben der Duplikate ist eine gesetzliche Pflicht des Ausstellers. Die bei dem Wechselschlusse getroffene Abrede, daß keine Duplikate verlangt und gegeben werden sollen, hat bei dem absoluten Karakter der entgegenstehenden Bestimmung der Allgemeinen Deutschen Wechselordnung auch unter den ursprünglichen Wechselkontrahenten um so weniger rechtliche Wirksamkeit, als dadurch in die Rechtssphäre dritter Personen in unberechtigter Weise eingegriffen werden würde. Denn nicht allein der erste Nehmer, der Remittent, ist berechtigt, Duplikate zu verlangen, sondern ein jeder späterer Inhaber hat das Recht, die Nachlieferung von Duplikaten zu verlangen[7]). Um dieses Recht auf Nachlieferung nicht zu beeinträchtigen, ist es auch ein alt hergebrachter Wechselgebrauch, den nur in einem Exemplare gezogenen Wechsel nicht als Sola-Wechsel, sondern als Prima zu bezeichnen, dem sich dann die nachträglich ertheillen Exemplare als Sekunda, Tertia u. s. w. anschließen[8]). Eigene Wechsel, die nach ihrer historischen und merkantilen Bedeutung, bei abge-

4) Treitschke a. a. O. Bd. 1. S. 347. Derselbe in den Jahrb. für deutsch. Rechtsw. H. 8. S. 721. Liebe, Wechselordn. S. 183. Brauer a. a. O. S. 120. Bluntschli a. a. O. S. 111.

5) Entw. v. J. 1841. Tit. 11. §. 7.

6) Art. 66. Al. 1.

7) Art. 66. A. D. W.O.

8) Brauer a. a. O. S. 120. Jolly im Arch. f. D. W.R. Bd. 3. S. 5. Wächter a. a. O. S. 167.

schwächter Cirkulationsfähigkeit, weniger als kaufmännisches Zahlungsmittel, wie als Sicherungsmittel für einen Geldanspruch angesehen werden, sind zwar in dem Systeme der Allgemeinen Deutschen Wechselordnung im Allgemeinen der Tratte gleichgestellt, allein ein Anspruch auf Vervielfältigung ist ihnen nicht beigelegt worden, da der Artikel 98, welcher die für die Tratte gegebenen und für den eigenen Wechsel anwendbaren Vorschriften aufführt, unter der Nummer 8. nur die von der Wechselkopie handelnden Artikel 70—72. erwähnt, auf die von den Wechselduplikaten handelnden Artikel 66. bis 69. aber nicht Bezug nimmt. Diese Auffassung wird noch dadurch bestätigt, daß in dem, dem Artikel 98. korrespondirenden §. 89. des Preußischen Entwurfes eine Bezugnahme auf die für die gezogenen Wechsel gegebenen Vorschriften über Wechselduplikate und Wechselkopien gar nicht enthalten war und daß erst bei der Berathung des Entwurfes in der Leipziger Konferenz [9]) zu dem §. 89. konkludirt wurde, daß „der Gebrauch von Wechselkopien auch bei eigenen Wechseln anwendbar sein müßte", der Wechselduplikate aber in diesem Sinne keine Erwähnung geschehen ist. Auf eigene Wechsel, welche im Verkehre regelmäßig als Solawechsel bezeichnet werden, findet daher die Lehre von den Duplikaten keine Anwendung, und müssen daher Duplikate von eigenen Wechseln, da für sie jeder gesetzliche und usuelle Anhalt fehlt, für ungültig und wechselwidrig erachtet werden [10]). Trassirt-eigene Wechsel werden nach der Allgemeinen Deutschen Wechselordnung als gezogene Wechsel angesehen und findet bei ihnen daher der Gebrauch von Duplikaten statt [11]).

§. 74.

Die Erfordernisse der Wechselduplikate.

Wechselduplikate in ihrer Eigenschaft als Originale des Hauptwechsels erfordern: 1) eine genaue, wörtliche Uebereinstimmung [1]) der einzelnen Wechselexemplare in allen substantiellen Momenten, d. h. in allen Bestandtheilen, welche zur rechtlichen Existenz eines Wechsels erforderlich sind [2]). Eine Verschiedenheit in unerheblichen, zur Gültigkeit eines Wechsels nicht erforderlichen und die Identität der Wechselobligation nicht zweifelhaft machenden Notizen und Vermerken ist nicht geeignet, die Duplikatseigenschaft eines Exemplars aufzuheben und das letztere zum Träger einer selbstständigen Wechselobligation zu machen. 2) Ein jedes Duplikatsexemplar muß die Originalunterschrift der Wechselverbundenen tragen, und unterscheidet sich eben hierdurch die Duplikatsqualität von der Wechselkopie, welche nur die Abschrift eines Wechsels bildet [3]). 3) Die einzelnen Exemplare des Wech-

---

9) Leipz. Prot. S. 162.

10) Brauer a. a. O. S. 152. Bluntschli a. a. O. S. 139. Eine freiwillig oder in Folge einer übernommenen Verpflichtung geschehene Duplirung halten für zulässig: Mittermaier, Deutsch. Privatr. Bd. 2. S. 234. Treitschke a. a. O. Bd. 1. S. 355. Jolly im Arch. f. D. W.R. Bd. 3. S. 6. Renaud a. a. O. S. 52. Blaschke a. a. O. S. 91. N. 3. S. 92. N. 4.

11) Art. 6. A. D. W.O. Jolly a. a. O. S. 6.

1) Jolly im Arch. f. D. W.R. Bd. 3. S. 13.

2) Art. 4. A. D. W.O.

3) Bluntschli a. a. O. S. 108. Renaud a. a. O. S. 51. Jolly a. a. O. S. 2. 12. Art. 70. A. D. W.O.

sels müssen äußerlich erkennbar machen, daß sie, ungeachtet ihrer objektiven Mehrheit, dennoch nur Träger einer und derselben Wechselobligation sind, und das geschieht nach einem alt hergebrachten, von der Allgemeinen Deutschen Wechselordnung sanktionirten Gebrauche durch die Bezeichnung der einzelnen Exemplare als Prima, Sekunda, Tertia u. s. w. Diese Bezeichnung muß in dem Kontexte [4]) des Wechsels selbst enthalten sein, und würde die Numerirung an einer anderen beliebigen Stelle des Wechsels die Duplikatseigenschaft nicht begründen. Statt der Duplirungsform „gegen diesen meinen Prima-Wechsel", „gegen diesen meinen Sekunda-Wechsel" u. s. w. ist im Verkehr auch gebräuchlich und in dem Code de commerce [5]) ausdrücklich vorgeschrieben die kassatorische Duplirungsklausel, d. h. es wird auf jedem einzelnen Exemplare bemerkt, daß auf dasselbe nur dann Zahlung geleistet werden soll, wenn sie nicht schon auf ein anderes Exemplar geleistet worden, z. B. auf die Sekunda: „gegen Sekunda — Prima nicht, oder unbezahlt, — zahlen Sie"; auf die Prima: „gegen Prima — Sekunda nicht, oder unbezahlt, — zahlen Sie" [6]). Ob der Duplirungseffekt auch durch andere Bezeichnung in dem Kontexte des Wechsels erreicht werden kann, z. B. durch die Fassung: „Gegen diesen meinen Ersten, Zweiten, Dritten Wechsel" ist zweifelhaft. Die Materialien geben darüber keinen Aufschluß, und der Art. 66. der Allgemeinen Deutschen Wechselordnung bestimmt kategorisch: „die verschiedenen Exemplare müssen im Kontexte als Prima, Sekunda u. s. w. bezeichnet werden." Die Allgemeine Deutsche Wechselordnung hat einen absoluten Karakter und läßt der Willkür und Autonomie der Wechselinteressenten nur wenig Spielraum. Bei anderer Gelegenheit, wo sie über den Gebrauch bestimmter Klauseln Vorschrift ertheilt, z. B. bei der Nebenbestimmung: „ohne Gewährleistung", „nicht an Ordre", läßt sie den Gebrauch eines gleichbedeutenden Vorbehalts ausdrücklich zu [7]), bei der Bestimmung der Duplirungsklausel hat sie einen solchen Zusatz dagegen nicht gemacht. Diese Erwägung möchte allerdings zu der Annahme führen, daß nur die in der kaufmännischen Geschäftssprache rezipirten fremdländischen Bezeichnungen: Prima, Sekunda u. s. w. die Duplirungsqualität in wechselrechtlichem Sinne auszudrücken geeignet seien [8]). Allein diese strenge Auslegung hat doch um so weniger Berechtigung, als es sich bei der Bezeichnung „Prima", „Sekunda" nicht um den Gebrauch einer, den Willen der Kontrahenten in bestimmter Weise fixirenden Klausel, sondern um den Gebrauch eines bestimmten Wortes handelt, dessen Sinn und Bedeutung in anderer Sprache in ebenso zuverlässiger Weise wiedergegeben werden kann, und als die Allgemeine Deutsche Wechselordnung selbst bei der Vorschrift über die Aufnahme des Wortes „Wechsel" in die

---

4) Art. 66. A. D. W.O. Die Leipziger Konferenz hat es dem Ermessen der Redaktions-Kommission überlassen, ob ausdrücklich zu sagen sei, daß die Bezeichnung des Wechsels als Prima rc. in dem Kontexte enthalten sein müsse. Leipz. Prot. S. 133. Jolly a. a. O. S. 14. Renaud a. a. O. S. 52. Blaschke a. a. O. S. 93. N. 11.

5) Art. 147.

6) Wächter a. a. O. S. 168. Liebe, W.O. S. 183. Brauer a. a. O. S. 121. Kuntze a. a. O. S. 108. Jolly a. a. O. S. 16. Ladenburg im Arch. f. D. W.R. Bd. 13. S. 21. Blaschke a. a. O, S. 93. A. 13.

7) Art. 9. 14. 15. 70. A. D. W.O.

8) Kuntze a. a. O. S. 108. Renaud a. a. O. S. 52. A. 5.

Wechselurkunde einen dieser Bezeichnung entsprechenden Ausdruck in der fremden Sprache ausdrücklich für statthaft erklärt. Diese Regel trifft auch zu bei der Bezeichnung: „Gegen meinen Ersten, Zweiten u. s. w. Wechsel", was gleichbedeutend ist mit: „Gegen meinen Prima-, Sekunda-Wechsel" [9]). Fehlt die Duplirungsbezeichnung, so repräsentiren die verschiedenen Exemplare, ihrer sonstigen substantiellen Uebereinstimmung ungeachtet, verschiedene Wechselobligationen und sind nicht Träger eines und desselben wechselmäßigen Rechts [10]). Wie viele Exemplare geliefert werden sollen, hängt von der Vereinigung der Interessenten ab; mehr als drei bis vier Exemplare sind nicht üblich [11]).

§. 75.

Die Nachlieferung der Wechselduplikate.

Dem Wechselnehmer, dem Remittenten, werden die Duplikate des Wechsels in der Regel gleichzeitig mit dem Hauptwechsel eingehändigt. Der Wechsel kann aber auch ohne Duplikate gegeben werden, so daß die letzteren auf Verlangen nachgeliefert werden müssen. Eine Nachlieferung von Duplikaten kann in der Hand des ersten Inhabers und jedes nachfolgenden Indossatars nothwendig werden, weil entweder gar keine Duplikate oder weniger, als verlangt werden, ertheilt sind. Ereignet sich die Nachlieferung in der Hand des Remittenten, so wendet sich derselbe mit dem Verlangen um Duplirung an den Aussteller; tritt die Nachlieferung dagegen in der Hand eines späteren Inhabers ein, so muß sich derselbe an seinen unmittelbaren Vormann wenden, welcher wieder an seinen Vormann zurückgehen muß, bis die Abforderung durch die Reihe der Giranten an den Aussteller gelangt [1]). Da jedes Wechselduplikat den ganzen Wechsel repräsentirt, so muß ein jedes Exemplar auch sämmtliche Begebungsakte mit den Original-Unterschriften enthalten, und wird, um die Uebereinstimmung der Duplikate mit dem Hauptwechsel zu prüfen, einem jeden Vormanne in der Regel der Hauptwechsel vorgelegt, insofern die Nachlieferung nicht auf Grund des Kopirbuches, zu dessen Haltung ein jeder Kaufmann handelsrechtlich verpflichtet ist [2]), erfolgen kann. Ist der Hauptwechsel nicht als Prima-, sondern als Sola-Wechsel ausgefertigt, so liegt darin Seitens des Nehmers kein Verzicht auf Duplirung [3]); der Inhaber des Sola-Wechsels ist vielmehr, auf Grund des Gesetzes, berechtigt, gleich dem Inhaber einer Prima, die Vervielfältigung des Wechsels zu verlangen [4]).

9) Art. 4. A. D. W.O. Jolly a. a. O. S. 15. Wächter a. a. O. S. 168. Thöl a. a. O. Bd. 2. §. 300. Blaschke a. a. O. S. 93. N. 11.

10) Preuß. Entw. vom Jahre 1836. §. 20. Mot. zum Preuß. Entw. vom J. 1838. S. 13. Protokolle zum Preuß. Entw. v. J. 1845. S. 92. 105. Brauer a. a. O. S. 121.

11) Quaero .. quot creditori ... dari debeant literae cambii? Respondeo de istis literis faciendis non esse determinatum certum numerum ... Usus tamen invaluit, ut soleant fieri tres literae .. Scaccia l. c §. 2. gl 6 n 2. Treitschke a. a. O. Bd. 1. S. 355.

1) Art. 66. A. D. W.O. Die Bestimmung ist aus Art. 147 des Cod. de comm entnommen.

2) Art. 28. A. D. H.G.

3) Wie Liebe, Entw. S. 76, Bluntschli a. a. O. S. 109 und Beseler, Privatr. §. 24 annehmen.

4) Jolly im Arch. f. D. W.R. Bd. 3. S. 10. Brauer a. a. O. S. 122. Hoffmann a. a. O. S. 505. Kuntze a. a. O. S. 109. Blaschke a. a. O. S. 92. Nr. 5.

Die letztere kann nun nicht, wie bei Prima-Wechseln, durch Hinzufügung der Sekunda, Tertia u. s. w. erfolgen, da eine Aenderung des Wortes „Sola" in „Prima" durch Ausstreichen und Ueberschreiben wechselrechtlich unstatthaft ist, es muß vielmehr eine Uebereinstimmung unter den einzelnen Exemplaren herbeigeführt und an Stelle des Sola-Wechsels ein neuer Wechsel als Prima-Wechsel ausgestellt werden [5]), insofern der Inhaber nicht vorzieht, zum Zwecke der Begebung sich mit einer Kopie (s. g. girirten Kopie) zu behelfen [6]).

Ob auch an Stelle eines vernichteten oder abhanden gekommenen Wechsels ein Duplikat verlangt werden kann, ist streitig, allein die bejahende Ansicht hat die besten Gründe für sich. Schon die Lehrer [7]) des älteren Wechselrechts erachteten die Ausstellung eines neuen Wechses, an Stelle eines verlorenen, für unbedenklich, und diese Ausstellung geschah wohl meistens und zwar zur eigenen Sicherheit des Ausstellers in Form eines Duplikats. Auch der Code de commerce läßt die Ausstellung eines Duplikats an Stelle des abhanden gekommenen Wechsels zu [8]). Die Allgemeine Deutsche Wechselordnung [9]) legt dem Aussteller eines Wechsels, ohne Einschränkung auf Zeit und Zweck, im Allgemeinen die Verpflichtung auf, dem Remittenten, auf Verlangen, mehrere Exemplare des Wechsels zu überliefern und ertheilt auch dem Indossatar das Recht, ein Duplikat des Wechsels zu verlangen. Die Erläuterungen zu dem Preußischen Entwurfe vom Jahre 1845 [10]) bemerken, „daß der Eigenthümer eines verlorenen Wechsels im Wege der Güte von den Vormännern und dem Aussteller ein Duplikat zu erhalten suchen müsse und daß, mit dem Rheinischen Handelsgesetzbuche eine Verbindlichkeit zur Ausstellung des Duplikats festzusetzen, nicht zweckmäßig erscheine." Die Motive [11]) zu dem Entwurfe vom Jahre 1847 beziehen sich dagegen zur Rechtfertigung der Bestimmung, wonach der Wechselinhaber eine Nachlieferung von Duplikaten fordern könne, ausdrücklich auf den Artikel 154. des Code de commerce und erkennen dadurch schon an sich die Befugniß an, auch für einen verlorenen Wechsel ein neues Exemplar zu fordern. Solches ist aber auch noch ausdrücklich durch die Worte: „die Aushülfe, welche der Entwurf dem Verlierer bietet, liegt in dem Rechte Duplikate zu fordern", ausgesprochen worden [12]). Die Leipziger Konferenzverhandlungen enthalten für die Frage kein Material. Hiernach muß man obige Frage mit voller Ueberzeugung bejahen [13]). Freilich wird ein Duplikat

---

5) Eine Verwandlung des Wortes „Sola" in „Prima", von welcher Brauer a. a. O. S. 122. spricht, ist nur durch Ausstellung eines neuen Wechsels möglich. Wächter a. a. O. S. 167.

6) Einert a. a. O. S. 417. Derselbe, Entw. Tit. 10. §. 4.

7) Bender a. a. O. Bd. 2. S. 204. Mittermaier a. a. O. Bd. 2. S. 219.

8) Art. 150 f. 154.

9) Art. 66.

10) S. 57.

11) S. LXX.

12) S. LXXI

13) Liebe, Entw. S. 169. Derselbe, W.O. S. 192. Brauer a. a. O. S. 129. Bluntschli a. a. O. S. 119. Thol a. a. O. Bd. 2. S. 630. Arch. f. D.W.R. Bd. 6. S. 214. Volckmar u. Loewy a. a. O. S. 231. Hoffmann im Arch. a. a. O. Bd. 5. S. 302. Ladenburg im Arch. a. a. O. Bd. 13. S. 31. Blaschke a. a. O. S. 92. Anderer Ansicht: Jolly im Arch. a. a. O. Bd. 3. S. 11. 12. Bd. 4. S. 30 f.

nur verlangt und ertheilt werden können, wenn der verlorene Wechsel noch nicht acceptirt war, da sich sonst der Acceptant durch Annahme des Duplikats in zwiefacher Weise wechselrechtlich verpflichten würde [14]).

Durch die Ertheilung von Duplikaten bei der ersten Ausstellung des Wechsels entstehen in der Regel keine Kosten, und es ist deshalb die in dem Preußischen Entwurfe getroffene Bestimmung: „daß der Remittent die Kosten der Vervielfältigung dem Aussteller erstatten müsse", von der Leipziger Konferenz gestrichen worden, weil der Aussteller auf Verlangen, namentlich bei Wechseln auf fremde Plätze, mehrere Exemplare zu geben pflege, ohne dafür eine Zahlung in Anspruch zu nehmen [15]). Sollten ausnahmsweise besondere Kosten entstehen, so trägt dieselben, im Mangel besonderer Abrede, der Remittent, dem die Unkosten der Wechselausstellung in der Regel angerechnet werden [16]). Größere Unkosten können dagegen entstehen durch Nachlieferung von Duplikaten und diese fallen demjenigen Inhaber zur Last, welcher die Duplirung verlangt. Denn wenn derselbe bei dem Verlangen der Nachlieferung auch nur ein ihm zustehendes gesetzliches Recht geltend macht, so geschieht doch die, von dem Remittenten ohne Kosten zu bewirkende, nachträgliche Vervielfältigung auf Veranlassung und zum Nutzen des Inhabers, und es ist daher billig und recht, ihm die Kosten dieser Operation aufzulegen, insofern sie nicht vermöge des Vorbehalts bei dem Begebungsakte seinem Indossanten zur Last fallen [17]). Noch unbedenklicher ist es, daß der Inhaber eines Solawechsels die Kosten der Duplirung tragen muß, da die letztere nur nach Ausstellung eines neuen Prima-Wechsels erfolgen kann, und der Remittent und jeder weitere Inhaber durch die Annahme eines Solawechsels, als eines zur unmittelbaren Vervielfältigung nicht geschickten Papieres, sich mit jener weitläufigeren und kostspieligeren Duplirungsoperation einverstanden erklärt haben.

§. 76.

Die rechtliche Natur und Wirkung der Wechselduplikate.

Das an keine bestimmte Zeit gebundene [1]) Recht auf Duplikate, also auch das Recht auf Nachlieferung von Wechselexemplaren, ist nicht Ausfluß der specifischen Wechselobligation, die nur ein Wechselversprechen zum Gegenstande hat, sondern dasselbe findet seinen rechtlichen Stützpunkt in dem Begebungsverhältnisse, in den rechtlichen Beziehungen zwischen Aussteller und Nehmer und Indossanten und Indossatar. Vermöge eines alt hergebrachten, durch Gesetz anerkannten Handelsgebrauches ist es ein stillschweigender, sich von selbst verstehender Gegenstand des Wechselschlusses und daher eine gewohnheitsrechtliche Pflicht des Ausstellers, auf Verlangen Duplikate zu geben. Wie der Aussteller daher verpflichtet ist, den Wechsel dem Wechselschlusse, der Wechselvorberedung gemäß, nach Form und In-

14) Hoffmann im Arch. f. D. W.R. Bd. 5. S. 302.

15) Preuß. Entw. §. 62. Leipz. Prot. S. 132.

16) Anderer Ansicht ist: Jolly a. a. O S. 7.

17) Treitschke a. a. O. Bd. 1. S. 169. Borchardt, Wechselduplikate ꝛc. S. 5. Jolly a. a. O. S. 8. Thol a. a. O. Bd. 2. S. 629. N. 3. Blaschke a. a. O. S. 92. N. 7.

1) Erk. des O.G. zu Hamburg vom Jahre 1857. Arch. f. D. W.R. Bd. 6. S. 214.

halt, auszustellen und zu übergeben, so ist er Kraft des Gesetzes verbunden, Duplikate auszustellen, und diese gesetzliche Pflicht pflanzt sich durch die urkundlich gemachten Begebungen auf alle diejenigen fort, welche sich an der Cirkulation des Wechsels betheiligt haben. Die Rechte aus dem Wechselschlusse können aber nicht durch wechselmäßige Rechtsmittel, sondern nur durch civilrechtliche Klagen geltend gemacht werden, und in den letzteren findet auch das Recht auf Duplirung, als gesetzlicher Bestandtheil des Wechselschlusses, seinen rechtlichen Schutz. Aus dieser civilrechtlichen Qualifikation des Anspruches auf Duplirung folgt auch, daß bezüglich der korrespondirenden Pflicht unter den Wechselverbundenen keine wechselmäßige Solidarität, wie in Ansehung der Wechselverbindlichkeit, obwaltet, sondern daß sich wegen Ertheilung von Duplikaten resp. wegen Wiederholung der früheren Indossamente auf den Duplikaten ein jeder Hintermann nur an seinen unmittelbaren Vormann, an seinen Wechselkontrahenten halten kann [2]).

Was die rechtliche Natur der Wechselduplikate aubelangt, so bilden dieselben, in ihrer äußeren Erscheinung, eine Mehrheit von Wechselurkunden, deren Zusammengehörigkeit durch die Uebereinstimmung des Inhalts und durch die Numerirung als Prima, Sekunda u. s. w. äußerlich erkennbar gemacht wird. Fehlt diese Bezeichnung, so gilt jedes Exemplar nicht als eine vervielfältigte Urkunde über nur Eine Wechselverbindlichkeit, sondern als ein für sich bestehender Wechsel (Solawechsel), durch welchen eine selbstständige, von der Existenz anderer Exemplare unabhängige Wechselobligation begründet wird. Derjenige, welcher mehrere Wechselurkunden über ein und dasselbe Rechtsgeschäft ohne Duplirungs-Vermerk für denselben Nehmer ausstellt, mag dem mehrfachen Wechselanspruche des letzteren die Einrede aus dem unterliegenden Geschäfte in Form der exceptio doli entgegensetzen; allein dem gutgläubigen Erwerber der einzelnen Wechsel haftet er trassirtermaßen für jedes einzelne Wechselversprechen [3]). Mehrere Wechselexemplare dagegen, welche mit der Duplirungsqualität ausgestellt worden sind, tragen zwar, wie der Sola-Wechsel, alle Original-Unterschriften der Wechselverpflichteten, vor allem die eigenhändige Unterschrift des Ausstellers, allein sie repräsentiren in ihrer Gesammtheit und jedes einzelne Exemplar objektiv und materiell für sich nur einen Wechsel und daher nur eine und dieselbe Wechselobligation, so daß durch die Begebung auch nur eines Exemplars der ganze Wechsel übertragen, durch die Acceptation nur eines Exemplars der ganze Wechsel acceptirt und durch die Bezahlung nur eines Exemplars der ganze Wechsel bezahlt wird. „Trotz der mehrfachen Ausfertigung der Wechselurkunde ist die Obligation nur einmal vorhanden"; alle Exemplare in ihrer Gesammtheit und jedes Exemplar für sich ist „in dem Maße Träger des Geschäfts, daß dieses auf jedem einzelnen Exemplare ganz beruht und jedes für den ganzen Wechsel gilt." Der Bezogene kann daher jedes ihm zuerst präsentirte Exemplar acceptiren, auch ohne vorgängige

2) Brauer a. a. O. S. 122. Bluntschli a. a. O. S. 109. Renaud a. a. O. S. 53. Jolly a. a. O. S. 11. Blaschke a. a. O. S. 92. Erk. des österr. obersten Gerichtshofes v. 8. Aug. 1865. (Arch. f. D. W.R. Bd. 16. S. 340.) Anderer Ansicht: Thol a. a. O. Bd. 2. S. 628: „das Recht auf Duplikate ist ein Recht aus dem Wechsel, nicht aus dem Wechselschluß."

3) Art. 67. A. D. W.O.

Acceptation auf jedes ihm von dem, durch zusammenhängende Giroreihe legitimirten Inhaber beim Verfall vorgelegte Exemplar Zahlung leisten, ohne der Gefahr ausgesetzt zu sein, wegen der laufenden nicht acceptirten oder wegen der nicht eingelösten Exemplare in Verbindlichkeit gesetzt zu werden. Durch die wechselmäßige Bezahlung des acceptirten oder nicht acceptirten Wechsels ist die durch die Gesammtheit und durch jedes einzelne Wechselexemplar repräsentirte Wechselobligation getilgt, der in mehreren Exemplaren, von denen jedes einzelne Exemplar für alle und alle für einen Wechsel gelten, bestehende Wechsel bezahlt [4]). Diese rechtliche Zusammengehörigkeit und Einheit der Wechselexemplare bei der Repräsentation der Wechselobligation bewirkt jedoch keine Rückbeziehung der räumlich verschiedenen Wechselerklärungen und Unterschriften auf einander, so daß also z. B. die auf dem einen Exemplar befindliche Namensunterschrift nicht ohne Weiteres auf die entsprechende Stelle des anderen mit Accept versehenen Exemplars bezogen und als Aval des Acceptes aufgefaßt werden kann [5]).

Die Einheit der durch mehrere Exemplare repräsentirten Wechselobligation wird aufgehoben, und es entsteht eine Mehrheit selbstständiger Wechselobligationen:

1) wenn mehrere Exemplare desselben Wechsels an verschiedene Personen indossirt worden sind;
2) wenn der Bezogene mehrere Exemplare desselben Wechsels acceptirt hat, und eins der acceptirten Exemplare bei der Zahlung nicht zurückgegeben worden ist [6]).

Hat A. die Prima an B. und die Sekunda schon an C. indossirt, so ist er, sowie jeder spätere Indossant, dessen Unterschrift sich auf den bei der Zahlung nicht zurückgegebenen Exemplaren befindet, aus beiden Indossamenten wechselrechtlich verhaftet, denn er hat die Wechselexemplare getrennt, jedem Exemplare eine selbstständige rechtliche Existenz und einen besonderen Wechsellauf gegeben, dadurch aber für jedes einzelne Exemplar eine besondere Wechselgarantie übernommen. In gleicher Weise haftet der Bezogene, welcher die Prima und die Sekunda eines Wechsels mit besonderen Acceptationsvermerken versieht. Er muß jedes Accept vermöge selbstständiger und unabhängiger Wechselpflicht dem wechselmäßig legitimirten Inhaber gegenüber einlösen und kann sich nicht auf die bereits bewirkte Einlösung eines anderen Exemplars berufen [7]). Diese dem älteren Wechselrechte unbekannte und auch in den neueren Theorien nicht [8]) vertretene Auffassung liegt schon dem

---

4) Franck l. c lib. I sect. 1. tit. 7. § 8 Aliquando in idem debitum plures literae cambiales concipiuntur, ... omnes tamen unarum tantum vim habent, adeoque ... unis solutis expirant universae. Heineccius l. c cap. II. § 17. eas literas plures pro unicis haberi. Einert, Wechselrecht S. 456. Treitschke a. a. O. Bd. 1. S. 343. 355. Liebe, Entw. S. 76. Mot. z. Pr. Entw. S. LXVIII. Leipz. Prot. S. 134. Art. 67. A. D. W.O. Liebe, Wechselord. S. 184. Brauer a. a. O. S. 122. Bluntschli a. a. O. S. 109. Renaud a. a. O. S. 51. Kuntze a. a. O. S. 62. 108. Jolly im Arch. f. D. W.R. Bd. 3. S. 12. 19. 23. 38. 262. 269 ff. Erk. d. O.Tr. in Berlin vom 23. Okt. 1855. (Arch. a. a. O. Bd. 5. S. 411.)

5) Erk. d. O.Tr. in Berlin vom 20. Sept. 1855. (Strieth. Arch. Bd. 19. S. 43.) Kuntze a. a. O. S. 108.

6) Art. 67. A. D. W.O.

7) Jolly a. a. O. S. 25 ff.

8) Nach dem Cod. de comm. Art. 147. 148. hat die Prima insofern den Vorzug, als die

Preußischen Entwurfe vom Jahre 1845 [9]) zum Grunde, ist auch aus gleichen Motiven in den Entwurf von 1847 [10]) übergegangen und von der Leipziger Konferenz [11]), des erhobenen Widerspruchs gegen die Verhaftung aus dem mehrfachen Accepte ungeachtet, adoptirt worden. Das Dogma über die wechselrechtliche Verpflichtung aus den auf mehrere Exemplare gesetzten Wechselakten beruht auf der formalen Natur und der materiellen Selbstständigkeit der Wechselerklärungen und auf der Erwägung, daß der Indossant, welcher durch die selbstständige Indossirung mehrerer Exemplare mehrfach Valuta empfangen hat, auch allen Indossataren, namentlich demjenigen, welcher nicht zur Hebung gelangt, weil andere ihm zuvorgekommen sind, zum Wechselregresse verpflichtet ist. Auch alle späteren Indossanten, deren Unterschrift sich auf den bei der Zahlung nicht zurückgegebenen Exemplaren befinden, bleiben aus ihren, auf diesen Exemplaren stehenden Indossamenten im Wechselobligo [12]). Jener Rechtsgrund findet aber keine Anwendung in dem Falle, wenn der Inhaber die verschiedenen Exemplare des Wechsels an eine und dieselbe Person indossirt hat, weil darin keine Trennung der Exemplare liegt, der Indossatar vielmehr mit den einzelnen Exemplaren die Wechselobligation nur einmal erwirbt ganz in derselben Weise, als wenn das Indossament nur auf einem Exemplar erfolgt wäre. Dagegen wird die, durch das Indossament an verschiedene Personen einmal rechtlich begründete Mehrheit von Wechselobligationen nicht wieder aufgehoben, wenn im Verlaufe des Wechselganges sämmtliche Exemplare in einer Hand sich wieder vereinigen. Diejenigen Indossanten, welche die Trennung vorgenommen und über die Exemplare, wie über selbstständige Wechselurkunden, disponirt haben, stehen in der Wechselgarantie für jedes einzelne Exemplar. Ist das eine oder andere Exemplar bei der Indossirung an mehrere Personen mit der Klausel „ohne Obligo" versehen, so ist der Indossant zwar von

---

Zahlung, welche auf die Sekunda 2c. geschieht, nur dann gültig ist, wenn die Sekunda 2c. die Klausel enthält, daß diese Zahlung die Wirkung der übrigen vernichten soll; auch wird der Bezogene durch die Zahlung nur dann liberirt, wenn die Zahlung auf das acceptirte Exemplar erfolgt. Liebe, Entw. S. 81. Einert, Wechselr. S. 449. nahmen dagegen an, „daß jede Wechselerklärung auf dem einen Exemplare auch die anderen Exemplare afficire und daß durch das Accept auf einem Exemplar alle für acceptirt gälten. Der Acceptant könne sämmtliche Exemplare einzeln acceptiren und werde dadurch nur einmal obligirt; denn die mehrfache Acceptation enthalte kein wiederholtes Versprechen verschiedener Zahlungen, sondern ein wiederholtes Versprechen einer und derselben Zahlung. Eine objektive Mehrheit von Wechselversprechen werde nicht begründet, und werde die Wechselobligation für alle Exemplare durch Zahlung getilgt, ohne Unterschied, ob die Zahlung auf das acceptirte, oder ein unacceptirtes Exemplar geschehen sei." Die theoretische Auffassung wurde von einer Seite auch in der Leipziger Konferenz geltend gemacht, dieselbe fand jedoch keinen Beifall, vielmehr war man der Ansicht, „daß die Auffassung des Entwurfs nicht nur dem allgemeinen Herkommen, sondern auch dem wahren Bedürfnisse des Wechselverkehrs entsprechend sei, und daß eine Abweichung von derselben höchst bedenkliche Verwickelungen im Wechselverkehre besorgen lasse. Wolle man dem Trassaten, welcher sein Accept auf mehrere Exemplare desselben Wechsels gesetzt habe, das Recht einraumen, sich durch die Einlösung einer dieser Exemplare von der in Bezug auf die anderen Exemplare übernommenen Verpflichtung zu befreien, so würde jeder Inhaber eines acceptirten Wechselexemplars der Gefahr ausgesetzt sein, daß ihm der Inhaber eines anderen gleichfalls acceptirten Exemplars am Verfalltage in der Erhebung des Geldes zuvorkomme." Leipz. Prot. S. 134.

9) §. 209. Erlauterungen dazu S. 46.

10) §. 63. Mot. S. LXIX.

11) Leipz. Prot. S. 135.

12) Brauer a. a. O. S. 122. Liebe, Wechselord. S. 185. Bluntschli a. a. O. S. 67. Jolly a. a. O. S. 29.

seiner Wechselverbindlichkeit aus seinem Indossament befreit; allein civilrechtlich ist er jedenfalls nach den Grundsätzen vom Schadensersatz oder der Gewährleistung demjenigen verhaftet, dessen Wechselexemplar von dem Bezogenen, der vielleicht schon ein anderes Exemplar acceptirt oder bezahlt hat, nicht eingelöst worden ist[13]).

§. 77.

Die Verwendung der Wechselduplikate. Versendung zum Accept. Depositar.

Der Gang, den die Duplikate nehmen, ist verschieden, je nachdem sie zur Sicherheit oder zur Bequemlichkeit dienen. Nach Verschiedenheit dieses Zweckes richten sich auch zum Theil die Operationen, die mit den Wechselexemplaren vorgenommen werden. Alle Duplikate beiderlei Zweckes sollen im geordneten Wechsellaufe, nach der Absicht des Duplirens, sich gegenseitig ersetzen, sich schließlich in der Hand desjenigen, welcher als legitimirter Inhaber der Obligation sich ausweist, vereinigen und bei der Einlösung des Wechsels durch den Bezogenen an den Letzteren ausgeantwortet werden. Durch Zwischenfälle, — durch Verlust oder verzögerte Ankunft des einen oder anderen Exemplars, — kann dieser Gang des Geschäftes gestört werden, so daß die Geltendmachung des Wechselrechts nicht auf Grund aller Exemplare, sondern nur eines Exemplars erfolgt. Sollen die vervielfältigten Wechselexemplare zur Sicherheit benützt werden, so besteht die Verwendung der einzelnen Exemplare darin, daß dieselben auf verschiedenen Wegen, oder mit verschiedenen Transportgelegenheiten, dem Erwerber zugesendet werden, damit der letztere auf Grund des angekommenen Exemplars die Wechselobligation geltend machen kann. Dienen die Duplikate aber zur Bequemlichkeit, so ist der Hinzutritt einer dritten Person, durch deren Vermittelung die Acceptation bewirkt wird, nothwendig. Diese dritte Person, der durch den Inhaber ein Wechselexemplar, — gleichgültig welches, in der Regel aber die Prima[1]), — mit dem Auftrage zugesendet wird, das Exemplar dem Bezogenen zum Accepte vorzulegen und bis zur Abforderung zu verwahren, heißt Depositar, Verwahrer, Korrespondent[2]). Will der Inhaber über die anderen Wechselexemplare disponiren, z. B. die Sekunda in Giro begeben und die Tertia als Sicherheitsexemplar der Sekunda nachschicken, so muß er, ohne daß dadurch die Wechselkraft des Papieres bedingt ist, auf den Nebenexemplaren vermerken, bei wem das von ihm zum Accept versandte Exemplar anzutreffen ist[3]). Solches geschieht auf den zurückbehaltenen Exemplaren durch den Vermerk: „Prima (oder Sekunda) zum Accepte bei N. N.“ „Prima (oder Sekunda) zur Verfallzeit bei N. N.“, „Prima (oder Sekunda) acceptirt bei N. N.“, und deutet insbesondere die letztere Formel nicht eine Garantie an, daß der Wechsel von dem Bezogenen auch wirklich schon acceptirt worden sei[4]).

---

13) Art. 14. A. D. W.O. Jolly a. a. O. S. 30.
1) Einert a. a. O. S. 408. Brauer a. a. O. S. 124.
2) Einert a. a. O. S. 404.
3) Art. 68. A. D. W.O.
4) Einert a. a. O. S. 404. 434. Jolly a. a. O. S. 34.

Der Inhaber des girirten Exemplars ersieht aus dem letzteren, bei wem sich das zum Accept versandte Exemplar befindet, wo er letzteres aufsuchen muß, und der Verwahrer des Acceptexemplars ist verpflichtet, dasselbe demjenigen auszuliefern, der sich als Indossatar oder auf andere Weise zur Empfangnahme legitimirt [5]). Die Legitimation des Inhabers muß eine wechselmäßige, d. h. durch eine zusammenhängende bis auf ihn hinuntergehende Reihe von Indossamenten geführt sein [6]). Die Allgemeine Deutsche Wechselordnung läßt aber außer dieser wechselmäßigen Legitimation auch eine Legitimation auf „andere Weise" zu, und es fragt sich, was darunter zu verstehen sei? Der Preußische Entwurf vom Jahre 1847. bestimmte, daß „das Acceptexemplar an denjenigen auszuliefern, welcher sich als Indossatar oder auf andere unverdächtige Weise zur Empfangnahme legitimirt habe" [7]). Die Motive zum Preußischen Entwurfe und die Leipziger Konferenzverhandlungen ergeben über den Sinn der Worte: „auf andere Weise zur Empfangnahme legitimirt" keine Aufklärung, die letzteren weisen vielmehr nur nach, daß einige Mitglieder an Stelle der vorstehenden Bestimmung die Worte setzen wollten: „der sich als rechtmäßiger Inhaber legitimirt", während die Ansicht derjenigen zum Beschluß erhoben wurde, welche das Wort „unverdächtig" streichen wollten. Bei der Interpretation jener gesetzlichen Bestimmung muß davon ausgegangen werden, daß die Abforderung des Acceptexemplars keine Wechselhandlung ist, der Depositar vielmehr außerhalb des Wechselnexus steht, ein bloßer Bevollmächtigter des Einsenders ist, und daß ihm gegenüber der Abfordernde seine Legitimation nicht allein in wechselmäßiger Weise, durch den Wechsel selbst, z. B. durch Indossament, Einlösung, Ehrenzahlung, sondern auch in nicht wechselmäßiger Weise, außerhalb der Wechselurkunde, durch Vollmacht des Einsenders, durch rechtskräftig gewordenes Amortisationsurtel u. s. w. führen kann [8]). Der Korrespondent, Depositar, hat von dem Einsender den Auftrag erhalten, das Duplikat zum Accept zu präsentiren und dasselbe, die Acceptation mag erfolgen oder nicht, so lange bei sich aufzubewahren, bis es von dem legitimirten Inhaber des Gegenexemplars abgefordert wird. Der Korrespondent ist daher ein Bevollmächtigter des Einsenders. Der Besitz des Wechselduplikats allein legitimirt und berechtigt, ohne besonderen Auftrag, zur Präsentation, zur Annahme und zur Erhebung des Protestes Mangels Annahme. Weiter geht das Recht und die Pflicht des Depositars nicht; die Befugniß, wegen verweigerter Annahme Regreß auf Sicherstellung zu nehmen, oder von dem Acceptanten, bei Verfall, Zahlung oder Deposition der Wechselsumme zu fordern, oder Protest Mangels Zahlung zu erheben, steht ihm nicht zu. Der Depositar ist ein civilrechtlicher Bevollmächtigter, nicht ein wechselmäßiger, ein Inkasso-Mandatar des Einsenders und daher nicht legitimirt und nicht verpflichtet, sich für den richtigen Gang des Wechselgeschäfts zu verwenden [9]).

5) Art. 68. 36. A. D. W.O.
6) Art. 36. A. D. W.O. Ladenburg im Arch. f. D. W.R. Bd. 13. S. 21.
7) Preuß. Entw. §. 64.
8) Brauer a. a. O. 124. Jolly a. a. O. S. 37.
9) Art. 18. A. D. W.O. Einert a. a. O. S. 438 ff. Liebe, Wechselord. S. 183. Jolly a. a. O. S. 42. 260. 264.

Erfolgt die Ausantwortung des Acceptexemplars an den legitimirten Inhaber des girirten Duplikats, so ist es üblich, daß der Korrespondent den Versendungsvermerk ausstreicht und darunter vermerkt, daß und an wen er das Acceptexemplar ausgeliefert hat. Derselbe ist auch befugt, über die Auslieferung des Acceptexemplars eine besondere, auf Verlangen auf eine Abschrift des Giroexemplars zu setzende Quittung zu beanspruchen und bei Versagung dieser Quittung die Ausantwortung des Duplikats abzulehnen [10]). Ist von dem Korrespondenten der Protest Mangels Annahme erhoben worden, so muß auch der letztere mit dem Wechselexemplare an den legitimirten Inhaber des Giroexemplares ausgehändigt werden, um ihn in den Stand zu setzen, seine Wechselrechte gegen den Giranten zu verfolgen.

§. 78.

Das Rechtsverhältniß aus der Verwahrung des Acceptexemplars.

Das Dupliren zur Bequemlichkeit zieht in den Gang des Wechselgeschäftes die Thätigkeit eines Dritten, desjenigen nemlich, dem das zum Accept bestimmte Exemplar zur Nachsuchung der Acceptation und zur Aufbewahrung bis zur Abforderung durch den legitimirten Inhaber des anderen Wechselexemplares zugesendet worden ist. Dieser Dritte steht in rechtlicher Beziehung sowohl zu demjenigen, von welchem er den Auftrag zur Aufbewahrung erhalten hat, dem Einsender des Acceptexemplars, als auch zu demjenigen, welcher sich im legitimirten Besitze des Giroexemplars befindet, daher zu Empfangnahme des Acceptduplikats berechtigt ist. Daß dieses Verhältniß des Einsenders und des Inhabers zu dem Aufbewahrer kein wechselrechtliches ist, leuchtet durch die Erwägung ein, daß wechselrechtliche Beziehungen nur entstehen durch die specifische Natur der Wechselobligation; die Wechselobligation aber ausschließlich zum Gegenstande hat das auf eine Geldzahlung gerichtete Wechselversprechen und die dadurch begründete Garantiepflicht, sich aber nicht erstreckt auf rechtliche Beziehungen außerhalb dieser Grenze zu dritten Personen, welche auf irgend eine Weise in ein faktisches oder rechtliches Verhältniß zu der Wechselurkunde gesetzt worden sind. Die Stellung des Depositars fällt nicht in das Rechtsgebiet der Wechselobligation, sondern ist sowohl in Ansehung des Einsenders, als des Duplikat-Inhabers nach den Regeln des Civilrechts zu beurtheilen. Es fragt sich aber, nach den Regeln welchen Geschäftes diese Rechtsverhältnisse aufzufassen sind? Die Allgemeine Deutsche Wechselordnung [1]) nennt den Dritten, welchem das zum Accept bestimmte Exemplar zugesendet worden ist, „Verwahrer", und so bezeichnen ihn auch die Motive zum Preußischen Entwurfe [2]) und die Leipziger Konferenzverhandlungen [3]). Einige Rechtslehrer [4])

10) Einert a. a. O. S. 459. Jolly a. a. O. S. 40.

1) Art. 68.

2) S. LXIX.

3) S. 136. 137.

4) Einert a. a. O. S. 439. Mittermaier a. a. O. Bd. 2. S. 163. Brauer a. a. O. S. 124. Bluntschli a. a. O. S. 111. Jolly a. a. O. S. 39. 260. Ladenburg im Arch. f. D. W.R. Bd. 13. S. 21. Thol a. a. O. Bd. 2. S. 622.

fassen das Rechtsverhältniß nicht als Hinterlegungsvertrag, depositum, sondern als Vollmachtsvertrag, mandatum, auf, oder finden beide Geschäfte in demselben vereinigt. Wenn der rechtliche Unterschied zwischen beiden Rechtsfiguren darin besteht, daß mit dem depositum keine andere Verpflichtung verbunden ist, als die Sache im Gewahrsam zu halten und künftig zurückzugeben, und wenn sich durch eine weitergehende Obliegenheit das Depositum in ein Mandat verwandelt [5]), so wird man trotz aller Rechtsverwandtschaft beider Institute das Verhältniß zwischen dem Einsender und dem Korrespondenten doch um so mehr als Mandat ansehen müssen, als der letztere außer der Verwahrungspflicht insbesondere auch die Präsentations- und Protestationspflicht übernimmt. Der Korrespondent ist daher der Bevollmächtigte des Einsenders und verpflichtet, sich nach dessen Instruktion zu richten, auch das Acceptexemplar, so lange dasselbe noch nicht an den legitimirten Inhaber des Gegenexemplars ausgeantwortet ist, auf jedesmaliges Verlangen zurückzugeben. Zu dem Inhaber des girirten Exemplars steht der Korrespondent dagegen in gar keinem vertragsmäßigen Rechtsverhältnisse; er ist ihm gegenüber eine fremde Person und in keinerlei Art zur Wechseldiligenz verpflichtet [6]). Dagegen hat der Inhaber des Giroexemplars ein Recht auf das hinter dem Bevollmächtigten befindliche Accept-Exemplar; denn durch die, in ordnungsmäßiger Wechselfolge geschehene Begebung des Giroexemplars ist die ganze Wechselobligation auf ihn übergegangen. Er hat daher auch ein Recht auf alle über die Wechselobligation ausgestellten Exemplare und somit auch ein Klagerecht gegen den Korrespondenten, wenn dieser die Verabfolgung des Acceptexemplars verweigert. Es fragt sich nur, wie dieses Recht zu formuliren: ob es aus dem Eigenthume hergeleitet wird, oder ob es sich als ein persönliches Recht zur Sache darstellt? Daß der Inhaber des zweiten Exemplars Eigenthümer der abstrakten Wechselobligation ist, darüber ist in der Wissenschaft kein Streit, und nur darüber ist man uneins, welche Rechte ihm auf die einzelnen, im Besitze dritter Personen, insbesondere des Korrespondenten befindlichen Exemplare zustehen? Einige nehmen an, daß der Wechselinhaber durch den Erwerb der Wechselforderung auch von selbst das Eigenthum an dem Acceptexemplare erworben habe, und daß ihm daher das Recht der Vindikation zustehe. Einert [7]) sieht das girirte Exemplar als Träger der Wechselforderung, als das Principale an, welches eine anziehende Kraft auf das andere Exemplar, accessorium, schon der symbolischen Uebergabe wegen, übe. „Daraus ergebe sich ein doppeltes Rechtsverhältniß, theils das Eigenthum des Nehmers an dem deponirten Exemplare, welches die Vindikation begründe, theils aber auch ein persönlicher Anspruch des Nehmers an den Geber auf Ausantwortung des zum Accept bestimmten Exemplars, wenn solches bei dem Depositar nicht angetroffen werde.“ Mit dieser Rechtsansicht stimmen andere Wechselrechtslehrer [8]) überein, und auch die Leipziger Wechselkonferenz-Verhand-

5) Puchta a. a. O. §§. 321. 323. Arndts a. a. O. §§. 285. 291. A. Pr. L.R. Thl. I. Tit. 13. §§. 5 f. Tit. 14. §§. 9 ff.

6) Einert a. a. O. S. 440. Jolly a. a. O. S. 54.

7) Einert a. a. O. S. 413 ff.

8) Treitschke a. a. O. Bd. 1. S. 356. Brauer a. a. O. S. 124. Thöl a. a. O. Bd. 2. S. 623. nimmt Eigenthum auf Grund des constitutum possessorium, kein persönliches Recht an.

lungen enthalten die Bemerkung, daß „der Inhaber der Sekunda als Eigenthümer der Prima anzusehen und der Depositar der letzteren daher nicht befugt sei, dieselbe dem Inhaber der Sekunda vorzuenthalten“ [9]). Andere sprechen dem Inhaber des girirten Exemplars an dem Acceptexemplare ein Eigenthums- und Vindikationsrecht, ein jus in rem, ab, und erkennen nur einen persönlichen Anspruch desselben, jus in personam, an, gerichtet auf Vorzeigung, Vorlegung jenes Exemplars vermittelst der präparatorischen actio ad exhibendum [10]), oder auf Ausantwortung des Acceptexemplars vermöge der durch das Giro auf den Wechselinhaber übertragenen actio ex mandato [11]). — Der Grund der rei vindicatio ist das Eigenthum, und die thatsächliche Veranlassung dazu die Vorenthaltung des Besitzes. Kläger hat daher auf seiner Seite das Eigenthum an der Sache, und auf Seiten des Verklagten den Besitz der Sache zu beweisen [12]). Es fragt sich daher: ob der Inhaber des girirten Exemplars mit dem letzteren zugleich das Eigenthum an dem zum Accept versandten Duplikate erworben hat? Der derivative Erwerb des Eigenthümers an einer Sache setzt voraus einen zur Erwerbung des Eigenthums geschickten Titel, justa causa, und die Uebergabe, traditio, als Verwirklichung des auf die Eigenthums-Uebertragung gerichteten Willens [13]). Diese civilistischen Grundsätze auf den Erwerb eines Wechsels als einer Sache angewendet, und abstrahirt von wechselrechtlichen Dogmen, so würde man in der urkundlichen Begebungserklärung die justa causa und in dem Geben und Nehmen der Wechselurkunde die traditio wieder erkennen. Es fragt sich aber: ob mit dem wechselmäßigen Erwerbe des girirten Exemplars auch das Eigenthum an dem Acceptexemplare von selbst erworben wird? Eine justa causa, ein Rechtsgrund für diesen Eigenthumserwerb würde nach dem, auf die Uebertragung einer bestimmten Wechselobligation gerichteten Willen der Wechselinteressenten in der Begebungserklärung und in dem Umstande enthalten sein, daß jenes Exemplar gleichsam eine Theilurkunde über diese Wechselobligation bildet; der auf die letztere gerichtete Uebertragungswille daher auch jenes zweite Exemplar gleichzeitig mit umfaßt. Um aber das Eigenthum an dem deponirten Exemplare zu erwerben, ist außer der justa causa auch das civilrechtliche Moment der Uebergabe erforderlich. Es kommt daher darauf an, das Vorhandensein dieses Erfordernisses in der Begebung des Giroexemplars nachzuweisen. Ein jedes Exemplar des vervielfältigten Wechsels bildet nicht nur in wechselrechtlichem Sinne einen selbstständigen Repräsentanten der Wechselobligation, sondern auch, nach allgemein rechtlichen Grundsätzen, eine für sich bestehende körperliche, bewegliche Sache. Es kann daher kein Exemplar als Hauptexemplar und keins als Nebenexemplar

9) Leipz. Prot. S. 136.

10) Puchta a. a. O. §. 397. Arndts a. a. O. §. 346. Jolly a. a. O. S. 54. Arch. f. D. W.R. Bd. 8. S. 336. Volckmar und Loewy a. a. O. S. 236 formulirt die Klage als eine direkt aus dem Wechsel entspringende Klage gegen den durch den Wechsel nicht legitimirten Dritten.

11) Ladenburg im Arch. f. D. W.R. Bd. 13. S. 21.

12) Puchta a. a. O. §. 168. Arndts a. a. O. §. 166. A. Pr. L.R. Thl. I. Tit. 15. §§. 1 ff.

13) Puchta a. a. O. §. 148. Arndts a. a. O. §. 145. A. Pr. L.R. Thl. I. Tit. 10. §. 1. Tit. 7. §§. 58 ff.

angesehen, daher auch das deponirte Accepterexemplar nicht als ein accessorium oder als ein Pertinenzstück des girirten Duplikats betrachtet werden, welche mit dem letzteren zugleich erworben und in Besitz genommen worden. Selbst wenn man dieses Abhängigkeitsverhältniß, diese Pertinenzqualität anerkennen wollte, so würde doch der unmittelbare Erwerb des Pertinenzstückes mit der Hauptsache in dem Falle ausgeschlossen sein, in welchem sich das erstere zur Zeit der Besitznahme des letzteren im Besitze eines Dritten befindet; der Besitz an dem Pertinenzstücke daher besonders erworben werden muß [14]). Daß aber in der Uebergabe des girirten Exemplars keine körperliche Uebergabe des, hinter dem Korrespondenten befindlichen Acceptationsduplikats enthalten ist, unterliegt keinem Zweifel, denn eine körperliche Uebergabe verlangt die Gegenwart der Sache, und ein Geben aus Hand in Hand hat nicht stattgefunden. Aber auch eine symbolische Uebergabe ist nicht zu erkennen, weil der Wille und die Absicht, das deponirte Exemplar mit zu übergeben, durch äußere Zeichen nicht hinlänglich manifestirt wird, der fortdauernde Besitz des Korrespondenten sich sogar als ein Hinderniß der körperlichen Besitznahme darstellt [15]). Auch durch ein constitutum possessorium, bei welchem durch den bloßen Willen der Besitz in Detention verwandelt und der Besitz unmittelbar auf eine andere Person übertragen wird [16]), kann die Uebergabe des deponirten Exemplars nicht vermittelt werden, da sich der Besitz jenes Exemplars, — wenn auch nicht der juristische, so doch der natürliche [17]), — bei dem Korrespondenten, nicht aber bei dem Geber des girirten Exemplars, in dessen Person das constitutum vor sich gehen soll, befindet, eine rechtsgültige Willenserklärung des Gebers, wodurch die mutatio possessionis bewirkt werden könnte, auch überhaupt fehlt. Dagegen kann der Besitz einer Sache auch übertragen und erworben werden, außer den Fällen der traditio brevi manu und des constitutum possessorium, durch den bloßen Willen, ohne besondere Apprehensionshandlung, durch Anweisung, indem der bisherige Besitzer denjenigen, welcher in seinem Namen die Sache inne hat, anweist, den Besitz im Namen des neuen Besitzers fortzusetzen, und diese Anweisung angenommen wird [18]). Diese Erwerbungsart hat Aehnlichkeit mit der s. g. brevi manu traditio und mit dem constitutum possessorium und beruht, wie diese, auf dem Rechtsgrundsatze, daß ein bloßer Auftrag ausreichend ist, den Erwerb des Besitzes durch fremde Handlungen zu begründen. Diese Art des Besitzerwerbes ist bei der Begebung eines Wechselduplikats deutlich erkennbar. Der Indossant hat die Absicht, die Wechselobligation auf einen Dritten zu übertragen und realisirt diese Absicht durch den Begebungsakt. Durch die Aushändigung des Begebungsexemplars wird der Indossatar legitimirt und ermächtigt, das Acceptduplikat bei dem Korrespondenten in Empfang zu nehmen. Durch die Uebersendung und Annahme des Accept-

14) Arndts a. a. O. §. 145. A. Pr. L.R. Thl. I. Tit. 7. §. 54.
15) A. Pr. L.R. Thl. I Tit. 7. §§. 61 ff.
16) v. Savigny, das Recht des Besitzes. (Wien 1865.) S. 318. Arndts a. a. O. §. 140. Puchta a. a. O. §. 130. A. Pr. L.R. Thl. I Tit. 7. §. 70.
17) v. Savigny, Lehre vom Besitz S. 301.
18) A. Pr. L.R. Thl. I. Tit. 7. §§. 66 ff.

exemplars wird der Korrespondent aber angewiesen und übernimmt das Mandat, das deponirte Exemplar dem legitimirten Inhaber des girirten Exemplars auszuhändigen. In diesem thatsächlichen Vorgange liegt eine durch das Gesetz fingirte und durch den Willen der Vertragsinteressenten realisirte Uebergabe des deponirten Exemplars an den legitimirten Inhaber des Wechsels, so daß das Eigenthums- und Vindikationsrecht des letzteren in Betreff dieses Exemplars einem begründeten rechtlichen Bedenken nicht unterworfen sein kann. Diese Fiktion und rechtliche Wirkung kann jedoch nicht eintreten, wenn dem erklärten Uebergabewillen faktische oder rechtliche Umstände entgegenstehen, wodurch derselbe aufgehoben und wirkungslos gemacht wird. Letzteres würde zum Beispiele der Fall sein, wenn das deponirte Exemplar verloren gegangen ist, oder an eine von dem Inhaber des girirten Exemplars verschiedene Person indossirt und dadurch der Träger einer selbstständigen und unabhängigen Wechselobligation demjenigen gegenüber geworden ist, welcher die Trennung der Wechselexemplare vorgenommen hat.

§. 79.

Die Geltendmachung der Wechselobligation aus dem Wechselduplikate. Abforderung und Verweigerung des Acceptexemplars, Rechtsmittel. Regreß.

Der Inhaber des girirten Exemplars ist Eigenthümer auch des deponirten Duplikats geworden. Es steht ihm ein doppeltes Klagerecht zu: a) gegen den Korrespondenten (Verwahrer) die dingliche Eigenthumsklage, rei vindicatio, und b) gegen den Indassanten die persönliche Kontraktsklage auf Beschaffung des Accept-Duplikats [1]). Die Allgemeine Deutsche Wechselordnung hat den Wechselinhaber aber nicht auf diesen weitläufigen Prozeßweg gewiesen, sondern demselben einen kürzeren, dem Zwecke des Wechselrechts mehr entsprechenden, formalen Weg vorgeschrieben. Im Allgemeinen macht der Geber des girirten Exemplars den Nehmer zum Herrn der Wechselobligation und setzt denselben in die Lage, auf Grund dieses einen Exemplars allein, ohne Rücksicht auf den Lauf der Duplikate, die Wechselforderung zu realisiren. Der Inhaber kann daher auf Grund des Giroexemplars die Acceptation nachsuchen und am Verfalltage die Zahlung in Empfang nehmen. Die übrigen Exemplare, sie mögen ruhen, laufen, oder verloren gegangen sein, sind für die selbstständige Cirkulation und Realisation des Giroexemplars gleichgültig. Diese wechselrechtliche Selbstständigkeit erleidet jedoch eine Beschränkung, wenn die Vervielfältigung zur Bequemlichkeit diente. In diesem Falle hat der Geber durch den auf das Begebungsexemplar gesetzten Versendungsvermerk das letztere mit dem Acceptexemplar in eine gewisse Beziehung in der Art gesetzt, daß der Wechselinhaber das deponirte Exemplar bei dem Korrespondenten suchen, und auf Grund dieses, nach Absicht des Gebers acceptirten Exemplars die Wechselobligation realisiren soll. Kaufmännische Sitte

1) Einert a. a. O. S. 421. Treitschke a. a. O. Bd. 1. S. 364. Croop, Abhandl. I. S. 555. Borchardt a. a. O. S. 26. Jolly a. a. O. S. 250. Thol a. a. O. Bd. 2. S. 626. erkennt ein solches Recht nicht an.

und Nützlichkeit der Operation geben die Verfolgung dieses Weges an die Hand. Da jedoch durch die Duplirung die rechtliche Natur der Wechselobligation und der freie Lauf des Wechsels nicht geändert werden, so ließe sich wohl der Fall denken, daß der Inhaber, ohne das Acceptexemplar zu suchen und abzufordern, auf Grund des, in den Händen habenden Exemplars bei dem Bezogenen unmittelbar die Acceptation und die Zahlung nachsuchte. Diese wechselrechtlichen Operationen hätten für den Bezogenen, insofern er nicht schon vorher ein anderes Exemplar acceptirt, an sich auch keine Gefahr; durch die wechselmäßige Bezahlung des girirten Exemplars erlischt, auch ohne Vorlegung des noch nicht acceptirten deponirten Duplikats, die Wechselobligation. Allein dieser Wechsellauf ist bei der Duplirung zur Bequemlichkeit von den Interessenten nicht beabsichtigt; die Intention ist vielmehr darauf gerichtet, daß der Inhaber des zweiten Exemplars das Acceptexemplar bei dem Depositar aufsuchen, daß dieser an den legitimirten Inhaber das acceptirte oder nicht acceptirte Exemplar, mit der etwa aufgenommenen Protesturkunde Mangels Annahme, ausantworten und daß der Inhaber demnächst auf Grund beider Exemplare seine Wechselrechte verfolgen soll. Die Innehaltung dieses Weges ist um so nöthiger, als der Bezogene, wenn er das deponirte Exemplar bereits acceptirt hat, den Inhaber mit dem Begehren der Acceptation des zweiten Exemplars oder der Zahlung auf Grund des letzteren zurückweisen wird, und um so nothwendiger, als der Regreß des Inhabers davon abhängig gemacht ist, daß er bei Abforderung des Acceptexemplars die nöthige Diligenz beobachtet hat. Der Aussteller und alle Indossanten haben bei Ertheilung eines Acceptexemplars die Garantie übernommen, daß das letztere von dem Depositar auf Verlangen ausgeantwortet, und daß auf dieses deponirte und das girirte Legitimationsexemplar, in ihrer Vereinigung, von dem Bezogenen rechtzeitig Zahlung werde geleistet werden. Jeder Inhaber hat sich aber durch die Annahme eines, in den vorgeschriebenen Weg geleiteten Wechsels mit diesem Laufe einverstanden erklärt und ist daher auch verpflichtet, durch Verfolgung des letzteren der Wechselintention nachzukommen. Die Allgemeine Deutsche Wechselordnung bestimmt daher ausdrücklich, daß der Inhaber eines Duplikats, auf welchem angegeben worden, bei wem das zum Accept versandte Exemplar sich befindet, Mangels Annahme desselben den Regreß auf Sicherstellung, und Mangels Zahlung den Regreß auf Zahlung nicht eher nehmen kann, als bis er durch Protest hat feststellen lassen:

1) daß das zum Accept versandte Exemplar ihm vom Verwahrer nicht verabfolgt worden ist, und
2) daß auch auf das Duplikat die Annahme oder die Zahlung nicht zu erlangen gewesen ist.

Ohne diese in urkundlicher Weise nachgewiesene Diligenz ist der Regreß des Wechselinhabers sowohl auf Sicherstellung als auf Zahlung unstatthaft, weil die Bedingungen und Voraussetzungen, unter welchen die Garantie übernommen worden, nicht erfüllt worden sind [2]). Ist aber jener Nachweis der Diligenz geführt, so wird dadurch gleichzeitig konstatirt, daß die Wechselgaranten ihre Wechselpflicht

2) Art. 69. A. D. W.O. Jolly a. a. O. S. 241.

nicht erfüllt, indem sie nicht für die Vorlegung des deponirten Wechselexemplars Sorge getragen haben. Sie sind daher zum Regresse verpflichtet [3]). Gegen die Bestimmung zu 2. wurde in der Leipziger Konferenz monirt, daß dieselbe gegen das, im Art. 67. zum Ausdruck gekommene Prinzip verstoße, wonach auf ein nicht acceptirtes Exemplar, wenn ein acceptirtes Exemplar existire, mit der Wirkung der Liberation keine Zahlung geleistet werden könne, das Verlangen der Acceptation oder der Zahlung auf Grund des girirten Exemplars, ohne Vorlegung des deponirten Duplikats, daher unberechtigt sei und die Aufforderung zu einer Handlung enthalte, an die das Gesetz selbst nachtheilige Folgen für den Bezogenen knüpfe und von der es abrathe. Der Einwand ist in seiner doktrinären Auffassung nicht unbegründet, allein derselbe ist in der Leipziger Konferenz [4]) durch die Bemerkung beseitigt, daß die getroffene Bestimmung mit der allgemeinen Praxis übereinstimme, eine Vermuthung, daß das deponirte Exemplar acceptirt worden, nicht Platz greife, und die Sekunda mit Nothadressen versehen sein könne, die sich nicht auf der Prima befänden. Für diesen Fall verlangt nemlich die Allgemeine Deutsche Wechselordnung [5]), bevor der Regreß auf Sicherstellung genommen werden kann, daß der Wechsel Mangels Annahme protestirt und die Annahme auch bei der Nothadresse vergebens gefordert worden ist. Der Regreß des Inhabers des Giro-Duplikats auf Sicherstellung [6]) findet daher, wenn das versandte Exemplar unacceptirt ausgeantwortet wird, auf Grund des Protestes Mangels Annahme statt, oder, wenn die Ausantwortung verweigert wird, auf Grund zweier Proteste, nemlich eines Protestes Mangels Auslieferung des versandten Exemplars und eines Protestes Mangels Annahme des girirten Exemplars. Will der Inhaber den Regreß auf Sicherstellung nicht nehmen, so braucht er gegen den Depositar wegen verweigerter Herausgabe des deponirten Exemplars auch keinen Protest zu erheben, er kann vielmehr den Verfalltag abwarten, von dem Depositar das Acceptexemplar fordern, im Verweigerungsfalle gegen denselben innerhalb der Protestfrist Protest erheben und demnächst von dem Bezogenen die Zahlung verlangen und eventuell Protest erheben. Ist gegen den die Herausgabe verweigernden Depositar schon früher Protest erhoben, so braucht solcher am Verfalltage nicht wiederholt zu werden.

Nicht ohne wissenschaftlichen Zweifel ist die Frage: ob der Regreß wegen verweigerter Herausgabe des Acceptduplikats in der Ordnung des gewöhnlichen Regresses, gegen alle Wechselgaranten, also gegen den Aussteller und alle Vorindossanten, oder nur gegen die Vormänner gerichtet ist, welche die Trennung der Wechselexemplare vorgenommen haben, und durch deren Hand der Wechsel in dieser Trennung gelaufen ist? Einert [7]) beschränkt jenen Regreß unbedingt auf den Einsender und dessen Nachmänner, weil sie die auf das girirte Exemplar gesetzten Worte: „Prima (Sekunda) acceptirt bei N." zu vertreten hätten. Die Mo-

3) Einert a. a. O. S. 430. Jolly a. a. O. S. 242.
4) S. 137.
5) Art. 56 f. A. D. W.O.
6) Art. 69. 25 f. A. D. W.O.
7) S. 425.

tive zum Preußischen Entwurfe und die Worte der Allgemeinen Deutschen Wechselordnung geben über die Frage keine Aufklärung, dagegen wird in der Leipziger Konferenz [8]) die Ansicht der Mehrheit der Versammlung darüber: daß der Regreß wegen verweigerter Ausantwortung des Accept-Exemplars von dem Nachweise der Nichtannahme oder Nichtzahlung auf das Duplikat abhängig sei, durch die Bemerkung unterstützt: „daß diese Bestimmung um so gerechtfertigter sei, als der Preußische Entwurf bei verweigerter Ablieferung der Prima den Regreß nicht bloß bis auf den Versender der Prima, sondern gegen die Wechselverpflichteten allgemein statuire.“ Das ist insofern richtig, als die Worte des §. 65. des Preußischen Entwurfes und des korrespondirenden Art. 69. der Allgemeinen Deutschen Wechselordnung dem Inhaber des Duplikats wegen verweigerter Verabfolgung des zum Accept versandten Exemplars den Regreß auf Sicherstellung beziehungsweise Mangels Zahlung ohne jede Einschränkung auf bestimmte Wechselverpflichtete gewährten. Dennoch ist, in Anschluß an die Einertsche Theorie und in Uebereinstimmung mit dem Sächsischen Entwurfe §. 119. und dem Braunschweigischen Entwurfe §. 19. [9]) die Ansicht aufgestellt worden, daß sich die Regreßklage nur auf den Einsender und dessen Nachmann beschränke [10]); und diese Ansicht auf die Erwägung gegründet, daß der Regreßanspruch wegen verweigerter Verabfolgung des Acceptexemplars lediglich auf der, den Wechselschuldnern obliegenden Garantie beruhe, daß jene Herausgabe erfolgen werde, daher nur gegen diejenigen statthaft sei, denen, ihrer Stellung in dem Wechselgeschäfte gemäß, eine solche Garantie zugemuthet werden könne. Das sei aber entschieden nur bei dem Einsender und seinem Nachmanne der Fall. Andere [11]) lassen den Regreß gegen sämmtliche Vormänner nur bedingt zu, wenn der Wechsel darum nicht angenommen oder nicht bezahlt worden ist, weil der Bezogene sich überhaupt mit demselben nicht befassen will; beschränken jenen Regreß aber auf den Einsender und dessen Nachmänner, wenn der Wechsel auf die Sekunda darum nicht angenommen oder bezahlt wird, weil bereits auf die Prima das Accept gesetzt ist und diese Prima nicht beschafft werden kann. Allein die erste Ansicht, nach welcher der Regreß gegen alle Vormänner, ohne Einschränkung, zulässig ist, verdient den Vorzug [12]). Für diese Annahme sprechen die Worte des Gesetzes, welche keine Abweichung von der allgemeinen Theorie des Regresses andeuten; eine, man möchte sagen, authentische Erklärung der Gesetzberathungs-Kommission und endlich die rechtliche Natur des Wechselverhältnisses selbst. Denn die Pflicht des Duplirens ist eine wechselmäßige, sie liegt daher allen Wechselverbundenen solidarisch ob; durch die Ausstellung der Duplikate, nicht erst durch den Gebrauch derselben zu dem einen oder anderen, von dem Belieben des jeweiligen Inhabers abhängenden Zwecke, wird die wechselmäßige Garantie für den ordnungsmäßigen Lauf des Wechsels, insbesondere für die Ausantwortung des deponirten

8) Leipz. Prot. S. 137.
9) Liebe, Entw. S. 80.
10) Jolly a. a. O. S. 445.
11) Borchardt, Wechselduplikate S. 23. Brauer a. a. O. S. 126.
12) Treitschke a. a. O. Bd. 1. S. 126. 359. Heise u. Cropp a. a. O. Bd. 1. S. 551. Koch a. a. O. zum Art. 69. Bluntschli a. a. O. S. 113. Liebe, W.O. S. 190. Kuntze a. a. O. S. 109. Thöl a. a. O. Bd. 2. S. 625. Volckmar u. Loewy a. a. O. S. 237.

Exemplars übernommen; der Wechsel ergiebt in der Regel nicht und braucht nicht zu ergeben, den Namen desjenigen, welcher die Trennung und Versendung vorgenommen hat, denn der Versendungsvermerk ist kein Wechselakt, sondern eine bloße geschäftliche Notiz; es kann somit in wechselmäßiger Prozeßweise auch die Person des Einsenders gar nicht ermittelt werden; kommt der Wechsel in Noth, so tritt die Wechselgarantie bezüglich aller solidarisch verhafteten Wechselgaranten in Wirksamkeit, ohne daß auf die Veranlassung zum Nothleiden, und ob diese gerade in der Nicht-Verabfolgung des deponirten Exemplars besteht, etwas ankommt. Die Regreßklage wird durch die verweigerte Herausgabe des zum Accept bestimmten Exemplars begründet, und zur wechselmäßigen Verfolgung des Anspruches gehört die Aufnahme der im Art. 69. vorgeschriebenen Proteste. Die Gründe der Verweigerung der Herausgabe und der Ablehnung der Annahme oder Zahlung auf das girirte Duplikat sind für den Regreß völlig einflußlos und brauchen aus den Protesten nicht hervorzugehen. Befindet sich das Acceptexemplar nicht bei der, auf dem Wechsel bemerkten Adresse, sondern zufällig bei einer dritten Person, so ist der Inhaber nicht verpflichtet, auch bei der letzteren Nachfrage zu halten und event. Protest zu erheben; er erfüllt seine wechselmäßige Pflicht, wenn er sich auf die Nachfrage bei der Adresse beschränkt und gegen diese Protest erhebt [13]). Ist auf dem girirten Exemplare die Versendungsadresse des Acceptexemplars nicht vermerkt, so hat das keinen Einfluß auf die Gültigkeit des Wechsels, und die Wirkung, daß der Inhaber das deponirte Exemplar nicht aufsuchen kann, denn er weiß nicht, ob ein Exemplar zum Accept versandt ist und wo sich solches befindet. Der Wechselinhaber verfährt damit ebenso, als wenn ein Acceptexemplar nicht existirt; er übt sein Wechselrecht auf Grund des ihm behändigten Exemplars, präsentirt dasselbe zur Annahme, auch zur Zahlung bei dem Bezogenen und nimmt, wenn der Wechsel in Noth geräth, darnach seinen Regreß.

§. 80.

Die Wechselkopie.

Während die Wechselduplikate Originalurkunden über eine und dieselbe Wechselobligation bilden, ein jedes Exemplar den Wechsel ganz repräsentirt, daher die eigenhändige Unterschrift der Wechselverpflichteten, insbesondere des Ausstellers, enthalten, stellen sich die Wechselkopien, das sind einfache Abschriften einer Wechselurkunde, als getrennte Theile desselben Wechsels dar, die nur in ihrer Zusammenhaltung und Vereinigung das Original herstellen. Der Gebrauch der Wechselduplikate ist, vermöge der Originalität derselben, bei weitem wichtiger, als der der Wechselkopien. Wechselduplikate ersetzen in jeder Beziehung den Hauptwechsel; sie können zu allen Operationen verwendet werden, zu welchen der Hauptwechsel selbst geeignet und geschickt ist. Eingeschränkter dagegen und untergeordneter ist der wechselmäßige Gebrauch der Wechselkopie. Die letztere enthält, als einfache Abschrift der Wechselurkunde, nicht die Original-Unterschriften der Wechselverpflichteten und kann

13) Art. 91. A. D. W.O.

daher zu allen denjenigen Operationen nicht verwendet werden, welche eine Prüfung der Unterschriften, eine wechselmäßige Legitimation des Inhabers voraussetzen und eine Geltendmachung des Wechselrechts, — Acceptation, Zahlung, — bezwecken. Soweit aber nicht dieser Zweck verfolgt wird, ersetzen Kopien die Wechselduplikate. Die letzteren sind, namentlich wenn der Wechsel durch viele Hände und viele Länder seinen Lauf genommen hat, oft schwer zu beschaffen; die Nachlieferung derselben ist, wegen Beifügung der Original-Unterschriften, zeitraubend und kostspielig. Eine kaufmännische Sitte und, im Anschluß an diese, die Allgemeine Deutsche Wechselordnung [1]) haben daher den Gebrauch der Kopien anerkannt, welche ohne Mühe und Kosten von jedem Inhaber angefertigt werden können.

Die Wechselkopien müssen eine Abschrift des Wechsels und der darauf befindlichen Indossamente und Vermerke enthalten und arretirt, d. h. mit der Erklärung versehen sein: „bis hierher Abschrift (Kopie)", oder mit einer ähnlichen Bezeichnung z. B. „hier fängt das Original an", „von hier an Original" [2]). Ein Kopie-Vermerk auf dem Original ist nicht nothwendig, weil das letztere durch die Kopie nicht ersetzt wird. Auch von einer Wechselkopie, die etwa schon zum Indossiren benutzt worden ist und Original-Indossamente enthält, kann eine weitere Kopie in derselben Weise angefertigt werden. Ist die Beschließung (Arretirung) der Kopie unterlassen, so entsteht die Vermuthung, daß das Schriftstück in allen seinen Theilen, also auch bezüglich der auf der Rückseite stehenden Indossamente, eine Abschrift ist. Diese Vermuthung kann jedoch durch Gegenbeweis widerlegt werden [3]). Ist die Eigenschaft des Skriptums als Kopie ganz verschwiegen worden, so würde sich dasselbe in seiner äußeren Form als Wechsel, aber als falscher Wechsel darstellen, bei welchem jedoch die echten Accepte und Indossamente wechselmäßig verpflichtende Wechselakte bilden [4]).

Die genaue Uebereinstimmung der Abschrift ist, wie bei den Wechselduplikaten, auch für die Kopien Bedingung der Gültigkeit, jedoch kann, wenn sonst gegen die Identität kein Zweifel obwaltet, eine Abweichung in geringfügigen Dingen, z. B. wenn in dem Original steht: „drei Monate nach dato" und auf der Kopie: „drei Monate nach heute", oder „zahlen Sie für diesen Wechsel" und „zahlen Sie gegen diesen Wechsel", auf die Gültigkeit keinen Einfluß üben [5]). Der Hauptzweck der Wechselkopien besteht in der Benutzung zum Indossiren, und insofern ersetzen sie, wenn gleich in beschränkter Weise, die Duplikate. Das auf einer Kopie befindliche Original-Indossament hat gleiche Wirkung mit dem, auf dem Originalwechsel geschriebenen [6]). Da die Kopien Träger von Indossamenten sein können, so können auch Nothadressen und Ehrenaccepte auf denselben vermerkt werden [7]). Die Kopie kann aber auch noch zu anderen geschäftlichen Zwecken benutzt werden, z. B. zur Uebersendung an den Bezogenen, um denselben von dem

1) Art. 70. A. D. W.O.
2) Einert a. a. O. S. 417.
3) Borchardt a. a. O. S. 214. Zus. 405. Jolly a. a. O. S. 290.
4) Art. 75. 76. A. D. W.O.
5) Arch. f. D. W.R. Bd. 4. S. 290, Bd. 6. S. 212. Blaschke a. a. O. S. 94.
6) Art. 11. 70. A. D. W.O.
7) Art. 62. A. D. W.O.

Inhalte des Wechsels Kenntniß zu geben und zur Uebersendung der Wechselsumme zu veranlassen; zur Quittungsleistung für Abschlagszahlungen; zur Beurkundung von Prolongationen; zu Protestaufnahmen, wenn der Wechsel vor Verfall verloren gegangen ist. Träger eines Accepts kann die Kopie nicht sein, weil sie, bei dem Mangel der Original-Unterschriften, eine Prüfung der Gläubigerschaft ausschließt, und die Gültigkeit des Accepts davon abhängt, daß es auf dem Wechsel selbst vermerkt worden ist. Auch die Zahlung der Wechselsumme kann nicht auf eine Kopie verlangt werden, weil der Träger der Wechselforderung der Wechsel, d. i. die mit Original-Unterschriften versehene und die wechselmäßige Legitimation des Inhabers begründende Urkunde ist [8]).

Wird eine Wechselkopie zum Indossiren benutzt, das Original aber zum Accepte versendet, so gilt dasselbe, was bei Wechselduplikaten vorgeschrieben ist: auf der Kopie muß vermerkt werden, bei wem das Original anzutreffen ist, ohne daß jedoch der Mangel dieses Vermerkes der indossirten Kopie die wechselmäßige Kraft entzieht [9]). Der Inhaber der girirten Kopie muß das Original bei dem Depositar aufsuchen, und letzterer ist, ganz wie bei Wechselduplikaten, verpflichtet, das Original an denjenigen auszuliefern, der sich als Indossatar oder auf andere Weise zur Empfangnahme legitimirt [10]). Erfolgt die Aushändigung, so wird durch den Besitz des Originalwechsels, in Verbindung mit der Kopie, die Legitimation des Inhabers vermittelst einer ununterbrochenen Reihe von Indossamenten hergestellt [11]). Wird die Aushändigung des Originals von dem Depositar verweigert, so gelten die Bestimmungen, welche in diesem Falle bei Duplikaten vorgeschrieben sind mit der Maßgabe jedoch, daß der Inhaber der Kopie nicht, wie der Inhaber eines Duplikats, verpflichtet ist, den Versuch zu machen, auf die Kopie die Annahme oder die Zahlung von dem Bezogenen zu erlangen, da für diese Operationen die Kopie nicht geeignet ist [12]). Erfolgt die Ausantwortung des Originals auch am Verfalltage nicht, so findet ein Regreß auf Zahlung gegen diejenigen Indossanten statt, deren Original-Unterschriften sich auf der Kopie befinden, nachdem der Protest wegen fruchtloser Abforderung der Kopie erhoben worden ist. Ein Regreß gegen diejenigen, deren Original-Unterschriften sich nur auf dem Wechsel befinden, ist nicht zulässig [13]). Ist eine Versendungs-Adresse nicht angegeben, so kann der Inhaber der Kopie auch das Original nicht aufsuchen, also auch nicht Protest Mangels Herausgabe erheben. Der Protest Mangels Herausgabe ist aber die absolute Bedingung des Regresses gegen die Indossanten der Kopie; ist diese Bedingung nicht erfüllt, so kann auch der wechselmäßige Regreß auf Sicherstellung und auf Zahlung nicht genommen

8) Art. 36. 39. A. D. W.O. Brauer a. a. O. 127. Blaschke a. a. O. S. 114. Jolly a. a. O. S. 286 ff. Wächter a. a. O. S. 184 ff. Arch. f. D. W.R. Bd. 8. S. 184, Bd. 10. S. 306.

9) Art. 70. A. D. W.O.

10) Art. 36. 72. A. D. W.O.

11) Arch. f. D. W.R. Bd. 6. S. 212.

12) Brauer a. a. O. S. 128. Bluntschli a. a. O. S. 115. Jolly a. a. O. S. 293. Einert a. a. O. S. 417. Erk. des O.Tr. in Berlin vom 23. Okt. 1855. (Arch. f. D. W.R. Bd. 5. S. 411. Strieth. Arch. Bd. 18. S. 226.) Erk. des O.A.G. zu Dresden v. 20. Dec. 1853. (Arch. f. D. W.R. Bd. 4. S. 434.)

13) Art. 25. 41. 69. 72. A. D. W.O.

werden, wenngleich die Allgemeine Deutsche Wechselordnung [14]) bestimmt, daß der Mangel des Versendungsvermerkes der Kopie nicht ihre wechselmäßige Kraft nimmt. Die Ansicht [15]), daß der Inhaber der girirten Kopie in dem angegebenen Falle verpflichtet sei, innerhalb der Protestzeit bei dem Bezogenen selbst das Original aufzusuchen event. die Thatsache durch Protest zu konstatiren, findet im Gesetze keinen Stützpunkt.

Das civilrechtliche Verhältniß des Inhabers der girirten Kopie gegen den Depositar ist dasselbe, wie das rechtliche Verhältniß des Inhabers des Wechselduplikats gegen den Inhaber des Acceptexemplars.

§. 81.

Die Alonge.

Eine Art der Vervielfältigung des Wechsels ist die Alonge; denn wie durch die Duplikate und Kopien das Wechselpapier gleichsam in verschiedene Theile zerlegt wird und in diesen Theilen rechtlich und praktisch fortbesteht, so ist die Alonge dazu bestimmt, auch außerhalb der ursprünglichen Wechselurkunde Raum zur Aufnahme für die Wechselakte zu schaffen. Wenn nemlich ein Wechselpapier vielfach durch Indossamente begeben worden ist, so wird der Raum auf der Rückseite des Wechsels erschöpft, und ist es dann üblich, auch durch die Allgemeine Deutsche Wechselordnung [1]) anerkannt, daß zur Aufnahme der folgenden Giri ein Blatt Papier mit dem Wechsel, dem Duplikate oder der Kopie, verbunden wird. Dieses Blatt Papier heißt Alonge, Anhang, Verlängerungszettel, allonge, rider. Während die Duplikate und Kopien mancherlei wechselmäßigem Zwecke dienen, ist die Alonge nur zur Aufnahme von Indossamenten und von hinzutretenden accessorischen Erklärungen, Aval, Nothadressen, bestimmt. Um Fälschungen und Störung im Wechsellaufe zu vermeiden, ist es üblich, das erste auf die Alonge zu setzende Indossament noch theilweise auf den Wechselbrief selbst zu schreiben und auf die äußere Seite der Alonge einen Auszug des Wechselinhalts zu setzen. Die Vereinigung beider Papiere muß in dauernder, eine körperliche Einheit herstellender Weise erfolgen, und ist ein Anheften mittelst Stecknadeln u. s. w. nicht ausreichend Der Alonge kann, nach Bedürfniß, in derselben Weise ein neuer Anhang angeheftet werden [2]).

14) Art. 70. A. D. W.O.
15) Jolly a. a. O. S. 295.
1) Art. 11.
2) Treitschke a. a O. Bd. 1. S. 122. Wächter a. a. O. S. 187. Brauer a. a. O. S. 40. Jolly im Arch. f. D. W.R. Bd. 5. S. 54. Kheil a. a. O. S. 128. Kuntze a. a. O S. 56.

Sechstes Kapitel.

Besondere Arten von Wechseln.

§. 82.

Der Meß- und Marktwechsel.

Historischer Rückblick und allgemeiner Begriff.

Im Mittelalter konzentrirte sich der Handel- und Wechselverkehr auf den Messen, die im 16. Jahrhundert in ihrer höchsten Blüthe standen. Die Champagner-Messen im 12., die Messen zu Lyon im 14., und die Genueser Messen zu Besançon im 16. Jahrhundert waren hochberühmt und, unter dem Schutze handelsfreundlicher Privilegien, fast ausschließlich dem Verkehre mit Wechseln geöffnet. Auch in Italien, — Venedig, Genua, Florenz, Piacenza, — und in Deutschland — Frankfurt a. M., Köln, Augsburg, Nürnberg, — waren die Messen die großen Handelsplätze für den Handel der Welt.

Der Verkehr mit Wechseln war in den ersten Jahrhunderten, weil das Wechselrecht an die Person der ursprünglichen Kontrahenten geknüpft war, schwerfällig; erst durch die Anwendung des Indossaments erhielt der Wechsel Kraft und Freiheit, und Leichtigkeit in seinen Bewegungen. Während heute der Wechsel, unter dem Schutze des Indossaments, ein für alle Geldoperationen verwendbares abstraktes Werthpapier ist, war er früher der Träger einer Obligation zwischen den ursprünglichen Wechselpersonen, ein Rektapapier, dessen Lauf begrenzt war durch den Zieh- und Zahlungsort und durch den engen Kreis bestimmter Rechtsbeziehungen zwischen dem Geber und Nehmer, und allenfalls zwischen diesem und dem Acceptanten. Durch den Akt der Ausstellung und durch die Bezahlung des Wechsels Seitens des Bezogenen war die Funktion des Wechsels erfüllt. Zwischenoperationen waren nur durch die, im kaufmännischen Verkehre nicht beliebte Cession möglich. Es mußte daher für jede Geschäftsoperation ein neuer Wechsel ausgestellt werden. Bei der Beschwerlichkeit der Kommunikation und der geringen Anzahl von Wechselplätzen [1]), — denn der Verkehr mit Wechseln lag in den Händen der Kampsoren und diese hatten nur an den Hauptverkehrsplätzen Niederlassungen, Komtoirs, Kommanditen, — wurden die Handels- und Wechselgeschäfte auf den Messen erledigt. Dort fanden sich die Kaufleute und Wechsler ein.

Durch besondere Meßordnungen, oder durch Gewohnheit waren die Geschäfte auf den Messen geregelt. Auch für die Wechselgeschäfte enthielten die Meßordnungen nähere Bestimmung. Für die Abwickelung derselben waren bestimmte Tage, sowohl in Ansehung der Acceptation und Zahlung, als rücksichtlich der Protestation bestimmt. Auch die offizielle Kursregulirung erfolgte auf den Messen [2]). Die Messen waren daher nicht nur für die Entwickelung des Wechselinstitutes, sondern auch für

---

1) Biener a. a. O. S. 73.

2) Martens, Ursprung S. 17. Bender a. a. O. Bd. 1. §. 222. Biener a. a. O. S. 46. Kuntze a. a. O. S. 152.

den merkantilen Wechselverkehr selbst von großer Wichtigkeit und Bedeutung. Dazu kam noch, daß die auf den Messen eingegangenen oder dort zu erfüllenden Verbindlichkeiten als Meßschulden einem abgekürzten Prozeßverfahren und einer schleunigen Exekution (rigor nundinarum) vor den Meß- und Handelsgerichten unterworfen waren.

Die wichtigste Art von Wechseln waren daher mehrere Jahrhunderte hindurch, und so lange der Wechselverkehr in den Händen der Kampsoren lag, der Meßwechsel, cambium nundinale, c. feriarum, c. nundinarum, auch regulare genannt, weil er am gebräuchlichsten war und einen regulirten Kurs hatte, im Gegensatze zu dem Außermeßwechsel, cambium platearum, (Platzwechsel) oder irregulare, der, ohne Beziehung auf eine Messe, von einem Platze auf den anderen gezogen wurde. Unter den Meßwechseln verstand man daher sowohl diejenigen Wechsel, welche von einer Messe auf einen anderen Platz gezogen, als auch diejenigen, welche auf eine bestimmte Messe zahlbar gestellt waren [3]).

Das karakteristische Merkmal des Meß- oder Marktwechsels bestand daher darin, daß in dem Wechsel selbst kein bestimmter Zahlungstag angegeben war, daß vielmehr für die Acceptation und Zahlung der Tag, welcher für diese Operation an dem Meß- oder Marktplatze durch Gesetz oder Gebrauch bestimmt war, entschied [4]). Dieser Tag fiel in der Regel in die Mitte, oder auf das Ende der Meßzeit, weil mit der Ausstellung des Meß- oder Marktwechsels der Gedanke verbunden war, daß die Mittel zur Bezahlung des Wechsels auf der Messe erst gewonnen werden sollten, oder, wenn der Wechsel auf übersendete Waare gezogen, daß vor Ankunft, Auspackung und Gutbefindung der Waaren nicht füglich eine Acceptation oder Zahlung erwartet werden könne.

§. 83.

Der Meß- und Marktwechsel nach der Allgemeinen Deutschen Wechselordnung.

Die Allgemeine Deutsche Wechselordnung hat den Meß- und Marktwechsel in seiner historischen Bedeutung und Eigenthümlichkeit aufgefaßt und anerkannt [1]). Derselbe unterscheidet sich von anderen Wechseln durch die singuläre Bestimmung über die Präsentations- und Zahlungszeit. Bei dem gewöhnlichen Wechsel hängt die Bestimmung der Präsentationszeit, wie die Präsentation selbst, zunächst von dem Willen des Wechselinhabers ab, während die Zahlungszeit, in sich fixirt, durch

3) Siegel, Einl. Thl. II Bd. 2. §. 8. Daniels a. a. O. S. 153. Scherer a. a. O. Bd. 2. S. 211. Bender a. a. O. Bd. 1. S. 145. Biener a. a. O. S. 92. Kuntze a. a. O. S. 153.

4) Scaccia l. c. § 1. qu. 5 n. 5. Raphael de Turri l. c disp. I. qu. 1 n. 7, disp. II. qu. 2. n 1. 2. Ludovici a. a. O. K. IV. §. 89. Phoonsen, Amsterd. Wechselgebr. §§. 26 ff. Riccius l. c exerc. X. c. 2 § 51. A. Pr. L.R. Thl. II. Tit. 8. §§. 964 ff.

1) Art. 4. Nr. 4., 18. 35. A. D. W.O. Leipz. Prot. S. 36 ff. 206. 235.

Formular: Berlin am 7. Mai 1868. Preuß. Kour. 100 Thlr.

Zur Leipziger Ostermesse zahlen Sie gegen diesen Prima-Wechsel an die Ordre des Herrn N. die Summe von 100 Thlrn. Preuß. Kour. Werth in Rechnung und stellen solche auf Rechnung laut Bericht.

B.

Herrn C. aus Magdeburg zur Messe in Leipzig.

den Wechsel bestimmt ist. Dagegen wird bei dem Meß- und Marktwechsel der Zahlungstag nur relativ durch die Beziehung auf eine bestimmte Messe oder einen bestimmten Markt, an welchen die Zahlung geschehen soll, festgesetzt. Der Wechsel lautet nicht auf einen fixirten Zahlungstag, sondern im Allgemeinen auf eine bestimmte Messe oder einen bestimmten Markt, oder auf den Zahlungstag einer bestimmten Messe oder eines bestimmten Marktes. Die Zeit, zu welcher die Präsentation zur Annahme und zur Zahlung erfolgen kann, regelt sich nach den, am Meß- oder Marktorte geltenden Gesetzen; der Verfalltag ist ein gesetzlicher. Derjenige Wechsel ist daher kein Meß- oder Marktwechsel, welcher zwar auf eine Messe oder einen Markt zahlbar gestellt, für dessen Fälligkeit aber ein bestimmter Tag innerhalb der Meßzeit bezeichnet ist, z. B. „Am 28. September 1854 Leipziger Michaelis-Messe zahlen Sie ꝛc." Ein Wechsel in dieser Fassung ist ein Tagwechsel, denn die Zahlung soll an einem bestimmten Tage erfolgen, und erscheint es dabei auch gleichgültig, ob die Zahlung gerade mit dem Meßzahltage zusammenfällt [2]). Ist durch die Ortsgesetze die Präsentations- und Zahlungszeit für den Meßwechsel nicht bestimmt, so kann a. die Präsentation zur Annahme an jedem Tage der Meß- oder Marktzeit erfolgen, b. die Zahlung aber erst am Tage vor dem gesetzlichen Schlusse der Messe oder des Marktes gefordert werden. Dauert die Messe oder der Markt, auf welche der Wechsel gestellt ist, nur einen Tag, so fällt der Verfalltag auf diesen Tag, und kann früher weder Acceptation noch Zahlung, also auch keine Protestaufnahme erfolgen [3]). Wird die Messe oder der Markt, auf welche der Wechsel lautet, verlegt, so wird damit auch der Verfalltag hinausgeschoben [4]); wird aber die Messe oder der Markt ganz aufgehoben, so verliert dadurch der Wechsel, wie durch höhere Gewalt, seine Gültigkeit, denn er kann nicht, nach dem Willen des Ausstellers, realisirt werden [5]). Der Zahlungsort für Meß- und Marktwechsel ist stets der Meß- und Marktort, auf welchen der Wechsel gestellt ist, und braucht daher ein besonderer Zahlungsort nicht angegeben zu werden. Es genügt die Bezeichnnng: „zur Leipziger Ostermesse", „zur Salzburger Michaelismesse zahlen Sie", das heißt soviel als, „zu Leipzig zur Ostermesse zahlen Sie". Die Zahlung am Meß- und Marktorte gehört zum Begriffe des Marktwechsels, der letztere hört auf, ein Marktwechsel zu sein, wenn die Zahlung an einem anderen Orte erfolgen soll, z. B. wenn der Wechsel domizilirt ist [6]).

---

2) Einert a. a. O. S. 188. Brauer a. a. O. S. 35. Thöl a. a. O. Bd 2. S. 155. Erk. des O.Tr. in Berlin vom 22. Febr. 1855. (Entsch. Bd. 30. S. 176. Arch. f. D. W.R. Bd. 5. S. 418.) Anderer Ansicht: Hoffmann a. a. O. S. 196. Wächter a. a. O. S. 138. Brauer im Arch. a. a. O. Bd. 10. S. 1.

3) Art. 18. 35. A. D. W.O. Code de comm Art. 135.

4) Leipz. W.O. v. 1682. §. 29. (Siegel, corp. juris camb. p. 48.) Kuestner, dissert. de menstrua et annali praes. lit. camb. §. 43. (Besecke Bd. 1. S. 782.) Treitschke a. a. O. Bd. 2. S. 567. Kheil a. a. O. §. 157. Wächter a. a. O. §. 138. Thöl a. a. O. Bd. 2. §. 180.

5) Koch a. a. O. S. 156. Kheil a. a. O. §. 157. 238. Andere nehmen an, daß der Wechsel als Nicht-Meßwechsel präsentirt und bezahlt werden muß. Mathis, jurist. Zeitschrift Bd. 4. S. 414. Erk. des O.Tr. in Berlin vom 1. Febr. 1814. (Simon u. Strampf, Rechtsspr. Bd. 1. S. 33.) Volckmar u. Loewy a. a. O. S. 95.

6) Leipz. Prot. S. 235. Arch. f. D. W.R. Bd. 6. S. 306. Blaschke a. a. O. S. 74. Nr. 17.

Die Acceptations- und Zahlungszeit für den Meßwechsel ist an den deutschen Meßplätzen durch besondere Gesetze geregelt, jedoch nicht in derjenigen Uebereinstimmung, wie für den Wechselverkehr wünschenswerth ist, und es im Geiste der Allgemeinen Deutschen Wechselordnung liegt [7]).

§. 84.

Der domizilirte Wechsel.

Historischer Ursprung und Zweck.

Der Zweck des Wechsels, seiner historischen Bedeutung nach, ist darauf gerichtet, Geldzahlungen nach Auswärts zu bewirken. Der Bezogene, als der mit der Zahlung der Wechselsumme Beauftragte, sollte an seinem Wohnorte für den Trassanten, als Machtgeber, an eine bestimmte Person eine bestimmte Geldsumme zahlen. Schon frühzeitig machte sich aber im Verkehre das Bedürfniß geltend, daß die Zahlung der Wechselsumme auch an einem anderen Orte, als dem Wohnorte des Bezogenen, gezahlt werde, entweder weil die Zahlung von einer auswärtigen Kommandite des Bezogenen bewirkt werden sollte, oder weil der Aussteller die Wechselsumme gerade an einem anderen Orte, als dem Wohnorte des Bezogenen, zur Disposition haben wollte. Die Messen im Mittelalter, auf welchen sich in Italien und in Frankreich der Wechselverkehr viele Jahrhunderte hindurch konzentrirte, gaben dem Wechselverkehre auch eine bestimmte Richtung und schrieben dem Wechsel einen bestimmten Lauf vor. Ein direkter Wechselbezug war, bei der Beschwerlichkeit der Kommunikation, der geringen Anzahl von Wechselplätzen und der mangelhaften Transportfähigkeit der Wechsel, nur in seltenen Fällen möglich. Es war daher eine durch die Verhältnisse des Verkehrs vorgeschriebene Nothwendigkeit, daß die Wechsel auf die Meßplätze dirigirt und dort zahlbar gestellt wurden. Auf den Messen, den großen Vereinigungsplätzen des Welthandels, fanden sich die Handelsleute und Kampsoren ein und wickelten ihre Wechselgeschäfte durch Zahlung oder durch Skontration ab. Diese Abrechnung, und die Meßgeschäfte überhaupt, riefen neue Wechselgeschäfte hervor, und die gegebenen Wechsel wurden entweder auf eine andere Messe, oder auf den Wohnort des bezogenen Kampsor gestellt. Die Idee der Verschiedenheit des Wohn- und Zahlungsortes verband sich daher schon frühzeitig mit dem Wechselverkehre überhaupt, und mit dem Meßwechsel insbesondere. Nachdem aber der Welthandel neue Bahnen eingeschlagen hatte und die Bedeutung der Messen, insbesondere durch die dem Meßhandel abgeneigte und auf Errichtung eigener Stapelplätze gerichtete Handelsmaxime der hochwichtigen Hansa, vermindert worden war, der Wechselhandel auch nicht mehr ein ausschließliches Monopol der italienischen Kaufleute war, sondern ein jeder Kaufmann, nach dem Umfange seines Verkehrs, selbstständig Wechsel ausstellte, welche nach Anwendung des Indossaments, mit Leichtigkeit, ohne die Messen zu berühren, nach allen Richtungen hin dirigirt werden konnten, — verlor auch der Meßwechsel seine hervorragende Bedeutung und räumte dem Nicht-Meßwechsel,

---

7) Thöl a. a. O. Bd. 2. S. 156. Nr. 6. Blaschke a. a. O. §. 76.

dem Irregulär-Wechsel, den Vorrang ein. Für den letzteren war es nun von ganz besonderer Wichtigkeit, daß die Bezahlung auch an einem anderen Orte, als dem Wohnorte des Bezogenen, erfolgen konnte, da dieser Wohnort in vielen Fällen kein Wechselplatz war, die Realisirung des Wechsels daher Kosten und Weiterungen verursachte. Es bildete sich daher der, schon in den alten Wechselordnungen anerkannte Wechselgebrauch [1]), für den Wechsel ein eigenes Domizil, d. h. einen von dem Wohnorte des Bezogenen verschiedenen Ort zu bestimmen, an welchem der Bezogene die Zahlung bewirken sollte. Dadurch wurde das Inkassogeschäft erleichtert, der Wechsel zum Gebrauche auch für Orte, welche keine Wechselplätze waren, geschickt gemacht, und selbst die Möglichkeit gegeben, dem Bezogenen die, dem Wechselrechte sonst unbekannte Pflicht aufzuerlegen, dem Wechselgläubiger die Zahlung der Wechselsumme zu überbringen. Z. B. ein kleiner Weber in Flinsberg hat von einem Handlungshause in Berlin Garne bezogen, und das Berliner Haus zieht auf den Schuldner einen Wechsel. In Flinsberg zahlbare Wechsel sind vielleicht schwer zu begeben, weil Wechsel auf einen so kleinen, oft kaum erreichbaren Ort nicht gesucht werden und zum Zweck der Einkassirung daher eine Reise nothwendig machen. Um diesen Belästigungen aus dem Wege zu gehen, wird der auf Flinsberg gezogene Wechsel „in Hirschberg zahlbar" gestellt, d. h. der Bezogene in Flinsberg muß in Hirschberg entweder selbst zur Zahlung sich einfinden, oder dort ein Haus bezeichnen, welches für ihn Zahlung leistet. Das oben bezeichnete Berliner Haus kann aber auch die Absicht haben, den Wechsel auf den Flinsberger Weber nicht weiter zu begeben, sondern als „Depotwechsel" zu behalten. Das Berliner Haus will aber auch nicht die Last der Präsentation in Flinsberg übernehmen und stellt daher den Wechsel „zahlbar in Berlin bei N. N.", d. i. bei sich selbst. Das hat die Wirkung, daß der Flinsberger Weber am Verfalltage in Berlin im Komtoir des Ausstellers selbst zur Zahlung erscheinen, oder die letztere durch einen Bevollmächtigten dort leisten muß. Der Zweck des Domizilirens kann zwar auch dadurch erreicht werden, daß der Wechsel auf fremde Rechnung gezogen wird, also: daß in dem vorstehend gegebenen Beispiele der Flinsberger Weber seinen Kredit oder seine Bekanntschaft bei einem Breslauer Hause dazu benutzt, daß das Berliner Haus auf das Breslauer Haus für Rechnung des Flinsberger Webers trassirt; allein abgesehen davon, daß Kommissionstratten annehmbaren Kredit voraussetzen, indem sich der Bezogene wegen der Deckung nicht an den Trassanten, sondern an den dritten Kommittenten, für dessen Rechnung trassirt worden ist, hält, so veranlassen dieselben auch eine weitläufige Korrespondenz und kommen im Ganzen im Verkehre wenig vor. Gebräuchlicher wegen ihrer Einfachheit sind, trotz der mit ihnen verbundenen erhöhten wechselmäßigen Diligenz, die s. g. domizilirten Wechsel, welche namentlich in England und in den Niederlanden, wo fast alle größere Häuser ihre Banquiers in London und Amsterdam haben und auf dieselben domiziliren, häufiger vorkommen.

---

1) Phoonsen, Amsterdam. Wechselgebrauch (1677), Bremische Wechselordnung von 1712, Oestreichische Wechselordnung von 1763. Franck l. c. lib, V. sect. 1. tit. 3. Treitschke a. a. O. Bd. 1. S. 340. Liebe, Entw. rc. S. 70.

§. 85.

Weitere Entwickelung des Domizilwechsels. Begriff.

Das Allgemeine Preußische Landrecht enthält zwar nicht die jetzt üblichen Bezeichnungen „domizilirter Wechsel“, „Domiziliant“, „Domiziliat“, allein doch eingehende Vorschriften über den mit besonderem Zahlungsorte versehenen Wechsel [1]). Auch der Code de comm. übergeht diesen Wechsel nicht [2]). In England und Amerika [3]) ist der domizilirte Wechsel in großem Gebrauche, und ebenso erkennen ihn die Handelsgesetzbücher von Spanien, Portugal und Holland an [4]). Die einzelnen Wechselordnungen weichen jedoch in der Lehre vom domizilirten Wechsel wesentlich von einander ab. Es herrscht Verschiedenheit im Gesetz und Streit in der Wissenschaft darüber: ob die Präsentation zur Annahme bei dem Bezogenen, oder bei dem Domiziliaten zu bewirken, und ob wegen Verweigerung der Benennung des Domiziliaten Seitens des Bezogenen Protest zu erheben sei oder nicht. Nur der Bezogene, nicht der Aussteller, konnte den Zahler am Domizilorte bestimmen [5]). Selbst der Begriff des Domizilirens war unbestimmt [6]). Das Verhältniß des Inhabers zu dem Domiziliaten war zwar kein wechselrechtliches, aber doch ein nach den Vorschriften von kaufmännischen Assignationen zu beurtheilendes [7]).

Die Allgemeine Deutsche Wechselordnung hat die Lehre vom domizilirten Wechsel in zweckmäßiger und einfacher Weise zum Abschlusse gebracht. Jeder Wechsel bezweckt eine Geldzahlung zu einer bestimmten Zeit und an einem bestimmten Orte, und die Angabe dieses Zahlungsortes, in bestimmter und unzweifelhafter Weise, ist ein nothwendiges Erforderniß eines jeden Wechsels. Nach Art. 4. Nr. 8. der Allgemeinen Deutschen Wechselordnung gilt der bei dem Namen des Bezogenen angegebene Ort als Wohnort des Bezogenen und zugleich als Zahlungsort, insofern nicht ein eigener Zahlungsort für den Wechsel angegeben ist. Für die Rechtsbeständigkeit des Wechsels, als eines formalen Rechtsaktes, ist es aber gleichgültig, ob der Bezogene an jenem Orte in Wirklichkeit seinen Wohnsitz hat, oder ob er sich dort gar nicht, oder nur vorübergehend aufhält. Jener fingirte Wohnort wird für den Wechsel als absoluter Zahlungsort angesehen, an welchem alle, auf die Erfüllung der Wechselverbindlichkeit Bezug habende Handlungen rechtlich vorgenommen werden müssen [8]). Der Wechsel hat, in seiner Personificirung, nach dem Gesetze an jenem Orte sein Domizil. Es kann in dem

---

1) Thl. II. Tit. 8. §. 942. 999. 1112 ff.

2) Une lettre de change peut être tirée sur un individu et payable au domicile d'un tiers. Art. 111. 123.

3) Story a. a. O. §. 48.

4) Wächter a. a. O. §. 52.

5) Bender a. a. O. Bd. 1. §. 337. 349 c. A. Pr. L.R. a. a. O. §. 999. Code de comm. Art. 123. Liebe, Entw. S. 110.

6) Bender a. a. O. Bd. 1. §. 285. Nr. 2. §. 349 c.

7) A. Pr. L.R. Thl. II. Tit. 8. §. 1115.

8) Durch die Ortsbezeichnung wird ein vertragsmäßiger Wohnort (domicile élu) bestimmt. Mot. z. Pr. Entw. S. 33. Brauer a. a. O. S. 38. Das Domizil, d. h. der Zahlungsort des Wechsels, bildet auch für alle Wechselverpflichtete das Prozeßforum, die Insinuation muß je-

Wechsel aber auch ein anderes, von dem Wohnorte des Bezogenen verschiedenes Domizil bestimmt werden, und dann heißt der Wechsel „domizilirt". Das Domiziliren besteht daher darin, daß in dem Wechsel ein von dem Wohnorte des Bezogenen, oder beim eigenen Wechsel von dem Wohnorte des Ausstellers, verschiedener Zahlort angegeben wird [9]).

§. 86.

Die Ausstellung und die Form des domizilirten Wechsels. Domiziliant. Domiziliat.

Der rechtliche Urheber des Wechsels ist der Aussteller. Sein Wille ist durch die Schrift verkörpert, und nur Er ist befugt, den Inhalt des Wechsels vorzuschreiben und die Modalitäten des Geschäfts zu bestimmen. Es kann daher auch nur der Aussteller den Ort vorschreiben, an welchem die Zahlung gesucht und geleistet werden soll. Durch die Beifügung eines Domizils verspricht der Aussteller und übernimmt die Gewähr, daß an dem gewählten, von dem Wohnorte des Bezogenen verschiedenen Orte durch den letzteren die Wechselsumme gezahlt werde, und der Bezogene macht sich durch die Annahme, ohne besondere Genehmigung des Domizilvermerkes, verbindlich, an dem im Wechsel angegebenen Domizilorte Zahlung zu leisten. Kein anderer Wechselinteressent, und daher auch nicht der Bezogene durch eine Klausel bei der Acceptation, kann dem Wechsel, ohne Zustimmung und Genehmigung des Ausstellers, ein Domizilvermerk beifügen; denn der urkundliche Wille des Ausstellers, der Inhalt des Grundwechsels, bestimmt den Umfang der Wechsel-Obligation für die Cirkulation und den Akt der Einlösung [1]). Der Aussteller kann sich darauf beschränken, in dem Wechsel nur den Domizilort anzugeben; er kann aber auch, neben dem letzteren, diejenige Person benennen, welche an dem Domizilorte den Wechsel einlösen soll.

Ist von dem Aussteller die Person des Zahlers an dem Domizilorte nicht benannt, so soll der Bezogene an dem dritten Zahlorte selbst zahlen, und es bleibt demselben nur überlassen, bei der Acceptation des Wechsels die Person, welche

---

doch an dem persönlichen Wohnorte jeder Prozeßpartei erfolgen. Erk. des O.Tr. in Berlin vom 3. Februar 1852. (Entsch. Bd. 22. S. 405.)

9) Art. 4. Nr. 8, 24. 96. Nr. 6, 97. 99. A. D. W.O. **Berger** im Arch. f. D. W.R. Bd. 4. S. 361.

1) Die Leipziger Konferenz erkannte ausdrücklich an, daß unter Domizilwechsel nur solche zu verstehen, auf welchen der Aussteller einen, von dem Wohnorte des Bezogenen verschiedenen Zahlort angegeben habe. Man erklärte demzufolge, „daß das Hinzufügen des Domizils von dem Bezogenen den Wechsel nicht zu einem Domizilwechsel mache, daß ein dergleichen Zusatz beim Accepte vielmehr nach den, über limitirte Accepte gegebenen Vorschriften zu beurtheilen sei". Die Benennung eines Domiziliaten am Zahlorte erachtete man für eine zulässige Acceptationsklausel. Leipz. Prot. S. 86. 87. 200. Praj. des O.Tr. in Berlin. (Arch. f. D. W.R. Bd. 2. S. 328.) Erk. vom 27. Februar 1855. (Entsch. Bd. 29. S. 405.) Erk. vom 19. Februar 1856. (Arch. a. a. O. Bd. 6. S. 220.) Erk. vom 17. Sept. 1859. (Arch. a. a. O. Bd. 10. S. 206.) Erk. vom 24. Sept. 1859. (Arch. a. a. O. Bd. 10. S. 212.) Erk. des österr. obersten Gerichtsh. vom 13. Novbr. 1861. (Arch. a. a. O. Bd. 12. S. 200.) **Berger** im Arch. a. a. O. Bd. 4. S. 366. **Wachter** im Arch a. a. O. Bd. 5. S. 152. **Northoff** im Arch. a. a. O. Bd. 9. S. 105. **Hoffmann** im Arch. a. a. O. Bd. 10. S. 157. **Renaud** a. a. O. S. 103. **Kuntze** a. a. O. S. 92.

für ihn zahlen soll, in dem Wechsel zu bestimmen [2]). Derjenige, welcher die Person des Zahlers am Domizilorte benennt, heißt Domiziliant; die Person, welche, — abgesehen von dem Bezogenen, — an dem Domizilorte zahlen soll, Domiziliat. Der Wechsel, in welchem ein Domiziliat ernannt ist, wird eigentlicher, bestimmter Domizilwechsel, Domizilwechsel mit benanntem, bestimmtem Domizil oder Domiziliaten, Domizilwechsel im engerem Sinne, der Domizilwechsel, in welchem kein Domiziliat benannt ist, uneigentlicher, unbestimmter Domizilwechsel, Domizilwechsel mit unbenanntem, unbestimmtem Domizil oder Domiziliaten, genannt [3]).

Domiziliant kann sein:

1. der Aussteller, er kann die Person des Zahlers am Domizilorte sofort in dem Wechsel bestimmen [4]);
2. der Bezogene, er kann den Domiziliaten bei der Acceptation benennen [5]).

Domiziliat kann ein Jeder sein, der mit rechtlicher Wirkung Zahlung leisten kann. Ob der ernannte Domiziliat an dem Domizilorte, in civilrechtlichem Sinne, seinen Wohnsitz hat, ist für den Wechsel gleichgültig; der Wechsel hat dort sein Domizil und erwartet daselbst seine Zahlung. Der Domiziliat muß eine von dem Acceptanten verschiedene Person sein. Wenn der Acceptant sich selbst als Domiziliaten benennt, oder die Zahlung am Domizilorte selbst leistet, weil kein Domiziliat benannt ist, so geschieht das in seiner Eigenschaft, — nicht als Domiziliat, — sondern als Bezogener und prinzipaler Wechselverpflichteter [6]). Auch der Aussteller kann als Domiziliat benannt werden, so daß also die Wechselzahlung in dem Geschäftslokale, in der Wohnung des Ausstellers gesucht und geleistet werden muß. Ist der Aussteller in diesem Falle selbst Inhaber des Wechsels, so muß der Acceptant, gegen die sonstige wechselmäßige Regel, dem Inhaber die Wechselsumme überbringen, d. i. in dessen Wohnung Zahlung leisten.

Da die Folgeordnung, in welcher ein Wechsel entsteht, nicht bestimmt ist, die erste Wechselerklärung daher nicht von dem Aussteller auszugehen braucht, sondern auch von dem Bezogenen durch Blanko-Accept erfolgen kann, so muß angenommen werden, daß der Aussteller, welcher den Wechsel dem Wechselschlusse gemäß ausfüllt, das von dem, in blanco acceptirenden Bezogenen beigefügte Domizil genehmigt und zu dem seinigen macht. Für die Richtigkeit des, in dem Wechsel enthaltenen Domizilvermerkes spricht die Vermuthung, und der Aussteller und der Acceptant, welche behaupten, daß der Wechsel zur Zeit der ersten Begebung und der Acceptation mit keinem Domizilvermerke versehen gewesen sei, müssen

---

2) Art. 24. A. D. W.O. Brauer a. a. O. S. 69. Bluntschli a. a. O. S. 62. Renaud a. a. O. §. 40. Kuntze a. a. O. S. 91.

3) Einert im Arch. f. D. W.R. Bd. 2. S. 399. Northoff Arch. a. a. O. Bd. 9. S. 110. Hoffmann a. a. O. Bd. 10. S. 159.

4) Bei einem Domizilwechsel an eigene Ordre kann der Aussteller den Domiziliaten auch nach dem Accepte, ohne besondere Einwilligung des Acceptanten, benennen. Erk. des O.Tr. in Berlin vom 19. Februar 1856. (Arch. f. D. W.R. Bd. 6. S. 220.) Hoffmann im Arch. a. a. O. Bd. 10. S. 168.

5) Art. 24. A. D. W.O.

6) Koch im Arch. f. D. W.R. Bd. 7. S. 8. Thöl a. a. O. Bd. 2. S. 608.

diese Thatsache beweisen. Es muß daher auch, vermöge der formalen Natur des Wechsels, ein mit einem Domizilvermerke versehener Wechsel für den Erwerber als Domizilwechsel gelten, ohne Rücksicht darauf, ob die Domizileigenschaft von einem Berechtigten oder Unberechtigten beigefügt worden ist. Der Wechsel cirkulirt auf Grund seiner Form, und jeder Inhaber tritt in die Wechselobligation nach Inhalt des Wechsels zur Zeit des Erwerbes. Nach diesem urkundlichen Inhalte richtet sich auch die Pflicht zur Protestaufnahme [7]).

Die Form der domizilirten Tratte ist die der gewöhnlichen Tratte; der einzige substantielle Unterschied zwischen beiden ist die Verschiedenheit des Zahlungsortes von dem Wohnorte des Bezogenen [8]). Der Letztere soll nicht an seinem Wohnorte, der zugleich der Zahlungsort ist, sondern an einem anderen Orte Zahlung leisten. Es muß daher neben dem Wohnorte des Bezogenen noch ein, von letzterem verschiedener Zahlort in der Weise angegeben werden, daß die Eigenschaft dieses zweiten Ortes als Domizilortes nicht zweifelhaft ist. Fehlt die Verschiedenheit des Wohnortes und des Zahlortes, distantia loci, so ist der Wechsel kein domizilirter Wechsel [9]). Eine dahin lautende Adresse: „Herrn J. W., zahlbar in Fr. bei A. R." begründet daher keinen Domizilwechsel, sondern nur die Stelle, wo der seinem Wohnorte nach nicht näher bezeichnete Herr J. W. zahlen soll [10]). Dagegen erscheint es als eine genügende Bezeichnung des Zahlortes, wenn dieser in adjektiver Bezeichnung, z. B. „zahlbar bei der Darmstädter Bank", was gleichbedeutend ist mit: „bei der Bank zu Darmstadt", genannt ist, insofern an dem Orte nur eine Bank ist, auf welche das Domizil sich beziehen kann [11]). Der Domizilvermerk kann auch in den Kontext des Wechsels aufgenommen werden, z. B. „Gegen diesen Wechsel zahlen Sie in Hirschberg bei .... an die Ordre ꝛc." Gewöhnlich wird derselbe aber unten bei der Adresse, neben den Namen des Bezogenen, gesetzt, z. B. „Herrn Severin Franck in Flinsberg zahlbar in Hirschberg" [12]). Der Domizilvermerk braucht von dem Aussteller nicht besonders

---

7) Erk. des O.Tr. in Berlin vom 19. Februar 1856. (Arch. f. D. W.R. Bd. 6. S. 101. 220. Entsch. Bd. 32. S. 438.)

8) Formular:

Berlin am 1. Januar 1868. Preuß. Kour. 100 Thlr.

Drei Monate dato zahlen Sie gegen diesen Prima-Wechsel an die Ordre des Herrn N. die Summe von 100 Thlr. Preuß. Kour. Werth erhalten und stellen ihn auf Rechnung laut Bericht.

Fr. Werth.

An
Herrn Severin Franck in
Flinsberg zahlbar in Hirschberg.

Die abweichende Bestimmung des Hamburgischen Einführungsgesetzes vom 21. Februar 1849, wonach ein auf Altona, zahlbar Hamburg, gezogener Wechsel, in welchem nicht ein bestimmter in Hamburg wohnhafter Domiziliat benannt ist, nicht als Domizilwechsel angesehen wird, und daher in Altona zur Zahlung präsentirt werden muß, beruht auf der geschäftlichen Verbindung beider Nachbarstädte.

9) Hoffmann im Arch. f. D. W.R. Bd. 10. S. 158. Arch. a. a. O. Bd. 3. S. 335, Bd. 5. S. 436. Erk. des O.Tr. in Berlin vom 5. Juli 1856. (Arch. a. a. O. Bd. 6. S. 267.) Erk. vom 27. März 1858. (Entsch. Bd. 38. S. 243.)

10) Erk. des O.Tr. in Berlin vom 27. März 1858. (Entsch. Bd. 38. S. 243. Arch. f. D. W.R. Bd. 12. S. 399.)

11) Hoffmann im Arch. f. D. W.R. Bd. 12. S. 345.

12) Northoff im Arch. f. D. W.R. Bd. 9. S. 109. Hoffmann im Arch. a. a. O. Bd. 10. S. 161. Erk. des O.Tr. in Berlin vom 13. Sept. 1844. (Entsch. Bd. 10. S. 208.)

unterschrieben zu werden; seine Unterschrift unter dem Wechsel bezieht sich auch auf den Domizilvermerk und deckt diesen[13]). Der Aussteller kann sich darauf beschränken, den Zahlungsort zu bezeichnen; er kann aber auch die Stelle, an welcher, und die Person, bei welcher an dem dritten Orte die Zahlung gesucht und geleistet werden soll, angeben. Solches geschieht in der Weise, daß er dem Domizilvermerke „zahlbar in Hirschberg" die nähere Angabe: „bei Herrn Fr.", oder „im Hause Nr. .... der Straße" beifügt. Das Domizil muß mit unzweifelhafter Bestimmtheit angegeben werden. Die bloße Bezeichnung eines zweiten Ortes neben dem erstgenannten genügt nicht, wenn die Eigenschaft des zweiten Ortes im Zweifel gelassen worden ist. Z. B. „Herrn N. N. in Nemitz bei Stettin, zahlbar Mönchenstraße Nr. 609 bei Beyer[14])". Der Ort, an welchem der Domizilwechsel zahlbar gestellt wird, muß von dem Wohnorte des Bezogenen in geographischem oder politischem Sinne ein verschiedener sein, ein Wechsel auf den Wohnort des Bezogenen gestellt und zahlbar an demselben Orte in einem anderen Hause oder in einer anderen Straße, oder bei einem anderen Einwohner ist kein Domizilwechsel, sondern eine gewöhnliche Tratte, ein Platzwechsel, der nur die Stelle anzeigt, wo der Bezogene aufgesucht, und der Wechsel präsentirt und protestirt werden soll[15]).

Der Ausdruck: „zahlbar bei" ist, wie Wissenschaft und Praxis übereinstimmend annehmen, gleichbedeutend mit der Bezeichnung „zahlbar durch", indem die Worte „zahlbar bei" nicht nur die Stelle, wo die Präsentation zur Zahlung erfolgen soll, sondern, bei benanntem Domiziliaten, auch die Person, durch welche die Zahlung erfolgen soll, bezeichnen[16]), selbst wenn der Domiziliat zugleich Aussteller des Wechsels ist[17]). Ob die Benennung des Domiziliaten von dem Aussteller- oder

---

Erk. vom 8. Mai 1858. (Entsch. Bd. 38. S. 231. Arch. a. a. O. Bd. 9. S. 83.) Anderer Ansicht: das O.A.G. zu Dresden vom 26. Januar, 20. Oktober 1860. (Arch. a. a. O. Bd. 11. S. 93.) Borchardt a. a. O. S. 124. Zus. 241. Auch die Addresse: „Herrn N. aus Arnswalde zahlbar in Berlin" beurkundet einen Domizilwechsel. Erk. des O.Tr. in Berlin vom 11. Juli 1857. Borchardt a. a. O. S. 123. Zus. 240.

13) Erk. des O.Tr. in Berlin vom 28. Juni 1856. (Entsch. Bd. 33. S. 427.) Borchardt a. a. O. S. 124. Zus. 241. Hoffmann im Arch. f. D. W.R. Bd. 10. S. 161.

14) Hoffmann im Arch. f. D. W.R. Bd. 10. S. 158. Erk. des O.Tr. in Berlin vom 5. Juli 1856. (Arch. a. a. O. Bd. 6. S. 267.) Borchardt a. a. O. S. 123. Zus. 240.

15) Wächter im Arch. f. D. W.R. Bd. 5. S. 152. Hoffmann a. a. O. Bd. 10. S. 158. Northoff im Arch. a. a. O. Bd. 9. S. 106. Kuntze a. a. O. S. 91. Entsch. des serbisch-banat. O.L.G. (Arch. a. a. O. S. 436.) Erk. des O.Tr. in Berlin vom 28. März 1858. (Arch. a. a. O. Bd. 9. S. 399. Entsch. Bd. 38. S. 242.) Erk. des obersten Gerichtsh. zu Wien vom 1. Mai 1861. (Arch. a. a. O. S. 283.) Borchardt a. a. O. S. 121. Zus. 236.

16) Hoffmann a. a. O. S. 321. und im Arch. f. D. W.R. Bd. 10. S. 160, Bd. 12. S. 347. Wächter a. a. O. §. 52. Volckmar u. Loewy a. a. O. §. 74. Erk. des O.Tr. in Berlin vom 19. Februar 1856 (Arch. a. a. O. Bd. 6. S. 220 und Entsch. Bd. 32. S. 438), vom 27. März 1858 (Entsch. Bd. 38. S. 242), vom 6. December 1860 (Entsch. Bd. 44. S. 215). Erk. des O.Tr. zu Stuttgart. (Württ. Arch. rc. Bd. 5. S. 260.) Gutachten der Handelskammer zu Frankfurt vom 31. Decbr. 1857. (Goldschmidt, Zeitsch. rc. Bd. 4. S. 174.) Auch Kübel tritt (Württ. Arch. Bd. 5. S. 260.) der vorstehenden Ansicht bei und hält eine Ausnahme nur dann für statthaft, wenn eine Tratte zahlbar beim Aussteller gestellt ist, in welchem Falle aus besonderen Gründen die Benennung eines Domiziliaten hierin nicht erblickt werden könne. Ueber die Literatur vergl. Schletter, Jahrb. der deut. Rechtswissenschaft rc. Bd. 11. S. 33. Nr. 19. Borchardt a. a. O. S. 122. Zus. 239.

17) Erk. des O.Tr. in Berlin vom 6. November 1860. (Strieth. Arch. Bd. 39. S. 151. Entsch. Bd. 44. S. 215. Arch. f. D. W.R. Bd. 17. S. 387.) Das Gegentheil hat in dem ge-

von dem Bezogenen ausgegangen ist, kann aus dem Wechsel in den meisten Fällen mit Sicherheit nicht entnommen werden. Der Umstand ist aber auch für die wechselrechtliche Folge ohne Interesse und nur von Einfluß auf das civilrechtliche Verhältniß zwischen dem Domiziliaten und dem Domiziliaten, welches durch die Korrespondenz (Avis) festgestellt werden kann[18]).

§. 87.

Die rechtliche Natur des Domizilwechsels.

Bei einer domizilirten Tratte erscheinen, wie bei dem gewöhnlichen gezogenen Wechsel, als Wechselpersonen: der Aussteller, der Nehmer und der Bezogene. Auch bei ihr beauftragt der Aussteller, nach dem Wortlaute des Wechsels, den Bezogenen, an den Inhaber eine Geldzahlung zu leisten. Während aber bei der gewöhnlichen Tratte das, von dem Aussteller gegebene Wechselversprechen an dem Wohnorte des Bezogenen erfullt werden soll, wird bei der domizilirten Tratte die Wechselzahlung an einen, von jenem Wohnorte verschiedenen Ort verlegt. Die Eigenschaft als Domizilwechsel ist einflußlos auf die wechselrechtliche Stellung und Funktionen der Wechselpersonen. Der Aussteller übernimmt durch die Domizilirung die Garantie, daß der Bezogene den Wechsel am Domizilorte bezahlen werde, und jeder Indossant tritt dieser Modifikation des Wechselversprechens bei. Der Bezogene aber unterzieht sich durch die einfache Form des Accepts, — ohne besondere Genehmigung der Domizilklausel, — der wechselmäßigen Pflicht, die Zahlung an dem Domizilorte selbst zu leisten, insofern nicht ein bestimmter Domiziliat benannt ist. Der Inhaber sucht an dem Domizilorte daher auch den Bezogenen auf und erhebt gegen ihn Protest. Ist dagegen ein besonderer Domiziliat, sei es durch den Aussteller oder durch den Acceptanten, ernannt, so ist es Sache des Bezogenen resp. Acceptanten, dafür zu sorgen, daß der Domiziliat die Zahlung am Domizilorte trassirtermaßen leistet. Der Inhaber des domizilirten Wechsels überkommt durch die Annahme eines solchen Papieres die Pflicht, die Zahlung nicht am Wohnorte des Bezogenen, sondern an dem Domizilorte und zwar, bei benanntem Domiziliaten, in dessen Geschäftslokale oder Wohnung, zu suchen und zu empfangen. An dem Domizilorte wird, bei einem bestimmten Domizile, nicht nach dem Bezogenen Nachfrage gehalten, nicht gegen diesen Protest erhoben, sondern der Domiziliat, als der urkundlich bezeichnete Wechselzahler aufgesucht und allenfalls gegen ihn Protest erhoben.

Das rechtliche Verhältniß des Domiziliaten zum Domizilianten ist kein wechselmäßiges; der Domiziliat ist keine Wechselperson und steht außerhalb der Wechsel-Obligation. Ist der Domiziliat von dem Aussteller benannt, so ist von Sei-

---

gebenen Falle das Nieder-Oesterreichische O.L.G. in einem Erkenntnisse angenommen, und einen Wechsel, der bei dem Aussteller und Remittenten selbst domizilirt worden war, für einen Wechsel ohne benannten Domiziliaten angesehen, dessen Einlosung daher durch den Bezogenen erfolgen müsse. Arch. f. D. W.R. Bd. 5. S. 83. 338. Kübel im Württ. Arch. Bd. 5. S. 260. Schletter a. a. O. Bd. 11. S. 33. Nr. 19.

18) Hoffmann im Arch. f D. W.R. Bd. 10. S. 161.

ten des Bezogenen eine Rechtshandlung nothwendig, welche geeignet ist, ein rechtliches Verhältniß zwischen ihm und dem Domiziliaten zu begründen. Diese Rechtshandlung liegt in der Acceptation, durch welche der Bezogene den wechselmäßigen Zahlungsauftrag annimmt, in die Wechselobligation eintritt, die Zahlung durch den Domiziliaten zu leisten verspricht und die Ernennung des Domiziliaten genehmigt [1]). Ist eine Acceptation nicht erfolgt, so steht der Bezogene zu dem Wechsel in keiner rechtlichen Beziehung; es existirt für ihn keine Zahlungspflicht und daher auch an sich kein rechtliches Verhältniß zum Domiziliaten. Leistet in diesem Falle der, von dem Aussteller benannte Domiziliat die Wechselzahlung, so zahlt er nicht für den Bezogenen, welcher nicht im Wechselnexus steht, daher eine Zahlung auf den Wechsel nicht zu leisten hat, sondern er kann sich nur an den Aussteller halten, dessen Garantiepflicht er erfüllt, für dessen Nutzen und Rechnung er eine Zahlung geleistet hat. Rechte gegen den Bezogenen dagegen kann er nicht aus eigenem, sondern möglicher Weise nur aus dem Rechte des Ausstellers, wegen widerrechtlicher Versagung der Acceptation, geltend machen. Ist eine Acceptation und dadurch eine Genehmigung der Ernennung des Domiziliaten nicht erfolgt, so kann ein Rechtsverhältniß zwischen dem Domiziliaten und dem Bezogenen nur durch einen besonderen, rechtlich verpflichtenden Auftrag begründet werden. Der letztere wird ertheilt, und das Deckungsverhältniß begründet durch den Avis, d. i. durch die Benachrichtigung der Domizilirung, durch den Auftrag zur Zahlung und durch die Angabe, aus welchen Mitteln die Zahlung geleistet werden soll. Die einfachste und wechselmäßig gebräuchlichste Form der Genehmigung des Domizils und der Konstituirung einer Rechtsbeziehung zwischen dem Domiziliaten und dem Bezogenen ist der Akt der Acceptation. Das Verhältniß zwischen dem Bezogenen resp. Acceptanten und dem Domiziliaten, auch wenn letzterer von dem Aussteller ernannt und diese Ernennung von dem Bezogenen durch Acceptation genehmigt worden, ist ein civilrechtliches und auf das Rechtsgeschäft zurückzuführen, welches der Zahlung des Domiziliaten für den Acceptanten zum Grunde liegt. Dieses Rechtsgeschäft kann durch ein Mandat, eine Assignation und jeden Obligationsgrund gebildet werden, der zur Begründung eines Deckungsverhältnisses überhaupt geeignet ist. Der Bezogene, welcher den Wechsel acceptirt und hierdurch, oder durch einen besonderen Auftrag den Domiziliaten zur Zahlung veranlaßt, steht zu dem letzteren, nach der äußeren Erscheinung, in dem Rechtsverhältnisse eines Auftraggebers; allein derselbe ist gleichsam ein zweiter Trassant [2]), indem er einen neuen Wechselzahler substituirt und dadurch die Verpflichtung übernimmt, den Domiziliaten aus der Zahlung schadlos zu halten. Wie der Trassant daher dem Bezogenen gegenüber zur Deckung verpflichtet ist, so hat auch der Acceptant dem Domiziliaten gegenüber Deckung zu leisten [3]).

---

1) Hoffmann im Arch. f. D. W.R. Bd. 10. S. 162. Erk. des O.Tr. in Berlin vom 17. Septbr. 1859. (Arch. a. a. O. Bd. 10. S. 206. Strieth. Arch. Bd. 34. S. 252.) Borchardt a. a. O. S. 124. Zus. 241.

2) Mot. z. Pr. Entw. von 1847 S. 58. Leipz. Prot. S. 83. 84. 95. Kuntze a. a. O. S. 92. Northoff im Arch. f. D. W.R. Bd. 9. S. 109.

3) Leipz. Prot. S. 83. Liebe, Wechselordn. S. 146. Volckmar u. Loewy a. a. O.

Da der Domiziliat zu dem Wechsel in keiner rechtlichen Beziehung steht, daher keine wechselmäßige Pflicht hat, für den Wechsel sich zu verwenden, so kann er sich durch Ablehnung der Wechselzahlung auch nicht dem Inhaber des Wechsels, sondern möglicher Weise nur seinem Auftraggeber, nach civilrechtlichem Grundsatze wegen Nichterfüllung des Vollmachtsauftrages, verbindlich machen.

§. 88.
Die Acceptation des Domizilwechsels. Protest Mangels Annahme.

Während bei der domizilirten Tratte die Zahlung an dem Domizilorte durch den Bezogenen oder, wenn ein Domiziliat benannt ist, durch diesen, als den Stellvertreter des Bezogenen, erfolgt, muß die Acceptation des Wechsels von dem Zahlungsbeauftragten, dem Bezogenen selbst, geschehen. Durch die Annahme des Wechsels tritt der Bezogene in die Wechselobligation ein und macht sich jedem Inhaber des Wechsels als Hauptschuldner verbindlich. Für das Eingehen dieser Acceptations-Obligation giebt es keinen Stellvertreter; sie ist an die Person des Bezogenen geknüpft; der außerhalb jeder Wechselverpflichtung stehende Domiziliat ist nur ein Stellvertreter des Bezogenen in der Erfüllung des Wechselversprechens durch die Zahlung. Derselbe kann daher wohl, wie jeder Dritte, durch Intervention oder wechselmäßige accessorische Beitrittserklärung (Aval) eine Wechselpflicht übernehmen [1]), allein eine Acceptation, eine Annahme des Wechselversprechens mit wechselmäßiger Wirkung kann von ihm nicht verlangt und nicht ertheilt werden [2]). Die Adresse für die Acceptation ist daher ausschließlich der Bezogene. Die Präsentation zur Annahme steht in dem freien Belieben des Wechselinhabers [3]) und das Gesetz macht von dieser Regel auch bei domizilirten Wechseln keine Ausnahme. Der Aussteller kann daher einen Domizilwechsel ziehen, und der Inhaber beim Verfall am Domizilorte die Zahlung fordern, ohne daß der Bezogene durch Präsentation zur Annahme Kenntniß von dem Wechsel erhalten und die Zahlung an dem Domizilorte hat vorbereiten können. Es ist daher Sache des Ausstellers, den Bezogenen durch den Avis zeitig Kenntniß von dem Inhalte des Wechsels, dem Domizilorte und der Person des Domiziliaten zu geben, damit derselbe wieder dem letzteren über die Zahlung des Wechsels und über die Art der Deckung Nachricht und Instruktion ertheilen kann. Diese Vorbereitung der Zahlung des Wechsels am Domizilorte durch den Bezogenen läßt eine Präsentation zur Annahme daher als zweckmäßig und erwünscht erscheinen. Die Allgemeine Deutsche Wechselordnung hat nun zwar das Prinzip des prompten Accepts, d. i. das Recht, nicht die Pflicht zur Präsentation zur Annahme, auch bei

---

S. 123. Wachter im Arch. f. D. W.R. Bd. 5. S. 153 ff. Northoff im Arch. a. a. O. Bd. 9. S. 105. Thol a. a. O. Bd. 2. S. 606.

1) Art. 56 ff. 81. A. D. W.O.

2) Wächter im Arch. f. D. W.R. Bd. 5. S. 157. Blaschke a. a. O. S. 161. Anderer Ansicht: Hoffmann a. a. O. S. 326. Thol a. a. O. Bd. 2. S. 610.

3) Art. 18. A. D. W.O.

Domizilwechseln aufrecht erhalten, aber den Aussteller des Domizilwechsels ermächtigt, die Präsentation zur Annahme vorzuschreiben und an die Nichtbeachtung dieser Vorschrift den Verlust des Regresses gegen den Aussteller und die Indossanten geknüpft[4]). Es ist die Präsentation zur Annahme bei Domizilwechseln auch in dem Verkehre üblich, um dadurch die Zahlung am Domizilorte vorzubereiten und zu sichern. Dieselbe geschieht, wie bei gewöhnlichen Wechseln, an dem im Wechsel angegebenen Wohnorte des Bezogenen[5]). Der Acceptant wird dadurch in den Stand gesetzt, die Person des Domiziliaten zu benennen, insofern solches nicht schon von dem Aussteller geschehen ist. Die Benennung des Domiziliaten durch den Acceptanten erfolgt in der Weise, daß der letztere entweder dem Acceptationsvermerke den Namen des Domiziliaten beifügt, z. B. „angenommen und zahlbar bei Herrn N. N.", oder daß er den Namen in den Domizilvermerk „zahlbar bei ...." einrückt. Acceptirt der Bezogene, ohne den Domiziliaten zu benennen, so giebt er zu erkennen, daß er am Domizilorte selbst Zahlung leisten will. Ein Protestrecht Mangels Benennung des Domiziliaten steht dem Inhaber nicht zu[6]). Verweigert der Bezogene die Acceptation des Domizilwechsels, so kann der Inhaber Mangels Annahme Protest erheben und den Sicherheitsregreß nehmen[7]). Er wird dadurch aber nicht befreit, den Wechsel am Verfalltage an dem Domizilorte zur Zahlung zu präsentiren, da der Bezogene auch nach Ablehnung der Acceptation den Wechsel noch einlösen und dadurch die Protesterhebung und die Regreßnahme abwenden kann[8]).

Ist ein Domizilwechsel auf Sicht gestellt, — was im Verkehr nicht üblich ist, — so kann der Inhaber zu jeder Zeit, ohne vorgängige Präsentation zur Annahme, die Zahlung am Domizilorte verlangen. Wenn ein Domizilwechsel auf eine bestimmte Zeit nach Sicht zahlbar gestellt ist, so ist eine Präsentation zur Annahme und Datirung, behufs Fixirung des relativen Verfalltages, nothwendig[9]). Diese Präsentation erfolgt ohne Rücksicht darauf, ob ein bestimmter Domiziliat benannt worden ist oder nicht, an dem Wohnorte des Bezogenen, da die Erklärung über die Annahme von dem Bezogenen überhaupt an dessen, im Wechsel angegebenem Wohnorte, und nicht von dem Domiziliaten oder an dem Domizilorte zu bewirken ist[10]). Damit ist allerdings der Nachtheil verbunden, daß bei kurzen Zahlungsterminen nach Sicht möglicher Weise der Verfalltag versäumt und die Frist für die Protestaufnahme Mangels Zahlung beein-

4) Art. 24. A. D. W.O. Leipz. Prot. S. 52. 53. 57. 229. Bluntschli a. a. O. S. 63. Brauer a. a. O. S. 69 und im Arch. f. D. W.R. Bd. 10. S. 7.
Formular: Berlin am 20. December 1868.
Drei Monate dato zahlen Sie gegen diesen Prima-Wechsel an die Ordre des Herrn N., welchen wir innerhalb .... Monaten zu präsentiren verpflichten ꝛc.

5) Der Pr. Entw. von 1847 §. 82. enthielt die Bestimmung, daß Domizilwechsel am Wohnorte des Bezogenen zur Annahme präsentirt werden müssen. Mot. S. LIV. Dieser Grundsatz ist von der A. D. W.O. anerkannt. Art. 18. 91. Leipz. Prot. S. 152. Hoffmann a. a. O. S. 393.

6) Art. 24. A. D. W.O. Wächter im Arch. f. D. W.R. Bd. 5. S. 156.

7) Art. 25 ff. A. D. W.O.

8) Hoffmann a. a. O. S. 327.

9) Art. 19. 20. A. D. W.O.

10) Mot. zum Pr. Entw. v. 1847. S. LIV.

trächtigt wird; allein auf diese Gefahr muß bei Bestimmung des Zahlungstermines Rücksicht genommen werden. Das Gesetz hat bezüglich der Domizilwechsel die Präsentation zur Annahme und Datirung nicht an den Zahlungsort verlegt, und muß es daher bei der allgemeinen Regel bleiben [11]).

§. 89.

Die Zahlung des Domizilwechsels. Stellung zum Regreß Mangels Zahlung.

Die Zahlung des Domizilwechsels ist nicht an dem Wohnorte des Bezogenen, sondern in dem Domizilorte zu suchen, und dort sind alle Pflichten der Diligenz zu erfüllen, welche für den Wechselinhaber bei Realisirung des Wechsels vorgeschrieben sind. Ist in dem Wechsel: I. kein Domiziliat benannt, so wird angenommen, daß der Bezogene, er mag acceptirt haben oder nicht, am Domizilorte selbst zahlen will. Der Wechselinhaber muß daher dort den Bezogenen, allenfalls mit Hülfe der Polizeibehörde [1]), erfragen und, wenn er ihn antrifft, die Präsentation und, im Nichtzahlungsfalle, die Protestaufnahme in derselben Weise, wie bei einer gewöhnlichen Tratte, bewirken. Ist der Bezogene am Verfalltage an dem Domizilorte nicht anzutreffen, so muß der Inhaber diese Thatsache durch den s. g. Abwesenheits-, Perquisitionsprotest, Protest in den Wind, feststellen lassen [2]). In beiden Fällen sichert er sich den Regreß gegen die Vormänner; denn er hat die Wechselpflichten erfüllt, von denen das eventuelle Recht der Regreßnahme abhängig ist. Zur Erhaltung des direkten Wechselausspruches an den Acceptanten bedarf es keiner Protestaufnahme in dem Falle, wenn kein Domiziliat ernannt worden ist, der Acceptant also am Domizilorte selbst zahlen will [3]); denn

11) In den Erk. des O.Tr. in Berlin vom 8. Mai 1858. (Entsch. Bd. 38. S. 231, Arch. f. D. W.R. Bd. 9. S. 83), Erk. vom 19. Juni 1859 (Entsch. Bd. 41. S. 286.) ist die Präsentation Zwecks Datirung an den Domizilort verlegt; allein die Präsentation war in den Wechseln, über welche die Erkenntnisse sich verhalten, an dem gewählten Domizile zur Bedingung gemacht. Die Erk. des O.A.G. zu Dresden vom 26. Jan. und 20. Okt. 1860. (Arch. a. a. O. Bd. 11. S. 93) verlegen die Präsentation Zwecks Datirung an den Wohnort des Bezogenen.

1) Art. 91. A. D. W.O.

2) Wächter im Arch. f. D. W.R. Bd. 5. S. 160. Kuntze a. a. O. S. 117.

3) Nachdem der letzte Satz des §. 41. (jetzt des Art. 43.) konkludirt worden war, wurde in der Konferenz bemerkt, daß der Inhalt jener Bestimmung jedenfalls dahin eingeschränkt werden müsse: „daß die angeordnete Folge eines Präjudizes wenigstens alsdann nicht eintrete, wenn der am Zahlungsorte aufzusuchende Zahler eben der Acceptant sei." Die Ansicht fand Unterstützung und von keiner Seite Widerspruch. In dem Entwurfe der Fassungs-Kommission lautete der bezügliche §. 44. auch dahin: „Wird die rechtzeitige Protesterhebung beim Domiziliaten verabsäumt, so geht dadurch der wechselmäßige Anspruch gegen den Aussteller, die Indossanten und den Acceptanten verloren, gegen den letzteren jedoch nur in dem Falle, wenn der im Zahlungsorte aufzusuchende Zahler nicht der Acceptant selbst ist." Leipz. Prot. S. 257. Bei der Lesung dieses Entwurfes wurde von einem Abgeordneten ein Zusatz dahin beantragt: „daß der Anspruch gegen den Acceptanten, der eine Domiziladdresse beizufügen unterlassen habe, fortbestehe." Der Referent hielt den Zusatz für unnöthig, weil in dem Paragraphen von der Voraussetzung ausgegangen sei, daß eine Addresse wirklich ertheilt sei. Dagegen wurde dem weiteren Antrage beigestimmt, daß der Schlußsatz: „gegen den letzteren jedoch rc.", wegzulassen sei, weil in dem Falle, daß der Acceptant eine Zahlungsaddresse nicht beigefügt habe und demnach selbst der am Zahlungsorte aufzusuchende Zahler sei, von einer Protesterhebung bei dem Domiziliaten nicht die Rede sein kann. Leipz. Prot. S. 237. Brauer a. a. O. S. 94. (Liebe) W.O. S. 148. Berger im Arch. f. D. W.R. Bd. 4. S. 368. Kitka in der Ger.-Zeit. 1855. Nr. 6. Wächter im

nur die Benennung eines Domiziliaten, eines Stellvertreters in der Zahlung, hat Einfluß auf die rechtliche Stellung des Acceptanten, indem der letztere dadurch in eine eventuelle Haftbarkeit, in das Verhältniß der Garantieleistung tritt. Für die Geltendmachung dieser eventuellen Wechselrechte aus der Gewährleistung ist der Protest, der urkundliche Beweis der Wechseldiligenz und der Nichterfüllung des Wechselversprechens durch den Prinzipal-Verpflichteten, die rechtliche und thatsächliche Grundlage. Allein bei dem Domizilwechsel mit unbenanntem Domiziliaten steht der Acceptant in der unbedingten, direkten Wechselobligation, die am Verfalltage, also zu einer bestimmten Zeit, gegen Vorzeigung des Wechsels, von ihm selbst erfüllt werden muß, und zur Geltendmachung keine außerhalb ihr liegende Thatsache, also auch nicht einen Protest, erfordert. Der Protest, als die Beurkundung der Wechseldiligenz gegen den Prinzipalschuldner zur Begründung des Regresses gegen die eventuellen Verpflichteten, hat keinen wechselrechtlichen Sinn bei der Geltendmachung des direkten Wechselrechts gegen den Acceptanten.

Zum Theil andere Rechtsgrundsätze gelten, wenn II. in dem Wechsel ein bestimmter Domiziliat benannt ist. Daß durch die Benennung eines bestimmten Zahlers am Domizilorte die rechtliche Stellung des Ausstellers und der Indossanten nicht berührt wird, daß dieselben als Garantieverpflichtete nur in einem sekundären Rechtsverhältnisse stehen und daß der Regreß gegen sie von der Erhebung des Protestes Mangels Zahlung abhängig ist, alles das folgt aus dem Umstande, daß die Domizilqualität nur Einfluß hat auf die Stellung des Bezogenen und Acceptanten, das rechtliche Verhältniß der Garantieverpflichteten aber nicht verändert. Ohne Protest Mangels Zahlung kann daher von einem Regresse gegen die Garanten auch in jenem Falle nicht die Rede sein [4]). Dagegen wird durch die Beifügung eines Domiziliaten die Wechselstellung des Acceptanten verändert. Mag der Domiziliat von dem Bezogenen bei seinem Accepte, oder von dem Aussteller selbst, beigefügt sein, immer repräsentirt er diejenige Person, welche, nach dem Inhalte des Wechsels, am Domizilorte die Wechselzahlung in erster Reihe leisten soll. Der Acceptant will nicht selbst am Domizilorte zahlen, sondern der Domiziliat soll für ihn diese Pflicht übernehmen. Um die Erfüllung dieser Pflicht durch den Domiziliaten zu sichern, muß der Acceptant, — wie der Trassant ihm gegenüber Deckung gewährt hat, — auch dem Domiziliaten Deckung geben, d. h. er muß dem Domiziliaten die Mittel zur Bezahlung des Wechsels zur Disposition

Arch. a. a. O. Bd. 5. S. 160. Northoff im Arch. a. a. O. Bd. 9. S. 115. Kübel im Württ. Arch. Bd. 5. S. 59. auch bei Schletter a. a. O. S. 33. Nr. 21. Hoffmann a. a. O. S. 393. Entsch. des k. k. Landesgerichts zu Brünn, bestätigt vom obersten Gerichtshofe zu Wien ... (Arch. a. a. O. Bd. 5. S. 434.) Entsch. des k. k. Handelsger. und des k. k. Ober-Landes-Gerichts, mitgetheilt v. Kitka. (Arch. a. a. O. Bd. 6. S. 324.) Erk. d. O.Tr. in Berlin vom 8. Mai 1858 (Arch. a. a. O. Bd. 9. S. 83. Entsch. Bd. 38. S. 231.) Entsch. des obersten Gerichtshofes in Wien vom 25. Mai 1859. (Arch. a. a. O. Bd. 9. S. 231.) und vom 3. Juli 1860. (Arch. a. a. O. Bd. 10. S. 204.) Erk. d. O.Tr. in Berlin vom 8. Oktober 1850. (Entsch. Bd. 20. S. 346.), vom 3. Oktober 1861. (Entsch. Bd. 48. S. 268.) Das Gegentheil wird, in nicht überzeugender Weise, aus den Worten des Gesetzes und aus dem wechselrechtlichen Domizilverhältnisse nachzuweisen versucht von Koch im Arch. a. a. O. Bd. 7. S. 8. Auch Arch. a. a. O. Bd. 5. S. 83.

4) Art. 41. 43. A. D. W.O.

stellen. Der Acceptant hat daher, um nicht genöthigt zu sein, die Mittel zur Deckung des Wechsels doppelt, bei sich und beim Domiziliaten, bereit zu halten, ein wechselmäßiges Recht, und er kann erwarten, daß der Inhaber die Bezahlung des Wechsels beim Verfalle nicht bei ihm, sondern zunächst bei dem Domiziliaten sucht, so daß er zur Erfüllung seines Accepts erst dann eintritt, wenn der vom Inhaber, durch die Annahme des Wechsels, genehmigte Einlösungsweg bei dem Domiziliaten nicht zur Zahlung geführt hat. Der Acceptant erscheint in dieser Beziehung daher, gleich dem Aussteller und den Indossanten, nur eventuell, d. h. für den Fall der Nicht-Zahlung durch den Domiziliaten, verpflichtet, und das Vorhandensein dieser Voraussetzung muß, wie im Regreßwege gegen den Aussteller und die Indossanten, auch ihm gegenüber durch einen urkundlichen Nachweis, durch den Protest, dargethan werden [5]). Der Acceptant eines domizilirten Wechsels mit benanntem Domiziliaten steht daher, gleich dem Aussteller, in der Regreßverbindlichkeit, die erst eintritt, wenn die Zahlung bei dem Prinzipal-Beauftragten, dem Domiziliaten, vergeblich gesucht, und der authentische Beweis hierüber durch einen beim Domiziliaten form- und zeitgerecht aufgenommenen Protest geführt worden ist.

Die Allgemeine Deutsche Wechselordnung handelt die Lehre über die Protestirung von Domizilwechseln zur Erhaltung des Wechselrechts gegen den Acceptanten in dem Titel VIII. ab, welcher den Regreß Mangels Zahlung zum Gegenstande hat. Es erscheint daher angemessen, und der subsidiären Stellung des Acceptanten eines domizilirten Wechsels mit bestimmtem Domiziliaten, sowie der Auffassung der Leipziger Konferenz ganz entsprechend, die allgemeine wechselrechtliche Regel [6]), wonach die Präsentation des Wechsels und die Protestaufnahme Mangels Zahlung formale Bedingungen und Voraussetzungen des Regresses überhaupt sind, auch ohne alle Einschränkung auf die Geltendmachung des Wechselrechts gegen den Acceptanten, den Aussteller und die Indossanten eines Domizilwechsels mit benanntem Domiziliaten anzuwenden. Von diesem, für den Regreß gegebenen Kardinalgrundsatze wird jedoch zum Theil abgewichen, und der Rechtssatz vertheidigt: 1) daß zur Erhaltung des Wechselrechts gegen den Acceptanten die Präsentation und Protestaufnahme an dem Zahlungsorte nur dann erforderlich sei, wenn eine, von dem Wechselgläubiger, oder von dem Acceptanten verschiedene Person als Domiziliat benannt sei. Eine Identität des Wechselgläubigers und Domiziliaten kann in verschiedener Form eintreten: a) wenn der Wechsel an die Ordre des, gleichzeitig als Domiziliaten benannten Ausstellers gestellt und nicht begeben ist; b) wenn der Wechsel bei dem Remittenten domizilirt und nicht girirt ist; c) wenn der Wechsel durch Giro in die Hand des Domiziliaten gelangt ist. Wenn, — so sagt man, — der Domiziliat vor der Verfallzeit Eigenthümer des bei ihm

5) Mot. zum Preuß. Entw. S. LIX. Leipz. Prot. S. 83 f. Treitschke a. a. O. Bd. 1. S. 17. Art. 43. 44. A. D. W.O. Wächter im Arch. f. D. W.R. Bd. 5. S. 160. 164. Northoff im Arch. a. a. O. Bd. 9. S. 115. Bluntschli a. a. O. S. 86. Erk. d. O.Tr. v. 10. April 1848. (Entsch. Bd. 17. S. 342.) Erk. v. 8. Oktober 1850. (Entsch. Bd. 20. S. 346.) Erk. v. 9. Mai 1857. (Entsch. Bd. 36. S. 300.) Erk. v. 6. November 1860. (Entsch. Bd. 44. S. 215. Arch. a. a. O. Bd. 10. S. 387. Strieth. Arch. Bd. 39. S. 151.)

6) Art. 41. A. D. W.O.

domizilirten Wechsels werde und bis zu dessen Verfallzeit bleibe, so verliere das Domizil jede rechtliche Wirkung, indem der Domiziliat nun nicht mehr der Mandatar des Acceptanten zur Empfangnahme der Wechselsumme und zu deren Abführung an den Wechselgläubiger sei, mithin nicht mehr als eine juridische Person mit demselben angesehen werden könne, sondern nur als dessen Gläubiger erscheine, der zur Wahrung seines wechselmäßigen Anspruches gegen den Acceptanten weder der Präsentation des, ohnehin in seinen Händen befindlichen Wechsels am Zahlungstage, noch einer Protesterhebung wegen unterbliebener Zahlung bedürfe. Es sei nun der Fall nicht möglich, daß der Acceptant, ungeachtet der an den Domiziliaten eingesendeten Deckung, von dem letzteren als Wechselinhaber wegen der Bezahlung der Wechselsumme belangt werden könne. Der Zweck des Protestes sei darauf gerichtet, den Eintritt des eventuellen Regreßrechtes wegen Nichterfüllung Seitens des Hauptverpflichteten in authentischer Weise darzuthun; allein ein Regreßfall sei rechtlich und faktisch ausgeschlossen, wenn der Domiziliat und der klagende Wechselgläubiger identisch seien, und eines Beweises darüber, daß der Prinzipalbeauftragte die Zahlung nicht geleistet hat, bedürfe es nicht, wenn derjenige, durch dessen Nichtzahlung (als Domiziliat) die Klage gegen den verklagten Acceptanten bedingt werde, Gläubiger des Wechsels sei und vom Acceptanten selbst die Zahlung einklage. In einem solchen Falle laufe der Protest bei dem Domiziliaten auf den Beweis hinaus, daß der Domiziliat als gleichzeitiger Inhaber des Wechsels nicht an sich selbst gezahlt habe [7]). Ein Protest wird 2) zur Erhaltung des Wechselrechts gegen den Aussteller einer Tratte nicht für nöthig gehalten, wenn der Wechsel bei ihm selbst domizilirt ist, Aussteller und Domiziliat daher eine und dieselbe Person bilden. Denn der Protest solle dem eventuell Verpflichteten in urkundlicher Weise die Ueberzeugung verschaffen, daß der zunächst verpflichtete Acceptant, rechtzeitiger Aufforderung ungeachtet, die Wechselzahlung nicht geleistet habe. Wenn sich aber der Aussteller selbst als Domiziliat und dadurch als Prinzipal-Beauftragter bezeichnet habe, an den sich der Inhaber wegen der Zahlung in erster Reihe wenden solle, so nehme die Tratte in Bezug auf den Aussteller die Natur eines eigenen Wechsels an, aus welchem der Aussteller nicht im Regresse, sondern unmittelbar, ohne vorgängige Protestaufnahme, wechselmäßig verpflichtet sei [8]).

7) Erk. des obersten österr. Gerichtsh. vom 1. April 1856, 25. Mai 1859, 3. Juli 1860. (Oesterr. Ger.-Zeit. von 1856. Nr. 72. Arch. f. D. W.R. Bd. 9. S. 321. Bd. 11. S. 204. Oesterr. Gerichtsh. 1861. S. 54.) Erk. des A.G. zu Gotha in Hotzel, Blätter f. R. in Thüringen Bd. 7. S. 160. Erk. des O.Tr. in Stuttg. vom 31. Juli 1861. (Arch. v. Seuffert, Bd. 15. S. 571.) Erk. d. O.Tr. in Berlin vom 17. Sept. 1857, 19. Juli 1860, 6. November 1860. (Strieth. Arch. Bd. 39. S. 151. Arch. a. a. O. Bd. 10. S. 385. Entsch. Bd. 44. S. 215.) Arch. a. a. O. Bd. 10. S. 387. Gruchot, Beiträge ꝛc. Bd. 4. S. 494. Arch. a. a. O. Bd. 3. S. 343. Bd. 5. S. 336. Bd. 6. S. 210. 296. 302. N. 10. 316. N. 13. Renaud a. a. O. §. 40. Northoff im Arch. a. a. O. Bd. 9. S. 126 ff. Nürnberger Kommission Arch. a. a. O. Bd. 9. S. 245. Kuntze a. a. O. S. 100. Kübel im Würtb. Arch. Bd. 5. S. 59. auch bei Schletter a. a. O. Bd. 11. S. 33. Hoffmann a. a. O. S. 398. halt eine Protestaufnahme nur in dem Falle nöthig, wenn der Wechsel bei einer Person domizilirt ist, welche später Gläubiger wird, nicht aber in dem Falle, wenn der Wechsel bei dem Remittenten domizilirt ist und in dem Besitze desselben bleibt. Damit stimmt auch Berger im Arch. a. a. O. Bd. 4. S. 368 ff.

8) Erk. d. O.Tr. in Berlin vom 9. Mai 1857. (Entsch. Bd. 36. S. 300. Strieth. Arch.

Diese Ausnahmen von der allgemeinen Regel der Regreßfolge werden jedoch, als dem Wesen des Domizilwechsels widersprechend, mit Recht angefochten und folgende Rechtsgrundsätze über den Regreß bei Domizilwechseln aufgestellt:

1) Ist in dem Wechsel kein Domiziliat benannt, so soll am Domizilorte der Acceptant selbst zahlen. Dasselbe ist der Fall, wenn, zum Ueberfluß, der Acceptant noch besonders als Domiziliat benannt worden ist. Der Inhaber des Wechsels muß, wenn die Zahlung am Domizilorte nicht geleistet ist, Protest erheben, um seinen Regreß gegen die Vormänner zu begründen. Dagegen bedarf es keines Protestes zur Erhaltung des Wechselanspruches an den Acceptanten, da ein bestimmter Domiziliat nicht benannt, die wechselrechtliche Stellung des Acceptanten als Principal-Schuldner nicht geändert, und daher von einem Regresse gegen den Acceptanten nicht die Rede ist [9]).

2) Ist in dem Wechsel ein bestimmter Domiziliat benannt, so soll dieser am Domizilorte zahlen; wenigstens soll sich der Inhaber des Wechsels bei ihm melden und die Zahlung bei ihm suchen. Wenn der Domiziliat nun auch nicht in die Wechselobligation eintritt, so ist er doch, abgesehen von der juristischen Form des Deckungsverhältnisses, nach der äußeren Form des Wechsels ein Bevollmächtigter des Acceptanten, ein Stellvertreter in der Zahlung, an welchen der Wechselinhaber von dem Acceptanten für die Zahlung in gleicher Weise und mit gleicher Wirkung gewiesen ist, wie ihn bei gewöhnlichen Wechseln der Aussteller an den Bezogenen weist. Wie daher in dem letzteren Falle der Aussteller nur die Garantie für die Zahlung des Bezogenen leistet, so tritt auch der Acceptant eines Domizilwechsels mit benanntem Domiziliaten in ein Garantie- und Regreßverhältniß, in die zweite Reihe der wechselmäßigen Haftbarkeit für den Fall, daß der Domiziliat, der Assignation gemäß, die Wechselzahlung nicht leisten sollte. Wie der Trassant endlich durch die Deckung den Bezogenen in die Lage versetzen muß, die Wechselzahlung zu leisten, so muß auch der Acceptant dem Domiziliaten Deckungsmittel bereit halten. Nach dieser Funktionsähnlichkeit stellt sich bei Wechseln mit benanntem Domiziliaten der Acceptant als ein zweiter Trassant, das Wechselrecht gegen ihn als ein eventuelles Recht, als ein Regreßanspruch dar. Die Geltendmachung dieses eventuellen Rechts setzt aber voraus die Wechseldiligenz gegen den Zahlungsbeauftragten, den Domiziliaten, und den urkundlichen Nachweis der Nichtzahlung durch den Protest. Ohne diesen Nachweis in authentischer Form läßt sich so wenig ein Regreß gegen die Vormänner, als ein Wechselrecht gegen den sekundär verhafteten Acceptanten zur Geltung bringen. Von dieser Kardinalregel des Wechselrechts eine Ausnahme zu machen für die Fälle, daß 1) der Wechselgläubiger gleichzeitig Domiziliat oder 2) der Wechsel bei dem Aussteller selbst domizilirt ist, dazu ist wenig Grund vorhanden. Der Trassant eines Wech-

Bd. 24. S. 299. Arch. f. D. W.R. Bd. 7. S. 179.) Erk. vom 6. November 1860. (Entsch. Bd. 44. S. 215. Arch. a. a. O. Bd. 10. S. 387.) Erk. vom 30. Oktober 1866. (Entsch. Bd. 57. S. 345.) Hoffmann a. a. O. S. 399.

9) Die entgegengesetzte Ansicht von Koch, Arch. f. D. W.R. Bd. 7. S. 8: „wonach bei nichtbenanntem Domiziliaten der Bezogene Domiziliat sei" findet ihre Widerlegung durch die Natur der Sache und durch die Leipziger Konferenzverhandlungen. Vergl. Anm. 3.

sels steht im Regresse, d. i. in der sekundären Wechselverbindlichkeit, auch für den Fall, daß der Bezogene, dem Wechselversprechen gemäß, nicht acceptirt und nicht gezahlt hat, ohne Unterschied, wer am Verfalltage Wechselgläubiger ist. Es muß daher der Bezogene, der nicht acceptirt und den Wechsel durch Giro erworben hat, um ein Regreßrecht gegen den Aussteller zu erhalten, bei sich selbst protestiren, daher feststellen lassen, daß er den Wechsel nicht bezahlt hat. Das ist nothwendig, weil ein Regreß ohne Protest ebenso unmöglich ist, als eine Wechselklage ohne Wechsel. Die wechselmäßigen Funktionen der Wechselpersonen sind durch den Wechsel fixirt und der Wechselgang ist ohne Einfluß auf die rechtliche Stellung derselben zum Wechsel. Der Trassant bleibt der letzte Garant, ohne Rücksicht auf den Lauf, welchen der Wechsel genommen hat. Er leistet daher auch die Garantie für einen Wechsel, welcher nur zwischen ihm und dem Bezogenen cirkulirt, also z. B. für einen Wechsel an eigene Ordre, welchen er an den Bezogenen, der nicht acceptirt, indossirt hat. Während er für den Fall des Accepts Gläubiger des Bezogenen geworden, wird er durch das Giro dessen Schuldner. Wollte man, abgesehen von der wechselrechtlichen Form, in dem gegebenen Beispiele das Verhältniß zwischen dem Trassanten und Bezogenen auf eine civilistische Rechtsfigur zurückführen, man würde kaum eine Analogie finden, denn selbst die Assignation ist unter zwei Personen unmöglich. Man könnte, wollte man den wechselrechtlichen Boden verlassen, deduziren, daß der Protest für den gegebenen Fall eine nichtssagende Formalität sei, weil in der Begebung an den Bezogenen ein unmittelbar wirksamer rechtlicher Verpflichtungsakt für die Trassanten enthalten, der Bezogene daher der direkte Gläubiger des Trassanten, und es nicht möglich sei, daß der Trassant, neben der an den Bezogenen eingesendeten Deckung, von dem letzteren als Wechselinhaber noch wegen der Bezahlung der Wechselsumme belangt werden könne. Allein abgesehen davon, daß die gegebene Deckung an sich die Regreßklage des Bezogenen nicht ausschließt, sondern nur möglicher Weise eine wirksame Einrede begründet, so würde der Mangel des Protestes es auch möglich machen, daß ein in dritter Hand präjudicirter Wechsel, namentlich unter dem Schutze eines Blanko-Giro, in der Person des Bezogenen, zum Nachtheile des Trassanten und des Wechselverkehrs, realisirt werden könnte. Der alleinige Schutz gegen diese Kollision ist der Protest, durch welchen die Person des Inhabers am Verfalltage und dessen wechselmäßige Diligenz konstatirt wird. Eine gleiche Gefahr würde bei dem Domizilwechsel auch für den Acceptanten aus dem Mangel eines Protestes entstehen. Allein was vom Regresse im Allgemeinen gilt, muß auch von dem Regresse gegen den Acceptanten eines Domizilwechsels, in welchem ein Domiziliat benannt ist, gelten. Der Acceptant hat dem Domiziliaten und dem Wechselinhaber gegenüber die rechtliche Stellung eines Trassanten, d. h. er steht im Regresse. Grundlage für den letzteren bildet der Protest. Die Qualität des Inhabers als Domiziliat; die civilrechtliche Stellung des letzteren zum Acceptanten; die durch den Wechsel nicht kundgemachte juristische Gestalt des Deckungsverhältnisses sind gleichgültig und daher einflußlos für den Regreß und den Protest. Die Eigenschaft des Acceptanten eines Wechsels mit benanntem Domiziliaten als Trassanten steht durch den Wechsel für jeden Inhaber gleichmäßig und unabhängig von der zufälligen Vereinigung der Funktion als Wechselinhaber und Domiziliat in einer Person fest und diese Stellung des Acceptanten zum Wechsel erfordert einen Protest als nothwendige Bedingung des Regresses[10]).

Auch die Rechtsansicht, daß es zur Erhaltung des Wechselrechts gegen den Aussteller, der gleichzeitig Domiziliat sei, eines Protestes nicht bedürfe, giebt zu den größten Bedenken Veranlassung. Zur Rechtfertigung derselben wird angeführt: „daß Protest und Regreß gegen den Aussteller ausgeschlossen seien, wenn letzterer zugleich Domiziliat sei, derselbe also in der Wechselurkunde selbst erklärt habe, daß sich der künftige Inhaber zunächst an ihn, den Aussteller, wenden solle. Denn dann stelle sich nicht der Acceptant, sondern der Aussteller als Prinzipalverpflichteter dar, und die Tratte nehme dann in Bezug auf den Aussteller die Natur eines eigenen Wechsels an, aus welchem der Aussteller unmittelbar und nicht erst im Wege des Regresses hafte." Diese Auffassung findet in der formalen Natur des Wechselrechts keinen Stützpunkt. Der Wille des Wechselverpflichteten wird nicht gefunden auf dem Wege der Interpretation, und die wechselrechtliche Folge wird nicht bestimmt durch die mögliche Absicht des Ausstellers, sondern durch die urkundliche abstrakte Form des Wechsels. Der beim Aussteller domizilirte Wechsel ist aber nicht ein Eigen-Wechsel, sondern, wie der trassirt-eigene Wechsel, eine Tratte, und bei der Tratte ist der Zahlungs-Beauftragte nicht der Aussteller, sondern der Bezogene. Durch den Umstand, daß der letztere sich in seinem Accepte verpflichtet, bei oder durch den Aussteller zu zahlen, werden die Wechselrollen nicht vertauscht, und die Regreßstellung des Ausstellers nicht aufgehoben. Die einseitige Handlung des Bezogenen durch Domizilirung des Wechsels bei dem Aussteller kann die Wechselfunktionen nicht umkehren, die sekundäre Stellung des Ausstellers nicht in eine primäre Wechselhaft umwandeln[11]).

Der Domiziliat, welchem der Wechsel zur Zahlung präsentirt wird, hat dieselbe Verpflichtung, die jedem anderen Wechselzahler obliegt: er muß die formale Legitimation des Inhabers prüfen und sich, nach der Zahlung, den quittirten Wechsel ausantworten lassen[12]). Wird die Zahlung am Verfalltage nicht gefordert, so ist der Domiziliat, da er die Zahlungspflicht des Acceptanten erfüllen soll, zur Deposition der Wechselsumme berechtigt[13]). Das Deckungsverhältniß zwischen dem Domiziliaten und dem Acceptanten regelt sich, wie das Deckungsverhältniß zwischen dem Bezogenen und dem Trassanten. Ist die Zahlung durch den Domiziliaten nicht erfolgt, so kann der Inhaber seinen Regreß in doppelter Weise nehmen, a) gegen den Acceptanten und b) gegen die Vormänner. Für beide Fälle ist der Protest die Grundlage des Regreßanspruches. Daß den Vor-

10) Berger im Arch. f. D. W.R. Bd. 4. S. 373. Wachter im Arch. a. a. O. Bd. 5. S. 162. Koch im Arch. a. a. O. Bd. 7. S. 14 f. Volkmar und Loewy a. a. O. S. 177. Schletter, Jahrb. Bd. 11. S. 34. Thol a. a. O. Bd. 2. S. 609. Strohn, Nachwort zu dem Erk. d. O.Tr. in Berlin vom 6. November 1860. (Strieth. Arch. Bd. 39. S. 159.)

11) Volkmar und Loewy a. a. O. S. 178. Schletter a. a. O. Bd. 11. S. 34. Thöl a. a. O. Bd. 2. S. 609. ad. c.

12) Art. 36. 39. A. D. W.O.

13) Art. 40. A. D. W.O.

männern gegenüber auch die Notifikation erfolgen muß, ergiebt sich aus dem Umstande, daß durch die Domizilirung das rechtliche Verhältniß derselben nicht berührt wird. Aber auch dem Acceptanten gegenüber muß bei einem bestimmten Domizile die Notifikationspflicht erfüllt werden. Denn wenn der Acceptant auch eine andere rechtliche Stellung einnimmt, als die Indossanten, indem ihm, gleich dem Trassanten, als Hauptzahlungsverpflichteten nach der Einlösung des Wechsels ein weiterer Regreß nicht zusteht, so hat er doch ein wesentliches Interesse dabei, daß die Zahlung durch den Domiziliaten erfolgt, und daß er, wenn diese Erwartung nicht erfüllt wird, von der Wechselstörung, wegen Bereithaltung der Wechselvaluta und Sicherstellung der etwa gegebenen Deckung bald Kenntniß erhält. Der Trassant und Acceptant haben daher in Bezug auf die Notifikation eine rechtsgleiche Stellung; beiden geschieht die Notifikation nicht zu dem Zwecke der Sicherstellung des Regresses, der ihnen nach ihrer Stellung nicht zusteht, sondern in der Absicht, damit sie wegen Sicherstellung der gegebenen Deckung und wegen Beschaffung der Wechselvaluta die nöthige geschäftliche Vorkehrung in Zeiten treffen können[14]).

In Beziehung auf die Verjährung gegen den Acceptanten dagegen prävalirt die Eigenschaft desselben als Haupt-Zahlungsverpflichteten aus dem Accepte, und ist daher die dreijährige Verjährungsfrist, nicht die kurze Frist für die Regreßnahme maßgebend[15]). Ebenso steht dem Inhaber die Bereicherungsklage sowohl gegen den Aussteller als gegen den Acceptanten[16]), nicht aber gegen den außer dem Wechselnexus stehenden Domiziliaten, zu.

Ist ein Domizilwechsel mit bestimmtem Domiziliaten verloren gegangen, so kann vor Verfall gegen den Acceptanten eine Zahlungs- oder Depositionspflicht nicht begründet werden, und nach Verfall nur unter der Voraussetzung, daß rechtzeitig Protest erhoben ist. Ist letzteres nicht geschehen, so ist der Acceptant, vermöge seiner Regreßstellung, von jeder Wechselpflicht liberirt[17]).

§. 90.

Der Wechsel an eigene Ordre.

Zu dem alten Wechsel waren in der Regel vier Personen erforderlich: Trassant, Remittent, Präsentant und Trassat. Später, nach Anwendung des Indossaments, wurde der Präsentant in dem Wechsel nicht benannt, sondern der

14) Art. 45. 58. A. D. W.O. Gelpke, Zeitschr. Bd. 1. S. 117. Wächter im Arch. f. D. W.R. Bd. 5. S. 164. Northoff im Arch. a. a. O. Bd. 9. S. 131.

15) Art. 23. 77. 78. Wächter im Arch. f. D. W.R. Bd. 5. S. 164. Northoff im Arch. a. a. O. Bd. 9. S. 132. Volkmar und Loewy a. a. O. S. 273. Hoffmann a. a. O. S. 560. Anderer Ansicht: Thol a. a. O. Bd. 2. S. 739.

16) Art. 83. Leipz. Prot. S. 195. Wächter im Arch. f. D. W.R. Bd. 5. S. 165. Liebe, W.O. S. 146.

17) Erk. des O.A.G. zu Dresden vom 20. Dezember 1853. (Arch. f. D. W.R. Bd. 4. S. 432) Erk. d. O.Tr. in Berlin vom 3. Oktober 1861. (Entsch. Bd. 4. S. 268. Arch. a. a. O. Bd. 12. S. 178.) Borchardt a. a. O. S. 220. Zus. 413. Zum Theil anders: Erk. des oberst. österr. Gerichtshofes vom 22. Juni und 22. Juli 1857. (Arch. a. a. O. Bd. 8. S. 184. Bd. 10. S. 306.) Nürnberger Kommission Bd. 9. S. 245.

letztere auf den Remittenten gestellt, und diesem überlassen, einen Präsentanten beizufügen, so daß sich die Zahl der ursprünglichen Wechselpersonen auf drei reduzirte. Frühzeitig kamen jedoch schon Wechsel mit zwei Personen, dem Aussteller und dem Bezogenen, in der Art vor, daß die Rollen des Ausstellers und des Remittenten in einer Person sich vereinigten. Wechsel an eigene Ordre [1]). Die Veranlassung zu dieser Wechselform und die Vortheile derselben sind mannigfach. Oft vertritt sie den eigenen Wechsel und wird gewählt, weil der letztere beim Handelsstande, als Verdacht gegen den Kredit hervorrufend, nicht beliebt ist. Will ein Gläubiger von seinem Schuldner eine Forderung durch Wechsel einziehen, und hat er nicht die Absicht, den Wechsel weiter zu begeben, sondern nur, durch den Wechsel größere Sicherheit zu erhalten, so zieht er auf seinen Schuldner in Trattenform und stellt den Wechsel an eigene Ordre [2]). Oft hat aber der Aussteller nicht die Absicht, durch den Wechsel von seinem Schuldner nur Sicherheit zu erlangen, sondern er will den Wechsel weiter begeben und in den Wechselverkehr bringen. Er trassirt daher auf seinen Schuldner. Weil sein Wohnort aber kein günstiger Wechselplatz ist, so will er den Wechsel auf einen dritten Ort begeben. Hat er an dem letzteren nicht sofort einen Abnehmer, so stellt er den Wechsel an die Ordre von sich selbst, um denselben, nachdem er einen Nehmer gefunden, an diesen zu indossiren, oder um den Wechsel zur Negozirung unter Blanko-Giro an einen Mäkler zu senden. Der Wechsel an eigene Ordre ist daher, wegen der Vortheile in der Verwendung, im Verkehre sehr beliebt; vom Code de commerce [3]) ausdrücklich anerkannt; nach Englischem und Nord-Amerikanischem Rechte [4]) gebräuchlich und, wenngleich in dem Allgemeinen Preußischen Landrechte nicht ausdrücklich erwähnt, so durch Gewohnheit in Preußen eingeführt, und von der Wissenschaft und Judikatur als gültig erklärt. Die merkantile und theoretische Auffassung über den Wechsel an eigene Ordre war jedoch lange Zeit hindurch der freien Bewegung desselben nicht günstig. Erst durch das Indossament und die auf diesem Wege bewirkte Trennung der Funktion des Trassanten und Remittenten erhielt der Wechsel rechtliche Existenz und Gültigkeit. Vor dieser Trennung in der Hand des Ausstellers hatte selbst das Accept des Bezogenen keine Wirksamkeit [5]).

1) Scaccia l. c. §. 1. qu. 5. n 35. Franck l. c lib. I. sect. 1. tit. 3. §. 2, sect. 1 tit. 10. § 2. Phoonsen a. a. O. c 36 (Siegel, corp jur II. p 330.) Püttmann a. a. O. §. 66. Biener a. a. O. S. 68. 181. Kuntze a. a. O. S. 32.

Formular: Berlin d. 1. Okt. 1865. „Pr. Kour. 100 Thlr."

Drei Monate Dato zahlen Sie gegen diesen Prima-Wechsel an die Ordre von mir selbst die Summe von 100 Thlr. Pr. Kour. Werth in mir selbst und stellen solchen auf Rechnung laut Bericht.

Herrn A. zu Magdeburg. B.

2) Mittermaier a. a. O. §. 323. Einert im Arch. f. D. W.R. Bd. 5. S. 1 ff. Wachter a. a. O. §. 42. Biener a. a. O. S. 181.

3) Art. 110.

4) Story a. a. O. §§. 35 ff. 59; der Inhaber hat die Wahl, den Wechsel entweder nach seiner formalen Eigenschaft als Tratte, oder nach seiner realen Eigenschaft als eigenen Wechsel (promissory-note) zu behandeln.

5) L'Estocq a. a. O. Kap II §. 19. Schunken, Preuß. Handels- und Wechselrecht (Elberfeld 1821.) Bd. 1. S. 281. Bender a. a O. S. 273. Gutachten der Ges.-Kommiss. vom 17. Juni 1800 und Restript vom 30. Juni 1800. (Rabe Bd. 6. S. 160.) Graeff,

Durch die Allgemeine Deutsche Wechselordnung hat der Wechsel an eigene Ordre Unabhängigkeit, Selbstständigkeit und vollständige Gleichstellung mit der Tratte erhalten. Denn wenngleich der Art. 4. Nr. 3. zur Gültigkeit eines gezogenen Wechsels die Angabe des Remittenten als nothwendiges Erforderniß aufstellt, so bestimmt doch Art. 6: „der Aussteller kann sich selbst als Remittenten bezeichnen", und nimmt ausdrücklich auf die Bestimmung des Art. 4. Nr. 3. Bezug. Schon der Preußische Entwurf vom Jahre 1847. hat im §. 5. die Anerkennung dieser Wechselform ausgesprochen und dieselbe in den Motiven[6]) dadurch gerechtfertigt, daß Wechsel an eigene Ordre im Verkehre gebräuchlich und von den Gerichtshöfen für gültig erklärt worden seien.

Der Wechsel an eigene Ordre setzt, wie jede andere Tratte, außer der mechanischen Anfertigung, noch ein Moment voraus, durch welches das Papier in rechtliche Beziehung zu einer bestimmten Person gesetzt und eine Wechsel-Obligation begründet wird. Bei der gewöhnlichen Tratte besteht dieses Moment in dem Geben und Nehmen der Wechselurkunde. Bei dem Wechsel an eigene Ordre reicht diese Thatsache zur Perfektion der Wechselobligation allein nicht aus; es ist vielmehr ein wechselmäßiger Rechtsakt erforderlich, um dem an eigene Ordre gestellten Wechsel rechtliche Existenz zu geben, — nemlich entweder das Accept oder das Indossament. Der von dem Bezogenen acceptirte Wechsel an eigene Ordre erzeugt schon in der Hand des Ausstellers ein selbstständiges, unabhängiges, lediglich in der Form des Papieres ruhendes Wechselrecht[7]). Der Wechsel ist auf zwei Personen gestellt, auf den Aussteller, als Gläubiger, und auf den Acceptanten, als Schuldner, und erhält in umgekehrter Folge die Wechselfunktionen eines eigenen Wechsels, bei welchem der Aussteller der Schuldner ist. Ist die Acceptation nicht erfolgt, und überträgt der Aussteller durch Indossament den Wechsel an eigene Ordre auf einen Dritten, so löst er dadurch die Einheit, welche in seiner Person, als Aussteller und Remittent, stattfindet, übernimmt die wechselmäßige Garantiepflicht für das Wechselversprechen und begründet die Regreßobligation[8]). Der Akt der Begebung, das Giro des Ausstellers, giebt dem Wechsel daher erst rechtliche Existenz. Der Indossatar übernimmt die Funktion des ersten Nehmers, des Remittenten; der Kreator und Indossant die Pflichten des Ausstellers. Die Rechtsbeständigkeit dieser wechselmäßigen Pflichten des Ausstellers als Kreators des Wechsels hängt von der Echtheit seiner Unterschrift als Indossant ab, und der wechselrechtliche Grundsatz, wonach durch die Falschheit der Indossamente die Wechselpflicht aus richtiger Unterschrift nicht aufgehoben wird, fin-

---

Wechs.-Recht. S. 155. Liebe, W.O. S. 57. Erk. d. O.Tr. in Berlin vom 22. Septbr. 1838. (Entsch. Bd. 4. S. 259.) Erk. vom 26. Juni 1843. (Entsch. Bd. 9. S. 71.) Erk. vom 9. September 1844. (Entsch. Bd. 10. S. 52.)

6) S. 32.

7) Art. 23. A. D. W.O. Erk. d. O.Tr. in Berlin vom 13. Januar 1855. (Entsch. Bd. 29. S. 400. Arch. f. D. W.R. Bd. 5. S. 327.) Erk. v. 21. März 1865. (Entsch. Bd. 53. S. 218.) Liebe, W.O. S. 57. Bluntschli a. a. O. S. 32. Wächter im Arch. a. a. O. Bd. 14. S. 113.

8) Art. 8. 9. 14. 41. 49. 81. A. D. W.O.

det nicht auf die erste, die rechtliche Existenz des Wechsels an eigene Ordre begründende Begebung Anwendung [9]).

Der Wechsel an eigene Ordre steht der gewöhnlichen Tratte in rechtlicher Beziehung ganz gleich. Es können demselben daher auch alle diejenigen Einschränkungen und Klauseln beigefügt werden, welche für den Wechsel überhaupt erlaubt sind. Der Aussteller an eigene Ordre kann daher auch ein Indossament „ohne Gewährsleistung" mit der Wirkung ertheilen [10]), daß er dem Nehmer und den folgenden Nachmännern aus seinem Indossamente nicht verhaftet ist. Nach der Ansicht Einiger kommt die hierdurch eintretende Befreiung von der Wechselgarantie dem Geber nicht allein in seiner Eigenschaft als Indossant und Remittent, sondern auch in seiner Eigenschaft als Aussteller zu Statten, weil es nicht zulässig sei, dem durch Beifügung jener Klausel von dem Aussteller und Remittenten in der Personeneinheit ausgesprochenen Willen, aus dem Indossamente nicht verhaftet sein zu wollen, mit Rücksicht auf die Thätigkeit und rechtliche Stellung des Ausstellers, als Kreators des Papieres, eine entgegengesetzte Deutung zu geben, und die obwaltende Personeneinheit, je nach den rechtlichen Folgen der vorgenommenen Thätigkeit, zu trennen und zu sondern. Der Aussteller und Remittent wolle überhaupt nicht im Obligo stehen, und der Indossatar habe durch die Annahme des Wechsels mit jener Klausel seine Einwilligung zu diesem Willen erklärt [11]). Allein diese Ansicht findet in der Natur des Wechsels an eigene Ordre und in dem Systeme der Allgemeinen Deutschen Wechselordnung keine Unterstützung. Der Wechsel an eigene Ordre ist in der Hand des Ausstellers, schon vor hinzutretendem Accepte oder Indossamente, formell ein gültiger Wechsel in Trattenform. Zur Begründung materieller Wechselrechte und zur Perfektion der Wechsel-Obligation muß jedoch, wie bei der gewöhnlichen Tratte die Thatsache des Gebens und Nehmens, bei dem Wechsel an eigene Ordre ein wechselrechtliches Moment hinzutreten, durch welches der urkundlich gemachte Wille des Ausstellers nach der Außenwelt rechtliche Wirksamkeit erhält. Dieses Moment besteht in dem Akte der Acceptation oder des Indossaments. Durch diese accessorische Thatsache wird jedoch die ursprüngliche Stellung des Ausstellers zum Wechsel, die durch die Anfertigung des Papieres begründete specifische Vertretungspflicht nicht aufgehoben und nicht modificirt. Unabhängig von dem Akte der Ausstellung, und in Form und Rechtsfolge selbstständig, ist daher das Indossament, welches dem Wechsel an eigene Ordre hinzutritt. Die physische Personeneinheit des Indossanten und Ausstellers ist ohne Einfluß und rein zufällig. Formell sind Ausstellung und Indossament zwar von einander abhängige Rechtsakte, allein materiell bilden sie für sich bestehende, und von einander unabhängige Wechselmomente. Die rechtliche Stellung

9) Erk. d. O.Tr. in Berlin vom 21. März 1865. (Entsch. Bd. 53. S. 218.)

10) Art. 14. A. D. W.O.

11) Erk. d. O.Tr. in Berlin vom 18. Januar 1855. (Entsch. Bd. 29. S. 400. Arch. f. D. W.R. Bd. 5. S. 327.) Einert im Arch. a. a. O. Bd. 5. S. 1. Löhr a. a. O. Bd. 1. S. 324. Erk. des Hamburgischen Ober-Gerichts vom 14. Oktober 1864. (Arch. a. a. O. Bd. 14. S. 121.) Renaud a. a. O. S. 105. Thol a. a. O. Bd. 2. S. 601. Wächter im Arch. a. a. O. Bd. 14. S. 118. Hoffmann a. a. O. S. 208. Stern im Arch. a. a. O. Bd. 14. S. 408.

des Erklärenden wird daher auch, der Personeneinheit ungeachtet, nach Zweck und Absicht des jedesmaligen Wechselaktes, nicht nach der Stellung beurtheilt, welche der Erklärende etwa nach einer früheren Operation zu dem Wechsel einnimmt. Die rechtliche und merkantile Funktion als Aussteller an eigene Ordre und als Indossant ist daher ebenso verschieden und rechtlich von einander unabhängig, als die Akte der Ausstellung und des Indossaments selbst [12]). Daß das Indossament, durch welches der Aussteller eines Wechsels an eigene Ordre den letzteren begiebt, auch in blanco geleistet werden kann, folgt hieraus von selbst, zumal das Gesetz in dieser Beziehung keine Einschränkung gemacht hat [13]).

Bei dem Wechsel an eigene Ordre erfolgt die Bezeichnung des Remittenten durch die Worte: „zahlen Sie an mich“, oder „an meine Ordre“, oder „an die Ordre von mir (uns) selbst“, oder „an die Ordre meines Giros“ [14]), und, da der Ausstellung ein Valutaverhältniß nicht zu Grunde liegt, wird die Valutaklausel durch die Worte: „Werth in mir selbst“, „valeur en moi même“ angegeben [15]).

Eigene Wechsel an eigene Ordre haben keinen Sinn, und auch das hinzutretende Indossament kann dem solchergestalt formulirten Grundwechsel keine Gültigkeit verschaffen, denn wenn das Indossament auch ein selbstständiger Begebungsakt ist, so steht dasselbe doch in formeller Abhängigkeit von dem Grundwechsel und setzt daher einen formell gültigen Wechsel voraus [16]). Auf den Art. 6. wird im Art. 96. der Allgemeinen Deutschen Wechselordnung, welcher über eigene Wechsel handelt, auch nicht Bezug genommen. Dagegen kann der Aussteller sich selbst als Remittenten und zugleich auch als Bezogenen gültig bezeichnen, sofern nur die Zahlung an einem anderen Orte, als dem der Ausstellung, geschehen soll [17]).

§. 91.

Der trassirt-eigene Wechsel.

Der trassirt-eigene, oder eigene-gezogene Wechsel gehört mit zu den ältesten

---

12) Diese Rechtsansicht hat das O.Tr. in Berlin in dem Erk. vom 11. Aug. 1863. (Entsch. Bd. 51. S. 283.), Erk. vom 16. September 1865. (Entsch. Bd. 55. S. 122.) ausgesprochen. Löhr a. a. O. N. F. Bd. 4. S. 118. Borchardt a. a. O. S. 458. Wächter a. a. O. S. 259. Volckmar und Loewy a. a. O. S. 25. Swoboda im Arch. f. D. W.R. Bd. 15. S. 299. Blaschke a. a. O. S. 139. N. 3.

13) Erk. d. O.Tr. in Berlin vom 16. September 1858. (Strieth. Arch. Bd. 39. S. 151. Arch. f. D. W.R. Bd. 10. S. 383.) Kuntze a. a. O. S. 81. Bluntschli a. a. O. S. 33. Anderer Ansicht: Thöl a. a. O. Bd. 2. §. 296. Hoffmann a. a. O. S. 208. Stern im Arch. a. a. O. Bd. 14. S. 408.

14) Erk. d. O.Tr. in Berlin 1859. (Arch. f. D. W.R. Bd. 10. S. 106.) Anderer Ansicht: Zeitschrift für das gesammte Handelsrecht Bd. 2. S. 449.

15) Wächter a. a. O. §. 42.

16) Erk. d. O.Tr. in Berlin vom 22. Oktober 1857. (Arch. f. D. W.R. Bd. 7. S. 323. Strieth. Arch. Bd. 26. S. 298.) Erk. des Hamburgischen O.G. vom 17. Mai 1852. (Arch. a. a. O. Bd. 3. S. 89.) Renaud a. a. O. S. 114. Stern im Arch. a. a. O. Bd. 14. S. 410. Borchardt a. a. O. S. 380. Zus. 606. Thöl a. a. O. Bd. 2. S. 602. hält einen solchen Wechsel für zulässig. Biener a. a. O. S. 392. hält die Frage für zweifelhaft.

17) Erk. d. O.Tr. in Berlin vom 16. September 1858. (Strieth. Arch. Bd. 39. S. 1. Arch. f. D. W.R. Bd. 10. S. 383.) Borchardt a. a. O. S. 63. Thöl a. a. O. Bd. 2. S. 596. 602. Stern im Arch. a. a. O. Bd. 14. S. 411.

Wechselformen und hängt mit dem Kommanditenwesen der italienischen Kampsoren und dem Meßverkehre im Mittelalter zusammen. Die Kampsoren hatten an den Meß- und größeren Handelsplätzen besondere Komtoirs, Kommanditen, Zweig-Etablissements, und trassirten auf diese Kassen, um Gelder, welche sie an ihrem Wohnorte empfangen hatten, am Orte der Zweig-Niederlassung wieder zur Auszahlung zu bringen. Auch kam es vor, daß ein Kaufmann, welcher auf einer Messe eine Zahlung zu leisten hatte, zu der Messe selbst zu reisen und die Zahlung persönlich zu leisten beabsichtigte. Er trassirte daher nach dem Meßplatze auf sich selbst. Diese Operation nannte man „auf sich selbst trassiren", „ipsi sibi scribere". Die heute für den trassirt-eigenen Wechsel erforderte Verschiedenheit des Zieh- und Zahlungsortes, distantia loci, war in jener Zeit ein nothwendiges Requisit für alle Wechsel, und daher keine Eigenthümlichkeit für jene Wechselform [1]). Diese Form des Wechsels mit verminderter Personenzahl wurde auch beibehalten, nachdem sich der Wechsel von dem Einflusse der italienischen Kampsoren und von den Messen emancipirt und die Eigenschaft eines kaufmännischen Werthpapieres angenommen hatte. Der trassirt-eigene Wechsel ist daher in allen Ländern, in welchen Wechselverkehr überhaupt stattfand, durch kaufmännische Sitte eingeführt und in den Wechselordnungen anerkannt worden [2]). Auch in England, Nordamerika und Frankreich ist die Wechselform im Gebrauche [3]). Die Eigenthümlichkeit dieser Wechselform besteht darin, daß bei derselben nicht, wie sonst üblich, vier oder drei, sondern nur zwei Personen vorkommen, indem, gleich wie bei dem Wechsel an eigene Ordre, zwei Wechselfunktionen, nemlich die des Ausstellers und die des Bezogenen, in einer Person vereinigt sind. Der Aussteller weist nicht eine dritte Person, sondern sich selbst oder seine gleichnamige Zweigniederlassung an, dem Inhaber des Wechsels die Wechselsumme zu zahlen. Dieser Zweck würde füglich auch durch die Form eines eigenen Wechsels zu erreichen sein, denn ob der Aussteller sich anweist, eine Geldsumme zu zahlen, oder ob er sich direkt zur Zahlung verpflichtet, das kommt im Erfolge auf Eins heraus. Der Zahlungsleister und Zahlungsverpflichtete ist in beiden Fällen der Aussteller. Allein der Eigen-Wechsel ist im Verkehre nicht beliebt und für eine größere Cirkulation wenig geeignet. Der trassirt-eigene Wechsel dient daher zur Verdeckung der Schwächen des Eigen-Wechsels, zumal aus der Gleichnamigkeit des Ausstellers und des Bezogenen für den Dritten nicht nothwendig eine Personeneinheit folgt [4]). Die Eigenthümlichkeit der Ortsverschiedenheit in Ansehung des

---

1) Scaccia l. c. §. 1. qu. 5. n. 75. §. 2. gl. 7. n 7. Raphael de Turri l. c. disp. I. qu. 15. n. 15. bezeichnet diese Art zu trassiren als eine allgemeine Sitte des Handelsstandes. Martens, Ursprung S. 25 ff. 40 ff. Fick, Der trassirt-eigene Wechsel. Berlin 1853. Biener a. a. O. S. 93. 193. Kheil a. a. O. S. 112. Derselbe im Arch. f. D. W.R. Bd. 4. S. 422. Stern im Arch. a. a. O. Bd. 14. S. 382 ff. Renaud in der Zeitschr. für das gesammte Handelsr. Bd. 7. S. 388 ff.

2) Phoonsen a. a. O. Kap. 36. §. 11 ff. Hamburgische W.O. v. 1711. Art. 10. Wiener W.O. von 1717. Art. 3. (Siegel, corp. jur camb. p. 150.) Oesterreich. W.O. von 1763. Art. 3. Kheil im Arch. f. D. W.R. Bd. 4. S. 423.

3) Story a. a. O. §. 36. Daniels a. a. O. S. 137. Liebe, W.O. S. 58. Biener a. a. O. S. 193 ff.

4) Einert im Arch. f. D. W.R. Bd. 2. S. 393.

Ortes der Ausstellung und des der Zahlung wurde für den trassirt-eigenen Wechsel, zur rechtlichen Unterscheidung vom eigenen, trockenen Wechsel, gleichsam als ein Ueberrest der alten italienischen Wechseltheorie beibehalten [5]). Dieser gemeinrechtlichen Auffassung hat sich die Allgemeine Deutsche Wechselordnung angeschlossen, wenn sie bestimmt:

Desgleichen kann der Aussteller sich selbst als Bezogenen (Art. 4. Nr. 7.) bezeichnen, insofern die Zahlung an einem anderen Orte als dem der Ausstellung geschehen soll (trassirt-eigener Wechsel) [6]).

Während die Allgemeine Deutsche Wechselordnung das Erforderniß der Ortsverschiedenheit, die distantia loci, remise de place en place, aus dem Wechsel, als unzeitgemäß und dem Platzverkehre mit Wechseln hinderlich, entfernt hat, ist jenes Erforderniß für den trassirt-eigenen Wechsel beibehalten worden. Die formelle Eigenthümlichkeit dieses Wechsels besteht daher darin:

1) daß der Wechsel in Trattenform ausgestellt ist, d. h. daß der Aussteller die Wechsel-Zahlung an dem Zahlorte nicht in direkter Redeform selbst verspricht, kein direktes Wechselversprechen giebt, sondern daß er mit der Zahlung Jemanden, und zwar sich selbst beauftragt. Zwischen dem Aussteller und dem Bezogenen muß eine physische oder rechtliche Personen-Einheit bestehen, und diese Personen-Einheit muß in dem Wechsel in der Weise erkennbar sein, daß der Aussteller entweder seinen eigenen Namen, oder seine eigene Firma zur Bezeichnung des Bezogenen in dem Wechsel angegeben, oder daß er sich selbst durch den Gebrauch des persönlichen Fürworts: „an mich" als Bezogenen bezeichnet hat. Die Gleichnamigkeit allein ohne Personenidentität genügt nicht für den Begriff des trassirt-eigenen Wechsels [7]). Eine äußerliche Verschiedenheit in dem Namen des Ausstellers und dem des Bezogenen hebt den Begriff des trassirt-eigenen Wechsels auf und macht den letzteren zu einer einfachen Tratte, ohne Rücksicht darauf, daß die als Bezogene angegebene Firma vielleicht ein Zweiggeschäft des Ausstellers, also dessen eigene Kasse darstellt [8]).

2) Daß eine Verschiedenheit des Zieh- und Zahlortes stattfindet. Wechsel in trassirt-eigener Form, welche am Orte der Ausstellung selbst zahlbar gestellt sind, also trassirt-eigene Platzwechsel, fallen nicht unter den Begriff des trassirt-eigenen Wechsels und sind, wenn überhaupt gültig, jedenfalls nicht als Tratten anzusehen. Diese Distanҫe-Eigenschaft wird nicht gebildet durch das räumliche Auseinanderliegen, Getrenntsein der Ausstellungs- und der Zahlungsstätte an

---

5) Franck l. c. lib II. sect. 1 tit. 8 §. 7 Scherer a. a. O. Thl. 1. S. 592. v. Weißeneck a. a. O. §. 52. Bender a. a. O. Bd. 1. S. 150. A. a. Bd. 2. S. 6. Daniels a. a. O. S. 136.

6) Art. 6. A. D. W.O. Formular: Berlin am 2. Febr. 1868. 100 Thlr. Pr. Kour.
Drei Monate Dato zahlen Sie gegen diesen meinen Prima-Wechsel an die Ordre des Herrn B. die Summe von 100 Thlr. Pr. Kour. Werth in Rechnung und stellen ihn auf Rechnung laut Bericht.
An Severin Schmidt.
Herrn Severin Schmidt zu Leipzig
oder Auf mich selbst zu Leipzig.

7) Arch. f. D. W.R. Bd. 11. S. 100.

8) Thöl a. a. O. Bd. 2. S. 593.

einem und demselben Orte, sondern durch die Ortsverschiedenheit in geographischem oder politischem Sinne [9]).

Während die Allgemeine Deutsche Wechselordnung den merkantilen Zweck und den allgemeinen Begriff des trassirt-eigenen Wechsels nicht geändert, vielmehr in dieser Beziehung das historische Recht anerkannt hat, ist von ihr die rechtliche Natur des trassirt-eigenen Wechsels in einer, von dem älteren Rechte verschiedenen Weise aufgefaßt worden. Früher, und darüber war in der Wissenschaft und in der Praxis kein Streit, wurde der trassirt-eigene Wechsel nicht als eine Tratte, sondern als trockener, eigener Wechsel angesehen, und in dieser rechtlichen Auffassung gilt er noch jetzt im Englischen und Nordamerikanischen Rechte als promissory-note und im Französischen Rechte als billet à ordre [10]). In den älteren Preußischen Entwürfen war der trockene Wechsel aus dem Systeme des Wechselrechts überhaupt ausgeschieden, dagegen der trassirt-eigene Wechsel beibehalten. Der Entwurf vom Jahre 1845 [11]) enthielt uber den letzteren eine gleiche Bestimmung, als gegenwärtig die Allgemeine Deutsche Wechselordnung, und schrieb außerdem ausdrücklich vor: „daß der trassirt-eigene Wechsel in jeder Beziehung, also auch dem Aussteller gegenüber, als Tratte beurtheilt werde." Die Erläuterungen zu dem Entwurfe [12]) rechtfertigen diese Bestimmungen durch die Erwägung: „daß die trassirt-eigenen Wechsel, ihrem Wesen nach, zwar eigene, trockene Wechsel seien; allein der Handel könne sie, namentlich bei Ausschließung der trockenen Wechsel, füglich nicht entbehren, für die Fälle der Distanzzahlung. Durch diese Einschränkung und durch die Tratteneigenschaft werde jeder Mißbrauch beseitigt." Obgleich in dem Preußischen Entwurfe von 1847 [13]), welcher der Leipziger Konferenz zum Grunde gelegen, die Lehre von dem eigenen Wechsel wieder aufgenommen worden, so war dennoch auch der trassirt-eigene Wechsel in einer, mit der Allgemeinen Deutschen Wechselordnung ganz gleichlautenden Bestimmung anerkannt, die rechtliche Gleichstellung desselben mit der Tratte aber nicht, wie in dem Entwurfe vom Jahre 1845, ausgesprochen worden. Auch die Motive geben hierüber keine Auskunft. Dagegen ist aus dem Umstande, daß der Entwurf vom Jahre 1847. den trassirt-eigenen Wechsel in dem zweiten Abschnitte, welcher den gezogenen Wechsel zum Gegenstande hat, abhandelt, zu schließen, daß auch der Entwurf den trassirt-eigenen Wechsel als Tratte, und nicht als eigenen Wechsel, worüber erst der dritte Abschnitt Bestimmungen giebt, aufgefaßt hat. Auch die Allgemeine Deutsche Wechselordnung handelt den trassirt-eigenen Wechsel im zweiten Abschnitte in der Lehre von „dem gezogenen Wechsel" ab, und wenn schon diese Stellung in dem Systeme des Wechselrechts für die Tratten-Natur des trassirt-eigenen Wechsels spricht, so lassen auch die Verhandlungen der

9) Renaud, in der Zeitschr. f. d ges. Handelsr. Bd. 7. S. 396. Anderer Ansicht: Thol a. a. O. Bd. 2. S. 595.

10) v. Weißeneck a. a. O. §. 52. Bender a. a. O. Bd. 1. S. 150. N. a. Bd. 2. S. 6. Daniels a. a. O. S. 136. Story a. a. O. §. 36. Liebe, W.O. S. 58. Biener a. a. O. S. 193 ff.

11) §. 24. 25.

12) S. 15.

13) §. 15.

Leipziger Konferenz [14]) keinen Zweifel darüber übrig, daß man ihn als eine Tratte, und nicht als einen trockenen Wechsel aufgefaßt und anerkannt hat. Der Referent in der Konferenz befürwortete die Beibehaltung des trassirt-eigenen Wechsels und knüpfte den Begriff desselben an die distantia loci mit dem ausdrücklichen Bemerken, daß der Wechsel unter dieser Voraussetzung nach der Analogie einer Tratte behandelt werden müsse. Gegen diese Auffassung erhob sich Widerspruch, indem eingewendet wurde, „die remise de place en place sei aus der Reihe der Requisite des Wechsels entfernt und dürfe man dieselbe auch nicht bei dem trassirt-eigenen Wechsel zur Voraussetzung machen. Der trassirt-eigene Wechsel sei im Grunde nur ein eigener Wechsel und unter Voraussetzung der Verschiedenheit des Zieh- und Zahlortes ein domizilirt eigener Wechsel. Es könne daher, da der Aussteller und der Bezogene eine und dieselbe Person sei, von einer Präsentation zur Zahlung und einer Protestpflicht nicht die Rede sein." Diesem Einwande wurde jedoch entgegengesetzt, „daß man bei Beurtheilung der rechtlichen Natur des trassirt-eigenen Wechsels nicht auf das Wesen und die materielle Bedeutung dieses Wechsels, sondern auf die Form sehen müsse, und von diesem Gesichtspunkte sei es um so weniger zweifelhaft, den trassirt-eigenen Wechsel als Tratte anzusehen, als aus der Gleichheit des Namens des Ausstellers und des Bezogenen noch nicht einmal auf eine Personenidentität geschlossen werden könne. Aus dem Gebrauche der Trattenform folge nothwendig die rechtliche Natur als Tratte."

Unter dem Einflusse dieser Erwägung wurden die Fragen:

1) Sollen trassirt-eigene Wechsel, vorbehaltlich einzelner Modifikationen, als Tratten behandelt werden?
2) Soll es für trassirt-eigene Wechsel zum Behufe des Regresses gegen den Aussteller der Präsentation und Protestaufnahme bedürfen?

bejaht. Hiernach kann es keinem Bedenken unterliegen, daß der von Einert [15]) streng getadelte trassirt-eigene Wechsel nach der Allgemeinen Deutschen Wechselordnung wie in der Form, so auch nach den rechtlichen Wirkungen als eine Tratte zu beurtheilen ist, und daß für denselben daher die Präsentation zur Annahme und der Regreß Mangels Annahme, die Präsentation zur Zahlung und der Protest Mangels Zahlung, sowie die Pflicht zur Notifikation nicht nur zur Erhaltung des Regresses gegen die Indossanten, sondern auch gegen den Aussteller, der Identität des letzteren mit dem Bezogenen ungeachtet, wie bei dem trassirten Wechsel erfolgen muß. Hat der Bezogene (Aussteller) dem Wechsel acceptirt, so haftet er aus seinem Accepte und zwar ohne Protest. Das Präjudiz, worauf er sich in seiner Eigenschaft als Aussteller und Regreßpflichtiger berufen kann, ist ohne Einfluß auf die selbstständige Verpflichtung aus der Annahme [16]).

Ein trassirt-eigener Wechsel kann auch an eigene Ordre gestellt werden, so

14) Leipz. Prot. S. 158 ff.

15) Arch. f. D. W.R. Bd. 2. S. 369.

16) Leipz. Prot. S. 160. Brauer a. a. O. S. 41. Liebe, W.O. S. 58. Bluntschli a. a. O. S. 33. Fick a. a. O. S. 27. 44. Renaud a. a. O. S. 106. Kuntze a. a. O. S. 81. IV Thol a. a. O. Bd. 2. S. 594. Blaschke a. a. O. S. 60. A. 6. Stern im Arch. f. D. W.R. Bd. 14. S. 426. Anderer Ansicht: Erk. des O.A.G. zu Dresden vom 3. Mai 1853. (Borchardt a. a. O. S. 182. Zus. 345.)

daß Aussteller, Remittent und Bezogener eine und dieselbe Person bilden, und ebenso kann der Wechsel, wie jeder andere, domizilirt werden. Die rechtliche Stellung wird beurtheilt nach der Funktion, welche in Frage kommt [17]).

Wenn nun auch zum Begriffe des eigen-gezogenen Wechsels die Ortsverschiedenheit ein nothwendiges Erforderniß ist, so fragt es sich doch: ob ein eigengezogener Platzwechsel, d. i. ein am Orte der Ausstellung zahlbarer Wechsel, in welchem der Aussteller und der Bezogene identisch sind, nach der Auffassung der Allgemeinen Deutschen Wechselordnung als eigener Wechsel anzusehen und als solcher gültig ist? Von einer Seite wird diese Frage bejaht [18]), weil der trassirt-eigene Wechsel, seinem eigentlichen Wesen nach, schon ein eigener Wechsel sei, und weil die Allgemeine Deutsche Wechselordnung für die Form des eigenen Wechsels keine andere, als die im Art. 96. bezeichneten Erfordernisse vorschreibe, und diese sich in dem trassirt-eigenen Wechsel vorfänden, indem namentlich auch die Absicht des Ausstellers, selbst zahlen zu wollen, in der von ihm an sich selbst geschehenen Aufforderung zur Zahlung unzweifelhaft Ausdruck gefunden habe. Allein diese Ansicht giebt zu großen Bedenken Veranlassung, und die Verneinung jener Frage hat bessere Gründe für sich. Die Frage selbst ist in der Leipziger Konferenz nicht berührt worden. Das Trassiren auf sich selbst, in Form eines Platzwechsels, ohne distantia loci, ist aber für „ein leeres Spiel mit Formen" erklärt, wobei die Absicht des Ausstellers weit leichter durch einen eigenen Wechsel erreicht werden könne. Die Annahme der Konferenz, daß der trassirt-eigene Wechsel eine Tratte sei, beruht nicht auf dem inneren Wesen dieses Wechsels, denn hiernach neigt sich derselbe mehr dem eigenen Wechsel zu, sondern ausschließlich auf der Form. Weil sich der trassirt-eigene Wechsel äußerlich als Tratte darstellt, weil der Aussteller sich nicht direkt und unmittelbar zur Zahlung verpflichtet, sondern formell einen Bezogenen, — wenn auch sich selbst, — mit der Zahlung beauftragt, so liegt, der Form nach, eine Tratte, und nicht ein eigener Wechsel vor. Abgesehen nun davon, daß aus der Gleichnamigkeit des Ausstellers und des Bezogenen nicht nothwendig eine Personeneinheit folgt, so enthält der trassirt-eigene Wechsel auch kein direktes Wechselversprechen, also nicht das nothwendigste Erforderniß eines eigenen Wechsels, und zu einer Interpretation für den unmittelbaren Verpflichtungswillen des Ausstellers giebt der Wechsel überhaupt, und so auch der trassirt-eigene Platzwechsel, keinen materiellen Anhalt. Nicht der Wille, sondern die abstrakte Form begründet die Wechselpflicht. Ein eigener Wechsel in trassirter Form ist von der Allgemeinen Deutschen Wechselordnung nur unter der Voraussetzung der distantia loci anerkannt worden, und die Materialien geben nicht die geringste Andeutung, daß man einen solchen Wechsel ohne jene Ortsverschiedenheit für

---

17) Thol a. a. O. Bd. 2. S. 596. 597. Erk. d. O.Tr. in Berlin vom 16. September 1858. (Arch. f. D. W.R. Bd. 10. S. 383.)

18) Einert im Arch. f. D. W.R. Bd. 2. S. 376. 402. Platner im Arch. a. a. O. Bd. 4. S. 291. Fick a. a. O. S. 110. Kheil a. a. O. §. 114. Thöl a. a. O. Bd. 2. S. 596. Blaschke a. a. O. S. 59. Stern im Arch. a. a. O. Bd. 14. S. 431. Erk. d. O.Tr. in Berlin v. 6. November 1862. (Arch. a. a. O. Bd. 13. S. 183.) Erk. des O.G. in Hamburg vom 17. November 1862. (Borchardt a. a. O. S. 382. Zus. 611.) Erk. des Spruchkolleg. zu Erlangen vom 22. Sept. 1863. (Goldschmidt, Zeitschr. Bd. 8. S. 56.)

möglich gehalten hat. Der Umstand vielmehr, daß man einen trassirt-eigenen Platzwechsel „für ein leeres Spiel mit Formen" bezeichnete, indem zur Erreichung des beabsichtigten Zweckes sich der eigene Wechsel darbiete, sowie daß in der Lehre vom eigenen Wechsel auf den trassirt-eigenen Wechsel in keiner Weise Bezug genommen ist, läßt bei der völligen Verschiedenheit der Form beider Wechsel mit Ueberzeugung den Schluß zu: daß trassirt-eigene Platzwechsel im Rechtsgebiete der Allgemeinen Deutschen Wechselordnung keine Gültigkeit und nicht die Kraft eigener Wechsel haben [19]).

Siebentes Kapitel.

Das Indossament.

§. 92.

Allgemeiner Begriff und geschichtliche Entwickelung des Indossaments.

Die interessanteste Erscheinung in der Lehre des Wechselrechts und das wichtigste Moment im Wechsellaufe ist das Indossament, d. i. die wechselmäßige Form, in welcher das, aus dem Wechsel begründete formale und abstrakte Recht auf eine dritte Person fortgepflanzt und übertragen wird. Das Indossament verdankt, wie der Wechsel selbst, seine Entstehung und Ausbildung dem Handelsverkehre im Mittelalter, insbesondere dem Geldverkehre auf den großen italienischen und französischen Wechselmessen, und hat durch die Macht des kaufmännischen Gewohnheitsrechts seine legislatorische Anerkennung erhalten [1]). Mehrere Jahrhunderte hindurch bewegte sich der Wechsel, als Träger obligatorischer Rechtsbeziehungen zwischen dem Aussteller und dem Nehmer, in den engen Grenzen der Cirkulation, an welche die an die Person der Kontrahenten geknüpften Vertragsrechte, nach den Regeln des Civilrechts, gewiesen sind. Der Wechsel war ein Rektapapier, dessen Lauf von dem Ausstellungsorte nach dem Zahlorte dirigirt war, und das in der Hand des Nehmers seine endliche Realisation fand. Der Wechselverkehr konzentrirte sich, so lange derselbe durch die Innungen der italienischen Kampsoren vermittelt wurde, hauptsächlich auf den Messen; dorthin wurden die Wechsel, auf eine Kommandite oder auf ein befreundetes Haus des Ausstellers zahlbar gestellt, von dem Nehmer in Person oder durch einen Bevollmächtigten gebracht und zur Zahlung präsentirt. Der Lauf des Wechsels war daher in der Regel kurz und das wechselrechtliche Verhältniß einfach, da in der ersten Zeit selbst das Accept unbekannt war und die Gläubigerschaft, im Sinne

---

19) Leipz. Prot. S. 158. Renaud in der Zeitschr. für das ges. Handelsr. Bd. 7. S. 387. Derselbe, Wechs. S. 106. Poschmann im Arch. f. D. W.R. Bd. 2. S. 190 ff. Liebe, W.O. S. 58. Bluntschli a. a. O. S. 33. Hoffmann a. a. O. S. 210. Volckmar u. Loewy a. a. O. S. 45.

1) Götz, Das Giro. In der Allgemeinen Encyklopädie der Wissenschaften und Künste. 1859. Bd. 68. S. 1. Biener a. a. O. S. 121. Kuntze a. a. O. S. 178. Hoffmann im Arch. f. D. W.R. Bd. 12. S. 113.

obligatorischer Rechtsbeziehungen, an die Person des Nehmers gebunden war. Der Wechsel war noch kein kaufmännisches Zahlungsmittel, das in leichter Cirkulation den Inhaber wechselt, und in seiner Abstraktion von dem Obligationsgrunde und von der Person der Kontrahenten die Stelle des Geldes vertritt, sondern ein auf dem Kredite des Ausstellers ruhendes Wechslerbillet, dessen Realisation nur durch den Nehmer, als den persönlich berechtigten Inhaber, erfolgen konnte. Der Wechsel war in der That nichts Anderes, als ein Beweismittel über eine zwischen dem Aussteller und Nehmer bestehende Geld-Obligation, deren Uebertragung auf einen Dritten nur in der, die persönlichen Rechtsbeziehungen der Kontrahenten nicht aufhebenden, daher die Einwendungen aus dem unterliegenden Rechtsgeschäfte fortpflanzenden, beschwerlichen Form der Cession oder der Bevollmächtigung erfolgen konnte [2]). Diese Gebundenheit des Wechsels an die causa praecedens und dadurch an die Person der Kontrahenten brachte es mit sich, daß ein Wechselpapier, nicht, wie das heute der Hauptzweck des Wechsels ist, bis zu seinem Verfalltage zur Ausgleichung für die verschiedenartigsten Geschäfte als Zahlungsmittel benutzt werden konnte, sondern daß für jedes Wechselgeschäft ein neuer Wechsel ausgestellt und von der Hand gegeben werden mußte.

Die Realisation des Wechsels geschah bis an das 17. Jahrhundert zumeist auf den Messen durch Zahlung und mehr noch durch das kaufmännische Ausgleichungsmittel der Skontration. Für diese wichtige, das heutige Indossament, — wenngleich nur mangelhaft, — ersetzende Wechsler-Operation waren in den verschiedenen Meßordnungen über Zeit, Ort und Geschäftsweise genaue Vorschriften gegeben, welche darauf abzielten, dieser kaufmännischen Abrechnung durch gegenseitige Kompensation der Guthaben Leichtigkeit und Sicherheit zu verleihen [3]). Die bei der Skontration sich ergebenden Restbeträge, Saldi, wurden entweder durch Baarzahlung getilgt, oder es wurden darüber neue Wechsel, Ritorno-Wechsel, cambia de reditu nundinarum, ausgestellt [4]). Auf den Messen fand daher schon in der Form der Skontration eine erleichterte Valutenbewegung statt, indem der Wechsel gleichsam durch die Reihe der Skontrokette wanderte und dadurch einige Transportfähigkeit erhielt, wie später, in erhöhtem Maße, durch die Form des Indossaments. Wie beschränkt diese Bewegung der Wechselvaluten auch an sich war, indem sie nur im letzten Stadium des Verfalles des Wechsels zum Zwecke der Zahlung und zwar auf den Messen, unter verhältnißmäßig wenig betheiligten Personen, stattfand, so genügte sie doch einem Wechselverkehre, der sich in der Hand der Kampsoren fast ausschließlich auf den Messen zusammendrängte, außerhalb der Messen aber sicher nur sehr geringe Dimensionen einnahm.

---

2) Scaccia l. c. §. 1. qu 5 n 77, § 2. gl. 7 n. 73 Biener a. a. O. S. 121. Derselbe im Arch. f. D. W.R. Bd 5. S. 248.

3) Martens a. a. O. S. 17. 69. Biener a. a. O. S. 46. Kuntze a. a. O. S. 153. In welchem großen Maßstabe die Skontration auf den Wechselmessen betrieben wurde, geht aus einer statistischen Mittheilung bei Raphael de Turri Disp. II. qu 18 n. 25. hervor, wonach in den Jahren vor 1624 auf den Genueser Wechselmessen, deren alljährlich vier in Piacenza abgehalten wurden, auf einer einzigen Messe bis zu sechszehn Millionen Dukaten nur durch Wechsel umgesetzt wurden.

4) Martens a. a. O. S. 17. Götz a. a. O. S. 11. Kuntze a. a. O. S. 153.

Im Laufe der Zeit eröffnete und verfolgte die Strömung des Handels und des Verkehrs neue Bahnen. Die hochwichtige Innung der italienischen cambiatores verlor ihre Alleinherrschaft auf dem Gebiete des Geldverkehrs; der Wechsel war das Gemeingut der Handelswelt geworden; jeder Kaufmann negocirte, gab und acceptirte im Umfange seines Geschäfts selbst Wechsel, deren Realisation meistens nicht auf den Messen vermittelt wurde. Die durch die Anwesenheit der Geschäftsfreunde auf den Messen bedingte Operation der Skontration paßte nicht für Kaufmannswechsel, welche zur Erleichterung und Sicherheit des Handelsverkehrs für Waarenlieferungen ausgestellt waren und deren leichte und rasche Cirkulation ein ebenso großes und noch größeres Bedürfniß war, als die Valutenbewegung auf dem Skontroplatze. Der Kaufmann, welcher für gelieferte Waaren von dem Käufer durch Rimesse bezahlt worden war, fand es für gut und für nöthig, den Wechsel nicht bis zur Verfallzeit ruhen zu lassen, sondern die Valuta des Wechsels für sein Geschäft nutzbar und rentabel zu machen. Das konnte aber nur geschehen durch eine erleichterte, das specifisch wechselrechtliche Element nicht aufhebende Uebertragungsform. Dieses Bedürfniß des Handelsstandes zur Benutzung der Valuta führte zur Anwendung und Ausbildung des Indossaments, des Giros.

Die historischen Spuren des Indossaments reichen über das 17. Jahrhundert nicht hinaus. Wie Italien die Wiege des Wechsels ist, so muß dort auch der historische Ursprung des Indossaments gesucht werden. Die erste gesetzliche Anerkennung desselben findet sich in der Neapolitanischen Pragmatika vom 8. November 1607 [5]). Es ist jedoch mit Sicherheit anzunehmen, daß das Indossament schon früher, als jene gesetzliche Sanktion erfolgte, im kaufmännischen Gebrauche gewesen ist, obgleich die ersten italienischen Schriftsteller über das Genuesische Wechselrecht, Scaccia (1619) und Raphael de Turri (1641), deren Werke eine umfassende Kenntniß des Wechselrechts und aller merkantilen Operationen bekunden, das Indossament nicht erwähnen [6]). Während der Wechsel selbst seine formelle und materielle Ausbildung in Italien erhalten hat, bildete sich das Indossament vorzugsweise in Frankreich, wo im 17. Jahrhundert der Handel in hoher Blüthe stand und der Verkehr in den leichten Formen der Inhaberpapiere sich bewegte [7]), aus und verbreitete sich von dort bald über alle Länder, in wel-

---

5) Hoeckner, de lit. camb. indoss (1707.) bei Besecke S. 380. Martens a. a. O. S. 69. Anh. S. 77. Götz a. a. O. S. 21. Biener a. a. O. S. 139. und im Arch. f. D. W.R. Bd. 5. S. 249. Derselbe sieht Frankreich für das Vaterland des Indossaments an. Kuntze a. a. O. S. 189. „Da auch der Mißbrauch eingerissen ist, daß manche Wechselbriefe an Ordre gestellt werden und nicht bloß von dem Nehmer, sondern auch von dem Giratar weiter an andere girirt werden, und da diese Vervielfältigung der Giros zu vielen Unordnungen Anlaß giebt, so befehlen wir: daß von heute an alle Wechselbriefe, welche nach den Plätzen und Messen dieses Königreiches an Ordre gestellt werden, nicht öfter als einmal girirt werden sollen, und es soll die Unterschrift des Giranten unten am Briefe von einem Notar bescheinigt werden, doch aber der Girant in der Zahlung bleiben." §. 14. Pragmatika.

6) Biener a. a. O. S. 139. Derselbe im Arch. f. D. W.R. Bd. 5. S. 248. Götz a. a. O. S. 30. Kheil a. a. O. §. 66.

7) Die billets en blanc, au porteur, signatures en blanc waren frühzeitig im Gebrauche und wurden schon 1604. 1611. und später oft verboten. Martens a. a. O. S. 71. Götz a. a. O. S. 42.

chen der Wechsel im Gebrauche war [8]). Nach Savary [9]) ist dasselbe aber auch in Frankreich vor dem Jahre 1620 nicht in Uebung gewesen; seine gesetzliche Anerkennung hat es erst in der Ordonnance sur le commerce von 1763 gefunden. Vorher geschah der Uebergang des Wechsels par procuration par devant notaire [10]). In Deutschland hat die gesetzliche Anerkennung des durch kaufmännischen Gebrauch eingeführten Indossaments mit besonderen Schwierigkeiten zu kämpfen gehabt, denn nachdem das Giro durch die Frankfurter Magistrats-Edikte vom Jahre 1620 und 1635 [11]) und in der Botzener Marktordnung vom Jahre 1635 [12]) verboten worden war, wurde dasselbe in der Amsterdamer Willkühr vom 24. Januar 1651, in der Augsburger Wechselordnung von 1665. und später auch in den Wechselordnungen anderer Länder, wenngleich nur mit Widerstreben und theilweise mit Einschränkung [13]), anerkannt. Von den deutschen Schriftstellern über Wechselrecht ist Johann Martin Vogt [14]) der erste, welcher des Indossaments Erwähnung thut. Matthias Bode [15]), bedeutender als Vogt, berichtet über das Giro noch nicht. In England hat das Indossament erst durch das Statut 3. 4. Anna Kap. 9. 1705. Anerkennung erhalten, worin promissory-notes, die an Ordre oder Inhaber gestellt, für assignable or indorsable erklärt wurden [16]).

§. 93.

Die historische Veranlassung des Indossaments.

Die geschichtliche Veranlassung zu dem Giro [1]), Indossament [2]), endossement, ist zu suchen in dem Bedürfnisse des Verkehrs nach einem sicheren, die Einwendungen aus dem unterliegenden Geschäfte nicht fortpflanzenden, cirkulationsfähigen Handelspapiere, welches, von dem Begebungsgeschäfte unberührt, gleich

---

8) Biener a. a. O. S. 138 ff. Derselbe im Arch. f. D. W.R. Bd. 5. S. 250.

9) Parfait négociant p. 588. 602. Biener a. a. O. S. 139. Kuntze a. a. O. S. 189.

10) Siegel, corp. jur. camb I. p. 446. Biener a. a. O. S. 122.

11) Götz a. a. O. S. 25. Kuntze a. a. O. S. 190. Anm. 4.

12) Siegel, corp. jur camb. I. p. 217. Hoeckner l c. c. 1. §. 5 Biener a. a. O. S. 141. Götz a. a. O. S. 36 ff. Kuntze a. a. O. S. 190.

13) Nach der Nürnberger W.O. v. 1654. konnte der Wechsel nur einmal, nach der Braunschweiger W.O. v. 1715 nur 3 bis 4 mal girirt werden. Franck l. c. lib I. sect. 2. tit. 5 § 6.

14) Tractatus analyticus de cambiis (Giss. 1658).

15) Diss. de cambiis (Marburg 1646). Kuntze a. a. O. S. 198. Götz a. a. O. S. 31. will schon in Bode eine Andeutung des Girirens finden.

16) Biener a. a. O. S. 144.

1) Das Wort Gyrus. Girus, giro, das, auch der Giro, bedeutet Kreis, Sammelplatz, auch die Gesammtheit der Kaufleute auf den einzelnen Handelsplätzen. Decis Rot. Rom. Dec. 19. Siegel, Einl. S. 25. In den Botzener Wechselordnungen bezeichnet Giro den Versammlungsort der Kaufleute, den Skontroplatz. Siegel, corp. jur. I p. 235 Nach der Braunschweiger und anderen Wechselordnungen wird das Skontrogeschäft selbst Giro genannt. Auch Franck l. c. lib. I. sect 3 tit. 8. §. 1. . . . scontro qui modus solvendi etiam rescontrum, itemque giratio vocatur Treitschke a. a. O. s. v. „Skontro". Die Anwendung des Wortes „Giro" auf die kaufmännische Kompensations-Operation beim Skontriren findet darin ihre Erklärung, daß die Valuta in dem Kreise durch die Reihe der Abrechnenden sich bewegt, und zum Schuldner zurückkehrt. Im französischen Wechselrechte wird für das Skontro die Bezeichnung gebraucht: virement des parties. Götz a. a. O. S. 1. Liebe, Entw. S. 84.

2) Aus dem italienischen resp. lateinischen Worte: il torno. il dosso, in dorso, in dorsum

dem Gelde, als ein abstraktes nomen in den Verkehr eintritt und daher vermöge dieser Eigenschaft als allgemeines Zahlmittel benutzt werden kann. Die Neigung des Handelsstandes ist von Alters her darauf gerichtet gewesen, als Zahlmittel nicht allein das geprägte Geld, oder das Edelmetall zu benutzen, sondern dazu auch die von dem Kredite des einzelnen Privatmannes getragenen, auf Geldzahlung gerichteten Schulderklärungen zu verwenden. Es ist daher bei allen im regen Handelsverkehre stehenden Völkern, insbesondere in Italien und in Frankreich, schon frühzeitig üblich und durch den Handelsgebrauch sanktionirt gewesen, jenen Schulderklärungen den Karakter der obligatorischen Rechtsbeziehung zu nehmen, und die Berechtigung zur Geltendmachung des Anspruches in den Besitz des Papieres zu verlegen. Durch dieses Bestreben des Handelsstandes, für den Verkehr Papiere mit möglichst freier Negociabilität herzustellen, sind in Italien und Frankreich, in Holland, in den Niederlanden und auch in Deutschland, die Papiere an den Inhaber und mit Blanko-Signaturen, die Papiere an den Gläubiger oder „getreuen Inhaber", die billets en blanc, die billets au porteur schon seit dem 13. Jahrhundert eingeführt worden, oft von der Gesetzgebung verboten, aber durch das Bedürfniß des Verkehres und durch die Macht der Gewohnheit immer wieder von Neuem in Gebrauch gekommen [3]). Diese kaufmännische Sitte für den Gebrauch jener Verkehrspapiere an den Inhaber fand auch in dem Wechselverkehre Eingang, denn mehrere uns überlieferte Wechsel sind an den Inhaber „qui ei dabit hanc literam" gestellt [4]). Das Bedürfniß und die Idee der Negociabilität des Wechsels fanden in der uralten Sitte des Skontrirens und in der alten Form des Wechsels einen gewissen verwandtschaftlichen Anhalt, denn das Skontro auf den Messen bewirkte durch die gegenseitige Abrechnung eine Cirkulation der Wechselvaluta durch die Skontroreihe, und die alte Wechselform brachte es mit sich, daß in dem Wechsel neben der Person des Nehmers der Name desjenigen vermerkt wurde, welcher entweder in Vollmacht des Nehmers die Wechselsumme erheben sollte, oder dem der Nehmer den Wechsel zur eigenen Einziehung als Rimesse zu übermachen gedachte. Dadurch entstand der Wechsel mit vier Personen, und der Präsentant, ein adjectus solutionis gratia, erschien nach heutiger Auffassung als diejenige Wechselperson, welcher der Wechsel aus der Hand des Remittenten begeben worden, als erster Indossatar [5]). In diesen historischen Vorgängen liegt der Keim für die Transportfähigkeit des Wechsels: der Wechselbrief sollte nicht in der Hand des Nehmers, des ersten Valutazahlers, sondern in der Hand einer dritten Person, des Präsentanten, zur Realisation gelangen. In der Beifügung der Person des Präsentanten und in der Remittirung des Wechsels an den letzteren lag schon eine

---

gebildet. Hinc indosso idem est et significat ac dorso cambii scribere. Hoeckner l. c. I §. 3. bei Beseke Bd. I. S. 992. Franck l. c. lib. I. sect. 2. tit. 5. §. 3. Indossamentum inscribi plerumque solet dorso literarum cambialium, indeque nomen accepit vocatuique etiam gyrus. Indossiren d. i. auf den Rücken schreiben. Treitschke a. a. O. Bd. I S. 443. Götz a. a. O. S. 1.

3) Martens a. a. O. S. 71. Götz a. a. O. S. 42. Biener a. a. O. S. 123. Kuntze a. a. O. S. 180.

4) Biener a. a. O. S. 124.

5) Scaccia l. c. §. 2. gloss. 7. Götz a. a. O. S. 415 ff. Biener a. a. O. S. 86.

Valutabewegung, eine Cirkulation des Wechsels, die heute so sehr zum Wesen des Wechsels gehört, daß das Diskontiren, d. h. das Kaufen von Wechseln vor dem Verfalle, einen wichtigen und sehr einträglichen Theil des Bankiergeschäftes ausmacht. Gewöhnt an die freie und ungehinderte Cirkulation von Inhaberpapieren und gedrängt durch das Bedürfniß, die im Wechsel ruhende Valuta zu nutzen, kam der spekulative Kaufmann auf den Gedanken, die für den Namen des Präsentanten im Wechsel bestimmte Stelle zur eigenen Ausfüllung des Remittenten offen zu lassen, so daß ein Wechsel in blanco lief, bis er bei der Realisirung ausgefüllt wurde. Diese Art der Begebung eines Wechsels, vielleicht ungewöhnlich und Bedenken erregend für einen, in der strengen Schule des Römischen Rechts erzogenen Juristen, fand Schutz vor dem Konsular- und Handelsgerichten in Italien und Frankreich, und nahm durch die fortgesetzte Uebung den Karakter eines kaufmännischen Gewohnheitsrechtes an [6]).

Aber nicht allein eine freie und ungehinderte Negociabilität verlangte der Handelsstand für den Wechsel, sondern auch eine Befestigung, eine Vermehrung der Sicherheit [7]) sollte für das Papier durch den Transport erwachsen, die Garantie sollte nicht allein der Aussteller, sondern ein Jeder tragen, welcher an der Cirkulation des Wechsels mitgewirkt hatte. Zu der Erreichung dieser Garantievermehrung war aber der Transport in blanco nicht geeignet, dazu war eine urkundliche, durch den Wechsel selbst nachzuweisende Inhaberschaft [8]) erforderlich. Die Möglichkeit zu diesem Nachweise wurde gegeben durch die dem Wechsel beigefügte Ordreklausel, d. i. durch die in dem Wechsel ausgedrückte Ermächtigung des Remittenten zur Weiterbegebung. Nachdem man sich daran gewöhnt hatte, den Wechsel „an den Inhaber," „an den Gläubiger" oder „den getreuen Inhaber" zu stellen und es mit dem Wesen des Wechsels vereinbarlich hielt, daß der Remittent den Namen des Präsentanten in den, in dieser Beziehung in blanco ausgestellten Wechsel selbst einrückte, ja daß der Wechsel unausgefüllt weiter begeben wurde, war es nur ein Schritt weiter, wenn man dem Nehmer selbst die Befugniß in dem Wechsel ertheilte, den Wechsel nach Belieben einem Dritten zu übertragen. Die Vortheile, welche für den Wechsel aus dieser Begebungs-Ermächtigung flossen, waren so erheblich und so verlockend für den Handelsstand, daß der spekulative Gedanke der Ordreertheilung bald allgemeinen Eingang fand, ja daß man die Stellung „an Ordre", „o chi ordinera", lange Zeit hindurch, und in Frankreich heute noch, für ein nothwendiges Erforderniß des Wechsels und für die Bedingung der Negociabilität erachtete [9]). Durch die Ordreklausel [10]) wurde der Wechsel auf vier

6) Biener a. a. O. S. 126 ff. Götz a. a. O. S. 21 ff. Kuntze a. a. O. S. 56. 183.

7) Biener a. a. O. S. 126 ff. leitet das Giro aus der Sitte des Skontrirens; Götz a. a. O. S. 23. 27 ff. wesentlich aus dem Aval, der Wechselbürgschaft, ab und beruft sich auf die Sitte, daß das Giro anfangs am Fuße des Wechsels auf dessen Vorderseite, wo auch der Aval stand, seinen Platz hatte, und auf den Umstand, daß in dem Munde kaufmännischer Autoritäten, Marperger, Sperander und Anderer, Indosso und Aval gleichbedeutend gewesen seien. Auch Einert faßt das Indossament nur in seiner Wirkung als Bürgschaft, als Garantievermehrung auf. W.R. S. 137. 201. 222.

8) Hoffmann im Arch. f. D. W.R. Bd. 12. S. 113.

9) Ludovici, Einl. zum W.R. (Halle 1713) S. 74. Biener a. a. O. S. 180. Derselbe im Arch. f. D. W.R. Bd. 5. S. 250.

10) Die erste gesetzliche Anerkennung der Ordreklausel findet sich in der Neapolitanischen

Personen ein Wechsel auf drei Personen, und dem Remittenten die Möglichkeit gegeben, den Wechsel aus der Hand zu realisiren, oder ihn vor Verfall auf einen Dritten zu übertragen, zu indossiren. Für den Ursprung des Giro war daher ein doppelter Verkehrszweck thätig: die Erleichterung der Cirkulation und die Vermehrung der Wechselgarantie. Beide Momente, für den Werth des Wechsels von gleichhoher Wichtigkeit und gemeinsam und gleichzeitig wirkend, schufen in dem Indossament eine Operation, durch welche der Wechsel zwar manche rechtliche Schwierigkeit erfahren hat, aber doch geschickt gemacht worden ist, als kaufmännisches Zahlmittel in die Reihe der cirkulationsfähigen Handelspapiere einzutreten [11]).

§. 94.

Der Zweck des Indossaments.

Der Zweck des Indossaments ist ein doppelter: Uebertragung des Wechsels auf einen Dritten in der Absicht des Eigenthumserwerbes oder der Auftragsertheilung, und Vermehrung der wechselmäßigen Sicherheit, Garantieerhöhung. Der Wechsel ist, seiner merkantilen und ökonomischen Eigenschaft nach, zum Wandern bestimmt. Die meisten, im Geschäftsverkehre ausgestellten Wechselbriefe gehen als allgemeines kaufmännisches Zahlmittel aus Hand in Hand und dienen als Ausgleichung den mannigfaltigsten Verkehrszwecken, bis sie endlich, in der Hand des letzten Inhabers, an der Zahlstätte zur Realisation präsentirt werden. Ein Wechsel, in dieser Wanderungseigenschaft durch die Klausel „nicht an Ordre" beschränkt, ist an die Person des Inhabers gebunden, ein Rektapapier ohne Negociabilität, ohne Kredit und ohne Aussicht auf kaufmännischen Gewinn, und daher in der Handelswelt nicht beliebt. Die Freiheit und Ungebundenheit in der Bewegung, die leichte und gesicherte Transportfähigkeit, überhaupt die Mobilisirung der Vermögenswerthe sind von jeher als nothwendige Erfordernisse des Handels angesehen worden, heute aber die absoluten Bedingungen des raschen, in den mannigfachsten Formen sich darstellenden modernen Verkehrs. Ein in dem Portefeuille des Bankiers verwahrter Wechsel bringt durch die Ruhe der Valuta nicht Gewinn, sondern Verlust; nur die rasche Cirkulation der Valuta, unter Benutzung günstiger Kourse und Konjunkturen, ist Nutzen bringend und Gewinn verheißend. Diese leichte Bewe-

---

Pragmatika v. 8. Novbr. 1607. §. 14. Heydiger a. a. O. S. 36, der aber von dem Indossament noch eine sehr unvollkommene Auffassung hat, theilt mit: „daß je zuweilen entweder der Präsentant allein im Wechsel gesetzt, oder ihm ein Kommiß subordinirt und untergesetzt wird, welcher dann entweder in individuo mit Namen genannt, oder insgemein mit dem Namen „Kommiß" bedeutet wird. Z. B. Sejo oder Adriano seinem Kommiß, oder Sejo oder seinem Kommiß oder wen er ordiniren wird. Das hat den Effekt, daß in dem ersten Falle der Kommiß keine Spezialvollmacht zur Einforderung des Wechsels bedarf, während er im letzteren Falle eine Spezialvollmacht ad exigendum zeigen muß. Es ist hierbei auch dieses zu merken, daß die Vollmacht und Ordre, den Wechsel zu empfangen, zuweilen auf den Rücken des Wechsels geschrieben wird, welches man indossiren nennt, quasi in dorso scribere, und pflegte solches gemeiniglich also zu geschehen, daß nämlich der Remittent auf dem Rücken des Wechsels vor einige Zeilen spatium lasset und seinen Namen alsdann schreibet, zu dem Ende, damit derjenige, dem der Wechsel zugesandt wird, in das gelassene Spatium den Namen des Präsentanten einschreiben kann." Martens a. a. O. Anhang S. 77. Götz a. a. O. S. 21.

11) Kuntze a. a. O. S. 189. Derselbe im Arch. f. D. W.R. Bd. 12. S. 2 ff. Hoffmann im Arch. f. D. W.R. Bd. 12. S. 116.

gung wird ermöglicht durch die Form des Indossaments. Das letztere bezweckt entweder die Uebertragung des Eigenthumes [1]) an dem Papiere und enthält somit eine Veräußerung der an dem letzteren haftenden Wechselrechte, — Begebungs-Indossament, — oder eine Auftragsertheilung [2]) zur Geltendmachung und Wahrung der Rechte aus dem Wechsel, und begründet daher ein Vertretungsverhältniß zwischen dem Indossanten und Indossatar dem Wechselverpflichteten gegenüber. Vollmachts-, Prokura-Indossament.

Jedes zum Zwecke der Eigenthumsübertragung ertheilte Indossament enthält eine Vermehrung und Befestigung der Wechselgarantie, weil jeder Indossant, insofern die Wirkung der Uebertragung nicht eingeschränkt worden ist, die solidare Wechselpflicht übernimmt, für die Acceptation und Zahlung des Wechsels am Verfalltage Gewähr zu leisten. Dieser Garantieeffekt hat die Veranlassung gegeben, das Indossament als Bürgschaft [3]) aufzufassen und dasselbe aus der Wechsel-Bürgschaft (Aval) historisch zu begründen. Mag diese Ansicht und dieser Versuch auch manchem Bedenken unterliegen und nicht unbegründeten wissenschaftlichen Widerspruch erfahren haben, so steht doch die historische und rechtliche Thatsache fest, daß das Indossament die Sicherheit des Wechsels durch die Garantie der hinzutretenden Indossanten verstärkt, und daß die Bürgschaft oft in die Form des Giro eingekleidet wird [4]). Die verschleierte Garantieleistung durch Ertheilung eines Indossaments ist in dem Verkehre um so häufiger und um so mehr beliebt, als der Aval, die Verkürzung in wechselmäßiger Form, die Zahlungsfähigkeit der Wechselverpflichteten bedenklich macht und den Wechsel daher diskreditirt.

§. 95.

Voraussetzungen des Indossaments und allgemeine Grundsätze.

Das Indossament ist zwar ein selbstständiger Wechselakt und begründet unabhängige wechselmäßige materielle Rechte; allein es steht in formeller Abhängigkeit von dem Grundwechsel, setzt daher einen formell gültigen Wechsel voraus und ist in dieser Beziehung nur accessorischer Natur. Fehlt dem Grundwechsel ein zu seiner rechtlichen Existenz wesentliches Erforderniß, und ist derselbe daher formell nicht gültig, oder durch Verjährung seine Wechselqualität zerstört, so hat auch das darauf gesetzte Indossament keine wechselmäßige Bedeutung [1]). Dagegen wird die Gültigkeit des Indossaments, den Fall des dolus bei dem Erwerbe

---

1) Art. 9. 10. A. D. W.O.

2) Art. 17. A. D. W.O.

3) Einert, W.R. S. 132 ff.

4) Daher sind die Ausdrücke „ein Papier unter seinem Giro laufen lassen", oder „Jemandem sein Giro geben" gleichbedeutend mit dem: „für den Wechsel Bürgschaft leisten". Einert, Entw. von 1841 S. 37 Anmerk.

1) Art. 7. A. D. W.O. Jolly im Arch. f. D. W.R. Bd. 5. S. 67. Kuntze a. a. O. S. 55. 83. Erk. des O.Tr. in Berlin. (Arch. f. D. W.R. Bd. 5. S. 427.) Püttmann a. a. O S. 33. Anm. 6 folgert aus der Selbstständigkeit des Indossaments, daß auch aus dem Indossament eines an sich ungültigen Wechsels wider einen wechselfähigen Indossanten nach Wechselrecht geklagt werden konne.

des Wechsels ausgeschlossen, nicht beeinträchtigt durch innere Gründe der Ungültigkeit des Hauptwechsels, z. B. durch die Wechselunfähigkeit des Ausstellers oder der Vorindossanten, durch Fälschung des Wechsels oder der Vorindossamente [2]). Der Wechsel, in gesetzlicher Form ausgestellt, läuft auf Grund des Willens des Ausstellers, mag man sich diesen Willen als einseitigen Rechtsakt, oder in Form eines Vertrages denken, und der durch den Willen des Ausstellers fixirte Inhalt ist das Gesetz, durch welches der Wechsel seine rechtliche und merkantile Bedeutung erhält, das Gepräge, unter welchem er seinen Lauf als kaufmännisches Zahlmittel beginnt und vollendet. Daraus folgt aber, daß das Indossament sich nur an den bestehenden Wechsel anlehnen, demselben aber bei dem Transport keinen selbstständigen Inhalt geben, daher den auf dem Willen des Ausstellers ruhenden Inhalt nicht ändern kann. Dieser Rechtssatz schließt jedoch die Befugniß nicht aus, nur einen Theil der Wechselforderung, — als in dem Willen des Ausstellers enthaltend, — durch Indossamente zu übertragen, oder die Gewährleistungspflicht [3]) und die Weiterbegebung [4]) des Wechsels in dem Indossamente einzuschränken.

Das Recht zu indossiren ist von der formalen Legitimation des Wechselinhabers und von der, dem Wechsel innewohnenden Ordrequalität abhängig. Nach älterem Rechte [5]) war meistens die Stellung des Wechsels „an Ordre" die rechtliche Bedingung der Negociabilität und Transportfähigkeit, wie das heute noch im Französischen [6]), Englischen und Nordamerikanischen [7]) Rechte der Fall ist. Die Allgemeine Deutsche Wechselordnung erachtet dagegen die Negociabilität als zum Wesen des Wechsels von selbst gehörig und sieht die Ordrequalität als eine gesetzliche Eigenschaft des Wechsels an, so daß die Ordreklausel nicht die Bedingung für die Indossabilität des Wechsels ist [8]). Dem Wechsel kann aber die Begebbarkeit, nach dem Willen des Ausstellers, durch die Wechselklausel „nicht an Ordre", oder durch einen gleichbedeutenden Ausdruck mit der Wirkung genommen werden, daß der Wechsel ein gebundenes, ein Rektapapier wird, und daß das dem Verbote zuwider gegebene Indossament keine wechselrechtliche Bedeutung, weder dem Indossanten, noch dem Aussteller gegenüber hat [9]).

Die Fähigkeit zum Indossiren fällt mit der allgemeinen Wechselfähigkeit, und diese mit der allgemeinen Vertrags- und Handlungsfähigkeit [10]), die Fähigkeit, durch Indossamente Wechsel zu erwerben, aber mit der allgemeinen Rechtsfähigkeit [11]) zusammen. Aus der Natur des Wechsels als Trägers einer abstrakten

2) Art. 3. 75. 76. A. D. W.O. Erk. des O.Tr. in Berlin v. 10. Aug. 1847. (Entsch. Bd. 5. S. 343.) Jolly im Arch. f. D. W.R. Bd. 2. S. 175. Hoffmann im Arch. a. a. O. Bd. 5. S. 283.

3) Art. 14. A. D. W.O.

4) Art. 15. A. D. W.O.

5) Franck l c. lib. I sect. 2 tit. 5 §. 8. Bender a. a. O. S. 183. Biener a. a. O. S. 139. 180. und Arch. f. D. W.R. Bd. 5. S. 241. Thöl a. a. O. Bd. 2. S. 428.

6) Code de comm Art. 110. 138.

7) Story a. a. O. §. 17. 56. 195 ff.

8) Art. 9. A. D. W.O. Leipz. Prot. S. 22.

9) Art. 9. A. D. W.O. Leipz. Prot. S. 23. 25. 29. Brauer a. a. O. S. 45. Thöl a. a. O. Bd. 2. §. 259.

10) Art. 1. A. D. W.O.

11) Treitschke a. a. O. Bd. 1. S. 496 ff. Jolly im Arch. f. D. W.R. Bd. 5. S. 64.

Geld-Obligation folgt daher unbedingte Indossabilität auch an Personen, welche schon im Wechselobligo stehen und die Allgemeine Deutsche Wechselordnung hat daher ausdrücklich den Rechtssatz anerkannt: daß auch an den Aussteller, Bezogenen, Acceptanten oder früheren Indossanten der Wechsel gültig indossirt werden kann [12]).

Ob Theil-Indossamente zulässig und mit dem Wesen des Wechsels verträglich sind, darüber herrscht ein alter Streit, der auch durch die Allgemeine Deutsche Wechselordnung nicht entschieden ist. Es ist aber kein Grund, die Theilung der Wechselsumme durch mehrere Indossamente an sich für unstatthaft zu erklären. Der Wechsel ist allerdings ein in urkundlicher Einheit dargestellter Schriftakt, so daß alle Bestandtheile in ein und derselben Skriptur enthalten sein müssen. Ein Verlegen einzelner, zur Wesenheit des Wechsels gehöriger Momente außerhalb der Urkunde, eine Darstellung des Wechselinhaltes durch mehrere abgesonderte Schriftakte, verträgt sich nicht mit der einheitlichen Natur des Wechsels und mit der Sicherheit des Wechselsverkehrs. Ein alter, durch das Gesetz sanktionirter Wechselgebrauch gestattet zwar gerade zur Erhöhung der Sicherheit und zur Bequemlichkeit des Verkehrs, den Wechsel in mehreren Exemplaren auszufertigen und Abschriften davon zu ertheilen, allein diese Duplikate und Abschriften stellen rechtlich den Wechsel in seiner Einheit, die Wechselobligation in ihrer objektiven Zusammengehörigkeit dar [13]). Diese mit dem Begriffe des Wechsels und der Wechselobligation verbundene formelle und materielle Einheit, an welche sich durch accessorische Wechselakte (Accept, Aval, Indossament) neue Wechselobligationen anschließen und in ihrer rechtlichen Gesammtbeziehung zu einander die Solidarität der Wechselobligation bilden, wird durch die Theilung der Wechselsumme auf mehrere Indossamente in wechselmäßiger Form nicht aufgehoben; der Grundwechsel und die zum Zweck der Theilung der Wechselsumme gebildeten Zweigurkunden bilden in ihrer Gesammtheit den Einen Wechsel, die Eine Wechselobligation, für welche die einzelnen Interessenten als Berechtigte und Verpflichtete erscheinen [14]). Es mag zugegeben werden, daß die wechselmäßige Zahlungspflicht des Schuldners und der Verkehr mit Wechseln durch die Theilung der Obligation und durch die Gläubigerschaft mehrerer Personen erschwert wird, allein das Gesetz und die

12) Art. 10. A. D. W.O.

13) Art. 66 ff. A. D. W.O.

14) Schon Phoonsen in seinem Amsterdamer Wechselgebrauch vom Jahre 1677 findet gegen ein theilweises Giro kein Bedenken und giebt das Verfahren dahin an: daß das eine Indossament auf den Hauptwechsel, das andere auf eine Kopie gesetzt werde. Kap. 9. §. 21. Auch die Nürnberger und Augsburger Wechselordnung lassen das Zweig-Indossament zu, und dem stimmen bei: Treitschke a. a. O. Bd. 2. S. 501. Scherer a. a. O. Bd. 2. S. 56. Brauer O. a. a. S. 47. Liebe, Entw. S. 102. Bluntschli a. a. O. S. 40. Renaud a. a. O. S. 140. Kuntze a. a. O. S. 84. Koch, Wechselr. S. 137. Blaschke, Wechselr. S. 140. Hoffmann, Erläuterungen 2c. S. 238. Erk. des O.Tr. in Berlin vom 13. März 1860. (Entsch. Bd. 43. S. 207 und Arch. f. D. W.R. Bd. 10. S. 218)

Es verbieten das Theil-Indossament und halten es für unzulassig und bedenklich: die Onolzbachische Wechselordnung, die Weimarsche Wechselordnung. Story a. a. O. §. 207. Jakobsen, Umriß des Englischen Wechselrechts S. 87. Bender a. a. O. Bd. 1. S. 574. Daniels a. a. O. S. 92. Pohls, Wechselr. S. 397. Schiebe, Lehre der Wechselbriefe S. 79. Thöl a. a. O. Bd. 2. S. 455. Jolly im Arch. f. D. W.R. Bd. 4. S. 399. Kheil a. a. O. S. 126 und im Arch. f. D. W.R. Bd. 10. S. 176. Volckmar u. Loewy S. 67. Wächter, rechtliche Natur des Wechsels stehen dem Theil-Indossamente, das in der Praxis überhaupt nur selten vorkommt, nicht entgegen. Der Bezogene kann sich im geeigneten Falle durch Deposition von seiner Pflicht befreien[15]).

§. 96.

Arten und Modifikation des Indossaments.

Das Indossament geschieht entweder zum Zweck der Uebertragung des Eigenthumes an dem Wechsel, oder in Vollmacht zur Geltendmachung und Wahrung der Rechte aus dem Wechsel Namens des Indossanten. Das erstere[1]) heißt indossamentum per modum cessionis, Begebungs-, Eigenthums-, vollständiges, eigentliches, qualificirtes Indossament; das letztere[2]) indossamentum per modum mandati, unvollständiges, uneigentliches, Prokura-, Inkasso-Indossament, Indossament zur Einkassirung, Indossament zum Inkasso. Dem Begebungs-Indossamente liegt eine Veräußerung der durch den Wechsel getragenen Forderung, dem Prokura-Indossamente ein Vollmachtsauftrag, eine Vertretung der Person des Indossanten bei Realisirung der Wechselforderung zum Grunde. Das Indossament ist entweder ausgefüllt, d. h. auf eine bestimmte, individuell bezeichnete Person ausgestellt, oder unausgefüllt, d. h. ohne Bezeichnung des Indossatars, in blanco ertheilt, Blanko-Indossament[3]). Der Grund-Wechsel, d. i. die, von dem Aussteller geschaffene Wechselurkunde, ist der Träger der Wechselforderung und repräsentirt in seiner Form und in seinem Inhalte für den merkantilen Verkehr gleichsam ein bestimmtes Werthzeichen. Der Inhalt des letzteren, gleichsam das Gepräge, welches dem Wechselpapiere durch den Willen des Ausstellers aufgedrückt ist, kann durch die Cirkulationsakte keine substantielle Aenderung erfahren; der Wechsel muß vielmehr in der Gestalt und mit dem Inhalte als Zahlmittel benutzt werden, wie er dem urkundlichen Willen des Ausstellers entsprungen ist. Daraus folgt, daß der Inhaber des Wechsels nicht befugt ist, der Weiterbegebung des letzteren Modifikationen beizufügen, wodurch der urkundliche Wille des Ausstellers, der substantielle Inhalt der Wechselurkunde irgendwie eine Aenderung erfahren könnte[4]). Dagegen kann der Inhaber des Wechsels seinem

---

Wechsellehre §. 91. Es wird die Ansicht aufgestellt, daß der Wechsel ein untheilbares Ganze sei, daß für diese untheilbare Wechselobligation der Acceptant und die Giranten in den Wechselnexus eingetreten seien, und daß durch das Theil-Indossament dieses einheitliche Obligationsverhaltniß aufgehoben werde, indem an die Stelle eines Gläubigers mehrere Gläubiger träten.

15) Art. 40. A. D. W.O.

1) Riccius l c. exerc. sect 1. §. 3 sq Thöl a. a. O. Bd. 2. §. 248. Art. 10. A. D W.O.

2) Siegel, Einl. ꝛc. S. 26. Püttmann a. a. O. §. 24. Thöl a. a. O. Bd. 2. §. 247. Art. 17. A. D. W.O.

3) Art. 12. A. D. W.O.

4) Für die wechselmäßige Verpflichtung des Indossanten ist jedoch vermöge der formalen Selbstständigkeit und Unabhängigkeit der accessorischen Wechselakte der Inhalt des Wechsels zur Zeit des gegebenen Indossaments maßgebend, in dessen Umfange er die selbständige Wechselgarantie übernommen hat. Einwendungen daher, daß jener Inhalt dem ursprünglichen Willen des Ausstellers nicht entspreche und daß die Modifikation von einem unberechtigten Dritten herrühre,

Indossamente bestimmte Klauseln beifügen, wodurch der Inhalt des Wechsels selbst zwar nicht alterirt, aber das rechtliche Verhältniß des Indossanten zu der Wechselobligation, den Nachmännern gegenüber, modificirt wird. In dieser Beziehung ist gestattet:

1) die Klausel über die Ausschließung der Garantiepflicht durch die dem Indossamente beigefügte Bemerkung „ohne Gewährleistung", „ohne Obligo" [5]). Diese Einschränkung der Haftungspflicht kann auch durch andere gleichbedeutende Zusätze, „frei von Obligo", „ohne Gewähr", „sine obligo", „ohne Regreß", „ohne Präjudiz", „ohne del credere zu stehen [6])" Ausdruck erhalten. Durch ein die Haftungspflicht des Indossanten einschränkendes, s. g. qualificirtes Indossament wird die Indossabilität des Wechsels nicht aufgehoben, auch das wechselrechtliche Verhältniß des Inhabers gegen die übrigen Indossanten, welche den Regreß nicht untersagt haben, nicht berührt, sondern nur die Regreßpflicht des vertretenden Indossanten sowohl dem unmittelbaren, als den weiteren Erwerbern des Wechsels gegenüber ausgeschlossen. Soll die Angstklausel, wie man wohl den obigen Zusatz nennt, wechselrechtliche Wirkung äußern, so muß sie, und dieses folgt aus der Natur des Wechsels als eines durch die Skriptur wirkenden Formalaktes, aus der Wechselurkunde selbst ersichtlich sein; außerhalb derselben hat sie keine wechselmäßige Bedeutung. Die dem ersten Indossamente eines an eigene Ordre gestellten Wechsels beigefügte Regreß-, Ausschließungsklausel befreit den Indossanten nicht von der Gewährspflicht, die ihn in seiner Eigenschaft als Aussteller trifft, da, der physischen Personeneinheit ungeachtet, die rechtliche Eigenschaft als Aussteller und Remittent eine verschiedene ist [7]). Die dem Indossamente beigefügte Klausel „ohne Obligo" befreit nicht allein von dem Regresse Mangels Zahlung [8]), sondern auch von dem Regresse auf Sicherstellung [9]). Ist einem solchen Indossamente eine Nothadresse beigefügt, so erhält der Ehrenzahler gegen den außer Obligo stehenden Honoraten keine Regreßrechte [10]), da er durch die Zahlung in die Rechte des Inhabers gegen den Honoraten tritt, daher die Rechte gegen den letzteren nur in dem Umfange geltend machen kann, in welchem sie dem Inhaber des Wechsels selbst zustanden. Was den Regreß auf Sicherstellung anbetrifft, so steht solcher bei erfolgter Ehrenannahme nur dem Honoraten und den Vormännern zu. Hat der Honorat „ohne Obligo" indossirt, so ist er dem Regresse auf Zahlung nicht ausgesetzt und hat daher für seine Person kein Interesse an dem Regresse auf Sicherstellung, der ihm sonst bei der Ehrenannahme zustehen würde.

---

sind unzulässige Einreden aus dem Rechtsgebiete eines Dritten. Jolly im Arch. f. D. W.R. Bd. 5. S. 68. Erk. des O.Tr. in Berlin vom 19. Februar 1856. (Arch. a. a. O. Bd. 6. S. 220.)

5) Art 14. A. D. W.O.

6) Der Zusatz „o. Veitr. oder S. O" ist wechselrechtlich nicht verständlich und ungenügend. Erk. des O.Tr. in Berlin vom 14. Febr. 1856 (Entsch. Bd. 32. S. 136. Arch. f. D. W.R. Bd. 6. S. 101.) Erk. des O.Tr. in Stuttgart vom 4. Februar 1863. (Löhr, Centr.-Org. Bd. 2. S. 96.) Kheil a. a. O. §. 142.

7) Vergl. §. 89.

8) Art. 41 f. A. D. W.O.

9) Art. 25 f. 29. A. D. W.O.

10) Art. 63. A. D. W.O.

Für den „ohne Obligo" indossirenden Honoraten entsteht daher kein Nachtheil, wenn ihm auch die Ehrenannahme nicht notificirt wird [11]). Dagegen kann den in Obligo stehenden Vormännern des Honoraten aus der unterbliebenen Notifikation Nachtheil erwachsen, indem ihnen dadurch die Möglichkeit genommen wird, gegen ihre Vormänner den Regreß auf Sicherstellung zu nehmen. Hoffmann [12]) nimmt daher auch an, daß der nächste regreßpflichtige Girant als Nothadressant angesehen werden müsse. Allein das Gesetz bietet für diese Annahme keinen Anhalt, da der Regreß auf Sicherstellung dem Honoraten, d. i. demjenigen zusteht, zu dessen Ehren angenommen worden ist, diesem daher auch die Notifikation geschehen muß. Brauer [13]) spricht in dem gegebenen Falle dagegen auch den Vormännern des „ohne Obligo" indossirenden Honoraten den Regreß auf Sicherstellung ab, weil ein solcher Honorat dem Regresse nicht ausgesetzt sei, daher auch keine Veranlassung habe, sich zu regrediren. Allein auch diese Auffassung verdient keinen Beifall. Der Indossant kann durch die von seinem Willen abhängende Klausel „ohne Obligo" seine Stellung zu den Vormännern nicht alteriren, sondern nur seine rechtliche Stellung zu den Nachmännern modificiren. Der Indossant, welcher eine Nothadresse beigefügt hat, ist Nothadressant resp. Honorat und ihm geschieht, nach dem Wortlaute des Gesetzes, unabhängig von seiner eigenen Rechtsbefugniß, die Notifikation von der geschehenen Ehrenannahme. Der benachrichtigte Honorat ist aber, bei Vermeidung des Schadensersatzes, verpflichtet, durch die weitere Notifikation eine Verwendung für den Wechsel eintreten zu lassen und den Vormännern dadurch Gelegenheit zu geben, den Regreß auf Sicherstellung zu begründen [14]). Die Notifikationspflicht ist eine wechselmäßige Obliegenheit jedes Giranten den Vormännern gegenüber und wird durch das Giro „ohne Obligo" nicht aufgehoben.

Die Klausel „ohne Obligo" kann auch einem Blanko-Indossamente beigefügt werden. Ein Prokura-Indossament „ohne Obligo" hat dagegen keine rechtliche Bedeutung, da zwischen dem Prokura-Indossanten und dem Prokura-Indossatar keine Regreß-Obligation möglich ist.

Die dem Wechsel beigefügte Klausel „ohne Gewähr" hat auch Einfluß auf die civilrechtliche Vertretungspflicht aus dem Begebungsgeschäfte [15]).

2) Die Rektaklausel, d. i. die dem Indossamente beigefügte Bestimmung, wodurch die Weiterbegebung des Wechsels untersagt wird. Das merkantile Element des Wechsels ist, wie bei dem Gelde, die Bewegung der Valuten, die Cirkulation, und die Allgemeine Deutsche Wechselordnung hat daher die Negociabilität, die Transportfähigkeit, als eine sich von selbst verstehende legale Eigenschaft des Wechsels aufgestellt. Der Wechsel ist von Gesetzeswegen ein cirkulationsfähiges, girirbares Kreditpapier. Wie aber der Aussteller die Indossabilität des Wechsels ausschließen und dadurch den Wechsel zu einem Rektapapiere machen kann, sodaß

11) Art. 58. A. D. W.O.
12) Erläuter. 2c. S. 449.
13) im Arch. f. D. W.R. Bd. 10. S. 5.
14) Art. 45. 58. 61. A. D. W.O.
15) Erk. des O.Tr. in Berlin vom 30. Novbr. 1865. (Arch. f. D. W.R. Bd. 18. S. 180.)

nur zwischen ihm und dem ersten Nehmer die eigentliche Wechselobligation besteht, eine weitere Begebung aber keine wechselmäßige Rechtsfolge hat [16]), so ist auch der Inhaber berechtigt, in dem Indossamente die Begebbarkeit durch die Worte „nicht an Ordre" [17]) oder durch einen gleichlautenden Ausdruck, z. B. nicht an Verfügung, mit der Wirkung auszuschließen, daß ein wechselrechtliches Verhältniß nur dem unmittelbaren Erwerber gegenüber entsteht, und daß die vorgenommenen Indossamente den nicht verbietenden Indossanten gegenüber zwar gültig sind, gegen die verbietenden Indossanten aber Regreßrechte daraus nicht hergeleitet werden können. Der Remittent, welcher den Rektawechsel begeben und eingelöst hat, ist daher ohne Giro oder Streichung der Giri legitimirt [18]). Die Klausel „nicht an Ordre" kann auch einem Blanko-Indossamente beigefügt werden.

Ob die dem Wechsel beigefügte Rektaklausel auch die Befugniß, die Wechselforderung durch Cession auf einen Dritten zu übertragen, einschränkt, ist zweifelhaft. Die Allgemeine Deutsche Wechselordnung enthält darüber keine Bestimmung, weil die Uebertragung durch Cession nicht das Wechselrecht betrifft, sondern in das Gebiet des Civilrechts fällt. Allein es ist kein Grund, die Cessibilität durch die Rektaklausel für ausgeschlossen zu achten. Die letztere nur hat eine wechselrechtliche Bedeutung und beschränkt die Indossabilität des Wechsels. Die civilrechtliche Cession und das Indossament des Wechsels sind aber ganz verschiedene Rechtsbegriffe mit gesonderten Rechtsfolgen. Das Verbot der wechselmäßigen Uebertragbarkeit des Wechsels schließt daher das Verbot der Cession der durch den Wechsel dargestellten Wechselforderung nicht in sich [19]). Auch ist es unbedenklich, daß durch das Ordreverbot das Indossament zum Inkasso nicht ausgeschlossen wird, da die ursprünglichen Wechselrollen dadurch nicht beeinträchtigt werden [20]). Das bloße Versprechen der Nichtbegebung hat nur in der Form der exceptio doli wechselmäßigen Einfluß [21]).

3) Der Inhaber kann bei Zeit-Sichtwechseln in seinem Indossamente eine besondere Präsentationsfrist vorschreiben mit der Wirkung, daß seine wechselmäßige Verpflichtung erlischt, wenn der Wechsel nicht innerhalb dieser Frist zur Annahme präsentirt wird [22]). Die Bestimmung dieser Präsentationsfrist hängt von dem Ermessen des Indossanten ab. Dieselbe kann jedoch die von dem Aussteller dem Wechsel beigefügte, oder die gesetzliche Präsentationsfrist nicht überstei-

16) Art. 9. A. D. W.O. Leipz. Prot. S. 23. 25. 29. Brauer a. a. O. S. 45.

17) Art. 15. A. D. W.O. Leipz. Prot. S. 29. 233. Brauer a. a. O. S. 51. Arch. f. D. W.R. Bd. 1. S. 224. Eine Durchstreichung der in dem Wechselformulare befindlichen Worte: „an Ordre" und das Hinzufügen des Wortes „selbst" hinter dem Namen des Remittenten dokumentirt kein Verbot der Begebbarkeit. Arch. a. a. O. Bd. 1. S. 204. Die Worte in dem Indossamente „Werth zum Inkasso" sind nicht gleichbedeutend mit dem Ausdrucke „nicht an Ordre". Erk. des H.G. zu Hamburg vom 11. Juli 1859 (Jahrb. v. Schletter Bd. 7. S. 30.) Die auf dem Wechsel befindliche Aufschrift „Depot-Wechsel" hat keine wechselrechtliche Bedeutung und hindert die Indossabilität des Wechsels nicht. Erk. des O.Tr. zu Berlin vom 17. Juli 1858 (Arch. f. D. W.R. Bd. 7. S. 323. Arch. von Strieth Bd. 29. S. 323. Entsch. Bd. 39. S. 221.)

18) Volckmar und Loewy a. a. O. S. 69.

19) Preuß. Mot. S. XXXV Leipz. Prot. S 19 ff. 25 ff. Vergl. §. 66.

20) Volckmar u. Loewy a. a. O. S. 79.

21) Borchardt a. a. O. S. 76. Zus. 156.

22) Art. 19. A. D. W.O.

gen und daher nur kürzer, als diese Frist sein. Das folgt aus dem Grundsatze, daß der Indossant an dem auf dem Willen des Ausstellers beruhenden Inhalte des Wechsels nichts ändern kann [23]). Die von dem Indossanten beigefügte Präsentationsfrist äußert nur Wirkung auf die Rechtsstellung des Indossanten selbst, nicht der übrigen Wechselverpflichteten.

4) Durch den Vermerk „ohne Protest", „ohne Kosten" kann der Indossant für seine Person auf die Solennität des Protestes verzichten; spätere Indossanten, welche nicht mit gleicher Modifikation weiter begeben haben, werden durch den Erlaß nicht berührt [24]).

5) Dem Indossamente kann eine Nothadresse beigefügt werden [25]).

§. 97.

Die Form des eigentlichen Indossaments.

In der ersten Zeit der Anwendung des Indossaments war es üblich, durch einige Wechselordnungen [1]) auch besonders angedeutet und vorgeschrieben, daß das Indossament unter den Wechsel gesetzt wurde. Einige Wechselrechtslehrer leiten von dieser Stellung die Bürgschaftseigenschaft und die Verwandtschaft des Giros mit dem Aval her [2]). Später, als die Cirkulation der Wechsel häufiger wurde und die Indossamente sich vervielfältigten, erschien der Raum unter dem Wechsel nicht mehr geeignet. Das Indossament wurde daher auf die, mehr Raum darbietende Rückseite des Wechsels verwiesen. Die älteren Wechselordnungen [3]) und auch das Allgemeine Preußische Landrecht [4]), sowie der Code de commerce [5]) enthalten zum Theil sehr detaillirte Bestimmungen über die Form und die Erfordernisse des Indossaments, während die Allgemeine Deutsche Wechselordnung darüber keine Vorschriften giebt. Die Gültigkeit des Indossaments ist daher um soweniger an eine bestimmte Form geknüpft, als die Allgemeine Deutsche Wechselordnung auch das Blanko-Indossament als eine wechselmäßige Uebertragungsform mit voller Wirkung anerkannt hat. Die Rückseite des Wechsels ist auch gegenwärtig zur Aufnahme des Indossaments vorzugsweise bestimmt, obgleich dasselbe, ohne Nachtheil für die Rechtsgültigkeit, auch auf die Vorderseite des Wechsels gesetzt werden kann [6]). Da die letztere jedoch zur Aufnahme anderer ac-

23) Volckmar u. Loewy a. a. O. S. 101. Anderer Ansicht: Thöl a. a. O. Bd. 2. S. 151. Wächter a. a. O. S. 363. Derselben stehen aber die Worte der Leipziger Konferenz entgegen. Zu den Worten des Entwurfs §. 19: „nach Maßgabe der besonderen im Wechsel ausgedrückten Verabredung" wurde bemerkt, daß diese nur auf eine Fristbestimmung von Seiten des Ausstellers zu beziehen seien, daß aber auch der Fall einer ausdrücklichen Bestimmung bedürfe, wenn ein Indossant die in dem Wechsel bestimmte oder nach dem Gesetze laufende Frist zur Präsentation in dem Indossamente abkürze. Leipz. Prot. S. 46.

24) Art. 42. A. D. W.O.

25) Art. 56 f. A. D. W.O. Biener a. a. O. S. 402.

1) Neapolit. Pragmatika vom 8. Novbr. 1607. Martens a. a. O. Anh. S. 77. Frankf. Edikt vom 4. Okt. 1620. Götz a. a. O. S. 21 u. 25.

2) Götz a. a. O. S. 25 ff. Kuntze a. a. O. S. 188.

3) Franck l. c. lib. I. sect. 2 tit. 5 §. 18 seq

4) §. 811 ff. Thl. II. Tit. 8.

5) Art. 136 ff.

6) Brauer a. a. O. S. 47. Bluntschli a. a. O. S. 41.

cessorischer Wechselakte, des Acceptes, des Avals, bestimmt ist, die Allgemeine Deutsche Wechselordnung auch an die in blanco ertheilte Unterschrift auf der Vorderseite des Wechsels unter Umständen bestimmte andere wechselrechtliche Folgen knüpft[7]), so folgt daraus von selbst, daß auf der Vorderseite des Wechsels nur ein, die Absicht des Erklärenden außer Zweifel setzendes, daher nur ein ausgefülltes Indossament Platz finden kann. Solches wird auch bestätigt durch die Bestimmung der Allgemeinen Deutschen Wechselordnung[8]), wonach ein Indossament gültig ist, wenn der Indossant auch nur seinen Namen oder seine Firma auf die „Rückseite" des Wechsels schreibt. Ein auf die Vorderseite des Wechsels gesetztes Blanko-Indossament ist als solches wirkungslos und nicht geeignet, die Legitimation aus dem Wechsel zu begründen[9]).

Die Natur des Wechsels als eines, in der Einheit bestehenden Kreditpapieres bringt es mit sich, daß die accessorischen Operationen sich der Wechselurkunde substantiell anschließen und mit derselben ein zusammengehöriges Ganze bilden müssen. Es kann daher eine Uebertragung der in dem Wechsel und durch den Wechsel bestehenden Forderung, mit wechselrechtlicher Wirkung, auch nur durch einen auf den Grundwechsel, eine Kopie oder die Alonge geschriebenen Indossaments-Vermerk erfolgen, eine Uebertragung durch eine abgesonderte, außer der Wechselurkunde verlegte Erklärung begründet nur die civilrechtlichen Folgen der Cession[10]).

Die älteren[11]) Wechselordnungen machten die Rechtsgültigkeit des Indossaments und seine Eigenschaft als Veräußerungsakt zum Theil abhängig von einer erneuerten Zahlungsaufforderung, von dem Valutenbekenntniß, von der Datirung und von einer vollständigen Angabe des Vor- und Zunamens des Indossanten. Nach der Allgemeinen Deutschen Wechselordnung ist das Indossament dagegen ein formloser Wechselakt; jede von dem Inhaber des Wechsel auf die Urkunde gesetzte, die Absicht der Uebertragung enthaltene Erklärung ist ein Indossament und geeignet, die wechselmäßige Legitimation zu begründen. Es ist aber nicht erforderlich, daß die Absicht der Uebertragung durch eine, in bestimmten Worten und in grammatischer Satzbildung abgegebene schriftliche Erklärung zu erkennen gegeben ist, sondern es genügt, wenn die Absicht der Uebertragung in der kurzen, oft in wenigen Worten ganze Rechtssätze und bestimmte Rechtsverhältnisse wiedergebenden

---

7) Art. 21. 81. A. D. W.O.

8) Art. 12.

9) Erkl. des O.Tr. in Berlin vom 23. Mai 1854, vom 10. Novbr. 1857 und 27. Mai 1858. (Entsch. Bd. 27. S. 439. Arch. f. D. W.R. Bd. 4. S. 343, Bd. 7. S. 325, Bd. 8. S. 439 Arch. v. Strieth. Bd. 13. S. 124, Bd. 26. S. 338, Bd. 30. S. 45.) Bluntschli a. a. O. S. 44. Wächter a. a. O. S. 266. Die entgegengesetzte Ansicht von Thol a. a. O. Bd. 2. S. 452. überzeugt nicht.

10) Nonnunquam cessio cambii fit extra cambium, quae autem non est indossamentum, sed illa tantum, quae cum cambio fit. Riccius l. c. exerc. VI. sect. 4 §. 1. Titius, jus priv. lib. X. c 5 § 54 Scherer a. a. O Bd. 2. S. 9. Treitschke a. a. O. Bd. 1. S. 445. „Das Indossament muß auf den Wechsel geschrieben werden". Art. 11. A. D. W.O. Jolly im Arch. f. D. W.R. Bd. 3. S. 3. 8 33 ff. 288. 291, Bd. 5. S. 53. 54. Renaud a. a. O. §. 52. Bluntschli a. a. O. S. 41.

11) Franck l. c. lib I sect 2 tit 5. §. 18. Siegel, Einl. S. 25. u. 26. Püttmann a. a. O. §. 25. A. Pr. L.R. Thl. II. Tit. 8. §. 811. Code de commerce §. 137.

Kaufmannssprache Ausdruck erhalten hat. Der beschränkte Raum, welchen der Wechsel für die Erklärungen bietet, der Zweck des Indossaments und eine hergebrachte Sitte des Handelsstandes geben daher Veranlassung und rechtliche Pflicht, den auf den Wechselbriefen vermerkten Uebertragungsakten eine freie Interpretation zuzuwenden. Zur formellen Gültigkeit eines ausgefüllten Indossaments ist, nach der Auffassung und dem Geiste der Allgemeinen Deutschen Wechselordnung, nichts weiter erforderlich als 1. der Name des Indossatars, 2. die Unterschrift des Indossanten. Die Absicht der Uebertragung wird durch die gebrauchte Schriftform ohne ausdrückliche Erklärung vermuthet und durch die hinzutretende Uebergabe der Urkunde an den Indossatar thatsächlich außer Zweifel gesetzt. Vermerke auf der Wechselurkunde: „Für mich an den Herrn N. N.", „für mich zahlen Sie an Herrn N.", „zahlen Sie an Herrn N.", „zahlbar an Herrn N.", „An Herrn N. oder dessen Ordre", „An die Ordre des Herrn N.", „Herrn N.", — bewirken nach Wechselgewohnheit und Sitte den Transporteffekt[12]), und es ist wohl nur eine, zur Begründung einer bestimmten Theorie aufgestellte Ansicht, in der Form dieser üblichen Uebertragungsvermerke einen Zahlungsauftrag oder eine Erneuerung der in der Tratte enthaltenen Zahlungsaufforderung zu finden[13]). Es ist auch keinem begründeten Zweifel unterworfen, daß der Vermerk: „Herr N." mit der Unterschrift des Indossanten dieselbe Bedeutung hat, als der Vermerk „Herrn N.", da die Absicht der Uebertragung mit jener Formel in gleicher Weise, wie mit letzterer, verbunden ist, indem der Vermerk in die Worte aufgelöst werden kann: „Herr N. erhebe die Wechselsumme". Als Formeln für das Giro an den Acceptanten resp. Bezogenen sind gebräuchlich: „Für mich an Sie selbst oder Ihre Ordre", „Für mich an den Bezogenen oder dessen Ordre", „Für mich an Ihre eigene Ordre", „Für mich zahlt Herr N. N. an sich selbst", „payez à l'ordre de vous même". Der Vermerk auf dem Wechsel: „ich cedire", „ich trete ab", u. s. w. ist für eine wechselmäßige Uebertragungsform, Indossament, nicht zu achten, sondern nach den Regeln der Cession zu beurtheilen[14]). Das Theil-Indossament wird unter Benutzung von Duplikaten oder Kopien mit Vermerkung der Abzweigung auf dem Hauptwechsel ertheilt[15]).

§. 98.

Das Blanko-Indossament. Historische Entwickelung.

Das Blanko-Giro (Blanko-Indossament, Indossament in blanco, offene Giro, Giro in bianco) ist ganz besonders geeignet, dem Wechsel eine freie, ungehinderte Cirkulation und Aehnlichkeit mit dem Gelde zu verschaffen. Denn

12) Treitschke a. a. O. Bd. 1. S. 445. 494. Brauer a. a. O. S. 48. Thol a. a. O. Bd. 2. S. 401.

13) Liebe, Entw. §. 20. S. 88. Thöl a. a. O. Bd. 2. S. 401. Bluntschli a. a. O. S. 42. Renaud a. a. O. §. 52.

14) Thol a. a. O. Bd. 2. S. 343. 410. Anm. 10.

15) Art. 66. A. D. W.O. Koch a. a. O. S. 137. Blaschke a. a. O. S. 140. Renaud a. a. O. S. 141. Vergl. §. 94.

wenn das Geld, als ein universelles Werthzeichen, unter der Garantie des Staates, ohne äußere Erkennbarkeit der Rechtsgründe, seinen Besitzer wechselt und aus Hand in Hand wandert, so läuft auch der in Blanko indossirte Wechsel, ohne Beurkundung der Besitzer und ohne Offenlegung der Bewegungsursachen, unter der Garantie der urkundlich gemachten Verpflichteten, durch die verschiedenen Kanäle des Verkehrs. Die Uebergabe ist der äußere Rechtsgrund der Cirkulation, und der faktische Besitz der Titel des Eigenthums. Einert[1]) sieht das Blanko-Giro als die natürliche, aus dem Wesen des Wechsels entspringende Cirkulationsform an, indem dasselbe den Weg zur Begebung des Wechsels durch bloßen Körperbesitz eröffne, und es jedem Inhaber freistehe, dieses Indossament auf sich zu beziehen.

Die Blanko-Unterschriften, Signatures en blanc, sind, wie die Inhaberpapiere, lettres au porteur, und die billets en blanc, schon frühzeitig, und insbesondere in Frankreich, sehr gebräuchlich gewesen, und bestanden anfänglich darin, daß der in dem Scheine benannte Gläubiger auf den Rücken desselben seinen Namen schrieb, in der Absicht, daß darüber demnächst die Quittung über den Empfang der Zahlung von dem jedesmaligen Inhaber des Dokuments gesetzt werde. Der Inhaber des mit einer signature en blanc versehenen Papieres wurde als ein alter ego des Gläubigers, als dessen Vertreter, Prokurist, Mandatar, angesehen, so daß durch die Uebertragung in dieser Form keine Novation mit Veränderung der Person des Berechtigten vor sich ging[2]). Im Laufe der Zeit machte sich für den, zur Geltung gekommenen Kaufmannswechsel das Bedürfniß der freien Cirkulation und der Garantie-Vermehrung geltend, und führte zur Anwendung des ausgefüllten Indossaments, als einer die Solidarität der Garantie fortpflanzenden wechselmäßigen Uebertragungsform. Das in vielen Wechselordnungen erlassene Verbot des mehrmaligen Girirens[3]); die Neigung, durch die Cirkulation der Wechselpapiere unerlaubten wucherlichen Gewinn zu ziehen; die Möglichkeit der Uebertragung, ohne eigenen Eintritt in den Wechselverband, und die Erleichterung von Verkaufskommissionen: — alle diese Momente führten auf den Gebrauch, die signatures en blanc auch zum Zwecke der Eigenthumsübertragung zu benutzen[4]).

Das Blanko-Indossament, im Handelsverkehre beliebt und vielfach gegen das Verbot des geschriebenen Rechts[5]) benutzt, fand jedoch in der Gesetzgebung wenig Anklang; man hielt dasselbe zur Uebertragung des Eigenthums nicht geeignet; den nicht urkundlichen Transport der Natur des Wechsels nicht entsprechend; und die Cirkulation des Wechsels en blanc dem Verkehre für gefährlich und nach-

---

1) Wechselrecht S. 130. 144.

2) Heydiger a. a. O. S. 36. Biener a. a. O. S. 225. 403. Kuntze im Arch. f. D. W.R. Bd. 11. S. 148.

3) „Dergleichen Indossamente aber vielfaltig multipliciren und fortschreiben, welches Giriren genannt wird, verursacht ofters viel Dispüt und Weitlaufftigkeiten, dannenhero solches einiger Orten absonderlich inhibiret, und verboten ist.“ Heydiger a. a. O. S. 36.

4) Martens, Ursprung S. 70. Mittermaier a. a. O. §. 336. Biener a. a. O. S. 225. 405. Thol a. a. O. Bd. 2. §. 263. Kheil a. a. O. §. 135.

5) Martens a. a. O. S. 126. 135.

theilig. Einige Wechselordnungen ließen daher das Giro en blanc gar nicht zu [6]; andere legten demselben keinen Begebungs-, sondern nur einen Prokura-Effekt bei [7], und wiedere andere gestatteten es nur, wenn es vor der Geltendmachung durch den Indossanten oder Inhaber ausgefüllt worden war [8]. Nach Englischem oder Nordamerikanischem Rechte, welches Wechsel an den Inhaber, to the bearer, anerkennt, ist das Blanko-Indossament eine sich von selbst verstehende Einrichtung [9].

Die Allgemeine Deutsche Wechselordnung hat, in richtiger Würdigung und Erkenntniß der Bedürfnisse des Verkehrs nach einer freien und möglichst leichten Cirkulation der Kreditpapiere, das Blanko-Indossament, unter rechtlicher Gleichstellung mit dem Voll-Indossamente [10], als eine gültige Begebungsform anerkannt [11], und dadurch die Unsicherheit beseitigt, welche durch die verschiedenartige rechtliche Auffassung der früheren Gesetzgebungen veranlaßt worden ist.

Die Form des Blanko-Indossaments besteht darin, daß der Indossant seinen Namen auf die Rückseite des Wechsels schreibt. Das Gesetz knüpft an diese Thatsache die Absicht der Eigenthumsübertragung. Der Blanko-Indossant individualisirt daher die Person des Nehmers nicht, benennt sie nicht urkundlich auf dem Wechsel, sondern überläßt es dem Nehmer, das Blanko-Giro entweder selbst auszufüllen, oder den Wechsel unter dem unausgefüllten Giro laufen zu lassen. Eine solche Blanko-Unterschrift hat nach den Worten des Gesetzes und nach übereinstimmender Ansicht in der Judikatur nur dann Transporteffekt und wechselrechtliche Bedeutung, wenn sie auf der „Rückseite" des Wechsels steht. Eine auf der „Vorderseite" des Wechsels befindliche Namensunterschrift in blanco gilt nicht als Blanko-Indossament und ist nicht geeignet, die Girokette zu verbinden [12]. Der Indossant kann, ohne den Begriff des Blanko-Indossaments aufzuheben, seiner

---

6) Franck l. c. lib. I sect. 2. tit. 2 tit. 5. §. 15. „ob innumeras fraudes". Heineccius l. c. cap. 2 § 9 Riccius l. c VI. sect. V. §. 15. Siegel, Einleit. 2c. S. 25. Treitschke a. a. O. B. 1. S. 490. Bender a. a. O. Bd. 1. S. 615. Götz a. a. O. S. 37. 98. Biener a. a. O. S. 227 Kuntze a. a. O. S. 191.

7) Götz a. a. O. S. 98 ff. Der Cod de comm. ist der historischen Tradition treu geblieben, indem er im Art. 138. bestimmt: Si l'endossement n'est pas conforme aux dispositions de l'article précédent, il n'opère pas le transport; il n'est qu' une procuration. Daniels a. a. O. S. 102. 105. Einert, W.R. S. 128. Liebe, Entw. S. 89. Dess. W.O. S. 70.

8) Ludovici a. a. O. S. 76. Heineccius l c. cap II. §. 9. Riccius l c VI. sect V. §. 36. Götz a. a. O. S. 98 ff. Liebe, Entw. S. 89. und dessen W.O. S. 70. A. Pr. L.R. Th. II. Tit. 8. §§. 817. 818. Erk. d. O.Tr. in Berlin vom 10. August 1847. und 18. August 1848. (Entsch. Bd. 15. S. 341. und Bd. 17. S. 346.) Hannoversche W.O. §. 14.

9) Story a. a. O. §§. 12. 60. Einert, W.R. S. 131. 206. Biener a. a. O. S. 227.

10) Erk. des A.G. zu Wolfenbüttel vom 12. Jan. 1858. (Arch. f. Recht in Braunschweig. Bd. 5. S. 103.) Erk. des oberst. österr. Gerichtsh. vom 14. Juni 1859. (Oest. Ger.-Zeit. von 1859. Nr. 134.)

11) In der Leipziger Konferenz erhoben sich nur zwei Stimmen, Handelspräsident Camphausen und der Großherzogl. Hessische Abgeordnete Dr. Breidenbach, gegen die Zulassung des Blanko-Indossaments, weil kein Bedürfniß vorhanden sei, durch erleichterten Umlauf von Hand zu Hand den Wechsel dem Gelde zu assimiliren, und es dem gesunden Kredite, der Solidität des allgemeinen Verkehrs entspreche, daß Jeder den Lauf des Wechsels von einer Hand in die andere verfolgen könne. Demungeachtet wurde das in dem Preußischen Entwurfe aufgestellte Princip des Girirens in blanco einstimmig angenommen. Leipz. Prot. S. 20.

12) Art. 12. A. D. W.O. Erk. d. O.Tr. in Berlin vom 23. Mai 1854, 10. November 1857, 27. Mai 1858. (Entsch. Bd. 27. S. 439. Arch. f. D. W.R. Bd. 4. S. 343, Bd. 7. S. 325, Bd. 8. S. 439.)

Blanko-Unterschrift auch Zusätze beifügen, welche die Absicht der Eigenthumsübertragung noch ausdrücklich enthalten, z. B. die Bemerkung: „an den Inhaber", „au porteur". Ein Blanko-Indossament in dieser Form kann auch auf die Vorderseite des Wechsels gesetzt werden, da es durch den Zusatz „an den Inhaber", „au porteur" die Absicht der Eigenthums-Uebertragung ausdrückt und sich dadurch von den auf der Vorderseite sonst befindlichen Namensunterschriften, mit welchen besondere wechselrechtliche Funktionspflichten verbunden sind, hinlänglich unterscheidet[13]). Es kann, obwohl es wegen der damit verbundenen Unsicherheit wohl nur selten vorkommen mag, auch ein Prokura-Indossament in Blanko ertheilt werden, denn abgesehen davon, daß dem historischen Ursprunge der signatures en blanc ein Stellvertretungs- und Vollmachtsverhältniß zum Grunde liegt, nach dem Code de commerce auch heute noch ein Blanko-Indossament nur die Wirkung einer Prokura hat, so stehen die Worte der Allgemeinen Deutschen Wechselordnung und die Natur des Blanko-Indossaments jener Annahme nicht entgegen. Mit der einfachen Blanko-Unterschrift auf der Rückseite des Wechsels ist die gesetzliche Vermuthung der Eigenthumsübertragung verknüpft; allein der autonomische Wille der Interessenten kann jener Form auch nur die Kraft einer Prokura beilegen[14]). Ebenso unbedenklich ist es, daß der Indossant in blanco auch durch die Bemerkung „ohne Gewährleistung", „ohne Obligo", oder einen gleichbedeutenden Vorbehalt seine Garantiepflicht einschränken kann, und würde ein Blanko-Indossament in dieser Form auch wohl auf die Vorderseite des Wechsels gesetzt werden können, weil es die Absicht der Uebertragung, und die Unterscheidung von anderen, auf der Vorderseite befindlichen Wechselunterschriften erkennbar macht. Dem Blanko-Indossamente kann auch die Rektaklausel „nicht an Ordre" beigefügt werden, mit der Wirkung, daß nur der Inhaber, dessen Person zuerst auf dem Wechsel urkundlich gemacht, oder durch die Protesturkunde fixirt ist, als nächster Indossatar angesehen wird und wechselmäßige Regreßrechte gegen den verbietenden Blanko-Indossanten hat, während solche den nachfolgenden Inhabern auf Grund des Begebungsverbotes entzogen sind.

Als signature en blanc ist es anzusehen, wenn der Indossant den über seiner Unterschrift, auf der Rückseite des Wechsels stehenden Transport-Inhalt ausstreicht und nur seine Namensunterschrift stehen läßt. Das Ausstreichen ist ein Mittel, einen Schriftvermerk auf dem Wechsel als nicht geschrieben, als ungültig darzustellen, und wie man durch Ausstreichen ein ganzes Indossament aufheben kann, so kann man auch den Transport-Inhalt über der Unterschrift aufheben, so daß nur die letztere in wechselrechtlicher Wirksamkeit bleibt. Die Möglichkeit, welche dadurch gegeben ist, daß ein unredlicher Besitzer ein ausgestelltes Giro in ein Blanko-Giro umändern und auf diese Weise seine Legitimation feststellen kann, ist kein Grund, die Befugniß zum Ausstreichen einzuschränken[15]).

Der in Blanko girirte Wechsel läuft, so lange das Indossament nicht ausge-

13) Renaud a. a. O. §. 52. A. 10. Jolly im Arch. f. D. W.R. Bd. 5. S. 76.

14) Arch. f. D. W.R. Bd. 7. S. 329. Renaud a. a. O. S. 142. A. 1.

15) Anderer Ansicht ist Volckmar und Loewy S. 75. Erk. des O.Tr. in Stuttgart vom 29. Okt. 1856 ohne Motive. (Arch. f. D. W.R. Bd. 9. S. 211. Nr. 17.)

füllt ist, oder darauf nicht ein ausgefülltes Indossament folgt, als ein Wechsel an den Inhaber, lettre au porteur, dessen Eigenthum nicht auf dem urkundlichen, sondern auf dem faktischen Besitze des Wechsels ruht. Die Thatsache der Uebergabe begründet das Recht zur Geltendmachung der wechselmäßigen Ansprüche aus dem Wechsel, und die Gläubigerschaft beruht nicht auf einem die Legitimation herstellenden Skripturakte, sondern auf dem Besitze des Wechselpapieres, so daß der Verlust des Besitzes den Verlust des Wechselrechts selbst zur Folge hat [16]). Der in blanco girirte Wechsel geht, gleich dem Gelde, durch bloße Uebergabe in das Eigenthum eines Dritten über. Die Reihe derjenigen, durch deren Hände er seinen Lauf ohne urkundlichen Vermerk genommen hat, ist für das wechselrechtliche Verhältniß nicht erkennbar und für dasselbe auch ohne Interesse. Ihr Verhältniß zu einander regelt das Civilrecht nach der Natur des Uebertragungs-Geschäfts [17]).

Der Inhaber kann die Natur des Blanko-Indossaments dadurch aufheben, daß er dasselbe durch Einrückung seines Namens, oder des Namens desjenigen, an welchen er den Wechsel weiter begiebt, ausfüllt, oder daß er durch ein ausgefülltes, neues Indossament den Wechsel weiter girirt. Er kann auch sämmtliche, dem letzten Blanko-Indossamente vorstehende Blanko-Giri ausfüllen, indem er den Namen des nachfolgenden Indossanten in jedes vorstehende Blanko-Giro als den des Indossatars einschreibt und dadurch eine ununterbrochene Reihe voller Indossamente herstellt. Durch die, das faktisch bestehende Eigenthumsverhältniß ausdrückende Ausfüllung nimmt der, bis dahin als Papier au porteur begebene Wechsel wieder einen, durch urkundlichen Eigenthumsnachweis geschlossenen Gang an, bis ihm der freie Verkehr eines Inhaberpapieres wieder durch ein Blanko-Giro geöffnet wird. Ein Wechsel kann selbst unter einem vor Verfall ertheilten Blanko-Giro nach Verfall seinen Rücklauf nehmen; der einlösende Inhaber ist dann durch den Besitz des Wechsels und Protestes, unter dem Schutze des Blanko-Giro, legitimirt, ohne daß etwas darauf ankommt, ob die nachfolgenden Indossamente ausgestrichen sind oder nicht.

§. 99.

Das Prokura-Indossament.

Das Indossament, welches eine Stellvertretung bei der Geltendmachung und Wahrung der Wechselrechte Namens des Indossanten bezweckt, heißt Prokura- oder Inkasso-Indossament, Indossament zur Einkassirung, Indossament zum In-

---

16) Das Verhältniß desjenigen, welcher einen Wechsel auf Grund eines Blanko-Giro inne hat, ist nicht als eine Gewahrsam in der rein thatsächlichen Bedeutung aufzufassen, in demselben liegen vielmehr die Elemente des juristischen Besitzes, so daß mit Rücksicht auf §§. 111. 112. Th. I. Tit. 7. A. Pr. L.R. der Verlust der Gewahrsam erst dann eintritt, wenn das physische Vermögen des Inhabers aufhort, über den Wechsel durch sich oder Andere zu verfügen, und mit dem Verluste der Gewahrsam noch nicht ohne weiteres der Besitz des mit Blanko-Indossament versehenen Wechsels aufhört. Erk. d. O.Tr. in Berlin vom 31. Mai 1856. (Arch. f. D. W.R. Bd. 6. S. 99.)

17) Erk. des österr. obersten Gerichtsh. vom 14. Juni 1859. (Arch. f. D. W.R. Bd. 10. S. 74.) und Erk. vom 6. November 1861. (Arch. a. a. O. Bd. 12. S. 204.) Thöl a. a. O. Bd. 2. S. 454.

kasso, unvollständiges, uneigentliches Indossament, indossamentum per modum mandati. Nach älterem Wechselrechte wurde über die Form und Wirkung des Prokura-Indossaments gestritten und vermuthet, daß eine Prokura vorliege, wenn die Ordreklausel, oder das Valutabekenntniß in dem Indossamente nicht angegeben waren. Im zweifelhaften Falle wurde ein Begebungs-Indossament angenommen [1]). Die Allgemeine Deutsche Wechselordnung hat auch das Prokura-Indossament anerkannt und für dasselbe, zur Unterscheidung von dem formlosen, selbst in blanco gestatteten Begebungs-Indossamente, eine nähere Bezeichnung dahin vorgeschrieben, daß ihm die Bemerkung: „zur Einkassirung", „in procura", oder eine andere, die Bevollmächtigung ausdrückende Formel beigefügt werde [2]), ohne dadurch die Befugniß auszuschließen, auch in civilrechtlicher Bevollmächtigungsform Wechselprokura zu ertheilen [3]). Das Prokura-Indossament muß daher den Willen des Indossanten, daß der Indossatar nur als Bevollmächtigter die Wechselrechte ausüben solle, überzeugend ausdrücken, und das kann nur durch einen Vermerk auf dem Wechselbriefe selbst entweder durch eine wirkliche Vollmacht, z. B. „Ich bevollmächtige den Herrn N. meine Rechte aus diesem Wechsel in meinem Namen auszuüben und zu wahren", oder durch technische, den Vollmachtswillen enthaltende Zusätze geschehen, z. B. „An Herrn N. in Vollmacht", „zum Inkasso", — „Werth einzusenden", — „für meine Rechnung", — „es soll eine gute Zahlung sein", — „es soll mir validiren", „Werth in mir selbst" [4]).

Das Indossament, ausgefüllt oder in Blankoform, ist die Uebertragungsweise für den Wechsel, und es kann daher um so weniger einem Zweifel unterliegen, daß ein Wechsel auch in blanco mit der Vollmachtsklausel gültig indossirt werden kann [5]), als diese Auffassung der historischen Entstehung des Blanko-Giros entspricht und das Französische Recht einem Blanko-Indossamente überhaupt nur die Wirkung einer Prokura beilegt. Die Allgemeine Deutsche Wechselordnung steht jener Annahme auch nicht entgegen. Die Uebergabe der Wechselurkunde an den Prokura-Indossatar ist so sehr die Bedingung des Indossaments, daß eine Geltendmachung der Wechselrechte ohne Besitz des Wechsels, als des Trägers dieser Rechte, nicht gedacht werden kann.

Dem Prokura-Indossamente liegt, wie die Bezeichnung desselben überzeu-

---

1) Franck l. c lib. I. sect. 2. tit. 5. § 23 Ludovici a. a. O. S. 73. Hoeckner l. c. §§. 5. 9 Leyser l. c. spec. 11 med. 1. Treitschke a. a. O. Bd. 1. S. 471 ff. Bender a. a. O. Bd. 1. S. 599 ff. A. Pr. L.R. Th. II. Tit. 8. §. 808.

2) Art. 17. A. D. W.O.

3) Borchardt a. a. O. S. 101. Zus. 202.

4) Treitschke a. a. O. Bd. 1. S. 477. Scherer a. a. O. Bd. 1. S. 21. Preuß. Entw. v. Jahre 1845. §. 40. Brauer a. a. O. S. 55. Bluntschli a. a. O. S. 5. Renaud a. a. O. S. 142. Jolly im Arch. f. D. W.R. Bd. 5. S. 76. Thol a. a. O. Bd. 2. S. 386. Der Preuß. Entw. v. 1847. forderte unbedingt die Worte: „Zur Einkassirung", oder „in Prokura", weil manche Formeln gebrauchlich seien, welche es durchaus zweifelhaft ließen, was gemeint sei. Z. B. „Für meine Rechnung", — „soll mir validiren", — „soll mir gute Zahlung sein", „Werth in mir selbst". Die A. D. W.O. nimmt eine freiere Stellung ein, indem sie alle ein Prokura-Verhaltniß ausdrückenden Formeln zulaßt. Mot. zum Preuß. Entw. S. XLIV Leipz. Prot. S. 32.

5) Renaud a. a. O. S. 142. A. 1. Arch. f. D. W.R. Bd. 7. S. 329.

gend an die Hand giebt, ein Stellvertretungs-, Mandatsverhältniß zum Grunde. Der Indossatar soll nicht für sich, sondern im Auftrage und Namens des Indossanten, als des Eigenthümers des Wechsels, die demselben aus dem Papiere zustehenden Rechte ausüben. Der Prokura-Indossatar handelt daher nicht aus eigenem, sondern aus fremdem Rechte und macht daher mit dem Machtgeber, bei Ausübung der Wechselrechte, Eine Person aus. Aus dieser rechtlichen Personen-Einheit folgt von selbst, daß der Prokura-Indossatar das Recht aus dem Wechsel nur in dem Umfange geltend machen kann, in welchem es dem Indossanten zusteht und daß er sich daher alle diejenigen wechselrechtlichen Einwendungen gefallen lassen muß, welche der Wechselschuldner dem Indossanten selbst würde entgegen setzen können [6]). Das rechtliche Verhältniß zwischen dem Indossanten und Indossatar, daher die Verpflichtung zur Erfüllung des durch die Uebernahme des in procura indossirten Wechsels eingegangenen Vollmachtsvertrages und die gegenseitige Entschädigungspflicht regeln sich nach den Bestimmungen des Civilrechts, und folgt aus den letzteren auch von selbst die Befugniß des Mandanten, das Inkasso-Mandat zurückzunehmen, und das Recht des Mandatars, dasselbe aufzukündigen, d. h. den indossirten Wechsel dem Indossanten vor der Erfüllung des Mandats zurückzugeben [7]). Dieses civilrechtliche Verhältniß ist jedoch ohne Einfluß auf die, vermöge des Prokura-Indossements, eingegangenen wechselmäßigen Beziehungen, also auf die Wechselhandlungen, welche der Indossatar auf Grund der Vollmacht mit einem Dritten vorgenommen hat [8]).

Die wechselmäßige Legitimation ist begründet durch das Prokura-Indossament, und der Dritte, mit welchem sich der Prokurist einläßt, ist so wenig, wie bei dem Begebungs-Indossamente, verpflichtet, die Aechtheit des Prokura-Indossaments zu prüfen, wohl aber berechtigt, die Legitimation des Inkasso-Mandatars zu bemängeln, wenn z. B. der Widerruf des in dem Prokura-Indossamente enthaltenen Mandats, oder die Unechtheit des Prokura-Indossaments dargethan ist [9]). Auch dem Begebungs-Indossatar kann in Form der exceptio doli der Einwand entgegengestellt werden, daß er nur Inkasso-Mandatar sei, mit der Wirkung, daß er sich die Einreden ex persona indossantis, des Machtgebers, gefallen lassen muß. Der Prokura-Indossatar ist nicht berechtigt, für den Indossanten neue wechselrechtliche Verpflichtungen einzugehen, und daher auch nicht befugt, den Wechsel durch ein eigentliches Indossament, selbst wenn dem Prokura-Indossamente der Zusatz „oder Ordre" beigefügt ist, weiter zu begeben oder Wech-

---

6) Heydiger a. a. O. S. 36. Siegel, Einl. rc. S. 26. Riccius l. c exerc. VI. sect. 3. § 6. Bender a. a. O. Bd. 1. S. 601. Mittermaier a. a. O. §. 335. Renaud a. a. O. §. 59. Jolly im Arch. f. D. W.R. Bd. 5. S. 76. Hoffmann im Arch. a. a. O. Bd. 5. S. 288. Brauer a. a. O. S. 56. Thöl a. a. O. Bd. 2. §. 247.

7) §. 159. Th. I. Tit. 13. A. Pr. L.R. Jolly im Arch. f. D. W.R. Bd. 5. S. 79. Thöl a. a. O. Bd. 2. §. 247. Die Ersatzklage gegen den Inkasso-Mandatar, welcher den ihm übersandten Wechsel zu spät hat protestiren lassen, hat nur den Verlust der Wechselforderung und das Verschulden des Inkasso-Mandatars darzuthun. Erk. d. O.Tr. in Berlin v. 23. September 1862. (Arch. a. a. O. Bd. 12. S. 194.) Ueber die Ersatzpflicht des Inkasso-Mandatars vergl. auch Erk. dies. Gerichtshofes vom 7. November 1861. (Arch. a. a. O. Bd. 11. S. 196.)

8) Treitschke a. a. O. Bd. 2. S. 469. Bluntschli a. a. O. S. 50.

9) Art. 36. A. D. W.O. Jolly im Arch. f. D. W.R. Bd. 5. S. 79.

selduplikate zu ertheilen [10]). Sein Mandat beschränkt sich vielmehr auf die Geltendmachung und Wahrung der Rechte, welche dem Indossanten aus dem Wechsel zustehen. Demgemäß ist er als Vertreter seines Machtgebers legitimirt [11]): den Wechsel zur Annahme zu präsentiren, Mangels Annahme Sicherheitsprotest zu erheben, den Sicherheitsregreß gegen die Vormänner seines Indossanten zu nehmen, die Wechselforderung von dem Bezogenen einzuziehen, im Nicht-Zahlungsfalle Protest zu erheben, Notifikation [12]) an den Vormann seines Indossanten zu bewirken, die Wechselklage gegen den Acceptanten, oder die Regreßklage gegen die Vormänner seines Indossanten anzustellen, die etwa deponirte Wechselschuld zu erheben, und sich durch weiteres Prokura-Indossament, insofern der Indossant solches nicht durch die Rektaklausel untersagt hat [13]), einen Substituten zu ernennen. Ist von dem Inkasso-Mandatar der Wechsel nicht durch ein Prokura, sondern durch ein eigentliches Indossament weiter begeben, so kann letzteres doch nur als Prokura-Indossament Geltung haben, da seine Eigenschaft aus dem vorstehenden Prokura-Indossament deutlich erkennbar ist [14]).

Die prozeßrechtliche Stellung des Prokura-Indossatars ist die eines Stellvertreters. Herr des Prozesses ist der Prokura-Indossant. Für Prozeßhandlungen, welche die Partei, z. B. Eidesleistungen, nur in Person vornehmen kann, muß der Prokura-Indossant in Person vorgeladen werden.

§. 100.

Der Begebungs-Vertrag.

Für die Weiterbegebung des Wechsels durch Indossament sind dieselben vorbereitenden und ausführenden Momente erkennbar, durch welche ein Wechsel selbst in das Leben und in rechtliche Existenz tritt. Der Ertheilung eines Indossaments liegt, wie der Ausstellung eines Wechsels, in der Regel ein bestimmter Obligationsfall zum Grunde, der so mannigfach sein kann, als es die Formen des Verkehrs überhaupt sind, — Begebungs-Geschäft, Valutenverhältniß, — und in Kauf, Schenkung, Bürgschaft, Mandat u. s. w. bestehen kann. Die Begebung des Indossaments setzt daher, nach der Natur des unterliegenden Valutengeschäftes, Verabredungen der Interessenten voraus, wodurch die Modalitäten des Indossaments näher bestimmt werden, z. B. ob es in blanco oder ausgefüllt, ohne Obligo, nicht an Ordre, ertheilt werden soll. Alle diese der Ertheilung des Indossaments vorhergehenden Verabredungen zwischen dem Indossanten und Indossatar betreffen nur das besondere rechtliche Verhältniß der Begebungsinteressenten, fallen unter den Begriff des Vorvertrages und stehen mit dem pactum de cam-

10) Art. 66. A. D. W.O. Jolly im Arch. f. D. W.R. Bd. 3. S. 30.

11) Art. 17. 25 ff. A. D. W.O. Brauer a. a. O. S. 56. Bluntschli a. a. O. S. 50. Thol a. a. O. Bd. 2. §. 247. Renaud a. a. O. §. 59. Erk. d. O.Tr. in Berlin vom 19. Mai 1860. (Arch. f. D. W.R. Bd. 11. S. 82.)

12) Leipz. Prot. S. 175. 181. Brauer a. a. O. S. 98.

13) Art. 15. A. D. W.O. Treitschke a. a. O. Bd. 1. S. 474 ff. Renaud a. a. O. S. 60.

14) Thol a. a. O. Bd. 2. §. 247.

biando auf gleicher rechtlicher Linie [1]). Wie das letztere, so steht auch das erstere außerhalb des eigentlichen Wechselgeschäftes und gehört dem Gebiete des Civilrechts an. Auf Grund dieses Vorvertrages wird das Indossament ertheilt und auf die Wechselurkunde selbst gesetzt. Nach Inhalt und nach Form stellt sich das Indossament als ein, auf dem Willen des Indossanten ruhender, einseitiger Akt dar, durch welchen der Indossant den Wechsel entweder zum Zweck des Eigenthumserwerbes, oder zum Zweck einer Vollmachtsertheilung auf einen Dritten überträgt. Allein um Rechte durch das Indossament zu begründen, ist, abgesehen von der das Indossament vorbereitenden Vorberedung, eine Thätigkeit des Indossatars nothwendig, wodurch auch seiner Seits ein der Absicht des Indossanten korrespondirender Wille dokumentirt wird. Diese Kooperation erfolgt nicht durch eine urkundliche Annahme der von dem Indossanten erklärten Uebertragung, nicht durch einen in Schriftform erklärten Beitritt Seitens des Indossatars, denn die Wechselerklärungen sind, der äußeren Form nach, wesentlich einseitige Willensakte, sondern durch das Geben und Nehmen des mit dem wechselmäßigen Uebertragungsvermerke versehenen Wechsels [2]). Diese bei dem Uebertragungsgeschäfte erkennbare Willensthätigkeit des Indossanten und Indossatars enthält ein vertragsmäßiges Element und bildet den Begebungsvertrag [3]). Erst durch den letzteren, d. h. durch die Beurkundung des Uebertragungswillens Seitens des Indossanten und durch das hinzutretende Geben und Nehmen des Indossaments, d. i. des in wechselmäßiger Form mit dem Uebertragungsvermerke versehenen Wechselbriefes, wird die Erwerbung des Wechsels Seitens des Indossatars vollzogen und perfekt. Vor der Uebergabe des Wechsels kann der Kontrahent aus dem Vorvertrage möglicher Weise einen civilrechtlichen Anspruch auf Gebung des Indossaments, oder auf Schadenersatz herleiten; wechselmäßige Rechte aber sind erst mit dem Besitze, mit dem wechselmäßigen Innehaben, mit dem Geben und Nehmen des Wechsels verbunden. Wie daher einer Seits der Inhaber des Wechsels das, auf den letzteren gesetzte Indossament vor der Uebergabe des Wechselbriefes an den Indossatar ausstreichen und vernichten kann, ohne daß dem als Indossatar bezeichneten Dritten ein begründetes Widerspruchsrecht zusteht, so spricht anderer Seits die Vermuthung für die Rechtmäßigkeit und Redlichkeit desjenigen, welcher sich im Besitze eines formgerecht indossirten Wechsels befindet. Das wechselmäßige Recht des Inhabers ruht nicht auf der Rechts- und Gesetzmäßigkeit des Obligationsgrundes, durch welchen der Wechsel in seine Hand übergegangen ist, sondern auf der wechselmäßigen, die Legitimation der einzelnen Inhaber äußerlich herstellenden Uebertragungsform [4]).

Die Begebung eines Indossaments in blanco entsteht in gleicher rechtlichen Weise; die Blanko-Unterschrift des Indossanten und die Uebergabe des Wechsel-

---

1) Biener a. a. O. S. 402.
2) Jolly im Arch. f. D. W.R. Bd. 5. S. 56.
3) Ueber die rechtliche Natur des Indossaments sind die Ansichten verschieden, wie über die Theorie des Wechsels. Kuntze im Arch. f. D. W.R. Bd. 11. S. 147. Renaud a. a. O. §. 11. 37. Thöl a. a. O. Bd. 2. §. 252.
4) Art. 36. A. D. W.O.

briefes an den Dritten begründen des letzteren Legitimation und Gläubigerschaft. Die Zwischencirkulationen, welche ohne urkundlichen Vermerk unter dem Schutze des Blanko-Giros durch die Thatsache der Uebergabe erfolgen, entziehen sich der wechselmäßigen Kontrole, fallen unter das Civilrecht und haben auf das Wechselverhältniß keinen rechtlichen Einfluß [5]).

§. 101.

Der rechtliche Karakter des Indossaments.

Die Dogmatik des Giros steht in engem Zusammenhange mit der historischen und dogmatischen Entwickelung des Wechsels, so daß die Theorie des Wechsels auch die Theorie des Indossaments bildet. Zur Zeit, als die Ordreklausel und damit das Indossament als eine selbstständige Uebertragungsform des Wechsels aufkam und dem Wechselverkehre eine ganz andere Richtung und Bedeutung gab, wurde die durch Ausstellung eines Wechsels begründete Obligation als Kauf, emtio ventio, vente d'argent, aufgefaßt. Der Wechselnehmer kaufte von dem Aussteller die an dem dritten Orte zu zahlende Wechselforderung, und die von ihm erlegte Valuta galt als Kaufpreis. Die Rechtsbegriffe über Wechselgeschäfte wurzelten zu jener Zeit, und auch noch viel später, in dem Römischen Rechte; ein von den beengenden Fesseln des Civilrechts befreites, selbstständiges Handels- und Wechselrecht kannte man noch nicht, und die Macht der kaufmännischen Gewohnheit, welche den Wechsel als ein nicht auf dem Boden des Civilrechts erwachsenes Institut ansah und behandelte, war noch nicht kräftig genug, um jene Fesseln abzustreifen. War aber das wechselmäßige Verhältniß zwischen dem Aussteller und dem Nehmer des Wechsels eine civilrechtliche Obligation, ein Kauf, so stand dieselbe nach Auffassung der Romanisten in unlösbarer Beziehung zu der Person des Berechtigten und Verpflichteten, und eine Trennung, ein Loslösen von dieser persönlichen Beziehung war eine Vernichtung, eine Aufhebung des speziellen obligatorischen Rechtsverhältnisses selbst. Da aber eine gewisse Beweglichkeit und Transportfähigkeit für die aus Obligationen entstehenden Forderungsrechte zu allen Zeiten ein Bedürfniß des Verkehrs war, so gestattete auch das Römische Recht den Uebergang solcher Rechte auf Dritte, außer dem Falle der Universalsuccession, in der Form einer Stellvertretung, durch Uebertragung der Ausübung des Forderungsrechtes an einen Dritten für dessen eigene Rechnung. Procurator in rem suam; cedere actionem, mandare actionem [1]). Es war daher natürlich, und es entsprach dem Bestreben, die Erscheinungen des Wechselinstitutes im Römisch-rechtlichem Lichte darzustellen, daß diese, in der Rechtsfigur der Cession, im Laufe der Zeit, sich freier gestaltende Uebertragungsform auch auf den durch das Indossament bewirkten Uebergang der Wechselobligation angewendet wurde, indossamentum in vim cessionis [2]), — ein dogmatischer Standpunkt, welchen

5) Kuntze im Arch. f. D. W.R. Bd. 11. S. 149.

1) Puchta a. a. O. §. 280. Arndts a. a. O. §. 254.

2) Heydiger a. a. O. S. 36. „Jedoch führt ein dergleichen Indossament nicht jeder Zeit eine schlechte procuram oder Ordre nach sich, sondern es geschieht zuweilen vermittelst derselben

die Theorie des Französischen Rechts noch in neuester Zeit einnimmt [3]) Aus der rechtlichen Stellung desjenigen, welchem die Forderung zur eigenen Einziehung übertragen worden war, des Cessionars, als eines Stellvertreters des ursprünglichen Gläubigers, des Cedenten, folgte von selbst, daß derselbe das ihm übertragene Recht nur in demjenigen Umfange geltend machen konnte, in welchem solches dem Auktor selbst zugestanden, daß er nur aus dem Rechte seines Auktors klagen konnte. Diese civilrechtliche Auffassung genügte aber nicht dem Verkehre mit Wechseln; der Erwerber eines Wechselpapieres wollte bei der Geltendmachung der Wechsel-Obligation nicht der Vertreter des früheren Inhabers sein, sondern er wollte ein, von dem persönlichen Rechte seines Vormannes und von dem unterliegenden Obligationsgrunde losgelöstes, den Einwendungen aus dem letzteren daher nicht ausgesetztes, selbstständiges, unabhängiges und abstraktes Recht erwerben, dessen Begründungsakt nicht in dem, der Begebung zum Grunde liegenden Obligationsfalle, sondern lediglich in der äußern Form des Wechsels seinen rechtlichen Stützpunkt finde. Ein solches abstraktes Recht zu gewähren, dazu war die civilrechtliche Uebertragungsform der Cession allerdings nicht geeignet. Wie schwer es daher den, in der Schule des Römischen Rechts erzogenen Juristen auch geworden sein mag, sich der Rechtsauffassung des Handelsstandes über die abstrakte Natur des Wechsels und des Indossaments zu fügen, so drängte doch die Macht der kaufmännischen Gewohnheit zur Anerkennung der Selbstständigkeit und materiellen Unabhängigkeit des Indossaments. Man bezeichnete daher, immer noch von dem unfreien Standpunkte der Römischen Rechtsauffassung, das Begebungsindossament, indossamentum per modum cessionis, als eine modificirte und privilegirte Form der Cession, mit der dem Civilrechte fremden Rechtsfolge, daß dem Erwerber des Wechsels, dem Indossatar, aus der Person des Indossanten keine, aus dem Wechselpapiere nicht ersichtlichen Einwendungen entgegengesetzt werden konnten [4]). Diese Rechtsauffassung genügte dem damaligen Stande der Wissenschaft und gewann dadurch an Halt und Präzision, daß man das Indossament als einen neuen Wechsel, als einen neuen Wechselkontrakt, bezeichnete und dadurch die Rechtsähnlichkeit mit der Cession negirte [5]), — eine

---

eine cessio, und wird dann der adjectus procurator in rem suam; jeweilen geschieht dadurch eine delegation, je nachdem die Umstände des verhandelten Geschäftes dergleichen nach sich führen." Einert, Wechselr. S. 123.

3) Persil, de la lettre de change et de billet à Ordre. Paris 1857. p. 189. „L'endossement est la cession faite à un tiers par le porteur de la lettre de change."

4) Ludovici a. a. O. S. 44. 187. Heydiger a. a. O. S. 128. „Wenn aber von dem Stylo et consuetudine mercantili geredet wird, so ist ausgemacht, doß der exceptio non numeratae pecuniae in cambiis nicht statt gegeben werde." Franck l. c lib. I sect. 2. tit 5 indossamentum novi cambii locum occupat. § 26. Quatenus indossamentum inter indossantem ac ceteros, qui ex literis cambialibus tenentur, versatur, potius pro cessione habendum est §. 32. Denique inter ipsos et indossatarium idem effectus ex ipso indossamento resultat, qui oriturus erat, si ipsi literas cambiales eidem ab initio scripsissent vel acceptassent §. 33. Ex quo sequitur. indossatarium nec de cessione facta illos certiores reddere teneri nec repelli posse ex aptionibus, quae adversus ejus auctores ex ipsorum persona competebant. §. 34. lib II. sect. 4 tit. 6. §§ 1 seq. Siegel a. a. O. S. 26. Püttmann a. a. O. §. 25. Scherer a. a. O. Bd. 2. S. 6. Treitschke a. a. O. Bd. 1. S. 448.

5) Runde a. a. O. §. 235. Bender a. a. O. Bd. 1. S. 588. 618. Mittermaier a. a. O. §. 335.

Annahme, welche in der historischen Thatsache ihren Stützpunkt fand, daß vor Anwendung des Indossaments die Cirkulation des Wechsels nur durch Ausstellung neuer Wechsel ermöglicht wurde [6]).

Das Licht, welches der geniale Wechselrechtslehrer Einert über die Natur und das Wesen des Wechsels verbreitete, fiel auch auf das Indossament, und beleuchtete diese wichtigste und bedeutsamste Wechseloperation. Einert [7]) sieht „in dem Wechsel ein kaufmännisches Papiergeld; die dem Zwecke dieses Cirkulationsmittels am meisten entsprechende Form ist die Stellung des Wechsels „an den Inhaber". Der Aussteller, der Kreator des Wechsels ist der Hauptschuldner aus dem Wechsel: er verspricht und garantirt die Acceptation und die Zahlung der Wechselsumme, nicht allein im trockenen, sondern auch im gezogenen Wechsel, dem ganzen Publikum gegenüber. Die Acceptation, welche dem Wechsel hinzutritt, hat nur die Eigenschaft einer Bürgschaftsleistung für die Garantie des Ausstellers. Die Cirkulation des Papiergeldes und die Legitimation des Inhabers desselben ruht nicht auf dem urkundlichen, sondern auf dem faktischen Besitze, und es bedarf daher auch zur Ausübung der Wechselrechte durch Dritte nicht erst einer Rechtsübertragung, für den Transport nicht erst eines auf der Skriptur beruhenden Indossaments. Die Bewegung des Papiergeldes und des Wechsels erfolgt, ohne urkundlichen Willen, durch die Thatsache der Uebergabe, und das Indossament ist nichts als ein äußeres Zeichen der Besitzentäußerung. Zweck und Wirkung des Indossaments ist die Vermehrung der Garantie; das Indossament hat die Eigenschaft einer Bürgschaft für den Aussteller und den Indossanten; der Indossant ist Wechselbürge, d. i. Bürge unter Verzicht auf alle Einreden. Der ältere Geber ist der Bürge derjenigen, die nach ihm die Indossamente gemacht haben. Die natürliche, dem Wesen des Wechsels als eines kaufmännischen Papiergeldes entsprechende Cirkulation ist die unter Blanko-Giro. Das ausgefüllte Giro ist ein Mittel, das Begeben des Wechsels zu verhindern. In der Formel „für mich an die Ordre des N." bezeichnet das Indossament den Inhaber gerade so, wie eine Cessionsurkunde den Cessionar. Wer außer ihm Ansprüche an den Wechsel machen will, muß ein neues Indossament beibringen, und eine weitere Begebung des Wechsels ohne Indossament ist undenklich, bis wieder ein Indossament in Blanko hinzutritt, welches den Wechsel frei macht. Das ausgefüllte Indossament ist nur ein Mittel, für besondere Zwecke den Transport des Wechsels zu bewirken."

Die Wechseltheorie von Einert hat zwar in der Wissenschaft und Praxis hohe Anerkennung gefunden und auf die Gestaltung des modernen Wechselrechts einen bedeutsamen Einfluß geübt, weil sie zuerst das im Wesen des Wechsels begründete Dogma der Abstraktion bis zur äußersten Konsequenz verfolgt hat; allein dem aufgestellten Prinzipe der Geldtheorie und der damit in Verbindung stehenden

---

6) Liebe, W.O. S. 68.

7) Einert, Wechselr. S. 77. 95 ff. 123 ff. 137. 140. 180. 201. 222. Derselbe, Entw. vom Jahre 1841. Tit. 8. §. 1 ff. Biener a. a. O. S. 313. Liebe, Entw. S. 84. Derselbe, W.O. S. 68. Biener a. a. O. S. 318. Kuntze a. a. O. S. 265. Arch. f. D. W.R. Bd. 12. S. 1 ff.

dogmatischen Auffassung über das Wesen des Indossaments haben doch im Ganzen nur Wenige sich angeschlossen [8]). Die meisten Wechselrechtslehrer [9]) legen dem Indossamente eine doppelte Eigenschaft, die Cirkulations- und die Garantiefunktion, bei.

Liebe [10]), welcher bei Aufstellung seiner Theorie weniger die ökonomische und politische, als die civilrechtliche Seite des Wechsels betont, und den Wechsel nicht als ein bloßes Beweismittel über ein obligatorisches, auf eine Geldzahlung gerichtetes Rechtsverhältniß, sondern als einen Formalakt bezeichnet, dessen Verbindlichkeit, ohne Rücksicht auf das Bestehen eines anderen civilrechtlichen Verpflichtungsgrundes, in der Form ruht, sieht in dem Indossamente „ein dem Wechselgeschäfte ganz eigenthümliches Mittel, das auf dem Wechsel begründete formale Rechtsgeschäft auf eine neue Person zu verpflanzen. Der Indossant trete dabei nicht sowohl seine Rechte an den Indossatar ab, als daß er gegen denselben vielmehr genau dieselbe Verpflichtung, — durch den Trassaten eine Summe zahlen zu lassen und für diese Zahlung zu haften, welche sein Vormann gegen ihn übernommen, — selbst übernehme." Dieser Theorie ist auch der Preußische Entwurf einer Wechselordnung vom Jahre 1847, welcher der Leipziger Konferenz zum Grunde gelegen hat, gefolgt. Die Motive [11]) zu einem früheren Preußischen Entwurfe vom Jahre 1836. enthalten über die Theorie des Wechsels sehr wenig; man war über die Natur des Wechsels und des Indossaments noch im Dunkeln. Der Wechsel wurde, ohne nähere dogmatische Begründung, als Papiergeld, das Indossament als Wechselcession aufgefaßt, und das Valuta-Bekenntniß für nicht erforderlich erachtet, „weil bei einem Geldpapiere, wofür doch ein Wechsel zu achten, schon die Vermuthung spreche, daß es nicht unentgeltlich übertragen worden sei." Auch in dem revidirten Entwurfe vom Jahre 1838. und den Motiven dazu nimmt die Redaktions-Kommission keinen anderen dogmatischen Standpunkt ein; dagegen werden in dem Kommissionsberichte vom Jahre 1846. die Ansichten von Einert und Liebe erwähnt und bemerkt, daß „der Entwurf auf des letzteren Ansicht beruhe, welche für die richtigere gehalten werde" [12]). Diese Auffassung liegt auch dem Preußischen Entwurfe vom Jahre 1847. zum Grunde, denn in den Motiven [13]) werden als Grundzüge des Indossaments bezeichnet:

1) der Transporteffekt, zwar genetisch verwandt mit der Cession, aber rechtlich verschieden von derselben dadurch, daß der Indossatar nicht in das Rechtsverhältniß des Indossanten eintrete, sondern unmittelbar ein selbstständiges Recht aus dem Wechsel gegen die Wechselverpflichteten erlange;

2) der Garantieeffekt, vermöge dessen der Indossant, nicht wie der Cedent

8) Liebe, Entw. S. 84 ff. Derselbe, W.O. S. 68 ff. Kuntze a. a. O. S. 312. Derselbe im Arch. f. D. W.R. Bd. 12. S. 1 ff. Hoffmann im Arch. a. a. O. Bd. 12. S. 113. Thol a. a. O. Bd. 2. §. 249. Renaud a. a. O. §. 50.

9) Liebe, Entw. S. 84 ff. Derselbe, W.O. S. 68. Biener a. a. O. S. 401. Kuntze a. a. O. S. 57. Derselbe im Arch. f. D. W.R. Bd. 12. S 1. Bluntschli a. a. O. S. 37 ff. Renaud a. a. O. §. 48. 50.

10) Liebe, Entw. S. 87.

11) Motive. Berlin 1836. S. 63.

12) Kommissionsbericht zc. 1846. S. 11.

13) Motive zum Preuß. Entw. 1847. S. 36. 72.

dem Cessionar, sondern in gleicher Rechtsstellung wie der Aussteller einem jeden Inhaber des Wechsels, mit solidarischer Wirkung und in der Abstraktion von jeder Rechtsbeziehung zu anderen Wechselinteressenten, zur Garantie verhaftet sei.

Daß diese Rechtsanschauung auch der Leipziger Konferenz [14]) beigewohnt hat und daher der Allgemeinen Deutschen Wechselordnung zum Grunde liegt, darüber kann bei dem entschiedenen Einflusse, welchen der Preußische Entwurf und dessen Motive auf die Redaktion der Allgemeinen Deutschen Wechselordnung geübt haben, nicht der geringste Zweifel obwalten. Von der Richtigkeit jener wechselrechtlichen Fundamentalsätze sind auch Wissenschaft und Praxis gleichmäßig überzeugt; die Wissenschaft hat sich aber bemüht, jene dogmatischen Kardinalsätze von verschiedenen Standpunkten aus zu begründen.

Thöl [15]) sieht in dem Wechsel einen auf ein Summenversprechen, ohne Gegenleistung, gerichteten, durch das Geben und Nehmen des Wechsels geschlossenen Formalvertrag. Das Indossament ist nach seiner Auffassung „eine dem alten Wechsel sich anschließende neue Tratte; mithin ein neuer, auf ein Summenversprechen, ohne Gegenleistung, gerichteter, durch das Geben und Nehmen geschlossener Wechselvertrag. Das Indossament enthält einen neuen Zahlungsauftrag Seitens des Indossanten, und begründet daher dieselbe Verpflichtung zur Garantieleistung, als welche dem Trassanten obliegt."

Jolly [16]) erachtet es für „einen freien, karakteristischen Standpunkt des modernen Obligationenrechts, daß in gewissen Fällen von der Individualität des Promissars abstrahirt und das Forderungsrecht in der Person eines von dem Promittenten verschiedenen, erst durch spätere Ereignisse zu individualisirenden Rechtssubjektes gedacht und dadurch befähigt wird, ähnlich wie ein dingliches Recht, unbeschadet seiner Identität, von einem Gläubiger auf den anderen überzugehen. Die Wechselobligation gehöre zu diesen abstrakten Vermögensrechten; sie könne von einem Gläubiger auf den anderen übertragen werden, was eben nur darin seine Erklärung finde, daß mit dem ersten Nehmer kontrahirt werde, nicht als mit einer individuell bestimmten Person, sondern als mit einem Rechtssubjekte überhaupt, dessen Individualisirung dem weiteren Verlaufe der Dinge überlassen werde. Das Mittel zu dieser Individualisirung, zur Bestimmung des in der Wechselobligation an sich nur in abstracto gedachten Gläubigers, sei das Indossament. Dadurch rechtfertige sich der Rechtssatz, daß das äußerlich ordnungsmäßige Indossament den Indossatar zum Wechselgläubiger mache, ohne Rücksicht darauf, ob der Indossant seiner Seits Wechselgläubiger war oder nicht."

Kuntze [17]) verlegt „die schöpferische Ursache der Bewegung des Wechsels in

14) Leipz. Prot. S. 26. „Indossament und Cession seien ihrem inneren Wesen nach von einander verschiedene Dinge."

15) a. a. O. §§. 191. 250. 252. 255. Nach Kheil a. a. O. §§. 106. 122. ist jedes Indossament ein specieller Wechsel, und so viele Indossamente auf dem ursprünglichen Wechsel sich befinden, so viele specielle Wechsel stellt das Papier dar, denn jedes Indossament enthalte (stillschweigend) den ganzen Inhalt des Wechsels. Der Indossant ist der Aussteller des Indossaments und zugleich des am Wechsel sich befindlichen neuen Wechsels.

16) im Arch. f. D. W.R. Bd. 4. S. 381 ff. Bd. 5. S. 37.

17) a. a. O. S. 56. 312., im Arch. f. D. W.R. Bd. 8. S. 345. Bd. 11. S. 139. 147. Bd. 12. S. 1 ff.

den Kreationswillen des Ausstellers und bezeichnet das Indossament als einen einseitigen Rechtsakt, welcher durch eine an dem Papiere selbst zu vollziehende Skriptursolennität, ohne eigentlichen Vertrag, sofort durch einseitige Nehmung des girirten Papieres Seitens des Giratars wirksam wird, und dessen Hauptwirkungen darin bestehen: 1) daß der Indossant sich seiner Wechselforderung zu Gunsten eines Anderen, seines Nachmannes, entäußert, dergestalt, daß dieser nunmehr, an Stelle des Vormannes, Wechselgläubiger den sämmtlichen Giranten gegenüber wird, und zwar als Inhaber des Papieres ohne Weiteres, kraft eigenen Rechts mit der Wirkung der translatio obligationis „jure novationis" oder „transfusio debiti" cambialis, 2) daß der Indossant in der Eigenschaft als ein neuer Aussteller als Mitgarant in den Wechselverband eintritt."

Unger[18]) nimmt an, das Indossament „begründe eine Novation, indem darin die Erklärung der Einwilligung des Deleganten in die Delegation und zugleich der Abschluß des die Delegation perficirenden, novirenden Vertrages durch den Deleganten im Namen des Delegaten liege."

Nach Volckmar und Löwy[19]) ist das Indossament „ein Zeichen der Besitzergreifung; ein Recht zu übertragen und zu erzeugen, ist nicht Zweck und Funktion des Indossaments. Dasselbe hat nur die negative Funktion, die Merkmale des früheren Besitzes zu zerstören oder zu beseitigen; die durch diese Merkmale sonst beeinträchtigte bona fides des Wechselbesitzes zu fixiren. Die Rechtsübertragung setzt auf Seiten des Uebertragenden ein Recht voraus, welches häufig in der Person des Indossanten (Dieb, Finder, Fälscher, Aussteller eines Wechsels an eigene Ordre vor dem Accept) nicht existirt, während das von einem solchen Indossanten bewirkte Indossament doch Wirkung äußert."

Goldschmidt[20]) führt aus, „daß beim Wechsel an sich eine durchaus unbestimmte Reihe möglicher Gläubiger vorliege. Erst durch den Besitz des Papieres werde bestimmt, wer Gläubiger sein könne. Dieser Akt mache die an sich unbestimmte Reihe zu einer bestimmten, aber immer noch von nur möglichen Gläubigern. Durch die wirkliche Ausübung der Obligation, gegenüber dem Schuldner (Präsentation, Klage, Einkassirung), bestimme sich, wer von diesen möglichen Gläubigern der wirkliche Gläubiger sei. Bis dahin sei die Gläubigerschaft in pendenti. Der Uebergang des Papieres mittelst Besitzes oder Indossaments erscheine daher nicht als Uebertragung einer, in dem Uebertragenden bereits existenten Forderung, nicht als Cession, Novation, Delegation, sondern nur als derjenige Akt, welcher erforderlich sei, um dem bisherigen Kreise möglicher Gläubiger einen neuen möglichen Gläubiger einzureihen. Jeden dieser Gläubiger aber habe der Aussteller durch die beigefügte Ordreklausel gewollt. Jeder dürfe also, sofern er wirklich Gläubiger werde, ihm gegenüber als ursprünglicher Gläubiger auftreten."

18) Die Natur der Inhaberpapiere. Wien 1857. S. 109 ff.
19) a. a. O. S. 59.
20) Goldschmidt, Zeitschrift Bd. 3. S. 274.

Andere[21]) endlich erkennen in dem Indossamente einen Akt der Uebertragung mit der Wirkung der Singularsuccession in die Wechselforderung und der Verhaftung des Uebertragenden, und sehen das Indossament, wie schon die alten Wechselrechtslehrer, als eine privilegirte Form der Cession an. Wieder Andere[22]) schließen sich zwar der Theorie der Rechtsübertragung an, verlegen aber die wechselmäßige Kraft des Indossaments in das damit verbundene trassirte Wechselversprechen.

Wie wichtig es nun auch für die dogmatische Auffassung eines Rechtsinstitutes ist, den Zweck, die Wirkungen und die Rechtsfolgen desselben zu zerlegen, und auf das Ergebniß dieser juristischen Analyse eine richtige Theorie des Rechts zu gründen, so drängt doch die große Verschiedenheit der Meinungen über die rechtliche Natur des Indossaments die Ueberzeugung auf, daß jenes Ziel in der That nicht erreicht worden ist. Jede einzelne der aufgestellten Theorien ist zwar geeignet, die wichtigsten Eigenschaften des Indossaments als nothwendige Konsequenzen eines obersten Princips nachzuweisen, allein keine derselben kann sich rühmen, alle Erscheinungen des Indossaments zu umfassen, darzulegen und rechtlich zu erklären.

Daß der Wechsel nach seiner rechtlichen und merkantilen Bedeutung kein Papiergeld ist, dafür haben sich die wichtigsten Stimmen der Wissenschaft ausgesprochen, und der Handelsstand legt ihm selbst diese Eigenschaft nicht bei. Hat der Wechsel aber nicht die Eigenschaft des Papiergeldes oder eines lettre au porteur, so wird das Recht zur Geltendmachung des aus dem Wechsel entspringenden Forderungsrechtes, die Legitimation des Inhabers zur Ausübung des Wechselrechts, im Allgemeinen nicht durch den faktischen, sondern durch den urkundlichen Besitz des Papieres begründet[23]). Wenn daher Einert bei seiner dogmatischen Darstellung des Indossaments in dem letzteren nicht die Funktion der Rechtsübertragung anerkennt, sondern in dem Indossamente nur eine Bürgschaft für den Aussteller und die Indossanten findet, so tritt er mit dem historischen Berufe des Indossaments, welcher auf eine Uebertragung des im Wechsel existirenden Forderungsrechtes gerichtet ist, in Widerspruch.

Auch gegen die Ansicht von Thöl, obgleich sie weit verbreitet ist, läßt sich einwenden, daß sie in der Form und in dem durch das Indossament ausgesprochenen Willen des Erklärenden keinen Stützpunkt findet. Denn wenn jene Ansicht auch darin Beifall verdient, daß das Indossament ein neues Wechselversprechen, d. i. ein neues Summenversprechen, ein von der unterliegenden causa losgelöstes, abstraktes Geldversprechen enthält, in welchem Punkte sie mit den meisten Theorien übereinstimmt, so ist doch in dem Indossamente weder nach Form, noch nach Zweck und Wirkung, ein neuer Zahlungsauftrag an den Bezogenen erkennbar. In der Tratte ertheilt der Trassant den Zahlungsauftrag an den Bezogenen, und auf dieser Zah-

21) Treitschke a. a. O. Bd. 1. S. 450. Bluntschli a. a. O. §. 37. Brauer a. a. O. S. 44.

22) Biener a. a. O. S. 401. Renaud a. a. O. §. 50. Hoffmann im Arch. f. D. W.R. Bd. 5. S. 287. Bd. 6. S. 246. Bd. 12. S. 113 ff.

23) Liebe, Entw. S. 84. 86. Derselbe, W.O. S. 68.

lungsanweisung beruht eben das Karakteristische des gezogenen Wechsels. Der Bezogene ist, nach der äußeren Form, der Bevollmächtigte des Trassanten und tritt durch die Erfüllung des Auftrages in ein, im Allgemeinen nach den Regeln des Mandats zu beurtheilendes Rechtsverhältniß. Durch die Acceptation verpflichtet sich der Bezogene, der Zahlungsbeauftragte, nach Inhalt des Wechsels und seines Accepts, als Hauptschuldner, dem jedesmaligen Wechselinhaber zur Zahlung, und jeder Inhaber des Wechsels erhält aus eigenem, unmittelbarem Rechte einen Anspruch auf Zahlung. Allein als Zahlungsbeauftragter aus dem Rechtsverhältnisse des Mandats, aus dem Deckungsverhältnisse (actio mandati directa, contraria), steht der Bezogene nur zum Trassanten, nicht aber zum Indossanten in rechtlicher Beziehung. Der von dem Trassanten in dem Wechsel niedergelegte Auftrag an den Bezogenen wirkt, ohne Wiederholung Seitens des Indossanten, zu Gunsten eines jeden Inhabers des Wechsels. Es entspricht daher die Auffassung von einer in dem Indossamente erneuerten und wiederholten Anweisung an den Bezogenen weder dem rechtlichen, noch dem praktischen Wesen des Wechselgeschäftes [24]). Der Aussteller einer Tratte bildet den Anfangs- und Endpunkt der Wechselgarantie, denn der Wechsel ist in seinem Laufe darauf berechnet, daß er in die Einlösungskasse des Ausstellers zurückkehrt, daher im Nothfalle von letzterem honorirt wird. Eine Tratte ohne die Garantie des Ausstellers ist eben kein Wechsel, eine Ausschließung dieser Garantie daher eine wechselrechtliche Unmöglichkeit. Dagegen ist der Indossant auf der einen Seite zwar an den urkundlichen Inhalt des Wechsels, aus welchem er seine Rechte herleitet, gebunden, so daß er an demselben keine Aenderung vornehmen kann, auf der anderen Seite aber berechtigt, bei der Weiterbegebung seines Wechsels seine Haftbarkeit auszuschließen, sich außer Obligo zu setzen, so daß der Wechsel nur unter dem del credere des Ausstellers und derjenigen Indossanten läuft, welche die Garantie nicht beschränkt haben. Gegen den Trassanten kann aus einem verjährten oder präjudicirten Wechsel die Bereicherungsklage angestellt werden, und diese steht mit der Deckungspflicht des Trassanten in rechtlicher Verbindung. Gegen den Indossanten ist eine Bereicherungsklage dagegen rechtlich unstatthaft, weil er zum Bezogenen in keinem Mandatsverhältnisse steht, daher keine Deckungspflicht hat, bei ihm daher auch die Grundsätze der Bereicherung nicht Platz greifen [25]). Die Wechselfunktion des Trassanten und die des Indossanten ist daher in sich ganz verschieden, und es kann daher der Indossant nicht als ein Trassant gedacht werden [26]).

Die Theorie von Jolly erinnert an die v. Savigny'sche [27]) Dogmatik der Papiere an den Inhaber, wonach das Forderungsrecht aus solchen Papieren einer unbestimmten Person zusteht, auch an die Theorie von Einert über das Versprechen an das Publikum; allein diese wechselrechtliche Auffassung findet im Ganzen wenig Beifall. Der Wechsel ist kein Papier au porteur, sondern seiner

24) Jolly im Arch. f. D. W.R. Bd 4. S. 376. Hoffmann a. a. O. Bd. 5. S. 287.

25) Art. 83. A. D. W.O. Thol a. a. O. Bd. 2. S. 411.

26) Jolly im Arch. f. D. W.R. Bd. 4. S. 376 ff. Wolff im Arch. a. a. O. Bd. 13. S. 139.

27) Obligationenrecht Bd. 2. S. 88. 93. 130 ff.

Entstehung liegt ein bestimmtes civilrechtliches Geschäft zum Grunde, durch welches die ursprünglichen Kontrahenten, Trassant und Remittent, in Rechtsbeziehungen gesetzt werden. Nicht eine unbestimmte Person, eine persona incerta, das Publikum, steht dem Trassanten bei der Eingehung der Wechselverbindlichkeit gegenüber, sondern die in dem Wechsel als Berichtigter individuell bezeichnete Person des Remittenten. Die Theorie Jolly's beruht daher auf einer Fiktion, die durch die realen Verhältnisse des Wechsels widerlegt wird. Ist aber das Rechtssubjekt, welches dem Trassanten als kooperirender Begebungs-Interessent gegenüber steht, eine bereits individuell bestimmte Person, so kann das Indossament zwar ein anderes Rechtssubjekt mit wechselrechtlicher Wirkung an die Stelle des ersten Nehmers setzen, aber den angeblich nur in abstracto gedachten Gläubiger füglich nicht individualisiren. Dieser Gedanke der Individualisirung des Gläubigers steht gleichsam in verwandtschaftlicher Beziehung zu der Lehre Thöl's[28]) über die Perfektion der Wechselverträge, welche dahin präzisirt wird: „der Geber eines Ordre-Wechsels ist allen Nehmern des Wechsels verpflichtet, er hat so viele Wechselverträge geschlossen, als Nehmer seines Wechsels da sind. Die Wechselverträge des Ordre-Trassanten entstehen zu verschiedenen Zeiten; sobald die Ordretratte dem ersten Nehmer gegeben ist, ist mit diesem der Wechselvertrag da; sobald die Tratte durch ein Indossament weiter begeben ist, ist der Wechselvertrag zwischen dem Trassanten und Indossatar da. Und so fort. Von den Wechselverträgen des Ordre-Indossanten gilt dasselbe." Verträge mit Personen, die noch nicht existiren, sind an sich juristisch ebenso undenkbar, als es rechtlich nicht erfindlich ist, wie die Begebung, welche zwischen dem Indossanten und dem Indossatar vor sich geht, eine Vertragswirkung für den Trassanten und die Vorindossanten äußern soll. Ein solidares Band existirt zwischen den Gebern des Wechsels, allein dasselbe kann nicht durch fingirte Betheiligung bei den einzelnen Begebungsakten erklärt werden.

Die Theorie von Kuntze, geistvoll und aus der merkantilen Bestimmung des Wechsels geschöpft, erleidet einen Angriff[29]), weil er die Uebertragung der Wechselobligation durch Indossament auf die Rechtsfigur der Novation zurückführt. Denn die Novation[30]), novatio voluntaria, setzt einen Vertrag der novirenden Interessenten voraus und begründet, neben Bildung einer neuen, eine Aufhebung der alten Obligation. Beide civilrechtliche Momente treffen aber bei dem Indossamente, dessen karakteristische Eigenthümlichkeit eben in der Konservirung der früheren Wechselobligation besteht, nicht zu.

Volckmar und Loewy haben das Dogma aufgestellt: „das Indossament bezweckt nicht eine Rechtsübertragung, sondern es ist nur ein Zeichen der Besitzentäußerung." Alle specifisch wechselrechtliche Erscheinungen des Wechsels sollen sich durch diesen Rechtssatz in befriedigender Weise erklären. — Diese Theorie

28) a. a. O. Bd. 2. §. 261.

29) Ladenburg, die Anweisung rc. §. 15. und im Arch. f. D. W.R. Bd. 17. S. 246. Wolff im Arch. a. a. O. Bd. 13. S. 145. Volckmar und Loewy a. a. O. S. 57.

30) Puchta a. a. O. §. 291. Arndts a. a. O. §. 268.

lehnt sich an die Einert'sche[31]) Papiergeldtheorie an und leidet an allen Mängeln der letzteren. Ein Zeichen der Besitzentäußerung soll das Indossament sein, und nicht eine Rechtsübertragung bezwecken. Es ist daher von dieser Theorie zuvörderst ausgenommen und nicht berührt das wechselrechtliche Verhältniß zwischen den unmittelbaren Begebungs-Interessenten selbst, denn hier kann der Rechtsgrund der Begebung, — ob Besitz, ob Detention, ob eine unerlaubte causa vorliegt, — von rechtlichem Einflusse für das Indossament und die daraus hergeleiteten Rechte sein[32]). Auch das Prokura-Indossament, als nicht auf dem juristischen Besitze, sondern auf der Detention ruhend, wird durch jenes Princip nicht berührt[33]). Aber welcher juristische Gedanke verbindet sich denn mit dem Worte „ein Zeichen der Besitzentäußerung"? Nach der Erklärung der Verfasser fließt daraus der negative Satz: „daß der frühere Besitz auf irgend eine, für das Wechselrecht gleichgültige Weise aufgehoben und beseitigt sei". Nach civilrechtlicher Auffassung begründet die Thatsache des Besitzes zwar jeder Zeit eine Vermuthung für die Redlichkeit und Rechtmäßigkeit des Besitzes; allein eine rechtliche Legitimation für das Eigenthumsrecht des Besitzenden hat sie nur dann zur Folge, wenn wirkliches Geld oder geldgleiche Sachen der Gegenstand des Besitzes sind. Daß nun aber ein Wechselpapier in Wirklichkeit kein Geld ist, das nehmen wohl selbst die strengsten Anhänger der Geldtheorie an. Der Besitzer eines Zweithalerstückes, einer Banknote, einer Kassenanweisung braucht kein urkundliches Zeichen der Besitzentäußerung, um seinen rechtmäßigen Besitz nachzuweisen; in der Thatsache des Innehabens liegt seine Legitimation nicht nur für die Redlichkeit seines Besitzes, sondern für das Eigenthum an dem Geldstücke selbst. Es muß daher mit dem Indossamente wohl in der That eine andere rechtliche Bewandtniß haben. Das Indossament, — und nach gesetzlicher Fiktion selbst das Blanko-Giro, — stellt sich als eine Schrift mit einem bestimmten urkundlichen Inhalte dar. Die Schriftworte des Indossanten „an den Herrn N." sagen nach ihrer nothwendigen Interpretation nichts Anderes, als „ich cedire", „ich trete ab", „ich übertrage an Herrn N." Das ist, dem rechtlichen Begriffe nach, also eine Willenserklärung, welche die Absicht der Uebertragung, der Entäußerung des durch den Wechsel repräsentirten Rechtes enthält. Die Skriptur des Indossaments ist, ihrem Inhalte nach, und in Verbindung mit dem Umstande, daß sich der Wechsel in der Hand des Indossatars befindet, allerdings auch ein Zeichen der Besitzentäußerung, zumal sie substantiell mit dem Gegenstande der Veräußerung, dem Wechsel, verbunden sein muß. Man könnte die mit einem Hypotheken-Instrumente substantiell verbundene, in den Händen des Cessionars befindliche Cession am Ende mit gleichem Rechte als ein Zeichen der Besitzentäußerung darstellen. Das Indossament ist aber nicht ein Zeichen der Besitzentäußerung, in dem Indossamente liegt nach grammatischer, logischer und rechtlicher Interpretation eine Rechtsübertragung.

---

31) Das Indossament, bei der Begebung angewendet, ist ein „Zeichen des aufgegebenen oder übertragenen Eigenthums am Papiere". Einert, Entw. 1841. Tit. VIII. §. 1. Derselbe, W.R. S. 140 ff.

32) Volckmar und Loewy a. a. O. S. 60. Art. 82. A. D. W.O.

33) Volckmar und Loewy a. a. O. S. 61.

Die Verfasser wenden dagegen ein: „Der Dieb, Fälscher und Finder eines Wechsels sei in der Lage, mit Rechtswirkung über den Wechsel zu disponiren, auch der Aussteller eines an eigene Ordre gestellten, noch nicht acceptirten Wechsels könne indossiren; alle diese Indossanten hätten aber kein in ihrer Person existirendes Recht." Das mag in Ansehung des Diebes, Fälschers und Finders zugegeben werden. Wenn aber der Dieb, weil ihm kein materielles Eigenthumsrecht an dem Wechsel zusteht, Rechte aus dem letzteren auf einen Dritten nicht übertragen kann, warum soll er denn aber mit rechtlicher Eigenthumsfolge sich des Besitzes des Wechsels zu Gunsten eines Anderen entschlagen können? Man sollte konsequenter Weise auch der Besitzentäußerung, oder dem Indossamente als Zeichen der Besitzentäußerung, von einem Diebe ausgestellt, keine rechtliche Wirkung beilegen. Das würde sich aber mit dem Geiste des Wechselinstitutes nicht vereinigen lassen, demzufolge ein jeder Inhaber des Wechsels, auch der Dieb, ein, jeden gutgläubigen Nachfolger schützendes formales Verfügungsrecht hat. Eine andere rechtliche Stellung nimmt der Aussteller eines Wechsels an eigene Ordre ein. Er ertheilt durch die Ausstellung des Wechsels eine Anweisung an den Bezogenen auf Zahlung einer bestimmten Geldsumme, mag er diese Summe von dem Bezogenen zu fordern haben, oder mag der Anweisung irgend eine andere rechtliche Beziehung zum Grunde liegen. In seiner Hand, selbst vor erfolgter Acceptation durch den Bezogenen, hat ein solches Schriftstück freilich keine rechtliche Wirkung, keine reale Bedeutung; es bekommt aber rechtliches Leben durch das Indossament, durch welches der Aussteller den Nehmer in die Lage setzt, über die angewiesene Summe durch den Wechsel zu disponiren, und wodurch er die Garantie, d. h. die Verpflichtung zur Schadloshaltung, übernimmt, wenn der Bezogene die Anweisung nicht honoriren sollte. Selbst nach civilrechtlicher Auffassung entspringt diese Folge aus dem Rechtsinstitute der Anweisung. Die in dem Wechsel an eigene Ordre enthaltene Anweisung, und die durch die Begebung dieses Wechsels übernommene Garantieleistung lassen daher schon in dem Indossamente des Ausstellers ein bestimmtes Rechtsobjekt erkennen. Ein solches Indossament ist nicht, wie die Verfasser meinen, ein juristisches Unding. Das moderne Recht ist überhaupt auf Mobilisirung der Vermögenswerthe gerichtet, und man wird kein Bedenken tragen, daß ein Besitzer auf sein Grundstück für sich selbst eine Hypothek eintragen lassen kann, um sie demnächst zu versilbern und sich dadurch Fonds zu verschaffen. Die Hypothek in ihrer Vereinigung mit der Person des Besitzers, die Hypothek des Eigenthümers, hat allerdings keine praktische Bedeutung, aber sie repräsentirt an sich einen Vermögenswerth und gelangt durch ihre Trennung von der Person des Schuldners und bei Realisation der Hypotheken aus dem Grundstücke zur rechtlichen und realen Existenz.

Hiernach ist keine der aufgestellten Theorien geeignet, alle rechtlichen Erscheinungen des Indossaments, die nicht aus einem bestimmten civilistischen Rechtssatze, sondern aus dem Bedürfnisse des Verkehrs und aus den mannigfachen merkantilen Verwendungen des Wechsels geflossen und hergeleitet sind, wie aus einem obersten Principe dogmatisch zu rechtfertigen und zu begründen. Daß das Indossament eine Rechtsübertragung enthält, dafür sprechen die Geschichte des Wechsels, der Zweck des Indossaments, die überwiegende Ansicht der Wissenschaft, die Motive [34]) zu dem Preußischen Entwurfe von 1847. und endlich die Worte der Allgemeinen Deutschen Wechselordnung selbst [35]). Durch diese Eigenschaft der Rechtsübertragung ist das Indossament mit der civilrechtlichen Cession verwandt, die gleichfalls dazu bestimmt ist, obligatorische Rechte auf dritte Personen fortzupflanzen; ja das Indossament ist, entkleidet von den wechselrechtlichen Eigenthümlichkeiten, nichts Anderes als eine Cession. Als wechselmäßige Uebertragungsform ist das Indossament aber von der civilrechtlichen Cession wesentlich dadurch unterschieden, daß die letztere den obligatorischen Anspruch in der, von den ursprünglichen Kontrahenten bestimmten, mit der Person derselben eng verbundenen rechtlichen und faktischen Qualifikation überträgt, während das Indossament das, durch den Grundwechsel repräsentirte Recht in seiner völligen Unabhängigkeit von den rechtlichen Beziehungen zu dem unterliegenden Obligationsgrunde und zu der Person der Wechselkontrahenten fortpflanzt. Der Meklenburgische Entwurf, welcher von Thöl verfaßt worden ist, sagt im §. 1: „der Wechsel ist entweder eine Tratte, oder ein Accept, oder ein Indossament, oder eigener Wechsel." Dieser Rechtssatz enthält insofern den richtigen Gedanken, als die rechtliche Natur des Wechsels auch die des Indossaments ist. Der Wechsel, ein durch die Skriptur bestehender und auf ein Geldversprechen gerichteter Formalakt, hat, abgesehen von seiner merkantil-ökonomischen, geldähnlichen Eigenschaft, einen entschieden privatrechtlichen Karakter. Durch die Ausstellung und weitere Begebung des Wechsels entstehen unter den Interessenten Obligationen, die sich allerdings durch manche formelle und materielle Eigenthümlichkeit, insbesondere durch den Karakter der Solidarität und Abstraktion, von den Obligationen des Civilrechts unterscheiden. Und wie der Wechsel selbst, so ist auch das Indossament ein durch die Schriftform bestehender, mit dem Grundwechsel in substantielle Verbindung gesetzter Formalakt, der die von dem Begebungsgeschäft losgelöste, abstrakte, auf Zahlung einer Geldsumme gerichtete Wechselobligation auf einen Dritten fortpflanzt, mit der Wirkung, daß der Erwerber, der Indossatar, ein selbstständiges, auf dem sichtbaren Inhalte des Wechsels, als des Trägers der Obligation, ruhendes, unmittelbares, aus eigenem, nicht aus dem Rechte des Auktors fließendes Wechselrecht gegen jeden Wechselverpflichteten geltend machen kann. Das Indossament ist dazu bestimmt, das auf der Wechselurkunde ruhende abstrakte und formale Wechselrecht auf Dritte zu übertragen: aber es hat eine selbstständig verpflichtende Kraft, indem der Indossant dem Indossatar durch seine Namensunterschrift sich in gleicher rechtlichen Weise zur Garantie verpflichtet, wie es der Trassant durch die Ausstellung des Wechsels gethan hat. In dieser durch

34) „Das Indossament geschieht entweder zur Uebertragung." „Die Uebertragung der Rechte aus dem Wechsel kann nicht nur durch Indossament, sondern unbedenklich auch durch eine gewöhnliche Cession geschehen." „Das Indossament ist eine der Arten, den Wechsel mit den daraus hervorgehenden Rechten gegen die Garanten desselben zu übertragen, hierin ist das Indossament der Cession verwandt." S. XXXV.

35) „Der Remittent kann den Wechsel an einen Anderen durch Indossament übertragen." Art. 9. „Durch das Indossament gehen alle Rechte aus dem Wechsel auf den Indossatar über." Art. 10.

das Indossament neu konstituirten, von den übrigen Wechselobligationen materiell unabhängigen Garantieübernahme liegt ein neues Wechselversprechen und daher eine der Trassirung allerdings ähnliche Operation [36]).

Auch das Blanko-Giro, eine von dem Gesetze sanktionirte besondere Art des Indossaments, begründet den Transport des Wechsels und hat daher gleiche rechtliche Wirkung, wie das ausgefüllte Indossament. Durch die Unterschrift auf der Rückseite des Wechsels vollzieht der Indossant den Skripturakt, welcher den Transportwillen dokumentirt, und die Uebergabe des mit dieser Skriptur versehenen Wechsels an einen Dritten bewirkt für diesen den Eigenthumserwerb. Nicht die Unterschrift allein begründet den wechselmäßigen Transporteffekt, sondern, gleich wie bei der Konstituirung der Wechselobligation, das Geben und Nehmen des Wechsels auf Grund der Blanko-Unterschrift. Das Blanko-Indossament macht den Wechsel nicht zu einem Inhaberpapiere, dessen Einlösung der Aussteller nicht einer bestimmten Person, sondern dem Publikum, jedem dritten Inhaber, einer incerta persona, versprochen hat, sondern es lehnt sich als ein accessorischer Wechselakt und als ein formales Transportmittel an den Grundwechsel an. Dieser aber setzt ein bestimmtes, wenn gleich in dem Inhalte der Wechselskriptur nicht zum Ausdruck gekommenes Rechtsverhältniß zwischen zwei kooperirenden Begebungs-Interessenten voraus und erzeugt eine specifisch wechselrechtliche Obligation, zunächst zwischen zwei bestimmten Personen, dem Aussteller und dem Nehmer des Wechsels. Die signature en blanc ist ihrem historischen Ursprunge nach nicht darauf berechnet, das Papier zu einem lettre au porteur zu machen, das ohne jegliche äußere Beziehung zu einem bestimmten Rechtssubjekte der Träger eines Rechtes für Jedermann ist, sondern sie setzt, ihrem inneren Wesen nach, ein, wenn gleich nicht vollständig zum Ausdruck gekommenes, einer späteren Ergänzung überlassenes Rechtsgeschäft zu einer individuell bestimmten Person voraus. Wenn daher Einige [37]) annehmen, daß ein Blanko-Giro einen Wechsel zu einem Inhaberpapiere mache, so drückt dieser Gedanke mehr eine Analogie, als einen durch die Theorie des Wechselrechts begründeten Rechtssatz aus. Der in blanco girirte Wechsel läuft zwar wie ein lettre au porteur ohne urkundlichen Nachweis aus Hand in Hand, wechselt durch die Thatsache der Uebergabe seinen Herrn und gründet den Titel für das Eigenthum auf den Besitz; allein diese geldgleiche Cirkulation findet doch in dem urkundlichen Inhalte des Wechsels und in der, ein Begebungsgeschäft andeutenden Unterschrift des Indossanten eine gewisse Rechtsbeziehung zu einer bestimmten, noch näher zu individualisirenden Person, auf welche sich die Wechselobligation zurückführen läßt [38]).

---

36) Riccius exerc. VI sect. 2. §. 58. Liebe, W.O. S. 68. Jolly im Arch. f. D. W.R. Bd. 5. S. 65. Biener a. a. O. S. 402. Erk. d. O.Tr. in Berlin v. 17. Juli 1858. (Arch. a. a. O. Bd. 7. S. 407.)

37) Einert, Entw. v. J. 1841. §. 3. „Das Indossament verwandelt einen an Ordre zahlbar gestellten Wechsel in einen Brief au porteur." Erk. d. O.Tr. in Berlin vom 31. Mai 1856 (Arch. f. D. W.R. Bd. 6. S. 99.) Thöl a. a. O. Bd. 2. S. 453. Volckmar und Loewy a. a. O. S. 75.

38) Liebe, Entw. S. 90. Derselbe, W.O. S. 134. Bluntschli a. a. O. S. 75. Hoffmann im Arch. f. D. W.R. Bd. 5. S. 285. Kuntze im Arch. a. a. O. Bd. 11. S. 148.

§. 102.

Die Wirkungen des eigentlichen Indossaments. Legitimation. Haftbarkeit.

Die Wirkungen des eigentlichen Indossaments sind zwiefach: 1. überträgt dasselbe das formelle Eigenthum an dem Wechsel mit der Befugniß zur Weiterbegebung [1]) und 2. erhöht es die Sicherheit des Wechsels durch Begründung einer neuen Wechsel-Garantie [2]). Um diese doppelte Wirkung zu erreichen, mußten mit dem Begriffe des Wechsels verbunden und aus dem Wesen desselben hergeleitet werden zwei wichtige, spezifisch wechselmäßige, von der civilistischen Rechtsauffassung wesentlich verschiedene Eigenschaften, nämlich: die Eigenschaft der Abstraktion und die der Solidarität. Der Wechsel ist vermöge seiner natürlichen Selbstständigkeit und äußeren sinnlichen Erkennbarkeit eine Sache, und zwar eine körperliche Sache; seiner rechtlichen Qualifikation nach aber eine Urkunde, d. i. eine durch die Schriftform versinnlichte Darstellung eines bestehenden Rechtsgeschäfts. Der Inhalt des letzteren, auf Zahlung einer bestimmten Geldsumme gerichtet und Rechte und Pflichten begründend, erzeugt eine Obligation, und diese, in ihrer rechtlichen Natur von den civilrechtlichen Obligationen vielfach verschiedene Wechselobligation kommt in Betracht, wenn es sich um die Wirkung des Indossaments, als der Uebertragungsform für Wechsel, handelt. Nicht die faktische Uebergabe der Wechselurkunde allein, wie bei der Cirkulation des Geldes, begründet den rechtlichen Uebergang des Wechsels auf einen Dritten, sondern, abgesehen von der Cirkulation unter Blanko-Giro, der auf dem Wechselpapiere urkundlich gemachte Wille der Uebertragenden, verbunden mit der Uebergabe der Wechselurkunde selbst. Ein solcher, in der Form eines Indossaments urkundlich gemachte Besitz des Wechselpapieres begründet die wechselmäßige Legitimation für das Eigenthum des Inhabers und ermächtigt den letzteren, die Wechselsumme von dem Bezogenen am Verfalltage einzuziehen, oder über den Wechsel anderweit zu disponiren. Der Besitz des Indossatars und das Recht desselben an der Wechselforderung gründet sich zwar auf das Eigenthumsrecht des Indossanten; allein dieses Eigenthumsrecht des Vormannes hängt gleichfalls nicht von der Existenz und dem Nachweise eines materiell gültigen Rechtstitels ab, sondern beruht nicht minder, wie die eigene Legitimation, auf der äußeren Form eines urkundlichen Aktes, sodaß das wechselmäßige Eigenthum des letzten Inhabers rechtlich vermuthet wird, wenn der Uebergang des Wechsels auf ihn, von dem Remittenten ab, durch eine zusammenhängende Reihe formeller Uebertragungsakte, Indossamente, urkundlich nachgewiesen ist [3]). Der Wechsel selbst ist ein ausschließlich in der Form bestehender Literalkontrakt; nicht die Abrede und der Wille der Wechselkontrahenten be-

---

Kheil a. a. O. §. 134. Endemann, Das Deutsche Handelsrecht. (Heidelberg 1868.) „Das Blanko-Indossament bildet den Uebergang des Ordrepapieres zum Inhaberpapiere.“ S. 434.

1) Art. 10. A. D. W.O.

2) Art. 14. 25 f. A. D. W.O.

3) Art. 36. A. D. W.O. Jolly im Arch. f. D. W.R. Bd. 2. S. 166, Bd. 4. S. 390, Bd. 5. S. 57. Füssel im Arch. a. a. O. Bd. 2. S. 267. Hoffmann im Arch. a. a. O. Bd. 5. S. 381.

gründen das materielle Forderungsrecht, das möglicherweise auch gegen den Wortlaut der Schrifturkunde zur Geltung gebracht werden kann, sondern die Form, der durch die Schrift versinnlichte Inhalt der Urkunde, abgesehen von jedem anderen Willen der Kontrahenten, erzeugt die specifische Wechselobligation. Die aus derselben fließenden eigenthümlichen Rechtsfolgen, nach Befugniß und Pflicht, stehen in unauflöslicher Verbindung mit dem, den Wechsel bildenden Schriftinhalte, so daß der Wechsel in seiner äußeren sinnlichen Erscheinung der alleinige Träger der Wechselobligation ist. Und wie der Wechsel, so ist auch das Indossament ein in der Form bestehender, von dem unterliegenden Begebungsgeschäfte losgelöster, selbstständiger, von den übrigen Wechselobligationen materiell unabhängiger Rechtsakt, wodurch zwischen dem Indossanten und dem Indossatar, sowie den Nachmännern des letzteren, eine neue abstrakte Wechselobligation begründet wird. Aus dieser formalen und abstrakten Rechtsnatur des Wechsels und der demselben hinzugetretenen accessorischen Wechselakte folgt mit Nothwendigkeit, daß der Wechsel in seinem urkundlichen Inhalte zur Zeit des Indossaments die Verbindlichkeit des Indossanten fixirt; daß dem Inhaber, abgesehen von dem Falle des Betruges, nicht Einwendungen aus der Person dritter Wechselinteressenten entgegengestellt werden können, und endlich, daß der auf Grund des Wechsels Zahlende nur die formelle Legitimation des Präsentanten nach dem urkundlichen Ausweise auf dem Wechselpapiere selbst, nicht aber die Echtheit[4]) der Indossamente und die Rechtsgültigkeit derselben, nach den unterliegenden Begebungsgeschäften, zu prüfen wechselrechtlich verpflichtet ist. Eine zusammenhängende Girokette auf einem formrichtigen Wechsel begründet das Eigenthum an dem Papier, die wechselmäßige Legitimation des Inhabers zur Ausübung aller aus dem Wechsel fließenden Rechte.

Gleiche Grundsätze gelten auch von der Legitimation durch Blanko-Giro. Ein in blanco girirter Wechsel ist kein lettre au porteur, sondern ein unter Garantie der urkundlich auf dem Wechsel verzeichneten Verpflichteten laufendes Werthpapier. Jeder Präsentant des Wechsels wird als Eigenthümer desselben und als Indossatar desjenigen angesehen, welcher das Blanko-Giro ertheilt hat. Die nicht urkundlich gemachten Blanko-Inhaber sind durch den Besitz des Wechsels zur Geltendmachung der Wechselforderung legitimirt, treten aber nicht in den Wechselverband und sind für den Wechsel verschwunden, wenn sie den Besitz desselben aufgegeben haben. Ihre Gewährsleistungspflicht ist civilrechtlicher Art. Der Inhaber des Wechsels kann das letzte Blanko-Giro durch Einrückung seines Namens ausfüllen und dadurch seine, im faktischen Besitze bestehende Legitimation als Inhaber des Papieres urkundlich machen; oder er kann auch, ohne Ausfüllung des letzten Blanko-Giros, sein Wechselrecht realisiren, oder über den Wechsel ander-

4) Art. 36. A. D. W.O Arch. f. D. W.R. Bd. 1. S. 207. Jolly a. a. O. Bd. 2. S. 163 f. Füssel Arch. a. a. O. S. 268. Bd. 4. S. 390. Hoffmann a. a. O. Bd. 5. S. 398 f. Kuntze a. a. O. Bd. 8. S. 377. u. Bd. 12. S. 1 f. Nürnberger Kommissions-Verhandl. a. a. O. Bd. 9. S. 240.

weitig durch Begebung, ohne oder mit Indossament, oder durch Ausfüllung des Blanko-Indossaments auf den Namen des Nehmers, disponiren [5]).

Der Indossant, welcher die abstrakte Wechselobligation auf den Dritten überträgt, ist zur Garantie verpflichtet, d. h. wechselmäßig dafür verhaftet, daß nach Inhalt des Wechsels die Acceptation und die Zahlung erfolgt [6]). Diese Haftbarkeit des Indossanten ist nicht die civilrechtliche Gewährleistungspflicht des Cedenten, welche nur dem Vertragskontrahenten gegenüber, als rechtliche Folge eines lästigen Vertrages, übernommen wird, und nur auf Richtigkeit und Rechtsgültigkeit der abgetretenen Forderung gerichtet ist, sondern sie ist eine Verpflichtung, die aus einem materiell selbstständigen, dem Grundwechsel sich nur formell anlehnenden, von den übrigen Wechselobligationen unabhängigen und auf ein abstraktes Summenversprechen gerichteten Wechselvertrage entsprungen ist. Wie der Aussteller in dem Wechsel eine bestimmte Geldsumme, ohne Angabe der rechtlichen Verpflichtungsursache, entweder selbst, oder durch einen Dritten, ohne Gegenleistung, in abstracto zu zahlen verspricht, und durch die dem Wechsel innewohnende Ordrequalität sich verpflichtet, dieses Summenversprechen jedem dritten Inhaber gegenüber, als dem unmittelbar aus dem Wechsel Berechtigten, einzulösen, so leistet auch der Indossant durch die wechselmäßige Weiterbegebung des Wechsels ein abstraktes, d. h. von dem unterliegenden Rechtsgeschäfte und daher auch von der Person des Begebungskontrahenten losgelöstes Wechselversprechen und übernimmt, wie der Aussteller, die wechselmäßige Pflicht, jeden dritten Inhaber des Wechsels als den unmittelbar aus dem Papiere berechtigten Gläubiger anzuerkennen. Der Indossant, welcher seine Haftbarkeit nicht in wechselrechtlich zulässiger Weise eingeschränkt hat, tritt in die solidare Garantiepflicht der Vormänner auf Grund eines eigenen, selbstständigen Verpflichtungsaktes ein und haftet einem jeden nachfolgenden Wechselgläubiger als Selbstschuldner für die Erfüllung der Wechselpflichten [7]).

Dieser Solidarhaft der Wechselverbundenen korrespondirt das Recht des Wechselinhabers. Der letztere leitet seine Legitimation als Inhaber des Wechsels zwar aus dem Indossamente [8]), als der äußeren Form des Uebertragungsaktes her, allein sein Wechselanspruch selbst stützt sich auf den Wechselbrief, als den Träger der vorhandenen wechselmäßigen Rechtsbeziehungen. Recht und Verpflichtung des Indossatars werden daher auch rechtlich beurtheilt nach dem Inhalte des Wechsels zur Zeit des Erwerbes und der Weiterbegebung, so daß durch Einwendungen aus dem Wechselvertrage anderer Kontrahenten, oder durch Berufung auf Fälschun-

5) Thöl a. a. O. Bd. 2. S. 454.

6) Art. 14. 25 f. A. D. W.O.

7) Schon die Neapolitanische Pragmatika von 1607. §. 14, das älteste Gesetz, welches das Indossament sanktionirt, spricht die Haftung des Indossanten aus. Martens, Ursprung Arch. S. 77. Götz a. a. O. S. 21. Indossans ex suo indossamento tenetur tanquam debitor principalis, etiam ad bonitatem literarum cambialium praestandam, donec iisdem plene satisfactum, eadem ratione ac si cambium scripsisset. Inter indossantes et indossatarium idem effectus ex ipso indossamento resultat, qui oriturus erat, si ipsi literas cambiales eidem ab initio scripsissent vel acceptassent. Franck l. c. lib. I. sect 2 tit. 5. §. 28. 33.

8) Heineccius l. c. c. VI. 7 7. Quamvis vero actionem cambialem habeat indossatarius, non tamen agit ex cambio, sed ex indossamento.

gen, welche vor dem Indossamente vorgekommen sind, die wechselrechtlichen Folgen aus dem Wechsel und Indossamente nicht modifizirt werden [9]). Der Indossatar hat nicht einen an die Person seines Auktors gebundenen, durch die rechtliche Natur des Begebungsgeschäftes bedingten und möglicherweise modificirten Gewährleistungsanspruch, sondern ein selbstständiges Wechselrecht gegen alle Giranten, durch deren Hände der Wechsel bis auf ihn seinen Lauf genommen hat. Daraus folgt, daß der Inhaber den Acceptanten und jeden Vormann wechselmäßig in Anspruch nehmen kann; daß er dabei nicht an die Reihenfolge der Indossamente gebunden ist; daß er die Wahl hat, welchen der Wechselverpflichteten, ob den Acceptanten, den Trassanten, oder einen der Vorindossanten, oder sämmtliche Wechselverpflichtete solidarisch in Anspruch nehmen will; daß er die Klage gegen einen einzelnen verfolgen, gegen einen Anderen liegen lassen und neue Klagen gegen andere Wechselverpflichtete erheben kann [10]), (springender Regreß, regressus per saltum, Variationsrecht); daß die Gültigkeit eines Indossaments, die Formrichtigkeit des Wechsels vorausgesetzt, dadurch nicht alterirt wird, daß der Wechsel oder andere Indossamente falsch, verfälscht oder sonst ungültig sind [11]); daß der mit der Wechselklage in Anspruch genommene Acceptant oder Vormann dem Indossatar nur solche wechselmäßige Einwendungen entgegen stellen kann, welche aus der Wechselurkunde selbst hervorgehen, oder welche ihnen gegen den Kläger unmittelbar zustehen, nicht aber solche, welche aus Rechtsverhältnissen entlehnt sind, die einen Vormann oder einen zwischen dem Kläger und dem in Anspruch genommenen Indossanten stehenden Verpflichteten, Zwischenmann, betreffen [12]).

Aus der abstrakten Natur der Wechsel-Obligation folgt die unbedingte Indossabilität des Wechsels und die Möglichkeit, daß auch Personen, welche bereits in Wechselobligo stehen, der Aussteller, Bezogene, Acceptant, ein früherer Indossant, den Wechsel durch Giro wieder erwerben und weiter begeben können, ohne daß dadurch die rechtliche Existenz der Wechselobligation aufgehoben oder abgeändert würde [13]). Durch Trennung des Wechsels von der Person des Wechselverpflichteten werden die möglichen Folgen einer Konfusion beseitigt und der Wechsel tritt wieder als ein abstraktes Werthzeichen in den Verkehr.

Die einem formunrichtigen Wechsel beigefügten Indossamente äußern keine wechselmäßigen Folgen. Welche Rechtswirkung ein solcher Wechsel und das demselben beigefügte Indossament haben, hängt von dem Inhalte der Urkunde und den bürgerlichen Gesetzen ab, unter deren Herrschaft dieselben fallen [14]).

---

9) Jolly im Arch. f. D. W.R. Bd. 5. S. 68. Erk. des O.Tr. in Berlin vom 19. Februar 1856 (Arch. a. a. O. Bd. 6. S. 220.)

10) Art. 49. 81. A. D. W.O.

11) Art. 3. 7. 36. 75. 76 A. D. W.O.

12) Franck l. c. lib. I. sect. 2. tit. 5. § 34, lib. II. sect. 4 tit 6. §§. 5 sq. Püttmann a. a. O. §. 25. Treitschke a. a. O. Bd. 1. S. 463. Mot. z. Pr. Entw. v. 1847. S. XXV. Art. 82. A. D. W.O. Brauer a. a. O. S. 44. Jolly im Arch. f. D. W.R. Bd. 5. S. 58. Thöl a. a. O. Bd. 2. S. 440. 441.

13) Art. 10 A. D. W.O.

14) Art. 7. A. D. W.O. Leipz. Prot. S. 18. 23. Erk. des O.Tr. in Berlin v. 10. Mai 1866. (Entsch. Bd. 31. S. 58.)

Die Wirkungen des Giros können modifizirt werden durch die demselben beigefügten Klauseln.

§. 103.

Die Wirkungen der Cession.

Im Civilrechte wird die Singular-Succession in Forderungen vermittelt durch die Rechtsfigur der Cession. Die letztere bewirkt eine Uebertragung des Forderungsrechts unter Fortpflanzung der Einwendungen aus dem unterliegenden Rechtsgeschäfte, so daß der neue Erwerber bei der Geltendmachung des Rechts aus der Obligation nur als Stellvertreter des ursprünglichen Gläubigers angesehen wird und in Betracht kommt. Auf den Cessionar geht das Eigenthum der abgetretenen Forderung mit allen Vorrechten, welche derselben in Rücksicht auf ihre Natur und Beschaffenheit zustehen, sowie mit allen Beschränkungen, welchen sie unterworfen ist, über. Es gilt der Rechtsgrundsatz: Nemo in alium plus juris transferre potest, quam ipse habet. Das Rechtsverhältniß zwischen dem Cedenten und Cessionar, insbesondere die Vertretungspflicht des ersteren, bestimmen sich nach der Natur des Geschäfts, welches der Cession zum Grunde liegt, der causa cessionis. In der Regel ist der Cedent verpflichtet, für die Richtigkeit und Rechtsgültigkeit der abgetretenen Forderung Gewähr zu leisten. Das Recht der Gewährleistung ist gegen die Person des unmittelbaren Cedenten gerichtet; ein Regreß gegen die Zwischen-Cedenten (springender Regreß) ist mit der civilrechtlichen Uebertragungsform der Cession unvereinbar. Wie die Cession vor Anwendung des Indossaments für den Transport des Wechsels die alleinige Rechtsform war, so ist es unbedenklich, auch in den Motiven zu dem Preußischen Entwurfe ausdrücklich anerkannt, und von der Leipziger Konferenz nicht bezweifelt worden, daß auch gegenwärtig das aus dem Wechsel entspringende Recht, die durch den Wechsel begründete Forderung auf eine bestimmte Geldsumme, ganz und theilweise, durch Cession, sowohl auf dem Wechsel selbst [1]), als in einem besonderen, von der Wechselurkunde getrennten Instrumente, auf einen Dritten übertragen werden kann [2]). Mit civilrechtlicher Wirkung gehen durch eine solche

---

1) Die Formel „ich cedire" hat Cessionswirkung. Thöl a. a. O. Bd. 2. S. 393. 416. A. 10.

2) Ex persona cedentis repellitur, quisquis cessionem directam aut extra literas cambiales impetravit Franck l. c. lib II. sect. 4. tit 6. §. 8 Nonnunquam cessio cambii fit extra cambium, quae autem non est indossamentum, sed illa tantum, quae cum cambio fit Quando creditor jus suum alteri peculiari instrumento cedit, hujusmodi cessio extracambialis jura quidem cedentis transfert in cessionarium, ipsa tamen haec cessio non est negotium cambiale, quando quidem hoc in literis cambialibus pendet. Igitur cessio ista communi jure est dijudicanda atque omnia, quae alias in cessionibus juris civilis obtinent, hic quoque obtinent. Riccius l. c. exerc VI. sect 4. §. 1. 2. Martens, Grundriß des Handelsr. §. 81. Mot. z. Pr. Entw. vom Jahre 1847. S. XXXV. Leipz. Prot. v. 27. u. 28. Oktober 1847. Erk. des O.Tr. in Berlin vom 13. März 1860. (Arch. f. D. W.O. Bd. 10. S. 218. Entsch. Bd. 43. S. 264.) Erk. vom 18. März 1862. (Arch. a. a. O. Bd. 13. S. 186.) Erk. des österr. oberst. Gerichtsh. vom 1. Oktober 1861. (Arch. a. a. O. Bd. 11. S. 284.) Scherer a. a. O. Bd. 2. S. 9. Graevell im Arch. a. a. O. Bd. 1. S. 123. Brauer a. a. O. S. 44. Bluntschli a. a. O. S. 27. Renaud a. a. O. S 121. Thöl a. a. O. Bd. 2. §. 245. Anderer Ansicht: Kossmann in Gruchot, Beiträge 2c. 2. Heft 1858. S. 200. Arch. a. a. O. Bd. 12. S. 221.

Cession auf den Cessionar die Rechte über, welche seinem Cedenten aus dem Wechsel gegen den Wechselverpflichteten zustanden. Aus dem auch durch die Cessionsform nicht berührten, in dem Wesen des Wechsels begründeten Rechtssatze: daß die Wechselurkunde der Träger der Wechselforderung ist, und daß ohne Besitz der Wechselurkunde eine Geltendmachung der Wechselrechte, soweit das Gesetz nicht eine Ausnahme macht [3]), rechtlich nicht zulässig ist, — folgt, daß der Cessionar nicht durch die Cessionsurkunde allein, sondern nur durch den gleichzeitigen Besitz der Wechselurkunde als Inhaber der Wechselforderung legitimirt wird. Dem Cessionar muß daher der Wechsel selbst übergeben werden, um ihn in den Stand zu setzen, die Wechselforderung gegen den Wechselverpflichteten geltend zu machen. Ist das nicht geschehen, so ist das Eigenthum an der Wechselforderung auf den Cessionar nicht übergegangen; der letztere steht jedenfalls demjenigen nach, welcher durch den urkundlichen Besitz der Wechselurkunde als Inhaber legitimirt ist [4]). Im Uebrigen regelt sich die Aktivlegitimation bei der Uebertragung des Wechsels in Form der Cession nicht nach den formalen wechselrechtlichen, sondern den materiellen civilrechtlichen Bestimmungen, so daß also das Recht des Auktors, die Echtheit der Unterschrift, die Statthaftigkeit der Cession und die Form der Cessionserklärung von dem Schuldner nach den Vorschriften des bürgerlichen Rechts geprüft werden muß; bemängelt und zum Gegenstande der Einwendung gemacht werden kann. Mit dieser ausgedehnten Prüfungspflicht und dem umfassenden Anfechtungsrechte aus civilistischen Rechtsgründen ist aber die spezifisch wechselmäßige Prozeßform nach ihrer engen Begrenzung in Ansehung der Fristen und Einwendungen nicht zu vereinigen, und es muß daher angenommen werden, daß der Cessionar sein Wechselrecht nicht in der abgekürzten, in formeller und materieller Beziehung eingeschränkten Wechselprozeßform, sondern nur in dem gewöhnlichen Prozeßverfahren geltend machen kann. Die Wechselklage setzt eine urkundliche, in wechselmäßiger Form begründete Legitimation des Inhabers voraus; eine Gläubigerschaft außerhalb dem Wechselpapiere, eine Legitimation außerhalb dem Wechsel genügt nicht [5]). Die von dem Aussteller bewirkte Cession eines an eigene Ordre gestellten Wechsels überträgt die Wechselrechte an den Acceptanten, begründet aber keine Wechselrechte gegen den Aussteller und Indossanten, da diese nur durch die wechselmäßige Form des Indossaments und nicht durch die Cession erzeugt werden [6]). Dieselben Rechtssätze finden auch Anwendung auf die s. g. cessio ne-

3) Art. 26. A. D. W.O.

4) Erk. des O.Tr. in Berlin vom 13. März 1860. (Entsch. Bd. 43. S. 264. Arch. f. D. W.R. Bd. 10. S. 218.) Erk. vom 18. März 1862. (Arch. a. a. O. Bd. 13. S. 186.) Volckmar u. Loewy S. 65. Borchardt a. a. O. S. 77. Zus. 158, S. 79. Zus. 159.

5) Riccius l. c. exerc VI sect. 4. § 7. Erk. des österr. oberst. Gerichtsh. vom 28. December 1859. (Arch. f. D. W.R. Bd. 10. S. 379. Auch Bd. 6. S. 427.) Volckmar u. Loewy a. a. O. S. 66. A. M. Erk. des O.Tr. in Berlin vom 11. Mai 1852. (Entsch. Bd. 22. S. 409.) Erk. v. . . . . (Arch. a. a. O. Bd. 4. S. 452.) Erk. vom 10. Mai 1855. (Arch. a. a. O. Bd. 5. S. 427.) Erk. vom 13. März 1860. (Arch. a. a. O. Bd. 10. S. 218. Entsch. Bd. 43. S. 264.) Es kann der Cedent zu dem Wechselprozesse adcitirt werden. A. Pr. L.R. §. 143 ff. 426. Thl. I. Tit. 11. A. Pr. G.O. §. 21. Thl. I. Tit. 27. Borchardt a. a. O. S. 77. Zus. 160.

6) Art. 6. 14. A. D. W.O. Erk. des O.Tr. in Berlin vom 13. März 1866. (Arch. f. D. W.R. Bd. 10. S. 218.)

cessaria, d. i. die Ueberweisung einer Wechselforderung im Wege der Exekution durch den Richter [7]).

Die einem Wechsel beigefügte Rektaklausel hindert eine civilrechtliche Cession der Wechselforderung nicht.

§. 104.

Das Indossament nach Verfall.

Historische Entwickelung. Allgemeiner Begriff.

Der Wechsel ist zum Wandern bestimmt; er läuft vor dem Verfalle nach Vorwärts und, wenn er von dem Bezogenen nicht eingelöst wird, im Regreßwege nach Rückwärts. Wenn daher der Lauf des Wechsels zunächst auch nur nach diesen beiden Richtungen hin geregelt ist, so hat sich doch von jeher in dem Verkehre das Bedürfniß geltend gemacht, den Wechsel auch nach dem Verfalle noch in Cirkulation zu setzen. Schon das Parere vom 9. März 1733 [1]) bestätigt die kaufmännische Sitte, wonach es in Leipzig und auf den meisten Handelsplätzen erlaubt war, den Wechsel auch nach der Verfallzeit an Andere zu indossiren.

In den meisten älteren Wechselordnungen wird das Indossament nach dem Verfalle jedoch gar nicht erwähnt; in einigen verboten und in anderen so lange für zulässig erklärt, als die Wechselkraft noch nicht erloschen ist [2]). Dagegen waren Gesetz und Wissenschaft über die Natur und die Wirkung des Indossaments nach Verfall verschiedener Auffassung, indem man dasselbe bald als ein wirkliches Indossament [3]), bald als Cession [4]), bald als Prokura [5]) ansah. Auch nach Englischem, Nordamerikanischem und Französischem Handelsgebrauche ist ein Indossament nach Verfall und zwar mit der Wirkung der Cession [6]) zulässig.

Dieser Auffassung hatte sich auch der Preußische Entwurf vom Jahre 1847. angeschlossen, indem er die Bestimmung enthielt: „Ein nach dem Verfalltage des Wechsels ausgestelltes Indossament hat nur die Wirkung einer Cession [7]).“ Dadurch war, wie von den, zu den Vorberathungen zugezogenen Sachverständigen [8]) verlangt und in den Motiven [9]) zu dem Entwurfe ausdrücklich anerkannt worden

---

7) §. 101 ff. Thl. I Tit. 24. A. Pr. G.O. Ges. vom 4. Juli 1822. (Ges.-Samml. S. 148.) Erk. des O.Tr. in Berlin vom 18. März 1860. (Arch. f. D. W.R. Bd. 10. S. 218. Entsch. Bd. 43. S. 264.) Erk. v. 18. Juli 1861. (Arch. a. a. O. Bd. 12. S. 174.) Pr. Anwaltszeit. pro 1864. S. 193.

1) Siegel corp. jur. camb. pars II. p. 164.

2) Nach der Hamburgischen W.O. von 1711. Art. 15., der Braunschweigischen W.O. von 1715. Art. 42. kann der Wechsel nach der Präsentation zur Zahlung nicht weiter indossirt werden. Bender a. a. O. §. 360. Die Weimar. W.O. §. 41. und das A. Pr. L.R. Thl. II. Tit. 8. §. 825. lassen das Indossament zu, solange die Wechselkraft nicht erloschen ist. Die Wirkung des Nach-Indossaments wird nicht näher bestimmt.

3) A. Pr. L.R. Thl. II. Tit. 8. §. 825.

4) Niederländ. H.G.B. Art. 139.

5) Sardin. H.G.B. Art. 151.

6) Story a. a. O. §. 220. Mittermaier im Arch. f. D. W.R. Bd. 1. S. 12. Biener a. a. O. S. 441. Liebe, W.O. S. 75. Mot. z. Pr. Entw. vom Jahre 1845. S. 23. Pr. Kommissionsbericht vom Jahre 1846. S. 40.

7) §. 16.

8) Kommissionsbericht vom Jahre 1846. S. 39.

9) S. XLII.

war, das Prinzip aufgestellt: daß das Indossament auch nach dem Verfalle eine wechselmäßige, die formelle Legitimation begründende Uebertragungsart sei. Bereits der Einert'sche Entwurf vom Jahre 1841.[10]) und der Liebe'sche Entwurf vom Jahre 1843[11]) hatten die Wirkung des Indossaments verschieden bestimmt, je nachdem der Wechsel gehörig zur Zahlung präsentirt und protestirt, oder wegen Versäumung der wechselmäßigen Diligenz präjudicirt war. Im ersten Falle sollten, nach der Liebe'schen Auffassung, auf den Indossatar, außer den Rechten aus dem etwa vorhandenen Accepte, die Regreßrechte gegen den Aussteller und den Vorindossanten, in letzterem Falle die Regreßrechte gegen diejenigen, welche den Wechsel nach der Verfallzeit girirt hatten, übergehen.

In der Leipziger Konferenz[12]) wurde von dem Referenten der in dem Preußischen Entwurfe eingenommene Standpunkt vertreten, „weil das Papier mit dem Eintritte des Verfalltages seine Bedeutung als Wechsel, bis auf die etwaige Regreßnahme gegen diejenigen, durch deren Hände er bis dahin gelaufen sei, verliere, und durch die Begebung nach dem Verfalle Gegenstand eines neuen Geschäftes mit einer neuen Reihe von Wechselverbundenen werde, dadurch aber für das Wechselgeschäft um so größere Schwierigkeiten entständen, als nicht alle bei dem Nach-Indossamente in Frage kommenden Umstände durch den Wechsel selbst dargethan werden könnten." Es machte sich jedoch geltend und es fand Seitens der technischen Mitglieder Unterstützung eine andere, dem Einert- und Liebe'schen Entwurfe sich anschließende Auffassung[13]), welche dahin ging: „daß verfallene, noch nicht protestirte Wechsel im Verkehre sehr häufig durch Indossament weiter begeben würden, wogegen Mangels Zahlung protestirte Wechsel selten weiter indossirt würden. Der in dem Entwurfe niedergelegte Grundsatz: daß das Indossament nach Verfall nur die Wirkung der Cession habe, könne zu der wechselrechtlich falschen Annahme führen, daß der eigentliche Kern des Indossaments eine Cession sei. Da nach dem Verfalltage bis zur Verjährung die Wechselkraft fortbestehe, so müsse man es hinsichtlich des Indossaments schlechthin bei den gewöhnlichen wechselrechtlichen Folgen lassen. Die Wirkungen des Indossaments nach Verfall müsse man nach der Funktion der konkurrirenden Personen sondern. Hinsichtlich des Acceptanten existire kein Grund, zu seinem Gunsten die Wirkungen des Nach-Indossaments irgend zu schmälern. Hinsichtlich des Regresses müsse man aber unterscheihen, ob der Wechsel präsentirt und protestirt sei, oder nicht. Im ersten Falle habe es kein Bedenken, den Regreß gegen die Vormänner des Indossirenden zu gestatten. Das Indossament sei hier ein Mittel, den Regreß auf den Indossatar zu übertragen. Sei der Wechsel präjudicirt, so könne der Regreß freilich gegen die Vormänner nicht statthaft sein, wohl aber habe der Indossirende alsdann durch sein Indossament einen nochmaligen Versuch zur Einziehung machen wollen und müsse selbst regreßpflichtig sein, wenn er ein volles und kein bloßes Prokura-Indossament ertheile. Es sei daher rathsam, statt des §. 16. des

10) Tit. 8. §. 13.
11) §. 28.
12) Leipz. Prot. S. 25.
13) Leipz. Prot. S. 26.

Entwurfes eine Bestimmung dahin aufzunehmen: daß das Indossament nach Verfall schlechthin die Rechte gegen den Acceptanten und außerdem die Regreßrechte gegen die Vormänner des Indossirenden gewähren solle, insofern der Wechsel binnen 24 Stunden präsentirt oder zur Präsentation abgesandt werde. Wenn es auch, wie die Französische Jurisprudenz annehme, richtig sei, daß nach Verfall, wenn nicht gezahlt und deshalb protestirt werde, die reine zum Cirkuliren bestimmte Wechselforderung nicht mehr existire, sondern in eine auf dem Proteste beruhende Entschädigungsforderung übergegangen sei, so genüge diese rechtliche Auffassung doch nicht, dem Indossamente nach dem Verfall seine Wirkungen abzusprechen; denn die Obligation des Regreßpflichtigen sei durch den Verfall nicht novirt und umgestaltet, sondern die vor Verfall eventuelle und bedingte Gewährleistung sei durch die Entscheidung am Verfalltage entweder ganz weggefallen oder zu einer unbedingten geworden." Von anderer Seite machte sich die Ansicht geltend, daß in der Hauptsache durch ein Indossament nach Verfall in den bisherigen Verhältnissen nichts geändert werde. In Ansehung der Regreßnahme lasse sich daran nicht zweifeln, aber auch in Ansehung der Ansprüche gegen den Acceptanten müsse dasselbe angenommen werden. Es gebe keinen Grund zu der Annahme, daß dieser berechtigt sei, demjenigen, der nach Verfall den Wechsel erworben habe, Einreden entgegen zu setzen, die er dem, der den Wechsel am Verfalltage präsentirte, nicht hätte entgegenstellen können. Es wurde daher die Frage zur Entscheidung gestellt: „Kann ein Mangels Zahlung protestirter Wechsel mit der Wirkung girirt werden, daß der Girat gleich einem Cessionar den Regreß ergreifen, dabei aber nicht mehr Rechte in Anspruch nehmen dürfe, als seinem Indossanten zuständig waren?"

Diese Frage wurde einstimmig mit dem Bemerken bejaht, daß bei der Redaktion eine Bezugnahme auf die Cession zu vermeiden sei. Die fernere Frage aber: „Soll dasselbe auch angenommen werden von Wechseln, welche nicht zu rechter Zeit Mangels Zahlung protestirt und dennoch weiter girirt worden sind?" mit 10 gegen 8 Stimmen verneint, indem die Mehrheit annahm, daß auch ein verfallener Wechsel, so lange er nicht protestirt, mit voller wechselrechtlicher Wirkung indossirt werden könne.

Auf dieser Erwägung beruht der Art. 16. der Allgemeinen Deutschen Wechselordnung, welcher lautet: „Wenn ein Wechsel indossirt wird, nachdem die für die Protesterhebung Mangels Zahlung bestimmte Frist abgelaufen ist, so erlangt der Indossatar die Rechte aus dem etwa vorhandenen Accepte gegen deu Bezogenen und Regreßrechte gegen diejenigen, welche den Wechsel nach Ablauf dieser Frist indossirt haben.

Ist aber der Wechsel vor dem Indossamente bereits Mangels Zahlung protestirt worden, so hat der Indossatar nur die Rechte seines Indossanten gegen den Acceptanten, den Aussteller und diejenigen, welche den Wechsel bis zur Protesterhebung indossirt haben. Auch ist in einem solchen Falle der Indossant nicht wechselmäßig verpflichtet."

Hiernach steht fest, 1) daß ein Wechsel auch nach Verfall, solange die Wechselkraft desselben nicht erloschen ist [14]), indossirt werden kann und 2) daß das Indossament nach Verfall nicht eine civilrechtliche Cession ist, sondern, wie das Indossament überhaupt, eine wechselmäßige Uebertragungsform bildet, welche auch in blanco die formelle Legitimation des Wechselinhabers begründet [15]).

Die Verfallzeit wird durch die in dem Wechsel angegebene Zahlungszeit [16]) gebildet. Ein Indossament nach Verfall (Nach-Indossament) ist daher dasjenige, welches nach jener Zeit rechtliche Bedeutung erhalten hat. Da die Zahlung des Wechsels aber gültiger Weise noch am zweiten Tage nach dem Zahltage verlangt und geleistet werden kann [17]), so ist ein, während dieser Zeit (Protestfrist) ertheiltes Indossament als ein vor Verfall bewirktes anzusehen [18]), wogegen das vor Ablauf der Protestfrist, aber nach erhobenem Proteste gegebene Indossament als nach dem Verfall ertheilt beurtheilt wird [19]). Ist der Wechsel zwar vor Ablauf der Protestfrist, aber so spät indossirt worden, daß er am Zahlungstagsorte nicht mehr rechtzeitig präsentirt und protestirt werden kann, so ist ein solches Indossament als ein Indossament nach Verfall anzusehen, weil niemand zu seiner Vertheidigung auf ein Versäumniß sich berufen kann, an welchem er selbst die Schuld trägt [20]).

Ob ein Indossament vor oder nach Verfall des Wechsels ertheilt ist, ergiebt, insofern das Indossament nicht datirt worden, der Mangels Zahlung aufgenommene Protest. Ist die Protestaufnahme nicht erfolgt, der Wechsel daher präjudizirt, so ist es Sache des Indossatars, welcher den Regreß erhebt, die Passivlegitimation des in Anspruch genommenen Wechselinteressenten als Nach-Indossanten zu begründen, d. h. den Beweis zu führen [21]), daß das Indossament nach dem Verfall gegeben ist, indem weder eine Vermuthung für die Rechtzeitigkeit [22]), noch für die Verspätung [23]) eines Indossaments spricht.

In Ansehung der Wirkungen des Nach-Indossaments ist zu unterscheiden: 1) ob der Wechsel indossirt ist, nachdem die für die Protest-Erhebung Mangels Zahlung bestimmte Zeit abgelaufen ist, der Wechsel also wegen Vernachlässigung der Protestaufnahme präjudicirt ist, oder 2) ob der Wechsel nach erhobenem Proteste indossirt worden ist.

---

14) Durch Verjährung Art. 77. A. D. W.O.

15) Erk. des O.Tr. in Berlin vom 27. Oktober 1853, 10. Januar 1856, 17. Juli 1858. (Strieth. Arch. Bd. 11. S. 26, Bd. 19. S. 243. Bd. 28. S. 361. Arch. f. D. W.R. Bd. 6. S. 91.) Mittermaier im Arch. a. a. O. Bd. 1. S. 27.

16) Art. 30 ff. A. D. W.O.

17) Art. 41. A. D. W.O.

18) Bluntschli a. a. O. S. 47. Biener S. 438. Jolly im Arch. f. D. W.R. Bd. 13. S. 162.

19) Biener a. a. O. S. 438. A. 31. Wolff im Arch. f. D. W.R. Bd. 13. S. 162.

20) Mot. zu dem Pr. Entw. vom Jahre 1836. S. 68. Leipz. Prot. S. 233. Brauer a. a. O. S. 55. Arch. f. D. W.R. Bd. 5. S. 454. Wolff im Arch. a. a. O. Bd. 13. S. 161. Thol a. a. O. Bd. 2. S. 460. A. 15. Erk. des Hamb. H.G. vom 4. Februar und 7. März 1856. im Arch. a. a. O. Bd. 5. S. 449. Anderer Ansicht ohne Gründe: Renaud a. a. O. S. 130. A. 12.

21) Jolly im Arch. f. D. W.R. Bd. 5. S. 46. Renaud a. a. O. S. 130. Volkmar u. Loewy a. a. O. S. 82.

22) Treitschke a. a. O. Bd. 1. S. 506. Wolff im Arch. f. D. W.R. Bd. 13. S. 162.

23) Pohls a. a. O. Bd. 2. S. 346.

§. 105.

Das Indossament eines präjudicirten Wechsels. Wirkungen.

Was das Indossament eines präjudicirten Wechsels anbetrifft, so sind die Wirkungen desselben nach den einzelnen Wechselfunktionen verschieden.

1. In Ansehung der Vor-Indossanten. Der Aussteller und jeder nachfolgende Indossant leistet für die Bezahlung des Wechsels durch den Bezogenen Garantie. Diese Garantie ist aber nicht eine unbedingte, unter allen Umständen gleichmäßig eintretende, sondern sie ist an die Voraussetzung geknüpft, daß der Inhaber beim Verfall zur rechten Zeit und in rechter Form den Bezogenen, als den mit der Zahlung des Wechsels Beauftragten, zur Zahlung auffordert und, wenn die letztere nicht erfolgt, seine Diligenz bei Erfüllung dieser wechselrechtlichen Obliegenheit durch einen solennen Beurkundungsakt, den Protest, nachweist. Wird diese Voraussetzung nicht erfüllt, so erlischt die Garantiepflicht des Ausstellers und der Indossanten, welche sich bis zum Verfall an der Cirkulation des Wechsels betheiligt haben. Der Regreß des Inhabers ist daher, soweit die Pflicht zur Protestaufnahme in dem Wechsel nicht erlassen worden ist, von der strengen Beobachtung der vorgeschriebenen Wechselsolennitäten, welche in der Präsentation zur Zahlung und, bei Nichterlangung der letzteren, in der Protestaufnahme besteht, abhängig. Daraus folgt mit Nothwendigkeit, daß durch das Indossament eines präjudicirten, d. i. eines Wechsels, für welchen die Garantiepflicht durch Versäumniß der zur Erhaltung des Wechselrechts gesetzlich vorgeschriebenen Handlungen aufgehoben ist, Regreßrechte gegen den Aussteller und die Indossanten vor Verfall nicht übertragen werden können. Jene Regreßrechte sind erloschen, und es kann der Aussteller nur mit der civilrechtlichen Klage aus dem Fundamente der Bereicherung in Anspruch genommen werden.

2. In Ansehung des Bezogenen. Ist ein präjudicirter Wechsel noch nicht acceptirt, so hat das Papier in diesem Zustande allerdings keine reale Bedeutung; denn es fehlt ihm der Einlösungsverpflichtete: das Regreßrecht gegen die Vor-Indossanten ist erloschen und eine Zahlungspflicht des Bezogenen noch nicht vorhanden. Wird ein solches, an sich todtes Papier durch Nach-Indossament übertragen, so erlangt der Nach-Indossatar, dem Bezogenen gegenüber, nur das Recht, dem letzteren den Wechsel zur Annahme zu präsentiren, um durch die nachträgliche Annahme dem Papiere rechtliche Bedeutung und realisirbaren Effekt zu verleihen. Denn der Wechsel, als Träger einer abstrakten, formalen, auf Zahlung einer Geldsumme gerichteten Obligation, erleidet zwar durch den Verfall in Ansehung der Regreßverbundenen insofern eine materielle Veränderung, als das Regreßrecht entweder ganz erlischt, oder sich in eine Regreßforderung auflöst und in dieser Eigenschaft aufhört, ein nach Vorwärts laufendes, negociables Papier zu sein, daher in seinem Rücklaufe nur als Träger einer, jedoch gleichfalls formalen und abstrakten Entschädigungsforderung erscheint, allein er verliert durch die Verfallzeit doch nicht ganz seine merkantile Bedeutung und seine formelle Fähigkeit zur Cirkulation. Das Recht, nachträgliche Acceptation zu verlangen, ist ebenso ein Aus-

fluß des Besitzes des Wechselpapieres, als das Recht, von dem Acceptanten nach dem Verfall die Bezahlung der Wechselsumme zu fordern. So lange der Wechselanspruch gegen den Acceptanten durch Verjährung nicht erloschen ist, ist der Acceptant zur Zahlung verpflichtet, und so lange die Zahlungspflicht dauert, kann der Bezogene den Wechsel auch acceptiren und sich dadurch persönlich der Wechselverbindlichkeit unterwerfen [1]). Die Acceptation zu suchen ist im Allgemeinen ein Recht, aber keine Pflicht des Inhabers, daher auch an keine andere, als an die generelle Verjährungsfrist für den Anspruch aus der Acceptation geknüpft. Durch das Indossament nach Verfall wird ein erneuerter Versuch gemacht, die Zahlung des Wechsels auf geordnetem Wege des Wechsellaufes, d. h. durch den Bezogenen, herbeizuführen, sonst aber, — abgesehen von der modificirten Zahlungszeit, — an dem Inhalte und der rechtlichen und merkantilen Bedeutung des Wechsels Nichts geändert. Das Papier läuft in der Fassung, die ihm der Aussteller gegeben hat, auch nach dem Verfalle, unter der neuen Garantie der Nach-Indossanten weiter, und in der wechselrechtlichen Stellung des Bezogenen wird dadurch in keiner Weise eine Aenderung herbeigeführt [2]). Derselbe kann den Wechsel daher auch nach dem Verfalle rechtsgültig acceptiren, die Acceptation ablehnen, oder, ohne vorgängige Acceptation, Zahlung leisten, und sein civilrechtlicher Anspruch auf Deckung ist gegen den Aussteller, in dessen Auftrage er auch nach Verfall innerhalb der Verjährungsfrist zahlt, nicht gegen einen der Nach-Indossanten gerichtet, da diese nicht als Aussteller des Wechsels anzusehen sind und keinen neuen Zahlungsauftrag ertheilen. Wenn daher auch der Art. 16. der Allgemeinen Deutschen Wechselordnung für das Indossament eines präjudicirten Wechsels aus dem Standpunkte des vorhandenen Accepts bestimmt: „daß der Indossatar die Rechte aus dem etwa vorhandenen Accepte gegen den Bezogenen erlange", so ist dadurch der Fall, daß der Wechsel vor Verfall noch nicht acceptirt worden, nicht ausgeschlossen, sondern durch das Wort „etwa" geradezu angedeutet, daß auch dieser zweite Fall unter die Bestimmung des Art. 16. fällt [3]). Hat der Bezogene, vor oder nach Verfall, den Wechsel acceptirt, so ist er durch einen selbstständigen und unabhängigen Wechselakt in die abstrakte und formelle Wechselobligation eingetreten und bis zum Ablauf der Verjährung einem jeden dritten Inhaber des Wechsels zur Zahlung verpflichtet. Die Verpflichtung des Acceptanten ist daher eine strengere, länger andauernde, als die des Ausstellers und der Indossanten, deren Garantie durch den Verfalltag insofern einen be-

---

1) Einert erkennt in seinem Entwurfe vom Jahre 1841. Tit. 5. §. 7. ein „Accept nach der Verfallzeit" ausdrücklich an, und legt ihm gleiche Wirkung, wie dem Accepte vor Verfall bei. Brackenhöft im Arch. f. D. W.R. Bd. 1. S. 252 ff. Ladenburg a. a. O. Bd. 4. S. 49.

2) Jolly im Arch. f. D. W.R. Bd. 5. S. 38.

3) Biener a. a. O. 437. 438. 439 hält bei einem nicht acceptirten Wechsel ein Indossament nach Verfall für unmöglich, weil das Indossament seiner hergebrachten und unbestrittenen Form nach an den Bezogenen und auf den Verfalltag gerichtet sei, wie der Hauptwechsel selbst. Der Bezogene stehe aber seit dem Verfalltage, es möge protestirt oder präjudizirt sein, außer aller Verbindung mit dem Wechsel. Der Wechsel sei ein todtes Papier, was seine Endschaft erreicht habe, und wenn man dem Uebertragungsakte eine rechtliche Wirkung beilegen wolle, so könne diese nur nach der civilrechtlichen Cession beurtheilt werden. Anderer Ansicht: Wolff im Arch. f. D. W.R. Bd. 13. S. 163. Kheil, W.O. S. 141.

stimmten Abschluß erhält, als ihr wechselmäßiges Obligo sich durch den Protest entweder in eine Entschädigungsforderung verwandelt, oder bei Verabsäumung der Protestaufnahme ganz erlischt, so daß durch die Cirkulation des Wechsels nach Verfall ihre Wechselverpflichtung, wie sie durch den Verfalltag sich fixirt hat, nicht geändert werden kann. Die aus dem Accepte entstehende Wechselpflicht hat aber auch einen anderen rechtlichen Karakter, als die Garantiepflicht der Giranten. Die letztere ist eine eventuelle, erst im Falle der Nichtzahlung Seitens des Acceptanten eintretende Wechselverbindlichkeit; für sie ist der Verfalltag die äußerste Grenze der Wechselcirkulation und der Zeitpunkt, nach welchem ihre Höhe ermessen wird. Der Acceptant hat sich zwar auch zunächst verpflichtet, am Verfalltage zu zahlen und ist auch berechtigt, die Wechselsumme zu deponiren, wenn die Zahlung an diesem Tage nicht gefordert wird, allein seine Zahlungsverpflichtung ist eine prinzipale, unbedingte und wird nicht nach den am Verfalltage obwaltenden Wechselbeziehungen bestimmt, sondern dauert über den Verfalltag hinaus bis zum Ablaufe der dreijährigen Verjährungsfrist unverändert fort. Der Acceptant ist daher vermöge eigenen, über die Verfallzeit fortdauernden wechselmäßigen Verpflichtungsgrundes auch aus dem präjudicirten Wechsel dem Inhaber verhaftet und zwar nicht nach dem thatsächlichen und rechtlichen Umfange der Wechselobligation am Verfalltage, sondern nach den durch die weitere Cirkulation des Wechsels veranlaßten Verhältnissen zur Zeit der Geltendmachung des Wechselrechts. Die Allgemeine Deutsche Wechselordnung ist daher der Auffassung, welche nach Französischer und Englischer Wechseldoktrin stattfindet, und wonach der Acceptant dem Indossatar nach Verfall aus der Person des Wechselinhabers am Verfalltage den Einwand der Kompensation und Zahlung entgegensetzen kann, nicht gefolgt[4]).

3. In Ansehung der Nach-Indossanten. Der Nach-Indossant eines präjudicirten Wechsels setzt ein Papier in weitere Cirkulation, das, wenn es nicht das Accept des Bezogenen trägt, an sich ohne allen rechtlichen und merkantilen Werth ist; denn die Vor-Indossanten sind durch Präjudiz befreit, und eine Verhaftung aus dem Accepte existirt nicht. Der Wechsel hat daher keinen Einlösungsverpflichteten. Wenn aber der Inhaber nach Verfall einen solchen Wechsel weiter girirt, so übernimmt er die Verantwortlichkeit, daß der Bezogene auf nochmalige wechselmäßige Anfrage den Wechsel acceptiren und bezahlen werde, und eröffnet dadurch für den Wechsel einen neuen Lauf nach Vorwärts und eine zweite Reihe von Garanten. Diese von dem Accepte unabhängige[5]) Garantiepflicht der Nach-Indossanten[6]) ist nach denselben wechselrechtlichen Grundsätzen zu beurtheilen, nach welchen die Haftbarkeit der Indossanten vor dem Verfall ermessen wird, sie ist eine eventuelle, erst dann in Wirksamkeit tretende Wechselverbindlichkeit, wenn der Hauptverpflich-

4) Mittermaier im Arch. f. D. W.R. Bd. 1. S. 16. 26. Biener a. a. O. S. 440.

5) Biener a. a. O. S. 434 läßt aus dem Indossamente eines präjudicirten, nicht acceptirten Wechsels keinen Regreß gegen den Nach-Indossanten zu, weil der unterliegende Wechsel seine Endschaft erreicht habe. Wolle man das Indossament als selbstständigen Wechsel deuten, so fehle ihm das Requisit der Verfallzeit und die Stellung auf einen Bezogenen. Das Verhältniß gegen den Nach-Indossanten sei nach den Vorschriften der civilrechtlichen Cession zu beurtheilen. Wolff im Arch. f. D. W.R. Bd. 13. S. 173.

6) Mittermaier im Arch. f. D. W.R. Bd. 1. S. 29. Jolly a. a. O. Bd. 5. S. 40.

tete, der Bezogene, nicht zahlt; sie setzt die Beobachtung der Diligenz Seitens des Wechselinhabers bei der Präsentation, Protestation und Notifikation voraus [7]), und ist gerichtet auf Zahlung der Wechselsumme und Rücklaufskosten.

§. 106.

Der rechtliche Karakter des Indossaments eines präjudicirten Wechsels.

Der Verfalltag hat einen wesentlichen Einfluß auf den Wechsel und die daraus entspringenden Rechte. Das Präjudiz zerstört die Regreßrechte gegen die Vor-Indossanten; das Nach-Indossament überträgt das Wechselrecht gegen den Acceptanten für die Dauer der Verjährungsfrist und begründet neue Regreßrechte gegen die Nach-Indossanten. Diese abstrakten Rechtssätze der Allgemeinen Deutschen Wechselordnung hat die Wissenschaft auf eine bestimmte Theorie zurückzuführen gesucht und daraus neue rechtliche Folgerungen gezogen. Die Verhandlungen der Leipziger Konferenz, in welcher die Wirkungen des Nach-Indossaments in der gegenwärtigen Auffassung bestimmt wurden, geben über die rechtliche Natur des Indossaments eines präjudicirten Wechsels wenig Anhalt. Das letztere ist im Interesse des Verkehrs beibehalten worden, weil präjudicirte Wechsel, nach dem Zeugnisse kaufmännischer Sachverständiger, oft weiter begeben werden. Der Indossirende, so sagen die Motive [1]), mache durch das Nach-Indossament einen nochmaligen Versuch zur Einziehung. Ein Antrag auf Bestimmung einer besonderen Präsentationsfrist, welche der Liebe'sche [2]) Entwurf auf 24 Stunden nach Empfang festsetzte, wurde mit 18 gegen eine Stimme verworfen [3]). Ueber die rechtliche Natur des Nach-Indossaments eines präjudicirten Wechsels herrscht daher in der Wissenschaft und Praxis Streit. Thöl [4]), welcher in dem Indossamente eine Wiederholung der Tratte mit erneuertem Zahlungs-Auftrage findet, sieht in dem Nach-Indossamente eine „neue Tratte mit einem neuen Inhalte, nämlich einem anderen Verfalltage. Denn die in dem Nach-Indossamente enthaltene Tratte wiederhole nicht den Verfalltag der alten Tratte, da dieser bereits verflossen sei, sondern sie bestimme eine andere, spätere Zeit. Da diese nicht bestimmt sei, so sei dem Indossanten offenbar jede andere, spätere Zahlungszeit genehm; die in dem Nach-Indossamente enthaltene Tratte enthalte demnach eine Sichttratte." Diese Auffassung entspricht im Allgemeinen der rechtlichen Natur des Nach-Indossaments und hat Anerkennung gefunden in der Wissenschaft und Judikatur. Der Wechsel giebt einen bestimmten Zahlungstag an; an diesem ist die Zahlung der Wechselsumme fällig. Das Indossament eines Wechsels, dessen Verfalltag verflossen ist, überträgt daher eine bereits fällige Wechselforderung, und der Acceptant, welcher an dem verflossenen Zahlungstage zahlen sollte, ist eigentlich mit der Zahlung im

7) Borchardt a. a. O. S. 7. Liebe a. a. O. S. 76. Brauer a. a. O. S. 63. Thöl a. a. O. Bd. 2. S. 462. Biener a. a. O. S. 438. Erk. d. O.Tr. in Berlin vom 22. November 1851. (Arch. f. D. W.R. Bd. 6. S. 85.)

1) Leipz. Prot. S. 27.

2) §. 28.

3) Leipz. Prot. S. 233.

4) a. a. O. Bd. 2. §. 264.

Verzuge und daher verpflichtet, auf Vorzeigung des Wechsels sofort Zahlung zu leisten. Der nach Verfall indossirte Wechsel ist daher, dem Acceptanten gegenüber, ein Sichtwechsel, d. i. ein Wechsel, der bei der Vorzeigung fällig und zahlbar ist. Der wechselmäßige Anspruch gegen den Acceptanten verjährt in drei Jahren vom Verfalltage des Wechsels an gerechnet [5]).

Der Nach-Indossant, welcher die Garantie für den, nach erlittenem Präjudiz wieder in Cirkulation gesetzten Wechsel übernimmt, will nicht auf unbestimmte Zeit im Obligo stehen, sondern nur bis zu einem bestimmten Zeitpunkte für die Wechselzahlung haften. Seine Zahlungspflicht ist keine absolute, sondern bedingt durch die Diligenz, welche der Inhaber bei Realisirung des Wechsels am Verfalltage durch rechtzeitige Präsentation und Protestaufnahme an den Tag legt [6]). Bei dem Indossament eines präjudicirten Wechsels ist der Verfalltag aber verflossen, und es kann daher die an diesem Verfalltage bei Geltendmachung des Wechselrechts vorgeschriebene Diligenz für die rechtliche Stellung der Nach-Indossanten von keinem Einflusse mehr sein. Wollten sich letztere, zur Abwendung des gegen sie geltend gemachten Regresses, auf das Präjudiz berufen, das vor ihrem Indossamente der Wechsel erlitten hat, so würden sie ihre eigene Wechselhandlung ignoriren und daher betrüglich handeln; auch können, nach einem schon abgelaufenen Zahltage, für den Wechsel der Fälligkeitstermin und die, auch in Ansehung des Nachregresses wesentliche Präsentations- und Protestfrist nicht bestimmt werden. Die eventuelle Haftbarkeit der Nach-Indossanten, als Garanten des Wechsels, bedingt daher einen besonderen Fälligkeitstermin, an welchem die für die Regreßnahme gegen sie erforderliche Diligenz durch Präsentation, Protestaufnahme und Notifikation geleistet werden muß. Um diesen Fälligkeitstermin zu finden, muß davon ausgegangen werden, daß in dem Wechselakte des ersten Indossanten eines präjudicirten Wechsels eine neue Trassirung liegt, und daß der Wechsel in seinen rechtlichen Folgen, — wie in Ansehung des Acceptanten, so auch in Beziehung auf den Nach-Indossanten, — als auf Sicht zahlbar gestellt beurtheilt werden muß. Es findet daher die Vorschrift der Allgemeinen Deutschen Wechselordnung Anwendung, wonach ein Sichtwechsel bei Verlust des wechselmäßigen Anspruches gegen die Indossanten, insofern nicht eine bestimmte Präsentationsfrist in dem Indossamente vorgeschrieben ist, binnen zwei Jahren nach der Ausstellung zur Zahlung präsentirt werden muß. Nach diesem Zahlungstage wird die Protestfrist regulirt, so daß spätestens am zweiten Tage nach der besonders vorgeschriebenen oder der zweijährigen gesetzlichen Präsentationsfrist der Protest erhoben werden muß [7]). Es fragt sich: von welchem Zeitpunkte ab die Präsentationsfrist für den Nach-In-

5) Art. 4. Nr 4. 31. 77. A. D. W.O. Mittermaier im Arch. f. D. W.R. Bd. 1. S. 30. Liebe a. a. O. S. 76. Bluntschli a. a. O. S. 48. Brauer a. a. O. S. 53. Renaud a. a. O. S. 129. Kuntze a. a. O. S. 84. Erk. des O.Tr. in Berlin vom 22. November 1855. (Arch. f. D. W.R. Bd. 11. S. 85.) Biener a. a. O. S. 437 nimmt dem Bezogenen gegenüber einen Sichtwechsel an, wenn der Wechsel acceptirt ist. Ein nicht acceptirter Wechsel ist seiner Ansicht nach nicht indossabel.

6) Art. 41. A. D. W.O. Erk. des O.A.G. zu Dresden vom 18. Januar 1853. (Arch. f. D. W.R. Bd. 4. S. 101.) Erk. des O.Tr. in Berlin vom 22. November 1855. (Arch. a. a. O. Bd. 6. S. 85.) Kheil a. a. O. S. 141.

7) Art. 31. 41. A. D. W.O. Bluntschli a. a. O. S. 48. Brauer a. a. O. S. 53.

dossatar beginnt? Die Zahlungstermine, wo dieselben relativ bestimmt sind, z. B. bei Datowechseln, werden nach den urkundlichen Angaben in dem Wechsel ermessen [8]), bei Zeitsichtwechseln, d. i. bei solchen Wechseln, welche eine bestimmte Zeit nach Vorzeigung zahlbar sind, muß der Zeitpunkt der Vorzeigung, insofern der Bezogene die Datirung seines Accepts verweigert, durch einen Solennitätsakt festgestellt und, wenn der letztere unterblieben ist, nach dem Tage der Ausstellung bestimmt werden [9]). Bei Wechseln, die auf Sicht zahlbar gestellt sind, wird der Verfalltag durch die Vorzeigung bestimmt und die Frist für die letztere durch den Tag der Ausstellung ermessen [10]). Wenn nun auch die rechtliche Existenz des Wechsels nicht durch die einseitige urkundliche Darstellung der Wechselerklärung, sondern durch eine paritätische Kooperation Seitens des Berechtigten, durch das Nehmen des Wechsels, begründet wird, so können die substantiellen Momente des Wechsels doch nur durch dessen Inhalt dargethan und nicht auf Thatsachen, welche außerhalb der Wechselurkunde liegen, basirt werden. Es ist daher z. B. der im Gesetze von dem Momente der Ausstellung abhängig gemachten Zahlungs- und Präsentationsfrist nicht der Zeitpunkt der durch die Uebergabe des Wechsels bewirkten Perfektion des Wechselgeschäftes zu substituiren, sondern absolut die urkundliche Angabe in dem Wechselpapier entscheidend [11]). Es kann somit auch für den Endpunkt der Präsentationsfrist eines präjudicirten Wechsels in erster Reihe kein anderes Moment maßgebend sein, als dasjenige, welches der analogen Ausstellung des Wechsels, als Zeitbestimmung aufgefaßt, entspricht, nämlich das Datum des ersten Nach-Indossaments [12]). Dieser Zeitpunkt bestimmt den Anfang der Präsentationsfrist nicht für die erste Nachbegebung allein, sondern für den ganzen ferneren Lauf [13]) des nach Verfall girirten Wechsels, sodaß er jedem Nach-Indossanten gegenüber maßgebend ist.

Nr. 2[a]. Renaud a. a. O. S. 129. Kuntze a. a. O. S. 84. Thol a. a. O. Bd. 2. S. 462. Mittermaier im Arch. f. D. W.O. Bd. 1. S. 30. Jolly Arch. a. a. O. Bd. 5. S. 41. Erk. des Hamburg. H.G. vom 4. Februar und 7. März 1856. (Arch. a. a. O. Bd. 5. S. 449.) Erk. des H.G. zu München vom 12. Januar 1860. (Arch. a. a. O. Bd. 10. S. 42.) Liebe, W.O. S. 76. nimmt an, daß der präjudicirte Wechsel erst am letzten Tage der Verjährungsfrist präsentirt zu werden braucht, und daß an die Stelle der für Sichtwechsel vorgeschriebenen Frist die dreijährige Verjahrungsfrist tritt. Die Ansicht wird auch vertheidigt von Wolff im Arch. f. D. W.R. Bd. 13. S. 159—171. In dem Erk. des O.A.G. zu Dresden vom 18. Januar 1853 wird mit Hintenansetzung des bestehenden Rechts ausgeführt, daß die Annahme: ein solcher Wechsel habe die Natur eines Sichtwechsels, willkürlich sei und daß das Nach-Indossament eine Regreßpflicht nur dann begründen konne, wenn bei dem Indossamente verabredet oder doch wenigstens in dem Wechsel auf andere Weise indizirt worden, wie und wann derselbe von dem Nach-Indossatar zu präsentiren oder zu protestiren sei. Arch. f. D. W.R. Bd. 4. S 101. Volckmar u. Loewy a. a. O. S. 83.

8) Art. 4. Nr. 4. Art. 32. A. D. W.O.

9) Art. 21. A. D. W.O.

10) Art. 31. A. D. W.O.

11) Renaud a. a. O. S. 130. A. 12. „Der entscheidende Zeitpunkt ist aber nicht der der Beurkundung des Indossaments auf dem Wechsel, sondern vielmehr derjenige der Vollendung des Begebungsvertrages.“ Jolly im Arch. f. D. W R. Bd. 5. S. 48.

12) Brauer a. a. O. S. 54. Mittermaier im Arch. f. D. W.R. Bd. 1. S. 30. Bluntschli a. a. O. S. 48. Renaud a. a. O. S. 130.

13) Die Ansicht Jolly's, daß jedem Nach-Indossanten gegenüber eine besondere Frist vom Tage seines Indossaments an laufe, indem jedes neue Indossament den Wechsel aufs Neue zu einem Sichtwechsel mache, Arch. f. D. W.R. Bd. 5. S. 42., ist mit dem Wesen des Wechsels und den Grundsätzen der Verjährung nicht zu vereinigen. Wolff im Arch. f. D. W.R. Bd. 13. S. 158.

Ist das erste Nach-Indossament nicht datirt, so muß der Verfalltag, an welchem die Begebung zuerst möglich war, als der urkundlich gegebene Termin für das Nach-Indossament angesehen werden[14], analog der Bestimmung, daß für den Bezogenen, welcher bei einem Zeitsichtwechsel die Datirung seines Accepts unterlassen hat, die Verfallzeit vom letzten Tage der Präsentationsfrist an gerechnet wird. Dadurch wird der relative Verfalltag in die Urkunde selbst verlegt, was dem Wesen des Wechsels entspricht und die Beschwerlichkeit des Beweises auf Seiten des in Anspruch genommenen Nach-Indossanten über die Verspätung der Präsentation und der Protestaufnahme beseitigt.

Das Blanko-Indossament ist eine wechselmäßige Transportform, und es kann daher auch ein präjudizirter Wechsel sowohl unter dem letzten Blanko-Giro vor Verfall, als unter einem neuen Blanko-Giro weiter laufen. Da die Regreßrechte gegen die Indossanten vor Verfall aber durch Präjudiz erloschen sind, so ist auch der letzte Blanko-Indossant vor Verfall vom Regresse befreit, und eine neue Reihe von Regreß begründenden Giros kann nur entstehen durch ein neues, ausgestelltes oder Blanko-Giro des faktischen Inhabers nach Verfall. Die Begebung ohne ein solches Indossament unter dem Schutze des letzten Blanko-Giros vor Verfall überträgt zwar die Wechselrechte gegen den Acceptanten, nicht aber Regreßrechte gegen den Geber des Wechsels. Denn die Bewegungen des Wechsels unter Blanko-Giro sind sowohl vor, als nach Verfall zur Begründung des Regreßverhältnisses ungeeignet, überhaupt für den Wechselverkehr nicht erkennbar; es treten daher die nicht urkundlich gemachten Inhaber in den Wechselnexus nicht ein und übernehmen für den ordnungsmäßigen Lauf des Wechsels keine Garantie. Im Uebrigen erfolgt die Legitimation des Inhabers nach Verfall in der streng formalen Weise, wie sie vor dem Verfall geführt wird. Der Besitz des Wechsels und eine ununterbrochene Girokette begründen die rechtliche Vermuthung für das wechselmäßige Recht des Inhabers[15].

§. 107.

Das Indossament eines protestirten Wechsels. Wirkungen.

Der Aussteller und alle diejenigen, welche sich an der urkundlichen Cirkulation eines Wechsels betheiligen, übernehmen die Garantie, daß der Wechsel am Verfalltage von dem Bezogenen, nach gehöriger Präsentation, gezahlt werde.

14) Brauer a. a. O. S. 54. Mittermaier im Arch. f. D. W.R. Bd. 1. S. 30. Wolff im Arch. a. a. O. Bd. 13. S. 162. führt aus, daß bei nicht datirtem Indossamente die Vermuthung dafür spreche, daß dasselbe vor dem Verfalltage auf den Wechsel gesetzt sei. Der Beweis, daß ein Indossament nach Verfall auf den Wechsel gesetzt worden, dürfe nicht abgeschnitten werden. Sobald aber einmal die Qualität als Nach-Indossament feststehe, müsse die Präsentations- und Zahlungsfrist sowohl im Falle der Datirung als der Nicht-Datirung des Indossaments, vom Verfalltage an gerechnet werden. Anderer Ansicht ist Renaud a. a. O. S. 130 und Jolly im Arch. f. D. W.R. Bd. 5. S. 47. Dieselben verlangen von dem Nach-Indossatar den Nachweis, daß das betreffende Indossament ein Nach-Indossament sei, und von dem Nach-Indossanten, daß der nachindossirte Wechsel innerhalb der bestimmten Frist zur Zahlung nicht präsentirt worden.

15) Art. 12. 13. 36. A. D. W.O. Thol a. a. O. Bd. 2. S. 464 Erk. des O.Tr. in Berlin vom 10. Juni und 26. Februar 1856. (Arch. f. D. W.R. Bd. 6. S. 91. u. 92.)

Wird diese Erwartung ganz oder zum Theil nicht erfüllt, so muß der Inhaber die geschehene Präsentation und die Nicht-Erlangung der Zahlung durch den solennen Akt der Protestation urkundlich feststellen lassen. Ist dieses in rechter Zeit und Form geschehen, so wird dadurch das Recht zum wechselmäßigen Regresse gegen den Aussteller und den Indossanten erhalten [1]). Die wechselmäßige Garantiepflicht endet daher mit dem Verfalltage; mit diesem Zeitpunkte verwandelt sich in der Hand des letzten Inhabers der Wechsel in eine Wechsel-Entschädigungsforderung gegen die Garanten. Zur Realisirung dieser Regreßforderung tritt der Wechsel, auf Grund des Protestes, seinen Rücklauf an, und dieser Rücklauf durch die Reihe der solidarisch verhafteten Regreßverpflichteten ist beendet, sobald der Wechsel entweder nachträglich von dem Bezogenen bezahlt, oder schließlich von dem Aussteller eingelöst wird. Die auf dem Wechsel und dem Proteste beruhende Entschädigungsforderung, welche in dem Betrage der nicht bezahlten Wechselsumme nebst Zinsen, Protest- und Provisionskosten besteht [2]), ist nun zwar zum wechselmäßigen Negociiren nicht geeignet, mit anderen Worten, der Wechsel als Träger jener Regreßforderung ist nicht mehr ein negociables Papier, denn er hat durch den Verfalltag seinen Lauf nach Vorwärts beendet, und durch den erhobenen Protest sind die wechselmäßigen Rechte und Pflichten in den Personen, welche sich bis dahin an der Cirkulation des Wechsels betheiligt haben, fixirt; allein die durch die rechtlichen Beziehungen der Wechselverpflichteten am Verfalltage konsolidirte Wechselforderung kann doch auf Andere übertragen werden [3]). Diese Uebertragung erfolgt zwar in der Form des Indossaments, jedoch nicht mit der, dem letzteren sonst eigenthümlichen Selbstständigkeit und Unabhängigkeit von den existenten wechselrechtlichen Beziehungen, sondern in beschränkterer Weise mit der Rechtswirkung, daß auf den Indossatar nur die Rechte seines Indossanten gegen den Acceptanten, den Aussteller und diejenigen übergehen, welche den Wechsel bis zur Protesterhebung indossirt haben [4]).

Die Wirkungen des Indossaments eines rechtzeitig und in gehöriger Form [5]) protestirten Wechsels sind theils formeller, theils materieller Art. In formeller Beziehung erscheint das Indossament als eine Uebertragungsform, welche nicht durch den civilrechtlichen Nachweis des Eigenthumserwerbes, mit Beachtung der materiellen Auktorschaft des Uebertragenden, vermittelt wird, sondern die den leichten Gang des Wechsels unter dem rechtlichen Schutze der Form und der gesetzlichen Vermuthung der Rechtmäßigkeit des Besitzes auch nach dem Verfalle regelt. Die zusammenhängende, bis auf den Inhaber herabreichende Girokette, verbunden mit dem Besitze des Wechsels und des Protestes, begründet die wechselmäßige Legitimation des Inhabers jedem Wechselverpflichteten gegenüber, und diese formale Legitimation befreit den in Anspruch genommenen Wechselverbundenen von der Pflicht, die Echtheit der

1) Art. 8. 14. 25 ff. 31. A. D. W.O.
2) Art. 50. 51. A. D. W.O.
3) Mot. zum Preuß. Entw. vom Jahre 1836. S. 68. Mot. zum Preuß. Entw. vom Jahre 1845. S. 23. Mot. zum Preuß. Entw. vom Jahre 1847. S. XLIII Leipz. Prot. S. 26. 27.
4) Art. 16. Absatz 2. A. D. W.O.
5) Erk. d. O.Tr. in Berlin vom 14. Mai 1861. (Arch. f. D. W.R. Bd. 11. S. 102.)

Indossamente zu prüfen [6]). Das Indossament eines protestirten Wechsels unterscheidet sich daher in formeller Beziehung nicht von dem Indossamente, welches dem Wechsel vor dem Verfall beigefügt ist, oder welches den Lauf eines präjudicirten Wechsels vermittelt; wie letzteres stellt es nicht das Eigenthum, aber die formelle Gläubigerschaft des Inhabers fest. Das Indossament eines protestirten Wechsels ist daher in formaler Beziehung nicht nach den civilrechtlichen Grundsätzen der Cession aufzufassen, sondern es ist die wechselmäßige Transportform mit voller formaler Wirkung. Dafür spricht die Entstehungsgeschichte des Art. 16. der Allgemeinen Deutschen Wechselordnung und die rechtliche Natur des Wechsels in seinem Rücklaufe. Alle Preußischen Entwürfe legten dem Indossamente nach dem Verfalle nur die Wirkung einer Cession bei. Eingehend, unter Berücksichtigung der modernen Wechsel-Theorien von Einert und Liebe, äußert sich über die Wirkung des Indossaments nach Verfall der Preußische Kommissionsbericht, betreffend die Vernehmung der Sachverständigen, vom Jahre 1846. Die Bemerkung des Kommerzienrathes von der Heydt: daß der §. 49., welcher dem Indossamente nach Verfall nur die Wirkung einer Cession beilegte, entbehrlich erscheine, weil der §. 48. das Indossament nur bis zum Verfalltage gestatte, wurde nicht für richtig erklärt, „weil ohne den §. 49. das an sich vollständige, aber nicht die civilrechtlichen Erfordernisse einer Cession an sich tragende Giro auch nicht als Cession gelten würde". Es wurde die aufgeworfene Frage, „ob das Indossament auch dann, wenn es nicht die civilrechtlichen formellen Erfordernisse einer Cession habe, zur Uebertragung der Wechselforderung genügen solle?" ausdrücklich bejaht. Demnächst wurde die materielle Wirkung des Nach-Indossaments durch die Frage: „in wiefern der Indossatar Wechselrechte erlange?" aus dem Rechtsstandpunkte der Cession beantwortet und ausdrücklich anerkannt, daß es einer besonderen Bekanntmachung des Indossaments an die Wechselschuldner nicht bedürfe, weil sich der Schuldner den Wechsel jederzeit vorzeigen lassen könne [7]). Auch in der Leipziger Konferenz deklarirte der Referent die Bestimmung des Preußischen Entwurfes dahin: „daß, wenn dem Giro nach Verfall die Wirkung einer Cession beigelegt worden, damit gesagt sein solle, daß derjenige, welcher aus einem ihm nach Verfall girirten Wechsel Ansprüche erhebe, sich dieselben Einreden gefallen lassen müsse, welche gegen den Cedenten geltend zu machen gewesen wären [8])."

Von mehreren Seiten wurde es getadelt, in der Wechselordnung auszusprechen, „daß ein Indossament unter der Voraussetzung des Entwurfes eine Cession sei, indem Cession und Indossament in ihrem innern Wesen von einander verschiedene Dinge seien und eines derselben nicht in das andere übergehen könne. Jener Satz werde zu der irrigen Theorie Anlaß geben, es sei der eigentliche Kern des Indossaments eine Cession, und dieser Kern trete jedesmal hervor, wenn die

---

6) Art. 36. A. D. W.O. Hoffmann im Arch. f. D. W.R. Bd. 5. S. 294. Thöl a. a. O. Bd. 2. S. 460. meint, daß der Verpflichtete den Beweis der Echtheit des Nach-Indossaments verlangen kann.

7) Kommissionsbericht S. 38. Ganz in derselben Weise äußern sich die Motive zu dem Preuß. Entw. vom Jahre 1847. S. XLIII.

8) Leipz. Prot. S. 26.

besonderen wechselrechtlichen Verstärkungen und Zuthaten, durch welche er verdeckt sei, hinwegfielen. Eine solche Theorie werde sicher zu Verirrungen führen und sei für ein gemeinsames Gesetz um so weniger brauchbar, als die verschiedenen Civilrechte keineswegs völlig gleiche Grundsätze über Cessionen enthielten. Da nach dem Verfalltage bis zur Verjährung die Wechselkraft noch bestehe, so müsse man es hinsichtlich des Indossaments schlechthin bei den gewöhnlichen wechselrechtlichen Folgen lassen, mit der Einschränkung, daß das Indossament nach Verfall die Regreßrechte des Indossirenden übertrage." Durch die Materialien der Allgemeinen Deutschen Wechselordnung ist daher in unzweifelhafter Weise der Grundsatz anerkannt worden, daß auch das Indossament nach Verfall ein bloß durch die Form getragener Transportakt und daher nach demselben formellen Rechte zu beurtheilen ist, wie die Begebung des Wechsels durch Indossament vor Verfall. Die Legitimation des Inhabers eines protestirten Wechsels wird begründet durch das Indossament, verbunden mit dem Besitze des Wechsels und des Protestes. Die Gläubigerschaft ruht auf der gesetzlichen Vermuthung der Rechtmäßigkeit des Begebungsaktes und hängt daher nicht von der civilrechtlichen Begründung des Eigenthumserwerbes, der Namhaftmachung des Auktors, dem Nachweise der Echtheit der Unterschrift ab [9]).

Um die materiellen Wirkungen des Indossaments nach Verfall zu bestimmen, ist davon auszugehen, daß der Wechsel durch den Eintritt der Verfallzeit seinen Zweck als negociables Kreditpapier erfüllt hat und sich, nach den urkundlich zum Ausdruck gekommenen Wechsel-Funktionen, in eine Wechsel-Regreßforderung auflöst. Die Rechte und Pflichten, welche aus dem Wechselpapiere bis dahin entstanden sind, werden durch den Verfalltag in der Person der Wechsel-Interessenten fixirt, der Kreis ihrer wechselrechtlichen Beziehungen wird geschlossen und dadurch zwischen bestimmten Personen eine nach Zeit, Umfang und rechtlicher Beschaffenheit streng begrenzte wechselmäßige Regreß-Obligation dargestellt. Wird diese durch den Wechsel repräsentirte, und in ihrer rechtlichen Beziehung zu bestimmten Personen durch die Protesturkunde dargestellte persönliche Wechsel-Obligation auf Andere übertragen, so folgt daraus mit rechtlicher Nothwendigkeit von selbst, daß diese Uebertragung nur in dem rechtlichen Umfange und mit den persönlichen Rechtsbeziehungen erfolgen kann, in welche die Wechselobligation durch den Verfall eingetreten ist. Diese Rechtsfolge ist die Wirkung der Cession, der Geltendmachung einer Obligation nicht aus eigenem, sondern aus dem Rechte des ursprünglich Berechtigten, des Auktors. Es bestimmt daher auch die Allge-

---

9) Art. 12. 36. A. D. W.O. Hoffmann in Goldschmidt's Zeitschr. Bd. 1. S. 254; im Arch. f. D. W.R. Bd. 5. S. 294. und Bd. 10. S. 146. Ladenburg im Arch. a. a. O. Bd. 5. S. 418. Wolff im Arch. a. a. O. Bd. 13. S. 155. Erk. d. O.Tr. in Berlin vom 22. Mai 1855, 10. Januar 1856, 26. Februar 1856 und 17. Juli 1858. (Arch. a. a. O. Bd. 5. S. 343, Bd. 6. S. 91 u. 92, Bd. 7. S. 407, Bd. 9. S. 70.) Erk. d. O.L.G. zu Wien vom 16. März 1858. (Arch. a. a. O. Bd. 8. S. 187.) Borchardt a. a. O. S. 95. Zus. 193. Anderer Ansicht sind: Thol a. a. O. Bd. 2. §. 264. Jolly im Arch. a. a. O. Bd. 5. S. 45, welche annehmen, daß der Nach-Indossatar auf die, dem eigentlichen Indossatar zustehende einfache Legitimationsart durch äußerlich ordnungsmäßige Indossamente keinen Anspruch habe, vielmehr seine Legitimation vollständig beweisen, d. h. die Echtheit der Unterschrift seines Nach-Indossanten und der etwaigen früheren Nach-Indossanten darthun müsse.

meine Deutsche Wechselordnung [10]), daß das Indossament eines protestirten Wechsels nur die Rechte des Indossanten gegen den Acceptanten und die Giranten überträgt, und keine selbstständigen Wechselrechte gegen den Indossanten nach Verfall begründet. Der Indossatar eines protestirten Wechsels erwirbt daher die Wechsel-Regreßobligation in dem rechtlichen und faktischen Umfange, in welchem sein Auktor, der Nach-Indossant, dieselbe gegen die Wechselverpflichteten geltend zu machen berechtigt gewesen wäre, auch mit den Rechten aus einem etwaigen rechtkräftigen Wechselerkenntnisse [11]), und muß sich daher alle Einwendungen gefallen lassen, welche der in Anspruch genommene Verpflichtete dem Auktor des Klägers, nach der Natur der Obligation und nach sonstiger Rechtsbeziehung, hätte entgegensetzen können. Gleiche Wirkung, wie das Nach-Indossament, hat die Einlösung des protestirten Wechsels durch den Aussteller oder einen Vor-Indossanten ohne Giro. Auf den einlösenden Regreßpflichtigen geht die Regreßforderung in ihrer rechtlichen Beschaffenheit zur Zeit der Einlösung über; das frühere urkundliche Eigenthum des Einlösenden lebt nicht wieder auf, sondern dient in Verbindung mit der Thatsache der Einlösung nur zur formellen Legitimation [12]). Das rechtliche Verhältniß des Nach-Indossatars zum Nach-Indossanten regelt sich nach den civilrechtlichen Grundsätzen der Gewährleistung und ist nur im ordentlichen Prozesse zu verfolgen [13]).

Daß ein protestirter Wechsel auch unter der wechselrechtlichen Form des Blanko-Giro's weiter begeben werden kann, ist nicht zweifelhaft, und ebensowenig kann es bedenklich sein, daß ein protestirter Wechsel unter dem Schutze eines vor Verfall gefertigten Blanko-Giro's übertragen werden kann; zweifelhaft und streitig sind aber die Rechtswirkungen einer solchen Weiterbegebung. Es haben sich darüber verschiedene, in der Wissenschaft und Judikatur gleich vertheidigte Rechtsansichten geltend gemacht.

1. Ein solches Blanko-Giro soll gar nicht fähig sein, den faktischen Inhaber nach Verfall zu legitimiren, weil mit dem Proteste am Verfalltage die zusammenhängende Reihenfolge der ordentlichen Indossamente geschlossen worden, jeder spätere, nicht zu jener Reihe von Indossataren gehörige Erwerber eine neuerdings von Einem derselben auf ihn geschehene Transferirung dokumentiren müsse. Das letzte Blanko-Indossament sei durch den Protest verbraucht. Die aus dem Blanko-Giro legitimirte Person, den letzten Indossatar, weise nicht der Wechsel, sondern der Protest nach; „er sei derjenige Wechsel-Inhaber und nur derjenige, wel-

10) Art. 16. Alinea 2. A. D. W.O.

11) Erk. des obersten österr. Gerichtsh. in Wien vom 30. März 1857. (Arch. f. D. W.R. Bd. 8. S. 192.) Borchardt a. a. O. S. 81. Zus. 163. 164.

12) Erk. d. O.Tr. in Berlin vom 2. Febr. 1857. (Strieth. Arch. Bd. 23. S. 321., Entsch. Bd. 35. S. 204, Arch. f. D. W.R. Bd. 7. S. 105.) Erk. vom 27. März 1855, 14. Sept. 1852, 23. Febr. 1854. (Strieth. Arch. Bd. 6. S. 315, Bd. 11. S. 370, Bd. 17. S. 103.)

13) Mot. zum Preuß. Entw. von 1847. S. XLIV. Leipz. Prot. S. 27. Liebe, W.O. S. 77. Brauer a. a. O. S. 55. Bluntschli a. a. O. S. 41. Renaud a. a. O. S. 131. Thol a. a. O. Bd. 2. §. 264. Mittermaier im Arch. f. D. W R. Bd. 1. S. 31. Hoffmann im Arch. a. a. O. Bd. 5. S. 295. Kheil a. a. O. S. 140. Einwand des Zwanges: Erk. d. O.Tr. in Berlin vom ..... (Arch. a. a. O. Bd. 4. S. 449.) Erk. v. 22. Mai 1855. (Entsch. Bd. 31. S. 70. Arch. a. a. O. Bd. 5. S. 342.)

cher den Wechsel Mangels Zahlung habe protestiren lassen. Eine andere Person könne Rechte aus dem Wechsel nicht auf Grund des Blanko-Indossaments, sondern auf Grund keines anderen Indossaments, als eines von dem letzten, durch den Protest ausgewiesenen Indossatar gegebenen Indossaments haben. Dieses Indossament sei also ein Nach-Indossament des letzten Indossatars [14])." 2. Der letzte Blanko-Indossant vor Verfall sei dem nacherwerbenden Nehmer gar nicht verpflichtet, weil jenes Blanko-Giro als ein erst nach dem Verfall und Protest entstandenes Indossament angesehen werde und keine wechselrechtliche Regreßverpflichtung begründe [15]). 3. Eine Begebung nach Verfall unter dem Schutze eines vorher ertheilten Blanko-Indossaments sei in ihren Rechtswirkungen weder ausgedehnter, noch beschränkter, als ein Indossament nach Verfall. Insbesondere habe eine derartige spätere Wechselerwerbung auf ein früheres, vor Verfall ausgestelltes Blanko-Indossament hin hier weder zur Folge, daß der Erwerber des Wechsels wie ein Wechselnehmer vor Verfall behandelt werde, der selbstständige Wechselrechte und nicht bloß die Wechselrechte seiner Vormänner erhalte, noch auf der andern Seite, daß ein derartiges Blanko-Indossament als ein Indossament nach erhobenem Proteste, welches den Aussteller desselben wechsel-regreßfrei mache, rechtlich zu beurtheilen sei. Der Blanko-Indossant sei daher dem nacherwerbenden Nehmer mit der Einschränkung verpflichtet, daß dieser als Cessionar des Vormannes, welcher den Wechsel zuletzt vor Verfall besessen, gelte [16]). 4. Der Blanko-Indossant sei jedem auch nach Verfall erwerbenden Nehmer als wirklicher, unmittelbarer Indossant vollständig und unbeschränkt verhaftet, sofern sich der Nehmer auf das Blanko-Giro stütze. Das Blanko-Giro werde daher gar nicht als ein Indossament nach Verfall angesehen. Denn über die Perfektion des Blanko-Indossaments entscheide der Zeitpunkt der Kreation, der Unterschrift des Indossanten. Die Zwischeninhaber kämen nicht in Betracht, nur der letzte Inhaber, auf welchen das Blanko-Giro fixirt werde, sei als Gläubiger und Indossatar anzusehen, und dessen Forderung auf den Zeitpunkt der Unterschrift retrotrahirt. Der Erwerber nach Verfall sei daher nicht als Nach-Indossatar, sondern als unbeschränkter Wechselgläubiger zu betrachten [17]).

Diese Rechtsansichten gehen weit auseinander. Von der einen Seite wird die Rechtsunwirksamkeit, von der anderen Seite die wechselmäßige Qualität einer solchen Begebung als Vor-Indossament behauptet, während die anderen Ansichten in der Mitte dieser beiden Extreme stehen. Bei der Beurtheilung des Rechtsverhältnisses, welches durch die Begebung eines protestirten Wechsels, unter dem Schutze eines vor Verfall ertheilten Blanko-Giros, entsteht, muß davon ausgegangen werden: a) daß die rechtliche Existenz des Indossaments eine Mitwirkung Seitens des Nehmers bei Begründung des Begebungsaktes, ein Geben und Neh-

14) Thol a. a. O. Bd. 2. S. 465. Erk. des Gerichtsh. zu Hamburg. (Arch. f. D. W.R. Bd. 7. S. 373. Bd. 9. S. 180.)

15) Rießer in Voigt's neuem Arch. f. Hand.-Recht. Bd. 3. S. 29. 61.

16) Hoffmann im Arch. f. D. W.R. Bd. 11. S. 315. Erk. d. O.Tr. in Berlin vom 22. Mai 1855 und vom 21. Februar 1860. (Arch. a. a. O. Bd. 5. S. 342 u. Bd. 11. S. 315.)

17) Martin im Arch. f. Hand.-Recht. Bd. 2. S. 383. 415. Kuntze im Arch. f. D. W.R. Bd. 11. S. 145.

men des Wechsels voraussetzt; b) daß der Wechsel durch den Verfall zwar eine rechtliche Fixirung der Entschädigungsforderung erleidet, daß aber die wechselrechtlichen Transportformen auch nach dem Verfalle noch anwendbar sind, daß ein Wechsel nach Verfall selbst unter dem Schutze des früher ertheilten Blanko-Indossaments cirkuliren kann; c) daß die nicht urkundlich verzeichneten Blanko-Inhaber für die Rechtsfolge des Wechsels sowohl vor, als nach Verfall ohne Einfluß sind, für das Wechselverhältniß nicht existiren. Ist das auf dem Wechsel befindliche Blanko-Giro durch Uebergabe des Wechsels vor Verfall an einen Dritten zur rechtlichen Existenz gediehen, so ist dieser faktische Inhaber auch der präsumtive Eigenthümer des Wechsels. Dieser faktische Besitz und die damit verbundene Vermuthung der Rechtmäßigkeit legitimiren den Inhaber zur Disposition über den Wechsel resp. die Regreßforderung. Der Blanko-Inhaber kann den Wechsel gegen den Acceptanten, oder im Regreßwege gegen die Giranten realisiren; den Wechsel aber auch weiter begeben. Giebt er den unter Blanko-Giro laufenden Wechsel ohne urkundliche Verzeichnung weiter, so hört sein, durch den faktischen Besitz begründetes Verhältniß zu dem Wechsel und den Wechselverpflichteten auf, ohne irgend eine rechtliche Spur seines Besitzes zurückzulassen; er steht zu dem Wechsel in einer gleichen Beziehung, als derjenige, welcher ein Stück Geld, ein lettre au porteur ausgegeben hat, zu diesem Werthstücke steht. Dagegen tritt der faktische Blanko-Inhaber in den Wechselnexus ein, sobald er seine Inhaberschaft urkundlich gemacht hat, entweder durch Ausfüllung des Blanko-Indossaments auf seinen Namen, oder durch Begebung vermittelst neuen Giros. Wird von dem Blanko-Inhaber nach Verfall ein ausgefülltes, oder neues Blanko-Indossament gegeben, so stellt sich letzteres als Nach-Indossament, und der Geber als Nach-Indossant dar. Hat der Blanko-Inhaber am Verfalltage Protest aufnehmen lassen, so wird durch die Protesturkunde seine Person in urkundlicher Weise in ein rechtliches Verhältniß zu dem Wechsel und zu den Wechselpersonen gesetzt; er ist der urkundlich nachgewiesene letzte Inhaber des Wechsels zur Zeit des Verfalles, von dem die wechselmäßige Legitimation für den ferneren Lauf des Wechsels ausgeht. Begiebt ein solcher Inhaber den Wechsel ohne besonderes Indossament auf Grund des schon vor Verfall vorhandenen Blanko-Indossaments weiter, so erscheint er zwar nicht auf dem Wechsel als Indossant; allein seine Inhaberschaft ist durch den Protest in urkundlicher Weise festgestellt, so daß er bei der Begebung ohne Giro dennoch als Indossant und zwar als Indossant nach dem Proteste anzusehen ist. Derselbe Rechtssatz muß zur Anwendung kommen, wenn der letzte, durch ein ausgefülltes Giro legitimirte Inhaber, nach der Protestaufnahme, die ausgefüllten Indossamente ausstreicht und unter einem vorstehenden Blanko-Giro den Wechsel ohne Indossament weiter begiebt. Durch die Protesturkunde ist seine Stellung zu dem Wechsel als letzter Inhaber festgestellt, das Ausstreichen der Indossamente kann das durch den Protest festgestellte Verhältniß der Wechselinteressenten nicht ändern, und die Begebung ohne Giro erscheint daher als Nach-Indossament, und der Geber selbst als Nach-Indossant. Die weiteren durch Wechsel und Protest nicht erkennbar gemachten Blanko-Inhader nach Verfall treten in das wechselrechtliche Verhältniß nicht ein, insofern sie nicht ihre Gläubigerschaft in gleicher Weise, wie durch die Protestaufnahme, durch einen unzweifelhaften Akt der Disposition äußerlich dokumentirt und für das Wechselverhältniß erkennbar gemacht haben. Als ein solcher urkundlicher Akt muß es angesehen werden, wenn ein späterer Inhaber unter dem Schutze eines vor Verfall ausgestellten Giros gegen einen Wechselverpflichteten sein Recht aus dem Wechsel vor Gericht verfolgt und ein Erkenntniß erstritten hat. Dadurch ist der faktische, auf dem Wechsel selbst nicht vermerkte Blanko-Inhaber in den Wechselnexus eingetreten, wie wenn er das Indossament auf sich ausgefüllt hätte, und es kann dieser Umstand bei der Geltendmachung des Wechselrechts, auf den Einwand des in Anspruch genommenen Verpflichteten, nicht ignorirt werden [18]). Hiernach muß man als wechselrechtliche Grundsätze annehmen:

1. der unter Blanko-Giro in Noth gerathene Wechsel kann unter dieser Begebungsform ohne neues Giro auch nach Verfall laufen;

2. als Nach-Indossant gilt nicht der letzte Blanko-Indossant, sondern der letzte Inhaber, dessen Gläubigerschaft durch den Protest wechselmäßig fixirt worden ist;

3. die nicht urkundlich gemachten Blanko-Inhaber stehen dem wechselmäßigen Verhältnisse fern und können in ihrer Eigenschaft als frühere faktische Inhaber des Wechsels in das Wechselverhältniß nicht hineingezogen werden, insofern nicht ihre Person durch unzweifelhafte Akte der Disposition, z. B. durch rechtskräftig erstrittene Entscheidung, in rechtliche Beziehung zu dem Wechsel gesetzt worden ist. —

Achtes Kapitel.

Die Acceptation des Wechsels.

§. 108.

Die Acceptation. Allgemeiner Begriff und historische Entwickelung.

Ein wichtiges, für den Wechsellauf einflußreiches Moment ist die Acceptation, d. i. die wechselmäßige Erklärung des Bezogenen, die Wechselsumme nach Inhalt des Wechsels zahlen zu wollen. Der Bezogene heißt, wenn die Annahme erfolgt ist, der Acceptant. Durch die Annahme des Wechsels Seitens des Bezogenen gewinnt das Wechselgeschäft an Sicherheit und Halt, indem dem Wechsel durch die Acceptation ein Hauptverpflichteter gegeben und dadurch die Hoffnung auf Zahlung am Verfalltage erhöhet wird.

In der ersten Zeit des Wechselverkehrs war der Lauf des Wechsels, nach

---

18) Erk. d. O.Tr. in Berlin vom 22. Mai 1855. (Arch. f. D. W.R. Bd. 5. S. 342. Entsch. Bd. 31. S. 70.) Die Gründe in ihrer generellen Fassung erregen Bedenken; nur in vorstehender Einschränkung können sie, als dem Geiste des Wechselrechts entsprechend, anerkannt werden.

Zeit und Raum, beschränkt; die Zahlungszeit war kurz bemessen; der Wechsel war ein Rektapapier zwischen dem Aussteller und Nehmer; der Gang desselben war zwischen dem Zieh- und Zahlorte begrenzt; das Eintreten dritter Personen in die Wechselobligation war nicht üblich und nur in der Form der Cession möglich. Ein Wandern des Wechsels aus Hand in Hand, von Ort zu Ort, wie das heute das Schicksal des Wechsels ist, lag nicht in dem Bedürfnisse des Verkehrs und daher auch nicht in der Natur des Wechsels. Der Bezogene, der Zahlungsbeauftragte, war bei minder ausgebreiteter Wechselbekanntschaft in der Regel ein Kompagnon, ein socius, ein Freund des Ausstellers am Zahlorte, oder eine Kommandite am Meßplatze, so daß auf die Annahme des Wechselauftrages, als an einen alter ego des Trassanten gerichtet und sich von selbst verstehend, kein großes Gewicht gelegt wurde, sich daher auch nicht als ein besonderer Wechselakt darstellte, sondern mit der Zahlung, der Realisation des Wechsels, zusammenhing [1]). Diese durch die Beschränktheit des Verkehrs und durch die persönlichen Beziehungen des Ausstellers zum Bezogenen veranlaßte Sitte und Auffassung mußten schwinden, nachdem der Wechselverkehr größere Dimensionen angenommen hatte und der Wechsel nicht mehr ein Monopol der italienischen Kampsoren, sondern, insbesondere nach Anwendung des Indossaments, Gemeingut des gesammten Kaufmannsstandes geworden war. Da gaben die rechtliche Natur des Wechsels und das Bedürfniß des Verkehrs es von selbst an die Hand, daß der Wechselinhaber schon vor dem Verfalle sich nach der Person des Bezogenen erkundigte und denselben über die Annahme des im Wechsel enthaltenen Zahlungsauftrages befragte; daß in der Annahme dieses Auftrages der verpflichtende Rechtsgrund zur Haftbarkeit des Bezogenen und in der Ablehnung des Auftrages die rechtliche und thatsächliche Bedingung für die Gewährleistungspflicht des Ausstellers gefunden wurde.

Der Wechselverkehr koncentrirte sich bis in das 17. Jahrhundert hauptsächlich auf den Messen, jenen welthistorischen Centralstätten des Handels und des Geldverkehrs [2]). Die Champagner Messen, foires de Champagne, im 14. und 15. Jahrhundert, und die ausschließlich dem Wechselverkehre gewidmeten Genueser Messen zu Besançon, Piacenza und Novi im 16. und 17. Jahrhundert, worüber uns Scaccia und Raphael de Turri interessante Mittheilungen gemacht haben, vereinigten den Handel und den Wechselverkehr der ganzen civilisirten Welt. Die Centralisation dieses Weltverkehrs an einem Orte innerhalb einer kurz bemessenen Zeit erforderten eine strenge geschäftliche Regelung und diese war, unter Aufsicht besonderer Meßbehörden, conservatores nundinarum, maîtres des foires, conservateurs des foires, in den einzelnen Meßordnungen gegeben. Die letzteren schrieben den Gang der Meßgeschäfte und auch die Zeit für die Acceptation und Bezahlung der Wechsel genau vor [3]). Durch diesen, theils durch Ge-

---

1) Kuntze a. a. O. S. 154. Wächter a. a. O. S. 340.
2) Scaccia l c. §. 1. qu. 6. u. 10.
3) Martens a. a. O. S. 16. Göß a. a. O. S. 10. Biener a. a. O. S. 46. 107. Kuntze a. a. O. S. 152. Auf der Messe zu Besançon, welche nur acht Tage dauerte, waren

wohnheit, theils durch besondere Meßordnungen geregelten Gang für die Abwickelung der Meß- und Wechselgeschäfte war der Akt der Acceptation und der Akt der Zahlung, welche in der ersten Periode des Wechselverkehrs zusammen fielen, von einander zeitlich getrennt und als verschiedene Wechselakte dargestellt, dadurch aber der Grund für die geschäftliche und dogmatische Auffassung der Acceptation als eines besonderen accessorischen Wechselaktes auch für Nichtmeßwechsel gelegt worden.

Wie uns die älteren Wechselrechtslehrer Scaccia und Raphael de Turri mittheilen, so geschah die Acceptation auf den Messen mündlich; die Präsentation zur Annahme wurde nicht als ein solenner Wechselakt, sondern als ein Mittel zur Vergewisserung über das Schicksal des Wechsels angesehen. Der Wechsel wurde an dem Versammlungsorte der Kaufleute, — der Börse, — zum Zwecke der Acceptation öffentlich ausgerufen, und jeder Fierant hatte ein kleines Buch, in welchem sich ein Wechselkonto für die Messe befand, bilan, scartafaccia. Auf diesem Konto wurden die Acceptationen bei den betreffenden Posten durch ein Kreuz, die vorbehaltlichen Erklärungen mit v (vû i. e. vû pour répondre à tems) und die ablehnenden Erklärungen mit S. P. i. e. sopra protesto oder sine praejudicio [4]) bezeichnet [5]). Dadurch war den Acceptationen, unter der Autorität des Kaufmannswortes, öffentlicher Glaube, fides publica, gegeben. Die Acceptation der Nichtmeßwechsel erfolgte dagegen theils schriftlich, theils mündlich, theils stillschweigend durch Zurückbehaltung des Wechsels [6]). Die Weiterungen und Unsicherheit, welche durch die mündliche Acceptation der Wechsel im Verkehre entstanden, und das Verlangen, das Wechselinstitut in allen seinen Theilen auf die Schrift, die sicherste und dauerhafteste Beweisform, zu stützen, führten durch Gewohnheit und Gesetz zur Schriftlichkeit des Accepts [7]). Die älteste Spur des schriftlichen Accepts findet sich in der Verordnung des Magistrats zu Barcelona von 1394 [8]). Auch in Italien, Frankreich und Deutschland fand die Schriftlichkeit des Accepts immer mehr Eingang [9]), zumal die Skontration [10]) auf den Messen und später, nach Anwendung des Indossaments, die Cirkulation des

---

der erste Tag, auf der Messe zu Lyon, welche einen Monat dauerte, die ersten sechs Tage für die Acceptationen, die übrige Zeit für das Skontriren und die Zahlung bestimmt.

4) Die Bedeutung ist unter den Wechsellehrern zweifelhaft. Riccius l. c Anmerk. z. §. 39. exercit. X sect. 3 Siegel a. a. O. S. 154. 429.

5) Scaccia l. c. §. 2 gl 4. n 10, § 2. gl. 5. n. 332. Raphael de Turri disp II qu. 12. n. 1. Martens a. a. O. S. 67. Anh. S. 70. Gotz a. a. O. S. 10. Biener a. a. O. S. 46. Kuntze a. a. O. S. 153. 165.

6) Primo fit per expressa verba, de quibus constet per scripturam extensam, nempe per publicum instrumentum vel per scripturam propriae manus; secundo per expressa verba, sed sine scriptura; tertio tacite per receptionem et retentionem literarum Scaccia l c. § 2 gl. 5. n. 333 seq Franck l c lib. I sect. 3 tit. 3. §. 9. Heydiger a. a. O. S. 74. Hamburger W.O. v. 1711. Art. 7. Siegel a. a. O. S. 416.

7) Kuntze a. a. O. S. 154. 165. 174.

8) Martens a. a. O. Anh. S. 108. Biener a. a. O. S. 110.

9) Wechselordnung von Bologna von 1569. Reglement der Borse von Lyon von 1667. Ord sur le commerce von 1673. Art. 5. §. 1. Siegel a. a. O. S. 446. Phoonsen, Amsterdamer Wechselgebrauch. Kap. 10. §. 10. Leipziger W.O. von 1682. §. 8. Heydiger a. a. O. S. 78 ff.

10) Acceptirte Wechsel galten bei der Ausgleichung als Zahlung. Scaccia l. c. § 2 gl 5. n. 11. Martens a. a. O. Anh. S. 45. Biener a. a. O. S. 47. 109.

Wechsels durch vorgängiges Accept erleichtert und befördert wurde [11]). Auch der Code de commerce [12]) und das Preußische Allgemeine Landrecht [13]) schreiben die Schriftlichkeit des Accepts vor. Dieser Auffassung ist auch die Allgemeine Deutsche Wechselordnung [14]) gefolgt, indem sie bestimmt: die Annahme des Wechsels muß auf dem Wechsel schriftlich erfolgen.

§. 109.

Die Präsentation zur Annahme. Recht und Pflicht zur Präsentation. Zeit-Sichtwechsel.

Nach der älteren, auch in einzelnen Wechselordnungen Ausdruck erhaltenen wechselrechtlichen Auffassung erachtete man den Inhaber des Wechsels zwar für den Eigenthümer, für den Herrn des durch den Wechsel begründeten wechselmäßigen Forderungsrechtes, aber doch gleichsam als Mandatarius oder negotiorum gestor für verpflichtet, im Interesse seiner Vormänner und Nachmänner Sorge zu tragen, daß der Wechsel in Ordnung gehe, daß seine Sicherheit und Negociabilität erhöht werde, und daß er endlich an der Zahlstätte zur Einlösung komme. Ein wichtiges und entscheidendes Moment für die Erreichung dieses Zweckes war die Acceptation des Wechsels Seitens des Bezogenen, die wechselmäßige Erklärung des Letzteren, den Wechsel am Verfalltage zahlen zu wollen. Obgleich daher der Auftrag zur Annahme in dem Inhalte der Wechselurkunde selbst keinen Ausdruck erhalten hat, der letztere vielmehr nur die Anweisung enthält, zur Verfallzeit Zahlung zu leisten, so hat doch ein alter, auch in dem modernen Wechselrechte sanktionirter Wechselgebrauch in der wechselmäßigen Zahlungsanweisung an den Bezogenen auch den Auftrag zur vorgängigen Acceptation gefunden und damit verbunden. Aus jener, dem älteren Wechselrechte eigenthümlichen Auffassung über die rechtliche und geschäftliche Stellung des Inhabers zu den Wechselgaranten entsprang die wechselrechtliche Sitte, daß der Inhaber, sobald als möglich, die Acceptation des Wechsels bei dem Bezogenen nachsuchte, und dieser kaufmännische Gebrauch ist denn auch in vielen Wechselordnungen zu einer wechselmäßigen Pflicht des Inhabers erhoben und an die Verabsäumung dieser Pflicht der Verlust des Wechselrechts geknüpft worden [1]). Im Laufe der Zeit gewann die rechtliche Stellung und Funktion des Wechselinhabers größere Selbstständigkeit und Unabhängigkeit von den rechtlichen Beziehungen zu den übrigen Wechselinteressenten. Der Inhaber, als legitimirter Eigenthümer der Wechselforderung, habe, so präcisirte man den Rechtssatz, bei Geltendmachung der Forderung nicht das Interesse der Vor- und Nachmänner, sondern nur sein eigenes Interesse wahrzunehmen. Man hielt ihn daher auch wechselrechtlich nicht für verpflichtet, die Präsen-

11) Franck l. c. lib. I. sect 3. tit. 3 § 10 Püttmann a. a. O. §. 107.
12) Art. 122.
13) §§. 991 ff. Thl. II. Tit. 8.
14) Art. 21.
1) Franck l. c lib. I sect. 3 tit. 1 §§ 11 seq Siegel, Einl. zum Wechselr. Kap. 2. §§. 3 ff. Riccius exerc X. sect 1 §§. 63 seq Bender a. a. O. §. 331. A. Pr. L.R. §. 963. Thl. II Tit. 8.

tation zur Annahme zu bewirken, da sich die Zusage des Ausstellers auf die Zahlung am Verfalltage, und die Verpflichtung des Inhabers auf die Präsentation zur Zahlung und auf die Beobachtung der Diligenz bei dieser Wechselsolennität beschränke. Es nimmt daher schon der Code de commerce an, daß die Präsentation des Wechsels zur Annahme nicht zu den wechselrechtlichen Pflichten des Inhabers gehöre, und schreibt eine solche Präsentation selbst nicht bei domicilirten Wechseln vor [2]). Dieser Auffassung hat sich auch die Allgemeine Deutsche Wechselordnung angeschlossen und die Wechselinhaber für berechtigt, nicht aber für verpflichtet erklärt, den Wechsel zur Annahme zu präsentiren [3]). Dieses Recht des Inhabers ist ein absolutes und kann durch Privatautonomie nicht aufgehoben, eingeschränkt oder modificirt werden. Eine, in diesem Sinne beigefügte Klausel wird für nicht geschrieben erachtet, hat daher keine wechselrechtliche Wirkung [4]). Das Recht zur Präsentation ist auch an keine bestimmte Frist (Acceptationsfrist) gebunden, kann vielmehr nach Aushändigung des Wechsels von dem Inhaber sofort ausgeübt, der Wechsel aber auch ohne vorgängige Präsentation zur Annahme, erst am Verfalltage, zur sofortigen Zahlung vorgelegt werden. Da jedoch in der Regel die Acceptation Seitens des Bezogenen von dem Advis abhängt, so ist es rathsam, und der Wechselverkehr bringt es so mit sich, daß vor der Präsentation zur Annahme die zur Avisirung erforderliche Zeit abgewartet wird. Von dem durch die Allgemeine Deutsche Wechselordnung aufgestellten Systeme des prompten Accepts, d. i. des Rechts, nicht der Verpflichtung des Inhabers zur sofortigen Präsentation zur Annahme und der Verpflichtung des Bezogenen zur sofortigen Erklärung über die Acceptation, bilden Ausnahmen: 1) der Markt- und Meßwechsel [5]), der nicht zu jeder beliebigen Zeit, sondern erst zu der für die Messe oder den Markt, auf welche er gezogen, gesetzlich bestimmten Präsentationszeit zur Annahme präsentirt und protestirt werden kann. Diese Eigenthümlichkeit hängt mit einem alten Wechselgebrauche und mit dem Umstande zusammen, daß der Bezogene erst zur Meßzeit auf dem Meß- oder Marktplatze anzutreffen und daß der Wechsel in der Regel zur Deckung von Meßgeschäften gezogen ist; die Mittel zur Einlösung des Wechsels daher erst auf der Messe eingenommen werden sollen [6]). 2) Der domicilirte Wechsel, d. h. derjenige Wechsel, welcher an einem

2) Art. 129 ff. 123. Daniels a. a. O. S. 241.

3) Art. 18. 19. Preuß. Mot. S. LV Leipz. Prot. S. 32. 36. 41. 45. 233.

4) Das folgt schon aus den Bestimmungen und den Materialien der A. D. W.O., welche andere, als die ausdrücklich anerkannten Wechselklauseln für unstatthaft und für nicht geschrieben erachtet. Da bezüglich der Befugniß zur Anordnung einer besonderen Präsentationspflicht und Präsentationsfrist aber dennoch in der Judikatur und Wissenschaft Streit entstanden war, so ist dieser durch die Vorschrift der Nürnberger Wechselnovelle zum Art. 18: „Eine entgegengesetzte Uebereinkunft hat keine wechselrechtliche Wirkung" entschieden worden. Dadurch ist auch die Streitfrage verneint worden: ob das sogenannte Augsburger Accept, d. h. der zu Gunsten des Bezogenen eingeführte Platzgebrauch, wonach auf Augsburg gezogene Wechsel erst 14 Tage vor Verfall zur Acceptation präsentirt werden dürfen, und ob eine zur Ergänzung dieser Usançe von den Augsburger Handlungshäusern eingeführte Wechselklausel: „gegen diesen 14 Tage vor Verfall acceptablen Wechsel", fernerhin zulässig und gestattet sei. Heß im Arch. f. D. W.R. Bd. 1. S. 400. Brauer a. a. O. Bd. 3. S. 316. Biener a. a. O. Bd. 6. S. 18.

5) Straß a. a. O. Bd. 9. S. 226. Bluntschli a. a. O. S. 53. Kuntze a. a. O. S. 88. Wächter a. a. O. §. 117.

6) Art. 18. A. D. W.O.

anderen, als dem Wohnorte des Bezogenen zahlbar ist. Der Aussteller eines solchen Wechsels ist befugt, die Präsentation in dem Wechsel vorzuschreiben, da es ihm daran gelegen ist, dem Bezogenen zur Bestimmung des nicht benannten Domiciliaten Gelegenheit zu geben und Fürsorge zu treffen, daß der Wechsel in Ordnung gehe.

Nicht eine Ausnahme von dem prompten Accepte, sondern eine Eigenthümlichkeit in der Lehre von der Acceptation bilden die Wechsel, welche auf eine bestimmte Zeit nach Sicht lauten. Bei denselben ist der Verfalltag, von welchem wieder die Regreßnahme und die Verjährung abhängig sind, nur relativ durch Beziehung auf den Sichttag, oder den Tag der Präsentation zur Annahme bestimmt, und es legt daher die Allgemeine Deutsche Wechselordnung dem Inhaber eines solchen Zeit-Sichtwechsels die Verpflichtung auf, oder richtiger gesagt, sie macht es zur Bedingung seines Wechselrechtes, daß er den Wechsel innerhalb der gesetzlichen, oder der im Wechsel festgesetzten Frist zur Annahme präsentirt und dadurch den relativ bezeichneten Zahlungstag näher bestimmt und fixirt. Ohne diese Verpflichtung zur Präsentation zur Annahme würden die Vormänner auf unbestimmbare Zeit den Regreßansprüchen ausgesetzt und dem Wechselobligo unterworfen sein, während es gerade im Bedürfnisse des Verkehrs liegt, daß ein Wechselgeschäft rasch abgewickelt und die Verpflichtung eines jeden Wechselverbundenen in bestimmter Zeit festgestellt wird [7]). Die im Artikel 19 der Allgemeinen Deutschen Wechselordnung ausgesprochene „Verpflichtung" des Inhabers zur Präsentation zur Annahme ist daher keine durch Klage erzwingbare, es steht ihr nicht gegenüber das korrespondirende Recht eines Dritten, sondern die Solennität der Präsentation ist eine nothwendige Bedingung, eine Voraussetzung des Wechselrechts des Inhabers gegen die Regreßverpflichteten [8]). Die Dauer der Präsentationsfrist hängt von der Bestimmung des Ausstellers und der Indossanten ab, und beträgt, in Ermangelung einer solchen autonomischen Bestimmung, zwei Jahre von der Ausstellung des Wechsels gerechnet. Wird die Präsentation des Wechsels zur Annahme innerhalb der gesetzlichen, oder der vom Aussteller bestimmten Frist verabsäumt, so gehen selbst dann, wenn die autonomische Präsentationsfrist so kurz bemessen war, daß die Präsentation innerhalb derselben unmöglich war, die Regreßrechte aus dem Wechsel, also der wechselmäßige Anspruch gegen alle Vormänner verloren, während die Fristbeschränkung von Seiten eines Indossanten nur die Wirkung hat, daß sie ihn, bei verspäteter Präsentation, gegen Regreßansprüche sicher stellt, auf die Rechtsverhältnisse seiner Vor- und Nachmänner, sowie auf jene des Ausstellers und des Bezogenen aber ohne Einfluß bleibt [9]).

7) Art. 19. Preuß. Mot. S. XLV. Leipz. Prot. S. 41 ff. Biener im Arch. f. D. W.R. Bd. 5. S. 372. Thöl a. a. O. Bd. 2. S. 237. Erk. d. O.Tr. in Berlin vom 19. Juli 1859. (Entsch. Bd. 41. S. 286.)

8) Leipz. Prot. S. 45. 233.

9) Leipz. Prot. S. 46. Auch andere Wechselgesetze, das A. Pr. L.R. Thl. II. Tit. 8. §. 971; der Code de commerce Art. 160; das Spanische Handelsgesetzbuch Art. 473. enthalten ähnliche Bestimmungen über die Präsentationsfrist, die jedoch verschieden bestimmt und zum Theil je nach den Entfernungen des Ortes, auf welchen gezogen worden, normirt ist. Daniels a. a. O. S. 205. Wächter a. a. O. S. 359. Die zweijährige Frist der A. D. W.O. ist mit Rücksicht auf die Verhältnisse des Handels nach der Ostküste von Afrika und ähnlichen entfernten Ländern,

Wird die Annahme eines Zeit-Sichtwechsels abgelehnt, oder die Datirung des Accepts von dem Bezogenen verweigert, so muß der Inhaber, um seinen Regreß gegen die Indossanten und den Aussteller zu erhalten, die rechtzeitige Präsentation durch einen innerhalb der Präsentationsfrist erhobenen Protest feststellen lassen. Die zweitägige Frist, welche bei dem Proteste Mangels Zahlung[10]) vorgeschrieben ist, findet bei dem Proteste Mangels Accepts nicht Statt. Der Protesttag gilt in diesem Falle für den Tag der Präsentation zur Annahme, und darnach wird, analog wie bei Datowechseln, der Tag der Zahlung und der Anfangspunkt der Verjährung bemessen. Hat der Bezogene zwar acceptirt, aber die Beifügung des Datums unterlassen, so wird dem Acceptanten gegenüber, ohne daß es eines Protestes bedarf, die Verfallzeit des Wechsels von dem letzten Tage der gesetzlichen oder autonomischen Präsentationsfrist, als von dem äußersten Zeitpunkte der Präsentation an, gerechnet, so daß also z. B. ein am 1. Januar 1866 ohne besondere Präsentationsfrist ausgestellter, vierzehn Tage nach Sicht lautender, von dem Bezogenen ohne Datum acceptirter Wechsel am 14. Januar 1868 fällig ist[11]). Daraus entsteht für den Inhaber der Nachtheil, daß er gegen den Acceptanten erst später klagen kann, aber der Vortheil, daß der Anfang der Verjährung hinausgeschoben und die Haftung des Acceptanten verlängert wird. Ist der Wechsel innerhalb der Präsentationsfrist zur Annahme nicht präsentirt, oder ist die Präsentation zwar erfolgt, aber die Annahme ohne Protesterhebung abgelehnt, so ist das Wechselrecht gegen die Vormänner erloschen; der Bezogene kann jedoch den Wechsel auch nach Ablauf der Präsentationsfrist mit rechtlicher Wirkung acceptiren. Ist die Annahme und Datirung des Accepts oder wegen verweigerter Annahme die Protestaufnahme einmal erfolgt, so ist dadurch für alle Wechselinteressenten der Verfalltag endgültig und definitiv bestimmt, und der Inhaber kann nicht durch Wiederholung der Präsentation zur Annahme oder der Protesterhebung dem, in wechselmäßiger Weise konstatirten Verfalltage einen neuen Verfalltag substituiren und dadurch einseitig bereits begründete, wechselmäßige Rechtsverhältnisse abändern[12]). Ist dagegen ein nicht datirtes Accept ertheilt, welches zwar Wechselrecht gegen den Acceptanten, ohne Protestaufnahme aber kein Regreßrecht gegen die Vormänner gewährt, so kann der Inhaber durch Herbeiführung der Datirung innerhalb der Präsentationsfrist dem Accepte auch

---

mit denen keine regelmäßigen Postverbindungen bestehen, bemessen, und den Parteien überlassen, in den geeigneten Fallen die Präsentationsfrist abzukürzen. Leipz. Prot. S. 44. Nach Englischem und Nordamerikanischem Rechte muß die Präsentation zur Annahme, insofern nicht ein bestimmter Handelsgebrauch etwas Anderes festsetzt, binnen einer angemessenen Zeit erfolgen, und die Angemessenheit der Zeit muß nach den Umständen eines jeden besonderen Falles beurtheilt werden. Das in England und Amerika geltende formelle Prozeßrecht mit handelskundigen Beisitzern erleichtert die Rechtsfindung auch für solche arbitraire Fälle. Story a. a. O. §. 231.

10) Art. 41. A. D. W.O.

11) Art. 20. A. D. W.O. Erk. d. O.Tr. in Berlin vom 8. Mai 1858. (Entsch. Bd. 38. S. 231.) Wenn in einem Falle, in welchem das Accept eines Zeit-Sichtwechsels nicht datirt, ein Protest Mangels Zahlung aufgenommen worden ist, so ist dieser Protest zwar verfrüht, weil gegen den Acceptanten, welcher die Datirung seines Accepts unterlassen hat, die Verfallzeit erst vom letzten Tage der Präsentationsfrist an gerechnet wird, dagegen ist durch den Protest Mangels Zahlung der Beweis geliefert, daß der Wechsel präsentirt worden, und daher die Verfallzeit von diesem Tage zu berechnen. Schletter, Jahrb. Bd. 11. S. 32.

12) Erk. d. O.Tr. in Berlin vom 19. Juli 1859. (Entsch. Bd. 41. S. 286.)

volle Wechselwirkung gegen die Regreßverbundenen verschaffen, denn nach demselben Rechte, mit welchem der Inhaber während der gesetzlichen und konventionellen Präsentationsfrist die Vorlegung zur Annahme bewirken kann, steht es ihm auch frei, ein unvollständiges, also nicht in wechselmäßiger Form ertheiltes Accept durch nachträgliche Datirung ergänzen zu lassen. Nach Ablauf der, die wechselmäßigen Rechte fixirenden Präsentationsfrist ist den Vormännern gegenüber eine Nachdatirung unwirksam.

§. 110.

Die Legitimation zur Präsentation und zur Annahme.

Die Legitimation des Inhabers bei dem Akte der Präsentation zur Annahme erfordert nicht einen urkundlichen, wechselmäßigen Eigenthumsnachweis, sondern der bloße faktische Besitz, das thatsächliche Innehaben des Wechsels, legitimirt zur Vornahme jener Solennität und zur Erhebung des Protestes Mangels Annahme oder Mangels Datirung, indem ein allgemeiner Handelsgebrauch und das Gesetz mit dem Besitze des Wechsels die Vermuthung der Vollmacht zur Vornahme jener auf Begründung und Erhaltung von Wechselrechten gerichteten Wechselhandlungen verbinden. Es kann daher dem Inhaber eine weitere Legitimationsführung über den Erwerb und die Qualifikation des Besitzes nicht abgefordert werden [1]). Auf Grund eines Wechsel-Duplikates, nicht einer Kopie des Wechsels, kann die Acceptation mit wechselrechtlicher Wirkung gefordert und geleistet werden, da das Duplikat das Original vertritt, jedes Exemplar daher den Wechsel selbst repräsentirt, während die Kopien als bloße Abschriften ohne Originalunterschriften nur Träger von Indossamenten, nicht von Accepten sein können [2]). Die Präsentation zur Annahme bezweckt eine Anfrage bei dem Bezogenen: ob er den Wechsel zur Verfallzeit bezahlen werde? Diese Anfrage kann nur bei dem Bezogenen erfolgen, der, nach dem Willen des Ausstellers, die Zahlung leisten und, auf Verlangen des Inhabers, den Wechsel auch vorher acceptiren soll. Ein Dritter, welcher in dem Wechsel weder als Bezogener, noch als Nothadresse genannt worden ist, hat kein Mandat und daher auch kein Recht zur Acceptation, und die von ihm geschehene Annahme ist ohne wechselrechtliche Wirkung. Nur in der Form der Ehrenannahme können gegen einen solchen Dritten Wechselrechte aus dem Accepte begründet werden [3]). Auch bei Domizilwechseln, d. h. solche Wechsel, welche an einem von dem Wohnorte des Bezogenen verschiedenen Orte bezahlt werden sollen, muß der Präsentation zur Annahme bei dem Bezogenen, dem Zahlungsbeauftragten,

---

1) Protestationem hanc (deficiente acceptatione) rite interponit possessor literarum cambialium quicumque, etiamsi nulla ejus in instrumento mentio facta fuerit. Franck l. c. lib. I sect. 4. tit. 2. §. 4 Art. 18. A. D. W.O. Brauer a. a. O. S. 58. N. 7. Bluntschli a. a. O. S. 53. Thol a. a. O. Bd. 2. S. 235.

2) Art. 21. 66 ff. 70 ff. A. D. W.O. Brauer a. a. O. S. 127. Derselbe im Arch. f. D. W.R. Bd. 5. S. 359. Bluntschli a. a. O. S. 114. Jolly im Arch. f. D. W.R. Bd. 3. S. 287. Renaud a. a. O. S. 91. Kheil a. a. O. S. 219.

3) Art. 57. A. D. W.O. Archiv f. D. W.R. Bd. 12. S. 420. N. 7. Borchardt a. a. O. S. 109. Zus. 218.

und nicht bei dem Domiziliaten, dem Stellvertreter des Bezogenen, erfolgen[4]). Sind in dem Wechsel mehrere Personen als Bezogene benannt, so haftet jeder Bezogene nach Umfang seines Accepts als selbstständiger Schuldner, und es hängt daher von dem Inhaber ab, ob er die Annahme bei sämmtlichen Bezogenen nachsuchen, oder sich mit dem Accepte eines einzelnen Bezogenen begnügen will. Die Präsentation braucht nicht bei dem Bezogenen in Person, sondern sie kann auch bei einem gehörig legitimirten Vertreter desselben erfolgen. Der Präsentant muß sich daher die Vollmacht vorlegen lassen und dieselbe prüfen, ob sie zur Acceptation berechtigt. Von einem Nicht-Legitimirten eine Acceptation anzunehmen, ist er nicht verpflichtet. Das Vertretungsverhältniß muß in dem Acceptationsvermerke Ausdruck erhalten[5]). Die Präsentation eines auf eine Societät oder Korporation gezogenen Wechsels geschieht an das Institut, und die Acceptation kann mit rechtsgültiger Verbindlichkeit für das letztere nur von denjenigen Personen erfolgen, denen die geschäftliche Vertretung nach der organischen Verfassung übertragen ist[6]). Ein Handlungsbevollmächtigter ohne Prokura ist zur Annahme von Wechseln nicht legitimirt[7]). Ist der Bezogene in Konkurs verfallen, so geschieht die Präsentation zur Annahme nicht bei dem Konkursverwalter, sondern bei dem Bezogenen, da die Konkurseröffnung und die Bestellung des Massekurators ein außer dem Wechsel liegendes, dem Inhaber möglicherweise unbekannt gebliebenes Faktum ist[8]). Führen mehrere Personen am Zahlorte den Namen des Bezogenen und weiß der Inhaber nicht, auf welche derselben der Wechsel gezogen ist, so ist es seine Sache, über die Identität des Bezogenen Erkundigungen einzuziehen. Führt dieses nicht zur Gewißheit, so kann dem Inhaber nicht zugemuthet werden, bei allen gleichnamigen Personen zu präsentiren, sondern er hat seine wechselmäßige Pflicht erfüllt, wenn er bei einer derselben, — wenn vielleicht auch nicht bei der richtigen, — die Präsentation resp. die Protestaufnahme bewirkt hat[9]).

§. 111.

Der Ort und die Zeit der Präsentation.

Der Ort der Präsentation ist der in dem Wechsel angegebene Wohnort des

4) Art. 24. A. D. W.O.

5) Art. 95. A. D. W.O.

6) Art. 100 ff. 114 ff. A. D. H.G. Art. 2. A. D. W.O.

7) Art. 47. A. D. H.G.

8) Erk. d. Tr. zu Darmstadt vom 16. April 1853. (Arch. f. D. W.R. Bd. 4. S. 431.) Erk. d. O.Tr. in Berlin vom 13. Juni 1859. (Arch. v. Seuffert Bd. 14. S. 82.) Erk. d. O.A.G. zu Dresden v. 25. Aug. 1859. (Arch. f. D. W.R. Bd. 10. S. 93.) Renaud im Arch. a. a. O. Bd. 8. S. 332. Koch a. a. O. S. 341. Thol a. a. O Bd. 2. S. 685. Anderer Ansicht: Bluntschli a. a. O. S. 133. Brauer a. a. O. S. 147. Kuntze a. a. O. S. 119. auf Grund einer beiläufigen, nicht naher motivirten und in der A. D. W.O. nicht zum Ausdruck gekommenen Bemerkung in der Leipziger Konferenz. Leipz. Prot. S. 153. Erk. des österr. oberst. Gerichtshofes v. 4. Septbr. 1862. (Arch. f. D. W.R. Bd. 12. S. 214.)

9) Hoffmann im Arch. f. D. W.R. Bd. 12. S. 342. Anderer Ansicht sind: Franck l. c lib. I. sect. 4 tit 1. §. 12. Phoonsen, Amsterd. Wechselgebrauch Kap. 11. §§. 14. 30. (Siegel, corp jur. camb. p. 261) Russische W.O. v. 1726 Kap. I §. 26. (Siegel l. c. p 551.) Treitschke a. a. O. Bd. 2. S. 78. Wachter a. a. O. S. 349. Poschmann im Arch. f. D. W.R. Bd. 2. S. 191.

Bezogenen. Dort hat der Wechsel, nach der autonomischen Bestimmung des Ausstellers, sein Domizil, und es kommt für den Solennitätsakt der Präsentation nicht darauf an, ob der Bezogene sich an jenem Orte in Person aufhält, ob er dort nach civilrechtlichen Grundsätzen seinen Wohnsitz hat, oder ob er nach Ausstellung des Wechsels seinen Wohnsitz an einen dritten Ort verlegt hat [1]). Der Wechselinhaber erfüllt seine wechselrechtliche Pflicht, wenn er den Bezogenen an dem in dem Wechsel bezeichneten Orte aufsucht. Dadurch ist aber nicht ausgeschlossen, daß die Präsentation und Annahme des Wechsels, nach der Uebereinkunft der Interessenten, auch an jedem anderen Orte mit rechtlicher Wirkung geschehen kann. Für den Fall, daß die Acceptation an diesem dritten Orte aber nicht erfolgt, muß die Präsentation zum Zweck der Protestaufnahme an dem eigentlichen Wechseldomizile wiederholt werden. An dem Domizile des Wechsels muß die Präsentation, insofern sich die Interessenten nicht über eine andere Stelle einigen, was stillschweigend durch den Akt der Präsentation selbst geschieht [2]), in dem Geschäftslokale [3]), und in Ermangelung eines solchen, in der Wohnung des Bezogenen erfolgen. Für den merkantilen Verkehr ist das Geschäftslokal, Komtoir, derjenige Ort, an welchem sich die Handlungsbücher und die kaufmännische Korrespondenz befinden und an welchem daher die Repräsentanten des Geschäfts füglich am sichersten anzutreffen sind und über Angelegenheiten des Hauses Auskunft ertheilen können. Wenn daher die Allgemeine Deutsche Wechselordnung vorzugsweise in das Geschäftslokal auch den Akt der Präsentation zur Annahme verlegt, und wenn zur Vornahme dieses Aktes durch Gesetz [4]) oder Ortsgebrauch gewisse Stunden des Tages festgesetzt sind, so folgt die Gesetzgebung darin dem Bedürfnisse des Verkehrs und einer althergebrachten kaufmännischen Sitte. Es braucht daher der Bezogene eine Erklärung auf die Präsentation zur Annahme nur in seinem Geschäftslokale und zwar in den geregelten Geschäftsstunden [5]) abzugeben und kann dieselbe bei einer Präsentation an einem anderen Orte oder außerhalb der Geschäftsstunden verweigern. Geschieht solches, so hat die Präsentation keinen Effekt und sie muß zur Beobachtung der wechselmäßigen Diligenz zu rechter Zeit und am rechten Orte wiederholt werden [6]). Was als „Geschäftslokal" anzusehen, muß in jedem einzelnen Falle, unter Würdigung der obwaltenden Verhältnisse, ermessen und beurtheilt werden. Das Hauptkriterium bei dieser thatsächlichen Beurtheilung liegt in der Zugänglichkeit der Handelsbücher und der kaufmännischen Korrespondenz, nicht in dem Umstande, daß in einem bestimmten

---

1) Motive zum Preuß. Entw. v. 1847. S. XXXIII. Brauer a. a. O. S. 38. Renaud a. a. O. S. 86.

2) Brauer im Arch. f. D. W.R. Bd. 11. S. 124.

3) Art. 91. A. D. W.O.

4) z. B. Lübeckisches Gesetz v. 28. April 1849. §. 8. Mecklenburg-Schwerin u. Strelitzsches Einf.-Ges. v. 28. April 1849: „zwischen 8 Uhr Morgens und 7 Uhr Abends." Sachsen-Meiningisches Ges. v. 22. April 1848. §. 3: in der Zeit von 9—12 Vormittags und von 3—6 Nachmittags. In Preußen ist die Zeit für Vornahme der Präsentation durch Gesetz nicht besonders bestimmt, da aber der §. 4 des Einf.-Ges. v. 15. Febr. 1850 für die Protesterhebung die Zeit von 9 Uhr Vormittags bis 6 Uhr Nachmittags bestimmt, so muß diese Zeit, bei mangelnder Ortsusance oder Einwilligung, auch für die Vornahme der Acceptation maßgebend sein.

5) Leipz. Prot. S. 150.

6) Kuntze a. a. O. S. 118.

Lokale auch der Ein- und Verkauf des Geschäftes besorgt wird. Das Büreau oder die Kanzlei eines Beamten ist in handelsrechtlichem Sinne nicht für ein Geschäftslokal angesehen[7]). Ist dem Wechsel eine auf den Zahlungsort lautende Adresse z. B. „zahlbar bei N. in N." beigefügt, so braucht der Wechsel zur Acceptation dem Bezogenen auch nur in dem Geschäftslokale resp. der Wohnung des Adressaten präsentirt resp. protestirt zu werden, da angenommen werden muß, daß die Wechselinteressenten an den Ort der Adresse die Wechselhandlung verlegt wissen wollen[8]). Die Präsentation zur Annahme erfolgt in der Regel zwar vor dem Verfalltage, da sie in der Absicht geschieht, die Zahlung der Wechselsumme an jenem Tage zu vergewissern; allein wenn das Accept nach dem Verfall innerhalb der dreijährigen Verjährungsfrist, vom Verfalltage des Wechsels gerechnet, erfolgt, so wird der Acceptant wechselmäßig verpflichtet, da er innerhalb dieser Frist für die Zahlung aus dem Accepte verhaftet ist[9]).

§. 112.

Voraussetzungen des Accepts, Arten und Form desselben.

Das Accept ist zwar ein materiell selbstständiger und unabhängiger Wechselakt, allein es steht in formeller Abhängigkeit zum Grundwechsel, setzt einen formrichtigen Wechsel voraus und begründet keine wechselmäßigen Rechte, wenn der Wechsel, dem es hinzutritt, formwidrig und ungültig ist[1]). Einflußlos aber für die Rechtskraft des Accepts ist es, in welcher Zeit und Reihenfolge die formgerechte Ausstellung des Wechsels geschehen und das Accept dem Wechsel beigefügt ist, insbesondere, ob das Accept vor der Ausfüllung des Wechsels auf das Wechselformular gesetzt, in blanco ertheilt ist, — wenn der Wechsel nur zur Zeit der Geltendmachung der Rechte aus dem Accepte vollständig und formrichtig ist. Das Accept ist nicht geeignet, ein fehlendes, zur Gültigkeit des Wechsels gehöriges Moment, z. B. den fehlenden Zahlungstag in der Fassung: „acceptirt und zahlbar am 1. Januar 1867", zu ergänzen, da derselbe nur accessorischer Natur ist und sich dem Inhalte des Wechsels anschließt[2]). Ein Wechsel, der seine Wecheleigenschaft durch Verjährung oder Amortisation verloren hat, ist materiell kein Wechsel, kein Papier, welches wechselrechtliche Folgen begründet und kann daher

---

7) Art. 91. A. D. W.O. Leipz. Prot. S. 36. 152. Kuntze a. a. O. S. 118. Brauer a. a. O. S. 147. und im Arch. f. D. W.R. Bd. 11. S. 123. Thol a. a. O. Bd. 2. S. 330. Erk. d. O.Tr. in Berlin v. 6. Oktbr. 1864. (Entsch. Bd. 52. S. 224.) Anderer Ansicht: Story a. a. O. S. 128. A. E.

8) Erk. d. O Tr. in Berlin v. 21. Okt. 1856 (Strieth. Arch. Bd. 22. S. 253. Arch. f. D. W.R. Bd. 7. S. 71.) Erk. d. O.Tr. in Stuttgart v. 8. Februar 1862. (Württ Arch. f. R. u. Rechtsw. v. Kübel. Bd. 5. S. 280.)

9) Art. 16. A D. W.O. Brackenhoft im Arch. f. D. W.R. Bd. 1. S. 252 ff. Ladenburg a. a. O. Bd. 4. S. 49. Einert, Entw. vom Jahre 1841. Tit. 5. §. 7. „Auf dem Accept beruht die Wechselklage gegen den Bezogenen, auch wenn es erst nach der Verfallzeit geschehen war. Ein nach Ablauf der Verfallzeit geleistetes Accept macht den Wechsel zu einem bei Sicht zahlbaren.

1) Art. 7. A. D. W.O. Erk. des O.Tr. in Berlin vom 15. Mai 1858. (Entsch. Bd. 39. S. 227.)

2) Erk. des O.Tr. in Berlin vom 15. März 1858. (Entsch. Bd. 39. S. 227.)

auch nicht Träger eines accessorischen Wechselaktes, eines Accepts, sein. Das einem solchen, durch Verjährung erloschenen Wechsel beigefügte Accept hat daher, als ohne wechselmäßiges Fundament gegeben, keine wechselrechtliche Wirkung [3]).

Das Accept läßt sich nach seiner rechtlichen Qualifikation und nach seinem Inhalte verschieden eintheilen: 1. der Bezogene ertheilt das Accept auf Grund des, in dem Wechsel enthaltenen Zahlungsauftrages, ordentliches, berufenes, eigentliches Accept, oder 2. das Accept wird von dem Bezogenen oder einem Dritten zwar auch nach Inhalt und im Interesse des Wechsels, aber nicht im Willen und vermöge Auftrages des Ausstellers ertheilt, außerordentliches, unberufenes Accept, Ehrenaccept, Accept zu Ehren, per onor, sopra protesto, Intervention [4]); 3. das Accept wird entweder streng nach dem Inhalte des Wechsels, ohne jede Abänderung, ertheilt, reines, unbedingtes Accept, oder 4. es wird mit einer Modifikation, Bedingung, oder Einschränkung gegeben, qualificirtes, modificirtes, limitirtes Accept [5]). Die Modifikationen, welche einem Accepte beigefügt werden, können die Wechselsumme, die Zahlungszeit, den Zahlungsort und andere Bedingungen betreffen [6]).

Die Acceptation des Wechsels geschah anfänglich mündlich; später war die schriftliche Form die Regel. Nach der Allgemeinen Deutschen Wechselordnung muß, wie nach dem Code de commerce [7]), die Acceptation schriftlich und zwar auf dem Wechselbriefe selbst [8]) erfolgen. Jede auf die Vorder- oder Rückseite des Wechsels oder eines Duplikats, nicht einer Kopie [9]), gesetzte und unterschriebene Erklärung des Bezogenen gilt für eine unbeschränkte Annahme, insofern in derselben nicht der entgegengesetzte Wille ausgedrückt worden ist. Selbst die bloße Namensunterschrift des Bezogenen auf der Vorderseite des Wechsels gilt für eine unbeschränkte Annahme, da die Beifügung des Namens für einen Dritten die Uebernahme einer Wechselbürgschaft ausdrücken würde, die Unterschrift des Bezogenen daher nur als Acceptation gedeutet werden kann [10]). Es spricht die Vermuthung dafür, daß der Bezogene durch die, auf den Wechsel gesetzte Erklärung eine

---

3) Volckmar u. Loewy a. a. O. S. 108.

4) Treitschke a. a. O. Bd. 1. S. 41. Bender a. a. O. §. 332. A. D. W.O. §. 56 ff.

5) Daniels a. a. O. §. 58. Treitschke a. a. O. Bd. 1. S. 95. Thöl a. a. O. Bd. 2. S. 221.

6) Art. 22. A. D. W.O. Mot. zum Pr. Entw. v. 1847. S. LII. Leipz. Prot. S. 46. 48. 197.

7) Art. 122. Daniels a. a. O. S. 232.

8) Es genügt daher nicht, wenn ein Schreibensunkundiger die Annahme des Wechsels in einer besonderen Notariatsurkunde, selbst wenn diese mit dem Wechsel verbunden ist, nicht aber auf dem Wechsel selbst, erklärt hat. Borchardt a. a. O. S. 108. Zus. 213.

9) Art. 21. 71. A. D. W.O. Brauer a. a. O. S. 127. Derselbe im Arch. f. D. W.R. Bd. 5. S. 359. Jolly Arch. a. a. O. Bd. 3. S. 287. Kheil a. a. O. S. 215. Bluntschli a. a. O. S. 114. Renaud a. a. O. S. 91.

10) Art. 21. A. D. W.O. Mot. z. Pr. Entw. von 1847. S. XLVIII. Erk. des O.Tr. in Berlin vom 26. Septbr. 1857. (Entsch. Bd. 37. S. 291.) Die die Person des Bezogenen ausdrückende und vom Bezogenen selbst geschriebene Adresse im Wechsel begründet noch keine Acceptation. Borchardt a. a. O. S. 109. Zus. 216. Nach Englischem Rechte reicht bei ausländischen Wechseln eine mündliche Acceptation aus; bei inländischen Wechseln muß sie schriftlich, jedoch nicht nothwendig auf dem Wechsel erfolgen, sie kann auf einen Zettel geschrieben oder in einem vom Acceptanten unterschriebenen Briefe ertheilt werden. Auch das Wort „gesehen" und selbst die Blanko-Unterschrift gilt für Acceptation. Story a. a. O. §. 242 ff Jakobsen a. a. O. S. 33.

uneingeschränkte Acceptation beabsichtigt und ausgesprochen hat, insofern diese Annahme nicht durch die gebrauchten Worte deutlich und mit Zuverlässigkeit widerlegt wird [11]). Die gebräuchlichste Formel für die Acceptation, in der Regel auf der Vorderseite des Wechsels unter der Adresse des Bezogenen, oder quer über den Wechsel geschrieben, ist: „angenommen (acceptirt) auf die Summe von", nebst Unterschrift. Es drücken aber auch die Worte: „angenommen", „acceptirt", „gut", „richtig", „gesehen", „anerkannt", mit der Unterschrift des Bezogenen, die unbeschränkte Annahme aus [12]). Eine Datirung des Accepts ist zweckmäßig, um dadurch die Momente, für welche die Zeit wichtig ist, z. B. Wechselfähigkeit, Kompensationsbefugniß, festzustellen, aber nur nothwendig bei Wechseln, welche auf eine bestimmte Zeit nach Sicht zahlbar sind, um dadurch den Verfalltag zu bestimmen [13]). Ist ein Wechsel in mehreren Exemplaren ausgefertigt, so kann ein jedes Exemplar zum Accept verwendet werden. Die Acceptation eines Exemplars erstreckt sich auf die ganze durch Duplikate repräsentirte Wechselobligation. Hat der Bezogene mehrere Exemplare acceptirt, so entstehen unter Umständen für den Acceptanten selbstständige Wechselobligationen [14]). Bei domizilirten Wechseln, in welchen von dem Aussteller die Person des Domiziliaten nicht selbst benannt ist, kann der Bezogene bei der Acceptation den Domiziliaten durch die Formel: „angenommen und zahlbar bei dem Herrn N." bezeichnen. Geschieht die Acceptation in Vollmacht des Bezogenen, von einem Dritten, so muß Letzterer diese Vertretungseigenschaft auf dem Wechsel erkennbar machen [15]).

§. 113.

Die rechtliche Natur des Accepts.

Der Acceptationsvertrag. Perfektion.

Das Bedürfniß des Verkehrs verlangte für den Wechsel Sicherheit und Solidität, und diese Eigenschaften konnten ihm nur gewährt werden durch die unmittelbare und absolute Haftpflicht aller derjenigen, welche der Skriptur-Obligation in wechselmäßiger Weise beigetreten waren. Schon frühzeitig, und ehe noch das Indossament als wechselmäßiger Verpflichtungsakt in Gebrauch kam, wurde eine Befestigung des Wechsels in dem Akte der Acceptation gefunden. Die letztere ist die von dem freien Willen abhängende, in wechselmäßiger Form abgegebene Erklärung des Bezogenen, das Wechselversprechen erfüllen zu wollen. Eine dem Aussteller gegenüber bestehende Verpflichtung des Bezogenen zur Acceptation kann

---

11) Kuntze a. a. O. S. 81. Bluntschli a. a. O. S. 49. Thol a. a. O. Bd. 2. S. 243.

12) Brauer a. a. O. S. 66. Thol a. a. O. Bd. 2. S. 243. Borchardt a. a. O. S. 108. Zus. 214. Der Code de commerce bestimmt im Art. 122: L'acceptation est exprimée par le mot „accepté", allein der Wechselgebrauch laßt auch andere gleichbedeutende, die Absicht der Annahme ausdrückende Worte zu z. B. „je ferai honneur", „je payerai", „j'acquiterai". Ob das Wort „vû" eine Acceptation in sich schließt, ist zweifelhaft. Pardessus, droit com. t. 2. art 366.

13) Art. 20. A. D. W.O.

14) Art. 67. A. D. W.O.

15) Wachter a. a. O. S. 368.

möglicherweise für den ersteren aus dem unterliegenden Geschäfte ein Zwangsrecht begründen; allein für den Wechsel und dessen Inhaber ist jene civilistische Rechtsbeziehung ohne Einfluß. Durch die Annahme entsteht für den Bezogenen die Verpflichtung, den Wechsel am Verfalltage, dem Auftrage gemäß und zwar, vermöge der in der Wechselurkunde liegenden Ordrequalität, welcher sich der Bezogene durch sein Accept unterworfen hat, nicht an den Präsentanten zur Zeit der Annahme, sondern an jeden Inhaber des Wechsels zur Zeit des Verfalles zu zahlen. Durch das Accept wurde eine selbstständige, von der rechtlichen Beziehung zu den übrigen Wechselinteressenten unabhängige Wechselverbindlichkeit begründet, es galt nach Wechselgebrauch und Gesetz der formelle und materielle Rechtssatz: qui acceptat, solvat [1]). Es entstand durch den Akt der Acceptation zwischen dem Acceptanten und dem Inhaber, auch wenn die Annahme nur mündlich erfolgt war, ein Vertrag, ein pactum, welcher nach dem handelsrechtlichen Grundsatze: „pactum nudum vim stipulationis obtinet", die streng rechtliche Wirksamkeit der Stipulation hatte [2]). Die Rechtslehrer, gewöhnt an die Formeln der Römischen Vertragstheorie, konnten sich, wie den Wechsel, so auch das Accept in seiner Abstraktion, in seiner rechtlichen Unabhängigkeit, in seiner Existenz als Formalakt nicht rechtlich darstellen, setzten dasselbe vielmehr bei seiner Rechtsähnlichkeit mit der Bürgschaft und mit der Uebernahme einer fremden Schuld, Novation, als eine accessorische Obligation in rechtliche Beziehung zu der Hauptverpflichtung des Ausstellers. Das Accept, welches mündlich, selbst stillschweigend mit wechselrechtlicher Wirkung ertheilt werden konnte, wurde für einen Konsensualvertrag, d. i. für einen Vertrag erklärt, der zu seiner formellen Rechtsbeständigkeit nichts weiter als die Uebereinstimmung des Willens, solus nudus consensus, der Kontrahenten erfordert [3]).

Dieser Auffassung ist zunächst auch noch das Allgemeine Preußische Landrecht gefolgt, welches zwar das schriftliche Accept vorschreibt und der außer dem Wechsel geschehenen Acceptation nur die civilrechtliche Wirksamkeit der Bürgschaft beilegt, aber doch ein stillschweigendes Accept für den Fall anerkennt, wenn der Bezogene den zur Acceptation eingehändigten Wechsel ohne Erinnerung über Nacht bei sich behält [4]). Der Code de commerce erfordert dagegen die unbedingte Schriftlichkeit des Accepts auf der Wechselurkunde und schließt eine stillschweigende Acceptation aus [5]). Die Allgemeine Deutsche Wechselordnung verlegt den Rechtseffekt

---

1) Scaccia l. c §. 2. gl. 5. 12. 327 Treitschke a. a. O. Bd. 1. S. 8. Biener a. a. O. S. 233. 395. 397. Derselbe Arch. f. D. W.R. Bd. 6. S. 232. Thöl a. a. O. Bd. 2. S. 264. Kuntze a. a. O. S. 177.

2) Biener a. a. O. S. 70. 80.

3) Acceptatio non est novus contractus inter acceptantem et creditorem, sed est pars contractus cambii Scaccia l c. § 2. gl 5. 12 323 Aliqui acceptatorem pro parte contractus cambialis praecedentis habent, ceteri pro nova conventione pugnant. Inter eos alii pactum, alii constitutum, alii contractum innominatum, alii stipulationem, alii fidejussionem, alii delegationem, alii novationem subesse contendunt. Franck l. c. lib. I sect. 3. tit 3. §. 3 4., lib. I sect 1. tit. 4. §. 22 Siegel, corp. jur. camb Inter praesentantem et acceptantem nullus Romanorum contractus initus videtur, sed nuda conventio Germanica, quae praesentatione literarum cambialium earumque acceptatione oritur. Riccius l c. exerc X. sect 1. §. 19. sect. 3 §. 3. 4. Marquard l. c. lib. I. cap. 12. Nr 81. p. 23. A. Heineccius l. c cap III §. 6 sq 18. Stryck, de liter. camb. accept. cap. II. §. 3. cap IV. §. 6. Püttmann a. a. O. §. 169. Bender a. a. O. Bd. 1. S. 330 ff. Biener a. a. O. S. 87.

4) Thl. II. Tit. 8. §§. 991 ff.

5) Art. 122. Daniels a. a. O. S. 232.

der Acceptation gleichfalls in die Schriftlichkeit und versagt dem mündlichen oder stillschweigenden Accepte, sowie dem Accepte außerhalb der Wechselurkunde jede wechselrechtliche Wirkung.

Ueber die Theorie des Accepts gehen die Ansichten der Wissenschaft auseinander, wie über die rechtliche Natur des Wechsels selbst. Während Einige das Accept für einen einseitigen Kreationsakt ausgeben, der durch die sinnliche Darstellung des Willens des Acceptanten auf dem Wechselpapier, durch den Akt der Skriptur, seine faktische und rechtliche Perfektion erlangt, erkennen Andere in dem Accepte ein Vertragselement an und machen die Perfektion desselben von der Uebereinstimmung des Willens der Acceptationsinteressenten abhängig. Nach Liebe [6]) ist das Accept ein, von allen materiellen Rechtsverhältnissen befreiter Formalakt, wodurch der Bezogene dem vom Aussteller geschaffenen wechselrechtlichen Nomen als Korrealverpflichteter mit der Wirkung einer Adpromission beitritt. Einert [7]), der Schöpfer der Papiergeld-Theorie, bezeichnet das Accept als Bürgschaft. „Einen Wechselbrief acceptiren heißt in der Sprache des Wechselrechts nichts anderes, als in die Verbindlichkeit des Ausstellers, den Wechsel zur Verfallzeit einzulösen, als Bürge und Selbstschuldner eintreten und diesen Beitritt auf dem Wechsel selbst schriftlich erklären. In dem Accepte kommt nicht ein Geschäft zwischen Aussteller und Bezogenem zum Abschluß, das Accept ist vielmehr nur Wirkung der Geschäftsverhältnisse, in welchen der Ausgeber und Bezogene bis zum Erscheinen des Wechsels gestanden haben. Das Accept ist die Vollziehung der Bürgschaft zu Nutz und Frommen des Inhabers." Daher räumt Einert, in Konsequenz dieser theoretischen Auffassung, auch dem Aussteller als Hauptwechselverpflichteten kein Wechselrecht gegen den Bezogenen ein. Renaud [8]) und Thöl [9]) sehen das Accept als einen Formvertrag an, der eine Tratte voraussetzt und, nach Thöl, ein Wechselversprechen, d. h. ein Summenversprechen ohne Gegenleistung, enthält. Das Accept ist daher, wie das Indossament, ein Wechsel im Anschluß an eine Tratte und daher nicht ein eigener, sondern ein trassirter acceptirter Wechsel.

Daß das Accept seiner rechtlichen Natur und Wirkung nach nicht als eine Bürgschaft, als ein accessorisches Sicherungsmittel für eine bestehende obligatorische Verbindlichkeit aufzufassen ist, das nehmen schon ältere Rechtslehrer an [10]), und darüber herrscht heute in der Wissenschaft kein Zweifel [11]). Der Zahlungsbeauftragte ist der Bezogene; der Letztere, nicht der Aussteller, soll in erster Reihe zahlen. Ist die Acceptation erfolgt, so ist der Acceptant der Hauptschuldner, debitor principalis; der Aussteller ist der eventuell Verpflichtete, wenn der Acceptant seine Wechselpflicht nicht erfüllt. Nicht auf den Acceptanten, sondern, mit

6) Entw. S. 117. Derselbe, W.O. S. 92.

7) W.R. S. 95. 150 ff., dessen Entw. vom Jahre 1841. Tit. 5. §. 10

8) W.R. §. 32. 36.

9) W.R. Bd. 2. §. 215. 216. 217. 218.

10) Casergis, Discursus legales de commercio Florenz 1719 Cum itaque D'Suardus ob acceptationem dictae literae cambialis vere et proprie dici non valeat fidejussor vel accessorie obligatus, sed principaliter et nomine proprio, in vim propriae obligationis de constituta pecunia, ut pluribus citatis firmavi Disc 151. Nr. 4. Bender a. a. O. S. 230.

11) Liebe, Entw. S. 167, dessen W.O. S. 42. Thol a. a. O. Bd. 2. §. 217. Leipz. Prot. S. 62.

besserem Rechte, auf den Aussteller findet das Rechtsverhältniß aus der Bürgschaft Anwendung.

Aus dem Inhalte des Wechsels und des Accepts läßt sich die rechtliche Natur dieser Wechselakte nicht erklären. Der Wortfassung nach stellt sich der Wechsel dar als ein Zahlungsauftrag, als eine Zahlungsanweisung; denn der Bezogene wird darin ersucht, an den Inhaber eine bestimmte Geldsumme zu zahlen, — das Accept aber als eine Annahme dieser Anweisung; denn der Bezogene übernimmt dadurch die Verpflichtung, an den Inhaber des Papieres, dem Auftrage gemäß, die bestimmte Geldsumme zu zahlen. Allein diese, nach dem äußeren Inhalte des Wechsels angestellte rechtliche Analyse entspricht dem inneren Wesen des Wechsels und des Accepts so wenig, daß vielmehr der Rechtssatz Geltung hat: der Wechsel ist keine Anweisung und das Accept nicht die Annahme einer Anweisung. Der Wechsel ist die äußere Form für Geschäfte der allerverschiedensten Art; jede auf eine Geldzahlung gerichtete Obligation kann in die Form des Wechsels eingekleidet werden. Die letztere ist das abstrakte Gepräge für alle Obligationsfälle, wie sie sich in der Mannigfaltigkeit des Verkehrs verschieden darstellen. Der Aussteller zieht nicht allein auf seinen Schuldner, um sich wegen seines Guthabens bezahlt zu machen, und remittirt nicht allein den Wechsel an seinen Gläubiger, um diesen damit zu befriedigen, sondern die verschiedenartigsten Rechtsgeschäfte können der Begebung und der Cirkulation des Wechsels zum Grunde liegen. Das dem Trassiren auf den Bezogenen unterliegende Geschäft erhält in dem Wechsel ebensowenig Ausdruck, als die der Ausstellung und Begebung zum Grunde liegende Rechtsbeziehung zwischen dem Aussteller und Remittenten und zwischen dem Letzteren und dem Indossanten. Das Deckungs- oder Valutageschäft bildet nur die Veranlassung, das Motiv zur Wechsel-Ausstellung; dasselbe tritt aber für die rechtliche Existenz und Wirksamkeit des Wechsels dergestalt zurück, daß aus demselben im Allgemeinen weder Rechte noch Einwendungen hergeleitet werden können. Der Wechsel stellt sich daher für den Geldverkehr als ein selbstständiges, von dem Valuten- und Deckungsverhältnisse unabhängiges Geschäft, als der Träger einer abstrakten Obligation dar [12]). Wie der Wechsel, so ist aber auch das Accept ein in materieller Beziehung unabhängiger, selbstständiger formaler Skripturakt, dem zwar ein bestimmter Rechtsgrund, ein bestimmter, zwischen dem Aussteller und dem Bezogenen obwaltender Obligationsfall zum Grunde liegt, von dessen rechtlicher Einwirkung er aber losgelöst und befreit ist. Der Bezogene ist nicht der Bevollmächtigte des Ausstellers; er acceptirt nicht vermöge Auftrages Seitens des Trassanten, sondern dem Bezuge und dem Accepte können die verschiedenartigsten, auf Geldzahlung gerichteten civilrechtlichen Obligationen zum Grunde liegen, z. B. Schenkung, Bürgschaft, Darlehn. Aus der Acceptation entsteht, im Anschluß an die Tratte, eine neue abstrakte Wechselobligation zu Gunsten eines jeden Inhabers des Wechsels; das Wechselpapier ist der Träger eines neuen selbstständigen Wechselversprechens, und das Accept, nach rechtlicher Wirkung und Qualifikation, ein

---

12) Vergl. §. 34 ff.

eigener Wechsel in anderer Gestalt[13]). Nach dem, dem Accepte unterliegenden Rechtsgeschäfte gestaltet sich die rechtliche Natur des Deckungsverhältnisses, d. i. die obligatorische Rechtsbeziehung des Acceptanten zu dem Trassanten aus dem Accepte und der Zahlung des Wechsels. Nicht auf Grund der bloßen Thatsache der Acceptation und Zahlung kann der Bezogene von dem Aussteller Deckung, Schadloshaltung für das Eintreten in die Wechselobligation fordern, sondern nur auf Grund des, dem Wechselzuge zum Grunde liegenden materiellen Rechtsgeschäftes. Dieser Rechtsgrund kann unter Umständen allerdings auch auf das in dem Wechsel enthaltene Mandat zurückgeführt werden[14]).

Die Entstehung eines Wechsels durch Beifügung der einzelnen substantiellen Momente, und der Hinzutritt der accessorischen Wechselakte zu dem Grundwechsel sind an keine bestimmte Zeit und Reihenfolge gebunden, sondern es genügt, daß der Wechsel, aus welchem rechtliche Folgen hergeleitet werden, zur Zeit der Geltendmachung dieser Rechte formrichtig ist, und die accessorische Wechselerklärung enthält, aus welcher Ansprüche hergeleitet werden. Es kann daher der künftige Bezogene seine Unterschrift auf einem Blanket, in blanco, ertheilen, mit der Rechtswirkung, daß das Accept voll- und rechtsgültig wird, sobald das Blanket, der Abrede, oder der überlassenen Disposition gemäß, in Wechselform ausgefüllt wird. Ob diese Ausfüllung des Wechsels von dem ersten Nehmer oder von einem Nachmanne erfolgt ist, erscheint für die Rechtsgültigkeit des Wechsels gleichgültig, die Unterschrift deckt den Inhalt des Wechsels, insofern dem Inhaber bei der Ausfüllung oder dem Erwerbe des Wechsels nicht ein betrügliches Verfahren nachgewiesen wird[15]). In der Regel wird aber der fertige Wechsel zur Acceptation vorgelegt. Diese Vorlegung kann sowohl von dem Aussteller, — wie bei Wechseln an eigene Ordre üblich ist, — vor der Aushändigung, als auch später im Wechsellaufe von dem zeitigen Inhaber geschehen. Mag die Acceptation nun aber auf diese, oder jene Weise erfolgen, immer setzt dieselbe doch stillschweigende oder ausdrückliche Verabredungen zwischen dem Geber und dem Nehmer des Accepts voraus, welche den Inhalt und die Modalitäten des Accepts betreffen. Diese Beredungen, pactum de acceptando, fallen, wie die Vorberedungen über den Wechselschluß, pactum de cambiando, in das Gebiet des Civilrechts. Auf Grund dieser Vorberedungen wird das Accept ertheilt, entweder unbedingt nach Inhalt des Wechsels, oder mit Einschränkung in Ansehung der Summe, der Zeit oder der Zahlungsweise. Das Accept, d. i. der wechselmäßige Skripturakt über die Annahme, beruht nun zwar, nach Form und Inhalt, auf dem einseitigen Willen und der ausschließlichen Thätigkeit des Bezogenen; allein der rechtliche Effekt desselben setzt doch eine Kooperation voraus, durch welche der Wille des Acceptanten in Rechtsbeziehung zu dem Präsentanten gesetzt wird. Der Acceptationsvermerk, welcher in blanco, vielleicht durch die bloße Namensunterschrift ertheilt ist und sich in der Hand des Schreibenden befindet, enthält, nach Inhalt und Wortdeu-

13) Mot. z. Pr. Entw. vom Jahre 1847. S. XXIII.
14) Vergl. §. 42.
15) Vergl. §. 32.

tung, keine Rechtsbeziehung zur Außenwelt und ist ohne rechtliche Wirkung. Der Schreibende kann das Papier vernichten, den Vermerk ausstreichen, ohne dadurch die Rechte eines Dritten in anderer Weise, als etwa durch Nichtlieferung des versprochenen Accepts, zu verletzen. Auch der, einem fertigen Wechsel, auf Vorlegung des Inhabers, beigefügte Acceptationsvermerk ist in der Hand des Acceptanten noch ohne rechtliche Wirkung, ohne Perfektion, sodaß der Schreibende, faktisch und rechtlich, den Vermerk ausstreichen oder durch zusätzliche Bestimmung abändern kann. Eine solche Disposition über eine fremde Urkunde mag unter Umständen rechtlich verantwortlich machen; allein das Accept in durchstrichener Form ist ohne Geltung, und eine damit vorgenommene Veränderung ist oft urkundlich nicht einmal erkennbar, z. B. wenn vor das Wort „angenommen" nachträglich das Wort „nicht" gesetzt wird. Auch der Zeitpunkt der Vollendung der Acceptation durch den Schriftakt ist schwer zu bestimmen, denn ob der Schreibende zuerst den Acceptationsvermerk schreibt und dann seine Unterschrift hinzufügt, oder ob derselbe zuerst seine Unterschrift giebt und außerdem noch den Acceptationsvermerk in beliebiger Form darüber setzt, das Alles hängt zeitlich und räumlich von dem Willen des Bezogenen ab [16]). Aus Allem dem folgt der Rechtssatz, daß nicht der Akt des Schreibens, die Skriptur allein dem Accepte rechtliche Wirkung giebt, sondern daß jenem Akte noch ein Moment, noch eine Thatsache hinzutreten muß, um dem Accepte Perfektion zu verleihen, und daß diese Thatsache durch die Uebergabe des Accepts an den Präsentanten gebildet wird. Durch die Uebergabe, durch das Geben und Nehmen, — nicht des Wechsels, — sondern des Accepts tritt der einseitig erklärte Acceptationswille des Bezogenen in rechtliche Beziehung zu dem Präsentanten und begründet zwischen Beiden ein Vertragsverhältniß in derselben Weise, wie das Geben und Nehmen des Wechsels die Perfektion des Wechselvertrages zwischen dem Aussteller und dem Remittenten herbeiführt [17]).

16) Der Code de commerce Art. 125. bestimmt, daß der Wechsel bei der Präsentation, längstens aber, bei Vermeidung von Schadensersatz, binnen vierundzwanzig Stunden nach der Präsentation acceptirt werden muß.

17) Die älteren Wechselordnungen verlegten die Perfektion des Accepts zum Theil streng in die Skriptur, und so bestimmt z. B. die Köthener Wechselordn. §. 45: „Ein Accept wird vor gültig und vollständig erhalten, wenn der Acceptant nur die Feder deswegen angesetzt und einen Buchstaben auf den Wechselbrief geschrieben hat." Andere lassen das mündliche und stillschweigende Accept zu, wodurch der Zeitpunkt der Perfektion unsicher und ungewiß wurde. Zur Perfektion des Acceptationsvertrages dagegen verlangt die Aushandigung des Accepts Treitschke a. a. O. Bd. 1. S. 35. Der Referent der Leipziger Konferenz außerte bei Berathung des Art. 24. des Entwurfes über das qualificirte Accept: „der Vorschlag, wonach jeder, ohne Einwilligung des Inhabers, auf den Wechsel geschriebenen Erklärung die Wirkung einer unbedingten Annahme beigelegt werde, erscheine zu hart, und nicht gerechtfertigt. Aendere der Bezogene, noch ehe er den Wechsel zurückgegeben, also während der ihm von dem Inhaber selbst gegebenen Deliberationsfrist seinen Entschluß und füge er einem bereits geschriebenen Accepte abändernde oder einschränkende Zusätze bei, so konne darin, vom rechtlichen Standpunkte aus betrachtet, nicht einmal etwas Unbefugtes gefunden werden. Gegen spätere Abänderungen, möchten solche einseitig vorgenommen oder durch Kollusionen moglich gemacht werden, konne nicht die Wechselordnung, sondern nur das Strafgesetz sichern." Leipz. Prot. S. 49. Der Lauf der Berathungsverhandlungen über das modifizirte Accept macht es unzweifelhaft, daß sich die Konferenz dieser Rechtsansicht des Referenten, welche auch mit der Theorie des Wechsels übereinstimmt, angeschlossen hat. Biener a. a. O. S. 399. Thol a. a. O Bd. 2. §. 216. Erk. des O.Tr. in Berlin vom 5. Juli 1860. (Arch. f. D. W.R. Bd. 10. S. 262.) Eine Trennung des Wechsels von der Person des Accep-

§. 114.

Die Modifikation und Durchstreichung des Accepts.

Die Acceptation hängt von dem freien Willen des Bezogenen ab. Der letztere kann zwar dem Aussteller gegenüber eine civilrechtliche Pflicht zur Annahme haben und sich durch Abweisung der Acceptation verantwortlich machen, allein diese Pflicht äußert keine Wirkung auf die rechtliche Stellung des Bezogenen zu dem Wechselgeschäfte. In das letztere tritt derselbe erst durch die Acceptation ein. Der Bezogene kann daher, ohne eine wechselmäßige Pflicht zu verletzen, die Annahme ablehnen oder derselben Einschränkungen und Nebenbestimmungen beifügen.

Diese Modifikationen können sich auf die Wechselsumme, Münzsorte, Zahlungszeit, den Zahlungsort oder die Zahlungsart beziehen [1]). Im Allgemeinen ist der Inhaber berechtigt, eine unbedingte Acceptation zu verlangen und befugt, jede Annahme-Erklärung abzulehnen, welche nur bedingt oder mit Einschränkung ertheilt ist. Dagegen muß sich der Inhaber gefallen lassen: 1) die Beifügung eines Domiziliaten am Zahlorte bei nicht domizilirten Wechseln durch den acceptirenden Bezogenen, denn darin liegt eine erlaubte und gültige Limitation, welche den Inhaber nicht zur Regreßnahme auf Sicherstellung berechtigt, da nach der Geschäftseinrichtung an vielen Plätzen die Kaufleute ihre Zahlungen durch ihre Bankiers oder, wie in Hamburg, durch die Bank leisten lassen, eine Assignation oder Domizilirung in dieser Beziehung daher keine Wechselbeschwerniß ist [2]); 2) eine Annahme auf eine effektiv, oder nach der beigefügten Geldsorte, oder dem beigefügten Kurse geringere Summe, da eine solche Acceptation im Interesse des Wechsellaufes liegt und für den Inhaber ohne Nachtheil ist [3]). Jedoch berechtigt die Annahme auf eine geringere Summe zu dem Regresse auf Sicherstellung des nicht acceptirten Betrages.

Ob der Bezogene, welcher die Nicht-Acceptation auf dem Wechsel vermerkt, sich dem Inhaber zur Entschädigung oder Leistung des Interesse verantwortlich macht, ist eine nach dem Civilrechte zu beantwortende, aber zu verneinende Frage.

---

tanten hält auch für nöthig: Jacobi im Arch. f. D. W.R. Bd. 10. S. 364. In den Akt der Skriptur, ohne Uebergabe, verlegen die Perfektion des Accepts: Liebe, W.O. S. 95. „Andere schriftliche Versprechen, selbst Wechsel, werden freilich noch nicht durch das bloße Schreiben bindend, sondern nur dadurch, daß der Versprechende die Schrift dem Anderen ausliefert. Bei der Acceptation hat aber der Acceptant keine eigene Urkunde auszustellen und auszuliefern, sondern sich über ein bestimmtes, ihm im Wechsel vorgelegtes Verhältniß und zwar schriftlich, zu erklären. Giebt er diese Erklärung, so ist seine Verbindlichkeit perfekt und unwiderruflich. An diesem rechtlichen Gesichtspunkte kann der Umstand, daß man dem Bezogenen den Wechsel nicht bloß zum Acceptiren vorhält, sondern ihm denselben, vielleicht eine Zeit lang, in Händen läßt, nichts ändern.“ Kuntze a. a. O. S. 46. 90. 293. Renaud a. a. O. S. 93. Wächter a. a. O. S. 372.

1) Art. 22. A. D. W.O. Motive zum Preuß. Entw. S. LII. Leipz. Prot. S. 46. 48. 197. 234. Ein reines Accept auf der Vorderseite wird nicht durch Bemerkungen auf der Rückseite des Wechsels modificirt. Erk. des O.Tr. in Berlin v. 26. Oktober 1858. (Arch. f. D. W.R. Bd. 9. S. 95.)

2) Mot. zum Preuß. Entw. S. LIV. Leipz. Prot. S. 87. 200. Erk. des O.Tr. in Berlin vom 22. Dezember 1853. (Arch. f. D. W.R. Bd. 4. S. 206.) Erk. des österr. obersten Gerichtshofes vom 9. September 1853. (Arch. a. a. O. Bd. 10. S. 58.) Arch. a. a. O. Bd. 12. S. 420. N. 9.

3) Art. 22. Leipz. Prot. S. 48. 234.

Der Vermerk der Nicht-Acceptation macht allerdings die Aussicht auf die Einlösung des Wechsels zweifelhaft und ungewiß, und es mag dadurch auch die Solidität des Wechsels leiden und möglicherweise die Cirkulation desselben erschwert werden; allein der Bezogene hat keine wechselmäßige Pflicht zur Acceptation, und es kann daher ein negativer Vermerk auf die Anfrage über die Acceptation keine unerlaubte, zu einer, — schwer festzustellenden, — Entschädigung verpflichtende Handlung sein.

Wichtiger und für das Wechselrecht von größerer Bedeutung ist dagegen die Frage: ob der Bezogene berechtigt ist, seine Annahme-Erklärung auszustreichen, und welche rechtliche Folge das Ausstreichen des Accepts nach sich zieht [4])? Die älteren Wechselrechtslehrer erkennen die Unwiderruflichkeit des Accepts an, geben aber über die Beantwortung jener Frage wenig Auskunft, weil die dogmatische Ausbildung des Accepts in eine spätere Zeit fällt. Dagegen drücken die älteren, vorzugsweise deutschen Wechselordnungen durch die Parömie: „chi accetta, paghi", „qui acceptat, solvat", die materiellen und formellen Rechtssätze aus: daß ein ertheiltes Accept nicht widerrufen werden, und daß der Acceptant, als selbstständiger Schuldner, aus der Person dritter Wechselinteressenten keine Einwendungen herleiten kann. Aus diesem Grundsatze der Unwiderruflichkeit des Accepts wird der Satz hergeleitet: daß das einmal ertheilte Accept nicht wieder ausgestrichen werden kann [5]). Die Frage über die Befugniß und die Wirkung des Ausstreichens des Accepts läßt sich nur beantworten unter Berücksichtigung der rechtlichen Natur des Accepts und derjenigen Momente, wodurch die Perfektion der Annahme begründet wird.

Nach Englischem und Nordamerikanischem Rechte tritt die Perfektion des Accepts erst durch die Aushändigung des Wechselbriefes ein; vor der letzteren kann das Accept einseitig von dem Acceptanten widerrufen und ausgestrichen werden. Nach der Aushändigung ist dazu die Einwilligung des Inhabers nöthig [6]). Die Französische Wechselrechtstheorie erkennt in dem Wechsel ein Vertragsverhältniß an. Der Wechsel setzt eine Valuta, eine Gegenleistung, voraus, und der Wechselbrief ist die Erfüllung, der eigentliche Gegenstand des Wechselvertrages. La lettre de change n'est que l'exécution d'un contrat primitif, donc elle suppose nécessairement l'existence: ce contrat est contrat de change, qu'il ne faut pas confondre avec son instrument [7]). Auch das Accept wird als ein Vertrag mit dem Inhaber angesehen, und wie der Wechsel eine Valuta voraussetzt, so wird aus der Annahme des Wechsels auf das Dasein der Provision, als einer Vergüti-

---

4) Scaccia l. c. erkennt die Unwiderruflichkeit des Accepts an: „Acceptans acceptatis literis non potest illarum solutionem recusare, quamvis debitor decoxerit, sed ante acceptationem potest recusare et hoc nullam habet difficultatem, quia literae non acceptae non obligant. §. 2. gl 5. n. 327 Franck l. c Effectus acceptationis est obligare acceptantem efficacissime atque irrevocabiliter. lib. I. sect. 3 tit. 3. §. 17.

5) Ludovici l. c. cap IV. § 56. Bender a. a. O. §. 341. Götz a. a. O. S. 91. Biener a. a. O. S. 233. 395. 397. Kuntze a. a. O. S. 177.

6) Storr a. a. O. §. 252. Chitty, Practical treatise on bills of exchange. p. 309. Smith l. c. p. 239. Biener a. a. O. S. 152. Jacobi im Arch. f. D. W.R. Bd. 10. S. 340.

7) Persil, de la lettre de change. Paris 1837.

gung für die Annahme, geschlossen [8]). Die Perfektion des Wechselvertrages und des Acceptationsvertrages wird durch die Uebergabe des Wechsels resp. des Accepts bewirkt, und es kann daher nach Französischer Wechseltheorie, gestützt auf Art. 125 Code de commerce, das Accept bis zur Auslieferung von dem Bezogenen zurückgenommen und ausgestrichen werden [9]). Eine Ausnahme soll nur dann stattfinden, wenn dem Bezogenen die Prima zum Accepte geschickt ist und er brieflich erklärt hat, daß er dieselbe zur Disposition des Inhabers der Sekunda halte [10]). Das Allgemeine Preußische Landrecht [11]) enthält die Bestimmung: „Die einmal geschehene Acceptation kann der Bezogene nicht wieder zurücknehmen, noch aus dem Wechsel ausstreichen. Auch wenn er das letztere gethan hat, bleibt er dennoch aus der Acceptation verhaftet."

Eine wörtlich gleiche Bestimmung war in dem Preußischen Entwurfe des Wechselrechts vom Jahre 1836. §. 61. aufgenommen worden. Das Handelsgericht und die Handelskammer zu Elberfeld hielten die Vorschrift des §. 61. jedoch für zu hart, weil nach §. 56. des Entwurfes die Annahme durch jeden, auch auf dem Wechsel nicht Genannten geschehen könne, und man nicht bei der Annahme durch den Bezogenen oder durch Intervention stehen geblieben sei. Nach §. 38. reiche die Unterschrift des Acceptanten aus, und es könne sehr leicht aus Versehen eine Unterschrift auf den Wechsel kommen. Dasselbe monirte das Handelsgericht zu Coblenz und warf die Frage auf: was geschehen solle, wenn Jemand seine Unterschrift so durchstrichen habe, daß eine Entzifferung des Namens nicht möglich sei? Das Monitum wurde nicht für begründet erachtet und auf die letztere Frage geantwortet, daß, wenn der Name nicht zu entziffern, zur Begründung eines Anspruches an den angeblichen Acceptanten nachgewiesen werden müsse, daß seine Annahme auf dem Wechsel gestanden habe [12]). Jener wechselrechtliche Gedanke ging daher auch in die späteren Preußischen Entwürfe über. Erst der Entwurf einer Wechselordnung nach den Ergebnissen der Berathung mit den einberufenen kaufmännischen Sachverständigen, Berlin 1846, enthält im Art. 18. die heutige Bestimmung des Art. 21. der Allgemeinen Deutschen Wechselordnung: „Die einmal geschehene Annahme kann nicht wieder zurückgenommen werden", unter Weglassung des Zusatzes über die Durchstreichung des Accepts. Der Kommissionsbericht, betreffend die Vernehmung der Sachverständigen, Berlin 1846 [13]), bemerkt zum Art. 74.: „Im §. 74. (früher obiger §. 61.) soll nach dem Beschlusse der Versammlung der zweite Satz (das Durchstreichen betreffend) fortfallen, womit wir uns aus den S. 39. der Protokolle angegebenen Gründen einverstanden erklären." Die in Bezug genommenen Konferenzprotokolle ꝛc. (Berlin 1845.) ergeben, daß

8) L'acceptation suppose la provision. Art. 117. 170. Code de commerce. Liebe, W.O. S. 95.

9) Dupuis de la Serra Ch 10 §. 6—9. Pothier, Traité du contrat de change. § 44. Pardessus, du contrat des lett de chang. n 156. 157. Liebe, W.O. S. 95. Brener a. a. O. S. 400. Jacobi im Arch. f. D. W.R. Bd. 10. S. 338.

10) Liebe, W.O. S. 59. Jacobi im Arch. f. D. W.R. Bd. 10. S. 339.

11) Thl. II. Tit. 8. §§. 997. 998.

12) Zusammenstellung der von den rheinischen Handelsgerichten ꝛc. gegen den ersten Entwurf erhobenen Monita. (Berlin 1838.) S. 26.

13) S. 61.

ein Deputirter, Esser, den Schlußsatz des §. 61. später 74. für unrichtig erklärte, „denn wenn von dem Bezogenen sein Accept wieder durchstrichen werde, noch ehe er den Wechsel aus der Hand gebe, so sei das Accept nach gemeinem Rechte unverbindlich und dies scheine ihm vollständig in der Natur der Sache begründet zu sein. Er beantrage daher die Streichung des zweiten Absatzes.“ Dem traten zwei andere Deputirte bei. Der Deputirte Gelpke trat dem Antrage entgegen, „denn wenn es streitig sei, ob das durchstrichene Accept gelte oder nicht, dann könne die Frage vorkommen, wann es Durchstreichen sei? und er wisse nicht, wie dies namentlich im Wechselprocesse solle ermittelt werden.“ Esser erklärte, ohne auf den Entwurf näher einzugehen, „daß nach gemeinem Rechte die Gültigkeit des Accepts dem Bezogenen gegenüber davon abhänge, ob es bei Rückgabe an den Inhaber bereits durchstrichen gewesen oder erweislich erst später durchgestrichen sei.“ Hiernach erklärten sich noch drei andere Mitglieder ebenfalls für die Streichung des zweiten Absatzes §. 74. (früher 61.), „weil derselbe ihrer Ansicht nach schon in dem ersten Absatze enthalten sei.“ Das fand bei den übrigen sechs Mitgliedern weiter keinen Widerspruch. Hierauf ist der Passus gestrichen worden und findet sich in dem Entwurfe aus dem Jahre 1847, auf Grund dessen die Leipziger Berathungen gepflogen worden sind, nicht mehr vor; das zweite Alinea des §. 21. lautet vielmehr: „Die einmal erfolgte Annahme kann nicht wieder zurückgenommen werden“, also übereinstimmend mit der aus der Berathung der Sachverständigen hervorgegangenen Fassung.

Die Berathungen der Leipziger Konferenz geben über die Befugniß des Bezogenen zum Durchstreichen seines Accepts und über die rechtliche Wirkung dieser Operation keinen Aufschluß. Dieser Umstand könnte zu der Annahme führen, daß die Konferenz jene Frage gar nicht für zweifelhaft gehalten, oder daß sie dieselbe durch die Vorarbeiten und durch die Vorschrift des Preußischen Entwurfes für entschieden erachtet habe, da ein Uebersehen um so weniger angenommen werden kann, als das Durchstreichen von Vermerken auf dem Wechsel im Verkehre oft vorkommt, — z. B. des Acceptations- und Domizilvermerkes nach erfolgter Zahlung, des Depositionsvermerkes bei Wechselduplikaten, — über die Acceptationspflicht und die Befugniß zur Beifügung von Acceptationsklauseln auch eingehend verhandelt und insbesondere über das Durchstreichen bei der Lehre von dem Indossamente speziell verhandelt worden ist.

Der Einert'sche Entwurf vom Jahre 1841 erkennt zwar die Unwiderruflichkeit des Accepts an, enthält aber über das Durchstreichen des letzteren selbst keine Bestimmung. Dagegen schreibt der Liebe'sche Entwurf [14]) vor: „Die geschehene Annahme des Wechsels ist unwiderruflich und eine Durchstreichung oder Vernichtung derselben befreit den Acceptanten nicht von seiner Verbindlichkeit.“ Diese Bestimmung wird in den Motiven [15]), abweichend von der Auffassung der Französischen Rechtslehrer, dadurch gerechtfertigt: „daß die Annahme kein Vertrag mit dem Präsentanten, sondern ein sämmtlichen, selbst noch zukünftigen Wechselinteressenten

---

14) §. 39.
15) S. 119.

gegenüber vorgenommener Akt sei und daher weder ein Inhaber, noch der Acceptant selbst, ohne Rücksicht darauf, ob das Accept bereits übergeben sei oder nicht, das Accept ausstreichen könne, weil dadurch auch Rechte und Interessen anderer Wechselbetheiligten berührt würden. Die im Entwurfe befolgte Ansicht beseitige übrigens auch die sonst vielfach möglichen Streitigkeiten über die Frage: von wem und wann das Durchstreichen geschehen sei. Wenn freilich das Accept überall nicht mehr leserlich, so könnten schwierige Beweisführungen nöthig werden."

Die Entstehungsgeschichte der Allgemeinen Deutschen Wechselordnung giebt daher für die Beantwortung jener sehr bestrittenen Frage, über welche sich verschiedene Rechtsansichten gebildet haben, wenig Anhalt. Man sagt

1) das Durchstreichen alterirt die wechselmäßige Kraft des Accepts nicht, das durchstrichene Accept hat gleiche Wirkung wie das nicht durchstrichene[16]).

2) Das durchstrichene Accept hat zwar keine wechselrechtliche Wirkung, aber es giebt den civilrechtlichen Anspruch auf Wiederherstellung des Accepts[17]).

3) Das durchstrichene Accept hat nur insofern wechselmäßige Bedeutung, als der ursprüngliche Inhalt desselben erkennbar ist[18]).

4) Das ausgestrichene Accept hat gar keine wechselmäßige Wirkung und, wenn das Ausstreichen vor der Aushändigung an den Präsentanten erfolgt ist, hat dasselbe auch keine civilrechtliche Folge[19]).

Das Accept ist, wie der Wechsel und das Indossament, ein Formalakt, d. h.

---

16) Liebe, W.O. S. 95. „Die Acceptation wird nicht erst durch die Auslieferung des Accepts an den Präsentanten perfekt. Denn bei der Acceptation hat der Acceptant keine eigene Urkunde auszustellen und auszuliefern, sondern sich über ein bestimmtes, ihm im Wechsel vorgelegtes Verhältniß zu erklären, und zwar schriftlich zu erklären. Giebt er diese Erklärung, so ist seine Verbindlichkeit perfekt und unwiderruflich. An diesem rechtlichen Gesichtspunkte kann der Umstand, daß man dem Bezogenen den Wechsel nicht bloß zur Acceptation vorhält, sondern ihm denselben vielleicht gar eine Zeit lang zum Besinnen in Händen läßt, nichts ändern." Bluntschli a. a. O. S. 58. „Der Trassat, der sich einmal durch seine Wechselunterschrift gebunden hat, kann nicht mehr einseitig das Band lösen, außer durch Erfüllung seines Versprechens. Selbst wenn sich der Trassat bei dem Niederschreiben der Erklärung anders besinne, scheine das Gesetz anzunehmen, daß auch in diesem Falle durch seine Erklärung eine Wechselschuld, unabhängig von der Zurückgabe des Wechsels, entstanden sei, und es könne daher auch in diesem Falle der Acceptant nicht mehr zurücktreten. Würde er die Unterschrift bis zur Unleserlichkeit zerstören, so wäre das eine Rechtsverletzung, die nicht nach dem Wechselrechte, sondern nach dem gewöhnlichen Privat- oder Strafrechte eingeklagt werden könne." Brauer a. a. O. S. 66. Renaud a. a. O. §. 36. Kheil a. a. O. §§. 169. 217. „Das einmal geschriebene Accept bleibt in voller Kraft, gleich so, als sei die Banknote durchstrichen, an ihrem Werthe nichts verliert." Volkmar und Loewy a. a. O. S. 113. Wächter a. a. O. §. 373.

17) Kuntze a. a. O. S. 90. 303. „Der entscheidende Akt ist die Niederschrift, d. h. der Bezogene begründet durch diesen einseitigen und gleichsam dem Papier selbst gegenüber vollzogenen Schriftakt seine Verbindlichkeit zur Leistung und kann sich hiervon nicht dadurch befreien, daß er das Accept vor Aushändigung des Papiers bez. unter Genehmigung des Präsentanten durchstreicht; zwar vereitelt er dadurch die wechselmäßige Klage, allein die Wechselberechtigten haben einen Civilanspruch auf Wiederherstellung des Accepts." Wächter im Arch. f. D. W.R. Bd. 6. S. 41, Bd. 8. S. 121. Thol a. a. O. Bd. 2. §. 216. Nürnberger Kommission im Arch. a. a. O. Bd. 9. S. 236. Erk. des Handelsgerichts zu Hamburg vom 6. November und 21. November 1851. Arch. a. a. O. Bd. 2. S. 436. Auch Bd. 8. S. 127. Wächter a. a. O. S. 372.

18) Brauer a. a. O. S. 66. Goldschmidt's Zeitschrift rc. Bd. 1. S. 25. Erk. des O.Tr. in Berlin vom 23. September 1858. (Entsch. Bd. 39. S. 232.)

19) Biener a. a. O. S. 398. „Die Zeit vor der Einhändigung des Wechsels bis zur Auslieferung des Accepts ist ein spatium deliberationis zu Gunsten des Bezogenen." Ladenburg im Arch. f. D. W.R. Bd. 9 S. 340, Bd. 12. S. 41. 260. Jacobi im Arch. a. a. O. Bd. 10. S. 337 ff. 363 ff.

seine rechtliche Wirkung beruht nicht auf dem Inhalte eines zwischen bestimmten Parteien geschlossenen materiellen Rechtsgeschäftes, nicht auf dem vertragsmäßigen, beurkundeten oder sonst nachgewiesenen Willen der Kontrahenten, sondern auf der abstrakten Form des Annahmevermerkes. Der Träger des Accepts ist die Unterschrift des Bezogenen in formale Verbindung gesetzt mit dem Wechsel, dem Repräsentanten des abstrakten Geldversprechens. Durch diese Karakteristik des Wechsels in seiner äußeren, fertigen, durch seine Rechtsbeziehung zu Dritten dargestellten Erscheinung ist jedoch noch nicht die innere rechtliche Natur des Wechsels bezeichnet, diese kann nur aus dem rechtlichen Verhältnisse der unmittelbaren Wechsel-Interessen, aus der Entstehungsweise des Wechsels, und in Anlehnung an die Vertragstheorie erklärt und dargestellt werden. In dieser Auffassung begründet die Acceptation, in gleicher Weise wie die Ausstellung und Begebung des Wechsels, ein Vertragsverhältniß, dessen Perfektion bedingt ist durch die den einseitigen Willen des Ausstellers in bestimmter Form beurkundende Skriptur, und durch das Geben und Nehmen der letzteren. Der Vollziehungsakt für die Wechselskriptur ist daher nicht in dem mechanischen Schreiben des Wechsels, sondern darin zu suchen, daß die Skriptur in rechtliche Beziehung gesetzt wird zu dem Willen des Berechtigten, und das geschieht durch die Uebergabe.

Der Referent der Leipziger Konferenz bezeichnet den Zeitraum von der Vorlegung des Wechsels zur Annahme bis zur Rückgabe des Accepts an den Präsentanten als ein spatium deliberationis, d. h. als einen Zeitraum, in welchem der Bezogene über das Accept und den Inhalt derselben Entschließung nimmt, und fügt ausdrücklich hinzu: „daß, wenn der Bezogene vor der Rückgabe des Wechsels dem bereits geschriebenen Accepte, aus welcher Veranlassung dieses immerhin geschehen möge, abändernde oder einschränkende Zusätze beifüge, darin, vom rechtlichen Standpunkte aus betrachtet, nicht einmal etwas Unbefugtes gefunden werden könne"[20]. Durch diese theoretische Auffassung ist in den legislatorischen Vorarbeiten selbst ein Anhalt für die Ansicht gegeben, daß das Accept erst durch die Uebergabe an den Präsentanten perfekt werde und daß dem Acceptanten die Freiheit zustehe, bis zu jener Uebergabe seine Acceptationserklärung zu ändern. Jene Auffassung des Referenten, die um so entscheidender ist, als der letztere den Preußischen Entwurf selbst ausgearbeitet hat, und daher gleichsam für eine authentische Interpretation Anhalt gewährt, hat in der Konferenz keinen Widerspruch erfahren; die betreffenden Bestimmungen des Entwurfes sind vielmehr, mit alleiniger Modifikation bezüglich der Acceptation auf einen Theil der Wechselsumme, in der Konferenz angenommen worden. Wenn nun aber der Bezogene seinem Accepte vor der Uebergabe an den Präsentanten jede beliebige Fassung geben, das geschriebene Accept auch abändern, daher die affirmative Erklärung durch einen Zusatz in eine Negation umwandeln kann, so hat die Ansicht Derer keine Berechtigung, welche den Schwerpunkt des Accepts, dessen Perfektion, mit absoluter Wirkung, in den Akt der Skriptur verlegen und daher annehmen, daß die Abänderung eines einmal geschriebenen Acceptationsvermerkes unstatthaft und ohne

20) Leipz. Prot. S. 49. Vergl. §. 111. und die Anmerk.

rechtliche Wirkung sei. Civilrechtlich gedacht, mag der Bezogene nach Inhalt des Acceptationsvertrages verpflichtet sein; nach wechselrechtlicher Auffassung aber ruht die Perfektion des Accepts in der Skriptur und in der Uebergabe der Skriptur an den Präsentanten. Wenn aber das Accept erst wechselrechtlichen Effekt erhält durch die, ein wechselmäßiges Rechtsverhältniß konstituirende Aushändigung an den Präsentanten, so folgt daraus von selbst, daß, wie die Fassung und Abänderung des Acceptationsvermerkes, so auch die Vernichtung, Vertilgung, Kassirung des Vermerkes vor der Uebergabe von dem Willen des Bezogenen abhängen. Es ist in der That nicht abzusehen, welcher Unterschied in rechtlicher Beziehung obwaltet zwischen der Befugniß, einen Acceptationsvermerk in einen Nicht-Acceptationsvermerk umzuändern, und dem Rechte, den Acceptationsvermerk durch Ausstreichen thatsächlich aufzuheben und zu vernichten. Beides hebt den Willen, zu acceptiren, auf, das Durchstreichen oft noch die Möglichkeit, den Willen des Bezogenen überhaupt mit Zuversicht zu erkennen. Für die formale Natur des Wechsels aber ist ein durchstrichenes, wenngleich noch lesbares Accept ohne wechselrechtliche Wirkung, da das Durchstreichen ein Mittel ist, eine Erklärung aufzuheben, dasselbe daher die Richtigkeit und Zuverlässigkeit des Skripturaktes zweifelhaft macht, und das wechselrechtliche Prozeßverfahren die Möglichkeit erschwert, diese Zweifel zu beseitigen. Die Fassung des Art. 21. steht dieser rechtlichen Auffassung nicht entgegen. Die Worte: „die einmal erfolgte Annahme kann nicht wieder zurückgenommen werden", drücken den rechtlichen Gedanken aus: daß das perfekt gewordene, d. i. das durch Uebergabe in Rechtswirksamkeit getretene Accept, ohne Genehmigung des Berechtigten, nicht wieder zurückgenommen, d. h. auch nicht wieder ausgestrichen werden kann. Es kann aber das Ausstreichen des Accepts vor der Uebergabe auch keinen civilrechtlichen Anspruch auf Wiederherstellung desselben begründen, da das Accept erst durch die Uebergabe perfekt wird und Rechte begründet, der Präsentant daher vor der Uebergabe keine anderen Rechte geltend machen kann, als welche ihm etwa aus einem Versprechen des Accepts zustehen. Ein Urtheil auf Wiederherstellung des Accepts oder Wiederacceptation würde, bei der Weigerung des Bezogenen, auch schwer vollstreckbar sein, da die Leistung der eigenhändigen Unterschrift, des nothwendigen Requisites des wechselmäßigen Skripturaktes, nicht erzwingbar, auch durch einen Dritten nicht zu ergänzen ist, der Anspruch sich daher schließlich auf Gewährung des civilrechtlichen Interesse reduziren würde. Es muß daher der Rechtssatz aufgestellt werden: das von dem Bezogenen vor der Aushändigung an den Präsentanten wieder durchstrichene, wenngleich noch lesbare Accept begründet keine wechselmäßige Rechte und auch keinen civilrechtlichen Anspruch auf Wiederherstellung des Accepts oder Wiederacceptation. Auch ein später durchstrichenes Accept hat, ohne Rücksicht auf die Zeit und die Veranlassung des Durchstreichens, seine wechselmäßige Kraft verloren; das Accept besteht für seine rechtliche Wirksamkeit in der Form; durch Zerstörung der Form verliert das Accept seine wechselmäßige Existenz. Auf die Regreßrechte ist eine ohne Zuthun des Inhabers erfolgte Streichung des Accepts ohne Einfluß, weil die Garantie nicht durch die vorgängige Acceptation des Wechsels bedingt ist. Dagegen zieht die durch den Inhaber oder mit dessen Genehmigung geschehene Streichung des Accepts den Verlust der Regreßrechte nach sich, weil dadurch die Rechte der Vormänner durch eigene Schuld des Inhabers verletzt werden [21]).

§. 115.

Die rechtlichen Wirkungen des Accepts.

Der gezogene Wechsel enthält nach seinem Wortlaute einen Zahlungsauftrag; der Bezogene soll für den Aussteller an den Wechselinhaber eine Geldsumme zahlen. Durch das, von dem freien Willen des Bezogenen abhängende Accept tritt der Bezogene in die Wechselobligation und verpflichtet sich, nach Inhalt des Wechsels und seiner Annahmeerklärung, zur Zahlung.

Die ältere theoretische Auffassung führte das Rechtsverhältniß, welches durch die Acceptation entstand, auf eine civilistische Geschäftsform zurück; zwischen dem Aussteller und dem Bezogenen bestand ein Vollmachtsauftrag, mandatum; zwischen dem Acceptanten und Präsentanten ein einfaches Vertragsverhältniß, pactum nudum. Durch die Acceptation wurde nicht eine Novation begründet, der Aussteller nicht von der übernommenen Wechselpflicht befreit [1]), sondern sie erzeugte eine neue accessorische Wechselobligation, durch welche dem Wechsel in der Person des Bezogenen ein Hauptverpflichteter gegeben wurde. Der Aussteller wurde überhaupt nicht als ein Berechtigter aus dem Wechsel gedacht, ihm stand daher auch kein Recht aus der Acceptation zu, sondern er war vermöge seiner Zahlungsanweisung und des Valutaempfanges zur Gewährleistung, zur Garantie für den Fall verpflichtet, daß der Acceptant am Verfalltage keine Zahlung leistete. Daraus folgte, daß dem Aussteller wohl die, mit der actio mandati directa verfolgbaren Rechte eines Machtgebers, nicht aber Wechselrechte gegen den Acceptanten zustanden. Die Allgemeine Deutsche Wechselordnung hat zu dem Accepte eine freiere und unabhängigere Stellung eingenommen. Wie sie den Wechsel selbst als ein cirkulationsfähiges, für Jedermann realisirbares Werthpapier darstellt, das ohne jede Störung im Wechsellaufe auch an einen Wechselverpflichteten indossirt und von demselben weiter begeben werden kann, so hat sie auch die Gläubigerschaft aus dem Accepte in den wechselmäßigen Besitz des Wechselpapiers verlegt. Die Formrichtigkeit des Wechsels vorausgesetzt, begründet die Acceptation eine selbstständige, unabhängige, von jeder materiellen Beziehung losgelöste, abstrakte Wechselobligation, gleich wie der Wechsel selbst und jeder andere accessorische Wechselakt. Der Bezogene wird durch die Annahme wechselmäßig verpflichtet, die von ihm acceptirte Summe zur Verfallzeit zu zahlen und zwar, ver-

---

21) Erk. des O.Tr. in Berlin vom 12. Oktober 1858. (Arch. f. D. W.R. Bd. 7. S. 412.) Erk. des O.A.G. in Dresden vom 26. November 1865. (Arch. a. a. O. Bd. 14. S. 107.)

1) Scribens non liberatur per acceptationem, quia acceptatio non est novus contractus inter acceptantem et praesentantem, sed est pars contractus cambialis. Scaccia l. c. §. 2. gl. 5. n. 323 325. Franck l. c. lib. I sect. 4. tit. 10. §. 4. Biener a. a. O. S. 87. Kuntze a. a. O. S. 166.

möge der abstrakten Natur des Wechsels und der in demselben enthaltenen Ordrequalität, nicht allein dem Präsentanten, sondern jedem durch die Wechselurkunde legitimirten späteren Inhaber. Also auch dem Aussteller, z. B. wenn der Wechsel an eigene Ordre gestellt oder in die Hände des Ausstellers zurückgekommen ist, — haftet der Bezogene aus dem Accepte wechselmäßig [2]). Dagegen stehen dem Aussteller keine Wechselrechte gegen den Ehrenacceptanten zu, da der Art. 23. der Allgemeinen Deutschen Wechselordnung nur von dem beauftragten Accepte, nicht von dem Ehrenaccepte handelt, und der Ehrenacceptant nur den Nachmännern des Honoraten durch die Annahme wechselmäßig verpflichtet wird [3]). Während der Code de commerce den Wechsel mit dem Valutageschäfte und die Acceptation mit dem Deckungsgeschäfte in Verbindung setzt, l'acceptation suppose la provision [4]), abstrahirt die Allgemeine Deutsche Wechselordnung bei dem Accepte, wie bei jedem anderen Wechselakte, von jeder materiellen Rechtsbeziehung und verlegt den Rechtsgrund der Wechselpflicht ausschließlich in die Form. „Chi accetta, paghi; qui acceptat, solvat", der Acceptant muß zahlen, eben weil er acceptirt, weil er in der Form der Acceptation seinen Namen auf den Wechsel geschrieben hat, ganz abgesehen von dem materiellen Rechtsverhältnisse, in welchem er zu dem Aussteller, als Auftragsgeber, und zu dem Präsentanten, als Wechselgläubiger zur Zeit der Acceptation, steht [5]). Der Bezogene wird durch die Annahme wechselmäßig verpflichtet, die „von ihm acceptirte Summe" [6]) zur Verfallzeit zu zahlen, d. h. der Bezogene wird nach Inhalt und Umfang seines Accepts, nicht weiter, verhaftet [7]). Ist also z. B. ein am 3. Oktober fälliger Wechsel von dem Bezogenen zur Zahlung am 3. Januar acceptirt, oder lautet das Accept auf eine geringere Summe, oder sind dem Accepte Bedingungen oder andere Einschränkungen beigefügt, so ist der Inhaber zwar berechtigt, von den Vormännern, wie im Falle der verweigerten Annahme, Sicherstellung zu verlangen [8]), allein den Acceptanten kann er, nach dem Verfalle des Wechsels, nur im Umfange des Accepts in Anspruch nehmen. Die im Verkehr vorkommende Acceptationsklausel „an mich selbst zu zahlen", „pour payer à moi même", welche

---

2) Art. 23. A. D. W.O. Diese Bestimmung beruht auf der Erwägung, „daß es für den Acceptanten ein reiner Zufall sei, wenn er nicht von dem Inhaber oder einem Indossanten belangt werde, sondern der Wechsel an den Aussteller zurückgehe, und daß auf der einen Seite für den Acceptanten keine Härte darin liege, wenn er in diesem Falle zur Realisirung seines Accepts wechselrechtlich angehalten werde, während auf der anderen Seite für den Aussteller eine Härte vorläge, wenn man ihm, nach geschehener Einlösung, das Recht versage, durch den Rückgriff auf den in der Erfüllung seiner Wechselpflicht säumigen Acceptanten sich wieder in den Besitz seiner Fonds zu setzen. Mot. zum Preuß. Entw. S. XLVIII. Biener a. a. O. S. 393. 435.

3) Art. 60. A. D. W.O.

4) Art. 110.

5) Der Acceptant kann daher gegen den Aussteller den Einwand der fehlenden Deckung nur in der Form der exceptio doli vorbringen.

6) Art. 23. A. D. W.O.

7) Mot. zum Preuß. Entw. S. LIV. Kuntze a. a. O. S. 90. Erk. des O.Tr. in Berlin vom 22. Dezember 1853. (Strieth. Arch. Bd. 10. S. 373. Entsch. Bd. 26. S. 378.) Erk. des obersten österr. Gerichtsh. v. 9. September 1853. (Arch. f. D. W.R. Bd. 10. S. 58.) Erk. des O.Tr. in Stuttgart vom 22. Februar 1850. u. 27. Juni 1859. (Arch. a. a. O. Bd. 9. S. 212. N. 22.) Erk. vom 3. Juli 1863. (Arch. v. Seuffert Bd. 15. S. 83.)

8) Art. 25. A. D. W.O.

von den Französischen Rechtslehrern [9]) eingehend erörtert wird und dem Acceptanten ein Kompensationsrecht gewähren soll, begründet keine rechtliche Abnormität. Das Kompensationsrecht steht auch im Wechselprozesse dem Wechselschuldner zu, insofern dasselbe unmittelbar aus der Person der Parteien begründet und sofort liquide gemacht wird. Für diesen Fall der Zulässigkeit hat also jene Klausel keine besondere rechtliche Folge. Auch ist die Klausel ohne Wirkung, wenn der Acceptant dem Wechselinhaber keine Kompensations-Einrede entgegenstellt, entweder weil ihm keine Gegenforderung zusteht, oder weil er solche dem Inhaber gegenüber nicht geltend machen will. Wird von dem Acceptanten dem Kläger aus dem Accepte aber eine Gegenforderung zur Kompensation entgegengestellt, welche an sich, weil nicht liquide oder nicht aus der Person des Klägers unmittelbar hergeleitet, im Wechselprozesse unstatthaft ist, so tritt jene Klausel in Wirkung und nöthigt den Kläger, sich auf jene Einrede einzulassen; denn nur unter Vorbehalt der Kompensation ist die Accept-Obligation begründet worden [10]).

Der Bezogene kann sein Accept auf eine niedrigere Summe, als worauf der Wechsel lautet, beschränken, dagegen über die Wechselsumme hinaus sich nicht wechselmäßig verpflichten. Das Accept findet, als accessorischer Wechselakt, ohne formale und substantielle Selbstständigkeit, seine Begrenzung in dem Inhalte des Wechsels zur Zeit der Acceptation [11]).

Die Verpflichtung des Acceptanten erstreckt sich nicht allein auf die „von ihm acceptirte Summe", sondern auch auf alle Nebenansprüche, welche dem Wechsel durch die Zögerung der Zahlung' und durch den Rücklauf des Wechsels an Provision, sechs Prozent Zinsen, Protestkosten, Auslagen, Porto 2c. hinzutreten. Denn der Acceptant ist für den Wechsel der Hauptverpflichtete. Leistet er beim Verfalle keine Zahlung und verursacht er dadurch den Protest und den Rücklauf des Wechsels, so muß er, vermöge der unter den Wechselverbundenen bestehenden Solidarität, für die dadurch verursachten Unkosten verantwortlich gemacht werden [12]). Er muß die Wechselsumme zahlen, wie sie sich nach dem Kurse und dem

---

9) **Daniels** a. a. O. S. 239.

10) **Brauer** a. a. O. S. 66. **Liebe**, W.O. S. 100.

11) **Bender** a. a. O. S. 425. **Kuntze** a. a. O. S. 55. 90. **Wächter** a. a. O. S. 335. **Brauer** im Arch. f. D. W.R. Bd. 5. S. 357. **Thöl** a. a. O. Bd. 2. S. 256. legt dem Accepte bezüglich der höheren Summe die Eigenschaft eines eigenen Wechsels bei, wenn derselbe ein Ortsdatum und Zeitdatum enthält. Erk. des O.Tr. in Berlin vom 3. Juni 1858. (Entsch. Bd. 39. S. 244.)

12) Art. 23. 50. 51. 81. A. D. W.O. Leipz. Prot. S. 93. „Man war übrigens darüber einverstanden, daß alles dasjenige, was nach diesen Bestimmungen (Art. 50. 51.) der Indossant und Aussteller einem Nachmann zu gewähren habe, auch von dem Acceptanten, wenn dieser in Anspruch genommen werde, gefordert werden dürfe." Erk. des A.G. zu Leipzig im Arch. f. D. W.R. Bd. 1. S. 56. Erk. des O.Tr. in Berlin vom 13. November 1856. (Arch. a. a. O. Bd. 7. S. 75.) Nürnberger Kommission im Arch. a. a. O. Bd. 9. S. 247. Erk. des obersten österr. Gerichtshofes vom 18. Januar 1860. (Arch. a. a. O. Bd. 10. S. 298.) Erk. d. O.A.G. zu Dresden vom 13. September 1860. (Arch. a. a. O. Bd. 9. S. 417, Bd. 10. S. 309, Bd. 12. S. 86.) **Brauer** a. a. O. S. 103. 137. **Thol** mit der Einschränkung von sechs Prozent Zinsen auf Handelsgeschäfte a. a. O. Bd. 2. S. 257. Prozeßkosten, welche die Inhaber bei der Verfolgung des Anspruches gegen den Acceptanten oder gegen einen Vormann, (weil dieselben excussi sind,) gehabt hat, kann derselbe bei der weiteren Geltendmachung der Wechselforderung hinzurechnen und sowohl von dem Acceptanten, als von den Vormannern erstattet verlangen. Prozeßkosten, welche ein Vormann dem Inhaber erstattet hat, liquidirt derselbe mit der Regreßsumme bei dem weiteren Regresse; Prozeßkosten dagegen, welche ein Vormann durch die Weige-

Verhältnisse des Regresses darstellt, also die Regreßsumme aus der Person des Regressaten, welcher den Wechsel eingelöst hat. War jedoch ein Protest nicht nöthig, weil eine Regreßnahme überhaupt nicht möglich war, z. B. bei einem Wechsel an eigene Ordre in erster Hand, so können die Protestkosten für einen dennoch aufgenommenen Protest nicht erstattet verlangt werden [13]). Provision kann nicht aus dem Rechtsverhältnisse der Acceptanten, sondern nur aus dem Verhältnisse des Regresses gefordert werden [14]). Hat der Vormann einen präjudizirten Wechsel eingelöst, so kann er von dem Acceptanten, da die Ansprüche aus dem Regresse erloschen sind, nur die Wechselsumme nebst Zinsen, nicht aber die Retourspesen verlangen.

§. 116.

Folgen der Nicht-Acceptation. Regreß auf Sicherstellung.

Wird die Annahme abgelehnt, oder nicht nach dem Inhalte des Wechsels geleistet, so ist das, auf die Annahme des Wechsels mit gerichtete Wechselversprechen nicht erfüllt, die Hoffnung auf Zahlung am Verfalltage erschüttert und der ordnungsmäßige Lauf des Wechsels gestört. Nach der älteren, in der consuetudo mercantiae fußenden wechselrechtlichen Auffassung wurde der Schwerpunkt des wechselmäßigen Anspruches in die Acceptation verlegt; beide Wechselhandlungen, Acceptation und Zahlung, wurden noch nicht zeitlich und räumlich von einander getrennt gedacht, so daß eine Ablehnung der Acceptation einer Verweigerung der Zahlung gleich geachtet und der Protest wegen Nicht-Annahme zum Regresse Mangels Zahlung (voller Regreß) für ausreichend gehalten wurde [1]). Im Laufe der Zeit, insbesondere durch die Einrichtung auf den Messen, nach welcher für die Acceptation und Zahlung der Wechsel bestimmte Tage vorgeschrieben waren, und durch die Anwendung des Indossaments, bei welchem es darauf ankam, durch vorgängige Acceptation die Solidität des Wechsels zu erhöhen und dadurch die Negociabilität zu erleichtern, — wurde die Acceptation von dem Akte der Zahlung immer mehr getrennt, als ein besonderer, präparatorischer Wechselakt angesehen, und als Wirkung der Nicht-Acceptation nicht die sofortige Zahlung, son-

---

rung der Einlösung veranlaßt hat, muß er selbst tragen, da er in der Erfüllung einer eigenen Zahlungspflicht säumig gewesen ist. Die Prozeßkosten bilden auch ein accessorium der Wechselforderung und theilen, wenn sie gleich nicht im Wechsel ihren Stützpunkt finden, die Natur der Wechselobligation. Erk. des Kammergerichts zu Berlin (Arch. a. a. O. Bd. 6. S. 315.) Arch. a. a. O. Bd. 7. S. 226. Erk. des obersten österr. Gerichtsh. vom 18. Januar 1860. (Arch. a. a. O. Bd. 10. S. 298.) Klettke im Arch. a. a. O. Bd. 9. S. 418. Blaschke a. a. O. S. 251. Kontra: Borchardt a. a. O. S. 194. Zus. 370. Hoffmann a. a. O. S. 421. Volckmar und Loewy a. a. O. S. 188. Erk. des O.Tr. in Berlin vom 31. Mai 1866. (Arch. a. a. O. Bd. 16. S. 33.)

13) Arch. f. D. W.R. Bd. 6. S. 315. Erfolgt die Protesterhebung bei Zeit-Sichtwechseln, ohne daß die Datirung des Accepts oder die Bemerkung des Präsentationstages zuvor verlangt und verweigert ist, so ist dadurch zwar der Präsentationstag festgestellt, allein der Ersatz der Protestkosten kann nicht verlangt werden, da die Protestaufnahme nicht motivirt war. Schletter, Jahrbücher 2c. Bd. 11. S. 32.

14) Vergl. §. 44.

1) Scribens se obligat ad restituendam pecuniam casu, quo illae literae non acceptarentur vel acceptae non complerentur. Rot. Gen Dec. IV. n. 7 8

dern die Sicherstellung der Wechselsumme Seitens der Garanten betrachtet [2]). Das Allgemeine Preußische Landrecht [3]), sowie das Englische und Amerikanische Wechselrecht [4]) gestatten bei nicht erfolgter Acceptation sofort den vollen Regreß, d. i. den Rückgriff auf die Vormänner wegen Zahlung der Wechselsumme nebst Zinsen, Protest- und anderen Kosten, während der Code de commerce [5]) nur den Anspruch auf Sicherstellung zuläßt. Auch die Allgemeine Deutsche Wechselordnung [6]), welche dem System des prompten Accepts gefolgt ist und, der wechselmäßigen Gewohnheit gemäß, die Garantiepflicht des Ausstellers auch auf die Annahme des Wechsels ausdehnt, hat der in Deutschland am meisten verbreiteten Auffassung sich angeschlossen, indem sie dem Inhaber, bei verweigerter oder nicht vollständig erfolgter Acceptation, nicht ein Recht auf Zahlung, sondern nur auf Sicherstellung beilegt. Der Inhaber eines Wechsels ist, abgesehen von Zeit-Sichtwechseln, berechtigt, aber nicht verpflichtet, den Wechsel zur Annahme zu präsentiren; er kann den Verfalltag abwarten und dann sofort zur Zahlung präsentiren. Selbst wenn aber die Annahme des Wechsels von dem Bezogenen verweigert worden ist, hängt es von dem freien Willen des Inhabers ab, ob er wegen Nicht-Acceptation Protest erheben und den Regreß auf Sicherstellung nehmen will. Dagegen entbindet ihn die Verweigerung des Accepts nicht von der Pflicht, den Wechsel am Verfalltage zur Zahlung zu präsentiren und, wenn auch die letztere abgelehnt wird, zum Zwecke des Regresses Mangels Zahlung Protest zu erheben [7]). Wenn die Annahme des Wechsels ganz oder zum Theil abgelehnt wird, so erscheint die Erfüllung des im Wechsel enthaltenen Zahlungsauftrages unsicher, und diese Unsicherheit berechtigt den Inhaber des Wechsels, gegen diejenigen, welche die Acceptation garantirt haben, d. i. gegen die Indossanten und den Aussteller, in wechselmäßiger Prozeßform arrestatorische Maßregeln zu seiner Sicherheit zu ergreifen und Regreß auf Sicherstellung zu nehmen. Bedingung dieses Regresses ist: die Präsentation zur Annahme an den Bezogenen bis zum Verfalltage des Wechsels, — nach dem Verfalle ist ein Regreß auf Sicherstellung undenkbar [8]), — und die Aufnahme des Protestes wegen verweigerter Annahme. Ist ein Wechsel in mehreren Exemplaren ausgefertigt und das eine Exemplar zum Accept versandt, so kann der Inhaber des girirten Exemplars den Regreß auf

---

2) Costumen van Antwerpen von 1578. Art. 2. Siegel, corp. jur. p. 409. Hamburger Wechsel-Ordn. von 1603. Art. 7. Franck l. c. lib I. sect 4. tit. 7. Leipziger Wechs.-Ordn. von 1682. Wiener Wechs.-Ordn. v. 1707. Riccius l. c X. 1. §. 61. 2 §. 75. Treitschke a. a. O. Bd. 2. S. 301.

3) Thl. II. Tit. 8. §§. 1056 ff.

4) Story a. a. O. S. 255. 272 ff. 321.

5) Art. 120.

6) Art. 8.

7) Mot. zum Preuß. Entw. S. XLV. LXIV. Leipz. Prot. S. 59. Es wurden verschiedene Vorschläge gemacht: dem Inhaber die Wahl zwischen dem Anspruche auf Sicherstellung oder auf Einlösung zu gestatten, — oder ihm das Recht einzuräumen, einen neuen guten Wechsel von dem Geber zu verlangen, Franck l. c. lib I sect 4. tit 7. §. 5: „Quodsi tempus id ferat, sufficit etiam aliud cambium bonum dari", allein man ging auf diese Vorschläge mit Recht nicht ein, „weil der Inhaber mit Grund mehr nicht verlangen könne, als daß ihm die Sicherheit, welche er durch die Acceptation zu erwarten gehabt, durch andere genügende Sicherheit ersetzt werde."

8) Liebe, W.O. S. 119. Brauer a. a. O. S. 134.

Sicherstellung nicht eher nehmen, als bis er durch Protest hat feststellen lassen:

1) daß das zum Accept versandte Exemplar ihm vom Verwahrer nicht verabfolgt worden, und

2) daß auch auf das Duplikat die Annahme nicht zu erlangen gewesen ist [9]). Sind zwei Bezogene benannt, so kann der Inhaber jedem derselben den Wechsel zur Acceptation vorlegen, da sie nicht in dem Verhältnisse von Nothadressen stehen. Wird von einem derselben die Annahme abgelehnt, so ist der Wechsel nicht trassirtermaßen acceptirt und dieser Umstand berechtigt den Inhaber, den Regreß auf Sicherstellung zu nehmen, wenngleich der zweite Bezogene, welcher acceptirt hat, für die ganze Wechselschuld verhaftet ist. Die Sicherheit des Wechsels, welche in dem Accepte zweier Personen gesucht und garantirt worden, ist durch das Accept nur einer Person vermindert [10]). Der Beibringung des Wechsels selbst bedarf es nicht. In dem Besitze und der Vorlegung des Protestes beruht die Legitimation des Regreßsuchers [11]). Wenn daher auch der Wechsel verloren gegangen ist, so kann der Inhaber des Protestes Sicherheitsbestellung verlangen; der Vormann aber durch den Beweis, daß der Besitz des Wechsels fehle, das Recht entkräftigen [12]). Befinden sich auf dem, Mangels Annahme protestirten Wechsel auf den Zahlungsort lautende Nothadressen, so muß auch an die letzteren die Präsentation zur Annahme erfolgen, bevor die Sicherheitsbestellung verlangt werden kann, da der in der Nothadresse benannte Dritte als ein eventueller Zahlungsbeauftragter erscheint, und sich der Erwerber eines mit einer Nothadresse versehenen Wechsels damit einverstanden erklärt hat, eventuell bei der letzteren Acceptation und Zahlung nachzusuchen [13]). Die von dem Nothadressaten, als dem subsidiären zweiten Bezogenen, geschehene Acceptation entspricht daher der Intention des Wechsel-Interessenten und verschafft dem Wechsel Sicherheit und Festigkeit. Die Ehrenannahme von einer nicht auf dem Wechsel als Nothadresse benannten Person, — also von Seiten eines Dritten oder des Bezogenen, — braucht der Inhaber dagegen nicht zuzulassen; ist der Wechsel aber von der Nothadresse oder einem anderen Intervenienten zu Ehren angenommen worden, so verlieren der Inhaber und alle Nachmänner des Honoraten den Regreß auf Sicherstellung, weil der Wechsel entweder auf dem, vom Aussteller angegebenen oder auf dem, vom Inhaber selbst gewählten Wege in Ordnung geht, für den Inhaber daher kein Fall der Sicherstellung vorliegt. Das Recht auf Sicherstellung steht vielmehr dem Honoraten und dessen Vormännern zu, weil die Garantiepflicht, bei der Liberirung der Nachmänner, auf jene sich beschränkt [14]). Um den Honoraten zu dieser Regreßnahme in den Stand zu setzen, muß ihm der Präsentant, unter Uebersendung

---

9) Art. 25. 69. A. D. W.O. Jolly im Arch. f. D. W.R. Bd. 3. S. 48. 242.

10) Wächter a. a. O. S. 368. Volckmar und Loewy a. a. O. S. 86.

11) Art. 26. A. D W.O. Erk. des A.G. zu Leipzig vom 7. Januar 1853. (Arch. f. D. W.R. Bd. 3. S. 219.)

12) Jolly im Arch. f. D. W.R. Bd. 4. S. 19.

13) Art. 56. A. D. W.O. Nach dem Preuß. Entwurfe v. 1847. brauchte der Inhaber bei der Nothadresse die Annahme nicht zu suchen; dagegen sollte jede Ehrenannahme den Regreß auf Sicherstellung ausschließen. §. 55. Mot. S. LXV Leipz. Prot. S. 113 ff.

14) Art. 61. A. D. W.O.

des Protestes Mangels Annahme, von der geschehenen Intervention benachrichtigen und diese Notifikation innerhalb zweier Tage nach der Protesterhebung zur Post geben[15]). Wenn die Annahme eines, auf bestimmte Zeit nach Sicht gestellten Wechsels nicht zu erhalten ist, oder der Bezogene die Datirung seines Accepts verweigert, so muß die rechtzeitige Präsentation, bei Verlust des wechselmäßigen Anspruches gegen die Indossanten und den Aussteller, durch einen Protest festgestellt und dadurch das Recht auf Sicherstellung begründet werden[16]).

Der Regreß auf Sicherstellung soll die durch Nicht-Annahme des Wechsels verminderte Sicherheit für richtige Zahlung am Verfalltage wiederherstellen und geht auf Bestellung einer genügenden, d. i. vom Richter zu ermessenden[17]), im Wechselprozesse[18]) gegen die Vormänner, in ihrer solidaren Verhaftung, verfolgbaren Kaution, von welcher sich der in Anspruch genommene Vormann jedoch durch Niederlegung des nicht acceptirten Wechselbetrages bei Gericht oder, — nach der geltenden Justizverfassung, — bei einer anderen zur Annahme von Depositen ermächtigten Behörde oder Anstalt befreien kann[19]). Das Recht auf Sicherstellung ist nicht davon abhängig, ob derjenige, welcher sie verlangt, seinerseits Sicherheit geleistet hat oder nicht. „Denn wenn auch der letzte Indossatar von dem vorletzten keine Sicherstellung in Anspruch nimmt, weil er in dessen anerkannter Solidität genügende Sicherheit findet, so kann dieser dagegen Vormänner haben, bei denen dringende Veranlassung vorliegt, Sicherstellung von ihnen zu fordern" [20]). Die Regreßklage auf Sicherstellung kann, wie die Regreßklage auf Zahlung, gegen jeden einzelnen Vormann nach einander, oder gleichzeitig gegen alle Vormänner gerichtet werden; der Kläger hat die Wahl, in welcher Reihenfolge er die Vormänner belangen will, und kann die getroffene Wahl ändern[21]). Jeder Vormann ist nur verpflichtet, einmal Sicherheit zu bestellen; die bestellte Sicherheit haftet nicht allein dem Regreßnehmer, sondern auch allen übrigen Nachmännern des Bestellers, insofern sie gegen ihn den Regreß auf Sicherstellung nehmen, so daß die einmal genügend bestellte Sicherheit allen Nachmännern dessen, der sie geleistet hat, überwiesen werden kann und die Regreßansprüche erledigt. Durch diese Bestimmung hat jedoch nicht gesagt werden sollen, „daß die Sicherheit nur mit Genehmigung der Nachmänner wieder aufgehoben werden kann, sondern, daß, wenn ein Nachmann von einem Verpflichteten Sicherheit

---

15) Art. 58. A. D. W.O.

16) Vergl. §. 112.

17) Der Preuß. Entwurf enthielt die Bestimmung: „durch Pfand und Bürgen"; allein die Leipziger Konferenz hat die Modalität der Sicherheit dem richterlichen Ermessen überlassen. §. 26. Preuß. Entw. Leipz. Prot. S. 60.

18) Art. 26. A. D. W.O. Thöl a. a. O. Bd. 2. S. 359.

19) Art. 25. A. D. W.O. Die Fassung des Art. 25. ist gewählt, um da, wo die Gerichte zur Annahme von Depositen nicht befugt sind, wie z. B. in der Rheinprovinz, die zur Niederlegung bestimmte Stelle zu bezeichnen. Leipz. Prot. S. 60. Die Oesterreichische Wechsel-Ordnung hat den Art. 25. in Ansehung der Art der Sicherstellung abgeändert.

20) Art. 26. A. D. W.O. Leipz. Prot. S. 60. 66.

21) Art. 26. 49. 81. A. D. W.O. §. 6. Preuß. Einf.-Ges. v. 15. Febr. 1850. Preuß. Mot. S. LV. Leipz. Prot. S. 61. Liebe, W.O. S. 118. Bluntschli a. a. O. S. 65. Thöl a. a. O. Bd. 2. S. 359. Erk. des O.Tr. in Berlin v. 30. Sept. 1850. (Arch. f. D. W.R. Bd. 5. S. 340.)

fordert, dieser sich darauf berufen kann, daß er bereits Kaution geleistet habe, und alsdann der Fordernde nur berechtigt sein soll, die Art und Höhe derselben als ungenügend zu bestreiten [22])." Die bestellte Sicherheit haftet daher einem Nachmanne nicht von Rechtswegen, sondern erst auf Grund eines Antrages des Nachmannes und einer richterlichen Ueberweisung [23]). Wird die Art und Höhe der bestellten Sicherheit von einem, den Regreß ergreifenden Nachmanne bemängelt, so muß richterliches Arbitrium und Festsetzung eintreten [24]). Ist die Sicherheit in genügender Weise wirklich bestellt, so muß dem Kaventen, um ihn in den Stand zu setzen, weitere Sicherstellung zu suchen, der Mangels Annahme aufgestellte Protest ausgehändigt werden. Ob jeder Regreßberechtigte zum Zwecke der Regreßnahme von dem protestirenden Notar eine Ausfertigung des Protestes verlangen darf, ist streitig. Allein die Frage ist zu verneinen, da nur die, die Protestaufnahme beantragende Partei Ausfertigung zu fordern berechtigt ist, das Gesetz auch für die Regreßverfolgung die Aushändigung des Protestes ausdrücklich vorschreibt [25]).

Die Sicherheit, welche Mangels Acceptation bestellt worden ist, haftet dafür, daß die Zahlung des Wechsels am Verfalltage trassirtermaßen erfolgt, und die Kosten, welche durch die Nicht-Acceptation entstanden sind, erstattet werden. Der Umfang dieses Anspruches läßt sich erst nach dem Verfall des Wechsels feststellen. In Höhe des nicht bezahlten Betrages der Wechselsumme und der gehabten Unkosten nimmt der Inhaber seinen Regreß und sucht seine Befriedigung aus der Sicherheit. Die letztere hört auf:

1) durch nachträgliche vollständige, nicht bedingte Acceptation des Wechsels. Eine Ehrenannahme hat diese Wirkung nicht [26]). Die Frage: ob die nachträgliche vollständige Acceptation die Verpflichtung des Acceptanten zur Tragung der Kosten für den Protest Mangels Annahme und für das Sicherstellungsverfahren nach sich zieht, muß verneint werden. Der Umstand, daß die Präsentation zur Annahme ein wechselmäßiges Recht des Inhabers ist, und daß der nachträgliche Acceptant die Kosten durch seine frühere Weigerung verursacht hat, ist für die Beantwortung jener Frage ohne entscheidenden Einfluß, da der Bezogene zur Acceptation wechselmäßig nicht verpflichtet ist, durch die Ablehnung des Accepts daher auch keine wechselrechtliche Pflicht verletzt, der Aussteller und die Indossanten vielmehr allein die Garantie für die Annahme tragen, die Frage daher überhaupt kein wechselrechtliches Moment betrifft [27]).

---

22) Art. 27. A. D. W.O. Leipz. Prot. S. 60. 65. 234. Brauer a. a. O. S. 75.

23) Es bedarf dazu einer besonderen Regreßklage des neuen Inhabers; einer bloßen Ueberweisung durch den Richter ohne Klage fehlt die prozessualische Form. Renaud a. a. O. S. 210. Kontra: Liebe, W.O. S. 118. Thöl a. a. O. Bd. 2. S. 360. Jolly im Arch. f. D. W.R. Bd. 3. S. 46.

24) Brauer a. a. O. S. 73. Thöl a. a. O. Bd. 2. S. 361. Jolly im Arch. f. D. W.R. Bd. 3. S. 47.

25) Brauer im Arch. f. D. W.R. Bd. 9. S. 325.

26) Art. 28. 61. A. D. W.O. Code de comm. Art. 128. Renaud a. a. O. S. 211.

27) In der Leipziger Konferenz wurde die Frage angeregt: ob die nachträgliche, vollständige Acceptation auch jene Kosten in sich begreife? und darauf bemerkt: „daß die vollständige Acceptation (im Gegensatz zu der im Art. 24. erwähnten Annahme auf eine geringere Summe) die Annahme des Wechsels auf die volle in demselben verschriebene Summe bezeichne, und daß es

2) Durch Unterlassung der Anstellung der Regreßklage gegen den Regreßpflichtigen, welcher die Sicherheit bestellt hat, binnen Jahresfrist vom Verfalltage des Wechsels an gerechnet [28]).

3) Durch Bezahlung des Wechsels in dem Umfange, für welchen die Sicherheit haftet, und durch Erlöschen der Wechselkraft durch Verjährung und Präjudiz [29]). Die Regreßklage auf Zahlung verjährt in den, Art. 78. 79. der Allgemeinen Deutschen Wechselordnung angegebenen Fristen von drei bis achtzehn Monaten, also unter Umständen in kürzerer Zeit, als die vorstehend festgesetzte einjährige Frist beträgt. Durch Versäumung der Protestaufnahme Mangels Zahlung erlischt das Recht zum Regresse und damit auch die Pflicht zur Sicherstellung ebenso, wie durch die wirkliche Bezahlung des Wechsels, mag diese letztere von dem Bezogenen, von einer Nothadresse oder einem dritten Intervenienten erfolgen [30]).

§. 117.

Die Unsicherheit des Acceptanten. Regreß.

Durch das Accept erhält der Wechselbrief eine neue Sicherheit, indem dadurch der Bezogene, dem die Zahlung der Wechselsumme aufgetragen worden ist, als Hauptverpflichteter in die Wechselverbindlichkeit eintritt. Vermöge der unter den Wechselverbundenen bestehenden Solidarität hat der Inhaber das Recht, bei Verfall des Wechsels, nach seiner Wahl, entweder gegen den Bezogenen aus dem Accepte zu klagen, oder, wenn die Wechsel-Diligenz beobachtet worden ist, gegen die Vormänner Regreß zu nehmen. Aus diesem rechtlichen Verhältnisse entspringt die Befugniß des Inhabers, Sicherheit zu fordern, wenn die Zahlungsfähigkeit des Acceptanten unsicher und dadurch die Bezahlung des Wechsels am Verfalltage zweifelhaft wird [1]). Diese Klage auf Sicherstellung geht mit solidarer und wech-

der Beurtheilung nach allgemeinen Rechtsgrundsätzen überlassen bleiben müsse, inwiefern der Regreßpflichtige die Kosten des Regresses zu tragen habe." Leipz. Prot. S. 61. Brauer a. a. O. S. 75.

28) Die einjährige Frist war in dem Preuß. Entwurfe mit Hinblick auf die in demselben (§. 73.) festgesetzte einjährige Verjährungsfrist bestimmt. Obgleich die Verjährungsfristen in der Allgemeinen Deutschen Wechselordnung anders regulirt sind, so behielt man in dieser Materie doch die einjährige Frist bei, weil die Festsetzung einer kürzeren Frist, als die Verjährungsfristen, zweckmäßig erschien. Leipz. Prot. S. 191.

29) Art. 41. 78. 79. A. D. W.O. Erk. des O.Tr. in Berlin v. 30. Juni 1857. (Arch. f. D. W.R. Bd. 7. S. 195.)

30) Bluntschli a. a. O. S. 67. Brauer a. a. O. S. 75.

1) Preuß. Motive S. LV. Leipz. Prot. S. 61. Liebe, W.O. S. 119. Der Sicherheitsregreß ist auch in älteren Wechselgesetzen anerkannt. Das A. Pr. L.R. legt dem Inhaber die Pflicht auf, Protest zu erheben, sobald über das Vermögen des Bezogenen der Konkurs eröffnet wird, und ertheilt demselben das Recht, von dem Acceptanten Sicherstellung zu verlangen, wenn vor dem Verfalle Umstände eintreten, welche nach gesetzlicher Vorschrift den Arrestschlag begründen. Thl. II Tit. 8. §. 982. 1025 ff. Der Code de comm. giebt den Regreß auf Zahlung, indem er im Art. 163. bestimmt: Dans le cas de faillite de l'accepteur avant l'échéance le porteur peut faire protester et exercer son recours. Auch das Englische und Nordamerikanische Wechselrecht erkennt den Regreß auf Sicherstellung an. Story a. a. O. §. 255. Einert suchte den Regreß auf Sicherstellung aus rechtlichen und merkantilen Gründen anzufechten, indem der Acceptant als Bürge des Ausstellers erscheine, und der letztere daher als Besteller der Bürgschaft nicht noch für die Solvenz des Bürgen garantiren könne, für den Verkehr aber durch die Zahlung für den Acceptanten, namentlich in Geldkrisen, Kalamitäten und Verlegenheiten entstehen konnten. Leipz. Prot. S. 61. Zeitschrift f. Rechtpfl. u. Verw. des Königreichs Sachsen N. F. Bd. 51.

selmäßiger Qualifikation gegen den Acceptanten [2]) und gegen die Vormänner, welche in der Wechselgarantie stehen, und findet statt: 1) wenn über das Vermögen des Acceptanten der Konkurs (Debit-Verfahren, Falliment) eröffnet worden ist, oder der Acceptant auch nur seine Zahlungen eingestellt hat. Die Konkurseröffnung setzt auf Seiten des Schuldners eine Vermögensunzulänglichkeit und ein Verfahren, oder einen Beschluß des Gerichts voraus, wodurch die Eröffnung des Konkurses ausgesprochen wird, während die Zahlungseinstellung die einfache Thatsache der Nichterfüllung der Zahlungsverbindlichkeit ist [3]). 2) Wenn nach der Ausstellung des Wechsels eine Exekution in das Vermögen des Acceptanten fruchtlos ausgefallen oder wi-

---

S. 97. Aus letzterem Grunde ist der Art. 29. in Lübeck am 4. Dezember 1857 auf 3 Monate suspendirt worden. Biener a. a. O. S. 462.

2) Die Kontroverse, ob nach den Worten des Art. 29. auch ein Klagerecht gegen den Acceptanten gegeben sei, ist durch die Nürnberger Novelle entschieden, welche zum Art. 29. bestimmt: „der Wechselinhaber ist berechtigt, in den Nr. 1. und 2. genannten Fällen auch von dem Acceptanten im Wege des Wechselprozesses Sicherstellung zu fordern."

3) Nach der älteren Rechtstheorie setzte die Eröffnung des Konkurses eine Insolvenz des Schuldners voraus: der letztere mußte außer Stande sein, selbst mit Aufopferung seines ganzen Vermögens, alle seine Gläubiger zu befriedigen, formeller und materieller Konkurs. Bayer, Theorie des Konkursprozesses. München 1844. A. Pr. G.O. Thl. I. Tit. 50. §. 1. Die Preuß. Konkursordnung vom 8. Mai 1855. (Ges.-Samml. S. 531.) unterscheidet den kaufmännischen Konkurs und den gemeinen Konkurs. Der erstere findet statt, wenn ein Handelsmann, Schiffsrheder oder Fabrikbesitzer seine Zahlungen einstellt. Die Zahlungseinstellung ist vorhanden, wenn der Gemeinschuldner seine Zahlungsunfähigkeit selbst erklärt, oder wegen Zahlungsunfähigkeit sein Geschäft schließt, oder wenn andere Umstände vorliegen, aus welchen erhellt, daß der Gemeinschuldner in dem Zustande der Zahlungsunfähigkeit sich befindet. Der gemeine Konkurs findet statt über das Vermögen eines Gemeinschuldners, welcher als Handelsmann, Schiffsrheder oder Fabrikbesitzer nicht anzusehen ist, und setzt eine Unzulänglichkeit des Vermögens des Gemeinschuldners zur vollständigen Befriedigung seiner Gläubiger voraus. §. 113. 319. 322. Der Begriff der Zahlungseinstellung setzt daher nicht eine Insolvenz, oder eine Vermögensunzulänglichkeit des Schuldners, sondern eine Zahlungsunfähigkeit voraus, die, bei sonst ausreichenden Vermögensobjekten, vielleicht nur in der momentanen Geschäftsstockung und Handelskrisis ihren Grund hat. Zuvörderst muß davon ausgegangen werden, daß die Allgemeine Deutsche Wechselordnung nicht jener Auffassung gefolgt ist, wonach eine Zahlungseinstellung nur bei Kaufleuten als existent gedacht wird und das Requisit des kaufmännischen Konkurses bildet, da sie, unter Aufstellung der allgemeinen Wechselfähigkeit, für alle Stände gemeinsame Rechtsregeln aufstellt, so daß eine Zahlungseinstellung in wechselrechtlichem Sinne auch bei Nichtkaufleuten vorkommt. Wächter im Arch. f. D. W.R. Bd. 9. S. 21. Anderer Ansicht ist: Brauer a. a. O. S. 76, dem der historische Umstand zur Seite steht, daß der Unsicherheitsgrund Nr. 2. (fruchtlose Exekution oder Personalhaft gegen den Acceptanten) namentlich deshalb aufgenommen ist, „weil bei Nichthandelsleuten von einer Zahlungseinstellung im technischen Sinne des Worts nicht geredet werden könne, und bei ihnen die fruchtlose Auspfändung den faktischen Zustand der Isolirung karakterisire". Leipz. Prot. S. 64. Bei Nichtkaufleuten mag der Zustand der Zahlungseinstellung schwerer festgestellt werden können, als bei Kaufleuten, bei welchen durch Schließung des Geschäfts, Anmeldung an der Börse 2c., jene Thatsache in erkennbarer Weise zum Ausdruck kommt, allein auch die Zahlungseinstellung der Nichtkaufleute läßt sich durch Thatsachen fixiren. Die Feststellung der Thatsache der Zahlungseinstellung muß in jedem einzelnen Falle nach den obwaltenden Umständen vom Richter erfolgen. Dazu ist der Umstand, daß der Acceptant früher in einem einzelnen Falle eine Zahlung nicht geleistet oder eine Wechselverbindlichkeit nicht erfüllt hat, für sich allein nicht genügend, es muß aus den konkurrirenden Verhältnissen vielmehr hervorgehen, daß die Nichterfüllung in dem Mangel an Zahlungsmitteln, in der Zahlungsunfähigkeit ihren Grund gehabt hat. Erk. d. O.Tr. in Berlin vom 3. März 1853. (Entsch. Bd. 25. S. 379.) Koch zum §. 259. des Pr. Strafrechts. Dagegen gehört nicht zur Feststellung der Zahlungseinstellung, daß sich die Nichterfüllung oder die Zahlungsunfähigkeit auf die Gesammtheit der Verbindlichkeiten erstreckt. Erk. des österr. O.L.G. vom .... (Arch. a. a. O. Bd. 6. S. 309. Nr. 23.) Erk. des O.L.G. in Wien vom 23. Februar 1858. (Arch. a. a. O. Bd. 9. S. 191.) „Die Flucht des Acceptanten wird wechselmäßig seine Zahlungseinstellung erweisen." Leipz. Prot. S. 64. Die Nachweisung, daß vom Wechselschuldner ein Wechsel nicht eingelöst worden, begründet noch keine Zahlungseinstellung. Erk. des O.L.G. in Wien vom 23. Februar 1858. (Arch. a. a. O. Bd. 8. S. 191.) Erk. des obersten österr. Gerichtsh. vom 6. Mai 1858. (Arch. a. a. O. Bd. 10. S. 52.)

der denselben wegen Erfüllung einer Zahlungs-Verbindlichkeit die Vollstreckung des Personalarrestes verfügt worden ist[4]). Eine Insolvenz des Bezogenen vor dem Accepte berechtigt an sich nicht zur Sicherstellung, denn der Bezogene, welcher noch nicht acceptirt hat, ist für den Wechsel eine fremde Person und steht in keinem Wechselobligo. Durch die Insolvenz des Bezogenen vor dem Accepte wird daher die Sicherheit des Wechsels thatsächlich eben so wenig alterirt, als durch die Ungewißheit, ob der Bezogene überhaupt acceptiren werde. Vor der Acceptation ruht die Sicherheit des Wechsels nicht auf der Solidität des Bezogenen, den der Inhaber oft nicht kennt und von dessen freiem Willen der Beitritt zur Wechselobligation abhängt, sondern auf der Zahlungsfähigkeit der Wechselgaranten, des Ausstellers und der Indossanten. Es kann die, vor der Acceptation eingetretene Insolvenz des Bezogenen daher auch keinen Anspruch auf Sicherstellung begründen. Der Inhaber kann aber die Präsentation zur Annahme bewirken und je nach dem Resultate derselben den Regreß nehmen. Aus anderen als den vorstehend angegebenen Gründen kann Sicherstellung nicht verlangt werden, insbesondere nicht aus den prozeßrechtlichen Gründen, durch welche die Anlegung eines Arrestes gerechtfertigt erscheint[5]). Wenn von zwei Acceptanten nur einer in Unsicherheit verfällt, so berechtigt dieser Umstand den Inhaber zur Sicherheitsforderung, da durch die Unsicherheit eines Solidar-Verhafteten die Sicherheit des Wechsels leidet. Diese Sicherstellung kann aber nicht von dem zweiten Acceptanten gefordert werden, in Ansehung dessen Person kein Unsicherheitsgrund vorliegt[6]).

Durch die Acceptation ist der Bezogene der Wechsel-Obligation als Hauptverpflichteter beigetreten und ihm liegt daher, wie die Zahlung, so auch die Sicherstellung zunächst ob. Erfüllt er diese wechselmäßige Pflicht nicht, so treten die Vormänner als subsidiäre Verpflichtete ein, welche die Acceptation versprochen und garantirt haben. Das Regreßrecht gegen sie ist davon abhängig: daß der Inhaber 1. von dem Acceptanten Sicherstellung fordert, und, wenn sich auf dem Wechsel Nothadressen finden, bei diesen die Annahme sucht; denn die Annahme von Seiten der Nothadressen beseitigt das Recht auf Sicherstellung für den Inhaber, indem das Accept des Nothadressaten Sicherheit gewährt, 2. daß der Inhaber, wenn die Sicherstellung Seitens des Acceptanten, oder die Annahme Seitens der Nothadressen nicht erfolgt, Protest (Sekuritäts-, Sicherheitsprotest) aufnehmen läßt, in welchem die Nichtleistung der Sicherheit resp. die Nichtannahme des Wechsels urkundlich gemacht wird. In der Regel wird die Thatsache der Unsicherheit in der Ant-

4) Art. 29. A. D. W.O. In dem Gebiete des Norddeutschen Bundes ist durch das Gesetz vom 29. Mai 1868. der Personalarrest als Exekutionsmittel in bürgerlichen Rechtssachen insoweit nicht mehr zulässig, als dadurch die Zahlung einer Geldsumme oder die Leistung einer Quantität vertretbarer Sachen oder Werthpapiere erzwungen werden soll. Nur als Sicherungsarrest ist derselbe zulässig. (Bundes-Ges.-Bl. S. 237.)

5) Erk. des O.Tr. in Berlin vom 6. April 1850. (Entsch. Bd. 20. S. 343. Auch Arch. a. a. O. Bd. 2. S. 309. N. 22.) Erk. des O.L.G. in Wien vom 23. Februar 1858. (Arch. a. a. O. Bd. 8. S. 191.) Erk. des österr. oberst. Gerichtsh. vom 16. April 1859. (Arch. a. a. O. Bd. 9. S. 320.) Thöl a. a. O. Bd. 2. S. 375.

6) Entsch. des lombard. venet. A.G. (Arch. f. D. W.R. Bd. 4. S. 96.) Borchardt a. a. O. S. 153. Zus. 254. Wächter a. a. O. S. 368.

wort enthalten sein, durch welche der Acceptant das Verlangen der Sicherstellung ablehnt, und daher nach Art. 88. der Allgemeinen Deutschen Wechselordnung in dem Proteste Aufnahme finden, so daß die Thatsache der Insolvenz in diesem Falle durch den Protest festgestellt wird. Stützt sich die Unsicherheit nicht auf die eigene Angabe des Acceptanten, sondern auf andere Beweismittel, so gehören die letzteren nicht in den Protest, sondern es ist Sache des regredirenden Inhabers, die Thatsache der Unsicherheit in der Klage unter Beweis zu stellen. Denn der Protest ist dazu bestimmt, die Diligenz des Inhabers bei Ausübung der Wechselrechte, und die Weigerung des Verpflichteten bei Erfüllung der Wechselobliegenheit zu konstatiren, nicht aber, ein weiter gehendes Material für die Wechselklage zu geben. In der Leipziger Wechselordnung [7]) wurde zwar der Vorschlag: „die Beurkundung der Insolvenz durch ein amtliches Attest einer solchen durch Protest gleich zu stellen", durch die Erwägung zurückgewiesen, „daß eine faktische Zahlungseinstellung, der Natur der Sache gemäß, nicht durch ein gerichtliches Attest, sondern nur durch Protest konstatirt werden könne, der letztere auch überdies wegen seiner Publicität, wodurch Interventionen ermöglicht würden, und deshalb vorgezogen zu werden verdiene, weil dabei der Acceptant mit seiner Erklärung gehört werden müsse"; allein durch diese Erwägung ist doch die Frage: in welcher Weise die Thatsache der Insolvenz festgestellt werden müsse, um so weniger entschieden, als sie nicht Gegenstand des materiellen Wechselrechts ist, also nicht in die Allgemeine Wechselordnung gehört [8]).

Tritt eine Unsicherheit der Nothadresse, welche acceptirt hat, ein, so findet das Recht auf Sicherstellung in derselben Weise, wie gegen den Haupt-Acceptanten, statt.

Der bloße Besitz des Wechsels, ohne urkundliche wechselmäßige Legitimation, berechtigt, in Kraft einer Vollmacht, wie zur Präsentation zur Annahme, so auch zur Sicherheitsforderung und Protestaufnahme, sowohl den Acceptanten, als den Regreßverbundenen gegenüber [9]). Im Uebrigen gilt dasselbe, was bei dem Regresse Mangels Annahme Rechtens ist.

Die Kaution, welche bestellt ist, dient zur Sicherheit des Wechselinhabers. Sie hört auf und muß zurückgegeben werden, sobald der Wechsel bezahlt oder die Wechselkraft erloschen ist.

---

7) Leipz. Prot. S. 64.

8) Erk. des O.Tr. in Berlin vom 8. Mai 1858. (Entsch. Bd. 22. S. 379.) Brauer a. a. O. S. 78 verlegt den Beweis für die Zahlungsunfähigkeit in den Protest.

9) Art. 18. 29. A. D. W.O. Brauer a. a. O. S. 78. Thol a. O. Bd. 2. S. 376. nimmt auf Grund der Worte der Novelle: „Der Wechselinhaber ist berechtigt, in den Nr. 1. und 2. genannten Fällen auch von dem Acceptanten im Wege des Wechselprozesses Sicherheitsbestellung zu fordern," an, daß unter dem Wechselinhaber nur der wechselmäßig legitimirte Inhaber, nicht der bloße Besitzer des Wechsels, also jeder, welcher durch das Accept Wechselgläubiger geworden, mithin auch der Indossant, gemeint sei. Sicherheit von dem Acceptanten fordern und, wenn solche nicht zu erhalten ist, Protest erheben, kann auch der bloße, nicht wechselmäßig legitimirte Besitzer des Wechsels. Die Geltendmachung dieses Rechtes im Wege des Wechselprozesses steht dagegen nur dem Wechselinhaber als Wechselgläubiger zu.

Neuntes Kapitel.

Die Wechselbürgschaft.

§. 118.

Der Aval.

Dem Wechsel und jeder auf dem Wechsel urkundlich gemachten Wechselerklärung können die verschiedenartigsten Rechtsgeschäfte zum Grunde liegen. Der Wechsel kann daher auch einem accessorischen Zwecke, der Sicherstellung eines Gläubigers dienen, so daß der Trassant, Acceptant und Indossant, dem inneren civilrechtlichen Obligationsgrunde nach, die Stellung von Bürgen einnehmen. Die merkantile Form, einem Wechsel Solidität und Kredit zu verschaffen, ist das Indossament. Das letztere dient nicht allein als wechselmäßiger Uebertragungsakt, als formales Rechtsgeschäft, durch welches das Eigenthum eines Wechsels auf einen Dritten übertragen wird, sondern ist auch ein wechselmäßiges Mittel, die Sicherheit des Wechsels zu erhöhen, demselben Kraft und Stärke zu verleihen. Dieser Sicherheits- und Verstärkungseffekt des Indossaments ist so vorwiegend und dem Wesen des Wechsels, vermöge einer uralten Handelsgewohnheit, so entsprechend, daß von vielen Rechtslehrern der historische Ursprung des Indossaments in den Aval verlegt, oder doch die rechtliche Natur und der merkantile Zweck des Giros vorzugsweise aus jener Eigenschaft hergeleitet und erklärt wird [1]). Der Kredit des Wechselbriefes wird getragen durch die Solidität der Wechselverpflichteten, welche, durch das Band der Solidarität mit einander verbunden, für die Einlösung des Wechsels gemeinschaftlich haften. Der civilrechtliche Grund, welcher den einzelnen Wechselakten, und daher auch den einzelnen Giros unterliegt, ist äußerlich in dem Wechsel nicht erkennbar und tritt auch bei Beurtheilung der wechselrechtlichen Folgen dergestalt zurück, daß diese Rechtsfolgen nicht aus dem unterliegenden materiellen Rechtsgeschäfte, sondern ausschließlich nach dem formalen Inhalte des Wechsels bestimmt werden. Bei dieser Abstraktion und Solidarität giebt nun kein anderer wechselmäßiger Akt, in gleichem Maße, die Möglichkeit, in jedem Stadium des Wechsellaufes durch Eintreten in die Giroreihe die Garantie zu erhöhen und die Sicherheit des Wechsels zu vermehren, als das Indossament. Findet ein Wechsel wegen bezweifelter Solidität der Wechselverbundenen in dem Verkehre keinen Abnehmer, so kann der Inhaber dem Wechsel Kraft und Güte dadurch verschaffen, daß er demselben in Form eines Indossaments eine Bürgschaft beifügt, d. h. daß er durch einen für gut und solide erachteten Dritten ein Indossament auf den Wechsel setzen läßt. Ein in dieser Absicht beigefügtes Indossament bezweckt nicht eine Eigenthumsübertragung, es liegt dem Giro nicht eine Veräußerung zu Grunde, sondern die Intention der Begebungs-Kontrahenten ist darauf gerichtet, durch den Eintritt des Indossanten in die Wechselgarantie die Sicherheit des Papieres zu er-

1) Einert, W.R. S. 136 ff. Götz a. a. O. S. 25 ff.

höhen, eine Bürgschaft für den Wechsel zu leisten. In dieser rechtlichen Auffassung sind die Verkehrsausdrücke: „den Wechsel unter seinem Giro laufen lassen“, „Jemandem sein Giro geben“, gleichbedeutend mit: „für den Wechsel eine Bürgschaft übernehmen“, und es ist, nach Gesetz und Usançe, erlaubt, für dieses „del credere“ eine besondere Provision zu erheben [2]). Alle diese, in den Formen von Wechselerklärungen eingekleideten Bürgschaftsleistungen nennt man verschleierte [3]) Bürgschaften.

Abgesehen von dieser verschleierten Form der Wechselbürgschaft und von der indirekten Erhöhung der Wechselgarantie im Wege der Nothadresse und der Ehrenannahme [4]) ist auch die Bürgschaft eines Dritten im Wechselrechte gebräuchlich und geeignet, die Sicherheit des Wechsels zu vermehren, offene, unverkleidete, unverschleierte Bürgschaft. In dem alten Systeme des Wechselrechts ist die Wechselbürgschaft in sehr umständlicher Weise vorgetragen. Man unterschied, nach Form und Rechtswirkung, zwischen der Bürgschaft, welche in einem besonderen Dokumente, und derjenigen, welche auf dem Wechsel selbst geleistet wurde. Die erstere wurde nach den Vorschriften des Civilrechts, die letztere, avallum, der, das Aval, nach den Regeln des Wechselrechts beurtheilt. In Ansehung des Avals, der Verbürgung auf dem Wechsel selbst, fidejussio in ipsis literis cambialibus, war in der Wissenschaft Streit über die Rechtsstellung des Bürgen zu den Wechselverbundenen; über die Zulässigkeit und über den Einfluß der civilrechtlichen Bürgschafts-Einreden, beneficia fidejussorum [5]); über die rechtliche Unabhängigkeit der Wechselbürgschaft von der Hauptschuld und der Person des Hauptschuldners; über den Wechselregreß des Bürgen und über das rechtliche Verhältniß desselben zum Hauptschuldner nach geleisteter Wechselzahlung [6]). Auch das Allgemeine Preußische Landrecht [7]) enthielt spezielle, aber weil den accessorischen Karakter der Wechselbürgschaft beibehaltend und die Solidarität des Wechselbürgen nicht anerkennend, unzureichende Vorschriften über die Wechselbürgschaft. Der Code de Commerce [8]) stellt dagegen den wechselrechtlichen Grundsatz der Solidarität auf: Tous ceux, qui ont signé, accepté ou endossé une lettre de change, sont tenus à la garantie solidaire envers le porteur, und verordnet bezüglich der Wechselbürgschaft: Le donneur d'aval est tenu solidairement, läßt aber die Wechselbürgschaft sowohl auf dem Wechselbriefe, als in einem besonderen Akte zu: Cette garantie est fournie

2) Si pauper propter suam paupertatem non inveniat, qui velit ei dare ad cambium, sicque non exstet, qui velit acceptare suas literas, et ideo coactus recurrat ad aliquem mercatorem, cujus literae acceptentur, eumque rogat, ut subscribat ipsius pauperis literas, potest ipse mercator, subscribendo literas, licite ab isto paupere accipere tertiam partem unius scuti pro centenario, quia ipse se exponit periculo solvendi pecunias. Scaccia l. c. §. 1. qu. 7. pars III. limit. VI n. 4. Treitschke a. a. O. Bd. 1. S. 249. Gotz a. a. O. S. 26. Einert, W.R. S. 139. Thol a. a. O. Bd. 2. S. 561. Kuntze a. a. O. S. 185. A. D. H.G.B. §. 370.

3) Kuntze a. a. O. S. 60. Thol a. a. O. Bd. 2. §. 283 ff.

4) Art. 66 ff. A. D. W.O.

5) Franck l. c. lib. II sect. 2. tit. 4. § 1 seq. Heineccius l. c. cap III §. 26 seq Püttmann a. a O. § 142 ff. Bender a. a. O. Bd. 2. §. 397 ff.

6) Franck l. c §. 3 seq. lib. II sect. 7. tit. 5 §. 8. 9. Heineccius l. c. cap. V. §. 10. seq. cap. VI §. 10. Gercken, Diss. de jur. fidejussoris camb. Giss. 1752 (bei Beseke Bd. I S. 886.) §. 15 sq. Riccius l. c. VII. sect. 1. §. 4. Bender a. a. O. Bd. 2. S. 71. Treitschke a. a. O. Bd. I. S. 250. 252 ff.

7) Thl. II Tit. 8. §§. 785 ff. 801. ff. Thl. I. Tit. 14. §§. 269 ff.

8) Art. 140. 141. 142. Daniels a. a. O. S. 336.

par un tiers, sur la lettre même, ou par acte séparé. Gleiche Grundsätze gelten im Allgemeinen auch im Englischen und Nordamerikanischen Wechselrechte [9]). In dem Systeme der Allgemeinen Deutschen Wechselordnung ist die Wechselbürgschaft, der Aval, als eine eigenthümliche wechselrechtliche Erscheinung nicht besonders behandelt, sondern nur beiläufig erwähnt worden im Art. 7. und Art. 81. An der ersten Stelle ist erwähnt worden: daß Wechselerklärungen (Indossament, Accept, Aval) auf einem formell ungültigen Wechsel keine Wechselkraft haben, und im Art. 81. ist das Princip der Solidarität selbst für den Fall anerkannt, daß derjenige, welcher eine Wechselerklärung mit unterzeichnet, sich dabei nur als Bürge genannt hat.

Die offene, unverschleierte Wechselbürgschaft ist für den Wechselverkehr ein Rechtsinstitut von sehr untergeordneter Bedeutung. Die kaufmännische Empfindlichkeit liebt keine Sicherheit durch Dritte und weist Handelspapiere von der Hand, die in äußerlich erkennbarer Weise erst durch fremde Verwendung Sicherheit und Bewegung auf den großen Straßen des Verkehrs erhalten sollen. Papiere mit Bürgschaftssignaturen tragen den Stempel der Unsicherheit an der Stirn, denn ein gut akkreditirter Geschäftsmann bietet durch eigene Person und eigene Mittel Garantie für seine Verpflichtungen. Die offene Wechselbürgschaft kommt daher bei Tratten, den eigentlichen Kreditpapieren, nur selten vor. Ist für den gezogenen Wechsel eine fremde Stütze nothwendig, so wird sie in verdeckter Weise, in der Form des Accepts, des Indossaments, gesucht. Häufiger benutzt wird die Wechselbürgschaft in dem Verkehre mit eigenen Wechseln, die nur für eine beschränktere Cirkulation bestimmt sind und mehr, als die Tratte, von den persönlichen Rechtsbeziehungen zu dem Aussteller beeinflußt werden.

Die Allgemeine Deutsche Wechselordnung ist in der Lehre von der Wechselbürgschaft dem Code de Commerce gefolgt, indem sie die Wechselbürgschaft zurückführt auf die Grundsätze der durch den formalen Akt der Skriptur begründeten Solidarität. Nach dem Prinzipe der Allgemeinen Deutschen Wechselordnung umschlingt das Band der Gesammtverpflichtung alle diejenigen, welche die einzelnen Wechselakte, also den Grundwechsel, das Accept oder das Indossament unterschrieben haben, so daß der Inhaber an alle die Verpflichtungs-Kategorien sich halten kann und so viele solidare Selbstschuldner hat, als der Wechsel Unterschriften trägt. Es haften daher solidarisch diejenigen, welche eine bestimmte Wechselerklärung mit unterschrieben haben, also z. B. alle diejenigen, welche den Grundwechsel, oder das Accept, oder ein Indossament mit unterzeichnet haben [10]). Der wechselmäßige Verpflichtungsgrund liegt, die Formrichtigkeit des Wechsels vorausgesetzt, in der Thatsache der Namensunterschrift; die persönliche Rechtsbeziehung zu demjenigen, für welchen die Wechselerklärung ertheilt worden ist, und das persönliche Rechtsverhältniß unter denjenigen, welche eine und dieselbe Wechselerklärung unterschrieben haben, sind ohne Einfluß auf die wechselrechtlichen Fol-

9) Story a. a. O. §. 457. 458.

10) Erk. des O.Tr. in Berlin vom 16. September 1858. (Arch. f. D. W.R. Bd. 8. S. 229.)

gen. Es ist dabei auch gleichgültig, ob die von Mehreren unterzeichnete Wechselerklärung in der einfachen oder mehrfachen Zahl lautet: alle Unterschriebenen haften mit solidarer Verpflichtung als Selbstschuldner, keiner von ihnen wird als Hauptschuldner und keiner als Bürge betrachtet, sondern ein jeder wird angesehen, als wenn er die Erklärung allein unterzeichnet hätte.

Diese Grundsätze der Solidarität finden auch Anwendung auf die Wechselbürgschaft [11]). Die Bürgschaft, welche für den Wechsel in einer besonderen, vom Wechsel getrennten Urkunde, par acte séparé, bestellt worden ist, unterliegt in materieller und formeller Beziehung den Bestimmungen des Civilrechts [12]). Nur der Aval, die Unterschrift einer auf dem Wechsel, dem Duplikate oder der Kopie befindlichen Wechselerklärung mit der Verbürgungsklausel, hat wechselrechtliche Wirkung. Alle diejenigen, welche unter einem formrichtigen Wechsel, oder unter einer formrichtigen Wechselerklärung in formell verpflichtender Weise ihren Namen geschrieben haben, werden durch das Band der Solidarverpflichtung verbunden, selbst wenn sie sich nur als Bürgen benannt haben. Die Unterschriebenen haften, je nach der rechtlichen Qualifikation der Wechselerklärung, als Mittrassant, Mitindossant, Mitacceptant, und die Beifügung der Bürgschaftsklausel: „pour aval", „per aval", „als Bürge" übt keinen Einfluß auf die wechselrechtliche Stellung, sondern deutet nur, wie die Valutaklausel, die causa praecedens, das der Wechselerklärung zum Grunde liegende materielle Rechtsgeschäft an. Der Aval, d. i. die Unterschrift eines Wechselaktes durch einen Dritten unter Angabe des in einer Bürgschaft bestehenden Begebungsgeschäftes, ist nicht, nach civilrechtlicher Auffassung, ein accessorisches, von der materiellen Gültigkeit der Hauptschuld unabhängiges Verstärkungs- und Sicherungsmittel, sondern, gleich wie die Wechselausstellung, das Indossament und Accept, ein wechselrechtlich unabhängiger Skripturakt. Die Avalirung begründet daher selbstständige, von jedem materiellen Rechtsgeschäfte losgelöste Wechselrechte, und der Avalist haftet für die Wechselschuld solidarisch als Selbstschuldner im ganzen Umfange [13]) der Wechselerklärung, welche er unterschrieben hat.

Auf die Rechtswohlthaten, welche, als Ausfluß accessorischer Rechtsqualität, dem civilrechtlichen Bürgen zustehen, also auf das Recht auf Theilung, beneficium divisionis, auf das Recht auf Vorausklage, beneficium excussionis, auf das Recht auf Abtretung der Klage des Gläubigers gegen den Schuldner und die Mitbürgen, beneficium cedendarum actionum, sowohl in Form des Indossaments als der Cession, hat der Avalist keinen Anspruch [14]). Das Rechtsverhältniß

---

11) Kuntze a. a. O. S. 59. Ueber das Wesen des Avals: Swoboda im Arch. f. D. W.R. Bd. 17. S. 1.

12) Kuntze a. a. O. S. 60.

13) Ueber den Inhalt der Wechselerklärung hinaus ist die Verpflichtung des Avalisten, wie das Accept des Bezogenen über die Wechselsumme hinaus, ohne Gegenstand. Wenn daher ein über 1000 Thlr. lautender Wechsel von dem Bezogenen nur in Höhe von 100 Thlr. acceptirt worden ist, so haftet der Avalist für das Accept auch nur in Höhe der acceptirten Summe, selbst wenn das Aval über eine höhere Summe lautete. Der Avalist haftet objektiv und subjektiv im Umfange der Verpflichtung desjenigen, für welchen er sich verbürgt hat, also auch für 6 % Zinsen, Retoursprechen 2c. Erk des O.Tr. in Berlin vom 13. November 1856. (Arch. f. D. W.R. Bd. 7. S. 73. Strieth. Arch. Bd. 22. S. 314) Borchardt a. a. O S. 190. Zus. 363.

14) Leipz. Prot. S. 144. Brauer a. a. O. S. 138. Bluntschli a. a. O. S. 121.

derjenigen, welche eine und dieselbe Wechselerklärung unterzeichnet haben, unter sich und zu einander, regelt sich dagegen nicht nach den Bestimmungen über die wechselrechtliche Solidarität, sondern nach den Grundsätzen der Korrealität auf Grund des unter den Verbundenen obwaltenden civilrechtlichen Ausgleichungsgeschäftes, und es ist ohne Einfluß, ob der correus durch Einlösung oder durch Indossament den Wechsel erworben hat [15]). Die Avalirung setzt, wie jede andere Wechselerklärung, die Wechselfähigkeit des Erklärenden voraus. Auch Frauen können daher diese Wechselfunktion übernehmen und haben auf die ihrem Geschlechte zustehenden civilrechtlichen Wohlthaten (S. C. Vellejanum) keinen Anspruch.

Die Form des Avals, und daher die wechselrechtliche Existenz desselben, besteht in der Mitunterzeichnung, d. i. in der örtlichen und räumlichen [16]) Beifügung der Unterschrift unter eine Wechselerklärung [17]) mit einem die Bürgschaftsqualität aussprechenden Zusatze, z. B. „ich verbürge mich N.", „per aval N.", „pour aval", „als Bürge". Ein Bürgschaftsvermerk, welcher zwar auf dem Wechsel, aber nicht in räumlicher Beziehung zu einer bestimmten Wechselerklärung steht, hat keinen wechselmäßigen Effekt, weil in urkundlicher Weise die Beziehung zu einem bestimmten Wechselakte, mit einem Worte „die Mitunterzeichnung" fehlt. Der Aval kann auf eine geringere Summe lauten, als worauf die Wechselerklärung, der die Bürgschaft beigefügt worden, gestellt ist, und auch nach dem Verfalle des Wechsels mit rechtsgültiger Wirkung erfolgen.

Die rechtliche Folge der Einlösung des Wechsels durch den Avalisten hängt von dessen wechselmäßiger Stellung ab. Er tritt in die wechselmäßige Funktion desjenigen, für welchen er den Wechsel im Bürgschaftswege eingelöst hat. Ist die Avalirung daher geschehen für den Acceptanten, so kann sich der zahlende Avalist nur an den Acceptanten in civilrechtlicher Weise halten, da ihm weder aus dem Deckungsverhältnisse gegen den Trassanten, als einem für ihn fremden Geschäfte, noch aus dem Wechsel selbst, da er als Mitacceptant der Hauptverpflichtete ist, ein Anspruch zusteht. Es bedarf daher auch zur Klage gegen den acceptiren-

---

Liebe a. a. O. S. 214. Renaud a. a. O. S. 190. Kuntze a. a. O. S. 59. Volckmar u. Loewy a. a. O. S. 288.

15) Borchardt a. a. O. S. 258. Zus. 477. Arch f. D. W.R. Bd. 9. S. 234. Volckmar u. Loewy a. a. O. S. 288.

16) Diese Auffassung entspricht der ethmologischen Bedeutung des Wortes „avallum" Dasselbe wird theils aus dem Französischen von a valoir i. e. faire valoir, in Aufnahme, in Ansehn bringen, theils aus dem Italienischen a valle i. e. hierunter, firmare a valle, darunter zeichnen, wie firmare in dorso, auf den Rücken schreiben, subscribere gleichbedeutend mit fidejubere, Bürgschaft leisten, verbürgen, hergeleitet. Scaccia l c. §. 1. qu. 7 n. 3 limit, 6. n. 4. Index verb fidejussor. Raphael de Turri l c. disp. II. qu. 1 N. 34. 35. disp. I. Franck l. c lib. II sect. 2. tit. 4 §. 4. Fidejussio ... fit vel mera subscriptione sui nominis, quam avallum nominant. Hutteau zu Pothier l c. p. 181. Püttmann, Progr. de avallo. Lips. 1781. Dufresne, Glossar Paris 1733. s. v aval, avalare. Treitschke a. a. O. Bd. 1. S. 242. Liebe, W.O. S. 213. Thol a. a. O. Bd. 2. S. 544. 559. Anderer Ansicht: Erk. des O.Tr. in Berlin vom 26. September 1857. (Entsch. Bd. 57. S. 291. Arch. f. D. W.R. Bd. 7. S. 387), welches den auf der Rückseite des Wechsels von einem Dritten geschriebenen Vermerk: „angenommen N." für geeignet hält, eine Solidarverpflichtung in Ansehung des Accepts zu begründen, weil durch den Inhalt des Vermerkes die Beziehung der Unterschrift zu dem Accepte auf zuverlässige Weise hergestellt sei. Hoffmann a. a. O. S. 575. Volckmar u. Loewy a. a. O. S. 210.

17) Auch einem Ehrenaccepte kann ein Aval beigefügt werden. Renaud a. a. O. S. 192. Thöl a. a. O. Bd. 2. S. 553. Anderer Ansicht: Volckmar u. Loewy a. a. O. S. 283.

den Avalisten keiner anderen Begründung, als zur Klage gegen den Acceptanten selbst, insbesondere nicht noch eines besonderen Protestes Mangels Zahlung gegen den Acceptanten [18]). Ist der Aval gegeben für den Trassanten, so ist der Avalist, als Mittrassant, in der Girorcihe der letzte Garant, und ein Regreß daher ausgeschlossen. Dagegen steht dem Avalisten der Regreß gegen den Vormann aus eigenem, nicht aus abgeleitetem Rechte zu [19]), wenn er als Mitindossant, mit oder ohne Giro, den Wechsel eingelöst hat.

Zehntes Kapitel.

Die Wechselzahlung.

§. 119.

Allgemeine Grundsatze über die Zahlung. Verfallzeit. Zahlungsart. Theilzahlung.

Der Wechsel ist der Träger einer Geld-Obligation. Während der Cirkulation, also vor dem Verfalle, läuft der Wechsel in seiner Eigenschaft als ein negociables Werthpapier. Er dient als Zahlungsmittel, wie das Geld, den verschiedenartigsten merkantilen Zwecken. Durch die Zahlungen, welche auf den Wechsel während seiner Cirkulation geschehen, wird nicht die Wechsel-Obligation erfüllt, sondern die Bewegung vermittelt, welche dem Wechsel als natürliche Eigenschaft innewohnt. Die Zahlungen sind die Bewegungsursachen für den Wechsel. Allein als Obligation, in seinen Beziehungen zu bestimmten Personen gedacht, ist der Zweck des Wechsels auf Erfüllung, auf Zahlung einer Geldsumme gerichtet. Diese Erfüllung ist durch den Inhalt des Wechsels an einen bestimmten Tag, an einen bestimmten Ort und an einen bestimmten Verpflichteten gebunden. Dagegen ist die Person des Gläubigers in der Obligation nicht nothwendig individuell bezeichnet; rechtmäßiger Empfänger der Wechselzahlung ist vielmehr der jedesmalige wechselmäßig legitimirte Inhaber des Wechsels am Zahlungstage. Bei dieser Wandereigenschaft des Wechsels, und bei dem Umstande, daß die Gläubigerschaft in dem Wechsel ruht, konnte der civilrechtliche Grundsatz [1]), wonach Zahlungen in der Regel dem Gläubiger überbracht werden müssen, auf Wechsel füglich nicht angewendet werden. Der Wechselgläubiger ist vielmehr, nach alt hergebrachtem, in dem Wechselverkehre begründetem und auch in der Allgemeinen Deutschen Wechselordnung anerkanntem Gebrauche schuldig, die Wechselsumme, gegen Präsentation des Wechsels, bei dem Bezogenen zu fordern und abzuholen [2]). Die Wechsel-Obligation hat, wie

---

18) Arch. f. D. W.R. Bd. 6. S. 215.

19) Ladenburg im Arch. f. D. W.R. Bd. 13. S. 26 ff.

1) Puchta a. a. O. §. 246. Arndts a. a. O. S. 221. A. Pr. L.R. Thl. I. Tit. 5. §. 247 ff., Tit. 11. §. 796 ff., Tit. 16. §. 52.

2) Art. 40. 91. A. D. W.O. Auch der Code de commerce bestimmt im Art. 161. Le porteur d'une lettre de change doit en exiger le paiement le jour de son échéance.

die civilrechtliche, einen Erfüllungstag. Diesen Tag nennt man den Verfalltag, d. i. derjenige Tag, an welchem die Zahlung nach Inhalt des Wechsels geschehen soll. Zahlungstag ist derjenige Tag, an welchem die Zahlung gefordert werden kann[3]). In der Regel fallen beide Zeitpunkte zusammen; sie sind jedoch verschieden, wenn der Verfalltag auf einen Sonntag, oder allgemeinen Feiertag trifft, in welchem Falle der nächste Werktag der Zahlungstag ist, oder wenn an dem Zahlorte Respekttage gelten, oder bestimmte Zahltage, wie bei Markt- und Meßwechseln, eingeführt sind[4]). Vor dem Verfall kann die Wechselzahlung nicht gefordert und, mit Ausnahme eigener Wechsel[5]), mit Sicherheit nicht geleistet werden[6]). Das Giro bietet aber eine gefahrlose Form der Wechselzahlung auch vor dem Verfalle.

Nach Maßgabe der, in dem Wechsel enthaltenen Verfallzeit[7]) ist der Wechsel entweder ein Tagwechsel, wenn die Zahlung an einem bestimmten Tage, oder ein Sichtwechsel, wenn die Zahlung auf Sicht oder eine bestimmte Zeit nach Sicht, oder ein Datowechsel, wenn die Zahlung eine bestimmte Zeit nach dem Tage der Ausstellung, oder ein Meßwechsel, wenn die Zahlung nach dem Gesetze des Markt- oder Meßplatzes, oder ein Usowechsel, wenn die Zahlung nach den Gesetzen des Handelsplatzes erfolgen soll. Inländische, d. h. innerhalb des Geltungs-Bezirkes der Allgemeinen Deutschen Wechselordnung ausgestellte, Usowechsel erkennt die letztere nicht an. Der Uso für die von Auswärts eingehenden Wechsel muß nach den Gesetzen des Ausstellungsortes bestimmt werden, insofern am Zahlungsplatze ein Uso nicht gesetzlich regulirt ist[8]). Die Verfallzeit tritt bei Tagwechseln an dem, im Wechsel bestimmten Tage und, wenn die Zahlung auf die Mitte eines Monats gesetzt ist, am 15. dieses Monats ein. Ein auf Anfang oder Ende des Monats gestellter Wechsel wird am ersten resp. letzten Tage des Monats fällig[9]). Ein auf Sicht gestellter Wechsel ist bei der Vorzeigung zahlbar und muß, bei Verlust des wechselmäßigen Anspruches gegen die Indossanten und den Aussteller, nach Maßgabe der besonderen im Wechsel oder in dem Indossamente angegebenen Präsentationsfrist, und in Ermangelung derselben binnen zwei Jahren[10]) nach der Ausstellung, zur Zahlung präsentirt werden, weil der Aussteller und die Indossanten

---

3) Art. 22. A. D. W.O. Treitschke a. a. O. Bd. 2. S. 528. Thöl a. a. O. Bd. 2. §. 174.

4) Art. 30. 35. 92. 93. A. D. W.O. In Hamburg werden in banco zahlbare Wechsel durch Bankindorso von der Bank realisirt. Verfällt ein solcher Wechsel während des Bankschlusses, so ist der nächste Werktag, an welchem die Bank wieder geöffnet ist, der Zahlungstag. §. 9. Hamburg. Einf.-Ges. vom 21. Februar 1849. Brauer a. a. O. S. 168.

5) Treitschke a. a. O. Bd. 1. S. 374.

6) Der Code de comm. drückt diesen rechtlichen Gedanken in den Art. 144 und 146 aus. Nach den Mot. z. Pr. Entw. S. LVI und den Leipz. Prot. S. 71. 235. versteht sich die Bestimmung von selbst. Heineccius l. c cap 3. §. 11 seq. Scherer a. a. O. S. 50. Thöl a. a. O. Bd. 2. S. 273. Liebe, W.O. S. 128.

7) Art. 4. A. D. W.O.

8) z. B. durch die Einf.-Ges. für das Königreich Sachsen, Herzogthum Sachsen-Weimar-Eisenach, Königreich Baiern. Brauer a. a. O. S. 185. 215. 232.

9) Art. 30. A. D. W.O.

10) Findet auch bei eigenen Wechseln, bei Verlust des wechselmäßigen Anspruches gegen den Aussteller, Anwendung. Art. 31. 98. A. D. W.O. Erk. des O.Tr. in Berlin vom 8. Septbr. 1863. (Entsch. Bd. 50. S. 369.)

sonst in unbegränztem Obligo bleiben würden. Auch an Orten, an welchen für Wechsel allgemeine Zahltage (Kassirtage) bestehen, müssen Sichtwechsel an dem Tage der Vorzeigung gezahlt werden[11]). Bei Zeit-, Sicht- und bei Datowechseln tritt die Verfallzeit ein:

1) wenn die Frist nach Tagen[12]) bestimmt ist, an dem letzten Tage der Frist. Bei Berechnung der Frist wird der Tag, an welchem der nach dato zahlbare Wechsel ausgestellt, oder der nach Sicht zahlbare zur Annahme präsentirt wird, nicht mitgezählt;

2) wenn die Frist nach Wochen, Monaten oder einem, mehrere Monate umfassenden Zeitraume (Jahr, halbes Jahr, Vierteljahr) bestimmt ist, an demjenigen Tage der Zahlungswoche, oder des Zahlungsmonats, der durch seine Benennung oder Zahl dem Tage der Ausstellung und Präsentation entspricht. Fehlt dieser Tag in dem Zahlungsmonate, so tritt die Verfallzeit an dem letzten Tage des Zahlungsmonats ein. Der Ausdruck „halber Monat" wird einem Zeitraume von 15 Tagen gleich geachtet. Ist der Wechsel auf einen oder mehrere ganze Monate und einen halben Monat gestellt, so sind die 15 Tage zuletzt zu zählen[13]).

Ein in einem Lande, in welchem der alte Styl gilt (Rußland, Orient), ausgestellter, nach Dato im Inlande zahlbarer Wechsel gilt, insofern nicht bemerkt ist, daß der Wechsel nach neuerem Style datirt ist, oder insofern nicht nach beiden Stylen datirt ist, als nach altem Style datirt. Die Reduktion des alten nach dem neuen Styl wird nicht nach dem im Wechsel angegebenen Verfalltage, sondern nach dem Ausstellungstage berechnet[14]). Respekt-, auch Respit-, Ehren-, Vergünstigungs-, Diskretions-, Sicht-, Nach-, Honorar-, Gnadentage, jours de grace[15]), d. i. solche Tage nach dem Verfalle des Wechsels, welche der Inhaber mit der Präsentation zur Zahlung und resp. mit der Erhebung des Protestes warten darf und muß, jenachdem sie zum Besten des Präsentanten oder des Bezogenen gereichen, sind durch die Allgemeine Deutsche Wechselordnung aufgehoben. Einige Aehnlichkeit mit den Respekttagen haben die in der Allgemeinen Deutschen Wechselordnung festgesetzten Protesttage, denn auch sie gewähren Aushülfe für den Fall des Versäumnisses[16]). Wenn an einem Wechselplatze, wie z. B. in Augsburg und Bremen, allgemeine Zahltage (Kassirtage) eingeführt sind, so braucht die Zahlung eines, zwischen den Zahltagen fällig gewordenen Wech-

---

11) Art. 93. A. D. W.O.

12) Die Bestimmung „nach acht Tagen" bezeichnet nicht, wie nach dem gewöhnlichen Sprachgebrauche, eine Frist von 7 Tagen (eine Woche), sondern von 8 Tagen. Nürnberger Wechselkonferenz Arch. f. D. W.R. Bd. 9. S. 212. Nr. 26. S. 239. Brauer a. a. O. S. 80. Bluntschli a. a. O. S. 72.

13) Art. 30. 31. 32. A. D. W.O. Der an einem Dienstage ausgestellte und nach Wochen zahlbare Wechsel verfällt wieder an einem Dienstage; der nach Monaten, Vierteljahren &c. zahlbare Wechsel verfällt an demselben Monatstage, an welchem er ausgestellt resp. präsentirt ist. Z. B. ein am 1. April ausgestellter, nach zwei Monaten zahlbarer Wechsel verfällt am 1. Juni; der am 31. Dezember auf zwei Monate dato ausgestellte Wechsel verfällt am 28. resp. 29. Februar.

14) Art. 34. A. D. W.O. Liebe, W.O. S. 127. Arch. f. D. W.R. Bd. 7. S. 320.

15) Art. 33. A. D. W.O. Daniels a. a. O. S. 246. 259. Bender a. a. O. Bd. 1. §. 351. Treitschke a. a. O. Bd. 5. S. 145. Siegel, corp. jur. camb. p 181. 551.

16) Leipz. Prot. S. 78. Brauer a. a. O. S. 83.

sels erst am nächsten Zahltage geleistet zu werden[17]). Geschäftsstunden für Bewirkung der Zahlung hat die Allgemeine Deutsche Wechselordnung, im Gegensatze zu dem Preußischen Entwurfe, nicht festgestellt[18]). Wo solche nicht durch die Einführungsgesetze geregelt sind, entscheidet der Geschäftsgebrauch am Zahlorte[19]).

Die Zahlung des Wechsels muß, um Liberirung zu bewirken, voll, baar und in der im Wechsel bestimmten Geldsorte erfolgen. Lautet der Wechsel auf eine Münzsorte, welche am Zahlungsorte nicht kursirt, oder auf eine Rechnungswährung, und ist die Wechselsorte nicht mit dem Zusatze „effectiv" oder einem gleichlautenden Ausdrucke, „wirklich", „in natura", geschrieben, so kann die Zahlung der Wechselsumme in der Landesmünze nach dem Kurswerthe am Verfalltage geleistet werden[20]). Wenn Zweifel über die Geldsorte entsteht, so geschieht die Zahlung in der am Platze geltenden Wechselwährung[21]). Theilzahlungen, welche der Gläubiger nach civilrechtlichen Grundsätzen zurückweisen kann[22]), ist der Präsentant von dem Bezogenen und Acceptanten anzunehmen verpflichtet[23]), und, da die Allgemeine Deutsche Wechselordnung keine Einschränkung macht, selbst zu dem kleinsten Betrage. Die Preußischen Entwürfe[24]) hatten im Anschluß an die Bestimmung des Allgemeinen Preußischen Landrechts und des Code de commerce, aus ganz richtigen Gründen, zwar die Berechtigung, nicht aber die Verpflichtung zur Annahme von Theilzahlungen anerkannt, allein die Leipziger Konferenz hat in Erwägung, daß Theilaccepte zulässig seien, durch Theilzahlungen auch das Interesse des Rücklaufes befördert und die Lage des Präsentanten nicht erschwert werde, die Verpflichtung zur Annahme von Theilzahlungen beschlossen. Daß wegen des Rückstandes der Wechselzahlung der weitere Anspruch vorbehalten werde, wurde anerkannt, der Antrag aber, die Zurückweisung geringfügiger Theilzahlungen zu gestatten, abgelehnt[25]). Die Bestimmung über die Verpflichtung zur Annahme von Partialzahlungen ist nur für den Fall der Zahlung durch den Bezogenen oder Aussteller eines eigenen Wechsels zur Verfallzeit gegeben und kann daher über diesen Fall hinaus nicht auf die Zahlung nach der Protestaufnahme und insbesondere auf die Zahlung durch den einlösenden Vormann oder den Ehrenacceptanten ausgedehnt werden. Für diesen Fall ist der civilrechtliche Grundsatz maßge-

17) Art. 93. A. D. W.O.

18) Pr. Entw. von 1845. §. 135, von 1847. §. 80. 84.

19) Leipz. Prot. S. 150. 153. Storr a. a. O. §. 328. 236. 349. Scherer a. a. O. Bd. 3. S. 554. Liebe, W.O. S. 230. Thöl a. a. O. Bd. 2. S. 167. Kunze a. a. O. S. 119.

20) Art. 37. Leipz. Prot. S. 71. Stern im Arch. f. D. W.R. Bd. 6. S. 357. Renaud a. a. O. S. 146. Thöl a. a. O. Bd. 2. S. 171. Arch. a. a. O. Bd. 3. S. 319. 394. Bd. 4. S. 93. 97. Bd. 5. S. 113. Bd. 6. S. 357.

21) Die Geldsorte, in welcher die Wechselsumme zu zahlen, ist zum Theil in den Partikulargesetzen näher bestimmt. Frankfurter Einf.-Ges. vom 10. März 1849. §. 7. Brauer a. a. O. S. 175. Hamburg. Einf.-Ges. vom 21. Februar 1849 §. 4. Brauer a. a. O. S. 169. Kheil im Arch. f. D. W.R. Bd. 3. S. 398, Bd. 5. S. 113.

22) §§. 57. 58. Thl. I. Tit. 16. A. Pr. L.R.

23) Art. 38. A. D. W.O.

24) Entw. vom Jahre 1845 §. 149. Entw. vom Jahre 1846 §. 37. Entw. v. 1847 §. 38. und die Motive dazu.

25) Leipz. Prot. S. 72. Loewy im Arch. f. D. W.R. Bd. 12. S. 42.

bend, wonach dem Gläubiger nur ein Recht zusteht, Theilzahlungen anzunehmen[26]).

Anweisung auf Zahlung statt Zahlung per cassa, sowie Zahlung durch Skontration, d. i. durch Ab- und Zuschreibungen in den Handelsbüchern, braucht der Wechselinhaber nicht anzunehmen. Der Auftrag ist auf baare Zahlung gerichtet und wird nicht erfüllt, wenn eine andere Erfüllungsweise an die Stelle gesetzt wird[27]). Wenn jedoch an dem Orte der Zahlung die Realisirung der Wechsel durch Vermittelung der Bank oder anderer Geldinstitute, wie z. B. in London, Amsterdam, Rotterdam und Hamburg, erfolgt, so ist der Inhaber gehalten, sich einer solchen kommerziellen Platzeinrichtung zu unterwerfen, und eine Anweisung in diesem Sinne anzunehmen.

§. 120.

Die Legitimation des Wechselinhabers.

Civilrechtliche vertragsmäßige Obligationen erhalten Existenz, Sinn und Bedeutung aus dem Geschäfte, welches ihrer Entstehung zum Grunde liegt und für welches sie nur die juristische Form bilden, in der sich der vertragsmäßige Wille der Kontrahenten als Quelle des Rechts darstellt. Der rechtliche und thatsächliche Umfang der civilrechtlichen Obligationen richtet sich daher und wird ermessen nach ihrem Entstehungsgrunde, nach der Qualifikation des unterliegenden Rechtsgeschäfts und nach der persönlichen Berechtigung der Kontrahenten zur Vornahme des gewollten und in eine bestimmte Rechtsform gebrachten Geschäfts. Das auf dieser vertragsmäßigen Basis errichtete, mit der Person der Kontrahenten verbundene obligatorische Recht bildet zwar einen Vermögenswerth, der von der Bewegung des Verkehrs nicht ausgeschlossen ist, vielmehr, wie jede andere Sache, seinen Eigenthümer wechseln und auf Andere übertragen werden kann, allein für die rechtliche und thatsächliche Beurtheilung der Obligation, für den Umfang des daraus entstehenden Rechts ist maßgebend und allein entscheidend der, durch den Wortlaut des Vertrags versinnlichte, oder sonst in rechtliche Form gebrachte Wille der Kontrahenten. In dieser rechtlichen Einschränkung mit fortdauernder Rechtsbeziehung zu der Person der Kontrahenten geht die civilrechtliche Obligation, nach Recht und Pflicht, in der Form der Universal- und Singular-Succession auf den neuen Erwerber über, und dieser übt nach dem Rechtssatze: „nemo plus juris in

26) Leipz. Prot. S. 132. Erk. des O.Tr. in Berlin vom 4. April 1847. (Arch. f. D. W.R. Bd. 7. S. 113. Strieth. Arch. Bd. 24. S. 166.) Loewy im Arch. a. a. O. Bd. 12. S. 44. Wolff im Arch. a. a. O. Bd. 12. S. 134. Liebe, W.O. S. 137. Renaud im Arch. a. a. O. Bd. 8. S. 298. Thol a. a. O. Bd. 2. S. 277.

27) A. Pr. L.R. Thl. II Tit. 8. §. 1118. 1261. Daniels a. a. O. S. 271. Thöl a. a. O. Bd. 1. §. 124.

28) An vielen Orten hat der Kaufmann seine Kasse nicht bei sich in seiner Wohnung, sondern bei seinem Kassirer, Bankier, und da sind Anweisungen zur Erhebung der Wechselsumme ortsüblich. Leipz. W.O. von 1682 §. 25. Siegel a. a. O. S. 40. Phoonsen, Amsterdamer Wechselgebrauch C. 16. §§. 11 ff. Siegel a. a. O. S. 275. Wiener W.O. von 1717 Art. 41. (Siegel a. a. O. S. 160.) Frankfurter W.O. von 1739 §. 41. Siegel, Forts. von Uhl S. 83. Daniels a. a. O. S. 270. Liebe, Entw. §. 37. u. S. 116. v. Weissenеck a. a. O. §. 294. Story a. a. O. „Anweisung auf eine Bank oder Wechselhaus ist abzulehnen". §. 364.

alium transferre potest, quam ipse habet," das erworbene Recht in dem Umfange aus, in welchem es konstituirt und vom berechtigten Inhaber ihm abgetreten worden ist. Obligatorische Vermögenswerthe in dieser civilistischen Rechtsauffassung, ungewiß und unsicher nach Umfang und Rechtsverfolgung, waren nicht geeignet, als Zahlungsmittel in den merkantilen Verkehr einzutreten, und das Handelsrecht hat sich daher von Alters her bemüht, die obligatorischen Vermögenswerthe zu mobilisiren und die Bedingungen für ihre Cirkulation, unter Abstraktion von dem inneren Rechtsgrunde, in die äußere Form zu verlegen [1]). Ausgezeichnet vor Allem ist in dieser Beziehung die Wechsel-Obligation. Der Wechsel ist in seiner urkundlichen Erscheinung der Träger eines abstrakten Nomen, und der Inhaber macht dieses Nomen nicht geltend aus dem persönlichen Rechte desjenigen, welcher den Wechsel auf ihn übertragen hat, sondern aus eigenem, von der Befugniß seiner Vormänner unabhängigem Rechte. Die Legitimation des Inhabers bei Geltendmachung der Wechselansprüche richtet sich daher auch nach wesentlich anderen Grundsätzen, als nach welchen der Erwerber eines civilrechtlichen Anspruches beurtheilt wird. Der Letztere tritt in das obligatorische Verhältniß ein auf Grund des Rechts seines Auktors, und seine Legitimation, sowie der Umfang und die Qualität der Rechtsbefugniß hängen ab von der rechtlichen Natur der übertragenen Obligation in ihrer Beziehung zu der Person der ursprünglichen Kontrahenten und derjenigen, welche sich an der Uebertragung derselben betheiligt haben. Ein rechtsvernichtender Einwand, welcher die Obligation in ihrer Entstehung oder Uebertragung trifft, berührt daher das Recht des Erwerbers unmittelbar und zerstört auch dessen Anspruch und Legitimation zur Geltendmachung. Der Erwerber einer civilrechtlichen Obligation ist daher verpflichtet, die Rechtsgültigkeit der Obligation, sowie die Rechtsbeständigkeit der Uebertragung in sachlicher und persönlicher Beziehung durch die ganze Reihe der Uebertragungsoperationen zu prüfen, um dadurch die Rechtsgültigkeit der Erwerbung und die Legalität seines Anspruches festzustellen. Diese nach den Regeln des Civilrechts erforderliche Prüfung ist nicht zu vereinigen mit der Sicherheit und den Interessen des Handels- und namentlich des Wechselverkehrs, der in seinem raschen Verlaufe nicht einmal die Möglichkeit darbietet, die früher vorgekommenen Begebungen, nach ihrer Rechtsgültigkeit und Rechtsbeständigkeit, zu prüfen. Das Wechselrecht verlegt daher, nach Gesetz und allgemein anerkannter Usançe, die Aktiv-Legitimation, d. h. das Recht zur Geltendmachung der Rechte aus dem Wechsel, die Gläubigerschaft, lediglich in die äußere Form [2]) und sieht ab von der materiellen Prüfung der Gültigkeit und Echtheit der einzelnen Transportakte. Auch das Englische und Nordamerikanische Wechselrecht [3]) erkennt diesen Grundsatz an und der Code de commerce [4]) stellt den Rechtssatz auf: celui qui paye

1) §§. 301 ff. A. D. H.G. Endemann a. a. O. S. 419 ff.
2) Treitschke a. a. O. Bd. 1. S. 24. Mittermaier a. a. O. §. 343. 5. II. Daniels a. a. O. S. 257. v. Weißeneck a. a. O. §. 173. Thöl a. a. O. Bd. 2. §. 266. Endemann, das Deutsche Handelsrecht. (Heidelberg 1868.) S. 419.
3) Story a. a. O. §. 451. Zeitschr. für ausländ. Rechtsw. Bd. 3. S. 211. 225. Arch. f. d. gesammte Handelsr. Bd. 8. S. 318.
4) Art. 145.

une lettre de change à son échéance et sans opposition, est présumé valablement libéré. Das Allgemeine Preußische Landrecht [5]) schließt sich dieser Rechtsauffassung zwar an, legt dem Zahler aber die Pflicht auf, die Richtigkeit des letzten Indossaments, also des unmittelbaren Erwerbungsaktes des Präsentanten, zu prüfen.

Nachdem die Allgemeine Deutsche Wechselordnung die Uebertragungsfähigkeit des Blanko-Giros, also die Legitimation des Wechsel-Inhabers durch die Thatsache des Besitzes, ohne urkundlichen Transportnachweis [6]), anerkannt hat, war es ihre Aufgabe, die Bedingungen zu präzisiren, von welchen die wechselmäßige Legitimation des Inhabers abhängt, um dadurch die Unsicherheit und Ungewißheit zu beseitigen, welche durch den abstrakten Satz des Code de commerce und durch die unzureichende Bestimmung des Allgemeinen Preußischen Landrechts für den Wechselverkehr entstanden waren. Schon die Vorarbeiten zu dem Preußischen Entwurfe vom Jahre 1847, insbesondere der Entwurf vom Jahre 1845 [7]) und die Erläuterungen dazu [8]) bekunden das Bestreben, die Legitimation des Inhabers an den äußeren Zusammenhang der Begebungsakte zu knüpfen und die Zahlung von der Prüfung der Echtheit der Indossamente zu entbinden. Eingehend wurde das aufgestellte Princip von der, zur Prüfung des Entwurfes berufenen Kommission von Sachverständigen [9]) berathen und ohne Widerspruch angenommen. Dasselbe hat denn auch in dem §. 36. des Preußischen Entwurfes vom Jahre 1847 [10]) Ausdruck erhalten, der mit geringer Redaktionsveränderung in die Allgemeine Deutsche Wechselordnung übergegangen ist, welche im Art. 36. bestimmt: „Der Inhaber eines indossirten Wechsels wird durch eine zusammenhängende, bis auf ihn hinuntergehende Reihe von Indossamenten als Eigenthümer legitimirt. Das erste Indossament muß demnach mit dem Namen des Remittenten, jedes folgende mit dem Namen desjenigen unterzeichnet sein, welchen das unmittelbar vorhergehende Indossament benennt. Wenn auf ein Blanko-Indossament ein weiteres Indossament folgt, so wird angenommen, daß der Aussteller des letzteren den Wechsel durch Blanko-Indossament erworben hat. Ausgestrichene Indossamente werden bei Prüfung der Legitimation als nicht geschrieben angesehen. Die Echtheit der Indossamente zu prüfen, ist der Zahlende nicht verpflichtet."

Die Allgemeine Deutsche Wechselordnung hat hiernach das formale und abstrakte Legitimationsprincip zur Anwendung gebracht. Wäre der Wechsel Geld oder eine geldgleiche Sache, ein Werthpapier an den Inhaber, ein lettre au porteur, dann würde die Legitimation nicht in dem urkundlichen Transportnachweise, sondern in der Thatsache des Besitzes zu suchen sein. Denn die Bewegungen des Geldes werden zwar auch durch Rechtsgeschäfte vermittelt, den Zahlungen liegen

5) §. 1153. Th. II. Tit. 8.
6) Art. 12. A. D. W.O.
7) §. 145.
8) S. 38.
9) Entw. v. Jahre 1846 §. 35. Kommissionsbericht vom Jahre 1846 S. 77. Protokolle vom Jahre 1846 S. 71 ff.
10) Mot. zum Preuß. Entw. v. 1847. S. LVI. Leipz. Prot. S. 69. 226.

bestimmte Obligationsfälle zum Grunde; allein diese rechtlichen Bewegungsursachen begründen keine besondere Rechtsverhältnisse unter den einzelnen Besitzern der Geldstücke, die letzteren, ein Ausgleichungs- und Erfüllungsmittel für jede Obligation, gehen, wenngleich unter Umständen eine Vindikation denkbar ist, durch die Hingabe für den früheren Besitzer unter und in das Eigenthum des neuen Besitzers über, ohne die Spur eines bestehenden Rechtsgeschäfts zurückzulassen. Die Thatsache der Hingabe und des Empfanges ist der Rechtstitel für den Erwerb, und die Thatsache des Besitzes der Nachweis für das Eigenthum an dem Gelde. Werthpapiere an den Inhaber sind zwar Urkunden über abstrakte Geldobligationen, allein sie stehen bezüglich des Erwerbes und des Eigenthumsnachweises, insofern in dem Programm über die Emission keine Einschränkung enthalten ist, dem baaren Gelde gleich. Anders verhält es sich mit den Wechseln. Den letzteren liegen zwar, gleichwie den Bewegungen des Geldes und der lettres au porteur, materielle Rechtsgeschäfte der verschiedensten Art zum Grunde, allein der, der Ausstellung und der Cirkulation des Wechsels vorausgehende Obligationsfall ist für den Wechsel nicht erkennbar und daher einflußlos für die, aus dem Wechsel entstehenden Rechte. Das Recht des Inhabers ruht auf der abstrakten Form des Wechsels. Die äußere, durch das Gesetz geregelte schriftliche Form ist es, welche dem Wechsel rechtliche Kraft und Bedeutung giebt, und wodurch unter den successiven Besitzern des Wechsels bestimmte Rechtsfolgen, Wechselobligationen, entstehen. Wie aber der Wechsel selbst nur in der Schriftform Existenz erhalten kann, so können auch die Bewegungen desselben nur durch schriftliche Transportakte, durch Indossamente, geregelt werden. Eine Cirkulation, vermittelt durch die einfache Thatsache der Uebergabe, ohne urkundlichen Transportvermerk, ist bei dem Wechsel ausgeschlossen, denn der Wechsel ist kein Geld, sondern eine auf eine bestimmte Person gestellte Skriptur-Obligation. Das Indossament in blanco macht hiervon, seinem inneren Wesen nach, keine Ausnahme. Denn wenn auch die Allgemeine Deutsche Wechselordnung [11]) bestimmt, „daß ein Indossament gültig ist, wenn der Indossant auch nur seinen Namen auf die Rückseite des Wechsels schreibt", die Begebung unter Blanko-Giro daher durch die einfache Thatsache der Uebergabe vermittelt wird [12]), so besitzt doch ein jeder Inhaber den Wechsel auf Grund des urkundlich gemachten, gleichsam unfertigen Transportvermerkes, des Indossaments in blanco. Die Allgemeine Deutsche Wechselordnung [13]) giebt die Anwendung dieses Grundsatzes auf die Wechsellegitimation dahin an: „daß, wenn auf ein Blanko-Indossament ein weiteres Indossament folgt, angenommen wird, daß der Aussteller des letzteren den Wechsel durch das Blanko-Indossament erworben hat." Dadurch wird die Verbindung des Blanko-Giro's mit dem ausgefüllten Indossamente, der urkundliche Zusammenhang der Giroreihe hergestellt, und das dogmatische Unterscheidungsmerkmal des in blanco girirten Wechsels von dem Inhaberpapiere begründet.

---

11) Art. 12. A. D. W.O.
12) Erk. des O.Tr. in Berlin v. 9. Novbr. 1865. (Entsch. Bd. 56. S. 266.)
13) Art. 36. A. D. W.O.

Die Legitimation des Wechselinhabers muß sich daher auf einen urkundlich gemachten Transport zurückführen lassen; eine Gläubigerschaft ohne diese urkundliche Darlegung auf dem Wechsel selbst ist keine wechselmäßige. Der erste Inhaber, der Remittent, stützt seine Legitimation auf den Inhalt des Wechsels. Der erste Transportvermerk muß daher mit dem Namen des Remittenten, und jedes folgende Indossament mit dem Namen desjenigen unterzeichnet sein, welcher in dem unmittelbar vorhergehenden Indossament als Indossatar benannt ist. Durch diese urkundlich gemachten Transportvermerke wird eine zusammenhängende Girokette gebildet, welche das Recht des letzten Indossatars ableitet von dem Remittenten, und in Verbindung setzt mit dem Rechte des ersten Nehmers. Findet sich in der urkundlichen Girokette kein äußerer formaler Zusammenhang, so entsteht eine Lücke, durch welche die Legitimation und daher die Gläubigerschaft des Inhabers zerstört wird [14]). Dieser wechselmäßige Legitimationsgrundsatz gilt für alle Realisationen der Wechselobligationen, daher sowohl in den Bewegungen des Wechsels nach Vorwärts, als in der Verwirklichung der Wechselzahlung durch den Bezogenen, und in dem Rücklaufe des Wechsels bei Nichtzahlung des Wechsels. Der Rechtssatz über die formale Legitimation des Wechselinhabers ist in der Allgemeinen Deutschen Wechselordnung zwar in dem, von der „Erfüllung der Wechselverbindlichkeit" handelnden siebenten Abschnitte, und speciell in der Lehre „von der Zahlung" vorgetragen, allein durch dieses, für die wichtigste Funktion des Wechsels gegebene Princip ist eine generelle Regel aufgestellt für alle Wechseloperationen, bei welchen die Legitimation des Wechselinhabers in Frage kommt [15]). Vor dem Verfalle läuft der Wechsel nach Vorwärts, dem Zahlungsorte zu. Die einzelnen Indossamente sind die Glieder der Kette, welche die Reihe der Indossanten verbindet und den wechselmäßigen Zusammenhang zwischen dem Remittenten und dem letzten Inhaber herstellt. Fehlt ein Glied in dieser formalen Verbindung, so ist die Legitimation des Inhabers unterbrochen und die Gläubigerschaft aus dem Wechsel zerstört. Auch nach dem Verfalle gilt für die Gläubigerschaft jener generelle Legitimationsgrundsatz, da der Verfalltag nur Einfluß hat auf die materielle Natur der Wechselforderung und der Begebungsakte, nicht auf den formalen Karakter der wechselmäßigen Uebertragungsakte. Während für die Präsentation zur Annahme und für den Regreß auf Sicherstellung der Besitz des Wechsels, ohne urkundlichen Eigenthums- oder Vollmachtsnachweis [16]), für den Regreß Mangels Annahme der Protest, ohne Beibringung des Wechsels [17]), und für die Abforderung des Accept-Exemplars jede, auch nicht wechselmäßige, wenn nur in unverdächtiger Weise geführte Rechtsbefugniß [18]) legitimirt, muß der Inhaber für den Akt der Weiterbegebung und der Zahlung in formeller, wechselmäßiger Weise seine Gläubigerschaft aus dem Wechsel darthun, und der Erwerber und Zahler

14) Erk. des O.Tr. in Berlin v. 16. April 1859. (Arch. f. D. W.R. Bd. 11. S. 325.) Liebe, W.O. S. 127. Bluntschli a. a. O. S. 84. Thöl a. a. O. Bd. 2. S. 475.

15) Jolly im Arch. f. D. W.R. Bd. 2. S. 163. Hoffmann im Arch. a. a. O. Bd. 5. S. 289 ff. 381 ff.

16) Art. 18. 29. A. D. W.O.

17) Art. 26. A. D. W.O.

18) Art. 68. A. D. W.O.

ist verpflichtet, zu prüfen, nicht, ob der Inhaber des Wechsels, dem inneren Rechtsgrunde nach, sondern, ob er durch die Form, d. i. aus dem Wechsel, durch eine äußerlich zusammenhängende Reihe von Indossamenten legitimirt ist[19]). Indossamente, welche ausgestrichen oder überklebt sind[20]), werden bei der Prüfung der Legitimation als nicht geschrieben angesehen. Die Zeit des Ausstreichens, ob dasselbe vor oder nach dem Verfall, oder vor oder nach der Aufnahme des Protestes erfolgt, ist auf die Wirkung und die Legitimation des Inhabers ohne Einfluß[21]). Das letzte ausgefüllte Giro muß auf den Namen des Inhabers lauten, während beim Blanko-Giro der thatsächliche Besitz ohne urkundlichen Transport-Nachweis die Legitimation begründet[22]). Wenn auf ein Blanko-Indossament ein weiteres Indossament folgt, so wird angenommen, daß der Aussteller des letzteren den Wechsel durch das Blanko-Indossament erworben hat[23]). Die auf den Wechsel gesetzte Quittung über die erhaltene Wechselzahlung ist nicht geeignet, das Indossament zu ersetzen und beim Vorwärtslaufe die Legitimation des Inhabers zu begründen, da die Quittung zwar die Befriedigung des früheren Inhabers, nicht aber die Absicht der Eigenthumsübertragung konstatirt[24]). Ebensowenig und aus demselben Grunde kann der Name unter einer ausgestrichenen Quittung als Blanko-Giro die Legitimation herstellen[25]).

Zum Theil andere Grundsätze gelten über die Legitimation beim Rücklaufe eines Wechsels nach Verfall. Mit dem Verfalltage hat der Wechsel seinen merkantilen Beruf nach Vorwärts beendet, und es verwandelt sich der Anspruch aus dem protestirten Wechsel in eine Regreßforderung an die Vormänner, deren Reihe in urkundlicher Weise durch den Wechsel festgestellt ist. Die Gläubigerschaft für die Regreßforderung beruht nicht allein auf dem Wechsel, sondern auf dem Wechsel und dem Proteste. Der Rücklauf des Wechsels kann, wie der Vorwärtslauf, durch Rückgiro an die zahlenden Vormänner bewirkt werden; allein auch ohne Giro und ohne Quittung[26]) auf dem Wechsel wird die Legitimation des einlösenden Vormannes begründet durch den Besitz des Wechsels und Protestes in Verbindung mit dem urkundlichen, auf seinen Namen lautenden Vor-Indossamente, oder unter dem Schutze eines früheren Blanko-Giros, selbst ohne Ausstreichung

---

19) Borchardt a. a. O. S. 140. N. 1. Thöl a. a. O. Bd. 2. S. 476. Der Zusammenhang der Giri wird dadurch nicht unterbrochen, daß das nachfolgende Giro ein früheres Datum hat, als das vorhergehende. Borchardt a. a. O. S. 144. N. 7. Thöl a. a. O. Bd. 2. S. 477.

20) Art. 36. A. D. W.O. Erk. des O.Tr. in Berlin v. 12. Juni 1858. (Arch. f. D. W.R. Bd. 8. S. 441.) Borchardt a. a. O. S. 150. Zus. 278.

21) Leipz. Prot. S. 70. Erk. des O.Tr. in Berlin v. 17. Juli 1858. (Arch. f. D. W.R. Bd. 9. S. 70.)

22) Art. 12. A. D. W.O.

23) Art. 36. A. D. W.O.

24) Jolly im Arch. f. D. W.R. Bd. 5. S. 52. Renaud a. a. O. §. 53. A. 7. Anderer Ansicht: Treitschke a. a. O. Bd. 2. S. 493.

25) Erk. des O.Tr. in Berlin vom 21. Mai 1864. (Arch. f. D. W.R. Bd. 15. S. 47.) Lohr, Central-Org. N. F. Bd. 4. S. 306.

26) Die von einem Giranten vor Verfall auf die Rückseite des Wechsels gesetzte Quittung, dahin lautend: „den Inhalt durch den Vordermann erhalten", in Verbindung mit der Rückgabe des Wechsels an den Zahler hat die Wirkung eines Blanko-Indossaments. Borchardt a. a. O. S. 146. Zus. 273.

der nachfolgenden Indossamente, welche durch die Thatsache der Einlösung im Regreßwege ihre wechselrechtliche Bedeutung verloren haben[27]). Der Wechsel und Protest in der Hand eines Vormannes begründen, ohne jeden urkundlichen Nachweis über die stattgefundene Einlösung im Regreßwege, die rechtliche Vermuthung für die Rechtmäßigkeit des Besitzes und genügen zur Legitimation bei der Geltendmachung des Wechselrechts gegen den Acceptanten, — wozu es nicht einmal einer Protesturkunde bedarf, — und gegen die Vormänner[28]). Da jeder Wechselschuldner das Recht hat, den Noth leidenden Wechsel, auch vor Erhebung des Protestes, einzulösen, und da über die Einlösung kein Indossament, sondern Quittung auf dem Wechsel ertheilt wird, so muß diese Quittung den einlösenden Vormann auch legitimiren, den Wechsel mit wechselmäßiger Wirkung während der Protestfrist weiter zu indossiren[29]). Hat eine dem Wechselverbande fremde Person den Noth leidenden Wechsel durch Bezahlung erworben, so ist das keine Einlösung, weil der Zahlende nicht im Wechselnexus steht, auf Seiten desselben daher keine Garantiepflicht vorhanden ist. Die Gläubigerschaft eines Dritten kann daher nur durch ein neues Giro, oder durch ein auf dem Wechsel befindliches Blanko-Giro, das entweder an sich nach seiner Stellung, oder durch Ausstreichen der nachstehenden, ausgefüllten Giros das letzte Giro ist, begründet werden[30]). Der Umstand, daß ein Anderer, als der Kläger, den Protest hat aufnehmen lassen, beeinträchtigt die Legitimation nicht[31]). Eine Lücke in der urkundlichen Giroreihe zerstört die Legitimation des Inhabers auch zur Geltendmachung der Regreßforderung. Jedoch folgt aus der formalen Selbstständigkeit und Unabhängigkeit der Indossamente der Rechtssatz: daß der Inhaber, wenn in der Reihe der Giro eine Lücke sich befindet, Wechselrechte gegen die der Lücke nachfolgenden, formell verbundenen Indossanten, nicht aber gegen die der Lücke vorstehenden Giranten, und ebensowenig gegen den Acceptanten geltend machen kann, da in Ansehung dieser die Legitimation unterbrochen ist, und der Acceptant namentlich zur Begründung des Deckungsverhältnisses die Legitimation des Inhabers im Gesammtumfange der Begebungsakte zu prüfen verpflichtet ist[32]).

Der Grundsatz, daß der Zahlende (Erwerber) die Echtheit der Indossamente zu prüfen nicht verpflichtet ist, hat in der Allgemeinen Deutschen Wechselordnung

---

27) Erk. des O.Tr. in Berlin v. 26. Febr. 1856. (Entsch. Bd. 32. S. 427. Arch. f. D. W.R. Bd. 6. S. 92.) Anderer Ansicht: Erk. des O.A.G. zu Dresden v. 31. Aug. 1865. (Arch. a. a. O. Bd. 15. S. 214.)

28) Erk. des O.Tr. in Berlin v. 18. April 1861. (Entsch. Bd. 26. S. 386.) Erk. d. O.A.G. zu Dresden v. 8. Febr. 1859. (Arch. f. D. W.R. Bd. 9. S. 29.) Erk. d. O.Tr. in Stuttgart. (Arch. a. a. O. Bd. 9. S. 212.) Borchardt a. a. O. S. 145. 147. Zus. 271. S. 274. Thol a. a. O. Bd. 2. S. 481.

29) Art. 48. A. D. W.O. Erk. des O.Tr. in Berlin v. 20. Okt. 1864. (Entsch. Bd. 52. S. 240.)

30) Erk. des O.Tr. in Berlin vom 17. Juli 1858. (Arch. f. D. W.R. Bd. 9. S. 70.) Erk. v. 16. April 1859. (Arch. a. a. O. Bd. 11. S. 325.) Borchardt a. a. O. S. 275. Zus. 276. Erk. v. 6. März 1866. (Entsch. Bd. 56. S. 259.)

31) Borchardt a. a. O. S. 150. Zus. 278. lit. b.

32) Leipz. Prot. S. 87. Arch. f. D. W.R. Bd. 3. S. 339. Bd. 12. S. 404. Jolly im Arch. a. a. O. Bd. 5. S. 67. Borchardt a. a. O. S. 153. Zus. 286. Renaud a. a. O. S. 216. Anderer Ansicht: Kitka im Arch. a. a. O. Bd. 4. S. 127. Thol a. a. O. Bd. 2. S. 478.

ausdrückliche Anerkennung gefunden [33]) und beruht auf der Erwägung, daß der Wechselverkehr so rasch und meist an so weit auseinanderliegenden Orten, unter oft unbekannten Personen, verläuft, daß dem Zahlenden (Erwerber) nicht einmal die Gelegenheit geboten ist, die Unterschrift der Wechselverhafteten, das verpflichtende Element des Wechsels, zu prüfen, und Erkundigung über die Echtheit derselben einzuziehen. Der Bezogene mag aus dem Avis, oder aus sonstiger Geschäftsverbindung möglicher Weise die Unterschrift des Ausstellers, seines Auftraggebers, kennen und zu prüfen im Stande sein, allein eine Kenntniß und Prüfung der Unterschriften aller Wechselverbundenen fällt in das Reich des Unmöglichen, und eine rechtliche Verpflichtung zu einer solchen Prüfung würde eine völlige Lahmlegung des Wechselverkehrs zur Folge haben [34]). Auch eine materielle Prüfung der in den Indossamenten gegebenen Prokura liegt dem Zahler nicht ob, da unter Prüfung „der Echtheit der Indossamente" auch die Prüfung jener Legitimation durch Prokura verstanden wird [35]). Die civilrechtlichen Grundsätze treten dagegen ein, wenn die Legitimation des Wechselinhabers nicht durch wechselmäßige Formalakte, sondern durch Operationen des Civilrechts begründet wird, z. B. durch Cession, Vollmacht, Erbeslegitimation.

Es fragt sich aber: ob, wenn nicht eine Verpflichtung, doch aber eine Berechtigung zur Prüfung der Echtheit der Indossamente obwaltet? Daß der Nehmer ermächtigt ist, die Legitimation des Gebers, nach Recht und Befugniß, zu prüfen, darüber kann kein Streit obwalten, denn der Erwerb des Wechsels hängt von seiner freien Entschließung ab und er kann daher auch die Modalitäten und Voraussetzungen bestimmen, unter welchen er den Wechsel nehmen will. Auch dem Bezogenen, welcher den Wechsel noch nicht acceptirt hat, kann das Recht der Prüfung nicht bestritten werden, denn er steht nicht im Wechselobligo und kann daher durch Ablehnung des Accepts zwar das Auftragsverhältniß zu dem Aussteller, nicht aber wechselmäßige Pflichten verletzen. Die Frage läßt sich daher nur in der Einschränkung auffassen und beantworten: ob der als Acceptant oder sonst in Wechselobligo stehende Wechselinteressent zur Prüfung der Echtheit der Begebungsakte berechtigt ist, ob er unter Umständen die Zahlung ablehnen, oder deponiren kann und muß. Die Frage ist in dieser Formulirung zu bejahen [36]). Die in innigem Zusammenhange stehenden Rechtsmaterien über die Legitimation des Wechselinhabers, über verlorene, falsche und verfälschte Wechsel, sowie über die Einreden im Wechselprozesse haben nach Ausweis der Vorarbeiten in Preußen verschiedene Stadien durchlaufen.

---

33) Art. 36. A. D. W.O.

34) Mot. zum Preuß. Entw. vom Jahre 1847 S. LVII. Leipz. Prot. S. 142. Jolly im Arch. f. D. W.R. Bd. 2. S. 167 ff.

35) Verhandlungen der Nürnberger Kommission im Arch. f. D. W.R. Bd. 9. S. 240. Kuntze a. a. O. S. 98.

36) Leipz. Prot. S. 69 ff. 228 ff. Brauer a. a. O. S. 85. läßt die Prüfung des letzten Indossaments zu. Liebe, W.O. S. 132. Renaud a. a. O. S. 162. Jolly im Arch. f. D. W.R. Bd. 2. S. 163 ff. Bd. 4. S. 392. Hoffmann im Arch. a. a. O. Bd. 5. S. 289 ff. 381. 397. 398. Bd. 6. S. 250 ff. Verh. der Nürnberger Novellenkommission im Arch. a. a. O, Bd. 9. S. 241. Erk. d. O.Tr. in Berlin v. 7. Septbr. 1861. (Arch. a. a. O. Bd. 12. S. 184.) Borchardt a. a. O. S. 143. N. 3. Anderer Ansicht sind und lassen eine Prüfung der Echtheit in keinem Falle zu: Bluntschli a. a. O. S. 77. Kuntze a. a. O. S. 98. 333. Derselbe im Arch. a. a. O. B. 12. S. 7 ff. Thöl a. a. O. Bd. 2. S. 483.

Wenn bei der Interpretation der Allgemeinen Deutschen Wechselordnung auf jene werthvollen Materialien als einer bevorzugten Erkenntnißquelle zurückgegangen wird, so rechtfertigt sich das durch die historische Thatsache, daß der aus jenen Vorarbeiten hervorgegangene Entwurf vom Jahre 1847. der Berathung der Leipziger Konferenz zum Grunde gelegt worden ist und auf die Redaktion der Allgemeinen Deutschen Wechselordnung einen überwiegenden Einfluß gehabt hat.

Der Entwurf vom Jahre 1836. bestimmt in den §§. 150 ff.: „daß Rasuren und Korrekturen in den wesentlichen Stücken eines Wechsels die Wechselverbindlichkeit aller Unterschriften, — in einem Indossamente die Wechselverbindlichkeit aller Indossanten und deren Bürgen, — aufhebe, und daß auf einen solchen Wechsel Zahlung nicht geleistet werden könne.“ Im Anschluß an diese Bestimmung verordnete der §. 108. unter dem Marginale „die Wechsellegitimation“: „Wer aus grobem Versehen einem Empfänger Zahlung leistet, dessen Legitimation verdächtig ist, haftet dem Eigenthümer für den Schaden.“ Dabei erkannte der §. 109. den Grundsatz an, daß der Zahlende keine Verbindlichkeit habe, die Echtheit der Indossamente zu prüfen. Die Motive zu diesen Bestimmungen ergeben, daß man von der Annahme ausging: Rasuren und Korrekturen machten die Legitimation des Inhabers verdächtig, und der Zahlende dürfe diese Umstände nicht unbeachtet lassen [37]). Gleiche Vorschriften enthielt der Entwurf vom Jahre 1845. in den §§. 146 und 245 ff. [38]). Der unter Zuziehung von Sachverständigen redigirte Entwurf vom Jahre 1846. hat dagegen die in den früheren Entwürfen enthaltene Theorie über Rasuren und Korrekturen aufgegeben uud auch die Bestimmung des §. 108. des Entwurfes vom Jahre 1836. über die Zahlung an einen Empfänger, dessen Legitimation verdächtig ist, nicht wiederholt, sondern den §. 35. unter dem Marginale „Zahlung“ so redigirt, wie er später in den Entwurf vom Jahre 1847. und von da in die Allgemeine Deutsche Wechselordnung aufgenommen worden ist. Die Sachverständigen-Kommission hat sich bei dieser Auffassung von dem Gedanken leiten lassen, daß „der Begriff der sichtbaren Veränderungen ein schwankender sei, und die in den früheren Entwürfen vorgeschlagene Berücksichtigung leicht zu Chikanen benutzt werden könne.“ Dieser Rechtsauffassung hat sich auch der Entwurf vom Jahre 1847 [39]) angeschlossen. In der Leipziger Wechselkonferenz machten sich dagegen Stimmen für die verlassene Theorie geltend und beantragten zu dem Art. 36. einen Zusatz dahin: „daß dem Bezogenen keine Zahlung zugemuthet werden könne, wenn der Wechsel, z. B. wegen Rasuren oder anderer sichtbarer Mängel, den Verdacht der Fälschung begründe.“ Gegen den Antrag wurde jedoch eingewendet, daß „eine solche Bestimmung leicht zu Chikanen benutzt werden könne, und daß außerdem der Bezogene zu keiner Diligenz gegen die Indossanten verpflichtet sei. Handele es sich um die, von dem Bezogenen nach dem Accepte geforderte Zahlung, so komme es auf die exceptio falsi an, vermöge welcher der Acceptant die Abweisung des Präsentanten verlan-

37) Motive zu dem Entw. vom Jahre 1836. S. 152. 205 ff.

38) Motive zu dem Entw. vom Jahre 1845. S. 38. 53. Arch. f. D. W.R. Bd. 5. S. 403.

39) Motive S. LXXI.

gen könne." Der beantragte Zusatz wurde auch mit 11. gegen 6. Stimmen abgelehnt[40]). Bei Gelegenheit der Berathung der Materie über „falsche Wechsel" wurde ein Zusatz zum §. 71. des Entwurfes, jetzt Art. 76., dahin beantragt: „daß der Inhaber nur dann geschützt werde, wenn er sich, was allerdings vermuthet werde, in bona fide befinde;" allein auch dieser Antrag wurde mit 15. gegen 4. Stimmen zurückgewiesen, theils „weil der Richter ohnehin den Verklagten nicht verurtheilen werde, wenn die mala fides des Klägers sofort klar gemacht werde, theils weil die exceptio falsi auch nach §. 93. des Entwurfes, jetzt Art. 82. der Allgemeinen Deutschen Wechselordnung, im Wechselprozesse zulässig, und die bona fides ein schwankender Begriff sei, der dann nothwendig näher bestimmt werden müsse und zu einer bedenklichen Definition führe"[41]). Der juristische Gedanke, daß die mala fides die Rechte aus dem Wechsel zerstöre, zieht sich hiernach wie ein rother Faden gleichmäßig durch alle Vorarbeiten der Wechselordnung und ist in der Leipziger Wechselkonferenz dergestalt als außer allem Zweifel stehend anerkannt, daß eine bestätigende gesetzliche Bestimmung nicht einmal für erforderlich erachtet worden ist. Obgleich daher bei formgerechter Giroreihe die Vermuthung für die Redlichkeit und Rechtmäßigkeit des Inhabers spricht, und diese Vermuthung auch nicht durch bloßen Zweifel über die Rechtmäßigkeit aufgehoben werden kann, so gestaltet sich doch das Rechtsverhältniß anders, wenn der Inhaber bei dem Erwerbe[42]) des Wechsels gewußt hat, daß der Wechsel, oder ein darauf befindliches Vor-Indossament falsch oder verfälscht, oder daß einer der Vormänner wechselunfähig ist, oder wenn derselbe bei dem Erwerbe mit grober Fahrlässigkeit zu Werke gegangen ist, der in Anspruch genommene Wechselverpflichtete solches auch sofort liquide machen kann. Der Präsentant ist dann, bei aller äußerlich formgerechten Legitimation, kein zur Zahlung Berechtigter, sondern ein unrechtmäßiger Inhaber, der zur Herausgabe des Wechsels an den Eigenthümer oder besser Berechtigten verpflichtet ist. Der Bezogene würde sich durch die Zahlung an einen Inhaber, dessen unrechtmäßigen Erwerb und Nichtberechtigung zum Empfang der Zahlung er kannte, an einer unerlaubten Handlung betheiligen, keinen Anspruch auf rechtlichen Schutz haben, und sich daher weder seine Rechte auf Deckung erhalten, noch sich durch die Zahlung von seiner Wechselpflicht befreien. Das Recht auf Deckung, d. i. auf Vergütigung der Zahlung, und die Wirksamkeit der Zahlung setzen eine wechselmäßige, d. i. eine an den formell legitimirten Inhaber, geschehene und dem Vorwurfe des dolus, oder der culpa lata nicht ausgesetzte Zahlung voraus[43]). Der Acceptant hat daher, nach ausdrücklicher Wechselvorschrift, zwar nur die Pflicht, die Legitimation des Inhabers nach der äußeren Form des Wechsels zu prüfen, also nicht die Obliegenheit, einen

40) Leipz. Prot. S. 69 ff. 228 ff.

41) Leipz Prot. S. 142.

42) Mala fides superveniens non nocet; sie muß bei dem Erwerbe vorhanden sein. Erk. des O.Tr. in Berlin v. 16. Septbr. 1854. (Entsch. Bd. 29. S. 188.) Liebe, W.O. S. 198. Goldschmidt in der Zeitschr. für das ges. Handelsrecht. Bd. 8. S. 327.

43) Erk. des O.Tr. in Berlin v. 16. Septbr. 1854. (Entsch. Bd. 29. S. 182.) Hoffmann im Arch. f. D. W.R. Bd. 6. S. 249. Goldschmidt in der Zeitschr. für d. ges. Handelsr. Bd. 8. S. 333. Anderer Ansicht: Kuntze a. a. O. S. 98. 110.

Nachweis über die materielle Gültigkeit der einzelnen Wechselakte, z. B. über die Wechselfähigkeit der Indossanten, zu verlangen, oder ohne äußere Veranlassung (Rasuren, Korrekturen, öffentliches Aufgebot über Verlust) nähere Erkundigung über die Qualifikation des Besitzes anzustellen; allein wenn er weiß, daß der Präsentant in unredlicher Weise den Wechsel erworben hat, so ist er doch, nach allgemeinen, auch in dem Wechselrechte nicht verleugneten rechtlichen Principien, verpflichtet, die Zahlung zurückzuhalten, oder die Wechselsumme zu deponiren. Die von der Allgemeinen Deutschen Wechselordnung ausdrücklich anerkannte Vindikation des Wechsels gegen einen Inhaber, welcher den Wechsel in bösem Glauben erworben hat, oder dem bei der Erwerbung desselben eine grobe Fahrlässigkeit zur Last fällt, und die Zurückhaltung der Zahlung an einen solchen Inhaber beruht auf derselben Rechtswahrheit, und die Leipziger Konferenzverhandlungen setzen außer Zweifel, daß man die exceptio doli oder exceptio falsi für den beregten Fall ebenso für zulässig, als man es für zweifellos gehalten hat, daß kein Richter den Acceptanten verurtheilen werde, wenn der dolus oder die culpa lata des Präsentanten wechselmäßig liquide gemacht werde. Die Umstände, welche den Bezogenen berechtigen, dem Präsentanten die Zahlung vorzuenthalten, sind Thatfragen, quaestiones facti, und in der Allgemeinen Deutschen Wechselordnung allerdings nicht näher bezeichnet; im Gegentheil ergeben die Materialien, daß man, bei der Anerkennung des Rechtsprinzips, absichtlich eine bestimmte Vorschrift für den erwähnten Fall nicht gegeben hat, weil die äußere Veranlassung sehr mannigfach sein könne, und der Begriff der culpa lata und der in den früheren Entwürfen als Verdächtigungsmomente bezeichneten Rasuren und Korrekturen sehr unbestimmt und rechtlich schwer zu fixiren sei. Was von der Verpflichtung zur Prüfung der Echtheit der Indossamente gilt, ist auch Rechtens für die Prüfung der Quittungen, welche der Wechsel über geschehene Zahlungen trägt [44].

Eine andere, nicht minder bestrittene Frage ist es: ob der Zahler die Identität des Präsentanten zu prüfen hat? Die im Handel und in der Industrie herrschende Konkurrenz nöthigt den Handelsstand, dem Publikum gegenüber in den Geschäften eine gewisse Gefälligkeit, Artigkeit und Kourtoise zu beobachten, und mit diesem Bestreben verträgt es sich nicht, von dem Zahlungsempfänger eine ängstliche Feststellung seiner Person, einen Nachweis über seine Identität zu verlangen. Der gute Glaube und das Vertrauen, die für den Kaufmannsstand überhaupt maßgebend und leitend sind, erstrecken sich auch auf die Legitimation des Zahlungsempfängers, des Wechselpräsentanten. Der Bankier zahlt an den, durch den urkundlichen Besitz des Wechsels legitimirten Präsentanten, ohne ihn persönlich zu kennen, und ohne Nachfrage und Erkundigung über denselben einzuziehen, sobald ihm nur die Person des Wechselgläubigers nicht begründeten Verdacht einflößt. Das ist nicht eine Usançe, nicht eine kaufmännische Gewohnheit, — denn über Gegenstände, welche in das freie Belieben eines jeden Einzelnen gestellt und nicht in der Ueberzeugung der Rechtsnothwendigkeit begründet sind, kann sich ein gewohnheitliches Recht nicht bilden, — sondern eine auf Erleichte-

44) Leipz. Prot. S. 72.

rung des Verkehrs abzielende Geschäftsmethode. Ein entgegengesetztes Verfahren würde den kaufmännischen Empfehlungsschreiben, den Accreditiven und auch den Wechseln, welche von Reisenden mitgenommen werden, bei der zum Theil glücklich überwundenen, und doch auch unzuverlässigen Paßlegitimationsführung, jeden Werth und Nutzen nehmen. Diese laxe, auf kaufmännischer Kourtoisie beruhende Legitimationsführung kann aber für die Beantwortung obiger Frage keinen Anhalt gewähren. Auch das Gesetz enthält darüber keine Bestimmung. In der Leipziger Konferenz [45]) wurde zwar von einem Mitgliede ein Zusatz beantragt, durch „welchen dem Bezogenen das Recht eingeräumt werde, von einem ihm unbekannten Präsentanten des Wechsels einen Ausweis über seine Person zu verlangen“, allein gegen eine solche Bestimmung wurden von der Versammlung dieselben Bedenken erhoben, aus welchen ein dahin gehender Antrag: „im Falle der Verdächtigung des Wechsels durch Rasuren 2c. die Deposition des Wechses zu gestatten“, zurückgewiesen worden war.

Nach den vorstehend über die Prüfung der Echtheit der Indossamente geltenden Grundsätzen wird auch die Frage über die Prüfung der Identität der Präsentanten entschieden werden müssen. Bei Zahlungen aus civilrechtlichem Verpflichtungsgrunde muß der Schuldner den Gläubiger aufsuchen und demselben das Geld überbringen; bei wechselrechtlichen Zahlungen muß der Wechselgläubiger dagegen den Schuldner aufsuchen und das Geld von demselben abholen. Darin liegt fast schon ein gesetzlicher Fingerzeig für die Annahme, daß es Sache des Gläubigers ist, seine Legitimation als Zahlungsberechtigter vollständig und selbstständig zu führen und daß der Wechselschuldner sich seiner Seits mehr passiv und abwartend verhält. Die Legitimation des Wechselgläubigers erfolgt aber durch den urkundlichen Besitz des Wechsels, und in dieser Beziehung hat der Wechsel in der That einige Aehnlichkeit mit dem Gelde, mit dem lettre au porteur, bei welchen durch die Thatsache des Besitzes das Eigenthumsrecht konstatirt wird, und die Person des Zahlers fast völlig in den Hintergrund tritt. Im Wechselrechte verbindet sich, gleichsam in dinglicher Qualität, das Recht auf die Wechselsumme, die Gläubigerschaft aus dem Wechsel, — beim Blanko-Indossament mit dem faktischen, — sonst mit dem urkundlichen Besitze des Papiers. Der solchergestalt legitimirte Inhaber ist der präsumtive Eigenthümer des Wechsels und der Berechtigte aus der Wechselobligation. Der Acceptant ist daher verpflichtet, der Bezogene aber berechtigt, in der Person des Präsentanten, wenn ihm das Gegentheil nicht bekannt ist, den Wechselgläubiger anzuerkennen und demselben Zahlung zu leisten, ohne, bei eigener Unbekanntschaft, zuvor über die Identität der Person des Präsentanten einen Nachweis zu verlangen [46]). Es kann ihm, bei Beobachtung der

45) Leipz. Prot. S. 70.

46) Ueber die verschiedene Auffassung vergl. Treitschke a. a. O. Bd. 2. S. 805. Brauer a. a. O. S. 85. Liebe, W.O. S. 135. Bluntschli a. a. O. S. 77. Jolly im Arch. f. D. W.R. Bd. 2. S. 170. Ladenburg im Arch. a. a. O. Bd. 3. S. 150, Bd. 4. S. 140. Hoffmann im Arch. a. a. O. Bd. 5. S. 398. 406. Kuntze im Arch. a. a. O. B. 12. S. 1 ff. Wolff im Arch. a. a. O. Bd. 15. S. 140. Hoffmann a. a. O. S. 365. Renaud a. a. O. S. 163. Beseler, deutsch. Privatrecht III. §. 239. Kheil a. a. O. §. 214. Thol a. a. O. Bd. 2. S. 483.

Sorgfalt eines vorsichtigen Geschäftsmannes und beim Mangel besonderer Verdachtsgründe[47]), von dem Aussteller, gegen welchen er seine Rechte aus der Deckung verfolgt, nicht der Vorwurf der Verletzung seiner Pflichten als Zahlungsbeauftragter gemacht werden, wenn der Präsentant und Zahlungsempfänger in Wirklichkeit nicht die Person war, auf welche der Wechsel lautete. Dagegen ist es unzweifelhaft, daß der Bezogene und Acceptant die Zahlung verweigern und einen Nachweis über die Identität verlangen kann und muß, wenn ihm die Person des Präsentanten gegründeten Verdacht einflößt, z. B. wenn ihm der Verlust des Wechsels, oder der Präsentant als eine Person von schlechtem Rufe bekannt ist. In dieser Beziehung bestimmt ganz richtig das Badensche Landrecht Anh. Art. 146[a]: „Ein Unbekannter, der einen Wechsel zur Zahlung vorlegt, ist schuldig, auf Verlangen des Wechselzahlers seine Person zu beurkunden.“ Dieses Verlangen findet aber, nach Auffassung des Handelsstandes und im richtigen Verständnisse des Wechselrechts, in der bezeichneten Richtung seine Begrenzung. Die für die Vormänner aus der Zahlung an einen Nichtberechtigten entstehende Gefahr wird abgeschwächt durch die Ausantwortung des Wechsels an den zahlenden Bezogenen.

Fehlt die Legitimation des Präsentanten, entweder, weil die Giroreihe lückenhaft, oder die Identität zweifelhaft ist, so hat der Wechselschuldner keine Pflicht, zu zahlen. Er kann, wenn er sich außer Obligo setzen will, die Wechselsumme deponiren[48]).

§. 121.

Die Präsentation zur Zahlung. Verzug. Deposition.

Der im Wechsel bestimmte Zahlungstag bildet den Zeitpunkt, zu welchem die Wechselgeber die Zahlung versprochen haben, und zu welchem der Inhaber die Wechselzahlung fordern kann. Während Zahlungen aus civilrechtlichen Obligationsgründen in der Regel dem Gläubiger überbracht werden müssen, hat die wechselrechtliche Obligation die Eigenthümlichkeit, daß der Wechselgläubiger die Zahlung des Wechsels bei dem Wechselschuldner fordern und abholen muß. Diese alt hergebrachte und in allen Wechselordnungen[1]) gleichmäßig anerkannte merkantile Sitte findet ihren Grund in dem Umstande, daß der Wechselschuldner in der Re-

---

47) Dolus und culpa lata bei der Prüfung der Identität machen den Zahler verantwortlich. In Frankfurt a. M. ist es Gebrauch, daß jeder Kaufmann, dem von einem Unbekannten ein Wechsel zum Diskontiren angeboten wird, sich über die Legitimation resp. Identität des Veräußerers durch die hierzu dienlichen Mittel, z. B. Zeugniß bekannter Leute, Vorzeigung von Legitimationspapieren, vergewissert, und daß die Unterlassung dieser Vorsicht als grobe Fahrlässigkeit erachtet wird. Erk. d. O.A.G. zu Lübeck vom 25. Febr. 1854. Samml. der Entsch. Frankfurter Gerichtsh. von Romer. Bd. 1. S. 155. Gutachten der Handelskammer zu Frankfurt a. M. Zeitschr. für das ges. Handelsrecht von Goldschmidt. Bd. 4. S. 167. Thol a. a. O. Bd. 2. §. 312.

48) Art. 40. A. D. W.O.

1) Numeratio fit in aedibus, quas debitor Christianus inhabitat. Judaeus pecuniam ad creditorem Christianum deferre tenetur. Franck l. c. lib. 1. sect 3 tit 10. §. 6. Stryck, Dissert. de accept c. 4. § 4. (Besecke S. 358.) Siegel, Einl. 2c. K. 4. §. 35. Siegel, corp. jur. camb p 22 A. 5. Leipz. W.O. von 1682. §. 12. Breslauer W.O. von 1716. §. 12. Code de comm. Art. 164.

gel den Inhaber des in Cirkulation befindlichen Wechsels nicht kennt; ein Geschäftshaus mit großem Wechselverkehre, insbesondere an den Zahltagen zu den Meßzeiten, nicht im Stande sein würde, die Wechselzahlungen durch Ueberbringung der Wechselvaluten zu effektuiren, und daß sich endlich die Handelsbuchführung und Korrespondenz, mit deren Hülfe zumeist die Echtheit der Wechselunterschrift und die Identität des Wechselinhabers, sowie die Deckungsbeziehungen geprüft werden können, in dem Geschäftslokale des Wechselschuldners befinden. Auch die Allgemeine Deutsche Wechselordnung hat die Verpflichtung des Wechselinhabers, die Zahlung bei dem Wechselschuldner abzuholen, anerkannt, indem sie bestimmt: „wird die Zahlung des Wechsels zur Verfallzeit nicht gefordert", und indem sie die Zahlung in die Wohnung resp. das Geschäftslokal des Wechselschuldners verlegt[2]). Die Zahlung des Wechsels setzt daher die Präsentation voraus, d. i. die Vorlegung des Wechsels zur Prüfung der Legitimation des Inhabers und zur Aushändigung des Wechselpapieres gegen Empfangnahme der Wechselsumme. Der Wechsel ist aber für die Eigenthümlichkeit aller konkreten Fälle ein so anschmiegsames Rechtsinstitut, daß auch die Möglichkeit gegeben ist, die Pflicht des Inhabers zur Abholung der Wechselzahlung abzuändern und den Bezogenen zu verpflichten, dem Inhaber die Wechselzahlung zu überbringen. Das Mittel zu dieser Modifikation ist das Domiziliren[3]). Der Zahlungsberechtigte, Präsentant zur Zahlung, ist der formell legitimirte Wechselinhaber; der Bezogene, der Zahlungsbeauftragte, ist derjenige, dem die Präsentation geschehen muß. Der Bezogene resp. Acceptant kann abwarten, bis ihm der Wechsel, zur gehörigen Zeit und am gehörigen Orte, zur Zahlung präsentirt wird; ja es liegt in den meisten Fällen nicht einmal in seiner Macht, den Inhaber des Wechsels am Verfalltage zu ermitteln und auf die Präsentation Einfluß auszuüben, da insbesondere acceptirte Wechsel, auch nach dem Verfalle, noch Gegenstand des Verkehrs sind. Wird daher der Wechsel am Verfalltage zur Zahlung nicht präsentirt und Zahlung nicht gefordert, so liegt die Schuld nicht an dem Bezogenen resp. Acceptanten, sondern an dem Inhaber, und die Folgen des Verzuges treffen daher nicht den Zahlungsverpflichteten, mora solvendi, sondern den Zahlungsberechtigten, mora accipiendi[4]). Die Zahlung Seitens des Acceptanten setzt daher, wenngleich ein bestimmter Zahlungstermin, dies certus, in dem Wechsel enthalten ist, die Initiative des Gläubigers voraus, und diese besteht in der ordnungsmäßigen Präsentation des Wechsels. Der gemeinrechtliche Grundsatz: dies interpellat pro homine hat im Wechselrechte keine Geltung. Die Allgemeine Deutsche Wechselordnung schreibt die Präsentation zur Zahlung als Bedingung und Voraussetzung des Wechselregresses vor und knüpft an die Unterlassung den Verlust des wechselmäßigen Anspruches an den Aussteller und die Indossanten[5]). Die Präsentation des Wechsels in diesem Sinne und zu

2) Leipz. Prot. S. 189. Art. 40. 41. 91. A. D. W.O. Hauser im Arch. f. D. W.R. Bd. 6. S. 52. 56. Erk. des O.Tr. in Berlin vom 18. Mai und 13. Juni 1854. (Arch. a. a. O. Bd. 4. S. 345. 352.) Erk. vom 29. Mai 1861. (Entsch. Bd. 6. S. 260. Arch. a. a. O. Bd. 11. S. 428.) Renaud a. a. O. S. 164.

3) Art. 4. N. 8. 24. 43. 99. A. D. W.O.

4) Mot. zum Pr. Entw. von 1847. S. LVIII. Leipz. Prot. S. 80. 212.

5) Art. 41. A. D. W.O.

diesem Zwecke, verbunden mit der Protestaufnahme im Falle der Nichtzahlung, ist ein formeller Akt, eine Wechsel-Solennität, durch welche die Diligenz des Wechselinhabers bei Geltendmachung des Wechselrechts in legaler, urkundlicher Weise konstatirt wird und die durch kein anderes Beweismittel ersetzt werden kann [6]). Die Präsentation zur Zahlung zur Feststellung des Verzuges, dem Acceptanten gegenüber, ist dagegen keine an eine fest bestimmte Frist geknüpfte Handlung, kein feierlicher Solennitätsakt, dessen Verabsäumung den Verlust des Wechselrechts gegen den Acceptanten zur Folge hat, sondern sie enthält die einfache, formlose, in civilprozeßrechtlicher Weise beweisbare [7]) Thatsache der Mahnung unter Vorlegung des Wechsels, das Suchen der Zahlung unter Vorzeigung des Wechsels, auf und gegen welchen die Wechselsumme gezahlt werden soll und durch dessen Besitz der Inhaber zur Empfangnahme der Wechselsumme legitimirt wird. Die wechselmäßige Zahlungsaufforderung Seitens des legitimirten Wechselinhabers verpflichtet den Acceptanten zur sofortigen Zahlung der Wechselsumme; eine schuldbare Verzögerung begründet die Folgen des Verzuges [8]). Erfolgt jedoch die Präsentation zur Zahlung innerhalb der zweitägigen Protestfrist, welche zur Ausübung der Wechseldiligenz, den Garanten gegenüber, dem Wechselinhaber offen steht, so wird die Präsentation als am Verfalltage geschehen betrachtet, und die Wirkung des Verzuges bei Zahlung der Wechselsumme auf den Verfalltag, als den im Wechsel bestimmten Verfalltag, zurückdatirt, denn die Protestfrist ist nur zu Gunsten des Präsentanten, nicht des Zahlungsverpflichteten, eingeführt [9]). Unterbleibt die wechselmäßige Mahnung und Zahlungsaufforderung, so ist der Acceptant nicht in der Möglichkeit, Zahlung zu leisten; es treffen ihn daher auch nicht die Folgen des Verzuges; die letzteren fallen vielmehr auf den Wechselinhaber, welcher die Präsentation nicht bewirkt und den Acceptanten nicht in die Lage versetzt hat, Zahlung auf den Wechsel zu leisten [10]). Der Acceptant behält daher auch die Wechselsumme hinter sich, ohne eine Verpflichtung zur Verzinsung; denn ein schuldbarer Verzug ist nicht auf seiner Seite, sondern auf Seiten des Wechselinhabers; au-

---

6) Art. 41. 88. A. D. W.O.

7) Daß eine rechtliche Vermuthung für die Thatsache der Präsentation spreche, wie im Arch. f. D. W.R. Bd. 2. S. 211, Bd. 6. S. 59. 61, Bd. 9. S. 113. A. 15. angenommen wird, dafür fehlt es an überzeugenden Gründen. Hauser im Arch. a. a. O. Bd. 6. S. 57. Koch, Lehrbuch des Pr. gem. Privatrechts (Berlin 1858.) Bd. 2. S. 64. Erk. des O.Tr. in Berlin v. 18. Mai 1854. (Arch. a. a. O. Bd. 4. S. 352.) Northoff im Arch. a. a. O. Bd. 9. S. 112.

8) Arch. f. D. W.R. Bd. 2. S. 207, Bd. 3. S. 343, Bd. 5. S. 433, Bd. 6. S. 59. Erk. des O.Tr. in Berlin vom 18. Mai 1854. (Arch. a. a. O. Bd. 4. S. 352.) Erk. des Tribunals in Darmstadt v. .... (Arch. a. a. O. Bd. 9. S. 261.) Renaud a. a. O. S. 206. Hoffmann a. a. O. S. 576.

9) Art. 50. A. D. W.O. Leipz. Prot. S. 80. Hauser im Arch. f. D. W.R. Bd. 6. S. 54.

10) Leipz. Prot. S. 235. „Der Wechselinhaber, wenn er sich am Verfalltage nicht meldet, ist im Verzuge und mag dessen Folgen sich selbst zuschreiben." Art. 36. 39. A. D. W.O. Erk. des O.Tr. in Berlin vom 18. Mai 1855. (Arch. f. D. W.R. Bd. 4. S. 352.) Erk. v. 29. Mai 1861. (Entsch. Bd. 46. S. 260. Arch. a. a. O. Bd. 11. S. 428.) Borchardt a. a. O. S. 162. Zus. 306. 307. Renaud a. a. O. §. 65. Bluntschli a. a. O. S. 80. Volkmar u. Loewy a. a. O. S. 160. Hauser im Arch. a. a. O. Bd. 6. S. 59 ff. Nürnberger Konf.-Verh. Arch. a. a. O. Bd. 9. S. 242. Kekule im Arch. a. a. O. Bd. 8. S. 256. Kuntze a. a. O. S. 99. Es lassen die mora solvendi mit dem Verfalltage ohne Präsentation zur Zahlung eintreten: Liebe, W.O. S. 138. Gelpke, Zeitschr. rc. Heft. 2. S. 158. Erk. d. O.A.G. zu Celle. (Arch. a. a. O. Bd. 6. S. 211.)

ßerdem trägt der Acceptant die Gefahr der Aufbewahrung [11]) und muß die Fonds zur Deckung des Wechsels zur sofortigen Zahlung für den Fall der Präsentation bereit halten, kann dieselben daher nicht anderweit verwenden und nutzen. Wenn aber auch den Acceptanten aus der Zurückbehaltung der Wechselsumme für den Fall der Nicht-Präsentation zur Zahlung keine rechtliche Verantwortlichkeit trifft, so räumt ihm doch das Gesetz in dem gegebenen Falle die Befugniß ein, nach Ablauf der Protestfrist, welche dem Inhaber zur Präsentation offen gelassen ist [12]), die Wechselsumme auf Gefahr und Kosten des Gläubigers [13]) bei Gericht, oder bei einer anderen zur Annahme von Depositen ermächtigten Behörde oder Anstalt [14]) niederzulegen, ohne daß es dazu, wie es sonst bei der civilrechtlichen Deposition nothwendig ist, einer Vorladung des vielleicht ganz unbekannten Wechselinhabers ad videndum deponi bedarf. Durch die Deposition hat der Acceptant die Wechselzahlung geleistet, sich von jeder Wechselpflicht befreit und kann abwarten, ob innerhalb der dreijährigen Verjährungsfrist der Wechsel zur Zahlung präsentirt wird. Erfolgt die Präsentation innerhalb dieser, von dem Verfalltage zu berechnenden Frist nicht, so ist die Wechselverbindlichkeit des Acceptanten erloschen, und der letztere befugt, das Depositum mit den inzwischen aufgelaufenen Zinsen zurückzunehmen, da mit dem Erlöschen der Wechselpflicht der Grund der Deposition weggefallen ist. Auch schon früher steht es in dem Willen und in der Befugniß des Acceptanten, die deponirte Summe zurückzuziehen [15]); da die Deposition ein Recht und keine Pflicht ist [16]). Meldet sich inzwischen der Wechselgläubiger und präsentirt er den Wechsel, so kann der Acceptant entweder unmittelbar Zahlung leisten, oder dem Präsentanten, behufs Tilgung der Wechselschuld, die deponirte Summe überweisen. Ohne eine solche freiwillige oder richterliche Ueberweisung erlangt der Wechselinhaber an dem Depositum keine Eigenthumsrechte [17]).

Die Allgemeine Deutsche Wechselordnung und die Leipziger Konferenzverhandlungen, — der Preußische Entwurf vom Jahre 1847. erwähnt die Deposition, vielleicht als sich von selbst verstehend, nicht, — sprechen nur von einer Depositionsbefugniß des Acceptanten, und es fragt sich, ob auch dem Bezogenen, welcher nicht acceptirt hat, diese Befugniß zusteht? Der letztere steht zwar nicht in wechselmäßiger Haftbarkeit und verletzt durch Nicht-Zahlung daher keine wech-

---

11) Hauser im Arch. f. D. W.R. Bd. 6. S. 60.

12) Art. 41. A. D. W.O. Arch. f. D. W.R. Bd. 6. S. 308. Nr. 16. Bd. 8. S. 185. Bei Sicht-Wechseln findet die Deposition erst nach Ablauf der gesetzlichen oder vertragsmäßigen Präsentationsfrist statt. Art. 19. 20. 31. A. D. WO.. Hoffmann im Arch. a. a. O. Bd. 11. S. 373.

13) Thöl a. a. O. Bd. 2. S. 279.

14) Je nach der Justizeinrichtung.

15) Liebe, W.O. S. 138.

16) Leipz. Prot. S. 189. 235. Art. 40. A. D. W.O. Hoffmann im Arch. f. D. W.R. Bd. 11. S. 368, Bd. 12. S. 349. Erk. des O.Tr. in Berlin vom 18. Mai 1854. (Arch. a. a. O. Bd. 4. S. 352.) Nürnberger Konf.-Verhandl. Arch. a. a. O. Bd. 9. S. 242. Erk. des O.A.G. zu Dresden vom 22. Mai 1862. (Arch. a. a. O. Bd. 12. S. 85.) Renaud a. a O. S. 165. Liebe, W.O. S. 138. hält die Deposition im Falle der Nicht-Präsentation für nöthig, um den Acceptanten von den Verzugszinsen zu befreien.

17) Hoffmann im Arch. f. D. W.R. Bd. 12. S. 350.

selmäßige Pflicht; allein er ist der Zahlungsbeauftragte und unter Umständen dem Aussteller, als Machtgeber, aus dem Deckungsverhältnisse zur Zahlung verpflichtet, so daß die Deposition, als Erfüllung einer civilrechtlichen Pflicht dem Trassanten gegenüber, im Interesse des Bezogenen liegen kann. Es muß daher die obige Frage bejaht und auch dem Bezogenen, welcher nicht acceptirt hat, die Rechtswohlthat der Deposition gestattet werden [18]).

Die Allgemeine Deutsche Wechselordnung handelt von der Deposition der Wechselsumme, außer für den Fall der Nicht-Präsentation zur Zahlung, noch bei dem Regresse auf Sicherstellung [19]) und bei dem Verluste des Wechsels [20]); allein es ist unzweifelhaft, daß auch in anderen Umständen (verweigerte Annahme, mora accipiendi, Arrestschlag, Mangel und Zweifelhaftigkeit der Legitimation des Präsentanten) Depositionsgründe gefunden werden können. Die letzteren fallen unter die Bestimmungen des Civilrechts [21]).

§. 122.

Feiertage.

Daß Wechselhandlungen, Wechsel-Solennitäten, also auch die Zahlung der Wechselsumme, an Feiertagen nicht vorgenommen und verlangt werden können, und daß die Unterlassung dieser Handlungen, insofern der Tag der Vornahme auf einen Sonntag oder Feiertag fällt, nicht präjudicirt, ist ein alter Rechtsgrundsatz. Auch die Feier- und Festtage der Juden waren in dieser Beziehung ausgezeichnet. Ein Unterschied bestand zum Theil nur darin, daß, wenn der Zahlungstag auf einen Feiertag fiel, die Zahlung nach einigen Gesetzen am Tage vorher, nach anderen am Tage nachher geleistet werden mußte [1]). Auch die Allgemeine Deutsche Wechselordnung enthält den Rechtssatz; daß, wenn der Wechsel an einem Sonntage oder allgemeinen Feiertage verfällt, der nächste Werktag der Zahlungstag ist; daß die Herausgabe eines Wechsel-Duplikats, die Erklärung über die Annahme, die Portesterhebung, sowie jede andere Handlung nur an einem Werktage gefordert werden kann und daß, wenn der Zeitpunkt, in welchem die Vornahme einer der genannten Handlungen spätestens gefordert werden mußte, auf einen Sonntag oder allgemeinen Feiertag fällt, diese Handlung am nächsten Werktage gefordert werden kann [2]). Welche Tage als „allgemeine Feiertage" anzusehen sind, ist meistens in den Einführungsgesetzen zur Allgemeinen Deutschen Wechselordnung bestimmt [3]). Wo das nicht geschehen, kann die Eigenschaft oft zweifelhaft sein. Der Preußische Entwurf von 1847. enthielt die Bezeichnung „die gesetzlich anerkannten christlichen Feiertage". Dieser Ausdruck wurde in der Leipziger Konferenz be-

18) Brauer a. a. O. S. 89. Bluntschli a. a. O. S. 80.

19) Art. 25. A. D. W.O.

20) Art. 73. A. D. W.O.

21) Leipz. Prot. S. 59. 70. Arch. f. D. W.R. Bd. 12. S. 208. Jolly im Arch. a. a. O. Bd. 2. S. 172. Hoffmann im Arch. a. a. O. Bd. 11. S. 368. Brauer a. a. O. S. 89. Bluntschli a. a. O. S. 77. Renaud a. a. O. S. 166.

1) Heineccius l. c 4 § 37 41. Püttmann a. a. O. §. 104. Treitschke a. a. O. Bd. 2. S. 99. A. Pr. L.R. Thl. II. Tit. 8. §. 870.

2) Art. 92. A. D. W.O.

3) In dem Pr. Einf.-Gesetze sind die für Preußen geltenden allgemeinen Feiertage nicht

mängelt, weil das Wort „gesetzlich" keinen genügenden Anhalt gewähre, indem die staatliche Anerkennung christlicher Feiertage in der Regel im Wege der Gesetzgebung nicht erfolge, und weil außer den christlichen Feiertagen in einzelnen Staaten auch politische Feste, z. B. „Konstitutions-, Freiheitsfeste" gefeiert würden. Auf Grund dieser Erwägung wurde die Bezeichnung „von Staatswegen anerkannte allgemeine Feiertage" gewählt, derselben aber später ohne nähere Motivirung die gegenwärtige Fassung „allgemeine Feiertage" substituirt [4]). Die Materialien ergeben daher über den Begriff des Ausdruckes „allgemeine Feiertage" keinen festen Anhalt. Nur soviel setzen sie außer Zweifel, daß unter jenen gesetzlichen Begriff nur fallen: 1. die Feiertage der vom Staate ausdrücklich aufgenommenen christlichen Religionsgesellschaften. Die Feiertage nicht öffentlich aufgenommener, s. g. geduldeter Religionsgesellschaften, also auch die der Juden, haben keinen Anspruch auf Berücksichtigung in Ansehung der zeitlichen Erfüllung wechselrechtlicher Verbindlichkeiten [5]); 2. nur allgemeine Feiertage. Der Begriff „allgemein" ist in dem Gesetze nicht näher bestimmt; er hängt jedenfalls ab von dem räumlichen und zeitlichen Umfange, in welchem ein Fest nach Herkommen, Sitte und Gebrauch an einem Orte oder in einer Gegend gefeiert wird. In einem Staate mit gemischter christlicher Bevölkerung giebt es außer den hohen Festen, welche die gesammte Christenheit gleichmäßig feiert, wie Ostern, Pfingsten, Weihnachten, auch noch besondere Tage, welche von den Angehörigen einer christlichen Konfession als kirchliche Feste gefeiert, von den Angehörigen anderer Konfessionen aber kirchlich nicht ausgezeichnet werden. So feiert die katholische Kirche z. B. die Feste „Heilige drei Könige", „Maria Reinigung (Lichtmeß)", das „Frohnleichnamsfest", während in Gegenden mit evangelischer Bevölkerung jene Feste keine kirchliche Bedeutung haben. Die „Allgemeinheit" eines Feiertages hängt daher davon ab [6]), daß derselbe an einem bestimmten Orte oder in einer bestimmten Gegend von der überwiegend größeren Einwohnerschaft festlich begangen wird, daß die Geschäfte des täglichen Verkehrs für Alle, daher auch für diejenigen, welche einer anderen Konfession angehören, gleichmäßig ruhen, daß der Tag für die gesammte Einwohnerschaft als ein stiller, der öffentlichen Arbeit nicht gewidmeter angesehen wird. Auf Feiertage, die nach kanonischen Vorschriften einer Kirche festlich begangen werden, kann sich daher ein Angehöriger dieser Kirche nicht berufen in einer Stadt und Gegend, in welcher die, den Tag feiernde Religionsgesellschaft nur schwach vertreten ist, so daß eine allgemeine Feier jener Feste nicht stattfindet. Solche Feste sind in solcher Gegend nicht „allgemeine Feiertage". Der Begriff „allgemeine Feiertage" bringt es umgekehrt aber auch mit sich, daß alle, auch anderen

aufgeführt. Es gelten aber in Preußen nach anderen gesetzlichen Bestimmungen als allgemeine Feiertage für alle christlichen Confessionen: Weihnachten, Ostern, Pfingsten, je zu zwei Tagen, Neujahr, ein Bußtag (Mittwoch nach Jubilate), Charfreitag und Himmelfahrt. §. 870. Thl. II Tit. 8. A. L.R. Kab.-Ordre vom 5. Juli 1832. (Ges.-Samml. S. 197.) Kab.-Ordre vom 22. Juli 1839. (Ges.-Samml. S. 249.) Reskr. v. 25. Sept. 1832. (Kamptz, Jahrb. Bd. 40. S. 284.)

4) Leipz. Prot. S. 151. 244. Brauer im Arch. f. D. W.R. Bd. 5. S. 353.

5) Mot. zum Pr. Entw. von 1845. S. 26. Mot. zum Pr. Entw. von 1847. S. LXXVI. Leipz. Prot. S. 151.

6) Mot. z. Pr. Entw. von 1836. S. 93.

Religionsgesellschaften angehörige Einwohner sich der äußeren Feier des Tages unterwerfen müssen, und daß daher ein Jude an einem allgemeinen christlichen Feiertage die Vornahme einer Wechselhandlung ablehnen kann [7]). Wechselhandlungen, welche an einem Sonntage oder Feiertage vorgenommen werden, verlieren aber nichts an ihrer Gültigkeit.

§. 123.

Die Prolongation.

Die Prolongation, d. i. die Hinausschiebung der Erfüllung einer Verbindlichkeit, ist entweder eine freiwillige, oder nothwendige. Die erstere beruht auf dem Willen, der Vereinigung der Obligations-Interessenten; die letztere auf Umständen, welche außerhalb des Willens der Kontrahenten liegen (Gesetz, Moratorien, vis major). Durch die Prolongation, Stundung, wird der civilrechtlichen Obligation ein neuer Erfüllungstermin gegeben und dadurch für alle Verhältnisse, welche von dem Erfullungstage abhängen (Klage, Verjährung, Verzugszinsen), ein neuer Anfangstermin substituirt [1]).

Die Prolongation [2]) kommt, — wenn auch selten, — im Wechselverkehre vor. Der Handelsstand zieht es vor, in Befristungsfällen, an Stelle der alten, neue Wechsel auszustellen [3]). Die Prolongation ist jedoch kein wechselrechtliches Institut und es bestimmte der Preußische Entwurf vom Jahre 1845. [4]): „durch die Prolongation kann die wechselmäßige Verbindlichkeit nicht erhalten werden". Diese Bestimmung ist später gestrichen [5]). In den Motiven zu dem Preußischen Entwurfe vom Jahre 1847. [6]) ist die Zulassung der Prolongation der Wechselverbindlichkeit für unangemessen erklärt, und in der Leipziger Konferenz [7]) ein auf Anerkennung der Prolongation gerichteter Antrag ohne Unterstützung gelassen und zurückgezogen worden. Wenn nun auch die Prolongation in dem Wechselverkehre ein Mittel ist, die Zahlungszeit hinauszuschieben und insofern die Wechselverbindlichkeit zu modificiren, so bringt es doch die Eigenthümlichkeit der Wechselobligation mit sich, daß die civilrechtlichen Grundsätze über die Stundung, durch welche die Geltendmachung der Forderung durch Klage suspendirt wird, in ihrer Anwendung auf das Wechselinstitut wesentliche Modifikationen erleiden. Der Wechsel ist nicht, wie die civilrechtliche Obligation, ein zwischen zwei bestimmten Perso-

7) Mot. zum Pr. Entw. von 1836. S. 93. Ueber die verschiedene Rechtsauffassung vergleiche die Erkenntnisse im Arch. f. D. W.R. Bd. 7. S. 204. Brauer a. a. O. S. 148. und im Arch. a. a. O. Bd. 5. S. 353. Ueber die Verlegung eines Feiertags vergl. Arch. a. a. O. Bd. 11. S. 1.

1) Arndts a. a. O. §. 223. Puchta a. a. O. §. 242. Brauer im Arch. f. D. W.R. Bd. 5. S. 13. Renaud a. a. O. §. 62

2) Swoboda im Arch. f. D. W.O. Bd. 16. S. 29.

3) Kheil im Arch. f. D. W.R. Bd. 6. S. 68.

4) §. 131.

5) Kommissionsbericht der Sachverstandigen v. 1846. S. 74. u. Protokolle rc. S. 65.

6) S. LXXIV

7) Leipz. Prot. S. 228. Die Prolongation bei eigenen Wechseln wurde empfohlen und bemerkt, daß sie, da sie auf dem Wechsel selbst geschehen müsse, immer liquide sei und auch, da sie regelmäßig die Zinsenquittung enthalte, den Uebelstand beseitige, daß ein Indossatar, welchem Einreden ex persona indossantis nicht entgegen standen, bereits an den früheren Inhaber bezahlte Zinsen noch einmal fordern konne. Leipz. Prot. S. 161.

nen, dem Gläubiger und dem Schuldner, bestehendes Rechtsverhältniß, sondern der Träger oft vieler, von einander unabhängiger, daher selbstständiger, abstrakter Obligationen. Der Zweck des Wechsels ist darauf gerichtet, daß zu einer bestimmten Zeit an den Inhaber eine Zahlung geleistet werden soll, und die Angabe des Zahlungstages gehört zu den wesentlichen Erfordernissen des Wechsels. Der Aussteller und ein jeder, der sich als Indossant an der Begebung des Wechsels betheiligt, verspricht und übernimmt die wechselmäßige Garantie, daß die Zahlung zu der, in dem Wechsel bestimmten Zeit trassirtermaßen erfolgen, und ein jeder Erwerber empfängt den Wechsel in der Erwartung, daß der Wechsel am Verfalltage realisirt werde. Der mit der Zahlung Beauftragte, der Bezogene, tritt durch sein Accept, mit selbstständiger Verhaftung, in die Wechselobligation ein, und die Wechselpflicht desselben verjährt in drei Jahren, vom Verfalltage ab gerechnet [8]). Erfolgt die Zahlung durch den Bezogenen nicht, so tritt, wenn die Wechseldiligenz von dem Inhaber beobachtet worden ist, die Garantiepflicht der Vormänner, welche in kürzeren, nach der Entfernung des Zahlungsortes bemessenen Fristen verjährt [9]), in Wirksamkeit. Die Verjährung des Regreßanspruches beginnt gegen den Inhaber vom Tage des erhobenen Protestes und gegen den Indossanten vom Tage der Zahlung, beziehungsweise vom Tage der ihm geschehenen Behändigung der Klage oder Ladung. Der Verfalltag ist somit der Moment, in welchem sich das Schicksal des Wechsels entscheidet, und daher wichtig für die Interessen aller, bei dem Wechsel betheiligten Personen. Wie der Inhalt des Wechsels gleichsam das autonomische Gesetz für merkantile und das Rechtsleben des Wechsels bildet und daher, selbst unter Zustimmung der Wechsel-Interessenten, nicht abgeändert werden kann, so ist auch eine Verlegung, eine Abänderung des Verfalltages unstatthaft und mit der wechselrechtlichen Auffassung unvereinbar. Der Wechsel gestattet bei seiner streng formalen und abstrakten Rechtsnatur nicht, wie die civilrechtliche Obligation, die Beifügung von Klauseln und Nebenbestimmungen; derselbe cirkulirt vielmehr in der Form und Fassung, in welcher er aus der Hand des Ausstellers in den Verkehr getreten ist, ähnlich dem vom Staate emittirten Geldzeichen, und alle Operationen, zu denen er verwendet wird, dienen nur dazu, den gegebenen Werth und die Sicherheit des Wechsels zu erhöhen. Es kann zwar der Indossant der Begebung, und der Bezogene dem Accepte Modifikationen [10]) beifügen, durch welche die, aus diesen Wechselakten entstehende Verpflichtung eingeschränkt wird; allein durch solche Nebenbestimmung wird nur die accessorische Wechselobligation aus dem Indossamente und dem Accepte, nicht der Inhalt des Grundwechsels und das Rechtsverhältniß der übrigen Wechsel-Interessenten berührt. Der von dem Aussteller in dem Wechsel bestimmte Verfalltag kann mit rechtlicher Wirkung für den Wechsel und für die Wechsel-Betheiligten von Niemandem ausgedehnt oder abgekürzt werden.

Die Prolongation in ihrer Anwendung auf den Wechsel ist nicht eine Hinaus-

---

8) Art. 77. A. D. W.O.
9) Art. 78. 79. A. D. W.O.
10) Art. 14. 15. 22. 23. A. D. W.O.

schiebung des im Wechsel bestimmten Verfalltages, sondern eine Verlegung der Erfüllung, der Zahlung des Wechsels auf eine spätere Zeit mit der rechtlichen Wirkung, daß der Prolongant nunmehr die Zahlung nicht an dem, im Wechsel bestimmten Verfalltage, sondern an dem substituirten späteren Termine zu fordern berechtigt und zu empfangen verpflichtet ist. Die Prolongation hat für den Acceptanten die Wirkung einer Stundung, der Person des Prolonganten gegenüber; das Klagerecht des letzteren ist von dem Eintritte des neuen Zahlungstermines abhängig. Durch die Prolongation entsteht ein rein persönliches Rechtsverhältniß zwischen dem Schuldner, dem die Stundung bewilligt ist, und dem Gläubiger, der solche bewilligt hat. Auf das Rechtsverhältniß der Garantie und auf die rechtliche Beziehung des Acceptanten zu anderen Wechselberechtigten hat dieselbe aber keinen Einfluß, so daß für alle diese rechtlichen Beziehungen (Protest, Regreß, Verjährung) der in dem Wechsel angegebene Verfalltag maßgebend ist[11]). Daraus ergeben sich folgende Rechtssätze:

1) die formale Gültigkeit der Prolongation richtet sich nach den Bestimmungen des Civilrechts. Darnach ist auch zu beurtheilen, inwiefern eine mündliche Prolongation gültig ist. In der Regel wird dieselbe schriftlich auf dem Wechsel ertheilt[12]);

2) die Prolongation hat nur Rechtswirkung unter den unmittelbaren Prolongations-Kontrahenten. Es wird dadurch nur eine persönliche Zahlungsfrist ertheilt. Der Umfang der wechselmäßigen Verpflichtung wird nach dem urkundlichen Inhalte des Wechsels bestimmt. Die Verzugszinsen laufen jedoch dem Prolonganten gegenüber von dem neuen Zahlungstage, da die mora solvendi durch die Stundung geheilt und durch Vertragswillen beseitigt ist[13]);

3) der Prolongant kann erst mit Eintritt des prolongirten Zahlungstermines gegen den Acceptanten klagen. Früher steht ihm der Einwand der verfrüheten Klage, exceptio actionis nondum natae, entgegen[14]);

4) der Protest zum Zweck der Regreßnahme muß an dem im Wechsel angegebenen Verfalltage aufgenommen werden; der neue Zahlungstermin ist dafür nicht geeignet[15]);

5) der Prolongant kann, der ertheilten Stundung ungeachtet, Regreß nehmen, wenn er zeit- und formrecht Protest erhoben hat, und der Regressat ist nicht

---

11) Bender a. a. O. Bd. 2. S. 244. Treitschke a. a. O. Bd. 2. S. 270. 389. Mittermaier a. a. O. Bd. 2. S. 196. Brauer im Arch. f. D. W.R. Bd. 5. S. 21. 24. Renaud a. a. O. S. 154. Thol a. a. O. Bd. 2. S. 698. Borchardt a. a. O. S. 249. Zus. 471.

12) v. Weißeneck a. a. O. S. 322. Bender a. a. O. Bd. 2. S. 245. Mittermaier a. a. O. Bd. 2. S. 196. Brauer im Arch. f. D. W.R. Bd. 5. S. 30. 31. Thöl a. a. O. Bd. 2. S. 694. Erk. des österr. oberst. Gerichtsh. vom 20. Februar 1856, vom 26. Jan. 1858. (Arch. a. a. O. Bd. 8. S. 178, Bd. 10. S. 70.) Erk. vom 12. April 1859. (Arch. a. a. O. Bd. 10. S. 302.) Arch. a. a. O. Bd. 6. S. 301.

13) Borchardt a. a. O. S. 43. Zus. 81. Anderer Ansicht: S. 191. Zus. 365.

14) Brauer im Arch. f. D. W.R. Bd. 5. S. 16. Thol a. a. O. Bd. 2. S. 694.

15) Brauer im Arch. f. D. W.R. Bd. 5. S. 23. Hoffmann a. a. O. S. 352. 357. Kuntze a. a. O. S. 97. Thol a. a. O. Bd. 2. S. 698. Arch. a. a. O. Bd. 9. S. 212. N. 32. 33. Borchardt a. a. O. S. 167. Zus. 314. N. 6. 7. Zum Theil anderer Ansicht Renaud a. a. O. S. 155. Arch. a. a. O. Bd. 10. S. 49.

berechtigt, ihm den Einwand entgegenzustellen, daß er durch die ertheilte Prolongation an der Nichtzahlung des Wechsels selbst Schuld trage, da die Stundung keinen wechselrechtlichen Einfluß übt, für die Regreßpflichtigen eine res inter alios acta ist, und den Inhaber, Prolonganten, in der Geltendmachnng seiner wechselmäßigen Regreßansprüche nicht beschränkt [16]). Auch ist es für die Regreßnahme ohne Einfluß, ob der Regressat die Prolongation genehmigt hat, und daher vor Ablauf der Prolongationsfrist von dem Acceptanten selbst nicht Zahlung verlangen kann, da ein Abkommen zwischen dem Regressaten und dem Acceptanten den Regredienten nicht bindet [17]);

6) der einlösende Vormann ist, wenn er nicht selbst die Prolongation ertheilt oder genehmigt hat, in der Verfolgung seines wechselmäßigen Anspruches gegen den Acceptanten nicht beschränkt;

7) die Verjährung beginnt auch dem Prolonganten gegenüber von dem, im Wechsel angegebenen Verfalltage und erleidet durch die Prolongation keine Unterbrechung. Die rechtlichen Folgen, welche das Gesetz an den Wechsel knüpft, sind der Autonomie der Interessenten entzogen, und es kann daher durch die Verlegung des Zahlungstages auch nicht ein neuer Anfangstermin für die Wechsel-Verjährung geschaffen werden. Die Gründe, durch welche die Verjährung unterbrochen wird, sind in der Allgemeinen Deutschen Wechselordnung bestimmt, und sowenig durch Vertrag eine andere Verjährungsfrist substituirt werden kann, oder ein Anerkenntniß der Wechselpflicht geeignet ist, die Verjährung zu unterbrechen, ebensowenig ist dazu eine Prolongation im Stande [18]);

8) ein Wechsel, welcher durch Verjährung oder Präjudiz erloschen ist, kann nicht prolongirt werden. Ein solches Papier entbehrt des wechselmäßigen Elements, der wechselmäßigen Kraft und gewährt für einen civilrechtlichen Anspruch kein thatsächliches Fundament. Es kann daher eine Prolongation über die Verjährungsfrist hinaus die Wechseleigenschaft nicht erhalten. Das Klagrecht des Prolonganten ist zwar an die auch über die Verjährungsfrist hinaus reichende Prolongationsfrist geknüpft; allein dasselbe kann nicht auf den Wechsel, sondern nur auf das civilrechtliche Moment der Bereicherung gegründet werden [19]);

9) die Prolongation, auch wenn sie auf dem Wechsel vermerkt ist, giebt kein

---

16) Nach älterer Ansicht ging durch die Prolongation der Regreß verloren. Franck l. c. I 3. 6. §. 11. Siegel, corp. jur. camb. II. p 93. 145. A. Pr. L.R. Thl. II. Tit. 8. §. 1239. Brauer a. a. O. S. 22. 23. Thöl a. a. O. Bd. 2. S. 698. Blaschke a. a. O. S. 204.

17) Thöl a. a. O. Bd. 2. S. 698. Brauer im Arch. f. D. W.R. Bd. 5. S. 22. Blaschke a. a. O. S. 204. A. 5. Anderer Ansicht: Mittermaier a. a. O. §. 356. N. 4. Renaud a. a. O. S. 155. Erk. des Ger. zu Freysing vom 10. Juli 1856. (Arch. a. a. O. Bd. 10. S. 49.)

18) Art. 80. A. D. W.O. Mot. z. Pr. Entw. von 1847. S. LXXV. Kuntze a. a. O. S. 97. 114. Brauer im Arch. f. D. W.R. Bd. 5. S. 21. Schmidt a. a. O. S. 162. Renaud a. a. O. S. 155. Thöl a. a. O. Bd. 2. S. 697. Erk. des L.G. zu Wolfenbüttel vom 17. Mai 1858. (Zeitschr. für R. in Braunschw. Bd. 5. S. 132.) Erk. des O.Tr. in Stuttgart vom 9. Novbr. 1858 und 25. Febr. 1860. (Arch. a. a. O. Bd. 9. S. 213.) Anderer Ansicht: v. Weißeneck a. a. O. S. 320. nimmt eine Unterbrechnug und Beginn einer neuen Verjährung an. Auch Kheil im Arch. a. a. O. Bd. 6. S. 65. und dessen W.R. §. 392. Pl.-Erk. des österr. oberst. Gerichtsh. vom 12. April 1859. (Arch. a. a. O. Bd. 10. S. 302.) Erk. des O.A.G. zu Celle im Arch. a. a. O. Bd. 6. S. 208.

19) Art. 83. A. D. W.O. Bender a. a. O. Bd. 2. S. 247. 248. Mittermaier a.

Recht gegen denjenigen, welcher den Wechsel später durch Indossament erworben hat. Denn das Indossament ist eine abstrakte Erwerbungsart und überträgt nicht die persönlichen Rechte des Indossanten, sondern die durch den Wechsel repräsentirten dinglichen Rechte aus dem Wechsel. Das persönliche Recht des Wechselschuldners aus dem Prolongationsvertrage gestattet daher keinen Einwand gegen den Indossatar, da in der Annahme eines mit dem Prolongationsvermerke versehenen Wechsels auch keine Genehmigung der Befristung gefunden werden kann[20]). Anders gestaltet sich das Verhältniß in dem Falle, in welchem das Indossament nur die Wirkung der Cession hat und daher Einreden ex persona indossantis gestattet, z. B. bei dem Indossamente nach dem Verfalle[21]);

10) die Prolongation wird als zu Gunsten des Schuldners beigefügt erachtet, sodaß derselbe im Zweifel auch vor Ablauf der Stundungsfrist zahlen kann[22]);

11) ob die Prolongation vor oder nach dem Verfalle, — wenn nur innerhalb der Verjährungsfrist, — erfolgt, ist gleichgültig[23]). Die Prolongation beginnt, ohne Rücksicht, ob sie datirt ist oder nicht, mit dem Verfalltage, und bei wiederholter Prolongation von der letzten prolongirten Verfallzeit[24]). Eine Prolongation ohne Angabe der Frist, z. B. durch den Vermerk: „prolongirt", hat keine rechtliche Bedeutung[25]).

§. 124.

Die Wirkung der Zahlung. Quittung.

Unter Zahlung versteht man im Allgemeinen die Erfüllung einer Verbindlichkeit durch Leistung des Gegenstandes der Obligation, insbesondere durch Geben von Geld an den zum Empfange berechtigten Gläubiger, oder dessen legitimirten Stellvertreter. Durch Erfüllung oder Zahlung einer civilrechtlichen Obligation, sie mag durch den Verpflichteten, oder durch einen Dritten geschehen, wird die Obligation für alle Berechtigte und Verpflichtete dergestalt getilgt und aufgehoben, daß daraus weder ein

---

a. O. Bd. 2. S. 196. A. 31. Brauer im Arch. f. D. W.R. Bd. 5. S. 28. Renaud a. a. O. S. 155. Kheil a. a. O. S. 197. Blaschke a. a. O. S. 204. A. 4. Anderer Ansicht: Püttmann a. a. O. §. 149. A. 6, welcher annimmt, daß eine verjährte Wechselforderung durch die Prolongation ihre Kraft wieder erhält. Thol a. a. O. Bd. 2. S. 695. Hasenpflug, Ueber den Einfluß des Wechsels rc. S. 71. sieht in dem Stundungsvertrage ein constitutum.

20) Brauer im Arch. f. D. W.R. Bd. 5. S. 24. Renaud a. a. O. S. 155. A. 19 Anderer Ansicht: Kitka, Erläuter. u. s. w. S. 83. 85. Blaschke a. a. O. S. 204.

21) Art. 16. A. D. W.O. Brauer im Arch. f. D. W.R. Bd. 5. S. 19. Erk. des H.G. zu München im Arch. a. a. O. Bd. 10. S. 43.

22) Brauer im Arch. f. D. W.R. Bd. 5. S. 19.

23) Brauer im Arch. f. D. W.R. Bd. 5. S. 23. Derselbe, W.R. S. 141.

24) Brauer im Arch. f. D. W.R. Bd. 5. S. 29. Kheil a. a. O. S. 198. Renaud a. a. O. S. 153. v. Weißeneck a. a. O. S. 328 rechnet, wenn die Prolongation nach dem Verfalle geschehen ist, den Prolongationstermin erst von der geschehenen Prolongation ab. Treitschke a. a. O. Bd. 2. S. 272. 273. unterscheidet, ob die Prolongation datirt ist oder nicht. Im ersten Falle soll die Zeit von dem Datum der Prolongation laufen, sobald nur ihr Endtermin den Verfalltag überschreite. Thöl a. a. O. Bd. 2. S. 695 rechnet die Prolongation, wenn sie nicht präcise, sondern durch Zulegung einer Frist geschehen ist, vom Zahlungstage, nicht vom Verfalltage.

25) Treitschke a. a. O. Bd. 2. S. 272. Kheil a. a. O. S. 198. Brauer im Arch.

Recht, noch eine Pflicht fortdauert [1]). Die Eigenthümlichkeit einer civilrechtlichen Obligation, der persönliche Rechtsverband zwischen den Obligations-Interessenten, die Untrennbarkeit der Obligation von der Person der Kontrahenten, das Fortpflanzen der Einreden aus dem Obligationsgrunde auf den späteren Erwerber des obligatorischen Rechts, — alle diese Umstände bringen es mit sich, daß der Einwand der ordnungsmäßig an den legitimirten Berechtigten geschehenen Zahlung einem jeden Dritten mit voller rechtlicher Wirkung entgegengesetzt werden kann. Die Zahlung ist ein gesetzliches und von den Obligations-Interessenten beabsichtigtes Mittel zur Tilgung der Obligation; eine erfüllte und dadurch aufgehobene Obligation kann daher nicht ferner Gegenstand des Rechts und des Verkehrs sein.

Andere Grundsätze gelten in Ansehung der, durch den Wechsel begründeten Obligation. Das verpflichtende Rechtselement liegt bei dem Wechsel nicht in dem, dem Wechselzuge unterliegenden materiellen Rechtsgrunde, nicht in dem verpflichtenden Willen, welcher zwei Personen als Gläubiger und Schuldner in Rechtsbeziehung setzt, sondern ausschließlich in der abstrakten Form. Vermöge dieser äußeren, von Jedermann erkennbaren Erscheinung ist der Wechsel ein cirkulationsfähiges Werthpapier, der Träger eines, nicht in einem bestimmten Vertragsverhältnisse wurzelnden obligatorischen Rechts. Der formrichtige Wechsel wandert, ohne Rücksicht auf die Rechtsbeständigkeit des unterliegenden Obligationsgrundes, und ohne Rücksicht auf die Echtheit der einzelnen, durch das Papier dargestellten Wechselakte, auf Grund des formalen Rechts, in seiner äußeren, sichtbaren Gestalt, aus Hand in Hand, und derjenige ist, im ganzen Umfange des Wechsels, der rechtmäßige Inhaber, welcher in ununterbrochener Giroreihe als urkundlicher Besitzer legitimirt ist. Der Wechsel ist in seiner sinnlichen äußeren Erscheinung das Objekt des merkantilen Verkehrs, und jede Rechtsbeziehung außerhalb des Papieres ist für den Inhaber, wie nicht erkennbar, so auch einflußlos für sein formales Recht aus dem Wechsel. Aus dieser abstrakten Natur des Wechsels folgt von selbst die Unabhängigkeit des Rechts aus dem Wechsel von allen, nicht in wechselmäßiger Form zum Ausdruck gekommenen Rechtsverhältnissen, und die Allgemeine Deutsche Wechselordnung folgt nur einem, — dem Prinzipe nach, — unbezweifelten, alten, merkantilen Rechtssatze, wenn sie bestimmt: „der Wechselschuldner kann sich nur solcher Einreden bedienen, welche aus dem Wechselrechte selbst hervorgehen, oder ihn unmittelbar gegen den jedesmaligen Kläger zustehen" [2]). Diese wechselrechtlichen Grundsätze auf die Thatsache der Zahlung angewendet, ergiebt folgendes Rechtssystem:

1) der Verfall- und daher der Zahlungstag ist durch den Wechsel bestimmt. Mit diesem Zeitpunkte kann die Zahlung verlangt und muß geleistet werden. Eine, vor dem Verfalle geleistete Zahlung begründet, als gegen den Wechselauftrag er-

---

f. D. W.R. Bd. 5. S. 29. Renaud a. a. O. S. 153. Nr. 7. Blaschke a. a. O. S. 230. Thol a. a. O. Bd. 2. S. 695. sieht die Prolongation ohne Zeitbestimmung als eine kurze Stundung an, die durch Mahnung zu beendigen ist.

1) Puchta a. a. O. §§. 234. 286. Arndts a. a. O. §§. 213. 260. Allg. Pr. L.R. Thl. I Tit. 5. §. 435, Tit. 16. §§. 28. 40 ff.

2) Art. 82. A. D. W.O.

folgt, keinen Deckungsanspruch an den Aussteller und keine Liberirung des Acceptanten. Auch die Quittung auf dem Wechsel über eine Vor-Zahlung hat dem dritten, selbst von der Zahlung unterrichteten Inhaber gegenüber keine rechtliche Wirkung. Dagegen kann dem Empfänger der Vor-Zahlung bei der wiederholten Zahlungsforderung die exceptio doli entgegengestellt werden[3]);

2) wird die Zahlung[4]) im ordnungsmäßigen Laufe des Wechsels von dem Bezogenen, oder Acceptanten oder Domiziliaten an den legitimirten Inhaber geleistet, so muß dieselbe, wie jedes wechselmäßige Moment, urkundlich gemacht, d. h. auf dem Wechsel vermerkt, und der solchergestalt quittirte Wechsel, — wenn mehrere Exemplare laufen, das acceptirte Exemplar, — an den Zahler ausgehändigt werden. Ist nur eine Theilzahlung geleistet, so kann von dem Zahlenden die Ausantwortung des Wechsels, wegen Verfolgung des Wechselrechts in Ansehung des nicht gezahlten Betrages, nicht verlangt werden; es muß die Abschlagszahlung aber auf dem Wechsel abgeschrieben und auf einer Abschrift des Wechsels eine Quittung ertheilt werden[5]);

3) eine in dieser formalen Weise von dem Bezogenen oder Acceptanten geleistete, urkundlich gemachte, an den legitimirten Wechselinhaber, ohne Rücksicht ob vor oder nach der Protestaufnahme[6]), geschehene Zahlung tilgt die Wechselzahlung in Höhe des quittirten Betrages für alle Wechselverpflichtete, denn das von den Wechselgebern ertheilte Wechselversprechen ist erfüllt, die Zahlung eine wechselmäßige, d. i. eine solche, welche erkennbar für Jedermann, einem jeden Inhaber mit rechtlichem Erfolge entgegengesetzt werden kann. Die Einrede der Zahlung geht im Sinne der Allgemeinen Deutschen Wechselordnung aus dem Wechselrechte hervor[7]);

4) ein wechselmäßig quittirter Wechsel ist, gleich einem verjährten oder amor-

3) Thöl a. a. O. Bd. 2. §. 222. Arch. f. D. W.R. Bd. 12. S. 133. Erk. des O.Tr. in Berlin v. 23. Okt. 1856. (Strieth. Arch. Bd. 34. S. 1. Arch. a. a. O. Bd. 10. S. 198.)

4) Art. 39. 48. 54. A. D. W.O. Hingabe an Zahlungsstatt. Borchardt a. a. O. S. 284. N. 16, S. 286. N 21. Arch. f. D. W.R. Bd. 9. S. 215. Einwand der Kompensation. Borchardt a. a. O. S. 288. N. 28.

5) Art. 39. A. D. W.O. Quittung und Aushändigung des Wechsels sind rechtliche Folgen der Zahlung und braucht sich der Kläger dazu nicht zu erbieten, der Tenor des Erkenntnisses darauf nicht gerichtet zu werden. Erk. des O.Tr. in Berlin v. 12. Febr. 1863. (Arch. f. D. W.R. Bd. 13. S. 182.) Die Quittung geschieht durch den einfachen, vom Empfänger unterschriebenen Vermerk: „bezahlt", „par acquit". Treitschke a. a. O. Bd. 1. S. 29. Daniels a. a. O. S. 259. Arch. a. a. O. Bd. 12. S. 143. 181. Bei einem in Banko zahlbaren Wechsel vertritt die auf denselben gesetzte Anweisung, auf welchem Banko-Konto der Betrag abgeschrieben werden soll, (Banko-Indorso), die Stelle der nach Art. 39. A. D. W.O. vor dem Empfang der Zahlung vorzunehmenden Quittirung des Wechsels. §. 5. Hamburg. Einf.-Ges. v. 21. Febr. 1849. Der Zahler kann sich auch, ohne Quittung, mit Aushändigung des Wechsels begnügen. Leipz. Prot. S. 72. Bei duplicirten Wechseln muß das mit dem Accepte versehene Exemplar zurückgegeben werden. Art. 67. Nr. 2. A. D. W.O. Brauer a. a. O. S. 87.

6) Wolff im Arch. f. D. W.R. Bd. 12. S. 134. Anderer Ansicht: Renaud im Arch. a. a. O. Bd. 8. S. 298.

7) Koch a. a. O. S. 313. Loewy im Arch. f. D. W.R. Bd. 11. S. 28. Volkmar u. Loewy a. a. O. S. 302. Renaud a. a. O. S. 203. Hoffmann a. a. O. S. 591. und im Arch. a. a. O. Bd. 11. S. 377. Wolff im Arch. a. a. O. Bd. 12. S. 131. 140. Kuntze a. a. O. S. 60. Erk. des O.Tr. in Berlin v. 8. Mai 1862. (Arch. a. a. O. Bd. 12. S. 73.) Borchardt a. a. O. S. 281. N. 6, S. 284. N. 17. Erk. des O.Tr. in Stuttgart v. 14. März 1855. (Arch. a. a. O. Bd. 9. S. 208.) Bergl. die Abhandlung von Ladenburg im Arch. a. a. O. Bd. 17. S. 67 ff.

tisirten Wechsel, unfähig, Träger einer Wechselobligation zu sein; er ist nicht indossabel und zum weiteren Transport nach dem Verfall ungeeignet [8]).

Rechtsverhältnisse zweifelhafter Natur entstehen, wenn die Zahlung keine wechselmäßige, keine formrichtige ist, und der nicht quittirte Wechsel zu wiederholter Zahlung präsentirt wird. In der Regel liegt einer solchen Erscheinung ein betrügliches Verfahren zum Grunde, z. B. der bezahlte Inhaber giebt den nicht quittirten, oder mit durchstrichener Quittung versehenen Wechsel an den Zahler nicht zurück, oder der Wechsel kommt aus der Gewahrsam des Zahlers und wird von neuem indossirt, oder unter dem Schutze eines Blanko-Giros weiter begeben und wiederholt zur Zahlung präsentirt. Es lassen sich in dieser Beziehung folgende Fälle konstruiren:

1. Der Acceptant hat die Wechselsumme, — ohne Quittung und ohne Rückgabe des Wechsels, — an den Präsentanten entweder selbst oder durch einen Bevollmächtigten bereits einmal gezahlt. Der Einwand der Zahlung ist in diesem Falle zwar kein aus dem Wechselrechte entlehnter, denn er betrifft nicht das Wechselgeschäft in seiner formalen Rechtsbedeutung, sondern das civilrechtliche Moment der Realtilgung der Wechselobligation; allein er ist unmittelbar gegen den Kläger gerichtet und auf die exceptio doli gegründet [9]). Derjenige, welcher auf denselben Wechsel eine Zahlung verlangt, die er schon einmal von demselben Verpflichteten erhalten hat, handelt betrüglich, und den Betrug schützt auch das formale Wechselrecht nicht. Fordert dagegen ein gutgläubiger [10]) Dritter auf einen zwar bezahlten, aber wechselmäßig nicht quittirten Wechsel Zahlung von dem Acceptanten, so ist in Ansehung seiner eine Zahlung eben nicht erfolgt. Die frühere an einen anderen Inhaber erfolgte Zahlung ist nicht beurkundet, daher nicht auf den Wechsel geschehen und für den Wechsel nicht existent. Ein aus solcher, nicht in wechselmäßiger Form geleisteten Zahlung entlehnter Einwand würde sich, als aus fremdem Rechte hergeleitet, mit der rechtlichen Natur und mit der merkantilen Bestimmung des Wechsels nicht vereinigen lassen. Auch durch den Einwand, daß der Kläger von einem Vormanne auf den Wechsel bereits Zahlung erhalten habe, kann der Acceptant die verlangte Wechselzahlung von sich nicht ablehnen [11]);

8) Art. 16. A. D. W.O. Arch. f. D. W.R. Bd. 12. S. 131.

9) Renaud im Arch. f. D. W.R. Bd. 8. S. 299. Derselbe, Wechselr. S. 203. „Der Acceptant kann der Forderung der Wechselsumme die Einrede entgegensetzen, daß die Wechselsumme bereits bezahlt sei, gleichgültig, von wem sie bezahlt ist.“ Thöl a. a. O. Bd. 2. S. 713. Loewy im Arch. f. D. W.R. Bd. 11. S. 28. Kuntze a. a. O. S. 61. Borchardt a. a. O. S. 284. N. 16, S. 286. N. 21. Erk. des O.Tr. in Berlin v. 7. Juni 1859. (Strieth. Arch. Bd. 34. S. 74. Borchardt a. a. O. S. 286. N. 22.)

10) Borchardt a. a. O. S. 276. Zus. 497, S. 282. N. 8, S. 283. N. 13. 15, S. 285. N. 18. 20, S. 286. N. 21. Wolff im Arch. f. D. W.R. Bd. 12. S. 132.

11) Erk. des O.Tr. in Berlin v. 1. Okt. 1849. u. 22. Juni 1852. (Entsch. Bd. 19. S. 266. Strieth. Arch. Bd. 5. S. 324. Arch. f. D. W.R. Bd. 2. S. 332. 451.) Erk. v. 5. Juli 1862. (Entsch. Bd. 48. S. 278.) Erk. des O.Tr. in Stuttgart v. 3. Okt. 1849. (Arch. a. a. O. Bd. 9. S. 216.) Renaud im Arch. a. a. O. Bd. 8. S. 300. Derselbe, Wechselr. S. 203. Hoffmann im Arch. a. a. O. Bd. 11. S. 377. Borchardt a. a. O. S. 278. N. 1, S. 282. N. 10. Thol a. a. O. Bd. 2. S. 713. stellt den Satz auf: „Der Acceptant hat gegen die Forderung der Wechselsumme die Einrede, daß die Wechselsumme dem Kläger bereits gezahlt sei gleichviel von wem sie gezahlt sein mag, und auch die Einrede, daß die Regreßsumme dem Kläger gezahlt sei, gleichviel von welchem Vormanne desselben sie gezahlt sein mag, denn nunmehr fehlt es dem Kläger an der Legitimation aus dem getilgten Begebungsvertrage.“ Volkmar und

2. der von dem Acceptanten befriedigte Wechselinhaber nimmt auf Grund des in seinen Händen gebliebenen, nicht quittirten Wechsels, nachdem er vielleicht in Abwesenheit des Acceptanten Protest erhoben hat, seinen Regreß gegen einen Vormann. Der letztere ist zwar nur ein eventuell, subsidiär Verpflichteter für den Fall, daß der Wechsel nicht von dem Bezogenen oder Acceptanten bezahlt ist; allein liberirt wird er nur durch eine wechselmäßige, d. i. auf dem Wechsel urkundlich gemachte, Zahlung. Der im Regreßwege in Anspruch genommene Vormann kann sich daher, insofern sich der Einwand nicht als exceptio doli qualificirt [12]), auf eine durch den Acceptanten in nicht wechselmäßiger Form geleistete Zahlung nicht berufen, denn er haftet für den Wechsel aus eigener, selbstständiger, von allen übrigen rechtlichen Beziehungen unabhängiger Wechselpflicht [13]);

3. hat ein Vormann den protestirten Wechsel, ohne Quittung und Rückgabe des Wechsels, im Regreßwege bezahlt und wird er durch den Zahlungsempfänger wegen nochmaliger Zahlung in Anspruch genommen, so kann er die letztere mit der exceptio doli zurückweisen. Anders verhält es sich, wenn der Inhaber die Zahlung von einem anderen Vormanne verlangt. Aus der Selbstständigkeit der Regreßobligation bezüglich eines jeden Garanten folgt, daß der Regressat aus der von einem anderen Indossanten geleisteten Zahlung keine Rechte für sich herleiten und eine Tilgung der von ihm, unabhängig von anderen Wechselakten, übernommenen Wechselpflicht nicht gründen kann. Dem Regressaten steht daher die Einrede, daß die Wechselobligation durch die, von einem Vor- oder Nachmanne an

---

Loewy a. a. O. S. 306. machen die Unterscheidung, ob der Aussteller die Zahlung geleistet habe, um das Recht aus dem Wechsel zu erschöpfen, das Repräsentationsrecht des Inhabers zu lösen. In diesem Falle könne sich der Acceptant auf die von dem Aussteller geleistete Zahlung berufen, sonst nicht. Erk. des österr. obersten Gerichtsh. v. 19. März 1862. stellt den Grundsatz auf: die dem Wechselinhaber von einem regreßpflichtigen Vormanne geleistete Zahlung kann demselben Wechselinhaber auch von dem Acceptanten entgegengesetzt werden. Arch. a. a. O. Bd. 12. S. 395. Ladenburg im Arch. a. a. O. Bd. 8. S. 249, Bd. 17 S. 67 ff.

12) Erk. des O.Tr. in Berlin v. 11. Novbr. 1862. (Arch. f. D. W.R. Bd. 12. S. 186.)

13) Thöl a. a. O. Bd. 2. S. 714. „Der Vormann hat gegen die Forderung der Regreßsumme die Einrede, daß die Wechselsumme dem Kläger gezahlt sei, gleich viel, von wem sie gezahlt sein mag.“ Volckmar u. Loewy a. a. O. S. 305. „Das Repräsentationsrecht des Wechsels durch den vom Acceptanten bezahlten Inhaber sei nicht auszuüben, es sei erloschen durch Zahlung.“ Dagegen nehmen an, daß die Zahlung des Acceptanten die Vormänner nicht befreit: Renaud im Arch. f. D. W.R. Bd. 8. S. 299., Derselbe, Wechselr. S. 204., weil bei fehlender Quittung die Absicht des Acceptanten nicht feststehe, durch die Zahlung die Vormänner zu liberiren. Erk. des O.Tr. in Berlin v. 1. Okt. 1849., 22. Juli 1852., 23. Okt. 1856., 8. Mai 1858., 26. Oktbr. 1858., 24. Jan. 1859., 7. Juli 1859., 29. Jan. 1861., 22. Mai 1862. (Strieth. Arch. Bd. 5. S. 324., Bd. 28. S. 297., Bd. 29. S. 365., Bd. 32. S. 161., Bd. 33. S. 195., Bd. 45. S. 280. Arch. a. a. O. Bd. 2. S. 451. 332., Bd. 7. S. 437., Bd. 8. S. 173., Bd. 9. S. 92., Bd. 10. S. 198. 397., Bd. 12. S. 73. 193.) Erk. v. 9. Decbr. 1858. (Arch. a. a. O. Bd. 8. S. 219. Strieth. Arch. Bd. 33. S. 10. Borchardt a. a. O. S. 278. N. 3.) Erk. des O.Tr. in Stuttgart (Arch. a. a. O. Bd. 9. S. 215.) „Nur diejenige Zahlung gilt als Wechselzahlung, die der Verklagte selbst oder durch einen Dritten dem Kläger geleistet hat, oder auf dem Wechsel, als vom Acceptanten geschehen, quittirt ist. Ist aber bei der vom Acceptanten geleisteten Zahlung bezweckt und verabredet worden, daß das durch den Wechsel begründete Schuldverhältniß überhaupt auf Höhe der geleisteten Zahlung aufgehoben und die Wechselschuld objektiv getilgt werden solle, so erloschen alle wechselmäßigen Verbindlichkeiten, welche durch das Wechselgeschäft erzeugt waren, gegenüber allen im Wechselverbande stehenden Personen, und der befriedigte Wechselgläubiger ist in dolo, wenn er den Wechsel, welcher durch Zahlung seine rechtliche Existenz verloren hat, dazu benutzt, um von einem anderen Wechselverpflichteten dasjenige noch einmal zu fordern, was er von dem Acceptanten zur Tilgung bereits empfangen hat.“ Borchardt a. a. O. S. 276. Zus. 497., S. 281. N. 6.

den Regredienten geleistete Zahlung getilgt sei, nicht zu, da diese Realtilgung für ihn eine res inter alios acta ist[14]). Dem Zahler entsteht auch aus der Zahlung durch einen anderen Indossanten, wie aus der eigenen, kein Nachtheil, da er seinen weiteren Regreß gegen seine Vormänner nimmt. Wenn er aber doppelte Zahlung leisten muß, weil er die Regreßsumme bereits an einen anderen Wechselinhaber gezahlt hat, so trägt er an dieser Unregelmäßigkeit selber Schuld, da er durch Aushändigung und Quittirung des Wechsels, oder durch Ausstreichung seines und seiner Nachmänner Indossamente dieser Eventualität vorzubeugen im Stande gewesen wäre;

4. die Zahlung, welche von einem nicht im Wechselverbande stehenden Dritten auf den Wechsel geleistet worden ist, kann von dem in Anspruch genommenen Wechselverpflichteten für sich zur Befreiung von seiner Wechselhaft nicht angerufen und dem Wechselinhaber nicht entgegengesetzt werden. Die Zahlung ist eine fremde, unwechselmäßige, die im Wechselverbande stehenden Interessenten nicht berührende Handlung[15]).

---

14) Wolff im Arch. f. D. W.R. Bd. 12. S. 136., Bd. 15. S. 156. Hoffmann a. a. O. S. 591. u. im Arch. a. a. O. Bd. 11. S. 377. unterscheidet zwischen den Vormännern und Nachmännern des Zahlers und behauptet, daß, da anzunehmen, daß der zahlende Indossant durch seine Zahlung nicht nur sich selbst, sondern auch seine Nachmänner, denen er regreßpflichtig sei, zu liberiren die Absicht gehabt habe, selbstverständlich auch diesen aus einer für sie mit geschehenen Zahlung eine Einrede gegen jede Anforderung aus dem Wechsel erwachse. Thöl a. a. O. Bd. 2. S. 713. „Der Vormann hat gegen die Forderung der Regreßsumme die Einrede, daß die Regreßsumme dem Kläger gezahlt sei von ihm, dem Beklagten, oder von seinem, des Beklagten, Vormanne, denn jeder Vormann zahlt im Auftrage jedes Nachmannes, damit eben seine Nachmänner liberirt werden, nicht aber die Einrede, daß die Regreßsumme dem Kläger gezahlt sei von seinem, des Beklagten, Nachmanne, denn der Nachmann zahlt, damit er und seine Nachmänner, nicht aber seine Vormänner liberirt werden." Loewy im Arch. a. a. O. Bd. 11. S. 2. 37. 153., Volckmar u. Loewy a. a. O. S. 306. legen dem Regredienten, welcher Ansprüche auf die Regreßsumme gegen einen Vormann erhebt, nur die Rechte eines Prokurators des Zahlenden bei, so daß dem Beklagten dieselben Einreden zustehen, die er gegen den Zahler hat. Das Regreßrecht des dritten Inhabers hängt davon ab, ob er bei dem Rückerwerbe von der früheren Remboursleistung Kenntniß gehabt hat. Ladenburg im Arch. a. a. O. Bd. 8. S. 233. 247. „Der Wechselinhaber, welcher von dem Indossanten Zahlung erhalten hat, kann des letzteren Vormann nicht belangen, weil sonst die früheren Indossanten und der letzte Aussteller zweimal verhaftet sind." Derselbe im Arch. a. a. O. Bd. 17. S. 67. Renaud a. a. O. S. 204. Derselbe im Arch. a. a. O. Bd. 8. S. 301. „Der Vormann hat gegen die Forderung der Regreßsumme die Einrede, daß dieselbe durch ihn oder einen seiner Vormänner bezahlt sei." Erk. des O.Tr. in Berlin v. 12. Okt. 1858., v. 5. April 1859. (Arch. a. a. O. Bd. 7. S. 412., Bd. 9. S. 95. Strieth. Arch. Bd. 33. S. 114.) Erk. v. 5. Juli 1862. (Entsch. Bd. 48. S. 278.) Borchardt a. a. O. S. 277 ff.

15) Borchardt a. a. O. S. 281. N. 6. Erk. des O.Tr. in Berlin v. 23. Oktbr. 1860. (Arch. f. D. W.R. Bd. 10. S. 272.) Erk. v. 2. Okt. 1862. (Entsch. Bd. 48. S. 272.)

Eilftes Kapitel.

Der Regreß Mangels Zahlung.

§. 125.

Allgemeiner Begriff und historische Entwickelung des Regresses. Grund des Regresses.

Der Regreß ist der Inbegriff der Rechte, welche dem Inhaber eines Wechsels aus der Nichterfüllung des Wechselversprechens gegen die Vormänner zustehen. Das System des Wechselregresses hat sich, im Anschluß an das Bedürfniß des Wechselverkehrs und an die Rechtsauffassung über den Wechsel, sehr allmählig und zwar durch kaufmännisches Gewohnheitsrecht ausgebildet. In dem Wechsel ist, nach seinem äußeren Inhalte, ein Mandat, eine Anweisung enthalten. Nach alter Wechselrechts-Theorie wurde durch den Wechsel der Tausch zweier Valuten, der abwesenden und der gegenwärtigen, (permutatio pecuniae absentis pro praesenti,) vermittelt. Auf Anweisung und für Rechnung des Ausstellers sollte, an einem entfernten Orte, einem Dritten eine Geldsumme erstattet werden, welche der Aussteller am Ziehorte erhalten hatte. Für diese Anweisung, welche zur Andeutung des fingirten Tausches „cambium" genannt wurde, war also dem Aussteller ein Entgeld, ein Werth (valuta), gezahlt worden, und das Bekenntniß des Empfanges dieser Valuta in dem Wechsel wurde als ein nothwendiges Erforderniß, als ein äußeres Kennzeichen der Wechseleigenschaft erachtet. Es lag nahe und folgte aus allgemeinen Rechtsgrundsätzen, daß der Aussteller für die Realisirung seiner Anweisung, für die Wiederbezahlung des Werthes der eingetauschten Wechselsumme am Zahlorte, rechtlich verantwortlich war, daß er Gewähr für die Einlösung des Wechsels zur Verfallzeit leisten mußte.

Dieses juristische Dogma über die Vertretungspflicht des Ausstellers mag in der ersten Zeit des Wechselgebrauches, wo das Accept und das Indossament noch unbekannt, oder doch in wechselmäßiger Wirkung noch nicht ausgebildet waren, der Wechsel vielmehr in den engen Gränzen eines Rektapapieres, in seiner Auffassung als Träger einer civilrechtlichen Obligation, zumeist auf eine Kommandite, einen alter ego des Ausstellers, oder einen Kampagnon, socius, gezogen wurde, die Gefahr der Nichtzahlung daher fern lag, — kaum zum rechtlichen Bewußtsein und zur praktischen Anwendung gekommen sein [1]). Bei erweitertem Handels- und Wechselverkehre aber machte sich bald das Bedürfniß geltend, auch auf fremde Wechselhäuser zu trassiren und, da für diese die Einlösungsgarantie, welche ein Kompagnon, ein Handelsfreund, eine Kommandite gewährten, fehlte, dem Wechsel durch vorgängiges Accept des Bezogenen Sicherheit und Halt zu geben. Es bildete sich daher im Laufe der Zeit die wechselmäßige Garantiepflicht des Ausstellers aus, indem vor den Handelsgerichten der rechtliche Grundsatz Anwendung fand,

---

1) Martens a. a. O. S. 68. Biener a. a. O. S. 71. 106. Derselbe im Arch. f. D. W.R. Bd. 5. S. 241. Kuntze a. a. O. S. 30. 159.

daß der Aussteller sowohl für die Acceptation, als für die Zahlung des Wechsels wechselmäßig verhaftet sei [2]). Durch die Anwendung des Indossaments und durch den Eintritt des Indossanten in die solidare Wechselobligation wurde die Garantie für den Wechsel erhöht, das System des Regresses aber durch die Mehrheit der Regreßpflichtigen und durch das Bestreben, das Interesse der Garantieverpflichteten und des Inhabers gleichmäßig zu wahren, komplicirt und verwickelt [3]).

Nach alt hergebrachter wechselmäßiger Rechtsauffassung verspricht und übernimmt der Aussteller und jeder Indossant durch Ausstellung und Begebung des Wechsels die Garantie, daß der Wechsel von dem Bezogenen trassirtermaßen acceptirt und am Verfalltage bezahlt werde. Jede Störung, welche in diesem garantirten Wechsellaufe entsteht, berechtigt den Inhaber, (Regredient, Regreßnehmer, Regreßberechtigten), von denjenigen, welche das Wechselversprechen gegeben haben, (Regressat, Regreßgeber, Regreßverpflichteten,) Vertretung, (Regreß,) zu verlangen. Nach dem Grunde und der äußeren Veranlassung der Wechselstörung wird unterschieden: 1) der Regreß Mangels Annahme [4]), wenn der Bezogene ganz oder zum Theil die Acceptation verweigert; 2) der Regreß wegen Unsicherheit des Acceptanten [5]), wenn die Zahlungsfähigkeit des Acceptanten gefährdet wird; 3) der Regreß Mangels Zahlung [6]), wenn der Bezogene die Wechselsumme ganz oder zum Theil nicht zahlt. Der Zweck des Regresses hängt ab von dem Störungsgrunde und ist bei dem Regresse Mangels Annahme und wegen Unsicherheit des Acceptanten auf Wiederherstellung der Sicherheit für die Erfüllung des Wechselversprechens, Regreß auf Sicherstellung, Kautionsregreß, bei dem Regresse Mangels Zahlung auf wirklichen Ersatz der unterbliebenen Zahlung (Remboursregreß) gerichtet.

§. 126.

Die rechtliche Natur der Regreßobligation.

Nach Ausstellung des Wechsels nimmt derselbe, — gleich dem Gelde, — in nicht vorgezeichneten, durch die Verhältnisse des merkantilen Verkehrs bestimmten Bahnen seinen Lauf nach Vorwärts dem Orte zu, an welchem seine Einlösung, seine endliche Realisirung am Verfalltage zu erwarten ist. Dort hat der Wechsel sein Domizil; dort ist derjenige anzutreffen, welcher das Papier, nach dem Willen des Ausstellers, wechseln, d. i. baares Geld dafür geben soll. Die Bewegung,

---

2) Baldus in den Konsilien v. 1395. „Borromaeus (der Aussteller) non tenetur, nisi ad scribendum literas mandati, scilicet cum effectu, ut acceptentur et earum vigore solvatur" Rot. Gen. Dec. IV. n. 7. 8. Scribens se obligat ad restituendam pecuniam casu, quo illae literae non acceptarentur vel acceptae non complerentur. Talis conditio tacite inest contractui cambii. Stat. Bonon v. 1454. Rubr. XLIII. §. 15 (Martens, Anh. S. 55.) Derselbe, Urspr. S. 31. Goß a. a. O. S. 78. Biener a. a. O. S. 108.

3) Schon die Neapolitanische Pragmatica v. 1607. §. 14. spricht die Haftung der Indossanten aus. Martens, Anh. S. 77. Goß a. a. O. S. 21. Franck l. c. lib. I sect. 2. tit 5. §§. 28. 33. Biener a. a. O. S. 249.

4) Art. 25. A. D. W.O.

5) Art. 29. A. D. W.O.

6) Art. 41. A. D. W.O.

die Cirkulation, ist die merkantile Bestimmung des Wechsels. Aus ihr schöpft der Wechsel seine Kraft und Sicherheit. Die Ruhe, das Lagern des Wechsels im Portefeuille des Bankiers bringt Verlust und schwächt den Wechsel. Jede urkundlich gemachte Bewegung des Wechsels verstärkt das Wechselversprechen; denn ein Jeder, durch dessen Hand der Wechsel urkundlich seinen Lauf genommen, ein Jeder, der sich an der Cirkulation desselben betheiligt hat, haftet mit solidarer Verpflichtung für die Erfüllung des auf Acceptation und Zahlung gerichteten Wechselversprechens. Wird dieses Wechselversprechen ganz oder zum Theil nicht erfüllt, so geräth der Wechsel in Noth, und der Inhaber sucht seine Entschädigung aus dem Wechsel bei denjenigen, welche denselben geschaffen und in Cirkulation gesetzt haben. Der Wechsel nimmt daher, wie er vor dem Verfalle, in Erweiterung des Verpflichtungskreises, seinen Lauf nach Vorwärts genommen hat, bei erlittener Störung seinen Lauf durch die Kette der Garantieverhafteten nach Rückwärts, bis er endlich in die Hand desjenigen zurückgekehrt ist, der, als Schöpfer des Papieres, im letzten Stadium der Garantie steht.

Der Anspruch aus der Nichterfüllung des Wechselversprechens, das Regreßrecht, die Regreßobligation, ist im Falle der Nicht-Acceptation — auf Sicherstellung, im Falle der Nicht-Zahlung — auf Leistung des Interesse, auf Schadensersatz gerichtet. Die Regreßobligation stützt sich zwar nicht auf den im Wechsel zum Ausdruck gekommenen Verpflichtungswillen des Ausstellers und der Indossanten, denn der Wechselinhalt enthält nach seinem Wortlaute kein Garantieversprechen, allein nach alt hergebrachtem [1]), im Wesen des Wechsels begründetem und durch Gesetz [2]) anerkanntem Wechselgebrauche haften der Aussteller und der Indossant für die Acceptation und die Zahlung wechselmäßig, d. h. durch das Geben und Nehmen des Wechsels leisten der Aussteller, und durch das Geben und Nehmen des Giro's der Indossant das Wechselversprechen, daß der Bezogene den Wechsel acceptiren und zahlen, und daß im Nicht-Erfüllungsfalle ein jeder von ihnen in solidarer Haftung Sicherheit leisten und die Wechselsumme am Verfalltage mit allem Interesse selbst zahlen werde [3]).

Die Geltendmachung der Regreßobligation setzt nicht voraus den Nachweis eines Schadens, eines Verlustes, welcher aus der Nichterfüllung des Wechselversprechens entstanden ist, sie verlangt nicht ein materielles Zurückgehen auf das Begebungsgeschäft, nicht die Begründung einer Gewährleistung durch die lästige Natur des Uebertragungsgrundes, sondern sie wird hergestellt durch die Thatsache der Nicht-Acceptation und Nicht-Zahlung und durch den formalen, von dem materiellen Obligationsgrunde losgelösten wechselmäßigen Skripturakt der Wechselverbundenen. Wechsel und Protest in ihrer Form und Abstraktion bilden den Rechtsgrund für die Regreßobligation, so daß sich der Inhaber an jeden Vormann aus eigenem, selbstständigem und unmittelbarem Rechte zu halten befugt ist [4]).

1) Talis conditio tacite inest contractui cambii. Dec. Rot. Gen IV n. 7. 8.
2) Art. 8. 14. A. D. W.O.
3) Thöl a. a. O. Bd. 2. §§. 228. 229. Kuntze a. a. O. S. 82. 323.
4) Art. 49. 81. A. D. W.O.

Der Indossant, welcher den Noth leidenden Wechsel eingelöst hat, tilgt dadurch nicht die Wechselobligation, wie ein Verpflichteter sonst durch die Zahlung das obligatorische Band löst, sondern er erwirbt sie zur eigenen Geltendmachung gegen den Hauptverpflichteten, den Acceptanten, und gegen alle diejenigen, welche ihm selbst wegen Erfüllung des Wechselversprechens Garantie geleistet haben, seine Vormänner. Wie vor dem Verfalle das Indossament die Transportform des Wechsels ist, so ist für denselben nach dem Verfalle die Zahlung, die Einlösung Seitens der Garanten, der Erwerbungsgrund. Der Indossant, welcher einen Noth leidenden Wechsel eingelöst hat, erfüllt zwar nur eine wechselmäßige Pflicht; allein er wird durch die Einlösung, durch die Bezahlung der Wechselsumme an den Inhaber, Gläubiger aus dem Wechsel. Bei dem Rücklaufe des Wechsels lebt das frühere Indossament, durch welches die Einlösungspflicht entstanden ist, nicht wieder auf, die Einlösung verleiht dem Indossanten nicht Eigenthum ex tunc, sondern das frühere Indossament dient nur zur Begründung der formalen Legitimation, so daß es für den einlösenden Indossanten nicht eines neuen Indossaments bedarf. Der Erwerb des Regreßrechtes datirt daher nicht von dem Zeitpunkte des früheren Indossaments, sondern von dem Zeitpunkte der Einlösung, und nach dem letzteren richtet sich auch der Umfang und die rechtliche Qualifikation des Rechts [5]). Ein nicht im Wechselverbande stehender Dritter kann in eine Wechselobligation nicht durch Zahlung, sondern nur durch Cession, Indossament oder Ehrenzahlung eintreten. Die einfache Thatsache der Zahlung begründet für ihn keine Gläubigerschaft aus dem Wechsel [6]).

§. 127.

Der Regreßweg. Voraussetzung des Regresses Mangels Zahlung. Klausel „ohne Protest".

Nach dem Willen der Wechsel-Interessenten soll die Zahlung des Wechsels an dem bestimmten Orte durch den Bezogenen erfolgen. Hat der letztere den Wechsel acceptirt, so tritt er mit selbstständiger Haftbarkeit in die solidare Wechselobligation als Hauptverpflichteter ein. Der Inhaber ist verpflichtet, den im Wechsel vorgezeichneten Weg der Einlösung zu verfolgen und nicht berechtigt, von der Einlösungsordre abzuweichen. Derselbe muß sich daher wegen der Zahlung zunächst an den Bezogenen (Acceptanten) wenden, auch die etwa vorhandene Intervention beachten und kann erst, wenn die Zahlung auf diesem Wege nicht erfolgt, in zweiter Linie an die subsidiär und eventuell verpflichteten Vormänner sich halten [1]). Der Regreßweg ist entweder streng an die Reihenfolge der Giro's gebunden, so daß der Inhaber, nach Ordnung civilrechtlicher Obligationen, sich

5) Erk. des O.Tr. in Berlin v. 21. Febr. 1857. (Arch. f. D. W.R. Bd. 7. S. 105. Entsch. Bd. 35. S. 204. Strieth. Arch. Bd. 23. S. 321.) Anderer Ansicht: Thöl a. a. O. Bd. 2. S. 482.

6) Allg. Pr. L.R. Thl. I. Tit. 16. §. 46. Präj. des O.Tr. in Berlin v. 30. April 1847. Samml. I S. 197. Erk. v. 23. Okt. 1860. (Arch. f. D. W.R. Bd. 10. S. 272.) Erk. vom 2. Okt. 1862. (Entsch. Bd. 48. S. 272.)

1) Art. 41. 62. A. D. W.O. Kuntze a. a. O. S. 324.

an seinen unmittelbaren Vormann halten muß und an den entfernteren sich nur auf Grund eines neuen Protestes über Nichtzahlung (Kontraprotest) regrediren kann, (beschränkter Regreß, Ordnungsregreß, Reihenregreß, regressus per ordinem)[2]) oder der Regreß ist frei, unbeschränkt, nach der Wahl des Inhabers (Wahlregreß, Sprungregreß, regressus per saltum), so daß der Inhaber, mit Uebergehung der näheren, auch an die entfernteren Vormänner sich halten kann. Dieses freie Regreßrecht ist entweder dadurch eingeschränkt, daß die übersprungenen Vormänner von ihrer Regreßpflicht befreit werden, auf sie also nicht mehr zurückgegangen werden kann, oder in der Weise ausgedehnt, daß der Inhaber durch die Verfolgung seines Anspruches gegen einen der Wechselverpflichteten das Regreßrecht gegen einen übersprungenen Vormann nicht verliert. Variationsrecht, jus variandi[3]). Die Allgemeine Deutsche Wechselordnung hat dem Bedürfnisse des modernen Wechselrechtes folgend den freien Regreß mit dem Variationsrechte anerkannt[4]).

Die Eigenschaft der Regreßverbindlichkeit als einer subsidiären und eventuellen Einlösungspflicht bringt es mit sich, daß der Inhaber wechselmäßige Diligenz übt, d. h. daß er, dem vorgeschriebenen Einlösungswege folgend, zur rechten Zeit, am rechten Orte von dem Bezogenen resp. Acceptanten die Zahlung fordert. Unter dieser Voraussetzung haben der Aussteller und die Indossanten die Wechselgarantie übernommen, und der Aussteller für die Realisation des Wechsels Vorkehrung getroffen, Deckung gegeben. Die gesetzlichen Bedingungen des Regresses sind daher: 1) daß der Wechsel zur Zahlung präsentirt ist und 2) daß sowohl die Präsentation, als die Nicht-Zahlung durch einen nach Zeit, Ort und Form richtigen Protest urkundlich dargethan wird[5]).

Die Natur des Regresses als einer Abwickelung des Wechselgeschäftes im Rücklaufe, in der Richtung nach dem Aussteller hin, bringt es mit sich, daß sich kein einlösender Indossant an denjenigen regressiren kann, dem er selbst regreßpflichtig ist und dem er nach dem Rechtssatze: dolo agit, qui petit, quod redditurus est, dasjenige, was er von ihm erhalten, mit Schadensersatz würde zurückgeben müssen. Während der Wechsel vor dem Verfalle nach Vorwärts läuft, nimmt derselbe nach dem Verfalle unter Protest seinen Lauf durch die Reihe der Garanten, und der Regreß ist erschöpft, sobald der Aussteller als letzter Garant den Wechsel eingelöst hat. Die Regreßnahme ist daher ausgeschlossen gegen alle diejenigen, welche, bei wiederholtem Indossamente, dem Regredienten gegenüber

---

2) Püttmann a. a. O. §§. 121. 143.

3) Allg. Pr. L.R. Thl. II. Tit. 8. §§. 839. 1056. 1107 ff. Bender a. a. O. Bd. 2. S. 187. Thöl a. a. O. Bd. 2. S. 432.

4) Art. 49. 81. Mot. zum Preuß. Entw. v. 1847. S. LIX. Leipz. Prot. S. 88. Kuntze a. a. O. S. 66. Thol a. a. O. Bd. 2. S. 431.

5) Art. 41. 87. 91. A. D. W.O. Die Rechtzeitigkeit der Protestaufnahme schließt auch die Rechtzeitigkeit der Präsentation in sich. Borchardt a. a. O. S. 165. Zus. 312. Wenn die Prasentation vor der Protestaufnahme nicht erfolgt ist, der Bezogene den protestirenden Notar darauf aufmerksam macht und die Wechselzahlung leistet, so sollen die ohne Grund veranlaßten Protestkosten dem Inhaber zur Last fallen. Brauer a. a. O. S. 91. Auch wenn über das Vermogen des Acceptanten Konkurs eröffnet ist, muß Protest erhoben werden. Borchardt a. a. O. S. 166. Zus. 315.

als Nach- oder Zwischenmänner fungiren [6]). Bei Domizilwechseln steht auch der Acceptant, als subsidiärer Zahlungsverpflichteter, im Regresse [7]).

Durch den Mangels Annahme erhobenen Protest wird die Präsentation zur Zahlung und der Protest Mangels Zahlung nicht ersetzt, und daher die Wechseldiligenz nicht erfüllt, da die Hindernisse, welche der Acceptation entgegenstanden, z. B. durch nachträglich eingegangenen Avis oder gegebene Deckung, beseitigt sein können [8]). Durch die rechtzeitige Präsentation und Protestaufnahme für den Fall der Nichtzahlung hat der Wechselinhaber allen Vormännern gegenüber sein Regreßrecht gewahrt und es steht nunmehr in seiner Wahl, ob er sein, von der Protestaufnahme nicht bedingtes [9]) Wechselrecht gegen den Acceptanten, oder seinen eventuellen, durch den Protest gesicherten Anspruch aus dem Regresse gegen die subsidiär verhafteten Vormänner im Wege der Güte oder der Wechselklage verfolgen will [10]).

Die Allgemeine Deutsche Wechselordnung hat, gegen die Auffassung des Preußischen Entwurfes vom Jahre 1847. [11]), im Interesse des kleinen Wechselverkehrs und zur Ersparung von Kosten, eine Befreiung von der Pflicht zur Protestaufnahme durch die Wechselklausel „ohne Protest", „ohne Kosten", „retour sans frais", „retour sans protêt" gestattet [12]), aber ausdrücklich anerkannt, daß durch die Klausel nicht ein Erlaß der Pflicht zur rechtzeitigen Präsentation, welche nach der Natur des Wechsels zur Herbeiführung der Zahlung unerläßlich ist, begründet werde. Aus dem Wesen des Wechsels, als eines strengen Formalaktes, und aus der Selbstständigkeit der einzelnen Begebungsoperationen folgt, daß durch eine solche Klausel, welche sowohl von dem Trassanten, als von einem Indossanten und Avalisten, nicht aber von dem Bezogenen oder Acceptanten [13]) ausgehen kann, nur das Rechtsverhältniß zu der Person desjenigen, welcher sie beigefügt hat, aber allen Nachmännern gegenüber, nicht aber die rechtliche Beziehung zu anderen Wechselverpflichteten berührt wird [14]). Das Regreßrecht gegen den Urheber der Klausel ist daher auch ohne vorgängige Protestaufnahme zulässig, während das Regreßrecht gegen die übrigen Vormänner von der Protestaufnahme abhängt. Die Klausel schließt jedoch die Pflicht des Urhebers zur Erstattung der Protestkosten nicht aus, wenn der Protest zur Verfolgung des Regresses gegen andere Wechselverpflichtete nöthig ist, oder wenn der Inhaber es rath-

6) Treitschke a. a. O. Bd. 1. S. 498. Brauer a. a. O. S. 46. Renaud a. a. O. S. 136.

7) Art. 43. A. D. W.O.

8) Bender a. a. O. Bd. 2. S. 147. Daniels a. a. O. §. 75. Erk. des O.Tr. in Berlin v. 30. Juni 1857. (Arch. f. D. W.R. Bd. 7. S. 195. Entsch. Bd. 36. S. 282.) Code de comm. Art. 163. Mot. zum Preuß. Entw. v. 1836. S. 161.

9) Art. 44. A. D. W.O.

10) Art. 41. A. D. W.O.

11) Der §. 40. verbot die Klausel „ohne Protest", „ohne Kosten", als dem Deutschen Wechselrechte fremd und Verwirrung verursachend. Mot. S. LVIII.

12) Art. 42. A. D. W.O.

13) Erk. des O.Tr. in Berlin vom 19. Juli 1859. (Strieth. Arch. Bd. 33. S. 348. Entsch. Bd. 41. S. 290. Arch. f. D. W.R. Bd. 12. S. 71.)

14) Erk. des A.G. zu Aschaffenburg v. 31. Mai 1859. (Zeitschr. für G. u. R. v. Bayern. Bd. 8. S. 260.) Einert, Wechselr. S. 266 ff. Liebe, W.O. S. 143. Brauer a. a. O. S. 92.

sam hält, des Erlasses ungeachtet Protest zu erheben[15]). Auf die Pflicht der Notifikation und den Umfang der Regreßforderung hat die Klausel keinen Einfluß[16]). Da die Präsentation zum Zweck der Regreßnahme nur durch den urkundlichen Beweis des Protestes geführt werden kann, die Protestaufnahme aber auf Anweisung des Schreibers der Klausel unterblieben ist, so muß letzterer die Beweislast der Negative übernehmen, wenn er die rechtzeitig geschehene Präsentation leugnet[17]). Der mündlich oder schriftlich, außerhalb der Wechselurkunde, vor oder nach Verfall, ertheilte Protesterlaß hat unter den Kontrahenten rechtliche Bedeutung in der Form der exceptio doli, nicht aber die wechselmäßige Wirkung des in dem Wechsel gegebenen Erlasses[18]).

§. 128.

Der Protest. Frist, Ort und Zeit der Aufnahme desselben.

Die Geltendmachung des Regresses, des subsidiären Wechselanspruches an die Vormänner auf Sicherstellung und Zahlung, ist an die Aufnahme des Protestes, d. i. an eine öffentliche, authentische Beurkundung der Störung des Wechsellaufes, geknüpft[1]). Der Protest ist die ausschließliche Form, d. i. das allein statthafte Beweismittel, durch welches die wechselmäßige Diligenz des Inhabers, die rechtzeitige Präsentation und die Nichterfüllung des Wechselversprechens, dargethan und das Regreßrecht begründet werden kann[2]). Wie der Wechsel durch die Form seine rechtliche Existenz erhält und außerhalb dieser Form keine Ergänzung oder Modifikation erfahren kann, so ist auch der Protest die ausschließliche wechselmäßige Form für den Beweis der Wechseldiligenz und Wechselstörung[3]). Ist die rechtzeitige[4]), form- und ortsrichtige Protestation verabsäumt, so hat der Inhaber seine wechselmäßige Pflicht, die Bedingung der Regreßobligation nicht erfüllt und, da eine Regreßforderung ohne die Solennität des Protestes so wenig, wie eine Wechselforderung ohne Wechsel, gedacht werden kann, seinen Regreß, seinen wechselmäßigen Anspruch auf Schadloshaltung wegen Nichterfüllung des Wechsel-

15) Leipz. Prot. S. 81. 82. Hoffmann a. a. O. S. 391. Kuntze a. a. O. S. 101.

16) Einert, Wechselr. S. 285. Derselbe, Entw. v. J. 1841. Tit. VI. § 9. Borchardt a. a. O. S. 175. Zus. 330. 331. Thol a. a. O. Bd. 2. S. 296.

17) Art. 42 A. D. W.O. Thol a. a. O. Bd. 2. S. 295 Kuntze a. a. O. S. 101. Die Grundsatze, welche der Art. 41. A. D. W.O. aufstellt, sind fast wortlich im §. 53. des Liebe'schen Entwurfes enthalten.

18) Erk. des O.Tr. in Berlin vom 22. Novbr. 1855. (Arch. f. D. W.R. Bd. 6. S. 85.) Thöl a. a. O. Bd. 2. S. 297. A. 14.

1) Nach Englischem Rechte ist die Aufnahme eines Protestes zur Begründung des Regresses nur für auslandische Wechsel (foreign bills), d. i. solche Wechsel, welche vom Auslande auf England oder von England auf das Ausland gezogen werden, nothwendig; wahrend in Beziehung auf inlandische Wechsel (inland bills) eine Protestaufnahme nicht erforderlich ist. Story a. a. O. §. 281. Arch. f. D. W.R. Bd. 6. S. 271 ff., Bd. 7. S. 380.

2) Erk. des O.A.G. zu Dresden vom 29. Novbr. 1855. Borchardt a. a. O. S. 165. Zus. 312. Leipz. Prot. S. 236.

3) Protestatio est contestatio publica, quam praesentans cambii de diligentia de praesentando et exigendo adhibita ... imponi curat, ut jus ipsi maneat illibatum et omne praejudicium avertatur. Riccius l. c. exerc. X. sect. 5. §. 1. Biener a. a. O. S. 341. 408. Kuntze a. a. O. S. 117. Thol a. a. O. Bd. 2. §. 225. Borchardt a. a. O. S. 168. N. 10.

4) Borchardt a. a. O. S. 166. N. 2 ff.

versprechens verloren. Es bleibt ihm nur der civilrechtliche Anspruch aus dem Rechtsgrunde der Bereicherung [5]).

Die kaufmännische Sitte, die Nichterfüllung des Wechselversprechens durch eine Protesturkunde darzuthun, ist so alt, als der Regreß selbst. Schon die alten Meßordnungen enthalten Vorschriften über Zeit und Form der Protestirung. Aus dem 14. und 15. Jahrhundert, also lange vor Anwendung des Indossaments, sind uns Proteste erhalten, und Scaccia theilt Formulare von Protesten mit, wie sie auf den Messen von Piacenza aufgenommen worden sind. Ein ausschließliches Recht der Notare zur Aufnahme von Protesten hat sich erst im 16. Jahrhundert ausgebildet, um durch diese öffentliche Form Zweifel, Bedenken und Kollusionen über die Präsentation zu beseitigen [6]). Nach den älteren Wechselgebräuchen ist die Veranlassung zu Wechselprotesten sehr mannichfach; die älteren Wechselgesetze zählen daher viele Arten von Protesten auf. Die Allgemeine Deutsche Wechselordnung hat die Lehre vom Proteste wesentlich vereinfacht und dadurch die Sicherheit des Wechselverkehrs erhöht. Dieselbe kennt nur den Protest Mangels Annahme (Sicherheitsprotest), den Protest Mangels Zahlung und den Interventionsprotest.

Die Aufnahme des Protestes erfolgt an dem Orte, wo die Präsentation zur Annahme und zur Zahlung geschehen muß, an dem Domizile des Wechsels, d. i. an dem Orte, an welchem der Wechsel nach seinem Inhalte bezahlt werden soll. Der, bei dem Namen oder der Firma des Bezogenen angegebene Ort gilt als Wohnort des Bezogenen und zugleich als Zahlungsort. Ist in dem Wechsel jedoch ein, von dem Wohnorte des Bezogenen verschiedener Zahlungsort angegeben, domizilirter Wechsel, so muß die Zahlung an diesem besonderen Domizile gefordert und im Nicht-Zahlungfalle dort protestirt werden [7]). Der Akt der Protestaufnahme erfolgt [8]) in dem Geschäftslokale [9]) und, in Ermangelung desselben, in der Wohnung des Bezogenen; an einem anderen Orte, z. B. an der Börse, nur mit „beiderseitigem Einverständnisse“, d. i. nur mit Genehmigung desjenigen, gegen welchen protestirt werden soll, und des protestirenden Beamten, ohne daß es eines Nachweises über das Einverständniß des Wechselinhabers bedarf. Das Einverständniß über den Protestakt muß auch als vorhanden angenommen werden, sobald gegen denselben nicht in dem Proteste Widerspruch erhoben worden ist [10]). Ist, — wie oft bei Meß- und Domizilwechseln, — die Person des Bezogenen, das Geschäftslokal, die Wohnung desselben am Zahlorte gänzlich unbekannt und auch durch eine Nachfrage des protestirenden Beamten bei der Polizeibehörde [11])

---

5) Art. 83. A. D. W.O.

6) Scaccia l. c. §. 6. gl. 1. n. 98, § 7. gl 2. n 16. Martens a. a. O. S. 67. Biener a. a. O. S. 47. 112. Kuntze a. a. O. S. 153. 156. Thol a. a. O. Bd. 2. S. 285 ff.

7) Art. 4. Nr. 8. Art. 24. 43. A. D. W.O.

8) Art. 91. A. D. W.O.

9) Vergl. §. 111.

10) Erk. des O.A.G. zu Dresden v. 23. April 1863. (Arch. f. D. W.R. Bd. 13. S. 204.) Thol a. a. O. Bd. 2. S. 291.

11) Eine besondere Form für diese Nachfrage und Auskunftsertheilung ist nicht vorgeschrieben. Es genügt jede von der Polizeibehorde des Ortes, auch von einem einzelnen Beamten im

des Ortes nicht zu ermitteln, was in dem Proteste bemerkt werden muß, so genügt ein Platzprotest (Protest in den Wind, Wind-, Perquisitionsprotest), d. i. ein am Orte der Zahlung ohne Rücksicht auf ein bestimmtes Lokal, z. B. auf der Börse, auf dem Polizeibüreau, in der Notariatsstube u. s. w., aufgenommener Protest [12]). Dieser Fall der Unbekanntschaft liegt aber nicht vor, und eine Nachfrage bei der Polizei ist nicht nöthig, wenn der Bezogene an dem Zahlorte ein Geschäftslokal oder eine Wohnung hat und nur dort nicht angetroffen wird, weil er verreist oder sonst abwesend ist; auch dann nicht, wenn der Bezogene, nach der dem instrumentirenden Beamten in der Wohnung des Bezogenen von anderen Personen ertheilten Auskunft, diese bisherige Wohnung aufgegeben hat und verzogen sein soll [13]). Die Proteststunde hängt von der Einigung der Interessenten ab. Wo diese fehlt, dürfen Proteste in Preußen nur von 9 Uhr Vormittags bis 6 Uhr Abends erhoben werden [14]).

Die Natur des Regresses als eines von dem Eintritte einer Bedingung, — der Nichterfüllung des Wechselversprechens und des Nachweises der Wechseldiligenz, — abhängenden Gewährleistungsanspruches und die formale Eigenschaft des Wechselrechts bringen es mit sich, daß die Aufnahme des Protestes an eine bestimmte Zeit geknüpft ist, und daß nach Ablauf dieser Zeit die versäumte Wechselsolennität, Präsentation und Protestation, mit rechtlicher Wirkung für den Wechsel nicht nachgeholt werden kann. Der dem Wechsel innewohnende Formalismus und die Strenge der Wechselpflichten erfordern eine pünktliche Erfüllung der Wechselsolennitäten und eine Gebundenheit an eine eng begrenzte Zeit. Die Wechselgesetze bestimmen daher auch für die Protestirung des Wechsels eine bestimmte Frist, weichen aber in der Abmessung der letzteren von einander ab. Während Einige von dem civilrechtlichen Grundsatze ausgehen, daß dem Zahlungsverpflichteten der ganze Verfalltag zur Erfüllung des Wechselversprechens frei bleiben müsse, den Protest, d. i. den urkundlichen Beweis über die Nichtzahlung, daher erst am folgenden Tage zulassen, sehen Andere in der schleunigen Protestirung ein Bedürfniß und eine Voraussetzung des soliden Wechselverkehrs und schreiben den Protest schon am Zahlungstage vor [15]). Nach dem Code de commerce [16]) muß

Polizeibüreau, ertheilte Auskunft über die Unbekanntschaft. Erk. des O.Tr. in Berlin v. 8. Mai 1858. (Entsch. Bd. 38. S. 231.) Arch. f. D. W.R. Bd. 9. S. 88.

12) Bender a. a. O. Bd. 2. S. 109. Renaud a. a. O. S. 76. Kuntze a. a. O. S. 117.

13) Erk. des O Tr. in Berlin vom 27. März 1851. (Entsch. Bd. 20. S. 360.) Erk. vom 5. Okt. 1858. (Arch. f. D. W.R. Bd. 8. S. 432.) Erk. v. 29. Sept. 1859. (Strieth. Arch. Bd. 34. S. 277.) Erk. des O.Tr. in Stuttgart v. 2. Okt. 1861. (Württ. Arch. f. R. u. R. v. Kübel. Bd. 5. S. 280.) Dagegen ist eine Nachfrage nothig, wenn dem Notar die Mittheilung gemacht wird, daß der Bezogene in dem Hause, (in welchem er gesucht wird,) nicht wohne. Erk. des O.Tr. in Berlin vom 20. Febr. 1862. (Srieth. Arch. Bd. 44. S. 210. Arch. a. a. O. Bd. 12. S. 191.) Hoffmann im Arch. a. a. O. Bd. 12. S. 367. macht für diesen Fall mehrere, den Wechselverkehr erschwerende und nicht im Sinne des Art. 91. A. D. W.O. liegende Unterscheidungen.

14) Preuß. Einf.-Ges. v. 15. Febr. 1850. §. 4. So auch im Konigreich Sachsen. Einf.-Ges. v. 25. April 1849. §. 8. In anderen Staaten sind die Proteststunden anders bestimmt. Z. B. in Bremen und Lübeck v. 9—7 Uhr. Einert im Arch. f. D. W.R. Bd. 2. S. 1.

15) Bender a. a. O. Bd. 2. S. 142 ff. Allg. Pr. L.R. Thl. II. Tit. 8. §§. 1007. 1121.

16) Art. 161. 162.

der Protest am folgenden Tage nach der Verfallzeit, lendemain, eingelegt werden. Der Preußische Entwurf vom Jahre 1847 [17]) bestimmte: „die Erhebung des Protestes ist schon am Zahltage von 3 Uhr Nachmittags an zulässig, sie muß aber spätestens am nachfolgenden Werktage geschehen.“ Diese Bestimmung beruht auf der Erwägung, daß es wegen des unregelmäßigen Postenlaufes im Interesse des Präsentanten liegen könne, schon am Verfalltage zu protestiren, und daß der Bezogene auf den Verfalltag keinen Anspruch habe, weil der Präsentant von demselben die Zahlung abholen müsse, und es dem ersteren nicht zugemuthet werden könne, daß er sich nach Belieben des Bezogenen wiederholt in dessen Wohnung einfinde [18]). Die Allgemeine Deutsche Wechselordnung [19]) hat dagegen den Rechtssatz aufgestellt: „Die Erhebung des Protestes ist am Zahlungstage zulässig, sie muß aber spätestens an dem zweiten Werktage nach dem Zahlungstage geschehen.“

Zuvörderst folgt aus dieser Bestimmung der Allgemeinen Deutschen Wechselordnung, daß der Verfalltag nur insofern der Protesttag ist, als er ein Zahlungstag, d. i. ein solcher Tag ist, an welchem die Zahlung mit Recht gefordert werden kann, nicht also, wenn der Zahlungstag auf einen Sonntag oder allgemeinen Feiertag fällt. In diesem Falle ist der nächste Werktag der Zahlungstag [20]). Es herrscht in der Wissenschaft Streit über die Berechnungsweise der Protesttage, und es haben sich darüber verschiedene Ansichten gebildet:

1) der Ausdruck „zweiter Werktag“ setze einen ersten Werktag voraus. Dieser erste Werktag falle aber mit dem Zahlungstage zusammen. Der „zweite Werktag“ werde durch den nächsten auf den Zahlungstag folgenden Werktag gebildet, so daß also ein am Freitage fälliger Wechsel an diesem Tage seinen Zahlungstag habe und spätestens am Sonnabend protestirt werden müsse [21]);

2) das Gesetz bewillige zwar außer dem Zahlungstage zwei Protesttage; von den letzteren brauche aber nur der zweite Protesttag ein Werktag zu sein, während der erste Protesttag ein Sonntag oder Feiertag sein dürfe, so daß also für einen Wechsel, dessen Zahlungstag auf einen Sonntag falle, der Sonntag und Montag die Protesttage bildeten [22]);

3) das Gesetz bewillige außer dem Verfall- resp. Zahlungstage zwei volle Protesttage, von denen ein jeder ein Werktag sein müsse, so daß also für einen am Sonnabend fälligen Wechsel der Montag und Dienstag, insofern sie Werktage sind, die Protesttage bildeten [23]).

---

17) §. 40.

18) Mot. S. LVIII.

19) Art. 41.

20) Art. 92. A. D. W.O.

21) Allgem. Oesterr. Gerichtszeit. 1851. S. 22.

22) Brauer a. a. O. S. 91. Derselbe im Arch. f. D. W.R. Bd. 2. S. 407. Stubenrauch, Vorträge ꝛc. S. 74. Brinckmann im Arch. a. a. O. Bd. 3. S. 187. Erk. des O.Tr. in Berlin v. 21. Febr. 1867. (Strieth. Arch. Bd. 64. S. 351.)

23) Aussez in Allgem. österr. Gerichtsz. 1852. S. 330. Bluntschli a. a. O. S. 82. Renaud a. a. O. S. 158. Kuntze a. a. O. S. 100. Thöl a. a. O. Bd. 2. S. 329. Volckmar und Loewy a. a. O. S. 170. Lutteroth im Arch. f. D. W.R. Bd. 2. S. 414. Haimerl im Arch. a. a. O. Bd. 3. S. 84. Mothes im Arch. a. a. O. Bd. 3. S. 86. Borchardt im Arch. a. a. O. Bd. 3. S. 182. Brauer, indem er seine frühere Ansicht auf-

Der fast beendete Streit über die Berechnung der Protesttage ist von Neuem angeregt und hat neue Nahrung erhalten durch das Erkenntniß des Ober-Tribunals in Berlin vom 21. Februar 1867., in welchem der Gerichtshof die frühere Ansicht (ad 3.) aufgegeben und den Rechtssatz aufgestellt hat: „daß der Sonntag oder Feiertag aus der Frist zur Erhebung des Wechselprotestes nur dann ausscheide, wenn er auf den zweiten dafür zulässigen Tag falle, nicht aber dann, wenn er mit dem ersten Tage, an welchem die Zahlung gefordert werden könne, zusammenfalle," so daß also ein am Dienstage fälliger Wechsel, wenn der Mittwoch auf einen Feiertag fällt, spätestens am Donnerstage protestirt werden muß, der am Freitage erhobene Protest daher verspätet ist [24]). Bei ungezwungener grammatischer Interpretation, nach Zweck und Absicht des Gesetzes, und nach unzweideutigem Inhalte der Leipziger Konferenzverhandlungen, kann kein Zweifel darüber obwalten, daß die Ansicht, wonach beide Protesttage Werktage sein müssen (ad 3.), die allein richtige ist. Wissenschaft und Praxis haben sich in überwiegender Uebereinstimmung dieser Auffassung angeschlossen und dieselbe zu einem gewohnheitsrechtlichen Satze erhoben. Der Handelsstand hat die entgegengesetzte Ansicht des Ober-Tribunals mit Widerspruch und Bedenken [25]) aufgenommen, und die Wissenschaft hat sich dieser Auffassung angeschlossen [26]).

§. 129.

Das Notiren des Protestes. Rechtliche Natur, Form und Inhalt des Protestes.

Nach einigen Wechselgesetzen, und auf einigen Handelsplätzen ist das Notiren des Protestes oder Wechsels erlaubt, d. i. eine Prolongation der Protestaufnahme bis auf den anderen Tag, wenn der Bezogene nicht sofort acceptiren oder zahlen will, solches aber am anderen Tage in Aussicht stellt. Die älteren Wechselgesetze schreiben dafür das Verfahren dahin vor: daß der zu dem Endzweck requirirte Notar den Wechselbrief versiegelt und über den Akt ein Protokoll aufnimmt. Erfolgt am anderen Tage die Acceptation oder Zahlung, so wird der Wechsel entsiegelt und zurückgegeben, im entgegengesetzten Falle der Protest von dem Tage, an welchem die Notirung erfolgt ist, ausgefertigt [1]). Die Zulässigkeit des Notirens und die Erhaltung des Regresses durch dasselbe beruht ausschließlich auf

---

gegeben, im Arch. a. a. O. Bd. 3. S. 166. Gelpke, Zeitschr. ꝛc. H. 3. S. 67. Nürnberger Kommission im Arch. a. a. O. Bd. 9. S. 225. Erk. des O.Tr. in Berlin vom 2. Mai 1854., 8. Mai 1852. (nicht abgedruckt). Gutachten des O.Tr. in Stuttgart v. 20. Sept. 1853. und des O.A.G. zu Wolffenbüttel v. 1852. Erk. des A.G. zu Eichstadt v. 16. Juni 1857. (Arch. a. a. O. Bd. 7. S. 212. Borchardt a. a. O. S. 165. Zus. 311.) Dieser Ansicht hat sich auch neuerdings wieder angeschlossen das O.Tr. in Berlin in dem Erk. v. 13. Juli 1867. (Entsch. Bd. 58. S. 336.) und daher die Ansicht in dem Erk. vom 21. Febr. 1867. (Strieth. Arch. Bd. 64. S. 351.) widerrufen.

24) Striethorst Arch. Bd. 64. S. 351.

25) Börsenzeitung pr. 1867. Beil. zu Nr. 316.

26) Vergl. meinen Aufsatz in Lohr, Centralorgan N. F. Bd. 4. S. 27.

1) Leipziger Wechselordn. von 1682. §. 25. Frankfurter Wechselordn. von 1739. §. 14. Biener a. a. O. S. 238.

Partikulargesetzen und auf Usançe [2]). Im Rechtsgebiete der Allgemeinen Deutschen Wechselordnung hat das Notiren keine gesetzliche Anerkennung erhalten und ist daher nicht geeignet, den Protest zu ersetzen oder den Regreß zu erhalten [3]). Mit dem Notiren ist nicht gleichbedeutend der Aufschub [4]) der Ausfertigung eines rechtzeitig, in gehöriger Form und in vollständigem Abschluß aufgenommenen Protestes, da die Ausfertigung der Protesturkunde am Tage der Aufnahme keine Bedingung der Gültigkeit des Protestes ist [5]).

Der Protest ist, wenn auch nicht, wie der Wechsel, ein Formalakt, so doch ein, in solenner Form gefertigter, urkundlicher Akt, der zur Feststellung einer außerhalb dem Wechsel liegenden Thatsache dient, und insofern eine bevorzugte Art von Beweismitteln ist, als er seine wechselmäßige Beweisqualität durch sich selbst und durch die Beobachtung einer bestimmten Schriftform erhält und nicht durch andere Beweismittel (Zeugen, Eid, Schriftstücke außerhalb der Protesturkunde) ersetzt, ergänzt oder widerlegt werden kann [6]). Die Protesturkunde wird dargestellt durch das, von dem instrumentirenden Beamten über den Akt der Protestation aufgenommene, mit Siegel und Unterschrift versehene Original-Skriptum, welches dazu bestimmt ist, mit dem Wechsel in seinem Rücklaufe die Wechseldiligenz und die Nichterfullung des Wechselversprechens, in wechselmäßig urkundlicher Form, zu beweisen, — nicht durch die in das Protestregister eingetragene Verhandlung, die zwar geeignet ist, beim Verluste des Originalprotestes den letzteren durch eine neue Ausfertigung zu ersetzen [7]), nicht aber den Inhalt der Protesturkunde, bei obwaltendem Streite, zu erweisen, festzustellen und zu ergänzen [8]). Wäre der Protest nichts weiter, als ein in schriftliche Form gekleidetes prozessualisches Beweisstück, gegen welches die sonst statthaften Einwendungen und Gegenbeweise vorgebracht werden könnten, dann würde der Regreß, der dazu dienen soll, dem Inhaber die nicht gezahlte Wechselsumme, in wechselmäßig strenger Weise, zu verschaffen, den größten prozessualischen Weiterungen und Verzögerungen unterworfen sein.

2) Franck l. c. lib I. sect. 4. tit. 7 § 8 Siegel, Einleit. K. IV. §. 31. Derselbe, corp. jur camb. p. 1. Riccius l. c exerc. X. sect 5 §. 55. Püttmann a. a. O. §. 120.

3) Kuntze a. a. O. S. 118. Der in der Leipziger Konferenz gemachte, auf Zulassung des Notirens gerichtete Antrag fand keine Unterstützung. Leipz. Prot. S. 79. Nach Englischem und Nordamerikanischem Rechte ist unter gewisser Voraussetzung ein Notiren zuläßig. Story a. a. O. §. 278. Arch. f. D. W.R. Bd. 6. S. 290.

4) In welcher Auffassung Thöl a. a. O. Bd. 2. S. 299. das Notiren zuläßt.

5) Arch. f. D. W.R. Bd. 5. S. 91. Instruktion des Königl. Bayersch. Staatsministeriums über Aufnahme der Proteste §. 11. (Arch a. a. O. Bd. 6. S. 103.) Biener a. a. O. S. 409.

6) Der Mangel der Protesturkunde kann daher nicht durch nachträgliche Atteste beseitigt werden. Erk. des O.Tr. in Berlin v. 21. März 1857. (Arch. f. D. W.R. Bd. 7. S. 200.) Erk. v. 1. Juli 1858. (Arch. a. a. O. Bd. 7. S. 393.) In dem Erk. desselben Gerichtshofes vom 14. Juni 1864. ist die Qualitat der Protesturkunde als prozessualisches Beweismittel insofern aufgefaßt, als derselbe eine freiere Interpretation, als der strenge Formalakt, z. B. in Ansehung eines vorgefallenen Irrthums in der Angabe des Datums der Aufnahme, gestattet. (Arch. a. a. O. Bd. 15. S. 86.) Biener a. a. O. S. 407.

7) Erk. des O.Tr. in Berlin v. 3. Febr. 1863. (Entsch. Bd. 49. S. 235.)

8) Erk. des O.Tr. in Berlin v. 22. Novbr. 1853. (Entsch. Bd. 26. S. 394.) Erk. vom 27. Sept. 1864. (Entsch. Bd. 53. S. 223.) Arch. f. D. W.R. Bd. 4. S. 174. Biener a. a. O. S. 407. Anderer Ansicht: Wachter im Arch. a. a. O. Bd. 7. S. 233.

Wie der Wechsel, so hat daher auch der Protest seine bestimmte Form[9]), und der Richter ist verpflichtet, die Formrichtigkeit von Amtswegen[10]) zu prüfen. Die Form des Wechsels ist eine absolute und die Beobachtung derselben für den Wechsel, bei Strafe der Nichtigkeit[11]), vorgeschrieben. Die Form des Protestes dient dagegen nur zur Feststellung der Identität des Wechsels und zum Erweise der Wechseldiligenz, und zu diesem Entzwecke sind in der Allgemeinen Deutschen Wechselordnung bestimmte Bestandtheile für den Protest vorgeschrieben. Ob diese Erfordernisse erfüllt sind, und ob ein vorgekommener Mangel den Zweck des Protestes und dadurch dessen Gültigkeit zerstört, das hat der Richter in jedem einzelnen Falle von wechselrechtlichem Standpunkte aus zu prüfen[12]). Die richterliche Interpretation ist daher in Ansehung des Protestes eine freiere, als in Ansehung des Wechsels, der nur in gebundener gesetzlicher Form rechtlich gedacht werden kann[13]).

Der Protest wird von einem Notar oder einem Gerichtsbeamten[14]) aufgenommen; der Zuziehung von Zeugen oder eines Protokollführers bedarf es nicht[15]). Für die Form und die Aufnahme des Protestes sind entscheidend die Bestimmungen der Allgemeinen Deutschen Wechselordnung, nicht die Vorschriften der, in dem betreffenden Lande sonst etwa geltenden Notariatsordnung[16]). Derselbe muß enthalten:

1) eine wörtliche[17]) Abschrift des Wechsels oder der Kopie und aller darauf befindlichen Indossamente und Bemerkungen. Der Zweck dieser Vorschrift ist: die Identität des protestirten, zum Rücklaufe vorbereiteten Wechsels, in unzweifelhafter Gewißheit, festzustellen, und aus diesem Zwecke ergiebt sich die Grenze der richterlichen Prüfung. Die Fortlassung von Notizen, Zeichen und Bemerkungen, welche sich auf dem protestirten Wechsel befinden, aber nicht wesentlich sind für den Lauf und die Unterscheidung der Wechselurkunde von anderen gleichartigen Papieren, nimmt daher dem Proteste nicht die Beweiskraft und die Gültigkeit. Durchstrichene Zeilen, welche sich auf dem Wechsel befinden, brauchen, auch

---

9) Art. 88. A. D. W.O.

10) Thöl a. a. O. Bd. 2. S. 288. Wolff im Arch. f. D. W.R. Bd. 15. S. 146. Anderer Ansicht: Erk. des obersten österr. Gerichtshofes (Arch. a. a. O. Bd. 3. S. 344.)

11) Art. 7. A. D. W.O.

12) Erk. des O.Tr. in Berlin v. 23. Okt. 1862. (Strieth. Arch. Bd. 46. S. 286. Arch. f. D. W.R. Bd. 13. S. 193.)

13) Gelpke im Arch. f. D. W.R. Bd. 2. S. 66. Vergl. Anmerk. 6.

14) Wer als Gerichtsbeamter zur Protesterhebung qualifizirt ist, hängt von der Gerichtsverfassung eines jeden Landes ab. Leipz. Prot. S. 148. 242. In Preußen sind auch Sekretaire und Aktuarien dazu geeignet. Die Verwandtschaft des Protestnotars mit dem Domiziliaten hat auf die Gültigkeit des Protestes keinen Einfluß. Erk. des O.A.G. zu Dresden in dessen Annalen Bd. 7. S. 176. Arch. f. D. W.R. Bd. 13. S. 208. Zur Erhebung der Wechselsumme ist der Notar nicht legitimirt. Erk. des O.Tr. in Berlin v. 23. April 1863. (Strieth. Arch. Bd. 48. S. 318.) Der Beamte, welcher bei Erhebung eines in der Form mangelhaften Protestes ein Versehen begeht, muß dasselbe vertreten. Erk. des O.Tr. in Berlin v. 3. Novbr. 1856. (Strieth. Arch. Bd. 23. S. 35.)

15) Art. 87. A. D. W.O.

16) Beck im Arch. f. D. W.R. Bd. 1. S. 371. Thol a. a. O. Bd. 2. S. 288.

17) Code de comm. Art. 174. schreibt eine „transcription litterale", jedoch auch nur in dem Sinne der Identitätsfeststellung vor. Erk. des O.Tr. in Berlin v. 29. April 1858. (Strieth. Arch. Bd. 28. S. 266.)

wenn sie leserlich sind, in der Abschrift nicht wieder gegeben zu werden [18]). Die Abschrift des Wechsels braucht nicht nothwendig in dem Kontexte der Protesturkunde enthalten zu sein, sondern es ist nur erforderlich, daß Abschrift und Protesturkunde körperlich ein ungetrenntes Ganze bilden. Es genügt daher, wenn sich die Abschrift auf der Rückseite der eigentlichen Protesturkunde oder, ähnlich wie bei Wechseln, auf einem mit der Protesturkunde körperlich, in ungetrennter Weise, verbundenen Anhange (Alonge) befindet, und von dem protestirenden Beamten beglaubigt ist [19]). Bei der Aufnahme eines Protestes für mehrere gleichlautende Wechsel gegen einen und denselben Bezogenen in einem Akte genügt die Abschrift eines Wechsels in der Protesturkunde und bezüglich der anderen der Vermerk des Gleichlautens, indem dadurch die Identität genügend festgestellt wird [20]). Auch können, falls ein Wechsel in demselben Stadium mehrere Anfragen oder Präsentationen verlangt, z. B. bei der Intervention, Deposition des Acceptexemplars, diese verschiedenen Proteste in einem Akte zusammengefaßt werden [21]). Der instrumentirende Beamte ist berechtigt und verpflichtet, die Legitimation desjenigen zu prüfen, welcher um Aufnahme des Protestes requirirt. Zur Protestation Mangels Annahme und Mangels Sicherstellung genügt der bloße Besitz des Wechsels ohne urkundlichen Eigenthumsnachweis; der Besitz vertritt die Stelle einer Vollmacht zur Vornahme jener Rechtshandlungen [22]). Im Uebrigen erfolgt die Legitimation nach allgemeinen wechselrechtlichen Grundsätzen;

2) „den Namen oder die Firma der Person, für welche und gegen welche der Protest erhoben wird", d. i. an welche das Begehren, das Wechselversprechen zu erfüllen, gestellt wird. Diese Person nach ihrem Namen zu bezeichnen, dazu ist der protestirende Beamte oft nicht im Stande. Es genügt daher, wenn der Protest darüber Auskunft giebt: ob der Protestat persönlich anwesend war, oder in welcher Beziehung die angetroffene und auf das Begehren antwortende oder nicht antwortende Person zu dem Protestaten steht [23]). Ob der Protestat abwesend oder ob er krank ist, und deshalb nicht hat zugezogen werden können, hat auf die Gültigkeit des Protestes keinen Einfluß, wenn nur an dem rechten Orte protestirt ist. Die Abwesenheit des Protestaten braucht auch nicht ausdrücklich in der Urkunde festgestellt zu werden, es genügt, wenn aus dem Inhalte hervorgeht, ob der Protestat am Zahlorte persönlich angetroffen ist oder nicht [24]);

18) Thöl a. a. O. Bd. 2. S. 289. Arch. f. D. W.R. Bd. 3. S. 193. 351., Bd. 9. S. 77. und die Zusammenstellung von Beispielen in Borchardt a. a. O. S. 345. Nach Englischem Rechte ist die Abschrift des Wechsels nicht streng nothwendig. Story a. a. O. §. 276. Erk. des O.Tr. in Berlin v. 11. Mai 1857. (Entsch. Bd. 36. S. 289.) Zum Theil anderer Ansicht: Wolff im Arch. a. a. O. Bd. 15. S. 146.

19) Erk. des O.Tr. in Stuttgart vom 22. Dezbr. 1860. Arch. von Seuffert. Bd. 14. S. 284. Borchardt a. a. O. S. 348. Zus. 549.

20) Thol a. a. O. Bd. 2. S. 289. Arch. f. D. W.R. Bd. 9. S. 77. Anderer Ansicht: Erk. des O.Tr. in Berlin v. 8. April 1843. (Entsch. Bd. 8. S. 374.) Erk. v. 21. Sept. 1858. (Arch. a. a. O. Bd. 7. S. 424. Entsch. Bd. 39. S. 258.) Instrukt. des Bayerisch. St.-Minister. §. 5. Arch. a. a. O. Bd. 6. S. 103.

21) Art. 89. A. D. W.O. Leipz. Prot. S. 149. Brauer a. a. O. S. 146.

22) Art. 18. 29. A. D. W.O.

23) Leipz. Prot. S. 149. Brauer a. a. O. 149. Insbesondere nach Englischem Rechte. Erk. des O.Tr. in Berlin v. 11. Mai 1857. (Entsch. Bd. 36. S. 289.)

24) Erk. des O.Tr. in Stuttgart. Württ. Arch. Bd. 5. S. 351. Schletter a. a. O.

3) „das an die Person, gegen welche protestirt wird, gestellte Begehren, ihre Antwort, oder die Bemerkung, daß sie keine gegeben habe, oder nicht anzutreffen gewesen sei." Dieses Begehren setzt voraus, daß der Wechsel dem Bezogenen noch einmal präsentirt werde. Dagegen hat der protestirende Beamte weder nach der Ursache der Weigerung zu fragen, noch die Wahrheit des angegebenen Ablehnungsgrundes zu prüfen, noch die Legitimationsführung und Identitätsfeststellung des Erklärenden in dem Proteste zu vermerken. Seine Funktion besteht ausschließlich in der Beurkundung von Thatsachen[25]);

4) „die Angabe des Ortes, sowie des Kalendertages, Monats und Jahres, an welchem die Aufforderung (zu 3.) geschehen und ohne Erfolg versucht worden ist." Die Angabe der Tageszeit, namentlich der Stunde, zu welcher die Handlung vorgenommen worden, ist nicht erforderlich. Geht aber aus dem Proteste selbst hervor, daß der Protest außerhalb der vorgeschriebenen Proteststunde aufgenommen worden ist, so kann daraus ein Ungültigkeitsgrund entlehnt werden. Ist aber der Protestat persönlich anwesend gewesen, ohne gegen die unzeitige Proteststunde Widerspruch einzulegen, so kann aus letzterer ein Anfechtungsgrund nicht hergenommen werden[26]). Dagegen muß der Protest die Angabe des Ortes, wo derselbe erhoben worden ist, ob im Geschäftslokale, oder in der Wohnung u. s. w., enthalten. Der Grund, aus welchem der Protest nicht in dem Geschäftslokale, sondern in der Wohnung des Protestaten erhoben worden ist, braucht nicht angegeben zu werden[27]);

5) „im Falle einer Ehren-Annahme oder einer Ehren-Zahlung die Erwähnung, von wem, für wen und wie sie angeboten und[28]) geleistet wird." In dem Interventionsproteste, d. i. in dem Proteste über die Befragung der Nothaddresse oder des Ehrenacceptanten über die Annahme resp. Bezahlung des Noth leidenden Wechsels, soll der Erfolg[29]) dieser Befragung angegeben werden. Dieser Erfolg kann in nichts Anderem bestehen, als in der Registrirung der Thatsache: ob die Annahme oder Zahlung angeboten, geleistet oder abgelehnt worden

Bd. 11. S. 36. Arch. f. D. W.R. Bd. 7. S. 181. Borchardt a. a. O. S. 351 ff. Erk. des O.Tr. in Berlin vom 9. März 1857., 26. Juni 1858. (Striethh. Arch. Bd. 24. S. 288., Bd. 30. S. 141. Arch. a. a. O. Bd. 7. S. 181., Bd. 9. S. 72.) Anderer Ansicht Borchardt a. a. O. S. 357. Zus. 563.

25) Leipz. Prot. S. 148. 149. Erk. des O.Tr. in Berlin vom 11. Mai 1857. (Entsch Bd. 36. S. 289.) Erk. des O.A.G. in Dresden im Arch. f. D. W.R. Bd. 1. S. 394.

26) Leipz. Prot. S. 140. Einert im Arch. f. D. W.R. Bd. 2. S. 1. Arch. a. a. O. Bd. 4. S. 342. Erk. des O.Tr. in Berlin v. 20. Novbr. / 18. Decbr. 1855. (Entsch. Bd. 31. S. 427.) Erk. v. 6. Novbr. 1860. Arch. a. a. O Bd. 10. S. 276., Bd. 10. S. 133. Renaud a. a. O. S. 77.

27) Erk. des O.Tr in Berlin v. 20. März 1860. (Arch. f. D. W.R. Bd. 10. S. 210.)

28) Art. 88. Nr. 5. A. D. W.O. Leipz. Prot. S. 149., wo es heißt: „man verständigte sich, daß der Protest bei der Intervention darüber Auskunft geben müsse: wie, von wem und für wen dieselbe (Ehrenannahme oder Ehrenzahlung) angeboten oder geleistet worden." Die Partikel „und" hat die Bedeutung von „oder". Erk. des O.Tr. in Berlin vom 28. Jan. 1858. (Striethh. Arch. Bd. 27. S. 254. Arch. f. D. W.R. Bd. 7. S. 341.) Erk. v 15. Novbr. 1860. (Arch. a. a. O. Bd. 10. S. 216.) Wachter im Arch. a. a. O. Bd. 9. S. 336. Anderer Ansicht: Brauer im Arch. a. a. O. Bd. 11. S. 115., indem er meint, daß im Art. 88. Nr 5. das Wort „anbieten" auf die Ehrenannahme, und das Wort „leisten" auf die Ehrenzahlung sich beziehe.

29) Art. 62. A. D. W.O.

ist. Die Thatsache der Ehrenzahlung wird nur sehr selten registrirt werden können, weil der instrumentirende Beamte zur Empfangnahme der Wechselsumme selten legitimirt und der Wechselinhaber ebenso selten bei der Protestirung zugegen ist. Der Erfolg der Befragung der Nothaddresse besteht daher meistens nur in der Verzeichnung der Erklärung des Befragten: ob derselbe sich zur Zahlung erbietet oder ob er dieselbe ablehnt. Schon der Preußische Entwurf der Sachverständigen-Kommission vom Jahre 1846.[30]) enthielt die Bestimmung: daß der Mangels Zahlung protestirte Wechsel den Noth-Addressaten und Ehren-Acceptanten vorgelegt und der Erfolg in dem ersten Proteste oder in einem zweiten besonderen Proteste vermerkt werden müsse. Der Preußische Entwurf vom Jahre 1847.[31]) drückte sich einschränkend dahin aus: daß durch den Protest festzustellen, daß der Wechsel dem Noth-Addressaten und dem etwa vorhandenen Ehren-Acceptanten zur Zahlung vorgelegt worden, letztere aber nicht zu erhalten gewesen sei. Die Leipziger Konferenz hat die allgemeine Fassung des älteren Entwurfes gewählt und vorgeschrieben, daß der Wechsel der Nothaddresse binnen der Protestfrist zur Zahlung vorgelegt und der „Erfolg" in dem Interventionsproteste vermerkt werden solle. Was sie unter „Erfolg" verstanden, darüber geben die Verhandlungen keine Aufklärung, aber jedenfalls ist es eine zu eingeschränkte, und daher nicht gerechtfertigte Interpretation, unter „Erfolg" die reale Zahlung, nicht das Anbieten derselben zu verstehen[32]). Unter dem „Erfolg" über die Präsentation zur Zahlung an die Nothaddresse versteht man entweder die Zahlungsleistung selbst, oder die affirmative oder negative Erklärung des Nothaddressaten auf die Zahlungsaufforderung, und es ist nicht nöthig, daß aus dem Proteste hervorgeht, daß und wie die Zahlung erfolgt ist[33]). Verspricht der Intervenient die Zahlung, leistet dieselbe aber demnächst nicht, so muß innerhalb der gesetzlichen Protestfrist ein neuer Protest aufgenommen werden;

6) „die Unterschrift des Notars oder des Gerichtsbeamten, der den Protest aufgenommen hat, mit Beifügung seines Amtssiegels"[34]). Die Unterschrift des Protestaten ist, weil in vielen Fällen nicht ausführbar, nicht vorgeschrieben und daher nicht nöthig[35]). Die Handlung des Protestirens, d. i. die Vorlegung des Wechsels und Befragung nach Erfüllung des Wechselversprechens, sowie die Aufnahme und Abschließung der Beweisurkunde über diese Handlung, muß innerhalb der vorgeschriebenen Protestfrist erfolgen. Die einzelnen Momente können über diese Frist hinaus von einander nicht getrennt werden[36]).

---

30) §. 59.

31) §. 58.

32) Wie Brauer im Arch. f. D. W.R. Bd. 11. S. 116.

33) Erk. des O.Tr. in Berlin v. 28. Jan. 1858. u. 15. Novbr. 1860. (Arch. f. D. W.R. Bd. 7. S. 341., Bd. 10. S. 216.) Wächter im Arch. a. a. O. Bd. 9. S. 327. Volckmar und Loewy a. a. O. S. 216. Hoffmann a. a. O. S. 481. Thol a. a. O. Bd. 2. S. 495.

34) Das Fehlen des Amtssiegels nimmt dem Proteste die Gültigkeit. Erk. des O.Tr. in Stuttgart im Württ. Arch. Bd. 5. S. 279. Schletter a. a. O. Bd. 11. S. 36.

35) Leipz. Prot. S. 149.

36) Erk. des O.Tr. in Berlin v. 2. Mai 1854. (Strieth. Arch. Bd. 12. S. 323. Entsch. Bd. 27. S. 444.)

§. 130.
Das Protestregister.

Die Sitte, Register zu halten, in welche die Proteste von dem instrumentirenden Beamten wörtlich, nach der Zeit der Aufnahme, eingetragen werden, ist alt [1]) und ihr Zweck darauf gerichtet, durch Einsicht der Register, welche öffentlich ausliegen, die Solidität des Wechselverkehrs zu sichern und namentlich die Intervention für Noth leidende Wechsel zu erleichtern. Die Bestimmung über Führung der Protestregister ist in den Code de commerce [2]) übergegangen und in der Allgemeinen Deutschen Wechselordnung anerkannt worden [3]). Die Register werden getrennt von den sonst zu führenden Notariatsregistern geführt. Die Ertheilung von Abschriften aus denselben, sowie die Einsicht derselben ist zwar nicht ausdrücklich vorgeschrieben, aber doch gestattet [4]). Der Protest in seiner formalen Rechtsqualität und wechselmäßigen Beweiseigenschaft wird nicht gebildet durch die in die Register eingetragene, sondern durch die von dem Notar unter Siegel und Unterschrift ausgefertigte Verhandlung. Das Protestregister ist daher auch nicht geeignet, die in der Form mangelhafte Protest-Ausfertigung zu ergänzen und zu vervollständigen, oder in irgend einer Weise gegen den Inhaber derselben einen Beweis für den Akt der Protestation zu liefern [5]), wohl aber durch einen beglaubigten Auszug den Verlust der Protesturkunde zu ersetzen [6]). Das Verfahren für die Eintragung in das Protestregister ist nicht besonders vorgeschrieben, aber dahin zu regeln, daß der Notar von der aufgenommenen Protesturkunde eine wortgetreue Abschrift, Tag für Tag und nach Ordnung der Aufnahmezeit, in das von Blatt zu Blatt mit fortlaufenden Zahlen versehene Register überträgt, so daß also das eigentliche Original des Protestes durch die, über den Protestakt aufgenommene und dem Wechselinhaber ausgeantwortete Verhandlung gebildet wird. Ein gleiches Verfahren ist für die gerichtliche Aufnahme des Protestes zu beobachten. Durch die Ausfertigung der Protesturkunde unter Unterschrift des Gerichtsvorstandes entsteht Verzögerung, welche für den Rücklauf des Wechsels, insbesondere für die Notifikation nachtheilig werden kann.

§. 131.
Die Notifikation.

Die Garanten haben ein wesentliches Interesse dabei, ob der Wechsel am Verfalltage realisirt wird, oder ob er durch Nichtzahlung in Noth geräth und an

---

1) Frankf. W.O. v. 1739. §. 26 Botzener Markt- und Wechselordn. v. 1744. K. 40.
2) Art. 176.
3) Art. 90.
4) Leipz. Prot. S. 152. Die Offenlegung zu Jedermanns Einsicht ist im Frankfurter Einf.-Ges. vom 10. März 1849. §. 10. anerkannt.
5) Erk. des O.Tr. in Berlin vom 22. Novbr. 1853. (Entsch. Bd. 22. S. 394. Arch. f. D. W.R. Bd. 4. S. 174) Anderer Ausicht: Wächter im Arch. a. a. O. Bd. 7. S. 233.
6) Erk. des O.Tr. in Berlin vom 3. Februar 1863. (Entsch. Bd. 49. S. 235. Arch. f. D. W.R. Bd. 12. S. 198.)

sie im Regreßwege zur eigenen Einlösung zurückläuft, damit sie für den Fall der eigenen Einlösungspflicht die nöthigen Zahlungsmittel bereit halten, das Vertretungsobligo bei Eingehung neuer Engagements berücksichtigen und ihre Rechte wegen weiterer Regreßnahme, oder eigener Einlösung [1]) des Noth leidenden Wechsels wahren können. Es ist daher ganz im Wesen des Wechselrechts begründet und durch eine übereinstimmende Sitte des Handelsstandes anerkannt, daß der Inhaber seine Rechte aus dem Wechsel mit dem Verfalltage verfolgen muß, und das Obligo der Garantieverpflichteten nicht ohne Noth ausdehnen oder verlängern darf.

Diesen Zweck haben Wechselgebrauch und Gesetzgebung auf einem doppelten Wege zu erreichen gesucht, nemlich: 1. durch baldige Benachrichtigung der Garanten von der Wechselstörung (Notifikationssystem), und 2. durch Abkürzung der Verjährungsfristen für die Regreßansprüche (Verjährungssystem). Das erstere, das Notifikationssystem, welches frühzeitig in Deutschland [2]), dann auch in England und Amerika [3]) sich ausgebildet hat und hiernach das deutsche und, weil zumeist auf kaufmännischer Sitte ruhend, auch das kaufmännische genannt wird [4]), stützt sich auf die rechtliche Annahme, daß der Wechselinhaber, als ein Mandatarius des Ausstellers und der Indossanten, den letzteren gegenüber vertragsmäßig zur Diligenz verpflichtet sei, und nicht allein sein eigenes Interesse, sondern auch das seiner Vormänner, welche, wie er selbst, für den Wechsel einen Werth bezahlt, wahrnehmen müsse. Dem Wechselinhaber wurde daher die wechselmäßige Pflicht auferlegt, den Vormännern von der eingetretenen Wechselstörung durch Nichtannahme und Nichtzahlung ungesäumte Nachricht zu geben, und an die Nichterfüllung dieser Pflicht der Verlust des Regreßrechts geknüpft [5]). Das Verjährungssystem dagegen sucht das Interesse der Garanten zu schützen und den Rücklauf des Wechsels zu befördern durch Bestimmung kurzer Verjährungsfristen für den Regreßanspruch. Dieses auf Gesetz beruhende, in Frankreich bereits durch die Ordonnance sur le commerce von 1673. aufgestellte und auch im Code de commerce anerkannte System wird das französische, das gesetzliche genannt [6]) und legt auf die Notifikation keinen wechselrechtlichen Werth, sieht sie nicht als eine den Wechselregreß bedingende Solennität an [7]).

Daß ein gewisser Zwang erforderlich ist, um den Wechselinhaber bei einge-

---

1) Art. 48. A. D. W.O. Biener a. a. O. S. 242. Northoff im Arch. f. D. W.R. Bd. 9. S. 131.

2) Biener a. a. O. S. 241.

3) Biener a. a. O. S. 237.

4) Biener a. a. O. S. 242. Brauer a. a. O. S. 95.

5) Leipz. W.O. v. 1682. §. 13. Wiener W.O. v. 1717. Art. 25. A. Pr. L.R. Thl. II. Tit. 8. §. 1054.

6) Biener a. a. O. S. 241. Brauer a. a. O. S. 95.

7) Die Notifikation an den Regressaten geschieht mit der Ladung. Die Regreßklage ist für den Inhaber mit der rechtzeitigen Protestation und zwar gegen alle Regreßverpflichtete begründet und wird entweder gegen jeden einzelnen Garanten, individuellement, oder gleichzeitig gegen alle Garanten, collectivement, binnen einer bestimmten, vom Tage des Protestes laufenden Frist, deren Minimum vierzehn Tage beträgt, aber mit der Entfernung des Regressaten zunimmt, angestellt. Code de comm. Art. 164. Für den Indossanten, welcher bezahlt hat, beginnt für den weiteren Regreß eine neue Klagefrist. Art. 167. Leipz. Prot. S. 104. 105.

tretener Wechselstörung zur Verfolgung seiner Regreßrechte zu nöthigen, dadurch den Rücklauf des Wechsels zu befördern und das Wechselobligo der Garanten abzukürzen, darüber ist in der Wissenschaft und Praxis an sich wenig Streit; Meinungsverschiedenheit herrscht nur über die Wahl der Mittel und über das Maß des anzuwendenden Zwanges. Nach der neuen Wechseltheorie ist der Wechselgläubiger zwar nicht ein Mandatarius der Vormänner, sondern als Besitzer des Wechsels Inhaber selbstständiger und unabhängiger Wechselrechte, allein die Gesetzgebung ist der Auffassung des Handelsstandes gefolgt und hat den Wechselinhaber in gewissem Umfange doch für verpflichtet erachtet, bei eingetretener Störung im Wechsellaufe auch die Gerechtsame der Vormänner im Auge zu halten, für den Wechsel im Interesse der Garanten eine Verwendung eintreten zu lassen. Diese Auffassung mag der modernen Theorie des Wechsels als eines abstrakten Werthpapieres, — streng genommen, — nicht entsprechen; allein sie liegt im Interesse des Wechselverkehrs und des Handels und ist daher mit Recht von der Gesetzgebung anerkannt worden. Die Schwierigkeit in der Wahl des Mittels zur Wahrung der Rechte der Vormänner und zur Beschleunigung des Rücklaufes des Wechsels liegt in der Verschiedenartigkeit der Wechselfunktionen und der Interessen, welche mit der Stellung der Garanten und des Wechselinhabers verbunden sind, und in der rechtlichen Nothwendigkeit, die Rechte aller Interessenten in gleicher Weise zu schützen und sicher zu stellen. In dieser Beziehung ist die Notifikation, d. i. die Benachrichtigung der Vormänner von der Wechselstörung, für den Wechselinhaber eine kostspielige und belästigende Pflicht, die an sich nicht aus dem Wechselversprechen entspringt, von Seiten des Inhabers auch bei dem Nehmen des Wechsels nicht stipulirt ist, und die erst das Bedürfniß des Verkehrs und die rechtliche Ueberzeugung des Handelsstandes mit der Stellung des Inhabers verbunden haben. Andere Schwierigkeiten entstehen aus der Bestimmung des Umfanges der Notifikationspflicht: ob sie an alle Vormänner gleichzeitig, oder nach der Wahl des Inhabers nur an diejenigen, an welche er sich regressiren will, oder endlich nur an den unmittelbaren Vormann geschehen soll, — andere Schwierigkeiten aus der rechtlichen Qualifikation der Notifikation: ob sie als Wechselsolennitat, oder nur als eine Zweckmäßigkeits-Maßregel anzusehen ist; — und andere Schwierigkeiten endlich aus der Bestimmung des Präjudizes: ob mit dem Versäumniß der Verlust des Wechselrechts oder ein anderer Nachtheil verbunden werden soll. Minder große Verwickelungen und Bedenken, als durch die Notifikation, entstehen durch das Verjährungssystem, mit welchem wiederum der Nachtheil verbunden ist, daß die Frist für die Verjährung des Regreßanspruches, — mag dieselbe für alle Regreßpflichtige gleichmäßig vom Verfalltage, oder für jeden einzelnen derselben von der früheren Regreßnahme beginnen, — sehr geräumig bemessen werden muß, die einzelnen Garanten daher möglicher Weise lange im Obligo bleiben und vor der Klage keine Kenntniß über die Noth des Wechsels erhalten.

Die älteren Wechselgesetze, welche sich dem Notifikationssysteme angeschlossen haben, knüpfen an den Mangel rechtzeitiger Notifikation den Verlust des Regresses und sehen die Notifikation, wie den Protest, als eine Wechselsolennität an [8]). Neuere Wechselgesetze, selbst solche, welche sich sonst wesentlich dem Code de Commerce anschließen [9]), haben zwar die Notifikation als ein wichtiges wechselrechtliches Institut anerkannt, an die Verabsäumung derselben aber nicht den Verlust des Regresses, sondern einen anderen Vermögensnachtheil, Ersatz der Kosten, Schäden und des Interesses, geknüpft. Dieser Rechtsauffassung hat sich auch die Leipziger Konferenz, im Widerspruch mit dem Preußischen Entwurfe von J. 1847 [10]), angeschlossen [11]), in der Allgemeinen Deutschen Wechselordnung [12]) dem regredirenden Wechselinhaber die Pflicht zur Notifikation auferlegt und folgende Grundsätze aufgestellt:

1) die Notifikation setzt die Aufnahme des Protestes Mangels Zahlung voraus. Ist bei nicht geleisteter Zahlung die Protestaufnahme unterblieben, so ist der Wechsel präjudicirt, das Regreßrecht erloschen und die Notifikation ohne wechselrechtliche Bedeutung. Der Erlaß des Protestes hat keinen Erlaß der Notifikation zur Folge [13]);

2) die Notifikation erfolgt von dem Präsentanten oder von dem benachrichtigten Vormanne entweder selbst oder, ohne Nachweis einer besonderen Vollmacht, in deren Namen durch einen Dritten, auch durch den Prokura-Indossatar [14]);

3) die Notifikation muß innerhalb zweier Tage nach dem Tage der Protesterhebung und von dem benachrichtigten Vormanne binnen gleicher Frist vom Tage des empfangenen Berichts erfolgen. Der Tag, an welchem der Protest erhoben worden ist, wird nicht mit gerechnet und der Eintritt eines Sonntages oder allgemeinen Feiertages hat auf die Frist keinen Einfluß, da die Benachrichtigung, also das Schreiben eines Briefes, auch an solchen Tagen erfolgen muß [15]);

4) die Notifikation muß schriftlich erfolgen. Eine Abschrift des Wechsels und Protestes beizufügen, ist nicht erforderlich. Eine mündliche Benachrichtigung ist ohne wechselrechtliche Wirkung [16]);

5) die Notifikation erfolgt von dem Inhaber an den unmittelbaren Vormann [17]), und von dem Ehrenacceptanten an denjenigen, zu dessen Ehren die Annahme erfolgt ist [18]), sowie bei Domizilwechseln mit bestimmten Domiziliaten auch an den Acceptanten [19]). Jeder benachrichtigte Vormann notificirt wieder

8) Amsterdamer Willkühren vom 17. März 1663. Leipz. W.O. v. 1682. A. Pr. L.R. Thl. II. Tit. 8. §. 1054. Engl. und Nordamerik. Recht. Story a. a. O. §. 186.

9) z. B. das Badensche Landr., die Niederländ. W.O. v. 1826.

10) §. 44.

11) Leipz. Prot. S. 87. 93. 119. 169. 177. 181. 237.

12) Art. 45. 58.

13) Vergl. §. 127. Brauer im Arch. f. D. W.R. Bd. 8. S. 8. Wolff im Arch. a. a. O. Bd. 15. S. 143.

14) Brauer im Arch. f. D. W.R. Bd. 8. S. 11.

15) Art. 41. 92. A. D. W.O. Thöl a. a. O. Bd. 2. S. 366. Brauer im Arch. a. a. O. Bd. 8. S. 7. behauptet: „zwei Tage, von welchen der letzte ein Werktag ist".

16) Leipz. Prot. S. 176. Brauer im Arch. f. D. W.R. Bd. 8. S. 4. Erk. des O.Tr. in Berlin vom 13. Juni 1854. (Strieth. Arch. Bd. 13. S. 164. Arch. a. a. O. Bd. 4. S. 345.) Erk. des Ger. zu Fürth vom 31. März 1857. (Arch. a. a. O. Bd. 7. S. 210.)

17) Auch an den Acceptanten und Trassanten, wenn sie den Wechsel girirt haben. Erk. des O.Tr. in Berlin vom 19. Juli 1859. (Arch. f. D. W.R. Bd. 10. S. 201.) Auch der Konkurs hat auf die Notifikation keinen Einfluß. Wolff im Arch. a. a. O. Bd. 15. S. 142. 143.

18) Art. 58. A. D. W.O.

19) Vergl. §. 89.

seinem unmittelbaren Vormanne in der Reihenfolge der Giros bis hinauf zu dem Aussteller. Durch die an den Vormann geschehene Notifikation wird die Benachrichtigung als an alle Vormänner erfolgt fingirt, ohne Rücksicht darauf, ob die Notifikation weiter gegeben ist oder nicht. Wer nicht benachrichtigt worden, hat das ungeschmälerte Regreßrecht ohne Notifikation seinerseits, da er, selber nicht benachrichtigt, nicht notificiren kann. Von dem Prokura-Indossatar wird wegen der obwaltenden rechtlichen Personeneinheit nicht an den Prokura-Indossanten, sondern an dessen Vormann notificirt[20]). Während also der Regreß nach der Wahl des Inhabers per saltum cum jure variandi genommen wird, geht die Notifikation an den unmittelbaren Vormann per ordinem. Jedoch kann der Wechselinhaber mit Uebergehung des nächsten auch einem entfernteren Vormanne notificiren. Die dadurch entstehenden Mehrkosten muß er jedoch selbst tragen und kann dieselben nicht auf die Retourrechnung bringen, da er den billigeren und einfacheren Notifikationsweg hätte inne halten sollen[21]). Ist ein Wechsel ohne Hinzufügung einer Ortsbezeichnung weiter begeben, so hat der Indossant auf das Recht der Notifikation verzichtet und kann aus der Unterlassung keinen Anspruch gegen den Nachmann herleiten. Der Präsentant ist aber befugt, nach seiner Wahl, dem Vormanne seines Indossanten, oder dem letzteren selbst, wenn ihm dessen Wohnort bekannt ist, zu notificiren. Einem von Beiden muß aber die Notifikation geschehen[22]);

6) der Inhaber resp. der Notifikat, welcher die Notifikation resp. die Weiternotifikation unterläßt, hat sämmtlichen, resp. den übersprungenen[23]) Vormännern allen, — schwer nachzuweisenden, — Schaden zu ersetzen, welcher aus der unterlassenen Notifikation entstanden ist, und kann nur die Wechselsumme, ohne Anspruch auf Ersatz von Zinsen[24]), Kosten und Retourspesen, auch nicht der dem Nachmanne vergütigten[25]), fordern,

7) Zum Beweise der Notifikation, — nicht sofort in der Klage[26]), sondern im Laufe des Prozesses auf den Einwand des Regressaten, — genügt, daß die

---

20) Leipz. Prot. S. 175.

21) Borchardt a. a. O. S. 185. Zus. 353.

22) Der Antrag, das fakultative Recht in dem Gesetze zum Ausdrucke zu bringen, ist von der Leipziger Konferenz zwar zurückgewiesen, der Grundsatz selbst aber nicht bemängelt worden. Leipz. Prot. S. 237. Brauer im Arch. f. D. W.R. Bd. 8. S. 9. Derselbe, W.O. S. 99. Renaud a. a. O. S. 215. Bluntschli a. a. O. S. 91. Kuntze a. a. O. S. 103. Lutteroth im Arch. a. a. O. Bd. 1. S. 416. Volckmar u. Loewy a. a. O. S. 183. Frankfurter Einf.-Ges. vom 10. März 1849. §. 8. Erk. d. O.Tr. in Stuttgart vom 4. Decbr. 1861. (Borchardt a. a. O. S. 187. Zus. 355.) Das fakultative Recht bestreitet Thol a. a. O. Bd. 2. S. 365. Anm. 12.

23) Die Leipz. Prot. erkennen ausdrücklich an, daß die Folgen der unterlassenen Notifikation nur im Verhältniß zu denjenigen Regreßverpflichteten eintreten, denen und deren Nachmännern eine Notifikation von Seiten des Regreßnehmers nicht geschehen ist.

24) Zinsen vom Verfalltage bis zur Klagebehändigung. Von letzterer beginnt ein neuer Rechtsgrund zur Forderung von Verzugszinsen. Erk. des O.Tr. in Berlin vom 9. Mai 1857. (Striethh. Arch. Bd, 24. S. 288.) Erk. d. oberst. österr. Gerichtsh. vom 13. Okt. 1851. (Arch. f. D. W.R. Bd. 8. S. 203.) Thol a. a. O. Bd. 2. S. 367. Anderer Ansicht: Borchardt a. a. O. S. 185. A. 242.

25) Leipz. Prot. S. 171.

26) Art. 46. A. D. W.O. Leipz. Prot. S. 172. Brauer a. a. O. S. 19. Der Grundsatz ist eine prozessualische Beweis-Abnormität.

Schrift, welche die Notifikation enthält, auf die Post gegeben ist, auch wenn an diesem Tage keine Post nach dem betreffenden Orte abgeht[27]). Der Beweis der Notifikation kann durch ein Postattest, daß ein Brief von dem Betheiligten an den Adressaten an dem angegebenen Tage abgesandt ist, geführt werden, insofern der angekommene Brief nicht einen anderen Inhalt gehabt hat. Daß das Notifikationsschreiben auch angelangt ist, darauf erstreckt sich die Beweisaufnahme nicht, obwohl auch der Tag des Empfanges der erhaltenen schriftlichen Benachrichtigung durch ein Postattest nachgewiesen werden kann[28]);

8) der Anspruch auf Schadensersatz ist, da derselbe durch den Wechsel nicht liquide gemacht werden kann, im gewöhnlichen Prozesse zu verfolgen, während der Zinsen- und Kostenverlust als Strafe für die Notifikations-Versäumniß im Wechselprozesse zum Austrage kommt[29]);

9) eine besondere Vergütigung für die Notifikation kann nicht verlangt werden, wohl aber der Betrag des Portos für die Benachrichtigung mit zur Regreßsumme gezogen werden[30]).

§. 132.

Das Präjudiz. Die höhere Gewalt.

Die form- und zeitgerechte Protestaufnahme ist eine nothwendige Bedingung des wechselmäßigen Regresses. Ohne einen richtigen Protest ist der Regreß, d. i. der Entschädigungsanspruch an die Garanten wegen Nichterfüllung des Wechselversprechens, wechselrechtlich ebenso wenig, als ein Wechselrecht ohne die Wechselurkunde, denkbar. Der Wechsel und der Protest sind die formalen Skripturakte, auf welchen der Regreßanspruch des Inhabers ruht. Fehlt der Protest, oder ist derselbe nicht form- und zeitrichtig aufgenommen, so fehlt die gesetzliche Voraussetzung des Wechselversprechens und daher des Wechselregresses; der wechselmäßige Anspruch an den Aussteller und die Indossanten ist ohne rechtliche Basis, die Wechselverpflichtung der Garanten erloschen, der Wechsel präjudicirt[1]). Ein wegen Verabsäumung der Wechselsolennitäten für den Rücklauf kraftlos gewordener Wechsel ist zwar der Träger des Wechselrechts gegen den Acceptanten, denn zur Erhaltung dieses prinzipalen Anspruches bedarf es keines Protestes, auch die Unterlage für den civilrechtlichen Anspruch aus der Bereicherung, denn auch dieser Anspruch ruht, neben seiner materiellen Begründung, in dem wechselrechtlichen Formalismus; allein für den Regreß ist der präjudizirte Wechsel ohne wechselmäßiges Element. Der abstrakte Inhalt des Wechsels bildet auch für keinen anderen materiellen Rechtsgrund einen civilistisch verpflichtenden Schriftakt, der nach der Na-

27) Leipz. Prot. S. 175.

28) Art. 46. A. D. W.O.

29) Leipz. Prot. S. 171. Erk. des O.Tr. in Berlin vom 24. Okt. 1854. Borchardt a. a. O. S. 186. Zus. 354.

30) Borchardt a. a O. S. 185. Zus. 352.

1) Bender a. a. O. Bd. 2. §. 423. 408. Nr. 10. Treitschke a. a. O. Bd. 2. S. 57 ff., 616 ff. Liebe, Entw. S. 150. Loewy in Gruchot Beiträgen rc. Bd. 6. S. 173. A. D. W.O. Art. 41. 83.

tur des Obligationsfalles Klage und Einrede begründet. Der Wechsel ist daher, nach erloschener Wechselkraft, insbesondere nicht als ein Schuldschein anzusehen, insofern er nicht den civilrechtlichen Erfordernissen dieses Verpflichtungsgrundes entspricht [2]). Der Code de Commerce, welcher dem Valuta- und Deckungsgeschäfte eine gewisse rechtliche Wirkung beilegt, weicht von diesen Grundsätzen der Allgemeinen Deutschen Wechselordnung zum Theil ab. Derselbe stellt den Rechtssatz auf: l'acceptation suppose la provision. Elle en établit la preuve à l'égard des endosseurs [3]) und erleichtert dadurch den Regreß gegen die Indossanten. Die Verabsäumung der Protestaufnahme bewirkt unbedingt den Verlust des Regresses gegen die Indossanten, gegen den Aussteller dagegen nur unter der Voraussetzung, daß derselbe den Beweis führt, daß der Bezogene zur Verfallzeit Deckung, Provision, d. i. die zur Einlösung des Wechsels erforderliche Summe, in den Händen hatte [4]). Das System des Code de commerce schließt daher das civilrechtliche Element der Bereicherung aus dem Wechsel, dem Aussteller gegenüber, nicht aus.

Ueber den Einfluß der höheren Gewalt auf die Ausübung des Wechselregresses und auf die Abwendung eines, wegen Versäumniß sonst eintretenden Präjudizes herrscht in der Wissenschaft Streit. Die höhere Gewalt, vis major, force majeure, äußert sich vorzugsweise in einer Störung des öffentlichen Verkehrs durch Natur- oder politische Ereignisse (Krieg, Ueberschwemmung, Krankheit) und ist, als von dem Willen des Menschen unabhängig, mit dem Zufall, casus, rechtlich verwandt. Nach civilrechtlicher Auffassung gilt die Rechtsregel: impossibilium non est obligatio (Unmögliches zu erfüllen, ist keine rechtliche Pflicht). Eine Obligation wird daher aufgehoben, soweit ihre Erfüllung durch Zufall unmöglich wird [5]), und ein sonst fur die Unterlassung einer Handlung angedrohter Nachtheil tritt nicht ein, wenn der Vornahme der Handlung rechtliche oder faktische Hindernisse entgegenstehen, z. B. bei der Verjährung [6]). Nach den älteren Deutschen Wechselordnungen [7]) gewährt die höhere Gewalt Schutz gegen die Nachtheile der Wechselversäumniß, indem sie den civilrechtlichen Grundsatz: ultra posse nemo obligatur auch auf das Wechselrecht anwenden. Wechselgesetze neuerer Zeit dagegen, insbesondere das Allgemeine Preußische Landrecht und der Code de commerce, enthalten uber diese Lehre keine Bestimmung. Auch die Wissenschaft und Rechtsprechung [8]) gelangen, von verschiedener Rechtsanschauung ausgehend, zu entgegengesetzten Resultaten. In Frankreich neigt sich die Judikatur der Ansicht zu, daß die force majeure den Nachtheil der Wechselversäumniß abwendet, und

2) Leipz. Prot. S. 192. Borchardt a. a. O. S. 391 Zus. 627.
3) Art. 117.
4) Art. 168. 117. Code de com.
5) Arndts a. a. O. §. 274. Puchta a. a. O. §. 302. A. Pr. L.R. Thl. 1. Tit. 5 §. 364.
6) Arndts a. a. O. §. 110. A. Pr. L.R. Thl. I. Tit. 9. §. 516.
7) Danziger W.O. von 1701. Bremer W.O. von 1712. Riccius l. c. X exerc. 1. §. 64
8) Bender a. a. O. Bd. 2. S. 115. Jacobsen, Samml. handelsrechtl. Abhandl. S. 54. Treitschke a. a. O. Bd. 2. S. 57. 616. Liebe, Rechtsfälle Bd. 1. S. 3, Bd. 3. S. 1. Entw. S. 135 150.

daß der civilistische Rechtssatz: ad impossibilia nemo obligatur auch im Wechselrechte Geltung habe. Dieser Ansicht der Gerichtshöfe ungeachtet hat die Französische Regierung es dennoch vorgezogen, bei großen Landes-Kalamitäten (z. B. bei der Invasion und Revolution in den Jahren 1814. 1830. 1848.) die durch Fristversäumnisse für den Wechselverkehr zu besorgenden Nachtheile von den Staatsangehörigen durch besondere gesetzliche Erlasse abzuwenden [9]), — ein Beweis, daß man der Rechtsansicht der Gerichtshöfe über den befreienden Einfluß der höheren Gewalt keinen unwandelbaren gewohnheitsrechtlichen Karakter beilegte. Auch in Italien, Belgien und in den Niederlanden wird von der Wissenschaft die Ansicht der Französischen Gerichtshöfe vertheidigt [10]). Das Englische und Nordamerikanische Wechselrecht geht noch weiter, als die Auffassung der Französischen Rechtswissenschaft, indem dasselbe nicht allein der vis major, den großen politischen und Natur-Ereignissen, durch welche der Gesammtverkehr in einem größeren oder geringeren Territorialbezirke eine Störung erleidet, sondern auch dem Zufalle, d. i. den in der Person eines einzelnen Menschen eintretenden, außer der Berechnung des Willens liegenden Hindernissen, z. B. plötzliche Krankheit, Tod, eine schützende Kraft gegen den Nachtheil der Wechselversäumniß beilegt [11]).

Das moderne Wechselrecht, insbesondere in Deutschland, schließt sich dagegen entschieden der Ansicht an, welche die vis major im Wechselverkehre nicht entschuldigt, und Einert [12]) stellt, in Konsequenz seiner Geldtheorie, den Rechtssatz auf: casum sentit dominus, d. h. der Zufall trifft den Wechselinhaber. Der Preußische Entwurf vom Jahre 1847. giebt für diese wichtige und einflußreiche Lehre keine Aufklärung und erst in der Leipziger Konferenz beantragte der Abgeordnete für Holstein [13]): die höhere Gewalt als Entschuldigung für die Wechselversäumniß im Wege des Gesetzes anzuerkennen. Der Referent der Kommission, der Verfasser des Preußischen Entwurfes, trat diesem Antrage entgegen, weil es eine noch nicht gelöste legislatorische Schwierigkeit sei, den Unterschied von vis major und dem gewöhnlichen casus zu bestimmen, und es daher, um Chikanen zu vermeiden, gerathener sei, die Frage der rechtlichen Entscheidung nach den Grundsätzen des Civilrechts für jeden einzelnen Fall offen zu lassen. Die rechtliche Auffassung über die Zulassung der vis major war auch unter den Mitgliedern der Konferenz getheilt; es wurde aber schließlich die Frage: „Soll der Inhaber durch vis major entschuldigt sein"? mit 10 gegen 9 Stimmen bejaht [14]). In einer späteren Sitzung erklärte der Referent, daß es der Fassungs-Kommission nicht gelungen sei, den Begriff der vis major in seiner Unterscheidung vom casus zu präcisiren, und daß es daher angemessener erscheine, die Beurtheilung der Frage der Jurisprudenz zu überlassen, oder von der Landesgesetzgebung in jedem eintretenden Falle die Regelung zu erwarten. Von der einen Seite wurde ganz richtig entgegnet: es komme

9) Daniels a. a. O. S. 304. Mittermaier im Arch. f. D. W.R. Bd. 1. S. 147. Liebe, Entw. S. 134.
10) Mittermaier im Arch. f. D. W.R. Bd. 1. S. 148.
11) Story a. a. O. §. 234. 286. 308. 327. 365.
12) Einert, W.R. S. 389. Dessen Entw. von 1841. S. 20.
13) Leipz. Prot. S. 201.
14) Leipz. Prot. S. 202.

weniger darauf an, zu bestimmen: was unter „höherer Gewalt" zu verstehen? als darauf, zu entscheiden: ob sie berücksichtigt werden dürfe? Hierüber sei aber bei dem Auseinandergehen der Ansichten eine Bestimmung durchaus nöthig. Von anderer Seite trat man der Ansicht der Fassungs-Kommission bei, weil der Unterschied zwischen vis major, casus und culpa sich nicht sicher bestimmen lasse, und der Gegenstand, seiner Natur nach, in das Civilrecht gehöre, mit dem man leicht in Widerspruch gerathen könne, wenn man über jene Materie in dem Wechselrechte besondere Vorschriften aufstelle. Es wurde demnächst auch die Frage: „Soll eine Bestimmung der Art aufgenommen werden, daß vis major entschuldige"? mit 12 gegen 7 Stimmen verneint [15]). Diese kurze Konferenzdebatte läßt allerdings schwer erkennen, ob aus redaktorischen oder legislativen Gründen diese Frage verneint worden ist, und ob die Ansicht der Konferenz dahin gegangen ist: daß die vis major im Wechselrechte niemals Berücksichtigung finde, oder dahin: daß die Berücksichtigung in jedem einzelnen Falle dem Ermessen des Richters überlassen werde. Diese Zweifel lassen sich nur im Geiste des Wechselrechts lösen.

Eine pünktliche Erfüllung der Wechselverbindlichkeiten ist zu allen Zeiten ein Bedürfniß des Handelsstandes gewesen. Die Wechselverhaftung ist streng und daher belästigend für den Verkehr; denn das Streitverfahren in Wechselangelegenheiten ist bevorzugt durch kurze Prozeßform, Einschränkung des Einrederechts und beschleunigte Exekution, mit anderen Worten durch formelle und materielle Wechselstrenge (rigor cambialis, obligatio ad carcerem). Wie der Inhaber des Wechsels eine pünktliche und unverzügliche Realisirung der Wechselverbindlichkeit erwarten und fordern kann, so ist auch der Wechselverhaftete berechtigt, zu verlangen, daß das Wechselgeschäft in seinen einzelnen Auflösungsstadien rasch und pünklich abgewickelt, und daß die Wechselhaft nicht ohne Noth ausgedehnt und verlängert werde. Der Erfüllungstag für die Wechselobligation ist der Verfalltag. Zahlt der Bezogene an diesem Tage, löst er den Wechsel für den Aussteller trassirtermaßen ein, so ist die Wechselobligation in geordnetem Wege getilgt und die Absicht des Ausstellers und der Indossanten erfüllt. Erfolgt jene Zahlung nicht, so geräth der Wechsel in Noth, und Aussteller und Indossanten müssen für die Einlösung des Wechselversprechens Sorge tragen. Die Garanten wollen aber über den Verfalltag hinaus nicht in dem belästigenden Wechselobligo bleiben, letzteres soll mit jenem Zeitpunkte, wenn auch nicht in allen Gliedern gelöst, doch nach Umfang und Inhalt fixirt und genau bestimmt werden. Um diesen Zweck, diese Absicht der pünktlichen Realisation in allen Verpflichtungsstadien zu erreichen, war ein bestimmter Druck auf den Wechselinhaber nöthig, und dieser Druck ist geübt worden durch das Präjudiz, d. i. den Verlust des Wechselrechts, das Erlöschen der Wechselkraft, und durch die kurze Verjährungsfrist. Es konnten aber, namentlich in früherer Zeit bei dem ungeregelten Laufe der Posten und Schiffe, leicht Verzögerungen in der Präsentation der Wechsel eintreten, an denen der Inhaber keine Schuld trug. Um die hierdurch entstehenden, unverschuldeten Nachtheile abzuwenden, waren durch Handelsgebrauch, später auch durch Gesetz, s. g. Respekttage einge-

15) Leipz. Prot. S. 243.

führt[16]), welche für die Nachholung der Wechseldiligenz und der Wechselsolennität noch Zeit gewähren sollten. Neben dieser strengeren Rechtsauffassung hatte sich aber auch durch die enge Rechtsbeziehung, in welche man das Wechselrecht zu dem Civilrechte brachte, und durch die Auffassung des Wechselinhabers als eines bloßen Stellvertreters der Garanten, in deren ausschließlichem Interesse die Wechseldiligenz geübt werde, eine laxere Theorie über die Rechtsstellung des Inhabers zu den Garanten und zu dem Wechsel gebildet, die in dem Französischen Rechte z. B. durch die Bestimmung Ausdruck erhalten hat, daß der Wechsel dem Aussteller gegenüber, welcher keine Deckung gegeben hat, nicht präjudicirt[17]). Nach der modernen Wechseltheorie, welche auch der Allgemeinen Deutschen Wechselordnung zum Grunde liegt, hat diese Rechtsauffassung auf Anerkennung keinen Anspruch. Darnach ist der Wechsel ein von dem unterliegenden Rechtsgrunde losgelöster abstrakter Formalakt; die Form bildet für die Beziehungen der Wechsel-Interessenten den Rechtsgrund. Außer dieser Form hat der Wechsel keine rechtliche Bedeutung, keine rechtliche Existenz. Der Aussteller und die Indossanten übernehmen die Einlösungsgarantie für dieses abstrakte Werthpapier nicht unbedingt nach Art einer civilrechtlichen Gewährleistungspflicht, sondern nur unter der Voraussetzung, daß der Inhaber zur Verfallzeit die Wechseldiligenz übt und in streng formaler Weise den Nachweis darüber führt. Der Inhaber des Wechsels ist zwar verpflichtet, in gewissen Fällen eine Verwendung für die Interessen der Garanten eintreten zu lassen, z. B. die Wechselstörung denselben zu notificiren, allein er ist nicht ein Vertreter fremden Rechts, sondern der Herr des Wechsels, der von den Schicksalen des Papieres unmittelbar selbst betroffen wird. Das Regreßrecht des Wechselinhabers, die eventuelle und sekundäre Haftpflicht der Garanten, der Rücklauf des Wechsels nach dem Verfalle werden ebenso von der Form getragen und durch dieselbe vermittelt, wie die Ausstellung und die Cirkulation des Wechsels vor dem Verfalle. Ein rechtzeitiger, formrichtiger Protest ist die absolute Bedingung des Regresses; ein nicht innerhalb der gesetzlichen Zeit aufgenommener Protest verletzt die Form, ist keine wechselmäßige Urkunde und daher zur Erhaltung des Regreßrechts nicht geeignet. Selbst eine vertragsmäßige, oder eine gesetzliche Verlegung des Protesttermines durch Respekttage ist mit dem modernen Wesen des Wechsels für unzuträglich erachtet, und die Protestfrist zur Berücksichtigung möglicher Zwischenfälle im Interesse des Inhabers abgemessen erweitert worden[18]). Bei dieser streng formalen Natur des Wechsels und aller Solennitäten desselben muß auch dem Zufalle, der höheren Gewalt, jeder Einfluß und die Berechtigung abgesprochen werden, eine Verzögerung der Protestaufnahme zu entschuldigen und unschädlich zu machen. Durch eine entgegengesetzte Rechtsauffassung wird der streng formale, abstrakte Karakter des Wechselrechts aufgehoben; die Rechtsstellung der Wechsel-Interes-

16) Einert, W.R. S. 377. Liebe, Entw. S. 133.

17) Code de comm. Art. 170.

18) Art. 33. A. D. W.O. Nach den Verhandlungen der Leipziger Konferenz ist bei Bemessung der dreitägigen Protestfrist schon auf mögliche, nicht vorauszusehende Zwischenfälle (mangelhafte Kommunikation, schlechte Wege, örtliche Geldverhältnisse) Rücksicht genommen worden, an die Zulassung des casus aber dabei nicht gedacht worden. Leipz. Prot. S. 74. 77.

senten beeinträchtigt; die strenge Ordnung des Wechsellaufes gestört; und unter dem Einflusse unhaltbarer und zweifelhafter Theorien über den Begriff von casus und vis major der Chikane des Inhabers Thür und Thor geöffnet. Durch Anerkennung der höheren Gewalt wird eine im Wechselverkehre nicht gebilligte Nachsicht für den Inhaber, eine Härte aber für die Wechselgaranten geubt, die an der Verzögerung der Wechselsolennität ihrer Seits auch keine Schuld tragen und deren Obligo möglicher Weise auf unberechenbare Zeit verlängert wird. Die Anwendung der civilrechtlichen Lehre über den Einfluß der vis major auf die obligatorische Zwangspflicht im Wechselrechte würde den Ruin des Wechselverkehrs zur Folge haben, dessen Stärke und Sicherheit gerade in der Haftbarkeit der Garanten ruht. Die letzteren suchen und finden ihren Schutz gegen die Wechselstrenge und die Last der Wechselobligo in der engen zeitlichen Begrenzung ihrer Haftpflicht. Die Hinausschiebung der Protestfrist durch höhere Gewalt oder Zufall würde den Verfalltag verrücken; die Notifikation, möglicher Weise selbst die Verjährung, beeinflussen und in das Wechselrecht eine Menge civilistischer Rechtssätze bringen, welche dem Wesen des Wechsels völlig fremd sind. In Betracht der Gewichtigkeit dieser Rechtsgründe muß man annehmen, daß die Allgemeine Deutsche Wechselordnung dem Zufalle, casus, der höheren Gewalt, vis major, keinen Einfluß auf die Regreßklage gestattet [19]).

§. 133.

Der Gegenstand des Regresses. Regreßsumme. Rückwechsel. Zahlung. Verzug. Deposition.

Die Wechselsumme ist diejenige Geldsumme, welche der Bezogene auf Grund des Wechsels dem Inhaber zur Verfallzeit zahlen soll; die Regreßsumme diejenige Geldsumme, welche der Inhaber von dem Aussteller oder dem Indossanten als Entschädigung für die Nichterfüllung des Wechselversprechens auf Grund des Wechsels und des Protestes fordert. Während der civilrechtliche Anspruch aus dem Fundamente der Gewährleistung auf Aufhebung des Geschäfts und Restitution des Geleisteten, oder auf Entschädigung, nach Inhalt der Obligation und nach Maßgabe des obligatorischen Rechtsgrundes, gerichtet ist, daher nach Höhe und Umfang sehr verschieden sein kann, besteht der wechselmäßige Regreßanspruch stets in einer an sich bestimmten Geldsumme, deren Grundbasis die Wechselsumme bildet. Es kann daher die Regreßsumme weder nach der Höhe der gezahlten Valuta, welche aus dem Wechsel nicht erkennbar ist und nur aus dem, der Wechselbegebung zum Grunde liegenden, für den Wechsellauf aber gleichgültigen materiellen Geschäfte entnommen werden könnte, noch nach der Höhe des, aus der

19) Brauer im Arch. f. D. W.R. Bd. 2. S. 272. Einert a. a. O. S. 277. Bluntschli a. a. O. S. 84. Kheil a. a. O. S. 238. 239. Renaud a. a. O. S. 159. Kuntze a. a. O. S. 101. Nürnb. Konferenz Arch. a. a. O. Bd. 9. S. 243. Erk. des O.A.G. zu Lübeck v. 16. Okt. 1852. (Hamb. Rechtsf. Bd. 2. S. 674) Erk. des A.G. zu Zwickau im Sachs. Wochenbl. für R. v. 1854. S. 511. Erk. des A.G. zu Nürnberg vom 3. Okt. 1862. (Zeitschr. für G. und R. in Baiern Bd. 10. S. 95.) Borchardt a. a. O. S. 158. Nr. 10. Anderer Ansicht: Mittermaier im Arch. a. a. O. Bd. 1. S. 147.

Nichterfüllung des Wechselversprechens entstandenen Schadens oder entgangenen Gewinnes, der wechselmäßig nicht zu fixiren ist, bestimmt werden. Mit dem Wesen des Wechsels und mit den Interessen des öffentlichen Kredits sind ungemessene, in quanto unbestimmte Garantien nicht zu vereinigen; die Regreßsumme hat daher eine durch den Wechsel in Voraus wenigstens annähernd fixirte Höhe [1]).

Die Wechselzahlung ist auf einen bestimmten Platz dirigirt, an diesem Platze, dem Zahlplatze, soll durch den Bezogenen die Zahlung erfolgen. Wird das Wechselversprechen weder von dem Bezogenen, noch im Wege der Intervention, aus eigenem Antriebe, ohne Auftrag, von einem Dritten erfüllt, so ist der Wechselinhaber in der Nothwendigkeit, an Stelle der ausgebliebenen Wechselzahlung am Zahlorte andere Geldmittel flüssig zu machen. Das kann durch verschiedene Operationen geschehen: er kann den in Noth gerathenen protestirten Wechsel verkaufen; er kann anderweitig Geld aufnehmen, oder einen Wechsel auf den Vormann, an welchem er sich erholen will, ziehen. Diese Operationen zum Zwecke des Regresses sollen nur dem Inhaber dasjenige gewähren, was er bei regelmäßigem Verlaufe des Wechselgeschäfts am Verfalltage erlangt haben würde und bei der Störung des Wechsels hat aufwenden müssen, um sich die Wechselzahlung am Zahlorte zu verschaffen. Dieses wird dem Inhaber aber vollständig zu Theil, wenn er die Wechselsumme, soweit sie nicht bezahlt worden ist, mit Zinsen und Kosten zu dem Tageskurse auf dem Wohnorte des Regressaten erhält. Der Kurs von dem Zahlorte nach dem Wohnorte des Regressaten ist für die Berechnung der Regreßforderung maßgebend, weil der Präsentant die Wechselsumme an dem Zahlorte des Wechsels zu fordern berechtigt, und daher auch der, an diesem Orte geltende Kurs, und zwar auf den Wohnort des Regressaten, in Rechnung zu stellen ist, damit der Regredient im Stande ist, sich durch einen, auf den Vormann gezogenen Wechsel auf Sicht sofort in den Besitz der Geldsumme, welche die Regreßsumme darstellt, zu setzen. Es ist möglich, daß der Kurs zur Zeit der Regreßnahme höher ist, als zu der Zeit, in welcher der in Anspruch genommene Vormann durch Begebung des Wechsels in den Wechselnexus eingetreten ist; allein den Schwankungen des, durch den allgemeinen Geldmarkt regulirten Tageskurses müssen sich die Regreßpflichtigen ebenso gut, als der Wechselinhaber, unterwerfen [2]). Außer diesem Tageskurse kann der Präsentant dem in Anspruch genommenen oder freiwillig einlösenden [3]) Vormanne in Rechnung stellen: 1. sechs Prozent jährlicher Zinsen vom Verfalltage ab bis zur Zeit der Erstattung; 2. die Protestkosten [4]) und andere Auslagen, z. B. die Kosten der Notifikation, Porto, Stempel [5]); 3. eine Provision von $\frac{1}{3}$ Prozent für die Mühwaltung der Regreßnahme [6]).

Der Vormann, welcher Regreß geleistet oder den Wechsel freiwillig eingelöst hat, kann auf Grund des Wechsels und Protestes weiter Regreß gegen seine Vor-

1) Leipz. Prot. S. 108 ff. Liebe, W.O. S. 164.
2) Leipz. Prot. S. 109.
3) Art. 48. A. D. W.O.
4) Für einen ohne gesetzlichen Grund, oder form- und zeitwidrigen Protest passiren keine Kosten. Borchardt a. a. O. S. 191. Zus. 366.
5) Leipz. Prot. S. 93. 110. Wegen der Prozeßkosten vergl. §. 113 in fin.
6) Art. 50. A. D. W.O.

männer nehmen, die ihm zur Entschädigung aus demselben Rechtsgrunde verpflichtet sind, aus welchem er selbst dem Präsentanten Rembours geleistet hat. Der Vormann, welcher den Wechsel durch die Regreßzahlung erworben hat, erwartet die Zahlung der Regreßsumme nicht an dem Zahlorte, der nur für die Wechselsumme von Einfluß und für ihn ohne Interesse ist, sondern an seinem Wohnorte, von welchem aus er seinen Rückgriff nimmt. Durch diesen Rücklauf des Wechsels über mehrere Begebungsorte, Zwischenplätze, entstehen unter dem Einflusse der Platzverhältnisse verschiedene Kurs- und Spesenberechnungen. Ob alle diese durch den Rücklauf über mehrere Zwischenplätze entstehenden besonderen Retourkosten den Vormännern in Rechnung gestellt werden können, oder ob ein Jeder die Kosten, die er vergütigt hat, und die Kosten der eigenen Regreßnahme selbst tragen muß, darüber haben sich zwei Systeme gebildet.

In frühester Zeit war das Indossament theils nicht in Uebung, theils nicht beliebt; der Regreß wickelte sich daher zwischen dem Inhaber und dem Aussteller nach den Grundsätzen einer civilrechtlichen Gewährleistungs-Obligation ab. Selbst die Ordonnance sur le commerce von 1673, welche das Indossament bereits kannte, ging von der Ansicht aus, daß der Aussteller, insofern er nicht pouvoir indéfini de negocier gegeben, den künftigen Indossanten nur für die Plätze, welche er selbst in dem Wechsel angeführt, nicht für fremde Plätze, welche neue Wechselspesen veranlassen, verpflichtet sei. Der Aussteller haftete nach dieser Auffassung nur für den Kurs vom Zahlorte nach dem Ziehorte, und der Indossant, welcher Rembours geleistet, konnte den Kurs, welchen er selbst vergütet hat, seinen Vormännern nicht in Rechnung stellen. Auch der Code de commerce stellt den Grundsatz auf, daß für einen und denselben Wechsel nur eine Retourrechnung gemacht werden kann, so daß also die, von dem Präsentanten nach dem Kurse vom Zahlplatze nach dem Ziehorte aufgestellte Retourrechnung durch die ganze Reihe der Indossanten läuft und zuletzt von dem Aussteller bezahlt wird, der remboursirende Indossant daher das, was er selbst am Kurse vergütigt hat, nicht wieder seinem Vormanne in Rechnung stellen kann [7]). Dieses System, welches man den einfachen, direkten Regreß nennt, beruht auf der Anschauung, daß jeder Wechselinhaber, welcher von dem Indossamente Gebrauch macht, den Nachmännern gegenüber in ein selbstständiges Gewährleistungsverhältniß tritt, die hieraus entstehenden Nachtheile selbst tragen muß, und durch die im Wechsel liegende Ordrequalität nicht die Befugniß erhält, die durch die Begebung entstehenden höheren Retourspesen seinen Nachmännern und zuletzt dem Aussteller zur Last zu legen.

Bei dem anderen Regreßsystem, für welches in den älteren Wechselgesetzen und von den älteren Wechselrechtslehrern zwar vereinzelte Andeutungen gegeben sind, das sich aber erst im neunzehnten Jahrhunderte ausgebildet hat, findet eine Kumulation der Retourrechnungen statt, so daß ein jeder Indossant, welcher den Wechsel im

---

7) Code de comm. Art. 179. 182. Daniels a. a. O. S. 299. Bender a. a. O. Bd. 2. S. 180. Einert, W.R. S. 309 ff. Liebe, Entw. S. 144. Derselbe, W.O. S. 166. Kuntze im Arch. f. D. W.R. Bd. 11. S. 136.

Regreßwege eingelöst hat, seinem Vormanne den ganzen gezahlten Betrag der Retourrechnung, sammt seinen eigenen Retourspesen und Kursbeträgen, in Anrechnung bringt, und die ganze, im Rücklaufe angewachsene Regreßsumme zuletzt dem Aussteller zur Last fällt [8]). Dieses System beruht auf der Erwägung, daß für das Schicksal des Wechsels zuletzt der Aussteller verhaftet sei, der das Papier geschaffen, für dasselbe Valuta erhalten, die Person des Bezogenen, des Zahlungsbeauftragten, bestimmt, für Deckung Sorge getragen habe und dem nach seiner Stellung zum Wechselgeschäfte eine Einwirkung auf die pünktliche Realisation des Wechselversprechens allein zustehe, während die Indossanten zwar auch ihrer Seits die Wechselzahlung garantirten, aber doch nur in dem Vertrauen auf die Soliditität des Ausstellers und auf der Basis hin, welche der Aussteller dem Wechsel gegeben habe [9]).

Diesem Systeme der vervielfältigten Retourkurse, welches das Kumulationssystem genannt wird, hat sich die Allgemeine Deutsche Wechselordnung angeschlossen, indem sie bestimmt, daß der Indossant, welcher den Wechsel eingelöst oder als Rimesse erhalten hat, von einem früheren Indossanten oder von dem Aussteller zu fordern berechtigt ist [10]): 1. die von ihm bezahlte oder durch Rimesse berichtigte Summe nebst sechs Prozent jährlicher Zinsen vom Tage der Zahlung; 2. die ihm entstandenen Kosten [11]); 3. eine Provision von $\frac{1}{3}$ Prozent, und zwar den ganzen Betrag zu demjenigen Kurse, welchen ein, vom Wohnorte des Regreßnehmers auf den Wohnort des Regreßpflichtigen gezogener Wechsel auf Sicht hat. Besteht an dem Zahlorte resp. am Wohnorte des Regreßnehmers kein Kurs auf den Wohnort des Regreßpflichtigen, so wird der Kurs nach demjenigen Platze genommen, welcher dem Wohnorte des Regreßpflichtigen am nächsten liegt [12]). Zu den Kosten und Auslagen, von denen nur die wirklich entstandenen liquidirt werden dürfen, gehören: Porto, Stempel, Kourtage, Ausgaben für die Baarsendung der Regreßsumme [13]). Zinsen von den Unkosten können nicht in Anrechnung gebracht werden, dagegen können, wenn der Regreß auf einen ausländischen Ort genommen wird, und nach dem ausländischen Rechte höhere Regreßsätze zulässig sind, auch diese angerechnet werden [14]). Wenn der Regressat es verlangt, so muß der Kurs bescheinigt werden, und das kann geschehen durch einen, unter öffentlicher Autorität ausgestellten Kurszettel, oder durch das Attest eines vereideten Mäklers, oder

---

8) Püttmann a. a. O. §. 73 ff. Bender a. a. O. Bd. 2. S. 182. Einert, W.R. S. 309 ff. Liebe, Entw. S. 144. Biener a. a. O. S. 263 ff. Kuntze im Arch. f. D. W.R. Bd. 11. S. 136.

9) Liebe, Entw. §. 148. Biener a. a. O. S. 269 ff. Kuntze im Arch. f. D. W.R. Bd. 11. S. 136.

10) Art. 51. A. D. W.O.

11) Ueber Prozeßkosten vergl. §. 114. in fin.

12) Art. 50. 51. A. D. W.O. Leipz. Prot. S. 110.

13) Leipz. Prot. S. 93. 110.

14) Art. 52. A. D. W.O. Leipz. Prot. S. 93. Sechs Prozent werden zugesprochen, wenn über die Höhe derselben in dem Klageantrage nichts bemerkt ist. Arch. f. D. W.R. Bd. 9. S. 113. Nr. 40. Um die Schwierigkeiten der Kursschwankungen zu vermeiden, werden nach Nordamerikanischem Rechte gewisse Prozente bewilligt. Liebe, W.O. S. 170.

durch das Attest zweier Kaufleute [15]. Die Spezifikation der einzelnen Positionen der Regreßforderung ist in der Retourrechnung enthalten [16].

Die Einziehung der Regreßsumme kann in verschiedener Weise erfolgen. Am Platze eingekaufte, nicht realisirbare Wechsel werden mit Protest- und Unkosten von dem Verkäufer unmittelbar eingezogen; von auswärtigen Plätzen wird die Regreßsumme auf Grund der Retourrechnung dem Regredienten baar übersendet, oder der Regreßnehmer zieht über den Betrag der Retourrechnung einen Rückwechsel auf den Regreßpflichtigen. Die Sitte, Rückwechsel, Herwechsel, Gegenwechsel, Wiederwechsel, Ricambio, Retourwechsel zu ziehen, ist alt [17]. Der Rückwechsel ist eine Form der Regreßnahme. Derselbe lautet über den Betrag der Regreßsumme und muß auf Sicht zahlbar und unmittelbar [18] (a drittura) gestellt werden, d. h. er darf nicht über mehrere Plätze, sondern muß zur Ersparung von Kosten gerade auf den Zahlort gezogen werden. Nach Form und rechtlicher Bedeutung ist der Rückwechsel ein gewöhnlicher Wechsel, der die Eigenschaft als Rückwechsel nur in dem persönlichen Verhältnisse des Ausstellers zum Bezogenen, dem Regressaten, also in der Eigenthümlichkeit des Deckungsgeschäftes und in dem Umstande findet, daß dem neuen Wechsel der ältere Wechsel, der Protest und die Retourrechnung zur Justifizirung der Regreßforderung beigefügt werden. Es liegt zwar die Acceptation und die Zahlung des Rückwechsels in dem freien Willen des Bezogenen; allein der letztere wird den Rückwechsel wohl nur selten zurückweisen, da er der Schuldner des Ausstellers aus der Regreßobligation ist und daher Deckung hat. Wird der Rückwechsel von dem Bezogenen nicht honorirt, also die Regreßforderung nicht getilgt, so nimmt der Inhaber, nach erfolgter Protestation, wie bei der gewöhnlichen Tratte, seinen Regreß. Die durch den Rücklauf des Ricambio entstehenden neuen Regreßkosten treten der Retourrechnung über den ersten Wechsel hinzu und fallen schließlich dem Bezogenen des Rückwechsels als Garanten des früheren Wechsels zur Last [19]. Der Regreßnehmer kann die Regreßforderung auch in Form eines gewöhnlichen, nicht auf Sicht und a drittura gestellten Wechsels realisiren [20].

Ueber die Zahlung der Regreßsumme gelten im Allgemeinen dieselben Regeln, wie über die Zahlung der Wechselsumme. Der Verzug auf Seiten der Vormänner tritt mit dem Verfalltage ein, denn an diesem Tage ist die Zahlung versprochen und nicht geleistet. Daher laufen auch die Zinsen von diesem Tage ab, insofern die Pflicht der Notifikation erfolgt ist, ohne Rücksicht auf den Zeitpunkt der Präsentation an den Regressaten. Diese Präsentation erfolgt nach den allgemeinen Vorschriften über die Präsentation des Wechsels, da auch die Regreßsumme von dem Regreßschuldner abgeholt werden muß [21]. Ein Deposi-

15) Art. 50. 51. A. D. W.O.

16) Beispiele vergl. bei Schmidt a. a. O. S. 272 ff. Arch. f. D. W.R. Bd. 2. 445.

17) Schon im Anfange des 15. Jahrh. war der Gebrauch bekannt. Martens a. a. O. S. 72. Biener a. a. O. S. 115.

18) Phoonsen a. a. O. K. 25. §. 1. Scherer a. a. O. Bd. 1. S. 573. 627. Püttmann a. a. O. §. 72. Bender a. a. O. §. 170. Treitschke a. a. O. Bd. 2. S. 418. Art. 53. A. D. W.O.

19) Leipz. Prot. S. 111. 238. Bluntschli a. a. O. S. 96.

20) Leipz. Prot. S. 111. 112.

21) Art. 91. A. D. W.O. Hauser a. a. O. S. 62. Erk. des O.Tr. in Berlin vom 13. Juni 1854. (Arch. f. D. W.R. Bd. 4. S. 345.) Thol a. a. O. Bd. 2. S. 334.

tionsrecht, wie solches dem Bezogenen und Acceptanten für den Fall zusteht, daß die Wechselsumme zur Verfallzeit nicht gefordert wird, kann der Regreßschuldner für sich nicht in Anspruch nehmen, da es von der Wahl des Wechselinhabers abhängt, ob er den Acceptanten, als Hauptverpflichteten, ausklagen, oder ob er den Regreß beschreiten, und welchen der Garanten er in Anspruch nehmen will. Der Regreßschuldner muß daher abwarten, ob und von welchem Nachmanne er in Anspruch genommen wird. Das Depositionsrecht wird ersetzt durch die Befugniß, den Noth leidenden Wechsel von dem Inhaber gegen Zahlung der Regreßsumme einzulösen. Dagegen muß dem Vormanne, welcher im Regreßwege in Anspruch genommen wird, nach allgemeinen gesetzlichen Bestimmungen ein Recht zur Deposition eingeräumt werden, wenn der Präsentant ohne Grund die Annahme verweigert, sich daher in mora accipiendi befindet [22]). Verweigert der Inhaber die Annahme der ihm angebotenen Zahlung ohne Grund und erhöhet er die Rücklaufskosten dadurch, daß er einen Nachmann des Anbietenden in Anspruch nimmt, so kann der letztere hieraus einen civilrechtlichen Anspruch auf Schadensersatz herleiten [23]).

Die Zahlung der Regreßsumme erfolgt an den, durch Wechsel und Protest legitimirten Inhaber gegen Ausantwortung des Wechsels, des Protestes und der quittirten Retourrechnung. Auch der Rückwechsel braucht nur gegen Ausantwortung dieser Schriftstücke von dem Bezogenen eingelöst zu werden [24]). In Ansehung der Legitimationsprüfung hat der einlösende Vormann keine anderen Pflichten, als der Bezogene und Acceptant bei der Wechselzahlung [25]).

Jeder Wechselschuldner, also auch der Acceptant und Avalist, hat das Recht, von dem Inhaber gegen Erstattung der Wechselsumme nebst Zinsen und Kosten die Auslieferung des quittirten Wechsels und des Protestes zu verlangen, ohne erst eine Zahlungsaufforderung abzuwarten. Diese sich eigentlich von selbst verstehende Einlösungsbefugniß ist bezüglich der Garanten eine Art Intervention, welche nicht von einer fremden, sondern von einer, im subsidiären Wechselverbande stehenden Person zur Abkürzung des Regresses, ausgeübt wird [26]). Dieses Recht auf Einlösung des Wechsels kann jedoch nicht im Wechselprozeßverfahren geltend gemacht werden, da der Wechselprozeß die Erfüllung des Wechselversprechens zum Gegenstande hat und als Grundlage des Klagerechts einen Wechsel voraussetzt, Bedingungen, die bei jenem Klageantrage fehlen [27]). Jeder Indossant, welcher den Wechsel eingelöst hat, kann auch, um gegen jeden ferneren Regreß gesichert zu sein, sein eigenes und seiner Nachmänner Indossament ausstreichen [28]).

---

22) Art. 40. 48. A. D. W.O. Leipz. Prot. S. 179. 183. Hoffmann im Arch. f. D. W.R. Bd. 11. S. 374.

23) Leipz. Prot. S. 184.

24) Art. 54. A. D. W.O. Leipz. Prot. S. 112.

25) Art. 36. A. D. W.O.

26) Art. 48. A. D. W.O. Leipz. Prot. S. 184. Bender a. a. O. Bd. 1. S. 643. Brauer a. a. O. S. 100. Die Bestimmung über die verweigerte Annahme einer Ehrenzahlung findet keine analoge Anwendung. Art. 62. A. D. W.O. Liebe, W.O. S. 158.

27) Volckmar und Loewy a. a. O. S. 183. Anderer Ansicht: Erk. des A.G. zu Aschaffenburg vom 29. Okt. 1855. Borchardt a. a. O. S. 188. S. 360.

28) Art. 55. A. D. W.O. Erk. des O.Tr. in Berlin vom 26. Febr. 1856. (Entsch. Bd. 32. S. 427.)

Zwölftes Kapitel.

Die Intervention.

§. 134.

Allgemeiner Begriff und historische Entwickelung der Intervention.

Der Wechsel ist mit dem Versprechen gegeben und in der Erwartung angenommen, daß er von dem Bezogenen trassirtermaßen acceptirt und bezahlt werden wird. Tritt diese Voraussetzung nicht ein, wird der Wechsel, auf die Präsentation des Inhabers, nicht acceptirt, so wird die Wechselzahlung am Verfalltage ungewiß und unsicher, und der Inhaber kann im Wege des Regresses, nach einigen Wechselgesetzen sofortige Zahlung, nach anderen nur Sicherstellung verlangen. Wird aber der Wechsel am Verfalltage nicht bezahlt, so bleibt das Wechselversprechen ganz unerfüllt, der geordnete Lauf des Wechsels wird gestört und der Zweck des Wechsels, welcher in der Baarzahlung am Verfalltage besteht, aufgehoben. Der solchergestalt, Mangels Annahme oder Mangels Zahlung, in Noth gerathene Wechsel sucht seine Sicherstellung oder Zahlung bei denjenigen, welche solche garantirt haben, d. h. der Inhaber nimmt seinen Regreß an die Vormänner. Durch die Nichterfüllung des Wechselversprechens und durch den Rücklauf des Wechsels entstehen für die Betheiligten Weiterungen und Nachtheile, denn der Kredit und die geschäftliche Ruhe der Wechselgeber wird gestört, die Geldverlegenheit des Inhabers veranlaßt und die Wechselsumme durch Retourkosten und Zinsen vertheuert. Es lag daher nahe und war in der Gegenseitigkeit der Handelsbeziehungen begründet, daß befreundete Geschäftshäuser für den Noth leidenden Wechsel entweder in Folge Auftrages, oder ohne einen solchen, aus freiem Willen eintraten, indem sie den Wechsel an Stelle des Bezogenen acceptirten oder zahlten und so die Nachtheile der Wechselstörung abwendeten, den Regreß erleichterten und abkürzten [1]). Dieses Eintreten eines Dritten für ein nicht erfülltes Wechselversprechen, diese außer dem Wechselauftrage liegende Garantie und Zahlung nannte man Intervention [2]).

Die Intervention steht, nach Veranlassung und Zweck, in enger Beziehung zu der Wechselgarantie und zu dem Regresse und hat sich erst später, nachdem der Wechselverkehr größere Dimensionen angenommen, praktisch und rechtlich ausgebildet. In der ersten Zeit wurde der Wechsel nur auf auswärtige Kommanditen und Gesellschaftsgenossen gezogen, und Acceptation und Zahlung fielen in einen Akt zusammen, so daß eine Weigerung der Erfüllung und ein Nothstand im Wechsellaufe wenig zu befürchten und zu fremder Hülfe daher selten Veranlassung war.

---

1) Riccius l. c. exerc. X. sect. IV. §. 1 seq. Königk, Anmerk. zur Leipziger W.O. § 16. Schall, Zusätze zu Vangerow's Entw. S. 64. Treitschke a. a. O. Bd 1. S. 584. 589. Kheil a. a. O. §. 283.

2) Franck, de jur. adimpl. lit. camb. hon. caus. (Hal. 1715) bei Beseke l. c. p. 487. Heidenreich, de intervent. camb. Lips. 1826. Mothes, de intervent. camb. Lips. 1822. Püttmann a. a. O. §. 126. Bender a. a. O. Bd. 1. S. 621.

Später aber, nachdem bei erweitertem Handelsverkehre auch auf fremde, nicht gerade in geschäftlicher Verbindung stehende Häuser trassirt und der Akt der Acceptation und der Zahlung zeitlich von einander getrennt wurde, mochte sich der Fall der Nicht-Realisirung des Wechsels in Acceptation und Zahlung häufiger ereignen. Auf den Messen, wo auf öffentlichen Börsenplätzen die Wechsel zur Acceptation aufgerufen und die Skontrogeschäfte durch gegenseitiges Abrechnen unter einer größeren Anzahl von Kaufleuten abgewickelt wurden, mochte auch der Nothstand eines Wechsels bald bekannt und Freunde des Ausstellers veranlaßt werden, für den Wechsel, pro honore literarum, einzutreten und das Interesse des Ausstellers, — denn das Indossament war noch nicht bekannt, — wahrzunehmen. Es hat sich daher die Intervention, wie der Wechsel überhaupt, auf den Messen ausgebildet, und Martens[3]) verlegt denselben in das 15. Jahrhundert. Die Fürsorge für den ordnungsmäßigen Lauf des Wechsels führte auch auf die Sitte, in dem Wechsel selbst eine zweite Addresse anzugeben, bei welcher sich der Inhaber, im Falle der Noth, wegen der Einlösung melden sollte. Nothaddresse. Durch die Einführung des Indossaments wurde das Wechselrecht überhaupt, und so auch die Lehre von der Intervention schwieriger und verwickelter. Die rechtlichen Beziehungen und Interessen des Inhabers und der Regreßschuldner, die oft mit einander in Kollision traten, erforderten gegenseitige Beachtung und gegenseitigen Schutz.

Die älteren Wechselrechtssysteme weichen in der Lehre von der Intervention wesentlich von der heutigen Auffassung ab[4]). Man unterschied die Nothaddresse und die Ehren-Intervention und verstand unter der ersteren die Ernennung eines eventuellen Bezogenen in dem Wechsel für den Fall, daß der Haupt-Bezogene den Wechsel nicht acceptiren oder nicht bezahlen sollte, — unter der letzteren die Erfüllung des Wechselversprechens ohne wechselmäßigen Auftrag, zu Ehren des Ausstellers, per onor di lettera, oder eines Indossanten, per onor di giro. Die Nothaddresse wurde als Substituirung eines neuen Bezogenen angesehen, und der Nothaddressat trat durch die Zahlung in ein gleiches Rechtsverhältniß zu dem Nothaddressanten, wie der Bezogene zu dem Trassanten[5]). Der freiwillige, nicht beauftragte Intervenient dagegen wurde nicht als ein Stellvertreter des Bezogenen, sondern als ein Stellvertreter desjenigen angesehen, für welchen er den Wechsel eingelöst hatte. Er trat, ohne Cession, in die Rechte des bezahlten Inhabers gegen den Honoraten, dessen Vormänner und die berufenen Acceptanten[6]). Ueber die Verpflichtung zur Zulassung der Ehren-Annahme, über die Berechtigung und den Vorzug zur Intervention, über die Ausübung der Intervention selbst und

---

3) Versuch ꝛc. S. 72. Anh. S. 42. Die capit. nundinar. Genuens. erwähnen die Intervention, ausführlicher aber die Stat Genuens v. 1589. Die Dec. Rot Gen. enthalten verschiedene Falle über Intervention aus dem Anfange des 17. Jahrhunderts. Scaccia l. c. § 1 qu 5. n 98, §. 2. gl 5. n. 357. 382 Raphael de Turri, disp. II. qu 15. Renaud a. a. O. §. 66. Biener a. a. O. S. 112. Kuntze a. a. O. S. 156.

4) Bender a. a. O. Bd. 1. §. 371. Mittermaier a. a. O. Bd. 2. §. 348, 349. Renaud a. a. O. §. 66. Kuntze a. a. O. S. 64.

5) Bender a. a. O. Bd. 1. S. 634. N. 11.

6) Bender a. a. O. S. 668.

über ihre rechtliche Wirkung in Ansehung des Regresses machten sich in der Gesetzgebung und in der Wissenschaft verschiedene Ansichten geltend [7]).

Die Allgemeine Deutsche Wechselordnung hat die Lehre von der Intervention in wenigen abstrakten Kardinal-Sätzen behandelt, deren Verständniß, nach innerem Grunde, Sinn und Zusammenhang, eine gründliche Kenntniß der Natur des Wechsels und der Vorarbeiten der Allgemeinen Deutschen Wechselordnung voraussetzen. Die letztere hat sich dem älteren Rechtssysteme nicht angeschlossen, sondern die Annahme und Zahlung durch den Nothaddressaten gleichzeitig als Ehrenannahme und Ehrenzahlung aufgefaßt und beide, die Nothaddresse und die Ehren-Intervention, unter den gemeinsamen Titel „Intervention" zusammengefaßt und von gleichem rechtlichen Gesichtspunkte aus behandelt [8]). Dieser Gleichstellung im Systeme ungeachtet sind Nothaddresse und Ehren-Intervention, als auf verschiedenem rechtlichen Fundamente ruhend, doch theoretisch von einander verschiedene Rechtsinstitute.

§. 135.

Allgemeine Grundsätze über die Intervention und die Nothaddresse. Zweck, Voraussetzung, Arten und Wirkung.

Die Intervention ist dazu bestimmt, dem Noth leideuden, d. i. dem trassirtermaßen nicht acceptirten oder nicht bezahlten Wechsel durch Verwendung eines Anderen, als des Bezogenen, zur Hülfe zu kommen, die Wechselstörung abzuwenden und dadurch den Regreß abzukürzen. Die Intervention steht daher mit der Wechselgarantie und dem Regresse in enger rechtlicher Beziehung. Beide ruhen auf einer eventuellen Wechselpflicht, und auch die Intervention hat einen subsidiären Karakter. Die Intervention setzt eine Störung des Wechsels, eine Veranlassung zum Regresse voraus und ist davon abhängig: 1) daß der Wechsel dem Bezogenen zur Acceptation oder zur Zahlung ordnungsmäßig präsentirt worden ist, 2) daß das Accept oder die Zahlung trassirtermaßen nicht geleistet worden sind, 3) daß die Wechseldiligenz und die Erfolglosigkeit derselben, daher der Nothstand des Wechsels, in wechselmäßiger Weise, d. i. durch einen Protest festgestellt ist. Ohne eine Wechselstörung und ohne den Nachweis der letzteren durch Protest ist eine Intervention, die daher auch als Acceptation oder Zahlung sopra protesto [1]) bezeichnet wird, nicht denkbar.

---

7) Ludovici, Einl. ꝛc. K. IV. §. 59. Martini, Grundriß ꝛc. §. 106. Püttmann a. a. O. §. 149. v. Weißeneck a. a. O. S. 185. Bender a. a. O. Bd. 1. S. 634. 668. Mittermaier a. a. O. Bd. 2. S. 210 ff. Brauer a. a. O. S. 106. Renaud a. a. O. S. 175. Thol a. a. O. Bd. 2. §. 269. A. Pr. L.R. Thl. II. Tit. 8. §. 1020 ff. Der Code de comm handelt im Art. 126 ff. von der Annahme und im Art. 158 ff. von der Zahlung durch Intervention. Die Nothadresse ist dem Code nicht unbekannt, sie wird aber nicht als eine besondere Art der Intervention aufgefaßt. Art. 173.

8) Tit. IX. Art. 56. bis 65. Vergl. insbesondere den Kommissionsbericht über die Vernehmung der Sachverstandigen ꝛc. 1846. S. 80. und Protokolle S. 49. 82. Mot. z. Pr. Entw. v. 1847. S. LXIV. Leipz. Prot. S. 113. 120. 238.

1) Treitschke a. a. O. Bd. 1. S. 518. Bender a. a. O. §. 371. bezeichnet die Intervention als eine indirekte Honorirung. Thol a. a. O. Bd. 2. §. 270.

Die Intervention, d. i. das Eintreten in eine fremde Wechselschuld, geschieht entweder in Folge eines im Wechsel enthaltenen Auftrages, berufene Intervention, — oder ohne einen solchen Auftrag, aus eigenem Antriebe des Intervenienten, unberufene Intervention. Den Zusatz, durch welchen Jemand mit der Intervention beauftragt wird, nennt man Noth-, Neben- oder Hülfsaddresse; den Auftragsgeber — Nothaddressanten; den Beauftragten — Nothaddressaten, und den Wechsel, in welchem der eventuelle Auftrag ertheilt ist, — addressirten Wechsel. Die unberufene Intervention, mag sie durch den Bezogenen oder einen Dritten erfolgen, bezeichnet man als Ehren-Intervention im engeren Sinne; denjenigen, welcher intervenirt, als Honoranten; denjenigen, für welchen intervenirt wird, als Honoraten [2]).

Eine Nothaddresse ist nicht ein gewöhnliches Erforderniß, nicht ein nothwendiger, sich von selbst verstehender Bestandtheil eines Wechsels, sondern sie muß, als von besonderen Umständen (Mißtrauen in die Person des Gebers oder Nehmers) abhängend, bei der Ausstellung oder weiteren Begebung von den Wechsel-Interessenten verabredet werden. Die Beifügung einer Nothaddresse hängt daher von dem Inhalte des Vorvertrages, pactum de cambiando, ab, so daß die Pflicht, eine Nothaddresse zu geben, und das Recht, eine solche zu fordern, Gegenstand der Verabredung ist [3]). Die Nothaddresse enthält, wie der Grundwechsel, einen Zahlungsauftrag; für den Nothfall des Wechsels soll der Nothaddressat zahlen. Der Nothaddressat ist daher, wie der Bezogene, ein Wechsel-Beauftragter. Derselbe soll aber nicht in erster Reihe und unmittelbar die Wechselpflicht der Acceptation und Zahlung erfüllen, sondern nur für den Fall eintreten, daß der Bezogene das Wechselversprechen trassirtermaßen nicht erfüllt hat. Während daher der Bezogene der Haupt-Zahlungsbeauftragte ist, stellt sich der Nothaddressat als ein subsidiärer, eventueller, in zweiter Linie stehender Hülfs-Beauftragter dar. Er soll das Wechselversprechen erst erfüllen, wenn der Wechsel nicht in Ordnung geht, wenn er in Noth gerathen ist und ein Protestfall vorliegt. Das rechtliche Verhältniß des Nothaddressanten zum Nothaddressaten ist daher in seiner äußeren Erscheinung ähnlich der rechtlichen Beziehung zwischen dem Trassanten und Trassaten. Nur das Verhältniß aus dem civilrechtlichen Deckungsgeschäfte, durch welches die Ansprüche des Bezogenen gegen den Aussteller aus der Zahlung bestimmt werden, löst sich bei der Nothaddresse in ein unmittelbares Regreßrecht gegen den Honoraten und dessen Vormänner auf [4]).

Die Ehren-Intervention im engeren Sinne, die unberufene Intervention, ist die Erfüllung des Wechselversprechens im Noth- und Protestfalle durch einen Dritten, ohne Auftrag im Wechselbriefe. Sie tritt ein, wenn der Bezogene, Domiziliat oder Nothaddressat, also der in dem Wechsel in erster Reihe zur Erfüllung des Wechselversprechens Berufene, das letztere nicht erfüllt, und zwar entweder ohne jeden Auftrag Seitens des Ausstellers oder eines Indossanten, aus eigenem

2) Kunze a. a. O. S. 64. Thöl a. a. O. Bd. 2. §. 268.
3) Bender a. a. O. Bd. 1. S. 624. Wächter a. a. O. S. 157. Hoffmann a. a. O. S. 453.
4) Art. 63. A. D. W.O. Bluntschli a. a. O. S. 101. Thöl a. a. O. Bd. 2. S. 490.

Antriebe des Intervenienten, oder in Folge eines außerhalb dem Wechselbriefe, schriftlich oder mündlich, ertheilten Auftrages. Nach civilrechtlicher Formulirung karakterisirt sich dieses Verhältniß als Geschäftsführung ohne Auftrag, als negotiorum gestio [5]).

Das Ehrenaccept der Nothaddresse und des freien Intervenienten ersetzt das Accept des Bezogenen, verpflichtet den Ehrenacceptanten den Nachmännern des Honoraten gegenüber und übt Einfluß für den Regreß auf Sicherstellung [6]).

Die Zahlung für einen Verpflichteten kann nach civilrechtlicher Auffassung rechtsgültig, d. h. mit erlöschender Wirkung für die Obligation auch ein Dritter leisten. Der Dritte tritt durch die Zahlung in die Rechte des bezahlten Gläubigers [7]). Die Wechselzahlung in der Form der wechselmäßigen Intervention, also der Nothaddresse oder der freiwilligen Intervention, begründet dagegen so wenig, wie die Zahlung im Regreßwege, eine Tilgung der Wechselobligation; die Zahlung erfolgt nicht für den unmittelbaren Wechselschuldner, den Acceptanten, und befreiet den letzteren daher auch nicht von seiner Wechselpflicht, sondern sie geschieht für die Garantieverpflichteten und in deren Interesse. Der Wechsel wird von der Nothaddresse oder dem freien Intervenienten bezahlt, nicht, damit der Acceptant von seiner Wechselpflicht befreit werde, sondern damit die durch die Nicht-Erfüllung des Wechselversprechens eingetretene Störung des Wechsellaufes für den Inhaber und die Garantieverpflichteten geheilt und beseitigt wird. Der Intervenient löst den Noth leidenden Wechsel, zur Abkürzung des Regresses, gleichsam für die Regreßschuldner ein, und die Zahlung stellt sich nicht als eine Wechselzahlung, sondern als eine Regreßzahlung für diejenigen dar, zu deren Gunsten die Intervention eingetreten ist, für den Honoraten und dessen Nachmänner. Durch die Zahlung tritt der Intervenient in die Rechte des Inhabers [8]) ein, aber nicht mit der civilrechtlichen Einschränkung in Ansehung der mit der Forderung verbundenen Vorrechte, sondern im ganzen Umfange der Wechselobligation, soweit dieselbe nicht durch Liberirung der Regreßpflichtigen alterirt worden ist. Der Inhaber des Wechsels ist durch die Ehrenzahlung befriedigt; er scheidet daher aus der Wechselobligation aus. An seine Stelle tritt der Intervenient, welcher die Zahlung geleistet hat.

Ist die Wechselzahlung von einem Dritten nicht in der Form der Wechsel-Intervention und auch ohne Uebertragungsakt (Indossament oder Cession) geleistet, so kann der Zahlende, je nach dem unterliegenden Rechtsgrunde, aus dem Mandate, der negotiorum gestio, versio in rem, civilrechtliche Ansprüche gegen den befreiten Schuldner herleiten; allein Wechselrechte können auf denselben, selbst nach Aushändigung des Wechsels und Protestes, nicht übergehen, da der Erwerb

---

5) Bender a. a. O. Bd. 1. S. 636. hält die civilrechtliche Karakterisirung der Ehren-Intervention als negotiorum gestio nicht für zutreffend, bezeichnet dieselbe vielmehr als ein eigenthümliches Wechselgeschaft. Thöl a. a. O. Bd. 2. S. 502.

6) Art. 61. A. D. W.O.

7) Puchta a. a. O. §. 287. Arndts a. a. O. §. 261. A. Pr. L.R. Thl. I. Tit. 16. §§. 40 ff. Gelpke im Arch. f. D. W.R. Bd. 2. S. 63.

8) Art. 63. A. D. W.O.

von Wechselrechten außer dem Falle der förmlichen Uebertragung nur durch die Intervention erworben wird [9]).

Bei dem Eigenwechsel kann eine Intervention durch Ehrenannahme nicht vorkommen, denn eine Annahme liegt nicht im Zwecke des Eigenwechsels. Dagegen kann bei demselben eine Ehrenzahlung stattfinden; jedoch erst dann, wenn der Wechsel durch Giro die Natur einer Tratte angenommen und durch diese Gestalt einen Regreß ermöglicht hat. Zwischen dem Aussteller des Eigenwechsels und dem ersten Nehmer existirt ein unmittelbares, direktes Wechselschuldverhältniß, für welches eine Intervention nicht eintreten kann. Nur in der Form des Avals, der Wechselbürgschaft, kann der Aussteller dem Eigenwechsel größere Sicherheit geben. Ist aber der Eigenwechsel durch Giro begeben und geräth derselbe in Noth, so ist eine fremde Hülfe in Form der berufenen und unberufenen Intervention im Interesse der Indossanten, nicht des Ausstellers, zulässig [10]).

§. 136.

Die Nothaddresse. Form. Rechtliche Natur.

Für den geordneten Wechsellauf, der sich in der prompten Acceptation und Zahlung äußert, ist zunächst der Aussteller verantwortlich. Durch das Indossament geht diese Pflicht mit solidarer Rechtswirkung auf die Indossanten über. Die Acceptation und Zahlung des Wechsels werden zunächst von dem Bezogenen, dem Wechselbeauftragten, erwartet. Durch die Acceptation tritt derselbe in die Wechselobligation ein und übernimmt die Zahlung, nach Inhalt des Wechsels und seines Accepts, als eine selbstständige, unabhängige Wechselpflicht. Um den Wechsel gegen die Störungen zu schützen, welche für denselben durch Nicht-Acceptation oder Nicht-Zahlung entstehen, kann ein Jeder, welcher sich an dem Umlaufe des Wechsels betheiligt und daher zur Garantie verpflichtet ist, also der Aussteller und jeder Indossant [1]), dem Wechsel eine Nothaddresse beifügen, d. h. für den Fall, daß der Bezogene den Wechsel trassirtermaßen nicht acceptirt oder nicht zahlt, einen zweiten, eventuellen, subsidiären Bezogenen, Nothaddressaten, benennen, durch welchen das Wechselversprechen erfüllt werden soll [2]). Der Aussteller eines eigenen Wechsels kann eine Nothaddresse nicht beifügen, weil derselbe, wie der Acceptant bei der Tratte, als Haupt-Zahlungsverpflichteter sich darstellt, die Nothaddresse aber das Interesse der Regreßschuldner bezweckt. Ein Bürge, Avalist, haftet für die Erfüllnng des Wechselversprechens, für welches er wechselmäßig eingetreten ist, zwar, wie jeder andere Wechselschuldner, auch solidarisch,

---

9) Präj. des O.Tr. in Berlin v. 30. April 1847., Erk. v. $\frac{16.}{23.}$ Okt. 1860., v. 8. Okt. 1861., 2. Okt. 1862. (Entsch. Bd. 14. S. 458., Bd. 48. S. 272. Strieth. Arch. Bd. 38. S. 326., Bd. 42. S. 341., Bd. 46. S. 248. Arch. f. D. W.R. Bd. 12. S. 180.) Koch, Allg. Preuß. Landr. zum Art. 63. der A. D. W.O.

10) Art. 98. Nr. 7. A. D. W.O.

1) Bender a. a. O. Bd. 1. S. 623. Mittermaier a. a. O. Bd. 2. §. 348. Bluntschli a. a. O. S. 98. Renaud a. a. O. §. 67. Kheil a. a. O. §. 281. Biener a. a. O. S. 402. Thöl a. a. O. Bd. 2. S. 490.

2) Thöl a. a. O. Bd. 2. S. 489. Leipz. Prot. S. 116. 128.

allein einen zweiten Einlösungsweg, einen eventuellen Bezogenen für den Störungsfall kann er in dem Wechsel nicht bestimmen, da er sich an der Cirkulation des Wechsels nicht selbstständig betheiligt, seine Thätigkeit vielmehr nur eine accessorische Wirkung hat. Der Avalist ist daher auch nicht berechtigt, durch Benennung eines Nothaddressaten den Inhalt des Wechsels und die Regreßobligation zu modificiren. Dagegen kann eine und dieselbe Person mehrere Nothaddressen, mit und ohne Beifügung einer bestimmten Reihenfolge, benennen.

Die Nothaddresse geschieht entweder auf dem Wechsel oder auf einer Kopie [3]) desselben durch einen den Auftrag an den Nothaddressaten ausdrückenden Vermerk. Ob der letztere, wie gewöhnlich, auf der Vorderseite des Wechsels bei dem Namen des Bezogenen, oder auf der Rückseite bei dem Namen des addressirenden Indossanten gesetzt wird, ist gleichgültig [4]). Die Nothaddresse wird in der Regel durch die Formel ausgedrückt [5]): „im Nothfalle bei Herrn N.", „nöthigen Falls bei Herrn N.", „im Falle bei Herrn N.", „Falls bei Herrn N.", „au besoin chez", „à defaux chez". Sind von einer und derselben Person mehrere Nothaddressen in bestimmter Reihenfolge gegeben, so lautet der Vermerk z. B. „im Nothfalle zuerst bei Herrn N., dann bei Herrn N." [6]). Die Unterschrift des Nothaddressanten ist nicht nöthig und nicht üblich. Wenn die Nothaddresse von einem Indossanten herrührt, so pflegt der Addressant dem Vermerke die Anfangsbuchstaben seines Namens beizufügen, weil der Addressat entweder schon aus dem Wechsel ersieht, von wem die Addresse herrührt, z. B. wenn der Wechsel kein Giro trägt, oder durch den Avis davon Kenntniß erhalten hat. Aus kaufmännischer Kourtoisie und um den Kredit des Bezogenen zu schonen, läßt der Aussteller die Nothaddresse in der Regel von der Hand eines Dritten schreiben [7]). Auch die Beifügung des Datums und des Ortes, an welchem die Addresse gegeben worden, ist nicht erforderlich.

Eine Nothaddresse hat nur dann Rechtswirkung und ist für den Inhaber verpflichtend, wenn sie auf den Zahlungsort lautet [8]), denn es würde für den Inhaber lästig, mit dem Wesen des Wechsels nicht verträglich und oft für den Verkehr nachtheilig sein, wenn der Inhaber für den Fall der Noth die Erfüllung des Wechselversprechens an einem anderen, vom Zahlungsplatze, also wo der Inhaber das Geld gebraucht, vielleicht entfernten Orte suchen sollte. Von diesem Grundsatze bilden nur die domizilirten Wechsel, für welche die Zahlung an einem, vom Wohnorte des Bezogenen verschiedenen Orte erfolgen soll, eine Ausnahme. Denn wenn

---

3) Art. 62. A. D. W.O. Hoffmann a. a. O. S. 449. Früher geschah die Nothaddresse auf einem besonderen Billet, welches dem Wechsel angeheftet wurde. Siegel, corp. jur. camb Bd. 1. S. 32., Bd. 2. S. 109. Bender a. a. O. Bd. 1. S. 624.

4) Hoffmann a. a. O. S. 449. Thöl a. a. O. Bd. 2. S. 490.

5) Bender a. a. O. Bd. 1. S. 624. Wachter a. a. O. S. 156. Geyer a. a. O. S. 69. Thol a. a. O. Bd. 2. S. 490. N. 8. Eine durchstrichene Addresse hat keine rechtliche Wirkung. Arch. f. D. W.R. Bd. 6. S. 41. Thol a. a. O. Bd. 2. S. 491.

6) Koch a. a. O. S. 253. Renaud a. a. O. S. 176.

7) Schiebe a. a. O. §. 139. Wachter a. a. O. S. 157. Thol a. a. O. Bd. 2. S. 490. N. 8.

8) Art. 56. A. D. W.O. Für Hamburg und Altona gilt Orts-Einheit. Einf.-Ges. für Hamburg §. 7. und für Schleswig-Holstein §. 11.

bei addressirten Domizilwechseln auch der Zahlungsort für den Domiziliaten und Nothaddressaten zusammenfällt, so ist doch der Acceptationsort ein verschiedener, indem die Acceptation Seitens des Bezogenen an dessen Wohnorte, die Acceptation Seitens des Nothaddressaten dagegen an dem Zahlungsorte, d. i. an dem Wohnorte des Nothaddressaten gesucht werden muß. Der Inhaber eines addressirten, mit einem Domizilvermerke versehenen Wechsels ist daher bei der Präsentation zur Annahme insofern beschwert, als er bei der Nicht-Acceptation Seitens des Bezogenen das Accept bei dem Nothaddressaten an dem Zahlungsorte, also an einem, von dem Wohnorte des Bezogenen verschiedenen Orte erfragen muß [9]). Wenn für die Nothaddresse nicht ein besonderer Wohnort in dem Wechsel angegeben ist, so wird aus der Verbindung, in welcher die Nothaddresse zu der Hauptaddresse steht, angenommen, daß die Nothaddresse auf den Zahlungsort lautet [10]). Ob der Addressat aber dort in civilrechtlichem Sinne seinen Wohnort hat, ist für die Gültigkeit der Nothaddresse gleichgültig; die Nothaddresse hat, wenn sie nach Inhalt des Wechsels auf den Zahlungsort gestellt ist, dort ihr wechselrechtliches Domizil, so daß der Inhaber allenfalls mit Hülfe der Polizeibehörde das Geschäftslokal oder die Wohnung des Nothaddressaten ermitteln und nöthigen Falls in den Wind protestiren muß [11]).

Die Beifügung einer Nothaddresse enthält eine eventuelle Tratte; einen Zahlungsauftrag an den Nothaddressaten für den Fall, daß der Wechsel von dem Hauptbezogenen nicht honorirt wird [12]). Der Nothaddressant ist gleichsam ein zweiter Trassant und der Nothaddressat ein zweiter Trassat. Das Geben einer Nothaddresse begründet daher im Allgemeinen gleiche Rechtsverhältnisse, wie das Geben einer Tratte, sowohl zwischen dem Geber und Nehmer der Addresse, als zwischen dem Geber der Addresse und dem Nothaddressaten. Der Nothaddressant schreibt in dem Wechsel einen zweiten Einlösungsweg für den Fall vor, daß der Wechsel Noth leidet, d. i. trassirtermaßen nicht acceptirt oder nicht bezahlt wird. Der Inhaber eines addressirten Wechsels ist daher verpflichtet, zunächst bei dem

---

9) Art. 4. Nr. 8. Art. 24. 43. A. D. W.O. Hoffmann a. a. O. S. 451.

10) Thol a. a. O. Bd. 2. S. 491. Anderer Ansicht: Erk. d. O.Tr. in Berlin v. 15. Novbr. 1860., welches zwar keine ausdrückliche Aufführung des Wohnortes des Addressaten fordert, aber verlangt, daß das Dasein der Nothaddresse am Wohnorte aus dem Wechsel anderweit (bei dem an eigene Ordre gestellten Wechsel durch den Ort der Ausstellung) hervorgehe. (Arch. f. D. W.R. Bd. 10. S. 216.) Weiter gehend verlangt es die Angabe in dem Wechsel selbst. Erk. v. 15. Jan. 1867. (Entsch. Bd. 56. S. 397.)

11) Der §. 80. des Preuß. Entw. von 1845. legt Gewicht auf den Wohnsitz des Nothaddressaten am Zahlungsorte, denn er bestimmt: Ist auf einem am Wohnorte des Bezogenen zahlbaren Wechsel Jemand am Zahlorte wohnhaft benannt, bei welchem sich der Eigenthümer des Wechsels im Fall verweigerter Annahme melden soll (Nothaddressat) u. s. w. Die Erläuterungen S. 32. rechtfertigen diesen Satz durch die Bemerkung: „Der Regreß auf Sicherstellung setze voraus, daß auch die Nothaddresse die Annahme verweigert habe und dieserhalb Protest aufgenommen worden sei. Dieses solle jedoch nur dann gelten, wenn der Wechsel am Wohnorte des Bezogenen zahlbar sei und hier der Addressat wohne. Denn man konne dem Inhaber nicht zumuthen, daß er die Nothaddresse erst an einem anderen Orte aufsuche, bevor er Sicherstellung verlange.“ In dem spateren Entwurfe ist auf den Wohnsitz des Nothaddressaten am Zahlungsorte kein Gewicht gelegt, und man muß daher annehmen, daß der wechselrechtliche Grundsatz, wonach es darauf, ob der Wechselverpflichtete an dem Orte der Wechselzahlung seinen Wohnsitz hat, überall nicht ankommt, auch bei der Nothaddresse gilt.

12) Mittermaier a. a. O. Bd. 2. §. 348. Bender a. a. O. Bd. 1. S. 625. Renaud a. a. O. §. 67. Kheil a. a. O. §. 281 ff. Thol a. a. O. Bd. 2. §. 268.

Zahlungs-Beauftragten, dem Bezogenen, die Erfüllung des Wechselversprechens zu suchen, und für den Fall, daß dieser die Erfüllung ablehnt, sich an die Nothaddresse, als eventuellen Bezogenen [13]), zu wenden. Die wechselmäßige Haftbarkeit des Nothaddressaten und die wechselmäßige Garantiepflicht des Nothaddressanten hängen daher auch von denselben Voraussetzungen ab, an welche die Wechselhaft des Haupt-Bezogenen und die Regreßpflicht der Garanten geknüpft sind. Der Inhaber eines addressirten Wechsels hat eine zwiefache Diligenz zu üben: einmal dem Bezogenen und einmal der Nothadresse gegenüber. Durch die Beifügung einer Nothaddresse entstehen für den Inhaber besondere Pflichten und Rechtsbeziehungen eigenthümlicher Art.

§. 137.

Das Accept der Nothaddresse.

Der mit einer Nothaddresse versehene Wechsel hat zwei Bezogene, einen Haupt-Bezogenen und einen eventuellen, Hülfs-Bezogenen. Die Acceptation nachzusuchen hängt von dem Willen des Inhabers ab. Derselbe kann am Verfalltage zur Zahlung präsentiren ohne vorgängige Annahme. Die Präsentation zur Annahme muß, wenn sie geschieht, zuerst bei dem Haupt-Bezogenen erfolgen. Nimmt letzterer den Wechsel trassirtermaßen an, und gewährt der Acceptant, in wechselrechtlichem Sinne, die genügende Sicherheit, so geht der Wechsel in Ordnung, eine Noth desselben tritt nicht ein, und es ist daher auch keine Hülfe durch den Nothaddressaten erforderlich. Wird dagegen der Wechsel trassirtermaßen, ganz oder zum Theil, nicht angenommen, oder werden dem Accepte Einschränkungen beigefügt, oder wird der Acceptant unsicher, so geht der Wechsel nicht in Ordnung, er geräth in Noth und sieht sich nach Hülfe um. Der Inhaber kann alsdann die Acceptation des Hülfs-Bezogenen suchen.

Ueber die Präsentation zur Annahme bei dem Nothaddressaten und über die Annahme selbst gelten die allgemeinen wechselrechtlichen Vorschriften. Die Form des Accepts des Nothaddressaten ist die des gewöhnlichen Accepts; die Acceptation muß schriftlich und zwar auf dem Wechsel, oder auf einer Kopie [1]) desselben erfolgen. Ein Zusatz, wodurch das Accept als Ehrenaccept bezeichnet wird, z. B. „zu Ehren", „per onor", „sopra protesto", ist zwar üblich, aber nicht nothwendig, da der Wechsel die Berufung des Nothaddressaten zum Accepte in gleicher Weise, wie die Berufung des Haupt-Bezogenen enthält. Es reicht daher auch, wie bei dem Accepte des letzteren, die bloße Namens-Unterschrift des Nothaddressaten auf der Vorder-

---

13) Leipz. Prot. S. 116. 128.

1) Art. 62. A. D. W.O. bestimmt solches ausdrücklich. In Ermangelung dieser Specialbestimmung würde man das Ehrenaccept auf der Kopie nicht für rechtsbestandig ansehen konnen. Art. 21. Volckmar und Loewy a. a. O. S. 213. Hoffmann a. a. O. S. 431. Thol a. a. O. Bd. 2. S. 500. Blaschke a. a. O. S. 180. Brauer nimmt an, daß das Ehrenaccept nicht unbedingt, sondern nur in Ansehung des Honoraten, dessen Original-Indossament auf der Kopie stehe, auf die letztere mit wechselrechtlicher Wirkung gesetzt werden konne, indem sie die Unterschrift des Indossanten, zu dessen Ehren acceptirt worden, trage. Arch. f. D. W.R. Bd. 5. S. 359.

seite des Wechsels zur Begründung der Acceptation aus[2]), und die Bemerkung in den Motiven zu dem Preußischen Entwurfe vom Jahre 1847[3]): „daß die bloße Namens-Unterschrift zum Accepte des Intervenienten nicht genüge, weil diese nach Unterschied als reines Accept oder als Aval gelte", könnte nur Anwendung finden auf die unberufene Intervention, die Ehren-Annahme im engeren Sinne, bei welcher die wechselrechtliche Beziehung des Dritten zum Wechsel nicht urkundlich gemacht ist. Ein mündliches, wenn gleich in den Protest aufgenommenes, Accept ist nicht rechtsverbindlich. Die Gültigkeit des Accepts des Nothaddressaten hängt nicht von der Aufnahme in den Interventionsprotest ab. Der letztere ist kein integrirender Theil des Wechsels, keine Bedingung und kein Beweismittel für das Accept. Das verpflichtende Element für das Ehren-Accept ruht, wie bei dem gewöhnlichen Accepte, in der Form der Annahmeerklärung und in der substantiellen Verbindung derselben mit dem Grundwechsel. Der Interventionsprotest dient, wie der Protest bei nicht addressirten Wechseln, nur zum Zwecke der Regreßnahme und befindet sich, nach gewöhnlichem Wechsellaufe, nicht in den Händen des Wechselinhabers, sondern in denen des Ehren-Acceptanten resp. Honoraten, so daß der Inhaber den Beweis des Accepts durch den Protest zu führen nicht einmal im Stande ist. Ein in dem Proteste versprochenes, aber nicht gegebenes Accept hat daher keine wechselrechtliche Bedeutung. Der Inhaber muß die Weigerung der Acceptation durch nochmaligen Protest feststellen[4]).

Zu wessen Ehren der Wechsel angenommen worden, also die Person des Honoraten, braucht nicht nothwendig aus dem Accepte hervorzugehen, obgleich solches in der Regel der Fall ist. In der Leipziger Konferenz wurde eine Bestimmung dahin in Vorschlag gebracht: „Im Falle der Ehren-Annahme ist in dem Proteste zu bemerken, zu wessen Ehren sie geschehen. Fehlt dieser Vermerk und ist aus dem Wechsel ersichtlich, wer die Nothaddresse beigefügt hat, so wird dieser, außerdem der Aussteller als Honorat angesehen," weil eine Vermuthung nicht eintrete, wenn der Nothaddressant aus dem Wechsel deutlich erkennbar sei, und man dann annehmen müsse, daß nur mit Rücksicht auf diese Aufforderung von dem Addressaten acceptirt worden sei. Eine andere Fassung wurde dahin vorgeschlagen: „Ist weder aus dem Accepte, noch aus dem Proteste zu ersehen, für wen die Acceptation stattgefunden, so wird der Trassant als Honorat angesehen." Man erwog jedoch, daß eine Vermerkung in dem Proteste nicht genüge, weil man sonst aus dem Wechsel die wahre Bedeutung des Accepts nicht ersehen könne, und verneinte mit Rücksicht hierauf die Frage: Soll auch ein Vermerk in dem Proteste hinreichen, um die Person des Honoraten zu bestimmen? Wenn

2) Art. 21. A. D. W.O. Thol a. a. O. Bd. 2. S. 491.

3) S. LXVII

4) Art. 81. 58. 61. 62. A. D. W.O. Der §. 90. des Preuß. Entw. v. 1845. enthält die Bestimmung: „Weichen der Protest und die auf dem Wechsel erklärte Ehren-Annahme in Beziehung des Honoraten ab, so entscheidet der Inhalt des Protestes." Die Sachverständigen-Kommission hielt diese Bestimmung für unrichtig, indem nicht der Protest, sondern der Wechsel entscheide, erachtete aber eine ausdrückliche Vorschrift für diesen singularen Fall nicht für nothig. S. 84. Komm.-Bericht. Diese Rechtsauffassung ist in der Leipziger Konferenz nicht bemängelt, sondern bestatigt worden. Leipz. Prot. S. 127.

daher in dem Accepte die Person des Honoraten nicht angegeben ist, so tritt die gesetzliche Vermuthung ein, wonach das Accept als zu Ehren des Ausstellers gegeben angesehen wird, und es kommt darauf nicht an, ob der Urheber der Nothaddresse aus dem Wechsel ersichtlich ist oder nicht [5]). Die Unterschrift des Addressanten ist kein gesetzliches Erforderniß der Addresse; es ist sogar üblich, daß der Nothaddressant nur die Anfangsbuchstaben seines Namens der Addresse beisetzt, so daß die Person des Addressanten aus dem Wechsel mit Bestimmtheit nicht ersehen und nur auf Grund des Avis festgestellt werden kann. Es kommt daher auf die Eigenhändigkeit der Unterschrift nichts an. Die letztere bildet nicht, wie bei dem Wechsel, den verpflichtenden, die wechselrechtliche Kraft in sich tragenden Skripturakt, sondern ist für die rechtliche Existenz der Nothaddresse etwas ganz gleichgültiges. Ist das aber der Fall, so kann auch durch die Namen, welche die Addresse trägt, nicht die Person des Addressanten mit rechtlicher Wirksamkeit bestimmt werden, da keine Nothwendigkeit zur Eigenhändigkeit der Unterschrift vorliegt.

Der direkte Bezogene kann die Annahme auf einen Theil der Wechselsumme beschränken und der Inhaber muß sich diese Theil-Annahme gefallen lassen. Der Nothaddressat dagegen hat ein Recht auf Theil-Annahme nur insofern, als sie sich auf den, von dem Bezogenen nicht acceptirten Rest erstreckt. Denn der Nothaddressat leistet die Zahlung nicht für den Bezogenen, sondern zur Abkürzung des Regresses für den Nothaddressanten resp. Honoraten. Die Zahlung hat daher nur die Natur einer Regreßzahlung. So wenig aber im Regreßwege eine Verpflichtung zur Annahme einer Theilzahlung vorhanden ist, ebenso wenig ist eine Theil-Ehren-Acceptation zulässig. Der Nothaddressat ist aber nach dem Inhalte seines geleisteten Accepts, also auch in Höhe des bedingten oder Theil-Accepts verhaftet [6]).

Die Acceptation hängt, wie von dem freien Willen des Bezogenen, so auch von der freien Entschließung des Nothaddressaten ab. Derselbe erscheint auf dem Wechsel zwar als ein Zahlungsbeauftragter, allein ob, wie und für wen er acceptiren will, hängt von seinem freien Willen ab. Eine Ablehnung kann unter Umständen nur eine civilrechtliche Verantwortlichkeit nach sich ziehen [7]).

Die Wirkung des Ehren-Accepts des Nothaddressaten ist diejenige des gewöhnlichen Accepts. Der Nothaddressat tritt durch die Annahme für den Fall der Wechselstörung, also als Hauptverpflichteter, in die Wechselobligation ein [8]). Derselbe will jedoch nicht aus ursprünglicher, unmittelbarer Wechselhaft und auch nicht für den Bezogenen zahlen, sondern er will für den Honoraten den Wechsel, gleichsam im Regresse, einlösen und den Regreß daher bis zu dem Honoraten abkürzen. Das Accept des Nothaddressaten hat daher die Wirkung: 1) daß der Nothaddressat nicht mit unbedingter, absoluter Haftbarkeit an die Stelle des Bezogenen tritt, durch die Zahlung nicht die Wechselobligation tilgt, sondern sofort

5) Art. 59. A. D. W.O. Leipz. Prot. S. 127.

6) Art. 21. 22. A. D. W.O. Leipz. Prot. S. 126. 132. Wächter im Arch. f. D. W.R. Bd. 9. S. 328. Renaud a. a. O. S. 184. A. 4.

7) Mittermaier a. a. O. Bd. 2. §. 348.

8) Mittermaier a. a. O. Bd. 2. §. 348. Renaud a. a. O. S. 173.

für den Honoraten Regreß leistet, daher nur eine eventuelle, subsidiäre Zahlungspflicht für den Fall überkommt, daß der Wechsel bei der Zahlung durch den Bezogenen in Noth geräth, d. h. nicht acceptirt oder nicht eingelöst wird; 2) daß er nur den Nachmännern des Honoraten, nicht aber dem Honoraten und dessen Vormännern wechselmäßig verpflichtet wird, weil er gegen diese durch die Zahlung die Rechte des Inhabers erwirbt, Wechselrechte des Honoraten und dessen Vormänner gegen ihn daher nicht bestehen können[9]); 3) daß die Verpflichtung des Nothaddressaten aus dem Accepte erlischt, wenn ihm der Wechsel nicht spätestens am zweiten Werktage nach dem Zahlungstage zur Zahlung vorgelegt und er dadurch in den Stand gesetzt wird, ungesäumt seine Rechte gegen den Honoraten und dessen Vormänner zu verfolgen. Denn durch die Zahlung tritt der Nothaddressat in die Regreßrechte des Inhabers gegen die Garanten, und zur schleunigen Erlangung der Regreßsumme muß ihm die Möglichkeit gegeben werden. Ist der Wechsel daher wegen der Wechselversäumniß gegen den Haupt-Bezogenen präjudicirt, das Regreßrecht daher erloschen, so kann dem Ehren-Acceptanten eine versprochene, aber gegen die Vormänner nicht verfolgbare Wechselzahlung nicht zugemuthet werden[10]). Eine Ehren-Annahme ist bei eigenen Wechseln, bei welchen eine Annahme und ein Regreß Mangels Annahme nicht stattfindet, ausgeschlossen[11]).

§. 138.

Der Regreß auf Sicherstellung bei addressirten Wechseln.

Die rechtliche Natur des Accepts des Nothaddressaten ist auch von Einfluß für den Regreß auf Sicherstellung. Hat der Bezogene, also der Prinzipal-Beauftragte, die Acceptation des Wechsels abgelehnt, so liegt eine Störung, eine Noth des Wechsels vor. Der Inhaber muß daher, wenn er das Accept herbeiführen und eventuell den Regreß auf Sicherheit begründen will, die Acceptation bei dem Hülfs-Bezogenen, dem Nothaddressaten, suchen[1]). Ein Recht, wegen Nicht-Acceptation Seitens des Bezogenen sofort gegen die Vormänner Regreß auf Sicherstellung zu nehmen, steht dem Inhaber eines addressirten Wechsels nicht zu[2]), denn er ist durch die Annahme des, mit der Nothaddresse versehenen Wechsels für den Störungsfall auf den zweiten Acceptations- und Einlösungsweg, also an den Nothaddressaten, gewiesen und muß diesen Weg, nach Zweck und Absicht der Nothaddresse, beschreiten, d. h. die Acceptation bei dem Nothaddressaten suchen, bevor er Rechte aus der Garantieleistung geltend machen kann. Trägt der Wechsel mehrere Nothaddressen, so ist der Regreß des Inhabers auf Sicherstel-

9) Art. 60. 61. 63. A. D. W.O. Bender a. a. O. Bd. 1. S. 628.

10) Art. 60. 62. 63. Mot z. Preuß. Entw. v. 1847. S. LXVII. Auch wenn der Wechsel verloren gegangen ist und daher eine Vorlegung unmoglich ist. Arch. f. D. W.R. Bd. 1. S. 47. Bd. 4. S. 245. Gelpke, Zeitschr. Bd. 2. S. 201. Renaud a. a. O. S. 173. Thöl a. a. O. Bd. 2. S. 501. 680. Hoffmann a. a. O. S. 473.

11) Art. 98. Nr. 7. A. D. W.O

1) Art. 25 ff. 56. A. D. W.O.

2) Der §. 55. des Preuß. Entw. v. 1847. ließ das zu und legte dem Inhaber nicht die Pflicht auf, vor dem Regresse auf Sicherstellung die Annahme bei dem Nothaddressaten zu suchen.

lung gegen den einen oder anderen Vormann von der Präsentation zum Accept bei sämmtlichen Nothaddressen und Protesterhebung Mangels Annahme allen Addressen gegenüber abhängig. Acceptirt der Bezogene, nach Inhalt des Wechsels, und wird derselbe demnächst unsicher, so liegt gleichfalls eine Störung im Wechsellaufe vor, für welche der eventuelle Bezogene, der Nothaddressat, einzutreten berufen ist. Der Inhaber muß daher, bevor er den Regreß wegen Unsicherheit des Acceptanten nimmt, zuvörderst das Accept bei dem Nothaddressaten suchen. Wird dieses ertheilt, so dient es als Sicherheit für den unsicher gewordenen Haupt-Acceptanten. Acceptirt im Störungsfalle der Nothaddressat oder einer derselben, so geht nunmehr der Wechsel in Ordnung; ein Nothstand und daher eine Veranlassung zur Regreßnahme für den Inhaber liegt nicht vor [3]). Wird der Nothaddressat, nachdem er acceptirt hat, unsicher, so findet für den Inhaber der Sicherungsregreß nach den allgemeinen gesetzlichen Bestimmungen statt [4]). Acceptirt weder der Bezogene, noch der Nothaddressat, so ist die Nothaddresse ohne Wirkung geblieben; beide im Wechsel vorgeschriebene Acceptationswege haben keinen Erfolg gehabt, und der Inhaber kann den Regreß auf Sicherstellung in gewöhnlicher wechselmäßiger Weise nehmen [5]). Der Ehren-Acceptant kann wegen Nicht-Acceptation des Bezogenen keine Sicherstellung verlangen, denn er hat durch sein Accept nur einen wechselmäßigen, gerade für den Fall der Noth gegebenen Auftrag erfüllt und zwar gerade in der Absicht und zu dem Zwecke acceptirt, um den Honoraten von der Pflicht der Sicherstellung zu befreien, daher den Regreß abzukürzen. Aus demselben Grunde findet auch ein Sicherheitsregreß für die Nachmänner des Honoraten nicht statt, denn auch sie sind von dem Regresse befreit, und haben kein Recht und keine Veranlassung, ihrer Seits Regreß zu nehmen [6]). Dagegen steht dem Honoraten und jedem Vormanne desselben das Recht zu, für den Fall der Ehren-Annahme durch die Nothaddresse Regreß auf Sicherstellung gegen die Vormänner zu nehmen, denn der Nothaddressant und Honorat hat den subsidiären Einlösungsweg durch die Nothaddresse aus eigenen Mitteln und auf eigene Gefahr bezeichnet und kann daher für den ihm daraus erwachsenen Aufwand, z. B. für die dem Nothaddressaten geleistete Deckung, Sicherheit von seinen Vormännern verlangen, deren Wechselversprechen durch die Nicht-Acceptation des Bezogenen unerfüllt geblieben ist [7]).

Die Regreßnahme Mangels Annahme bei Wechseln, welche mit einer Nothaddresse versehen sind, setzt daher einen zwiefachen Protest voraus, einmal gegen den Haupt-Bezogenen und einmal gegen den Nothaddressaten. Durch den Protest gegen den Bezogenen (Hauptprotest) soll die Wechselstörung, welche durch Nicht-Acceptation des Principal-Beauftragten eingetreten ist, urkundlich gemacht

---

3) Leipz. Prot. S. 116. 118. 119. Brauer a. a. O. S. 112. Blaschke a. a. O. S. 103. Renaud a. a. O. S. 173. Nach Art. 123. des Code de comm behält der Inhaber, der Ehrenannahme ungeachtet, den Regreß auf Sicherstellung.

4) Art. 29. A D. W.O.

5) Art. 25. A. D. W.O.

6) Art. 61. A. D. W.O. Leipz. Prot. S. 127. In den Erläuterungen von Hoffmann fehlt der Art. 61.

7) Art. 61. A. D. W.O. Leipz. Prot. S. 118. 127.

und dadurch das eventuelle Recht, die Annahme von dem Nothaddressaten, als sekundären Zahlungsbeauftragten, zu verlangen, wechselmäßig begründet werden. Der Protest gegen den Nothaddressaten (Interventionsprotest) bezweckt dagegen, die Wechseldiligenz gegen den letzteren urkundlich zu machen und in wechselmäßiger, durch keinen anderen Beweis zu ersetzender Form den Nachweis zu führen: ob die Annahme abgelehnt, oder von wem und für wen das Ehrenaccept ertheilt ist. Ohne diesen urkundlichen Beweis nach beiden Richtungen hin ist ein Regreß, das eventuelle, durch die Nicht-Acceptation begründete wechselmäßige Recht auf Sicherstellung nicht zu begründen.

Es fragt sich aber: gegen wen durch die versäumte Diligenz der Regreß auf Sicherstellung verloren geht, ob gegen alle Vormänner ohne Ausnahme, oder nur gegen die Nachmänner des Nothaddressanten? Die Erwägung, daß durch die Nothaddresse die wechselmäßige Verpflichtung derjenigen nicht berührt wird, welche den Wechsel ohne diese Nothklausel begeben haben, also der Vormänner des Nothaddressanten, möchte zu der Rechtsauffassung führen, daß durch die unterlassene Nachfrage bei der Nothaddresse der Regreß gegen jene Vormänner nicht alterirt werde, daß daher nur der Regreß gegen den Nothaddressanten und dessen Nachmänner verloren gehe. Allein der Wechsel giebt darüber keine sichere Auskunft, wer die Nothaddresse beigefügt hat, es hängt vielmehr von dem Nothaddressaten ab, zu wessen Ehren er acceptiren will, und das Gesetz vermuthet sogar, daß per onor des Ausstellers acceptirt worden, wenn der Ehren-Acceptant die Person des Honoraten nicht in dem Accepte bezeichnet hat. Wenn der Inhaber die Befragung der Nothaddresse unterlassen hat, so muß die gesetzliche Vermuthung eintreten, daß die Nothaddresse von dem Aussteller beigefügt worden ist, und es erscheint daher ganz gerechtfertigt, daß der Inhaber, dessen Nachlässigkeit Schuld daran ist, daß das Ehrenaccept nicht erfolgt und die Person des Honoraten nicht bestimmt worden ist, den Regreß auf Sicherstellung gegen alle Vormänner verliert, wofür denn auch die Worte der Allgemeinen Deutschen Wechselordnung sprechen [8]).

Will der Bezogene, nachdem der Nothaddressat bereits zu Ehren acceptirt hat, den Wechsel nachträglich, dem Auftrage gemäß, acceptiren, so muß er dazu verstattet werden, da die Rechte des Inhabers dadurch nicht beeinträchtigt werden. Das einmal ertheilte Ehrenaccept verliert jedoch durch diese nachträgliche Acceptation des Bezogenen nicht seine wechselmäßige Kraft für den Fall, daß der Bezogene demnächst nicht Zahlung leistet [9]). Dagegen wird durch die nachträgliche Acceptation die Veranlassung zu dem Regresse auf Sicherstellung gehoben.

Mit diesem Systeme über den Regreß Mangels Annahme bei addressirten Wechseln steht auch das äußere Verfahren in Verbindung, welches nach erfolgtem Accept des Nothaddressaten zu beobachten ist. Der Ehren-Acceptant muß sich nemlich den Protest Mangels Annahme (Hauptprotest) aushändigen lassen; dem

8) Art. 56. 59. A. D. W. O. Hoffmann a. a. O. S. 454. Thöl a. a. O. Bd. 2. S. 492. Volckmar u. Loewy a. a. O. S. 205. Anderer Ansicht: Koch a. a. O. S. 253. Brauer im Arch. f. D. W.R. Bd. 10. S. 8. Renaud a. a. O. S. 170.

9) Wachter a. a. O. S. 432. Volckmar u. Loewy a. a. O. S. 201.

Inhaber die verauslagten Protestkosten bezahlen; in einem Anhange zu dem Proteste oder in einem selbstständigen zweiten Proteste [10]) die Ehren-Annahme bemerken lassen; den Honoraten unter Uebersendung des Protestes von der geschehenen Intervention benachrichtigen und endlich diese Benachrichtigung innerhalb zweier Tage nach dem Tage der Protesterhebung zur Post geben [11]). Unterläßt er dieses, so haftet er für den dem Honoraten durch die Unterlassung entstehenden Schaden, da er als Mandatar resp. negotiorum gestor des Honoraten zu der Notifikation verpflichtet ist. Den Vormännern des Honoraten gegenüber besteht jene Pflicht nicht, da der Honorant ihre Geschäfte zu wahren und in ihrem Interesse eine Verwendung für den Wechsel eintreten zu lassen, nicht verbunden ist. Der durch die unterlassene Notifikation entstehende Schade kann in mancherlei Verhältnissen seinen Grund haben, z. B. in der verspäteten Regreßnahme gegen die Vormänner [12]). Die Protestkosten kann der Ehren-Acceptant, wenn er demnächst zur Zahlung kommt, als Regreßkosten mit liquidiren. Kommt er nicht zur Zahlung, so kann er seine Auslagen, wie die Provision, nur civilrechtlich gegen den Honoraten einklagen, da er gegen diesen durch das bloße Accept in keine wechselrechtliche Beziehung tritt [13]).

§. 139.

Die Zahlung der Nothaddresse. Regreß Mangels Zahlung.

Die Addressirung übt auch Einfluß auf die Zahlung und auf den Regreß Mangels Zahlung [1]). Der letzte Zweck des Wechsels ist die Erfüllung des Wechselversprechens durch den Bezogenen. Wird dieser Zweck nicht erfüllt, so tritt in der Hauptfunktion des Wechsels eine Störung ein. Diese Störung führt zu dem Regresse, d. i. zur Geltendmachung des wechselmäßigen Entschädigungsanspruches gegen die Garanten wegen Nichterfüllung der Wechselzahlung. Voraussetzung und Bedingung dieses Regresses ist: Beobachtung der Wechseldiligenz durch Präsentation zur Zahlung und Konstatirung der Nicht-Zahlung durch form- und zeitrichtige Protestaufnahme. Bei addressirten Wechseln sind zwei Bezogene, ein Haupt-Bezogener und ein Hülfs-Bezogener, der Nothaddressat, vorhanden. Der letztere soll für den Wechsel eintreten, wenn der erstere die Zahlung trassirtermaßen nicht leistet. Der Inhaber eines addressirten Wechsels muß sich daher am Verfalltage mit dem Verlangen der Zahlung zuvörderst an den Bezogenen wenden, ohne Rücksicht darauf, ob der Bezogene oder Nothaddressat acceptirt hat oder nicht. Bezahlt der Bezogene, so verliert die Nothaddresse ihre Wirksamkeit, denn der Wechsel hat im geordneten Laufe seine Bezahlung gefunden, das Wechselversprechen ist erfüllt und ein Nothstand für den Wechsel nicht eingetreten. Der Nothaddressat, welcher acceptirt hatte, aber nicht zur Zahlung gelangt, weil der

10) Brauer a. a. O. S. 110. Thol a. a. O. Bd. 2. S. 495.
11) Art. 58. A. D. W.O.
12) Liebe, Entw. §. 77. Mot. S. 165. Hoffmann a. a. O. S. 469.
13) Brauer a. a. O. S. 111.
1) Liebe, W.O. S. 177.

Bezogene oder ein anderer Intervenient Zahlung geleistet hat, ist jedoch berechtigt, von dem Zahlenden $\frac{1}{3}$ Prozent Provision zu fordern, weil er sich auf die Zahlung gefaßt und Mittel dazu hat bereit halten müssen [2]). Dieser Anspruch ist jedoch kein wechselmäßiger [3]). Die Präsentation zur Zahlung an die Nothaddresse setzt daher einen durch Protest konstatirten Nothfall des Wechsels, die Nichtzahlung desselben durch den Bezogenen voraus. Erst dann ist der Inhaber berechtigt, die Nothaddresse um die Zahlung anzugehen, und die Nothaddresse legitimirt, Zahlung zu leisten.

Für die Präsentation des Wechsels an den Nothaddressaten zum Zweck der Zahlung gelten die allgemeinen wechselrechtlichen Vorschriften über die Präsentation überhaupt. Der Inhaber eines addressirten und vom Bezogenen nicht honorirten Wechsels kann die Zahlung von einem Jeden, der sie anbietet, daher sowohl von einem der Nothaddressaten, als von jedem beliebigen Dritten, mag ein Accept vorausgegangen sein oder nicht, selbst unter Vernachlässigung der, für die Intervention vorgeschriebenen Förmlichkeiten, ohne jedes Präjudiz in Empfang nehmen mit der Wirkung, daß für ihn die Wechselobligation getilgt wird. Die Nichtbeobachtung der Vorschriften über die Intervention, z. B. Mangel des Haupt- und Interventionsprotestes, Zurückdrängen eines besseren Intervenienten, kann nur Nachtheil haben für den Zahlenden, und dieser Nachtheil besteht in dem gänzlichen oder theilweisen Verluste des Regresses [4]). Der Inhaber des Wechsels übt nur eigene Rechte aus und ist nicht verpflichtet, bei der Zahlung die Interessen der Vormänner wahrzunehmen und in dieser Beziehung eine Verwendung für das Wechselgeschäft eintreten zu lassen. Durch die, gleich viel von wem, erhaltene Zahlung wird die Befriedigung des Inhabers bewirkt, so daß derselbe an dem Regresse und dem Proteste kein weiteres Interesse hat. Wenn aber die Zahlung an den Inhaber nicht erfolgt ist und derselbe den Regreß Mangels Zahlung nehmen will, so ist dieser Regreß davon abhängig, daß die Bedingungen des Regresses erfüllt werden, d. h. der Nothfall des Wechsels und die Weigerung der Zahlung durch den Nothaddressaten in wechselmäßiger Form, d. h. durch Protest urkundlich dargethan werden. Es bestimmt daher die Allgemeine Deutsche Wechselordnung, daß der Inhaber eines addressirten, von dem Bezogenen nicht bezahlten Wechsels den letzteren spätestens am zweiten Werktage nach dem Zahlungstage den sämmtlichen Nothaddressen zur Zahlung vorlegen und den Erfolg der Vorlegung in dem Proteste Mangels Zahlung, oder in einem Anhange zu demselben bemerken lassen muß, widrigenfalls er den Regreß gegen den Addressanten oder Honoraten und deren Nachmänner verliert [5]). Der Inhaber eines, mit einer Nothaddresse versehenen Wechsels hat durch die Annahme der Nothaddresse die Verpflichtung übernommen, den für den Störungsfall vorgezeichneten zweiten Einlösungsweg zu versuchen, also die Nothaddresse, so viele deren vorhanden sind, gleichgültig in welcher

2) Art. 65. A. D. W.O.
3) Brauer a. a. O. S. 119. Bluntschli a. a. O. S. 107.
4) Art. 62. 64. A. D. W.O. Liebe, W.O. S. 180.
5) Art. 62. 88. Nr. 5. A. D. W.O. Brauer im Arch. f. D. W. R. Bd. 11. S. 115. Thol a. a. O. Bd. 2. S. 492. 533.

Ordnung, um die Bezahlung zu befragen, überhaupt dieselbe Diligenz zu üben, wie wenn der Nothaddressat der alleinige Bezogene wäre, bevor er wegen Nichterfüllung des Wechselversprechens Regreß nehmen kann [6]). Die Vorlegung des Wechsels muß daher, wenn von dem Bezogenen keine Zahlung geleistet wird, an sämmtliche Nothaddressen erfolgen, bis festgestellt worden ist, ob eine derselben zur Zahlung bereit ist, oder ob sämmtliche Nothaddressen ablehnen. Erst für den letzteren Fall ist die Absicht des Nothaddressanten und die Bedingung der Regreßnahme erfüllt. Der Wechsel giebt über die Person des Nothaddressanten keine bestimmte und sichere Auskunft, und das Gesetz stellt daher, wenn das Accept die Person des Honoraten nicht bezeichnet, die gesetzliche Vermuthung auf, daß zu Ehren des Ausstellers acceptirt, resp. daß die Nothaddresse von dem Aussteller beigefügt worden ist. Diese gesetzliche Vermuthung ist von der Allgemeinen Deutschen Wechselordnung zwar nur in der Lehre von der Ehrenannahme aufgestellt [7]) und später in der Lehre von der Ehrenzahlung nicht wiederholt, hier vielmehr an die Unterlassung der Präsentation zur Zahlung an „sämmtliche" Nothaddressaten der Verlust des Regresses gegen den Addressanten und dessen Nachmänner geknüpft, allein die Vorlegung des Wechsels an die Nothaddressen hat gerade den Zweck, festzustellen, zu wessen Ehren der Addressat zahlen will, also die Person des Nothaddressanten resp. Honoraten zu bestimmen, insofern letzteres nicht schon durch das vorgängige Accept geschehen ist. Der Nothaddressat soll, wenn er nicht schon vorher zu Ehren eines bestimmten Vormannes acceptirt hat, dann eben bei der Zahlung in wechselmäßiger Weise, d. i. in dem Interventionsproteste erklären, zu wessen Ehren er Zahlung leisten will, damit dadurch die Person des Nothaddressanten resp. Honoraten bestimmt wird. Hat der Inhaber die Vorlegung des Wechsels zur Zahlung an die Addressaten ganz unterlassen, oder doch nicht an sämmtliche Addressen bewirkt, so hat er die, ihm obliegende Diligenz vernachlässigt, und diese Vernachlässigung hat den Verlust des Wechsels zur Folge. Es fragt sich nur: gegen welche Vormänner? Gegen den Addressanten und dessen Nachmänner; denn die Vormänner werden durch die nachträgliche Beifügung einer Nothaddresse in ihrer rechtlichen Stellung nicht alterirt. Addressant ist aber, vermöge gesetzlicher Vermuthung, wenn ohne wechselmäßige Bezeichnung des Honoraten bezahlt, oder nicht zu Gunsten eines bestimmten Vormannes acceptirt worden ist, der Trassant, und die Folge des eintretenden Präjudizes ist daher der Verlust des Regresses gegen alle Garanten [8]). Ist zu Ehren eines bestimmten Garanten acceptirt oder gezahlt worden, so werden durch ein eintretendes Wechselpräjudiz bei der Intervention die Vormänner des Honoraten nicht berührt und von ihrer Regreßpflicht nicht befreiet, denn für sie ist die Intervention eine fremde Angelegenheit, eine res inter alios acta [9]). Der Regreß gegen die Vormänner des Honoraten hängt nicht von der Wechseldiligenz gegen den Intervenienten, sondern

6) Liebe, W.O. S. 178. Renaud a. a. O. S. 170. Thol a. a. O. Bd. 2. S. 493.
7) Art 59. A. D. W.O.
8) Wachter a. a. O. S. 502. Hoffmann a. a. O. S. 470. 487. Thol a. a. O. Bd. 2. S. 493.
9) Leipz. Prot. S. 128. 238.

von der Wechseldiligenz gegen den Bezogenen, ihren Zahlungsbeauftragten, ab[10]). Die Vorlegung des Wechsels zur Zahlung an sämmtliche Nothaddressaten, eventuell die Protestaufnahme über die Weigerung der Zahlung muß aber auch innerhalb der im Gesetze bestimmten Frist, d. i. spätestens am zweiten Werktage nach dem Zahlungstage[11]) geschehen und darüber der urkundliche Beweis in der Form des Interventionsprotestes aufgenommen werden. Wie der Trassant durch den Bezogenen, so hat der Nothaddressant durch den oder die Nothaddressaten die Zahlung am Verfalltage versprochen, und der Inhaber ist verpflichtet, innerhalb der, für die Präsentation zur Zahlung freigelassenen Zeit die Wechselsumme zu fordern und gleiche Diligenz, wie gegen den Haupt-Bezogenen, zu üben. Versäumt er diese Pflicht, so ist das Regreßrecht gegen den Nothaddressanten resp. Honoraten und dessen Nachmänner erloschen.

Der Regreß Mangels Zahlung bei addressirten Wechseln setzt daher eine doppelte Wechseldiligenz und somit einen zwiefachen Protest voraus, einen Haupt- und einen Interventionsprotest. Durch den letzteren müssen die Bedingungen des Regresses: die rechtzeitige Zahlungsaufforderung und die Zahlungsweigerung Seitens des Nothaddressaten urkundlich festgestellt werden[12]). Der Interventionsprotest soll den Erfolg[13]) der Befragung der Nothaddressen, d. i. die Erwähnung enthalten: von wem, für wen und wie die Ehren-Annahme oder Ehren-Zahlung angeboten und geleistet ist. Daß die Zahlung erfolgt sei, darüber giebt der Interventionsprotest nur in den seltensten Fällen Auskunft, weil der instrumentirende Notar zur Empfangnahme der Wechselsumme, ohne besondere Vollmacht, nicht berechtigt, und der zur Empfangnahme der Wechselsumme legitimirte Wechselinhaber bei der Protestaufnahme selten zugegen ist. Der Protestvermerk beschränkt sich daher in der Regel auf die Registrirung: ob und für wen der Nothaddressat die Ehrenzahlung angeboten, oder ob er dieselbe verweigert hat, Es kann daher im Verkehre sich wohl ereignen, daß der Nothaddressat, welcher sich in dem Proteste zur Ehrenzahlung erboten hat, dieselbe demnächst verweigert. Der Interventionsprotest, welcher ein Zahlungserbieten enthält, würde daher zum Regresse nicht geeignet sein, da nur eine Zahlungsweigerung den Regreß begründet. Um diese in wechselurkundlicher Weise festzustellen, muß der Inhaber gegen den Nothaddressaten, welcher die, im Proteste versprochene Ehrenzahlung nicht leistet, innerhalb der gesetzlichen Protestationsfrist, — freilich eine präjudizirliche Last, — nochmals protestiren, um sich den Regreß zu sichern.

Es ist auch zulässig und dem Zwecke der Intervention nicht widersprechend,

---

10) Art. 41. A. D. W.O.

11) Art. 62. 41. A. D. W.O.

12) Thöl a. a. O. Bd. 2. §. 278. Wächter im Arch. f. D. W.R. Bd. 9. S. 330.

13) Art. 62. 88. Nr. 5. A. D. W.O. Erk. des O.Tr. in Berlin vom 28. Jan. 1858., 15. Novbr. 1860. (Arch. f. D. W.R. Bd. 7. S. 341., Bd. 10. S. 216.) Volckmar und Loewy a. a. O. S. 214. 221. Wächter im Arch. a. a. O. Bd. 9. S. 327. Hillig im Arch. a. a. O. Bd. 15. S. 264. Zum Theil anderer Ansicht: Brauer im Arch. a. a. O. Bd. 11. S. 115. Hoffmann a. a. O. S. 481. Thol a. a. O. Bd. 2. S. 495. Erk. des O.A.G. zu Lübeck (Arch. a. a. O. Bd. 10. S. 38.): „Die bloße Zahlungserklärung des Nothaddressaten vertritt nicht die Stelle der Ehrenzahlung, sondern ist als Nichtzahlung aufzufassen."

daß der Nothaddressat, welcher durch die Ehrenzahlung in die Rechte des Inhabers tritt, ohne die Präsentation zur Zahlung und die Aufnahme des Interventionsprotestes abzuwarten, selbst, noch vor der Aufnahme des Hauptprotestes, an den Wechselinhaber Zahlung leistet, die Präsentation zur Zahlung bei dem Bezogenen selbst besorgt und im Weigerungsfalle Protest aufnehmen läßt. Durch diese Form der Wechseldiligenz wird das Interventionsgeschäft leicht und rasch abgewickelt und der Interventionsprotest erspart [14]).

Die Wirkung der Wechselzahlung durch den Bezogenen ist die Tilgung der Wechselobligation. Der Bezogene, welcher gezahlt hat, hat einen Auftrag erfüllt und ist daher befugt, gegen den Auftraggeber, nemlich den Aussteller, seine civilrechtlichen Ansprüche aus diesem Auftrage, oder aus dem der Zahlung sonst zum Grunde liegenden Geschäfte, — Deckungsgeschäfte, — geltend zu machen. Der Nothaddressat zahlt auch im Auftrage und zwar des Nothaddressanten, jedoch nur für den Fall, daß der Bezogene die Wechselzahlung nicht leistet, und nicht in der Absicht, die Wechselobligation für alle, welche das Wechselversprechen gegeben haben, zu erfüllen, zu tilgen, sondern zu dem Endzwecke, um den Noth leidenden Wechsel für den Addressanten resp. Honoraten einzulösen und den Regreß bis zu dem letzteren abzukürzen. Die Zahlung durch den Nothaddressaten ist in dieser Auffassung eine Regreßzahlung. Statt daß der Inhaber bei der Wechselstörung seinen Entschädigungsanspruch wegen Nicht-Zahlung des Wechsels in dem Regreßwege gegen die Garanten verfolgt, empfängt er die Wechselsumme für Rechnung eines bestimmten Vormannes von dem Nothaddressaten. Der letztere zahlt nicht aus eigener, ursprunglicher Wechselpflicht, auch nicht für den Bezogenen und in der Absicht, Rechte gegen den Hauptschuldner zu erwerben, sondern er löst, wie ein Vormann bei dem Regresse, den Wechsel für den Honoraten ein, um die Rechte aus dem Regresse auf Grund des Wechsels und des Protestes weiter geltend zu machen [15]). Durch die Zahlung tritt der Nothaddressat in die Rechte des Inhabers gegen den Honoraten und dessen Vormänner, und, wenn der Wechsel ein Accept trägt, auch in die Rechte gegen den Acceptanten [16]). Es werden daher die Nachmänner des Honoraten durch die Ehrenzahlung von der Regreßpflicht befreit, denn die Ehrenzahlung bezweckt, den Regreß bis zu dem Honoraten abzukürzen.

14) Es bestimmt in dieser Beziehung: das Einf.-Ges. für Hamburg v. 21. Febr. 1849. §. 8. „Wenn gleich ein Ehren-Acceptant nach Art. 62. und 63. der Allgem. Deutschen Wechselordnung nur verpflichtet ist, sein Accept gegen ihm geschehende Einlieferung des vom Inhaber ordnungsmäßig erhobenen Protests Mangels Zahlung zu leisten, so bleibt es demselben dennoch gestattet, nach Maßgabe des hier bestehenden Gebrauches, die Zahlung auf Verfall auch bereits vor erhobenem Proteste zu leisten. Er tritt durch solche Zahlung in die Rechte des Inhabers gegen den Honoraten, dessen Vormanner und den Acceptanten und hat sodann die zur Ausübung dieser Rechte von der Wechselordnung vorgeschriebenen Formlichkeiten an der Stelle des Inhabers seinerseits zu erfüllen." Eine gleiche Bestimmung enthalt das Einf.-Ges. für Lübeck v. 28. April 1849. §. 5. Gelpke im Arch. f. D. W.R. Bd. 2. S. 60. 69. Renaud a. a. O. S. 187. Anm. 11. Thol a. a. O. Bd. 2. S. 535. Wachter a. a. O. S. 510. Hoffmann a. a O. S. 483. Anderer Ansicht: Volckmar und Loewy a. a. O. S. 219. Koch, Allgem. Preuß. Landr., Wechselordn. Art. 63.

15) Erläuterungen zum Preuß. Entw. v. 1845. S. 34. Mot. zum Preuß. Entw. v. 1847. S. LXVII. Bluntschli a. a. O. S. 148.

16) Art. 63. 50 ff. A. D. W.O.

Der Regreßanspruch des Ehrenzahlers wird gebildet durch die Regreßsumme und besteht: 1) in der von dem Nothaddressaten bezahlten Wechselsumme nebst sechs Prozent jährlicher Zinsen vom Verfalltage ab; 2) in den Protestkosten und anderen Auslagen, z. B. in den dem Inhaber erstatteten Kosten für den Protest Mangels Annahme [17]) und in der an den Ehren-Acceptanten gezahlten Provision [18]); 3) in einer Provision von ⅓ Prozent. Dieser Betrag der Regreßsumme kann der Ehrenzahler, wie jeder einlösende Garant, von den Vormännern im Regreßwege fordern, daher auch einen Rückwechsel ziehen [19]). Die durch die Intervention entstehenden besonderen Kosten, z. B. die Kosten für die Interventionsproteste Zwecks Ehren-Annahme und Ehren-Zahlung, die Kosten der Notifikation bei der Ehren-Acception, sind im Interesse des Regresses verausgabt. Der Aussteller und die Indossanten tragen an der Noth des Wechsels Schuld, denn sie haben für Einlösung des Wechsels durch den Bezogenen nicht in gehöriger Weise Sorge getragen. Es müssen daher auch der Honorat und dessen Vormänner, ohne Rücksicht darauf, ob die Nothaddresse von ihnen herrührt und ob sie den Wechsel, mit der Nothaddresse versehen, begeben haben, jene Kosten der Intervention als Regreßkosten tragen, ebenso wie sie dem Acceptanten zur Last fallen, der die Störung des Wechsels durch Nicht-Zahlung veranlaßt hat. Die Nachmänner des Honoraten sind, wie von dem Regresse, so auch von der Tragung jener Kosten befreit [20]).

Die Rechtsstellung des zahlenden Nothaddressaten ist ähnlich, aber nicht gleich der Stellung eines einlösenden Indossanten. Denn der Nothaddressat löst den Wechsel, namentlich wenn kein Ehren-Accept vorausgegangen ist, nicht aus eigener Wechselhaft, wie der Indossant, sondern aus freier Entschließung, ohne eigene Wechselpflicht, in der Absicht ein, die Geschäfte des Honoraten und dessen Vormänner zu besorgen und diesen gegenüber die Rechte des Inhabers zu erwerben. Der Nothaddressat erwirbt durch die Zahlung aber nicht allein die Rechte des Inhabers, sondern er unterwirft sich auch den Pflichten desselben, insbesondere der Pflicht der Notifikation [21]) und der Einschränkung der Verjährung, indem diese den Vormännern gegenüber nicht, wie gegen den einlösenden Indossanten, von dem Tage der Zahlung, sondern, wie gegen den Inhaber, von dem Tage des erhobenen Hauptprotestes ab läuft. In dieser Einschränkung liegt für den Ehrenzahler keine Härte. Denn einmal ist er bei der Geltendmachung der Wechselrechte nicht ein Vertreter, ein Bevollmächtigter des Honoraten, hat daher auf dessen Verjährungsrechte keinen Anspruch, und dann wird derselbe

---

17) Art. 58. A. D. W.O. Leipz. Prot. S. 131.

18) Art. 65. A. D. W.O. Wächter a. a. O. S. 514.

19) Art. 53. A. D. W.O.

20) Thöl a. a. O. Bd. 2. S. 494. nimmt an, daß die durch die Nothaddresse entstandenen größeren Regreßkosten nicht von jedem Regreßpflichtigen, sondern nur von den Vormännern, welche die Tratte mit der Nothaddresse begeben haben, getragen werden müßten. Allein der Ansicht steht der Umstand entgegen, daß in vielen Fällen, namentlich im Wechselprozesse, der Beweis über die Urheberschaft und das Datum der Nothaddresse sehr beschwerlich, ja ganz unausführbar ist.

21) Art. 45. 63. A. D. W.O. Erk. des obersten österr. Gerichtsh. v. 22. Juli 1856. (Arch. f. D. W.R. Bd. 6. S. 419.) Thöl a. a. O. Bd. 2. S. 507.

durch die Verpflichtung des Inhabers, den Wechsel spätestens am zweiten Werktage nach dem Zahlungstage, bei Verlust des Regresses, zur Ehrenzahlung zu präsentiren, wie der Inhaber, in die Lage gesetzt, bald mit dem Verfalle des Wechsels seine Regreßrechte auszuüben. Es beginnt die Verjährungsfrist gegen ihn daher mit Recht, wie gegen den Inhaber, mit dem Tage des erhobenen Protestes [22]). Gegen den Honoraten, welcher den Wechsel von dem Honoranten eingelöst hat, beginnt die Frist mit dem Tage der Zahlung resp. Behändigung der Klage oder Ladung. Denn die Zahlung der Regreßsumme an den Honoraten steht der Einlösung des Wechsels durch den Indossanten gleich [23]). Der wechselmäßige Anspruch aus dem Ehren-Accepte verjährt, wie gegen den Haupt-Acceptanten, in drei Jahren vom Verfalltage des Wechsels gerechnet [24]).

Damit der Ehrenzahler seine Regreßrechte ausüben kann, müssen ihm, und zwar Zug um Zug [25]), gegen Zahlung der Wechselsumme, Wechsel und Protest ausgeantwortet werden. Dagegen muß derselbe dem Inhaber die Kosten der Protestaufnahme erstatten. Die Gläubigerschaft und die Legitimation des Honoranten, den Wechselverpflichteten gegenüber, ruhen in dem Besitze des Wechsels und des Haupt- und Interventionsprotestes. Durch den Hauptprotest wird der Nothfall des Wechsels, und durch den Interventionsprotest die Ehrenzahlung urkundlich gemacht. Ohne diesen urkundlichen Nachweis ist das Wechselrecht des Honoraten gegen die Vormänner eben so wenig zur Geltung zu bringen, als das Regreßrecht des Inhabers gegen die Garanten ohne den Protest Mangels Zahlung. Ist, wie das gewöhnlich der Fall, über die geleistete Ehrenzahlung in dem Interventionsproteste nicht quittirt, die Zahlung daher nur angeboten, so muß die Zahlung durch eine Quittung auf dem Wechsel festgestellt und dadurch die formale und wechselmäßige Legitimation des Ehrenzahlers ergänzt werden. Während die Gläubigerschaft des einlösenden Indossanten durch den Besitz des Wechsels und Protestes in Verbindung mit dem früheren Eigenthumstitel, dem früheren Indossamente, begründet wird, ohne daß die Realzahlung noch besonders durch eine Quittung auf dem Wechsel dargethan zu werden braucht, wird die Legitimation des Honoranten, der Erwerbsgrund für die Wechselrechte des Ehrenzahlers in die Thatsache der Zahlung verlegt [26]). Fehlt in dem Interventionsproteste die Er-

22) Art. 63. 78. A. D. W.O. Hoffmann a. a. O. S. 486.

23) Art. 79. A. D. W.O. Leipz. Prot. S. 204. wurde eine Bestimmung dahin vorgeschlagen: die Verjährungsfrist lauft gegen den Prasentanten und Intervenienten mit dem Tage nach dem Verfalltage des Wechsels. Erk. das obersten osterr. Gerichtsh. v. 22. Juli 1856 (Arch. f. D. W.R. Bd. 6. S. 419) Treitschke a. a. O. Bd. 1. S. 572. Hoffmann a. a. O. S. 486. Nürnberger Kommission (Arch. a. a. O. Bd. 9. S. 249.) Kuntze a. a. O. S. 114., welcher die Frist erst vom Tage der Notifikation (Art. 45. A. D. W.O.) laufen läßt.

24) Art. 77. A. D. W.O. Hoffmann a. a. O. S. 559. Renaud a. a. O. S. 225. Thol a. a. O. Bd. 2. S. 741. Anderer Ansicht: Volckmar und Loewy a. a. O. §. 175., die den Ehren-Acceptanten auch dem Prasentanten gegenüber in das Verhaltniß eines Regreß pflichtigen setzen.

25) Es wurde in der Leipziger Konferenz die Frage aufgeworfen: ob für die Ausantwortung des Protestes Mangels Zahlung nicht eine Frist zu bestimmen sei? Dazu fand man aber keine Veranlassung, weil die Verabfolgung des Protestes und die Zahlung immer Zug um Zug geschehen, und daher vor der Aushändigung des Protestes die Zahlung von dem Intervenienten nicht gefordert werden könne. Leipz. Prot. S. 130.

26) Art. 39. 48. A. D. W.O. Hoffmann a. a. O. S. 489. Thol a. a. O. Bd. 2.

wähnung, für wen die Ehrenzahlung geleistet oder angeboten worden, so tritt die gesetzliche Vermuthung dahin ein, daß sie für den Aussteller geleistet worden ist[27]). Durch die Quittung kann diese Vermuthung nicht beseitigt und die Person des Honoraten nicht bestimmt werden, da der Protest den Zweck hat, die Regreßrechte zu fixiren, und dieser Zweck vereitelt werden würde, wenn die durch Accept und Protest nicht bestimmte Person des Honoraten nachträglich, nach Willkühr des Zahlers, bezeichnet werden könnte. Zur Verfolgung des Wechselrechts gegen den Acceptanten bedarf es keines Protestes Mangels Zahlung, d. i. keines urkundlichen Nachweises, daß die Erfüllung des Wechselversprechens von dem Wechselschuldner vergebens gefordert worden, denn der Acceptant ist der principale und direkte Zahlungsverpflichtete[28]). Es bedarf daher zur Geltendmachung der Rechte aus dem Accepte auch für den Ehrenzahler keines Haupt-Protestes. Die Legitimation des Ehrenzahlers, als des Berechtigten aus dem Wechsel, wird dem Acceptanten gegenüber durch den Interventionsprotest und durch die Quittung hergestellt, und demselben dadurch auch die Möglichkeit gegeben, zur Erhaltung der Regreßrechte gegen die Vormänner gegen den Acceptanten selbst Protest erheben zu lassen.

Ist die Aufnahme des Haupt- und Interventionsprotestes ganz verabsäumt, oder nicht zeitgerecht, oder nicht in gehöriger Form erfolgt, so ist der Wechsel präjudizirt und das Regreßrecht erloschen. Der Nothadressat oder Ehren-Acceptant aber haben keine Pflicht, einen präjudizirten oder verlorenen Wechsel zu bezahlen, da in beiden Fällen das Regreßrecht nicht geltend gemacht werden kann[29]).

Der Acceptant, als Haupt-Zahlungsbeauftragter, kann auch nach der Zahlung des Wechsels durch den Nothadressaten sich noch zur Zahlung des Wechsels erbieten und den Wechsel gleichsam in der Hand des Ehrenzahlers, wie im Regreßlaufe, noch nachträglich einlösen. Derselbe muß dem Ehrenzahler dasjenige leisten, was dieser von dem Honoraten zu fordern berechtigt gewesen sein würde[30]). Auch der Bezogene, der noch nicht acceptirt hat, wird ein solches nachträgliches Einlösungsrecht, als im Wechselauftrage und im Interesse der Wechsel-Interessenten liegend, geltend machen können.

Gleiche Grundsätze gelten bei der Ehrenzahlung für eigene Wechsel. Der Haupt-Zahlungsverpflichtete ist dabei der Aussteller. Er steht dem Acceptanten

---

S. 538. Es ist nicht nothwendig, daß in der, dem Ehrenzahler ausgestellten Quittung ausgedrückt wird, er habe zu Gunsten des Honoraten bezahlt. Erk. des O.Tr. in Berlin v. 8. Okt. 1861. (Arch. f. D. W.R. Bd. 12. S. 180.)

27) Art. 59. A. D. W.O. Hoffmann a. a. O. S. 490.

28) Art. 41. A. D. W.O.

29) Erläuter. zum Preuß. Entw. v. 1845. S. 34. Liebe, Entw. S. 158. Brauer a. a. O. S. 112. Arch. f. D. W.R. Bd. 1. S. 47 ff. Erk. des O.Tr. in Berlin v. 27. Januar 1857 (Strieth. Arch. Bd. 23. S. 283.)

30) Art. 48. A. D. W.O. Thöl a. a. O. Bd. 2. S. 541 Nach mehreren älteren Wechselordnungen ist der Ehren-Acceptant, wenngleich der Trassat noch acceptiren oder zahlen will, zurückzutreten nicht schuldig, weil er das Geld zur Einlösung des Wechsels schon angeschafft hat. Nach der Augsburger W.O. v. 1716. ist dagegen der Acceptant gegen Vergütigung der Provision und Spesen zurückzutreten schuldig.

gleich. Geräth der eigene indossirte Wechsel in Noth, so hängt der Regreß von der Befragung der Nothadressen ab [31]).

§. 140.

Die Intervention im engeren Sinne.

Dem bei der Annahme oder der Zahlung Noth leidenden, d. i. dem ganz oder theilweise [1]) nicht acceptirten oder nicht bezahlten, Wechsel kann auch ein zur Erfüllung des Wechselversprechens im Wechsel nicht berufener Dritter zur Hülfe kommen, indem er sich in wechselmäßiger Weise bereit erklärt, den Wechsel zu Ehren eines Garantieverpflichteten zu acceptiren oder zu bezahlen. Auch der Bezogene kann die Acceptation und die Zahlung aus dem Wechsel und dem darin enthaltenen Auftrage ablehnen und aus freien Stücken und zu Ehren eines Regreßverhafteten das Wechselversprechen erfüllen. Diese Intervention, d. i. diese nicht berufene, oder nicht in Folge des Wechselauftrages geleistete Ehrenannahme oder Ehrenzahlung wird, zur Unterscheidung von der Honorirung in Folge einer Nothadresse, als Intervention im engeren Sinne bezeichnet. Bei dieser fremden Verwendung für einen Wechsel unterscheidet man, wie bei der Nothadresse, das Ehrenaccept und die Ehrenzahlung. Wenn der Inhaber auf Grund des Besitzes des Wechsels verpflichtet ist, den in dem letzteren vorgezeichneten Einlösungsweg zu verfolgen, und wenn die Regreßrechte von der Erfüllung dieser Pflicht abhängen, so sind das Folgen des in dem Wechsel enthaltenen vertragsmäßigen Elements, — denn der in dem Wechsel urkundlich gemachte Wille des Gebers soll erfüllt werden. Das Civilrecht stellt nun zwar den Rechtssatz auf, daß ein Gläubiger die Zahlung einer fälligen Forderung auch von einem Anderen, als dem Verpflichteten, anzunehmen gehalten ist, weil dadurch das obligatorische Verhältniß zwischen dem Gläubiger und Schuldner gelöst, die Schuld getilgt, der Vortheil des Gläubigers gefördert wird, allein einen neuen Schuldner oder auch einen neuen Mitschuldner in eine bestehende Obligation hineinzuschieben, eine neue Obligation im Anschluß an eine schon bestehende zu bilden, dazu ist der übereinstimmende Vertragswille der Kontrahenten nothwendig. Dieser aus dem Obligationenrechte entspringende Rechtssatz findet auch auf den Wechsel Anwendung, der sonst die besondere Eigenthümlichkeit hat, ja in dessen merkantiler Natur es gerade begründet ist, daß demselben durch die Bewegung, ohne Mitwirkung der ursprünglichen Kontrahenten, neue Obligationen mit solidarer Rechtswirkung hinzutreten. Diese accessorischen Obligationen stehen aber, bei aller materiellen Selbstständigkeit, in formaler Abhängigkeit zum Grundwechsel, beruhen auf der Formalität der Skripturakte und werden durch die letzteren als untrennbare Theile des Papieres dargestellt, welches den Wechsel in seiner Eigenschaft als merkantiles Werthzeichen repräsentirt. Einen nicht urkundlich gemachten Wechselinteressenten, z. B. bei Begebungen unter Blanko-Giro, braucht der Wechselinhaber nicht zu berücksichtigen,

31) Art. 98. Nr. 7. A. D. W.O.
1) Leipz. Prot. S. 238.

wegen Honorirung des Wechsels nicht zu befragen und als Schuldner nicht anzunehmen. Dieser Rechtsanschauung folgend stellt die Allgemeine Deutsche Wechselordnung den Grundsatz auf: daß der Inhaber die Ehrenannahme Seitens einer nicht auf dem Wechsel als Nothadresse benannten Person nicht zuzulassen braucht [2]). Der Inhaber ist daher nur verpflichtet, und sein Regreßrecht ist davon abhängig, daß er die im Wechsel mit der Erfüllung des Wechselversprechens Beauftragten, daher zunächst den Bezogenen und eventuell den Nothadressaten wegen Acceptation und Zahlung angeht. Die Befragung nicht berufener Dritter gehört nicht zu seiner Wechselpflicht. Selbst das Ehrenaccept des Bezogenen ist der Inhaber anzunehmen nicht verpflichtet. Denn einer Seits ist der Bezogene berufen, auf Grund und nach Inhalt des Wechsels, zur endgültigen Tilgung der Wechselobligation, die Wechselsumme zu zahlen, nicht aber berechtigt, das Wechselversprechen in der Form der Ehrenannahme zu erfüllen und die Wechselobligation für sich zu erwerben; anderer Seits aber ist der Inhaber nicht verpflichtet, an Stelle des gewöhnlichen Accepts eine Acceptations-Obligation treten zu lassen, welche für ihn in Ansehung der Geltendmachung [3]) und der rechtlichen Wirkung [4]) einschränkend und belästigend ist. Acceptirt der Bezogene den Wechsel nicht auf Grund des gegebenen Auftrages, weil er vielleicht mit dem Deckungsverhältnisse nicht einverstanden ist und sich durch die Annahme per onor eine bessere, und zwar wechselberechtigte, Stellung verschaffen will, so steht er außerhalb der Beziehung zu dem Wechsel, in welche ihn der Wille des Ausstellers gebracht hat, und dem Dritten gleich, welcher nicht auf Grund des Wechselauftrages, sondern aus freier Willensentschließung acceptirt hat [5]). Die Zulassung des freien, unberufenen Accepts, sowohl Seitens des Bezogenen, als eines Dritten, hängt daher von dem Wechselinhaber ab. Durch die Ablehnung desselben macht er sich den Wechselgebern gegenüber nicht verantwortlich; es entsteht daraus, als in seinem Willen und im Interesse des Wechsels liegend, kein Präjudiz. Läßt er aber die Ehren-Acceptation zu, so ist die Störung, welche durch die Nicht-Acceptation Seitens des Bezogenen eingetreten war, geheilt; der Wechsel geht, nach eigener Wahl der Inhabers, in Ordnung, die durch die Nicht-Acceptation beeinträchtigte Sicherheit ist, nach eigenem Willen des Berechtigten, wiederhergestellt, und der Inhaber daher nicht berechtigt, aus dem Um-

---

2) Auch nach Englischem und Nordamerikanischem Rechte braucht der Inhaber keine Acceptation supra protest, wohl aber muß er eine Zahlung supra protest annehmen. Story a. a. O. §. 122. 255. Gobert im Arch. f. D. W.R. Bd. 9. S. 1. hält den Grundsatz der A. D. W.O. theoretisch nicht für begründet. Die Wissenschaft denkt über den Satz verschieden. Nach Liebe, Entw. §. 65. muß jede angebotene Ehrenannahme bei Verlust des Regresses angenommen werden. Einert, W.R. S. 370. Entw. vom Jahre 1841. Tit. XII 1. 17. erkennt eine Verpflichtung zur Annahme der Ehren-Acceptation weder in Form der Nothadresse, noch der einfachen Intervention an. Auch die ältere Literatur faßt die Lehre von verschiedenen Standpunkten auf: Franck l. c. lib. I. sect. 4. tit. 4. §. 2. 5. Siegel, W.R. K. II §. 10, K. IV. §. 3. Riccius l c. exerc. X sect. 4 §. 33 Treitschke a. a. O. Bd. 1. S. 517. 535. Bremer W.O. von 1712. Art. 24. (Siegel, corp. jur camb p 271.)

3) Art. 60. A. D. W.O. .

4) Art. 61. A. D. W.O

5) Dieser Rechtssatz wird im Art. 57. der A. D. W.O. durch die Worte ausgedrückt: Die Ehrenannahme von Seiten einer nicht auf dem Wechsel als Nothadresse benannten Person braucht der Inhaber nicht zuzulassen. Leipz. Prot. S. 123. 125. Treitschke a. a. O. Bd. 1. S. 546. Brauer a. a. O. S. 109. Bluntschli a. a. O. S. 99. Hoffmann a. a. O. S. 464.

stande, daß der Bezogene die Acceptation, auf Grund des Wechselauftrages, abgelehnt hat, eine Veranlassung zu Sicherstellung zu entnehmen [6]).

Die Form des Ehren-Accepts ist im Allgemeinen die des gewöhnlichen Accepts. Die Schriftlichkeit auf dem Wechsel oder einer Kopie desselben ist die Voraussetzung der Gültigkeit. Das Accept muß sich aber in seiner äußeren Fassung als Ehren-Accept darstellen. Die einfache Namensunterschrift auf der Vorderseite des Wechsels giebt für das Verhältniß zum Wechsel und für die Auffassung der Skriptur als Ehren-Accept keinen Anhalt. Auch der Protest, in welchem angegeben werden soll, von wem, für wen und wie die Ehren-Annahme angeboten und geleistet worden ist, ist nicht geeignet, jenen Mangel zu ersetzen, da eine Wechselerklärung in sich und in ihrer äußeren Skripturerscheinung rechtlichen Bestand erhält und keine Ergänzung und Erklärung findet durch einen Schriftakt außer ihr. Der Protest befindet sich auch, nach dem gewöhnlichen Geschäftslaufe, nicht in den Händen des Präsentanten, sondern in denen des Ehren-Acceptanten resp. Honoraten [7]), so daß eine Produktion nicht einmal von dem Willen des Wechselgläubigers abhängt. Die wechselmäßige Verpflichtung trifft zwar einen Jeden, welcher den Wechsel, die Wechselkopie, das Accept oder das Indossament mit unterzeichnet hat [8]), allein dieser accessorische Beitritt setzt doch eine gewisse räumliche Beziehung zu einem bestimmten Wechselakte voraus und wird nicht durch jede auf der Vorderseite, vielleicht ohne alle räumliche Verbindung, befindliche Namensschrift begründet. Es ist daher erforderlich, daß der dritte Intervenient den Acceptationsvermerk mit einem das Ehrenaccept andeutenden Zusatze versieht [9]).

Im Uebrigen gelten von der Ehrenannahme im Wege der nicht berufenen Intervention in Ansehung der Veranlassung, des Zweckes und der Wirkung, in formeller und materieller Beziehung, dieselben Rechtsgrundsätze, wie von der beauftragten Ehrenannahme, der Nothadresse [10]). Durch das Ehrenaccept verpflichtet sich der freiwillige, nicht beauftragte Intervenient wechselmäßig zur Zahlung, wenn der Haupt-Bezogene oder Nothadressat nicht rechtzeitig zahlt. Hat er in seinem Accepte nicht angegeben, zu wessen Ehren die Annahme geschehen, so wird, wie bei der Nothadresse, angenommen, daß sie zu Ehren des Ausstellers geschehen ist [11]). Der Inhaber muß den Wechsel, wenn derselbe bei der Zahlung in Noth gerathen, und dieser Nothstand durch Protest festgestellt ist, spätestens am zweiten Werktage nach dem Zahlungstage dem Ehrenacceptanten zur Zahlung vorlegen, und den Erfolg dieser Vorlegung in dem Interventionsproteste vermerken lassen. Unterläßt er dies, so tritt das Präjudiz, wie bei der Nothadresse, dahin ein, daß er den Regreß gegen den Honoraten und deren Nachmänner verliert [12]).

---

6) Pr. Entw. v. 1847. §. 55. Mot. dazu S. LXVI. Art. 61. A. D. W.O. Leipz. Prot. S. 113. 120.

7) Art. 58. A. D. W.O.

8) Art. 81. A. D. W.O.

9) Art. 21. 58. 81. 88. A. D. W.O. Renaud a. a. O. S. 182. Thöl a. a. O. Bd. 2. S. 500.

10) Renaud a. a. O. §. 72. Thöl a. a. O. Bd. 2. §. 270.

11) Art. 59. A. D. W.O

12) Art. 62. A. D. W.O.

Während der Inhaber verpflichtet ist, eine Nothadresse zu beachten und die Ehrenannahme derselben zuzulassen, das Ehrenaccept des Bezogenen und jedes dritten Intervenienten aber, als nicht im Wechselvertrage liegend, zurückweisen kann, gestattet das Gesetz im Interesse des Wechselverkehres, daß auch ohne vorgängiges Accept, also ohne eigene Wechselpflicht, im Noth- und Protestfalle ein Jeder die Wechselzahlung als Ehrenzahlung anbieten kann, und verpflichtet den Inhaber, die angebotene Ehrenzahlung anzunehmen [13]). Weist er dieselbe zurück, so verliert er, nicht, wie durch das Präjudiz bei der Nothadresse, den Regreß gegen den Honoraten, sondern nur gegen dessen Nachmänner. Diese Bestimmung beruht auf der rechtlichen Verschiedenheit der Nothadresse als einer beauftragten, und der freiwilligen Intervention als einer nicht beauftragten Verwendung für den Wechsel und auf der Erwägung, daß die Nachmänner des Honoraten durch die Annahme der Ehrenzahlung von dem Regresse befreit worden wären, während der Honorat für den Ehrenzahler in Obligo geblieben sein würde [14]). Um aber dem unberufenen Ehrenzahler die Vortheile der Ehrenzahlung, d. s. die Rechte des Inhabers gegen den Honoraten, dessen Vormänner und den Acceptanten, zu verschaffen, müssen bei der freien Ehrenzahlung dieselben Wechselsolennitäten beobachtet werden, welche bei der Ehrenzahlung durch die Nothadresse vorgeschrieben sind, d. h. die Ehrenzahlung durch den freiwilligen Intervenienten muß durch den Interventionsprotest konstatirt werden. Die Zahlung durch einen Dritten ohne Beobachtung dieser Förmlichkeit hat keine wechselrechtliche Wirkung. Der Bezogene, welcher den Wechsel am Verfalltage eingelöst hat, ist, selbst innerhalb der Protestfrist und mit Zustimmung des Präsentanten, nicht befugt, die zu Gunsten des Trassanten geleistete Zahlung zu widerrufen und in eine Ehrenzahlung umzuwandeln [15]).

Während der Inhaber dem Bezogenen, dem Acceptanten und dem Ehren-Acceptanten, und zwar sowohl dem berufenen, als unberufenen Ehren-Acceptanten, den Wechsel zur Zahlung präsentiren und die Wechselsumme bei denselben abholen muß, ist der, ohne vorgängiges Accept, eintretende dritte Intervenient verpflichtet, den Wechsel aufzusuchen und dem Inhaber die Zahlung zu überbringen [16]). Ein Zurückweisen der angebotenen Zahlung ist, nach dem Gesetze, dem Inhaber präjudicirlich; ein Aufsuchen der Zahlung bei einem nicht im Wechselverbande stehenden Dritten, selbst bei bekannter Bereitwilligkeit zur Zahlung, schreibt das Gesetz nicht vor und liegt nicht in den Wechselpflichten des Inhabers.

Unter der Voraussetzung, unter welcher bei eigenen Wechseln eine Intervention überhaupt zulässig ist, findet auch die freiwillige, unberufene Intervention zu Gunsten der Regreßverpflichteten Anwendung [17]).

---

13) Art. 62. A. D. W.O. Leipz. Prot. S. 130. Solutionem hanc admittere tenetur literarum cambialium possessor, etiam ubi refragari licet honorariae acceptationi. Franck l. c. 4 9. §. 2

14) Art. 62. A. D. W.O. Leipz. Prot. S. 130. Bluntschli a. a. O. S. 105.

15) Arch. f. D. W.R. Bd. 12. S. 383. Borchardt a. a. O. S. 208. Zus. 396.

16) Art. 40. A. D. W.O. Brauer a. a. O. S. 114.

17) Art. 98. Nr. 7. A. D. W.O.

§. 141.

Der Intervenient. Honorat. Fähigkeit zur Intervention.

Interveniren, d. h. Intervenient sein, für die Erfüllung eines Noth leidenden Wechsels eintreten, kann ein Jeder, der wechselfähig, d. i. dispositionsfähig, ist; durch dessen rechtliche Stellung zum Wechsel eine Kollision der Wechselrechte nicht entsteht und der Zweck der Intervention, nemlich die Abkürzung des Regresses, erreicht werden kann. Es kann daher sowohl ein Dritter, als auch ein im Wechselverbande schon stehender Wechselinteressent, ein Indossant, interveniren mit der Wirkung, daß er durch die Ehrenzahlung die Gläubigerschaft aus dem Wechsel, dem Honoraten, dessen Vormännern und dem Acceptanten gegenüber, erwirbt. Es ist auch der Bezogene, welcher noch nicht acceptirt hat, daher außer der Wechselobligation steht, von der Interventionsbefugniß nicht ausgeschlossen. Der Acceptant und der Aussteller eines eigenen Wechsels sind dagegen als Hauptverpflichtete in die Wechselobligation eingetreten und können nicht nachträglich durch Intervention ihre prinzipale, auch den Garanten gegenüber wirksame Wechselschuld in eine Gläubigerschaft aus dem Wechsel umwandeln [1]). Aus einem rechtsähnlichen Grunde ist auch der Aussteller eines trassirten Wechsels von der Intervention ausgeschlossen. Denn wie der Acceptant jedem Inhaber, also auch dem einlösenden Indossanten, unmittelbar als Hauptschuldner verhaftet ist, so ist der Aussteller als letztes Glied in der Girokette, gleichsam als Prinzipalschuldner in der Regreßobligation, allen Regreßberechtigten verhaftet. Er ist jedem Nachmanne aus dem Wechsel und Protest zur Garantieleistung verpflichtet, der Regreß schließt sich in seiner Person endgültig ab, und ein Rückgriff des Ausstellers auf einen Nachmann im Wege des Regresses, eine Folge der Intervention, würde nicht eine Regreßabkürzung, sondern eine Regreßverwirrung herbeiführen, indem der Regredient nach dem Grundsatze: dolo agit, qui petit, quod redditurus est, dasjenige, was er im Regreßwege von seinem Nachmanne erhalten, im Regreßwege an denselben mit Mehrkosten wieder würde herauszahlen müssen. Der Aussteller, welcher einen Noth leidenden Wechsel einlöst, erfüllt nur eine eigene, letzte Garantiepflicht und kann sich nicht an seine Nachmänner, denen er selbst verhaftet ist, regressiren, sondern nur die Rechte aus dem etwa vorhandenen Accepte geltend machen. Dagegen ist zur Intervention berechtigt jeder Indossant mit der Beschränkung, daß er nicht zu Gunsten eines Nachmannes, dem er selbst wieder regreßpflichtig ist, sondern nur zu Ehren eines Vormannes, bis zu welchem hinauf durch die Verwendung der Regreß abgekürzt wird, interveniren kann [2]). Der letzte Indossatar, der Präsentant zur Zahlung, hat keine Veranlassung und kein Recht zur Intervention, da bei seiner Stellung zum Wechsel eine Abkürzung des Regresses durch die Intervention nicht herbeigeführt wird; die Art und Ordnung der Regreßnahme von seinem Wil-

1) Riccius l. c exerc. X. IV. §. 17. 72. Siegel, corp. jur. camb. p. 270. Brauer a. a. O. S. 106. 118.

2) Püttmann a. a. O. §. 129. Siegel, Einl. 2c. K. IV. §. 6. Bender a. a. O. Bd. 1. S. 642. 671. Treitschke a. a. O. Bd. 1. S. 527. Einert a. a. O. S. 342. Liebe, Entw. S. 156. 159. Derselbe, W.O. S. 182. Thol a. a. O. Bd. 2. S. 273.

len abhängt, so daß eine Abkürzung des Regreßverfahrens, ohne Intervention, ganz von ihm abhängt [3]).

Intervenirt kann werden für jeden, der in der Regreßverbindlichkeit steht [4]), denn der Zweck der Intervention besteht in der Abkürzung des Regresses, indem der Ehrenzahler den Wechsel, unter Befreiung der Nachmänner von der Regreßverpflichtung, für einen Vormann, Honoraten, einlöst. Es kann daher die Intervention eintreten für den Trassanten, für jeden Indossanten, für den Bürgen eines Indossanten und für den Acceptanten eines domizilirten Wechsels mit benanntem Domiziliaten [5]), denn alle diese Personen stehen im Regresse, und durch die Einlösung des Wechsels im Ehrenwege wird der Regreß in Ansehung ihrer abgekürzt. Dagegen findet eine Intervention nicht statt: 1. für den Bezogenen, den Nothadressaten und denjenigen, für dessen Rechnung gezogen worden ist [6]), denn sie stehen, ohne Hinzutritt einer verpflichtenden Wechselhandlung (Acceptation), in gar keinem Wechselobligo; 2. für den Acceptanten, Ehrenacceptanten und Aussteller eines eigenen Wechsels, denn sie stehen nicht in dem Regresse, sondern in der prinzipalen Wechselschuld. Eine Ehrenzahlung hat die Wirkung, daß der Ehrenzahler in die Rechte des Inhabers gegen den Honoraten, dessen Vormänner und den Acceptanten tritt. Durch eine Intervention für den Hauptschuldner und durch den Eintritt des Zahlers in die Rechte des bezahlten Inhabers würde der Regreß nicht abgekürzt, sondern in dem bestehenden Umfange nur auf eine dritte Person übertragen werden. Die Regreßobligation würde auf einen Dritten, den angeblichen Ehrenzahler, übergehen. Darin besteht aber nicht der wechselmäßige Zweck der Intervention. Eine solche Uebertragung könnte nur in Form eines besonderen Aktes, Indossament, Cession, geschehen, wodurch aber wieder eine Erweiterung des Regresses herbeigeführt würde. Die rechtliche Beziehung des Zahlers zu dem befreiten Schuldner, — wenn eine Befreiung durch eine solche Zahlung in wechselrechtlichem Sinne überhaupt eintreten könnte, — fällt aber in das Gebiet des Civilrechts; 3. für einen Nachmann, denn der letztere würde im Regreßwege von dem intervenirenden Vormanne das Gezahlte mit Kosten und Zinsen zurückfordern, dadurch aber eine Kreisbewegung für den Regreß entstehen [7]); 4. für den letzten Indossatar und Inhaber, denn derselbe steht nicht im Regresse, hat keine Regreßpflichten, sondern Regreßrechte, so daß eine Abkürzung des Regresses durch solche Zahlung nicht herbeigeführt werden würde [8]). Der Intervenient tritt durch die Ehrenzahlung in die Rechte des Inhabers gegen den

3) Anderer Ansicht: Thöl a. a. O. Bd. 2. S 514.

4) Treitschke a. a. O. Bd. 1. S. 523. Bender a. a. O. Bd. 1. §. 376. Mittermaier a. a. O. §. 349. Liebe, Entw. S. 156. Derselbe, W.O. S. 182. 183. Wächter a. a. O. S. 424.

5) Liebe, W.O. S. 183. Brauer a. a. O. S. 118. Thöl a. a. O. Bd. 2. S. 508. Wächter a. a. O. S. 424. Anderer Ansicht: Bluntschli a. a. O. S. 107.

6) Bender a. a. O. Bd. 1. §. 376. lit. e Thöl a. a. O. Bd. 2. S. 508. Liebe, WO. S. 179. hält das für zulässig, meint sogar, daß ein Intervenient zu Ehren des Dritten, für dessen Rechnung gezogen worden ist, vorgehe. Eine solche Intervention liegt außer dem Wechsel und dem Wechselrechte.

7) Thöl a. a. O. Bd. 2. S. 514.

8) Bender a. a. O. Bd. 1. §. 376. lit. d. Treitschke a. a. O. Bd. 1. S. 526. Thol a. a. O. Bd. 2. S. 509.

Honoraten und dessen Vormänner. Der letzte Indossatar, welcher die Ehrenzahlung erhalten hat, und derjenige, zu dessen Ehren bezahlt worden ist, der Honorat, werden durch ein und dieselbe Person repräsentirt, so daß der Inhaber dasjenige, was er von dem Intervenienten als Ehrenzahlung erhalten hat, in seiner Eigenschaft als Honorat mit Zinsen und Kosten wieder würde herauszahlen müssen. Der Zweck der Intervention, d. h. Abkürzung des Regresses, kann daher durch Honorirung für den letzten Indossatar nicht erreicht werden.

§. 142.

Konkurrenz mehrerer Interventionen.

Der Wechsel kann mehrere Nothadressen tragen; jeder Garant, vom Aussteller abwärts, kann eine besondere Adresse beifügen. Es kann auch ein Wechsel mehrere [1]) Accepte tragen, und diese Ehrenaccepte können herrühren von den Nothadressen oder von Dritten, die zur Erfüllung des Wechselversprechens im Wechsel nicht berufen sind. Es kann auch ein und derselbe Garant demselben Wechsel mehrere Nothadressen geben. Es entsteht dann eine Konkurrenz der Nothadressen und es fragt sich: welcher von den mehreren Adressen der Vorzug gebührt? Rühren die Adressen von einer und derselben Person her, so hat der Inhaber die Wahl, in welcher Reihenfolge er die Adressen befragen will, denn die Reihenfolge hat keinen Einfluß auf den Regreß. Der letztere wird beeinflußt durch die Stellung des Adressanten und Honoraten in der Giroreihe, da die Intervention die Nachmänner des Honoraten von der Garantiepflicht befreit. Je näher der Adressant und Honorat also in der Girokette dem Trassanten, als letztem Garantiepflichtigen, steht, desto größer ist die Zahl der durch die Intervention von dem Regresse befreiten Personen. Die von demselben Garanten genannten Nothadressen haben daher nur Einfluß auf das Regreßrecht bezüglich eben dieses bestimmten Adressanten und üben keinen Einfluß auf die allgemeine Regreßordnung. Es hat daher der Inhaber unter den, von einem und demselben Garanten benannten Adressen die Wahl, in welcher Ordnung er die Adressen befragen und die Intervention von ihnen annehmen will [2]). Ist aber das Rang- und Vorzugsverhältniß bei den Adressen angegeben, z. B. „zuerst bei Herrn N. N., dann bei Herrn N. N.", so muß der Inhaber diese Präsentationsanweisung befolgen. In Ansehung der von verschiedenen Garanten gegebenen Nothadressen gilt dagegen der wechselrechtliche

---

1) Der Art. 62. A. D. W.O. lautet zwar: „Befinden sich auf einem Wechsel u. s. w. Nothadressen oder ein „Ehrenaccept"; allein es ist unzweifelhaft, daß der Wechsel auch mehrere Ehrenaccepte tragen kann und daß der Inhaber in der Befugniß, mehrere Accepte anzunehmen, nicht eingeschränkt ist. Die Interessen der Wechselgaranten werden dadurch nicht beeinträchtigt. Nur die Provision aus Art 65. A. D. W.O. übt einigen Einfluß. Der §. 59. des unter Zuziehung von Sachverständigen berathenen Preußischen Entwurfs lautet: „Befinden sich auf dem Wechsel Nothadressen oder Ehren-Annahmen", und die Erläuterungen S. 85. erkennen in Uebereinstimmung mit den Sachsischen und Braunschweigischen Entwürfen an, daß der Wechsel Träger mehrerer Accepte sein kann. Die Mot. z. Pr. Entw. v. 1847. S. LXVIII sprechen auch von „den Ehrenacceptanten".

2) Eichhorn a. a. O. S. 385. Bender a. a. O. Bd. 1. S. 631. Leipz. Prot. S. 130. 239. Art. 64. A. D. W.O. Renaud a. a. O. §. 70. Thol a. a. O. Bd. 2. § 275.

Grundsatz: daß die der Zeit nach ältere Nothadresse, d. i. diejenige Nothadresse, welche durch die Stellung des Adressanten die meisten Wechselverpflichteten von dem Regresse befreit, für Annahme und Zahlung den Vorzug hat [3]). Die Nothadresse des Ausstellers, als die zuerst dem Wechsel beigefügte, die der Zeit nach ältere Adresse, hat daher vor jeder anderen den Vorzug, da durch die Intervention für den Aussteller, als das letzte Glied in der Girokette, der Regreß für den Wechsel und für alle Garanten endgültig geschlossen wird. Hierauf folgt, als dem Wechselgeschäfte am vortheilhaftesten, die Adresse des ersten Indossanten und so der Reihe und Zeitfolge der Indossamente nach fort bis zur Adresse des von dem Aussteller am weitesten entfernten, letzten Indossanten. Der Bezogene, welcher nicht dem Auftrage gemäß, sondern per honor acceptiren will, hat vor anderen Intervenienten keinen Vorzug; er steht einem Fremden gleich.

Der Inhalt eines Wechsels ist aber nicht geeignet, den Urheber der Nothadressen genau zu bestimmen, da das Gesetz für die Nothadresse keine bestimmte Form, insbesondere nicht die Unterschrift des Adressanten verlangt. Es ist vielmehr nur üblich, daß der Nothadresse die Anfangsbuchstaben des Namens des Adressanten beigefügt werden. Wer daher der Urheber der Nothadresse ist, welche ein Wechsel trägt, darüber giebt der Wechsel keine Auskunft. Es hängt daher von den Nothadressaten ab, die Person des Garanten zu bestimmen, für welche er interveniren will. Der Inhaber eines adressirten Wechsels ist daher außer Stande, die Rangordnung der Nothadressen aus dem Wechsel zu ersehen, derselbe muß vielmehr, um die Ordnung und Priorität der Nothadressen festzustellen, den Wechsel den sämmtlichen Nothadressen vorlegen, die Erklärung derselben, für wen sie acceptiren oder zahlen wollen, abwarten und solche in den Interventionsprotest aufnehmen lassen. Das Verfahren bei der Präsentation eines adressirten Wechsels gestaltet sich daher dahin: daß der Wechsel von dem Inhaber dem Notar zur Vorlegung an den Bezogenen übergeben wird. Der Notar bewirkt die Präsentation. Lehnt der Bezogene die Annahme oder Zahlung ab, so nimmt der Notar den Protest Mangels Annahme oder Mangels Zahlung (Hauptprotest) auf und befragt sämmliche auf dem Wechsel befindliche Adressen über die Annahme resp. Zahlung ohne Beobachtung einer anderen Reihenfolge, als welche ihm nach der Oertlichkeit und der Lage der Wohnungen passend und bequem erscheint. Der Erfolg dieser Befragung, d. i. die Erklärung eines jeden Adressaten über die Honorirung, insbesondere auch darüber, für wen er interveniren will, wird in dem Hauptproteste oder in einem Anhange zu demselben bemerkt, und dadurch dem Wechselinhaber die Möglichkeit gegeben, die ganze Lage der Sache zu übersehen,

---

3) Franck, de adimpl. lit. camb. §. 15 Franck, instit. jur. camb. lib. I sect. 6. tit. 3 § 6. Martens, Grundriß S. 124. Bender a. a. O. Bd. 1. S. 629. Treitschke a. a. O. Bd. 1. S. 542. 546. A. D. W.O. Art. 56. 64. Leipz. Prot. S. 125. In der Leipziger Konferenz kam auch zur Sprache, ob nicht demjenigen, welcher die Acceptation rücksichtlich des ganzen Wechselbetrages anbiete, ein Vorzug gebühre vor dem, der nur für einen Theil desselben acceptiren wolle. Allein man war der Meinung, daß eine Ehren-Acceptation der letzteren Art gar nicht statthaft sei, vielmehr eine Ehrenannahme auf einen Theil nur dann Berücksichtigung erwarten konne, wenn sie sich auf den ganzen von dem Bezogenen nicht acceptirten Betrag erstrecke. Leipz. Prot. S. 125.

namentlich zu beurtheilen, welcher Intervenient die meisten Garanten befreit, daher für das Wechselgeschäft der geeignetste ist und welchem daher der Vorzug vor den anderen gebührt [4]).

Diese Grundsätze gelten auch für die, auf dem Wechsel befindlichen Ehrenaccepte, unberufenen, freiwilligen Intervenienten. Zwischen diesen und den Nothadressen ist an sich kein Unterschied. Beide werden gleichzeitig befragt. Die Priorität unter den Nothadressen und den Ehrenaccepten wird entschieden durch die größere Anzahl der Regreßbefreiungen. Dem besseren unberufenen Ehrenzahler muß der minder gute Nothadressat zurückstehen.

Ein Präjudiz für den Inhaber, der die Reihenfolge unter den Nothadressen oder Ehrenaccepten nicht inne gehalten hat, daher die Acceptation oder Zahlung von einem Intervenienten annimmt, welcher Anderen in der Priorität nachsteht, stellt die Allgemeine Deutsche Wechselordnung nicht auf, weil der Inhaber sein eigenes Interesse, nicht das der Garanten wahrzunehmen braucht, der Inhaber daher, ohne jeden Nachtheil, die Acceptation oder Zahlung von Jedem annehmen kann, der sie anbietet, also auch von einem unberufenen Intervenienten. Derselbe ist sogar verpflichtet, die von einem Dritten angebotene Zahlung anzunehmen, wenn von den zur Zahlung Aufgeforderten, dem Bezogenen, Nothadressaten oder Ehrenacceptanten, Niemand Zahlung leisten will, widrigenfalls er den Regreß gegen die Nachmänner des Honoraten verliert [5]). Mit der Zulassung eines Accepts außerhalb der Reihenfolge der Interventionen ist ohnehin ein Nachtheil für die Garanten nicht verbunden, denn für den Inhaber erlischt durch die Zulassung eines unberufenen Ehrenaccepts das Recht auf den Regreß Mangels Annahme, und für den Intervenienten, der sich, ohne der Nächstberechtigte zu sein, zur Ehrenannahme drängt, zeigt sich der Nachtheil bei der demnächstigen Zahlung [6]). Dagegen hat der Ehrenzahler darauf zu sehen, daß er die Reihenfolge nicht verletzt, welche unter den Nothadressen und Ehrenaccepten statt findet. In dieser Beziehung gilt gleichfalls der Grundsatz, daß unter Mehreren, welche sich zur Ehrenzahlung erbieten, ohne Rücksicht, ob es Nothadressen, Ehrenacceptanten oder freie Intervenienten sind, demjenigen der Vorzug gebührt, durch dessen Zahlung die meisten Wechselverpflichteten befreit werden. Ueber das Vorhandensein dritter Intervenienten, welche sich zur Zahlung erboten haben, und über die Reihenfolge unter den sämmtlichen Intervenienten geben der Wechsel und der Protest Auskunft, und der Intervenient, dem beide Urkunden bei der Zahlung vorgelegt werden müssen, hat Gelegenheit, denjenigen zu ersehen, welcher zur Einlösung des Wechsels vor Anderen ein besseres Recht hat. Zahlungsanerbietungen Dritter, die in dem Pro-

4) Art. 88. Nr. 5. A. D. W.O. Mot. z. Pr. Entw. von 1847. S. LXVIII. Leipz. Prot. S. 238. Brauer im Arch. f. D. W.R. Bd. 4. S. 319. Wächter im Arch. f. D. W.R. Bd. 9. S. 329, Bd. 13. S. 39. Volckmar u. Loewy a. a. O. S. 220.

5) §. 60. Pr. Entw. von 1847. Mot. dazu S. LXVII. Art. 56. A. D. W.O. Leipz. Prot. S. 126. Art. 62. 64. A. D. W.O. Leipz. Prot. S. 130. Kitka, Erlauter. 2c. §. 45. Renaud a. a. O. S. 179. Thöl a. a. O. Bd. 2. §. 276. Zum Theil anderer Ansicht: Brauer im Arch. f. D. W.R. Bd. 4. S. 316. Hoffmann a. a. O. S. 461.

6) Art. 56. 64. A. D. W.O. Leipz. Prot. S. 125. Brauer a. a. O. S. 110.

teste aber als Intervenienten nicht urkundlich gemacht worden sind, braucht der Ehrenzahler nicht zu beachten, da nur die urkundlich gemachten Interventionen von Einflusse sind [7]).

Das Präjudiz, welches denjenigen trifft, der unter Verdrängung eines besser berechtigten Intervenienten eine Ehrenzahlung leistet, besteht darin, daß er den Regreß gegen diejenigen Indossanten verliert, welche durch die Leistung der, von dem besser berechtigten Intervenienten angebotenen Zahlung befreit worden wären. Gegen den Honoraten des verdrängten Intervenienten verliert er den Regreß nicht, weil dieser durch die Ehrenzahlung des Anderen auch nicht befreit, sondern dessen Regresse unterworfen gewesen wäre [8]).

Dreizehntes Kapitel.

Die Verjährung des Wechsels.

§. 143.

Historische Einleitung.

Der Wechsel löst sich für alle diejenigen, deren Unterschriften er trägt, in Wechselobligationen auf, die sich durch ihre formale abstrakte Natur und durch die Strenge ihrer Erfüllung, rigor cambialis, obligatio ad carcerem, von den civilrechtlichen Obligationen wesentlich unterscheiden. Der im Wechsel bestimmte Verfalltag ist der entscheidende Moment für die Realisirung der Wechselobligation, für die Diligenz des Wechselinhabers, für den Eintritt der Garantiepflicht und für die thatsächliche Begrenzung und rechtliche Fixirung der Regreßforderung. Der Verfalltag, d. i. der Tag, an welchem die Erfüllung der Wechselobligation gefordert werden kann, ist daher wichtig für alle, welche von der Wechselverbindlichkeit betroffen werden. Von jeher ist es ein Bedürfniß des Handels- und Wechselverkehrs gewesen, durch einen kurzen Verlauf und durch eine rasche Abwickelung der Wechselgeschäfte die Strenge der Wechselverpflichtung zu mildern und die verhafteten Fonds für andere Geschäfte flüssig zu machen. Zur Erreichung dieser Absicht dienen zwei Institute: 1. die Notifikation in ihrer Auffassung als wechselmäßige, den Regreß [1]) bedingende Solennitätspflicht, darauf gerichtet, daß die Vormänner von jeder Wechselstörung zeitig Nachricht erhalten, und 2. die Verjährung [2]), d. i. der Verlust des Wechselanspruches wegen Versäumung der Klagean-

---

7) Mot. z. Pr. Entw. v. 1847. S. LXVIII. Brauer a. a. O. S. 119. Thöl a. a. O. Bd. 2. S. 531.

8) Art. 64. 63. A. D. W.O. Leipz. Prot. S. 130.

1) Nach dem Systeme der A. D. W.O. ist die Notifikation nicht als eine den Regreß bedingende Wechselsolennität aufgefaßt. Art. 45. 58.

2) Die kürzere Verjahrung bezweckte: ut creditores pecuniam suam eo citius et prius exigerent ac debitores eo curatius et ardentius se aere alieno eximere niterentur. Riccius l. c. exerc XV. §. 1.

stellung. Während die erstere, die Notifikation, nur das Recht zur Regreßnahme betraf und die Liberation der Vormänner bezweckte, erstreckte sich das civilrechtliche Rechtsinstitut der Verjährung auf die Totalität der Wechselobligation, daher auf den wechselmäßigen Anspruch aus dem Accepte und aus der Garantieleistung.

Die Anwendung der gemeinrechtlichen Grundsätze über die Verjährung auf das Wechselinstitut hat mancherlei irrthümliche, theilweise von der Dogmatik des Wechsels beeinflußte Rechtsauffassung zur Folge gehabt. Man sah den Wechsel in früherer Zeit als die accessorische Kraft einer civilrechtlichen Obligation, adjectitia qualitas, an und legte ihr keine selbstständige, von dem unterliegenden materiellen Geschäfte unabhängige Rechts-Existenz bei. Unter dem Einflusse dieser Rechtstheorie ließ man durch die kürzere Wechselverjährung daher auch nur die accessorische Rechtsqualität, die formale Wechselstrenge, die Eigenthümlichkeit in der prozessualischen Behandlung und Hülfsvollstreckung erlöschen; das Hauptgeschäft, den materiellen Theil des Wechsels aber, für welchen das Papier nur ein accessorisches Verstärkungsmittel bildete, erachtete man, als durch die Wechselverjährung unberührt und der gemeinrechtlichen Verjährung unterworfen, für fortbestehend. Man legte dem, durch die Verjährung der Wechselqualität beraubten Papiere die rechtliche Eigenschaft eines Schuldscheines bei, indem man von der Annahme ausging, daß für den Wechsel ein baarer Werth gegeben sei, dem Wechsel daher in seiner materiellen Auffassung ein Darlehn zum Grunde liege [3]). Nach anderer Rechtsauffassung dagegen erlosch durch die Verjährung jede Klage aus dem Wechsel, sowohl die spezifische Wechselklage, als auch die Klage aus der, dem Wechsel zum Grunde liegenden civilrechtlichen Obligation [4]).

Aber nicht allein in Ansehung der rechtlichen Wirkungen, sondern auch in Betracht des Umfanges und der rechtlichen Qualifikation gingen die Ansichten über die Wechselverjährung weit auseinander. So war nach einzelnen Partikulargesetzen nur der Wechselanspruch gegen den Acceptanten der kürzeren Verjährung unterworfen, während der Regreßanspruch gegen die Vormänner der gewöhnlichen Verjährung unterlag [5]). Andere Wechselordnungen ließen dagegen die Wechselverjährung auch für den Regreßanspruch [6]) zu und gestatteten, unter theilweiser Abweichung in Ansehung des Anfangstermines und der Art der Unterbrechung, für beide Ansprüche bald gemeinschaftliche [7]), bald verschiedene [8]) Verjährungs-

3) Küstner, de menstrua et annali praescr (Lips 1715) (bei Besecke I. Nr. 782) Siegel, Einl. rc. Thl. II. Kap. 6. Franck l. c. lib II. sect IV. tit. III. Heineccius l c cap VI § 14 seq. Riccius l c. exerc. XV. Martens, Grundriß rc. §. 124. 125. Daniels a. a. O. §. 101 ff. Bender a. a. O. Bd. 2. §. 443 ff. Mittermaier a. a. O. §. 356. Treitschke a. a. O. Bd. 1. S. 38 ff. Einert a. a. O. §. 573 ff. Liebe, Entw. S. 189. Liebe, W.O. S. 211. Hoffmann a. a. O. S. 556. Loewy, in Gruchot's Beitragen Bd. 6. S. 176.

4) Leipziger W.O. v. 1682. §. 32, aus welcher der Rechtsgrundsatz auch in spätere Wechselgesetze übergegangen ist. Ludovici a. a. O. K. XI. §. 4 ff. Bender a. a. O. Bd. 2. S. 300. Mittermaier a. a. O. S. 356.

5) Bender a. a. O. Bd. 2. S. 300.

6) Martens, Grundriß §. 124.

7) Püttmann a. a. O. §. 160.

8) Bender a. a. O. Bd. 2. S. 301. Thol a. a. O. Bd. 2. S. 329.

fristen. Das Allgemeine Preußische Landrecht [9]) hat sich der ersteren Theorie angeschlossen und für die Wechsel- und Regreßobligation eine gemeinschaftliche Verjährungsfrist von einem Jahre bestimmt. Der Code de commerce [10]) unterscheidet dagegen zwischen der Verjährung der Regreßklage gegen die Indossanten und der Klage gegen den Acceptanten und setzt im Anschluß an die Ordonnance [11]) sur le commerce von 1673. für die Verjährung der Regreßansprüche bestimmte Zeitfristen, délais, je nach der Entfernung fest, während sie in Ansehung der Ansprüche an diejenigen, welche sonst noch aus dem Wechsel verhaftet sind, also auch an den Acceptanten, das Klagerecht an eine fünfjährige Verjährungsfrist knüpft.

Der Preußische Entwurf vom Jahre 1847. [12]) schloß sich der landrechtlichen Theorie an, bestimmte für alle Wechselansprüche eine gemeinschaftliche Verjährungsfrist von einem Jahre und ließ dieselbe bezüglich aller Wechselverpflichteten vom Verfalltage des Wechsels ab laufen. Mit dieser Bestimmung, namentlich mit dem Anfangstermine der Verjährung, war der Nachtheil für den weiteren Regreß verbunden, daß ein Nachmann möglicher Weise so spät in rechtlichen Anspruch genommen wurde, daß ihm eine Verfolgung seines Anspruches gegen den Acceptanten oder gegen seine Vormänner, vor Ablaufe der Verjährung, unmöglich gemacht oder doch erschwert wurde. Eine Verminderung dieser Gefahr lag in dem strengen, von dem Entwurfe zur Geltung gebrachten Notifikationssysteme, vermöge dessen der Vormann von jeder Wechselstörung, bei Verlust des Regresses, zeitig benachrichtigt werden mußte, dadurch also Gelegenheit fand, durch Streitverkündung oder sonst sein Wechselrecht gegen Verjährung und Schaden zu sichern [13]). Allein dieser Schutz gegen Beeinträchtigung der Regreßrechte war nicht vorhanden, nachdem die Leipziger Konferenz der Notifikation die Eigenschaft einer wechselmäßigen, den Regreß bedingenden Solennität genommen und dieselbe nur als eine die Regreßsumme modifizirende Maßregel anerkannt hatte. In der Konferenz fanden beide Systeme, das landrechtliche mit einer und derselben Verjährungsfrist, und das Französische mit der Entfernungsfrist, ihre Vertheidiger. Für das erstere, also für das System mit einer vom Verfalltage zu berechnenden gemeinschaftlichen Verjährungsfrist für alle Wechselansprüche, wurde angeführt: „daß das wohlverstandene Interesse der Wechselinteressenten den Rücklauf von selbst beschleunige und daß sich das System der délais mit dem dem Regredienten eingeräumten jus variandi nicht vertrage, indem sonst der Regredient von dem Rechte der freien Wahl unter den

---

9) Thl. II Tit. 8. §§. 903. 1079. 1062. 1130. 1208.

10) Art. 166 ff. 189.

11 Tit. V. Art. 13.

12) §. 73.

13) Mot. z. Pr. Entw. v. 1847 S. LIX LXXIII. Der sächs. Entw. v. 1841. setzt für alle Wechselansprüche gleichfalls nur eine Verjährungsfrist von 6 Monaten fest, gewährt aber Schutz durch die Bestimmung: „Wenn wider einen Indossanten die Regreßklage so spät erhoben wird, daß es ihm unmöglich sein würde, innerhalb der Verjährungsfrist den Regreß auf den Aussteller zu nehmen oder wider diesen die Verjährung zu unterbrechen, so gereicht ihm dieses Sachverhältniß zur Befreiung vou dem Regreßanspruche, wenn der Kläger nicht zu bescheinigen vermochte, daß dem Beklagten zu einer Zeit, wo ihm noch zur Fortstellung des Regresses Raum gegeben, von dem Proteste Notifikation geschehen sei. Tit. XIII. §. 1 ff. Brauer a. a. O. S. 136.

Regreßpflichtigen keinen Gebrauch machen könne, sondern genöthigt wäre, denjenigen zu belangen, welchem gegenüber er die kürzeste Frist habe, indem er andernfalls zu gewärtigen habe, während des Rechtsstreites mit dem Einem, die Ansprüche gegen die Anderen einzubüßen." Dagegen wurde jedoch eingewendet, „daß nach Aufgabe des strengen Notifikationssystemes eine Verjährungsfrist mit einem und demselben Anfangstermine für alle Wechselansprüche unannehmbar sei, weil sonst gegen die Mehrzahl der Regreßpflichtigen die Verjährung ihren Anfang nehme, ehe actio nata für sie vorhanden, also ehe es ihnen möglich geworden sei, ihrerseits durch Klageerhebung gegen ihre Vormänner die Regreßrechte zu perpetuiren". Dieser letzten Auffassung sich anschließend, nahm die Leipziger Konferenz das auch dem Braunschweigischen Entwurfe [14]) zum Grunde liegende Französische System an und bestimmte für die Anstellung der Regreßklage verschiedene, nach der geographischen Entfernung abgemessene Fristen [15]) und verschiedene Anfangstermine für die Verjährung, je nachdem die letztere gegen den Präsentanten oder einen Indossanten läuft.

§. 144.

Allgemeine Grundsätze über die Verjährung.

Die Verjährung, oder vielmehr der an die Nichtausübung des Wechselrechts geknüpfte Verlust desselben, soll den Inhaber nöthigen, seinen Anspruch gegen die Verpflichteten zeitig zu verfolgen und zur Geltung zu bringen, da es nicht im Interesse des Handelsverkehres liegt, bestehende Verpflichtungen auf unbestimmte Zeit auszudehnen und zu verlängern. Durch die Verzögerung der Geltendmachung von Wechselrechten wird nicht allein die Realisirung unsicher und der Beweis, soweit er außerhalb der wechselmäßigen Skriptur liegt, erschwert, daher die Rechtssicherheit beeinträchtigt, sondern auch die Freiheit und Beweglichkeit des Geldverkehres durch die Ruhe der Deckungsmittel vermindert, daher die Handelsthätigkeit selbst gestört. In der freien und raschen Bewegung der Valuten besteht der kaufmännische Geldverkehr; Ruhe der Valuten ist Stockung des Verkehres und erzeugt Geldverlust. Es haben daher alle Länder, in welchen überhaupt ein Wechselverkehr stattfindet, die gemeinrechtlichen Regeln über die Verjährung in ihrer Anwendung auf das Wechselrecht modifizirt und für das letztere strengere Grundsätze aufgestellt. Dieser allgemeinen kaufmännischen Rechtsauffassung ist auch die Allgemeine Deutsche Wechselordnung gefolgt, welche die Verjährung von dem Standpunkte des wechselmäßigen Interesses und der merkantilen Nützlichkeit aus behandelt. Dieselbe unterscheidet 1. die Verjährung des Anspruches aus dem Accepte, oder des Wechselrechts gegen den Acceptanten und 2. die Verjährung des Anspruches aus dem Regresse, oder des Wechselrechts gegen die Vormänner. In Ansehung der Verjährung des Regreßanspruches wird weiter unterschieden: 1. der nähere Regreß, d. i. der Anspruch des letzten Inhabers gegen die Vormänner und

14) §. 91 ff.
15) Leipziger Prot. S. 185 ff. 188 ff. Art. 78 ff. A. D. W.O. Liebe, W.O. S. 206.

2. der weitere Regreß, d. i. der Anspruch eines einlösenden Indossanten gegen die übrigen Vormänner. Eine Verjährung für den Regreß auf Sicherstellung ist nicht vorgesehen, weil für diese Ansprüche ein kürzerer, in sich abgeschlossener, bestimmter Endtermin durch den Verfalltag gegeben ist, für eine Verjährungsfrist daher kein Anhalt und kein Bedürfniß vorlag [1]). Die Verjährung ist kein wechselrechtliches, sondern ein civilrechtliches Institut. Es müssen daher auch für diejenigen Fälle, über welche die Allgemeine Deutsche Wechselordnung nicht besondere Vorschriften enthält, die allgemeinen Grundsätze des Civilrechts über die Verjährung zur Anwendung kommen [2]).

§. 145.

Der Anfang der Verjährung [1]);

1. in Ansehung des Acceptanten.

Der Acceptant ist der Hauptverpflichtete in der Wechselobligation; er soll in erster Reihe die Wechselzahlung leisten. Der Tag, an welchem die Wechselpflicht aus dem Accepte erfüllt werden muß, ist in dem Wechsel durch den Verfalltag gegeben. Am Verfalltage kann der Inhaber von dem Acceptanten die Erfüllung des Wechselversprechens fordern, und der Acceptant ist verpflichtet, das Wechselversprechen zu erfüllen; es ist actio nata, d. h. ein zur rechtlichen Verfolgung und Erzwingung geeigneter Wechselanspruch vorhanden [2]). Wer aber von seinem Rechte keinen Gebrauch macht, obgleich dieses Recht existent und erzwingbar ist, der begeht eine Negligenz, und diese Negligenz hat in ihrer Fortsetzung während einer bestimmten Zeit den Verlust des Rechtes zur Folge. Es ist daher in allen Wechselordnungen der Verfalltag als der Anfang der Verjährung für die Wechselrechte gegen den Acceptanten anerkannt. Der Ehrenacceptant [3]), also derjenige, welcher in der Noth des Wechsels entweder vermöge Auftrages (Nothadresse), oder aus freiem Willen (freiwilliger Intervenient) den Wechsel acceptirt, verspricht, wie der gewöhnliche Acceptant, die Wechselzahlung am Verfalltage, und zwar für den Fall, daß die Zahlung durch den Bezogenen nicht erfolgt. Der Ehrenacceptant ist daher zwar nur ein eventueller, für den Fall der Wechselstörung eintretender Zahlungsverpflichteter; allein der wechselmäßige Anspruch an ihn ist, wenn die für den Nothfall vorgeschriebene Diligenz beobachtet worden, mit dem Verfalltage existent, und mit diesem Tage beginnt daher auch die Verjährung gegen den Wechselinhaber [4]). Der Ehrenzahler tritt durch die Zahlung in die Rechte des

---

1) Art. 25 ff. A. D. W.O. Brauer a. a. O. S. 134. Bluntschli a. a. O. S. 122. Kuntze a. a. O. S. 113. Renaud a. a. O. S. 227.

2) Erk. des O.Tr. in Berlin vom 16. Jan. 1866. (Arch. f. D. W.O. Bd 17. S. 186.)

1) Puchta a. a. O. §. 81. 90.

2) Martens, Grundriß rc. §. 124. Bender a. a. O. Bd. 2. S. 288. Mittermaier a. a. O. §. 356. Art. 77. A. D. W.O.

3) Hoffmann a. a. O. S. 559. Renaud a. a. O. S. 225. Thöl a. a. O. Bd. 2. S. 741. Anderer Ansicht: Volckmar u. Loewy a. a. O. §. 175, der den Ehrenacceptanten auch dem Präsentanten gegenüber in das Verhaltniß eines Regreßpflichtigen setzt.

4) Vergl. §. 137.

Inhabers gegen den Honoraten und dessen Vormänner, und es läuft gegen ihn, wie gegen den Präsentanten, die Verjährung vom Tage des erhobenen Protestes ab [5]). Gegen den Honoraten, welcher den Wechsel von dem Honoranten eingelöst hat, läuft die Verjährung nach den für den weiteren Regreß gegebenen Vorschriften, also vom Tage der Zahlung resp. der Klagebehändigung oder Ladung. Die Anwendung der wechselrechtlichen Grundsätze über die Verjährung auf Sichtwechsel giebt zu mancherlei Bedenken Veranlassung. Daß Sichtwechsel von der Wechselverjährung ausgeschlossen und nur der gemeinrechtlichen längeren Verjährung unterworfen seien, dafür giebt die Allgemeine Deutsche Wechselordnung keinerlei Anhalt. Dieselbe hat die Sichtwechsel in ihr System aufgenommen, die Gesichtspunkte für ihre rechtliche Beurtheilung festgestellt und in Ansehung der Verjährung keine Ausnahme gemacht. Während der gewöhnliche Wechsel einen festbestimmten Verfalltag hat, ist die Verfallzeit bei dem Sichtwechsel an ein bewegliches Moment, nemlich die Präsentation, gebunden. Damit aber die Indossanten und der Aussteller nicht in unbestimmtem, unbegrenztem Obligo stehen, hat die Allgemeine Deutsche Wechselordnung vorgeschrieben, daß Sichtwechsel, bei Verlust des Regreßrechts, binnen zwei Jahren, oder binnen der besonderen im Wechsel bestimmten Frist nach der Ausstellung, zur Zahlung präsentirt werden müssen. Es ist daher in Ansehung des Regresses der Endtermin der Präsentation festgestellt. Innerhalb dieser gesetzlichen und autonomischen Präsentationsfrist muß der Inhaber eines Sichtwechsels die Präsentation zur Zahlung bewirken, widrigenfalls der Wechsel präjudizirt, d. h. das Regreßrecht wegen Verabsäumung einer wechselmäßigen Pflicht erloschen ist. Der Zeitpunkt der Präsentation während jener Frist hängt von dem Willen des Inhabers ab. Durch den Akt der Präsentation wird der Fälligkeitstermin fixirt. Zahlt der Bezogene, so ist das Wechselversprechen erfüllt; verweigert derselbe die Zahlung, so müssen die Diligenz und der Verfalltag durch Protest festgestellt werden. Dadurch ist der Anfang der Verjährung für den Regreß fixirt [6]). Wechsel auf Sicht werden selten acceptirt, weil sie dazu bestimmt sind, sofort bei der Präsentation von dem Bezogenen bezahlt zu werden, allein eine vorgängige Acceptation ist nicht ausgeschlossen. Durch die Acceptation, sie mag datirt sein oder nicht, wird aber weder dem Acceptanten, noch weniger aber den Vormännern gegenüber, der Verfalltag, d. i. der Tag, an welchem die Wechselzahlung erfolgen muß, festgestellt, da das Accept möglicherweise schon vor der Begebung des Wechsels ertheilt sein kann. Der Verfalltag kann für einen Wechsel nur durch einen und denselben Zeitmoment gebildet werden und für die einzelnen Verpflichtungs-Kategorien nicht ein verschiedener sein. Es ist daher unzulässig, den Verfalltag für den Acceptanten auf den Tag des Accepts, und für die Garanten auf einen späteren Termin zu verlegen. Ist daher auch die Annahme des Sichtwechsels erfolgt, so muß durch Präsentation zur Zahlung und eventuell durch Protestaufnahme innerhalb der zweijährigen, oder im Wechsel bestimmten besonderen Präsentationsfrist der Verfalltag und dadurch der Anfang der Verjährung

---

5) Vergl. §. 139.
6) Art. 48. A. D. W.O.

fixirt werden. Geschieht das nicht, so sind die Vormänner durch den Ablauf der Präsentationsfrist von ihrer Wechselhaft befreit. Dieses Präjudiz tritt dagegen nicht auch für den Acceptanten ein. In Ansehung seiner muß daher ein Verfalltag und damit ein Anfangspunkt der Verjährung gefunden werden. Die Acceptation kann dafür nicht gelten, weil durch die Annahmeerklärung gerade der Zahlungstag auf eine spätere Zeit verlegt wird, dieselbe auch in vielen Fällen zu einem Momente, oft vor der Begebung, erfolgt, in welchem eine Zahlung noch gar nicht möglich war. Da nun aber der Acceptant nicht für ungemessene Zeit verhaftet bleiben kann, so muß für ihn als Verfalltag der Zeitpunkt gelten, mit welchem die zweijährige oder die besondere Präsentationsfrist, von der Ausstellung des Wechsels berechnet, abläuft, und mit jenem Zeitpunkte auch die Verjährung beginnen. Es würde also z. B. die Verjährung eines am 1. Januar 1866 ausgestellten acceptirten Sichtwechsels in Ansehung des Acceptanten am 1. Januar 1868 beginnen, insofern ein früherer Anfang nicht durch den Protest bestimmt ist [7]). Ist dem Accepte ein besonderer Verfalltag beigefügt (modifizirtes Accept), so beginnt die Verjährung, jedoch nur dem Acceptanten gegenüber, mit dem beigefügten Verfalltage [8]). Bei einem Wechsel mit benanntem Domiziliaten steht der Acceptant in zweiter Linie der Wechselobligation; in erster Reihe soll der Domiziliat zahlen. Allein in Ansehung der Verjährung ist er einem gewöhnlichen Acceptanten gleich zu achten [9]). Für den trassirt-eigenen Wechsel gelten in Ansehung der Verjährung die für die Tratte gegebenen Vorschriften. Hat der Aussteller acceptirt, so läuft gegen ihn die dreijährige Verjährung; das Regreßrecht erlischt gegen ihn in den kurzen Verjährungsfristen. Bei ertheiltem Accepte kommen die letzteren wenig in Betracht [10]).

§. 145.

2. In Ansehung der Vormänner.

Das rechtliche Verhältniß aus dem Regresse stellt sich als eine eventuelle Wechselobligation dar und beruht auf der Garantie, welche der Aussteller und die Indossanten für die Erfüllung des Wechselversprechens geleistet haben. Da der Anfang der Verjährung von der Fälligkeit und Klagbarkeit des betreffenden Rechtsanspruches abhängt, so muß der Anfang der Verjährung in Ansehung des Regreßrechtes nach verschiedenen Zeitpunkten ermessen werden, je nachdem es sich um den näheren, oder weiteren Regreß handelt. Der Wechselinhaber am Verfalltage, der Präsentant, muß die Zahlung bei dem Bezogenen suchen. Erhält er dieselbe nicht und hat er durch form- und zeitrichtige Protestaufnahme wechselmäßige Diligenz geübt, so ist sein Recht auf Schadloshaltung gegen diejenigen begründet, deren Wechselversprechen durch den Bezogenen nicht eingelöst worden

7) Art. 31. A. D. W.O. Erk. des obersten österr. Gerichtsh. vom 2. Mai 1857. (Arch. f. D. W.R. Bd. 1. S. 425.) Volckmar u. Loewy a. a. O. S. 372. Kuntze a. a. O. S. 114. Nürnberger Kommission im Arch. a. a. O. Bd. 9. S. 248. Anderer Ansicht sind zum Theil: Hoffmann a. a. O. S. 561. Renaud a. a. O. S. 150. Thöl a. a. O. Bd. 2. S. 741. Erk. des O.Tr. in Berlin vom 26. Septbr. 1865. (Entsch. Bd. 55. S. 127.)

8) Art. 23. A. D. W.O. Thöl a. a. O. Bd. 2. S. 741.

9) Vergl. §. 89.

10) Vergl. §. 91.

ist (näherer Regreß). Die Voraussetzung und Bedingung dieses Regreßrechtes ist der Protest Mangels Zahlung, denn wie das Wechselrecht auf dem Wechsel, so ruht das Regreßrecht auf dem Wechsel und dem Proteste. Mit dem Zeitpunkte der Protestaufnahme ist der, durch den Bezogenen nicht befriedigte Wechselinhaber in der Lage, von seinem Regreßrechte gegen die Vormänner Gebrauch zu machen und dasselbe rechtlich zu verfolgen; es ist für ihn actio nata in Ansehung der Regreßforderung. Es läuft daher gegen den Inhaber mit Recht die Verjährung der Regreßklage von dem Tage des erhobenen Protestes, denn von diesem Zeitpunkte ab befindet er sich in einer die Klageverjährung begründenden Negligenz, wenn er seinen wechselmäßig vorbereiteten Regreßanspruch nicht verfolgt [11]). Andere Grundsätze gelten in Ansehung des weiteren Regresses, d. i. des Entschädigungsanspruches des einlösenden Indossanten an die Vormänner. Wollte man die Verjährung gegen den Indossanten, welcher den Wechsel im Regreßwege eingelöst oder als Rimesse erhalten hat, wie gegen Präsentanten, vom Verfalltage oder Protesttage beginnen lassen, so würde dieselbe anfangen und laufen, bevor der Indossant selbst im Stande ist, sein Regreßrecht gegen seine Vormänner zu verfolgen [12]). Die Thatsache, daß der Wechsel am Verfalltage von dem Bezogenen nicht bezahlt und von dem Inhaber protestirt worden ist, also die Bedingung des Regresses überhaupt, mag Einfluß haben auf die Pflicht der Vormänner zur Verzinsung, und den letzteren durch die Notifikation bekannt werden, allein abgesehen davon, daß die Notifikation nicht als eine den Regreß bedingende Nothwendigkeit vorgeschrieben ist, daher keine wechselmäßige Pflicht ist, so wird der Vormann auch durch die Notifikation nicht in die Lage versetzt, seinen Regreß gegen seine Vormänner weiter geltend zu machen, da er sich nicht im Besitze des Wechsels und Protestes, der Grundlage der Regreßklage, befindet, beide Urkunden vielmehr in den Händen des Präsentanten sind. Die Verjährung würde daher gegen den Indossanten beginnen und möglicherweise ablaufen, bevor actio nata ist, bevor er in der Möglichkeit und rechtlichen Lage sich befindet, seiner Seits die Regreßrechte weiter zu verfolgen. Der natürliche und von selbst gebotene Anfangstermin für die Verjährung gegen den Indossanten und gegen den Honoraten, welcher den Wechsel von den Honoranten eingelöst hat, ist daher der Tag, an welchem sie an den Inhaber resp. Honoranten Zahlung geleistet und sich durch den Erwerb des Wechsels und Protestes in den Stand gesetzt haben, das Regreßrecht weiter zu verfolgen. Von jenem Zeitpunkte ab fällt dem Indossanten eine Negligenz zur Last, wenn er von seinem Regreßrechte keinen Gebrauch macht, und diese Negligenz begründet den Anfang der Verjährung. Aber nicht allein mit der freiwilligen, sondern auch mit der unfreiwillig, zwangsweise bewirkten Zahlung beginnt die Verjährung gegen den Indossanten, und zwar, nach Verschiedenheit des formellen Prozeßrechtes, schon mit dem Momente der dem Indossanten geschehenen

---

11) Art. 78. A. D. W.O. Erk. des O.Tr. in Berlin v. 3. Mai 1853 (Arch. f. D. W.R. Bd. 3. S. 345) und vom 11. Novbr. 1858. (Arch. a. a. O. Bd. 8. S. 213.) Erk. des O.A.G. zu Dresden vom 20. Januar 1865 (Arch. a. a. O. Bd. 15. S. 193).

12) Leipz. Prot. S. 185.

Klagebehändigung oder Ladung [13]). In diesem Zeitpunkte erfolgt Seitens des verklagten Indossanten zwar noch keine Zahlung, keine Einlösung des Wechsels, auch ist für ihn noch keine rechtliche Möglichkeit vorhanden, gegen die eigenen Vormänner das Regreßrecht zu verfolgen, weil diese Möglichkeit erst mit dem Besitze des Wechsels und Protestes gegeben ist, dieser Besitz aber auf den Indossanten nur durch die wechselmäßige Zahlung übergeht, allein er ist durch die Klagebehändigung in die Lage versetzt, seine Regreßpflicht durch Einlösung des Wechsels zu erfüllen. Das Gesetz verlegt daher in jenen Zeitpunkt den Anfang der Negligenz. Bei dieser gesetzlichen Fiktion und bei den kurzen Verjährungsfristen ist freilich die Gefahr nicht ausgeschlossen, daß gegen den belangten Indossanten die von der Klagebehändigung begonnene Verjährung abläuft, bevor noch der Prozeß mit seinem Nachmanne beendigt ist, und bevor er selbst ein Klagerecht gegen seine Vormänner erhält. Jener Grundsatz verstößt auch gegen das civilrechtliche Dogma: agere non valenti non currit praescriptio, und zur Beseitigung dieser Inkonvenienz wurde daher in der Leipziger Konferenz auch der Vorschlag gemacht, die Notifikation als ein Mittel zur Unterbrechung der Verjährung einzuführen [14]), oder durch die Klageanstellung gegen einen Verpflichteten eine Unterbrechung der Verjährung gegen alle übrige, selbst gegen die Indossanten, welche erst nach geleisteter Zahlung zum weiteren Regresse berechtigt wären, eintreten zu lassen, was bei der Korrealität der Haftungspflichten sachgemäß und konsequent erschien, oder endlich die Klageverjährung gegen die Vormänner während des Prozesses mit einem Nachmanne desselben ruhen zu lassen [15]). Die Vorschläge haben jedoch in der Allgemeinen Deutschen Wechselordnung keinen Eingang gefunden, und es bleibt daher dem in Anspruch genommenen Indossanten kein anderes Mittel, sein Regreßrecht gegen eine mögliche Verjährung zu schützen, als dem Vormanne, an welchen er sich erholen will, oder allen Vormännern den Streit zu verkündigen [16]). Die Ansicht Brauer's [17]), daß der durch die Klage in Anspruch genommene Vormann schon durch die Behändigung der Klage oder durch die Ladung zur Anstellung der weiteren Regreßklage berechtigt werde, ist wechselmäßig nicht zu begründen und führt zu der wechselrechtlichen Sonderbarkeit, daß ein solcher Indossant von seinem Vormanne Zahlung fordert, während die gegen ihn angestellte Klage später vielleicht abgewiesen wird. Der weitere Regreß ist nur möglich auf Grund des Wechsels und Protestes. Bevor daher der Regreß des Inhabers nicht abgewickelt und erledigt ist, befinden sich beide Urkunden in den Händen des Präsentanten resp. bei den Prozeßakten gegen den in Anspruch genommenen Indossanten. Erst durch die Einlösung gelangen Wechsel und Protest in die Hände des In-

13) Art. 79. A. D. W.O. Arch. f. D. W.R. Bd. 6. S. 419. Borchardt a. a. O. S. 240. Zus. 453. Im Konkurse genügt zum Beginn der Verjährung die Anmeldung ohne besondere Mittheilung der Anmeldung an die Gläubiger. Erk. des O.Tr. in Berlin vom 7. Juni 1858. (Entsch. Bd. 41. S. 294.)

14) Leipz. Prot. S. 94. Vorschlag I. S. 96.

15) Leipz. Prot. S 102.

16) Art. 80. A. D. W.O. Bluntschli a. a O. S. 123. Stern im Arch. f. D. W.R. Bd. 4. S. 279.

17) a. a. O. S. 135.

dossanten und qualifiziren den Letzteren zum weiteren Regresse gegen seine Vormänner [18]).

Ueber den Anfangstermin der Verjährung gegen den letzten Inhaber, den Präsentanten, kann füglich ein Streit nicht entstehen, da dieser Termin auf den Tag des erhobenen Protestes fällt und daher urkundlich festgestellt ist; dagegen kann der Anfangstermin der Verjährung im Stadium des weiteren Regresses, namentlich im Falle der freiwilligen Zahlung, streitig werden. Ist dies der Fall, wird von dem Verklagten der Einwand der Verjährung erhoben, so ist es dessen Sache, den Beweis dieser Thatsache als einer negativen Regreßbedingung, zu führen, wie es dem Kläger demnächst obliegt, den Gegenbeweis, z. B. den Beweis der Unterbrechung der Verjährung zu erbringen. Die Legitimation und das Klagerecht des Indossanten ruhen auf der wechselmäßigen Funktion des Indossaments und auf dem Besitze des Wechsels und Protestes [19]).

Der Tag, an welchem die Verjährung beginnt, also der Verfall-, Zahlungs-, Protest-, Behändigungstag wird bei Berechnung der Verjährungsfrist nicht mitgerechnet. Denn wenn gleich die Allgemeine Deutsche Wechselordnung [20]) in kategorischer Weise vorschreibt: „der Anspruch verjährt in 3 Jahren vom Verfalltage gerechnet" und „die Verjährung beginnt mit dem Tage des erhobenen Protestes," „die Verjährung läuft vom Tage der Zahlung oder vom Tage der Behändigung der Klage," so ist in dem Systeme derselben doch der civilrechtliche Grundsatz, wonach für die Leistungen einer Pflicht der ganze Erfüllungstag frei bleibt [21]), nicht aufgegeben, vielmehr für die Präsentation von Zeit-Sichtwechseln [22]) ausdrücklich anerkannt.

§. 146.

Die Zeit der Verjährung.

Während der Preußische Entwurf vom Jahre 1847. für alle Wechselansprüche nur eine Verjährungszeit von einem Jahre, vom Verfalltage des Wechsels an gerechnet, festsetzt, hat die Allgemeine Deutsche Wechselordnung verschiedene Zeiten für die Verjährung bestimmt und zwar je nach der Person des Schuldners und des Gläubigers.

18) Leipz. Prot. S. 181. 182. Bluntschli a. a. O. S. 123. Stern im Arch. f. D. W.R. Bd. 4. S. 276. Renaud a. a. O. S. 227. A. 12. Erk. des O.Tr. in Berlin vom 11. Novbr. 1858. (Arch. f. D. W.R. Bd. 8. S. 213. Entsch. Bd. 41. S. 246.)

19) Bayer a. a. O. S. 423 ff. Kuntze a. a. O. S. 113. Renaud a. a. O. S. 227. A. 12. Thöl a. a. O. Bd. 2. S. 742. Anderer Ansicht: Hoffmann a. a. O. S. 566, welcher, auf den Einwand des Verklagten, dem Kläger die Beweislast auferlegt. Erk. des O.Tr. in Berlin vom 21. Mai 1859. (Striethorst Arch. Bd. 33. S. 24. Arch. f. D. W.R. Bd. 9. S. 191. Borchardt a. a. O. S. 236. Zus. 448), welches annimmt, daß die geschehene rechtzeitige Einlösung das Fundament der Regreßklage sei.

20) Art. 77. 78. 79.

21) Ueber die gemeinrechtlichen Grundsätze der Civilkomputation: Arndts a. a. O. §. 89. A. Pr. L.R. Thl. I Tit. 3. §. 47. Tit. 16. §. 55. Gelpke, Zeitschr. f. Handelsr. 3. Heft. S. 80. Kuntze a. a. O. S. 113. Erk. des obersten Oesterr. Gerichtshofes v. 17. Novbr. 1858. (Arch. f. D. W.R. Bd. 10. S. 286.) Erk. des O.Tr. in Berlin v. 29. Juni 1852, 30. Mai 1861. (Striethorst Arch. Bd. 6. S. 210. Bd. 42. S. 87. Arch. a. a. O. Bd. 3. S. 424.) Anderer Ansicht Thöl a. a. O. Bd. 2. S. 742.

22) Art. 32. A. D. W.O.

1) Der Anspruch gegen den Hauptverpflichteten, den Acceptanten, verjährt in drei Jahren vom Verfalltage des Wechsels an gerechnet. Bei Abmessung dieser Zeit ist erwogen worden [1]), daß die Haftbarkeit des Acceptanten so lange dauern müsse, als voraussichtlich nothwendig sei, um das Regreßgeschäft abzuwickeln und die Regreßansprüche, allenfalls im Wege des Prozesses, zum Austrage zu bringen, weil sonst die letzten Indossanten möglicherweise Gefahr liefen, daß der Anspruch aus dem Accepte verjährt sei, bevor der Regreß seine Erledigung gefunden habe. Da die Möglichkeit einer solchen Gefahr auch bei einer dreijährigen Verjährungsfrist, bei der Verzögerung des Regresses durch Klagen, nicht ausgeschlossen ist, so muß der Regressat durch das Rechtsmittel der Streitverkündigung sich zu helfen suchen, oder nach abgelaufener Verjährung die Rechte aus der Bereicherung geltend machen. Auch gegen den Acceptanten einer Sichttratte und den Ehrenacceptanten, sowie gegen den Acceptanten eines domizilirten Wechsels mit benanntem Domiziliate, läuft die dreijährige Frist.

2) Während der Acceptant, allen Wechselgläubigern gegenüber, durch eine von einem bestimmten Tage an laufende Verjährung geschützt ist, kann der Inhaber und jeder Indossant für seine Regreßklage eine selbstständige, von verschiedenen Zeitmomenten ab beginnende und nach verschiedenen Zeitfristen bemessene Verjährung in Anspruch nehmen. Es verjährt nämlich a) die Regreßklage des Inhabers, welcher den Wechsel zur Zahlung präsentirt und Mangels Zahlung hat protestiren lassen: in drei Monaten, wenn der Wechsel in Europa, mit Ausnahme von „Island" und den „Faröern", zahlbar war; in sechs Monaten, wenn der Wechsel in den Küstenländern von Asien und Afrika längs des mittelländischen und schwarzen Meeres, oder in den dazu gehörigen Inseln dieser Meere zahlbar war; in achtzehn Monaten, wenn der Wechsel in einem anderen außereuropäischen Lande, oder in Island oder den Faröern zahlbar war [2]); b) die Regreßklage des Indossanten, welcher den Wechsel eingelöst oder als Rimesse erhalten hat, in drei Monaten, wenn der Regreßnehmer in Europa, mit Ausnahme von Island und den Faröern, wohnt; in sechs Monaten, wenn der Regreßnehmer in den Küstenländern von Asien und Afrika längs des mittelländischen und schwarzen Meeres, oder in den dazu gehörigen Inseln dieser Meere wohnt; in achtzehn Monaten, wenn der Regreßnehmer in einem anderen außereuropäischen Lande oder in Island und den Faröern wohnt [3]). Diese Fristen sind mit Rücksicht auf die geographische Entfernung und auf die Verbindungswege der einzelnen Landestheile abgemessen [4]) und nur maßgebend für die gegen einen inländischen, d. i. unter der Herrschaft der Allgemeinen Deutschen Wechselordnung wohnenden Indossanten oder Aussteller, da für den im Auslande zu nehmenden Regreß die Gesetze des Auslandes zur Norm dienen [5]). Die Verjährungsfrist für den Regreßanspruch des protestirenden Inhabers richtet sich nach der Entfernung des Ortes, wo der

1) Leipz. Prot. S. 188. ff. 204.
2) Art. 78. A. D. W.O.
3) Art. 79. A. D. W.O.
4) Leipz. Prot. S. 180. 185. 187. 190.
5) Leipz. Prot. S. 186. 188. Brauer a. a. O. S. 134. Bluntschli a. a. O. S. 124.

Wechsel zahlbar war, weil sich der Wechsel bei dem Beginn des Rücklaufes an dem Zahlorte befindet, der Regreß daher von diesem Orte genommen wird, während bei dem weiteren Regresse die Entfernung des Wohnortes des Regreßnehmers maßgebend ist, weil der einlösende Indossant von seinem Wohnorte aus nach dem Wohnorte des Regreßpflichtigen den Regreß nimmt.

§. 147.

Die Unterbrechung der Verjährung.

Im Civilrechte giebt es viele, theils rechtliche theils faktische, Gründe, durch welche der Lauf einer begonnenen Verjährung unterbrochen wird. Diese Gründe liegen theils in der Person des Berechtigten, z. B. Mangel der Dispositionsfähigkeit, theils außerhalb der Person desselben, faktische Hindernisse, z. B. Kriegsereignisse 2c. Es gilt der Grundsatz agere non valenti non currit praescriptio. Auch Umstände, durch welche das Bestehen der Verbindlichkeit von Seiten des Berechtigten oder Verpflichteten in rechtsverbindlicher Weise anerkannt oder gesichert wird, z. B. Verwahrung (Protestation), Anerkenntniß 2c., gereichen zur Unterbrechung der Verjährung [1]). Die Allgemeine Deutsche Wechselordnung hat den, dem strengen und formalen Wechselrechte entsprechenden Grundsatz aufgestellt: die Verjährung wird nur durch die Behändigung der Klage und durch die von dem Verklagten geschehene Streitverkündigung unterbrochen [2]). Die Leipziger Konferenz hat Anträge, welche darauf gerichtet waren, jenen Unterbrechungsgründen noch andere, wie z. B. die Mahnung, das Anerkenntniß, die höhere Gewalt (vis major), gleichzustellen, ausdrücklich zurückgewiesen und dadurch in unzweifelhafter Gewißheit anerkannt, daß es außer jenen Unterbrechungsgründen keine andere giebt. Die aktive oder passive Rechts- und Handlungsunfähigkeit, der Mangel der Legitimation für die aktive und passive Rechtsverfolgung, civilrechtliche Antretungs- und Ueberlegungsfristen, alle diese Umstände sind daher für den Anfang und den Lauf der Wechselverjährung ohne Einfluß [3]). Eine Anmeldung der Wechselklage und Mittheilung derselben an den Verklagten ohne Anberaumung eines Klagebeantwortungstermins ist nicht geeignet, die Verjährung zu unterbrechen, da, wie aus den Motiven des Preußischen Entwurfes und aus den Leipziger Kommissionsverhandlungen mit Ueberzeugung hervorgeht, nur der Klagebehändigung [4]) zum Zwecke des gerichtlichen Prozeßverfahrens die Wirkung der Unter-

---

1) Arndts a. a. O. §. 110. A. Pr. L.R. Thl. I. Tit. 10. §§. 512 ff. 568 ff.

2) Art. 80. A. D. W.O. Straß hat die Strenge dieser Bestimmung getadelt und die Gefahr, welche daraus entstehen kann, hervorgehoben. (Arch. f. D. W.R. Bd. 9. S. 51.) Die Behändigung der Klage kann auch durch eidesstattliche Versicherung des insinuirenden Beamten festgestellt werden. Erk. des O.Tr. in Berlin vom 30. Mai 1861. (Striethorst Arch. Bd. 42. S. 87.)

3) Pr. Mot. S. LXXIV Leip. Prot. S. 188. 191. 206. 243. Volckmar und Loewy a. a. O. S. 267. Hoffmann jedoch zum Theil abweichend in Beziehung auf die Verjährung gegen die Erben des Wechselschuldners (Arch. f. D. W.R. Bd. 12. S. 356). Durch die Behändigung einer Theilklage tritt keine Unterbrechung in Ansehung des Ueberrestes ein. Borchardt a. a. O. S. 243. Zus. 459. S. 247. Zus. 468.

4) Erk. des O.Tr. in Berlin vom 30. Jan. 1855. (Entsch. Bd. 29. S. 411. Arch. f. D. W.R. Bd. 5. S. 226. Borchardt a. a. O. S. 240. Zus. 454.) Auch die Ediktalladung unterbricht die Verjährung. Erk. d. O.Tr. in Berlin v. 12. Okt. 1850. (Arch. f. D. W.R. Bd. 7. S. 412.) Klagzustellung an den Abwesenheitskurator und Erbschaftskurator. Arch. a. a. O. Bd. 10. S. 56.

brechung der Verjährung beigelegt worden ist [5]). Die vor ergehender richterlicher Entscheidung erfolgte Zurücknahme der Wechselklage beseitigt nicht die Wirkungen der durch deren Behändigung erfolgten Unterbrechung der Verjährung, und es beginnt mit dem Tage der Zurücknahme oder des Verzichts der Lauf einer neuen Verjährung [6]). In wiefern durch das Konkursverfahren eine Unterbrechung der Verjährung gegen den Gemeinschuldner bewirkt wird; ob eine Wechselklage gegen den Gemeinschuldner neben dem Konkurse zulässig ist, und welche Wirkung die Anmeldung der Wechselforderung bei der Konkursmasse für die Unterbrechung der Verjährung hat, alles das bestimmt sich nach den Partikulargesetzen eines jeden Landes. Wo diese keine entgegengesetzte Bestimmung enthalten, muß der Anmeldung der Wechselforderung im Konkurse und Behändigung derselben an den Vertreter der Konkursmasse, an Stelle der Klagebehändigung, die Wirkung der Klagebehändigung beigelegt werden [7]). Da nach Preußischem Rechte eine Klage gegen den Gemeinschuldner während der Dauer des Konkurses ausgeschlossen ist, und dem Letzteren erst durch die Beendigung des Konkurses die freie Disposition über sein Vermögen zurückgegeben wird, so kann während des Laufes des Konkurses eine Wechselverjährung gegen den Gemeinschuldner weder beginnen noch beendet werden. Die Verjährung ist unterbrochen während jener Zeit und beginnt erst mit der öffentlichen Bekanntmachung der Beendigung des Konkurses [8]). Durch die Anmeldung einer, wenn auch noch nicht fälligen, Wechselforderung zur Konkursmasse wird, der letzteren gegenüber, die Verjährung unterbrochen. Es kann von dem Wechselschuldner gegen die nach beendigtem Konkurse angestellte Klage des ausgefallenen Gläubigers nicht die Einrede der Verjährung entgegengesetzt werden [9]). Die Klagebehändigung oder Streitverkündigung bewirkt eine Unterbrechung der Verjährung auch dann, wenn sie von einem für die Klage nicht kompetenten Richter veranlaßt worden sind, mag nun über die Inkompetenz durch Verfügung oder durch Erkenntniß entschieden sein [10]).

Bd. 12. S. 357. Bei vorhandener Gefahr kann zum Zwecke der Klagebehändigung dem Verklagten ein curator ad actum bestellt werden. Erk. des Oesterr. oberst. Gerichtshofes v. 22. Okt. 1863. (Arch. a. a. O. Bd. 14. S. 76.) Hoffmann im Arch. a. a. O. Bd. 12. S. 356.

5) Pr. Mot. S. LXXIII. Leipz. Prot. S. 188. 191. 206. 243. Erk. des O.Tr. in Berlin v. 30. Jan. 1855. (Arch. f. D. W.R. Bd. 5. S. 226. Entsch. Bd. 29. S. 411.) Erk. des Oesterr. obersten Gerichtshofes v. 17. Mai 1859 und 14. August 1860. (Arch. a. a. O. Bd. 14. S. 195. und Bd. 11. S. 201.) Hoffmann a. a. O. S. 567 und im Arch. a. a. O. Bd. 12. S. 352.

6) A. Pr. L.R. Th. I. Tit. 9. §. 551 ff. Kletke a. a. O. Bd. 2. S. 414. Volckmar u. Loewy a. a. O. S. 277. Erk. des O.Tr. in Berlin v. 16. Jan. 1866. (Arch. f. D. W.R. Bd. 17. S. 186.)

7) Renaud im Arch. f. D. W.R. B. 8. S. 319. Erk. des Oesterr. obersten Gerichtshofes v. 12. Juli 1859. (Arch. f. D. W.R. Bd. 10. S. 72.) Hoffmann im Arch. a. a. O. Bd. 12. S. 358. Nach Preuß. Rechte wird die Verjährung unterbrochen. Vergl. über die Frage Kübel im Arch. a. a. O. Bd. 16. S. 177.

8) §. 8. 9. 280. 199. 277. Pr. Konk. Ordn. v. 8. Mai 1855. (Ges. Samml. S. 221.) §. 516. Th. I. Tit. 9. des A. Pr. L.R. Erk. d O.Tr in Berlin v. 5. Juli 1856. (Arch. f. D. W.R. Bd. 6. S. 270.) Erk. v. 25. Novbr. 1858. (Arch. a. a. O. Bd. 9. S. 75.) Erk. v. 14. Decbr. 1858. (Entsch. Bd. 40. S. 260. Arch. a. a. O. B. 9. S. 192.) Erk. v. 12. Feb. 1859. (Arch. a. a O. Bd. 9. S. 92.) Erk. v. 20. März 1860. (Entsch. Bd. 44. S. 292.) Erk. v. April 1861. (Arch. a. a. O. Bd. 11. S. 101.) Erk. des Handelsgerichts zu Hamburg. (Arch. a. a. O. Bd. 7. S. 201.)

9) Erk. d. O.Tr. in Berlin v. 5. Juli 1856. (Arch. f. D. W.R. Bd. 6. S. 270. Entsch. Bd. 33. S. 187.) Erk. v. 25. Novbr. 1858. (Arch. a. a. O. Bd. 9. S. 75.)

10) A. Pr. L.R. Th. I. Tit. 9. §. 553. Der §. 49. Nr. 2. Th. I Tit. 7. Allg. Preuß.

Die Verjährung gegen die Vormänner unterscheidet sich von der Verjährung gegen den Acceptanten durch die successive Zuständigkeit, durch die Verschiedenheit der Fristen, durch die Bestimmtheit des Anfangstermins und durch die Mehrheit der Verpflichteten. Die kurzen Verjährungsfristen für die Regreßansprüche, und die Eingeschränktheit der Unterbrechungsgründe nöthigen zur raschen Abwickelung des Regreßrechtes. Der Inhaber, welcher gegen den Bezogenen Protest hat aufnehmen lassen, muß gegen die Vormänner, welche im Inlande wohnen, binnen 3 Monaten, vom Tage des erhobenen Protestes ab, seine Regreßansprüche verfolgen. Nach Ablauf dieser Zeit ist der Regreß gegen alle Vormänner durch Verjährung erloschen. Die Gefahr dieses Verlustes wird vermindert durch den freien Regreß und durch das dem Inhaber zustehende jus variandi, vermöge welches der Inhaber während der Verjährungsfrist jeden Vormann, ohne an die Reihenfolge, oder an die gegen den Einzelnen ergriffenen Maßregeln gebunden zu sein, nach seiner Wahl in Anspruch nehmen kann. Ein größerer Schutz besteht aber in dem Rechte, daß der Inhaber mehrere oder alle Wechselverpflichtete in einer Klage gleichzeitig belangen kann[11]), so daß durch die Klagebehändigung die Verjährung gegen alle in Anspruch genommene Garantieverpflichtete unterbrochen wird. Ein gleich freies, mit dem Variations- und Klagekumulationsrechte verbundenes Regreßrecht steht auch dem Indossanten, welcher den Wechsel während der Verjährungsfrist eingelöst hat, seinen Vormännern gegenüber, zu. Zahlt der um Einlösung des Wechsels angegangene Indossant aber nicht freiwillig, sondern läßt er es auf eine Klage ankommen, so fängt die Verjährung gegen ihn mit dem Tage der ihm geschehenen Behändigung der Klage oder Ladung an. Dauerte der Prozeß mit seinem Nachmanne länger als drei Monate, so läuft er Gefahr, seinen Anspruch an seine Vormänner durch Verjährung zu verlieren. Eine Klage gegen die eigenen Garantieverpflichteten kann er nicht anstellen, da ihm Wechsel und Protest fehlen. Es beginnt daher eine Verjährung, bevor actio nata, d. h. die Möglichkeit der Klagbarkeit gegeben ist. Es bedurfte daher, um den verklagten Indossanten für den Fall, daß er in dem Prozesse mit seinem Nachmanne unterliegt und Rembours leisten muß, gegen den möglichen Ablauf der Verjährung während der Dauer des Prozesses zu schützen, eines Rechtsmittels zur Unterbrechung der Verjährung. Dieses Rechtsmittel ist von der Allgemeinen Deutschen Wechselordnung in dem Rechtsmittel der Streitverkündigung, der Litisdenunciation, gegeben. Wird ein Indossant im Regreßwege in Anspruch genommen, so kann er zu seiner Sicherheit einen, oder mehrere oder alle Vormänner, so wie auch den Acceptanten, wenn er fürchtet, daß die Verjährung gegen dieselben während des Prozesses, und bevor er selbst sein Wechselrecht auszuüben im Stande ist, ablaufen könnte, zu dem Prozesse mit seinem

Gerichtsordnung, wonach die von einem ungehorigen Richter bewirkte Insinuation der Vorladung für nicht geschehen betrachtet wird, bezieht sich nur auf das formelle Recht.

11) Art. 49. 81. A. D. W.O. §. 6. Pr. Einf. Ges. v. 15. Febr. 1850. Code de commerce Art. 164. Le porteur d'une lettre de change protestée . . . peut exercer son action en garantie . . ou collectivement contre les indosseurs et le tireur. La même faculté existe pour chacun des indosseurs à l'egard du tireur et des indosseurs qui le précedent §. 90. Preuß. Entw. §. 47. Motive dazu S. LXXVII Leipz. Prot. S. 102. Hoffmann a. a. O. S. 567.

Nachmanne zuziehen und denselben den Streit verkündigen lassen. Die Streitverkündigung bezweckt nicht ein prozessualisches Vorgehen, nicht eine rechtliche Entscheidung gegen den Geladenen, sondern eine bloße Benachrichtigung von dem Rechtsstreite mit der Bitte um Assistenzleistung zum Zwecke des künftigen Regresses [12]). Die Behändigung dieses Gesuches hat daher zwar nicht gleiche prozeßrechtliche Folgen, wie die Behändigung der Klage oder eine Ladung; es entsteht dadurch keine Rechtshängigkeit, keine das Streitverhältniß zwischen den Parteien begränzende und rechtlich qualifizirende Litiskontestation [13]), wohl aber hat sie die Wirkung der Unterbrechung der Klageverjährung vom Tage der Insinuation des Gesuches ab [14]). Die Litisdenunciation ist daher für den verklagten Indossanten das ausschließliche Mittel, die Verjährung gegen die Wechselverpflichteten zu unterbrechen. Sie steht in Ansehung der rechtlichen Wirkung der Klagebehändigung gleich und ist um so wichtiger für den Regreß, als auch der zum Prozesse zugezogene Vormann seinem Vormanne weiter den Streit verkündigen und daher auch seiner Seits die Verjährung unterbrechen kann [15]).

Die Klagebehändigung und die Streitverkündigung an einen Vormann unterbrechen die Verjährung nicht, wie der Braunschweigische Entwurf [16]) auf Grund eines vermeintlichen Korrealitätsverhältnisses annimmt, gegen alle Indossanten, sondern nur in Beziehung auf denjenigen, gegen welchen sie gerichtet ist [17]). Diese gesetzliche Bestimmung entspricht nicht allein der rechtlichen Sebstständigkeit und Unabhängigkeit der einzelnen Begebungsakte, sowie der Solidarität der einzelnen Wechselverpflichtungen, sondern auch dem Bedürfnisse des Verkehrs, welches die möglichste Abkürzung der Wechselobligo's verlangt. Ein entgegengesetzter Grundsatz würde die Wechselpflichten der Gesammtheit der Garanten möglicherweise auf lange und unbestimmte Zeit verlängern und in unzulässiger, für den Wechselverkehr nachtheiliger Weise erschweren, indem der Inhaber in der Lage wäre, durch die Klage gegen den einen oder anderen Vormann die Verjährung beliebig und wiederholt zu unterbrechen, dadurch aber die ganze Reihe der Garanten im Wechselobligo zu halten [18]).

§. 148.

Anfang und Dauer der neuen Verjährung.

Eine Unterbrechung der Verjährung kann nach allgemeinen, auch im Wechselrechte geltenden Rechtsgrundsätzen [1]) nur so lange wirken, als der rechtliche Grund

12) Bayer a. a. O. S. 54. Allg. Pr. Gerichtsordn. Th. I. Tit. 17. §§. 8 ff.

13) Bayer a. a. O. S. 326. Allg. Pr. Gerichtsordn. Th. I. Tit. 7. §§. 48. Puchta a. a. O. §§. 96. 292. Arndts a. a. O. S. 113.

14) Art. 80. A. D. W.O. Leipz. Prot. S. 188. 191. Hoffmann a. a. O. S. 570 und im Arch. f. D. W.R. Bd. 12. S. 353. Auch eine Kreditmasse kann durch ihren Vertreter den Vormännern den Streit verkündigen. Erk. d. Oesterr. obersten Gerichtshofes v. 19. Mai 1859. (Arch. a. a. O. Bd. 10. S. 60.)

15) Hoffmann a. a. O. S. 570.

16) §. 94. Mot. S. 193.

17) Art. 80. A. D. W.O.

18) Mot. zum Preuß. Entw. 1847. S. LXXIV

1) Mot. zum Preuß. Entw. 1847. S. LXXIII

der Unterbrechung, die Hinderung der Verjährung, fortdauert, also im Wechselrechte nur vom Tage der Klagebehändigung resp. der Streitverkündigung bis zur Beendigung des prozessualischen Verfahrens [2]), in welchem die Thatsachen, an die sich die Unterbrechung knüpft, vorgekommen sind. Ein Rechtsstreit kann aber in mannichfacher Weise beendet werden: durch Zurücknahme, Liegenlassen der Klage und durch rechtskräftige Entscheidung. Mit dem Tage der Zurücknahme, oder mit dem Tage, an welchem der Kläger die Sache hätte fortsetzen können oder sollen, beginnt für die Rechtsverfolgung von Neuem eine Säumniß, eine Negligenz, und diese begründet den Anfang einer neuen [3]) Verjährung. Ist eine Streitsache durch rechtskräftiges [4]) Erkenntniß entschieden, so kommt es rücksichtlich der Verjährung auf den Inhalt dieser Entscheidung an. Ist der Kläger mit seinem Wechselanspruche gänzlich abgewiesen, so kann von dem Beginn einer neuen Verjährung nicht die Rede sein, weil es an dem Objekte einer Verjährung, an einem Rechtsanspruche fehlt [5]). Ist der Kläger nur zur Zeit oder in der angebrachten Art abgewiesen, so ist dagegen die Existenz eines Rechtsanspruches in gewisser Beziehung anerkannt, das Objekt einer Verjährung also vorhanden, allein der als vorhanden anerkannte Rechtsanspruch ist in Ansehung der Zeit noch nicht existent; oder in Ansehung der formellen oder materiellen Begründung nicht gehörig vorbereitet. Da der Kläger aber aus den in der Klage offen gelegten Thatsachen, wenngleich nicht zur rechten Zeit und in richtiger Qualifizirung, seine Rechte verfolgt hat, ihm daher in Ansehung des vermeintlichen und in gewisser Beziehung richterlich anerkannten Anspruches eine Negligenz, eine Vernachlässigung der Geltendmachung, nicht zur Last gelegt werden kann, so muß dem Prozeßverfahren auch die Wirkung der Unterbrechung der Verjährung bezüglich des verfolgten Anspruchs beigelegt werden. Es beginnt daher in jenen Fällen der abweisenden vorläufigen Entscheidung, wie bei der Verurtheilung des Verklagten, vom Tage der Rechtskraft des Erkenntnisses eine neue Verjährung in Ansehung des unter Klage gestellten, aber in Betreff der Zeit oder der rechtlichen Qualifikation nicht gehörig begründeten Rechtsanspruches. Die durch den Konkurs unterbrochene Verjährung fängt gegen den Wechselgläubiger in Ansehung der angemeldeten, aber nicht anerkannten Wechselforderung mit der öffentlichen Bekanntmachung über die Beendigung des Konkurses, beim Akkorde von dem festgesetzten Verfalltage der ersten

2) Erk. des O.Tr. in Berlin v. 7. Juni 1858 und v. 5. April 1859. (Entsch. Bd. 41. S. 293. Arch. f. D. W.R. Bd. 9. S. 95.) Liebe W.O. S. 211. In dem Erk. des Wiener O.L.Gerichts vom 28. Septbr. 1858 ist, — ohne inneren rechtlichen Grund, — angenommen, daß die Klagebehändigung die Verjährung unterbricht, daß sie nicht wieder zu laufen anfangt, wenn auch der Streit nicht gehörig fortgesetzt wird, während die Streitverkündigung die Verjährung nur so lange unterbricht, als der verkündigte Rechtsstreit gehörig fortgesetzt wird, so daß mit jedem Ruhepunkte die Verjährung zu Gunsten des Litisdenunciaten von Neuem beginne. Arch. a. a. O. Bd. 10. S. 181.

3) Puchta a. a. O. S. 126. A. Pr. L.R. Th. I Tit. 9. §§. 554 ff. Pr. Entw. v. 1845. §. 285. Pr. Entw. v 1846. §. 81. Hoffmann im Arch. f. D. W.R. Bd. 12. S. 360. Erk. des O.Tr. in Berlin vom 16. Jan. 1866. (Entsch. Bd. 56. S. 276.)

4) Die Nichtigkeitsbeschwerde hält nach Preuß. Rechte die Rechtskraft auf.

5) §. 557. Th. I Tit. 9. A. Pr. L.R. Hoffmann im Arch. f. D. W.R. Bd. 12. S. 362.

Akkordrate, von Neuem an[6]). In Ansehung der anerkannten Wechselforderung ist der Einwand der Wechselverjährung ausgeschlossen[7]).

Was die Dauer der neuen Verjährung anbelangt, so enthält die Allgemeine Deutsche Wechselordnung darüber keine nähere Bestimmung. Der Preußische Entwurf vom Jahre 1845. enthielt im §. 287. die Bestimmung: „Eine jede neue Verjährung ist wieder auf die einjährige Frist beschränkt." Die Frist von einem Jahre war die ursprüngliche Verjährungsfrist, und jene Bestimmung im §. 287. wurde nach den Erläuterungen S. 62, als, „keiner Rechtfertigung bedürfend" bezeichnet. Der Entwurf vom Jahre 1847. enthält keine Bestimmung über die Dauer der neuen Verjährung, die Motive dazu[8]) aber die Rechtsansicht, „daß für den Wiederanfang einer unterbrochenen Verjährung die allgemeinen Rechtsgrundsätze genügen." Die Leipziger Konferenzverhandlungen ergeben über die Rechtsmaterie auch keinen Aufschluß, indem der von Einert vorgeschlagene Zusatz zu dem Paragraphen über die Unterbrechung der Verjährung: „und beginnt dann eine Verjährung von gleicher Dauer", nur durch drei Stimmen unterstützt wurde[9]). Nach diesem rechtsgeschichtlichen Vorgange scheint man daher mit Recht der Ansicht gewesen zu sein, daß sich die Frage über die Dauer der neuen Verjährung von selbst dahin beantworte: daß die in Folge einer Unterbrechung neue begonnene Verjährung zu ihrer Vollendung eine der ursprünglichen gleichkommende Frist erfordere[10]). Die Verjährung ist in ihrer Anwendung auf das Wechselinstitut den Bestimmungen des Civilrechts entzogen und in wechselrechtlicher Strenge aufzufassen, so daß auch für den Lauf den neuen Verjährung die kurzen wechselmäßigen Fristen maßgebend sind. Eine Ausnahme bildet der Fall, wenn wegen des Wechselanspruches eine rechtskräftige Verurtheilung erfolgt ist, in welchem nicht die kürzere, sondern die gewöhnliche civilrechtliche Verjährungsfrist Platz greift. Diese Ausnahme beruht auf der rechtlichen Wirkung des Erkenntnisses, welches einen novationsmäßigen Karakter hat, eine neue Obligation, obligatio judicati erzeugt, eine neue Klage, die actio judicati, begründet[11]).

---

6) §§. 199. 277. 280. Preuß. Konk. Ordn. v. 8. Mai 1855. Erk. d. O.Tr. in Berlin v. 7. Juni 1858. (Entsch. Bd. 41. S. 294) und Erk. v. 12. Febr. 1859. (Arch. f. D. W.R. Bd. 9. S. 92) und v. 28. Mai 1859. (Arch. a. a. O. Bd. 9. S. 191.)

7) Erk. des O.Tr. in Berlin v. 7. Juni 1858. (Entsch. Bd. 41. S. 293.)

8) S. LXXIII

9) Leipz. Prot. S. 241.

10) Hoffmann, Erläuterungen S. 571 und im Arch. f. D. W.R. Bd. 12. S. 351. Erk. des O.A.G. zu Dresden v. 2. Okt. 1849 und 19. August 1852. Seuffert, Arch. Bd. 9. S. 227. Borchardt a. a. O. S. 250. Zus. 473. Anderer Ansicht sind und wenden die gemeinrechtlichen Bestimmungen an: Liebe W.O. S. 210. Brauer im Arch. a. a. O. Bd. 11. S. 118. Renaud a. a. O. S. 228. Nr. 20. Purgold im Arch. a. a. O. Bd 10. S. 17.

11) Puchta a. a. O. §. 99. Bender a. a. O. Bd. 2. S. 305. Preuß. Gesetz v. 31. März 1838. §. 10. (Gesetz-Samml. S. 249.) Erk. des O.Tr. in Berlin v. 11. März 1858. (Entsch. Bd. 38. S. 85.) Erk. v. 1. Decbr. 1864. (Striethorst, Arch. Bd. 55. S. 326.) Erk. v. 21. Novbr. 1865. (Entsch. Bd. 56. S. 272.) Code de commerce. Art. 189.

§. 149.

Die rechtliche Natur und Wirkung der Verjahrung.

Die Verjährung, eine besondere civilistische Form für den Erwerb und den Verlust von Rechten, ist von jeher, und theilweise in ganz besonderer Strenge, auch auf wechselrechtliche Verhältnisse angewendet worden. Die eigenthümliche, in der Solidarität der Wechselverbundenen, in der Abstraktion der Wechselobligation und in der Haftbarkeit der Person des Verpflichteten sich äußernde Wechselpflicht brachte es mit sich, daß die Verjährung, d. i. die Aufhebung einer Verbindlichkeit oder die Aufhebung einer Klage in ihrer Wirksamkeit in Folge versäumter Geltendmachung, von ganz besonderer Wichtigkeit für das Wechselrecht wurde. Wie aber die Anwendung civilistischer Rechtssätze auf das Wechselinstitut die rechtliche Natur des Wechsels überhaupt in einem falschen, für den Verkehr nachtheiligen Lichte darstellte, so erzeugte auch die Ausdehnung der gemeinrechtlichen Verjährung auf das Wechselrecht Irrthümer und unrichtige Ansichten. Nachdem sich daher in neuerer Zeit, und besonders nach dem Systeme der Allgemeinen Deutschen Wechselordnung, der Wechsel von der künstlichen civilistischen Rechtsauffassung emancipirt und als ein auf eigenem Rechtsboden erwachsenes Institut, als eine selbstständige Obligationsform, dargestellt hat, ist auch die Verjährung in ihrer Anwendung auf den Wechsel nach Form, Inhalt und Wirkung als ein rein wechselrechtliches Institut aufzufassen und zu beurtheilen. Der Wechsel äußert seine rechtliche Eigenthümlichkeit durch die abstrakte Skripturform. Durch den in der Schrift dargestellten Inhalt wird der Wechsel für seinen Verkehrslauf eine Art kaufmännischen Papiergeldes, ein Werthzeichen, das, von dem Kredite der Wechselverpflichteten getragen, seine Geltung in sich und durch sich selbst darstellt. In dieser Eigenschaft ist der Wechsel losgelöst und befreit von jeder rechtlichen Beziehung zu den materiellen Geschäften, welche die Ausstellung und Bewegung desselben veranlaßt haben. Das Objekt der Cirkulation, der Gegenstand des wechselmäßigen Verkehrs, ist der negociabile Papierkörper in Wechselform. Diese Rechtseigenschaft influirt auf alle Momente, welche in accessorische Beziehung zu dem Wechsel treten (Accept, Indossament, Aval), und auf alle Verhältnisse, welche in rechtlicher Abhängigkeit von dem Wechsel stehen, also auch auf die Verjährung. Die Momente, Bedingungen und Voraussetzungen, welche rechtlichen Einfluß üben auf die Verjährung, sind zu entnehmen aus dem Inhalte des Wechsels, und die persönlichen Eigenschaften und Verhältnisse des zufälligen Inhabers, sowie Hindernisse, welche nach dem Civilrechte den Anfang oder die Vollendung der Verjährung hindern, z. B. Minderjährigkeit, Mangel der Handlungsfähigkeit, sind einflußlos für die Wechselverjährung. Der Wechsel, d. i. der papierne Repräsentant, der Träger der abstrakten specifischen Wechselobligation, als solcher, verjährt, und die Person des Inhabers ist für den Eintritt dieses rechtlichen Ereignisses gleichgültig. Wie der Inhalt des Wechsels von dem Inhaber mit rechtlicher Wirkung nicht modifizirt werden kann, wenn demselben gleich das Recht zusteht, seine eigene Wechselpflicht bei der Weitergebung einzuschränken (Klausel:

ohne Obligo, nicht an Ordre u. s. w.), so wenig kann die auf dem Inhalte des Wechsels oder Protestes, einer wechselmäßigen Beurkundung, beruhende, und davon abhängige Verjährung durch Vertrag, — dem Gesetze zuwider, — modifizirt, verlängert, abgekürzt, oder ihr entsagt werden. Der urkundliche Inhalt des Wechsels und das Gesetz sind die Faktoren, nach welchen sich die Wechselverjährung regelt. Die Privatautonomie ist ausgeschlossen [1]).

Die Wirkung der Wechselverjährung steht in enger Verbindung mit der Theorie des Wechsels selbst und ist daher, wie die letztere, sehr verschieden aufgefaßt. Nach der einen Ansicht ist der Wechsel durch die Verjährung völlig erloschen, so daß für den Gläubiger gar keine Forderung übrig bleibt; nach der anderen geht nur die strengere Prozeßform, rigor cambialis, obligatio ad carcerem, verloren, während aus dem Wechsel, wie aus einem selbstständigen Vertragsakte, im gewöhnlichen Prozesse geklagt werden kann; nach einer dritten Ansicht endlich kann aus dem unterliegenden Rechtsgeschäfte, z. B. ex mutuo u. s. w., geklagt werden [2]). Das Allgemeine Preußische Landrecht [3]) knüpft an die Verjährung den Verlust des Wechselrechts unter Zubilligung einer Klage aus der Bereicherung, während der Code de commerce [4]) mit der Verjährung nur eine durch Gegenbeweis zu beseitigende Vermuthung der Tilgung der Wechselschuld verbindet. Nach der Allgemeinen Deutschen Wechselordnung besteht die Wirkung der Verjährung, wie die des Präjudizes, darin, daß die wechselmäßige Verbindlichkeit erloschen ist, und zwar im letzteren Falle wegen Mangels der wechselmäßigen Form (des Protestes), im ersteren Falle wegen Zerstörung des Wechselversprechens [5]). Es ist, nach Ablauf der Verjährung, die wechselmäßige Obligation zerstört; daher eine Klage aus dem Wechsel weder im ordentlichen, noch im Wechselprozesse zulässig; der Wechsel ein werthloses, keinen thatsächlichen Anhalt für einen rechtlichen Anspruch darbietendes Stück Papier. Daraus folgt aber, daß der Richter die Klage aus einem Wechsel, die nach Inhalt desselben verjährt ist,

---

1) Der §. 283. des Preuß. Entw. v. 1845. bestimmt: „Verträge, durch welche die Verjährung einer Wechselverbindlichkeit entsagt, oder eine längere Frist, als in den Gesetzen verzeichnet ist, bedungen wird, sind ohne rechtliche Wirkung.“ Die späteren Materialien der Allg. Deutschen Wechselordnung enthalten darüber keine Bestimmung und auch keine Aeußerung. Liebe, W.O. S. 211. Renaud a. a. O. S. 227. Hoffmann a. a. O. S. 571. Thöl a. a. O. Bd. 2. S. 736. Erk. des O.Tr. in Berlin v. 3. Mai 1853. (Arch. f. D. W.R. Bd. 3. S. 345.) Erk. v. 30. Jan. 1855. (Arch. a. a. O. Bd. 5. S. 226.) Erk. d. O.L.G. zu Wien v. 28. Septbr. 1859. (Arch. a. a. O. Bd. 10. S. 279.) Erk. d. österr. oberst. Gerichtsh. v. 8. Juli 1863. (Arch. a. a. O. Bd. 13. S. 220.) Erk. v. 17. Mai 1859. (Arch. a. a. O. Bd. 14. S. 195.) Erk. d. O.A.G. zu Dresden v. April u. Novbr. 1860. u. 16. Jan. 1861. (Arch. a. a. O. Bd. 10. S. 309. Borchardt a. a. O. S. 235. Zus. 448.) und vom 4. Aug. 1864. (Arch. a. a. O. Bd. 14. S. 330.) Einen vor Ablauf der Verjährung geschlossenen Vertrag, in welchem der Verjährung rechtsgültig (§§. 556. 559. Th. I. Tit. 9. Allg. Pr. L.R.) entsagt worden, erachtet unter den Kontrahenten für gültig das Erk. d. O.Tr. in Berlin v. 4. Septbr. 1860. (Arch. a. a. O. Bd. 10. S. 267. Borchardt a. a. O. S. 235. Zus. 447.) Auch Bender a. a. O. Bd. 2. S. 307.

2) Siegel, Einleit. ꝛc. Thl. II. K. 6. §. 6. Martens, Grundriß §. 125. Weißegger a. a. O. Bd. 2. S. 347. Bender a. a. O. Bd. 2. S. 298. Liebe, Entw. S. 150. 189. Thol a. a. O. Bd. 2. §. 332. Mot. zum Pr. Entw. v. 1847. S. LXXIII Erk. des O.Tr. in Berlin v. 2. Decbr. 1843. (Entsch. Bd. 9. S. 333.)

3) §§. 974. 1015. 1079. 1080. 1209. Th. II Tit. 8.

4) Art. 189. Mot. zum Pr. Entw. v. 1847. S. LXXIII

5) Art. 83. A. D. W.O.

von Amts wegen zurückweisen muß [6]). Ist ein Wechsel in der Hand eines Inhabers, dem Vormanne gegenüber, verjährt, so hat der Wechsel seine wechselmäßige Kraft, das specifisch wechselrechtliche Element für alle Garantieverpflichtete verloren; die Wechselobligation ist in Ansehung aller Garanten erloschen, so daß von einem jeden derselben der Einwand der, in der Hand eines anderen Inhabers erfolgten Verjährung entgegengesetzt werden kann. Die Verjährung steht nicht dem bestimmten Gläubiger, der die Negligenz begangen hat, entgegen, sondern sie haftet, wie das Präjudiz, objektiv dem Wechsel, ohne Ansehung des Inhabers, an, so daß sich mit dem Einwande der Verjährung ein Jeder, der aus dem erloschenen Wechsel belangt wird, gegen jeden Inhaber schützen kann. Die successiven Regreßfristen aus dem näheren und weiteren Regresse sind, wenn sonst gleich durch die Begebung selbstständige Regreßpflichten entstehen, daher nicht in der Weise unabhängig, daß es für jeden Garantieverpflichteten nur darauf ankommt, ob in Ansehung seiner die Verjährungsfrist noch nicht abgelaufen ist, sondern der Einwand der Verjährung, auch aus der Person eines früheren Inhabers hergeleitet, schützt alle Garantieverpflichtete. Hat also z. B. der Präsentant aus einem innerhalb Europa zahlbaren Wechsel binnen drei Monaten, vom Tage des erhobenen Protestes gerechnet, den Regreß versäumt, so ist der Wechsel für alle Regreßverpflichtete durch Verjährung erloschen. Wenn daher auch ein Vormann den verjährten Wechsel bezahlt und einlöst, so erlangt er durch diese Einlösung doch kein Recht zur weiteren Regreßnahme. Denn die Geltendmachung der Rechte aus der wechselmäßigen Garantie beruht darauf, daß der Regressant dem Regressaten die rechtliche Möglichkeit der eigenen Regreßnahme giebt, was nicht der Fall ist, wenn der Wechsel einmal in Ansehung des Regresses durch Verjährung erloschen ist. Der Vormann also, von welchem ein verjährter Wechsel eingelöst worden ist, hat sich selbst einen Schaden zugefügt und kann von einem weiteren Vormanne keine Schadloshaltung im Regreß verlangen [7]).

Auch aus dem unterliegenden Rechtsgeschäfte kann der Inhaber nur mit Einschränkung klagen, nämlich nicht gegen die Indossanten aus dem Begebungsgeschäfte, sondern nur gegen den Aussteller oder den Acceptanten aus dem Valuten- resp. Deckungsgeschäfte, und auch nur insofern, als sie sich mit dem Schaden des Inhabers bereichern würden [8]).

Eine dem Wechselrechte ganz fremde Frage ist es: ob aus einer einem Wechsel beigefügten Willenserklärung sonst civilrechtliche Ansprüche herzuleiten sind? Eine Urkunde kann den Erfordernissen des Wechsels entsprechen und sich nebenbei auch sonst für eine civilrechtliche Geschäftsform qualifiziren. Daß die Ansprüche aus der letzteren unabhängig von der Wechseleigenschaft verfolgt werden können, ist keinem gegründeten Bedenken unterworfen [9]).

---

6) Scherer a. a. O. Bd. 3. S. 164. Thöl a. a. O. Bd. 2. S. 747. Borchardt a. a. O. S. 231. Zus. 439.

7) Erk. d. O.Tr. in Berlin v. 11. Novbr. 1858. (Entsch. Bd. 40. S. 264. Arch. f. D. W.R. Bd. 8. S. 213.) Erk. v. 14. Decbr. 1858. (Entsch. Bd. 40. S. 260.)

8) Art. 80. A. D. W.O.

9) Erk. d. O.Tr. in Berlin v. 31. Oktbr. 1854. (Arch. f. D. W.R. Bd. 5. S. 101. Entsch. Bd. 29. S. 192.) Meißner im Arch. f. D. W.R. Bd. 4. S. 401. Thöl a. a. O. Bd. 2. §. 293.

Vierzehntes Kapitel.

Die Konfusion.

§. 150.

Die Personen-Einheit. Konfusion.

Die Tratte ist, ihrem merkantilen Zwecke nach, an verschiedene Funktionen gebunden und setzt daher eine Mehrheit von Personen voraus, denn sie ist berufen, auf Anweisung des Ausstellers durch einen Dritten zu Gunsten des Inhabers realisirt, bezahlt zu werden. Die gewöhnliche Tratte setzt daher drei Personen, den Trassanten, den Remittenten und den Trassaten voraus, denen sich in der Form des Domizils noch die Person des Domiziliaten anschließt. Allein es kommen auch Wechsel mit verminderter Personen-Anzahl vor: der Wechsel an eigene Ordre, bei welchem die Funktion des Ausstellers und Remittenten; der trassirteigene Wechsel, bei welchem die Funktion des Trassanten und Trassaten; der trassirt-eigene Wechsel an eigene Ordre, bei welchem alle drei Wechselfunktionen in einer und derselben Person vereinigt sind. Auch der eigene Wechsel, namentlich in indossirter Form, vereinigt die Funktion des Ausstellers und des Bezogenen in einer Person. Die rechtliche und merkantile Existenz solcher Wechsel hängt zum Theil von der Auflösung dieser Personen-Identität, von der Trennung der Wechselfunktionen ab, da die Wechselobligation, wie die civilrechtliche, Recht und Pflicht, als korrelate Begriffe, in Verbindung setzt mit einer Mehrheit von Personen, von denen die eine Gläubiger, die andere Schuldner ist. Ein Wechsel an eigene Ordre, unacceptirt und ungirirt, in der Hand des Ausstellers, ist ohne rechtliche Qualifikation, ein Versuch, ein Wechselformular ohne Wirkung für die rechtliche Außenwelt. Er kann aber rechtliche Wirkung erhalten: 1) durch das Accept, und 2) durch das Giro. Durch das Accept nimmt der Wechsel an eigene Ordre die Funktion eines Eigenwechsels an, denn der Acceptant ist Schuldner, und der Aussteller Gläubiger. Zwischen beiden besteht die direkte Wechselobligation. Durch das Giro erhält der nicht acceptirte Wechsel an eigene Ordre nach der entgegengesetzten Richtung hin, nicht als direkte Wechselobligation, wie bei dem Accepte, sondern als eventuelle Regreßobligation rechtliche Bedeutung; die Funktionen des Ausstellers und Remittenten, welche bis dahin in einer und derselben Person vereinigt waren, werden getrennt, von einander, jedoch in rechtlicher Selbstständigkeit und Unabhängigkeit, geschieden, und dadurch die Funktion des Wechsels als Tratte hergestellt. Der Aussteller giebt dem Wechsel durch den Akt der Begebung einen Gläubiger und übernimmt die Garantie nach dem materiellen Umfange seines Indossaments [1]). Einen gleichen rechtlichen Vorgang zur Trennung der Geschäftsfunktionen des Ausstellers und des Bezogenen, und zur Begründung einer direkten Wechselobligation setzt der trassirt-eigene Wechsel voraus [2]).

---

1) Art. 14. 15. A. D. W.O.
2) Art. 6. A. D. W.O.

Außer durch den Akt der Kreation, der Ausstellung, kann eine Personen-Einheit entstehen durch die Cirkulation des Wechsels, denn die Allgemeine Deutsche Wechselordnung hat durch den Grundsatz: „Auch an den Aussteller, Bezogenen, Acceptanten oder einen früheren Indossanten kann der Wechsel gültig indossirt und von denselben weiter indossirt werden“ [3]), die unbedingte Negociabilität des Wechsels anerkannt. Der Wechsel ist ein abstraktes Kreditpapier, von gleichem Werthe für Jedermann. Die Person des Inhabers und dessen rechtliche Beziehung zum Wechsel influiren nicht auf das von jedem materiellen Rechtsgrunde losgelöste Recht aus dem Wechsel. Auch nach dem Verfalle kann der Wechsel, welcher in Noth gerathen ist, im Regreßwege und durch das selbstständige Einlösungsrecht des Wechselschuldners in die Hand eines Regreßverpflichteten zurückkehren und eine Personen-Identität entstehen [4]). Die civilrechtlichen Grundsätze über die Konfusion, d. i. die Aufhebung des obligatorischen Rechts durch die Vereinigung in der Person des Schuldners, werden wesentlich modifizirt in ihrer Anwendung auf das internationale Wechselrecht. Der Bezogene, so lange er nicht acceptirt hat, steht außer jeder Wechselverbindlichkeit; er wird durch den Erwerb des Wechsels Gläubiger aus der Regreßobligation und kann die letztere, nachdem er die Bedingungen des Regresses durch Präsentation und Protestation erfüllt hat, gegen die Wechselgaranten ebenso geltend machen, wie ein jeder dritter Erwerber. Der Aussteller, die Indossanten und der Acceptant stehen dagegen im Wechselobligo; sie haften für die Realisirung des Wechsels; der Acceptant unmittelbar, der Aussteller und die Indossanten eventuell für den Fall der Noth, der Nichtzahlung durch den Acceptanten. Allein vor dem Verfalle, so lange der Wechsel mit ungeschwächter Negociabilität nach Vorwärts läuft, ist derselbe auch in der Hand eines Verpflichteten ein indossabeles Werthpapier, das der Inhaber durch Weiterbegebung von seiner Person trennen, und dadurch die Valuta nutzen, oder bis zum Verfalle behalten und dann, je nach seiner Stellung zum Wechsel, endgültig realisiren, oder in der Vereinigung mit seiner Person durch Konfusion [5]) rechtlich aufheben kann. Durch den Verfalltag wird die Wechselobligation fixirt und der Kreis der Verpflichteten festgestellt. Der Inhaber kann nach seiner Wahl von seinem Rechte gegen den Acceptanten oder gegen die Indossanten Gebrauch machen. Ist der Wechsel am Verfalltage in der Hand des Acceptanten, und vereinigt sich dadurch die Gläubigerschaft aus dem Wechsel in der Person des Hauptverpflichteten, so ist die Wechselobligation erfüllt, das Gläubigerrecht aufgehoben, und von einem wechselmäßigen Regreßrechte des Hauptzahlungsverpflichteten gegen die Regreßverhafteten nicht die Rede. Dieselbe Wirkung tritt, wenn sich der Wechsel am Verfalltage in der

3) Art. 10. A. D. W.O.

4) Ueber die Wirkungen der Vereinigung verschiedener Wechselfunktionen in einer und derselben Person vergl. Preuß. Kommiss.-Bericht betr. die Vernehmung von Sachverständigen v. 1846. S. 31. Mot. zum Pr. Entw. v. 1847. S. XLII. Brauer a. a. O. S. 47. Bluntschli a. a. O. S. 39. Renaud a. a. O. S. 137. Erk. d. O.Tr. in Berlin v. 15. Decbr. 1853. (Borchardt a. a. O. S. 81. Zus. 165.) Erk. v. 31. Mai 1860. (Entsch. Bd. 43. S. 248.)

5) Bender a. a. O. Bd. 2. §. 438. Treitschke a. a. O. Bd. 1. S. 498 ff. 758. 824 ff. Hoffmann a. a. O. S. 132. Volckmar u. Loewy a. a. O. S. 83. Thöl a. a. O. Bd. 2. §. 327. Arch. f. D. W.R. Bd. 4. S. 98. 275., Bd. 5. S. 425., Bd. 11. S. 297. Die Konfusion tritt nach gleichen Grundsätzen ein im Falle einer Beerbung.

Hand des Trassanten, als letzten Garanten, befindet, ein in Ansehung der Regreßobligation, so daß nur das Recht aus dem Accepte realisirbar ist. Die Folgen einer Weiterbegebung sind nach Art. 16. der Allgemeinen Deutschen Wechselordnung zu bestimmen.

Der Tod kann die Person der Wechsel-Indossanten ändern, denn die Wechselobligation, als einen Vermögenswerth darstellend, geht aktiv und passiv auf die Erben über. Dieser Uebergang durch Erbfall ist von Einfluß 1) auf die Legitimation, denn diese wird nicht aus formalem wechselrechtlichem, sondern aus civilrechtlichem Gesichtspunkte geprüft; 2) auf die rechtliche Stellung der Erben zum Wechsel, denn diese wird beurtheilt aus dem Rechte des Erblassers; 3) auf das prozessualische Verfahren, insbesondere auf die Wechselstrenge, denn es findet nicht der Wechselarrest, sondern, unter den geeigneten Voraussetzungen, nur der gewöhnliche Personalarrest statt [6]).

Funfzehntes Kapitel.

Verlust des Wechsels.

§. 151.

Rechtlicher Einfluß des Verlustes des Wechsels auf die Wechselobligation.

Der Verlust der Urkunde über eine Vertragsobligation hat den Verlust des Rechts selbst nicht zur Folge; denn das Vertragsrecht beruht nicht in der Form, besteht nicht in und mit der Urkunde, sondern stützt sich auf den Willen der Interessenten, für welchen die Obligation nur die rechtliche Form und die Urkunde nur die sichtbare Darstellung, Beweismittel, bildet. Der Inhalt des Vertragswillens kann daher auch in anderer Weise, als durch die Urkunde selbst, geführt werden [1]). Andere Grundsätze folgen aus der Natur des Wechsels, als eines streng formalen Rechtsaktes, als eines Geschäftes, das seinen rechtlichen Stützpunkt nicht findet in der Stellung der Begebungsinteressenten, sondern das verkörpert ist in der Form, in der Substanz des Wechsels selbst. Der Verlust, ein Zerstören dieser Substanz muß daher nothwendiger Weise auch den Untergang des durch den Wechsel repräsentirten Rechts zur Folge haben. Der in dem Wechsel enthaltene Zahlungsauftrag ist an die Vorlegung, an die Gegenwart des Wechsels geknüpft, denn es heißt darin: „Gegen diesen Wechsel zahlen Sie", und ohne den Wechsel, als Träger des wechselmäßigen Rechts, ist eine Ausübung des letzteren wechselrechtlich nicht möglich.

Die Rechtmäßigkeit des Eigenthumes an einem Wechsel wird nach wechselrechtlichen Principien nicht beurtheilt nach der rechtlichen Qualifikation des Erwer-

6) §. 2. A. D. W.O., der aber durch Aufhebung des Schuldarrestes im Bereiche des Norddeutschen Bundes seine Bedeutung verloren hat.

1) Bayer, Vorträge über den gemeinen ordentlichen Prozeß. S. 592. A. Pr. L.R. Th. I. Tit. 5. §§. 169 ff. Allg. Pr. G.O. Th. I. Tit. 10. §. 120. Art. 36. A. D. W.O.

bungstitels, nicht nach der Beschaffenheit des, der Begebung zum Grunde liegenden obligatorischen Rechtsgrundes, sondern nach der äußeren Form der Uebertragungsakte, nach dem formalen Zusammenhange der Indossamente. Diese dem Wesen des Wechsels entlehnte, der Uebertragungsweise durch lettres au porteur verwandte Legitimationsführung erleichtert die Cirkulation der Wechsel und ist gestützt auf den urkundlichen Besitz des Papiers. Ohne diesen Besitz, ohne die Vorlegung und Auslieferung des Wechselbriefes ist eine Ausübung der durch denselben repräsentirten Wechselforderung weder dem Acceptanten, noch den Garanten gegenüber statthaft [2]). Von diesem Grundsatze des strengen Wechselrechts macht die Allgemeine Deutsche Wechselordnung [3]) eine Ausnahme durch Zulassung der Amortisation [4]) eines abhanden gekommenen Wechsels und Geltendmachung des Wechselrechts gegen den Acceptanten ohne Besitz der Wechselurkunde. Ist ein Wechsel vollständig vernichtet [5]) oder zerstört worden, und der letzte Inhaber weist diese Thatsache überzeugend nach, so steht der Ausfertigung eines neuen Wechsels, an Stelle des alten, ein Hinderniß nicht entgegen [6]). Ein erzwingbares Recht auf Ausstellung eines neuen Wechsels steht ihm jedoch nicht zu. Für den Fall des Verlustes hängen dagegen die Maßregeln, welche der Verlierer zur Abwendung möglicher Nachtheile zu ergreifen hat, von der eigenen Thätigkeit und von der Unterstützung der Wechselverbundenen ab [7]).

Das sicherste und einfachste Mittel zur Abwendung der Störungen, welche durch den Verlust eines Wechsels entstehen, ist die Ausfertigung des Wechsels in mehreren Exemplaren und die Benutzung derselben zum Zweck der Sicherheit. Auch ist es, wenngleich bestritten, doch zulässig, an Stelle eines verlorenen Wechsels die Ausstellung eines Duplikates zu verlangen [8]). In den meisten Fällen des Verlustes wird eine öffentliche Warnung vor dem Erwerbe und eine schleunige Benachrichtigung des Ausstellers zum Zwecke des Kontremandirens und des Bezogenen zum Zwecke der Ablehnung der Acceptation, oder, wenn letztere bereits erfolgt ist, zur Anwendung größerer Achtsamkeit und Vorsicht bei der Prüfung

---

2) Thol a. a. O. Bd. 2. S 676. Hoffmann im Arch. f. D. W.R. Bd. 5. S. 299.

3) Art. 73. A. D. W.O. Die Oesterreichische Wechselordnung hat den Art. 73. in etwas modifizirter Fassung publicirt. Geyer a. a. O. S. 276. Borchardt a. a. O. S. 217.

4) Die alteren Systeme der Wechselrechte enthalten zum Theil sehr eingehende Bestimmungen über die rechtlichen Folgen, welche aus dem Verluste des Wechsels entstehen, und über Maßregeln, durch welche die Nachtheile aus dem Verluste abgewendet werden. Franck l. c. l. II sect 3. tit 4 § 1 seq Riccius l. c exerc. XVII. Bender a. a. O. Bd. 2. S. 202. Allg. Pr. L.R. Th. II. Tit. 8. §. 1159 ff. Wenn ein Wechsel, nach eingeleiteter Klage, verloren gegangen ist, so kann die Wechselklage, welcher der Originalwechsel beigefügt war, gegen jeden verklagten Wechselverpflichteten fortgesetzt und sogleich von Seiten des Klagers auf Zahlung gegen Sicherstellung oder Zahlung zum Depositorium gerichtet werden. Borchardt a. a. O. S. 221. Zus. 416.

5) Die Zulässigkeit der Restauration und die Wirksamkeit eines restaurirten Wechsels ist nach dem Civilrechte zu beurtheilen. §. 102 ff. Th. I Tit. 16. A. Pr. L.R. §. 119. Th. I. Tit. 10. A. Pr. G.O. Erk. des O.Tr. in Berlin vom 4. Mai 1861. (Strieth. Arch. Bd. 42. S. 57. Arch. f. D. W.R. Bd. 12. S. 170.)

6) Selbst für Pfandbriefe, deren gänzliche Vernichtung nachgewiesen wird, konnen ohne öffentliches Aufgebot neue ausgefertigt werden. §. 122. Th. I. Tit. 51. A. Pr G.O.

7) Preuß. Motive S. LXX Thol a. a. O. Bd. 2. S. 675. Jolly im Arch. f. D. W.R. Bd. 4. S. 32.

8) Vergl. §. 75.

der Legitimation des Präsentanten nothwendig und rathsam sein. Alles das sind aber nur Maßregeln der Sicherheit und nicht durch gerichtliche Klagen erzwingbar. Die Amortisation, — ein auf Fiktion beruhendes, gleich der Verjährung die Sicherheit des Wechselverkehrs bezweckendes Rechtsinstitut, — ist zwar ohne Gefahr für den Aussteller und die Indossanten, aber beschwerlich für den Verlierer und präjudizirlich für den redlichen Inhaber des Wechsels. Sie ist ein, nicht aus den Grundsätzen des strengen Rechts hergeleitetes, sondern aus Nützlichkeitsgründen eingeführtes Rechtsmittel, um dem Verlierer, wenngleich in beschränkter Weise, die Geltendmachung seines Wechselrechts auch ohne Vorlegung der Wechselurkunde möglich zu machen, die Legitimation desselben, welche an den urkundlichen Besitz des Wechsels geknüpft ist, zu ergänzen und von dem Besitze des Papiers zu trennen. Während das Allgemeine Landrecht[9]) sehr eingehende Vorschriften über „verloren gegangene Wechsel" enthält, auch ein öffentliches Aufgebot gestattet, läßt der Code de commerce[10]) ein Amortisationsverfahren nicht zu, gestattet vielmehr einen richterlichen Einspruch gegen die Zahlung an einen Dritten und die Zahlung an den Verlierer auf Grund einer richterlichen Ordonnanz, wenn das Eigenthum des Verlierers durch dessen Bücher nachgewiesen worden ist.

Sechszehntes Kapitel.

Der eigene, trockene Wechsel.

§. 152.

Historischer Rückblick. Allgemeiner Begriff des Eigen-Wechsels.

Vielleicht gleichzeitig, jedenfalls nicht früher, als die Tratte, bildete sich durch den Verkehr der italienischen Kampsoren der eigene, trockene Wechsel, d. i. das wechselmäßige Versprechen, wonach der Aussteller dem Gläubiger selbst Zahlung leistet, aus. Die Bücher und die Schuldscheine der Kampsoren hatten öffentlichen Glauben, und vor dem Meß- und Handelsgerichte fand daraus ein beschleunigtes Prozeß- und Exekutionsverfahren statt. Gleiche Privilegien genossen Meßschulden, d. s. solche Schulden, welche auf Messen entstanden, oder auf denselben zu erfüllen waren. Es wurden daher Verträge, oft zum Schein, als auf den Messen geschlossen dargestellt, um sie unter die privilèges de foire zu stellen. Das Zinsennehmen war nach kanonischem Rechte verboten, dagegen war es erlaubt, für Meßschulden und für das Umwechseln von Münzen eine gewisse Abgabe zu erheben. Diese bei dem päpstlichen Zinsenverbote gegebene Möglichkeit, Gelder nutzbar anzulegen, führte auf den Gebrauch der eigenen Wechsel, indem man Schuldscheine über Darlehen, in Wirklichkeit oder zum Scheine, als von Meßgeschäften herrührend, oder als über einen Geldtausch, cambium, lautend, ausstellte, oder

9) §§. 1159 ff. Thl. II. Tit. 8.
10) Art. 149 ff.

dieselben in die Form von Tratten kleidete, — cambio con la ricorso, — und die Geschäfte in dieser Weise gegen die kanonischen Zinsenverbote schützte und unter die Privilegien der Messe stellte [1]). Die Bedürfnisse des Verkehrs haben auch den eigenen, trockenen Wechsel [2]) frei gemacht von den Vorurtheilen der Zeit und ihm gesetzliche Anerkennung verschafft. Der eigene Wechsel besitzt nicht, wie die Tratte, die Eigenschaft und Bestimmung, mit Sicherheit und Leichtigkeit, an einem dritten Orte eine Geldzahlung zu bewirken; er ist nicht, gleich der Tratte, für alle Geldobligationen, für alle Modifikationen des Geldverkehrs anschmiegsam und vereinbar; daher nicht geeignet, die verschiedenartigsten Geldoperationen in Wechselform einzukleiden und als ein allgemeines kaufmännisches Werthzeichen in den merkantilen Verkehr einzutreten. Derselbe ist auch in der Handelswelt nicht beliebt [3]), weil er den eigenen Kredit des Ausstellers durch Unterwerfung unter die Wechselstrenge zweifelhaft macht, und, als lediglich auf der Schuldverpflichtung des Ausstellers ruhend, nicht die Sicherheit darbietet, wie der gezogene Wechsel, der in der solidaren Haftbarkeit mehrerer Personen eine größere Garantie darbietet. Allein dieser Schwächen ungeachtet hat sich der eigene Wechsel als ein einfaches, billiges, die nöthige merkantile Beweglichkeit darbietendes Sicherungsmittel für übernommene Geldzahlungen Eingang in alle Gesetzgebungen verschafft [4]). Die Ordonnance sur le commerce von 1673 erkannte den Eigenwechsel als eine besondere Wechselart, billet de change, an, während der Code de commerce neben den Wechselbriefen, welche von einem Orte auf den anderen, d'un lieu sur un autre, gezogen werden, lettre de change, den eigenen Wechsel als ein billet à ordre gelten läßt und darauf die für Tratten gegebenen Vorschriften anwendet [5]). Im Englischen und Nordamerikanischen Rechte vertreten die Stelle der eigenen Wechsel und stehen den bezogenen Wechseln, bills of exchange, rechtlich gleich die promissory-notes [6]). Auch das Allgemeine Preußische Landrecht [7]) hat den eigenen Wechsel anerkannt, demselben jedoch keine selbstständige, sondern eine mehr untergeordnete, accessorische und konfirmatorische Rechtsqualität beigelegt.

---

1) Vergl. §. 9. Franck l c. cap II. s. I tit. 8 § 1 seq Biener a. a. O. §. 11. Derselbe im Arch. f. D. W.R. Bd. 6. S. 5.

2) Formular: Berlin, den 1. Jan. 1866. Für 100 Thlr. Pr. Kt.
Drei Monate nach dato zahle ich gegen diesen Sola-Wechsel an die Ordre des Herrn M. die Summe von 100 Thlr. Pr. Kt.
Werth erhalten.
A.

3) Einert im Arch. f. D. W.R. Bd. 2. S. 384. Albers im Arch. f. civilist. Praxis. Bd. 28. H. 2. Kuntze a. a. O. S. 241.

4) Franck l. c. tit. II. sect. 1. tit. 8. Siegel a. a. O. Einl. §. XI Heineccius l. c. cap. II. §. 4. Püttmann a. a. O. §. 10. Bender a. a. O. §§. 382 ff. Einert im Arch. f. D. W.R. Bd. 2. S. 381. 384. 385. Kuntze a. a. O. S. 53. 209. Thöl a. a. O. Bd. 2. §§. 288 ff.

5) Code de commerce Art. 187.

6) Story a. a. O. §§. 36. 59. Wächter a. a. O. §. 216. Biener a. a. O. S. 208. Erk. d. O.Tr. in Berlin v. 10. Juli 1860. (Entsch. Bd. 43. S. 274. Arch. f. D. W.R. Bd. 10. S. 79.) Preuß. Justiz-Ministerial-Blatt pro 1859. S. 195 ff., pro 1860. S. 400 ff. Borchardt a. a. O. S. 34. N. 50. Lohr, Central-Organ, Bd. 4. N. F. S. 580. 582.

7) Th. II. Tit 8. §§. 713. 874. 1182 ff. 1191.

Die Allgemeine Deutsche Wechselordnung hat den eigenen Wechsel in seiner rechtlichen und merkantilen Qualifikation der Tratte ganz gleich gestellt; die rechtliche Natur desselben, in völliger Unabhängigkeit von dem unterliegenden Rechtsgrunde, in die äußere Form verlegt und ihn dadurch, gleich der Tratte, zum Träger einer abstrakten Formal-Obligation und zur Verwendung für den merkantilen Verkehr geschickt gemacht [8]). Es finden daher auf den Eigenwechsel im Allgemeinen die für den gezogenen Wechsel gegebenen Vorschriften Anwendung, insoweit nicht durch die karakteristische Verschiedenheit beider Wechselarten, indem bei dem Eigenwechsel der Aussteller selbst, bei der Tratte dagegen ein Dritter, der Bezogene, die Zahlung leisten soll, Modifikationen von selbst nothwendig werden. Was daher für die Wechselfähigkeit, die Eingehung, die Konstituirung und Perfektion, für den Transport, für die accessorische Wechselakte und für die Erfüllung der Wechselobligation bei der Tratte gilt, ist auch Rechtens für die Wechselobligation aus dem Eigenwechsel [9]). Während bei der Tratte die Person desjenigen, welcher das Wechselversprechen giebt, der Aussteller, und die Person desjenigen, welcher das Wechselversprechen erfüllen soll, der Bezogene, verschieden sind, vereinigen sich bei dem Eigenwechsel beide Funktionen in der Person des Ausstellers. Der inneren Natur nach dem Eigenwechsel am nächsten verwandt ist der trassirt-eigene Wechsel, bei welchem der Aussteller gleichzeitig der Bezogene ist, mit der Verpflichtung, die Zahlung an einem anderen, als dem Ausstellungsorte, zu zahlen, und der acceptirte Wechsel an eigene Ordre, bei welchem der Acceptant an den Aussteller zahlen soll. Beide Wechsel sind, wie der Eigenwechsel, auf zwei Personen gestellt, von denen die eine Gläubiger, die andere Schuldner aus dem Wechsel ist [10]). Dagegen hat der domizilirte eigene Wechsel in äußerer Form und rechtlicher Wirkung wieder viel Aehnlichkeit mit der Tratte, indem der Aussteller durch einen Dritten, den Domiziliaten, die Zahlung an einem anderen Orte, als dem Ausstellungsorte, verspricht, die Wechselfunktionen daher, wie bei dem gezogenen Wechsel, auf drei Personen vertheilt sind [11]).

§. 153.

Grundsätze über die Eigenwechsel.

Abgesehen von der Verschiedenheit des formalen Inhalts und des Zahlungsweges, und den hierdurch bedingten Modifikationen, sind auf den Eigenwechsel die für die Tratte gegebenen Vorschriften anwendbar, denn beide, Tratte und Eigenwechsel, sind nur verschiedene Formen eines und desselben Geschäfts [1]). In der Tratte verspricht der Aussteller die Wechselzahlung durch einen Dritten, den Bezogenen, und durch die Acceptation tritt dieser Dritte mit selbstständiger Haftbar-

---

8) Preuß. Mot. S. 76. Leipz. Prot. S. 154 ff. Thöl a. a. O. Bd. 2. §. 291.
9) Brauer a. a. O. S. 152. Thol a. a. O. Bd. 2. §. 290.
10) Art. 6. A. D. W.O.
11) Art. 4. Nr. 8. 24. 43. 99. Leipz. Prot. S. 157 ff. Zeitschr. f. Handelsrecht. Bd. 7. S. 390. Brauer a. a. O. S. 153.
1) Einert, W.R. S. 66.

keit in die Wechselobligation ein. Der Aussteller, der Trassant, will nicht selbst die Zahlung leisten, sondern er übernimmt nur die wechselmäßige Garantie für die Zahlung durch den Bezogenen. Der Trassant steht daher nicht in unmittelbarer, principaler Wechselhaft, sondern als Garant in zweiter Linie, in der Regreßpflicht für den Fall, daß der Bezogene oder Acceptant die Wechselzahlung nicht trassirtermaßen leistet. Während sich die Klage gegen den Acceptanten daher als direkte Wechselklage darstellt, entsteht aus dem Wechselversprechen gegen den Aussteller eine indirekte, sekundäre Klage, eine Regreßklage. Die Tratte setzt daher in ihrer gewöhnlichen Form drei Wechselfunktionen und somit auch drei Wechselpersonen voraus: den Trassanten, Remittenten und Trassaten. Beim eigenen Wechsel dagegen verspricht der Aussteller mit eigener selbstschuldnerischer Verhaftung die Wechselzahlung unmittelbar selbst; er ist gleichsam Aussteller und Acceptant in Einer Person und steht in direkter, principaler Wechselpflicht. Die Klage gegen ihn ist, wie gegen den Acceptanten einer Tratte, die direkte, auf die Erfüllung des Wechselversprechens unmittelbar gerichtete Wechselklage. Der Eigenwechsel ist daher auf zwei Personen gestellt, auf den Aussteller, als Schuldner, und auf den Nehmer, als Gläubiger. Der eigene Wechsel kann, wie die Tratte, wechselmäßig weiter begeben, indossirt, girirt werden. Durch die Hinzufügung des Indossaments nimmt derselbe, wenn auch nicht in der Form, so doch aber nach rechtlicher Wirkung, die Eigenschaft einer Tratte an. Der Nehmer des Eigenwechsels tritt durch das Giro in die Regreßpflicht; er zieht, der Rechtsfolge nach, durch das Giro gleichsam einen Wechsel auf den Aussteller, welchen dieser durch den Akt der Ausstellung aber schon acceptirt hat, und garantirt dem Indossatar die Zahlung durch den Aussteller in derselben Weise, wie bei der Tratte der Trassant durch die Ausstellung dem Nehmer für die Zahlung durch den Bezogenen unmittelbar Garantie leistet [2]). Der Aussteller eines eigenen Wechsels hat daher dieselbe wechselmäßige Rolle, wie der Acceptant einer Tratte, während der Nehmer des eigenen Wechsels als Indossant, gleich dem Aussteller einer Tratte, in der eventuellen Wechselhaft steht. Aus dieser Stellung des Ausstellers erklären sich die rechtlichen Folgen des Eigenwechsels. Die Theorie des Wechsels überhaupt findet auch auf den Eigenwechsel Anwendung. Der letztere ist nicht ein accessorisches Verstärkungsmittel einer civilrechtlichen, auf eine Geldzahlung gerichteten Vertragsobligation, nicht ein besonders qualifizirter und mit prozeßrechtlichen Vorzügen versehener Schuldschein, sondern, wie die Tratte, ein Formalakt, dem die verschiedenartigsten Rechtsgeschäfte unterliegen können, der aber in seiner Abstraktion von diesen civilrechtlichen Entstehungsgründen seine juristische und merkantile Existenz in der Skripturform findet, und unter den verschiedenen Wechselverbundenen eine solidare Wechselverbindlichkeit erzeugt. Was daher von dem Principe der Abstraktion und der Solidarität für die Tratte gilt, ist auch Rechtens für den Eigenwechsel.

Die Form und Bestandtheile des Eigenwechsels sind im Allgemeinen diesel-

2) Thol a. a. O. Bd. 2. S. 581.

ben, wie beim gezogenen Wechsel, nur daß diejenigen Erfordernisse wegfallen, welche ausschließlich auf dem Wesen der Tratte als eines Zahlungsauftrages beruhen, nämlich: die Angabe des Bezogenen und die Angabe des Ortes, wo die Zahlung durch den Bezogenen erfolgen soll. Die wesentlichen Erfordernisse eines eigenen trockenen Wechsels sind daher:

1) die in den Wechsel selbst aufzunehmende Bezeichnung als Wechsel, oder, wenn der Wechsel selbst in einer fremden Sprache ausgestellt ist, ein jener Bezeichnung entsprechender Ausdruck in der fremden Sprache;
2) die Angabe der zu zahlenden Geldsumme;
3) der Name der Person, oder die Firma, an welche oder an deren Ordre der Aussteller Zahlung leisten will;
4) die Bestimmung der Zeit, zu welcher gezahlt werden soll;
5) die Unterschrift des Ausstellers mit seinem Namen oder seiner Firma;
6) die Angabe des Ortes, Monatstages und Jahres der Ausstellung.

Dieselben theoretischen Grundsätze, welche über diese Bestandtheile bei der Tratte gelten, finden auch Anwendung auf den Eigenwechsel. Ein Verstoß gegen die Form, der Mangel eines der wesentlichen Erfordernisse macht, wie die Tratte, so auch den Eigenwechsel ungültig und unfähig, Träger auch einer accessorischen Wechselobligation durch Indossament oder Aval zu sein [3]). Die Klauseln und Nebenbestimmungen, welche einer Tratte gültig beigefügt werden können, sind auch beim Eigenwechsel nicht ausgeschlossen. Die Kündigungs- und Ratenklausel macht den Eigenwechsel daher ungültig, während ein Zinsversprechen als nicht geschrieben gilt. Die Zahlungszeit richtet sich nach den für die Tratte gegebenen Vorschriften, und ist daher eine Stellung auf Sicht auch bei Eigenwechseln zulässig. Als Zahlungsort gilt bei der Tratte der Wohnort des Bezogenen, bei dem Eigenwechsel der Ort der Ausstellung, insofern nicht ein besonderer Zahlungsort (Domizil) angegeben ist. Der Ausstellungsort wird zugleich als Wohnort des Ausstellers angesehen, d. h. für den Wechsel und für die auf Grund des letzteren vorzunehmenden Wechselhandlungen hat der Aussteller dort, abgesehen von seinem Wohnsitze im civilrechtlichen Sinne, seinen Wohnsitz [4]). Aus der Lehre von der Tratte sind auf den Eigenwechsel nachstehende Vorschriften anwendbar:

1) Ist die Geldsumme in Buchstaben und in Ziffern ausgedrückt, so gilt bei Abweichungen die in Buchstaben ausgedrückte Summe. Ist die Summe mehrmals in Ziffern oder mehrmals in Buchstaben geschrieben, so gilt bei Abweichungen die geringere Summe [5]).

2) Der Eigenwechsel ist ein indossabeles Papier und kann, wie die Tratte, vor und nach Verfall, durch Giro begeben werden. Dadurch entstehen für denselben die Rechtsverhältnisse eines gezogenen Wechsels, indem der Aussteller die Funktion des Acceptanten, als Hauptverpflichteten, der Nehmer als Indossant die Stellung eines Garanten übernimmt. Es wird daher durch das Giro für den Ei-

---

3) Art. 5. 7. 98. Nr. 1. A. D. W.O.
4) Art. 91. 97. A. D. W.O.
5) Art. 5. 98. Nr. 1. A. D. W.O.

genwechsel, insofern nicht durch die Rektaklausel die Indossabilität aufgehoben und modifizirt worden ist, eine doppelte Wechselobligation begründet: die direkte Obligation auf Zahlung der Wechselsumme gegen den Aussteller, und die sekundäre Obligation auf Zahlung der Regreßsumme gegen die Indossanten [6]).

3) Eine Präsentation zur Annahme und ein Regreß auf Sicherstellung wegen Nichtannahme ist durch die rechtliche Natur des Eigenwechsels ausgeschlossen; denn der Eigenwechsel ist von selbst angenommen, d. h. der Geber hat sich durch den Akt der Ausstellung, wie der Bezogene durch sein Accept, als Selbst- und Hauptschuldner zur Zahlung verpflichtet. Nur bei Eigenwechseln, welche auf eine bestimmte Zeit nach Sicht zahlbar sind, ist eine Präsentation an den Aussteller, nicht zur Begründung seiner Wechselhaft, denn diese besteht schon durch die Ausstellung, sondern zur Fixirung des Zahlungs- und Verfalltages, sowie des Anfanges der Verjährung, erforderlich. Diese Präsentation, eigentlich zum Zwecke der Sicht und Datirung, — eine Annahmeerklärung ist nach der Natur der Sache nicht möglich [7]), — geschieht auch bei Domizilwechseln ohne Rücksicht darauf, ob ein Domiziliat benannt worden ist, oder nicht, am Wohnorte des Ausstellers [8]), und muß innerhalb der besonderen, im Wechsel bestimmten Frist, und, in Ermangelung einer solchen, binnen zwei Jahren nach der Ausstellung, bei Verlust des wechselmäßigen Anspruches gegen den Aussteller und die Indossanten des eigenen Wechsels, erfolgen. Hat ein Indossant auf seinem Indossamente eine besondere Präsentationsfrist hinzugefügt, so erlischt seine wechselmäßige Verpflichtung, wenn der Wechsel nicht innerhalb dieser Frist zur Zahlung präsentirt wird. Wenn der Präsentations- und Datirungsvermerk verweigert wird, so ist die Protestaufnahme zur Sicherung des wechselmäßigen Anspruches gegen den Indossanten erforderlich. Gegen den Aussteller dagegen wird, wenn die Protestaufnahme unterblieben ist, die Verfallzeit vom letzten Tage der gesetzlichen, oder im Wechsel bestimmten Präsentationsfrist an gerechnet, da der Aussteller eines Eigenwechsels, wie der Acceptant einer Tratte, durch ein Präjudiz von seiner Wechselhaft, bei nicht domizilirten Wechseln, nicht befreit wird [9]). Wenn der Aussteller eines eigenen Wechsels vor der Zahlung unsicher wird, kann von ihm im Wege des Wechselprozesses Sicherheitsbestellung gefordert werden [10]).

4) Die Präsentation zur Zahlung, die Legitimation des Inhabers, die Zahlungszeit und die Befugniß zur Deposition der Wechselsumme regeln sich für den Eigenwechsel nach den für die Tratte gegebenen Vorschriften [11]).

6) Art. 9 bis 17. 98. Nr. 2. A. D. W.O.

7) Hoffmann a. a. O. S. 650. Thol a. a. O. Bd. 2. §. 178. Blaschke a. a. O. S. 197. Erk. des O.Tr. in Berlin vom 8. Mai 1858. (Entsch. Bd. 38. S. 231.) Erk. vom 19. Juli 1859. (Entsch. Bd. 41. S. 386.)

8) Vergl. §. 88.

9) Art. 19. 20. 31. 98. Nr. 3. A. D. W.O. Hoffmann a. a. O. S. 650. Volkmar u. Loewy a. a. O. S. 360. Nürnberger Kommission Arch. f. D. W.R. Bd. 9. S. 352. Erk. des O.Tr. in Berlin vom 8. Novbr. 1860. (Borchardt a. a. O. S. 389. Zus. 624.) Erk. vom 8. Septbr. 1863. (Entsch. Bd. 50. S. 369. Arch a. a. O. Bd. 15. S. 91.) Anderer Ansicht: Renaud a. a. O. §. 45. Koch a. a. O. S. 353. Poschmann im Arch. a. a. O. Bd. 2. S. 202.

10) Art. 29. 98. Nr. 4. A. D. W.O.

11) Art. 30—40. 91. 98. Nr. 5. A. D. W.O.

5) Der Regreß Mangels Zahlung kann bei dem eigenen Wechsel nicht gegen den Aussteller, sondern nur gegen die Indossanten geltend gemacht werden, denn der Erstere ist, wie der Acceptant einer Tratte, der Hauptzahlungsverpflichtete, gegen welchen die direkte Wechselklage geht [12]). Dagegen hängt das wechselmäßige Recht gegen die Indossanten, daher die Zuständigkeit der Regreßklage, von der Erfüllung der Diligenz, d. i. von der Erhebung eines form- und zeitrichtigen Protestes ab. Für den Regreß gegen die Indossanten eines eigenen Wechsels gelten die Vorschriften, welche für den Regreß bei der Tratte gegeben sind [13]).

Eine Ausnahme von der Regel, daß es gegen den Aussteller eines eigenen Wechsels zur Erhaltung des Wechselrechts und zur Fundamentirung der Wechselklage keines Protestes bedarf [14]), bildet der domizilirte Wechsel mit benanntem Domiziliaten [15]). Durch denselben verspricht der Aussteller des Eigenwechsels die Zahlung an dem, vom Ausstellungsorte verschiedenen Orte durch den benannten Domiziliaten. Er tritt in das Verhältniß eines Trassanten, muß, wie dieser, für Deckung sorgen und kann abwarten, daß, bevor auf ihn zurückgegangen wird, der vorgeschriebene Weg befolgt und die Zahlung von dem Domiziliaten verlangt wird. Der domizilirte Eigenwechsel mit benanntem Domiziliaten nimmt die Natur einer Tratte an, bei welcher der Aussteller die Funktion des Trassanten, der Domiziliat die des Bezogenen hat. Der Anspruch gegen den Aussteller ist daher, wie gegen den Trassanten, nicht mit der direkten Wechselklage, sondern mit der indirekten Regreßklage zu verfolgen. Letztere erfordert aber einen formgerechten Protest gegen den Domiziliaten. Im Uebrigen finden auf domizilirte Eigenwechsel die Vorschriften für domizilirte Tratten Anwendung [16]). Bei dem unbestimmten Domizil-Eigenwechsel bedarf es dagegen zur Klage gegen den Aussteller keines Protestes, weil dieser die Zahlung am Domizilorte selbst zu leisten hat, daher nicht in dem Verhältnisse eines Garanten steht.

6) Eine Intervention durch Ehrenannahme kann bei dem Eigenwechsel nicht eintreten, da bei demselben die Annahme und daher der Regreß auf Sicherstellung überhaupt, nach der Natur der Sache, ausgeschlossen ist. Der Eigenwechsel ist von selbst acceptirt. Dagegen kommt die Ehrenzahlung auch bei dem Eigenwechsel vor. Die Intervention und daher die Ehrenzahlung hat den Zweck, nicht den Hauptschuldner, den Acceptanten der Tratte oder den Aussteller des Eigenwechsels, von der Zahlungspflicht zu befreien, für ihn Zahlung zu leisten, sondern durch Bezahlung des Noth leidenden Wechsels den Regreß abzukürzen, indem ein Dritter für

12) Art. 99. A. D. W.O.

13) Art. 41. 42. 45 bis 55. 98. Nr. 6. A. D. W.O.

14) Art. 44. A. D. W.O.

15) Formular: Leipzig am 29. August 1868. Pr. 100 Thlr. Krt.
Drei Monate dato zahle ich gegen diesen Solawechsel an die Ordre von Herrn N. die Summe rc.

B.

Sola auf mich selbst,
zahlbar bei Herrn J in Berlin.

16) Die Vorschriften Art. 24. 43. 44. A. D. W.O. sind im Art. 98. und 99. A. D. W.O. zwar nicht allegirt, allein die Anwendung dieser Vorschriften ergiebt sich aus der Nothwendigkeit der Sache. Erk. des O.Tr. in Berlin vom 8. Mai 1858. (Entsch. Bd. 38. S. 231. Arch. f. D. W.R. Bd. 9. S. 83.) Erk. vom 19. Juli 1859. (Entsch. Bd. 41. S. 286.)

einen Regreßverpflichteten den Wechsel einlöst. Ein eigener Wechsel, der nicht indossirt ist, sich daher nicht zum Regresse qualifizirt, bietet daher zur Ehrenzahlung keine Gelegenheit dar, denn für den Aussteller eines eigenen Wechsels kann ebensowenig, als für den Acceptanten einer Tratte, intervenirt werden. Auch der erste Indossant des Eigenwechsels kann sowenig, wie der Trassant, eine Ehrenzahlung leisten, denn er ist der letzte Garant und daher jedem Nachmanne zum Regresse verpflichtet. Im Uebrigen gelten in Ansehung der Bedingungen, Voraussetzungen und Wirkungen der Ehrenzahlung die für die Tratte gegebenen Regeln [17]).

7) Die Vervielfältigung durch Duplikate ist bei dem Eigenwechsel ausgeschlossen, und das Wesen des letzteren, — Ausschließung der Acceptation, Mangel an Cirkulationsbedürfniß, — besteht gerade darin, daß er nur in einem Exemplare ausgefertigt ist. Daher die Bezeichnung als Sola-Wechsel. Dagegen können Kopien von dem Eigenwechsel gegeben werden [18]).

8) Die Lehre von dem Verluste des Wechsels findet auch auf eigene Wechsel Anwendung, mit der Maßgabe, daß die Zahlung von dem Aussteller verlangt wird [19]).

9) Der Eigenwechsel unterliegt den allgemeinen Grundsätzen über die Wechselverjährung sowohl in Ansehung des Anspruches an den Aussteller, als an die Indossanten. Der erstere verjährt in drei Jahren, vom Verfalltage des Wechsels an gerechnet.

10) Auch die generellen Wechselgrundsätze über die Kollision der Gesetze, über den Protest, über den Ort und die Zeit für die Präsentation und andere, im Wechselverkehre vorkommende Handlungen, sowie über mangelhafte Unterschrift finden auf den Eigenwechsel, wie auf die Tratte Anwendung.

11) Die Bereicherungsklage findet, wie gegen den Acceptanten einer Tratte, so gegen den Aussteller eines eigenen Wechsels statt [20]).

Siebzehntes Kapitel.

Das Klagerecht.

§. 154.

Die Klage aus dem Wechsel. Actio nata

Das Wechselrecht begründet auch eine Eigenthümlichkeit in der Rechtsverfolgung. Schon bei den alten Konsulargerichten der italienischen mercatores und cambiatores [1]) waren Wechsel- und Handelssachen durch Kürze des Verfahrens,

17) Art. 62 ff. 98. Nr. 7. A. D. W.O.
18) Art. 70. 72. 98. Nr. 8. A. D. W.O.
19) Art. 73. 98. Nr. 9. A. D. W.O.
20) Art. 83. A. D. W.O. Renaud a. a. O. S. 231.
1) Martens, Versuch rc. S. 19. 34. Biener a. a. O. S. 75.

enge Begrenzung der Einwendungen und Strenge der Rechtshülfe ausgezeichnet, und diese Bevorzugung ist auch in den späteren, sogenannten Wechselprozeß[2]), einen Zweig des, mehr durch die Doktrin und Praxis, als durch die Gesetzgebung ausgebildeten[3]), Exekutivprozesses, übergegangen.

Der Wechsel ist der Träger verschiedener Obligationen. Der Aussteller und die Indossanten schaffen ein Kreditpapier, das sie nicht selbst einlösen wollen, sondern für dessen Einlösung durch den Bezogenen sie nur die Garantie übernehmen. Der Bezogene, der Zahlungsbeauftragte, tritt durch sein Accept der Wechselobligation bei und verpflichtet sich in erster Reihe, als Hauptschuldner, zur Zahlung der Wechselsumme. Die Wechselobligation enthält ein Wechselversprechen, und die Wechselklage ist auf die Erfüllung des Wechselversprechens gerichtet. Wie das Wechselgeschäft aber gebildet wird durch zwei, dem inneren Rechtsgrunde nach, verschiedene Obligationen, der Garantieobligation der Geber und der Haupt-Obligation des Acceptanten, so begründet der Wechsel auch eine Rechtsverfolgung in zwiefacher Richtung: 1. eine Klage aus der Accept-Obligation[4]), also eine Klage gegen den Prinzipal-Wechselschuldner, den Acceptanten, auf Zahlung der Wechselsumme oder auf Sicherstellung der Zahlung wegen eingetretener Unsicherheit, die direkte Wechselklage; 2. eine Klage aus der Regreß-Obligation auf Gewährleistung wegen Nichterfüllung des Wechselversprechens gegen die Garanten, den Aussteller und die Indossanten, die indirekte, subsidiäre, eventuelle Wechselklage, die Wechsel-Regreßklage. Die Regreßklage ist gerichtet entweder a) auf Zahlung der Regreßsumme, wenn der Wechsel am Verfalltage von dem Bezogenen oder Acceptanten nicht bezahlt worden ist, oder b) auf Sicherstellung der Wechselzahlung am Verfalltage wegen nicht erfolgter Acceptation oder wegen eingetretener Unsicherheit des Acceptanten[5]). Beide Klagen, die direkte und die indirekte Wechselklage, sind die eigentlichen Wechselklagen, Klagen aus dem Wechselversprechen, welche, wenn der Kläger nicht die gewöhnliche Prozeßform wählt oder wählen darf[6]), in dem besonderen Wechselprozesse verfolgt werden müssen.

Die Veranlassung, der rechtliche Grund der Wechselklage ist die Nichterfüllung des Wechselversprechens. Durch die direkte Wechselklage, d. i. durch die Klage gegen den Acceptanten, soll die Erfüllung des von dem Bezogenen geleisteten Wechselversprechens, nemlich die Zahlung der Wechselsumme am Verfalltage, oder die

---

2) Martens, Grundriß des Handelsr. §. 131. Bayer, Theorie der summarischen Prozesse (München 1846.) §. 42. Mittermaier a. a. O. Bd. 2. S. 353. Biener a. a. O. S. 76. A. Pr. G.O. Thl. I Tit. 27. In England, Nordamerika und Frankreich ist zwischen dem gewohnlichen und dem Wechselprozeßverfahren kein Unterschied, Story a. a. O. S. 95. Note, S. 177. Note, und auch der Preußische Wechselprozeß weicht von dem gewohnlichen Prozeßfahren nicht durch die Besonderheit der Prozeßformen, sondern, abgesehen von der Kürze der Prozeßfristen, vorzugsweise durch Bestimmungen über Urkundlichkeit des Beweises und die Liquidität der Einwendungen ab. Die Wechselstrenge ist daher mehr materieller, als formeller Art. Ueber die Anwendung des possessorischen Schutzes auf den Wechsel vergl. Erk. des O.Tr. in Berlin v. 28. Jan. 1857. (Entsch. Bd. 35. S. 17. Arch. f. D. W.R. Bd. 7. S. 101.)

3) Martin, Lehrbuch des deut. gem. bürgerl. Prozesses (Göttingen 1812.) §. 239. Bayer, Theorie der summarischen Prozesse. S. 87. 95.

4) Art. 8. 23. 29. 41 ff. 81. A. D. W.O.

5) Art. 25 ff. 29. A. D. W.O.

6) Erk. des O.Tr. in Berlin vom 11. März 1852. (Strieth. Arch. Bd. 5. S. 70. Arch.

Sicherstellung dieser Zahlung, wegen in der Person des Verklagten eingetretener Unsicherheit, rechtlich erzwungen werden. Der Antrag gegen den Acceptanten ist daher auf Zahlung der Wechselsumme, nach Höhe und Umfang des Accepts, nebst sechs Prozent jährlicher Zinsen seit dem Verfalltage und Kosten, resp. auf Sicherstellung genügender Sicherheit für diese Zahlung am Verfalltage gerichtet. Die indirekte Wechselklage ist gegen den Aussteller und die Indossanten, sowie gegen den Acceptanten eines domizilirten Wechsels mit benanntem Domiziliaten gerichtet und geht auf Zahlung der Regreßsumme, d. i. der Wechselsumme nebst Zinsen, Kosten, Provision und Retourspesen. Die indirekte Klage auf Sicherstellung gegen den Aussteller und die Indossanten wegen nicht erhaltener Annahme bezweckt die Bestellung einer genügenden Sicherheit dahin, daß die Bezahlung der im Wechsel vorgeschriebenen Summe oder des nicht angenommenen Betrages, sowie die Erstattung der durch die Nichtannahme veranlaßten Kosten, am Verfalltage erfolgen werde.

Die Wechselklage ist eine Klage aus dem Wechsel und erfordert ohne Rücksicht auf das prozessualische Verfahren, in welchem sie verfolgt wird, zu ihrer Begründung einen formrichtigen, nicht präjudizirten oder verjährten, Wechsel, und in ihrer Eigenschaft als Regreßklage auch einen form- und zeitrichtigen Protest. Ohne Vorlegung der Original-Wechsel und Protesturkunden ist eine Wechselklage, eine Klage auf Erfüllung des Wechselversprechens, ebensowenig denkbar, als eine Wechselzahlung ohne Vorzeigung des Wechsels erfolgen kann. Die Gläubigerschaft für die Wechselobligation ruht auf dem Wechsel; der Träger des Wechselrechts ist die Wechselurkunde in ihrer äußeren Skriptur-Erscheinung, und jede Ergänzung dieser Urkunde durch Beweisführnng, wie das bei civilrechtlichen Skripturobligationen der Fall sein mag [7]), ist im Wechselrechte grundsätzlich ausgeschlossen [8]). Was aber von dem Wechsel gilt für die direkte Wechselklage, das gilt auch von dem Proteste für die Regreßklage. Letztere ruht auf dem Original-Wechsel und dem Original-Proteste. Beide Urkunden bilden die Aktiv-Legitimation und den Klagegrund. Eine Ausnahme von diesem Rechtssatze macht nur 1. die Regreßklage auf Sicherstellung wegen nicht erhaltener Annahme, für welche, ohne Vorlegung des Wechsels, der Besitz des Protestes Mangels Annahme allein legitimirt [9]); 2. im Falle des Verlustes des Wechsels kann, nach Einleitung des Amortisationsverfahrens, gegen den Acceptanten, nicht aber gegen die Regreßpflichtigen, die Klage auf Zahlung resp. Deposition der Wechselsumme angestellt werden [10]). Ob eine Vorlegung der Originalurkunde sofort mit der Klage geboten ist, richtet sich nach den Bestimmungen der Partikulargesetzgebungen. Nach Preußischem Prozeßrechte muß die Frage bejaht werden [11]). Auch alle übrigen Urkunden, worauf

f. D. W.R. Bd. 3. S. 203.) Erk. des O.A.G. zu Dresden von 1860. (Arch. a. a. O. Bd. 10. S. 312.) Ladenburg im Arch. a. a. O. Bd. 13. S. 31. Renaud a. a. O. S. 196. Borchardt a. a. O. S. 410. Zus. 654. Thol a. a. O. Bd. 2. S. 756.

7) A. Pr. L.R. Thl. I. Tit. 5. §. 170. A Pr. G.O. Thl. I. Tit. 10. §. 120.

8) Renaud im Arch. f. D. W.R. Bd. 8. S. 281. Thol a. a. O. Bd. 2. S. 434. Ladenburg im Arch. a. a. O. Bd. 13. S. 31. und Bd. 14. S. 138. Der Beweis der Formrichtigkeit liegt beim Bestreiten dem Kläger ob.

9) Art. 26. A. D. W.O.

10) Art. 73. A. D. W.O.

11) A. Pr. G.O. Thl. I. Tit. 27. §. 4. Koch hält eine Abschrift des Wechsels für genü-

sich die Klage stützt: Kurszettel, Retourrechnungen ꝛc. müssen beigelegt sein. Das ganze Klagefundament muß bei der Wechselklage urkundlich liquide gemacht werden. Die Prozeßform richtet sich nach den Gesetzen des Klageortes [12]); die Gültigkeit der Wechselurkunde aber nach den Gesetzen des Ortes der Ausstellung [13]). Die Allgemeine Deutsche Wechselordnung hat daher den, unter fremdem Territorialrechte ausgestellten Wechsel im Inlande Gültigkeit verliehen, und daraus folgt, daß jene Wechsel auch im Inlande für die, am Klageorte vorgeschriebene Wechselprozeßform geeignet sind [14]). Die Legitimation des Klägers muß in wechselmäßiger Weise [15]) geführt sein, d. h. die Gläubigerschaft muß urkundlich auf dem Wechsel ruhen, der Kläger entweder als erster Nehmer, oder durch eine zusammenhängende Reihe von Indossamenten, oder durch ein Blanko-Giro als rechtmäßiger Inhaber des Wechsels legitimirt sein. Eine Legitimation außerhalb dem Wechsel, also als Cessionar, als Erbe ist keine wechselmäßige, und berechtigt nicht zu den Privilegien des strengen Wechselprozesses [16]), wenigstens nicht in ihrem vollen Umfange. Ist ein Wechsel verloren gegangen, so kann die Wechselklage von dem Verlierer gegen den Acceptanten, nach erfolgter Einleitung des Amortisationsverfahrens, angestellt, und die Existenz der Wechselobligation und die Gläubigerschaft aus dem Wechsel durch jedes zulässige Beweismittel dargethan werden [17]).

Die Wechselklage, ohne Unterschied zwischen der direkten und eventuellen Wechselklage [18]), kann als Folge des Princips der Solidarität gegen alle Wechselverpflichtete, oder auch nur gegen einige oder einen derselben [19]), und, nach Preußischem Rechte, sowohl bei dem Gerichte des Zahlungsortes, als bei dem Gerichte, welchem einer der Verklagten persönlich unterworfen ist, angestellt werden. Bei dem Gerichte, bei welchem hiernach eine Wechselklage anhängig gemacht ist, müssen sich alle Wechselverpflichtete einlassen, welche von einer Partei zur Regreßleistung beigeladen oder nach gehöriger Streitverkündigung belangt werden [20]). Diese aus dem Französischen Rechte entlehnte, die Wechselstreitigkeit abkürzende passive Klagekumulation erstreckt sich selbstverständlich nicht auf Ausländer, sondern nur auf Preußische Staatsangehörige, für welche Preußische Gesetze rechtsverbindend

---

gend. Anmerk. zu vorstehender Bestimmung. Arch. f. D. W.R. Bd. 3. S. 112. Nr. 2. Durch Nachbringung des Originalwechsels wird die Abweisung abgewendet. Erk. des O.Tr. in Berlin vom 3. Febr. 1863. (Arch. a. a. O. Bd. 13. S. 198.) Auch ist es genügend, wenn sich der Wechsel bei zugänglichen anderen Akten befindet. Entsch. des O.Tr. in Berlin vom 13. Mai 1860. (Entsch. Bd. 43. S. 273.)

12) Vergl. §. 23. Arch. f. D. W.R. Bd. 4. S. 180. Renaud a. a. O. S. 196.

13) Art. 85. 86. A. D. W.O.

14) Hoffmann in dem Arch. f. prakt. Rechtsw. Bd. 1. S. 72. Brauer im Arch. f. D. W.R. Bd. 6. S. 337. Renaud a. a. O. §. 78. Ladenburg im Arch. a. a. O. Bd. 13. S. 26. Anderer Ansicht: Burgoldt im Arch. f. D. W.R. Bd. 3. S. 78, Bd. 4. S. 443.

15) Art. 36. A. D. W.O.

16) Vergl. §§. 103. 104.

17) Erk. des O.Tr. in Berlin vom 6. Novbr. 1851. und 4. Novbr. 1858. (Strieth. Arch. Bd. 3. S. 170, Bd. 31. S. 116. Arch. f. D. W.R. Bd. 9. S. 186.)

18) Erk. des O.Tr. in Berlin vom 15. April 1851. (Entsch. Bd. 20. S. 574. Arch. f. D. W.R. Bd. 4. S. 323.)

19) Art. 49. 81. A. D. W.O.

20) Pr. Einf.-Ges. vom 15. Febr. 1850. §. 6.

sind; dagegen kommt es nicht darauf an, ob die Wechselverpflichteten, welche in einer Klage gemeinschaftlich belangt werden, auch sonst der Kompetenz des Gerichts, bei welchem die Klage angestellt worden ist, unterworfen sind. Für die Wechselklage bei einem Gerichte ist in Ansehung der Mitverklagten ein forum speciale causae begründet [21]). Die Unterthanen eines jeden, zum Norddeutschen Bunde gehörigen Bundesstaates sind zwar, vermöge des für den ganzen Umfang des Bundesgebietes bestehenden gemeinsamen Indigenates, in jedem anderen Bundesstaate als Inländer zu behandeln, auch in Betreff der Rechtsverfolgung und des Rechtsschutzes den Inländern gleichgestellt, allein diese staatsrechtliche Stellung ist doch ohne Einfluß auf die Kompetenzverhältnisse der Gerichte dem Auslande gegenüber und auf die Vorschriften über den Gerichtsstand [22]). Wo Handelsgerichte existiren, gehören Wechselsachen vor diese.

Die Präsentation, d. h. die Zahlungsaufforderung unter Vorlegung des Wechsels Seitens des Inhabers, ist nothwendig, um den Wechselschuldner, den direkten, wie den subsidiären, in die Lage zu versetzen, mit wechselmäßiger Wirkung Zahlung zu leisten. Die Präsentation ist Bedingung und Voraussetzung der Zahlung durch den Wechselverpflichteten. Eine Verletzung des Rechts des Wechselgläubigers auf Zahlung und dadurch ein Klagerecht ist erst gegeben durch den Verzug in der Erfüllung des Wechselversprechens. Jedes Klagerecht setzt auf Seiten des Klägers ein wirkliches verfolgbares Recht, auf Seiten des Verklagten eine Verletzung, eine Störung dieses Rechts voraus. Civilrechtliche Verbindlichkeiten, deren Erfüllung auf einen bestimmten Tag verlegt ist, müssen von dem Verpflichteten an dem gegebenen Tage, ohne besondere Aufforderung Seitens des Berechtigten, erfüllt werden, und die Rechtsverletzung ist existent, wenn die Erfüllung an dem bestimmten Tage nicht geleistet wird. Mit diesem Zeitpunkte ist daher auch das Recht zur Klage gegeben, actio nata. Verbindlichkeiten, für deren Erfüllung nicht ein bestimmter Zeitpunkt gegeben ist, setzen eine Mahnung, eine Aufforderung Seitens des Berechtigten zur Leistung voraus, und die Rechtsverletzung, und damit das Recht zur Klage ist existent, wenn die Erfüllung in Gemäßheit der Aufforderung nicht erfolgt, der Verpflichtete sich daher im Verzuge befindet [23]). Und diese Grundsätze finden auch auf die Wechselklage Anwendung. Der in dem Wechsel bestimmte Zahlungstermin bildet den Zeitpunkt, mit dessen Eintritt der Gläubiger die Zahlung fordern kann (dies venit) und der Verpflichtete die Zahlung leisten muß, unter der Voraussetzung, daß sich der Inhaber zur Empfangnahme der Wechselsumme legitimirt, daß er den Wechsel in wechselmäßiger Weise zur Zahlung präsentirt und zur Annahme der Wechselsumme gegen Aushändigung des quittirten Wechsels bereit ist [24]). Erfüllt der Inhaber diese Bedingungen nicht, unterläßt er die Präsentation, so bildet der in dem Wechsel angegebene Verfalltag

---

21) Leipz. Prot. S. 96. 102. Erk. des O.Tr. in Berlin vom 26. April 1855. (Strieth. Arch. Bd. 17. S. 144.), vom 31. Mai 1859. (Strieth. Arch. Bd. 35. S. 239.)

22) Verfassung des Norddeutschen Bundes vom 26. Juli 1867. §. 3.

23) Puchta a. a. O. §. 90. 269. Arndts a. a. O. §. 107. 251. v. Savigny, System Bd. 5. §. 239. A. Pr. L.R. Thl. I. Tit. 11. §. 827. ff., Tit. 16. §. 64 ff.

24) v. Savigny, System Bd. 5. S. 239.

nur den Zeitpunkt für das Recht des Inhabers, nicht für die Zahlungspflicht des Acceptanten. Der Letztere ist, wenn er ohne vorgängige Präsentation keine Zahlung leistet, in seinem vollen Rechte, und es kann daher von einer Störung des Rechts des Inhabers, von einem dem Letzteren zugefügten Unrechte nicht die Rede sein. Eine nothwendige Folge dieser Rechtsauffassung ist es aber, daß der Wechselgläubiger zur Begründung seiner Klage gegen den Acceptanten auf Zahlung die Thatsache der Präsentation behaupten uud beweisen muß, und daß er zu früh geklagt hat, wenn er diesem Erfordernisse nicht genügt. Wie man eine Klage gegen den Acceptanten auf Zahlung der Wechselsumme, in welcher angegeben worden, daß die Präsentation zur Zahlung nicht erfolgt sei, per decretum zurückweisen wird, weil beim Mangel einer Rechtsverletzung jeder Grund zur gerichtlichen Hülfe fehlt, so muß der Kläger streng genommen durch Erkenntniß abgewiesen werden, wenn auf den Einwand des Verklagten die behauptete Präsentation nicht erwiesen und dadurch festgestellt wird, daß dem Kläger zwar ein Recht auf die Wechselsumme zusteht, daß ihm aber in Ansehung dieses Rechts zur Zeit keine Störung, keine Verletzung zugefügt worden ist[25]).

Gegen diese Ansicht wird ausgeführt: dem Acceptanten gegenüber bedürfe es zur Erhaltung des Wechselrechts nach Art. 44. der Allgemeinen Deutschen Wechselordnung keiner Präsentation am Zahlungstage, und außerdem beginne die Verjährung der Klage gegen den Acceptanten schon mit dem Verfalltage, was nicht der Fall sein könne, wenn nicht auch das Klagerecht des Inhabers, ohne Rücksicht auf die Präsentation des Wechsels, schon mit dem Verfalltage einträte[26]). Allein der Art. 44. der Allgemeinen Deutschen Wechselordnung steht unter der Lehre vom „Regreß Mangels Zahlung" und hat die solenne Präsentation im Sinne, welche der Protestaufnahme gegen den eventuellen Verpflichteten, den Garanten, vorausgeht, nicht die formlose Mahnung unter Vorzeigung des Wechsels, wovon die Zahlung Seitens des Acceptanten abhängig ist. Der Art. 44. a. a. O. bezweckt nicht, eine gesetzliche Bestimmung darüber zu geben, daß es zur Erhaltung des Wechselrechts gegen den Acceptanten keiner Präsentation zur Zahlung und keiner Protesterhebung bedürfe, denn darüber war von jeher kein Zweifel, und jedenfalls würde eine derartige Disposition nicht in den Abschnitt über „den Regreß Mangels Zahlung", sondern in den vorhergehenden Abschnitt über „die Zahlung" gehören. Die Eingangsworte des Art. 44. a. a. O. enthalten daher auch keine dispositive Bestimmung, sondern nur einen historischen Uebergang zu der in dem Paragraphen enthaltenen Ausnahme von der Regel, welche bei dem Domizilwechsel Platz greift, und hieraus erklärt sich auch die Stellung des Art. 44. in dem Sy-

25) Erk. des Holstein. Oberger. vom 8. Febr. 1850. (Arch. f. D. W.R. Bd. 1. S. 442.) Darmstädter Oberger. Erk. vom Jahre 1860. (Arch. a. a. O. Bd. 9. S. 256.) Koch, A. Pr. L.R. zum Art. 40. der A. D. W.O. Ueber die verschiedenen Ansichten: Thöl a. a. O. Bd. 2. §. 292.

26) Erk. des O.Tr. in Berlin vom 13. Juni 1854. (Arch. f. D. W.R. Bd. 4. S. 345.), v. 29. April 1856. (Arch. a. a. O. Bd. 6. S. 268.), vom 29. Oktbr. 1861. (Entsch. Bd. 46. S. 260. Arch. a. a. O. Bd. 11. S. 428.) Erk. des O.A.G. zu Dresden vom 22. Mai 1862. (Arch. a. a. O. Bd. 12. S. 85.) Hauser Arch. a. a. O. Bd. 6. S. 55 ff. Kekule Arch. a. a. O. Bd. 9. S. 261, welcher selbst Verzugszinsen, nicht erst vom Tage der Klage, sondern vom Verfalltage für zulässig erachtet. Volckmar u. Loewy a. a. O. S. 159.

steme unter der Lehre „vom Regreß“. Der Art. 44. a. a. O., dessen mangelhafte Redaktion auch zu anderem Zweifel Anlaß gegeben hat, kann daher zur Begründung der Streitfrage überhaupt nicht angerufen werden. Auch die Heranziehung des Art. 77. a. a. O. ist nicht geeignet, den Rechtssatz zu begründen: „daß auch ohne vorgängige Präsentation zur Zahlung actio nata gegen den Acceptanten ist“. Nach Art. 77. a. a. O. beginnt die Klage gegen den Acceptanten allerdings mit dem Verfalltage, als mit demjenigen Zeitpunkte, mit welchem dem Inhaber ein wirksames, verfolgbares Recht auf Zahlung gegeben ist. Dem Inhaber fällt die Verantwortlichkeit, die poena negligentiae, zur Last, wenn er, von jenem Tage abgerechnet, innerhalb der Verjährungfrist von seinem Rechte keinen Gebrauch macht. Mit dem Verfalltage ist der Wechselinhaber berechtigt, Zahlung zu fordern (dies venit), und gerade darin, daß er die von seiner Willkühr abhängende Ausübung seines Rechts vernachlässigt, liegt seine negligentia und die Gründe zur Verjährung seines Rechts. Die Rechtsgrundsätze über die Klagbarkeit und über die Verjährung des Klagerechts sind sowohl im gemeinen, als im Preußischen Rechte bestritten, und es herrschen verschiedene Ansichten darüber: ob bei persönlichen Klagen, z. B. bei dem unverzinslichen Darlehen, die Klageverjährung beginnt von der Zeit der Hingabe, also dem Entstehen der Obligation, oder von der Thatsache der Kündigung, oder endlich von der Zeit der Entstehung unter Hinzurechnung der gesetzlichen Kündigungsfrist. Allein die Grundsätze über die Verjährung des Klagerechts und über die Fundamentirung der Klage sind doch rechtlich ganz verschieden. Es kann die Verjährung des Klagerechts beginnen und laufen, und dennoch der Anspruch zur Verfolgung im Klagewege nicht vorbereitet sein. Sobald die Geltendmachung eines Forderungsrechts, d. h. die Vornahme derjenigen Handlungen, von welchen die Realisirung einer Forderung abhängig ist, z. B. Kündigung, Mahnung u. s. w. von dem Willen des Berechtigten abhängt, ist für ihn die Ausübung des Rechts, dem Verpflichteten gegenüber, möglich, und es fällt ihm eine Nachlässigkeit zur Last, wenn er diejenige Handlung nicht vornimmt, welche nothwendig und geeignet ist, sein Forderungsrecht zur Erfüllung zu bringen. Es beginnt daher mit dem Zeitpunkte, mit welchem die Bedingungen zur Ausübung des Rechts gegeben sind, als poena negligentiae, für den säumigen Berechtigten die Klageverjährung; eine Weigerung Seitens des Verpflichteten, oder eine Kündigung oder Mahnung Seitens des Berechtigten, ist zur Begründung der Verjährung nicht erforderlich[27]). Das Recht zur Klage, die Geltendmachung eines Anspruches vor Gericht, erfordert dagegen eine Rechtsverletzung durch Weigerung oder Verzögerung in der Erfüllung, einen schuldbaren Verzug auf Seiten des Verpflichteten, die Klage auf Zahlung eines kündbaren Darlehns daher den Nachweis der Kündigung, obgleich die Verjährung der Klage mit einem anderen Zeitpunkte, der Möglichkeit der Kündigung, ihren Anfang nimmt. Ist ohne vorgängige Kündigung geklagt worden, so ist actio nondum nata, und der Kläger muß zur Zeit

27) v. Savigny, System Bd. 5. S. 291. Arndts a. a. O. §. 107. Puchta a. a. O. §. 91. Bornemann a. a. O. Bd. 2. S. 71. Koch, Recht der Forderungen, Bd. 3. §. 177. Derselbe, A. Pr. L.R. §. 545. Thl. I. Tit. 9.

abgewiesen werden, wenn nicht der Mangel dadurch beseitigt ist, daß die Kündigungsfrist seit der Insinuation abgelaufen ist[28]). Die Präsentation des Wechsels ist nun aber eine nothwendige Bedingung der Wechselzahlung; ohne sie ist eine Zahlung der Wechselsumme rechtlich nicht denkbar. Erst durch die Vorzeigung des Wechsels wird der Acceptant in die rechtliche Möglichkeit versetzt, Zahlung zu leisten. Ohne vorgängige Präsentation ist daher eine Klage auf Wechselzahlung verfrüht, ohne Grund angestellt, denn der Kläger hat sich, dem Wechselschuldner gegenüber, noch nicht als Zahlungsberechtigter legitimirt, die Wechselzahlung noch nicht gefordert, den Wechselschuldner daher auch nicht durch wechselmäßige Präsentation in Verzug versetzt. Die Vorlegung des Wechsels zur Rekognition im Klagebeantwortungstermine ist auch nicht als eine Präsentation zur Zahlung, im wechselrechtlichen Sinne, anzusehen, da diese, nach Vorschrift der Allgemeinen Deutschen Wechselordnung[29]), in dem Geschäftslokale des Wechselschuldners, wo dessen Kasse und Handelsbücher sich befinden, geschehen muß, das Gerichtslokal aber, gegen den Willen des Zahlenden, nicht substituirt werden kann. Wenn der verklagte Acceptant sein Accept rekognoscirt, sich auch zur Zahlung bereit erklärt, so soll seine Verurtheilung, wie von vielen Seiten angenommen wird[30]), mit der Maßgabe ausgesprochen werden, daß er in seiner Wohnung die Wechselsumme und Zinsen seit dem Tage des Anerkenntnisses zahlt, dem Kläger aber, welcher ohne Grund geklagt hat, die Kosten des Prozesses zur Last fallen. Das mag eine Entscheidung aus Zweckmäßigkeitsgründen sein, aus dem Civilrechte und dem strengen Wechselrechte folgt sie nicht. Der ohne Grund verklagte Acceptant kann erklären, daß er über die Zahlung befinden werde, wenn der Kläger den Wechsel zuvor am gehörigen Orte ihm präsentirt habe. Es ist auch kein Grund abzusehen, warum der Acceptant von dem Tage des Anerkenntnisses Verzugszinsen zahlen soll, da er nicht im Verzuge ist, und es von dem Willen des Klägers abhängt, wann er den Wechsel zur Zahlung präsentiren und wie lange er die mora accipiendi ausdehnen will. Der Acceptant hat durch die Entscheidung einen zwiefachen Verlust, einmal muß er Verzugszinsen zahlen, und dann muß er die Wechselsumme für die mögliche Meldung unbenutzt in seiner Kasse liegen lassen. Um sich von dieser wechselwidrigen Last zu befreien, bleibt dem Acceptanten nichts übrig, als die Wechselsumme zu deponiren, wozu er doch wieder nicht verpflichtet ist[31]). Das Ungewöhnliche und mit dem Wechselverkehre Unverträgliche in dieser Rechtsanschauung ist auch von denjenigen empfunden worden, welche die Klage ohne vorgängige Präsentation gestatten, und meint daher Hauser[32]), „daß eine gerichtliche Zwangsbeitreibung der Wechselsumme, — und daher auch wohl eine Zahlungspflicht für Verzugszinsen, — erst dann stattfinden könne, wenn der Beklagte in der nach Wechselrecht üblichen Weise nicht erfülle, folglich erst nach er-

---

28) §. 765. Thl. I. Tit. 11. A. Pr. L.R.
29) Art. 91.
30) Vergl. Anm. 25.
31) Erk. des O.A.G. zu Dresden vom 22. Mai 1862. (Arch. f. D. W.R. Bd. 12. S. 85.) führt aus, daß die Deposition ein gesetzliches Mittel sei, sich gegen ein interesse morae zu schützen.
32) Arch. f. D. W.R. Bd. 6. S. 57.

folgter Präsentation des Wechsels zur Zahlung." Eine solche Aushülfe setzt aber doch jedenfalls eine thatsächliche Erörterung, einen zweiten Prozeß voraus; in der Exekutionsinstanz kann die Thatsache der Präsentation, wovon das Vollstreckungsrecht abhängig gemacht wird, nicht einseitig konstatirt werden.

Was von der Klage gegen den Acceptanten gilt, ist auch Rechtens für die Klage gegen den Regreßverpflichteten [33]).

§. 155.

Der Einfluß des Konkurses auf die Verfolgung des Wechselrechts.

Die Eröffnung des Konkurses, d. i. des zur Befriedigung aller Gläubiger aus dem Gesammtvermögen des Schuldners eingeleiteten gerichtlichen Prozeßverfahrens, übt einen wesentlichen Einfluß einerseits auf das Verfügungsrecht des Gemeinschuldners, andererseits auf die Geltendmachung der Rechte der Gläubiger. Mit dem Zeitpunkte der Konkurseröffnung verliert der Gemeinschuldner die Befugniß, sein zur Konkursmasse gehörendes Vermögen zu verwalten und über dasselbe zu verfügen; das Verwaltungs- und Verfügungsrecht geht auf die Gesammtheit der Konkursgläubiger über [1]). Daraus folgt: daß gegen den Gemeinschuldner die zur Erhaltung des Wechselrechts erforderliche Wechselsolennität, Protestaufnahme, vorgenommen werden muß, und daß nicht eine Protestaufnahme gegen den Konkurskurator, Konkursverwalter, genügt, indem die Konkurseröffnung ein die Wechseldiligenz nicht alterirendes Ereigniß ist [2]); daß die Konkurseröffnung die Verjährung gegen den Gemeinschuldner für die Dauer des Verfahrens unterbricht; daß eine Wechselklage und insbesondere der Personalarrest, wo er noch zulässig ist, gegen den Gemeinschuldner ausgeschlossen sind; daß der Inhaber seine auch eventuelle, bedingte [3]) Wechselforderung in den Formen des Konkursverfahrens zu der gemeinschaftlichen Masse liquidiren und seine Befriedigung aus derselben suchen muß [4]). Dagegen übt die Konkurseröffnung keinen

---

33) Vergl. §. 133.

1) Preuß. Konk.-Ordn. v. 8. Mai 1855. §§. 4. 5. 8.

2) Art. 29. 41. 91. A. D. W.O. Erk. des höchsten Tribunals zu Darmstadt v. 16. April 1853. (Arch. f. D. W.R. Bd. 4. S. 431.) Erk. des O.Tr. in Berlin v. 2. Mai / 8. Juni 1859. (Entsch. Bd. 41. S. 290.) Erk. v. 19. Juli 1859. (Arch. a. a. O. Bd. 12. S. 71.). Erk. v. 18. Febr. 1864. (Arch. a. a. O. Bd. 15. S. 76.) Borchardt a. a. O. S. 166. Zus. 315., S. 179. Zus. 337., S. 364. Zus. 580. Nürnberger Kommission (Arch. a. a. O. Bd. 9. S. 243.) Renaud im Arch. a. a. O. Bd. 8. S. 332. Anderer Ansicht: Erk. des österr. obersten Gerichtsh. v. 4. Septbr. 1862. (Arch. a. a. O. Bd. 12. S. 214.) Bluntschli a. a. O. S. 133. Die Leipziger Protokolle, wo es S. 153. heißt: „Es wird der Redaktionskommission anheimgegeben, ob ein Ausdruck gefunden werden könne, woraus sich ergebe, daß im Falle eines eingetretenen Konkurs- oder Gantverfahrens die Präsentation zc. nicht bei dem Kridar, sondern bei dem Kurator der Masse zu bewirken sei." Allein die Redaktionskommission hat diesem, der Natur des Wechselrechts widerstreitenden Gedanken keinen Ausdruck gegeben.

3) Preuß. Konk.-Ordn. v. 8. Mai 1855. §§. 86. 231. Renaud im Arch. f. D. W.R. Bd. 8. S. 279. 280. Thol a. a. O. Bd. 2. S. 684.

4) Preuß. Konk.-Ordn. v. 8. Mai 1855. §§. 8. 9. 169 ff. Erk. d. O.Tr. in Berlin vom 5. Juli 1856. (Arch. f. D. W.R. Bd. 6. S. 270. Entsch. Bd. 33. S. 187.) Erk. v. 7. Juni 1858. (Entsch. Bd. 41. S. 293. Arch. a. a. O. Bd. 7. S. 201 ff.) Erk. v. 30. Mai 1861. (Strieth. Arch. Bd. 42. S. 87.) Renaud im Arch. a. a. O. Bd. 8. S. 278. Nach gemei-

Einfluß auf das materielle Wechselrecht des Inhabers, und der, bei Nichtanerkennung der Wechselforderung Seitens der Gläubigerschaft, anzustellende Spezialprozeß verläuft zwar in den Formen des gewöhnlichen, nicht des spezifischen Wechselprozesses [5]), allein die Natur der Wechselverbindlichkeit und die Bevorzugung des Wechselanspruches in Ansehung der Zulässigkeit der Einreden bleiben durch den Konkurs und durch die Form des Spezialprozesses unberührt. Nur die Anwendbarkeit der auf der Natur des Wechselprozesses, als einer Art des Exekutivprozesses, beruhenden Vorschriften über die Liquidität der Einreden ist ausgeschlossen [6]).

Aus der passiven Solidarität der Wechselobligation und aus der unmittelbaren, selbstständigen Haftbarkeit jedes Wechselverbundenen, auf Grund eigenen Wechselversprechens, jedem Wechselinhaber gegenüber, im Gesammtumfange der Wechselobligation, folgt das Recht des Inhabers, seine Wechselforderung auch gegen die Konkursmassen aller und mehrerer Wechselverbundenen gleichzeitig zu verfolgen und dieselbe daher in ihrem Gesammtbetrage bei jeder einzelnen Konkursmasse zu liquidiren. Die Konkurseröffnung äußert ihren Einfluß auf die Art der Geltendmachung der Wechselobligation, auf die Prozeßform und auf die Liquidität der Einreden, nicht aber auf die rechtliche Natur der Wechselverbindlichkeit in ihrer formalen, abstrakten und solidaren Rechtseigenschaft. Die Erfüllung des Wechselversprechens; die Wirkung einer auf den Wechsel geleisteten vollen oder Theilzahlung; der rechtliche Einfluß einer solchen wechselmäßigen Zahlung auf den Umfang der Obligation, anderen Wechselinteressenten gegenüber, äußert sich in dem Konkurse in derselben Weise, wie außer dem Konkurse. Die Lehre von den Wirkungen der Wechselzahlungen findet daher ihre Anwendung auch auf den Konkurs. Zahlung, — volle oder Theilzahlung, — als Tilgung der Wechselverbindlichkeit in wechselrechtlichem Sinne gedacht, ist nur die von dem Acceptanten, nach dem Verfalltage, geleistete und auf dem Wechsel urkundlich gemachte Erfüllung des Wechselversprechens; eine auf dem Wechsel nicht urkundlich gemachte, auf demselben nicht abgeschriebene, daher nicht wechselmäßige Zahlung äußert ihre Wirkung nur den unmittelbaren Zahlungsinteressenten, dem Zahler und Empfänger, gegenüber. Eine im Regreßwege auf den Wechsel geleistete Zahlung bezweckt keine Tilgung der Wechselobligation, sondern, als Erfüllung der speziellen Regreßverbindlichkeit Seitens des einlösenden Indossanten, einen Erwerb des Wechsels zum Zwecke eigener Realisirung der Wechselobligation gegen die Vormän-

nem Rechte ist es bestritten, ob sich der Inhaber nach ausgebrochenem Konkurse an die Person des Gemeinschuldners halten kann und ob insbesondere der Wechselarrest zulässig ist. Franck l. c. lib II. sect 5. tit. 2 §. 1 seq. Claproth a. a. O. §. 58. Ludovici a. a. O. K. II. §. 15. Danz, Deutsch. Privatrecht. §. 250. Scherer a. a. O. Bd. 1. S. 171. Bender a. a. O. Bd. 2. §§. 469 ff. v. Weißeneck a. a. O. §. 319. Mittermaier a. a. O. §. 355. Thöl a. a. O. Bd. 2. §. 338. Renaud im Arch. a. a. O. Bd. 8. S. 322. Bescheid des O.Tr. in Berlin v. 27. April 1858. (Entsch. Bd. 39. S. 268.), welcher die Frage in Ansehung des in Neu-Vorpommern geltenden gemeinen Rechts verneint. Arch. a. a. O. Bd. 4. S. 431.

5) Preuß. Konk.-Ordn. v. 8. Mai 1855. §. 230.

6) Art. 82. A. D. W.O. Erk. des O.Tr. in Berlin v. 30. Oktbr. 1860. (Entsch. Bd. 44. S. 304.) und 29. Januar 1861. (Arch. f. D. W.R. Bd. 10. S. 397.) Borchardt a. a. O. S. 295. Zus. 500. Renaud im Arch. a. a. O. Bd. 8. S. 278. 283 ff. Thöl a. a. O. Bd. 2. §. 314.

ner und den Acceptanten. Die Eröffnung des Konkurses über das Vermögen einiger oder aller Wechselverpflichteten alterirt das Recht des Inhabers daher nur in der formalen Geltendmachung; das materielle Recht, und insbesondere die Solidarqualität des Wechsels wird nicht zerstört.

Aus dieser Rechtsanschauung ergeben sich folgende Grundsätze:

1) der Wechselinhaber kann seine Wechselforderung gleichzeitig geltend machen gegen die Wechselverpflichteten, welche nicht im Konkurse sich befinden, und gegen die Konkursmassen derjenigen, welche in Konkurs gerathen sind [7]);

2) die formale Prozeßverfolgung des Wechselanspruches gegen die Konkursmassen richtet sich, unter Ausschließung eines Klage- und Exekutionsrechts gegen den Gemeinschuldner, nach den Vorschriften des Konkursverfahrens. Die materielle Rechtseigenschaft des Wechsels wird durch den Konkurs nicht berührt [8]);

3) zu jeder verhafteten Konkursmasse, ohne Unterschied, ob der Gemeinschuldner als Prinzipalverpflichteter (Acceptant, Aussteller eines eigenen Wechsels), oder als subsidiärer Verpflichteter (Indossant, Aussteller), im Wechselverbande steht, kann der ganze Wechselbetrag, soweit er noch besteht, und wechselmäßig nicht getilgt ist, liquidirt werden. Eine von dem Acceptanten geleistete und auf dem Wechsel abgeschriebene Theilzahlung mindert die Wechselforderung allen Wechselverpflichteten und jedem Inhaber gegenüber, und ebenso muß der Inhaber sich die, von dem in Anspruch genommenen Verhafteten an ihn geleistete Zahlung, auch wenn sie auf dem Wechsel nicht abgeschrieben ist, in Anrechnung bringen lassen. Dasjenige, was der Liquidant aus einer Konkursmasse erhalten hat, muß auf dem Wechsel abgeschrieben werden, und in Höhe dieser Abschreibung vermindert sich der, bei den Konkursmassen der übrigen Verpflichteten liquidirte Gesammtwechselbetrag. Mehr als die Wechsel- oder Regreßsumme, oder so viel als er bei der Eröffnung des Konkurses darauf überhaupt noch zu fordern hat, kann der Inhaber bei den einzelnen Massen nicht liquidiren und nicht erhalten [9]). Durch

---

7) Art. 49. 81. A. D. W.O. Brauer a. a. O. S. 138. Renaud im Arch. f. D. W.R. Bd. 8. S. 305. Thöl a. a. O. Bd. 2. §. 315.

8) Vergl. Anmerk. 6 und 7. Loewy im Arch. f. D. W.R. Bd. 11. S. 165.

9) Einige Partikulargesetze, z. B. Bremisches Einf.-Ges. v. 28. April 1849. §. 11, haben diesen Grundsatz ausdrücklich anerkannt. In der Leipziger Konferenz wurde eine Bestimmung dahin in Antrag gebracht: „Wenn mehrere auf einem, Mangels Zahlung protestirten, Wechsel befindliche Wechselverbundene fallirt haben, so steht es dem Inhaber frei, seine ganze Forderung an Kapital und Kosten bei allen Massen anzugeben und hat er von jeder derselben, bis zu seiner völligen Befriedigung für Kapital und Kosten, die Dividende zu empfangen. Die Dividende muß aber auf dem Wechsel notirt werden. Ist der Inhaber zum Vollen befriedigt, so kann er dann den Wechsel an die Masse des in der Reihenfolge letzten Indossanten, von welchem er die Dividende empfangen, ausliefern." Die Bestimmung wurde hergeleitet aus dem Principe der Solidarität der Wechselobligation, an welchem durch den Konkurs nichts geandert werde, und aus dem Bedürfnisse nach Einheit in der Gesetzgebung. Dem Antrage wurde von anderer Seite entgegengesetzt, „daß von dem vollen Betrage der Wechselforderung wenigstens dasjenige in Wegfall kommen müsse, was von der Liquidation im Konkurse abschläglich bezahlt worden sei, und daß nur unter dieser Beschränkung der Zusatz, von welchem der Antrag ausgehe, als richtig angenommen werden könne." Wieder Andere erklärten sich gegen den Antrag überhaupt und führten namentlich an, „daß man dabei von der unrichtigen Voraussetzung ausgehe, der Gläubiger, welchem mehrere als correi hafteten, müsse immer zur vollen Befriedigung gelangen." Andere endlich hielten die Bestimmung für keine in ein Wechselgesetz gehorige, indem sie nur aus allgemeinen Bestimmungen des Civilrechts und des Konkursprozesses hergeleitet sei. Die beantragte Bestimmung wurde daher mit 10 gegen 9 Stimmen abgelehnt. Leipz. Prot. S. 203. Franck

die Abschreibung auf dem Wechsel wird die Dividendenzahlung auch für andere Konkursmassen bekannt. Es kann auch zu den letzteren von der Dividendenzahlung besondere Nachricht gegeben werden.

4) Die aus dem Regreßverhältnisse in Anspruch genommene Konkursmasse kann ihr Regreßrecht gegen die Konkursmasse eines Vormannes, oder ihr Wechselrecht gegen die Konkursmasse des Acceptanten weiter ausüben und die volle Wechselsumme, wie außerhalb dem Konkurse, liquidiren. Eine Erhebung des liquidirten Betrages kann jedoch erst nach erfolgter Einlösung des Wechsels stattfinden, da früher ein Wechselrecht und die wechselmäßige Legitimation fehlt [10]).

5) Die, ihr eventuelles Recht liquidirende Masse befindet sich zwar, da sie noch nicht gezahlt hat, nicht in dem wechselmäßigen Besitze des Wechsels, des Protestes und der Retourrechnung, der faktischen und rechtlichen Unterlagen des Wechselversprechens, und kann solche daher auch bei der weiteren Liquidation nicht vorlegen, allein behufs Bewirkung der Massen-Liquidation ist die sofortige Liquidemachung des Wechselanspruches durch Vorlegung der Urkunden auch nicht nothwendig. Eine sofortige Vorlegung der Wechselurkunden ist auch bei der gleichzeitigen Liquidation desselben Liquidanten zu mehreren Konkursmassen nicht ausführbar und in den Konkursgesetzen für die Begründung des Anmeldungsgesuches auch nicht vorgeschrieben. Es genügt der Besitz jener Urkunden bei der Erklärung über die Anerkennung der Forderung und bei dem Empfange der Zahlung aus der Masse [11]).

6) Der Einwand der vollen oder Theilzahlung kann dem Liquidanten einer Wechselforderung von der Konkursmasse, zu welcher eine Wechselforderung angemeldet worden ist, nur in derselben Weise und unter denselben gesetzlichen Voraussetzungen mit Rechtseffekt entgegengesetzt werden, unter welchen der Schuldner selbst dem Wechselinhaber den Einwand der Zahlung würde entgegensetzen können, denn die Wirkungen der Zahlung sind in und außer dem Konkurse gleich [12]).

7) Die Dividendenberechnung bei den verschiedenen Konkursmassen, also bei der ersten, zweiten und folgenden Konkursmasse, bei welchen die Wechselforderung angemeldet ist und zur Hebung kommt, wird nicht angelegt nach dem, durch die

---

l c. lib II. sect. 5. lit 6. §. 1 seq. Beck, Wechselrecht. K. 8. §. 23. Bender a. a. O. Bd. 2. S. 474. Mittermaier a. a. O. Bd. 2. S. 228. Preuß. Konk.-Ordn. v. 8. Mai 1855. §. 87. Erk. des O.Tr. in Berlin vom 6. Septbr. 1859. (Arch. f. D. W.R. Bd. 10. S. 259. Entsch. Bd. 43. S. 447.) Erk. v. 16. Febr. u. 30. Oktbr. 1860. (Entsch. Bd. 44. S. 253 304.) Erk. des O.A.G. zu Dresden v. 8. u. 24. Mai 1862. (Arch. a. a. O. Od. 12. S. 87. 96.) Erk. des osterr. oberst. Gerichtshofes v. 19. Jan. 1859. (Arch. a. a. O. Bd. 10. S. 293.) Brauer a. a. O. S. 138. Hoffmann a. a. O. S. 584. und im Arch. a. a. O. Bd. 11. S. 386. Thol a. a. O. Bd. 2. §. 315. Wolff im Arch. a. a. O. Bd. 12. S. 144.

10) Art. 51. A. D. W.O. Preuß. Konk.-Ordn. §§. 86. 231. 198. Renaud im Arch. f. D. W.R. Bd. 9. S. 279. 280. 290. Thöl a. a. O. Bd. 2. §. 684. Erk. des österr. obersten Gerichtsh. v. 19. Jan. 1859. und 11. Mai 1859. (Arch. a. a. O. Bd. 10. S. 63.) Erk. des O.Tr. in Berlin v. 11. Juni 1861. (Entsch. Bd. 46. S. 323.) Erk. v. 28. Jan. 1862. (Arch. a. a. O. Bd. 12. S. 187.)

11) Renaud im Arch. f. D. W.R. Bd. 8. S. 278. Hoffmann im Arch. a. a. O. Bd. 11. S. 386. Preuß. Konk.-Ordn. v. 8. Mai 1855. §. 169 ff. Erk. des österr. oberst. Gerichtsh. v. 11. Mai 1859. (Arch. a. a. O. Bd. 8. S. 63 ff.)

12) Renaud im Arch. f. D. W.R. Bd. 8. S. 293 ff. 305 ff. Loewy im Arch. a. a. O. Bd. 11. S. 8 ff. 153 ff. Hoffmann im Arch. a. a. O. Bd. 11. S. 335 ff. Wolff im Arch. a. a. O. Bd. 12. S. 144.

Theilzahlung verbleibenden Restbetrage der Wechselforderung, sondern nach dem ursprünglichen Gesammtbetrage derselben, so daß der Inhaber immer einen Theil seiner Gesammtforderung erhält. Diese Berechnungsweise folgt aus der Solidarhaft der Wechselverpflichteten für die Totalität der Forderung, aus der Natur der Wechselforderung als eines formalen und abstrakten Ganzen und in gewisser Beziehung Untheilbaren und aus dem Umstande, daß bei einer Dividendenberechnung nach dem Restbetrage der Wechselforderung immer ein Bruchtheil im Reste und unbezahlt bleiben würde [13]).

---

13) Martens, Grundriß §. 130. Bender a. a. O. Bd. 2. S. 475 Einert, Medit ad jus camb. V. de locando creditore camb. etc. Beck a. a. O. S. 319. Scherer a. a. O. Bd. 2. S. 72. Dessen Rechtsf. in Wechselsachen S. 173. Mittermaier a. a. O. §. 355. N. 9. Brauer a. a. O. S. 138. Erk. des O.Tr. in Berlin v. 6. Septbr. 1859. (Arch. f. D. W.R Bd. 10. S. 258. Entsch. Bd. 43. S. 447.) Erk. v. 16. Febr. und 30. Oktbr. 1860. (Entsch. Bd. 44. S. 253. 304.) Erk. des österr. oberst. Gerichtshofes v. 19. Jan. und 11. Mai 1859. (Arch. a. a. O. Bd. 10. S. 63 293.) Erk. des O.A.G. zu Dresden v. 8. u. 24. Mai 1862. (Arch. a. a. O. Bd. 12. S. 87. 96.) Es haben sich jedoch in dieser Lehre verschiedene, von der vorstehenden Ansicht abweichende Rechtsauffassungen gebildet, welche dahin gehen:

I. Jede Zahlung vermindert das Forderungsrecht in der Art, daß die spätere Dividende nur von dem Restbetrage zu berechnen ist. Phoonsen, Amsterdamer Wechselgebrauch K. LXI. §§. 46. 47. Püttmann a. a. O. §. 194 b. Daniels a. a O. S. 361. Treitschke a. a. O. Bd. 1. S. 289., Bd. 2. S. 363. 371 ff. Ladenburg im Arch. a. a. O. Bd. 8. S. 233. Loewy schließt sich de lege ferenda an. Arch. a. a. O Bd. 11. S. 171. Hoffmann im Arch. a. a. O. Bd. 11. S. 389. Wolff im Arch. a. a. O. Bd. 12. S. 127 ff. 145 ff., der nur auf dem Wechsel abgeschriebene Theilzahlungen berücksichtigt.

II Es ist auf den zahlenden Schuldner, dessen Verhaltniß zu dem demnächst in Anspruch genommenen Wechselverpflichteten, sowie darauf zu sehen, ob die Abschlagszahlung auf die Wechsel- oder auf die Regreßsumme geleistet ist Daraus werden die Sätze abgeleitet:

1) ist die Theilzahlung von einem correus, einem Mittrassanten, Mitacceptanten 2c. geleistet, so hebt die Zahlung die Obligation, dem Mitschuldner gegenüber, theilweise auf, und die Dividende wird nur nach dem Restbetrage berechnet;
2) ist die Theilzahlung aus der Masse des Acceptanten oder Ausstellers eines eigenen Wechsels auf die Wechselsumme geleistet, so wird die Dividende von dem Gesammtbetrage abgezogen und alle Regreßpflichtige sind in Hohe der Theilzahlung liberirt;
3) ist die Theilzahlung aus der Masse eines Vormannes auf die Regreßsumme geleistet, so hat die Zahlung keinen Einfluß auf die Rechte des Inhabers, den anderen Regreßpflichtigen gegenüber; die Dividende wird nach dem Gesammtbetrage berechnet. Gegen den Acceptanten besteht sein Recht nur für den Rest, denn die Zahlung der Regreßsumme begründet für den Acceptanten die Einrede der Zahlung. Thol a. a. O. Bd. 2. §. 315 Renaud a. a. O. S. 194., auch zum Theil im Arch. a. a. O. Bd. 8. S. 293 ff. Hoffmann im Arch. a. a. O. Bd. 11. S. 385 ff. Wolffson im Neuen Archiv f. Handelsrecht Bd. 1. S. 275 ff.

III. Eine andere Ansicht unterscheidet gleichfalls zwischen Korreal- und Solidarverpflichteten und zwischen Zahlungen auf die Wechselsumme und auf die Regreßsumme, zwischen der Wirkung der auf dem Wechsel abgeschriebenen und nicht abgeschriebenen, sowie zwischen der vor und nach der rechtskräftigen Locirung der Wechselforderung bei der einen Konkursmasse erfolgten Abschlagszahlung aus einer anderen Masse. Sie stellt folgende Satze auf:

1) eine auf die Wechselsumme geleistete Theilzahlung mindert die Wechselsumme, nach welcher die Dividende berechnet wird:
   a) im Konkurse des Acceptanten resp. Ausstellers des eigenen Wechsels, wenn sie nur auf dem Wechsel abgeschrieben oder an den jetzigen Besitzer des Wechsels geleistet ist. Gleichgiltig ist es hierbei, ob jene Abschlagszahlung vor oder nach der Protesterhebung, sowie vor oder nach der Konkurseröffnung erfolgt, wenn sie nur vor der Anmeldung oder doch der rechtskräftigen Lokation der Wechselforderung geschehen ist;
   b) im Konkurse des Trassanten oder eines Indossanten, wenn sie vor Erhebung des Protestes Mangels Zahlung auf dem Wechsel abgeschrieben ist, mag sie vor oder nach der Lokation der Regreßforderung geschehen sein. Die nach der Erhebung des Protestes Mangels Zahlung auf dem Wechsel abgeschriebene Theilzahlung der Wechselsumme kommt hier nur insofern in Betracht, als die nach der vollen Regreßsumme berechnete Dividende bloß bis zum vollen Rikambiobetrage, einschließlich jener Abschlagszahlung, zu entrichten ist;
2) bei der auf die Regreßsumme geleisteten Theilzahlung ist zu unterscheiden:

8) Wird der Wechsel aus einer Konkursmasse ganz bezahlt, so muß derselbe der Konkursmasse zur Verfolgung ihrer Rechte gegen die übrigen Wechselverpflichteten, quittirt, ausgehändigt werden [14]). Erfolgt eine bloße Theilzahlung, so kann eine Aushändigung des Wechsels nicht erfolgen; es muß die Theilzahlung aber auf dem Wechsel vermerkt und der zahlenden Masse Quittung auf einer Abschrift des Wechsels ertheilt werden [15]). Bei Dividendenzahlungen aus mehreren Konkursmassen muß die Aushändigung des Wechsels an diejenige Masse erfolgen, welche durch Zahlung der letzten Dividende die Obligation getilgt, den Wechselgläubiger befriedigt hat. Es entscheidet die Thatsache der vollen Befriedigung, nicht das Interesse derjenigen, welche möglicherweise aus einer Dividendenzahlung Regreßrechte geltend machen können [16]). Eine Akkordzahlung kann von der Aushändigung des quittirten Wechsels nicht abhängig gemacht werden, da der gerichtlich bestätigte Akkord gegen alle, auch die nicht zugezogenen Gläubiger Schutz gewährt, es daher der Aushändigung des Wechsels zur Begründung dieses Schutzes nicht bedarf, und der Gläubiger den Wechsel zur Verfolgung seiner Rechte gegen die übrigen Verpflichteten nöthig hat [17]). Die Zahlungen im Konkurse müssen beim Konkursgerichte in Empfang genommen werden [18]), da der

---

a) sie mindert die Summe, nach welcher die Dividende zu berechnen, im Konkurse des Mittrassanten oder Mitindossanten, wenn sie von einem Mittrassanten oder Mitindossanten an den dermaligen Inhaber oder unter Abschreibung auf dem Wechsel geleistet worden ist, vor der Anmeldung oder doch vor der rechtskräftigen Lokation der Wechselforderung;

b) sie mindert die Summe, nach welcher die Dividende zu berechnen ist, nicht:

α) im Konkurse des Acceptanten und resp. des Ausstellers eines eigenen Wechsels, gleichgiltig, von wem die Abschlagszahlung geleistet worden ist;

β) im Konkurse des Vormannes, wenn sie von einem Nachmanne bezahlt worden ist;

γ) im Konkurse des Nachmannes, wenn sie von einem Vormanne geleistet worden ist; jedoch braucht die Masse des Nachmannes ihre nach der vollen Regreßsumme berechnete Dividende nur bis zum vollen Betrage jener einschließlich der auf dem Wechsel abgeschriebenen Theilzahlung des Vormannes zu bezahlen. Renaud im Arch. a. a. O. Bd. 8. S. 287 ff. 304.

14) Art. 39. 48. A. D. W.O. §. 252. Preuß. Konk.-Ordn. v. 8. Mai 1855. Thöl a. a. O. Bd. 2. §. 692.

15) Art. 39. A. D. W.O. §. 252. Preuß. Konk.-Ordn. v. 8. Mai 1855.

16) Mittermaier a. a. O. Bd. 2. S. 228. Borchardt in Goldschmidt, Zeitschr. Bd. 2. S. 92. Wolff im Arch. f. D. W.R. Bd. 12. S. 147. Thöl a. a. O. Bd. 2. S. 691. Renaud stellt den Grundsatz auf, daß der Inhaber den Wechsel sammt Protest an die Masse seines nächsten Vormannes, aus welcher er eine derselben nicht oder nicht ganz zu restituirende Dividende bezogen, ausliefern müsse. Wenn also der Inhaber seine Forderung zu den Konkursmassen des Trassanten und Acceptanten liquidirt, und zuerst aus der Masse des Acceptanten eine Dividende, demnächst aber den Ueberrest seiner Forderung aus der Masse des Trassanten erhalten habe, so müsse der Wechsel an die letztere ausgehändigt werden, weil die Theilzahlung des Acceptanten der Masse des Trassanten zu Statten komme. Wenn dagegen umgekehrt aus der Masse des Trassanten zuerst eine Theilzahlung erfolge, und der Rest der Wechselforderung durch die Masse des Acceptanten gedeckt werde, so habe die letztere auf den Wechsel keinen Anspruch, derselbe müsse vielmehr an den Trassanten gegeben werden. Arch. a. a. O. Bd. 8. S. 311 ff. Vergl. auch Wolffson im neuen Arch. f. Handelsr. Bd. 1. S. 286. Loewy ist der Ansicht, daß kein Theilzahler auf den Besitz des Wechsels Anspruch habe; der Wechsel sei untheilbar und der bezahlte Inhaber müsse den Wechsel entweder für alle Dividendenzahler bewahren, oder denselben an alle gemeinschaftlich, oder an einen derselben gegen Kautionsleistung herausgeben. Arch. a. a. O. Bd. 11. S. 179.

17) §. 197. Preuß. Konk.-Ordn. v. 8. Mai 1855. Erk. des O.Tr. in Berlin vom 1. Juli 1862. (Arch. f. D. W.R. Bd. 13. S. 191.) Loewy im Arch. a. a. O. Bd. 11. S. 179.

18) §. 244. Preuß. Konk.-Ordn. v. 8. Mai 1855. Nach der neuen Fassung des §. 244. Ges. v. 12. März 1869. Ges.-Samml. S. 465.) können den nicht erschienenen, innerhalb des

Richter im Exekutionswege die Zahlung bewirkt, und die aus dem unterliegenden materiellen Rechtsgrunde etwa entspringende Rechtsbefugniß in Ansehung des Zahlungsortes in dem Konkurse untergeht und unwirksam ist. Anders verhält es sich bei Zahlungen aus gerichtlich bestätigtem rechtskräftig gewordenen Akkorde. Mit dem Zeitpunkte der Rechtskraft erhält der Gemeinschuldner sein Verwaltungs- und Verfügungsrecht über sein Vermögen, die durch Eröffnung des Konkurses aufgehobene Handlungsfähigkeit zurück. Soweit die Realisirung des Akkordes nicht ausdrücklich oder nach Vorschrift des Gesetzes [19]) durch den Verwalter oder das Konkursgericht erfolgt, geschieht die Zahlung durch den gewesenen Gemeinschuldner selbst. Da nun in dem Akkorde keine die Obligation aufhebende oder modifizirende Novation, sondern nur ein Verzicht, Erlaß, Vergleich in Ansehung der Höhe oder der Zahlungsmodalitäten, enthalten ist, so muß auch der Ort der Zahlung nach dem Inhalte der Obligation, nach dem derselben zu Grunde liegenden Rechtsgrunde bestimmt werden. Wechselzahlungen müssen daher von dem Gläubiger in der Wohnung des Verpflichteten in Empfang genommen werden [20]).

9) Bei der gleichzeitigen Verfolgung eines Wechselanspruches gegen die Konkursmassen verschiedener Wechselverpflichteten kann es sich ereignen, daß der Inhaber von den Massen mehr, als seine Forderung beträgt, durch Dividende erhält, und es fragt sich dann, welcher von den kontribuirenden Konkursmassen dieser Ueberschuß gebührt? Wenn man von der wechselrechtlichen Auffassung ausgeht, daß jeder Wechselverpflichtete in Höhe der ganzen Wechselforderung verhaftet ist, indem die Haftbarkeit nicht aus einer Korreal-Obligation entspringt, die durch die Erfüllung eines der Gesammtschuldner für alle Verpflichtete erfüllt und getilgt wird, sondern aus einem Solidar-Rechtsverhältnisse entsteht, das eine Mehrheit selbstständiger, von einander unabhängiger Obligationen begründet, so möchte man zu dem Schlusse kommen, daß der Wechselverpflichtete einen Anspruch auf einen, an den Wechselgläubiger gezahlten Ueberschuß nur insofern geltend machen könne, als er selbst die ganze Wechselobligation erfüllt und dabei mehr gezahlt habe, als dem Wechselgläubiger, nach Inhalt des Wechsels, zustand, nicht aber dann, wenn der Ueberschuß durch die Theilzahlungen mehrerer Schuldner entstanden ist, von denen jede einzelne Zahlung die Höhe des Gesammtwechselbetrages, des Schuldobjektes jedes Wechselverpflichteten, nicht erreicht. Denn das, was ein Solidarverbundener auf seine eigene Schuld bezahlt hat, kann ein anderer Solidarverhafteter nicht auf seine selbstständige Wechselpflicht in Anrechnung bringen, oder wegen des dadurch entstandenen Sürplüs einen Rückgriff auf das Empfangene nehmen. Allein diese Rechtsauffassung findet ihre Stützpunkte nur in dem Wechselrechte, nicht aber in dem Civilrechte, dessen Bestimmungen für die Beantwortung jener Frage maßgebend sind. Nach den letzteren kann dasjenige

---

Norddeutschen Postbezirks wohnenden Glaubigern, wenn sie nicht andere Anträge stellen, ihre Antheile durch die Post übersendet werden, soweit die Posteinrichtungen es gestatten.

19) §. 199. Preuß. Konk.-Ordn. v. 8. Mai 1855.

20) Leipz. Prot. S. 203. Straß im Arch. f. D. W.R. Bd. 8. S. 273.

mit der condictio sine causa, unter Umständen mit der condictio indebiti, zurückgefordert werden, was aus dem Vermögen des Einen in das Vermögen des Anderen, ohne verpflichtenden Rechtsgrund, übergegangen ist. Zu viel und ohne Rechtsgrund gezahlt hat aber derjenige Wechselverpflichtete, welcher eine Dividende geleistet hat, auf welche der Wechselinhaber, nach Verhältniß der bereits aus anderen Massen erhaltenen Theilzahlungen, keinen Anspruch mehr hatte. Es erscheint daher ein solcher Dividendenzahler berechtigt, das über die Forderung hinaus und daher ohne Grund an den Gläubiger Gezahlte von demselben zurückzufordern. Die übrigen zur vollen Befriedigung des Gläubigers beitragenden Massen haben nur innerhalb der Grenze ihrer Haftbarkeit erfüllt, da sie, wenn die Fonds dazu vorhanden gewesen, zur Zahlung der Gesammtforderung verpflichtet gewesen wären. Ueber ihre Verpflichtung hinaus, also sine causa, haben sie zur Befriedigung des Wechselgläubigers Nichts beigetragen; sie können daher auch keinen Anspruch machen an dasjenige, was der Wechselgläubiger über den Betrag seiner Forderung aus einer anderen Konkursmasse erhalten hat. Es ist auch auf jenes Rückforderungsrecht ohne Einfluß, ob aus der Masse des Acceptanten oder eines Regreßpflichtigen die übersteigende Summe bezahlt worden ist; derjenige, welcher das Sürplüs bezahlt hat, kann solches, ohne Rücksicht auf seine sonstige Stellung zum Wechsel, von dem Empfänger zurückfordern. Auf das Rechtsverhältniß der übrigen Wechselinteressenten ist die Zahlung und die Zurückforderung ohne Einfluß [21]). Nach Preußischem Partikularrechte haben die Konkursmassen wegen der gezahlten Dividenden keinen Rückgriff gegeneinander, wenn der Gesammtbetrag der Summen, welche aus den sämmtlichen Massen auf die Forderung vertheilt worden sind, den Betrag nicht übersteigt, welcher dem Gläubiger gebührt. Ergiebt sich jedoch bei den Vertheilungen, nach der Befriedigung des Gläubigers, ein Ueberschuß, so findet auf Höhe desselben der Rückgriff nach dem Verhältnisse statt, in welchem die einzelnen Gemeinschuldner unter sich nach dem unterliegenden Geschäfte zur Berichtigung der Forderung verpflichtet sind [22]).

---

21) Scherer a. a. O. Bd. 2. S. 72. In dieser Rechtsmaterie haben sich noch andere Ansichten geltend gemacht:

a) der Ueberschuß gehore allen kontribuirenden Massen pro rata nach der Große ihrer Dividenden. Materialien zu einem vollständigen und systematischen Wechselrechte mit besonderer Rücksicht auf Hamburg. (Hamburg 1792.) §. 328. Martens, Grundriß §. 130. Treitschke a. a. O. Bd. 2. S. 375;

b) der Ueberschuß gehöre der Masse des nächsten Vormannes des Inhabers, insofern er sie bei der zuletzt zur Vertheilung gebrachten Masse liquidirt hat. Sonst tritt die folgende Masse, die dort liquidirt hat, an deren Stelle, oder wenn gar keine liquidirt haben sollte, so gehort das Plus der zuletzt vertheilten Masse bis zum Betrage der, aus der Masse des nächsten Vormannes erhaltenen Dividende. Der weitere Ueberschuß fällt an die Masse des zweitnächsten Vormannes, aus welcher eine Dividende geleistet ist u. s. w. Bender a. a. O. Bd. 2. S. 479. Renaud im Arch. f. D. W.R. Bd. 8. S. 309. 319. Der Ueberschuß gehort derjenigen Masse, welche die meisten Regreßpflichtigen vor sich hat, nach Hohe der von ihr bezahlten Dividende. An Mitunterzeichner derselben Wechselerklarung, correi debendi, Mittrassanten, Mitindossanten, ist der Ueberschuß pro rata der Dividenden abzuführen. Loewy im Arch. a. a. O. Bd. 11. S. 184.

22) §. 87. Preuß. Konk.-Ordn. v. 8. Mai 1855.

§. 156.

Andere Klagen aus dem Wechselgeschäfte.

Es giebt außer den eigentlichen Wechselklagen, das sind Klagen, welche auf die Erfüllung des Wechselversprechens gerichtet sind, auch Klagen, die einen andern rechtlichen Zweck verfolgen, aber einen formrichtigen Wechsel voraussetzen. Dahin gehören:

1) die Klage auf Zurückgabe der Sicherheit [1],

2) die Klage eines Vormannes auf Auslieferung des Wechsels und Protestes gegen Zahlung der Wechselsumme nebst Zinsen und Kosten (Einlösung) [2],

3) die Klage des nicht zur Zahlung kommenden Ehrenacceptanten auf Provision [3],

4) die Klage auf Ausstellung oder Indossirung eines Wechselduplikats [4],

5) die Klage auf Herausgabe des Acceptexemplars [5],

6) die Klage auf Herausgabe des Originalwechsels an den Besitzer der Kopie [6],

7) die Vindikationsklage [7],

8) das Amortisationsverfahren [8],

9) die Bereicherungsklage [9],

10) die Klage des Bezogenen auf Deckung [10],

11) die Klage auf Entschädigung wegen unterlassener Notifikation [11],

12) die Klage des nicht zur Zahlung kommenden Ehren-Acceptanten auf Erstattung der verauslegten Prozeßkosten [12].

Alle diese Klagen sind keine eigentlichen Wechselklagen, werden also auch nicht in dem für letztere vorgeschriebenen abgekürzten Prozeßverfahren verhandelt, setzen aber einen Wechsel voraus und beruhen theils auf dem Wechsel selbst, theils auf dem, demselben zum Grunde liegenden Rechtsgeschäfte.

§. 157.

Die Amortisation eines verlorenen Wechsels.

Die Allgemeine Deutsche Wechselordnung [1]) gestattet das Aufgebot und die Amortisation eines abhanden gekommenen Wechsels, hat dafür aber nur wenige allgemeine Rechtsgrundsätze aufgestellt und die Vorschriften über das Prozeßver-

1) Art. 28. A. D. W.O.
2) Art. 48. A. D. W.O.
3) Art. 65. A. D. W.O.
4) Art. 66. A. D. W.O.
5) Art. 68. A. D. W.O.
6) Art. 72. A. D. W.O.
7) Art. 74. A. D. W.O.
8) Art. 73. A. D. W.O. §. 2. Preuß. Einf.-Ges. v. 15. Febr. 1850.
9) Art. 83. A. D. W.O.
10) Art. 23. A. D. W.O.
11) Art 48. 58. A. D. W.O.
12) Art. 58. A. D. W.O.

1) Art. 73. A. D. W.O.

fahren selbst der Gesetzgebung der Einzelregierungen überlassen. Die Bestimmungen der Allgemeinen Deutschen Wechselordnung, erläutert und unterstützt durch die Motive zum Preußischen Entwurfe und die Verhandlungen in der Leipziger Konferenz, beschränken sich auf folgende Fundamentalsätze:

1) Die Amortisation eines abhanden gekommenen Wechsels findet nur bei Wechseln statt, welche acceptirt sind, denn sie bezweckt eine Geltendmachung der Rechte gegen den Acceptanten. Zum Zweck der Regreßnahme ist eine Amortisation nicht genügend; wohl aber zur Geltendmachung des Anspruches aus der Bereicherung [2]). Ob aber das Abhandenkommen, die Aufhebung des Besitzes, durch Verlieren, oder durch Zerstörung des Wechselpapiers veranlaßt worden ist, hat auf die Amortisation keinen Einfluß.

2) Die Amortisation gehört zur Kompetenz des Gerichts am Zahlungsorte, weil der natürliche Lauf des Wechsels dorthin gerichtet ist [3]).

3) Das Amortisationsverfahren kann zwar schon vor dem Verfalle des Wechsels beantragt und eingeleitet werden, allein die Meldungsfrist kann erst mit dem Verfalltage beginnen, die Mortifikation daher auch erst nach dem letzteren richterlich ausgesprochen werden [4]).

4) Nach Einleitung des Amortisationsverfahrens, jedoch immer erst nach dem Verfalltage, kann der Verlierer von dem Acceptanten Zahlung fordern, wenn er bis zur Amortisation des Wechsels Sicherheit bestellt. Ohne eine solche Sicherstellung ist er nur die Deposition der aus dem Accepte schuldigen Summe bei dem Gerichte oder bei einer anderen, zur Annahme von Depositen ermächtigten Behörde oder Anstalt zu fordern berechtigt [5]).

5) Ist die Amortisation des Wechsels rechtskräftig erkannt, so wird dadurch der Mangel des Wechsels ersetzt, die Legitimation des Verlierers als Wechselgläubigers auch ohne Produktion der Wechselurkunde festgestellt, so daß derselbe, ohne Sicherstellung, gegen den Acceptanten auf Zahlung der Wechselsumme klagen kann [6]).

6) Im Uebrigen und insbesondere auf die rechtlichen Verhältnisse der Wechselinteressenten ist die Amortisation ohne Einfluß [7]).

Hiernach hat die Allgemeine Deutsche Wechselordnung die Amortisation eines abhanden gekommenen Wechsels nur in dem Falle anerkannt, daß derselbe acceptirt war; denn die Amortisation bezweckt nicht eine Ermöglichung der Regreßrechte gegen die Vormänner, sondern ausschließlich nur die Geltendmachung des Wechselrechts gegen den Acceptanten. Auch gegen den Acceptanten eines Domizilwechsels mit benanntem Domiziliaten ist die Amortisation eines verlorenen Wechsels statthaft, jedoch nur nach Verfall und insofern die Protestaufnahme rechtzeitig er-

---

2) Art. 73. 83. A. D. W.O.

3) Art. 73. A. D. W.O.

4) Leipz. Prot. S. 140. Andere Auffassung läßt der §. 5 des Schleswig-Holsteinschen Einf.-Ges. v. 10. April 1849 zu. Brauer a. a. O. S. 181. Liebe, W.O. S. 195.

5) Art. 73. A. D. W.O.

6) Erk. des O.Tr. in Berlin v. 4. Novbr. 1858. Arch. f. D. W.R. Bd. 9. S. 186 ff.

7) Erk. des O.Tr. in Berlin v. 4. Novbr. 1858. Arch. f. D. W.R. Bd. 9. S. 186. Art. 82. A. D. W.O.

folgt ist; denn ein solcher Acceptant nimmt eine Doppelstellung, als prinzipaler und eventueller Wechselverpflichteter, ein und ist bei versäumter Protestaufnahme von jeder Wechselpflicht frei, die Amortisation daher ohne Gegenstand [8]).

Zur formellen Begründung des Amortisationsverfahrens ist in Preußen [9]) erforderlich:

1) Der Verlierer muß den Besitz und den Verlust des Wechsels, sowie den wesentlichen Inhalt des letzteren dem Gerichte glaubhaft machen. Der Inhalt des Wechsels kann durch Beifügung einer Abschrift desselben, oder durch Angabe derjenigen Momente, welche zur wesentlichen Erkennbarkeit führen, dargethan werden. Ein vollständiger, die Ueberzeugung der Richtigkeit begründender prozessualischer Beweis ist nicht erforderlich, sondern eine, an gar keine bestimmte Form gebundene, ein bestimmtes Maß von Wahrscheinlichkeit [10]) herstellende Beweisführung ausreichend. Die Legitimation des Verlierers kann auch in einem Blanko-Giro bestehen [11]).

2) Das Gericht des Zahlungsortes, wo ein Handelsgericht existirt, das letztere, erläßt darauf an den unbekannten Inhaber des Wechsels eine öffentliche Aufforderung, binnen einer bestimmten Frist dem Gerichte den Wechsel vorzulegen, mit der Verwarnung, daß sonst der Wechsel werde für kraftlos erklärt werden.

3) Die Aufforderung wird am Gerichtshause oder an einer anderen für geeignet befundenen öffentlichen Stelle, und, wenn am Zahlungsorte eine Börse besteht, im Börsenlokale angeschlagen und einmal ins Amtsblatt und dreimal in eine in- oder ausländische Zeitung eingerückt. Das Gericht ist befugt, die Aufforderung an mehreren Stellen anschlagen und in mehrere Zeitungen einrücken zu lassen, wenn dies nach den Umständen angemessen erscheint.

4) Die Frist zur Anmeldung ist auf mindestens sechs Monate und höchstens ein Jahr, vom Verfalltage ab gerechnet, bestimmt.

5) Wird von einem Inhaber der Wechsel vorgelegt, so ist dem Antragsteller hiervon Kenntniß zu geben und ihm zu überlassen, sein Recht gegen den Inhaber geltend zu machen. Meldet sich kein Inhaber, so erklärt das Gericht, auf weiteren Antrag des Antragstellers, den Wechsel für amortisirt.

---

8) Art. 43. 44. A. D. W.O. Mittermaier a. a. O. Bd. 2. S. 221. Erläuterungen zum Pr. Entw. einer Wechselordn. v. Jahre 1845. S. 57. Motive zum Pr. Entw. v. 1847. S. LXXI. Brauer a. a. O. S. 130. Jolly im Arch. f. D. W.R. Bd. 4. S. 5. Thol a. a. O. Bd. 2. S. 681. Erk. des O.Tr. in Berlin v. 3. Okt. 1861. (Entsch. Bd. 48. S. 268. Arch. a. a. O. Bd. 12. S. 178.) Erk. des O.A.G. zu Dresden v. 20. Decbr. 1853. (Arch. a. a. O. Bd. 4. S. 434.) Zum Theil anderer Ansicht: Erk. d. Oesterr. oberst. Gerichtshofes v. 22. Juni u. 22. Juli 1857. (Arch. a. a. O. Bd. 8. S. 184. Bd. 10. S. 306.)

9) §. 2. Pr. Einf.-Ges. v. 15. Febr. 1850. Aehnliche Bestimmungen enthalten die übrigen Einf.-Gesetze, zum Theil mit veränderter Meldungsfrist. Arch. f. D. W.R. Bd. 13. S. 24.

10) Dazu sind nicht eidesstattliche Versicherungen nöthig, sondern kaufmännische Handelsbücher, kaufmännische Korrespondenzen, Bescheinigungen glaubhafter Personen ausreichend. Bayer a. a. O. S. 442. Straß im Arch. f. D. W.R. Bd. 1. S. 144. Thol a. a. O. Bd. 2 S. 677.

11) Arch. f. D. W.R. Bd. 4. S. 242.

§. 158.

Die Wirkung der Amortisation und Klage des Verlierers gegen den Acceptanten.

Die Amortisation ermöglicht nur die Geltendmachung des Wechselrechts gegen den Acceptanten, indem sie den Mangel des Wechsels ersetzt. Die Amortisation kann daher nur erfolgen, wenn der Wechsel, der verloren gegangen ist, acceptirt war. Die Amortisation eines nicht acceptirten Wechsels ist nicht zulässig. Der Acceptant hat die wechselmäßige Verpflichtung übernommen, am Verfalltage an den legitimirten Inhaber des Wechsels, nach Inhalt und Umfang seines Acceptes, Zahlung zu leisten und er ist berechtigt, die Wechselsumme, nach Ablauf der Protestfrist, auf Gefahr und Kosten des Inhabers zu deponiren, wenn die Zahlung zur Verfallzeit nicht gefordert wird[1]). Nach Eintritt der letzteren, und zwar während der dreijährigen Verjährungsfrist[2]), kann daher auch der Verlierer, wenn er die gerichtliche Einleitung des Amortisationsverfahrens nachweist[3]), von dem Acceptanten Zahlung fordern. Da die Legitimation des Verlierers zur Empfangnahme der Wechselsumme vor der Amortisation aber immer noch zweifelhaft ist, und der sich etwa meldende, wechselmäßig legitimirte, redliche Inhaber des Wechsels ein besseres Recht hat, so ist der Anspruch des Verlierers auf Zahlung der Wechselsumme in der Art beschränkt, daß er bis zur Amortisation des Wechsels in Höhe der vom Acceptanten zu zahlenden Summe Sicherheit bestellen muß und ohne die letztere nur die Deposition der acceptirten Summe bei Gericht oder einer anderen zur Annahme von Depositen ermächtigten Behörde oder Anstalt verlangen kann. Die Art der Sicherstellung ist im Gesetze nicht bestimmt, daher der Einigung der Interessenten und schließlich dem Ermessen des Richters überlassen[4]). Zur Begründung der Klage gegen den Acceptanten gehört an sich die Vorlegung des Accepts. Da das letztere aber mit dem Wechsel selbst verloren gegangen ist, so muß der Verlierer, insofern der Verklagte der Acceptation nicht geständig ist, das Accept und den Inhalt desselben beweisen, denn die für das Amortisationsverfahren erforderliche Glaubhaftmachung ist für das prozessualische Verfahren nicht ausreichend. Die Beweisführung erfolgt in der für den Civilprozeß[5]) vorgeschriebenen Weise. Da der Wechsel fehlt, so findet auch nicht der spezifische Wechselprozeß, sondern nur der gewöhnliche Prozeß statt[6]). Das Recht der Einrede wird dem Acceptanten durch den Verlust und die Amor-

---

1) Art. 40. A. D. W.O.

2) Art. 77. A. D. W.O. Jolly im Arch. f. D. W.R. Bd. 4. S. 16.

3) Jolly a. a. O. S. 8. Thöl a. a. O. Bd. 2. S. 677.

4) Jolly a. a. O. S. 11. Thöl a. a. O. Bd. 2. S. 678. Erk. des O.Tr. in Berlin v. 6. Sept. 1855. (Arch. f. D. W.R. Bd. 9. S. 419.)

5) Wächter im Arch. f. D. W.R. Bd. 4. S. 247. Ladenburg im Arch. a. a. O. Bd. 13. S. 31.

6) Jolly a. a. O. S. 8. Wächter im Arch. a a. O. Bd. 4. S. 247. Thöl a. a. O. Bd. 2. S. 678. Anderer Ansicht sind und lassen den Wechselprozeß zu: Treitschke a. a. O. Bd. 2. S. 595. Mittermaier a. a. O. Bd. 2. S. 220. Arch. f. D. W.R. Bd. 7. S. 227. Erk. des O.Tr. in Berlin v. 4. Novbr. 1858. Arch. a. a. O. Bd. 9. S. 186. Borchardt a. a. O. S. 218. Zus. 410.

tisation der Wechselurkunde nicht beschränkt [7]). Wird der Wechsel in dem Meldungstermine von einem dritten legitimirten Inhaber vorgelegt, oder auch sonst dem Bezogenen zur Zahlung präsentirt, so ist das Mortifikationsverfahren erledigt, und es bleibt dem Verlierer überlassen, seine Rechte gegen den Inhaber auszuführen. Der legitimirte Wechselinhaber ist, vermöge seines formalen Wechselrechtes, befugt, von dem Acceptanten sofortige Zahlung zu verlangen, ohne den Ausfall des Streites mit dem Verlierer abzuwarten, und der Acceptant verpflichtet, diese Zahlung mit wechselmäßiger Verhaftung zu leisten. Derselbe kann dem Inhaber die deponirte Wechselsumme überweisen, oder an denselben unmittelbare Zahlung leisten und die deponirte Wechselsumme zurückziehen, denn er hat durch Zahlung der Wechselsumme an den legitimirten Inhaber nach dem Verfalle seine Wechselpflicht vollständig erfüllt, er ist dem Verlierer aus dem Wechsel nach keiner Richtung hin mehr rechtlich verpflichtet, und der Depositionsgrund hat seine endliche Erledigung gefunden [8]).

Der Verlierer hat aber unter Umständen das Recht, die Zahlung an den dritten Inhaber durch einen Arrestschlag zu inhibiren, wenn er die Requisite des letzteren erfüllt [9]). Ist der Wechsel in dem Meldungstermine nicht vorgelegt und daher amortisirt, so ist das Recht aus dem Wechsel erloschen, das Papier ohne wechselrechtlichen Werth und dem Inhaber des amortisirten Wechsels nur ein civilrechtlicher Anspruch an seinen Auctor geblieben [10]). Der Verlierer aber kann, sobald das Amortisationserkenntniß [11]) rechtskräftig und das Erkenntniß gegen den Acceptanten auf Zahlung vollstreckbar ist, die gestellte Sicherheit zurückziehen, oder die Auszahlung der deponirten Wechselsumme verlangen. Die Kosten der Deposition, welche zur Sicherung des zahlenden Acceptanten erfolgt, und die Kosten der Amortisation muß der Verlierer tragen, da er, nicht der Acceptant, durch den Verlust des Wechsels dieselben veranlaßt hat [12]).

§. 159.

Der Einfluß der Amortisation auf den Regreß.

Ein Regreßrecht gegen die Indossanten und den Aussteller des Wechsels steht dem Verlierer nicht zu, weil eine Regreßnahme ohne Vorlegung des Wechsels und des Protestes, der bei dem Verluste des Wechsels vor Verfall ohnehin nicht erhoben werden kann, wechselrechtlich nicht statthaft ist. Daraus folgt mit Nothwendigkeit, daß die Amortisation eines nicht acceptirten Wechsels gesetzlich nicht zulässig ist. Für die Regreßnahme zur Sicherstellung ist dagegen die Wechselurkunde

7) Erk. des O.Tr. in Berlin v. 4. Novbr. 1858. (Arch. f. D. W.R. Bd. 9. S. 186.) Thol a. a. O. Bd. 2. S. 679.

8) Die Bedenken, welche Jolly a. a. O. S. 11. 13. erhebt, sind nicht geeignet, die Rechtsstellung des Acceptanten zn modifiziren. Thol a. a. O. Bd. 2. S. 680. Liebe, W.O. S. 195.

9) Liebe, Wechselord. S. 195. Jolly a. a. O. S. 14. Hoffmann a. a. O. S. 351. Goldschmidt, Zeitschr. Bd. 8. S. 333. Leipz. Prot. S. 69.

10) Goldschmidt in der Zeitschr. f. d. gesammte Handelsrecht Bd. 8. S. 330.

11) Thol a. a. O. Bd. 2. S. 678.

12) Bender a. a. O. Bd. 2. S. 217. Jolly a. a. O. S. 12.

selbst nicht erforderlich; dazu reicht die Protesturkunde aus [1]). Die Worte des Art. 73. der Allgemeinen Deutschen Wechselordnung und die Vorarbeiten zu derselben lassen hierüber nicht den geringsten Zweifel übrig. Die Motive [2]) zum Preuß. Entwurfe vom Jahr 1847, welcher in den §. 69. und 70. die Bestimmungen des Art. 73. der Allgemeinen Deutschen Wechselordnung enthält, sagen ausdrücklich: „die Amortisation kann freilich nur dazu dienen, die Einziehung der Wechselsumme vom Acceptanten möglich zu machen, weil die Verfolgung der Regreßrechte gegen den Aussteller und die Vormänner ohne Vorlegung des Wechsels nicht zulässig ist.“ In der Leipziger Konferenz wurde dieser, dem Wesen und der rechtlichen Natur des Wechsels entsprechenden Auffassung von keiner Seite widersprochen, und die Wissenschaft ist derselben fast einstimmig beigetreten [3]). Der Verlierer kann daher auch gegen den Ehrenacceptanten ein Wechselrecht nicht geltend machen. Denn wenn der letztere gleich, wie der Bezogene, durch sein Accept zur Zahlung wechselmäßig verpflichtet ist, so erwirbt er durch die Zahlung doch Regreßrechte, indem er in die Rechte des Inhabers gegen den Honoraten und dessen Vormänner tritt. Es kann dem Ehrenacceptanten aber nicht zugemuthet werden, Zahlung zu leisten, ohne ihn in den Stand zu setzen, sich an den Vormännern zu erholen, was ohne Wechsel und Protest nicht möglich ist [4]). Bei Domizilwechseln mit benanntem Domiziliaten ist der letztere derjenige, durch welchen der Acceptant am Domizilorte Zahlung leistet, der Stellvertreter des Acceptanten und dem Wechselrechte in jeder Beziehung fremd. Zur Begründung des Anspruches gegen den Acceptanten ist die Präsentation zur Zahlung bei dem Domiziliaten event. die Protestaufnahme Mangels Zahlung erforderlich. Der Acceptant steht aber nicht, wie der Aussteller oder Ehrenacceptant, im eigentlichen Regresse, sondern er ist der bedingte Hauptzahlungsverpflichtete. Ist daher der Protest Mangels Zahlung bei dem Domiziliaten erhoben, so kann der Verlierer von dem Acceptanten Zahlung und Deposition verlangen [5]). Ist auch der Protest verloren gegangen, so muß die Thatsache der rechtzeitigen Protestaufnahme anderweit durch eine beglaubigte Abschrift aus dem Protestregister nachgewiesen werden [6]). Dem auf Grund der Amortisation zahlenden Acceptanten verbleiben die Rechte aus der Deckung gegen

---

1) Art. 25 ff. A. D. W.O.

2) S. LXXI.

3) Mittermaier a. a. O. Bd. 2. S. 220. läßt die Regreßklage gegen den Trassanten, — gegen Kaution, — nicht aber gegen die Indossanten zu. Koch, Wechselrecht zum §. 73. III. legt dem Verlierer, wenn der Acceptant sich weigert, nach Art. 73. der A. D. W.O. zu bezahlen oder zu deponiren, wenigstens gegen den Aussteller ein, nur durch einen Protest über jene Thatsache bedingtes Regreßrecht bei. Anderer Ansicht: Wächter im Arch. für D. W.R. Bd. 4. S. 246. Jolly a. a. O. S. 16. Ladenburg im Arch. a. a. O. Bd. 13. S. 31. Thöl a. a. O. Bd. 2. S. 680.

4) Art. 63. A. D. W.O. Brauer a. a. O. S. 130. Jolly a. a. O. S. 18. Thöl a. a. O. Bd. 2. S. 680. Arch. für D. W.R. Bd. 1. S. 47., Bd. 4. S. 245.

5) Art. 43, 44, 73. A. D. W.O. Jolly a. a. O. S. 21. Erk. d. O.Tr. in Berlin v. 3. Oktbr. 1861 (Entsch. Bd. 48. S. 268, Archiv für D. W.R. Bd. 12. S. 178). Die Erkenntnisse des österr. obersten Gerichtshofes vom 22. Juli 1857 (Arch. a. a. O. Bd. 8. S. 184), Erk. v. 22. Juli 1857 (Arch. a a. O. Bd. 10. S. 306) lassen die Anwendung des Art. 73. zu, wenn auf Grund einer Wechselkopie der Protest gegen den Domiziliaten erhoben ist.

6) Art. 90 A. D. W.O. Jolly a. a. O. S. 25. Arch. f. D. W.R. Bd. 12. S. 198. Thol a. a. O. Bd. 2. S. 681.

den Trassanten auch ohne Vorlegung des Wechsels; seine Lage wird durch den Verlust des Wechsels im Ganzen nicht erschwert, da das Deckungsverhältniß nicht in dem Wechselpapiere, sondern in dem, dem Wechselzuge unterliegenden Obligationsgrunde seinen Stützpunkt findet. Ist ein acceptirter oder nicht acceptirter Wechsel nach erhobenem Proteste Mangels Zahlung verloren gegangen, so nehmen ältere und neuere Rechtslehrer an, daß dem Inhaber des Protestes auf Grund des letzteren ein uneingeschränktes Regreßrecht gegen alle Vormänner, jedenfalls aber gegen den Aussteller [7]), als den letzten Verpflichteten in der Giroreihe, zustehe; allein die Allgemeine Deutsche Wechselordnung giebt für diese Annahme keinen gesetzlichen Anhalt. Sie schneidet, ohne Besitz des Wechsels, sowohl den Indossanten, als dem Aussteller gegenüber, den Regreß ab und macht die Zahlung der Wechselsumme im Regreßwege von der Auslieferung des Wechsels abhängig [8]). Der einlösende Indossant und auch der Aussteller sollen durch die Einlösung des Wechsels in den Stand gesetzt werden, das Wechselrecht selbst auszuüben; dazu gehört aber die Einhändigung des Wechsels, als Trägers der Wechselobligation. Wenn bei der Zahlung durch den Acceptanten von diesem Grundsatze [9]) eine Ausnahme durch Konstituirung des Amortisationsverfahrens gemacht wird, so beruht solches auf der rechtlichen Stellung des Acceptanten zu dem Wechsel, als Hauptverpflichteten, durch dessen Zahlung das Wechselrecht nicht, wie durch die Einlösung im Regreßwege, zur eigenen Realisirung fortgepflanzt, sondern getilgt und aufgehoben wird.

§. 160.

Der Verlust eines von mehreren Wechselexemplaren.

Ist ein Wechsel zur Sicherheit in mehreren Exemplaren ausgefertigt, so wird der Wechsellauf durch den Verlust des einen oder des anderen Exemplars nicht gestört [1]). Ein jedes in der Hand des legitimirten Inhabers befindliche Exemplar repräsentirt den ganzen Wechsel und ist zur Geltendmachung der Wechselrechte genügend und ausreichend. Ist aber ein Exemplar bereits acceptirt, so kann die Zahlung nur auf dieses Exemplar gefordert werden. Ist dasselbe abhanden gekommen, so muß die Amortisation veranlaßt werden. Sind die verschiedenen Exemplare dagegen zur Bequemlichkeit benutzt, und ist das eine Exemplar zum Accept versendet, während das andere unter Giro läuft, so ist die körperliche Einheit des Wechsels aufgehoben und die Funktion des Wechsels auf zwei Exemplare vertheilt. Das girirte Wechselexemplar soll die Aktivlegitimation des Inhabers, und das zum Accept versandte Exemplar die Wechselhaft des Bezogenen begründen. Beide Exemplare zusammen sind Träger einer und derselben Wechselobliga-

---

7) Treitschke a. a. O. Bd. 2. S. 612. Mittermaier a. a. O. Bd. 2. S. 220. Pöhls a. a. O. S. 603. Koch a. a. O. zu Art. 73. Jolly a. a. O. S. 20. Hoffmann im Arch. f. D. W.R. Bd. 5. S. 299.

8) Artt. 48. 54. A. D. W.O.

9) Art. 39 A. D. W.O.

1) Bender a. a. O. Bd. 2. §. 426.

tion, und diese gegenseitige wechselrechtliche Beziehung, diese Zusammengehörigkeit beider Exemplare, wird äußerlich erkennbar gemacht durch den auf dem Giro-Exemplare befindlichen Versendungsvermerk. Bei dieser geschäftlich verschiedenartigen Verwendung der Exemplare lassen sich verschiedene Fälle des Verlustes unterscheiden [2]): 1) das zum Accept versandte Exemplar geht bei dem Depositar verloren. Der Giro-Inhaber erhält dasselbe also auf Anfrage bei dem Korrespondenten nicht. Dann haben die Garanten ihre wechselrechtliche Pflicht, für rechtzeitige Ausantwortung des Acceptexemplars Sorge zu tragen, nicht erfüllt, und es ist daher, nach vorgängiger Aufnahme des Protestes, der Regreß auf Sicherstellung und Zahlung statthaft [3]); 2) das mit dem Accepte versehene Exemplar geht nach Aushändigung an den Inhaber des zweiten Exemplars verloren. Beide Exemplare machen den Wechsel aus; jedes einzelne repräsentirt den Wechsel nicht in allen seinen Funktionen. Der Inhaber des girirten Exemplars kann zwar seine Aktivlegitimation führen, allein er ist nicht im Stande, gegen Empfang der Zahlung das Accept zurückzugeben; der Acceptant ist vielmehr dem legitimirten dritten redlichen Inhaber des Accepts verhaftet. Der Inhaber des Giro-Exemplars kann daher von dem Acceptanten Zahlung nicht verlangen, wohl aber ist er berechtigt, die Amortisation des acceptirten Exemplars nach Art. 73. der Allgemeinen Deutschen Wechselordnung zu beantragen. Er ist in der That der „Eigenthümer eines abhanden gekommenen Wechsels"; denn das girirte Exemplar, ohne das acceptirte Exemplar, ist nicht geeignet, den Wechsel zu repräsentiren, das Wechselrecht zu realisiren; es hat keine wechselmäßige Existenz und Bedeutung. Durch das girirte Exemplar begründet der Inhaber seine Legitimation. Durch die Amortisation des acceptirten Exemplars wird der Acceptant vor Ansprüchen eines dritten Inhabers aus dem Accepte gesichert, und bei der Geltendmachung des Wechselrechts gegen den Acceptanten der Mangel des Wechsels, d. i. des Accepts, durch das Amortisationsurtel ersetzt. 3) Das Acceptexemplar ist noch nicht acceptirt und verloren gegangen. Dann kann ein Amortisationsverfahren nicht eintreten, da die Bedingung des letzteren das Accept, und der Zweck desselben die Geltendmachung des Wechselrechtes gegen den Acceptanten ist. 4) Das girirte Exemplar ist verloren gegangen und zwar a) während das bereits acceptirte Duplikat sich hinter dem Korrespondenten befindet. Dann ist der Verlierer bei dem Aufsuchen des deponirten Exemplars ohne Aktivlegitimation und der Korrespondent nicht berechtigt und nicht verpflichtet, dem Verlierer das Acceptexemplar auszuhändigen. Der Verlierer kann auch zum Zweck der Regreßnahme in Gemäßheit des Art. 69. der Allgemeinen Deutschen Wechselordnung nicht Protest aufnehmen lassen, denn dazu gehört die Produktion des zweiten Exemplars, theils zur Legitimation bei der Protestaufnahme, theils zu dem Versuche, von dem Bezogenen auf das Duplikat die Zahlung zu erlangen. Es fragt sich aber: ob der Verlierer die Amortisation des zweiten Exemplars nachsuchen kann? Diese Frage wird, bei aller Zweifelhaftigkeit, wohl zu bejahen sein. Das girirte Exemplar ist auch ein Wechsel,

2) Zum Theil abweichender Ansicht ist Jolly a. a. O. S. 42 ff.
3) Art. 69. A. D. W.O. Jolly a. a. O. S. 43.

wenngleich nicht für sich allein und ohne Ergänzung durch das Acceptexemplar sofort realisirbar; die Eigenthumsqualität des Wechselinhabers ruht gerade in dem girirten Exemplare, und das Duplikat ist nur zum Träger eines Wechselaktes, des Accepts, bestimmt. Weist der Inhaber des girirten Exemplars den Verlust des letzteren nach, so ist er in der That „der Verlierer eines Wechsels", denn ohne das Legitimationsexemplar kann er das Acceptexemplar nicht aufsuchen und den Wechsel, d. i. die Wechselobligation, wegen Mangels der Urkunde nicht geltend machen. Durch die Amortisation des zweiten Exemplars wird letzteres für kraftlos erklärt und dadurch die Legitimation des Verlierers, wie bei dem Aufgebote eines einfachen Wechsels, hergestellt. Erhält er von dem Korrespondenten alsdann das acceptirte Exemplar, so ist er in der Lage, auf Grund des Amortisationsurtels und des acceptirten Duplikats von dem Acceptanten Zahlung zu verlangen. Freilich kann der Verlierer bei der Abforderung des Acceptexemplars immer noch auf Hindernisse stoßen. Ein wechselmäßiges Recht auf Verabfolgung des Acceptexemplars steht dem Inhaber des girirten Wechsels nicht zu, sondern, bei verweigerter Ausantwortung, nur ein Regreßrecht gegen die Vormänner. Dieses Regreßrecht kann aber, bei dem Verluste und Amortisation des Giroexemplars, nicht ausgeübt werden. Der Verlierer kann aber das Wechselrecht gegen den Acceptanten geltend machen. Das letztere ist aber abhängig von dem Besitze und Ausantwortung des acceptirten Exemplars. Zur Erlangung dieses Exemplars kann der Verlierer im Civilprozesse klagen; allein die Ausantwortung zu erzwingen, ist unter Umständen unmöglich. Erhält er daher das Acceptexemplar nicht, so wird ihm allerdings auch die Klage gegen den Acceptanten abgeschnitten. Aber es muß ihm dann das Recht zustehen, von dem Korrespondenten die Manifestirung zu verlangen, gegen denselben auf Leistung des Interesse zu klagen, unter Umständen selbst die Amortisation des acceptirten Exemplars zu beantragen. Denn dieses Duplikat stellt als Träger des Accepts auch einen Wechsel dar und begründet selbstständige und unabhängige Wechselrechte. b) Das girirte Exemplar ist verloren gegangen und das acceptirte Exemplar befindet sich in den Händen des Verlierers. Dann ist der Verlierer durch den Besitz des Accepts, nach erfolgter Amortisation des girirten Exemplars, in den Stand gesetzt, das Wechselrecht gegen den Acceptanten auszuüben. c) Ist dagegen, bei dem Verluste des girirten Exemplars, das deponirte Exemplar noch nicht acceptirt, so findet eine Amortisation nicht statt. 5) Das girirte Exemplar und das an den Inhaber des letzteren ausgeantwortete acceptirte Exemplar gehen verloren. Dann ist eben der Wechsel in seiner Gesammtfunktion verloren gegangen, und das Amortisationsverfahren findet ohne Einschränkung statt.

§. 161.

Das Recht auf den Wechsel. Vindikation.

Die Allgemeine Deutsche Wechselordnung stellt den Rechtssatz auf: der wechselrechtlich legitimirte Besitzer eines Wechsels kann nur dann zur Herausgabe desselben angehalten werden, wenn er den Wechsel in bösem Glauben erworben hat, oder wenn ihm bei der Erwerbung des Wechsels eine grobe Fahrlässigkeit zur Last fällt [1]). Für die Rechtsgeschichte dieses Dogma geben die Vorarbeiten zur Allgemeinen Deutschen Wechselordnung wenig Material. In den Preußischen Entwürfen war die Bestimmung noch nicht enthalten. Erst in der Leipziger Konferenz [2]) wurde die Frage angeregt: ob über die Vindikation gestohlener oder verlorener Wechsel etwas bestimmt werden solle? und für die Bejahung angeführt, daß die Frage, unabhängig von den allgemeinen Bestimmungen des Civilrechts, eine besondere Entscheidung erfordere, und zwar dahin: daß die Vindikation gegen den Besitzer, welcher den Wechsel mit richtigem Titel und in gutem Glauben erworben habe, unstatthaft sei. Andere meinten zwar, daß die Entscheidung der angeregten Frage aus den Grundsätzen über die Legitimation des Wechselinhabers (Art. 36.) hergeleitet werden könne, daß man aber auch keinen Anstand zu nehmen brauche, eine ausdrückliche Bestimmung zu treffen, indem es dabei nicht auf die Regeln des Civilrechts, über welche hier nichts vorzuschreiben sei, sondern auf das Wechselrecht ankomme. Es handele sich nämlich bei der Vindikation eines Wechsels in der Hauptsache nicht um das Eigenthum an dem Papiere, sondern um die Befugniß zur Geltendmachung der mit dem Wechsel verbundenen Rechte, und eigentlich könne man in den hierher gehörigen Streitfällen keine reine Eigenthumsstreitigkeit, sondern nur Konflikte über persönliche Rechte und deren Zuständigkeit erblicken. Zum Besitze des Papierstückes sei nicht derjenige befugt, der nach den Regeln vom dominium und von der rei vindicatio Eigenthümer sei', sondern nur der, dem jene persönlichen Rechte wirklich zuständen. Hierüber entscheide aber nicht das Civilrecht, sondern das Wechselrecht. Dieser Ansicht entgegen wurde der Grundsatz aufgestellt: die Bestimmung gehöre in das Civilrecht und, da die Grundsätze über vindicatio in den Rechtssystemen der einzelnen Länder verschieden seien, der Begriff der bona fides, welcher für den Rechtssatz von Wichtigkeit werde, auch sehr schwankend sei, so erscheine die Aufnahme einer solchen Bestimmung in die Allgemeine Deutsche Wechselordnung sehr mißlich und bedenklich. Die obige Frage würde daher mit 10 gegen 9 Stimmen verneint. In einer späteren Sitzung [3]) wurde eine Bestimmung dahin in Vorschlag gebracht: „Derjenige, welcher als der letzte Besitzer des Wechsels vor der Lücke in den Indossamenten erscheint, kann denselben von jedem Inhaber zurückfordern. Ist der Wechsel durch falsches Indossament in dritte Hände gekommen, so kann der frühere rechtmäßige Eigenthümer denselben nur von denjenigen Besitzern zurückfordern, die entweder an der Verfälschung Theil genommen, oder vor Einlösung des Wechsels davon gewußt haben, oder bei gehöriger Aufmerksamkeit die Unechtheit des Indossaments hätten entdecken können." Zur Begründung dieses Antrages wurde angeführt, „daß die Eigenthümlichkeit und die Sicherheit des Wechselverkehrs erfordere, daß, wenn auch ein falsches Indossament das Eigenthum eines Wechsels übertrage und für den Inhaber die Vermuthung der Redlichkeit und des guten Glaubens spreche, doch diese

1) Art. 74.
2) Leipz. Prot. S. 142.
3) Leipz. Prot. S. 228.

rechtlichen Voraussetzungen wegfielen, wenn der Inhaber an der Fälschung selbst Theil genommen und wenn ihm ein Mangel an Diligenz zur Last falle, was bei dem Vorhandensein einer Lücke in der Giroreihe und bei sichtbaren Verfälschungen angenommen werden müsse." Obgleich der gestellte Antrag durch die Ansicht bekämpft wurde, „daß in dem gegebenen Falle von einer vindicatio nur uneigentlich gesprochen werden könne und daß Bestimmungen darüber in das Civilrecht gehörten", wurde das Prinzip doch mit 17 gegen 2 Stimmen angenommen und die Frage: ob die Vindikation auch dann zulässig sei, wenn dem Besitzer eine culpa lata zur Last falle? mit 14 gegen 5 Stimmen bejaht.

Auf dieser Erwägung beruht das Zurückforderungsrecht des wahren Eigenthümers des Wechsels von dem äußerlich [4]), d. h. durch eine zusammenhängende Reihe von Indossamenten, legitimirten Inhaber, der den Wechsel in bösem Glauben oder unter grober Fahrlässigkeit erworben hat. Werden dem legitimirten Inhaber des Wechsels diese Mängel des Besitzes nicht nachgewiesen, so ist er, vermöge der formalen Natur des Wechsels und der Uebertragungsakte, auf Grund der für die Redlichkeit und Rechtmäßigkeit des Besitzes sprechenden Vermuthung, in wechselrechtlichem Sinne Eigenthümer des Wechsels und braucht daher auch demjenigen nicht zu weichen, der sein besseres Recht an dem Wechsel darzuthun im Stande ist [5]). Das Eigenthum des Wechsels ruht auf der Form, insofern dem Besitzer nicht die mala fides bei dem Erwerbe, d. h. die Kenntniß von der Mangelhaftigkeit seines Eigenthumes an dem Wechsel, von der Unrechtmäßigkeit seines Besitzes, nachgewiesen wird. In dieser Einschränkung ist die Vindikationsklage im Wechselrechte eine Art actio doli, gestützt auf die Unredlichkeit des Besitzers. Befindet sich in der Giroreihe eine Lücke und ist daher der Inhaber nach Vorschrift des Wechselrechts durch eine bis auf ihn herunterreichende Kette von Indossamenten nicht legitimirt, so ist er, ohne Rücksicht auf seinen guten Glauben, gar nicht Eigenthümer des Wechsels geworden und verpflichtet, den Wechsel an denjenigen herauszugeben, welcher sein besseres Recht nachweist [6]).

Die Klage auf Herausgabe des Wechsels, mag sie gegen den legitimirten, aber schlechtgläubigen, oder gegen den nicht legitimirten, aber vielleicht gutgläubigen, Inhaber angestellt werden, ist nicht im Wechsel-, sondern im Civilprozesse zu verfolgen, denn es handelt sich dabei nicht um die Realisirung des Wechselversprechens, sondern um die Verfolgung des Eigenthumes an der Wechselurkunde. Die Klage karakterisirt sich als eine actio in rem, d. h. sie ist nicht, wie die actio in personam, zum Schutze eines obligatorischen Rechts gegen eine durch die Obligation selbst fixirte bestimmte Person gegeben, sondern zum Schutze des Eigenthumes gegen jeden gestattet, der das Recht des Eigenthümers beeinträchtigt und verletzt hat. In dieser Auffassung ist die Klage aus Art. 74. gegen den legitimirten, aber schlechtgläubigen, Inhaber des Wechsels eine eingeschränkte rei vindicatio, denn mit letzterer verfolgt der Eigenthümer sein Recht auf eine Sache gegen den titulirten und nicht titulirten, gegen den redlichen und bösgläubigen Besitzer, und die Qualifikation des Besitzes hat

4) Art. 36. A. D. W.O.
5) Goldschmidt in der Zeitschr. f. das gesammte Handelsrecht Bd. 8. S. 327, 332.
6) Goldschmidt in der Zeitschr. f. das gesammte Handelsrecht Bd. 8. S. 329.

nur Einfluß auf die Vertretungspflicht des in Anspruch genommenen Verklagten. Mit dieser weitgehenden civilrechtlichen Wirksamkeit hat aber die dingliche Eigenthumsklage in dem Handelsrechte, nach alt hergebrachter und durch das Gesetz anerkannter Gewohnheit, nicht Eingang gefunden. Der Handelsstand, auf die Beweglichkeit des Verkehrs und die Leichtigkeit des Transportes von Sachen und Rechten angewiesen, hat von jeher die Sicherheit und Garantie in der altgermanischen Rechtstheorie über die Gewere gefunden und den Grundsatz „Hand muß Hand wahren" für das Handelsrecht zur Geltung gebracht[7]). Auch das Allgemeine Deutsche Handelsgesetzbuch[8]) und die Allgemeine Deutsche Wechselordnung[9]) haben dieses handelsrechtliche Prinzip anerkannt. Die dingliche Verfolgung des Eigenthumes an dem Wechsel in der Form der rei vindicatio oder actio Publiciana, in der Einschränkung auf den malae fidei possessor oder den formell nicht legitimirten Inhaber, ist aber auch gerechtfertigt und begründet durch die Natur des Wechsels selbst. Die Eigenthumsklage, die rei vindicatio, setzt auf Seiten des Klägers das Eigenthum an einer Sache, auf Seiten des Verklagten den Besitz dieser Sache voraus. Beide thatsächlichen Momente muß der Kläger zur Begründung seines Anspruches auf Rückgabe der Sache cum omni causa beweisen[10]). Der Vindikant muß daher sein Eigenthum an dem Wechsel, seine Eigenschaft als Remittent, Indossatar, überhaupt als legitimirter Inhaber darthun, sowie die Nichtlegitimation des Inhabers oder dessen mala fides beweisen. Der Kläger braucht nicht der unmittelbare Vormann des Inhabers des Verklagten zu sein; auch ein entfernter Vormann kann vindiziren, da die Zwischenmänner, wie bei dem Regresse, durch die Zurückforderung seitens eines früheren Vormannes liberirt werden[11]). Der Wechsel, d. i. die in bestimmter Form ausgestellte Schrifturkunde, begründet nun allerdings zwischen bestimmten Personen ein obligatorisches Rechtsverhältniß, gerichtet auf Zahlung einer bestimmten Geldsumme, und ist in dieser Auffassung die urkundliche Darstellung des Willens bestimmter, zu einander in obligatorischer Rechtsbeziehung stehender Personen. In dieser Bedeutung ist der Wechsel nicht eine Sache, sondern die Form für eine Obligation, der sinnliche Ausdruck des Rechtswillens bestimmter Kontrahenten, und begründet ein Recht nur gegen die, durch das Rechtsverhältniß selbst schon bestimmte Person, den Mitkontrahenten, personalis, in personam actio[12]). Außer dieser persönlichen Qualifikation hat aber der Wechsel auch einen specifisch dinglichen Karakter, vermöge dessen er in seiner sinnlichen Erkennbarkeit durch seinen Papierkörper die Geldobligation darstellt. Während die civilrechtliche Obligation ihre

---

7) Eichhorn, deutsche Staats- und Rechtsgeschichte Bd. 2. §§. 355, 361b. Mittermaier a. a. O. Bd. 1. S. 151 ff. Goldschmidt in der Zeitschrift für das gesammte Handelsrecht Bd. 8. S. 246. Meine Schrift „Das Preußische Immobiliar-Sachenrecht und dessen Reform nach den neusten Gesetzentwürfen." (Elberfeld 1869. R. L. Friderichs.)

8) Art. 306 f.

9) Art. 36. 74. Thöl a. a. O. Bd. 2. S. 669.

10) Arndts a. a. O. S. 252. Puchta a. a. O. S. 234. A. Pr. L.R. Th. I. Tit. 15. §. 1 ff.

11) Art. 10. 48. A. D. W.O. Thöl a. a. O. Bd. 2. S. 673.

12) Arndts a. a. O. S. 131. Puchta a. a. O. S. 115. v. Savigny, System Bd. 6. S. 11 ff. Art. 82. A. D. W.O.

rechtliche Existenz nicht erhält ausschließlich durch die Form, die letztere vielmehr für den Willen der Parteien nur als äußeres Darstellungsmittel dient, die Obligation daher auch, unabhängig von einer bestimmten Form, in rechtlicher Wirksamkeit gedacht werden kann, ist eine Wechselobligation, getrennt von dem Wechselpapiere, kein juristischer Begriff. Die Gläubigerschaft aus dem Wechsel ruht in dem Papiere; der urkundliche Besitzer des Wechsels ist der wechselmäßige Eigenthümer; das Recht auf den Wechsel und das Recht aus dem Wechsel vereinigt sich in derselben Person, eine Realisation der Wechselobligation ohne den Papierkörper ist nicht möglich und mit dem Untergange des Wechsels ist auch die Wechselobligation selbst zerstört. In dieser rechtlichen Bedeutung ist der Wechsel in Wirklichkeit eine Sache, deren Eigenthum nicht durch persönliche Klagen, condictio, actio ad exhibendum, actio in factum, sondern durch die dingliche Klage, rei vindicatio, mit allen ihren civilrechtlichen Folgen in Betreff der fictio possessionis verfolgt wird [13]). Der Wechsel in seiner rechtlichen und merkantilen Bedeutung als Werthpapier ist daher nicht dem Obligationenrechte, sondern dem Systeme des Sachenrechts unterzuordnen, und diese Sachqualität läßt auch eine Störung des körperlichen Besitzes und den Schutz dieses Besitzes durch die Possessorienklage zu [14]). Das Zurückforderungsrecht erstreckt sich auch auf die deponirte Wechselsumme [15]). Hat der Besitzer, gegen welchen die Vindikation begründet war, den Wechsel an einen gutgläubigen Nachmann in wechselmäßiger Form weiter begeben oder darauf vom Bezogenen Zahlung erhalten, so daß gegen den Erwerber die dingliche Eigenthumsklage ausgeschlossen ist, so kann der Veräußerer mit der condictio sine causa zur Herausgabe der Valuta resp. zum Ersatze der erhaltenen Wechselzahlung angehalten werden [16]).

§. 162.

Die Bereicherungsklage.

Die Begründung des civilrechtlichen Anspruches aus einem verjährten oder präjudizirten Wechsel wird, je nach Verschiedenheit der rechtlichen Ansichten über die Natur des Wechsels und über die Wirkung der Verjährung und des Präju=

13) Liebe, Entw. S. 166. Derselbe, W.O. S. 196. Bluntschli a. a. O. S. 118. Renaud §. 89. Koch a. a. O. zu Art. 74 Hoffmann, Erläuter. S. 359 ff. 544 ff., im Archiv für D. W.R. Bd. 5. S. 260. 299. Bd. 6. S. 249. Ladenburg im Arch. a. a. O. Bd. 12. S. 273 und Bd. 13. S. 23. Thol a. a. O. Bd. 2. §. 311. 312. v. Gerber, deutsch. Privatr. §. 160. v. Savigny, Obligation. Bd. 2. §. 67 ff. Borchardt a. a. O. S. 222. Zus. 422. 426. Goldschmidt a. a. O. S. 315. 337 ff. Zum Theil anderer Ansicht: Kuntze a. a. O. S. 98. 110, welcher die vindicatio nur gegen außerlich nicht wechselmäßig legitimirte Inhaber, gegen den äußerlich legitimirten Inhaber aber nur eine persönliche Klage, condictio, zulaßt, weil auch ein solcher Inhaber die Wechselforderung erworben haben müsse, da er dieselbe sonst nicht übertragen könne. Jolly im Arch. a. a. O. Bd. 4. S. 36, welcher in dem Wechsel nur eine Wechselobligation sicht und jede dingliche Eigenthumsklage ausschließt.

14) Erk. des O.Tr. in Berlin vom 20. Febr. 1857. (Entsch. Bd. 35. S. 17. Archiv für D. W.R. Bd. 7. S. 101.)

15) Thöl a. a. O. Bd. 2. S. 673. Erk. des O.Tr. in Berlin vom 15. Septbr. 1857. (Striethorst, Archiv Bd. 26. S. 185. Archiv für D. W.R. Bd. 7. S. 320.) Entsch. des O.A.G. zu Lübeck in Frankfurter Rechtsfallen von Römer Bd. 1. S. 386.

16) Jolly im Arch. für D. W.R. Bd. 4. S. 41. Thol a. a. O. Bd. 2. S. 505. Renaud a. a. O. S. 235.

dizes verschieden aufgefaßt. Die Lehre von dem Präjudize, d. i. von dem durch Verabsäumung der Wechselsolennitäten verursachten Wechselnachtheile, und von der Verjährung, d. i. von dem durch versäumte Klageanstellung begründeten Verluste des Wechselrechts, — steht in engem Zusammenhange mit der Theorie des Wechsels selbst. So lange man den Wechsel, d. i. das in einer bestimmten Form ausgestellte Wechselpapier, nur als die accessorische Kraft einer, in dem Wechsel enthaltenen civilrechtlichen Obligation darstellte und in der Form des Wechsels nicht ein selbstständig verpflichtendes, sondern nur ein die civilrechtliche Obligation verstärkendes Rechtselement erkannte, daher den Wechsel nur als das accessorium einer Hauptverbindlichkeit ansah, beschränkte man den Rechtsnachtheil, welcher durch das Präjudiz oder die Verjährung herbeigeführt wurde, auf den Verlust der spezifisch wechselrechtlichen Eigenschaft des Papieres, der accessorischen Kraft des Wechsels. Die materielle und formelle Wechselstrenge, die Bevorzugung der Wechselobligation bei der Verfolgung und Vollstreckung durch den Richter, rigor cambialis, obligatio ad carcerem, ging durch Wechselversäumniß und Verjährung verloren, das civilistische Element, der eigentliche rechtliche Kern des Wechsels, der materielle Rechtsgrund, welcher dem Wechsel Leben und Existenz gegeben hatte, blieb durch jene Wechselnachtheile unberührt und unversehrt. Man sah den Wechsel, insbesondere den eigenen Wechsel, als ein Beweismittel über eine civilrechtliche causa, als einen Schuldschein, den gezogenen Wechsel, dem Acceptanten und Aussteller gegenüber, als ein civilrechtliches Mandat, als Anweisung an, und ließ, auf Grund dieser rechtlichen Annahme, aus dem Wechsel selbst, gleichsam wie aus einem selbstständigen vertragsmäßigen Akte, oder aus dem, dem Wechsel und den Begebungsakten desselben sonst unterliegenden materiellen Rechtsgeschäfte eine Klage in den Formen des Civilprozesses zu, wenn die spezifische Wechselkraft und daher die Wechselklage durch Verjährung oder Präjudiz erloschen war[1]). Man legte in den Wechsel, bei Annahme eines und desselben materiellen Rechtsgrundes, zwei verschiedene Qualitäten für die formelle Prozeßverfolgung, und gestattete, gleichsam wie bei dem Schutze von Besitz und Recht, ein possessorium und ein petitorium für denselben materiellen Rechtsanspruch, zwei verschiedene Prozeßarten, den strengen Wechselprozeß aus dem unversehrten, den gewöhnlichen Prozeß aus dem verjährten oder präjudizirten Wechsel. Seit Einert's genialer Wechseltheorie hat man diesen, die formale und materielle Seite des Wechsels unterscheidenden Rechtsstandpunkt aufgegeben. Der Wechsel ist nach der modernen, auch der Allgemeinen Deutschen Wechselordnung zum Grunde liegenden Rechtstheorie zwar das Objekt materieller Rechtsbeziehungen unter den Wechsel-Interessenten, allein in seiner rechtlichen Abstraktion und Ungebundenheit von diesen Rechtsbeziehungen ein lediglich durch die Form getragener Rechtsakt. Ist die Form, der verpflichtende Rechtsgrund des Wechsels zerstört in mechanischer Weise, so ist der Wechselkörper, als Träger des formalen Rechts, vernichtet, und mit dieser mechanischen Vernichtung das Wechselrecht selbst untergegangen. Die-

1) §. 55. Th. 1 Tit. 28. A. Pr. G.O. Archiv für D. W.R. Bd. 2. S. 79. Erk. des O.Tr. in Berlin v. 2. Dezbr. 1843 (Entsch. Bd. 9. S. 333).

selbe Wirkung tritt auch durch rechtliche Zerstörung des Wechsels ein. Die Geltendmachung des Wechselrechts ist an gewisse streng formale Bedingungen, Wechsel-Solennitäten, und an bestimmte Zeitfristen (Präsentations-, Protest-, Verjährungsfrist) geknüpft, deren Versäumniß einen Verlust des Wechselanspruches begründet, gleich wie eine mechanische Vernichtung das Wechselpapier selbst zerstört. Die Allgemeine Deutsche Wechselordnung [2]) stellt den Rechtssatz auf: „Ist die wechselmäßige Verbindlichkeit des Ausstellers oder Acceptanten durch Verjährung oder dadurch, daß die zur Erhaltung des Wechselrechts gesetzlich vorgeschriebenen Handlungen verabsäumt sind, erloschen, so bleiben dieselben dem Inhaber des Wechsels nur so weit, als sie sich mit dessen Schaden bereichern würden, verpflichtet," und knüpft daher an die Verjährung und an das Präjudiz nicht bloß den Verlust der accessorischen Wechselqualität, der Wechselstrenge, sondern den Verlust des Wechselrechtes selbst, so daß also aus dem verjährten oder präjudizirten Wechsel ein wechselmäßiges Recht gar nicht weiter hergeleitet werden kann. Der Wechsel ist für den wechselmäßigen und civilrechtlichen Anspruch ohne Inhalt und Rechtsbedeutung, denn für das Wechselrecht fehlt, bei eingetretenem Präjudiz, die Form (der Protest), und bei abgelaufener Verjährung, das Wechselversprechen. Für einen civilrechtlichen Anspruch aber bietet der abstrakte Wortlaut des Wechsels keinen thatsächlichen und rechtlichen Anhalt dar.

Da aber die Cirkulation des Wechsels nicht, wie die Bewegung des Geldes, ohne Spur für äußere Rechtsbeziehungen vor sich geht, vielmehr durch materielle, bestimmte Personen in urkundlicher Weise in Beziehung setzende Rechtsgeschäfte vermittelt wird, so haben Gesetz und Wissenschaft diesen materiellen Cirkulationsgeschäften doch einen gewissen Rechtseinfluß, — nicht für das spezifische Wechselrecht, — aber für den Fall beigelegt, daß das formelle Recht aus dem Wechsel selbst auf irgend eine Weise erloschen ist und daher nicht mehr geltend gemacht werden kann. Das Allgemeine Preußische Landrecht [3]) gewährt dem Inhaber eines durch Präjudiz oder Verjährung erloschenen Wechsels einen civilrechtlichen Anspruch gegen den Aussteller und die Indossanten, insofern sich der Eine oder Andere sonst mit seinem Schaden bereichern würde. Das Französische Recht [4]), welches dem Valuten- und Deckungsgeschäfte einen wechselrechtlichen Einfluß beilegt und einen besonderen Wechselprozeß nicht kennt, läßt durch das Präjudiz und durch die Verjährung den wechselmäßigen Anspruch gegen die Indossanten ganz, gegen den Aussteller aber nur insofern erlöschen, als der Letztere den Beweis führt, daß der Bezogene zur Verfallzeit Deckung in den Händen hatte. Der Code de commerce gewährt daher dem Inhaber eines verjährten oder präjudizirten Wechsels eine Klage gegen den Aussteller, — nicht gegen die Indossanten, — welche auf dem Fundamente der Bereicherung, dem Empfange der Wechselvaluta ohne

---

2) Art. 83. A. D. W.O.

3) §§. 974. 1015. 1079. 1080. 1209. Th. II. Tit. 8.

4) Code de commerce Art. 110, 117, 168, 169, 170 ff. Ueber die Auslegung dieser Bestimmungen des Französischen Rechts vergl. Ladenburg im Arch. f. D. W.R. Bd. 4. S. 262. Bd. 10. S. 20. Fick, Arch. a. a. O. Bd. 6. S. 27. Bd. 7. S. 121. 165. Einert a. a. O. S. 234 ff. Biener a. a. O. S. 233.

Bestellung der Deckung beruht. Der Preußische Entwurf von 1847 [5]) gewährte, im Anschluß an das System des Allgemeinen Preußischen Landrechts [6]), dem Inhaber eines durch Verjährung oder Präjudiz erloschenen Wechsels gegen jeden Wechselverpflichteten, ohne Unterscheidung zwischen Aussteller und Indossanten, einen Anspruch aus der Bereicherung und bestimmte ausdrücklich, daß der letztere nicht in dem Wechselverfahren geltend gemacht werden könne. Die Allgemeine Deutsche Wechselordnung [7]) hat sich dieser Auffassung mit der Einschränkung angeschlossen, daß sie die Bereicherungsklage gegen den Aussteller und den Acceptanten, nicht aber gegen die Indossanten gestattet. Durch Aufstellung dieses Rechtssatzes räumt die Allgemeine Deutsche Wechselordnung den, dem Wechsel und dem Accepte zum Grunde liegenden Obligationsgründen, dem Valuten- und Deckungsgeschäfte, einen gewissen, wenn auch nicht wechselrechtlichen, Einfluß ein und tritt dadurch gewissermaßen [8]) aus den streng wechselmäßigen Grenzen, die sie einzuhalten sonst bemüht gewesen ist, heraus und in das Gebiet des Civilrechts über. Jedem Wechselakte, daher der Ausstellung, dem Indossamente, dem Accepte, liegt in der Regel ein in der Schriftform nicht zum Ausdruck gekommenes Rechtsgeschäft zum Grunde, das so mannichfach und verschieden sein kann, wie die Rechtsgründe, durch welche das baare Geld in Bewegung gesetzt und Vermögensübertragungen überhaupt vermittelt werden. Der Wechsel kann in seinen verschiedenen Geschäftsfunktionen die Stelle des Geldes vertreten, z. B. als Zahlungsmittel verwendet werden, aber auch accessorischen Zwecken, z. B. als Bürgschaft, Sicherheitsmaßregel, dienen. Ja es läßt sich der Fall denken, daß dem Ausstellungsakte gar kein bestimmter Obligationsfall zum Grunde liegt, z. B. bei Wechseln an eigene Ordre, daß der Wechsel kreirt wird, um als Zahlungsmittel in beliebiger Weise verwendet zu werden, und daß erst die Begebung, die weitere Cirkulation des Wechsels, durch besondere Rechtsgründe vermittelt wird. Das kommt vor bei der verwerflichsten Erscheinung des Wechselverkehrs, bei der Wechselreiterei, und bei dem fingirten Wechsel, wenn ohne Deckung oder unter Fiktion, ohne die Absicht der Realisirung, Wechsel in Bewegung gesetzt werden, und bei dem soliden Wechselverkehre, wenn gut akkreditirte Häuser auf andere geachtete Häuser, ohne Existenz eines bestimmten Obligationsfalles, Wechsel ziehen. Es entstehen daher, beim Mangel bereits vorhandener Rechtsgründe, durch die Wechselbewegung selbst erst civilrechtliche Beziehungen unter den Wechselinteressenten durch die Thätigkeit, welche dieselben an der Wechselcirkulation nehmen, z. B. bei dem ungedeckten Accepte aus der Geschäftsführung, negotiorum gestio, aus der nützlichen Verwendung. Als rechtliches Fundament für den Anspruch aus dem verjährten oder präjudizirten Wechsel gilt aber nicht unbedingt und für sich allein das dem Wechselzuge oder dem Accepte unterliegende materielle Rechtsgeschäft in seiner ursprüng-

---

5) §. 75.

6) Erläuterungen des Preuß. Entw. von der Kommission des Königl. Staatsraths 1845. S. 60. Motive zu dem Preuß. Entw. 1847. S. LXXII Leipz. Prot. S. 194.

7) Art. 83.

8) Graevell im Archiv für D. W.R. Bd. 1. S. 118. Koch im Arch. a. a. O. Bd. 2. S. 39. Jacobi, Arch. a. a. O. Bd. 9. S. 26.

lichen Qualifikation, sondern nur in seiner rechtlichen Gestaltung als Bereicherung, um dem Beklagten einen Gewinn zu entziehen, auf welchen er keinen rechtmäßigen Anspruch hat, welcher nicht im Sinne und der Absicht des Geschäfts gelegen hat, und in dessen Höhe er sich mit dem Schaden des Klägers bereichern würde. Ein weiter gehender Rückgriff auf das dem Wechsel zum Grunde liegende Geschäft, eine Geltendmachung der civilis obligatio praecedens in ihrer rechtlichen Konsequenz für die Erfüllung und Gewährleistung, oder aus dem Gesichtspunkte der reinen Schadensklage, ist durch die Bestimmung des Art. 83. der Allgemeinen Deutschen Wechselordnung ausgeschlossen [9]).

Die Bereicherungsklage steht in enger Beziehung zu der rechtlichen Funktion der Wechselverbundenen und stützt sich auf das Valuta- oder Deckungsgeschäft. Bei der Gruppirung der Wechselverpflichteten lassen sich zwei rechtlich verschiedene Stellungen unterscheiden, und zwar zuerst die Funktion derjenigen, durch welche der Wechsel seine rechtliche Existenz erhält. Das sind der Aussteller, Remittent und Bezogene. Dann die Reihe derjenigen, durch deren Hände der fertige Wechsel seinen Lauf nimmt. Das sind die Indossanten. Diese rechtliche Funktionsverschiedenheit ist von Einfluß nicht allein für die Wechselobligation, sondern mehr noch für die Fragen, welche außerhalb des Wechselrechts liegen und mit dem der Wechselbegebung zu Grunde liegenden materiellen Geschäfte in Verbindung stehen. In der Regel und in den allermeisten Fällen erhält der Trassant für die Ausstellung des Wechsels einen Werth, eine Vergütigung, ein Entgelt, valuta in der weitesten Bedeutung des Wortes. Das Geschäft, durch welches diese Vergütigung, die Valuta, rechtliche Qualifikation erhält, heißt Valutageschäft. Der Aussteller übernimmt als Schöpfer des Wechsels die Verpflichtung, für die Einlösung seines Wechselversprechens zu sorgen. Derselbe muß daher auch seinerseits eine Aufwendung machen, um die Einlösung des Wechsels am Verfalltage zu bewirken, er muß dem Bezogenen Deckung geben, d. i. die Mittel zur Bezahlung des Wechsels bereit stellen. Das Rechtsverhältniß, durch welches diese Deckung dargestellt wird, heißt Deckungsgeschäft. In beiden Beziehungen, in Beziehung auf den Aussteller (Valutageschäft), und in Beziehung auf den Acceptanten (Deckungsgeschäft) läßt sich eine Bereicherung, ein rechtswidrig gemachter Gewinn in der Weise denken, daß der Aussteller Valuta erhalten und keine Deckung gemacht, und daß der Acceptant Deckung erhalten und keine Zahlung geleistet hat. Bei einem Wechsel an Ordre des Ausstellers sind in der Person des Letzteren zwei Funktionen vereinigt, die des Trassanten und die des Remittenten. Durch das Indossament, — wenn auch ohne Obligo, — wird diese Personenidentität getrennt und dadurch gegen den Indossanten in seiner Eigenschaft als Aussteller die Bereicherungsklage ermöglicht [10]). Anders gestaltet sich das rechtliche Verhältniß der Indossanten.

9) Erk. des O.Tr. in Berlin vom 9. Juni 1864 (Arch. f. D. W.R. Bd. 16. S. 336. Striethorst, Arch. Bd. 55. S. 117). Erk. v. 13. Febr. 1868. (Lohr, Centralorgan Bd. 4. N. F. S. 458.) Loewy in Gruchot's Beiträgen Bd. 6. S. 176. Anderer Ansicht: v. Gerber, deutsch. Privatrecht S. 561. A. 9. Erk. des O.A.G. zu Dresden vom 3. Novbr. 1864. (Lohr a. a. O. Bd. 2. N. F. S. 437.)

10) Thol a. a. O. Bd. 2. S. 355. Swoboda, Archiv für D. W.R. Bd. 15. S. 299. Vergl. 88.

Dieselben übernehmen zwar auch, gleich dem Aussteller, in solidarer Verhaftung die Garantie für die Einlösung des Wechsels am Verfalltage, allein eine Pflicht, für den ordnungsmäßigen und sicheren Lauf des Wechsels selbstthätig zu sorgen, liegt ihnen nicht ob. Die Indossanten treten in ein vom Aussteller abgeschlossenes, fertiges Wechselgeschäft ein, und die Deckungspflicht liegt nicht ihnen, sondern dem Aussteller ob. Der Indossant erhält in der Regel zwar auch einen Werth, und der letztere wird, wie bei dem Aussteller, durch die Natur des Valutageschäftes gebildet; allein von einer Bereicherung kann im rechtlichen Sinne ihm gegenüber nicht die Rede sein. Denn der Indossant hat den Wechsel nicht geschaffen, sondern selbst erst erworben und dafür einen Werth entrichtet. Wenn er also bei der Weiterbegebung Valuta erhält, so ist die letztere nur ein Ersatz für die selbst gemachte Aufwendung. Es kann aber von einer Bereicherung im rechtlichen Sinne, von einem rechtswidrig gemachten Gewinne, von einem Vortheile auf Unkosten Anderer selbst in dem Falle nicht die Rede sein, daß der Indossant für den Wechsel eine Valuta erhält, während er selbst eine solche nicht bezahlt, oder eine höhere Valuta empfängt, als er selbst gegeben hat. Denn abgesehen davon, daß die einzelnen Begebungsgeschäfte, dem unterliegenden Rechtsgrunde nach, von einander unabhängig sind und in keiner rechtlichen Kausalbeziehung stehen, so wird auch ein Vortheil, welcher auf dem Vertragswillen der Kontrahenten beruht, also selbst ein Erwerb durch Schenkung, nicht als ein Gewinn im technischen Sinne der Bereicherungsklage angesehen. Die Verfolgung eines Anspruches aus der Bereicherung gegen die Indossanten würde auch neue Schwierigkeiten durch die Darlegung und Verschiedenheit der einzelnen Begebungsgeschäfte, welche für die Bereicherung die thatsächlichen Momente liefern, verursachen, indem bezüglich des einen Indossanten möglicherweise eine Bereicherung vorliegen würde, die in Ansehung der Vormänner fehlte. Es würde daher die weitere Verfolgung der Bereicherungsklage gegen die nicht bereicherten Vormänner dem in Anspruch genommenen Indossanten abgeschnitten sein, der letztere daher den Nachtheil allein zu tragen haben. Noch größere Konfusion und Verwirrung würden aber entstehen durch den springenden Regreß, vermöge dessen der einzelne Indossant aus der Giroreihe herausgegriffen und dadurch das vertragsmäßige Band, welches die einzelnen Begebungsgeschäfte umschlingt, zerrissen werden würde. Die Ausschließung der Bereicherungsklage gegen die Indossanten stellt sich daher als eine von selbst gebotene Nothwendigkeit des Wechselrechts daraus[11]).

Ueber die Natur der Bereicherungsklage in ihrer Beziehung auf das Wechselrecht herrscht in der Wissenschaft Streit. Während sie von der einen Seite als eine aus dem Obligationenrechte fließende, auf Rückerstattung des zu einem be-

11) Leipz. Prot. S. 192 ff. Die Bestimmung der A. D. W.O. wird getadelt, für überflüssig und ungerecht erklärt von Ladenburg im Archiv für D. W.R. Bd. 4. S. 265. Bd. 13. S. 19. Stern, Arch. a. a. O. Bd. 4. S. 282. Widerlegung: Fick, Arch. a. a. O. S. 7. 125. Loewy in Gruchot's Beitragen Bd. 6. S. 189. Es ist gegen Sinn und Absicht der A. D. W.O. eine Bereicherungsklage für zulässig erachtet für den Fall, daß eine Bereicherung des Indossanten in Wirklichkeit stattgefunden: Jolly im Arch. a. a. O. Bd. 3. S. 263. Stern im Arch. a. a. O. Bd. 4. S. 283. Ein präjudizirter Wechsel kann gegen den Indossanten auch nicht im ordentlichen Prozesse eingeklagt werden. Arch. a. a. O. Bd. 9. S. 216.

stimmten, aber nicht erfüllten Zwecke Gegebenen gerichtete Klage, nach der Formel: condictio causa data, causa non secuta, dargestellt wird [12]), bezeichnen sie Andere als eine suppletorische actio in factum, als eine subsidiäre, die rei vindicatio ergänzende Klage, welche, auf die Erstattung eines unrechtmäßigen Gewinnes gerichtet, weder ein Kontraktsverhältniß voraussetze, noch überhaupt gewissen Geschäften eigenthümlich sei. Die Klage beruhe vielmehr ausschließlich auf der Thatsache der Bereicherung, auf dem dolus desjenigen, der einen unberechtigten Vortheil sich aneigne, und der Zweck sei, nach dem billigen Ermessen des Richters, auf Rückforderung eines Gewinnes gerichtet [13]). Andere [14]) stellen die Bereicherungsklage als eine auf den Schadensersatz ermäßigte Wechselklage dar, deren Fundament nicht das, dem Wechsel zum Grunde liegende Geschäft, sondern der Wechsel selbst ist; die Klage karakterisirt sich als eine Klage aus dem Wechsel, und nur zur Feststellung der Bereicherung wird auf das Valuta- und Deckungsverhältniß zurückgegangen. Andere [15]) sehen in der erwähnten Klage eine condictio sine causa eigenthümlicher Art und positiven Gesetzes und verlegen den Rechtsgrund derselben in die Form des Wechsels und in das unterliegende materielle Rechtsgeschäft. Dieser Rechtsansicht gebührt der Vorzug. Durch das Präjudiz und die Verjährung erlischt das wechselmäßige Element im Wechsel; Form und Wechselversprechen verlieren ihre spezifisch wechselmäßige Wirkung. Hätte der Wechsel für die causa praecedens die Kraft einer Novation, so würde mit der rechtlichen Zerstörung des formalen Elements des Wechsels auch jede Wirkung des unterliegenden Rechtsgrundes aufgehoben sein. Es würden daher aus einem präjudizirten oder verjährten Wechsel weder wechselmäßige, noch civilrechtliche Ansprüche weiter geltend gemacht werden können. Allein der Wechsel hebt die unterliegende civilistische Obligation nicht auf; letztere besteht vielmehr neben dem Wechsel und übt unter den Kontrahenten selbst in Beziehung auf die Wechselobligation einen, wenn auch eingeschränkten, Einfluß aus [16]). Wenn aber der Wechsel die causa praecedens, die der Wechselbegebung zum Grunde liegende civilistische Obligation, auch nicht mit der Wirkung einer privativen Novation aufhebt und tilgt, so hat die Wechseleigenschaft doch insofern für die Rechtsfolge jener Obligation einen einschränkenden Einfluß, als sie, nach dem Erlöschen der Wechselqualität, nicht in ihrer ursprünglichen civilistischen Form und Gestalt, sondern nur in der Eigenschaft als Anspruch aus der Bereicherung fortdauert und zur rechtlichen Geltung kommt [17]). Dem Inhaber bleiben, wie das Gesetz bestimmt, der Aussteller und der Acceptant nur so weit, als sie sich mit dessen Scha-

12) Siegel, corp jur camb. lib. I pag 53. Graevell im Arch. f. D. W.R. Bd. 1. S. 138.

13) Koch, das Recht der Forderung Bd. 3. S. 409. Derselbe, Lehrbuch des Preuß. gem. Privatrechts Bd. 2. §. 642. Derselbe, A. Pr. L.R. zum Thl. I Tit. 13. §. 228 und 262 ff. Derselbe im Arch. f. D. W.R. Bd. 2. S. 32. 46. Gelpke, Beiträge zur Kenntniß des Handelsrechts Heft 1. S. 22 ff. Renaud a. a. O. S. 231.

14) Jacobi im Arch. f. D. W.R. Bd. 9. S. 26 ff.

15) Volckmar u. Loewy a. a. O S. 320. Loewy in Gruchot's Beiträgen Bd. 6. S. 189. Swoboda im Arch. f. D. W.R. Bd. 15. S. 291.

16) Art. 82. A. D. W.O.

17) Loewy in Gruchot's Beiträgen Bd. 6. S. 176.

den bereichern würden, verpflichtet. Wäre diese Rechtsverfolgung aus dem Fundamente der Bereicherung prozessualisch und materiell, dem Klagerechte nach, gleichbedeutend mit dem Rechtsmittel, welches aus dem unterliegenden Obligationsfalle, nach den Bestimmungen des Civilrechts, entspringt, also z. B. mit der Klage aus einem Kaufe, actio emti, aus einem Darlehne, actio ex mutuo, aus einem Vollmachtsauftrage, actio mandati, u. s. w., so wäre wenig Grund vorhanden gewesen, die Zuständigkeit einer solchen Klage in der Allgemeinen Deutschen Wechselordnung, welche nur über das materielle spezifische Wechselrecht Vorschriften enthält, ausdrücklich anzuerkennen. Ein Rechtsmittel in dieser Auffassung hätte sich vielmehr, als mit dem Wechsel in keiner rechtlichen Beziehung stehend, von selbst verstanden. Der Umstand, daß sich die Allgemeine Deutsche Wechselordnung bei ihrem Bestreben, alle civilrechtlichen Elemente und Rechtsfolgen des Wechsels von ihrem Rechtsgebiete fern zu halten, dennoch veranlaßt gesehen hat, über das, nach dem Erlöschen des Wechselrechts, zulässige Rechtsmittel Bestimmung zu treffen, läßt mit Sicherheit darauf schließen, daß die Bereicherungsklage, wenn sie dem Inhaber eines verjährten Wechsels zusteht, keine Klage aus dem unterliegenden obligatorischen Rechtsgrunde, keine reine Kontraktsklage ist. Der durch Verjährung oder Präjudiz der wechselmäßigen Kraft beraubte Wechsel ist vielmehr immer noch der Träger des, — mehr prozessualisch, als materiell, — civilrechtlichen Anspruches aus der Bereicherung.

Unter Bereicherung versteht man im Allgemeinen die Verbesserung des Vermögenszustandes eines Menschen, und zur Begründung der Bereicherungsklage ist erforderlich:

1) daß ohne verpflichtenden Rechtsgrund Etwas aus einem Vermögen ausscheidet und in das andere übergeht, und

2) daß der letzte Erfolg dieser Veränderung darin besteht, daß der Totalwerth des einen Vermögens vermindert, der des anderen vermehrt wird [18]). Diese Vermögensveränderung und daher der Zustand der Bereicherung können entstehen aus verschiedenen Rechtsgründen, aus erlaubten und unerlaubten, aus einseitigen und vertragsmäßigen Handlungen. Während die von den Parteien gewollte, daher vertragsmäßige Bereicherung unter den Rechtstitel des Geschäftes, dessen Folge sie ist, fällt, und die durch widerrechtliche Handlungen erzielte Bereicherung besondere Deliktsklagen begründet: actio furti, condictio furtiva, ist die Bereicherung in unserem Sinne, d. i. eine Vermehrung des Vermögens, nicht als beabsichtigte Folge eines bestimmten Rechtsgeschäftes, oder einer bestimmten unerlaubten Handlung, sondern als Folge des Scheiterns, des Wegfallens eines bestimmten Geschäftes, des Wechselgeschäftes, gedacht, — durch eine auf Billigkeit ruhende actio in factum, durch ein auf die Thatsache der Bereicherung gegründetes Rechts-

18) A. Pr. L.R. §. 232. Tit. 13. §. 1. Tit. 6. Thl. I. v. Savigny, System Bd. 4. S. 24. Graevell im Arch. f. D. W.R. Bd. 1. S. 139. Koch, Recht der Forderung Bd. 3. §. 265. Lehrbuch des Preuß. gem. Privatrechts Bd. 2. §. 642. Derselbe im Arch. a. a. O. Bd. 2. S. 48 ff. Swoboda im Arch. a. a. O. Bd. 15. S. 303. Liebe, W.O. S. 220 ff. Blaschke a. a. O. S. 284. Erk. des osterr. oberst. Gerichtsh. v. 6. Novbr. 1861. (Arch. a. a. O. Bd. 2. S. 204.) Erk. des O.Tr. in Berlin vom 5. Juli 1862. (Entsch. Bd. 48. S. 278. Arch. a. a. O. Bd. 13. S. 177.)

mittel, die Bereicherungsklage, verfolgbar. Die Klage ist eine Art der actio doli und bestimmt, einen ungerechten Schaden des Einen und einen ungerechten Gewinn des Anderen zu verhüten[19]. Der Zweck der Klage ist nicht darauf gerichtet, ein zu Stande gekommenes Geschäft wegen vorgefallenen Betruges oder sonst wegen eines gesetzlichen Hindernisses wieder aufzuheben, das aus solchem Geschäfte Erhaltene mit Schadensersatz zurückzufordern, die Klage ist keine Schadensklage[20] aus unerlaubten Handlungen, sondern die Klage ist dazu bestimmt, dem Aussteller oder Acceptanten einen Gewinn zu entziehen, auf den sie wegen unrichtigen Laufes des Wechsels keinen gerechten Anspruch haben.

Da der abstrakte Inhalt des Wechsels nur Sinn und Bedeutung hat für das im Wechsel enthaltene Summenversprechen, letzteres aber bei dem Eintritt der Verjährung und Präjudizes erloschen ist, so können Existenz und Umfang der Bereicherung nur aus den thatsächlichen Momenten des Valuten- und Deckungsgeschäftes entnommen und begründet werden. Die im gewöhnlichen Prozesse[21] und im ordentlichen Gerichtsstande des Verklagten[22] anzustellende, der gewöhnlichen Klageverjährung[23] unterworfene Bereicherungsklage aus einem verjährten oder präjudizirten Wechsel setzt daher voraus:

1) einen formrichtigen Wechsel, und insofern ist die Klage eine Art Wechselklage. Die Legitimation des Klägers, als Inhabers des civilrechtlichen Anspruches, wird geführt in formaler Weise durch die Wechselurkunde. Ohne den Wechsel fehlt der Klage der nöthige thatsächliche Anhalt, die Legitimation und Beweisbegründung[24]. Wie ist es aber, wenn der Wechsel verloren gegangen? Sollte da eine Bereicherungsklage ausgeschlossen sein? Die Allgemeine Deutsche Wechselordnung handelt von der Amortisation eines verloren gegangenen Wechsels nur zum Zwecke der Geltendmachung des Wechselrechts gegen den Acceptanten[25].

---

19) Puchta a. a. O. §. 375. Liebe, W.O. S. 220. Koch im Arch. f. D. W.R. Bd. 2. S. 50.

20) Wie das Erk. des O.L.G. zu Wien vom 24. Septbr. 1857. (Arch. f. D. W.R. Bd. 8. S. 175.) annimmt und darauf die Verjahrungsgrundsatze für Schadensersatzansprüche anwendet. Erk. des osterr. oberst. Gerichtshofes vom 19. Juni 1861. und vom 10. März 1863. (Arch. a. a. O. Bd. 11. S. 278, Bd. 13. S. 430.) Swoboda im Arch. a. a. O. Bd. 15. S. 295. Die Verjahrung der Bereicherungsklage ist nicht die ex delicto, sondern die gewohnliche 30jahrige. A. Pr. L.R. §. 54. Tit. 6. § 546. Tit. 9. Thl. I Erlauterungen des Staatsraths zum Pr. Entw. v. 1845. S. 60. Jacobi im Arch. a. a. O. Bd. 9. S. 49.

21) Pr. Entw. v. 1847. §. 73. Thol a. a. O. Bd. 2. S. 352. Im Gerichtsstande des Zahlungsortes für den Wechsel. Swoboda im Arch. f. D. W.R. Bd. 15. S. 305. Loewy in Gruchot's Beiträgen Bd. 6. S. 197.

22) Anderer Ansicht: Loewy in Gruchot's Beitragen Bd. 6. S. 197.

23) A. Pr. L.R. Thl. I Tit. 9. §. 546. Koch, Kommentar zum A. Pr. L.R. zum Art. 83. Anm. 28[b]. Blaschke a. a. O. S. 484. A. 8. Loewy in Gruchot's Beiträgen rc. Bd. 6. S. 201. Erk. des obersten osterr. Gerichtshofes vom 10. April 1866. (Lohr, Centr.-Org. Bd. 4. N. F. S. 134.) Jacobi im Arch. f. D. W.R. Bd. 9. S. 50. Anderer Ansicht: Wachter a. a. O. S. 583, welcher die Klage in der für Klagen auf Schadensersatz angeordneten kürzeren Frist verjahren laßt.

24) Art. 36. A. D. W.O. Jacobi im Arch. f. D. W.R. Bd. 9. S. 48. Swoboda Arch. a. a. O. Bd. 15. S. 297 ff. Loewy in Gruchot's Beiträgen rc Bd. 6. S. 196. Erk. des O.Tr. in Berlin vom 10. Mai 1851. (Strieth. Arch. Bd. 17. S. 188.) Erk. v. 9. April 1867. (Lohr, Centr.-Org. Bd. 4. N. F. S. 130.) Die Bereicherungsklage kann durch Indossamente auf dem Wechsel abgetreten werden. Erk. des osterr. oberst. Gerichtsh. vom 12. Februar 1862. (Lohr, Centr.-Org. Bd. 2. N. F. S. 436.)

25) Art. 73. A. D. W.O.

Für die Amortisation eines verloren gegangenen Wechsels zur Anstellung der Bereicherungsklage gegen den Acceptanten oder Aussteller giebt sie keine Vorschriften, einfach wohl aus dem Grunde, weil diese Klage keinen spezifischen Wechselanspruch verfolgt, nicht auf Erfüllung des Wechselversprechens gerichtet ist. Wenn sich die Bereicherungsklage aber als eine Klage aus dem Wechsel darstellt, so ist für ihre Begründung allerdings die Existenz und die Vorlegung der Wechselurkunde nothwendig. Ist die letztere abhanden gekommen, so muß dem Verlierer auch zum Zwecke der Bereicherungsklage sowohl gegen den Acceptanten, als gegen den Aussteller die Amortisation zustehen. Die letztere stellt sich als ein allgemeines Rechtsmittel dar, Urkunden, an welche ein übertragbares Forderungsrecht geknüpft ist, im Falle des Verlustes für kraftlos zu erklären, und das Forderungsrecht von der Urkunde zu trennen. Dieses Rechtsmittel muß daher auch dem Verlierer [26]) zur Anstellung der Bereicherungsklage in der Form, welche für die Amortisation der Wechsel überhaupt vorgeschrieben ist, zustehen. Wenn das Gesetz die Amortisation des Wechsels für die Anstellung der Wechselklage gegen den Acceptanten zuläßt, daher den urkundlichen Besitz, die thatsächliche Gläubigerschaft aus dem Wechsel, durch das Amortisationserkenntniß ersetzt, so kann die Zulässigkeit derselben für die zumeist auf civilistischen Rechtssätzen beruhende Bereicherungsklage, bei aller rechtlichen und thatsächlichen Beziehung der letzteren zu der Wechselurkunde, um so weniger einem Zweifel unterworfen sein. Wie soll der durch Präjudiz oder Verjährung benachtheiligte Inhaber gegen den Aussteller, welcher die Wechselvaluta erhalten und durch den Bezogenen nicht gezahlt, oder gegen den Acceptanten, welcher vollständige Deckung in den Händen hat, seinen Anspruch aus der Bereicherung geltend machen, wie den verloren gegangenen Wechsel, zur Begründung der Klage, ersetzen? Auch der condictio sine causa, der condictio causa data, causa non secuta, und der aus dem Valutageschäfte entlehnten Vertragsklage würde der Einwand des fehlenden Wechsels mit Recht entgegenstehen. Das gesetzliche Mittel zur Beseitigung dieses Mangels ist die Amortisation mit ihren rechtlichen Folgen [27]).

2) Die Bereicherungsklage kann, da die wechselmäßige Solidarität durch die Aufhebung der Wechseleigenschaft zerstört und in civilrechtliche Obligationsformen aufgelöst ist, nicht gegen den Acceptanten und Aussteller kumulirt, sondern gegen Jeden nur besonders angestellt werden [28]).

3) Auf Seiten des Verklagten muß eine Bereicherung vorhanden sein. Eine solche liegt z. B. vor, wenn der Aussteller für den Wechsel Valuta erhalten, aber keine Deckung gegeben, oder wenn der Acceptant Deckung in den Händen, den Wechsel aber nicht bezahlt hat. Im ersteren Falle würde der Aussteller die Valuta gewinnen, ohne für die Einlösung des Wechsels gesorgt und für die Deckung eine Aufwendung gemacht zu haben, und im letzteren Falle würde der Acceptant

---

26) Das Pr. Einf.-Ges. giebt die Vorschrift über die Amortisation von Wechseln auch nicht in der Beschränkung auf Art. 43. A. D. W.O., sondern nimmt eine allgemeine Stellung ein.

27) Jolly im Arch. f. D. W.R. Bd. 4. S. 26. Anderer Ansicht: Erk. des O.Tr. in Berlin vom 9. April 1867. (Entsch. Bd. 58. S. 346. Löhr, Centr.-Org. Bd. 4. N. F. S. 130.)

28) Anderer Ansicht: Loewy in Gruchot a. a. O. Bd. 6. S. 197.

die für die Einlösung des Wechsels erhaltenen Deckungsmittel gewinnen, ohne den Auftrag der Einlösung erfüllt zu haben. Er würde daher in Beider Vermögen in Höhe der Differenz zwischen der erhaltenen Valuta und der nicht gegebenen Deckung oder der erhaltenen Deckung und der nicht gezahlten Wechselsumme ein Vortheil übergehen, der, nach Recht und Billigkeit, ihnen nicht gebührt, worauf, nach Zweck und Absicht des Geschäfts, der Wille der Kontrahenten nicht gerichtet gewesen ist. Die Bereicherung muß durch das Wechselgeschäft und durch den dem Wechsel zum Grunde liegenden Obligationsfall, nicht durch ein hiervon unabhängiges Geschäft, veranlaßt sein; die Bereicherung muß positiv und das Vermögen des Verklagten in seinem Totalwerthe wirklich vermehrt worden sein. Der bloße Erwerb eines noch nicht realisirten Forderungsrechtes, oder das Gutschreiben, oder Belasten in den Handlungsbüchern ist für eine Bereicherung an sich nicht anzusehen, und der bloß negative Umstand, daß vielleicht durch das, das Wechselrecht zerstörende Versäumniß ein materieller Schaden nicht entstanden ist, für Begründung der Bereicherungsklage nicht ausreichend [29]). Dem Kläger liegt, nach allgemeinen Prozeßregeln, der Beweis der Bereicherung, d. h. der Uebergang eines Gewinnes in das Vermögen des Verklagten, ob. Die Klage muß daher die thatsächlichen Momente, wodurch in dem Klagefalle die Bereicherung eingetreten sein soll, anführen und beweisen [30]). Das ist eine oft schwierige Aufgabe, da jene Klagmomente, namentlich für den entfernten Inhaber, nicht aus eigenem, sondern aus fremdem Rechtsgeschäfte, dem Valuta- und Deckungsgeschäfte, entnommen werden müssen, woraus folgt, daß sich der Kläger auch Einwendungen aus den, der Klage zum Grunde liegenden Geschäften gefallen lassen muß. Daß diese Bereicherung zur Zeit des gerügten Anspruches, d. i. also zur Zeit der Litiskontestation [31]), noch fortdauerte, wird, da Veränderungen nicht vermuthet werden, so lange angenommen werden müssen, als der Verklagte nicht den Beweis führt, daß das als Bereicherung in sein Vermögen übergegangene Objekt schon früher, ohne Zurücklassung irgend eines Vortheiles, Genusses, wieder verloren, untergegangen ist [32]). Ein Verpflichtungsunfähiger ist aber zu einem Ersatze nur insofern gehal-

---

29) v. Savigny, System Bd. 4. S. 24 ff. Leipz. Prot. S. 195. Erk. des O.Tr. in Berlin vom 13. Decbr. 1845. (Entsch. Bd. 13. S. 351.) Erk vom 4. Februar 1858. (Arch. Bd. 7. S. 429.) Erk. vom 13. Februar 1868. (Lohr, Centr.-Organ Bd. 4. N. F. S. 458.) Arch. a. a. O. Bd. 12. S. 201. Liebe, W.O. S. 225. Borchardt a. a. O. S. 229. Zus. 520.

30) Leipz. Prot. S. 195. Koch im Arch. f. D. W.R. Bd. 2. S. 48 ff. Borchardt a. a. O. S. 329. Zus. 519. Erk. des Wiener Handelsger. (Arch. a. a. O. Bd. 3. S. 82.) Erk des Ungarischen O.L.G. (Arch. a. a. O. S. 445.) Erk. des O.A.G. zu Dresden vom 18. Mai 1859. (Arch. a. a. O. Bd. 9. S. 101.) Das im Wechsel enthaltene Valutabekenntniß „den Werth in Baarem" genügt für sich allein nicht. Erk. des österr. oberst. Gerichtsh. v. 4. Juni 1857 und v. 19. Juni 1861. (Arch. a. a. O. Bd. 10. S. 295. und Bd. 11. S. 278.) Erk. vom 11. Decbr. 1861. (Arch. a a. O. Bd. 12. S. 201.) Erk. des O.Tr. in Berlin vom 5. Mai 1862. (Entsch. Bd. 48. S. 278. Arch. a. a. O. Bd. 13. S. 177.) Andere Ansicht ist ausgeführt in dem Erk. des Handelsger. zu Elberfeld vom 30. März 1864. (Lohr, Centr.-Org. &c. Bd. 1. S. 131.)

31) A. Pr. L.R. Thl. I Tit. 13. §. 273 ff. A. Pr. G.O. Thl. I. Tit. 7. §. 48. Koch im Arch. f. D. W.R. Bd. 2. S. 50. Kuntze a. a. O. S. 115. Erk. des H.G. zu Hamburg v. 6. April 1864. (Lohr a. a. O. Bd. 1. S. 133.) Liebe, W.O. S. 225.

32) A. Pr. L.R. Thl. I. Tit. 13. §§. 265. 266. 273. v. Savigny, System B. 4. S. 58 ff. Koch im Arch. f. D. W.R. Bd. 2. S. 48 ff. Erk. des O.Tr. in Berlin vom 2. Novbr. 1865. (Entsch. Bd. 55. S. 132.) Erk. des O.A.G. zu Dresden vom 2. Mai 1863. (Arch. a. a. O.

ten, als er sich, zur Zeit des gemachten Anspruches, noch im Besitze des Vortheils befindet [33]).

4) Der Kläger muß durch die Bereicherung des Verklagten einen Schaden erlitten haben. Der Kläger ist vielleicht nicht der Nehmer, also nicht Derjenige, welcher mit dem Aussteller in unmittelbarem Valutaverhältnisse steht und aus dessen Vermögen in das Vermögen des Ausstellers Etwas, ein Werth, übergegangen ist, sondern ein Indossatar, der den Wechsel von einem späteren Inhaber erworben hat. Ein jeder Inhaber, also auch der spätere Indossatar, wird jedoch in solidare Rechtsbeziehung zu jedem Vormann, und daher auch zu dem Aussteller gesetzt, und diese solidare, wechselmäßige Rechtsbeziehung zu den Vormännern stellt auch für die Bereicherungsklage eine Verbindung her zwischen dem entfernten Indossatar und dem Aussteller. Der Inhaber des Wechsels hat den letzteren entweder unentgeltlich, oder gegen Entrichtung eines Entgeldes, valuta, jedenfalls aber in der Erwartung erworben, daß er am Verfalltage von dem Bezogenen die Wechselsumme erhalten werde. Tritt diese Erwartung wegen irgend eines Hindernisses nicht ein, so hat der Inhaber einen Schaden, einen Nachtheil erlitten, mag er nun für den Wechsel etwas bezahlt haben und durch die Einlösung des Wechsels eine Wiedererstattung des Gezahlten erwarten, oder mag er den Wechsel unentgeltlich erworben haben, und ihm daher durch die Einlösung ein von den Interessenten gewollter, beabsichtigter Vortheil in Aussicht stehen. In beiden Erwerbungsfällen ist auf Seiten des Klägers, des Inhabers des Wechsels, ein Schaden, ein, — wenn auch in dem Falle der Schenkung nicht gerade positiver, — Vermögensnachtheil vorhanden, denn Schaden ist eine jede Verschlimmerung des Zustandes eines Menschen in Ansehung seines Vermögens, und schließt eine Minderung des Vermögens sowohl um einen gegenwärtigen, als um einen künftigen Bestandtheil in sich [34]). Diese positive und negative Vermögensverminderung berechtigt den Inhaber, dem Aussteller oder Acceptanten dasjenige zu entziehen, was sie auf seine Unkosten, und zwar ohne rechtmäßigen Grund, gewinnen, womit sie sich zu seinem Nachtheile bereichern würden. Dieser Vermögensnachtheil auf Seiten des Inhabers, im Falle der Verjährung oder Präjudizes, ist eine sich von selbst verstehende, daher nothwendige Folge des Wechsellaufes, so daß derselbe zur Begründung der Klage aus dem Fundamente der Bereicherung nicht erst behauptet und nachgewiesen zu werden braucht. Dem Verklagten muß es vielmehr überlassen bleiben, im Wege der Einrede den Mangel eines Schadens auf Seiten des Klägers zu behaupten und zu begründen, was in keiner anderen Weise geschehen kann, als durch den Nachweis, daß der Kläger ein unredlicher Inhaber des Wechsels ist, daß ihm ein Recht aus dem Wechsel gar nicht zusteht, indem er den Wechsel z. B. gestohlen, gefunden, oder sonst in betrüglicher Weise erworben hat. Die Einrede karakterisirt sich daher mehr als eine Einrede der mangelnden Legitimation zur Sache, als eine Einrede der feh-

Bd. 13. S. 210. 214.) Swoboda im Arch. a. a. O. Bd. 15. S. 304. Thöl a. a. O. Bd. 2. S. 353.

33) A. Pr. L.R. Thl. I Tit. 13. §. 274.

34) Puchta a. a. O. §. 225. A. Pr. L.R. Thl. I. Tit. 6. §. 1. Thöl a. a. O. Bd. 2. S. 353.

lenden Gläubigerschaft, exceptio doli[35]), denn als eine Einrede der Unvollständigkeit des Klagefundaments[36]).

Gegen den Ehrenacceptanten, mag der Fall der freiwilligen oder der beauftragten Intervention vorliegen, findet eine Bereicherungsklage nicht statt. Der Ehrenacceptant ist aus seinem Accepte zwar zur Zahlung verhaftet, und kann von dem Adressanten auch, wie der Bezogene von dem Aussteller, Deckung erhalten haben, allein dennoch ist die rechtliche Stellung des Ehrenacceptanten zu dem Wechsel eine andere, als die des gewöhnlichen Acceptanten. Durch die Zahlung des letzteren wird die Wechselobligation getilgt, während der Ehrenacceptant, gleich einem einlösenden Indossanten, durch die Wechselzahlung die Regreßobligation zur eigenen Geltendmachung erwirbt; er tritt in die Rechte des durch ihn bezahlten Inhabers. Der Wechsel ergiebt in der Regel nicht, von wem die Nothadresse herrührt, und das Accept des Intervenienten bestimmt meistens selbst die Person des Honoraten. Die Deckung, welche ein Indossant als Nothadressant giebt, kann aber keine Bereicherung begründen, da in Ansehung eines Indossanten eine Bereicherung grundsätzlich ausgeschlossen ist und demselben keine Deckungspflicht obliegt. Zwischen dem Begebungsgeschäfte und dem Deckungsgeschäfte fehlt in Bezug auf den Indossanten jeder Kausalnexus. Der Indossant hat, im wechselrechtlichen Sinne, für den Wechsel stets eine Valuta gezahlt: für ihn liegt eine Bereicherung, nach wechselrechtlicher Auffassung, niemals vor. Wollte der Inhaber aus dem Fundamente der Bereicherung die von einem Indossanten dem Nothadressaten gezahlte Deckung in Anspruch nehmen, so würde dem Indossanten durch Entziehung der Deckung nur ein Nachtheil zugefügt, dessen Ersatz im Wege des Regresses bei einem präjudizirten oder verjährten Wechsel nicht einmal möglich wäre. Der Bereicherungsklage gegenüber nimmt der Ehrenacceptant nicht die Stelle des direkt verpflichteten, durch die Deckung geschützten Acceptanten, sondern die eines eventuell verhafteten Indossanten ein, für welchen eine Bereicherung wechselrechtlich um so weniger angenommen werden kann, als das Gesetz die Bereicherungsklage, außer gegen den Aussteller, nur gegen den Acceptanten, d. i. gegen den im Wechsel ernannten direkten Zahlungs-Beauftragten gestattet[37]).

Ebenso kann gegen einen Avalisten, selbst gegen den des Ausstellers und Acceptanten, eine Bereicherungsklage nicht begründet werden, weil für ihn ein Valuta- und Deckungsverhältniß gar nicht existirt, und eine ihm etwa zu Theil werdende Vergütigung als Bereicherung nicht angesehen werden kann[38]).

Bei der Kommissionstratte, dem Wechsel für Rechnung eines Dritten, kann die Bereicherungsklage nicht gegen diesen, im Wechsel gar nicht benannten dritten

35) Loewy in Gruchot's Beiträgen Bd. 6. S. 195.

36) Erk. des obersten Oesterr. Gerichtshofes v. 10. März 1863. (Arch. f. D. W.R. Bd. 13. S. 430.) Volckmar und Loewy a. a. O. S. 32. Swoboda im Arch. a. a. O. Bd. 15. S. 299. Blaschke a. a. O. S. 284. Nr. 7 und 8 verlangt zur Begründung der Klage den Nachweis eines Schadens auf Seiten des Klägers und daß der Verklagte durch den Schaden des Klägers gewonnen.

37) Volckmar und Loewy a. a. O. S. 322. Blaschke a. a. O. S. 284. Swoboda im Arch. f. D. W.R. Bd. 15. S. 298.

38) Einert a. a. O. S. 230. Liebe, W.O. S. 221. Blaschke a. a. O. S. 284. Swoboda im Arch. f. D. W.R. Bd. 15. S. 298.

Kommittenten, sondern nur gegen den Aussteller geltend gemacht werden. Denn der Nehmer kontrahirt nicht mit jenem Dritten, für dessen Rechnung gezogen wird, sondern mit dem Aussteller, und das Valutageschäft wird daher ausschließlich zwischen Geber und Nehmer verabredet. Dagegen wird die Deckung von dem dritten Kommittenten besorgt und der Bezogene in dem Wechsel angewiesen, sich wegen der Deckung an den Dritten zu halten. Da aber die Bereicherung in enger Beziehung zu dem Valuta- und Deckungsgeschäfte steht und aus dem letzteren begründet werden muß, so kann das Rechtsverhältniß des Ausstellers zum Kommittenten von Einfluß sein und in Betracht gezogen werden, um die Bereicherung des Ausstellers zu begründen [39]). Die handelsrechtliche Bestimmung, wonach der Commissionär durch Geschäfte, welche er mit Dritten in eigenem Namen schließt, allein berechtigt und verpflichtet wird, del credere steht, findet auf die Bereicherungsklage keine Anwendung, da die Thatsache der Bereicherung eben aus dem der Wechselbegebung zum Grunde liegenden materiellen Geschäfte entnommen wird, daher das in concreto vorliegende Geschäft maßgebend ist [40]).

Bei einem domizilirten Wechsel ohne benannten Domiziliaten wird die Stellung des Acceptanten nicht geändert; derselbe übernimmt nur die Verpflichtung, an dem Domizilorte Zahlung zu leisten. Ist dagegen ein Domiziliat benannt, so soll dieser für den Acceptanten zahlen. Die Zahlung am Verfalltage ist bei dem Domiziliaten zu suchen, und der Acceptant tritt, dem Letzteren und dem Inhaber gegenüber, in das Verhältniß eines Trassanten. Der Acceptant steht zu dem Domiziliaten im Deckungsverhältnisse, wie der Trassant zum Bezogenen, und dieses Rechtsverhältniß der doppelten Deckungsleistung, vom Aussteller an den Acceptanten und vom Acceptanten an den Domiziliaten, ist denn auch für die Bereicherungsklage gegen den Aussteller und den Acceptanten von Einfluß. Eine Bereicherungsklage gegen den nicht im Wechselnexus stehenden Domiziliaten ist ausgeschlossen [41]). Hat der Bezogene zwar Deckung in den Händen, den Wechsel aber nicht acceptirt, so steht er zu dem Wechsel und dem Inhaber in keiner Rechtsbeziehung. Es kann daher weder von einer Bereicherungsklage, noch von einem selbstständigen Rechte des Inhabers, sich an die Deckung zu halten und aus dieser sich schadlos zu machen, die Rede sein. Nur durch Exekution oder Arrestschlag aus der Person des Ausstellers, oder durch Cession Seitens des Letzteren können für den Wechselinhaber Rechte an der Deckung begründet werden [42]).

39) Leipz. Prot. S. 195. Arch. f. D. W.R. Bd. 1. S. 119. 141. Bd. 4. S. 284. Bd. 7. S. 144. Bd. 9. S. 49. Bd. 15. S. 302. Kuntze a. a. O. S. 71. Thöl a. a. O. Bd. 2. S. 352. Anderer Ansicht: Kheil a. a. O. S. 327.

40) Art. 360. A. D. H.G. Arch. f. D. W.R. Bd. 15. S. 303. Anderer Ansicht: Gad A. D. H.R. 1863. S. 280.

41) Leipz. Prot. S. 195. Arch. f. D. W.R. Bd. 1. S. 119. Bd. 5. S. 165. Bd. 15. S. 299. Liebe, W.O. S. 146. Jacobi im Arch. a. a. O. Bd. 9. S. 49. Wolff im Arch. a. a. O. Bd. 16. S. 380. Erk. des O.Tr. in Berlin vom 11. Febr. 1868. (Löhr, Centr.-Org. Bd. 4. N. F. S. 455.) Eine Bereicherungsklage gegen den Domiziliaten läßt zu: Hoffmann a. a. O. S. 596. Ladenburg im Arch. f. prakt. Rechtsw. Bd. 5. S. 38. Arch. a. a. O. Bd. 4. S. 256.

42) Leipz. Prot. S. 195. Koch im Arch. f. D. W.R. Bd. 2. S. 58. Derselbe, Kommentar zum A. Pr. L.R. z. Art. 83. A. 27ᵃ. Wachter Arch. a. a. O. Bd. 5. S. 166. Fick, Arch. a. a. O. Bd. 7. S. 142. A. 13. Jacobi, Arch. a. a. O. Bd. 9. S. 52. 49. Renaud, W.R. S. 231. Derselbe im Arch. a. a. O. Bd. 8. S. 289. 290. Swoboda, Arch. a. a O.

§. 163.

Die Einreden im Wechselrechte.

Einleitung.

Die Rechtsgeschichte der Lehre über das Vertheidigungs- und Einrederecht im Wechselprozesse steht in enger Beziehung mit der Dogmatik des Wechsels. So lange der Wechsel als ein Rektapapier vom Ausstellungsorte nach dem Zahlungsorte wanderte, und als eine, unter den ursprünglichen Kontrahenten bestehende, in der Form der civilrechtlichen Uebertragungsgeschäfte transferirbare Geldobligation gedacht wurde, war das Vertheidigungsrecht einfach und, abgesehen von dem Erfordernisse der Liquidität, im Allgemeinen nach den für den Civilprozeß gegebenen Vorschriften geregelt. Der abstrakte Inhalt des Wechsels gab zwar nicht, wie die Schrifturkunde über civilrechtliche Obligationen, Aufklärung über den Vertragswillen der Kontrahenten, über das dem Wechsel zum Grunde liegende materielle Rechtsgeschäft, und bot daher im Allgemeinen für Interpretation und Anfechtung weniger Gelegenheit, als andere Urkunden, dar; allein die Rechtswissenschaft sah den Wechsel als eine Urkunde über einen Tausch oder Kauf des gegenwärtigen Geldes gegen auswärtiges Geld an, (emtio venditio, permutatio pecuniae absentis pro praesente), und beurtheilte das Wechselgeschäft nach den civilrechtlichen Vorschriften dieser Geschäftsformen. Die Zahlung einer Valuta, eines Entgeldes, für den Wechsel war eine nothwendige Bedingung und die Erwähnung dieser Valutazahlung das karakteristische Merkzeichen des Wechsels. Der Einwand der nicht gezahlten Valuta war daher für jene Dogmatik wichtig und erheblich für die Rechtsfolge des Wechsels. Durch die Einführung des Accepts und des Indossaments, als selbstständiger wechselmäßiger Verpflichtungsformen, wurde die Dogmatik des Wechsels, in den verschiedenen Stadien der Cirkulation, komplicirt und daher auch das Einrede- und Vertheidigungsrecht verwickelter. Mit der Eigenschaft des Wechsels als eines cirkulationsfähigen, für jeden Inhaber gleichmäßig realisirbaren Werthpapieres war die beschränkte Auffassung aus dem Standpunkte der civilrechtlichen Obligation nicht zu vereinigen, es mußte ein anderer Rechtsstandpunkt gefunden werden, von welchem aus der Wechsel in seinen merkantilen Funktionen erklärt und aufgefaßt wurde. Nicht die Rechtswissenschaft, welche in dem Wechsel nur ein accessorisches Verstärkungsmittel, eine Stütze für die das Wechselgeschäft veranlassende civilrechtliche Obligation, adjectitia qualitas [1]), erkannte, sondern die Praxis, die Uebung des Handelsstandes, das kaufmännische Gewohnheitsrecht fand jenen Rechtsstandpunkt und brachte denselben durch Isolirung der wechselmäßigen Verpflichtungsakte von dem unterliegenden Rechtsgrunde und durch Aufstellung des Solidaritätsprincips zur rechtlichen Anerkennung.

Die älteren Wechselordnungen und Wechselrechtssysteme stellen, wie über den Wechsel, so auch über das Einrederecht im Wechselprozesse keine bestimmte, abge-

---

Bd. 15. S. 298. Blaschke a. a. O. S. 285. Loewy in Gruchot's Beiträgen Bd. 6. S. 199. Anderer Ansicht: Ladenburg, Arch. a. a. O. Bd. 4. S. 250. Hoffmann a. a. O. S. 595.

1) A. Pr. G.O. Thl. I Tit. 27. §. 55.

schlossene Theorie auf, und selbst aus den gegebenen Rechtssätzen ist eine solche schwer zu konstruiren. Dagegen findet sich eine Uebereinstimmung der Prozeßgesetze vor in der Anerkennung der Nothwendigkeit der sofortigen oder binnen kurzer Frist zu bewirkenden Liquidität (Erweisbarkeit) der Einrede [2]) und in dem Bestreben nach Beschränkung und Ausschließung von Einreden, wodurch die Geltendmachung des Wechselrechts erschwert und verzögert werden könnte. Es sind daher nach den meisten Partikulargesetzen die prozeßverzögerlichen Einreden, exceptiones dilatoriae, zum Theil ganz beseitigt, und nur die Einrede der Inkompetenz des Gerichts und des Mangels der Legitimation anerkannt worden [3]). Von den zerstörlichen Einreden, exceptiones peremtoriae, sind dagegen sowohl diejenigen für zulässig erklärt worden, welche aus dem unterliegenden Rechtsgrunde entlehnt werden, z. B. aus der Rechtsungültigkeit der causa praecedens (exceptio Scti Vellejani, Macedoniani, minorennitatis, non numeratae pecuniae, usurariae pravitatis), als auch diejenigen, welche ihren Grund in dem Wechselgeschäfte selbst finden (exceptio solutionis, compensationis, praescriptionis, cambii ex persona inhabili dati) [4]). Die Eigenthümlichkeit des Wechsels, als Trägers verschiedener selbstständiger Obligationen, führte jedoch zur Anerkennung des wechselrechtlichen Grundsatzes, daß Einwendungen, insoweit sie nicht aus der Form und dem Inhalte des Wechsels hergeleitet und für Jeden erkennbar sind und gleichsam in rem, d. i. gegen jeden Inhaber gehen, dem Kläger nur dann entgegengesetzt werden können, wenn sie gegen ihn persönlich aus dem Begebungsgeschäfte entstanden und gerichtet, nicht aber, wenn sie aus der rechtlichen Beziehung zu einem anderen Wechselinteressenten, z. B. aus der Person des Indossanten oder Acceptanten entlehnt sind [5]). Diese Rechtssätze, welche aus dem Wesen

2) Ludovici a. a. O. K. XI §. 1. Püttmann a. a. O. §. 180 ff. Bender a. a. O. Bd. 2. S. 394. Preuß. Einf.-Ges. v. 15. Febr. 1850. §. 7. Einwendungen, die nicht sofort liquide gemacht und daher im Wechselprozesse nicht zur Instruktion gezogen werden können, werden, wie im Exekutivprozesse, v. Bayer, Theorie der summarischen Prozesse, S. 86. 107. Allg. Preuß. Ger.-Ord. Thl. I Tit. 28. §. 12, zu einem besonderen Verfahren im gewohnlichen Prozesse, ad separatum, verwiesen. Allg. Pr. Ger.-Ordn. Th. I. Tit. 27. §§. 29. 52 ff. Es qualifiziren sich jedoch für ein Separatverfahren nur solche Einwendungen, welche, nach wechselmäßiger Rechtsauffassung, einem Wechselanspruche überhaupt entgegengesetzt werden können, also nur Einwendungen, die, als aus dem Wechsel selbst hervorgehend oder gegen die unmittelbaren Kläger gerichtet, unter die Bestimmung des Art. 82. der A. D. W.O. fallen. Das Separatverfahren ist nicht dazu bestimmt, wechselmäßige Rechtsfolgen, gegen die Natur des Wechsels, aus civilrechtlichem Gesichtspunkte wieder aufzuheben. Erk. des O.Tr. in Berlin v. . . . . . . (Arch. f. D. W.R. Bd. 3. S. 200. Borchardt a. a. O. S. 454. Zus. 799.) Ist im Wechselprozesse die Unterschrift des Wechsels gegen den Verklagten in contumaciam für rekognoscirt angenommen, so steht dem Verklagten im Separatum dennoch die Diffession dieser Urkunde frei. Erk. des O.Tr. in Berlin vom 1. Novbr. 1845, 27. Novbr. 1856, 15. März 1860. (Entsch. Bd. 12. S. 368. Bd. 34. S. 387. Borchardt a. a. O. S. 455. Zus. 800.) Im Wechsel-Separatum kann auch eine Einwendung des Wechsel-Verklagten wieder vorgebracht und unter Beweis gestellt werden, über welche im Wechselprozesse dem Gegentheil ein Eid deferirt und de ignorantia abgeleistet worden ist. Erk. des O.Tr. in Berlin vom 28. Juni 1864. (Entsch. Bd. 52. S. 402.)

3) Ludovici a. a. O. K. X. §. 1 ff. Martens, Grundriß §. 136. Bender a. a. O. Bd. 2. S. 395.

4) Scaccia l. c. §. 2. gl. 8. Raphael de Turri l. c. disp 2. qu. 16. n 56. Heineccius l. c p. 672. Ludovici a. a. O. K. I. §. 7 ff. K. X §. 1 ff. K. XI. §. 1 ff. Berger, dissert. de non num. pecuniae bei Besecke S. 741. Püttmann a. a. O. §. 169. Bender a. a. O. Bd. 1. S. 461. Bd. 2. S. 398 ff. v. Weißeneck a. a. O. §. 312.

5) Ludovici a. a. O. K. XI. §. 31 ff. Hoeckner, de lit. camb. indoss. c. 4. § 4.

des Wechsels als eines negociabelen, seinen Werth in sich selbst tragenden Werthpapieres nothwendig von selbst folgen, liegen auch dem Systeme des Allgemeinen Preußischen Landrechts [6]) zum Grunde.

§. 164.

Das Einrederecht nach der Allgemeinen Deutschen Wechselordnung.

Die Allgemeine Deutsche Wechselordnung, welche die Solidarität und Abstraktion des Wechsels als Fundamentalsätze aufgestellt hat, bestimmt: „der Wechselschuldner kann sich nur solcher Einreden bedienen, welche aus dem Wechselrechte selbst hervorgehen oder ihm unmittelbar gegen den jedesmaligen Kläger zustehen [1]). Die Materialien, insbesondere der Preußische Entwurf von 1847 [2]) und die Leipziger Konferenzverhandlungen [3]) geben über den Sinn dieser kurzen, aber wichtigen wechselrechtlichen Bestimmung wenig Aufschluß. Dieselbe ist daher mannichfach gedeutet, vielfach getadelt und verschieden ausgelegt worden. Die Vorschrift entspricht aber so sehr der rechtlichen und merkantilen Natur des Wechsels, und ist so anerkannten Rechtens, daß durch Aufstellung jenes Kardinalsatzes nur eine für Recht und Praxis unbezweifelte Rechtswahrheit gesetzlichen Ausdruck gefunden hat. Durch die Vorschrift der Allgemeinen Deutschen Wechselordnung werden die prozeßrechtlichen Einreden, z. B. die Einreden der Rechtshängigkeit [4]), der rechtskräftig entschiedenen Sache [5]), der Ungehörigkeit des Gerichtsstandes u. s. w., nicht berührt, da die Allgemeine Deutsche Wechselordnung nicht das Prozeßrecht, sondern ausschließlich das materielle Recht behandelt. Es bezieht sich daher auch jene Bestimmung über die Einreden nur auf das materielle Wechselrecht. Wie in obiger Vorschrift das Wort „nur" und die disjunktive Partikel „oder" andeuten, sind gegen einen Wechselanspruch nur solche Einwendungen gestattet, welche:

1) aus dem Wechsel selbst hervorgehen, und

2) dem Wechselschuldner unmittelbar gegen den jedesmaligen Kläger zustehen.

Zu den Einreden, welche I. aus dem Wechselrechte selbst hervorgehen, sind zu rechnen 1) diejenigen, welche aus der Form und dem Inhalte des Wechsels

---

(bei Besecke a. a. O. S. 404.) v Grolmann, Dissert de cess. liter. camb. c 4. §. 11. (bei Besecke a. a. O. S. 407.) Franck l. c lit. 2 sect. 4 tit 6 § 1 seq. sect. 7. tit 10. §. 4 seq. Heineccius l. c. c 2. § 10. Sammlung merkwürdiger Rechtsfälle beim Reichskammergericht Thl. I S. 311. Püttmann a. a. O. §. 183. Martens, Grundriß §. 137. v. Weißeneck a. a. O. §. 312. Bender a. a. O. Bd. 1. S. 461. 580 ff. 587. Bd. 2. S. 395 ff. Daniels a. a. O. S. 390. Treitschke a. a. O. Bd. 1. S. 398 ff. 463 ff. Wolff im Arch. f. D. W.R. Bd. 15. S 113.

6) Thl. II Tit. 8. §§. 915 ff.

1) Art. 82. A. D. W.O. Ueber dessen Rechtsgeschichte vergl.: Volckmar und Loewy a. a. O. S. 290.

2) §. 93. Mot. S. LXXVIII.

3) S. 168.

4) Borchardt a. a. O. S. 323. Zus. 514. Renaud a. a. O. S. 201. A. 11. Wolff, im Arch. f. D. W.R. Bd. 15. S. 164. Blaschke a. a. O. S. 265.

5) Die Solidarität der Wechselschuld übt einen wesentlichen Einfluß auf den Begriff und die Wirkung der exceptio rei judicatae im Wechselprozesse. Borchardt a. a. O. S. 324. Zus. 515 ff. Renaud a. a O. S. 200. A. 8. Erk. des O.Tr. in Berlin v. 24. Febr. 1856. (Entsch. Bd. 32. S. 435.)

entlehnt sind. Der Wechsel, als Objekt des Einrederechts gedacht, wird aber nicht dargestellt nur durch die Urkunde in der Form, wie sie zwischen den ersten Wechselkontrahenten über den Wechselanspruch gebildet ist, durch den Grundwechsel, sondern durch die Urkunde, wie sie sich durch die Cirkulation gestaltet hat und zur Zeit der Geltendmachung des Wechselanspruches vorliegt. Das Wechselpapier, der Grundwechsel in richtiger Form ausgestellt, kann der Träger verschiedener selbstständiger und unabhängiger Wechselobligationen sein. Jede accessorische Wechselerklärung, das Indossament, Accept, Aval, ist in formaler Beziehung zwar abhängig vom Grundwechsel, aber materiell ein selbstständiger Formal- und Wechselakt, begründet daher auch selbstständige und unabhängige Wechselansprüche und Einrederechte. Wie der Grundwechsel die Bedingung des Wechselanspruches überhaupt ist, so ist der Protest eine nothwendige Voraussetzung des Regreßrechts. Einwendungen aus der Form und dem Inhalte des Wechsels können daher gegen den Grundwechsel, gegen einen accessorischen Wechselakt und gegen den Protest in ihrer urkundlichen, für Jedermann erkennbaren, äußeren Darstellung gerichtet sein. Die Formwidrigkeit des Grundwechsels zieht die Ungültigkeit des Gesammtwechselanspruches nach sich, denn ein formloser Wechsel kann Träger einer Wechselobligation überhaupt nicht sein [6]). Dagegen wird die durch einen formgerechten Wechsel begründete Wechselobligation nicht aufgehoben und alterirt durch die Formwidrigkeit eines accessorischen Wechselaktes, z. B. des Indossaments, Accepts, Avals, insofern durch den Mangel der Giroform nicht die Legitimation des Inhabers zur Geltendmachung des Wechselanspruches beeinträchtigt wird [7]). Der urkundliche Inhalt der Wechselakte ist maßgebend für den Umfang und die rechtliche Qualifikation der Wechselobligation, wie sie sich durch die Ausstellung [8]), durch die Uebertragung [9]) und durch die Erfüllung [10]) darstellt, und daher einflußreich für das wechselmäßige Einrede- und Vertheidigungsrecht. Für die Einrede des Mangels der Form, der Garantiebefreiung wegen vorhandener Rektaklausel, oder wegen Ausschließung der Gewähr, der Verjährung, der verspäteten Protestaufnahme u. s. w. können die thatsächlichen Momente nur aus dem urkundlichen Inhalte des Wechsels und Protestes hergeleitet werden [11]). Zu den Einreden aus dem Wechselrechte gehören aber, außer den in dem urkundlichen Inhalte und in der Form des Wechsels begründeten, 2) auch alle diejenigen Einreden, welche überhaupt ihr Rechtsfundament im Wechselrechte und zwar in den ausdrücklichen Vorschriften, oder in dem Geiste der Allgemeinen Deutschen Wechselordnung finden und theils die Erfordernisse des Wechsels, theils die durch die Ausstellung, Indossirung, Annahme, Einlösung und durch den Rücklauf desselben, in Ansehung der einzelnen Wechselinteressenten, entstehenden wechselrechtlichen Wirkungen betreffen. Für diese Rechtsansicht sprechen die Worte des Ge-

---

6) Art. 4. 7. 98. Nr. 1. A. D. W.O.
7) Art. 3. 4. 36. 76. A. D. W.O.
8) Art. 9. 42. A. D. W.O.
9) Art. 14. 15. A. D. W.O.
10) Art. 39. A. D. W.O. „abgeschriebene Theilzahlungen".
11) Wolff im Arch. f. D. W.R. Bd. 15. S. 130.

setzes [12]); die Fassung des Preußischen Entwurfes von 1847. [13]), welcher den Berathungen der Leipziger Konferenz zum Grunde gelegen; die Vorschriften des Allgemeinen Preußischen Landrechts [14]), welchen sich der Entwurf angeschlossen hat; die Auffassung der Leipziger Wechselkonferenz, welche den Entwurf in dieser Beziehung nicht bemängelt hat; der Geist des Wechselrechts und endlich die übereinstimmende Ansicht der Wissenschaft [15]) und der Praxis [16]). Der Wechsel und der Anspruch aus demselben, d. i. die von dem unterliegenden Rechtsgrunde losgelöste, auf eine Geldzahlung gerichtete solidare und abstrakte Wechselobligation, findet ihren Stützpunkt nicht in dem Civilrechte, sondern in dem, durch Handelsgebrauch und Kaufmannsgewohnheit ausgebildeten, specifischen Wechselrechte, und leidet keine Beurtheilung nach fremdartigen Rechtsgrundsätzen. Die Allgemeine Deutsche Wechselordnung hat auch kein neues Wechselrecht geschaffen, sondern sie hat den durch Rechtsgewohnheit schon bestehenden und durch Uebung bereits anerkannten, aber durch partikularistische Bestrebung oft in Kleinlichkeiten modificirten Rechtsgrundsätzen Gleichmäßigkeit und die Kraft und Sicherheit des geschriebenen Rechts verliehen. Der Rechtssatz, daß der Wechsel nur aus dem Wechselrechte und nicht aus dem ganz fremdartigen Civilrechte erklärt werden kann, gehört nicht erst der modernen Rechtswissenschaft an, sondern er ist, wenigstens für den Handelsstand und für Handelsgerichte, eine alte Rechtswahrheit, so alt, als fast das Wechselinstitut selbst, und erst zurückgedrängt und verschoben worden durch romanistische Rechtsanschauung, welche man auf das Wechselrechtssystem, zum Nachtheile des Wechselverkehrs, angewendet hat. Die Einreden, welche aus dem Wechselrechte hervorgehen, d. s. Thatsachen, welche nach dem Wechselrechte einen Berufungs- und Vertheidigungsgrund bilden, können, außer aus dem Inhalte und der äußeren Form des Wechselaktes, aus allen Momenten entlehnt werden, welche für die Begründung, für die Uebertragung, für die Aufhebung und für die Geltendmachung der Wechselobligation von Wichtigkeit sind. Sie können betreffen: a) die Person: Mangel der Wechselfähigkeit (Minderjährigkeit, väterliche Gewalt); Mangel der Willensfähigkeit (Geisteskrankheit, Wahnsinn, Blödsinn); Mangel der formalen Legitimation als Wechselinhaber (Nicht-Zusammenhang der Giroreihe); b) die Sache (Umfang der Wechselobligation, Einschränkung der Garantie) und c) gewisse Bedingungen und Voraussetzungen für die

12) Art. 82. A. D. W.O.

13) §. 93. „aus dem Wechselrechte selbst hervorgehen".

14) §. 916. Th. I. Tit. 8. „aus dem gegenwartigen Wechselrechte hervorgenommen".

15) Gelpke, Beitrage ꝛc. 1849. H. 2. S. 26 ff. Borchardt im Arch. f. D. W.R. Bd. 1. S. 197. Bluntschli a. a. O. S. 125. Brauer, W.O. S. 139. Liebe a. a. O. S. 216. Renaud a. a. O. S. 200. Koch, Allg. L.R. zu Art. 82. Blaschke a. a. O. S. 265. Ladenburg nimmt in der Wissenschaft einen isolirten Standpunkt ein, indem er unter Bezug nahme auf das ältere Wechselrecht und unter Berufung auf den Art. 303. des A. D. H.G. nur die „aus dem Wechsel" hervorgehenden Einreden in die erstere Kategorie bringt, und die Fassung des Art. 82. der A. D. W O. einem Redaktionsfehler zuschreibt. Arch. a. a. O. Bd. 12. S. 277., Bd. 14. S. 147. 154. Auch Thol a. a. O. B. 2. S. 702. findet den Art. 82. zu eng, unjuristisch formulirt und werthlos.

16) Erk. des O.Tr. in Berlin v. 30. Septbr. 1843. (Entsch. Bd. 9. S. 335.) Erk. vom 6. Febr. 1851. (Entsch. Bd. 20. S. 354.) Erk. vom 7. Aug. 1851. (Borchardt a. a. O. S. 272. Zus. 488. auch a. a. O. S. 276. Zus. 497.) Erk. des O.A.G. zu Lübeck v. 29. Jan. 1852. (Arch. f. D. W.R. Bd. 3. S. 223.)

Geltendmachung des Wechselrechts (Notifikation, Protest, Verjährung, Interventionspriorität). Diese Kategorie der Einreden, die Einreden aus dem Wechselrechte, sind die eigentlich wechselmäßigen Berufungen, die wegen ihrer formellen Natur dem Wechsel ankleben, gleichsam dinglicher Natur sind und daher gegen jeden Inhaber, mit wechselrechtlichem Effekte, geltend gemacht werden können[17]).

Die passive Wechselfähigkeit, d. h. die Fähigkeit, Wechselverbindlichkeiten durch eigene Rechtshandlungen zu übernehmen, hängt zwar mit der allgemeinen civilrechtlichen Handlungs- und Rechtsfähigkeit zusammen, allein die, aus dem Mangel der Wechselfähigkeit entnommene Einrede ist deshalb eine, aus dem Wechselrechte entlehnte, weil die Allgemeine Deutsche Wechselordnung die Wechselfähigkeit von der allgemeinen Fähigkeit, sich durch Verträge zu verpflichten, abhängig gemacht hat. Es kann also ein Wahnsinniger oder Blödsinniger oder ein sonst der freien Willensbestimmung Beraubter sich nicht wechselmäßig verpflichten, und eine in solchem Geisteszustande eingegangene Wechselverbindlichkeit ist jedem Inhaber gegenüber ohne rechtliche Wirksamkeit[18]). Auch die Minderjährigkeit[19]), väterliche Gewalt[20]) und, unter Umständen, das eheliche Verhältniß der Frau[21]), Prodigalitätserklärung[22]) heben die Vertrags- und Wechselfähigkeit auf, oder beschränken dieselbe und begründen eine Einrede gegen jeden dritten Inhaber des Wechsels. Dagegen sind andere Gründe, welche nach dem Civilrechte die Freiheit des Willens und die Rechtsgültigkeit einer Willenserklärung aufheben oder einschränken[23]), wie Trunkenheit, Irrthum, Betrug, Zwang, an sich nicht ge-

17) Hoffmann a. a. O. S. 585. Brauer a. a. O. S. 183. Bluntschli a. a. O. S. 125. Liebe, W.O. S. 216. Thöl a. a. O. Bd. 2. §. 317. Blaschke a. a. O. S. 265.

18) Art. 1. 3. A. D. W.O. Erk. des O.A.G. zu Lübeck v. 29. Jan. 1852. (Arch. f. D. W.R. Bd. 3. S. 223.) Erk. des österr. oberst. Gerichtshofes v. 23. Jan. 1861. (Arch. a. a. O. Bd. 11. S. 212. auch S. 287.) Blaschke a. a. O. S. 265.

19) §§. 20 ff. Tit. 1., §. 14. Tit. 5. Th. I A. Pr. L.R. Borchardt a. a. O. S. 3. Zus. 2. Erk. des österr. oberst. Gerichtshofes v. 13. Novbr. 1862. (Arch. f. D. W.R. Bd. 13. S. 325.) Wolff im Arch. a. a. O. Bd. 15. S. 149.

20) §§. 125. 166 ff. 201 ff. 218 ff. Th. II. Tit. 1. A. Pr. L.R. Erk. des O.Tr. in Berlin (Arch. f. D. W.R. Bd. 1. S. 324.) Erk. v. 10. Febr. 1852. (Entsch. Bd. 22. S. 401.) Erk. v. 13. Septbr. 1860. (Arch. a. a. O. Bd. 10. S. 392. Strieth. Arch. Bd. 39. S. 46.) Erk. des O.A.G. zu Dresden vom 24. Juli 1852. (Arch. a. a. O. Bd. 3. S. 95.) Arch. a. a. O. Bd. 6. S. 317. Erk. des österr. oberst. Gerichtshofes v. 23. Jan. 1861. (Arch. a. a. O. Bd. 11. S. 212.) Hoffmann im Arch. a. a. O. Bd. 5. S. 284. Purgold im Arch. a. a. O. Bd. 7. S. 17. Blaschke a. a. O. S. 265. Anderer Ansicht nach gemeinem Rechte: Arch. a. a. O. Bd. 10. S. 419. Erk. d. O.A.G. zu Berlin v. 22. Novbr. 1867. (Entsch. dieses Gerichtshofes Bd. 1. S. 254.)

21) Pl.-Beschl. des O.Tr. in Berlin Präj. 2433. vom 21. Febr. 1853. (Entsch. Bd. 24. S. 260. Arch. f. D. W.R. Bd. 3. S. 428.) Erk. v. 9. Febr. 1858. (Borchardt a. a. O. S. 12. Zus. 19. 20. u. 26.) Erk. vom 16. Oktbr. 1866. (Entsch. Bd. 57. S. 336.) Erk. vom 4. Dezbr. 1866. (Entsch. Bd. 57. S. 339.)

22) §§. 14 ff. Th. I. Tit. 5. Allg. Pr. L.R. Wolff im Arch. f. D. W.R. Bd. 15. S. 150. Borchardt a. a. O. S. 8. Zus. 13.

23) Die Blindheit schließt die Vertragsfähigkeit und daher auch die passive Wechselfähigkeit nicht aus. Die von dem Blinden ertheilte Wechselschrift verpflichtet denselben, und der Einwand der Blindheit ist, als nicht aus dem Wechselrechte entspringend, weder dem unmittelbaren Kontrahenten, noch dem dritten Inhaber gegenüber wechselrechtlich zulässig. Die partikularrechtlichen Formen, welche für die Geschäfte der Blinden vorgeschrieben sind, haben keine Wirkung für das Wechselrecht. Volckmar u. Loewy a. a. O. S. 12. Contra: Erk. des O.Tr. in Berlin v. 4. Juli 1861. (Entsch. Bd. 46. S. 253.) Derselbe Rechtssatz gilt für Taubstumme, insoweit sie vertragsfähig sind.

eignet, eine formell richtige Wechselerklärung, dem dritten redlichen Inhaber gegenüber, zu entkräften. Daß durch die materielle Ungültigkeit einzelner Wechselerklärungen, also z. B. durch die Wechselunfähigkeit einzelner Wechselinteressenten, oder durch die Falschheit einzelner Wechselakte, die Verbindlichkeit der übrigen Wechselverbundenen nicht berührt wird, daß daher ein Wechsel der Träger auch materiell ungültiger Wechselakte sein kann, das folgt aus der materiellen Selbstständigkeit und Unabhängigkeit der einzelnen Wechselerklärungen. Der Wechsel ist ein, von dem unterliegenden Rechtsgrunde und von den civilrechtlichen Beziehungen der Kontrahenten losgelöster Formalakt. Die Richtigkeit der Form vorausgesetzt, ruht das verpflichtende Moment für den Geber des Wechsels oder Accepts nicht in der materiellen Rechtsbeständigkeit des dem Wechselakte zum Grunde liegenden Geschäfts, nicht in dem Vertragswillen zu einer bestimmten Person, sondern in der urkundlich gemachten Form und in der Unterschrift des Verhafteten. „Qui acceptat, solvat", „chi accetta paghi", wer acceptirt hat, muß zahlen, nicht weil ein obligatorischer Rechtsgrund ihn verbindet, sondern weil er sich, abgesehen von jedem obligatorischen Rechtsverhältnisse, zur Zahlung in einer bestimmten Form durch den Akt seiner Unterschrift gleichsam in abstracto verpflichtet hat. Der Mangel einer obligatorischen Rechtsbeziehung zu einer bestimmten Person rechtfertigt die Verlegung der Gläubigerschaft in den urkundlichen Besitz des Wechsels und die Befreiung der Wechselobligation von allen Momenten, unter welchen der Verpflichtungsakt, die Skriptur, erfolgt ist, und welche möglicherweise auf die rechtliche Qualifikation einer civilrechtlichen Obligation von Einfluß sein könnten. Die Sicherheit des Wechselverkehrs und die merkantile Bestimmung des Wechsels, als Geldzeichen zu cirkuliren, gestatten gegen den Dritten keine Einwendungen aus dem Valutageschäfte und aus den Umständen, unter welchen der verpflichtende Skripturakt erfolgt ist. Die Form, der urkundliche Inhalt des Wechsels, ist der Träger der Wechselobligation, und Zustände, welche für die civilistische Rechtsbeständigkeit des Willens von Einfluß sind, und, unter Umständen, zur Aufhebung eines Rechtsaktes angerufen werden können, sind für die Wechselobligation, wenn auch nicht absolut dem unmittelbaren Wechselkontrahenten, so doch aber dem redlichen dritten Inhaber gegenüber ohne rechtliche Bedeutung und Wirkung. Innere Zustände, welche, bei sonst vorhandener Vertragsfähigkeit, bei Ertheilung des wechselmäßigen Skripturaktes möglicherweise mitgewirkt haben, und äußere Umstände, unter welchen der Wechselakt abgegeben ist, oder welche den Willen des Wechselerklärenden beeinflußt haben, sind, wie nicht erkennbar aus dem Wechsel, so auch einflußlos für den rechtlichen Bestand der Gläubigerschaft aus dem Wechsel. Die letztere ruht auf dem urkundlich gemachten Inhalte des Wechsels in seiner Abstraktion von allen, außerhalb dem Wechselrechte liegenden, rechtlichen und faktischen Momenten und wird festgestellt und begrenzt durch die Form. Wenn die nach civilrechtlichen Bestimmungen zu beurtheilende, von thatsächlichen, nicht aus dem Wechsel erkennbaren Umständen abhängende Wechselfähigkeit gleichsam eine gesetzliche Ausnahme von diesem wechselrechtlichen Grundsatze bildet, so ruht diese Sanktion des Gesetzes auf der sich von selbst verstehenden rechtlichen Nothwendigkeit, daß die selbstständige Uebernahme von Wechselpflichten, die Eingehung einer Wechselobligation, die absolute Rechts- und Handlungsfähigkeit voraussetzt. Diese Ausnahme des Gesetzes aber auch weiter auszudehnen auf die möglichen Mängel der Willensbestimmung, auf innere und äußere Zufälligkeiten, durch welche die Freiheit des Willens momentan gestört, beeinträchtigt oder aufgehoben sein kann, das verträgt sich nicht mit der Natur des Wechsels und mit der Sicherheit des Wechselverkehrs. Der Aussteller, der Acceptant und Indossant, welcher, bei voller Wechselfähigkeit, zum Abgeben der Wechselerklärung durch Zwang, Drohung, Betrug, Trunkenheit genöthigt oder veranlaßt worden ist, kann sich dem dritten redlichen Inhaber gegenüber auf die Momente, durch welche die Freiheit des Willens aufgehoben und beeinträchtigt worden ist, nicht berufen, daraus keine Einrede gegen das, durch die Form getragene Wechselrecht des Inhabers herleiten. Die Einrede des Mangels des freien Willens, sowie die Einrede aus der Nichtigkeit und Ungültigkeit des unterliegenden Geschäfts (Spielschuld, Wucher, Betrug) können nur von dem beeinträchtigten Kontrahenten und nur gegen den unmittelbaren Mitkontrahenten, welcher das Recht des freien Willens verletzt hat, oder gegen denjenigen, welcher an der unerlaubten Handlung Theil genommen, particeps doli, oder zur Zeit des Erwerbes des Wechsels Kenntniß von der fehlerhaften und rechtswidrigen Entstehungsweise hatte, erhoben werden. Im Wechselrechte kann die exceptio doli, falsi daher nur aus eigenen Handlungen, oder aus eigener Wissenschaft, nicht aus den Handlungen dritter Personen hergeleitet werden [24]). Die Einrede der Simulation ist auch entlehnt aus der inneren Mangelhaftigkeit der Erklärung und darauf gerichtet, daß der geäußerte Wille nicht dem wahren Willen der Kontrahenten entspreche, daß etwas Anderes verabredet, als in der Form urkundlich gemacht worden. Dieselbe ist in dieser civilrechtlichen Bedeutung im Wechselrechte nicht zulässig. Denn der Wechsel hat seine merkantile und rechtliche Existenz in der abstrakten Form. Er ist ein, durch die Skriptur dargestelltes Werthzeichen im Geldverkehre. Das dem Wechsel und den einzelnen accessorischen Wechselakten zum Grunde liegende materielle Rechtsgeschäft hat zwar unter Umständen Einfluß auf das wechselrechtliche Verhältniß der unmittelbaren Kontrahenten; allein für den dritten Inhaber, mit anderen Worten für den Verkehr ist jenes Valuta- und Begebungsgeschäft, abgesehen von dem Falle des Betruges, keine Quelle der Anfechtung. Es ist daher auch die Einrede der Simulation nur in der Form der exceptio doli zulässig. Es kann daher unter Anderem dem klagenden Indossatar von dem verklagten Wechselschuldner nicht der Einwand entgegengestellt werden, daß in dem, in

---

24) Arch. f. D. W.R. Bd. 1. S. 326. 429. Erk. d. O.Tr. in Berlin v. 16. Septbr. 1854. (Arch. a. a. O. Bd. 5. S. 94.) Erk. v. 6. Jan. 1857. (Arch. a. a. O. Bd. 6. S. 427.) Erk. v. 22. Oktbr. 1857., 27. März 1858., 30. Septbr. 1858. (Arch. a. a. O. Bd. 7. S. 325. 327. 440.) Erk. v. 8. Mai 1858. (Arch. a. a. O. Bd. 8. S. 434.) Erk. v. 22. Oktbr. 1860. (Arch. a. a. O. Bd. 10. S. 394.) Erk. v. 7. Septbr. 1861. (Arch. a. a. O. Bd. 12. S. 183.) Erk. d. österr. oberst. Gerichtshofes v. 28. Oktbr. 1857. (Arch. a. a. O. Bd. 9. S. 314.) Straß im Arch. a. a. O. Bd. 10. S. 28. Borchardt a. a. O. S. 267. unter B. Erk. d. O.A.G. zu Dresden v. 12. Septbr. 1861. (Arch. a. a. O. Bd. 11. S. 287.), v. 26. Juni u. 22. Novbr. 1862. (Bd. 12. S. 372.) Jolly im Arch. a. a. O. Bd. 5. S. 72 ff. Blaschke a. a. O. S. 265 ff. Zum Theil anderer Ansicht: Hoffmann im Arch. a. a. O. Bd. 5. S. 294. Thol a. a. O. Bd. 2. §§. 318. 334. Wolff im Arch. a. a. O. Bd. 15. S. 154. 161 ff.

Form eines eigentlichen (Eigenthums), auch Blanko-Indossaments, sich darstellenden Giro nur ein Prokura-Indossament enthalten sei, selbst nicht in der Verbindung mit der Behauptung, daß die Simulation zu dem Zwecke geschehen sei, um dem Verklagten die Einwendungen gegen den Indossanten abzuschneiden. Denn diese Einrede ist eine aus dem Begebungsgeschäfte entlehnte exceptio de jure tertii, und das Indossament als abstrakter Formalakt gültig, es mag der Begebungsgrund ein Mandat, oder eine Eigenthumsübertragung bezwecken. Nur in der Darlegung der Einrede und Begründung aus dem Fundamente des Betruges kann aus der Person des Indossanten dem Indossatar als Bevollmächtigten bei der bestehenden Personeneinheit ein Einwand entgegengesetzt werden[25]. Der gegen die Echtheit der Unterschrift erhobene Einwand findet seine prozeßrechtliche Erledigung durch die statthaften Beweismittel (Zeugen, recognitio per testes, Vergleichung der Handschrift, comparatio literarum) und endgültig durch die eidliche Diffession. — Durch die Unechtheit, Falschheit der Unterschrift wird die wechselmäßige Kraft der Wechselerklärung, welche die Unterschrift trägt, unter Konservirung der übrigen Wechselakte, gegen jeden Inhaber aufgehoben. Dagegen gewährt die Ausfüllung von Blanko-Signaturen, selbst ohne oder gegen den

25) Die Einrede der Simulation ist für unzulässig erklärt: §. 289. Preuß. Entw. v. 1845. Erläuterungen dazu S. 63. §. 93. Entw. v. 1847. Leipz. Prot. S. 168. Nürnberger Konferenz im Arch. f. D. W.R. Bd. 9. S. 252. Erk. d. O.Tr. in Berlin v. 7. Septbr. 1849. (Arch. a. a. O. Bd. 3. S. 204.) Erk. v. 15. April 1857. (Arch. a. a. O. Bd. 4. S. 340. Entsch. Bd. 20. S. 545.) Erk. v. 29. April 1856. (Arch. a. a. O. Bd. 6. S. 268.) Borchardt a. a. O. S. 321. Zus. 513. Erk. v. 16. Juli 1867. (Lohr, Centralorgan Bd. 4. S. 308.) Erk. des O.Tr. in Stuttgart v 14. April 1857. (Arch. a. a. O Bd. 9. S. 215.) Erk. d. O.A.G. zu Rostock. (Arch. a. a. O. Bd. 3. S. 403.) Renaud a. a. O. S. 202. A. 12. Volckmar u. Loewy a. a. O. S. 310. Thöl a. a. O. Bd. 2. S. 706. Koch im Arch. a. a. O. Bd. 15. S. 270. Wird dem Eigenthums-Indossatar als Kläger der Einwand, daß nur ein Prokura-Indossament vorliege, entgegengesetzt, und ist dieser Einwand als exceptio doli aus der Person des Indossanten an sich zulässig, so muß Verklagter die Prokura-Einrede beweisen. In der Regel dient dazu der Eid. Ist der Beweis geführt, so ist die Aktivlegitimation des Indossatars, als Klägers, aus eigenem Rechte erschüttert, und er steht zum Verklagten und zu dem Rechtsstreite in dem Verhältnisse eines formell nicht legitimirten Bevollmächtigten. Die Prozeßpartei und der Herr des Prozesses ist nicht der Indossatar, sondern nach materieller Rechtsauffassung der Indossant und es kommt namentlich bei Eiden, welche Kläger schwören soll, darauf an, die Stellung des Indossanten zu dem Prozesse zu fixiren. Derjenige, welcher auf Grund einer überzeugenden Vollmacht Namens eines Anderen als Kläger auftritt, führt seinen Mandanten in den Prozeß ein. Kläger ist der Mandant, der Bevollmächtigte nur der Vertreter desselben. Zu Prozeßhandlungen, welche der Mandant persönlich vornehmen muß, wird Letzterer vom Richter unmittelbar vorgeladen. Allein bei dem simulirten Eigenthums-Indossament tritt der Indossatar als Partei aus eigenem Rechte, als dominus litis in den Prozeß und sein Zugeständniß oder der Beweis, daß nur eine Prokura vorliege, kann nicht einen prozeßrechtlichen Einfluß dahin üben, daß die Prozeßrolle des Klägers sofort vertauscht wird, und daß der Eigenthums-Indossant nun ohne Weiteres als Prokura-Indossant angesehen wird und als Partei in den Prozeß eintritt. Die thatsächliche Feststellung der Prokura durch Zugeständniß des Klägers oder durch Beweis hat nur Prozeßwirkung für die Parteien selbst, nicht für die außer dem Prozesse stehenden Indossanten. Die prozeßrechtliche Nomination — Bayer a. a. O. §. 307. Pr. Proz.-Ordn. Thl. I Tit. 17. §. 34. — ist für diesen Fall nicht gegeben. Streng genommen müßte der klagende Indossatar abgewiesen werden, da er klagt, wenn nicht aus unrichtigem Fundamente, doch aus unrichtiger Parteistellung. Es fehlt ihm die Aktivlegitimation zur Sache. Um aber die Abweisung und eine Vervielfältigung der Prozesse zu vermeiden, muß der klagende Indossatar den Indossanten zu dem Prozesse adcitiren lassen und demselben die Fortsetzung des Prozesses überlassen. Sorgt er für diese Prozedur nicht, so treffen die Nachtheile den als Eigenthümer nicht legitimirten Kläger. v. Bayer a. a. O. S. 51. Allg. Preuß. Proz.-Ordn. §. 2 ff. Th. I. Tit. 17. Anderer Ansicht: Koch im Arch. f. D. W.R. Bd. 15. S. 274. 287. Praj. des Kammergerichts v. 1862. (Borchardt a. a. O. S. 427. Zus. 716.)

Willen des Unterzeichnenden, z. B. wenn die für eine Wechselerklärung gar nicht ertheilte Unterschrift zur Ausfüllung eines Wechsels gemißbraucht ist[26]), nur eine Einrede in personam, d. i. gegen Denjenigen, welcher widerrechtlich, contra legem contractus, die Blanko-Signatur ausgefüllt hat, nicht gegen den redlichen dritten Inhaber des Wechsels. Anderer Seits ist für den Umfang der Wechselverpflichtung maßgebend der Inhalt der eigenen Wechselerklärung und der Inhalt des Wechsels zur Zeit der Beifügung des accessorischen Wechselaktes, also für die Wechselhaft des Ausstellers der Inhalt des Grundwechsels zur Zeit der Unterschriftsertheilung, für die des Acceptanten der Inhalt zur Zeit der Ertheilung des Acceptes, für die des Indossanten der Inhalt zur Zeit der Begebung. Später vorgekommene Fälschungen des Grundwechsels oder einer accessorischen Wechselerklärung, wodurch die Wechselverbindlichkeit erschwert wird, begründen nur für den Benachtheiligten einen Einwand gegen jeden Inhaber, da der urkundlich gemachte Wille die Grundlage der Verhaftung bildet und ohne Zustimmung der Betheiligten nicht modifizirt werden kann, ohne Rücksicht auf die bona oder mala fides des Inhabers[27]).

Andere Grundsätze gelten, wenn die Uebertragung des Wechsels nicht in wechselmäßiger, sondern in civilrechtlicher Form, z. B. der Cession erfolgt ist, oder weil das Indossament nach erhobenem Proteste, also mit der gesetzlichen Wirkung der Cession geschehen ist. In beiden Fällen muß sich der Inhaber, als Repräsentant der Rechte seines Auktors, die gegen diesen zulässigen Einwendungen gefallen lassen[28]). Selbstverständlich ist auch, daß gegen den Bevollmächtigten, Prokura-Indossatar, wegen der stattfindenden Personen-Einheit die gegen den Machtgeber zulässigen Einreden zulässig sind[29]).

Die andere Kategorie von Einreden, welche die Allgemeine Deutsche Wechselordnung gegen einen Wechselanspruch zuläßt, wird II. gebildet durch solche Einreden, welche dem Wechselschuldner unmittelbar gegen den jedesmaligen Kläger zustehen, d. s. Einreden, welche sich auf das unmittelbare Rechtsverhältniß zwischen dem Kläger und dem Verklagten gründen. Diese Einreden gegen die Person des

---

26) Erk. des O.Tr. in Berlin. (Arch. f. D. W.R. Bd. 2. S. 328.) Borchardt im Arch. a. a. O. Bd. 3. S. 383. Renaud a. a. O. §. 16. N. 3. Koch a. a. O. S. 95. 167 ff. 315. Gelpke, Zeitschr. Heft 2. S. 173. Erk. des O.A.G. zu Dresden v. 26. Juni und 22. Novbr. 1862. (Arch. a. a. O. Bd. 12. S. 372.) Löhr, Centralorgan Bd. 2. S. 167. Borchardt a. a. O. S. 267. Zus. B. Zum Theil anderer Ansicht: Hoffmann im Arch. a. a. O. Bd. 6. S. 241. Thol a. a. O. Bd. 2. S. 704. Wolff im Arch. a. a. O. Bd. 15. S. 152.

27) Erk. des O.A.G. zu Rostock aus dem J. 1852. (Arch. f. D. W.R. Bd. 3. S. 406.) Erk. des O.Tr. in Berlin v. 23. Mai 1854. (Arch. a. a. O. Bd. 11. S. 306.) Erk. v. 3. Juni 1858. (Arch. a. a. O. Bd. 9. S. 195.) Erk. v. 11. Juli 1863. bezüglich des nach dem Accepte beigefügten Domizilvermerks. (Strieth. Arch. Bd. 49. S. 330. Borchardt a. a. O. S. 457. Zus. 804.) Erk. v. 26. Oktbr. 1863. (Arch. a. a. O. Bd. 14. S. 85.) Erk. des österr. oberst. Gerichtshofes v. 13. Novbr. 1861. (Arch. a. a. O. Bd. 12. S. 200.) Erk. v. 25. Oktbr. 1864. (Arch. a. a. O. B. 16. S. 93.), wonach dem Acceptanten nur die Beweislast in Bezug auf die nachträgliche Beisetzung des Domizilvermerkes obliegt, wogegen es Sache des Gegners ist, die Berechtigung dazu darzuthun. Jolly im Arch. a. a. O. Bd. 5. S. 67. Hoffmann im Arch. a. a. O. Bd. 6. S. 261. Thol a. a. O. Bd. 2. S. 705. Blaschke a. a. O. S. 268.

28) Art. 16. A. D. W.O. Erk. des O.Tr. in Berlin v. 8. Jan. 1963 (Arch. f. D. W.R. Bd. 13. S. 103.) Erk. v. 26. Mai und 6. Okt. 1864. (Arch. a. a. O. Bd. 15. S. 81. 87.) Blaschke a. a. O. Nr. 266.

29) Art. 17. A. D. W.O. Leipz. Prot. S. 154.

Klägers, persönliche Einreden, hat das Gesetz den Einreden aus dem Wechselrechte, den wechselmäßigen, dinglichen Einreden, welche dem Wechsel selbst ankleben und daher gegen jeden Inhaber geltend gemacht werden können, gegenübergestellt. Diese durch thatsächliche und rechtliche Momente unterschiedene Begriffseintheilung ist nicht von der Allgemeinen Deutschen Wechselordnung willkürlich aufgestellt, sondern in der rechtlichen und merkantilen Natur des Wechsels begründet, daher auch in fast allen älteren Wechselrechten anerkannt. Wäre der Wechsel baares Geld, dessen Erwerb und Verlust durch die Thatsache der Uebergabe, ohne Zurücklassung bestimmter Obligationen unter den einzelnen Inhabern, vermittelt würde, dann wäre eine Bestimmung über das Einrederecht überflüssig und ohne Gegenstand; denn die Cirkulation des Geldes setzt bestimmte Geschäftsgründe voraus, begründet aber keine besonderen Obligationen und daher auch kein Einrede- und Vertheidigungsrecht. Allein der Wechsel ist eben kein Geld, sondern, in seiner rechtlichen und ökonomischen Bedeutung aufgefaßt, der Träger einer abstrakten, d. i. von dem unterliegenden Geschäftsgrunde losgelösten Geldobligation, ein negociables Werthpapier, das für den Inhaber wechselmäßige, ausschließlich durch die Form dargestellte Rechte begründet, das aber in seiner Entstehung und in seiner Uebertragung in Beziehung zu den verschiedenartigsten, dem Civilrechte angehörenden materiellen Rechtsgeschäften gedacht werden kann. Diese den Wechseloperationen zum Grunde liegenden civilrechtlichen Geschäfte bilden nun zwar die Bewegungsgründe für die einzelnen Wechselakte und haben keinen Einfluß auf das spezifisch wechselrechtliche Element, allein sie sind doch von Bedeutung auf die Rechtsstellung der unmittelbaren Wechselkontrahenten zu einander. Diese rechtliche Seite des Wechsels wurzelt nicht in dem formalen Wechselrechte, sondern gehört dem Gebiete des Civilrechts, dem vertragsmäßigen Obligationenrechte an. Dieser Rechtsauffassung hat die Allgemeine Deutsche Wechselordnung Ausdruck gegeben, wenn sie gegen den Wechselanspruch auch diejenigen Einreden gestattet, welche dem Verpflichteten aus dem unterliegenden Rechtsgrunde gegen den Kläger, als unmittelbaren Kontrahenten, zustehen [30]). Der Wechsel übt daher seine streng formale Wirkung, in voller Abstraktion von allen Rechtsbeziehungen zu der causa praecedens und zu den bei der letzteren betheiligten Interessen, nur in der Hand des dritten Inhabers aus; unter den unmittelbaren Wechselkontrahenten ist das Wechselrecht beeinflußt von den materiellen Wirkungen des Begebungs- und Deckungsgeschäfts und von der Anwendung civilistischer Rechtssätze. Zur rechtlichen Begründung der persönlichen Wechseleinreden ist daher eine richtige Darlegung und Formulirung des, dem Wechselakte, aus welchem geklagt wird, zum Grunde liegenden Rechtsgeschäftes erforderlich, um zu prüfen, ob die Einrede-Thatsache für die Wechselobligation von rechtlicher Wirkung und Bedeutung ist. In dieser Beziehung ist der Wechsel, oder vielmehr die dadurch repräsentirte Obligation, ein Objekt des Vertragswillens der Kontrahenten, und dieses vertragsmäßige Ele-

30) Art. 82. A. D. W.O. Erk. des O.Tr. in Berlin vom 24. Jan. u. 12. Aug. 1857., 3. Juli 1858. (Arch. f. D. W.R. Bd. 7. S. 85. 95. 406.) Erk. vom 8. Mai 1858. (Arch. a. a. O. Bd. 8. S. 435.), v. 5. April 1859. (Arch. a. a. O. Bd. 9. S. 95.)

ment gestattet alle Einreden, durch welche ein Mangel des Klagerechts aus materiellen Rechtsgründen, z. B. wegen fehlenden oder wegen nichtigen Rechtsgrundes, wegen Nichteintritts zulässiger Bedingungen u. s. w., behauptet und nachgewiesen wird. Die Einreden in dieser rechtlichen Auffassung karakterisiren sich als exceptiones doli generalis, welche darauf beruhen, daß der Kläger, bei der Verfolgung des Anspruches, unredlich, vertragswidrig handele, oder als exceptiones doli specialis, welche dem Kläger eine bestimmte unerlaubte Handlungsweise zur Last legen[31]). In dieser Form können dem Kläger Einwendungen aus dem unterliegenden Rechtsgrunde mit Erfolg entgegengesetzt werden, also auch die Einrede der nicht gezahlten Valuta, exceptio non numeratae pecuniae[32]), die Einrede des unbilligen Begehrens, exceptio non adimpleti s. non rite adimpleti contractus[33]), die Einrede der Simulation[34]), des Zwanges, des Betruges[35]), exceptio doli, exceptio quod metus causa, die Einrede der materiellen Ungültigkeit oder Nichtigkeit des unterliegenden Geschäfts[36]). Die Einreden können hergeleitet

---

31) Arndts a. a. O. §. 102. Mot. zum Pr. Entw. 1847. S. XXXV. Renaud a. a. O. S. 201. A. 12. Arch. f. D. W.R. Bd. 7. S. 428. Entsch. Bd. 7. S. 34. Bd. 14. S. 142. 322.

32) Die exceptio non numeratae pecuniae, welche den älteren Rechtslehrern viele Schwierigkeit bereitet hat, ist zurückzuführen auf das unterliegende Rechtsgeschäft und als exceptio doli zu begründen, z. B. wenn dem Wechsel ein Darlehn zum Grunde liegt, und dieses nicht bezahlt ist, oder wenn das versprochene Entgelt, Deckung, Valuta nicht geleistet ist. Pr. Mot. z. Entw. 1847. S. XXXIV Borchardt im Arch. f. D. W.R. Bd. 1. S. 201. Erk. des O.Tr. in Berlin vom 10. April 1851. (Entsch. Bd. 20. S. 358. Arch. a. a. O. Bd. 2. S. 425. S 330. Bd. 4. S. 93.) Erk. v. 13. Jan. 1855. (Arch. a. a. O. Bd. 5. S. 348.), v. 8. Mai 1858. (Arch. a. a. O. Bd. 8. S. 434.), v. 31. März 1859. (Arch. a. a. O. Bd. 10. S. 107.) Erk. vom 25. Okt. 1864. (Arch. a. a. O. Bd. 15. S. 324.) Nürnberger Kommission Arch. a. a. O. Bd. 9. S. 251. Erk. des Oesterr. obersten Gerichtshofes v. 26. Okt. 1858. (Arch. a. a. O. Bd. 14. S. 67.), v. 9. Sept. 1858. (Arch. a. a. O. Bd. 9. S. 312.), v. 3. Febr. 1859. (Arch. a. a. O. Bd. 9. S. 315.), v. 7. Febr. 1860. (Arch. a. a. O. Bd. 10. S. 283.) Brauer a. a. O. S. 68. Renaud a. a. O. S. 201.

33) Erk. des O.Tr. in Berlin v. 3. Juli 1858. (Arch. f. D. W.R. Bd. 7. S. 406.) Erk. v. 10. April 1862. (Arch. a. a. O. Bd. 11. S. 293.) Erk. des Oesterr. oberst. Gerichtshofes v. 23. Okt. 1861. (Arch. a. a. O. Bd. 11. S. 212.) Erk. des O.A.G. in Berlin vom 13. Novbr. 1867. (Entsch. dieses Gerichtshofes (Berlin bei F. Meinicke 1868.) Bd. 1. S. 211.)

34) Der Indossant kann seinen unmittelbaren Indossatar, von welchem er im Regresse belangt wird, die Einrede entgegensetzen, daß dem Eigenthums-Indossamente nur eine Prokura zum Grunde liege, und unter dieser Behauptung auch den Wechsel von dem Indossatar zurückfordern. Thol a. a. O. Bd. 2. S. 706. Arch. f. D. W.R. Bd. 7. S. 327. Bd. 10. S. 53. Erk. des O.Tr. in Berlin v. 12. Aug. 1857. (Arch. a. a. O. Bd. 7. S. 95.) Inwieweit eine mündliche Nebenabrede gültig ist, hängt vom materiellen Rechte ab. Erk. des O.Tr. in Berlin vom . . . . . (Arch. a. a. O. Bd. 2. S. 425. Bd. 3. S. 204. 403.) Erk. des O.Tr. in Berlin v. 15. April 1851. (Arch. a. a. O. Bd. 4. S. 323.) Erk. v. 29. April 1856. (Arch. a. a. O. Bd. 6. S. 268.) Erk. v. 22. Dezbr. 1857. (Arch. a. a. O. Bd. 7. S. 428.) Erk. v. 19. Okt. 1863. (Arch. a. a. O. Bd. 14. S. 185.) Straß im Arch. a. a. O. Bd. 10. S. 28. Borchardt a. a. O. S. 314. Nr. 26. Arch. a. a. O. Bd. 7. S. 327. Wechsel, welche nur zur Deckung und Sicherheit ausgestellt sind, „Depotwechsel" „Gefälligkeitswechsel". Striethorst, Arch. Bd. 23. S. 279. Bd. 29. S. 323. Entsch. Bd. 39. S. 221. Arch. a. a. O. Bd. 7. S. 331. Volckmar u. Loewy a. a. O. S. 296. Erk. des Oesterr. oberst. Gerichtshofes vom 26. Okt. 1858., v. 8. März 1859., v. 4. Mai 1859. (Arch. a. a. O. Bd. 13. S. 321. Bd. 14. S. 67.)

35) Erk. d. O.Tr. in Berlin v. 13. Jan. 1855. (Arch. f. D. W.R. Bd. 5. S. 348.), v. 30. Sept. 1858. (Arch. a. a. O. Bd. 7. S. 440.) Erk. v. 29. April u. 8. Mai 1862. (Arch. a. a. O. Bd. 12. S. 72 und 73.) Borchardt a. a. O. S. 291. Zus. 498. Hoffmann im Arch. a. a. O. Bd. 6. S. 236 ff. Thol a. a. O. Bd. 2. §. 324.

36) Erk. des O.Tr. in Berlin vom 29. Juni 1858. (Entsch. Bd. 39. S. 238.), v. 19. Juni 1862. (Arch. f. D. W.R. Bd. 12. S. 76.) Erk. des Oesterr. oberst. Gerichtshofes v. 19. Mai 1862. (Arch. a. a. O. Bd. 12. S. 391.) Arch. a. a. O. Bd. 1. S. 327. Renaud a. a. O. S. 202. Blaschke a. a. O. S. 266.

und der dolus, die Unredlichkeit, Arglist, begründet werden sowohl in der eigenen Handlung des Gegners, als in der mittelbaren Betheiligung desselben an den Handlungen Dritter, Theilnahme, Wissenschaft zur Zeit des Erwerbes, mala fides, culpa lata[37]). Zulässig sind auch die Einreden der Zahlung, des Vergleichs, der Kompensation, wenn sie prozeßrechtlich liquide sind, da sie sich als exceptiones doli generalis qualifiziren[38]). Unzulässig, weil mit dem Wesen des Wechsels, als eines streng formalen Rechtsakts, nicht verträglich, sind die Einreden der Unkenntniß der Sprache, in welcher der Wechsel abgefaßt worden[39]), der Schreibens- und Lesensunfähigkeit[40]), der Unkenntniß über die Natur und die Bedeutung eines Wechsels[41]), der Blanko-Unterschrift, insofern nicht nachgewiesen wird, daß die Ausfüllung des Blanketts dolose, gegen die getroffene Verabredung, erfolgt ist[42]), sowie die Einreden aus der Verletzung der Form oder aus den Privilegien des unterliegenden Geschäfts (Bürgschaft, Intercession der Frauen)[43]), da durch die Abstraktion des Wechsels von der causa praecedens und durch die von der Allgemeinen Deutschen Wechselordnung gewährleistete allgemeine Wechselfähigkeit die civilrechtlichen Bestimmungen über die Form und Privilegien des unterliegenden Geschäfts für aufgehoben und als durch die Form des Wechsels gedeckt angesehen werden müssen[44]).

---

37) Straß im Arch. f. D. W.R. Bd. 1. S. 429. Erk. des O.Tr. in Berlin v. 6. Jan. 1857. (Arch. a. a. O. Bd. 6. S. 427.), v. 22. Okt. 1857. (Arch. a. a. O. Bd. 7. S. 325.), v. 27. März 1858. (Arch. a. a. O. Bd. 7. S. 327.) Erk. v. 8. Mai 1858. (Arch. Bd. 8. S. 434.) Erk. v. 29. Juni 1858. (Entsch. Bd. 38. S. 238.) Erk. v. 22. Novbr. 1860. (Arch. a. a. O. Bd. 10. S. 394.) Borchardt a. a. O. S. 265. Zus. 483. Erk. d. O.A.G. zu Dresden v. 12. Sept. 1861. (Arch. a. a O. Bd. 11. S. 287.), v. 26. Juni und 22. Novbr. 1862. (Arch. a. a. O. Bd. 12. S. 373.) Thöl a. a. O. Bd. 2. S. 705. Jolly im Arch. a. a. O. Bd. 2. S. 175. Wolff im Arch a. a. O. Bd. 15. S. 140.

38) Puchta a. a. O. §. 94. Arch. f. D. W.R. Bd. 1. S. 201. Bd. 2. S. 425. Bd. 8. S. 436. Bd. 15. S. 93. 155. Brauer a. a. O. S. 139. Kuntze a. a. O. S. 61.

39) §. 784. Thl. I Tit. 8. A. Pr. L.R. §. 95. des Pr. Entw. v. 1847. Borchardt im Arch. f. D. W.R. Bd. 1. S. 202. Erk. des O.Tr. in Berlin v. 10. April 1848. (Entsch. Bd. 17. S. 329.), v. 6. Febr. 1851. (Entsch. Bd. 20. S. 354.), v. 21. Okt. 1857. (Arch. a. a. O. Bd. 7. S. 71).

40) Erk. des Oesterr. oberst. Gerichtshofes v. 7. Febr. 1860. (Arch. f. D. W.R. Bd. 10. S. 283.)

41) Erk. des O.Tr. in Berlin v. 27. März 1858. (Arch. f. D. W.R. Bd. 7. S. 327.)

42) Arch. f. D. W.R. Bd. 1. S. 201. Arch. a. a. O. Bd. 2. S. 328. 330. Bd. 3. S. 230. Bd. 4. S. 90. 99. Bd. 5. S. 326. Bd. 6. S. 220. Bd. 9. S. 250. Bd. 14. S. 219. Bd. 15. S. 152 ff. Entsch. Bd. 7. S. 38. Hannoversches Einf.-Ges. v. 7. April 1849. §. 2. Nr. 4. Lübecksches Einf.-Ges. v. 28. April 1849. §. 10. Nr. 3.

43) Verschieden beantwortet: Pl. Beschl. des O.Tr. in Berlin v. 21. Febr. 1853. (Just.-Min.-Bl. 1853. S. 145. Arch. f. D. W.R. Bd. 3. S. 428.) Erk. v. 22./25. Novbr. 1856. (Arch. a. a. O. Bd. 6. S. 330.) Platner im Arch. a. a. O. Bd. 4. S. 62. Purgold im Arch. a. a O. Bd. 4. S. 162. Auch S. 192. Bd. 6. S. 329. Bd. 7. S. 310. Bd. 10. S. 213. Bd. 15. S. 129. 150. Volckmar u. Loewy a. a. O. S. 95.

44) Erk. d. O.Tr. in Berlin v. 29. Juni 1858. (Entsch. Bd. 39. S. 238.)

Sachregister.

(Die Zahl bezieht sich auf die Seitenzahl.)

Druck von Fr. Frommann in Jena

FSC
www.fsc.org
MIX
Papier | Fördert gute Waldnutzung
FSC® C083411

Kolibri 360 GmbH
Ferdinand-Jühlke-Straße 7
99095 Erfurt, Deutschland
produktsicherheit@kolibri360.de